Von Wort zu Wort
Schülerhandbuch Deutsch

Textquellen: (S. 522) Chromik Resi, Christian, aus: Gedichte, Verlag Bodo Heimann, Kiel 1984; (S. 524 f.) Reding Josef, Neben dem blauen Seepferdchen, aus: Schonzeit für Pappkameraden, Georg Bitter Verlag, Recklinghausen 1984

Bildquellen: (S. 36) Arnim, Bettina von: AKG, Berlin; (S. 51) Bachmann, Ingeborg: Bildarchiv Preußischer Kulturbesitz, Berlin; (S. 73) Böll, Heinrich: Interfoto, München; (S. 74) Borchert, Wolfgang: Bildarchiv Preußischer Kulturbesitz, Berlin; (S. 77) Brecht, Bertolt: Keystone Pressedienst, Hamburg; (S. 80) Büchner, Georg: Bilderdienst Südd. Verlag, München; (S. 85) Claudius, Matthias: Bildarchiv Preußischer Kulturbesitz, Berlin; (S. 101) Droste-Hülshoff, Annette Freiin von: Bildarchiv Preußischer Kulturbesitz, Berlin; (S. 104) Dürrenmatt, Friedrich: Bildarchiv Preußischer Kulturbesitz, Berlin; (S. 107) Ebner-Eschenbach, Marie Freifrau von: Bilderdienst Südd. Verlag, München; (S. 109) Eichendorff, Joseph Freiherr von: Bildarchiv Preußischer Kulturbesitz, Berlin; (S. 137) Fontane, Theodor: Bildarchiv Preußischer Kulturbesitz, Berlin; (S. 141) Frisch, Max: Börsenverein des Deutschen Buchhandels/Andrej Reiser *(aufgenommen anlässlich der Verleihung des Friedenspreises des Deutschen Buchhandels 1976);* (S. 161) Goethe, Johann Wolfgang von: Bildarchiv Preußischer Kulturbesitz, Berlin; (S. 163) Grass, Günter: Ullstein Bilderdienst, Berlin; (S. 165) Grimm, Jacob und Wilhelm: Freies Deutsches Hochstift/Frankfurter Goethe-Museum; (S. 166) Grimmelshausen, Hans Jacob Christoffel von: Bilderdienst Südd. Verlag, München; (S. 173) Hauptmann, Gerhart: Ullstein Bilderdienst, Berlin; (S. 175) Hebbel, Friedrich: AKG, Berlin; (S. 176) Hebel, Johann Peter: Bildarchiv Preußischer Kulturbesitz, Berlin; (S. 178) Heine, Heinrich: Bilderdienst Südd. Verlag, München; (S. 180) Hesse, Hermann: AP/Bilderdienst Südd. Verlag, München; (S. 184) Hölderlin, Friedrich: Bilderdienst Südd. Verlag, München/Blanc Kunstverlag; (S. 201) Kafka, Franz: AKG, Berlin; (S. 208) Kästner, Erich: Bilderdienst Südd. Verlag, München; (S. 206) Kaschnitz, Marie Luise: Schiller Nationalmuseum, Marbach/Erica Loos; (S. 212) Keller, Gottfried: Ullstein Bilderdienst, Berlin; (S. 216) Kleist, Heinrich von: AKG, Berlin; (S. 239) Lenz, Siegfried: dpa/Bilderdienst Südd. Verlag, München; (S. 240) Lessing, Gotthold Ephraim: AKG, Berlin; (S. 244) Luther, Martin: CV-Archiv, Berlin; (S. 249) Mann, Thomas: Bildarchiv Preußischer Kulturbesitz, Berlin; (S. 258) Meyer, Conrad Ferdinand: AKG, Berlin; (S. 269) Morgenstern, Christian: Bildarchiv Preußischer Kulturbesitz, Berlin; (S. 270) Mörike, Eduard: Bilderdienst Südd. Verlag, München; (S. 321) Raabe, Wilhelm: Bilderdienst Südd. Verlag, München; (S. 351) Schiller, Friedrich von: Schiller-Nationalmuseum, Marbach; (S. 365) Seghers, Anna: dpa, Frankfurt/M.; (S. 385) Stifter, Adalbert: Bildarchiv Preußischer Kulturbesitz, Berlin; (S. 387) Storm, Theodor: Theodor-Storm-Gesellschaft, Husum; (S. 390) Strittmatter, Erwin: Bilderdienst Südd. Verlag, München; (S. 403) Thoma, Ludwig: Bilderdienst Südd. Verlag, München; (S. 412) Tucholsky, Kurt: Bilderdienst Südd. Verlag, München; (S. 447) Walther von der Vogelweide: AKG, Berlin; (S. 464) Zuckmayer, Carl: Bilderdienst Südd. Verlag, München

Redaktion: Christina Scheuerer, Rohrbach; Dirk Germund, Köln
Grafiken: Ilse und Rudolf Ross, München
Umschlaggestaltung: Knut Waisznor
Layout und technische Umsetzung: werkstatt für gebrauchsgrafik, Berlin
                                     Satzkiste – Böhler | Frerichs | Warkus GbR, Stuttgart

www.cornelsen.de

5. Auflage, 2. Druck 2006 / 06

Alle Drucke dieser Auflage sind inhaltlich unverändert
und können im Unterricht nebeneinander verwendet werden.

© 2006 Cornelsen Verlag, Berlin

Das Werk und seine Teile sind urheberrechtlich geschützt.
Jede Nutzung in anderen als den gesetzlich zugelassenen Fällen bedarf
der vorherigen schriftlichen Einwilligung des Verlages.
Hinweis zu § 52a UrhG: Weder das Werk noch seine Teile dürfen ohne eine
solche Einwilligung eingescannt und in ein Netzwerk eingestellt werden.
Dies gilt auch für Intranets von Schulen und sonstigen Bildungseinrichtungen.

Druck: Parzeller Druck- und Mediendienstleistungen, Fulda

ISBN-13: 978-3-464-61832-5
ISBN-10:   3-464-61832-3

 Inhalt gedruckt auf säurefreiem Papier aus nachhaltiger Forstwirtschaft.

Von Wort zu Wort

Schülerhandbuch Deutsch

Herausgegeben von
Heinrich Pleticha
(Fachartikel, Biografien)
und Hans Peter Thiel

Autoren:
Werner Bentin, Wolfgang Butz,
Johannes Glanz, Günther Merwald,
Heinrich Pleticha, Christina Scheuerer,
Christiane Setzkorn, Gernot Stengel,
Roland Vocke, Gustav Zürcher

Inhaltsverzeichnis

Verzeichnis der Dichterbiografien 5
Von Wort zu Wort – Inhalt und Aufbau 6
Die Wörter von A bis Z 9
Abkürzungsverzeichnis 527

Rechtschreibung und Zeichensetzung 470–495

1. Beziehungen zwischen Lauten und Buchstaben 474
1.1 Was wir über Vokale und Vokalbuchstaben wissen sollten 474
1.2 Wie schreiben wir nach kurzem Stammvokal? 475
1.3 Wie schreiben wir nach langem Stammvokal? 476
1.4 Was tun, wenn für einen Konsonanten mehrere Schreibungen möglich sind? .. 478
2. Groß- und Kleinschreibung 482
3. Getrennt- und Zusammenschreibung 487
4. Worttrennung am Zeilenende 489
5. Der Bindestrich 489
6. Der Ergänzungsstrich 490
7. Der Gedankenstrich 490
8. Der Apostroph (Auslassungszeichen) 491
9. Abkürzungen 491
10. Zeichensetzung im Satz 492
10.1 Punkt, Ausrufezeichen, Fragezeichen 492
10.2 Zeichen zur Gliederung innerhalb von Sätzen 492

Grammatik 496–507

1. Satzarten 496
1.1 Hauptsatz und Nebensatz ... 496
1.2 Hauptsatzarten 496
2. Satzglieder 497
2.1 Das Prädikat 497
2.2 Das Subjekt und die Objekte 498
2.3 Adverbiale 500
3. Teile von Satzgliedern: die Attribute 501
4. Wortarten 502
4.1 Das Verb (Zeitwort) und seine Formen 503
4.2 Das Substantiv (Nomen, Namenwort) und seine Formen 505
5. Satzverbindungen (Text) 507

Aufsatzlehre 508–526

1. Arbeitsschritte beim Aufsatzschreiben 508
1.1 Das Thema genau lesen 508
1.2 Ideen sammeln 508
1.3 Einen Schreibplan entwerfen.. 508
1.4 Einen Entwurf schreiben und überarbeiten 509
1.5 Die Reinschrift anfertigen ... 509
2. Erzählen 510
3. Informieren 511
3.1 Vorgänge beschreiben 511
3.2 Gegenstände beschreiben ... 512
3.3 Personen beschreiben 513
3.4 Berichten 513
3.5 Referieren 514
3.6 Protokollieren 514
3.7 Die Inhaltsangabe 516
4. Sich bewerben 517
5. Erörtern 519
6. Texte beschreiben 522
6.1 Textbeschreibung 522
7. Produktive Textaufgabe 524

Verzeichnis der Dichterbiografien

Arnim, Bettina von	36
Bachmann, Ingeborg	51
Böll, Heinrich	73
Borchert, Wolfgang	74
Brecht, Bertolt	77
Büchner, Georg	80
Claudius, Matthias	85
Droste-Hülshoff, Annette Freiin von	101
Dürrenmatt, Friedrich	104
Ebner-Eschenbach, Marie Freifrau von	107
Eichendorff, Joseph Freiherr von	109
Fontane, Theodor	137
Frisch, Max	141
Goethe, Johann Wolfgang von	161
Grass, Günter	163
Grimm, Jacob und Wilhelm	165
Grimmelshausen, Hans Jacob Christoffel von	166
Hauptmann, Gerhart	173
Hebbel, Friedrich	175
Hebel, Johann Peter	176
Heine, Heinrich	178
Hesse, Hermann	180
Hölderlin, Friedrich	184
Kafka, Franz	201
Kaschnitz, Marie Luise	206
Kästner, Erich	208
Keller, Gottfried	212
Kleist, Heinrich von	216
Lenz, Siegfried	239
Lessing, Gotthold Ephraim	240
Luther, Martin	244
Mann, Thomas	249
Meyer, Conrad Ferdinand	258
Morgenstern, Christian	269
Mörike, Eduard	270
Raabe, Wilhelm	321
Schiller, Friedrich von	351
Seghers, Anna	365
Stifter, Adalbert	385
Storm, Theodor	387
Strittmatter, Erwin	390
Thoma, Ludwig	403
Tucholsky, Kurt	412
Walther von der Vogelweide	447
Zuckmayer, Carl	464

Inhalt und Aufbau

Was „Von Wort zu Wort" bietet

„Von Wort zu Wort" ist ein Wörter- und Rechtschreibbuch. Es bringt rund 35 000 Wörter in der nach der Rechtschreibreform seit 2000 gültigen Schreibweise, verzeichnet die 2006 neu hinzugekommenen Schreibungen und ist ein Nachschlagewerk in allen Zweifelsfällen der deutschen Rechtschreibung. Knifflige Fälle der Groß- und Kleinschreibung, der Zusammen- und Getrenntschreibung sowie der Zeichensetzung sind hervorgehoben und türkis hinterlegt.
Wer die Wörter so schreibt wie in diesem Buch, schreibt sie richtig.

„Von Wort zu Wort" ist zugleich ein Lexikon für den Deutschunterricht. Du findest darin ausführliche Erläuterungen zu allen wichtigen Begriffen, die im Grammatikunterricht oder im Rechtschreibunterricht und bei der Beschäftigung mit Texten auftauchen können. Die Stichwörter sind alphabetisch in die Wörterliste eingeordnet und dort farbig unterlegt.

„Von Wort zu Wort" ist auch ein Literaturlexikon. Es enthält Porträts und Lebensbeschreibungen bedeutender deutscher Dichter/innen aus acht Jahrhunderten.

„Von Wort zu Wort" bietet noch mehr:
- Im Anhang Rechtschreibung und Zeichensetzung (S. 470) sind die wichtigsten Regeln für das richtige Schreiben übersichtlich zusammengefasst.
- Im Anhang Grammatik (S. 496) findest du Regeln und Tipps zu den Satz- und Wortarten sowie zu den Satzgliedern und Satzverbindungen.
- Im Anhang Aufsatzlehre (S. 508) steht alles, was du beim Schreiben von Texten beherzigen solltest, z. B. beim Verfassen einer Bewerbung oder eines Lebenslaufs.

Zum Aufbau der Wörterliste

Die Liste der ca. 35 000 Wörter ist wie bei jedem Wörterbuch nach dem Abc aufgebaut, wobei die Umlaute ä, äu, ö, ü wie die einfachen Vokale a, au, o, u behandelt werden. Das Wort *ächzen* wird also wie „achzen" und nicht wie „aechzen" eingeordnet.
Wo suchst du aber z. B. das Wort *abends*? Das scheint einfach, aber ein bisschen musst du doch dabei überlegen. Das Wort ist nämlich nicht als eigener Begriff herausgestellt; es steckt in einem „Wortnest". Ein solches „Wortnest" bilden in alphabetischer Reihenfolge immer mehrere Wörter, die ein gemeinsames Stammwort haben.
Das Stammwort von „abends" ist *Abend. Abend, Abendkurs, Abendland, abendländisch, abendlich, Abendmahl* und *abends* bilden also ein Wortnest.

Zu den Betonungsangaben

Schwierigkeiten bereitet manchmal auch die Betonung eines Wortes. Darum ist bei vielen Wörtern gekennzeichnet, welcher Vokal betont wird und ob dieser Vokal lang oder kurz gesprochen wird. Du brauchst dir nur die beiden folgenden Zeichen zu merken:

> . Hier betonst du den Vokal und sprichst ihn kurz wie in A̓pfel.
> _ Hier betonst du den Vokal und sprichst ihn lang wie in A̱bend.

Zur Lautschrift

Manche Wörter sind nicht nur schwer zu schreiben, sondern oft auch nicht leicht auszusprechen. Das trifft vor allem für jene Wörter zu, die aus einer fremden Sprache ins Deutsche eingeflossen sind. Als Aussprachehilfe findest du in eckigen Klammern eine vereinfachte Lautschrift in Buchstaben. Fünf Zeichen musst du dir allerdings einprägen:

~	Hier sprichst du den Vokal durch die Nase wie in Bonbon [bõbõ].
s	Hier sprichst du ein stimmhaftes (weiches) „s" wie in Nase.
ß	Hier sprichst du ein stimmloses (scharfes) „s" wie in Ast.
sch	Hier sprichst du ein stimmhaftes (weiches) „sch" wie in Garage [gara*sch*e].
θ	Hier sprichst du ein englisches th wie in thin [θin].

Zu den Bedeutungsangaben

Häufig ist die Bedeutung eines Wortes erklärt oder es wird an einem Beispiel gezeigt, in welchem Zusammenhang es gebraucht wird. Solche Anwendungsbeispiele können Redewendungen, manchmal auch Sprichwörter sein. Oft hat ein Wort auch zwei oder mehrere Bedeutungen, z. B. abfinden. Dann sind mehrere Bedeutungen oder Anwendungsbeispiele angegeben: *die Managerin wurde großzügig abgefunden (finanziell entschädigt), er fand sich damit ab (fügte sich).*

Zu den Doppelwörtern

Manchmal sind verschiedene Schreibweisen eines Wortes erlaubt. Du erkennst das daran, dass das Stichwort doppelt aufgeführt ist:

Albtraum / Alptraum	dieses Wort kannst du so oder so schreiben.
Phantasie → **Fantasie**	dieses Wort kannst du so oder so schreiben; das Stichwort ist unter **Fantasie** erklärt.
Zirkus / Circus	beide Schreibweisen sind richtig, die fett gedruckte ist aber gebräuchlicher.

Zu den Abkürzungen und Zeichen

Hinter manchen Wörtern stehen Abkürzungen wie *engl., franz., ital.* usw. Diese Angaben bezeichnen die Herkunft der Wörter. Ein Verzeichnis aller verwendeten Abkürzungen findest du auf Seite 527.
→ oder ▶ bedeutet „siehe dort!" und fordert dazu auf, unter dem angegebenen Stichwort oder auf der angegebenen Seite nachzulesen.

Inhalt und Aufbau

Auf einen Blick

Was du in den Wortnestern sonst noch finden kannst, zeigen dir die beiden folgenden Beispiele:

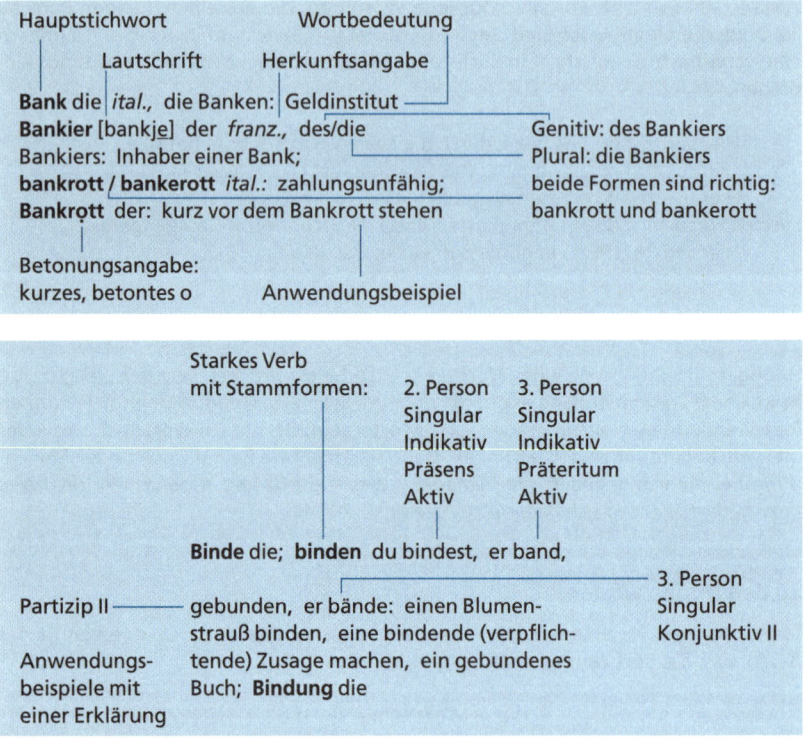

A

A das: wer A sagt, muss auch B sagen (wer etwas anfängt, muss es auch weiterführen), das ist das A und O (das Wichtigste) dieser Sache

Aal der, des Aal(e)s, die Aale: schlangenartiger Speisefisch; **aa|len** sich: ausgestreckt ruhen; sie aalten sich am Strand; *aber:* **Äl|chen** das

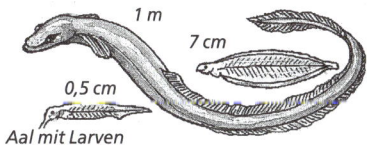

Aal mit Larven

Aas das, des Aases, die Aase: verwesende Tierleiche

ab ab und zu (manchmal)

Ab|art die: abweichende Form; **ab|ar|tig** krankhaft vom Normalen abweichend, unnatürlich: er hatte eine abartige Neigung

Abb. *Abk.* für Abbildung

Ab|bau der; **ab|bau|en** er baut körperlich ab (seine Kräfte lassen nach)

ab|bei|ßen (→ beißen)

ab|bei|zen

ab|be|stel|len

ab|be|zah|len

ab|bie|gen (→ biegen): das Auto bog von der Straße ab, er wollte das Gespräch abbiegen (ihm eine andere Richtung geben)

Ab|bild das; **ab|bil|den**; **Ab|bil|dung** die

Ab|bit|te die: ich leiste Abbitte (bitte um Verzeihung); **ab|bit|ten** sie hat einiges abzubitten

ab|blät|tern die Farbe beginnt abzublättern

ab|blen|den die Scheinwerfer abblenden

ab|blit|zen *ugs.* abgewiesen werden, ablehnen: sie lässt alle Männer abblitzen

ab|blo|cken abwehren, verhindern: einen rechten Haken abblocken, einen Versuch abblocken

ab|bre|chen (→ brechen); **Ab|bruch** der

ab|brem|sen die Geschwindigkeit verringern

ab|bren|nen (→ brennen): ein Feuerwerk abbrennen; **ab|ge|brannt** er ist total abgebrannt (*ugs.* hat kein Geld mehr)

ab|brin|gen (→ bringen): niemand brachte ihn davon ab (hielt ihn auf)

ab|bu|chen der Betrag wurde vom Konto abgebucht

Abc / Abe|ce das: deutsches Alphabet; das Abc (die Grundkenntnisse) der Wirtschaft

ab|che|cken nach einem System kontrollieren, prüfen, abhaken: der Pilot muss alle Instrumente abchecken

ab|dan|ken der König dankte ab (trat zurück); **Ab|dan|kung** die: Rücktritt

ab|de|cken der Sturm deckte viele Häuser ab, das Beet abdecken, das Risiko ist abgedeckt

ab|drän|gen sie wurde von der Fahrbahn abgedrängt

ab|dre|hen er drehte das Licht ab, das Flugzeug dreht ab (ändert den Kurs)

Ab|druck der, des Abdruck(e)s: 1. Wiedergabe von Text und Bild im Druck (*Pl.*: die Abdrucke); wir beginnen mit dem Abdruck eines neuen Romans 2. hinterlassene Spur (*Pl.*: die Abdrücke); der Fußabdruck im Sand; **ab|dru|cken**; **ab|drü|cken** die Aufregung drückte (nahm) mir die Luft ab, er drückte ab (löste den Schuss)

Katze

Vogel

Mensch

Hirsch   *fossiler Farnwedel*

Abend der: heute Abend, Montagabend, ein schöner Abend, Guten / guten Abend sagen, zu Abend essen; **Abend|kurs** der: Lehrveranstaltung am Abend für Berufstätige; **Abend|land** das: die westliche Welt; **abend|ländisch**; **abend|lich**; **Abend|mahl** das: 1. Abschiedsmahl Jesu mit den zwölf Jüngern 2. Sakrament der evang. Kirche (*kath.* Eucharistie) zum Gedächtnis an 1.: die Gläubigen gehen zum Abendmahl; **abends** um acht Uhr abends, von morgens bis abends, montagabends (jeden Montagabend) habe ich Sport

Abend

> **Abend/abends:** Groß schreibt man das Substantiv: *am Abend, eines Abends, heute Abend.* Klein schreibt man das Adverb: Er spielt abends.
> Das Gleiche gilt für Zusammensetzungen aus Wochentag und Tageszeit: Freitagabend ist ein Substantiv, freitagabends ist ein Adverb.

Aben|teu|er das: sich in ein Abenteuer stürzen; Aben|teu|rer der
aber; aber|mals; aber|tau|send(e) / Aber|tau|sen|d(e)

> **aber:** Vor *aber* steht immer ein Komma. Dabei ist es egal, ob es Satzteile miteinander verknüpft oder ganze Sätze: *reich, aber geizig; sie hat das Kind gesehen, aber sie hat es nicht erkannt.*

Aber|glau|be der; aber|gläu|bisch
ab|er|ken|nen (→ kennen): ihm wurden die bürgerlichen Ehrenrechte aberkannt (entzogen)
Aber|witz der: Unsinnigkeit; aber|wit|zig wahnwitzig: sie fasste einen aberwitzigen Plan
ab|fa|ckeln durch Abbrennen beseitigen: eine Ölquelle wurde abgefackelt; Ab|fa|cke|lung die
ab|fah|ren (→ fahren); *ugs.* auf etwas, jemanden abfahren (toll, faszinierend finden): sie fuhr voll auf die Musik der Rolling Stones ab; Ab|fahrt die; **Abf.** *Abk. für* Abfahrt
Ab|fall der; ab|fal|len (→ fallen): der Ast fällt ab, von Gott abfallen, für ihn fiel nichts ab (blieb nichts übrig); ab|fäl|lig er äußerte sich abfällig (abwertend)
ab|fäl|schen der Schuss auf das Tor wurde abgefälscht
ab|fas|sen einen Brief abfassen
ab|fer|ti|gen die Reisenden werden abgefertigt, er fertigte ihn mit kurzen Worten ab (behandelte ihn unfreundlich)
ab|fin|den (→ finden): die Managerin wurde großzügig abgefunden (finanziell entschädigt), er fand sich damit ab (fügte sich); Ab|fin|dung die: einmalige Sach- oder Geldleistung
ab|flau|en der Sturm flaute ab
Ab|fluss der, die Abflüsse; Ab|fluss|rohr das

Ab|fol|ge die: Reihenfolge
Ab|fuhr die: sie erteilte ihm eine Abfuhr (wies ihn ab); ab|füh|ren er wurde von der Polizei abgeführt (festgenommen), Steuern abführen (bezahlen), ein abführendes Mittel nehmen (für Stuhlgang sorgen)
Ab|ga|be die: wir haben hohe Abgaben zu entrichten (Steuern zu zahlen); Ab|ga|be|pflicht die; ab|ga|be|pflich|tig; ab|ge|ben (→ geben): sie gibt zu Hause keinen Cent ab (zahlt nichts), keinen Kommentar abgeben (nichts sagen), ein Schuss wurde abgegeben (abgefeuert), er gab eine komische Figur ab (wirkte lächerlich), mit dem will ich mich nicht abgeben (keinen Kontakt haben), der Ofen gibt (strahlt) Wärme ab
ab|gän|gig abgängige (vermisste, verschollene) Personen werden polizeilich erfasst; ab|ge|hen (→ gehen): sie musste von der Schule abgehen (sie verlassen), der Zug geht (fährt) gleich ab, er lässt sich nichts abgehen (er verzichtet auf nichts), dort vorne geht der Weg (nach rechts oder links) ab
Ab|gas das, des Abgases, die Abgase; ab|gas|arm; Ab|gas|son|der|un|ter|su|chung die; *Abk.* ASU
ab|ge|brüht die Wurst wird abgebrüht (mit heißem Wasser übergossen), *ugs.* ein abgebrühtes Bürschchen (gewissenloser Mensch ohne Moral)
ab|ge|dro|schen *ugs.* zu oft gebraucht, langweilig, phrasenhaft: ein abgedroschener Witz, abgedroschene Worte
ab|ge|grif|fen die Tasche war schon sehr abgegriffen (abgenutzt)
ab|ge|kar|tet ein abgekartetes Spiel (eine verabredete Gemeinheit)
ab|ge|klärt besonnen, ausgeglichen, weise: ein abgeklärtes Urteil
ab|ge|le|gen eine abgelegene Hütte
ab|ge|macht vereinbart, versprochen
ab|ge|neigt einem Plan abgeneigt sein (ihn ablehnen)
Ab|ge|ord|ne|te der/die: Volksvertreter/in, Mitglied eines Parlaments
Ab|ge|sand|te der/die, die Abgesandten
ab|ge|schie|den ein abgeschiedenes (einsames) Dorf
ab|ge|schlafft ohne Energie, müde

ab|ge|se|hen abgesehen davon, dass …, er hat es auf mich abgesehen (schikaniert, bedroht mich)
ab|ge|spannt müde, erschöpft
ab|ge|stan|den nicht mehr frisch
ab|ge|tra|gen abgetragene Kleidung
ab|ge|win|nen du gewinnst ab, er/sie gewinnt ab, ich gewann ab, er hat ihr ein Lächeln abgewonnen
ab|ge|wirt|schaf|tet ein abgewirtschaftetes (heruntergekommenes) Viertel
ab|ge|wöh|nen ich habe mir das Rauchen abgewöhnt
ab|ge|zehrt sie sah bleich und abgezehrt (entkräftet, mager) aus
Ab|glanz der, des Abglanzes: ein Abglanz vergangener Pracht
Ab|gott der, die Abgötter: er war ihr Abgott (leidenschaftlich verehrtes Wesen); **ab|göt|tisch** sehr, über alle Maßen, sie liebten ihren Sohn abgöttisch
ab|gren|zen du grenzt dich von den anderen ab (unterscheidest dich von ihnen); **Ab|gren|zung** die
Ab|grund der: am Rande des Abgrunds, Abgründe (unergründliche Tiefen) tun sich auf; **ab|grund|tief** jemanden abgrundtief (übermäßig) hassen
ab|ha|cken mit abgehackter Stimme (stoßweise) sprechen
ab|ha|ken du hakst ab: kennzeichnen und damit erledigen
ab|hal|ten (→ halten): einen Kurs abhalten (durchführen), jemanden von der Arbeit abhalten (daran hindern)
ab|han|deln 1. ich handle (kaufe) ihm noch den Sessel ab 2. ein Thema abhandeln (darstellen)
ab|han|den|kom|men das Buch ist mir abhandengekommen (ich habe es verloren)
Ab|hang der; **ab|hän|gen** (→ hängen): es hing ganz vom Wetter ab, das Pferd hängte seine Verfolger ab; **ab|hän|gig**
ab|här|ten sich gegen Erkältung abhärten (unempfindlich machen); **Ab|här|tung** die
ab|hau|en (→ hauen): die Kinder hauten schnell ab (*ugs.* liefen davon), einen Ast abhauen (abschlagen)
ab|he|ben (→ heben): das Flugzeug hat schon abgehoben, eine Spielkarte abheben, sie wollte auf etwas abheben (hinweisen), beim Stricken zwei Maschen von der Nadel abheben, sie hob Geld vom Konto ab, er redet ziemlich abgehoben (überspannt)
ab|hel|fen (→ helfen): dem ist schnell abzuhelfen (das ist in Ordnung zu bringen); **Ab|hil|fe** die
ab|hö|ren Vokabeln abhören (auswendig aufsagen lassen), heimlich ein Band abhören, der Arzt hörte seine Lunge ab; **Ab|hör|ge|rät** das
Abi|tur das *lat.*: Reifeprüfung an einer höheren Schule, *kurz:* Abi; **Abi|tu|ri|ent** der; **Abi|tu|ri|en|tin** die
Abk. *Abk. für* Abkürzung
ab|kan|zeln sie wurde öffentlich abgekanzelt (scharf getadelt); **Ab|kan|ze|lung** die
ab|kap|seln sich: Kontakte meiden
Ab|kehr die: die Abkehr (Abwendung) vom Glauben; **ab|keh|ren** er kehrte sein Gesicht ab
ab|klap|pern wir klapperten alle Hotels ab (*ugs.* suchten sie der Reihe nach auf)
ab|klä|ren unsere Zusammenarbeit wurde abgeklärt (besprochen), er wirkt abgeklärt (ruhig, weise)
Ab|klatsch der: minderwertige Nachahmung, Kopie
ab|klin|gen (→ klingen): die Grippe klingt ab (geht zurück)
Ab|kom|me der: Nachfahre; **ab|kom|men** (→ kommen): vom Weg abkommen (sich verirren), von einem Plan abkommen (ihn aufgeben); **ab|kömm|lich** ich bin gerade abkömmlich (habe Zeit)
ab|küh|len; Ab|küh|lung die
ab|kür|zen ein Verfahren abkürzen; **Ab|kür|zung** die: eine Abkürzung nehmen
Ab|la|ge die; **ab|la|gern** Geröll lagert sich ab, der Wein ist abgelagert (ist ausgereift); **Ab|la|ge|rung** die
Ab|lass der, des Ablasses, die Ablässe: Nachlass von zeitlichen Sündenstrafen; **ab|las|sen** (→ lassen): der Adler ließ von der Gämse ab
Ab|lauf der; **ab|lau|fen** (→ laufen)
ab|le|gen wollen Sie (den Mantel) ablegen?, er legte die Prüfung ab, einen Brief ablegen (einsortieren); **Ab|le|ger** der: Pflanzentrieb zur Vermehrung

ablehnen

ab|leh|nen sie lehnte das Erbe ab (schlug es aus), jemanden ablehnen (nicht mögen); **Ab|leh|nung** die
ab|lei|ten; Ab|lei|tung die
ab|len|ken den Wasserstrahl ablenken (umlenken), sich mit einem Film ablenken (zerstreuen); **Ab|len|kungs|ma|növer** das
ab|lich|ten kopieren; **Ab|lich|tung** die
ab|lie|fern; Ab|lie|fe|rung die
Ab|lö|se *ugs.* die: einmalige Geldsumme, z. B. für Einbauten, die in einer Wohnung übernommen werden; **ab|lö|sen** er löst die Briefmarke ab, sie wurde stündlich abgelöst (bei der Arbeit ausgewechselt)
ab|luch|sen *ugs.* sie luchste mir das Poster ab (überredete mich, ihr das Poster zu schenken)
ABM die: *Abk. für* Arbeitsbeschaffungsmaßnahmen, die von der Bundesagentur für Arbeit durchgeführt werden, um Arbeitsplätze für Langzeitarbeitslose zu schaffen (der Arbeitgeber erhält einen Zuschuss zur Lohn- oder Gehaltszahlung); **ABM-Stel|le** die
ab|ma|chen den Schmutz abmachen (entfernen), wir machen das unter uns ab (vereinbaren es); **Ab|ma|chung** die
ab|ma|gern
ab|nä|hen; Ab|nä|her der
Ab|nah|me die; **ab|neh|men** (→ nehmen): nimm den Hut ab!, ein Versprechen abnehmen; **Ab|neh|mer** der: (Ein)käufer, Kunde
Ab|nei|gung die
ab|norm von der Norm abweichend, abnorme (ungewöhnliche) Ausmaße, ein abnormer (krankhafter) Trieb; **ab|nor|mal** *österr./schweiz.*: merkwürdig, ungewöhnlich; **Ab|nor|mi|tät** die
ab|nut|zen / ab|nüt|zen abgenutzt / abgenützt; **Ab|nut|zung / Ab|nüt|zung** die
Abon|ne|ment [abonemã], das *franz.* des/die Abonnements: verbilligter Dauerbezug von Zeitungen, Eintrittskarten u. Ä.; **Abon|nent** der: Bezieher eines Abonnements; **Abon|nen|tin** die; **abon|nie|ren**
ab|ord|nen beauftragen; **Ab|ord|nung** die
ab|pfei|fen (→ pfeifen): die erste Halbzeit wurde abgepfiffen; **Ab|pfiff** der
ab|pral|len; Ab|pral|ler der
Ab|ra|ham Stammvater Israels, der erste Gläubige: sich wie in Abrahams Schoß (*ugs.* sicher und geborgen) fühlen
Ab|raum der: im Bergbau wertlose Deckschicht über Erzlager; **Ab|raum|hal|de** die; **ab|räu|men** alle neun Kegel abräumen (umwerfen), das Geschirr abräumen (aufräumen, abtragen)
ab|rech|nen du rechnest die Kasse ab, er rechnete mit seinen Feinden ab (rächte sich an ihnen); **Ab|rech|nung** die
Ab|re|de die: etwas in Abrede stellen (abstreiten)
Ab|rei|se die; **ab|rei|sen** (→ reisen)
ab|rich|ten dressieren, der Falke wurde zur Jagd abgerichtet
ab|rie|geln versperren
Ab|riss der: 1. Zerstörung; der Abriss des Hauses 2. Skizze, Übersicht; kurzer Abriss der Geschichte
Ab|ruf der; **ab|ru|fen** (→ rufen): wegholen
ab|run|den scharfe Kanten abrunden, Sahne rundet den Geschmack ab (vervollkommnet ihn)
ab|rupt *lat.*: unvermittelt, plötzlich, jäh; sie brach das Gespräch abrupt ab, der Ausflug nahm ein abruptes Ende
ab|rüs|ten die Atomstaaten sollten alle abrüsten (keine Atomwaffen mehr herstellen); **Ab|rüs|tung** die
ABS das: *Abk. für* ein Antiblockiersystem bei Kraftfahrzeugen
ab|sa|cken ihr Blutdruck war abgesackt (gefallen), das Flugzeug sackte plötzlich ab, in den Leistungen absacken (nachlassen)
Ab|sa|ge die; **ab|sa|gen**
ab|sah|nen *ugs.* großen Gewinn – oft auf Kosten anderer – machen
Ab|satz der: 1. Schuh- oder Treppenabsatz; auf dem Absatz kehrtmachen (sofort umkehren) 2. Abschnitt in einem Text 3. Verkauf; die CD fand reißenden Absatz; **Ab|satz|for|schung** die: das Sammeln von Informationen aus dem Verkauf und über die Käufer, um so den Verkauf (Absatz) zu fördern; **Ab|satz|pla|nung** die: das Abschätzen des künftigen Warenabsatzes
ab|sau|fen *ugs.* untergehen, ertrinken

ab|schaf|fen; Ab|schaf|fung die
ab|schal|ten
ab|schät|zen; ab|schät|zig er urteilte abschätzig (abwertend) über ihn
Ab|schaum der: *ugs.* dieser Kerl ist Abschaum (minderwertig)
Ab|scheu der/die, des Abscheus; ab|scheu|lich
ab|schie|ben (→ schieben): jemanden in sein Heimatland abschieben (ausweisen); *ugs.* sie schob vergnügt ab (ging weg); Ab|schie|be|haft die
Ab|schied der, des Abschied(e)s
ab|schie|ßen (→ schießen); *ugs.* der ist zum Abschießen (unsympathisch); Abschuss der; Ab|schuss|ram|pe die; ab|schüs|sig stark abfallend; eine abschüssige Strecke
ab|schir|men schützen
Ab|schlag der: 1. Abspielen des Balles vom Tor 2. Preissenkung 3. abgeschlagenes Gesteinsstück als Werkzeug, z. B. Faustkeil; ab|schla|gen (→ schlagen): er schlug ihr die Bitte ab; ab|schlä|gig eine abschlägige (ablehnende) Antwort

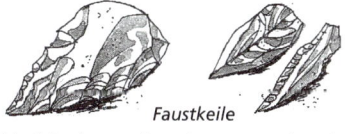
Faustkeile

ab|schlep|pen das Auto wurde abgeschleppt (entfernt), ich habe mich mit dem Gepäck abgeschleppt
ab|schlie|ßen (→ schließen); ab|schlie|ßend; Ab|schluss der, die Abschlüsse
ab|schmet|tern *ugs.* ihr Antrag wurde abgeschmettert (heftigst abgewiesen)
ab|schnei|den (→ schneiden): er hat bei der Prüfung schlecht abgeschnitten (ein schlechtes Ergebnis erzielt); Ab|schnitt der; ab|schnitt(s)|wei|se
ab|schre|cken; Ab|schre|ckung die
ab|schrei|ben (→ schreiben): schreibe das Ganze noch einmal ab (ins Reine)!; einen Freund abschreiben (nicht mehr mit ihm rechnen); Ab|schrei|bung die: Wertverlust bei Gebäuden oder Maschinen, der in der jährlichen Gewinn-und-Verlust-Rechnung abgeschrieben (steuerlich berücksichtigt) wird; Ab|schrift die
ab|schüt|teln ich schütt(e)le den Schnee ab, er hat den Verfolger abgeschüttelt (hinter sich gelassen)
ab|schwä|chen das Tief über England schwächt sich ab, die Wirkung wurde abgeschwächt
ab|schwei|fen vom Weg abschweifen (ihn verlassen), von einem vorgegebenen Thema abschweifen
ab|schwel|len (→ schwellen); der Motorenlärm schwoll ab (nahm ab)
ab|schwir|ren *ugs.* schwirr ab! (geh weg!)
ab|seh|bar; ab|se|hen (→ sehen): jemandem ein Kunststück absehen (es nachmachen), die Folgen sind abzusehen (im Voraus bekannt), von einer Anzeige absehen (auf sie verzichten)
ab|seits ein Gasthof abseits der Straße; Ab|seits das: der Schiedsrichter pfiff Abseits; ab|seits|ver|däch|tig

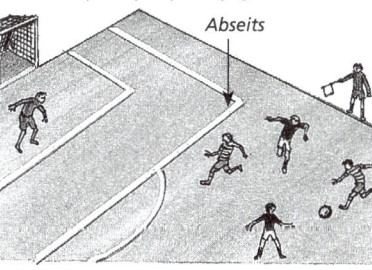
Abseits

ab|sen|den (→ senden); Ab|sen|der der
ab|ser|vie|ren der Nachtisch wurde abserviert (abgetragen), er wurde eiskalt abserviert (seines Einflusses beraubt)
ab|set|zen du setzt die Brille ab, die abgesetzte (verkaufte) Ware, die Regierung wurde abgesetzt (gestürzt), einen Film absetzen (nicht mehr vorführen); Ab|set|zung die: Amtsenthebung
Ab|sicht die: „So fühlt man Absicht und man ist verstimmt" (Johann Wolfgang von Goethe), er hat ernste Absichten (will heiraten); ab|sicht|lich
ab|sit|zen (→ sitzen): er hat seine Strafe abgesessen (verbüßt), vom Pferd absitzen (absteigen),
ab|so|lut *lat.*: absoluter Nullpunkt (tiefstmögliche Temperatur), absolute (uneingeschränkte) Meinungsfreiheit, absolute (völlige) Ruhe, das kann ich absolut (überhaupt) nicht leiden

Ab|so|lu|ti|on die *lat.*, die Absolutionen: nach der Beichte die Vergebung der Sünden; jemandem die Absolution erteilen; **Ab|so|lu|tis|mus** der *lat.*: Regierungsform mit einem Monarchen an der Spitze, der nach einer von Gott hergeleiteten uneingeschränkten Macht und Herrschaft strebt

Ab|sol|vent der *lat.*: Schüler oder Student kurz nach einer Abschlussprüfung; **Ab|sol|ven|tin** die; **ab|sol|vie|ren** verrichten, durchführen, beenden; er absolvierte seine Übungen, sie absolvierte ihr Studium

ab|son|der|lich seltsam

ab|son|dern sich von der Menge absondern, Schweiß absondern

ab|sor|bie|ren *lat.*: schlucken, aufnehmen, beanspruchen; das Training absorbierte seine Kräfte, Sauerstoff wird von Wasser absorbiert; **Ab|sorp|ti|on** die

ab|spal|ten; **Ab|spal|tung** die

ab|spei|chern einen mit dem Computer geschriebenen Text abspeichern (sichern); **Ab|spei|che|rung** die

ab|spei|sen sie speiste mich mit leeren Worten ab (nahm mein Anliegen nicht ernst); **Ab|spei|sung** die

ab|spens|tig er machte mir die Freundin abspenstig (nahm sie mir weg)

ab|sper|ren; **Ab|sper|rung** die

ab|spie|len eine CD abspielen, hier spielt sich nichts ab (*ugs.* daraus wird nichts)

Ab|spra|che die; **ab|spre|chen** sich (→ sprechen)

ab|sprin|gen (→ springen): mit dem Fallschirm abspringen, der Lack ist abgesprungen, er sprang in letzter Minute ab (trat zurück, z. B. von einem Vertrag); **Ab|sprung** der

ab|stam|men; **Ab|stam|mung** die

Ab|stand der: ich halte Abstand, ich nehme davon Abstand (verzichte), er war mit Abstand (bei Weitem) der Beste

ab|stat|ten jemandem Dank abstatten

ab|stau|ben das Regal abstauben; **Ab|stau|ber** der: Fußballspieler, der durch einen Zufall ein Tor erzielt

Ab|ste|cher der: kurzer Umweg

ab|ste|cken das Ziel abstecken (begrenzen, festlegen)

ab|stei|gen (→ steigen); **Ab|stei|ger** der; **Ab|stieg** der, des Abstieg(e)s; **ab|stiegs|ge|fähr|det**

ab|stel|len den Motor abstellen (ausschalten), das muss abgestellt werden (aufhören); **Ab|stell|gleis** das

ab|stem|peln (→ stempeln): er war als Faulpelz abgestempelt (galt als faul)

ab|stim|men wir haben abgestimmt (gewählt), sich untereinander abstimmen (einig werden), Farben aufeinander abstimmen (in Einklang bringen); **Ab|stim|mung** die

abs|ti|nent *oder* ab|sti|nent *lat.*: enthaltsam sein, meist: auf alkoholische Getränke verzichten; **Abs|ti|nenz** *oder* Ab|sti|nenz die; **Abs|ti|nenz|ler** *oder* Ab|sti|nenz|ler der

Ab|stoß der; **ab|sto|ßen** (→ stoßen): das neue Herz wurde vom Organismus abgestoßen (nicht angenommen), das Schiff stieß vom Ufer ab (legte ab); **ab|sto|ßend** der Bau war abstoßend hässlich; **Ab|sto|ßung** die

ab|stot|tern *ugs.* sie konnte ihre Schulden abstottern (in Raten bezahlen)

abs|tra|hie|ren *oder* ab|stra|hie|ren *lat.*: aus etwas Besonderem das Wesentliche entnehmen, verallgemeinern; der Künstler begann in seinen späteren Werken abstrahiert (abstrakt) zu malen

abs|trakt *oder* ab|strakt *lat.*: begrifflich, allgemein, unwirklich, nur gedacht; das ist mir zu abstrakt, abstrakte Kunst; *Ggs.* konkret; **Abs|trak|ti|on** *oder* Ab|strak|ti|on die

ab|stram|peln *ugs.* sie strampelt (müht) sich ab und er liegt auf der faulen Haut

ab|strei|ten das kann keiner abstreiten (leugnen), man stritt ihr die Befähigung ab (hielt sie für unfähig)

ab|stu|fen; **Ab|stu|fung** die

ab|stump|fen etwas stumpf machen, gefühllos, teilnahmslos werden; ein abgestumpftes (unempfindlich gewordenes) Gewissen

Ab|sturz der; **ab|stür|zen**

ab|surd *lat.*: sinnlos, abwegig, ungereimt; deine Vorstellungen sind absurd (nicht wirklichkeitsnah); **Ab|sur|di|tät** die

Abs|zess *oder* Ab|szess der *lat.*, des Abszesses, die Abszesse: Eiteransammlung im Gewebe, eitrige Geschwulst

Abs|zis|se *oder* **Ab|szis|se** die *lat.*, die Abszissen: *math.* x-Achse in einem Koordinatensystem; *Ggs.* Ordinate

Abt der *lat.*, des Abt(e)s, die Äbte: Klostervorsteher; **Ab|tei** die; **Äb|tis|sin** die: Vorsteherin eines Frauenklosters

ab|ta|keln das Schiff wurde abgetakelt (außer Dienst gestellt)

ab|tau|en

Ab|teil das; **ab|tei|len**; **Ab|tei|lung** die

ab|tip|pen (→ tippen)

ab|tra|gen (→ tragen): einen Hügel abtragen, er trug seine Schulden ab (bezahlte sie), das Essen abtragen (abräumen), ihr Kleid war abgetragen (verschlissen); **ab|träg|lich** nachteilig, schädlich

ab|trei|ben (→ treiben): 1. wegschwemmen; er wurde von der Strömung abgetrieben 2. ein Kind abtreiben (eine Schwangerschaft abbrechen); **Ab|treibung** die

ab|tren|nen ihm wurde bei dem Unfall ein Bein abgetrennt; **Ab|tren|nung** die

ab|tre|ten (→ treten): abgetretene Absätze, der Schauspieler trat ab (entfernte sich), er tritt seine Rechte ab (überlässt sie einem anderen)

ab|trot|zen sie trotzte ihm ein Versprechen ab (erzwang es)

ab|trun|nig untreu; **Ab|trun|ni|ge** der/die

ab|tun (→ tun): er tat den Einwand mit einem Achselzucken ab (überging ihn)

ab|ur|tei|len verurteilen

ab|wä|gen (→ wägen): etwas kritisch abwägen (prüfen)

ab|wan|deln ich wand(e)le den Text ab (verändere ihn teilweise)

ab|wärts; **ab|wärts|ge|hen** 1. nach unten gehen 2. sich verschlechtern: mit seiner Gesundheit wird es abwärtsgehen

Ab|wasch der; **ab|wasch|bar**

Ab|was|ser das, die Abwässer: verschmutztes Wasser

ab|wech|seln sie fuhren abwechselnd; **Ab|wech|se|lung / Ab|wechs|lung** die

ab|we|gig irrig, merkwürdig

Ab|wehr die; **ab|weh|ren**

ab|wei|chen (→ weichen); sie ist von ihrer Meinung nicht abgewichen (hat sie nicht geändert); **Ab|wei|chung** die

ab|wer|fen (→ werfen); **Ab|wurf** der

ab|wer|ten der Dollar wird abgewertet (verliert an Wert, an Kaufkraft), eine abwertende (herabsetzende) Kritik; **Ab|wer|tung** die

ab|we|send; **Ab|we|sen|heit** die

ab|wi|ckeln du wickelst das Kabel ab, ich wick(e)le den Auftrag ab (führe ihn aus)

ab|wie|geln besänftigen, beschwichtigen

ab|wie|gen (→ wiegen)

ab|wim|meln er ließ sich nicht abwimmeln (abweisen)

Ab|wind der, des Abwindes, die Abwinde: abwärts gerichtete Luftströmung

ab|wirt|schaf|ten er hat abgewirtschaftet (ist nicht mehr zahlungsfähig), ein abgewirtschafteter (heruntergekommener) Bauernhof

ab|zah|len; **Ab|zah|lungs|kauf** der

ab|zäh|len; **Ab|zähl|reim** der: „Ich und du, Müllers Kuh, Müllers Esel, der bist du."

Ab|zei|chen das; **ab|zeich|nen** eine Entwicklung zeichnet sich ab (wird sichtbar)

ab|zie|hen (→ ziehen); **Ab|zieh|bild** das; **Ab|zug** der; **ab|züg|lich**

ab|zo|cken er wurde abgezockt (betrügerisch um sein Geld gebracht)

ab|zwei|gen; **Ab|zwei|gung** die

Ac|ces|soire [aksesoar] das *franz.*, die Accessoires: modisches Zubehör zur Kleidung, z. B. Schmuck, Gürtel

Ace|tat das *lat.* → Azetat

Ace|ton / Aze|ton das *lat.*: farbloses, stark riechendes Lösungsmittel für Farben und Lacke

Ace|ty|len / Aze|ty|len das *lat. / griech.*: brennbares, farbloses Gas

ach ach je!, *aber:* sein Ach und Weh (Leid)

Achat der, des Achat(e)s, die Achate: minder wertvoller Edelstein

Achil|les|fer|se die (nach der einzigen verwundbaren Körperstelle des griech. Sagenhelden Achill): das ist ihre Achillesferse (ihr schwacher Punkt); **Achil|les|seh|ne** die: Sehne zwischen Fersenbein und Wadenmuskel

Achillessehne

Ach|se die; **Achs|ab|stand / Ach|sen|ab|stand** der

Achsel

Ach|sel die; ach|sel|zu|ckend
acht *klein:* es schlägt acht (Uhr), alle acht Wochen, das kostet acht Euro, am achten Juli, das Spiel steht acht zu vier (8:4); *groß:* die Zahl Acht, heute ist der Achte (des Monats); acht|ar|mig; acht|blätt|rig; Ach|tel *klein:* ein achtel Pfund; *groß:* ein Achtelliter; ein Achtel Zucker, drei Achtel der Strecke; Ach|ter der: mit acht Ruderern besetztes Ruderboot; Ach|ter|bahn die; Ach|ter|deck das: hinteres Schiffsdeck; ach|tern *in der Seemannssprache:* hinten; er ging achtern über Bord; acht|hun|dert;

Achter

acht|jäh|rig / 8-jäh|rig; Acht|jäh|ri|ge / 8-Jäh|ri|ge, der/die; acht|mal / 8-mal achtmal so weit, *aber:* acht mal zehn; acht|sei|tig / 8-sei|tig; acht|stel|lig; Acht|tau|sen|der der; Acht|ton|ner / 8-Ton|ner der; acht|zehn; acht|zig vor achtzig Jahren, mir fehlen achtzig Cent, sich mit achtzig noch jung fühlen, er geht in die achtzig, jemanden auf achtzig bringen (ärgern); Acht|zi|ger der: Mann zwischen 80 und 89 Jahren, aber: in den Achtzigerjahren / achtziger Jahren / 80er-Jahren / 80er Jahren (von 1980–1989); acht|zig|jäh|rig / 80-jäh|rig; Acht|zig|jäh|ri|ge / 80-Jäh|ri|ge der/die; acht|zigs|tel eine achtzigstel Sekunde / Achtzigstelsekunde

Acht die: Verbannung, Ausschluss; er wurde mit der Acht belegt; äch|ten sie wurden von allen geächtet (geschnitten, verdammt)

Acht die: Aufmerksamkeit, Fürsorge; du kannst das nicht außer Acht lassen (musst es berücksichtigen), das Außer-Acht-Lassen; Acht ge|ben / acht|ge|ben (→ geben): gib Acht / acht auf den Verkehr!; Acht ha|ben / acht|ha|ben (→ haben): hab Acht / acht auf ihn!

acht|bar er galt als achtbarer (ehrenwerter) Mann; ach|ten seine Eltern achten; ach|tens|wert; acht|los; acht|sam; Ach|tung die; ach|tungs|voll

äch|zen die Stufen ächzten (knarrten) unter seinem Schritt, er kam ächzend (schwer schnaufend) hoch
Acker der, die Äcker
Ac|tion [äkschn] die *engl.:* spannungs- und ereignisreiche Handlung, z.B. in einem Film; Ac|tion|pain|ting / Ac|tion-Pain|ting das: Aktionsmalerei, z.B. mit Tierblut
a. D. *Abk. für* außer Dienst
ADAC der: *Abk. für* Allgemeiner Deutscher Automobil-Club
ad ac|ta *lat.:* ad acta legen (eine Sache als erledigt betrachten)
ada|gio [ad<u>a</u>dscho] *ital.:* ruhig, langsam; Ada|gio das: langsam zu spielendes Musikstück
Adam nach der Bibel Stammvater der Menschheit; bei Adam und Eva anfangen (*ugs.* bei seinen Ausführungen sehr weit ausholen); Adams|ap|fel der: hervortretender Schildknorpel des männlichen Kehlkopfs; Adams|kos|tüm das: *ugs.* im Adamskostüm (nackt) herumlaufen
Ad|ap|ta|ti|on / Ad|ap|ti|on die *lat.*, der Adaptation, die Adaptationen: 1. Anpassung an die Umwelt 2. *überwiegend nur* Adaption: möglichst werkgetreue Umarbeitung eines literarischen Werkes für andere Kommunikationsmittel, z.B. einen Roman verfilmen; ad|ap|tie|ren
Ad|ap|ter der *lat.*, die Adapter: Verbindungs- oder Zusatzteil
ad|ä|quat *lat.:* entsprechend, angemessen, angeglichen; ein adäquates Gehalt, sie suchte nach einem adäquaten Wort
ad|die|ren *lat.:* zusammenzählen; Ad|di|ti|on die
ade auf Wiedersehen!, Ade / ade sagen
Adel der; ade|lig; Ade|li|ge der/die; adeln; ad|lig; Ad|li|ge der/die
Ader die, die Adern: Blutgefäß; Äderchen das; ade|rig / äde|rig
adi|eu [adiö] *franz.:* leb wohl; Adi|eu das, Adieu / adieu sagen

---

Ad|jek|tiv das *lat.*, die Adjektive: Eigenschaftswort. Wer etwas beschreiben will, braucht das Adjektiv. Diese Wortart benennt nicht nur Eigen-

schaften – deshalb ist die deutsche Bezeichnung ungenau –, sondern auch Aussehen, Zustand, Lage usw. „Das alte Auto muss in die Werkstatt." – „Das schnelle Auto hupt mir zu oft." – „In einem gelben Auto sitzt nicht immer ein Briefträger." In diesen Sätzen gehört das Adjektiv als ▶ Attribut zu einem Substantiv (attributiver Gebrauch), mit dem es in Zahl (▶ Numerus), Geschlecht (▶ Genus) und Fall (▶ Kasus) übereinstimmen muss. Man sieht das meist an der Endung: „Ein weißer Hund, eine schwarze Katze und ein braunes Huhn gehen durch die leeren Straßen."
In Sätzen mit dem Verb „sein" (auch „werden" und „bleiben") gehört das Adjektiv zum Prädikat (prädikativer Gebrauch). „Ein Lottogewinn ist erfreulich." – „Die Heizung wird warm." – „Das Wetter bleibt schön." Das Adjektiv bleibt hierbei unverändert.
In Verbindung mit einem Vollverb ist das Adjektiv ein Adverb (▶ Adverbial). „Das Auto fährt schnell." – „Das rote Auto fährt schneller als das gelbe." (▶ Steigerung)

Ad|ju|tant der *lat.*, des/die Adjutanten: dem Kommandeur beigestellter Offizier
Ad|ler der

Adlerhorst

ad|lig (→ Adel)
Ad|mi|nist|ra|ti|on *oder* Ad|mi|nis|tra|ti|on die *lat.*, die Administrationen: 1. verwaltende Behörde, Stadtverwaltung 2. Bürokratie; **ad|mi|nist|ra|tiv** *oder* ad|mi|nis|tra|tiv verwaltungsmäßig, behördlich, bürokratisch

Ad|mi|ral der, die Admirale / Admiräle: 1. höchster Offiziersrang der Marine 2. Schmetterlingsart
ad|op|tie|ren *lat.*: der Junge war adoptiert (als eigenes Kind angenommen); **Ad|op|ti|on** die
Ad|re|na|lin das *lat.*: Hormon des Nebennierenmarks, das bei körperlicher Anspannung vermehrt ausgeschüttet wird
Ad|res|sat der, des/die Adressaten: Empfänger; **Ad|res|se** die: Anschrift, *Abk.* Adr.; **ad|res|sie|ren**
ad|rett *franz.*: sauber, nett
Ad|ria die: *Abk. für* Adriatisches Meer (Teil des Mittelmeeres zwischen Balkan- und Apenninenhalbinsel)
A-Dur das: Durtonart, die auf dem Grundton A beruht, *Zeichen* A; **A-Dur-Ton|lei|ter** die
Ad|vent der *lat.*: die vier Wochen vor Weihnachten, der 1. Advent (Adventssonntag); **ad|vent|lich**; **Ad|vents|ka|len|der** der, *österr.* Ad|vent|ka|len|der

Ad|verb das *lat.*, die Adverbien
▶ Adverbial

Adverbial

Ad|ver|bi|al das *lat.*, die Adverbiale: Umstandsbestimmung: Ein Satz wie „Der Onkel reist" ist zwar sehr schön, aber nicht einmal Sherlock Holmes könnte viel damit anfangen. Er würde fragen: Wohin? Woher? Wie? Womit? Warum? Wann? Die Antworten könnten lauten: nach Hamburg, von Berlin nach Paris, in einem Auto, mit viel Gepäck, aus Langeweile, nächstes Jahr. Bei allen diesen näheren Angaben handelt es sich um Adverbiale. Sie lassen sich wie folgt einteilen:
1. Nach dem Inhalt: Gefragt wird nach Ort, Zeit, Grund usw. Daraus folgt: Es gibt Adverbiale des Ortes (hier, in Mexiko, am Südpol, nirgends), der Zeit (heute, am Sonntag, nie), des Grundes (deshalb, wegen des Regens), des Umstandes (gerne, mit viel Geschrei) und so fort.
2. Nach der Art, wie sie gebildet werden; hier gibt es drei Gruppen: In der ersten Gruppe finden wir Substantive, meist mit einer Präposition: des Nachts,

Advokat

aus Freude, unter dem Tisch, für Geld (präpositionale Wortgruppe).
Die zweite Gruppe bilden Einzelwörter: bald, heute, deshalb, oft. Diese Wörter heißen Adverbien (Einzahl: das Adverb).
Die dritte Gruppe besteht aus Adjektiven, die als Adverbien gebraucht werden: „Das Auto fährt langsam." Hier wird nichts über das Auto an sich gesagt; es kann ja auch ein Rennwagen sein. Man erfährt vielmehr, wie das Auto gerade eben fährt.
Jetzt ist auch klar, warum Adverbien und Adverbiale so heißen: Sie gehören zum ▶ Verb, lateinisch „ad verbum", und machen nähere Angaben über die Umstände, unter denen etwas geschieht. Die Adverbien, die von Adjektiven gebildet werden, kann man auch steigern: „Jetzt fährt das Auto langsamer." Bei den anderen Adverbien geht das nur manchmal: oft – öfter, aber: heute –?
Es gibt kaum Sätze ohne eine Angabe, die auf die Fragen wo, wann, warum usw. antwortet. Die Aussage „Er wohnt" ist so unvollständig, dass noch eine Ortsangabe folgen muss: hier, nirgends, auf dem Mond usw. In der Gestaltung von Adverbien ist man sehr frei. Man kann sagen: „Der Stuhl stand hier." Das Wort „hier" lässt sich auch ersetzen durch „an dieser Stelle" oder „an seinem Platz".
Manchmal kann statt eines Adverbials sogar ein ganzer Satz stehen – ein Adverbialsatz –, zum Beispiel : „Es regnet. Deshalb bleibe ich zu Hause." – „Wegen des Regens bleibe ich zu Hause." – „Weil es regnet, bleibe ich zu Hause."

Ad|vo|kat der *lat.*, des/die Akvokaten: veraltet für Rechtsanwalt
Ae|ro|bic [ärobik] das *engl./amerik.*: Fitnesstraining mit gymnastischen und tänzerischen Übungen
Ae|ro|dy|na|mik die *griech.*: die Wissenschaft von strömenden Gasen und der Luft; **ae|ro|dy|na|misch** nach den Gesetzen der Aerodynamik
Ae|ro|sta|tik [äro…] die *griech.*: die Lehre vom Gleichgewichtszustand der Gase, z. B. der Luft; **ae|ro|sta|tisch** zur Aerostatik gehörend
Af|fä|re die *franz.*, die Affären: peinliche Situation, skandalöser Vorfall, Liebesabenteuer
Af|fe der, des/die Affen: er hat einen Affen (*ugs.* ist betrunken); **af|fig sein** affiges (eitles) Benehmen; **Äf|fin** die; **äffisch**
Af|fekt der *lat.*, des Affekt(e)s, die Affekte: im Affekt (in großer Erregung) handeln; **af|fek|tiert** sie hat ein affektiertes (gekünsteltes) Benehmen
Af|fi|ni|tät die *lat.*, die Affinitäten: Ähnlichkeit, Wesensverwandtschaft zu jemandem; in der Chemie: das Bestreben zweier Stoffe, miteinander zu reagieren
Af|ghan der: aus Afghanistan kommender, meist roter Wollteppich mit geometrischem Muster; **Af|gha|ne** der: Windhund mit langen Haaren
Af|gha|ne der; **Af|gha|nin** die, die Afghaninnen; **af|gha|nisch**; **Af|gha|nis|tan**
A|fri|ka; **Af|ri|ka|ner** der; **Af|ri|ka|ne|rin** die, die Afrikanerinnen; **af|ri|ka|nisch**
Af|ter der: Darmausgang
Af|ter|shave [afteschäv] das *engl.*: Gesichtswasser, das man nach der Rasur verwendet
AG *Abk. für* Aktiengesellschaft, Arbeitsgemeinschaft
Ägä|is die; *Abk. für* Ägäisches Meer (zwischen Balkanhalbinsel und Kleinasien)
Aga|ve die: Pflanzenart warmer Zonen mit hartledrigen Blättern, aus denen man Fasern gewinnt (Sisalagave)

Agent der, des/die Agenten: 1. Spitzel, Spion 2. geschäftlicher Vermittler, Vertreter
Ag|glo|me|rat das *lat.*, die Agglomerate: Anhäufung, z. B. von Gestein; **Ag|glo|me|ra|ti|on** die: Zusammenballung, Ballungsgebiet von Städten

Ag|gre|gat das *lat.*: 1. *(Techn.)* Satz von zusammenwirkenden Apparaten oder Maschinen 2. *(Math.)* mehrgliedriger Ausdruck; **Ag|gre|gat|zu|stand** der: Zustandsform von Materie: fest, flüssig oder gasförmig

Ag|gres|si|on die *lat.*: Angriff, Feindseligkeit; **Ag|gres|si|ons|ver|hal|ten** das; **ag|gres|siv** angriffslustig, rücksichtslos, streitsüchtig; **Ag|gres|si|vi|tät** die: Angriffslust; **Ag|gres|sor** der: Angreifer

Ägi|de die: Schirmherrschaft; das Fest findet unter der Ägide von … statt

agie|ren *lat.*: wirken, handeln, auftreten, heftig bewegen; sie agiert mit den Händen, er agierte auf der Bühne

agil *lat.*: wendig, beweglich, regsam, geschäftig; sie war trotz ihrer Behinderung sehr agil; **Agi|li|tät** die

Agi|ta|ti|on die *lat.*: 1. aggressive, meist politische Beeinflussung anderer, politische Hetze 2. politische Aufklärung; **Agi|ta|tor** der; **agi|tieren**

Ago|nie die *griech.*: Todeskampf, Angst; er lag in Agonie

Ag|rar|ge|biet das: Landwirtschaftsgebiet; **Ag|ra|ri|er** der: Landwirt, Großgrundbesitzer; **Ag|rar|markt** der; **Ag|rar|po|li|tik** die: staatliche Förderung der Landwirtschaft; **Ag|rar|re|form** die: Änderung der Verhältnisse in der Landwirtschaft, z. B. durch Umverteilung des Bodens (Bodenreform); **Ag|ro|no|mie** die: Lehre von Ackerbau und Landwirtschaft; **ag|ro|no|misch**

Ag|ree|ment [ägriment] das *engl.*, des/die Agreements: Übereinkunft auf Treu und Glauben, formlose Übereinkunft zwischen Staatsmännern

Ägyp|ten; Ägyp|ter der; **Ägyp|te|rin** die; **ägyp|tisch; Ägyp|to|lo|ge** der: Wissenschaftler, der sich mit Sprache und Kultur der alten Ägypter befasst; **Ägyp|to|lo|gin** die

ah; aha; Aha-Er|leb|nis das: sie hatte ein Aha-Erlebnis (erkannte plötzlich die Zusammenhänge von etwas)

Ah|le die: Werkzeug zum Bohren von Löchern in Leder, Pappe o. Ä.

Ahn / Ah|ne der, des/die Ahnen: Vorfahr(e), Stammvater; **Ah|nen|for|schung** die: Nachforschung nach seinen Vorfahren

ahn|den ein Vergehen ahnden (bestrafen); **Ahn|dung** die

äh|neln die Schwestern ähneln sich; **ähnlich; Ähn|lich|keit** die

ah|nen wer konnte das ahnen; **Ah|nung** die; von Tuten und Blasen keine Ahnung haben (nichts wissen von …); **ah|nungslos; ah|nungs|voll**

ahoi! *engl.*: Anruf eines Schiffes; Schiff ahoi!

Ahorn der, des Ahorns, die Ahorne: Laubbaum

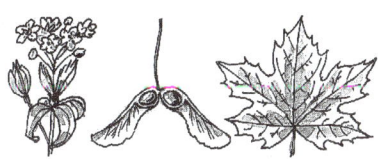

Äh|re die: Form des Blütenstandes

Ai das *indian.*: Dreizehenfaultier

Aids [äids] *engl.*; *Abk. für* **A**cquired **I**mmune **D**eficiency **S**yndrome: meist tödlich verlaufende Erkrankung des Körperabwehrsystems (die Übertragung erfolgt durch infiziertes Blut oder Sperma); an Aids erkrankt sein; **aids|krank; Aids|test** der: Untersuchungsverfahren zur Feststellung von Aids

Air|bag [ärbäg] der *engl.*: Luftsack im Lenkrad oder Handschuhfach des Autos, der sich beim Aufprall auf ein Hindernis blitzschnell aufbläst zum Schutz des Fahrers oder Beifahrers

Air|bus [ärbus] der *engl.*: europäischer Flugzeugtyp

Air|con|di|tio|ner / Air-Con|di|tio|ner [ärkondischener] der *engl.*: Klimaanlage, *auch* **Air|con|di|tio|ning / Air-Con|di|tio|ning** [ärkondischening] das *engl.*

Air|line [ärlein] die *engl.*: Fluggesellschaft

Air|mail [ärmäil] die *engl.*: einen Brief per Airmail (Luftpost) schicken

Air|port [ärport] der *engl.*: Flughafen

Aja|tol|lah der *pers.*, die Ajatollahs: im Islam Ehrentitel für geistliche Würdenträger

Aka|de|mie die *griech.*, die Akademien: Hochschule, Vereinigung berühmter Künstler oder Gelehrter; **Aka|de|mi|ker** der: Studierter, Mann mit Universitäts-

Akademikerin

oder Hochschulausbildung; **Aka|de|mi|ke|rin** die; **aka|de|misch** eine akademische Laufbahn einschlagen, eine akademische (wenig praxisbezogene) Frage

Aka|zie die *griech.*, die Akazien: tropischer Laubbaum

Ake|lei die, die Akeleien: Hahnenfußgewächs

Ak|kli|ma|ti|sa|ti|on die *lat.*: die Anpassung von Lebewesen an veränderte Lebensbedingungen oder Klimaverhältnisse; **ak|kli|ma|ti|sie|ren** er hat sich gut akklimatisiert (eingewöhnt, angepasst); **Ak|kli|ma|ti|sie|rung** die

Ak|kord der, des Akkord(e)s, die Akkorde: 1. Bezahlung nach der Stückzahl; im Akkord arbeiten 2. Zusammenklang von mindestens 3 Tönen; **Ak|kord|ar|beit** die

Ak|kor|de|on das, des/die Akkordeons: Handharmonika

Ak|ku der, des/die Akkus: *Kurzwort für* Akkumulator: Stromspeicher, große Batterie *Abb. S. 55*; **ak|ku|mu|lie|ren** anhäufen, speichern

ak|ku|rat *lat.*: ordentlich, sorgfältig, genau; **Ak|ku|ra|tes|se** die: Genauigkeit, Sorgfalt

Ak|ku|sa|tiv der *lat.*, die Akkusative ▶ Kasus

Ak|ku|sa|tiv|ob|jekt das ▶ Objekt

Ak|ne die *griech.*: Entzündung der Talgdrüsen

Akon|to|zah|lung die: Anzahlung, Abschlagszahlung

ak|qui|rie|ren [akwiriren] *lat.*: anschaffen, neue Kunden werben; **Ak|qui|se / Ak|qui|si|ti|on** die

Ak|ri|bie die *griech.*: höchste Sorgfalt und Genauigkeit; **ak|ri|bisch**; sie rechnete akribisch nach

Ak|ro|bat der *griech.*, des/die Akrobaten: Seiltänzer, Turn- oder Verrenkungskünstler; **Ak|ro|ba|tin** die; **Ak|ro|ba|tik** die; **ak|ro|ba|tisch**

Ak|ro|po|lis die *griech.*: 1. Burg in Athen 2. in vielen antiken Städten Griechenlands auf einem Hügel gelegener Tempel

Akt der, des Akt(e)s, die Akte: *lat.* 1. Vorgang, Handlung; ein feierlicher Akt 2. Abschnitt eines Bühnenwerkes; im letzten Akt der Tragödie 3. künstlerische Darstellung des nackten Körpers; ein weiblicher Akt; **Akt|fo|to|gra|fie** die

Ak|te die *lat.*, die Akten: Niederschrift, schriftliche Unterlage; **ak|ten|kun|dig** er war als Dieb schon aktenkundig (bekannt); **Ak|ten|ta|sche** die

Ak|tie [aktsje] die *lat.*, die Aktien: Wertpapier, Anteilschein; wie stehen die Aktien? (*ugs.* wie geht es?); **Ak|ti|en|ge|sell|schaft** die, *Abk.* AG; **Ak|ti|en|ge|setz** das; **Ak|ti|o|när** der: Inhaber von Wertpapieren: **Ak|ti|o|nä|rin** die

Ak|ti|on die *lat.*, die Aktionen: Tätigkeit, Handlung, Maßnahme; die Aktion wurde abgeblasen; **ak|ti|ons|fä|hig**

ak|tiv *lat.*: tatkräftig; politisch aktiv sein, ein aktiver Soldat (Berufssoldat), ein aktiver Sportler; **ak|ti|vie|ren** durch Sport den Kreislauf aktivieren (in Schwung bringen); **Ak|ti|vie|rung** die; **Ak|ti|vi|tät** die, die Aktivitäten

Ak|tiv das *lat.*: Tatform; **Passiv** das *lat.*: Leideform. Es gibt im Deutschen zwei Aussageformen: Die erste Möglichkeit ist, dass jemand selber etwas tut (du kommst, du liest ein Buch, sie schläft, er verkauft sein Fahrrad). Die zweite Möglichkeit besteht darin, dass mit jemandem oder mit einer Sache etwas gemacht wird (ich werde gerufen, ihr werdet gefragt). Die erste Form heißt Aktiv, die zweite Passiv. Die deutschen Bezeichnungen sind nicht sehr gut: Wenn du schläfst, ist „schläfst" zwar Tatform, die Tätigkeit aber nicht sehr groß. Und wenn du reich beschenkt wirst, nennt man das Leideform, obwohl du darunter sicher nicht leidest.

Wie werden Aktivformen und wie Passivformen gebildet? Beim Aktiv haben wir das Verb mit den entsprechenden Personalendungen. Interessanter ist es beim Passiv: Hier haben wir 1. eine Personalform von „werden" und 2. das Partizip Perfekt Passiv (▶ Partizip II). Dieses Passiv kann man in alle Zeiten und Aussageweisen setzen: Ich werde gerufen, du wurdest gesehen, das Krokodil wäre gefangen worden. Es gibt mehrere Gründe, das Passiv zu verwenden. Man benutzt es, wenn man von einer Tätigkeit oder Handlung weiß, den Handelnden aber nicht kennt: „Die Stadt wurde vor vielen Jahren gegründet." – „Ein interessantes Buch wird gern gelesen."

Das Passiv ist auch eine Frage der Mitteilungsabsicht, z.B. in folgenden Sätzen: „Der Cowboy fing das entlaufene Pferd wieder ein." – „Das entlaufene Pferd wurde von dem Cowboy wieder eingefangen." Der Sachverhalt ist beide Male derselbe. Der erste Satz betont aber, dass der Cowboy etwas machte, er fing etwas, nämlich das Pferd. Der zweite Satz hebt hervor, dass das Pferd wieder eingefangen wurde. Von wem, das ist zunächst nicht wichtig. Das sieht man daran, dass die Angabe „von dem Cowboy" wegbleiben kann, ohne dass der Satz falsch wird.

Allerdings ist das Passiv etwas umständlich. Man verwendet deshalb lieber das Aktiv, auch wenn der „Täter" nicht bekannt ist. Dafür gibt es das Wörtchen „man". „Wenn man das Passiv verwendet, erkennt man manchmal den Sinn nicht" ist besser als „Wenn das Passiv verwendet wird, wird der Sinn manchmal nicht erkannt".

Aldehyd

ak|tu|a|li|sie|ren *lat.*: zeitnah machen, auf die Gegenwart beziehen; **Ak|tu|a|li|tät** die: Zeitnähe; **ak|tu|ell** zeitgemäß, wichtig für die Gegenwart, dringend

aku|punk|tie|ren; Aku|punk|tur die *lat.*: chinesische Heilmethode durch Nadeleinstiche an bestimmten Hautstellen

Akus|tik die *griech.*: Lehre vom Schall, Schallwirkung, z.B. die Akustik eines Raumes; **akus|tisch**

akut *lat.*: vordringlich, augenblicklich, herrschend; brennend; ein akutes Problem, akutes (heftig auftretendes) Fieber; *Ggs.* chronisch

AKW *Abk. für* Atomkraftwerk das

Ak|zent der *lat.*, des Akzent(e)s, die Akzente: Betonung, Tonfall; **ak|zent|los; ak|zen|tu|ie|ren**

ak|zep|ta|bel *lat.*: annehmbar, brauchbar; der Vorschlag war akzeptabel; **ak|zep|tier|bar; ak|zep|tie|ren**

à la *franz.*: so wie, auf eine bestimmte Art, im Stil von; Toast à la Hawaii

Ala|bas|ter der *lat.*: weiße, fast durchscheinende, feinkörnige Gipsart

Alarm der *franz.*, des Alarm(e)s, die Alarme: Notsignal, Warnung; **alarm|be|reit; Alarm|be|reit|schaft** die; **Alarm|glo|cke** die; **alar|mie|ren**

Alb / Alp der: Naturgeist, Elf; **Alb|traum / Alp|traum** der

Alb die: in der Jurazeit entstandenes Gebirge, z.B. die Schwäbische Alb

Al|ba|ner der; **Al|ba|ne|rin** die; **Al|ba|ni|en;** al|ba|nisch

Al|ba|tros der *niederl.*, die Albatrosse: Sturmvogel mit weißem Gefieder

al|bern kindisch, einfältig, grundlos lustig; **Al|bern|heit** die

Al|bi|nis|mus der *lat.*: erblich bedingtes Fehlen von Farbstoffen in Haaren, Augen und Haut; **Al|bi|no** der: Mensch oder Tier, bei dem die Farbstoffbildung fehlt; **al|bi|no|tisch**

Al|bum das *lat.*, des Albums, die Alben: Fotoalbum, Poesiealbum

Al|co|pops → Alkopops

Al|de|hyd das *lat.*, des Aldehyds, die Aldehyde: organische Verbindung, die entsteht, wenn Alkoholen Wasserstoff entzogen wird, z.B. Formaldehyd (H-CHO)

Alemanne

Ale|man|ne / **Ala|man|ne** der: Angehöriger eines westgermanischen Volksstammes; **Ale|man|nin** / **Ala|man|nin** die; **ale|man|nisch** / **ala|man|nisch**

Al|ge die: niedere Wasser bewohnende Pflanze

Algenformen

Al|geb|ra *oder* Al|ge|bra die *arab.*: Lehre von den mathematischen Gleichungen und Strukturen, Buchstabenrechnung; **al|geb|ra|isch** *oder* al|ge|bra|isch

ali|as *lat.*: anders …, eigentlich …, genannt …; Meier alias Schulze

Ali|bi das *lat.*, des/die Alibis: Abwesenheit vom Tatort zur Tatzeit; er hatte ein Alibi für die Tatzeit

Ali|men|te die *lat.*: Unterhaltszahlung

Al|ka|li das, des Alkalis, die Alkalien: ätzende chemische Verbindung; **al|ka|lisch**, **Al|ka|lo|id** das, die Alkaloide: meist giftige Stickstoffverbindung, die in Pflanzen vorkommt

Al|ko|hol der *arab.*, die Alkohole: chemische Verbindung, Weingeist; **al|ko|hol|frei**; **al|ko|hol|hal|tig**; **Al|ko|ho|li|ker** der: Alkoholkranker; **al|ko|ho|lisch**; **al|ko|ho|li|sie|ren** berauschen; **al|ko|hol|süch|tig**; **Al|ko|pops** / **Al|co|pops** die *nur Pl.*: alkoholhaltiges Limonadengetränk

All das: Weltraum

all all deine Mühe; **al|le** wir alle, mit aller Kraft, hast du alles?, alles in allem, nach allem, was man so hört, vor allem, was soll das alles?, alles aussteigen; **al|le|mal**; **al|len|falls**; **al|lent|hal|ben**; **al|ler|bes|te** die allerbesten Noten; **al|ler|dings**; **al|ler|hand** das ist allerhand (unerhört)!; **al|ler|lei** ich hörte so allerlei, *aber*: ein buntes Allerlei (Gemisch); **al|ler|letzt** im allerletzten Moment; **Al|ler|letz|te** der/die/das; **al|ler|seits**; **al|ler|spä|tes|tens**; **al|ler|we|nigs|te** am allerwenigsten; **al|le|samt**; **all|seits**; **all|zeit**

all|abend|lich

Al|lah arabischer Name für Gott

Al|lee die *franz.*, die Alleen: Straße mit Baumreihen

Al|le|go|rie die *lat.*, die Allegorien: meist personifizierte bildhafte Darstellung eines abstrakten Begriffes, Gleichnis; z. B. Allegorie der Glücksgöttin Fortuna; **al|le|go|risch**

al|le|gro *oder* al|leg|ro *ital.*: lebhaft, schnell; **Al|le|gro** *oder* Al|leg|ro das: bewegtes, schnelles Musikstück

al|lein hier sind wir allein; **Al|lein|er|be** der: Gesamterbe; **al|lei|nig**; **Al|lein|sein** das; **al|lein|ste|hen** ohne Partner leben, *aber*: allein (einzeln) stehen; **al|lein|ste|hend** ich bin alleinstehend (ohne Familie, unverheiratet); **Al|lein|ste|hen|de** der / die

> **allein:** Wird *allein* im Sinne von *aber* gebraucht, steht davor ein Komma. *Die Botschaft hör ich wohl, allein mir fehlt der Glaube.* (Goethe)

Al|ler|gie *oder* All|er|gie die *griech.*, die Allergien: Überempfindlichkeit gegen bestimmte Stoffe; **Al|ler|gi|ker** *oder* All|er|gi|ker der: Person, die an einer Allergie leidet; **al|ler|gisch** *oder* all|er|gisch

Al|ler|hei|li|gen katholischer Gedenktag für die Heiligen (am 1. November); **Al|ler|see|len** katholischer Gedenktag für alle Verstorbenen (am 2. November)

> **alles:** Adjektive und Partizipien werden in Verbindung mit *alles* großgeschrieben, weil sie als Substantive gebraucht werden: *alles Fremde, alles Übrige, alles Erreichte.* Gleiches gilt für Verbindungen mit *etwas, nichts, viel, wenig, allerlei, genug.*

All|gäu das, des Allgäus

all|ge|mein das ist allgemein (jedem) bekannt, das ist mir zu allgemein, im Allgemeinen; **all|ge|mein gül|tig** / **all|ge|mein|gül|tig**; **All|ge|mein|heit** die; **All|ge|mein|platz** der: nichts sagende Redensart; **all|ge|mein ver|ständ|lich** / **all|ge|mein|ver|ständ|lich**

All|ge|walt die: die Allgewalt Gottes

all|gü|tig; **All|gü|ti|ge** der: Gott

All|heil|mit|tel das

Al|li|anz die *frz.*, die Allianzen: Staatenbündnis, Interessengemeinschaft

Al|li|ga|tor der, die Alligatoren: Krokodilart

al|li|ie|ren sich: sich verbünden; **Al|li|ier|ter** der *lat.*, des/die Alliierten: Bundesgenosse, Verbündeter, besonders im Zweiten Weltkrieg

all|jähr|lich ein alljährliches Fest

All|macht die: die Allmacht Gottes; **all|mäch|tig** die Liebe ist allmächtig, Gott, der Allmächtige

all|mäh|lich

all|mo|nat|lich; all|mor|gend|lich

Al|lo|tria *oder* Al|lot|ria das *griech.*: lärmende Albernheiten, Unfug

all right [ol rait] *engl.*: einverstanden!, in Ordnung!, richtig!

All|roun|der [olraunder] der *engl.*: vielseitig begabte Person; **All|round|künst|ler** der; **All|round|künst|le|rin** die

All|tag der; **all|täg|lich; all|tags; All|tagstrott** der

Al|lü|ren die *franz.*: auffallendes Benehmen, Gehabe: sie konnte ihre Allüren nicht ablegen

all|wis|send; All|wis|sen|heit die

all|wö|chent|lich

all|zu das fiel ihm nicht allzu schwer; **all|zu bald; all|zu früh; all|zu gern; all|zu groß; all|zu lang(e); all|zu leicht; all|zu oft; all|zu schnell; all|zu sehr; all|zu selten; all|zu viel; all|zu weit; aber: all|zu|mal**

Alm die: Hochweide

Al|ma|nach der *niederl.*, des Almanachs, die Almanache: bebilderte Sammlung von Texten, oft mit einem Kalender ergänzt, Jahrbuch

Al|mo|sen das *griech.*: mildtätige Gabe; einem Bettler ein Almosen geben

Al|pen die

Al|pha das *griech.*: erster Buchstabe des griechischen Alphabets; **Al|pha|bet** das *griech.*, des Alphabet(e)s, die Alphabete; **al|pha|be|tisch** in alphabetischer Reihenfolge

Alp|traum / Alb|traum der

als; als|bald; als|dann

> **als:** Steht *als* vor einem Zahladjektiv, ist dieses ein Substantiv und wird großgeschrieben: *als Nächstes, als Letztes.*

al|so

alt älter, am ältesten: *klein:* ich fühle mich alt, meine älteste Schwester, *groß:* es bleibt alles beim Alten, Alt und Jung (jeder), das Alte Testament, ein lustiger Alter (Greis), etwas Altes bewahren; **alt|ba|cken** trocken, nicht mehr frisch, unmodern; **alt|be|kannt; alt|deutsch; Al|ten** die: alte Menschen; **Al|ten|heim** das; **Al|ter** das; **al|tern; Al|ters|weitsich|tig|keit** die; **Al|ter|tum** das: älteste historische Zeit einer Kultur oder eines Volkes; das klassische Altertum; **Al|ter|tü|mer** die: alte Kunstgegenstände; **al|ter|tüm|lich; alt|her|ge|bracht; alt|klug** naseweis, frühreif; **Alt|last** die; **alt|modisch; alt|ro|sa; Alt|stadt|sa|nie|rung** die: Renovierung überalterter Stadtteile

Alt der, des Alt(e)s: tiefe Frauensingstimme

Al|tar der *lat.*, des Altar(e)s, die Altäre

Al|ter|na|ti|ve die *lat.*: Entscheidung zwischen zwei Möglichkeiten

Alu|fo|lie die: *Abk. für* Aluminiumfolie: dünne Folie aus Aluminium zum Verpacken oder Isolieren; **Alu|mi|ni|um** das *lat.*: Leichtmetall, chemisches Element; *Zeichen* Al

Amal|gam das *lat.*: weiche Metalllegierung mit Quecksilber, die (nicht unumstritten) in der Zahnheilkunde als Füllung verwendet wird

Ama|teur [amatör] der *franz.*, die Amateure. Nichtfachmann, Freizeitsportler *Ggs.* Profi; **ama|teur|haft; Ama|teu|rin** die

Ama|zo|nas der: größter südamerikanischer Strom

Am|bi|en|te das *ital.*: Atmosphäre, Umwelt, die eine Person oder ein Kunstwerk umgibt

Am|bi|ti|on die *franz.*, die Ambitionen: beruflicher Ehrgeiz, auf ein bestimmtes Ziel gerichtetes Streben; er hat keine Ambitionen, Chefarzt zu werden; **am|bi|ti|o|niert** strebsam, ehrgeizig

am|bi|va|lent *lat.*: zwiespältig, doppelwertig, widersprüchlich; meine Gefühle waren ambivalent; **Am|bi|va|lenz** die

Am|boss der, des Ambosses, die Ambosse: Hämmerblock

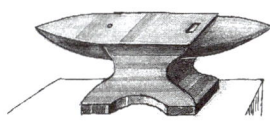

am|bu|lạnt *lat.*: nicht ortsgebunden, wandernd; sie wurde nur ambulant (nicht stationär im Krankenhaus, sondern in der Ambulanz) behandelt; **Am|bu|lạnz** die: 1. klinische Behandlungsstation für Durchgangspatienten 2. Krankenwagen

Amei|se die; **Amei|sen|hau|fen** der; **Amei|sen|säu|re** die: organische Säure, die als Konservierungsmittel verwendet wird

amen *hebr.*: so sei es; zu allem Ja und Amen / ja und amen sagen, *aber:* das ist so sicher wie das Amen in der Kirche (ganz gewiss)

Ame|ri|ka; Ame|ri|ka|ner der; **Ame|ri|ka|ne|rin** die, die Amerikanerinnen; **ame|ri|ka|nisch**

Ame|thyst der *griech.*: violetter, minder wertvoller Edelstein

Ami|no|grup|pe die: chemische Gruppe aus einem Stickstoffatom und zwei Wasserstoffatomen; **Ami|no|säu|re** die: stickstoffhaltige Säure, wichtigster Bestandteil der Eiweiße

Am|me die: Nährmutter, die ein fremdes Kind stillt; **Am|men|mär|chen** das: erfundene, unwahre Geschichte

Am|mer die, die Ammern: zur Familie der Finken gehörender Vogel mit langem Schwanz (Goldammer)

Am|mo|ni|ak das *lat.*: stechend riechende Verbindung von Stickstoff und Wasserstoff in Gasform

Am|mo|nit der *lat.*, des/die Ammoniten: spiralförmige Versteinerung aus der Jura- und Kreidezeit

Am|nes|tie die *griech.*: Straferlass

Am|nes|ty In|ter|na|tio|nal [ämnisti international] *engl.*: internationale Organisation zum Schutz der Menschenrechte und für politisch Verfolgte und Gefangene; *Abk.* ai

Amö|be die, die Amöben: winziger Einzeller, Wechseltierchen

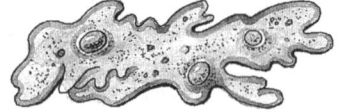

Amok der *malai.*; Amok laufen: in einem krankhaften Zustand umherlaufen und blindwütig zerstören oder gar töten; **Amok|fahrt** die

a-Moll das: Molltonleiter, die auf dem Grundton a beruht

Amor *lat.*: römischer Gott der Liebe

Amor|ti|sa|ti|on die *franz.*: 1. Deckung der z. B. für eine Maschine aufgewendeten Anschaffungskosten aus dem damit erwirtschafteten Ertrag 2. planmäßige Schuldentilgung; eine langfristige Amortisation; **amor|ti|sie|ren** die Anschaffung des Traktors hatte sich für den Bauern schnell amortisiert

Am|pel die, die Ampeln

Am|pere [ampär] das: Maßeinheit der elektrischen Stromstärke, nach dem franz. Physiker Ampère, *Abk.* A

Am|phi|bie [amfibje] die *griech.*: Lurch, der sowohl auf dem Land als auch im Wasser lebt; **Am|phi|bi|en|fahr|zeug** das: Fahrzeug, das sowohl im Wasser als auch auf dem Land verwendet werden kann

Am|phi|the|a|ter das *griech.*: antikes Freilufttheater in elliptischer Form mit stufenweise ansteigenden Sitzreihen

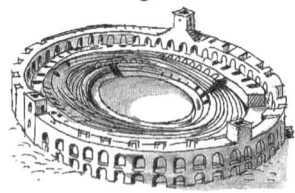

Am|pli|tu|de die *lat.*: 1. Schwingungsweite einer Welle 2. größter Ausschlag bei einem Pendel

Am|pul|le die *lat.*: keimfrei zugeschmolzenes Glasröhrchen mit Arzneimittel

Am|pu|ta|ti|on die *lat.*: operative Abtrennung eines Körpergliedes; **am|pu|tie|ren**

Am|sel die

Amt das, des Amt(e)s, die Ämter: von Amts wegen (in offiziellem Auftrag); **am|tie|ren; amt|lich; Amts|deutsch** das: umständliche, gespreizte, meist von Behörden verwendete Ausdrucksweise; **Amts|ge|richt** das; **Amts|mie|ne** die: er setzte seine Amtsmiene (einen strengen Gesichtsausdruck) auf; **Amts|schim|mel** der: da wiehert der Amtsschimmel (*ugs.* da wird nur nach Vorschrift gearbeitet)

Amu|lett das *lat.*, des Amuletts, die Amulette: Glück bringender, Unheil abwendender Gegenstand, der um den Hals oder in der Tasche getragen wird

amü|sant *franz.*, am amüsantesten: vergnüglich, unterhaltend, geistreich; **amü|sie|ren** sich; sie lachte amüsiert

Ana|bo|li|kum das *griech.*, die Anabolika: Hormonpräparat zum Muskelaufbau

ana|log *griech.*: gleichartig, ähnlich, entsprechend, übertragbar; analoger Fernsehempfang; *Ggs.* digital

An|al|pha|bet der *griech.*, des/die Analphabeten: jemand, der nicht lesen und schreiben kann

Ana|ly|se die *griech.*; **ana|ly|sie|ren** einen Text analysieren (im Hinblick auf bestimmte Merkmale sehr genau untersuchen)

Ana|nas die, die Ananas(se)

An|ar|chie die *griech.*: chaotischer Zustand in politischer, rechtlicher, wirtschaftlicher oder gesellschaftlicher Hinsicht; **An|ar|chist** der; **An|ar|chis|tin** die; **An|ar|cho** der: jemand, der sich gewaltsam gegen die bürgerliche Gesellschaft und deren Ordnung auflehnt

Ana|to|mie die *griech.*: Lehre von Struktur und Aufbau des menschlichen und tierischen Körpers; **Ana|to|mie|saal** der: Hörsaal der Anatomie an der Universität

an|bah|nen eine Verbindung anbahnen (knüpfen), eine Katastrophe bahnt (deutet) sich an

an|ban|deln / an|bän|deln sie wollte mit ihm anbandeln (*ugs.* flirtete mit ihm), *ugs.* mit jemandem Streit anfangen

An|bau der; **an|bau|en** 1. Getreide anbauen (anpflanzen) 2. eine Garage anbauen (hinzubauen)

an|be|ten; An|be|tung die

An|be|tracht in Anbetracht der Menge

an|bie|dern sich: sich aufdrängen, einschmeicheln; **An|bie|de|rung** die

an|bie|ten (→ bieten); **An|ge|bot** das

an|bin|den (→ binden): er war kurz angebunden (barsch)

An|blick der; **an|bli|cken**

an|bre|chen (→ brechen); **An|bruch** der

an|bren|nen er lässt nichts anbrennen (*ugs.* lässt sich nichts entgehen)

An|cho|vis / An|scho|vis die

An|dacht die, die Andachten; **an|däch|tig; An|däch|ti|ge** die; **an|dachts|voll**

an|dan|te *ital.*: ruhig, gemessen, langsam; **An|dan|te** das: Musikstück mit langsamem, ruhigem Tempo

an|dau|ern das Fest dauert an; **an|dau|ernd**

An|den die: südamerikanisches Gebirge

An|den|ken das, die Andenken

an|de|re von einer Seite auf die andere, ein anderes Kleid, einer hinter dem anderen (hintereinander), alles andere, die anderen, unter anderem, *Abk.* u. a., andere Länder, andere Sitten; **an|de|ren|falls; an|de|ren|tags; an|de|rer|seits; an|der|mal** ich komme ein andermal; **an|dern|falls; an|ders; an|ders Den|ken|de / An|ders|den|ken|de** der/die; **and|rer|seits; an|ders|far|big; an|ders ge|ar|tet / an|ders|ge|ar|tet; an|ders|he|rum; an|ders|rum; an|ders|wo|her; an|der|wei|tig; and|re; and|rer|seits**

> **andere / Andere** der / die / das: Großschreiben kann man das Wort, wenn man es ausdrücklich als Substantiv verwendet: *alles Andere hatte für ihn keine Bedeutung, wir wollen etwas ganz Anderes.* Kleinschreibung ist aber der Normalfall und wäre in den Beispielen ebenfalls richtig.

än|dern; Än|de|rung die

an|dert|halb ich warte anderthalb (1 ½) Stunden

an|deu|ten; An|deu|tung die; **an|deu|tungs|wei|se**

An|dor|ra; An|dor|ra|ner der; **An|dor|ra|ne|rin** die, die Andorranerinnen; **an|dor|ra|nisch**

An|drang der

an|dre|hen das Licht andrehen (einschalten), die Schraube andrehen (festdrehen), er ließ sich eine billige Uhr andrehen (aufschwatzen)

an|dro|hen; An|dro|hung die

anecken

an|ecken bei den Kollegen anecken (unangenehm auffallen)

an|eig|nen; An|eig|nung die

an|ei|nan|der *oder* an|ein|an|der; an|ei|nan|der|ge|ra|ten *oder* an|ein|an|der|ge|ra|ten: sie sind aneinandergeraten (haben Streit bekommen); an|ei|nan|der|le|gen *oder* an|ein|an|der|le|gen

An|ek|do|te die *griech.:* Erich Kästner wurde von einem Reporter einmal gefragt: „Herr Doktor, woran arbeiten Sie?" Darauf Kästner: „An mir."
„Wenn es nicht wahr ist, so ist es doch gut erfunden", sagen die Italiener, wenn sie eine dieser kleinen Geschichten hören, die man sich von bedeutenden Persönlichkeiten oder interessanten Ereignissen erzählt und die man „Anekdoten" nennt. Der Name kommt aus dem Griechischen und bedeutet wörtlich übersetzt etwa „Unveröffentlichtes" – eigentlich Klatsch, sozusagen hinter der vorgehaltenen Hand und mit Augenzwinkern erzählt. Die Anekdote ist aber kein billiger Witz, sondern eine originelle, meist heitere, geistreiche Plauderei, die mit der ▶ Pointe den Nagel auf den Kopf trifft. Besondere Eigenschaften einer Persönlichkeit werden schlagartig deutlich und diese ist dadurch manchmal treffender gekennzeichnet als mit einer langen ▶ Charakteristik.
Anekdoten sind nicht immer erfunden. Manchmal wird auch ein wahres Ereignis knapp erzählt. Und weil solche kleinen Geschichten – die erfundenen wie die wahren – häufig sehr einprägsam sind, fanden sie sogar Eingang in Geschichtsbücher, Predigten oder Lebensbeschreibungen. Es gibt große Anekdotensammlungen, in denen geschichtliche Ereignisse oft treffender und vor allem vergnüglicher dargestellt sind als in manchem trockenen Lehrbuch.

an|ek|do|ten|haft; an|ek|do|tisch

an|ekeln

Ane|mo|ne die *griech.:* Frühlingsblume

An|er|bie|ten das: ein ehrenvolles Anerbieten (Angebot, Vorschlag)

an|er|ken|nen (→ kennen); an|er|ken|nens|wert; An|er|ken|nung die

an|fa|chen sie fachte seine Leidenschaft an (erregte ihn), eine Glut anfachen (zum Brennen bringen)

an|fah|ren (→ fahren): der Zug war angefahren (losgefahren), er kam mit dem Rad angefahren (herangefahren), eine Mauer anfahren (dagegen stoßen), jemanden barsch anfahren (heftig zurechtweisen); **An|fahrt** die; sie hatte eine weite Anfahrt

An|fall der; an|fall|ar|tig; an|fal|len (→ fallen); an|fäl|lig er ist anfällig gegen / für Krankheiten

An|fang der; an|fan|gen (→ fangen); **An|fän|ger** der; An|fän|ge|rin die; an|fangs anfangs (zuerst) ging alles gut

an|fecht|bar das Testament ist anfechtbar (möglicherweise ungültig); an|fech|ten (→ fechten); An|fech|tung die: einer Anfechtung (Versuchung) widerstehen

an|fer|ti|gen einen Plan anfertigen; An|fer|ti|gung die

an|feu|ern; An|feu|e|rung die

an|fle|hen

an|flie|gen (→ fliegen); **An|flug** der: ein Anflug (Schimmer) von Bartstoppeln

an|for|dern; An|for|de|rung die

An|fra|ge die; an|fra|gen

an|freun|den sich

an|füh|ren; **An|füh|rer** der; An|füh|re|rin die

An|füh|rungs|zei|chen die ▶ Zeichensetzung S. 495

An|ga|be die ▶ Adverbial

An|ga|be die: 1. Aussage, Auskunft; falsche Angaben machen 2. Protzerei, Prahlerei; sein Auto war reine Angabe; an|ge|ben (→ geben); **An|ge|ber** der: Prahler; an|geb|lich er ist angeblich krank (so wird behauptet)

an|ge|bo|ren angeborenes Verhalten

an|ge|hen (→ gehen): das Licht geht an, er ging (bettelte) mich um Geld an, das geht dich nichts an (ist nicht deine Sache), das mag noch angehen (ist möglich, zulässig), ein angehender (künftiger) Lehrer

an|ge|hö|ren; An|ge|hö|ri|ge der/die
An|ge|klag|te der/die
an|ge|knackst ihr Fuß war angeknackst (angebrochen), sein angeknackstes (vermindertes) Selbstbewusstsein
An|gel die: 1. Gerät für den Fischfang 2. Türzapfen; zwischen Tür und Angel (sehr eilig); an|geln; Ang|ler der/die

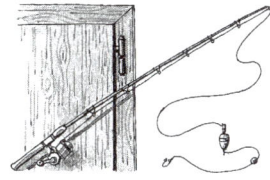

An|ge|le|gen|heit die
An|gel|sach|se der: Engländer; An|gel|säch|sin die, die Angelsächsinnen: Engländerin; an|gel|säch|sisch
an|ge|mes|sen der Preis war angemessen, etwas für angemessen (richtig) halten
an|ge|nehm
an|ge|nom|men (→ nehmen): angenommen, dass du keine Zeit hast …
An|ger der: Dorfwiese, Dorfplatz
an|ge|regt eine angeregte (lebhafte) Diskussion, schwarzer Kaffee regt die Lebensgeister an; An|re|gung die: eine Anregung befolgen
an|ge|se|hen in seinem Dorf war er sehr angesehen (wurde er respektiert)
An|ge|sicht das; an|ge|sichts angesichts der Tatsachen
An|ge|stell|te der/die
an|ge|trun|ken der angetrunkene Fahrer musste auf die Polizeistation
an|ge|wandt angewandte (nutzbar gemachte) Chemie
an|ge|wie|sen er war auf ihr Wohlwollen angewiesen
an|ge|wöh|nen sich: er gewöhnte sich leider das Rauchen an; An|ge|wohn|heit die; eine schlechte Angewohnheit
an|ge|wur|zelt sie verharrte wie angewurzelt auf ihrem Platz
An|gi|na Pec|to|ris die lat.: anfallartig auftretende Herzkrämpfe
An|go|la; An|go|la|ner der; An|go|la|ne|rin die, die Angolanerinnen; an|go|la|nisch
An|go|ra|kat|ze die; An|go|ra|wol|le die
an|grei|fen (→ greifen): den Vorrat angreifen (anbrechen), angegriffene (geschwächte) Nerven; An|grei|fer der
an|gren|zen der angrenzende Fluss
Angst die, die Ängste: ich habe Angst, dem Kind Angst und Bange machen, aber: mir ist angst und bange, ängs|ti|gen sich; ängst|lich; angst|voll
an|ha|ben (→ haben): er hat neue Schuhe an, das Wetter konnte mir nichts anhaben (keinen Schaden zufügen)
an|hal|ten (→ halten); an|hal|tend; An|hal|ter der: per Anhalter reisen ist nicht ungefährlich
an|hand anhand der Unterlagen
An|hang der: im Anhang (Nachtrag) zum Vertrag, sie hatte keinen Anhang (keine Familie); an|hän|gen (→ hängen): der Zug wurde angehängt (angekuppelt), sie hängten ihm den Diebstahl an (beschuldigten ihn des Diebstahls); An|hän|ger der; an|häng|lich; An|häng|sel das: sie war nur noch ein lästiges Anhängsel
an|hau|en jemanden um Geld anhauen (ugs. jemanden plump-vertraulich um Geld bitten)
an|heim|fal|len der Vergessenheit anheimfallen (zum Opfer fallen); an|heim|ge|ben der Junge wurde seiner Schwester anheimgegeben (anvertraut); an|heim|stel|len überlassen; ich stelle Ihnen anheim (überlasse es Ihnen) auszuziehen
an|hei|schig er machte sich anheischig (bot sich an, verpflichtete sich), die Beweise zu liefern
an|heu|ern auf einem Schiff anheuern (sich anstellen lassen)
An|hieb der: etwas auf Anhieb (sofort) können
An|hö|he die
an|hö|ren; An|hö|rung die: öffentliches Anhören von Sachverständigen
Ani|lin das port.: öliger, farbloser Ausgangsstoff für Arzneimittel sowie Farb- und Kunststoffe
ani|ma|lisch lat.: ein geradezu animalisches (tief befriedigendes) Vergnügen, animalischer Dünger (vom Tier stammend)
Ani|ma|ti|on die lat.: 1. Verfahren beim Herstellen von Trickfilmen, bei dem die Bewegung gezeichneter Figuren vorgetäuscht wird 2. Unterhaltungspro-

gramm in Ferienzentren; **Ani|ma|teur** der, die Animateure: Unterhalter; **Ani|ma|teu|rin** die; **Ani|ma|ti|ons|film** der: Zeichentrick- oder Trickfilm; **ani|mie|ren** sie animierte mich zum Tanzen (regte mich dazu an)

An|i|on das *griech.*, die Anionen: negativ geladenes elektrisches Teilchen; *Ggs.* Kation

Anis *oder* **Anis** der, des Anises: Gewürz- und Heilpflanze

An|kauf der: Ankauf von Gold; **an|kau|fen**

An|ker der: den Anker lichten (ablegen); **an|kern**

Pilzanker
Stockanker

An|kla|ge die; **an|kla|gen**; **An|klä|ger** der; **An|klä|ge|rin** die

An|klang der: sein Vorschlag fand allgemein Anklang (Zustimmung); **an|klin|gen** (→ klingen)

an|kli|cken eine Datei (mit der Maus) auf dem Bildschirm anklicken

an|klop|fen sie trat ein, ohne anzuklopfen, die Kinder klopften bei ihrem Vater an (baten vorsichtig um etwas)

an|knüp|fen an alte Traditionen anknüpfen (sie wieder aufnehmen), eine Beziehung anknüpfen (herstellen)

an|kom|men (→ kommen); **An|kunft** die

an|kop|peln einen Anhänger ankoppeln

an|krei|den sie kreidet ihm das an (nimmt es ihm übel)

an|kreu|zen sie kreuzte mehrere Antworten an, gegen den Wind ankreuzen (segeln)

an|kün|den; **an|kün|di|gen**; **An|kün|di|gung** die

an|kur|beln ein Geschäft ankurbeln (in Schwung bringen); **An|kur|be|lung / An|kurb|lung** die

An|la|ge die: 1. die Anlagen (Gärten, Parks, Rasenflächen) der Stadt 2. die elektrischen Anlagen 3. als / in der Anlage (als Beilage) sende ich das Foto;

an|le|gen das Gewehr anlegen (in Anschlag bringen), einen Garten anlegen (gestalten), ein Kleid anlegen (anziehen), was willst du dafür anlegen (bezahlen, investieren)?

An|lass der, des Anlasses, die Anlässe: kein Anlass zur Besorgnis; **an|las|sen** (→ lassen); **An|las|ser** der: Startvorrichtung beim Auto; **an|läss|lich** anlässlich (aus Anlass, bei Gelegenheit) seiner Reise

An|lauf der, die Anläufe: Anlauf nehmen (beim Sport), sein zweiter Anlauf (Versuch); **an|lau|fen** (→ laufen): Silber läuft schwarz an

an|leh|nen; **an|leh|nungs|be|dürf|tig**

An|lei|he die: langfristige Geldaufnahme, z. B. staatliche Anleihen

an|lei|ten; **An|lei|tung** die

An|lie|gen das: Bitte, Wunsch

An|lie|ger der: Anwohner, Nachbar

An|ma|che die; **an|ma|chen** mach mich nicht an! (*ugs.* lass mich in Ruhe), Salat mit Essig und Öl anmachen

an|ma|len

An|marsch der; **an|mar|schie|ren**

an|ma|ßen sich: er maßt sich Vorrechte an; **an|ma|ßend** überheblich; **An|ma|ßung** die

an|mel|den; **An|mel|dung** die

an|mer|ken; **An|mer|kung** die: *Abk.* Anm.

An|mut die: Grazie, Liebreiz; **an|mu|ten** ein seltsam anmutender Anblick; **an|mu|tig**; **an|mut(s)|voll**

an|na|geln sie blieb wie angenagelt sitzen

an|nä|hern; **an|nä|hernd** ungefähr, fast; **An|nä|he|rung** die

An|nah|me die: Annahme (Empfang) verweigert, eine weit verbreitete Annahme (Ansicht); **an|nehm|bar**; **an|neh|men** (→ nehmen); **An|nehm|lich|keit** die

An|na|len die *lat.*: Jahrbücher, chronologisch geordnete Aufzeichnungen meist geschichtlicher Ereignisse; in die Annalen der Geschichte eingehen (unvergessen bleiben)

an|nek|tie|ren *lat.*: sich etwas gewaltsam und widerrechtlich aneignen; das Land wurde annektiert; **An|nek|tie|rung** die; **An|ne|xi|on** die

an|no *lat.*: im Jahre; errichtet anno 1873; **an|no da|zu|mal** früher; **an|no Do|mi|ni**,

anschlagen

älter **An|no Do|mi|ni** im Jahre des Herrn, also nach Christi Geburt; *Abk.* A. D.

An|non|ce [anõße] die *franz.*, die Annoncen: Zeitungsanzeige, Inserat; **an|non|cie|ren** eine Anzeige aufgeben

an|nul|lie|ren *lat.*: von Amts wegen etwas für nichtig, ungültig erklären; das Urteil wurde annulliert; **An|nul|lie|rung** die

An|o|de die *griech.*: positiv geladene Elektrode, Pluspol; *Ggs.* Kathode

an|öden der Film ödete ihn an (langweilte ihn)

an|o|mal *griech.*: regelwidrig, unregelmäßig, ungewöhnlich; er benahm sich anomal; **An|o|ma|lie** die: Abweichung (vom Normalen), Missbildung

an|o|nym *griech.*: namenlos, ungenannt; ein anonymer Brief; **An|o|ny|mi|tät** die

Ano|rak der *eskim.*, des/die Anoraks: Windjacke mit Kapuze

an|ord|nen; An|ord|nung die

an|or|ga|nisch nicht durch Lebewesen entstanden, unbelebt; anorganische Chemie

anor|mal *lat.*: ungewöhnlich, abweichend, krankhaft

an|pa|cken

an|pas|sen du passt dich an; **An|pas|sung** die; **an|pas|sungs|fä|hig**

an|pfei|fen (→ pfeifen): das Fußballspiel anpfeifen (beginnen lassen), er wurde angepfiffen (gescholten); **An|pfiff** der

an|pflan|zen; An|pflan|zung die

an|pflau|men er wurde von seinen Mitschülern ständig angepflaumt (verulkt, angemeckert)

an|pir|schen sich leise einem Wild nähern

an|pö|beln sie wurde von einem Betrunkenen angepöbelt (belästigt)

an|pran|gern brandmarken, öffentlich verurteilen; die Missstände anprangern

an|prei|sen

An|pro|be die; **an|pro|bie|ren**

an|pum|pen ich lass mich von dir nicht mehr anpumpen (*ugs.* um Geld bitten)

An|rai|ner der: Nachbar im Hinblick auf Grundstück oder Land; **An|rai|ner|staa|ten** die

an|ra|ten das will ich dir auch angeraten (empfohlen) haben

an|rau|en angerauter Stoff

an|rech|nen

An|recht das: er hat ein Anrecht (Recht) auf das Erbe

An|re|de die; **an|re|den**

an|re|gen eine Verbesserung anregen (vorschlagen), zum Nachdenken anregen (ermuntern); **an|re|gend; An|re|gung** die

an|rei|chern; An|rei|che|rung die

An|rei|se die; **an|rei|sen**

an|rei|ßen (→ reißen): das Thema konnte nur angerissen (kurz besprochen) werden; **An|rei|ßer** der: 1. lautstarker Anpreiser einer Ware 2. Ware, die dem Kundenfang dient, ein Schnäppchen; **an|rei|ße|risch** unseriös, billig: der anreißerische Titel des Buches

An|reiz der (→ reizen)

an|rem|peln absichtlich anstoßen

An|rich|te die: Fläche zum Anrichten, halbhoher Geschirrschrank; **an|rich|ten** es ist angerichtet (serviert), was hast du angerichtet (welche Dummheit hast du gemacht)?

an|rü|chig eine anrüchige (verrufene) Gegend

An|ruf der; **An|ruf|be|ant|wor|ter** der; **an|ru|fen** (→ rufen); **An|ru|fung** die: Beschwörung; die Anrufung aller Heiligen

an|rüh|ren einen Teig anrühren (mischen), rühre (fasse) es nicht an, sein Jammer rührte mich an (bewegte mich innerlich)

An|sa|ge die; **an|sa|gen; An|sa|ger** der

an|sam|meln; An|samm|lung die

an|säs|sig in Berlin ansässig sein (wohnen)

An|satz der

an|schaf|fen du schaffst an, er schaffte an, angeschafft: kaufen, erwerben

an|schau|en; an|schau|lich deutlich, verständlich; eine anschauliche Erzählung; **An|schau|ung** die: aus eigener Anschauung

An|schein der; **an|schei|nend** offensichtlich

an|schim|meln angeschimmeltes Brot

An|schlag der: ich habe den Anschlag (die Bekanntmachung) gelesen, einen Anschlag (Überfall, ein Attentat) verüben, die Schreibmaschine hatte einen leichten Anschlag; **an|schla|gen** (→ schlagen)

anschließen

an|schlie|ßen (→ schließen); an|schlie-ßend hinterher, danach; An|schluss der: wir hatten sofort Anschluss (einen Anschlusszug), Anschluss (Bekanntschaften) suchen

an|schmie|gen sich; an|schmieg|sam

an|schnal|len; An|schnall|pflicht die

an|schnei|den (→ schneiden): das Brot anschneiden, das Problem wurde angeschnitten (besprochen)

An|scho|vis / An|cho|vis die niederl.: Sardellen

an|schrei|ben (→ schreiben): sie ließ anschreiben (ihre Schulden vermerken), sie ist bei ihrem Chef gut angeschrieben (hat sein Wohlwollen), eine Behörde anschreiben (sich schriftlich an sie wenden); An|schrift die

an|schul|di|gen; An|schul|di|gung die

an|schwär|zen sie hatten ihn bei seinem Chef angeschwärzt (ugs. schlechtgemacht, verleumdet)

an|schwel|len (→ schwellen): die Beule schwoll an (wurde dick), der Lärm schwillt an (wird lauter)

an|schwem|men Abfälle wurden angeschwemmt (ans Ufer gespült)

an|se|hen (→ sehen): jemanden von oben herab ansehen (herablassend behandeln), man sah ihm sein Alter nicht an (hielt ihn für jünger), ein angesehener (geschätzter) Bürger; An|se|hen das: er genoss einiges Ansehen (Respekt, Achtung); an|sehn|lich sie brachte eine ansehnliche Mitgift mit; An|sicht die

an|sei|len der Bergsteiger seilte sich an

an|set|zen der Baum setzt Knospen an, er setzte zum Sprechen an (wollte etwas sagen), das Glas ansetzen (um zu trinken), eine Besprechung ansetzen (zeitlich festlegen)

an|sie|deln; An|sied|lung die

An|sin|nen das: ein freches Ansinnen (eine Zumutung), ich lehnte sein Ansinnen (seinen Vorschlag) ab

an|span|nen die Muskeln anspannen, eine angespannte (schwierige) Lage; An|span|nung die: Anstrengung, Konzentration

an|spie|len jemanden anspielen (den Ball zuspielen), sie spielte auf sein Alter an (wies versteckt darauf hin); An|spie|lung die: Andeutung, versteckter Hinweis

An|sporn der, des Ansporn(e)s: Anreiz, Antrieb; an|spor|nen

An|spra|che die; an|spre|chen (→ sprechen); an|spre|chend reizvoll

An|spruch der; an|spruchs|los; An-spruchs|lo|sig|keit die; an|spruchs|voll

an|sta|cheln Erfolg stachelt (spornt) sie an

An|stalt die: Unterrichts- oder Heilstätte, z. B. eine Nervenheilstätte

An|stal|ten die: Anstalten (Vorbereitungen) zu einer Reise treffen

An|stand der: 1. schickliches Benehmen 2. Hochsitz des Jägers (auch Ansitz); an|stän|dig; an|stands|hal|ber; an|stands-los ohne Umstände

an|statt sie las, anstatt zu arbeiten

an|ste|chen (→ stechen); An|stich der

an|ste|cken sein Lachen steckte mich an (übertrug sich auf mich), der Schuppen wurde angesteckt (in Brand gesteckt)

an|ste|hen (→ stehen): um Karten anstehen, eine Arbeit steht an (wartet auf Erledigung)

an|stei|gen (→ steigen); An|stieg der

an|stel|le / an Stel|le statt, stellvertretend für etwas oder jemanden

an|stel|len etwas Dummes anstellen (tun), eine Sekretärin wurde angestellt, sich an der Kasse anstellen (in der Reihe warten); an|stel|lig geschickt; An|stel|lung die

an|steu|ern

an|stif|ten zu Bösem verleiten; An|stif|ter der

an|stim|men ein Lied anstimmen

An|stoß der; an|sto|ßen (→ stoßen); an-stö|ßig sich anstößig benehmen (Unwillen, Ärgernis erregen)

an|strah|len

an|strei|chen (→ streichen); An|strei|cher der; An|strich der

an|stren|gen sich; an|stren|gend; An-stren|gung die

Ant|ark|ti|ka; Ant|ark|tis die: Gebiet um den Südpol; ant|ark|tisch

an|tas|ten die Würde des Menschen darf nicht angetastet werden

An|teil der; an|tei|lig

An|ten|ne die *lat.*

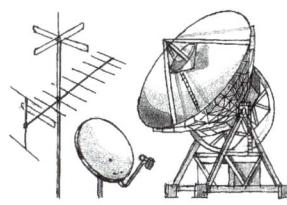

An|tho|lo|gie die *griech.*, die Anthologien: Sammlung von Gedichten oder Prosastücken

Anth|ra|zit *oder* **An|thra|zit** der *griech.*: hochwertige Steinkohle; **anth|ra|zit|far|ben** *oder* **an|thra|zit|far|ben**

an|ti- *griech.*: in Zusammensetzungen gegen, z. B. antidemokratisch (gegen die Demokratie gerichtet)

An|ti|al|ko|ho|li|ker der *griech.*: Gegner alkoholischer Getränke; **An|ti|al|ko|ho|li|ke|rin** die

An|ti|ba|by|pil|le die: Pille auf Hormonbasis zur Empfängnisverhütung

An|ti|bio|ti|kum das *griech.*, des Antibiotikums, die Antibiotika: Wirkstoff gegen Krankheitserreger

An|ti|blo|ckier|sys|tem das: Bremssystem bei Kraftfahrzeugen, das ein Blockieren der Räder verhindert; *Abk.* ABS

An|ti|fa|schis|mus der *griech.*: politische Bewegung, die sich gegen Faschismus und Nationalsozialismus richtet; **An|ti|fa|schist** der; **An|ti|fa|schis|tin** die; **an|ti|fa|schis|tisch** antifaschistische Bücher

an|tik *lat.*: alt, altertümlich; **An|ti|ke** die: das griechisch-römische Altertum

An|ti|kör|per die: in weißen Blutkörperchen gebildete Eiweißmoleküle zur Bekämpfung von Krankheitserregern

An|ti|lo|pe die *franz.*: Huftier mit Hörnern

Anwohnerin

An|ti|pa|thie die *griech.*, die Antipathien: Widerwille, Abneigung; sie hatte eine unüberwindliche Antipathie gegen ihn; *Ggs.* Sympathie

An|ti|quar der *lat.*, die Antiquare: Kenner und Verkäufer von alten Büchern und Bildern; **An|ti|qua|ri|at** das; **An|ti|qua|rin** die; **an|ti|qua|risch**; **An|ti|qui|tät** die: alter, wertvoller Gegenstand

An|ti|se|mit der, des/die Antisemiten: Feind, Gegner der Juden und des Judentums; **an|ti|se|mi|tisch**; **An|ti|se|mi|tis|mus** der: Feindschaft gegenüber Juden

an|ti|sep|tisch keimtötend, die Infektion einer Wunde verhindernd; ein antiseptischer Verband wurde angelegt

an|ti|zy|klisch unregelmäßig wiederkehrend, entgegenwirkend

Ant|litz das, des Antlitzes, die Antlitze: Angesicht, Gesicht

An|trag der, des Antrag(e)s, die Anträge: er machte ihr einen Antrag (Heiratsantrag), er stellte einen Antrag auf Einwanderung; **an|tra|gen** (→ tragen): sie hat mir das Du angetragen (angeboten)

an|trei|ben (→ treiben): die Kinder wurden zur Eile angetrieben; **An|trieb** der

an|tre|ten (→ treten); **An|tritt** der

an|tun (→ tun): das kannst du mir doch nicht antun

Ant|wort die: er blieb ihr die Antwort schuldig; **ant|wor|ten**

an|wach|sen (→ wachsen): der Stadtverkehr wächst an, seine Ohrläppchen sind angewachsen

An|walt der, des Anwalt(e)s, die Anwälte; **An|wäl|tin** die

An|wand|lung die: in einer plötzlichen Anwandlung (Laune)

An|wär|ter der; **An|wär|te|rin** die; **An|wart|schaft** die

an|wei|sen (→ weisen); **An|wei|sung** die

an|wend|bar; **an|wen|den** (→ wenden); **An|wen|dung** die

An|we|sen das: Gebäude mit Grundstück

an|we|send; **An|we|sen|de** der/die; **An|we|sen|heit** die; **An|we|sen|heits|lis|te** die

an|wi|dern anekeln

an|win|keln angewinkelte Knie

An|woh|ner der; **An|woh|ne|rin** die

an|wur|zeln er stand wie angewurzelt (bewegungslos) da

An|zahl die; **an|zah|len; An|zah|lung** die

an|zap|fen sein Telefon war angezapft (wurde abgehört), ein frisch angezapftes Fass Bier

An|zei|chen das; alle Anzeichen sprachen dafür

An|zei|ge die; er bekam eine Anzeige wegen Diebstahls, eine Anzeige in die Zeitung setzen; **an|zei|gen; An|zei|ger** der

an|zet|teln er zettelte einen Streit an

an|zie|hen (→ ziehen): zieh den Mantel an!, die Bremsen anziehen (festziehen), sein Charme zog (lockte) mich an; **an|zie|hend; An|zie|hungs|kraft** die; **An|zug** der: ich sollte mir einen Anzug kaufen, ein Gewitter ist im Anzug (nähert sich); **an|züg|lich** einen anzüglichen (anstößigen) Witz erzählen, anzüglich (zweideutig) lächeln; **An|züg|lich|keit** die

an|zün|den ein Feuer anzünden

AOK *Abk. für* Allgemeine Ortskrankenkasse die

Aor|ta die *griech.*, die Aorten: Hauptschlagader

Apa|che der *franz.*, die Apachen: Angehöriger eines Indianerstammes im Südwesten der Vereinigten Staaten

apart *franz.*, am apartesten: geschmackvoll, reizvoll

Apart|ment [äpartment] das *engl.*, des/die Apartments: kleine Wohnung (→ Appartement)

Apa|thie die *griech.*: Gleichgültigkeit gegenüber seiner Umwelt, Teilnahmslosigkeit; **apa|thisch** sie saß mir völlig apathisch gegenüber

Apen|nin der *oder* Apen|ni|nen die: Gebirge in Italien

aper *südd.*: schneefrei; ein aperer Hang; **apern** tauen; die Schipiste apert

Ape|ri|tif der *franz.*, des Aperitifs, die Aperitife / Aperitifs: alkoholisches Getränk, das den Appetit anregen soll; einen Aperitif nehmen

Ap|fel der, die Äpfel: der Apfel fällt nicht weit vom Stamm (Kinder geraten nach ihren Eltern), in den sauren Apfel beißen (etwas Unangenehmes tun) müssen; **ap|fel|grün**

Ap|fel|si|ne die

Apho|ris|mus der *griech.*, des Aphorismus, die Aphorismen: Es hat die Menschen schon immer gereizt, einen Gedanken so gut zu formulieren, dass er sich besonders stark einprägt. Unsere Sprichwörter („Lügen haben kurze Beine" oder „Wer andern eine Grube gräbt, fällt selbst hinein") zeigen dies. Wenn jemand einen geistreichen Einfall sprachlich außergewöhnlich gelungen wiedergeben kann, dann entsteht ein Aphorismus, das „Sprichwort der Gebildeten", wie man gelegentlich sagt. Der Physikprofessor Georg Christoph Lichtenberg (1742–1799), Schöpfer zahlreicher Aphorismen, fragt recht witzig: „Wenn ein Buch und ein Kopf zusammenstoßen und es klingt hohl, ist das allemal im Buch?"
Oft sind es gerade die bitteren Wahrheiten, die der Aphorismus formuliert, wie etwa die Aufforderung des polnischen Schriftstellers Stanislaw Lec: „Kopf hoch, wenn das Wasser bis an den Mund reicht."
Der Aphorismus darf ruhig auch einmal über das Ziel hinausschießen; gerade in der Übertreibung liegt oft das Treffende: „Wir begreifen die Ruinen nicht eher, als bis wir selbst Ruinen sind" *(Heinrich Heine)*. Nur eines darf er nicht: zu lang sein. Denn „in der Kürze liegt die Würze" – dies Sprichwort gilt auch für den Aphorismus.

Apo|ka|lyp|se die *griech.*, die Apokalypsen: 1. Unheil, Untergang, Grauen 2. Weissagung oder Schrift, die den Weltuntergang behandelt; **apo|ka|lyp|tisch**

Apoll / Apol|lo / Apol|lon der: griech.-römischer Gott der Dichtkunst; **Apol|lo|fal|ter** der: Tagfalter

Apol|lo amerikanisches Raumfahrtprogramm mit dem Ziel, bemannte Raumfahrzeuge auf dem Mond zu landen

Apos|tel der *griech.*: Jünger und Verbreiter der Lehre Jesu; **apos|to|lisch,** *aber* das Apostolische Glaubensbekenntnis

Apos|troph *oder* Apo|stroph *oder* Apost|roph der *griech.*, die Apostrophe ▶ Rechtschreiblehre S. 491

Apo|the|ke die *griech.*; **Apo|the|ker** der; **Apo|the|ke|rin** die

Ap|pa|rat der *lat.*, des Apparat(e)s: mehrteiliges technisches Gerät, besonders auch das Telefon; mit großem Apparat (Aufwand); **Ap|pa|ra|tur** die: Gesamtheit von Apparaten

Ap|par|te|ment [apartemã] das *franz.*, des/die Appartements: Zimmerflucht in einem Hotel (→ Apartment)

Ap|pell der *franz.*, die Appelle: Aufforderung, Mahnruf; **ap|pel|lie|ren** du appellierst (wendest dich mahnend, fordernd) an mein Gewissen

Ap|pen|dix der *lat.*, die Appendixe: 1. Anhängsel 2. Wurmfortsatz, Blinddarm 3. Anhang eines Buches

Ap|pe|tit der *franz.*, des Appetit(e)s: Esslust; **ap|pe|tit|an|re|gend** ein appetitanregender Duft, *aber:* den Appetit anregend; **ap|pe|tit|lich**; **ap|pe|tit|los**

ap|plau|die|ren *lat.*: Beifall klatschen; das Publikum applaudierte; **Ap|plaus** der, des Applauses

Ap|pli|ka|ti|on die *lat.*: 1. Anbringung, Befestigung; eine Applikation (aufgenähte Verzierung) an ihrer Jacke 2. Anwendung von Medikamenten

ap|por|tie|ren *franz.*: der Hund apportierte die angeschossene Ente (brachte sie herbei)

Ap|po|si|ti|on die *lat.*, die Appositionen: Beisatz. Die Apposition, immer ein Substantiv, ist eine besondere Form des ▶ Attributes. Die Besonderheit besteht darin, dass sie im selben Fall steht wie das Beziehungswort, z. B.: „Meine Katze Mohrchen gehorcht nur mir, ihrem Herrn." Man könnte auch sagen: „Mohrchen, meine Katze, gehorcht nur mir, ihrem Herrn." Der zweite Teil des Satzes kann aber nicht heißen „ihrem Herrn, mir". Die Apposition „meine Katze" hat den selben Fall wie „Mohrchen" und „ihrem Herrn" steht im selben Fall wie „mir". Und noch etwas lässt sich erkennen: Manche Appositionen können vor oder nach ihrem Beziehungswort stehen, manche nur danach. Dann werden sie durch Kommas abgetrennt. Übrigens: Das mit dem gleichen Fall sollte man sich gut merken. Viele wissen nämlich nicht, dass es richtig heißen muss: „Am Montag, dem 27. Juni, fangen die Ferien an."

Ap|ri|ko|se die *arab.*: Steinfrucht; **Ap|ri|ko|sen|mar|me|la|de** die

Ap|ril der, des April(s): jemanden in den April schicken (jeman-den zum Narren halten); **Ap|ril|scherz** der

ap|ro|pos [apropo] *franz.*: übrigens, nebenbei bemerkt, dabei fällt mir ein

Ap|sis die *griech.*, die Apsiden: halbrunde Altarnische als Abschluss des Kirchenraums

Aquä|dukt der/das *lat.*, des Aquädukt(e)s, die Aquädukte: altrömische Wasserleitung, die über eine Brücke geführt wird

Aqua|pla|ning [akwaplaning] das *engl.*: bei überhöhter Geschwindigkeit nicht mehr kontrollierbares Gleiten der Autoreifen auf einer Wasserschicht, z. B. auf einer regennassen Straße

Aqua|rell das *lat.*, die Aquarelle: mit Wasserfarben gemaltes Bild

Aqua|ri|um das *lat.*, die Aquarien: 1. mit Wasser gefüllter Behälter für Fische und Wasserpflanzen 2. im Zoo Gebäude für Wassertiere

Äqua|tor der *lat.*: größter Breitenkreis der Erdkugel

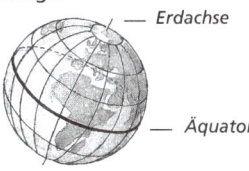

— Erdachse

— Äquator

Ar das/der *lat.*, des Ar(e)s, die Are: Flächenmaß, *Abk.* a (1 a = 100 m²)

Ära die *lat.*, die Ären: durch eine Person oder Sache gekennzeichnete Epoche; die Ära Kohl, eine neue Ära begann

Ara|ber der; **Ara|be|rin** die; **Ara|bes|ke** die *franz.*, die Arabesken: 1. dekoratives Rankenornament 2. heiteres Musikstück; **Ara|bi|en; ara|bisch**

Ar|beit die; **ar|bei|ten; Ar|bei|ter** der; **Ar|bei|te|rin** die; **Ar|beit|ge|ber** der; **Ar|beit|neh|me|rin** die; **Ar|beits|agen|tur** die: *früher* Arbeitsamt; **ar|beit|sam; Ar|beits|be|schaf|fungs|maß|nah|men** die, *Abk.* ABM; **ar|beits|fä|hig; Ar|beits|för|de|rungs|ge|setz** das, *Abk.* AFG; **Ar|beits|ge|mein|schaft** die, *Abk.* AG; **Ar|beits|ge|richt** das; **ar|beits|in|ten|siv; Ar|beits|kampf** der; **ar|beits|los; Ar|beits|lo|sen|quo|te** die; **Ar|beits|lo|sen|ver|si|che|rung** die; **Ar|beits|lo|sig|keit** die; **Ar|beits|markt** der; **Ar|beits|tei|lung** die; **ar|beits|un|fä|hig; Ar|beits|ver|trag** der; **ar|beits|wil|lig; Ar|beits|zeit** die

Ar|chäo|lo|ge der *griech.*: jemand, der sich wissenschaftlich mit der Erforschung des Altertums beschäftigt; **Ar|chäo|lo|gie** die: Teil der Geschichtswissenschaft, der sich mit Ausgrabungen und frühen Geschichtsquellen befasst; **Ar|chäo|lo|gin** die

Ar|che die *lat.*: die Arche Noah

ar|chi|me|disch nach dem griech. Mathematiker Archimedes; **ar|chi|me|di|sches Prin|zip** das: Prinzip, nach dem der Auftrieb eines Körpers gleich dem Gewicht der von ihm verdrängten Flüssigkeit ist

Ar|chi|pel der *ital.*, die Archipele: größere Inselgruppe

Ar|chi|tekt der *griech.*: Entwerfer, Gestalter von Bauten; **Ar|chi|tek|tin** die; **ar|chi|tek|to|nisch; Ar|chi|tek|tur** die

Ar|chiv das *griech.*, des Archiv(e)s, die Archive: Sammlung von Schriftstücken, Dokumenten, Urkunden; **Ar|chi|var** der; **Ar|chi|va|rin** die; **ar|chi|vie|ren**

ARD *Abk. für* Arbeitsgemeinschaft der öffentlich-rechtlichen Rundfunkanstalten der Bundesrepublik Deutschland

Are|al das *lat.*, des Areals, die Areale: Gebiet, Grundstück, Bodenfläche

Are|na die *lat.*, die Arenen: Kampfplatz, Sportplatz, Zirkusmanege

arg ärger, am ärgsten; *klein:* ein arges (übles) Wetter, sein ärgster (schlimmster) Feind; *groß:* jemand ist ohne Arg (Hinterlist), die Politik liegt im Argen (ist in Unordnung), er konnte das Ärgste abwenden; **Arg|list** die; **arg|los; Arg|wohn** der; **arg|wöh|nen; arg|wöh|nisch**

Ar|gen|ti|ni|en; Ar|gen|ti|ni|er der; **Ar|gen|ti|ni|e|rin** die, die Argentinierinnen; **ar|gen|ti|nisch**

Är|ger der; **är|ger|lich; är|gern; Är|ger|nis** das, des Ärgernisses, die Ärgernisse

Ar|gon das *griech.*: farb- und geruchloses Edelgas; *Zeichen* Ar

Ar|gu|ment das *lat.*: Grund, Beweis, Entgegnung; **Ar|gu|men|ta|ti|on** die: Beweisführung; **ar|gu|men|tie|ren**

Arie die *ital.*, die Arien: liedartiger Teil einer Oper

Aris|to|krat der *griech.*, des/die Aristokraten: Ad(e)liger, vornehmer Mensch; **Aris|to|kra|tie** die: 1. der Adel, die Oberschicht 2. Herrschaft einer privilegierten Gruppe; **Aris|to|kra|tin** die; **aris|to|kra|tisch**

Arith|me|tik die *griech.*: Lehre von den Zahlen; **arith|me|tisch** arithmetisches Mittel (Durchschnittswert)

Ar|ka|de die *franz.*, die Arkaden: Bogengang an Gebäuden

Ark|tis die *griech.*: Gebiet um den Nordpol; **ark|tisch**

arm ärmer, am ärmsten: *klein:* arm an Vitaminen, er ist arm im Geiste (dumm); *groß:* hier wohnten die Armen, der Ärmste musste laufen, der Unterschied zwischen Arm(en) und Reich(en); **ärmlich; arm|se|lig; Ar|mut** die: sie lebten in großer Armut

Arm der, des Arm(e)s, die Arme: einen langen Arm (großen Einfluss) haben; Armband das; **Är|mel** der; **är|mel|los**

Ar|ma|tur die *lat.*, die Armaturen: Bedienungsvorrichtung von Maschinen oder Fahrzeugen

Ar|mee die *franz.*, die Armeen

Ar|me|ni|en; Ar|me|ni|er der; **Ar|me|ni|e|rin** die, die Armenierinnen; **ar|me|nisch**

Ar|ni|ka die *lat.*: Heilpflanze

Arnim Bettina von ▶ S. 36

Aro|ma das *griech.*, des Aromas, die Aromas/Aromen: Wohlgeruch, Eigengeruch, Würzmittel; **aro|ma|tisch**

Ar|ran|ge|ment [aräschemā] das *franz.*, des/die Arrangements: 1. künstlerische Anordnung, organisatorische Vorbereitung, geschmackvoll Zusammengestelltes; ein wundervolles Blumenarrangement 2. die Bearbeitung eines Musikstücks für andere Instrumente; ein Arrangement für Klavier und Orchester 3. Abmachung, Vereinbarung, Übereinkommen; **ar|ran|gie|ren** ein Treffen arrangieren (in die Wege leiten), sich mit dem Gegner arrangieren (sich verständigen, einigen)

Ar|rest der *lat.*: Freiheitsstrafe; er wurde unter Arrest gestellt

ar|ro|gant *franz.*, am arrogantesten: überheblich, dünkelhaft, anmaßend; **Ar|ro|ganz** die

Ar|sen das *griech.*, des Arsens: giftiges chemisches Element, ein Halbmetall; *Zeichen* As

Ar|se|nal das *ital.*, die Arsenale: Waffen- oder Gerätelager, Sammlung; ein Arsenal von leeren Flaschen

Art die, die Arten: 1. Eigentümlichkeit, Wesensart, Eigenart; das entspricht nicht meiner Art, seine lebhafte Art 2. Verhaltensweise, Gewohnheit, Verfahrensweise; sie verschwand auf geheimnisvolle Art, das ist die rechte Art und Weise, was ist das denn für eine Art? (ein Benehmen), ein Verbrechen gemeinster Art 3. Einheitsmerkmale bei Menschen, Tieren und Pflanzen; eine ausgestorbene Art, er ist ganz aus der Art geschlagen (ist anders als die übrigen Familienmitglieder); **Ar|ten|reich|tum** der; **Ar|ten|viel|falt** die

Ar|te|rie die *griech.*: Schlagader; **Ar|te|rio-skle|ro|se** die: krankhafte Verkalkung der Arterien

ar|tig brav

Arth|ri|tis *oder* Ar|thri|tis die *griech.*, die Arthritiden: Gelenkentzündung

Arth|ro|se *oder* Ar|thro|se die *griech.*, die Arthrosen: chronische Gelenkerkrankung durch Abnutzung

Ar|ti|kel der *lat.*, die Artikel: Begleiter, Geschlechtswort. Diese Wörter heißen so, weil sie ein Substantiv begleiten: der Hund, die Katze, das Fernsehen (= bestimmter Artikel); ein Tisch, eine Bank, ein Haus (= unbestimmter Artikel). Sie zeigen an, dass ein Substantiv kommt, und geben oft Auskunft über Zahl, grammatisches Geschlecht und Fall.

Umgekehrt gesagt: Ohne Artikel hat man es manchmal schwer: „Cowboy fängt Sheriff, nicht Viehdieb." Wenn man Artikel einsetzt, merkt man, dass vier verschiedene Sätze möglich sind, wenn auch nicht alle gleich wahrscheinlich sind: „Der Cowboy fängt den Sheriff, nicht den Viehdieb." – „Der Cowboy fängt den Sheriff, nicht der Viehdieb." – „Den Cowboy fängt der Sheriff, nicht der Viehdieb." – „Den Cowboy fängt der Sheriff, nicht den Viehdieb."

Was heißt nun „bestimmt" und „unbestimmt"? Der unbestimmte Artikel steht, wenn etwas zum ersten Mal genannt wird, der bestimmte bei etwas Bekanntem oder wenn Neues durch Bekanntes schon näher bestimmt ist: „Es war einmal ein (neu) König. Das (bestimmt durch „des Königs") Schloss des (bekannt) Königs lag in einem (neu) tiefen Wald." Oder: „Der Hai (allen Leuten ist bekannt, was das ist) ist liebenswert, aber als Haustier ungeeignet." Der letzte Satz zeigt auch, dass bei allgemeinen Angaben („Haustier") der Artikel ganz fehlen kann.

Der Artikel kann aus fast jedem Wort, welcher Wortart auch immer, ein Substantiv machen (Großschreibung nicht vergessen!): „Bevor du dieses Buch

Bettina von Arnim

geb. am 4. 4. 1785 in Frankfurt am Main
gest. am 20. 1. 1859 in Berlin

Goethes Briefwechsel mit einem Kinde (Briefroman, 1835–1840)
Die Günderode (Briefroman, 1840)
Dies Buch gehört dem König (Briefroman, 1843)
Gespräche mit Dämonen (Briefroman, 1852)
Armenbuch (1853)

„Sie war allen anderen Frauen … durch blendenden Verstand, geistreichen Witz und gewandte Sprache überlegen. … die ungenierte Rücksichtslosigkeit, mit der sie sich über alles aussprach, (konnte) leicht Anstoß erregen oder verletzen. Indessen hatte sie ein gutes Herz und die innere Menschenfreundlichkeit … versöhnte wieder mit der originellen Erscheinung." – So urteilte ein Zeitgenosse über die Schwester des Dichters Clemens von Brentano.

Anna Elisabeth (kurz Bettina) von Arnim war die Frau des Dichters Achim von Arnim, des besten Freundes ihres Bruders. Nicht jeder, der dieser bemerkenswerten Frau begegnete, die sieben Kinder auf die Welt brachte, hat sie wohlwollend beurteilt. Für die damalige Zeit war sie viel zu modern. Sie engagierte sich für die geistige und politische Emanzipation der Frau. Sie setzte sich für soziale Verbesserungen ein und stand mit vielen Geistesgrößen aus dem Kreis der Romantiker in regem brieflichem Kontakt. Als seit 1830 immer stärker demokratische Ideen aufkamen, suchte Bettina auch die Begegnung mit diesem jungen Deutschland. Goethe, den sie seit ihrer Jugend glühend verehrte, ging sie dagegen zunehmend auf die Nerven. Nach seinem Tod widmete sie ihm einen zweibändigen Roman in Form erfundener Briefe.

Als ihr Mann 1831 gestorben war, machte Bettina ihre Berliner Wohnung zum Treffpunkt unabhängiger politischer Köpfe. Sie schrieb nun gewagte, fast revolutionäre Bücher wie *Dies Buch gehört dem König,* das Wilhelm IV. geschmeichelt überblätterte, das die Zensur aber als gefährlich einstufte. Auch das *Armenbuch,* in dem sie die sozialen Verhältnisse ihrer Zeit anprangert, ist eine Reaktion auf vom König enttäuschte Hoffnungen. Zur umfassenden Kritik an Politik, Religion und Gesellschaft geriet *Gespräche mit Dämonen,* mit dem sie zum Beitritt in den Völkerbund aufrief. „Traurig genug, dass nur ein Weib das sagen durfte, was jeden Mann hinter Schloss und Riegel würde gebracht haben", sagte der Schriftsteller Karl Gutzkow.

zuklappst, solltest du das Für und das Wider abwägen."
Über verkürzte Formen des Artikels ▶ Präposition.

Ar|ti|ku|la|ti|on die *lat.*: Lautbildung, deutliche Aussprache; **ar|ti|ku|lie|ren**
Ar|til|le|rie die *franz.*: mit Geschützen bewaffnete Truppe; **Ar|til|le|rist** der
Ar|ti|scho|cke die *franz.*: distelartige Gemüsepflanze

Ar|tist der *lat.*, des/die Artisten: Varietee- oder Zirkuskünstler; **Ar|tis|tin** die; **ar|tis|tisch**
Arz|nei die *griech.*, die Arzneien: Medikament, Heilmittel, Medizin; **Arzt** der, des Arztes, die Ärzte; **Ärz|tin** die, die Ärztinnen
As|best das *griech.*, des Asbest(e)s: feuerfester, aber Krebs auslösender Faserstoff
Asche die; **Aschen|bahn** die: mit Schlacke befestigte Bahn für Laufwettbewerbe; **Aschen|brö|del** *oder* **Aschen|put|tel** das: Märchenfigur; **Ascher|mitt|woch** der: erster Tag der Fastenzeit vor Ostern
As|cor|bin|säu|re *(fachsprachl.)* / **As|kor|bin|säu|re** die *griech.*: chemische Bezeichnung für Vitamin C
äsen das Rotwild äst (frisst)
Aser|bai|dschan / **Aser|beid|schan**; **Aser|bai|dscha|ner** / **Aser|beid|scha|ner** der; **Aser|bai|dscha|ne|rin** / **Aser|beid|scha|ne|rin** die; **aser|bai|dscha|nisch** / **aser|beid|scha|nisch**
Asi|at der, des/die Asiaten; **Asi|a|tin** die, die Asiatinnen; **asi|a|tisch**; **Asi|en**
As|ke|se die *griech.*: entsagende, enthaltsame Lebensweise zur Verwirklichung meist religiöser Ideale; in strenger Askese leben; **As|ket** der: enthaltsam lebender Mensch; **As|ke|tin** die; **as|ke|tisch**

Aster

Äs|ku|lap griech.-röm. Gott der Heilkunde (dargestellt mit Schlange und Stab); **Äs|ku|lap|stab** der: der von einer Schlange umwundene Stab Äskulaps als Sinnbild der Heilkunst und Ärzteschaft
aso|zi|al unfähig zum Gemeinschaftsleben, unsozial
As|pekt der *lat.*, des Aspekt(e)s, die Aspekte: Ansicht, Blickwinkel, Betrachtungsweise, Gesichtspunkt
As|phalt der *griech.*, des Asphalt(e)s: Mischung aus Bitumen und Steinen (als Straßenbelag)
As|pik der *franz.*: säuerliche Fleisch- oder Fischsülze
As|pi|rant der *franz.*, der/ die Aspiranten: (Beamten-)Anwärter, Bewerber; **As|pi|ran|tin** die, die Aspirantinnen
Ass das *franz.*, des Asses, die Asse: höchste Spielkarte; ein Ass (einen Trumpf) im Ärmel haben, er war im Klettern ein Ass
As|sel die: krebsartiges Kleintier

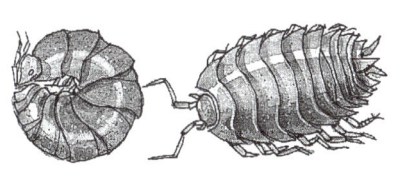

As|ses|sor der *lat.*, des Assessors, die Assessoren: Anwärter der höheren Beamtenlaufbahn; **as|ses|so|ral**; **As|ses|so|rin** die, die Assessorinnen
As|si|mi|la|ti|on die *lat.*, die Assimilationen: 1. Anpassung, Angleichung 2. die Umwandlung der Nahrung in körpereigene Stoffe; **as|si|mi|lie|ren** der neue Schüler wurde von der Klasse rasch assimiliert (als Mitschüler aufgenommen)
As|sis|tent der *lat.*: Mitarbeiter, Helfer; **As|sis|ten|tin** die; **as|sis|tie|ren**
As|so|zi|a|ti|on die *franz.*, die Assoziationen: Verknüpfung von Vorstellungen und Gedanken; Verbindung, Vereinigung, Zusammenschluss; **as|so|zi|ie|ren** er assoziierte damit etwas Unangenehmes, die mit der EU assoziierten Staaten
Ast der, des Ast(e)s, die Äste
As|ter die *lat.*, die Astern: Korbblütler, in vielen Farben blühende Sternblume

Ästhetik

Äs|the|tik die *griech.*: Lehre vom Schönen; Schönheit; **äs|the|tisch**

Asth|ma das *griech.*, des Asthmas: anfallartig auftretende Atemnot; **Asth|ma|tiker** der: Asthmakranker; **Asth|ma|ti|kerin** die; **asth|ma|tisch** kurzatmig

As|tro|lo|ge oder Ast|ro|lo|ge der *lat.*: jemand, der sich systematisch mit Astrologie beschäftigt, die Sterne deutet; **As|tro|lo|gie** oder Ast|ro|lo|gie die: Lehre vom (eventuellen) Einfluss der Himmelskörper auf das irdische Leben, z. B. zum Erstellen von Horoskopen; **As|tro|lo|gin** oder Ast|ro|lo|gin die; **as|tro|lo|gisch** oder ast|ro|lo|gisch

As|tro|naut oder Ast|ro|naut der griech., des/die Astronauten: (amerik.) Weltraumfahrer; **As|tro|nau|tin** oder Ast|ro|nau|tin die; **As|tro|nau|tik** oder Ast|ro|nau|tik die: Wissenschaft von der Raumfahrt

As|tro|nom oder Ast|ro|nom der *lat.*, des/die Astronomen: Wissenschaftler auf dem Gebiet der Astronomie; **As|tro|no|mie** oder Ast|ro|no|mie die: wissenschaftliche Erforschung des Weltalls; **As|tro|no|min** die; **as|tro|no|misch** oder ast|ro|no|misch; astronomisches Zeichen, z. B. für das Sternbild des Großen Bären, eine astronomische (unvorstellbar hohe) Zahl

Asyl das *griech.*, des Asyls, die Asyle: Unterkunft für Obdachlose; er bat um politisches Asyl (Aufnahme und Schutz vor politischer Verfolgung); **Asy|lant/-in** der, die, die Asylanten: Asylsuchender

Ate|lier [atelje] das *franz.*, des/die Ateliers: Arbeitsstätte eines Künstlers, Fotografen oder Maßschneiders

Atem der: das hielt sie in Atem (in Spannung), das verschlug ihm den Atem (machte ihn sprachlos); **Atem|ho|len** das; **atem|los**; **Atem|or|ga|ne** die; **at|men**; **At|mung** die; **At|mungs|or|ga|ne** die

Athe|is|mus der *griech.*: Verneinung der Existenz Gottes; **Athe|ist** der, des/die Atheisten; **athe|is|tisch**

Äthan (*fachsprachl.* Ethan) das: Kohlenwasserstoffgas; **Äther** (*fachsprachl.* Ether) der *griech.*, die Äther: 1. chemische Verbindung, Kohlenwasserstoff 2. *dichterisch für* Himmel bzw. für reine Luft; **äthe|risch** engelhaft, vergeistigt; ätherische (angenehm riechende) Öle

Äthi|o|pi|en; **Äthi|o|pi|er** der; **Äthi|o|pi|e|rin** die, die Äthiopierinnen; **äthi|o|pisch**

Ath|let der *griech.*, des/die Athleten: Wettkämpfer, Kraftmensch; **Ath|le|tin** die; **ath|le|tisch**

Äthyl (*fachsprachl.* Ethyl) das: einwertige Kohlenwasserstoffgruppe

At|lan|tik der: der Atlantische Ozean; **at|lan|tisch** atlantische Störungen

At|las der *griech.*, des Atlasses, die Atlasse / Atlanten: 1. Buch mit Landkarten oder Bildtafeln 2. göttlicher Riese in der griech. Sage, Träger des Himmelsgewölbes 3. oberster Halswirbel

At|mo|sphä|re oder At|mos|phä|re die *griech.*: 1. Gashülle der Erde 2. veraltete physikalische Einheit des Druckes, *Abk.* at / atm 3. Stimmung, Umwelt, Ausstrahlung; eine freundliche Atmosphäre

Atoll das *malai.*, die Atolle: ringförmige Koralleninsel

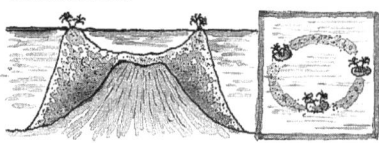

Atom das *griech.*, des Atom(e)s, die Atome: kleinster Teil eines chemischen Elements; **ato|mar** die Atome betreffend; einen atomaren Krieg verhindern; **Atom|bom|be** die; **Atom|ener|gie** die; **Atom|kraft|werk** das; **Atom|müll** der; **Atom|re|ak|tor** der; **Atom|kern** der: Kern eines Atoms, der aus Protonen und Neutronen besteht; **Atom-U-Boot** das

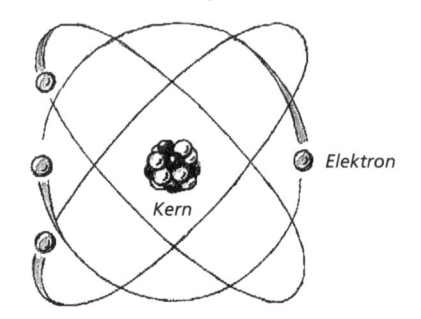

Elektron

Kern

At|ta|cke die *franz.*: Angriff, scharfe Kritik, Schmerzanfall: er hatte eine Herzattacke; **at|ta|ckie|ren**

At|ten|tat das *franz.*, des Attentat(e)s, die Attentate: politischer Mordanschlag; **At|ten|tä|ter** der

At|test das *lat.*, des Attest(e)s, die Atteste: Bescheinigung, Bestätigung; ein ärztliches Attest; **at|tes|tie|ren**

At|trak|ti|on die *franz.*: Anziehungskraft, Glanznummer; die Attraktion des Abends; **at|trak|tiv** verlockend, anziehend; **At|trak|ti|vi|tät** die

At|trap|pe die *franz.*: Blindpackung, Nachbildung, Nachahmung

---

At|tri|but das *lat.*, die Attribute: Beifügung. Zu einem Substantiv oder einem Adjektiv, manchmal sogar zu einem ganzen Satz, können nähere Bestimmungen treten, die die Aussage genauer machen. Diese näheren Bestimmungen nennen wir Beifügungen oder Attribute.

Fünf verschiedene Arten von Attributen können Antwort auf die Frage geben: „Was ist das für eine Käse?"
1. Das adjektivische Attribut: Es ist ein „holländischer Käse". Das Adjektiv „holländisch" sorgt dafür, dass der Käse näher bestimmt wird.
2. Das Genitivattribut: Wollen wir den Käse durch einen Genitiv näher bestimmen, heißt es: „Käse der Holländer".
3. Das präpositionale Attribut: Auch mit Hilfe einer Präposition kann man eine genauere Aussage machen: Es ist ein „Käse aus Holland".
4. Der Relativsatz: Sogar ein Satz kann die Rolle eines Attributs übernehmen: „Käse, der aus Holland kommt, schmeckt gut."
5. Die Apposition (über diese Art des Attributs ▶ Apposition): Eine nähere Bestimmung gelingt auch mit einer Apposition: „Käse, eine holländische Spezialität, schmeckt gut." (Und welche Art von Attribut ist „holländisch" in diesem Satz?)

---

aty|pisch *griech.*: untypisch, von der Regel abweichend; ein atypischer Verlauf einer Krankheit

at|zen der Vogel atzt (füttert) seine Jungen; **At|zung** die

ät|zen etwas mit Säure oder Lauge behandeln; eine ätzende (bissige, verletzende) Bemerkung

AU *Abk. für* Abgasuntersuchung die; **AU-Pla|ket|te** die

Au(e) die, die Auen: saftige Wiese oder Wald am Wasserlauf

Au|ber|gi|ne [ober*schi*ne] die *franz.*, die Auberginen: blaurote, birnenförmige Frucht eines Nachtschattengewächses, die als Gemüse verwendet wird; **au|ber|gi|ne|far|ben**

auch ich bin auch (ebenfalls) nur ein Mensch, sie gab mir auch nicht (nicht einmal) einen Cent, auch gut (damit bin ich einverstanden), du kannst aber auch stur sein, was auch immer passiert, wie dem auch sei (ob es falsch oder richtig ist), wo sie auch hinkommt (wo immer sie hinkommt)

Au|di|enz die *lat.*, die Audienzen: feierlicher Empfang

au|dio|vi|su|ell *lat./franz.*: hör- und sichtbar; audiovisueller Unterricht

Au|er|hahn der, die Auerhähne: größtes einheimisches Waldhuhn

auf auf und nieder, von klein auf, *aber:* das Auf und Ab des Lebens; **aufs** auf das; aufs Herzlichste / herzlichste grüßen

auf|bah|ren einen Toten aufbahren; **Auf|bah|rung** die

Auf|bau der; **auf|bau|en**

auf|bäu|men sich: sich gegen das Schicksal aufbäumen (wehren)

auf|bau|schen einen Vorfall aufbauschen (übertrieben darstellen)

auf|be|geh|ren protestieren, sich wehren

auf|be|rei|ten; Auf|be|rei|tung die

auf|bes|sern ich bessere / bessre auf
auf|be|wah|ren; **Auf|be|wah|rung** die; **Auf|be|wah|rungs|pflicht** die
auf|bie|ten (→ bieten); **Auf|bie|tung** die: unter Aufbietung seiner letzten Energie
auf|blen|den aufgeblendete Scheinwerfer
auf|brau|sen ein aufbrausender (jähzorniger) Mensch
auf|bre|chen (→ brechen); **Auf|bruch** der
auf|brin|gen (→ bringen)
auf|brum|men ihm wurde eine Strafe aufgebrummt (*ugs.* auferlegt), auf ein Auto aufbrummen (*ugs.* auffahren)
auf|drän|gen; **auf|dring|lich**
Auf|druck der, des Aufdruck(e)s, die Aufdrucke
auf|ei|nan|der *oder* auf|ein|an|der; **auf|ei|nan|der|het|zen**; **auf|ei|nan|der|tref|fen**
Auf|ent|halt der
auf|er|ste|hen (→stehen); **Auf|er|ste|hung** die
auf|fah|ren (→ fahren); **Auf|fahrt** die
auf|fal|len (→ fallen); **auf|fäl|lig**
auf|fas|sen du fasst das völlig falsch auf; **Auf|fas|sung** die: er hat eine andere Auffassung; **Auf|fas|sungs|ga|be** die
auf|for|dern; **Auf|for|de|rung** die

Auf|for|de|rungs|satz der ▶ Satzarten

auf|fors|ten ein Gelände mit Bäumen bepflanzen; **Auf|fors|tung** die
auf|fri|schen sie muss ihre Spanisch-Kenntnisse wieder auffrischen (erneuern), eine verblichene Farbe auffrischen, der Wind frischt auf (wird stärker), unser Nudelvorrat muss aufgefrischt (ergänzt) werden
auf|füh|ren sie führte sich hysterisch auf (benahm sich überspannt), der Film wurde vormittags aufgeführt (dargeboten), in einer Rechnung verschiedene Posten aufführen (aufzählen), eine Mauer aufführen (hochziehen)
Auf|ga|be die; **auf|ge|ben** (→ geben): ein Telegramm aufgeben, den Widerstand aufgeben, er gab einen Aufsatz auf
Auf|gang der; **auf|ge|hen** (→ gehen): ihm ging ein Licht auf, in seinem Beruf ganz aufgehen
auf|ge|bla|sen so ein aufgeblasener (*ugs.* überheblicher) Kerl, eine Papiertüte aufblasen; **Auf|ge|bla|sen|heit** die
Auf|ge|bot das: das Aufgebot bestellen (öffentliche Bekanntmachung einer beabsichtigten Eheschließung), mit einem starken Aufgebot von Polizisten (einer großen Zahl), das letzte Aufgebot (die letzte Reserve)
auf|ge|dun|sen sein Gesicht war aufgedunsen (aufgequollen)
auf|ge|kratzt sie kam aufgekratzt (gut aufgelegt) zu unserem Treffen
auf|ge|legt er war dazu nicht aufgelegt (nicht in der Stimmung), ein aufgelegter (offenkundiger) Schwindel
auf|ge|schmis|sen wenn du mir nicht hilfst, bin ich aufgeschmissen (*ugs.* weiß ich nicht mehr weiter)
auf|ge|ta|kelt *ugs.* sie war aufgetakelt wie ein Zirkuspferd (geschmacklos gekleidet und geschminkt)
auf|ge|weckt geistig wach, klug
auf|gie|ßen (→ gießen); **Auf|guss** der
auf|glie|dern; **Auf|glie|de|rung** die
auf|grund / auf Grund aufgrund der Vorkommnisse
auf|hän|gen Wäsche zum Trocknen aufhängen, du hast dir ein viel zu teures Kleid aufhängen (aufschwatzen) lassen, er hängte seinen Vortrag am Thema Stadtpolitik auf (nahm dieses Thema als Grundlage)

> **aufhängen:** Achtung bei den Vergangenheitsformen. Da *aufhängen* ein transitives Verb ist, heißt es im Präteritum: *er hängte* (nicht *hing*) *die Uhr auf*; und im Perfekt: *er hat die Uhr aufgehängt* (nicht *aufgehangen*). Vgl. auch *hängen*.

auf|he|ben (→ heben): er ist dort gut aufgehoben (versorgt), er macht viel Aufheben(s) darum (misst der Sache große Bedeutung bei)
auf|hei|tern
auf|het|zen er war zu dieser Tat aufgehetzt (angestachelt) worden
auf|hö|ren
auf|klä|ren ein Missverständnis aufklären (beseitigen), über die Arbeitsweise aufklären (informieren); **auf|klä|re|risch**; **Auf|klä|rung** die: 1. Auflösung, Klarstel-

lung 2. Belehrung 3. Erkundung feindlicher Stellungen 4. geistige Strömung des 17. und 18. Jahrhunderts, Zeitalter der Vernunft

Auf|klä|rung die: „Habe Mut, dich deines eigenen Verstandes zu bedienen!" Das ist nach den Worten des großen deutschen Philosophen Immanuel Kant (1724–1804) der „Wahlspruch der Aufklärung". Seit dem 17. Jh. hatten kritische Geister in den meisten westeuropäischen Ländern viele Überzeugungen, die als unumstößlich galten, in Zweifel gezogen. Der kritische Verstand stellte die biblischen Überlieferungen in Frage und bezweifelte und korrigierte die naturwissenschaftlichen Lehren früherer Jahrhunderte.

Richtschnur für neue Erkenntnisse wurde die menschliche Vernunft. An ihr wurden auch die menschlichen Einrichtungen gemessen. War es z. B. vernünftig, dass ein König unumschränkt herrschte? War es vernünftig, dass Menschen durch die Schranken der Geburt oder Herkunft oder durch Vorrechte voneinander getrennt wurden? War es vernünftig, andere aus religiösen Gründen zu verfolgen?

Man nennt diese Epoche der kritischen Vernunft auch das Zeitalter der Aufklärung. Für Deutschland nehmen wir den Zeitraum etwa zwischen 1720 und 1785 an. Zahlreiche deutsche Dichter und Schriftsteller erfasste der Geist der Aufklärung; auch die Dichtung wurde den Gesetzen der Vernunft unterworfen. Sie sollte maßvoll und belehrend sein, die Sprache einfach und klar. Die Dichter traten für religiöse Toleranz und Glaubensfreiheit, für Menschlichkeit und Wahrheit ein.

Große Verdienste erwarb sich Johann Christoph Gottsched (1700–1766), der Auswüchse und Rohheiten der Sprache bekämpfte und vernünftige Regeln aufstellte. Den Theaterdichtern empfahl er französische Stücke zur Nachahmung. Sein Einfluss wurde gebrochen, als mit Gotthold Ephraim

▶ Lessing (1729–1781) der bedeutendste kritische Geist und Dichter der deutschen Aufklärung die Stimme erhob. Lessings kritische Schriften, wie z. B. „Briefe, die neueste Literatur betreffend" oder die „Hamburgische Dramaturgie", wurden maßgebend. Er verwies die deutschen Dichter auf den englischen Dichter William Shakespeare, in dessen Werken er mehr Wahrheit und Leben erkannte als in den Stücken der Franzosen. Seine eigenen Dramen waren mustergültig für seine Zeit, z. B. das Lustspiel „Minna von Barnhelm", das Trauerspiel „Emilia Galotti" und das Schauspiel „Nathan der Weise". Mit dem zuletzt genannten Stück wandte sich Lessing gegen religiöse Unduldsamkeit und Fanatismus.

Auch die Erziehungsromane Christoph Martin Wielands (1733–1813), z. B. die „Geschichte des Agathon", oder die Fabeln des Christian Fürchtegott Gellert (1715–1769) sind vom Geist der Aufklärung geprägt. Viele Ideen der Aufklärung, wie Freiheit und Abbau der Standesschranken, Toleranz, Menschlichkeit und Weltbürgertum, beeinflussten noch die späteren Epochen des ▶ Sturm und Drang und der ▶ Klassik.

auf|kle|ben; **Auf|kle|ber** der

auf|kom|men (→ kommen): für ihren Unterhalt aufkommen (die Kosten tragen), aufkommendes Misstrauen; **Auf|kommen** das: Summe der Einnahmen, besonders von Steuern

Auf|la|ge die: die Auflage (Zahl der gedruckten Exemplare) der Zeitung war hoch, Auflagen (Bedingungen) machen

auf|las|sen die Tür auflassen, der Stollen wurde aufgelassen (stillgelegt); **Auflas|sung** die: Stilllegung, Schließung, Übereignung; die Auflassung (Übereignung) eines Grundstücks

Auf|lauf der: es gab einen Auflauf (eine Menschenansammlung) vor dem Geschäft, ich mag keinen Spinatauflauf

auf|leh|nen sich; **Auf|leh|nung** die

auf|lis|ten die täglichen Ausgaben auflisten; **Auf|lis|tung** die

auflösen

auf|lö|sen mit aufgelösten (offenen) Haaren, der Zucker hat sich aufgelöst, die Menge begann sich aufzulösen (zu zerstreuen), sie kam völlig aufgelöst (abgehetzt) am Bahnhof an, eine Ehe auflösen (scheiden), in der Matheaufgabe die Klammern auflösen (durch Berechnung entfernen), der Verein wurde aufgelöst; **Auf|lö|sung** die

auf|ma|chen; **Auf|ma|chung** die: die Zeitung berichtet in großer Aufmachung (breiter Darstellung)

auf|merk|sam; **Auf|merk|sam|keit** die

auf|mö|beln ich möb(e)le auf; der starke Kaffee hat ihn aufgemöbelt (ugs. aufgemuntert), einen alten Stuhl aufmöbeln (ugs. restaurieren), der Ruf des Vereins musste wieder aufgemöbelt (ugs. wiederhergestellt) werden; **Auf|mö|be|lung / Auf|möb|lung** die

auf|mot|zen sein aufgemotztes (ugs. effektvoll hergerichtetes) Auto

auf|mun|tern; **Auf|mun|te|rung** die

Auf|nah|me die; auf|nah|me|be|reit; auf|neh|men (→ nehmen)

auf|pas|sen du passt auf

auf|pep|pen ugs. die Veranstaltung wurde aufgepeppt (in Schwung gebracht)

auf|plus|tern der Vogel plusterte sein Gefieder auf, plustere dich nicht so auf (ugs. mach dich nicht so wichtig)

Auf|prall der; auf|pral|len

auf|put|schen aufputschende Mittel wie Kaffee oder Tabletten, das Volk war aufgeputscht (aufgehetzt) worden

auf|raf|fen sich

auf|rap|peln sie hat sich wieder aufgerappelt (ugs. ist wieder gesund)

auf|rau|en eine glatte Fläche aufrauen

auf|räu|men

auf|rech|nen anrechnen, ausgleichen

auf|recht ein aufrechter Charakter, er stand aufrecht, aufrecht gehen; **auf|recht|er|hal|ten; Auf|recht|er|hal|tung** die

auf|re|gen; **Auf|re|gung** die

auf|rei|ßen (→ reißen); **Auf|riss** der: Zeichnung, Skizze, Darstellung

auf|rei|zend sie hatte einen aufreizenden Gang

auf|rich|ten; auf|rich|tig; **Auf|rich|tig|keit** die

Auf|ruf der; auf|ru|fen

Auf|ruhr der: Tumult, Empörung; auf|rüh|ren; **Auf|rüh|rer** der; auf|rüh|re|risch

auf|run|den auf hundert Euro aufrunden; **Auf|run|dung** die

auf|sa|gen sie wollte ein Gedicht aufsagen (vortragen)

auf|säs|sig rebellisch, trotzig; **Auf|säs|sig|keit** die

Auf|satz der, des Aufsatzes, die Aufsätze: die Lehrerin ließ als Hausaufgabe einen Aufsatz schreiben

auf|schie|ben (→ schieben); **Auf|schub** der

auf|schla|gen (→ schlagen)

auf|schlie|ßen (→ schließen): er steht dem sehr aufgeschlossen (zugänglich) gegenüber; **Auf|schlie|ßung** die

Auf|schluss der; auf|schlüs|seln; **Auf|schlüs|se|lung / Auf|schlüss|lung** die; auf|schluss|reich

auf|schnei|den (→ schneiden): einen Apfel aufschneiden, beim Erzählen aufschneiden (prahlen, übertreiben)

Auf|schrei der; auf|schrei|en

auf|schrei|ben (→ schreiben); **Auf|schrift** die

auf|schüt|ten; **Auf|schüt|tung** die

auf|schwat|zen sie hatte sich an der Haustür eine Zeitung aufschwatzen (ugs. verkaufen) lassen

auf|schwin|gen sich (→ schwingen); **Aufschwung** der

Auf|se|hen das: Aufsehen erregend / aufsehenerregend; auf|se|hen (→ sehen); **Auf|se|her** der; **Auf|sicht** die; **Auf|sichts|be|hör|de** die; **Auf|sichts|rat** der: gesetzlich vorgeschriebenes Überwachungsorgan bei bestimmten Unternehmensformen

auf sein (→ sein): das Kind darf nicht so lange auf sein

auf|sei|ten / auf Sei|ten

auf|set|zen (→ setzen): ihr Lächeln wirkte aufgesetzt (nicht echt), das Baby konnte sich schon aufsetzen, Teewasser aufsetzen, der Vertrag wurde aufgesetzt (entworfen), das Flugzeug setzte auf (landete), aufgesetzte (aufgenähte) Manteltaschen, setze eine Mütze auf!, der Ball ist aufgesessen (auf dem Boden aufgeprallt); **Auf|set|zer** der

auf|scheu|chen er wurde aus seiner Ruhe aufgescheucht (gestört)
auf|spie|len eine Musikkapelle spielte zum Tanz auf, er spielt sich immer furchtbar auf (*ugs.* gibt an)
auf|sprin|gen (→ springen)
Auf|stand der; **auf|stän|disch**; **Auf|ständi|sche** der/die; **auf|ste|hen** (→ stehen)
auf|stei|gen (→ steigen); **Auf|stieg** der, des Aufstieg(e)s, die Aufstiege
auf|stel|len; **Auf|stel|lung** die
auf|sto|ßen (→ stoßen): das Tor wurde aufgestoßen, das Baby musste aufstoßen (rülpsen), er stieß mit dem Stock auf, diese Sache ist mir aufgestoßen (*ugs.* unangenehm aufgefallen)
auf|ta|keln
Auf|takt der: zum Auftakt (Beginn) wurde musiziert
Auf|trag der, des Auftrag(e)s, die Aufträge; **auf|tra|gen** (→ tragen): das Essen auftragen (servieren), Lack auftragen (aufpinseln), jemandem einen Gruß auftragen, das Kleid trägt auf (macht dick), du trägst aber dick auf (übertreibst)!
auf|trei|ben (→ treiben); **Auf|trieb** der: 1. der Schwerkraft entgegengesetzte Kraft, z. B. beim Schiff oder Flugzeug 2. Schwung, Elan, Schaffenskraft; neuen Auftrieb bekommen 3. das Hinauftreiben des Viehs auf die Sommerweide (Almauftrieb); **Auf|triebs|kraft** die
auf|tre|ten (→ treten); **Auf|tre|ten** das; **Auf|tritt** der: Szene, Teil eines Aktes im Schauspiel
auf|trump|fen sich überlegen zeigen
auf|wa|chen
auf|wach|sen
Auf|wand der, des Aufwand(e)s; **Aufwands|ent|schä|di|gung** die; **auf|wenden** (→ wenden); **auf|wän|dig / auf|wen|dig**; **Auf|wen|dung** die
auf|wärts
Auf|wasch der, des Aufwasch(e)s; **auf|wa|schen** (→ waschen)
auf|wer|fen (→ werfen): Probleme aufwerfen (aussprechen), sich zum Richter aufwerfen (eigenmächtig erheben)
auf|wer|ten; **Auf|wer|tung** die
Auf|wie|ge|lei die; **auf|wie|geln** aufhetzen; **Auf|wieg|ler** der; **auf|wieg|le|risch**
auf|zäh|len
auf|zeich|nen etwas schriftlich, in Bild oder Ton festhalten; **Auf|zeich|nung** die: Niederschrift; das Konzert wurde als Aufzeichnung (Aufnahme) gesendet
auf|zie|hen (→ ziehen): jemanden aufziehen (necken), das Kalb mit der Flasche aufziehen (großziehen); **Auf|zucht** die; **auf|züch|ten**
Auf|zug der: 1. Lift 2. Aufmarsch 3. Aufmachung 4. Akt in einem Schauspiel
Au|ge das, die Augen: ihm gingen die Augen auf (er erkannte plötzlich den Zusammenhang), unter vier Augen (ohne Zeugen); **Au|gen|blick** der; **au|gen|blick|lich**; **au|gen|fäl|lig** hervorstechend, nicht zu übersehen; **au|gen|schein|lich** offensichtlich, offenbar

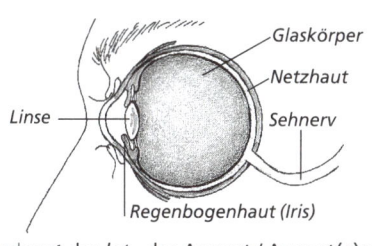

Glaskörper
Netzhaut
Linse
Sehnerv
Regenbogenhaut (Iris)

Au|gust der *lat.*, des August / August(e)s: ich komme im (Monat) August
Au|gust der *lat.*: er heißt August, Kinder lieben den dummen August (Hanswurst)
Auk|ti|on die *lat.*: Versteigerung
Au|la die *lat.*, die Aulen/Aulas: Versammlungs- und Veranstaltungsraum in Schulen und Universitäten
Au|pair-Mäd|chen / Au-pair-Mädchen [opär...] das *franz.*: Mädchen, das nur gegen Unterkunft, Verpflegung und Taschengeld in einem Haushalt im Ausland arbeitet, um die Sprache dieses Landes zu erlernen
Au|ra die *lat.*: besondere, geheimnisvolle Ausstrahlung
aus aus sich heraus (unaufgefordert), von mir aus (meinetwegen), sie geht bei mir ein und aus (ist oft bei mir)
aus|ar|bei|ten ein Plan wurde ausgearbeitet; **Aus|ar|bei|tung** die
aus|ba|den *ugs.* das muss er ausbaden (die Folgen tragen)
aus|bag|gern

ausbaldowern

aus|bal|do|wern er hatte eine Bank ausbaldowert (*Gaunersprache:* ausfindig gemacht, ausgekundschaftet)
Aus|bau der, die Ausbauten; **aus|bau|en; aus|bau|fä|hig**
aus|bes|sern ich bessere / bessre aus; **Aus|bes|se|rung** die
aus|beu|len die Hose war am Knie ausgebeult
Aus|beu|te die: Ertrag, Gewinn; **aus|beu|ten** ein Erzvorkommen ausbeuten (abbauen), jemanden ausbeuten (ausnutzen); **Aus|beu|ter** der; **Aus|beu|tung** die
aus|bil|den; Aus|bil|der der; **Aus|bil|de|rin** die; **Aus|bil|dung** die
Aus|blick der
aus|boo|ten er wurde von dem Mitbewerber ausgebootet (verdrängt), die Passagiere wurden ausgebootet (an Land gebracht)
aus|bre|chen (→ brechen); **Aus|bre|cher** der; **Aus|bruch** der
aus|brei|ten; Aus|brei|tung die
Aus|bund der: er war ein Ausbund an Klugheit (sehr gescheit)
aus|bür|gern jemandem die Staatsangehörigkeit aberkennen; **Aus|bür|ge|rung** die
Aus|dau|er die
aus|deh|nen; Aus|deh|nung die
aus|den|ken (→ denken): die Folgen sind nicht auszudenken (unvorstellbar)
Aus|druck der, des Ausdruck(e)s, die Ausdrücke: er verbesserte seinen Ausdruck (sprachlichen Stil), der Ausdruck von Hass in ihrem Gesicht, er gab seinen Gefühlen Ausdruck, der Ausdruck ist gestochen scharf (etwas mit einem Drucker Gedrucktes, *Pl. auch* Ausdrucke); **aus|dru|cken; aus|drü|cken** ein nasses Tuch ausdrücken, sich in einer fremden Sprache ausdrücken (äußern); **ausdrück|lich**
aus|dün|nen der Baum wird ausgedünnt
aus|ei|nan|der *oder* aus|ein|an|der; **aus|ei|nan|der|set|zen** *oder* aus|ein|an|der|set|zen: sich auseinandersetzen (darüber nachdenken, diskutieren, sich getrennt hinsetzen); **Aus|ei|nan|der|set|zung** *oder* Aus|einan|der|set|zung die: 1. eingehende Beschäftigung (mit etwas) 2. Diskussion, Debatte, Streit(gespräch)

aus|er|ko|ren auserwählt
Aus|fahrt die, die Ausfahrten: der Wagen stand in der Ausfahrt, nimm die nächste (Autobahn-)Ausfahrt; lass uns eine kleine Ausfahrt (Spazierfahrt) machen!
aus|fal|len (→ fallen): drei Spiele fielen aus; **aus|fal|lend / aus|fäl|lig** frech, beleidigend
aus|fer|ti|gen das Zeugnis wurde zweifach ausgefertigt; **Aus|fer|ti|gung** die
aus|fin|dig etwas ausfindig machen
aus|flie|ßen (→ fließen); **Aus|fluss** der
aus|flip|pen *ugs.* die Beherrschung verlieren
Aus|flucht die, die Ausflüchte: Ausrede, keine Ausflüchte!
Aus|flug der
aus|fran|sen ein ausgefranster Saum
Aus|fuhr die: die Ausfuhr von Autos; **aus|führ|bar; aus|füh|ren** den Hund ausführen, der Vater plante seine Tochter auszuführen (mit ihr essen zu gehen), die Idee wurde sofort ausgeführt (in die Tat umgesetzt), einen Auftrag ausführen (erledigen), die Skizze war nur mit Bleistift ausgeführt (gezeichnet), die ausführende Gewalt (Exekutive), einen Freistoß ausführen (schießen), er führte in seinem Vortrag aus, dass …
aus|führ|lich sie berichtet mir ausführlich (genau, detailliert); **Aus|führ|lich|keit** die
aus|fül|len ein Formular ausfüllen
Aus|ga|be die: die Ausgabe (Verkauf) von Aktien, die neueste Ausgabe des Buches, seine Ausgaben (Aufwendungen) einschränken; **aus|ge|ben** (→ geben)
Aus|gang der; **aus|ge|hen** (→ gehen)
aus|ge|bufft er war ein ausgebuffter Verkäufer (*ugs.* trickreich, erfahren)
aus|ge|fal|len sie hat einen ausgefallenen (ungewöhnlichen) Geschmack
aus|ge|hun|gert sehr hungrig
aus|ge|kocht er war ein ausgekochtes (*ugs.* durchtriebenes) Bürschchen
aus|ge|las|sen eine ausgelassene (übermütige) Bande; **Aus|ge|las|sen|heit** die
aus|ge|macht eine ausgemachte (beschlossene) Sache, eine ausgemachte (sehr große) Dummheit
aus|ge|mer|gelt sie war von ihrer Krankheit ausgemergelt (entkräftet)

aus|ge|nom|men ausgenommen (außer wenn) es schneit, alle waren da, ausgenommen meine Schwester

> **ausgenommen:** Vor der Konjunktion *ausgenommen* im Sinne von *außer* steht immer ein Komma. *Ich komme bestimmt, ausgenommen ich muss arbeiten.*

aus|ge|po|wert [...pauert *engl.*]: ausgebeutet; die Kinder kamen ausgepowert vom Sportplatz (*ugs.* entkräftet)
aus|ge|prägt ein ausgeprägtes (starkes) Selbstbewusstsein
aus|ge|rech|net das passiert ausgerechnet mir!
aus|ge|schlos|sen (→ schließen): das ist ausgeschlossen! (kommt nicht in Frage), Kinder sind ausgeschlossen (ausgenommen)
aus|ge|zeich|net das Essen war ausgezeichnet (sehr gut), sie wurde mit einer Urkunde ausgezeichnet (belobigt)
aus|gie|big ein ausgiebiges (ausgedehntes, reichhaltiges) Frühstück
aus|gie|ßen (→ gießen); **Aus|guss** der
Aus|gleich der, des Ausgleich(e)s, die Ausgleiche: auf Ausgleich (Einigung) bedacht sein, der Spieler erzielte den Ausgleich (Gleichstand an Toren); **aus|glei|chen** (→ gleichen)
aus|gra|ben (→ graben); **Aus|gra|bung** die
aus|hal|ten das ist ja nicht auszuhalten!, er ließ sich von ihr aushalten (lebte auf ihre Kosten), hier lässt es sich gut aushalten, sie hielt nervlich nicht viel aus
aus|hän|di|gen du händigst aus
Aus|hang der: öffentliche Bekanntmachung; **aus|hän|gen; Aus|hän|ge|schild** das
aus|he|ben (→ heben): die Kinder hoben das Vogelnest aus (entnahmen die Eier), eine Tür ausheben (aushängen)
aus|hel|fen (→ helfen); **Aus|hil|fe** die; **Aus|hilfs|kraft** die; **Aus|hilfs|leh|re|rin** die; **aus|hilfs|wei|se**
aus|hor|chen sie ist nur da, um mich auszuhorchen (unauffällig auszufragen)
aus|ken|nen in Sachen Computer kennt er sich aus (ist er bewandert)
aus|klam|mern das Thema wurde ausgeklammert (vorerst nicht behandelt)

Aus|klang der; **aus|klin|gen** (→ klingen): ein friedlich ausklingender Abend
aus|klin|ken das Segelflugzeug klinkte sich bei dem Schleppflugzeug aus, er wollte sich bei der Sitzung mittags ausklinken (*ugs.* die Sitzung verlassen)
aus|klü|geln eine ausgeklügelte (gut durchdachte) Methode
aus|kom|men (→ kommen); **Aus|kom|men** das: Lebensunterhalt; sein Lohn sicherte ihm ein bescheidenes Auskommen
aus|kos|ten genießen
aus|ku|geln er hatte sich den Arm ausgekugelt (ausgerenkt)
aus|kund|schaf|ten einen Rückweg auskundschaften (ausfindig machen)
Aus|kunft die, die Auskünfte; **Aus|kunf|tei** die: Auskunftsbüro, Unternehmen, das gewerbsmäßig Auskünfte einholt und erteilt
Aus|la|ge die: 1. Schaufenster 2. Unkosten, Ausgaben; **aus|le|gen** ich lege (leihe) den Betrag aus, den Flur mit Teppich auslegen (bedecken), Worte falsch auslegen (falsch deuten); **Aus|le|gung** die; **Aus|leg|wa|re** die
Aus|land das; **Aus|län|der** der; **Aus|län|de|rin** die; **aus|län|disch**
aus|las|sen (→ lassen)

Aus|las|sungs|zei|chen das ▶ Zeichensetzung S. 491

Aus|lauf der; **aus|lau|fen** (→ laufen); **Aus|läu|fer** der: die Ausläufer des Hochdruckgebiets
Aus|lei|he die: Bibliotheksraum, in dem die Bücher ausgegeben werden; **aus|lei|hen**
Aus|le|se die; **aus|le|sen** (→ lesen): ein Buch auslesen (zu Ende lesen), die schönsten Äpfel auslesen (aussuchen)
aus|lie|fern der Dieb wurde der Polizei ausgeliefert, sie war dem Regen hilflos ausgeliefert (ausgesetzt), die Sendung wurde morgens ausgeliefert (zugestellt); **Aus|lie|fe|rung** die
aus|log|gen sich: eine Computerverbindung beenden, *Ggs.* → einloggen
aus|lo|sen sie losten aus, wer beginnen sollte
aus|lö|sen; Aus|lö|ser der: 1. Ursache 2. Kameraauslöser

aus|ma|chen das ist schwer auszumachen (zu ermitteln), das macht mir nichts aus (stört mich nicht), eine Uhrzeit ausmachen (vereinbaren)

aus|ma|len eine Kirche innen ausmalen, sich etwas lebhaft ausmalen (vorstellen)

Aus|maß das: das Ausmaß des Erdbebens war erschreckend, eine Katastrophe größten Ausmaßes; **aus|mes|sen**

aus|mer|zen die Seuche konnte ausgemerzt (ausgerottet) werden, sie merzte den Fehler aus (beseitigte ihn)

aus|mus|tern die alten Stoffe wurden ausgemustert (ausgesondert, aus dem Angebot genommen), er wurde wegen seiner Krankheit vom Militärdienst ausgemustert (nicht angenommen)

Aus|nah|me die; **aus|nahms|los**; **aus|nahms|wei|se**; **aus|neh|men** (→ nehmen); **aus|neh|mend** mit ausnehmender (außergewöhnlicher) Freundlichkeit

aus|nut|zen / aus|nüt|zen du nutzt / nützt aus, ausgenutzt / ausgenützt

aus|pfei|fen (→ pfeifen): der Schiedsrichter wurde gellend ausgepfiffen

aus|plün|dern die Kirche war ausgeplündert worden (ihrer Kunstschätze beraubt worden)

Aus|puff der, des Auspuff(e)s, die Auspuffe

aus|quar|tie|ren woanders unterbringen

aus|quet|schen sie quetschte mich über die geheimsten Dinge aus (fragte mich bis ins Kleinste aus)

aus|ras|ten er rastete während des Streits total aus (verlor die Nerven), ein Wagen bei der Achterbahn ist ausgerastet (löste sich aus der Halterung)

aus|räu|men Missverständnisse ausräumen (beheben)

aus|rech|nen

Aus|re|de die; **aus|re|den** sich bei einem Freund ausreden (aussprechen), jemandem etwas ausreden (ihn umstimmen) wollen, sie ausreden (zu Ende sprechen) lassen

aus|rei|chen; aus|rei|chend

Aus|rei|se die; **aus|rei|sen**

aus|rei|ßen (→ reißen); **Aus|rei|ßer** der; **Aus|rei|ße|rin** die

aus|ren|ken ich habe mir den Hals ausgerenkt, um dich zu sehen

aus|rich|ten er richtete für seinen Sohn die Hochzeit aus (organisierte und bezahlte sie), richte ihr Grüße aus!; **Aus|rich|ter** der: Veranstalter; **Aus|rich|tung** die

aus|rot|ten ein Übel ausrotten, Unkraut mit Stumpf und Stiel ausrotten (ausreißen); **Aus|rot|tung** die

Aus|ruf der; **aus|ru|fen** (→ rufen); **Aus|ru|fer** der; **Aus|ru|fung** die

Aus|ru|fe|satz der ▶ Satzarten

Aus|ru|fe|zei|chen das ▶ Zeichensetzung S. 492

aus|rüs|ten; Aus|rüs|tung die

aus|rut|schen du rutschst aus; **Aus|rut|scher** der: ein Ausrutscher auf dem Eis, sein Ausrutscher (Irrtum, seine Entgleisung) war peinlich

Aus|saat die, die Aussaaten; **aus|sä|en**

Aus|sa|ge die; **aus|sa|gen**

Aus|sa|ge|satz der ▶ Satzarten

Aus|sa|ge|wei|se die ▶ Modus

Aus|satz der: schwere, sehr ansteckende Krankheit, Lepra; **aus|sät|zig**; **Aus|sät|zi|ge** der/die

aus|schach|ten die Baugrube wurde ausgeschachtet (die Erde ausgehoben)

aus|schal|ten den Fernseher ausschalten, er konnte die Konkurrenz ausschalten (übertreffen, verhindern)

Aus|schau die: sie hielt Ausschau nach ihm; **aus|schau|en** nach einer Möglichkeit ausschauen, er schaute sehr komisch aus

aus|schei|den (→ scheiden); **Aus|scheidung** die

aus|schen|ken Alkohol darf an Jugendliche unter 16 Jahren nicht ausgeschenkt werden

Aus|schlag der: einen Hautausschlag haben, der Ausschlag der Waage, seine Leistung hat letztlich den Ausschlag gegeben (war entscheidend); **aus|schlagen** (→ schlagen): ich habe die Einladung ausgeschlagen (abgelehnt), das Pferd schlug plötzlich nach hinten aus, etwas mit Seide ausschlagen (verkleiden), die Sträucher begannen auszuschlagen (zu grünen); **aus|schlag|ge|bend**

aus|schlie|ßen (→ schließen); **Aus|schließ-lich|keit** die; **Aus|schluss** der

aus|schnei|den (→schneiden); **Aus|schnitt** der

Aus|schrei|bung die: Aufforderung zum Wettbewerb, z. B. um Bauaufträge

aus|schrei|ten (→ schreiten); **Aus|schrei-tung** die: es gab schlimme Ausschreitungen (Gewalttätigkeiten)

Aus|schuss der: 1. minderwertige Ware 2. Gremium, Gruppe mit Sonderaufgaben, z. B. ein Prüfungsausschuss

aus|schüt|ten; **Aus|schüt|tung** die

aus|schwei|fen eine ausschweifende (weit ausholende) Schilderung, ein ausschweifendes (zügelloses) Leben

aus|se|hen (→ sehen); **Aus|se|hen** das

au|ßen außen hui, innen pfui; **Au|ßen-mi|nis|ter** der; **Au|ßen|mi|nis|te|rin** die; **Au|ßen|po|li|tik** die; au|ßen|po|li|tisch; **Au|ßen|han|del** der; **Au|ßen|han|dels-po|li|tik** die; **Au|ßen|sei|ter** der: 1. jemand, der seine eigenen Wege geht 2. Sportler mit geringen Chancen; **Au|ßen|sei|te|rin** die; **Äu|ße|re** das; äu|ße|re eine äußere Verletzung; äu|ßer|lich sie schien äußerlich ganz ruhig; **Äu|ßer-lich|keit** die

au|ßer sie war außer Gefahr, ich bin außer Atem, sie war vor Freude außer sich (konnte sich nicht fassen); au|ßer|dem; au|ßer|ge|wöhn|lich sie war eine außergewöhnliche (beeindruckende) Frau; au|ßer|halb ich wohne außerhalb (der Stadt); au|ßer|or|dent|lich; au|ßer|plan-mä|ßig; au|ßer|stan|de / au|ßer Stan|de er war außerstande (nicht fähig) zu helfen

äu|ßern er äußerte seinen Wunsch; **Äu-ße|rung** die

Aus|sicht die; aus|sichts|los

Aus|sied|ler der: 1. Person, die meist gezwungenermaßen ihre Heimat verlässt und sich in einem fremden Gebiet ansiedelt 2. Deutschstämmiger, der aus Osteuropa nach Deutschland kommt; **Aus|sied|le|rin** die; **Aus|sied|ler|hof** der: Bauernhof außerhalb des Dorfes

aus|söh|nen wir haben uns ausgesöhnt (vertragen uns wieder); **Aus|söh|nung** die

aus|son|dern die schlechten Stücke aussondern (auswählen und wegnehmen)

aus|span|nen

aus|spa|ren Platz aussparen (frei lassen)

aus|sper|ren; **Aus|sper|rung** die: zeitweiliger Ausschluss vom Arbeitsplatz; der Fabrikant drohte mit Aussperrung aller (streikenden) Arbeiter

Aus|spra|che die; aus|spre|chen (→ sprechen); **Aus|spruch** der

aus|staf|fie|ren sich neu ausstaffieren (einkleiden); der Schauspieler wurde für sein Stück mit einem historischen Kostüm ausstaffiert (verkleidet)

Aus|stand der, des Ausstand(e)s, die Ausstände: die Arbeiter traten in den Ausstand (streikten); aus|ste|hen (→ stehen): sie konnten sich nicht ausstehen (nicht leiden), die Antwort steht noch aus (ist noch nicht eingetroffen), endlich ist die Gefahr ausgestanden (vorüber), ich kann Lärm nicht ausstehen (nicht leiden)

aus|stat|ten er war mit allen Vollmachten ausgestattet, das Büro neu ausstatten (neu möblieren), sie ist mit vielen Fähigkeiten ausgestattet; **Aus|stat|tung** die

aus|stei|gen (→ steigen); **Aus|stei|ger** der: jemand, der der Gesellschaft den Rücken kehrt; **Aus|stieg** der

aus|stel|len; **Aus|stel|ler** der; **Aus|stel|le-rin** die; **Aus|stel|lung** die

Aus|steu|er die: Heiratsgut, Brautausstattung; aus|steu|ern einen Sender aussteuern (fein einstellen)

Aus|stoß der: Produktionsmenge; aus|sto|ßen (→ stoßen)

aus|strah|len; **Aus|strah|lung** die: die Ausstrahlung (Übertragung) des Fußballspiels im Fernsehen, ein Mensch mit besonderer Ausstrahlung (Wirkung auf andere Menschen)

Aus|tausch der; aus|tau|schen; **Aus-tausch|schüler** der: Schüler, der im Austausch gegen einen anderen Schüler eine Weile in dessen Land die Schule besucht; **Aus|tausch|schü|le|rin** die

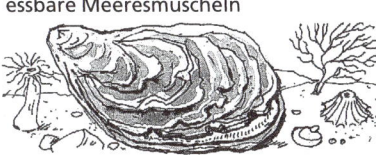

Aus|ter die *griech./niederl.*, die Austern: essbare Meeresmuscheln

aus|tra|gen (→ tragen): ein Kind austragen (nicht vorzeitig gebären), Zeitungen austragen (verteilen); **Aus|trä|ge|rin** die; **Aus|tra|gung** die: Durchführung eines sportlichen Wettkampfs

Aust|ra|li|en das Aus|tra|li|en; **Aust|ra|li|er** oder Aus|tra|li|er der, die Australier; **Aust|ra|li|e|rin** oder Aus|tra|li|e|rin die; **aust|ra|lisch** oder aus|tra|lisch

aus|tre|ten (→ treten); **Aus|tritt** der

aus|üben; **Aus|übung** die

Aus|wahl die; aus|wäh|len

aus|wan|dern; **Aus|wan|de|rer** der/die; **Aus|wan|de|rer|schiff** das: Schiff, das Auswanderer in ihre neue Heimat bringt

aus|wär|tig die auswärtigen Gäste, das Auswärtige Amt (Außenministerium); **aus|wärts; Aus|wärts|spiel** das

aus|wech|seln sie war wie ausgewechselt (im Verhalten völlig verändert)

Aus|weg der; aus|weg|los

Aus|weis der, des Ausweises, die Ausweise; **aus|wei|sen** (→ weisen); **Aus|wei|sung** die

aus|wen|dig er kannte das Gedicht schon in- und auswendig, etwas auswendig lernen; **Aus|wen|dig|ler|nen** das

aus|wer|ten; **Aus|wer|tung** die

aus|wir|ken; **Aus|wir|kung** die

aus|wi|schen er wollte mir nur eins auswischen (ugs. mich reinlegen)

aus|zah|len das zahlt sich nicht aus (lohnt sich nicht); **Aus|zah|lung** die

aus|zäh|len; **Aus|zäh|lung** die

aus|zeich|nen er war ein ausgezeichneter (hervorragender) Musiker, er zeichnete ihn mit seinem Vertrauen aus; **Aus|zeich|nung** die

Aus|zeit die: im Sport Pause, Spielunterbrechung; eine Auszeit nehmen

aus|zie|hen (→ ziehen); **Aus|zug** der

Aus|zu|bil|den|de der / die: Lehrling, Abk. Azubi

au|tark oder aut|ark griech.: wirtschaftlich unabhängig, auf niemanden angewiesen; **Au|tar|kie** die

au|to- griech.: in Zusammensetzungen selbst-, z.B. Automobil, das „Selbstbewegende"

Au|to das: Kurzwort für Automobil; **Au|to|fah|ren** das, aber: Auto fahren;

Au|to|ki|no das: Kino mit Großleinwand im freien Gelände, in dem man sich den Film vom Auto aus ansehen kann; **Au|to|mo|bil|klub** der; **Au|to|ra|dio** das

Au|to|bio|gra|fie / **Au|to|bio|gra|phie** die *griech.*, die Autobiografien: Mancher besitzt ein Tagebuch und macht sich Aufzeichnungen über die Ereignisse des Tages oder über besondere Erlebnisse. Damit leistet er, im Kleinen wenigstens, Vorarbeit für eine „Autobiografie". Das Wort kommt aus dem Griechischen und bedeutet „Beschreibung des eigenen Lebens". Es muss nicht immer gleich das ganze Leben sein; eine autobiografische Schrift kann auch nur einen ganz bestimmten Abschnitt des Lebens darstellen. Dabei kann es sich zunächst um einen Bericht über die äußeren Ereignisse des Lebens handeln.
Eine bedeutende Autobiografie will aber mehr. Der Verfasser setzt Akzente; er stellt die entscheidenden Wendungen und die großen Zusammenhänge dar und gibt sich und anderen Rechenschaft von dem, was er geleistet hat. Ein berühmtes Beispiel dafür ist Goethes Werk „Dichtung und Wahrheit". Nach Goethe ist die Hauptaufgabe von Lebensbeschreibungen, „den Menschen in seinen Zeitverhältnissen darzustellen und zu zeigen, inwiefern ihm das Ganze widerstrebt, inwiefern es ihn begünstigt, wie er sich eine Welt- und Menschenansicht daraus gebildet und wie er sie, wenn er Künstler [...] ist, wieder nach außen abgespiegelt". (▶ Biografie)

Au|to|di|dakt der *griech.*, des/die Autodidakten: jemand, der sein Wissen ausschließlich durch Selbstunterricht erworben hat; **Au|to|di|dak|tin** die; **au|to|di|dak|tisch**

au|to|gen *griech.*: von innen heraus; autogenes Training (mentale Entspannungsübungen)

Au|to|gramm das *griech.*: Unterschrift (einer berühmten Persönlichkeit)

Au|to|mat der *griech.*, des/die Automaten: Maschine, die selbstständig bestimmte Arbeitsabläufe durchführt und sie kontrolliert; **Au|to|ma|tik** die: selbstständige Steuerung und Regelung eines Vorganges; **au|to|ma|tisch**; **au|to|ma|ti|sie|ren**

au|to|nom *griech.*: nach eigenen Gesetzen lebend, selbstständig, unabhängig; ein autonomer Staat; **Au|to|no|mie** die

Au|tor der *lat.*, des Autors, die Autoren: Urheber, Verfasser (meist eines Buches); **Au|to|ren|le|sung** die; **Au|to|rin** die, die Autorinnen

Au|to|ri|sa|ti|on die *griech.*: Vollmacht, Ermächtigung; **au|to|ri|sie|ren** *griech.*: bevollmächtigen; **au|to|ri|siert**

au|to|ri|tär *griech.*: unbedingten Gehorsam fordernd; ein autoritärer Staat; **Au|to|ri|tät** die, die Autoritäten: Ansehen, Einfluss, auch angesehene Persönlichkeit; sie gilt als Autorität (Fachfrau) auf diesem Gebiet

Avant|gar|de [avägard(e)] die *franz.*: Vorhut einer neuen geistigen Entwicklung, z. B. in der Literatur, Kunst oder Musik; **avant|gar|dis|tisch**

Ave|ma|ria / **Ave-Ma|ria** das: katholisches Gebet, das an die Muttergottes gerichtet ist

Aver|si|on die *lat.*, die Aversionen: Widerwille, Abneigung; sie hegte eine Aversion gegen das Fliegen

Avo|ca|do die *indian.*, die Avocados: essbare, birnenförmige Frucht aus Südamerika

Axi|om das *lat.*, des Axioms, die Axiome: gültige Wahrheit, als richtig erkannter Grundsatz, der nicht bewiesen werden muss

Axt die, die Äxte: „Die Axt im Haus erspart den Zimmermann" *(Friedrich von Schiller)*

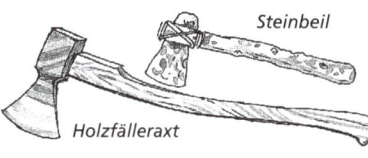

Steinbeil

Holzfälleraxt

Aza|lee die *griech.*, die Azaleen: Heidekrautgewächs mit weißen, rosa oder roten Blüten und dunkelgrünen Blättern

Aze|tat das (*auch* Acetat): Salz der Essigsäure, Chemiefaser

Aze|ton das (→ Aceton)

Aze|ty|len das (→ Acetylen)

Azo|ren die: Inselgruppe im Atlantik

Az|te|ke der: mittelamerikanischer Indianer, Ureinwohner von Mexiko; **Az|te|ken|reich** das; **Az|te|ken|tem|pel** der

Azu|bi der, des/die Azubis: *ugs. Abk. für* Auszubildende(r)

Azur der *franz.*: der blaue Himmel, die blaue Farbe des Himmels; **azur|blau**

azy|klisch *oder* azyk|lisch *griech.*: nicht zyklisch, zeitlich nicht regelmäßig

B

bab|beln undeutlich reden: das Baby hat vor sich hin gebabbelt, dummes Zeug babbeln

Ba|by [bäjibi] das *engl.*, des/die Babys; **Ba|by|boom** [bäjbibuhm] der: plötzlicher Anstieg der Geburtenziffer; **Ba|by|jahr** das: auf die Rente anrechenbare Zeit, die sich junge Eltern für die Erziehung und Betreuung ihres Babys nehmen können; **Ba|by|nah|rung** die; **Ba|by|sit|ter** der *engl.*: jemand, der Kleinkinder beaufsichtigt; **Ba|by|zel|le** die: kleine Batterie

Bach der, des Bach(e)s, die Bäche

Ba|che die: weibliches Wildschwein

Back|bord das: linke Schiffsseite; *Ggs.* Steuerbord, *vgl. Abb. S. 383*

Bachmann Ingeborg ▶ S. 51

Ba|cke die: Wange: der Junge kaute mit vollen Backen; **Back|pfei|fe** die

ba|cken du bäckst / backst, sie backte / buk, gebacken, sie büke: kleine Brötchen backen (sich bescheiden); **Bä|cker** der; **Bä|ckers|frau** die; **Back|stein** der: Ziegelstein

Back|ground [bäckgraund] der *engl.*, des/die Backgrounds: 1. historische oder geistige Herkunft, Kenntnisse, Berufserfahrung 2. Foto oder Filmprojektion als Hintergrund 3. musikalischer Hintergrund

Back|obst das: gedörrtes Obst

Bad das, des Bad(e)s, die Bäder: ein Bad nehmen, in ein Bad reisen (Ort mit Heilquelle); **Ba|de|an|stalt** die: Schwimmbad; **Ba|de|arzt** der: Arzt in einem Kurbad; **ba|den**; **Ba|de|wan|ne** die

Ba|den-Würt|tem|berg; **baden-württem|ber|gisch, ba|disch**

Bad|min|ton [bädminten] das *engl.*: Federballspiel

baff sein *ugs.* erstaunt, verblüfft sein; jetzt bist du aber baff

BAföG / Ba|fög *Abk. für* Bundesausbildungsförderungsgesetz: Gesetz, das die Förderung von bedürftigen Schülern, Studenten und Auszubildenden regelt. Wer Bafög beantragt, bekommt vom Staat finanzielle Hilfe, muss das Geld aber nach Abschluss der Ausbildung zurückzahlen; *ugs.* er bekommt Bafög

Ba|ga|ge [bagasche] die *franz.*, die Bagagen: militärischer Tross, Gesindel, unangenehme Leute; sie warf die laute Bagage aus dem Hotel

Ba|ga|tel|le die *franz.*, die Bagatellen: 1. unbedeutende Kleinigkeit 2. zweiteiliges, kurzes Musikstück; **ba|ga|tel|li|sie|ren** ein Problem bagatellisieren (herunterspielen)

Bag|ger der; **bag|gern**

Ba|guette [baget] das *franz.*, des/die Baguettes: franz. Weißbrot in Stangenform

Bahn die: die neue Idee hat sich Bahn gebrochen (hat sich durchgesetzt); **bahn|bre|chend** umwälzend, völlig neu: eine bahnbrechende Erfindung; **Bahn|card** die: Ermäßigungskarte der Deutschen Bahn; **bah|nen** du bahnst dir den Weg durch die Menge; **Bahn|fahr|kar|te** die; **Bahn|hof** der, *Abk.* Bf. *oder* Bhf.; **bahn|la|gernd**; **Bahn|steig** der

Bah|re die: der Leichnam lag auf der Bahre

Bai die *niederl.*, die Baien: Meeresbucht

Bai|er der; **bai|risch**

Bais|se [besse] die *franz.*, die Baissen: zeitlich begrenztes Fallen der Börsenkurse oder Preise; *Ggs.* Hausse

Ba|jo|nett das *franz.*: Dolch, der vorne am Gewehrlauf befestigt wird; mit aufgepflanztem Bajonett kämpfen

Ba|ke die *niederl.*: Signalzeichen für Flugzeuge und Schiffe oder an Eisenbahnübergängen sowie Autobahnabfahrten

Bak|ken der *norw.*: Sprungschanze

Bak|te|rie die: Kleinstlebewesen, Krankheitskeim; **bak|te|ri|ell**

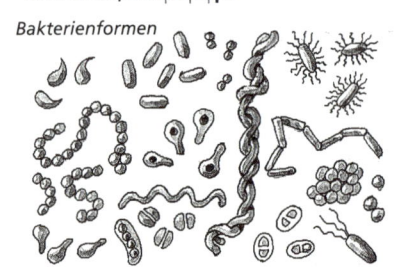

Bakterienformen

Ingeborg Bachmann

Ingeborg Bachmann

geb. am 25. 6. 1926 in Klagenfurt
gest. am 16. 10. 1973 in Rom

Ein Geschäft mit Träumen (Hörspiel, 1952)
Die gestundete Zeit (Gedichte, 1953)
Anrufung des Großen Bären (Gedichte, 1956)
Der gute Gott von Manhattan (Hörspiel, 1958)
Das dreißigste Jahr (Erzählungen, 1961)
Malina (Roman, 1971)

Ihre Jugend verbrachte die Lehrerstochter Ingeborg Bachmann in Kärnten. Nach ihrem Studium in Innsbruck, Graz und Wien promovierte sie 1950 in Philosophie. Danach ging die junge Frau Doktor ein Jahr nach Paris und arbeitete anschließend kurze Zeit als Redakteurin beim Österreichischen Rundfunk. Von 1953 bis 1957 lebte Ingeborg Bachmann in Italien, danach in München, Zürich, Berlin und schließlich in Rom. Dort kam sie 1973 bei einem Wohnungsbrand ums Leben.

Ingeborg Bachmanns Gesamtwerk umfasst nur vier Bände. Und doch gehört sie zu den bedeutendsten deutschen Dichterinnen der Gegenwart. Sie wurde mit Literaturpreisen und Auszeichnungen überhäuft. Schon ihr erster Gedichtband *Die gestundete Zeit* machte sie berühmt. Der Titel ist Programm; denn das Unruhige und Ungesicherte der Nachkriegsjahre und der jungen Generation spiegelt sich hier in einer misstrauisch-pessimistischen Grundhaltung wider. Dem ersten Gedichtband folgte ein zweiter, *Anrufung des Großen Bären*. Das personifizierte Sternbild erscheint ihr als drohendes Mahnmal der Angst. Und wieder wird die Einsamkeit des modernen Menschen deutlich. Bachmanns Lyrik bevorzugt frei fließende Rhythmen, Metaphern und oft ungewöhnliche Bild- und Wortfolgen, kühl und modern im Klang, kompromisslos und manchmal schockierend.

Neben Gedichten schrieb Ingeborg Bachmann Erzählungen, Essays, Opernlibrettos und Hörspiele. In ihrem wohl bekanntesten Hörspiel, *Der gute Gott von Manhattan,* setzt sie sich mit der unbedingten und überaus intensiven Liebe zweier junger Menschen auseinander, deren Gefühle füreinander eine gesellschaftliche Gefahr bedeuten und die deshalb vom „guten Gott" verfolgt werden. Bachmanns einziger Roman *Malina* ist Teil der unvollendeten Trilogie *Todesarten*. Im Mittelpunkt steht die Ich-Erzählerin, die ihre Rolle als Frau, Schriftstellerin und Tochter in einer von Männern beherrschten Welt sucht.

Balalaika

Ba|la|lai|ka die, die Balalaiken: russisches, dreieckiges Zupfinstrument mit drei Saiten

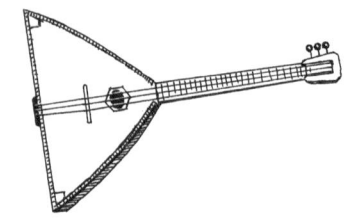

Ba|lan|ce [balangße *oder* baläß] die *franz.*: er verlor die Balance (das Gleichgewicht); **Ba|lan|ce|akt** der; **ba|lan|cie|ren** auf der Mauer balancieren; **Ba|lan|cier|stan|ge** die: Stange, mit der man beim Balancieren das Gleichgewicht hält

bald eher, am ehesten: ich komme möglichst bald, so bald als/wie möglich; **in Bäl|de; bal|dig** auf baldiges Wiedersehen!; **bal|digst**

Bal|da|chin der: zeltähnliches Stoffdach, z. B. über dem Bett

Bald|ri|an *oder* **Bal|dri|an** der: Heilpflanze

Balg das, des Balges, die Bälger: freches, schlecht erzogenes Kind

Balg der, die Bälge: Luftsack, Tierfell; den Balg abziehen

Bal|kan der: 1. Gebirge in Südosteuropa 2. Balkanhalbinsel

Bal|ken der, die Balken; **Bal|ken|waa|ge** die: Waage mit zwei Schalen für Gewichte und Wiegegut

Bal|kon der *franz.*, des Balkons, die Balkons / Balkone

Ball der, des Ball(e)s, die Bälle: 1. Spielzeug 2. festliche Tanzveranstaltung

Bal|la|de die: erzählendes, dramatisches Gedicht; **bal|la|den|haft**

Bal|last der, des Ballast(e)s: schwere Last, die Schiffe zum Ausgleich des Gewichts mitführen; Ballast (eine überflüssige Last) abwerfen; **Bal|last|stof|fe** die: Nahrung, die vom Körper nur teilweise oder gar nicht verwertet wird

bal|len eine geballte Ladung; **Bal|len** der: 1. Muskelpolster an Hand oder Fuß 2. Zählmaß für Stoffe; **Bal|lungs|ge|biet** das

Bal|le|ri|na die, die Ballerinen: Balletttänzerin

bal|lern in dem Film wurde nur herumgeballert (*ugs.* viel geschossen)

Bal|lett das *ital.*, des Ballett(e)s, die Ballette: Bühnentanz, Tanzgruppe; **Bal|lett|rat|te** die: *ugs.* für Anfängerin im Balletttanz; **Bal|lett|the|a|ter** das; **Bal|lett|trup|pe** die

Bal|lis|tik die *lat.*: Lehre von der Flugbahn abgeschossener Körper; **Bal|lis|ti|ker** der: Forscher auf diesem Gebiet; **bal|lis|tisch** ballistische Untersuchungen

Bal|lon [balö/balon] der *franz.*, des Ballons, die Ballons/Ballone: 1. gasgefülltes Luftfahrzeug 2. große, bauchige Flasche

Heißluftballon

Bal|sam der: wohlriechendes Gemisch aus ätherischen Ölen und Harzen; du bist Balsam für meine Seele; **bal|sa|mie|ren** mit Balsam einreiben; einen Leichnam einbalsamieren (vor Verwesung schützen); **Bal|sa|mie|rung** die

Ba|lus|tra|de *oder* **Ba|lust|ra|de** die *franz.*, die Balustraden: Geländer mit kleinen Säulen

Balz die: Lockspiel einiger Feld- und Waldvögel, z.B. von Auerhähnen, in der Paarungszeit; **bal|zen**

Bam|bus der *malai.*, des Bambus/Bambusses, die Bambusse: tropisches Riesengras mit verkieseltem, hohlem Stängel

Bam|mel der: er hatte großen Bammel (*ugs.* Angst) vor der Prüfung

ba|nal *franz.*: eine banale (gewöhnliche, alltägliche) Aufgabe

Ba|na|ne die; **Ba|na|nen|ste|cker** der: schmaler, einpoliger Stecker

Ba|nau|se der *griech.*, die Banausen: spießiger, oberflächlicher Mensch; er war ein Kunstbanause (hatte kein Verständnis für künstlerische Dinge)

Band das, des Band(e)s: 1. schmaler Streifen (*Pl.* die Bänder); am laufenden Band (dauernd) 2. Fessel (*Pl.* die Bande); zarte Bande knüpfen; **Band|maß** das: aufrollbares Metermaß

Band [bänt / bänd] die *engl.*: Musikgruppe, Tanzkapelle; **Band|lea|der** [... lider] der: Leiter einer Jazzband

Ban|da|ge [bandasche] die *franz.*, die Bandagen: fester Verband oder Wickel; eine Bandage anlegen; **ban|da|gie|ren** [bandaschieren]

Ban|de die: 1. Gruppe von Gleichgesinnten 2. feste Einfassung bei Spielflächen

Ban|de|rol|le die *franz.*: Papierstreifen mit einem Steuerzeichen für abgabepflichtige Waren, z. B. an der Zigarettenschachtel; **ban|de|ro|lie|ren**

bän|di|gen zähmen

Ban|dit der *ital.*, des/die Banditen: Straßenräuber, Verbrecher

Band|schei|be die: zwischen je zwei Wirbeln der Wirbelsäule liegende knorpelige Scheibe als Puffer; **Band|schei|ben|vor|fall** der

Band|wurm der: langer Plattwurm aus vielen Gliedern, der als Schmarotzer im Darm von Menschen und Wirbeltieren vorkommt

bang / ban|ge in banger (ängstlicher) Erwartung; **Ban|ge** die: Bange machen gilt nicht, nur keine Bange!

Ban|jo [bendscho] das *engl./amerik.*, des/die Banjos: vier- bis siebensaitiges Zupfinstrument mit langem Hals und rundem Körper

Bank die, die Bänke: durch die Bank (ohne Ausnahme, durchweg), er sprach vor leeren Bänken (vor wenigen Zuhörern); **Bänk|chen** das

Bank die *ital.*, die Banken: Geldinstitut; **Bank|ge|heim|nis** das: Verpflichtung der Banken zur Geheimhaltung der Kundenkonten, die nur in Ausnahmefällen aufgehoben werden kann; **Bank|gut-**

ha|ben das; **Ban|ki|er** [bankje] der *franz.*, des/die Bankiers: Inhaber einer Bank; **Bank|leit|zahl** die: achtstellige Ziffer, die als Bankadresse gilt (vereinfacht den Zahlungsverkehr); *Abk.* BLZ; **bank|rott / ban|ke|rott** *ital.*: zahlungsunfähig; **Bank|rott** der: kurz vor dem Bankrott stehen, Bankrott machen; **bank|rott|ge|hen** ihre Firma ist bankrottgegangen

Ban|kett das *ital.*, die Bankette: festliches Essen

Ban|kett das *franz.*, die Bankette: erhöhter Randstreifen einer Straße

Bän|kel|sang der ▶ Moritat

Bann der, des Bann(e)s: 1. Ausweisung aus einer Gemeinschaft, besonders der kirchlichen 2. Einfluss, Zauber: alle stehen in ihrem Bann (sind wie verzaubert); **ban|nen** die Szene aufs Papier bannen (aufzeichnen), die Not ist gebannt (abgewendet); **Bann|kreis** der: Einflussbereich; **Bann|mei|le** die: Schutzbereich um den Reichstag und andere Regierungsgebäude, in dem Demonstrationen verboten sind; **Bann|strahl** der: Fluch

Ban|ner das: Fahne

Bap|tis|mus der *griech.*: Lehre einer evangelischen Freikirche mit Erwachsenentaufe; **Bap|tist** der; **Bap|tis|tin** die; **bap|tis|tisch**

bar gegen bar verkaufen (gegen Bargeld), sie ist bar jeglichen Gefühls (ohne jedes Gefühl); **bar|fuß**; **Bar|geld** das; **bar|geld|los**; **Bar|ge|schäft** das; **Bar|schaft** die: meine ganze Barschaft besteht aus fünf Euro; **Bar|zah|lung** die

Bar das *griech.*: alte Maßeinheit des Luftdrucks, *Abk.* bar; **Ba|ro|me|ter** das *griech.*: Luftdruckmesser

Bar die *engl.*, die Bars: Lokal, Theke; **Bar|kee|per** [barkiper] der *engl.*: Person, die in einer Bar alkoholische Getränke mixt und ausschenkt

Bär der: wie ein Bär schlafen (so tief), er ist stark wie ein Bär, der Kleine Bär (Sternbild); **bär|bei|ßig** unfreundlich, brummig

Ba|ra|cke die *franz.*: behelfsmäßiges Holzhaus

Barbar

Bar|bar der lat., des/die Barbaren: roher, ungebildeter Mensch: sie hausten wie die Barbaren; **bar|ba|risch** ein barbarisches (unzivilisiertes) Land, eine barbarische (furchtbare) Strafe, die Hitze war barbarisch (sehr groß)

Bar|de der franz., die Barden: Dichter und Sänger von Heldenliedern

Ba|rett das lat., des Baretts, die Barette: randlose, flache Kopfbedeckung, z. B. eines Richters

Ba|ri|ton der ital.: mittlere Männerstimme

Bar|kas|se die niederl., die Barkassen: größeres Motorboot, das in großen Häfen als Verbindung zwischen Schiffen und dem Land eingesetzt wird

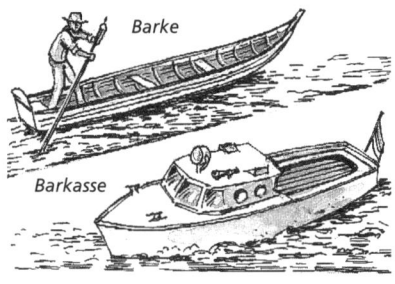

Barke

Barkasse

Bar|ke die: kleines Boot

Bär|lapp der, die Bärlappe: farnähnliche Sporenpflanze

barm|her|zig; Barm|her|zig|keit die

Ba|rock der/das: Eine Barockkirche ist ein besonders prunkvoll ausgestattetes Gotteshaus. Die Künstler hatten alles darangesetzt, um möglichst keine Fläche eben, keine Linie gerade zu lassen. Das Wort „barock" bedeutet ursprünglich ja nichts anderes als „schief" oder „kurvig".
Wir wenden diesen Begriff heute auch auf die Literatur des 17. Jhs. an. Das wird dir begreiflich, wenn man die folgenden Zeilen liest, in denen ein Barockdichter die Situation eines Verliebten beschreibt: „Ich bin verletzt durch deinen Augenstrahl, / Der seinen Blitz in meine Brust getrieben." Wir würden das heute wohl einfacher ausdrücken. Weshalb schrieben Barockdichter so „gewählt"? Das hängt wohl auch damit zusammen, dass sie für ein vornehmes, vielfach adliges Publikum schrieben und oft im Auftrag von Fürsten arbeiteten. Da musste man natürlich durch möglichst gesuchte Formulierungen glänzen. Es gab dazu auch Lehrbücher der Dichtkunst, wie etwa den „Poetischen Trichter, die deutsche Dicht- und Reimkunst (...) in VI Stunden einzugießen", der als „Nürnberger Trichter" weiterlebt. Aber dieser übertreibende „Prunk mit Worten" ist nur die eine Seite der Barockdichtung. Das 17. Jh. war ja auch die Zeit großer religiöser Verfolgungen und Gräueltaten im Namen Gottes, die im Dreißigjährigen Krieg ihren Höhepunkt erreichten. Die Menschen der Barockzeit waren einerseits von der christlichen Auffassung durchdrungen, dass die Welt ein hinfälliges „Jammertal" und der Mensch in ihr nur unterwegs ins Jenseits sei. Auf der anderen Seite lebten sie aber sehr gern auf dieser Welt.
So konnte auch derselbe Dichter, von dem der Satz stammt: „Dass auf der Welt nichts könne stehn, / Dass jedes Fleisch muss Aschen werden", sich ungeniert auf das Mittagessen freuen: „Auf, Freunde! Lasst uns zu der Tafel eilen, / Indem die Sonn ins Himmels Mittel hält." Dieser Dichter war übrigens einer der bedeutendsten seiner Zeit, Andreas Gryphius (eigentlich hieß er Andreas Greif, aber weil es so Mode war, nannte er sich lateinisch „Gryphius"). Wie viele der damaligen Dichter stammte er aus Schlesien. Ein anderer bekannter Schriftsteller der Barockzeit war Hans Jacob Christoffel von → Grimmelshausen. In seinem berühmtesten Roman, „Simplicissimus", schildert er einen „typischen" barocken Menschen, der erst das Leben in vollen Zügen genießt, dann aber doch noch in sich geht und als frommer Einsiedler ein neues Leben beginnt.

ba|rock im Barockstil gehalten, verschnörkelt, überladen

Ba|ron der *franz.*, die Barone: französischer Adelstitel; **Ba|ro|ness / Ba|ro|nes|se** die, die Baronessen: Tochter eines Barons

Bar|ren der: 1. Turngerät 2. Gussform für Edelmetalle, z. B. Silberbarren

Bar|ri|e|re die *franz.*: Schlagbaum, Sperre

Bar|ri|ka|de die *franz.*: Sperre zur Verteidigung; auf die Barrikaden gehen (für etwas kämpfen)

barsch sie grüßte barsch (unfreundlich)

Barsch der, des Barsch(e)s, die Barsche: Süßwasserfisch

Bart der, des Bart(e)s, die Bärte: der Bart ist ab (es ist misslungen), er schmiert mir Honig um den Bart (schmeichelt mir), wir streiten um des Kaisers Bart (um Nichtiges); **Bärt|chen** das; **bär|tig**

Ba|salt der, die Basalte: Vulkangestein für den Straßenbau

Ba|sar / Ba|zar der *pers.*, die Basare: orientalischer Markt, Verkaufsveranstaltung für wohltätige Zwecke

Ba|se die: 1. Kusine / Cousine 2. chemische Verbindung

Base|ball [bäjsbol] das *engl.*: amerikanisches Schlagballspiel; **Base|ball|spie|ler** der

BASIC [bäisik] das *engl.*: einfache Programmiersprache

ba|sie|ren *franz.*: die Berechnung basierte (beruhte) auf falschen Annahmen; **Ba|sis** die *griech.*, die Basen: Grundlage, Sockel, Stützpunkt

Ba|si|li|ka die *lat.*, die Basiliken: römische Markt- und Gerichtshalle, Kirchenbau aus frühchristlicher Zeit

Ba|si|li|kum das: strauchartige Gewürz- und Heilpflanze

Bas|ke der; **Bas|ken|land** das: franz. und span. Region am Golf von Biskaya; **Bas|ken|müt|ze** die: flache, schirmlose Mütze; **Bas|kin** die, die Baskinnen; **bas|kisch**

Bas|ket|ball der *engl.*: 1. Korbballspiel zwischen zwei Mannschaften zu je fünf Spielern 2. dazu verwendeter Ball

bass er war bass (äußerst) erstaunt

Bass der *ital.*, des Basses, die Bässe: tiefe Männerstimme, tief gestimmtes Saiteninstrument; **Bas|sist** der, des/die Bassisten: Basssänger, Bassspieler; **Bas|sis|tin** die; **Bass|stim|me** die

Bas|sin [baßē] das *franz.*, künstlich angelegtes Wasserbecken

Bast der, des Bast(e)s, die Baste: 1. pflanzlicher Faserstoff 2. behaarte Haut am neu heranwachsenden Reh- oder Hirschgeweih

bas|ta! *ital.*: *ugs.* Schluss!; und damit basta!

Bas|tei die *ital.*, die Basteien: Bollwerk, vorspringender Festungsbau

bas|teln; Bast|ler der

Ba|tail|lon [bataljon] das *franz.*, die Bataillone: Truppenabteilung (mehrere Kompanien)

Ba|tik die *malai.*, die Batiken: mit Hilfe von Wachs gefärbter Stoff

Ba|tist der *franz.*: feiner Stoff

Bat|te|rie die *franz.*, die Batterien: 1. Geschützabteilung 2. elektrische Stromquelle

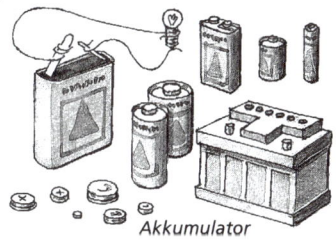

Akkumulator

Bat|zen der: alte Münze; das kostet einen Batzen (sehr viel) Geld, ein Batzen (*ugs.* Klumpen) Lehm

Bau der: 1. Tierhöhle (*Pl.* die Baue) 2. Bauwerk (*Pl.* die Bauten); 3. Baustelle; er arbeitet auf dem Bau; **Bau|denk|mal** das; **bau|en** sie baut Luftschlösser (träumt); **bau|fäl|lig; Bau|ge|nos|sen|schaft** die; **Bau|kas|ten** der: Kinderspielzeug; **bau|lich; Bau|meis|ter** der; **Bau|plan** der, die Baupläne; **Bau|po|li|zei** die; **Bau|recht** das; **bau|spa|ren; Bau|spar|kas|se** die; **Bau|spar|ver|trag** der; **Bau|stil** der; **Bau|stoff** der, die Baustoffe; **Bau|wei|se** die

Bauch der, des Bauch(e)s, die Bäuche; **bau|chig; bäuch|lings; Bauch|spei|chel|drü|se** die: hinter dem Magen quer liegendes Organ

Bau|er der, des/die Bauern: Landwirt; **Bäu|e|rin** die; **bäu|e|risch/bäu|risch; bäu|er|lich** das bäuerliche Leben; **Bau|ern|krieg** der; **Bau|ers|frau** die

Baum der, des Baum(e)s, die Bäume; **baumeln**; **Baum|gren|ze** die; **Baum|ku|chen** der: Kuchen in Zylinderform; **Baumschu|le** die: Gärtnerei, in der Bäume und Sträucher aus Sämlingen herangezogen werden; **Baum|stamm** der; **Baum|wol|le** die: Malvengewächs, dessen Samenfäden zu Garn versponnen werden; **baum|wol|len**

Bausch der, des Bausches, die Bausche / Bäusche: ein Bausch Watte, er verurteilt das in Bausch und Bogen (ganz und gar); **bau|schen**; **bau|schig** bauschige Ärmel

Bau|xit das *franz.*, die Bauxite: verwittertes Mineral, das als Rohstoff für die Aluminiumherstellung dient

Bay|er der, des/die Bayern; **Bay|e|rin** die; **bay|(e)|risch** bayerisches Bier, der Bayerische Wald; **Bay|ern**

Ba|zil|lus der *lat.*, des Bazillus, die Bazillen: Bakterie, oft Krankheitserreger

Bd. *Abk. für* Band

be|ab|sich|ti|gen

be|ach|ten die Spielregeln beachten; **be|acht|lich** ihr Können war beachtlich (ziemlich groß); **Be|ach|tung** die

Be|am|te der, des/die Beamten; **Be|am|tin** die, die Beamtinnen

be|ängs|ti|gen das Gedränge war beängstigend

be|an|spru|chen viel Platz beanspruchen; **Be|an|spru|chung** die

be|an|stan|den; **Be|an|stan|dung** die

be|an|tra|gen; **Be|an|tra|gung** die

be|ant|wor|ten; **Be|ant|wor|tung** die

be|ar|bei|ten ihre Anfrage wurde rasch bearbeitet; **Be|ar|bei|tung** die

Beat [bit] der *engl.*: 1. Tanzmusik mit hartem Schlagrhythmus 2. betonter Taktteil; **Beat|les** die: beliebteste und erfolgreichste Popgruppe der sechziger Jahre (aufgelöst 1970); **Beat|mu|sik** die

Beau|fort|ska|la [boforskala] die: 12-teilige Skala zur Messung von Windstärken (benannt nach dem engl. Admiral Sir Francis Beaufort)

be|auf|sich|ti|gen; **Be|auf|sich|ti|gung** die

be|auf|tra|gen; **Be|auf|tra|gung** die

be|äu|geln neugierig betrachten

be|äu|gen genau betrachten

be|ben du bebst (zitterst) vor Wut; **Be|ben** das: das Beben zerstörte die Stadt

be|bil|dern ein bebildertes Buch

be|cir|cen / be|zir|zen (nach Circe, Zauberin der griech. Sage): umgarnen, verführen; sie hat ihn becirct

Be|cher der: Trinkgefäß

Be|cken das: 1. Wasserbecken, Schwimmbecken 2. Senkung, Mulde in der Landschaft 3. Teil des Skeletts (Verbindung zwischen Beinen und Wirbelsäule) 4. Musikinstrument aus zwei tellerförmigen Metallscheiben (im Orchester) oder aus einer Metallscheibe (beim Schlagzeug)

Bec|que|rel [bekerel] das, die Becquerels: Maßeinheit für die Stärke von Radioaktivität, benannt nach dem franz. Physiker H. A. Becquerel; *Zeichen* Bq

Be|dacht der: sie sagte es mit Bedacht (Vorsicht); **be|däch|tig** er ging bedächtig (ohne Hast); **be|dacht|sam**

be|dan|ken

Be|darf der: Bedarf an Lebensmitteln; **be|dür|fen** (→ dürfen): sie bedarf des Trostes (braucht Trost)

be|dau|er|lich ein bedauerlicher (unerfreulicher) Irrtum; **be|dau|ern** er bedauert (bemitleidet) sie aufrichtig; **Be|dau|ern** das; **be|dau|erns|wert**

be|den|ken (→ denken): er war auf seinen Ruf bedacht (achtete darauf); **be|denk|lich** ein bedenkliches (gefährliches, risikoreiches) Vorhaben

be|deu|ten was bedeutet das schon; er bedeutete mir (gab mir den Wink) ruhig zu sein; **be|deu|tend** ein bedeutender (berühmter, sehr bekannter) Mann; **be|deut|sam** ein bedeutsamer (wichtiger) Augenblick; **Be|deu|tung** die: nichts von Bedeutung (Belang, Gewicht), die Bedeutung (der Sinn, Inhalt) eines Wortes; **be|deu|tungs|los**; **be|deu|tungs|voll**

be|die|nen; **Be|diens|te|te** der/die: Angestellte(r) im öffentlichen Dienst, Diener(in); **Be|die|nung** die

be|din|gen du bedingst, es bedingte, hat bedingt, er bedinge: das Vorhaben bedingt (erfordert) Zeit; **be|dingt** ich kann das nur bedingt (mit Einschränkungen) gutheißen; ein bedingter Reflex; **Be|din|gung** die: etwas zur Bedingung machen (eine Forderung stellen), klimatische Bedingungen (Gegebenheiten); **be|din|gungs|los**

be|drän|gen unter Druck setzen; **Be|dräng|nis** die: Not, Auswegslosigkeit

be|dro|hen die Stadt wurde vom Hochwasser bedroht; **be|droh|lich** die Lage wurde immer bedrohlicher; **Be|dro|hung** die

be|dru|cken ein bedruckter Bogen

be|drü|cken das Schweigen war bedrückend (belastend); **Be|drü|ckung** die: Niedergeschlagenheit

Be|du|i|ne der *franz.*, des/die Beduinen: arabischer, als Nomade lebender Wüstenbewohner; **Be|du|i|nin** die

be|dür|fen (→ dürfen); **Be|dürf|nis** das, des Bedürfnisses, die Bedürfnisse; **Be|dürf|nis|an|stalt** die: öffentliche Toilette; **be|dürf|nis|los** anspruchslos, genügsam; **be|dürf|tig** eine bedürftige (arme, mittellose) Familie; **Be|dürf|tig|keit** die

Beef|steak [bifstek] das *engl.*: Fleischstück vom Rind

be|ei|den: durch Eid bekräftigen

be|ei|len sich: schnell, rasch machen

be|ein|dru|cken ein beeindruckender Bau

be|ein|fluss|bar; **be|ein|flus|sen** du beeinflusst, er beeinflusste, beeinflusst; **Be|ein|flus|sung** die

be|ein|träch|ti|gen der Alkohol beeinträchtigte (verschlechterte) sein Fahrverhalten

Beel|ze|bub der: oberster Teufel; den Teufel mit dem Beelzebub austreiben (*ugs.* ein Übel durch ein schlimmeres bekämpfen)

be|en|den; **Be|en|di|gung** die

be|en|gen; **Be|engt|heit** die

be|er|di|gen; **Be|er|di|gung** die; **Be|er|di|gungs|ins|ti|tut** das

Bee|re die; **Bee|ren|obst** das

Beet das, des Beet(e)s, die Beete: ein Beet mit Blumen anlegen

be|fä|hi|gen; **Be|fä|hi|gung** die

be|fal|len (→ fallen): sie wurde von Panik befallen, die Pflanze war von Mehltau befallen

be|fan|gen gehemmt, unsicher; der Richter wurde für befangen (voreingenommen) erklärt; **Be|fan|gen|heit** die

be|fas|sen er befasste sich mit der Geschichte seiner Heimatstadt

Begebenheit

Be|fehl der, des Befehl(e)s; **be|feh|len** du befiehlst, er befahl, befohlen, er befähle / beföhle, befiehl!

Be|fehls|form die ▶ Modus

be|fes|ti|gen der Damm wurde befestigt; **Be|fes|ti|gung** die: die Befestigung der Stadt (Verteidigungsanlagen)

be|feuch|ten nass machen

be|fin|den (→ finden); **Be|fin|den** das: das Befinden (der Gesundheitszustand) des Patienten, nach eigenem Befinden (Urteil, Ansicht); **Be|fund** der: ein ärztlicher Befund steht noch aus

be|flei|ßi|gen sich: sich bemühen um; **be|flis|sen** beflissen (überfreundlich) grüßen; **Be|flis|sen|heit** die

be|flü|geln ein Lob wird sie beflügeln (anspornen)

be|fol|gen Vorschriften befolgen; **Be|fol|gung** die

be|för|dern ein Paket befördern, er wurde zum Direktor befördert; **Be|för|de|rung** die

be|fra|gen sie wurde zur Tat befragt; **Be|fra|gung** die

be|frei|en; **Be|frei|er** der; **Be|frei|ung** die

be|frem|den das befremdet mich (berührt mich unangenehm); **Be|frem|den** das; **be|fremd|lich** seltsam, verwunderlich

be|freun|den sich

be|frie|di|gen zufrieden stellen; er befriedigte seine Gläubiger (zahlte seine Schulden); **Be|frie|di|gung** die

be|fris|ten ein befristeter (zeitlich begrenzter) Vertrag

be|fruch|ten; **Be|fruch|tung** die

be|fu|gen bevollmächtigen; **Be|fug|nis** die, die Befugnisse: Vollmacht; **be|fugt** sein

be|fürch|ten: das hatte ich befürchtet (erwartet, kommen sehen); **Be|fürch|tung** die

be|für|wor|ten ich befürworte (unterstütze) seinen Antrag; **Be|für|wor|ter** der; **Be|für|wor|tung** die

be|gabt am begabtesten; **Be|gab|te** der/die; **Be|ga|bung** die

be|ge|ben (→ geben); **Be|ge|ben|heit** die: eine seltsame Begebenheit (Ereignis, Vorgang)

begegnen

be|geg|nen; Be|geg|nung die
be|geh|ren; Be|geh|ren das: Verlangen, Wunsch; be|geh|rens|wert am begehrenswertesten; be|gehr|lich begehrliche (verlangende) Blicke; Be|gier die; Be|gier|de die: leidenschaftliches Verlangen; be|gie|rig er atmete begierig den Rauch ein
be|geis|tern er begeisterte mit seinem Spiel; Be|geis|te|rung die
be|gie|ßen (→ gießen)
Be|ginn der; be|gin|nen du beginnst, er begann, begonnen, er begänne / begönne
be|glau|bi|gen du beglaubigst die Kopie (bestätigst sie als echt); Be|glau|bi|gung die
be|glei|chen er beglich umgehend seine Rechnung; Be|glei|chung die
be|glei|ten du begleitest mich; Be|glei|ter der; Be|gleit|pa|pie|re die; Be|glei|tung die

Be|glei|ter der ▶ Artikel

be|glü|cken ein beglückendes Erlebnis; be|glück|wün|schen gratulieren
be|gna|det eine begnadete (hoch begabte) Sängerin; be|gna|di|gen er wurde begnadigt (die Strafe wurde ihm erlassen); Be|gna|di|gung die
be|gnü|gen sich: begnüge dich damit!
Be|go|nie die: Zierpflanze
be|gra|ben (→ graben); Be|gräb|nis das, des Begräbnisses, die Begräbnisse
be|gra|di|gen einen Weg begradigen
be|grei|fen (→ greifen); be|greif|lich; Be|griff der: ein dehnbarer Begriff, schwer von Begriff (unverständig) sein; be|griffs|stut|zig er ist etwas begriffsstutzig (begreift schwer)
be|gren|zen begrenzte Möglichkeiten
be|grün|den begründe dein Vorgehen!; Be|grün|dung die
be|grü|ßen; be|grü|ßens|wert; Be|grü|ßung die
be|güns|ti|gen das Wetter begünstigt (fördert) unser Vorhaben; Be|güns|ti|gung die
be|gut|ach|ten er begutachtete (prüfte) das Bild
be|gü|tert er ist begütert (reich)
be|hä|big er hatte ein behäbiges (schwerfälliges) Wesen, ein behäbiges (gemütliches) Sofa
be|ha|gen die Aufgabe behagt mir (sagt mir zu); Be|ha|gen das; be|hag|lich
be|hal|ten (→ halten): einen Freund behalten, eine Adresse behalten (sich merken), kannst du das für dich behalten? (erzähle es nicht weiter!); Be|häl|ter der
be|händ / be|hän|de behände (flink, geschickt) klettern; Be|hän|dig|keit die
be|han|deln du behandelst ihn wie ein Kind, der Vortrag behandelte die Kunst Chinas, er wurde ärztlich behandelt; Be|hand|lung die
be|har|ren du beharrst auf dem Standpunkt; be|harr|lich er weigerte sich beharrlich (standhaft, hartnäckig); Be|harr|lich|keit die
be|haup|ten du behauptest das Gegenteil, er behauptete seinen ersten Platz (verteidigte ihn erfolgreich); Be|haup|tung die

Be|haup|tungs|satz der ▶ Satzarten

be|hau|sen; Be|hau|sung die
be|he|ben der Fehler konnte rasch behoben werden; Be|he|bung die
be|hei|ma|ten er ist in Köln beheimatet (lebt dort)
Be|helf der, des Behelf(e)s: Notlösung; be|hel|fen sich (→ helfen); be|helfs|mä|ßig
be|hel|li|gen er wurde mit Fragen behelligt (gestört)
be|her|ber|gen; Be|her|ber|gung die
be|herr|schen er beherrschte sein Handwerk (konnte es sehr gut), ich kann mich beherrschen! (werde das bestimmt nicht tun), er beherrscht die Stadt (hat Macht über sie); Be|herr|schung die: er verlor die Beherrschung (wurde zornig)
be|her|zi|gen eine Warnung beherzigen (ernst nehmen); be|herzt unerschrocken, mutig
be|hilf|lich sei mir behilflich!
be|hin|dern du behinderst mich; Be|hin|der|te der/die; Be|hin|de|rung die
Be|hör|de die: Amtsstelle des Staates, der Kirche oder Gemeinde, Verwaltung, Amtsgelände; be|hörd|lich
be|hü|ten beschützen, bewachen; be|hut|sam eine behutsame (vorsichtige) Frage

stellen, behutsam (achtsam) damit umgehen; **Be|hut|sam|keit** die
bei dort bei der Schule (in der Nähe von), bei mir zu Hause, bei Tag und Nacht, ich habe nichts bei mir, bei guter Laune sein, bei Weitem/weitem, bei all(e)dem; **beim** bei dem; jemanden beim Wort nehmen (ihn an seine frühere Aussage erinnern)
bei|be|hal|ten behalte das bei! (mach weiter so!)
Bei|boot das: zum Schiff gehörendes Boot
bei|brin|gen (→ bringen): bringst du mir das Lesen bei?
Beich|te die: Sündenbekenntnis; **beichten**; **Beicht|ge|heim|nis** das: Stillschweigen über das vom Priester bei einer Beichte Gehörte; **Beicht|stuhl** der
bei|de ihr beide, einer von uns beiden, beide Strophen, beides zusammen; **bei|de Ma|le** er verriet sich beide Male; **bei|der|lei**; **bei|der|sei|tig**; **bei|der|seits**; **beid|hän|dig** mit beiden Händen; **beid|sei|tig**; **beid|seits**

> **beide:** Das Pronomen *beide* wird auch dann kleingeschrieben, wenn ein Artikel davorsteht: *Die beiden sind zusammen unterwegs.*

bei|ei|nan|der *oder* bei|ein|an|der; **bei|ei|nan|der|sit|zen** (→ sitzen): wir haben beieinandergesessen (zusammengesessen)
Bei|fah|rer der; **Bei|fah|re|rin** die
Bei|fall der; **bei|fäl|lig** die Leute murmelten beifällig (zustimmend, anerkennend)
bei|fü|gen hinzufügen

Bei|fü|gung die ▶ Attribut

beige [besch] *franz.*: sandfarben
bei|ge|ben (→ geben): sie hat klein beigegeben (kleinlaut nachgegeben)
Bei|ge|schmack der: seine Rede hatte einen unangenehmen Beigeschmack (klang falsch)
Bei|hil|fe die: sie erhielt eine großzügige Beihilfe (finanzielle Unterstützung), er wurde wegen Beihilfe (Mitbeteiligung) zum Raubmord angeklagt
bei|kom|men (→ kommen): wie soll ich dem bloß beikommen? (damit fertigwerden)

Beisetzung

Beil das, des Beil(e)s: Hauwerkzeug
Bei|la|ge die: Beigelegtes zu einer Zeitung oder Zeitschrift, Zuspeise zu einem Fleischgericht, z. B. Kartoffeln, Gemüse; **bei|le|gen** die Auseinandersetzung beilegen (beenden), einen Brief beilegen; **bei|lie|gen** (→ liegen): beiliegende Mahnung
bei|läu|fig nebenbei; **Bei|läu|fig|keit** die
bei|lei|be er war beileibe (bestimmt, wirklich) kein Lügner
Bei|leid das: Anteilnahme, einem Hinterbliebenen aufrichtiges Beileid bekunden
Bein das, des Bein(e)s: mit einem Bein im Gefängnis stehen (etwas hart an der Grenze des Erlaubten tun), die Beine in die Hand nehmen (weglaufen), mit dem linken Bein zuerst aufgestanden sein (schlecht gelaunt sein); **bein|hart** sehr hart
bei|na|he fast
be|in|hal|ten enthalten, bedeuten
Bei|pack|zet|tel der: Anwendungs- oder Gebrauchshinweis, der einem Arzneimittel beigefügt ist
bei|pflich|ten zustimmen
be|ir|ren er lässt sich nicht beirren (nicht abbringen, verwirren, stören)
bei|sam|men sie wollten beisammen (zusammen) sein, schlecht beisammen sein (nicht gesund sein): **bei|sam|men|ha|ben**; **bei|sam|men|sit|zen**

> **beisammen:** Zusammensetzungen aus *beisammen* und einem Verb werden zusammengeschrieben: *Nach der Schule haben wir noch lange beisammengestanden.* Verbindungen aus *beisammen* und *sein* werden getrennt geschrieben: *Lasst uns noch etwas beisammen sein.*

Bei|satz der ▶ Apposition

Bei|schlaf der: Geschlechtsverkehr, den Beischlaf ausüben; **bei|schla|fen**
Bei|sein das: er schwieg in ihrem Beisein (während sie dabei war)
bei|sei|te|las|sen; **bei|sei|te|le|gen** etwas Geld beiseitelegen (sparen); **bei|sei|te|tre|ten**
bei|set|zen beerdigen; **Bei|set|zung** die

Beispiel

Bei|spiel das: ein warnendes Beispiel (abschreckender Fall); **bei|spiel|haft; bei|spiel|los; bei|spiels|wei|se**
bei|ßen du beißt, er biss, gebissen, er bisse: beißender Rauch, die Farben beißen sich (passen nicht zusammen), er hat nicht viel zu beißen (leidet Hunger)
Bei|stand der: Beistand (Hilfe) leisten; **bei|ste|hen** (→ stehen)
Bei|strich der: Komma
Bei|trag der, des Beitrag(e)s, die Beiträge: 1. Beteiligung, Mitwirkung; jeder muss seinen Beitrag dazu leisten (sich daran beteiligen) 2. zu zahlender Betrag, z. B. an einen Verein 3. Aufsatz oder Artikel in Zeitschriften; **bei|tra|gen** (→ tragen): etwas zum Lebensunterhalt beitragen; **Bei|trags|be|mes|sungs|gren|ze** die
bei|tre|ten (→ treten); **Bei|tritt** der
Bei|ze die: Holz- und Textilfärbemittel, Gerbmittel, saure Marinade
bei|zei|ten rechtzeitig
be|ja|hen zustimmen; **Be|ja|hung** die
be|jam|mern sie bejammerte den Verlust ihrer Katze; **be|jam|merns|wert**
be|kämp|fen kämpfen gegen, angreifen
be|kannt ein bekannter Schauspieler, ein bekanntes Gesicht, du bist bekannt dafür; **Be|kann|te** der/die; **Be|kannt|ga|be** die; **be|kannt ge|ben / be|kannt|ge|ben** (→ geben); **be|kannt|lich** wie man weiß; **be|kannt ma|chen / be|kannt|ma|chen** den Inhalt bekannt machen / bekanntmachen (veröffentlichen), sie miteinander bekannt machen / bekanntmachen (einander vorstellen); **Be|kannt|ma|chung** die; **Be|kannt|schaft** die
be|keh|ren; Be|keh|rung die
be|ken|nen (→ kennen); **Be|kennt|nis** das, des Bekenntnisses, die Bekenntnisse
be|kla|gen; be|kla|gens|wert das Haus ist in einem beklagenswerten Zustand; **Be|klag|te** der/die: jemand, der verklagt worden ist
be|kle|ckern das Baby bekleckerte sich mit Spinat
be|klei|den sie war nur mit einem Badeanzug bekleidet, einen hohen Posten bekleiden (haben); **Be|klei|dung** die
be|klem|men ein beklemmender (bedrückender) Gedanke; **Be|klem|mung** die; **be|klom|men** ängstlich, gehemmt; **Be|klom|men|heit** die
be|kom|men (→ kommen): ich habe Post bekommen (erhalten), den Zug noch bekommen (erreichen), sie haben sich endlich bekommen (sind ein Paar), wohl bekomm's!; **be|kömm|lich** ein bekömmliches Essen
be|kös|ti|gen mit Essen versorgen; **Be|kös|ti|gung** die
be|kräf|ti|gen einen Verdacht bekräftigen (nachdrücklich bestätigen)
be|krän|zen die Gewinnerin wurde mit Blumen bekränzt
be|kreu|zi|gen sich das Kreuz über Stirn und Brust schlagen
be|krie|gen einander bekriegen (bekämpfen)
be|küm|mern was bekümmert dich das? (was geht es dich an?); **be|küm|mert** ein bekümmertes (trauriges) Gesicht
be|kun|den man bekundete (erwies) ihm Respekt und Anerkennung, sie bekundete ihr Missfallen (brachte es zum Ausdruck)
be|la|den (→ laden) der Umzugswagen wurde beladen, sie war mit Einkaufstüten schwer beladen (trug viele Tüten); **Be|la|dung** die
Be|lag der, des Belag(e)s, die Beläge: dünne Schicht, Auflage, z. B. Straßenbelag, Tortenbelag
be|la|gern er wurde von Fans belagert
be|läm|mert er sah reichlich belämmert (ugs. betreten, überrascht) aus
Be|lang der, des Belang(e)s, die Belange: jemandes Belange (Interessen) vertreten, nichts von Belang (Unwichtiges); **be|lan|gen** jemanden gerichtlich belangen (zur Rechenschaft ziehen); **be|lang|los** ohne Belang, unwichtig
be|last|bar; be|las|ten; Be|las|tung die
be|läs|ti|gen; Be|läs|ti|gung die
be|lau|schen ihr Telefonat wurde heimlich belauscht (mitgehört)
Be|leg der, des Beleg(e)s, die Belege: Nachweis; **be|le|gen** einen Tisch belegen, durch Beispiele belegt (nachgewiesen, bewiesen), eine belegte Zunge, Vorlesungen belegen (sich dafür einschreiben); **Be|leg|schaft** die: die Beschäftigten eines Betriebs

berauben

be|leh|ren aufklären; **Be|leh|rung** die
be|lei|di|gen; **Be|lei|di|gung** die
be|leuch|ten; **Be|leuch|tung** die
be|leum|det er ist gut beleumdet (hat einen guten Ruf)
bel|fern die Hundemeute belferte (kläffte wütend), er belferte ihn an (*ugs.* schimpfte auf ihn ein)
Bel|gi|en; Bel|gi|er der, die Belgier; **Bel|gi|e|rin** die, die Belgierinnen; **bel|gisch**
be|lie|ben du beliebst zu (willst wohl) scherzen; **Be|lie|ben** das: nach eigenem Belieben; **be|lie|big** x-beliebig, ein beliebiges Beispiel; *aber:* jeder Beliebige; **be|liebt; Be|liebt|heit** die
be|lich|ten der Film wird belichtet; **Be|lich|tung** die
bel|len
Bel|let|ris|tik *oder* Bel|le|tris|tik die: schöngeistige, unterhaltende Literatur; **bel|let|ris|tisch** *oder* bel|le|tris|tisch: unterhaltend, literarisch; ein belletristischer Verlag
be|lo|bi|gen loben; **Be|lo|bi|gung** die
be|loh|nen Lohn geben; **Be|loh|nung** die
Belt der: Meerenge
be|lü|gen (→ lügen)
be|lus|ti|gen der Vater belustigte die Kinder mit seinen Späßen, sie sah ihn belustigt (spöttisch) an; **Be|lus|ti|gung** die
be|mäch|ti|gen sich: Angst bemächtigte sich seiner (überkam ihn)
be|ma|len; **Be|ma|lung** die
be|män|geln etwas kritisieren
be|man|nen das bemannte Raumschiff
be|män|teln ich bemänt(e)le (vertusche) mein Versagen nicht; **Be|män|te|lung / Be|mänt|lung** die
be|merk|bar; be|mer|ken nebenbei bemerkt (gesagt), sie bemerkten (sahen) alles; **be|mer|kens|wert; Be|mer|kung** die
be|mes|sen meine Zeit ist knapp bemessen (eingeteilt), Steuern werden nach dem Einkommen bemessen (festgelegt); **Be|mes|sungs|grund|la|ge** die: Maßstab zur Steuerberechnung
be|mit|lei|den bedauern
be|mit|telt er war von Hause aus bemittelt (wohlhabend, reich)
be|mü|hen bemüh(e) dich nicht! (mach keine Umstände!), einen Anwalt bemühen (in Anspruch nehmen, zu Rate ziehen); **be|müht** eifrig; **Be|mü|hung** die
be|mü|ßi|gen sie fühlte sich bemüßigt (veranlasst), eine Geschichte zu erzählen
be|mut|tern liebevoll betreuen
be|nach|bart daneben
be|nach|rich|ti|gen; **Be|nach|rich|ti|gung** die; **Be|nach|rich|ti|gungs|pflicht** die
be|nach|tei|li|gen er fühlte sich benachteiligt; **Be|nach|tei|li|gung** die
be|ne|belt sie fühlte sich ganz benebelt (wie betäubt)
be|neh|men sich (→ nehmen); **Be|neh|men** das
be|nei|den; be|nei|dens|wert
Be|ne|lux|staa|ten die: die in einer Zollunion zusammengeschlossenen Staaten Belgien, Niederlande und Luxemburg; *Kurzwort aus* **Bel**gique, **Ne**derland und **Lux**embourg
be|net|zen sie benetzte (befeuchtete) ihre Lippen
Ben|ga|le der; **Ben|ga|len:** Provinz in Indien; **Ben|ga|li** das: Sprache der Bengalen; **Ben|ga|lin** die, die Bengalinnen; **ben|ga|lisch** ein bengalisches (buntes, in Bengalen übliches) Feuer wurde abgebrannt
Ben|gel der: frecher junger Bursche
be|nom|men der Wein macht ihn benommen; **Be|nom|men|heit** die
be|nö|ti|gen brauchen
be|nutz|bar; be|nut|zen / be|nüt|zen; **Be|nut|zung / Be|nüt|zung** die
Ben|zin das: Treibstoff, Lösungsmittel
be|ob|ach|ten *oder* be|o|bach|ten; **Be|ob|ach|ter** *oder* Be|o|bach|ter der; **Be|ob|ach|te|rin** *oder* Be|o|bach|te|rin die; **Be|ob|ach|tung** *oder* Be|o|bach|tung die
be|quat|schen wir bequatschten (beredeten ausführlich) den Schultag, ich ließ mich bequatschen (*ugs.* überreden)
be|quem die Schuhe sind bequem, zu etwas zu bequem (zu faul) sein, er schaffte es bequem (mühelos); **be|que|men** sich: vielleicht bequemst du dich zu einer Antwort; **be|quem|lich; Be|quem|lich|keit** die
be|ra|ten (→ raten); **Be|ra|ter** der; **be|rat|schla|gen** der Plan wurde beratschlagt; **Be|ra|tung** die
be|rau|ben stehlen

Berberitze

Ber|be|rit|ze die: Zierstrauch
be|re|chen|bar er ist berechenbar (einzuschätzen); be|rech|nen Kosten berechnen; be|rech|nend eine berechnende (eigennützige) Person; Be|rech|nung die
be|rech|ti|gen zur Teilnahme berechtigt sein; be|rech|tig|ter|wei|se; Be|rech|ti|gung die
be|re|den etwas bereden; be|red|sam redegewandt; Be|red|sam|keit die; be|redt ein beredter (redegewandter) Anwalt, sein beredtes (viel sagendes) Schweigen
Be|reich der, des Bereich(e)s; be|rei|chern; Be|rei|che|rung die
be|rei|fen das Fahrrad muss neu bereift werden; Be|rei|fung die
be|reift die Sträucher waren vom ersten Frost bereift (weiß überzogen)
be|rei|ni|gen das wurde bereinigt (geklärt)
be|reit es ist alles bereit (fertig), zum Äußersten bereit (entschlossen) sein; be|reit|le|gen; Be|reit|schaft die; be|reit|stel|len; be|reit|wil|lig entgegenkommend

> **bereit** wird mit dem folgenden Verb zusammengeschrieben, wenn sich eine neue, übertragene Bedeutung ergibt, z. B.: *bereitstellen, sich bereitfinden, bereitstehen, sich bereithalten.*
> Getrennt oder zusammenschreiben kann man: *bereit machen / bereitmachen, sich bereit erklären / bereiterklären.*

be|reits schon
be|reu|en ich bereue nichts!
Berg der, des Berg(e)s: je höher der Berg, desto tiefer das Tal, mit etwas hinter dem Berg halten (nicht offen sein); berg|ab; berg|auf; Berg|füh|rer der; ber|gig; Berg|mann der, die Bergleute; berg|wärts
ber|gen du birgst, er barg, geborgen, er bärge/bürge, birg!: die Verletzten bergen (retten), ich fühle mich geborgen (beschützt), das birgt (enthält) Gefahren in sich; Ber|gung die

Be|richt der, des Bericht(e)s ▶ Aufsatzlehre S. 513

be|rich|ti|gen; Be|rich|ti|gung die
be|rie|seln die Kunden werden mit Werbung und Musik berieselt (beeinflusst), die ausgetrockneten Felder wurden mit Wasser berieselt; Be|rie|se|lung die
Ber|mu|da|drei|eck das: Gebiet im Atlantik zwischen den Bermudainseln und Florida, in dem einige Schiffs- und Flugzeugunglücke passierten, deren Ursachen nie geklärt werden konnten; Ber|mu|da|shorts die: fast knielange Hose
Bern|har|di|ner der: Hunderasse

Bern|stein der: gelbbraunes, verfestigtes fossiles Harz, das zu Schmuck verarbeitet wird; bern|stein|far|ben
Ber|ser|ker der: 1. wilder Krieger der nordischen Sage 2. kampflustiger, kraftstrotzender Mann; er kämpfte wie ein Berserker; ber|ser|ker|haft
bers|ten es birst, es barst, geborsten, es bärste, birst!: brechen, das Holz barst unter der Belastung
be|rüch|tigt verrufen, gefürchtet, eine berüchtigte Gegend
be|rück|sich|ti|gen beachten; Be|rück|sich|ti|gung die
Be|ruf der, des Beruf(e)s, die Berufe; be|ru|fen; be|ruf|lich; Be|rufs|aus|bil|dung die; Be|rufs|aus|bil|dungs|ver|trag der; Be|rufs|be|ra|tung die; Be|rufs|bil|dungs|ge|setz das; Be|rufs|ge|nos|sen|schaft die; Be|rufs|schu|le die; be|rufs|tä|tig; Be|rufs|un|fä|hig|keit die; Be|ru|fung die: die Berufung (der Widerspruch) wurde abgelehnt, er erhielt eine Berufung (ein Angebot des Amts) zum Minister
be|ru|hen etwas auf sich beruhen lassen (der Sache nicht weiter nachgehen)
be|ru|hi|gen; Be|ru|hi|gung die
be|rühmt; Be|rühmt|heit die
be|rüh|ren es berührte ihn nicht (war ihm gleichgültig); Be|rüh|rung die

be|sagt besagter (bereits erwähnter) Musiker

Be|sa|mung die: künstliche Befruchtung von Nutztieren

Be|sat|zung die: 20 Mann Besatzung; **be|set|zen; Be|set|zung** die: die Besetzung (Rollenverteilung) des Theaterstücks

be|schaff|bar; be|schaf|fen etwas beschaffen (besorgen), er ist nun einmal so beschaffen (geartet); **Be|schaf|fen|heit** die; **Be|schaf|fung** die

be|schäf|ti|gen es beschäftigt ihn (bewegt ihn innerlich), er ist beim Finanzamt beschäftigt; **Be|schäf|ti|gung** die; **be|schäf|ti|gungs|los**

be|schä|men ihre Zuvorkommenheit beschämte mich, ein beschämendes (demütigendes) Gefühl, er leistete beschämend (äußerst) wenig für sein Geld

be|schat|ten sie beschattete (schützte) ihre Augen mit der Hand, er wurde von einem Detektiv beschattet (überwacht); **Be|schat|tung** die

be|schau|en; be|schau|lich sein Leben verlief beschaulich (geruhsam, friedlich); **Be|schau|lich|keit** die

Be|scheid der, des Bescheid(e)s, die Bescheide: einen Bescheid (eine Auskunft, eine amtliche Entscheidung) erhalten, Bescheid sagen (Nachricht geben); **be|schei|den** (→ scheiden): 1. etwas mitteilen, befehlen; er wurde zum Aufseher beschieden (bestellt); 2. genügsam, gering, schlicht; **Be|schei|den|heit** die

be|schei|ni|gen; Be|schei|ni|gung die

be|sche|ren; Be|sche|rung die

be|scheu|ert ugs.: dumm, schwer von Begriff: er war etwas bescheuert, sie findet das reichlich bescheuert

be|schimp|fen er wurde unflätig beschimpft (beleidigt); **Be|schimp|fung** die

be|schir|men die Augen mit der Hand beschirmen

be|schla|gen (→ schlagen): das Pferd wird beschlagen, ein beschlagener (angelaufener) Spiegel, gut beschlagen sein (sich auskennen) in Politik; **be|schlag|nah|men** der Staatsanwalt beschlagnahmte die Briefe; **Be|schla|gen|heit** die; **Be|schlag|nah|me** die

be|schleu|ni|gen er beschleunigte das Tempo; **Be|schleu|ni|gung** die

be|schlie|ßen (→ schließen): sie beschlossen zu heiraten, der Bundestag beschließt ein neues Gesetz, ich beschloss (beendete) den Brief mit freundlichen Worten, er möchte sein Leben auf dem Land beschließen (dort bis zum Tod leben)

be|schmie|ren unsauber bemalen, die Kinder beschmierten Türen und Fenster

be|schmut|zen du beschmutzt den Boden

be|schö|ni|gen du beschönigst dein Verhalten (stellst es allzu günstig dar); **Be|schö|ni|gung** die

be|schrän|ken; be|schränkt einen beschränkten Horizont haben (dumm sein), die Ausgaben waren beschränkt (knapp bemessen); **Be|schränkt|heit** die; **Be|schrän|kung** die

be|schrei|ben (→ schreiben)

> **Be|schrei|bung** die ▶ Aufsatzlehre S. 511

be|schrif|ten sie beschriftete sorgfältig ihre neuen Hefte; **Be|schrif|tung** die

be|schul|di|gen; Be|schul|di|gung die

Be|schwer|de die: er verfasste eine Beschwerde (einen Einspruch), sie hat Beschwerden (Schmerzen); **be|schwe|ren** ich habe mich beschwert (beklagt), sie beschwerten (belasteten) das Dach mit Steinen; **be|schwer|lich** mühsam

be|schwich|ti|gen beruhigen

be|schwingt eine beschwingte Melodie

be|schwö|ren (→ schwören): er beschwor sie (flehte sie an), etwas vor Gericht beschwören (beeiden); **Be|schwö|rung** die

be|sei|ti|gen; Be|sei|ti|gung die

Be|sen der: ich fresse einen Besen, wenn er kommt (ugs. bin überzeugt, dass er nicht kommt), er kehrte mit eisernem Besen (griff hart durch), „Neue Besen kehren gut" (Sprichwort, wenn jemand etwas Neues mit besonderem Eifer anfängt)

be|ses|sen sie rannte wie besessen (wie wahnsinnig) davon, er war ein besessener (leidenschaftlicher) Spieler; **Be|ses|sen|heit** die

be|set|zen dieser Platz ist besetzt (belegt, nicht frei), die Jacke ist mit Pelz besetzt (verziert), ihre Telefonleitung war andauernd besetzt (es wurde ständig tele-

foniert), die Stelle wird neu besetzt (vergeben), ein Land besetzen (militärisch einnehmen und beherrschen)
be|sich|ti|gen; Be|sich|ti|gung die
be|sie|deln die Gegend war nur dünn besiedelt (bewohnt); **Be|sie|de|lung / Be|sied|lung** die
be|sie|geln bekräftigen; **Be|sie|ge|lung / Be|sieg|lung** die
be|sin|nen (→ sinnen): sie hat sich anders besonnen (ihre Meinung geändert); **be|sinn|lich** beschaulich; **Be|sin|nung** die: sie kam wieder zur Besinnung (erwachte aus ihrer Ohnmacht); **be|sin|nungs|los**
Be|sitz der, des Besitzes: etwas in seinen Besitz bringen (sich aneignen); **be|sit|zen** (→ sitzen); **Be|sit|zer** der; **be|sitz|los; Be|sitz|tum** das, die Besitztümer; **Be|sitz|wech|sel** der, **Be|sitz|ur|kun|de** die
be|sol|den er wird nach Tarifgruppe B6 besoldet (bezahlt); **Be|sol|dung** die
be|son|de|re besondere Eigenschaften, nur im Besonderen; **Be|son|der|heit** die; **be|son|ders** der Film war nicht besonders (nicht gut), ich lese besonders gern Gedichte
be|son|nen sie handelte besonnen (überlegt, vernünftig); **Be|son|nen|heit** die
be|sor|gen er besorgte Obst; **Be|sorg|nis** die, die Besorgnisse; **Be|sorg|nis er|re|gend / be|sorg|nis|er|re|gend** aber nur: höchst besorgniserregend; **be|sorgt** eine besorgte (von Sorge erfüllte) Mutter; **Be|sor|gung** die: sie macht Besorgungen (Einkäufe)
be|spie|len er hat das Tonband erst zur Hälfte bespielt
be|spit|zeln heimlich beobachten; **Be|spit|ze|lung** die
be|spre|chen (→ sprechen); **Be|spre|chung** die
bes|ser klein: der Raum ist eine bessere (nicht viel besser als eine) Kammer, besser (treffender) gesagt; groß: ich habe Besseres zu tun, er wurde eines Besseren belehrt, sie hält sich für etwas Besseres; **bes|ser ge|hen / bes|ser|ge|hen** es könnte besser gehen / bessergehen, aber nur: ich kann hier besser (leichter) gehen; **bes|sern** sich: das muss sich bessern; **Bes|se|rung / Bess|rung** die; **Bes|ser|wis|ser** der; **bes|ser|wis|se|risch**

Be|stand der, des Bestand(e)s, die Bestände: ein alter Bestand von Tannen, die Lehre hat Bestand (ist von Dauer); **be|stän|dig; Be|stands|auf|nah|me** die
be|stä|ti|gen; Be|stä|ti|gung die; **Be|stä|ti|gungs|ver|merk** der
be|stat|ten beerdigen; **Be|stat|tung** die
be|stäu|ben; Be|stäu|bung die
bes|te klein: sie war bei bester Gesundheit, die beste Freundin, er gefiel mir am besten, nach bestem Wissen handeln, du fährst am besten mit dem Auto, in den besten Jahren sein, sie kam aus bestem (gutem) Hause; groß: sie machte das Beste daraus, er tat sein Bestes, das Beste vom Besten, auf das Beste hoffen, jemanden zum Besten halten (ihn necken), etwas zum Besten geben (vortragen, vorführen); **bes|ten|falls; bes|tens**

> **beste:** Wörter wie *bestbezahlt, bestangezogen, bestbewährt* können nicht mehr gesteigert werden, da sie mit *beste* bereits den Superlativ enthalten.

be|ste|chen (→ stechen): er besticht ihn mit Geld (versucht ihn für seine Zwecke zu gewinnen), er bestach durch seinen Charme (machte großen Eindruck); **be|ste|chend** sie war in bestechender (hervorragender) Form; **be|stech|lich; Be|ste|chung** die
Be|steck das, des Besteck(e)s, die Bestecke; **Be|steck|kas|ten** der
be|ste|hen (→ stehen): das Lexikon besteht aus zehn Bänden, hoffentlich bestehe ich den Test, er besteht auf (verlangt) Barzahlung, darüber besteht kein Zweifel, **be|ste|hen blei|ben; be|ste|hen las|sen**
be|stel|len ein Taxi bestellen, er war als Gutachter bestellt (ernannt), den Garten bestellen (bearbeiten); **Be|stel|lung** die
bes|ti|a|lisch unmenschlich, tierisch, unerträglich; **Bes|ti|a|li|tät** die; **Bes|tie** die lat.: Raubtier; eine Bestie in Menschengestalt
be|stim|men du bestimmst das Vorgehen; **be|stimmt** eine bestimmte Summe; drücke dich bestimmter aus; **Be|stimmt|heit** die: etwas mit Bestimmtheit (Gewissheit) wissen; **Be|stim|mung** die: eine

Bestimmung (Verordnung) erlassen, eine Sache ihrer Bestimmung (ihrem Ziel oder Zweck) zuführen

be|stra|fen; Be|stra|fung die

be|strah|len einen Krebstumor mit Radium bestrahlen; **Be|strah|lung** die

be|stre|ben sich bemühen, anstrengen; **Be|stre|bung** die

be|strei|chen (→ streichen)

be|strei|ken der Betrieb wurde bestreikt (durch Streik stillgelegt)

be|strei|ten (→ streiten): sie bestreitet ihren Unterhalt allein, er bestritt (leugnete) es

be|stri|cken jemanden betören, für sich einnehmen; sie bestrickte alle ihre Freundinnen (versorgte sie mit selbst Gestricktem); **be|stri|ckend** ihm gefiel ihre bestrickende (charmante) Art

Best|sel|ler der *engl.:* Buch, das in kurzer Zeit sehr gut verkauft wird; **Best|sel|ler|au|tor** der; **Best|sel|ler|lis|te** die

be|stür|zend eine bestürzende (erschreckende) Nachricht

Be|such der, des Besuch(e)s, die Besuche; be|su|chen

be|su|deln beschmutzen, mit Blut besudelt (verschmiert)

be|tagt sehr alt, eine betagte Frau

Be|ta|strah|len die: radioaktive Strahlen

be|tä|ti|gen; Be|tä|ti|gung die

be|täu|ben bewusstlos machen; **Be|täubung** die: eine örtliche Betäubung vornehmen; **Be|täu|bungs|mit|tel** das

be|tei|li|gen; Be|tei|li|gung die

Be|te die: es gab heute Rote Bete (rote Rüben) als Salat

be|ten zu Gott sprechen

be|teu|ern er beteuerte (erklärte) ihr seine Liebe, seine Unschuld beteuern; **Be|teu|e|rung** die

Be|ton der *franz.,* des Betons, die Betons/ Betone; be|to|nie|ren

be|to|nen hervorheben; **Be|to|nung** die

be|tö|ren ihr Augenaufschlag betörte ihn, die Blume duftete betörend

Be|tracht der: ich ließ das außer Betracht (unbeachtet), er kommt für die Stelle in Betracht (in Frage); **be|trach|ten; be|trächt|lich** der Schaden war beträchtlich (ziemlich groß), um ein Beträchtliches größer; **Be|trach|tung** die

Be|trag der, des Betrag(e)s, die Beträge; **be|tra|gen** (→ tragen): du beträgst dich abscheulich, sein Alter betrug 80 Jahre; **Be|tra|gen** das

be|trau|en beauftragen, er wurde mit einer neuen Aufgabe betraut

betr. *Abk. für* betreffend, betreffs; **be|tref|fen** (→ treffen): sie macht ein betroffenes (bestürztes) Gesicht, sie waren vom Unwetter betroffen, das betreffende Datum

be|trei|ben ein Lokal betreiben (führen), die Pumpe wird mit Solarstrom betrieben; **Be|trei|ben** das: auf sein Betreiben (seine Veranlassung) hin

be|tre|ten der Rasen darf nicht betreten werden, sie lächelte betreten (verlegen), es herrschte betretenes (peinliches) Schweigen, Neuland betreten (etwas Neues erforschen)

be|treu|en pflegen; **Be|treu|ung** die

Be|trieb der, des Betrieb(e)s: ein sehr großer Betrieb (großes Unternehmen), es herrschte reger Betrieb (Trubel), die Maschine wurde in Betrieb genommen (begann zu arbeiten); **be|trieb|sam** geschäftig, rührig; **Be|triebs|aus|ga|ben** die; **Be|triebs|kli|ma** das; **Be|triebs|mit|tel** die; **Be|triebs|rat** der: Vertretung der Arbeitnehmer; **Be|triebs|ver|fas|sungs|ge|setz** das, *Abk.* BetrVG; **Be|triebs|wirt|schafts|leh|re** die; **Be|triebs|un|fall** der

be|trü|ben die Meldung betrübte mich (stimmte mich traurig); **be|trüb|lich; be|trüb|li|cher|wei|se; Be|trüb|nis** die

Be|trug der, des Betrug(e)s: Täuschung; **be|trü|gen** (→ trügen); **Be|trü|ger** der; **Be|trü|ge|rin** die; **be|trü|ge|risch**

Bett das, des Bett(e)s, die Betten: sich ins gemachte Bett legen (auf günstigen Verhältnissen aufbauen); **bet|ten** weich gebettet sein; **bett|lä|ge|rig; Bett|tuch** das

bet|tel|arm; Bet|te|lei die; bet|teln; Bet|tel|stab der: jemanden an den Bettelstab bringen (finanziell ruinieren); **Bett|ler** der; **Bett|le|rin** die

be|tucht sie heiratete einen betuchten (wohlhabenden) Mann

be|tu|lich er hatte eine betuliche (umständliche) Art, Dinge in Angriff zu nehmen

Beuger

Beu|ger der: Beugemuskel, *Ggs.* Strecker
Beu|gung die: Formänderung bei bestimmten Wortarten (→ Deklination, Konjugation)
Beu|le die: die Autotür hatte eine Beule, er hatte eine eitrige Beule am Knöchel; **beu|len** ihre Jackentasche beulte sich aus (bauschte sich) → ausbeulen
be|un|ru|hi|gen; Be|un|ru|hi|gung die
be|ur|kun|den die Geburt des Kindes wird beurkundet; **Be|ur|kun|dung** die
be|ur|lau|ben; Be|ur|lau|bung die
be|ur|tei|len; Be|ur|tei|lung die
Beu|te die; **beu|te|gie|rig; Beu|te|zug** der
Beu|tel der: mit leerem Beutel (ohne Geld); **beu|teln** vom Schicksal gebeutelt (geplagt); **Beu|tel|tier** das: primitives Säugetier, z.B. Känguru, Koala, Beutelwolf

Beutelwolf, ausgestorben

be|völ|kern; Be|völ|ke|rung die; **Be|völ|ke|rungs|ex|plo|si|on** die
be|voll|mäch|ti|gen; Be|voll|mäch|tig|te der/die; **Be|voll|mäch|ti|gung** die
be|vor bevor ich gehe; **be|vor|mun|den** ich lasse mich nicht bevormunden; **Bevor|mun|dung** die; **be|vor|tei|len** begünstigen; **be|vor|zu|gen** er bevorzugt (mag lieber) Tee, er wird bevorzugt (besser) bedient
be|wa|chen; Be|wa|cher der; **Be|wa|che|rin** die; **Be|wa|chung** die
be|wah|ren sie hatte sich ihren Humor bewahrt, der Himmel bewahre mich davor, Gott bewahre!, Stillschweigen bewahren, Haltung bewahren
be|wäh|ren auf bewährte (erprobte) Art, sich als Freund bewähren (zuverlässig sein); **Be|wäh|rung** die: Probe; eine Strafe auf Bewährung (bedingte Strafe)
be|wahr|hei|ten das wird sich bewahrheiten (als wahr herausstellen)
be|wal|den; Be|wal|dung die
be|wäl|ti|gen schaffen, die Portion war kaum zu bewältigen
Be|wandt|nis die, die Bewandtnisse: Beschaffenheit, Ursache, Umstand; damit hat es folgende Bewandtnis (es verhält sich so)
be|wäs|sern; Be|wäs|se|rung die
be|we|gen du bewegst, er bewog, bewogen, er bewöge: er bewog (veranlasste) uns dazu, was hat dich dazu bewogen (zu diesem Entschluss gebracht)?, *aber:* er bewegte sich nicht (hielt sich ganz ruhig), ein bewegtes (unruhiges) Leben, bewegende (ergreifende) Worte; **Beweg|grund** der; **be|weg|lich; Be|we|gung** die; **Be|we|gungs|ener|gie** die; **Be|we|gungs|frei|heit** die; **Be|we|gungs|mel|der** der; **Be|we|gungs|sys|tem** das
Be|weis der; **be|weis|bar; be|wei|sen** (→ weisen): große Umsicht beweisen; **be|weis|kräf|tig; Be-weis|stück** das
be|wer|ben sich (→ werben); **Be|wer|ber** der; **Be|wer|be|rin** die; **Be|wer|bung** die

> **Be|wer|bungs|schrei|ben** das ▶ Aufsatzlehre S. 517

be|werk|stel|li|gen etwas mit Geschick erreichen, zustande bringen
be|wer|ten beurteilen; **Be|wer|tung** die
be|wil|li|gen; Be|wil|li|gung die
be|wir|ken er bewirkte (erreichte) nur das Gegenteil
be|wir|ten sie wurde aufmerksam bewirtet; **Be|wir|tung** die
be|woh|nen; Be|woh|ner der
be|wöl|ken sich: seine Stirn bewölkte sich (seine Miene wurde finster); **Be|wöl|kung** die
be|wun|dern hoch anerkennen; **be|wunderns|wert; Bewun|de|rung** die
be|wusst das ist mir bewusst (weiß ich), etwas bewusst (mit wachem Verstand) erleben, am bewussten (bereits erwähnten) Ort, eine bewusste (willentliche) Lüge; **be|wusst|los** ohnmächtig; **bewusst ma|chen / be|wusst|ma|chen** er hat es sich bewusst gemacht / bewusstgemacht (vergegenwärtigt), *aber nur:* er hat es bewusst (mit Absicht) gemacht; **Be|wusst|sein** das
bez. *Abk. für* bezahlt, bezüglich
Bez. *Abk. für* Bezeichnung, Bezirk
be|zahl|bar; be|zah|len das macht sich bezahlt (lohnt sich); **Be|zah|lung** die

be|zäh|men ich kann meine Neugier nicht länger bezähmen (zurückhalten)

be|zeich|nen kenntlich machen; **be|zeichnend; Be|zeich|nung** die

be|zich|ti|gen beschuldigen, er bezichtigte ihn des Betrugs

be|zie|hen (→ ziehen): eine neue Wohnung beziehen, ich beziehe mich auf das letzte Gespräch, er bezog Prügel; **Be|zie|hung** die: eine neue Beziehung (Freundschaft) eingehen; **be|zie|hungs|wei|se** Abk. bzw.; **Be|zug** der, des Bezug(e)s, die Bezüge: ein frischer Bezug (Überzug), er hat hohe Bezüge (ein hohes Gehalt), wir nehmen Bezug (beziehen uns) auf den ersten Brief; **be|züg|lich** bezüglich der Kosten; **Be|zugs|preis** der; **Be|zugs|quel|le** die: Einkaufsgelegenheit

Be|zirk der lat., des Bezirk(e)s, die Bezirke: abgegrenztes Gebiet, Gegend, z.B. ein Wohnbezirk

be|zir|zen / be|cir|cen bezaubern, verführen

be|zwe|cken ich bezweckte (beabsichtigte) das Gegenteil

be|zwei|feln sie bezweifelte seine Ehrlichkeit (zweifelte sie an)

BH der: Abk. für Büstenhalter

Bi|ath|let der, die Biathleten; **Bi|ath|le|tin** die, die Biathletinnen; **Bi|ath|lon** das: Wintersportdisziplin aus Langlauf und Scheibenschießen

bib|bern sie bibberte (ugs. zitterte) vor Angst und Kälte

Bi|bel die griech.: die Heilige Schrift; **biblisch** oder bi|blisch: ein biblisches (sehr hohes) Alter

Bi|ber der, die Biber: am Wasser lebendes Nagetier; **Bi|ber|schwanz** der: flacher Dachziegel

Bib|lio|graf / Bib|lio|graph oder Bi|blio|graf / Bi|blio|graph der: Person, die eine Bibliografie erstellt; **Bib|lio|gra|fie / Bib|lio|gra|phie** oder Bi|blio|gra|fie / Bi|blio|gra|phie die: 1. Verzeichnis von Büchern und Schriften zu einem bestimmten Thema, z.B. über Jugendliteratur 2. Bücherkunde; **Bib|lio|gra|fin / Bib|lio|gra|phin** die

Bib|lio|thek oder Bi|blio|thek die griech.: Bücherei, Sammlung von Büchern; **Bib|lio|the|kar** oder Bi|blio|the|kar der: Bibliotheksverwalter; **Bib|lio|the|ka|rin** oder Bi|blio|the|ka|rin die

bie|der einfältig, rechtschaffen, treuherzig; **Bie|der|keit** die

bie|gen du biegst, er bog, gebogen, er böge; **Bie|gung** die: an der Biegung eines Flusses

Bie|ne die; **Bie|nen|kö|ni|gin** die; **Bie|nen|schwarm** der; **Bie|nen|stich** der: 1. Stich einer Biene 2. Hefekuchen mit Kremfüllung

Drohne

Arbeiterin

Königin

Bier das, des Bier(e)s, die Biere

Biest das, des Biest(e)s, die Biester

bie|ten du bietest, er bietet, geboten, er böte: lässt du dir das bieten (gefallen)?

Bi|ga|mie die lat.: gesetzwidrige Doppelehe; **Bi|ga|mist** der: Mann, der in Bigamie lebt

Big|band / Big Band [bigbänd] die engl.: großes Tanzorchester

Big Busi|ness [bigbisniß] das engl.: Geschäftswelt der Großunternehmer; er gehört zum Big Business

bi|ken [beiken] engl.: Fahrrad fahren; **Bi|ker** [beiker] der, **Bi|ke|rin** die; die Bikerinnen

Bi|ki|ni der: zweiteiliger Badeanzug

Bi|lanz die ital.: Kontenabschluss für ein abgelaufenes Geschäftsjahr; eine Bilanz frisieren (falsch darstellen), Bilanz ziehen (ein Ergebnis feststellen), die trau-

bilanzieren

rige Unfallbilanz des Wochenendes; **bi|lan|zie|ren** ein Konto ausgleichen, eine Bilanz erstellen; **Bi|lanz|sum|me** die

bi|la|te|ral *lat.*: zweiseitig, von zwei Seiten ausgehend, ein bilateraler Vertrag, bilateral zusammenarbeiten

Bild das, des Bildes, die Bilder; ich bin darüber im Bilde (informiert), er bot ein Bild des Jammers; **Bild|be|trach|tung** die; **Bil|der|bo|gen** der; **Bil|der|buch** das; **Bil|der|buch|lan|dung** die: genau nach Plan laufende Landung, z. B. einer Raumfähre; **Bil|der|hand|schrift** die: mit Miniaturen (kleinen Bildern) ausgeschmückte mittelalterliche Buchrolle, ein so genannter Kodex; **Bil|der|rät|sel** das: Rätsel, das aus der Bedeutung von Bildern und Zeichen gelöst wird (→ Rebus); **Bild|nis** das, des Bildnisses, die Bildnisse; **Bild|schirm** der

Bil|der|ge|schich|te die ▶ Comic

bil|den sich; **Bil|dung** die; **Bil|dungs|po|li|tik** die; **Bil|dungs|rei|se** die; **Bil|dungs|ro|man** der; **Bil|dungs|weg** der: das Abitur auf dem zweiten Bildungsweg (auf der Abendschule) nachholen; **Bild|wör|ter|buch** das: Wörterbuch, das die Bedeutung von Wörtern durch Bilder darstellt

Bil|lard [biljart] das *franz.*; Billard spielen

Bil|lett das *österr.*, die Billette: veraltet für Fahrkarte, Eintrittskarte

Bil|li|ar|de die *franz.*: 1000 Billionen (10^{15})

bil|lig preiswert; **bil|li|gen** gutheißen

Bil|li|on die *franz.*: 1000 Milliarden oder eine Million Millionen (10^{12})

bim|meln klingeln, helles Glockengebimmel; **Bim|mel|bahn** die: Kleinbahn mit heller Warnglocke

Bims|stein der: vulkanisches, schaumig-poröses Gestein zum Reinigen

bi|nar / bi|när / bi|na|risch *lat.*: je zwei Einheiten enthaltend; binäres Element (z. B. Ein-Aus-Schalter), binäre Ziffern (0 und 1)

Bin|de die; **bin|den** du bindest, er band, gebunden, er bände: einen Blumenstrauß binden, eine bindende (verpflichtende) Zusage machen, ein gebundenes Buch; **Bin|dung** die

Bin|de|ge|we|be das: besondere Gewebezellen, die Organe umhüllen, verbinden und stützen

Bin|de|haut die: durchsichtige Schleimhaut, die das Augenlid innen und den Augapfel überzieht

Bin|de|strich der ▶ Rechtschreibung S. 489

Bin|de|wort das ▶ Konjunktion

Bin|go das *engl.*: Glücksspiel, ähnlich wie Lotto

bin|nen binnen (innerhalb) eines Tages; **Bin|nen|han|del** der: Handel im Inland; **Bin|nen|schiff|fahrt** die

Bi|nom das *lat.*, die Binome: Differenz oder Summe aus zwei Gliedern

Bin|se die: grasähnliche Sumpfpflanze; das ging in die Binsen (verloren, daneben); **Bin|sen|weis|heit** die: sattsam Bekanntes

Bio|che|mie die: Wissenschaft von den chemischen Vorgängen in den Organismen; **Bio|che|mi|ker** der; **Bio|che|mi|ke|rin** die, die Biochemikerinnen

Bio|graf / Bio|graph der; **Bio|gra|fin / Bio|gra|phin** die

Bio|gra|fie / Bio|gra|phie die griech., die Biografien: Das Wort kommt aus dem Griechischen und bedeutet wörtlich übersetzt „Lebensbeschreibung". Der Verfasser einer solchen Beschreibung, der „Biograf", verfolgt erzählend den Lebensweg eines Menschen, der damit zum „Helden" der Geschichte wird. Ein gründlicher Biograf muss mehr bieten als eine Aufzählung äußerer Ereignisse. Er muss uns den Charakter seines Helden zeigen und seine Leistungen würdigen. Da auch Herkunft und Umwelt eines Menschen entscheidend auf das Leben einwirken können, müssen auch diese Gesichtspunkte berücksichtigt werden.

blamieren

Bevorzugt wurden zu allen Zeiten die Biografien bedeutender Menschen, deren Leben und Wirken Spuren hinterlassen haben. Der biografische Roman, z. B. bei Stefan Zweig, hält sich zwar im Großen und Ganzen an die Tatsachen, schmückt sie aber in vielen Einzelheiten dichterisch und fantasievoll aus. (→ Autobiografie)

Bio|la|den der: Geschäft mit chemisch unbehandelten Naturprodukten

Bio|lo|ge der griech.; **Bio|lo|gie** die: Wissenschaft von den Lebewesen und Lebensvorgängen; **Bio|lo|gin** die; **bio|lo|gisch**

Bio|müll der: Haushaltsmüll, der zu Kompost verarbeitet werden kann

Bio|top das, die Biotope: Lebensraum bestimmter Pflanzen und Tiere

Bir|ke die: Laubbaum

Bir|ne die: Frucht des Birnbaums, Glühbirne

bis bis Freitag, bis (auf) gleich, ich warte bis 12 Uhr, bis auf die Straße, bis ins Letzte (sehr genau); **bis|her; bis|lang; bis|wei|len**

Bi|sam der: Pelz der Bisamratte; **Bi|sam|rat|te** die

Bi|schof der griech., die Bischöfe: hoher Geistlicher; **Bi|schö|fin** die; **bi|schöf|lich**

Bi|se|xu|a|li|tät die: 1. Biologie: Doppelgeschlechtigkeit 2. Nebeneinander von hetero- und homosexuellen Empfindungen; **bi|se|xu|ell** 1. Biologie: zweigeschlechtig 2. im Sexualempfinden sowohl auf Personen des anderen als auch des eigenen Geschlechts gerichtet

Bis|kuit [biskwit] der franz., die Biskuits / Biskuite: 1. leichtes Gebäck 2. Porzellan

Bi|son der lat., des/die Bisons: nordamerikanisches Wildrind

Biss der, des Bisses, die Bisse: das hat keinen Biss (ist langweilig, lasch); **biss|chen** noch ein bisschen (wenig) Salz, ein kleines bisschen; **Bis|sen** der; **bis|sig** eine bissige (verletzende) Bemerkung, ein bissiger (beißlustiger) Hund

Bis|tro oder **Bist|ro** das franz.: kleines, einfaches Lokal

Bis|tum das, die Bistümer: Amtsbereich eines Bischofs/einer Bischöfin

Bit das, des/die Bit(s): kleinste Informationseinheit in der EDV

bit|te bitte schön?, bitte sehr!, ja, bitte?; **Bit|te** die; **bit|ten** du bittest, er bat, gebeten, er bäte; **Bit|te|schön** das; **Bittstel|ler** der: jemand, der mündlich oder schriftlich um Hilfe bittet

bit|ter der Tee schmeckt bitter, eine bittere Wahrheit, sie litten bittere Not, es herrschte bitterer Frost; **bit|ter|bö|se; bit|ter|ernst; bit|ter|kalt; Bit|ter|keit** die; **bit|ter|lich** er weinte bitterlich

Bi|wak das: Nachtlager der Bergsteiger oder Soldaten; **bi|wa|kie|ren**

bi|zarr franz.: seltsam, eigenwillig, ungewöhnlich; die Wolken hatten bizarre Formen, ein bizarrer Einfall

Bi|zeps der lat., die Bizepse: zweiköpfiger Beugemuskel am Oberarm

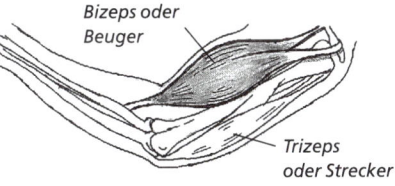

Bizeps oder Beuger

Trizeps oder Strecker

Black-out / Black|out [bläckaut] das/der engl., des/die Black-outs / Blackouts: 1. plötzliche Verdunklung z. B. im Theater 2. plötzlicher, kurzer Verlust des Erinnerungsvermögens oder des Bewusstseins

Black|box / Black Box [bläckboks] die engl.: unbekannt arbeitendes kybernetisches System, dessen Wirkungsweise erst aus der Reaktion auf eingegebene Signale erfahrbar wird; die Blackbox des Flugschreibers wird noch ausgewertet

Black Po|wer oder **Black Pow|er** [bläckpauer] die engl.: Bewegung nordamerikanischer Schwarzer gegen die Rassendiskriminierung

bla|den [bläjdn] engl.: Inlineskates fahren

blä|hen aufblasen; das Segel blähte sich; **Blä|hung** die: er hatte Blähungen

bla|ma|bel franz.: beschämend; sein Verhalten war blamabel; **Bla|ma|ge** [blamasche] die: Schande, peinlicher Vorfall; das war eine große Blamage; **bla|mie|ren** sie blamierte sich bis auf die Knochen (machte sich lächerlich)

blanchieren

blan|chie|ren [bläschieren]: mit heißem Wasser kurz überbrühen
Blank [blänk] das *engl.*: in der Programmiersprache ein Wortzwischenraum
blank mit blanken (glänzenden) Augen, aus ihm sprach der blanke (reine) Hohn, ich bin blank (ohne Geld); **blank po|lie|ren / blank|po|lie|ren**
blan|ko *ital.*: unbedruckt, leer, nicht völlig ausgefüllt; **Blan|ko|scheck** der: unterschriebener Scheck, bei dem der Betrag erst nachträglich eingesetzt wird
Bla|se die; **Bla|se|balg** der, des Blasebalg(e)s, die Blasebälge; **bla|sen** du bläst, er blies, geblasen, er bliese: jemandem den Marsch blasen (ihm gehörig die Meinung sagen); **Blä|ser** der; **Blas|ins|tru|ment** das
bla|siert *franz.*: überheblich, herablassend, dünkelhaft; er lächelte blasiert; **Bla|siert|heit** die
Blas|phe|mie die *lat.*: Gotteslästerung, Verhöhnung von etwas Heiligem; **blas|phe|misch**
blass blasser / blässer, am blassesten / blässesten: eine blasse (schwache) Erinnerung haben, eine blasse (unlebendige) Aufführung, ich habe keinen blassen Schimmer (weiß überhaupt nichts); **Bläs|se** die; **bläss|lich**
Blatt das, des Blatt(e)s, die Blätter: ein welkes Blatt, das Blatt hat sich gewendet (die Lage ist verändert), er nahm kein Blatt vor den Mund (sagte offen seine Meinung); **blätt|rig / blät|te|rig; blät|tern** in der Zeitung blättern; **Blatt|gold** das: dünn ausgewalztes Gold; **Blatt|werk** das: Gesamtheit der Blätter
Blat|tern die: veraltet für Pockenkrankheit
blau *klein:* sie hatte blaue (blutleere) Lippen, er kam mit einem blauen (blutunterlaufenen) Auge; *groß:* ein leuchtendes Blau, sie kam ganz in Blau, der Blaue Planet (die Erde); **blau|äu|gig; blau|blü|tig** adlig; **blau fär|ben / blau|fär|ben; bläu|lich; blau|ma|chen** *ugs.* nicht zur Arbeit oder zur Schule gehen; **blau|sti|chig**
Bla|zer [bläser] der *engl.*: Sportjackett
Blech das, des Blech(e)s; *ugs.* du redest Blech (Unsinn); **ble|chern** eine blecherne Stimme; **Blech|la|wi|ne** die: Reihe nur langsam vorankommender Autos
ble|cken der Hund bleckte die Zähne
Blei das, des Blei(e)s, die Bleie: weiches Schwermetall, *Zeichen* Pb; **blei|ern** bleierne Müdigkeit; **Blei|stift** der
Blei|be die: Unterkunft; **blei|ben** von bleibendem Wert, du bleibst, er blieb, geblieben, er bliebe: bleibende Schäden; am Leben bleiben, **blei|ben las|sen / blei|ben|las|sen** (→ lassen): du sollst das bleiben lassen / bleibenlassen (nicht machen); *aber* man hat die Flüchtlinge bleiben lassen (nicht ausgewiesen)
bleich bleiches (fahles) Licht, er war bleich wie der Tod; **blei|chen** die Wäsche bleichen; **Bleich|ge|sicht** das: 1. *ugs.* für jemanden, der sehr blass ist 2. *scherzh.* für Angehörigen der weißen Rasse
Blen|de die: 1. verstellbare Objektivöffnung beim Fotoapparat 2. Erz, Schwefelverbindung, z. B. Kupferblende 3. Verzierung, z. B. Knopfblende am Mantel; **blen|den** der Blitz blendete ihn, er blendete (täuschte) uns alle; **blen|dend** ein blendender (ausgezeichneter) Einfall, blendend weiß; **Blend|schutz** der
Bles|se die: weißer Stirnfleck oder -streifen bei Tieren

bles|sie|ren *franz.*: verletzen; **Bles|sur** die *franz.*: Verwundung
bleu [blö] *franz.*: hell- oder blassblau
Blick der, des Blick(e)s: sie hat den bösen Blick (hat Zauberkraft), einen Blick hinter die Kulissen werfen (die Hintergründe von etwas kennen lernen); **bli|cken; Blick|feld** das
blind auf beiden Augen blind, blinder (kritikloser) Gehorsam; **Blind|darm** der; **Blin|de** der/die; **Blin|den|schrift** die: Schrift mit Buchstaben aus je sechs erhabenen Punkten in verschiedenen Kombinationen, die von den Blinden ertastet werden können (→ Brailleschrift);

Blind|gän|ger der: Geschoss, das nicht explodiert ist, Versager; **Blind|heit** die: mit Blindheit geschlagen; **blind|lings**

blin|ken; Blin|ker der

blin|zeln sie blinzelte mir zu

Blitz der: er war wie vom Blitz getroffen (völlig überrascht, entsetzt); **Blitzab|lei|ter** der; **blitz|ar|tig; blitz|blank; blitz|schnell**

Bliz|zard [blizat] der *engl.*, des/die Blizzards: Schneesturm in Nordamerika

Block der, des Block(e)s, die Blöcke / Blocks; **Blo|cka|de** die *franz.*: Absperrung, Abriegelung; **blo|cken** abfangen; **blo|ckie|ren** den Verkehr blockieren

blöd / blö|de; Blö|de|lei die; **blo|deln** Unsinn reden; **Blöd|sinn** der; **blöd|sin|nig**

blö|ken schreien, blökende Schafe

blond *franz.*; **blond ge|färbt / blondgefärbt; Blon|di|ne** die

bloß er ging mit bloßen (nackten) Füßen, wie soll ich das bloß (nur) machen?; **Blö|ße** die: er gab sich keine Blöße (keine Gelegenheit, ihn zu tadeln); **bloß|le|gen** etwas ausgraben, abdecken; **bloß|stellen** er wurde bloßgestellt (verspottet)

Blou|son [blusõ] der *franz.*, die Blousons: kurze, eng anliegende Sportjacke

blub|bern Blasen werfen, der Grießbrei blubberte (warf Blasen)

Blue|jeans [bl*u*d*sch*inß] die *amerik.*: feste, blaue Baumwollhose

Blues [bl*u*s] der *amerik.*: 1. schwermütiges Volkslied der Farbigen 2. aus dem Blues entstandene Form des Jazz 3. Gesellschaftstanz

Bluff [blöff] der *engl.*: freche Täuschung, bewusste Irreführung; **bluf|fen** [blöffen] sie blufft (täuscht) nur

blü|hen blühender (übertriebener) Unsinn, der Autohandel blühte (gedieh), wie das blühende Leben

Blu|me die: 1. Pflanze mit Blüte 2. Duft/Schaum eines Getränks, z. B. bei Wein oder Bier; **Blu|men|kohl** der: Gemüse; **blu|mig**

Blu|se die

Blut das: ihm gefror das Blut in den Adern (er war starr vor Schreck), er hatte Blut geleckt (Gefallen daran gefunden); **blutarm; Blut|druck** der; **Blut|egel** der: Ringelwurm, der Blut saugt; **blu|ten; Blu|ter** der; **Blut|er|guss** der; **Blu|ter|krank|heit** die; **Blut|ge|fä|ße** die; **Blut|ge|rin|nung** die; **Blut|grup|pe** die; **blu|tig; blut|jung; Blut|kon|ser|ve** die; **Blut|kör|per|chen** das; **Blut|kreis|lauf** der; **blut|leer; Blutplas|ma** das, die Blutplasmen; **Blutplätt|chen** das; **Blut|pro|be** die; **Blut|rache** die; **blut|rüns|tig; Blut|spen|der** der; **Blut|spen|de|rin** die; **bluts|ver|wandt; Blut|trans|fu|si|on** die; **Blu|tung** die

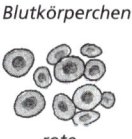

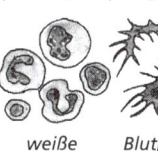

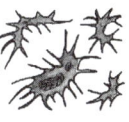

Blutkörperchen

rote   weiße   Blutplättchen

Blü|te die; **Blü|ten|ho|nig** der; **blü|tenweiß**

Bö(e) die, die Böen: kurzer, heftiger Windstoß; **bö|ig**

Boa die *lat.*, die Boas: 1. ungiftige Riesenschlange 2. Schal aus Straußenfedern

Boat|peop|le / Boat-Peop|le [bōtpīpl] die *engl.*: mit seeuntüchtigen Booten fliehende Menschen, z. B. aus Vietnam

Bob der, des/die Bobs: steuerbarer Sportschlitten

Bock der, des Bock(e)s, die Böcke: 1. männliches Tier; eigensinnig wie ein Bock, *ugs.* null Bock (keine Lust) haben 2. Turngerät 3. Kutschersitz 4. Bockbier; **bo|cken; bo|ckig** widerspenstig

Bo|den der, die Böden: er verlor an Boden (an Macht und Einfluss); **bo|den|los** ein bodenloser (unergründlich tiefer) Abgrund, so ein bodenloser (unglaublicher) Leichtsinn; **Bo|den|schät|ze** die; **Bo|den|tur|nen** das

Bo|dy der *engl.*; **Bo|dy|buil|der** [bodibilder] der *engl.*; **Bo|dy|buil|de|rin** die;

Bo|dy|buil|ding das; **Bo|dy|check** [boditschek] der engl.: hartes Rempeln eines gegnerischen Spielers, z. B. beim Eishockey; **Bo|dy|guard** [bodigard] der engl.: Leibwächter

Bo|fist / Bo|vist der, die Bofiste / Boviste: kugel- oder flaschenförmiger Pilz

Bo|gen der, die Bogen / Bögen: ein Bogen Papier, mit Pfeil und Bogen, einen Bogen um etwas machen (umgehen)

Bo|he|me die franz.: ungezwungenes Künstlerleben, das Künstlermilieu

Boh|le die: starkes Brett

Böh|men; Böh|mer|wald der; **böh|misch** böhmische Knödel

Boh|ne die

boh|nern du bohnerst den Boden

boh|ren nach Öl bohren, sein bohrender (duchdringender) Blick; **Boh|rer** der; **Bohr|in|sel** die; **Bohr|ma|schi|ne** die; **Boh|rung** die

Boi|ler der engl., die Boiler: Heißwasserbereiter

Bo|je die: schwimmendes Seezeichen

Bo|le|ro der: 1. spanischer Tanz im Dreivierteltakt mit Kastagnettenbegleitung 2. besticktes, knappes Jäckchen der spanischen Nationaltracht und der Toreros

Bo|li|vi|a|ner der; **Bo|li|vi|a|ne|rin** die, die Bolivianerinnen; **bo|li|vi|a|nisch; Bo|li|vi|en; bo|li|visch**

Böll Heinrich ▶ S. 73

Böl|ler der: Signalgeschütz

Boll|werk das: Befestigung

Bol|zen der: Verbindungsstift; **bol|zen** ugs. planlos spielen, raufen; es wurde mehr gebolzt als Fußball gespielt; **Bolzplatz** der

bom|bar|die|ren er bombardierte (überschüttete) ihn mit Fragen; **Bom|be** die; **Bom|ben|at|ten|tat** das; **Bom|ben|er|folg** der: sehr großer Erfolg; **Bom|ben|geschäft** das; **Bom|ben|rol|le** die

bom|bas|tisch engl.: übertrieben, mit viel Aufwand, pompös

Bon [bõ] der franz., des/die Bons: Kassenbeleg, Gutschein

Bon|bon [bõbõ] der/das franz., des/die Bonbons

Bo|ni|tät die lat.: 1. der gute Ruf einer Firma oder Person, was die Zahlungsfähigkeit betrifft 2. Wert eines Bodens

Bo|nus der lat., des Bonusses, die Bonusse oder Boni: 1. Rabatt, Gutschrift 2. Punktvorteil im Sport 3. Verbesserung von Zeugnisnoten; Ggs. Malus

Bon|ze der franz.: 1. buddhistischer Priester oder Mönch 2. ugs. für überheblicher Parteifunktionär

Boo|gie-Woo|gie [bugie-wugie] der engl.: 1. Klavierstil des Blues 2. Tanz

Book|let [buklit] das engl.: kleines Beiheft, z. B. zu einer CD

Boom [bum] der engl.: (oft plötzlicher) wirtschaftlicher Aufschwung; **boo|men** der Automarkt boomt derzeit

Boot das, des Boot(e)s; **Boots|mann** der, die Bootsleute

Bor das: chemisches Element, ein Nichtmetall; Zeichen B

Borchert Wolfgang ▶ S. 74

Bord das, des Bord(e)s, die Borde: 1. kleines Wandregal 2. oberster Schiffsrand; von Bord (vom Schiff) gehen; **Bord|stein** der: steinerne Einfassung des Bürgersteigs

Bör|de die: fruchtbare Niederung in der Norddeutschen Tiefebene, z. B. Magdeburger Börde

Bor|dell das niederl., die Bordelle: Haus, in dem Prostituierte ihrem Gewerbe nachgehen

Bor|dü|re die franz.: Einfassung, Besatz aus Stoff

bor|gen ausleihen, verleihen

Bor|ke die: Baumrinde; **bor|kig** rau

bor|niert er hatte bornierte (engstirnige) Ansichten; **Bor|niert|heit** die: Unbelehrbarkeit

Bor|retsch der, des Borretsch(e)s: Gewürzpflanze mit blauer Blüte

Bör|se die 1. Handelsort für Wertpapiere 2. Geldbeutel 3. Entgelt für den Wettkampf eines Berufsboxers; **Bör|sen|ge|setz** das; Abk. BörsG; **Bör|sen|krach** der: drastischer Kursrückgang an einem Tag bei fast allen Aktien; **Bör|sen|kurs** der; **Bör|sen|mak|ler** der; **Bör|sen|mak|le|rin** die

Bors|te die: steifes, kurzes Haar; **borstig**

Heinrich Böll

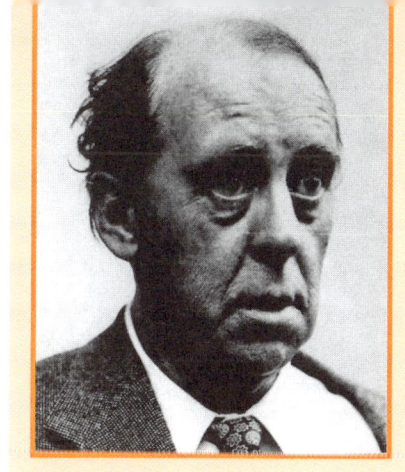

Heinrich Böll

geb. am 21. 12. 1917 in Köln
gest. am 16. 7. 1985 in Kreuzau bei Düren

Wanderer, kommst du nach Spa… (Erzählungen, 1950)
Wo warst du, Adam? (Roman, 1951)
Das Brot der frühen Jahre (Erzählung, 1955)
Dr. Murkes gesammeltes Schweigen (Satire, 1958)
Ansichten eines Clowns (Roman, 1963)
Die verlorene Ehre der Katharina Blum (Erzählung, 1974)

Heinrich Böll ist einer der bekanntesten deutschen Autoren der Nachkriegszeit. Seine Werke wurden in viele Sprachen übersetzt. Von 1971–1974 war er Präsident des internationalen Schriftstellerverbands, 1972 erhielt er den Nobelpreis für Literatur.

In seiner Kindheit erlebte Böll den ganzen Jammer der Jahre nach dem Ersten Weltkrieg: Geldentwertung, Arbeitslosigkeit, Hunger. Im Dritten Reich machte er sein Abitur. Kurz darauf wurde er eingezogen und musste als Soldat den Zweiten Weltkrieg bis zum bitteren Ende durchstehen. Aus der Gefangenschaft kehrte er schließlich heim in das zerbombte Köln. Dort fing er an zu schreiben – in einer neuen, ungewohnten Art, so, wie die Leute dachten und redeten, die den Krieg überlebt, aber die Hoffnung auf eine bessere Zukunft verloren hatten. Seine Helden sind die kleinen Leute. Schonungslos ging Böll mit jenen um, die nur daran dachten, wieder zu Macht und Reichtum zu kommen, die trotz Naziherrschaft und Bombenkrieg nichts dazugelernt hatten.

Als 1950 sein Kurzgeschichtenband *Wanderer, kommst du nach Spa…* herauskam, horchte alles auf; seitdem ist Böll auch in den Schulen der wohl meistgelesene moderne deutsche Schriftsteller. Fast jedes Jahr erschienen nun Erzählungen, Romane, Hörspiele, Aufsätze, Briefe, Besprechungen. Und stets nahm der Dichter Stellung zu aktuellen Problemen. Er protestierte gegen die Nachrüstung und Kernkraftwerke. Wegen seiner scharfen Kritik an Missständen im öffentlichen Leben machte er sich viele Feinde. Man beschuldigte ihn, dass er die Dinge böswillig verzerre – Vorwürfe, die Böll verbitterten. 1978 schrieb er in *Mein Lesebuch:* „Wie ist Vertrauen, Güte, Geborgenheit möglich in einer Welt der verwalteten Unmenschlichkeit?"

Vor aller Welt trat Böll für die Einhaltung der Menschenrechte ein. Seine russischen Freunde, die Schriftsteller Solschenizyn und Kopelew, durften nicht zuletzt aufgrund der Appelle Heinrich Bölls aus der damaligen UdSSR ausreisen.

Wolfgang Borchert

Wolfgang Borchert

geb. am 20. 5. 1921 in Hamburg
gest. am 20. 11. 1947 in Basel

An diesem Dienstag
  (Erzählung, 1947)
Die Hundeblume
  (Erzählung, 1947)
Draußen vor der Tür
  (Hörspiel/Drama, 1947)

Wolfgang Borchert war gerade achtzehn Jahre alt, als der Zweite Weltkrieg ausbrach; mit zwanzig wurde er an die Ostfront eingezogen. Weil er offen über den Unsinn des Krieges nach Hause geschrieben hatte, wurde er noch im selben Jahr zum Tode verurteilt. Nach sechs Wochen qualvollen Wartens „begnadigte" man ihn: Er sollte sich wieder an der russischen Front bewähren. Sein angegriffener Gesundheitszustand rettete ihn nur vor dem schnelleren Tod. Er wurde an die „Heimatfront" entlassen, dort aber erneut wegen „Wehrkraftzersetzung" eingesperrt. Die Luftangriffe auf Berlin überlebte er in der Gefängniszelle.

Als 1945 der Krieg zu Ende war, begann Borchert im Wettlauf mit der Zeit zu schreiben. Neben einigen Gedichten erschienen vor allem Kurzgeschichten und ein Theaterstück. Seine Texte sind Aufschrei und Anklage. Seine Figuren sind von Hunger und Krieg gezeichnet, ja zerstört. In scheinbar belanglosen Alltagssituationen werden die ungeheuren Spannungen und Konflikte dieser Menschen sichtbar gemacht.

Starke Wirkung hat bis heute sein Stück *Draußen vor der Tür,* das wichtigste Drama der so genannten Trümmerliteratur. Es ist die Geschichte des Unteroffiziers Beckmann, der aus russischer Kriegsgefangenschaft heimkehrt und seine Frau bei einem anderen Mann findet. Von den Menschen verraten und verstoßen, ohne Hoffnung auf den „lieben Gott" muss er allein weitermachen. Das Stück wurde zuerst als Hörspiel gesendet und löste große Erschütterung aus. Tausende konnten sich in der Gestalt des Helden Beckmann wiederfinden.

Borchert war mit einem Schlag berühmt, aber der Todkranke erlebte die Uraufführung nicht mehr. Einen Tag vorher, am 20. November 1947, genau sechsundzwanzigeinhalb Jahre alt, starb er in einem Baseler Sanatorium, in das man ihn viel zu spät gebracht hatte. *Draußen vor der Tür* wurde zu einem der meistgespielten Stücke der Nachkriegszeit.

Bor|te die: Einrahmung, Stoffverzierung

Bö|schung die: Abhang

bös / bö|se; bös|ar|tig; Bös|ar|tig|keit die; **Bö|se** das; **Bö|se|wicht** der; **bos|haft** am boshaftesten; **Bos|heit** die; **bös|wil|lig; Bös|wil|lig|keit** die

Bos|ni|ak der, die Bosniaken; **Bos|ni|en-Her|ze|go|wi|na; Bos|ni|er** der/die; **Bos|ni|e|rin** die; **bos|nisch-her|ze|go|wi|nisch**

Boss der engl., des Bosses, die Bosse: Chef, Anführer

Bo|ta|nik die griech.: Pflanzenkunde; **Bo|ta|ni|ker** der; **Bo|ta|ni|ke|rin** die; **bo|ta|nisch** ein Besuch im botanischen Garten

Bo|te der, des/die Boten; **Bot|schaft** die: 1. Nachricht 2. diplomatische Vertretung 3. die Frohe Botschaft (das Evangelium); **Bot|schaf|ter** der: diplomatischer Vertreter; **Bot|schaf|te|rin** die

Bot|tich der: großes Gefäß aus Holz

Bouil|lon [buljõ] die franz., die Bouillons: Fleischbrühe

Bou|le|vard [bulewar] der franz.: breite Prachtstraße; **Bou|le|vard|pres|se** die: Zeitungen, die vorwiegend über Skandale und Gesellschaftsklatsch berichten

Bou|quet das → **Bu|kett**

bour|geois [burschoa] franz.: zur Bourgeoisie gehörend, (spieß)bürgerlich; **Bour|geois** der: wohlhabender Bürger, Spießbürger (abw.); **Bour|geoi|sie** [burschoasi] die: wohlhabendes Bürgertum, herrschende Klasse

Bou|tique / Bu|ti|ke [butik] die franz., die Boutiquen: kleiner Modeladen

Bo|vist der → **Bo|fist**

Bow|le [bole] die engl., die: Getränk aus Wein und Früchten

Bow|ling [boling] das engl.: amerikanische Form des Kegelns mit zehn Kegeln; **Bow|ling|bahn** die

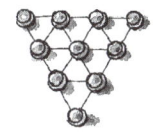

Box die engl., die Boxen: Holzkasten, Einstellraum; die Pferde wurden wieder in die Boxen gebracht; **Bo|xen|stopp** der

bo|xen; Bo|xer der: 1. Faustkämpfer 2. Hunderasse

Boy|group [beugrup] die engl.: Popgruppe aus jungen Männern, meist mit tanzbetonter Bühnenshow

Boy|kott [beukot] der engl., des Boykotts, die Boykotte / Boykotts: Ächtung, Verweigerung; wirtschaftlicher Boykott; **boy|kot|tie|ren**

brab|beln das Baby brabbelte vor sich hin (ugs. redete undeutlich)

brach unbebaut, unbestellt; **Brach|land** das

bra|chi|al lat.: 1. zum Oberarm gehörend 2. roh, handgreiflich; sie gingen mit brachialer Gewalt vor

Brach|se die / **Brach|sen** der: hochrückiger Karpfenfisch

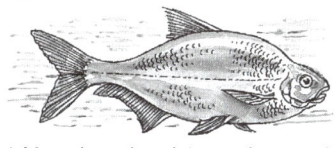

bra|ckig schwach salzig und ungenießbar; **Brack|was|ser** das: Mischung aus Salz- und Süßwasser in Flussmündungen

Braille|schrift die → **Blindenschrift**

Brain|stor|ming [bräjnstorming] das engl.: Verfahren, durch Sammeln spontaner Einfälle, z.B. im Gespräch der Mitarbeiter, die Lösung für ein Problem zu finden

Bran|che [bräsche] die franz., die Branchen: Wirtschafts- oder Geschäftszweig

Brand der, des Brand(e)s, die Brände; **brand|ak|tu|ell**

Bran|dung die: sich an der Küste brechende Wellen

bra|ten du brätst, er briet, gebraten, er briete; **Bra|ten** der: den Braten riechen (etwas Schlimmes ahnen)

Brat|sche die ital.: Streichinstrument, größere Violine

Brauch der, des Brauch(e)s, die Bräuche; **brauch|bar; Brauch|bar|keit** die; **brau|chen; Brauch|tum** das

Braue die: er zog die Brauen hoch

brauen

brau|en; **Brau|e|rei** die
braun; **Bräu|ne** die; **bräun|lich**
Brau|se die: 1. Dusche 2. sprudelnde Limonade; **brau|sen** sie brauste sich nach dem Baden ab; er brauste (fuhr schnell) davon
Braut die, die Bräute; **Bräu|ti|gam** der, die Bräutigame
brav *franz.*: ein braves Kind, das Kleid ist zu brav (hausbacken)
bra|vo *ital.*: gut!, schön!; **Bra|vour|stück** das: 1. schwieriges Kunststück 2. Glanzleistung
bre|chen du brichst, er brach, gebrochen, er bräche, brich!: Brot brechen, sie hat ihr Wort gebrochen, er musste Galle brechen (spucken); **Bre|cher** der: hohe Sturzwelle; **Bre|chung** die: *physik.* Richtungsänderung einer Welle, z.B. Brechung des Lichts

Brecht Bertolt ▶ S. 77

Brei der, des Brei(e)s, die Breie: **brei|ig** wie Brei, zähflüssig
breit ein breiter Weg, so breit wie lang, die breite Masse (die meisten); **breit|bei|nig**; **Brei|te** die: in die Breite gehen (dick werden); **breit|spu|rig**; **breit|tre|ten** (→ treten): ein Thema breittreten (sehr ausgiebig erörtern)
Brem|se die: 1. Vorrichtung zum Verlangsamen 2. Stechfliege; **brem|sen**; **Brems|spur** die

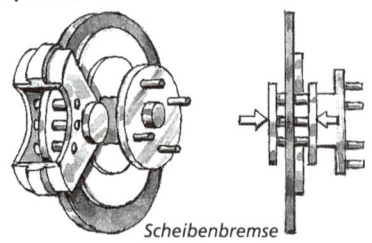

Scheibenbremse

brenn|bar; **bren|nen** du brennst, er brannte, gebrannt, er brennte: eine brennende Zigarette, gebrannte Mandeln, meine Füße brennen, brennende Neugier, er brennt auf Rache, eine gebrannte (kopierte) CD; **Bren|ne|rei** die: Betrieb zur Erzeugung von Schnaps; **Brenn|nes|sel** die; **Brenn|punkt** der: der Brennpunkt einer Linse; sie stand im Brennpunkt (Mittelpunkt) des Interesses; **Brenn|wei|te** die: Brennweite der Linse; **brenz|lig** hier riecht es brenzlig (nach Feuer), eine brenzlige (gefährliche) Sache
Bre|sche die: herausgeschossene Maueröffnung bei einer Belagerung; er sprang für sie in die Bresche (ersetzte sie)
Brett das, des Brett(e)s: das schwarze / Schwarze Brett (Anschlagtafel), Bretter, die die Welt bedeuten (Bühne / Theater)
Bre|vier das *lat.*, die Breviere: 1. katholisches Gebetbuch 2. praktischer, kurzer Leitfaden
Bridge [britsch] das *engl.*: Kartenspiel für vier Spieler; **Bridge|par|tie** die
Brief der, des Brief(e)s: jemandem Brief und Siegel geben (etwas garantieren); **Brief|kurs** der: Kurs, zu dem Banken Devisen (Sorten) verkaufen; **brief|lich**; **Brief|wech|sel** der
Bries das: innere Brustdrüse (Thymus) bei jungen Schlachttieren, bes. beim Kalb
Bri|ga|de die *franz.*: 1. größere Truppenabteilung 2. alle in einem Restaurant beschäftigten Köche und Küchengehilfen (Küchenbrigade)
Bri|kett das *franz.*, die Briketts: gepresste Kohle
bril|lant [briljant] *franz.*, am brillantesten: sehr gut, glänzend; **Bril|lant** der: geschliffener Diamant; **Bril|lanz** die: hohe Qualität, meisterliche Technik; **bril|lie|ren** glänzen
Bril|le die; **Bril|len|etui** [-ätwi] das, des/die Brillenetuis: kleiner Behälter für eine Brille; **Bril|len|schlan|ge** die: 1. tropische Giftschlange mit brillenartiger Zeichnung 2. *ugs. für* Brillenträger(in)
brin|gen du bringst, er brachte, gebracht, er brächte: das Essen bringen, etwas in Umlauf bringen (veröffentlichen)
bri|sant *franz.*: hochbrisanter Sprengstoff, ein brisantes (diskussionsreiches) Thema ; **Bri|sanz** die
Bri|se die: ziemlich kräftiger Wind; es wehte eine streife Brise
Bri|te der, die Briten; **Bri|tin** die, die Britinnen; **bri|tisch**
brö|cke|lig / **bröck|lig**; **brö|ckeln** die Mauer bröckelt; **Bro|cken** der

Bertolt Brecht

geb. am 10. 2. 1898 in Augsburg
gest. am 14. 8. 1956 in Berlin (Ost)

*Mutter Courage und ihre Kinder
(Drama, 1941)
Der gute Mensch von Sezuan
(Drama, 1942)
Leben des Galilei (Drama, 1943)
Der kaukasische Kreidekreis
(Drama, 1949)
Buckower Elegien (Gedichte, 1953)
Geschichten vom Herrn Keuner
(Erzählungen, 1958)*

„Ich bin aufgewachsen als Sohn wohlhabender Leute", schreibt Bertolt Brecht in einem Gedicht. Sein Vater war leitender Angestellter in Augsburg, wo Brecht das Realgymnasium besuchte. Doch schon früh begann sich der Heranwachsende dem Einfluss des bürgerlichen Elternhauses und der Schule zu entziehen. „Es gelang mir nicht, meine Lehrer wesentlich zu fördern", erinnert er sich später spöttisch – und einmal wäre er beinahe von der Schule geflogen, weil er sich im Kriegsjahr 1915 scharf gegen die allgemeine Kriegsbegeisterung ausgesprochen hatte.

Nach dem Abitur studierte Brecht Medizin in München, arbeitete aber schon bald für das Theater. Damals entstand sein erstes Bühnenstück *Baal*, ein wilder Protest gegen die bürgerliche Welt seiner Jugend. Berühmt wurde er mit dem Stück *Trommeln in der Nacht*, für das er 1922 den Kleist-Literaturpreis erhielt. 1924 ging er nach Berlin, wo er als Autor und Dramaturg eine große Zeit des deutschen Theaters mit prägte. Zu den großen Erfolgen der Berliner Zeit gehörte die *Dreigroschenoper*, deren freche Songs weithin bekannt wurden. Daneben schrieb Brecht Balladen, Moritaten und lyrische Gedichte. Seit seiner Berliner Zeit bekannte sich Brecht zum Kommunismus und bekämpfte den Faschismus scharf. Deshalb floh er nach Hitlers Machtübernahme 1933 aus Deutschland und suchte, „öfter als die Schuhe die Länder wechselnd", eine sichere Bleibe. Er fand sie erst 1941 in den USA.

In den Jahren des Exils entstanden seine bedeutendsten Bühnenstücke, mit denen er zum bewunderten Klassiker des modernen Theaters wurde, wie *Mutter Courage und ihre Kinder*, *Der gute Mensch von Sezuan* oder *Leben des Galilei*. 1948 kehrte Brecht nach Deutschland zurück und ließ sich in der DDR nieder, wo man ihm alle Möglichkeiten einräumte, seine Theaterarbeit fortzusetzen und seine Ideen zu verwirklichen. Er begründete dort das weltberühmte „Berliner Ensemble", mit dem er seine Stücke inszenierte.

bro|deln aufwallen, dampfen; brodelnde Lava

Bro|kat der *ital.*: schwerer Seidenstoff mit eingewebten Goldfäden; **bro|ka|ten** eine brokatene Weste

Brok|ko|li der *ital.*: blumenkohlähnlicher Gemüsekohl mit grünen Blüten

Brom das *griech.*: chemisches Element, eine dunkelrote Flüssigkeit; *Zeichen* Br; **brom|hal|tig**

Brom|bee|re die: zu den Rosengewächsen zählende, stachelige Rank(en)pflanze mit essbaren Beeren

bron|chi|al zu den Bronchien gehörend, sie betreffend; **Bron|chie** die, die Bronchien: Hauptast der Luftröhre; **Bron|chi|tis** die: Entzündung der Bronchien

Bron|to|sau|rus der *griech.*, die Brontosaurier: ausgestorbene Riesenechse

Bron|ze [brõße] die: goldfarbene Kupfer-Zinn-Legierung, entsprechende Farbe, Kunstgegenstand aus Bronze; **bron|ze|far|ben; bron|ze|far|big**

Bro|sa|me die, die Brosamen: Brotkrümel

Bro|sche die: Ansteckschmuck

Brot das, des Brot(e)s; **Bröt|chen** das; **Bröt|chen|ge|ber** der: Arbeitgeber

Brow|ser [brauser] der *engl.*: spezielle Software, die Internetdaten auf dem Bildschirm darstellt

Bruch der, des Bruch(e)s, die Brüche; **Bruch|bu|de** die: *ugs.* baufälliges Haus oder Wohnung in schlechtem Zustand; **bruch|fest; brü|chig; Bruch|lan|dung** die; **Bruch|rech|nung** die

Brü|cke die: 1. Bauwerk 2. Kommandozentrale auf Schiffen 3. Zahnersatz 4. Turnübung 5. kleiner Teppich

Bru|der der, die Brüder; **brü|der|lich; Brü|der|schaft** die: wir schließen Brüderschaft (Duzfreundschaft)

Brü|he die; **brü|hen; brüh|warm**

brül|len gut gebrüllt, Löwe! *(William Shakespeare)*

brum|men; Brum|mer der: *ugs.* großes Insekt; **brum|mig** schlecht gelaunt

Brunch [bransch] der *engl.*: reichhaltiges, ausgedehntes Frühstück, das ein Mittagessen ersetzen soll; **brun|chen** [branschn]

brü|nett braunhaarig; **Brü|net|te** die: Frau mit braunem Haar

Brunft die → Brunst

Brun|nen der, die Brunnen; **Brun|nen|kres|se** die: Salat- und Heilpflanze; **Brun|nen|ver|gif|ter** der: *ugs.* für Person, die Gerüchte und Verleumdungen verbreitet

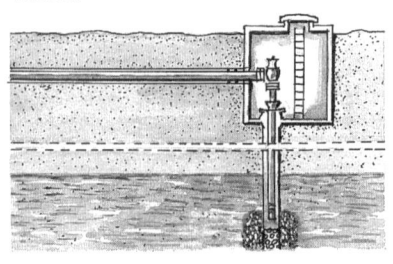

Brunst die (*auch* Brunft): Paarungszeit vieler Säugetiere; **bruns|ten; brüns|tig; Brunst|zeit** die

brüsk barsch, unhöflich; sie wandte sich brüsk ab; **brüs|kie|ren** unhöflich behandeln; **Brüs|kie|rung** die

Brust die, die Brüste: sich an die Brust schlagen (reumütig sein); **Brust|bild** das; **Brust|korb** der; **brüs|ten** sich: prahlen, aufschneiden; **Brust|schwim|men** das; **Brust|ton** der: er sagte das im Brustton der Überzeugung (war davon fest überzeugt); **Brüs|tung** die: Geländer

Brut die, die Bruten: ausgeschlüpfte Jungtiere; **brü|ten** ein brütend heißer Sommertag, er brütete über seiner Arbeit (*ugs.* plagte sich damit ab); **Brut|hit|ze** die; **Brut|kas|ten** der: Pflegeapparat für zu früh geborene oder kranke Säuglinge

bru|tal *lat.*: gefühllos, roh, gewalttätig; **Bru|ta|li|tät** die

brut|to *ital.*: mit Verpackung, ohne Abzug; *Ggs.* netto

brut|zeln braten

Bu|be der, des/die Buben: 1. Junge 2. Spielkarte; **Bu|ben|streich** der; **Bu|bi|kopf** der: Kurzhaarfrisur, Pflanze

Buch das, des Buch(e)s, die Bücher; **bu|chen** eintragen, anmerken, reservieren, vorbestellen; **Bü|che|rei** die, die Büchereien; **Bü|cher|wurm** der: *ugs.* jemand, der viel liest; **Buch|füh|rung** die; **Buch|hal|tung** die; **Buch|händ|ler** der; **Buch|händ|le|rin** die, die Buchhändlerinnen; **Buch|ma|le|rei** die; **Buch|prü|fer** der; **Bu|chung** die; **Buch|wis|sen** das: nur aus Büchern angelesenes Wissen

Bu|che die: Laubbaum; **Buch|ecker** die: Frucht der Buche; **Buch|fink** der: bunter Singvogel

Büchner Georg ▶ S. 80

Buchs|baum der: immergrüner Zierbaum

Buch|se die, die Buchsen: Hohlzylinder, Steckdose

Büch|se die, die Büchsen: 1. Behälter 2. Gewehr

Buch|sta|be der, des Buchstaben(s); **buch|sta|bie|ren**; **buch|stäb|lich** wörtlich genau

Bucht die; **buch|ten|reich**

Bu|ckel der; **bu|cke|lig / buck|lig**; **bu|ckeln** unterwürfig sein; **bü|cken** sich; **Bück|ling** der: 1. tiefe Verbeugung 2. Räucherhering

bud|deln im Sand buddeln (graben); **Bud|del|schiff** das: Schiff in einer Flasche

Bud|dha der ind.: Begründer einer asiatischen Religion; **Bud|dhis|mus** der: eine der Weltreligionen; **bud|dhis|tisch**

Bu|de die: 1. Hütte aus Brettern, z. B. Imbissbude 2. ugs. Studentenzimmer; jemandem auf die Bude rücken (unangemeldet auftauchen)

Bud|get [büd*sche*] das franz.: 1. Haushaltsplan, Etat; das Budget wurde bewilligt; **bud|ge|tie|ren** [büd*sche*tieren]: Einnahmen und Ausgaben veranschlagen

Bü|fett / Buf|fet [büfe] das franz.: 1. Anrichte, Geschirrschrank 2. Schanktisch 3. festliche Tafel mit kalten Speisen zur Selbstbedienung

Büf|fel der: Wildrind

Bug der, des Bug(e)s, die Buge: Vorderteil des Schiffes, vgl. Abb. S. 383

Bü|gel der; **Bü|gel|brett** das; **bü|gel|frei**; **bü|geln**

bug|sie|ren niederl.: schleppen, wegschleppen; das Schiff wurde in die Hafeneinfahrt bugsiert (geschleppt)

bu|hen der Sänger wurde ausgebuht; **Buh|ru|fe** die

buh|len eifrig um etwas werben; er buhlte um ihre Freundschaft

Buh|ne die: dammartiger Bau aus Pfählen oder Steinen im rechten Winkel zum Ufer, der die Strömung und Wasserablagerungen regulieren soll

Büh|ne die: 1. erhöhte Spielfläche im Theater 2. Plattform 3. Heuboden; das ging gut über die Bühne (lief gut ab); **Büh|nen|stück** das: Schauspiel

Bu|kett / Bou|quet [buke] das franz., des/die Buketts / Bouquets: 1. üppiger Blumenstrauß 2. Duft des Weines; der Wein hatte ein volles Bukett

Bu|let|te die berlin.: Frikadelle, Hackfleischkloß; ran an die Buletten! (ugs. fangt an!)

Bul|ga|ri|en; **Bul|ga|re** der; **Bul|ga|rin** die, die Bulgarinnen; **bul|ga|risch**

Bull|au|ge das: wasserdichtes, rundes Fenster im Schiff

Bull|dog|ge die engl.: gedrungene Hunderasse

Bull|do|zer [buldoser] der engl., die Bulldozer: schweres Raupenfahrzeug

Bul|le der: Stier; **bul|lern** das Feuer im Ofen bullerte gemütlich; **bul|lig**

Bul|le die: mittelalterliche Urkunde mit Siegel, Erlass des Papstes

Bul|le|tin [bültä] das franz., die Bulletins: 1. amtliche Bekanntmachung z. B. der Regierung 2. offizieller Krankenbericht einer hochstehenden Persönlichkeit; ärztliches Bulletin

Bu|me|rang der engl., die Bumerangs / Bumerange: gekrümmtes Wurfholz, das beim Verfehlen des Zieles zum Werfer zurückkehrt, Sportgerät

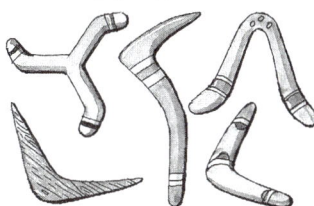

Georg Büchner

Georg Büchner

geb. am 17. 10. 1813 in Goddelau
bei Darmstadt
gest. am 19. 2. 1837 in Zürich

*Der Hessische Landbote
(politische Flugschrift, 1834)
Dantons Tod (Drama, 1835)
Lenz (Erzählung, 1835)
Leonce und Lena (Lustspiel, 1836)
Woyzeck (Drama, 1836)*

„Große Hoffnungen ruhten auf ihm und so reich war er mit Gaben ausgestattet, dass er selbst die kühnsten Erwartungen übertroffen haben würde", schrieb ein Freund über Georg Büchner, der gerade mit erst 23 Jahren in Zürich verstorben war.

Es war eine unruhige Zeit, in der Büchner heranwuchs. Kurz bevor der Sohn eines Arztes 1831 das Gymnasium in Darmstadt verließ, ging eine Welle von Revolutionen über Europa hinweg, die auch Teile Deutschlands erfasste. Als Medizinstudent in Straßburg nahm Büchner diese revolutionären demokratischen Ideen in sich auf. „Ich werde mit Mund und Hand dagegen kämpfen", schrieb er damals und meinte die Unterdrückung und Ausbeutung des Volkes durch deutsche Fürsten. Um sein Studium abzuschließen, ging er 1833 nach Gießen. Dort wurde er mit dem Butzbacher Pfarrer Weidig bekannt, der ihn in seinen revolutionären Kreis aufnahm. Sie waren sich darin einig, dass das Volk aufgeklärt und aufgerüttelt werden müsse. Ihr gemeinsames Werk war die Flugschrift „Der Hessische Landbote", eine wütende Anklage gegen die Zustände in Hessen und ein Aufruf zur Revolution. Die Urheber wurden entdeckt. Büchner konnte sich zunächst nach Darmstadt absetzen.

In Darmstadt schrieb Büchner das Revolutionsdrama *Dantons Tod*. Dann allerdings musste er als politisch Verfolgter ins Ausland flüchten, nach Straßburg, um seiner Verhaftung zu entgehen. In der freiheitlich gesinnten Stadt schuf Büchner das Lustspiel *Leonce und Lena*. Als Wissenschaftler arbeitete er weiter an seinen naturwissenschaftlichen und medizinischen Untersuchungen. Die Aussicht auf eine Professur in Zürich eröffnete sich ihm. In seinem letzten Winter entstand *Woyzeck,* die Tragödie eines hilflosen Soldaten, der zu medizinischen Experimenten missbraucht wird, dem man sein Mädchen wegnimmt und der in völliger Verzweiflung dieses Mädchen, seine Marie, und schließlich auch sich selbst umbringt.

BUND *Abk. für* **B**und für **U**mwelt und **Na**turschutz **D**eutschland
Bund der, des Bund(e)s: 1. Vereinigung (*Pl.* die Bünde): der Bund fürs Leben (die Ehe); *ugs.* zum Bund müssen (Wehrdienst bei der Bundeswehr leisten) 2. etwas Gebundenes (*Pl.* die Bunde): ein Bund Rosen; **Bün|del** das: jeder trägt sein Bündel (hat seine Sorgen); **bündeln; Bun|des|agen|tur für Ar|beit,** *Abk.* BA; **Bun|des|bank** die; **Bun|des|fi|nanzhof** der, *Abk.* BFH; **Bun|des|kanz|ler** der; **Bun|des|kanz|le|rin** die; **Bun|des|kar|tell|amt** das; **Bun|des|land** das, die Bundesländer; **Bun|des|re|pub|lik Deutsch|land** die; *Abk.* BRD; **Bun|des|schatz|brief** der; **Bun|des|ver|band der Deut|schen In|dus|trie,** *Abk.* BDI; **Bünd|nis** das, des Bündnisses, die Bündnisse
Bun|ga|low [bungalo] der *engl.*, die Bungalows: einstöckiges Haus mit flachem Dach
Bun|ker der *engl.*, die Bunker: betonierter Schutzraum, Großbehälter
Bun|sen|bren|ner der: Gasbrenner
bunt das wird mir zu bunt (geht zu weit), eine bunte (vielfältige) Mischung, buntes Treiben in den Straßen; bunt schillernde / buntschillernde Federn; **Bunt|heit** die
Bür|de die: schwere Last
Burg die, die Burgen
Bür|ge der, des/die Bürgen; **bür|gen** haften, einstehen; **Bürg|schaft** die
Bur|gen|land das; **bur|gen|län|disch**
Bür|ger der; **bür|ger|lich; Bür|ger|li|ches Ge|setz|buch** das, *Abk.* BGB; **Bür|ger|schaft** die; **Bür|ger|tum** das; **Bür|gin** die
bur|lesk *ital.*: komisch-derb, possenhaft; **Bur|les|ke** die: 1. Schwank, Posse 2. heiteres Musikstück
Bur|nus der *arab.*, des Burnusses, die Burnusse: weiter Beduinenmantel mit Kapuze
Bü|ro das *franz.*, die Büros: Arbeitszimmer; **Bü|ro|an|ge|stell|te** der/die; **Bü|ro|kra|tie** die: Beamtenapparat; **bü|ro|kra|tisch** pedantisch, verwaltend
Bur|sche der; **bur|schi|kos** betont jungenhaft
Bürs|te die; **bürs|ten**
Bür|zel der: Schwanzwurzel von Vögeln
Bus der, des Busses, die Busse: *Kurzwort für* Autobus; **Bus|fah|rer** der; **Bus|fah|re|rin** die; **Bus|hal|te|stel|le** die
Busch der, des Busch(e)s, die Büsche: da ist etwas im Busch (heimlich in Vorbereitung); **Busch|boh|ne** die; **Bü|schel** das; **bu|schig**
Bu|sen der; **Bu|sen|freund** der: ein enger Freund; **Bu|sen|freun|din** die
Bu|si|ness [bisniß] das *engl.*: Geschäftsleben, Geschäftswelt; sie litt unter dem harten Business
Bus|sard der, des Bussard(e)s, die Bussarde: Greifvogel
Bu|ße die: 1. Sühne, Reue 2. Geldstrafe; **bü|ßen; buß|fer|tig; Buß- und Bet|tag** der: evangelischer Feiertag
Büs|te die *franz.*: 1. Oberkörper 2. Brustbild
Bu|ti|ke / Bou|tique die
But|ler [batler] der *engl.*: Diener in einem vornehmen Haushalt, v. a. in England
Butt der, des Butt(e)s, die Butte: Plattfisch
Büt|te die: Holzwanne; **Büt|ten|pa|pier** das: handgeschöpftes Papier
But|ter die; **But|ter|milch** die; **but|tern; but|ter|weich**
But|zen|schei|be die: kleine (runde) in der Mitte verdickte Glasscheibe mit Bleifassung
b. w. *Abk. für* bitte wenden
By|pass [beipass] der *engl.*, die Bypässe: künstliches Ersatzstück, das durch Einpflanzung ein krankhaft verändertes Blutgefäß v. a. des Herzens ersetzt
bzw. *Abk. für* beziehungsweise

C

C *chem. Zeichen für* Kohlenstoff
Ca *chem. Zeichen für* Kalzium
ca. *Abk. für* cir|ca / **zir|ka**
Ca|brio → **Ka|brio** das
CAD *engl., Abk. für* **c**omputer-**a**ided **d**esign: computerunterstütztes Entwerfen, Konstruieren; **CAD-Pro|gramm** das
Cad|die [kädi] der *engl., des/die* Caddies: 1. Junge, der einem Golfspieler die Tasche mit den Schlägern nachträgt 2. Transportkarre für die Schlägertasche 3. ® Einkaufswagen im Supermarkt
Cad|mi|um → **Kad|mi|um** das
Ca|fé das *franz., des/die* Cafés: Kaffeehaus; **Ca|fe|te|ria** die *amerik./span.*: Café, Imbissstube
Cal|ci|um / **Kal|zi|um** das
Cal|lu|met → **Ka|lu|met** das
Cal|vi|nis|mus → **Kal|vi|nis|mus** der
CAM *engl., Abk. für* **c**omputer-**a**ided **m**anufacturing: computerunterstütztes Herstellen, Fertigen
Cam|cor|der [kamkorder] der *engl.*: Videokamera mit eingebautem Videorekorder
Ca|mem|bert [kamembär] der *franz., die* Camemberts: Weichkäse
Ca|me|ra obs|cu|ra *oder* **ob|scu|ra** die *lat.*: innen dunkler Kasten mit Rückwand, auf der durch ein Loch oder eine Sammellinse ein seitenverkehrtes, auf dem Kopf stehendes Bild erzeugt wird
Camp [kämp] das *engl.*: Feld- oder Gefangenenlager; **cam|pen** [kämpen]: zelten; **Cam|ping** das: das Leben im Zelt oder Wohnwagen
Cam|pag|ne / **Kam|pag|ne** die
Ca|nas|ta das *span.*: Kartenspiel für zwei bis sechs Personen
Can|yon [känjen] / **Ca|ñon** der *span.*: enges, tief eingeschnittenes Tal, Schlucht; der Grand Canyon in Arizona
Cape [käip] das *engl., des/die* Capes: Umhang, oft mit Kapuze
Cap|puc|ci|no [kaputschino] der *ital., des / die* Cappuccinos: Kaffee mit aufgeschäumter Milch
Ca|ra|van der *engl., des/die* Caravans: Wohnwagen, Kombiwagen
Car|bo|nat → **Kar|bo|nat** das
Ca|ri|tas die *lat.*: 1. Mildtätigkeit, Nächstenliebe 2. *Kurzwort für* Deutscher Caritasverband; *aber:* → karitativ
Car|toon [kartun] der/das *engl., die* Cartoons: Witzzeichnung, Karikatur (→ Comic); **Car|too|nist** der, die Cartoonisten; **Car|too|nis|tin** die, die Cartoonistinnen
Cart|ridge [kartritsch] die *engl., die* Cartridges: Speicherplatte für Computerdateien
cash [käsch] *engl.*: Barzahlung, auf die Hand; **cash and car|ry** [käsch änd käri] *engl.*: Betriebsform, bei der der Kunde die Ware selbst auswählt, bar bezahlt und gleich selbst abtransportiert
Ca|shew|nuss [käschunuss] die *engl.*: essbare Frucht eines tropischen Baumes
Cä|si|um / **Zä|si|um** das
cas|ten *engl.*: jemanden für eine Rolle auswählen; **Cas|ting** das
Cas|tor|be|häl|ter der *engl./dt.*: Sicherheitsbehälter für den Transport von radioaktivem Material oder Abfall
CB [ßibi] *engl.*: *Abk. für* **C**itizen **B**and = Wellenbereich für Privatfunker; **CB-Funk** der
CD die *engl., die* CDs: Abk. für **c**ompact **d**isc; **CD-Pla|yer** *oder* **CD-Play|er** der *engl.*: Abspielgerät für CDs; **CD-ROM** die *engl., die* CD-ROM(s): *Abk. für* **c**ompact **d**isc **r**ead-**o**nly **m**emory: metallbeschichtete Kunststoffscheibe, auf der Daten gespeichert werden, die nicht gelöscht oder verändert werden können
Cd *chem. Zeichen für* Kadmium
Cel|list [tschälist] der *ital., des/die* Cellisten; **Cel|lis|tin** die; **Cel|lo** [tschälo] das *ital., des* Cellos, die Cellos / Celli: Streichinstrument; **Cel|lo|spie|ler** der; **Cel|lo|spie|le|rin** die

Cel|lo|phan → **Zel|lo|phan** das
Cel|lu|li|tis → **Zel|lu|li|tis** die
Cel|lu|lo|se → **Zel|lu|lo|se** die
Ce̱l|si|us Einheit der Temperaturmessung, Wärmegrad, *Abk.* °C; **Ce̱l|si|us|ska̱|la** die: Temperaturskala
Cem|ba|lo [tschämbalo] das *ital.*, des Cembalos, die Cembalos/Cembali: Saiteninstrument mit Tasten
Cent [bänt/tsänt] der *engl./amerik.*: *Abk.* c, ct: Untereinheit z. B. von Euro (100 c = 1 €) oder US-Dollar (100 c = 1 $); das kostet 50 Cent
Cen|ter [bänter] das *engl.*: Einkaufszentrum, großes Kaufhaus
Cen|tre|court / Cen|tre-Court *oder* Centre|court [bänterkort] der *engl.*, des/die Centrecourts / Centre-Courts: zentraler Spielplatz einer Großtennisanlage
Ce|vap|ci|ci / Če|vap|či|ći [tschewaptschitschi] die *serbokroat.*: pikante und gegrillte Hackfleischröllchen
Cha|let [schale̱] das *franz.*, des/die Chalets: kleines Landhaus aus Holz
Cha|mä|le|on [kamä̱leon] das *griech.*: kleine Echse, die ihre Farbe verändern kann

Cham|pa̱g|ner [schampanjer] *oder* Champa|gner der *franz.*: Schaumwein
Cham|pi|gnon [schampinjö] *oder* Champi|gnon der *franz.*: Speisepilz
Cham|pi|on [tschämpjen] der *engl.*, des/die Champions: Meister/Meisterin in einer Sportart, Spitzensportler; **Cham|pi|o|nat** das: Meisterschaft
Chan|ce [schäß(e)] die *franz.*, die Chancen: günstige Gelegenheit, Möglichkeit; nütze die gebotene Chance
Chan|son [schäßo̱] das *franz.*: auch textlich anspruchsvolles Lied; **Chan|so|net|te** [schäßōnet] die: Chansonsängerin
Cha|os [ka̱oß] das *griech.*, des Chaos: schlimmer Wirrwarr; **cha|o̱|tisch**
Cha|ra̱k|ter der *griech.*, die Charaktere: Merkmal, Wesensart, Gesinnung; die Unterredung hatte vertraulichen Charakter; **cha|rak|te|ri|sie̱|ren** kennzeichnen; **cha|rak|te|ris|tisch** typisch, bezeichnend

Cha|rak|te|ris|tik die: Es hat die Menschen schon immer gereizt, herauszufinden, was das Einmalige an jedem von uns ist, was seinen Charakter ausmacht. Eine kaum lösbare Aufgabe, genau genommen. Selbst die „klugen" alten Griechen mussten sich da mit einem Trick behelfen: Sie sortierten die Menschen und schufen verschiedene „Typen", z. B. den Geizhals, den Schmeichler usw. Diese grobe Einteilung berücksichtigt aber immer nur ein Merkmal.
Wenn wir einen Menschen charakterisieren sollen, müssen wir uns fragen: Wie können wir sein Wesen erfassen und treffend mit Worten wiedergeben? Wann und woran erkennt man seine Eigenart?
Aus dem Verhalten eines Menschen in verschiedenen Situationen lassen sich am ehesten Schlüsse auf seinen Charakter ziehen, vor allem, wenn der Betreffende sich unbeobachtet fühlt. Wenn wir also solche Beobachtungen sprachlich genau formulieren – und dabei leisten besonders Zeit- und Eigenschaftswörter Hilfen –, dann können wir vielleicht einiges vom Charakter des betrachteten Menschen darstellen.

Char|ge [scharsche] die *franz.*, die Chargen: 1. Rang, Dienstgrad 2. kleine Bühnenrolle; **Char|gen|dar|stel|ler** der
Cha|ris|ma das *griech.*: besondere Ausstrahlungskraft; **cha|ris|ma|tisch**
char|mant / schar|mant *franz.*: liebenswürdig, bezaubernd; **Charme / Scharm** der: Liebenswürdigkeit, Anmut
Char|ta [karta] die *lat.*: Verfassung, Verfassungsurkunde; die UNO-Charta
cha̱r|tern [tschartern]: ein Flugzeug chartern (mieten); **Char|ter|flug|zeug** das
Chas|sis [schaßi̱] das *franz.*, des/die Chassis: Fahrgestell eines Autos
Chauf|feur [schoför] der *franz.*: Fahrer, z. B. Taxichauffeur
Chaus|see [schoße̱] die *franz.*, die Chausseen: Landstraße

che|cken [tscheken] *engl.*: prüfen, kontrollieren; **Check|point** der: Kontrollpunkt an Grenzübergängen
Cheese|bur|ger [tschisbörger] der *engl.*: → Hamburger mit einer Scheibe Käse
Chef [schäf] der *franz.*: Vorgesetzter, Leiter; **Che|fin** die
Che|mie die *arab.*: Lehre von den Grundstoffen und ihren Verbindungen; **Che|mi|ka|lie** die; **Che|mi|ker** der; **che|misch;** chemische Reaktion; **Che|mo|the|ra|pie** die: Behandlung von Krankheiten wie Krebs mit Medikamenten, die den Krankheitserreger hemmen
chic → **schick**
Chi|co|rée / Schi|ko|ree [schikoree] der *franz.*: bleicher Spross der Salatzichorie, wird als Salat oder Gemüse gegessen
Chiff|re oder **Chif|fre** [schifre] die *franz.*, die Chiffren: Ziffer, Kennziffer, Geheimzeichen; **chiff|rie|ren** oder chif|frie|ren: verschlüsseln; eine chiffrierte Nachricht
Chi|le; Chi|le|ne der; **Chi|le|nin** die, die Chileninnen; **chi|le|nisch**
Chi|mä|re / Schi|mä|re die
Chi|na; Chi|ne|se der; **Chi|ne|sin** die, die Chinesinnen; **chi|ne|sisch; Chi|na|kohl** der: als Gemüse oder Salat verwendete Kohlart aus Ostasien
Chin|chil|la [tschintschila] die/das *span.*, die Chinchillas: Nagetier, edler Pelz

Chi|nin das *ital.*: (früher) gegen Fieber und Malaria eingesetzte Arznei, die aus der Chinarinde gewonnen wird
Chip [tschip] der *engl.*, die Chips: 1. Spielmarke 2. in Fett gebackene Kartoffelscheibe 3. Computerbaustein
Chi|rurg oder Chir|urg der *griech.*, des/die Chirurgen: Facharzt für Operationen; **Chi|rur|gie** oder Chir|ur|gie die; **Chi|rur|gin** die; **chi|rur|gisch** oder chir|ur|gisch
Chlor [klor] das *griech.*: gasförmiges Element; *Zeichen* Cl; **chlo|ren** das Wasser im Schwimmbad war stark gechlort; **Chlo|ro|form** das: Betäubungsmittel
Chlo|ro|phyll das *griech.*: Blattgrün
Choke [tschouk] der *engl.*: Kaltstarthilfe
Cho|le|ra [kolera] die *griech.*: Infektionskrankheit des Darmes
Cho|le|ri|ker der *griech.*: jähzorniger, leidenschaftlicher, reizbarer Mensch; **Cho|le|ri|ke|rin** die; **cho|le|risch** ein cholerisches (aufbrausendes) Temperament
Cho|les|te|rin das *griech.*: Kohlenwasserstoffverbindung, die in allen tierischen und pflanzlichen Geweben vorkommt; **Cho|les|te|rin|spie|gel** der
Chor der *griech.*, des Chor(e)s, die Chöre: 1. Gruppe von Sängern 2. erhöhter Teil des Kirchenraums mit Altar; **Cho|ral** der, die Choräle: kirchlicher Wechselgesang
Cho|reo|graf / Cho|reo|graph der *griech.*: künstlerischer Gestalter eines Balletts oder Tanzes; **Cho|reo|gra|fie** die
Chose / Scho|se die *frz. ugs.* Sache
Christ der *griech.*; **Chris|ten|heit** die; **chris|ti|a|ni|sie|ren** zum Christentum bekehren; **Chris|tin** die; **Christ|kind** das; **Chris|tus** der: wörtlich „der Gesalbte", Jesus Christus; nach Christi Geburt, *Abk.* n. Chr.; vor Christus, *Abk.* v. Chr.
Chrom das *griech.*: chemisches Element, Metall; *Zeichen* Cr
Chro|mo|som das *griech.*, des Chromosoms, die Chromosomen: Träger der Erbanlagen im Zellkern
Chro|nik die *griech.*, die Chroniken: Aufzeichnung geschichtlicher Ereignisse in zeitlicher Reihenfolge; **Chro|nist** der: Verfasser einer Chronik; **Chro|nis|tin** die; **Chro|no|lo|gie** die: Zeitrechnung, zeitlicher Ablauf; **chro|no|lo|gisch** zeitlich geordnet
chro|nisch *griech.*: eine chronische (immer wiederkehrende) Erkrankung
Chry|san|the|me oder Chrys|an|the|me die *griech.*, die Chrysanthemen: Herbstblume mit großen Blüten
cir|ca / **zir|ka**
Ci|ty die *engl.*, die Citys: Innenstadt, Geschäftsviertel in Großstädten
Clan / Klan der *engl.*, die Clans: Stammesverband, Familiensippe

Claudius Matthias ▶ S. 85

cle|ver *engl.*: klug, geschickt, gerissen; **Cle|ver|ness** die

Matthias Claudius

Matthias Claudius

geb am 15. 8. 1740 in
   Reinfeld/Holstein
gest. am 21. 1. 1815 in
   Hamburg-Wandsbek

*Der Mond ist aufgegangen
   (Gedicht)
Ein Lied hinterm Ofen zu singen
   (Gedicht)
Der Tod und das Mädchen
   (Gedicht)*

Schon als Kind spielte er vor versammelter Familie den „Prediger" und eigentlich hätte er Pastor werden sollen wie sein Vater. Dieser unterrichtete ihn selbst in Griechisch, Latein, Religion und im Orgelspiel. Nach harter Paukerei in der öffentlichen protestantischen Lateinschule studierte Matthias zusammen mit seinem Bruder Josias in Jena Theologie. Aber das Studium machte ihm keinen Spaß und auch Jura, Philosophie und Geschichte waren ihm zu fade. Stattdessen ließ er sich in einem Kreis von Studenten und Professoren, die einander Gedichte vorlasen, für Literatur begeistern.

Da brachen in Jena die Pocken aus, an denen sein Bruder starb. Claudius kehrte nach Hause zurück. Hier saß er nun ohne Examen herum, dichtete und dachte nicht daran, einen Beruf auszuüben. Schließlich wurde er Sekretär des Grafen Holstein in Kopenhagen, danach Mitarbeiter einer Hamburger Zeitung. Als er im Wirtschaftsteil Gedichte veröffentlichte, setzte man ihn an die Luft. 1770 wurde Claudius Herausgeber des „Wandsbeker Boten", eines Kleinstadtblättchens von vier Seiten, aber davon eine ganze Seite für Literatur! Der „Bote" wurde bald weithin bekannt; berühmte Dichter schrieben darin. Trotzdem ging er 1775 ein – 500 Stammleser waren eben zu wenig. Inzwischen war Claudius verheiratet und musste für eine vielköpfige Familie sorgen. Widerwillig ging er 1776 als Landeskommissar nach Darmstadt, doch bald wurde ihm auch dort wieder gekündigt. Wovon sollte er nun leben? Er brachte seine Beiträge im „Wandsbeker Boten" in Buchform heraus, doch der Erlös war gering.

In dieser Not half ihm sein Landesherr, der dänische König. Claudius erhielt 1785 eine Pension und später einen ruhigen Posten in einer Altonaer Bank, wo er nur ein paar Tage im Jahr anwesend sein musste. Endlich konnte er ohne finanzielle Sorgen als freier Schriftsteller leben. Und er schrieb bis zu seinem Tod vor allem Gedichte, die zu den schönsten zählen, die es in deutscher Sprache gibt.

Clinch

Clinch [klinsch] der *engl.*: Klammergriff beim Boxen, mit jemandem im Clinch liegen (im Streit)

Clip der: 1. *Kurzwort* für Videoclip 2. (*auch* → **Klipp**) Klemme, Ohrclip

Cli|que [klike] die *franz.*, die Cliquen: Freundeskreis, Klüngel; die Clique traf sich am Bahnhof

Clo|chard [kloschar] der *franz.*, des/die Clochards: französische Bezeichnung für einen Obdachlosen

Clou [klu] der *franz.*, des/die Clous: Höhepunkt, Glanzpunkt

Clown [klaun] der *engl.*: Spaßmacher

Club → **Klub** der

Clus|ter [klaster] der, des Clusters, die Cluster *engl.*: Merkmalstraube, Schaubild mit einem Hauptbegriff in der Mitte

c/o *Abk. für* care of *engl.*: zu Händen von; *Abk.* z. Hd. v. / z. Hdn. v.

Coach [koutsch] der *engl.*: Trainer, Betreuer, Sportlehrer; **coa|chen** [koutschen] eine Mannschaft trainieren oder betreuen

Cock|pit das *engl.*: Pilotenkabine

Cock|tail [koktäil] der *engl.*: alkoholisches Mixgetränk

Code → **Kode** der

Co|dex → **Ko|dex** der

Cof|fe|in → **Kof|fe|in** das

Cog|nac *oder* **Co|gnac** der: Warenzeichen für → Kognak

Coif|feur [kwaför] der *franz.*, des Coiffeurs, die Coiffeure: Friseur

Co|i|tus → **Ko|i|tus** der

Col|la|ge [kolasche] die *franz.*, die Collagen: aus Papier oder anderem Material zusammengeklebtes Bild; **col|la|gie|ren** [kolaschieren]

Col|lege [kolidsch] das *engl.*, die Colleges: 1. höhere Schule in Großbritannien 2. Wohngemeinschaft von Lehrern und Schülern innerhalb einer Universität 3. Fachhochschule in den USA; auf ein College gehen

Col|lier → **Kol|lier** das

Come-back / **Come|back** [kambäk] das *engl.*: Wiederauftritt einer bekannten Künstlerin, eines Künstlers, einer Sportlerin oder eines Sportlers nach längerer Pause; ein gelungenes Comeback

Co|mic der *amerik.*, die Comics: Comics sind Bildergeschichten. Wir kennen sie als „strips", d. h. als Streifenserien in Zeitungen und Zeitschriften, aber auch als Bücher und Filme. Es gibt auf der Welt Tausende von Serien in Milliardenauflagen. Man findet künstlerisch beachtenswerte und anspruchsvolle Comics, die mit Preisen ausgezeichnet wurden, aber auch simple, klischeehafte oder solche, die als jugendgefährdend gelten.

Schon vor rund 150 Jahren wurden die ersten Bildergeschichten in der Schweiz und bald danach auch in Deutschland gezeichnet. Jeder von uns kennt beispielsweise „Max und Moritz" oder „Fipps der Affe" von Wilhelm Busch. Solche frühen Bildergeschichten arbeiten zwar nach dem heute noch gültigen Prinzip der Bilderserie, damals aber gehörte zu jedem Bild eine erläuternde Unterschrift wie z. B.: „Alle Hühner waren fort –

‚Spitz!' –, das war ihr erstes Wort." Heute dagegen sprechen die Bilder selbst. Worte, aber auch das Denken der Personen oder Geräusche werden in Sprech- bzw. Denkblasen dargeboten. Der Betrachter soll die Bildersprache lernen, Freude und Staunen, Angst oder Brutalität aus den Gesichtern der handelnden Personen ablesen. Das Geschehen läuft wie in einem Film ab. Man muss nur einmal den Wechsel von „Großaufnahmen" (z. B. Bilder von Gesichtern) und „Szenenaufnahmen" (z. B. Gesamtansichten u. Ä.) bei einem Comic genau verfolgen, um zu erkennen, dass er wie ein Film gestaltet ist.

„Mickymaus", die „Peanuts", „Tim und Struppi" und „Asterix" gehören dabei längst zu den Comic-Klassikern. Es gibt heute kaum einen Bereich, den Comics nicht erfassen. Die Bibel und große Werke der Weltliteratur werden ebenso als Comics angeboten wie geschichtliche und politische Themen oder Zukunftsgeschichten, die Sciencefiction. In ihrer oft stark vereinfachenden Gegenüberstellung von Gut und Böse ersetzen Comics heute die → Märchen und manche Comicfigur wie etwa „Superman" ist nichts anderes als eine moderne Märchengestalt. Gefährlich werden Comics dort, wo mit solchen Figuren Gewalt und Brutalität verherrlicht werden, beispielsweise in einigen Serien der so genannten Horror-Comics.

Com|pu|ter [kompjuter] der *engl.*, des Computers, die Computer: elektronischer Rechner, Maschine zur Datenverarbeitung; **Com|pu|ter|fach|mann** der; **Com|pu|ter|gra|fik** die; **Com|pu|ter|kunst** die; **com|pu|tern** arbeiten mit dem Computer; **Com|pu|ter|spiel** das, die Computerspiele; **Com|pu|ter|to|mo|gra|fie** die: spezielle Röntgenuntersuchung mit Bildschirmdarstellung; *Abk.* CT

Con|fé|rence [köferäß] die *franz.*: unterhaltsame Ansage im Rundfunk, Fernsehen oder auf der Bühne; **Con|fé|ren|cier** der [köferäßje]

Con|tai|ner [kontener] der *engl.*, des Containers, die Container: genormter Großbehälter für den Gütertransport

con|tra → kon|tra

Con|trol|ler *oder* Cont|rol|ler [kontrouler] der *engl.*: Fachmann für Kostenrechnung und -planung in einem Betrieb; **Con|trol|le|rin** die; **Con|trol|ling** *oder* Cont|rol|ling das: Steuerungsfunktion einer Unternehmensführung

cool [kul] *engl.*: er war ein ganz cooler Typ (er ließ sich nicht aus der Fassung bringen, hatte keine Angst), bleib cool!, die Musik ist echt cool (gefällt sehr); **Cool Jazz** der: Jazzstil in den 1950er Jahren

Co|py|right [kopirait] das *engl.*, des Copyrights, die Copyrights: Vervielfältigungsrecht, z. B. für ein Buch; *Zeichen* ©

Cord / Kord der *engl.*, des Cord(e)s: gerippter Baumwollstoff; **Cord|ho|se / Kord|ho|se** die

Corn|flakes [kornfläiks] die *engl.*: knusprige Maisflocken

Couch [kautsch] die *engl.*, die Couches/Couchen: Liege, Sofa

Count-down / Count|down [kauntdaun]

der/das *amerik.*, die Count-downs: Rückwärtszählen bis zum Start, z. B. von Raketen (3-2-1-0); der Count-down läuft (es bleibt nur noch wenig Zeit)

Coup [ku] der *franz.*, des/die Coups: kühn angelegtes Unternehmen; einen Coup landen (etwas erfolgreich ausführen)

Cou|pé / Ku|pee [kupe] das *franz.*: 1. zweitüriger, geschlossener Sportwagen 2. *veraltet für* Zugabteil

Cou|pon → **Ku|pon** der

Cou|ra|ge [kura_sche_] die *franz.*: Mut, Beherztheit, **cou|ra|giert** mutig

Cour|ta|ge [kurta_sche_] **/ Kur|ta|ge** die *franz.*: Maklergebühr bei Börsen- oder Immobiliengeschäften, z. B. bei Vermietung über einen Makler

Cou|sin [kusä] der *franz.*, des/die Cousins: Vetter; **Cou|si|ne / Ku|si|ne** die

Co|ver [kawer] das *engl.*: Titelbild, Schallplattenhülle

Cow|boy [kaubeu] der *amerik.*: berittener Rinderhirt

Crash [kräsch] der *engl.*, des/die Crashs: Autounfall oder -zusammenstoß, Zusammenbruch eines Unternehmens; ein Bankencrash in Asien; **Crash|test** der: Aufpralltest mit Autos

Creme / Krem [kräm] die (*ugs. auch* Krem der) *franz.*: 1. Salbe 2. Süßspeise; **creme-far|ben**; **Creme|schnit|te** die; **cre|mig / kre|mig**

Crew [kru] die *engl.*, die Crews: Mannschaft, Besatzung, Team; eine gute Crew an Bord haben

Cup [kap] der *engl.*: Ehrenpreis, Pokal: sie gewann den Tenniscup

Cur|ling [körling] das *engl.*: schottisches Eisstockspiel

Cur|ry [köri] der/das *engl.*: indische Gewürzmischung, indisches Gericht; **Cur|ry|pul|ver** das; **Cur|ry|wurst** die

Cur|sor [körser] der *engl.*: blinkende Einfügemarke auf dem Bildschirm

cut|ten [katn] **/ cut|tern** *engl.*: schneiden und zusammenkleben, z. B. Tonbandaufnahmen, Filmszenen; **Cut|ter** der: Schnittmeister; **Cut|te|rin** die

CVJM der: *Abk. für* **C**hristlicher **V**erein für **j**unge **M**enschen

Cy|ber|space [ßaiberspäiß] der *engl.*: virtueller Raum

D

d Zeichen für d-Moll; **D** Zeichen für D-Dur
da da und dort, da (weil) er faul ist
da|be|hal|ten (→ halten)
da|bei; da|bei|blei|ben (→ bleiben): ich muss dabeibleiben (nicht aufhören, nicht weggehen), *aber:* ich muss dabei (bei dieser Meinung) bleiben; **da|bei sein** (→ sein); **da|bei|ste|hen** (→ stehen): er musste dabeistehen (anwesend sein), *aber:* er fand keinen Sitzplatz und musste dabei (während des Vortrags) stehen
da|blei|ben (→ bleiben): du solltest dableiben (nicht fortgehen)
Dach das, des Dach(e)s, die Dächer: kein Dach über dem Kopf (keine Unterkunft) haben, etwas unter Dach und Fach (in Sicherheit) bringen; **Dach|first** der; **Dach|ge|schoss** das
Dachs der, des Dachses, die Dachse: große Marderart

Da|ckel der, die Dackel
da|durch
da|für; Da|für|hal|ten das: nach meinem Dafürhalten (nach meiner Ansicht)
da|ge|gen; da|ge|gen|hal|ten (→ halten)
da|heim zu Hause; **da|heim|blei|ben** (→ bleiben)
da|her
da|hin; da|hin sein fünf Tage sind dahin (vorbei, verloren); **da|hin|flie|gen** (→ fliegen); **da|hin|ge|stellt** es bleibt dahingestellt (es ist noch fraglich), *aber:* warum hast du dich dahin (an diesen Platz) gestellt?
da|hin|ten dahinten steht ein Haus; **da|hin|ter; da|hin|ter|kom|men** (→ kommen): sie werden dahinterkommen (es entdecken), *aber:* sie werden gleich dahinter (als Nächste) kommen (→ darauf); **da|hin|ter|ste|cken** wenn ich nur wüsste, wer dahintersteckt
Dah|lie die: im Spätsommer und Herbst blühende Blume mit großen Blüten
da|lie|gen (→ liegen)
da|ma|lig sein damaliger Lehrer; **da|mals**
Da|mast der *ital.*, die Damaste: einfarbiger Seidenstoff mit eingewebtem Muster; **da|mas|ten** aus Damast
Da|me die; **da|men|haft; Da|men|mann|schaft** die; **Da|men|wahl** die: wenn die Damen zum Tanz auffordern
Dam|hirsch der: rotbraune Hirschart mit weißen Flecken
da|mit er spielte damit, damit war klar, dass …
däm|lich einfältig, dumm
Damm der, des Damm(e)s, die Dämme: sie brachten ihn wieder auf den Damm (machten ihn gesund); **däm|men** aufhalten, abhalten; **Däm|mung** die

däm|me|rig / dämm|rig; däm|mern sie dämmerte vor sich hin (war nicht klar bei Bewusstsein); **Däm|me|rung** die
Dä|mon der *lat.*: die Furcht vor Dämonen (bösen Geistern), ihr innerer Dämon (eine unheimliche Macht) trieb sie zu dieser Tat; **dä|mo|nisch**
Dampf der, des Dampf(e)s, die Dämpfe; **damp|fen; dämp|fen** der Fisch wird gedämpft (gegart), einen Anzug dämpfen (aufbügeln), mit gedämpfter (leiser) Stimme sprechen; **Damp|fer** der; **Dämp|fer** der: er bekam einen Dämpfer (wurde zurechtgewiesen)
da|nach er griff danach, danach ging es ihr besser
Dan|dy [dändi] der *engl.*: modisch übertrieben gekleideter Mann, Geck
Dä|ne der, die Dänen; **Dä|ne|mark; Dä|nin** die, die Däninnen; **dä|nisch**
da|ne|ben; da|ne|ben|ge|hen (→ gehen): der Scherz ist danebengegangen (misslungen), *aber:* das Kind wollte daneben (neben der Mutter) gehen

da|nie|der; da|nie|der|lie|gen krank sein, nicht leistungsfähig sein: sie hat tagelang daniedergelegen

dank dank seines Könnens / dank seinem Können; **Dank** der, des Dank(e)s: mein Dank ist dir gewiss, hab Dank!, es kam kein Wort des Dankes; **dank|bar; Dank|bar|keit** die; **dan|ke** danke schön!; **dan|ken; dan|kens|wert; dan|kens|wer|ter|wei|se; Dan|ke|schön** das: ein Blumenstrauß als Dankeschön

dann erst dann, dann ist alles gut

da|ran oder dar|an: etwas daran verdienen; er war nahe daran(,) zu schreien

da|rauf oder dar|auf: ich pfeife darauf, darauf hinweisen; **da|raut|hin** oder darauf|hin: er schrieb daraufhin (aus diesem Grund) einen Brief

> **darauf, darüber, darunter, davor:** Diese Wörter werden normalerweise mit dem folgenden Verb zusammengeschrieben: *Bevor du den Tisch deckst, kannst du eine Tischdecke darüberlegen und dann zwei Kerzen daraufstellen. Und bitte die Stühle ordentlich davorstellen.* Die Unterstreichung zeigt, dass es auch jeweils nur eine Betonung gibt. Bei zwei Betonungen wird getrennt geschrieben: *Vor dem Tischdecken bitte noch darunter saugen.*
> Auch wenn man zwischen *darunter, darüber* usw. und das folgende Verb noch etwas einschieben könnte, wird getrennt geschrieben: *Vor dem Tischdecken bitte noch darunter (und auch noch rundherum) saugen.*
> Das Gleiche gilt für *dahinter, darum, draus, hinter, hinterdrein, nebenher, vornüber.*

da|raus oder dar|aus: was lernst du daraus?, sie machte daraus ein Kleid

dar|ben die Bevölkerung darbte (litt Not)

dar|bie|ten (→ bieten)

dar|brin|gen (→ bringen): sie brachten ihm ein Ständchen dar

da|rein oder dar|ein; **da|rein|re|den** oder dar|ein|re|den: du hast ihr nicht dareinzureden (darfst dich nicht einmischen)

da|rin oder dar|in; **da|rin|nen** oder dar|innen

dar|le|gen die Gründe darlegen

Dar|le|hen das: ein Darlehen aufnehmen (Geld leihen); **Dar|le|hens|an|trag** der

Darm der, des Darm(e)s, die Därme

dar|stel|len; Dar|stel|ler der; **Dar|stel|le|rin** die; **dar|stel|le|risch; Dar|stel|lung** die; **Dar|stel|lungs|mög|lich|keit** die

da|rü|ber oder dar|über: ich bin darüber hinaus (habe es verwunden, mich damit abgefunden); **da|rü|ber|ste|hen** oder dar|über|ste|hen (→ stehen): sich nicht damit abgeben, überlegen sein, *aber:* darüber (über den Tellern) stehen die Gläser (→ darauf)

da|rum oder dar|um: sie bemüht sich darum, er wird nicht darum herumkommen, den Vertrag zu unterschreiben (er kann es nicht verweigern), darum ist es mir nicht zu tun (darauf kommt es mir nicht an) (→ darauf)

da|run|ter oder dar|un|ter: es steht darunter, sie litt sehr darunter; **da|run|ter|fal|len** oder dar|un|ter|fal|len (→ fallen): die neue Bestimmung zeigt, dass er darunterfällt (zu der Gruppe, zu den Betroffenen zählt) (→ darauf)

> **das** und **dass:** Während *das* ein Artikel oder ein Pronomen ist *(das Bild, das du gemalt hast   )*, ist *dass* eine Konjunktion: *Ich hoffe, dass du kommst*. Für *das* kann man *dieses* oder *welches* einsetzen, für die Konjunktion aber nicht.

da sein (→ sein): wann kannst du da sein?, es muss noch Holz da sein (vorhanden ein), es muss da (an diesem Ort) sein; **Da|sein** das: ein trauriges Dasein

da|sit|zen (→ sitzen)

das|je|ni|ge

> **dasselbe, derselbe, dieselbe** werden immer zusammengeschrieben: *das ist dasselbe T-Shirt, dieselbe Mathelehrerin;* zusammengeschrieben werden auch die gebeugten Formen: *wir wohnen in demselben Haus, ich habe mir dreimal denselben Film angesehen.*

das|sel|be „Wenn zwei dasselbe tun, so ist's doch nicht dasselbe" *(nach Terenz)*

da|ste|hen (→ stehen): sie meinen, dass die Fabrik gut dasteht (sich in einer guten wirtschaftlichen Lage befindet), *aber:* da (hier) stehen die Stühle

Da|ten die: Informationen, Jahreszahlen der Geschichte, Angaben zur Person, technische Daten (Messdaten); **Da|tenbank** die: Zentralspeicher für große Datenmengen; **Da|ten|fern|über|tra|gung** die; **Da|ten|schutz** der; **Da|ten|schutzge|setz** das; **Da|ten|ver|ar|bei|tung** die: Auswertung von Daten, vor allem mit Hilfe des Computers

da|tie|ren mit einem Datum versehen; **Da|tie|rung** die

Da|tiv der *lat.*, die Dative ▶ Kasus

Da|tiv|ob|jekt das ▶ Objekt

Dat|tel die, die Datteln: süße Frucht der Dattelpalme

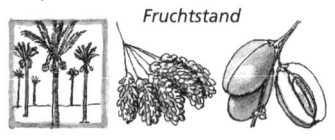

Fruchtstand

Da|tum das *lat.*, des Datums, die Daten: Zeitangabe, z. B. in Briefen

Dau|er die; **Dau|er|auf|trag** der; **dau|erhaft**; **Dau|er|mag|net** *oder* -ma|gnet der; **dau|ern** das dauert seine Zeit, du dauerst mich (tust mir leid); **dau|ernd**

Dau|men der, die Daumen: etwas über den Daumen peilen (grob schätzen), den Daumen drücken (Glück wünschen); **Däum|ling** der: Märchenfigur

Dau|ne die, die Daunen: flaumige Feder zum Füllen von Decken; **dau|nen|weich**

da|von; **da|von|ei|len**; **da|von|fah|ren** (→ fahren); **da|von|kom|men** einer Gefahr entkommen: wir sind mit dem Schrecken davongekommen, *aber:* der komische Geschmack könnte davon kommen, dass wir Zucker und Salz verwechselt haben (→ kommen); **da|vonlau|fen** (→ laufen)

da|vor ich habe Angst davor, sie kam lange davor (vorher); **da|vor|set|zen** bitte nicht zu nah davorsetzen; **da|vor|stel|len** (→ darauf)

da|zu; **da|zu|ge|hö|ren** zu jemandem oder einer Sache gehören: er würde auch gern dazugehören, *aber:* dazu gehören Mut und Ausdauer; **da|zuge|hö|rig**; **da|zu|ge|sel|len** sich; **da|zuler|nen** er wird gewiss dazulernen (neue Erfahrungen machen); **da|zuset|zen** hast du Lust, dich dazuzusetzen?, *aber*: dazu setzen wir noch Tulpen; **Da|zu|tun** das: es gelang ohne sein Dazutun (ohne seine Unterstützung)

da|zwi|schen; **da|zwi|schen|fah|ren**; **da|zwi|schen|fra|gen**; **da|zwi|schen|re|den**; **da|zwi|schen|tre|ten**

DB *Abk. für* Deutsche Bahn AG

DDR *Abk. für die ehemalige* Deutsche Demokratische Republik

dea|len [dilen] *engl.*: mit Drogen handeln; **Dea|ler** der: Drogenhändler

De|ba|kel das *franz.*: unglücklicher Ausgang, Niederlage, Zusammenbruch; ein Wahldebakel

De|bat|te die *franz.*, die Debatten: Streitgespräch, Parlamentsdebatte; **de|battie|ren**

de|bil *lat.*: leicht schwachsinnig; ein debiler Mann; **De|bi|li|tät** die

De|büt [debü] das *franz.*: erstes öffentliches Auftreten; der junge Sänger gab sein Debüt; **De|bü|tant** der; **De|bü|tantin** die, die Debütantinnen: Mädchen, das auf einem Ball in die Gesellschaft eingeführt wird; **de|bü|tie|ren** er debütierte mit einem Roman

Deck das, die Decks: Stockwerk auf einem Schiff: alle Mann an Deck!

De|cke die: Tischdecke, Zimmerdecke, auch Tierfell; er steckte mit ihm unter einer Decke (machte mit ihm gemeinsame Sache); **De|ckel** der; **de|cken**; **Deck|name** der: falscher, angenommener Name; **De|ckung** die: im Graben Deckung (Schutz) suchen; **de|ckungs|gleich**

de|co|die|ren → **de|ko|die|ren**

de fac|to *lat.*: nach Lage der Dinge, tatsächlich; er übte auch de facto (tatsächlich) die Herrschaft aus

de|fekt *lat.*: die Leitung war defekt (fehlerhaft); **De|fekt** der, des Defekt(e)s, die Defekte: Fehler, Schaden

de|fen|siv *lat.*: abwehrend, verteidigend; **De|fen|si|ve** die: Abwehr, Verteidigung; **De|fen|siv|spie|ler** der

de|fi|nie|ren *lat.*: festlegen, bestimmen; **De|fi|ni|ti|on** die; **de|fi|ni|tiv** endgültig

dekorieren

De|fi|zit das *lat.*, des Defizits, die Defizite: Mangel, Fehlbetrag; der Staatshaushalt hat ein riesiges Defizit

De|fla|ti|on die: 1. Preisverfall 2. Abtragung von lockerem Gestein durch den Wind; *Ggs.* Inflation

def|tig derb, nahrhaft, kräftig

De|gen der *vgl. Abb. S. 340*

De|ge|ne|ra|ti|on die: 1. Verfall von Zellen oder Organen, Rückbildung 2. sozialer Abstieg, Entartung; **de|ge|ne|riert** verkümmert, negativ entwickelt; eine degenerierte Gesellschaft

De|gra|da|ti|on die *lat.*: Herabsetzung, Bestrafung; **de|gra|die|ren** herabstufen, herabwürdigen: der Offizier wurde wegen seines Verhaltens degradiert, sie fühlte sich als Putzfrau degradiert; **De|gra|die|rung** die

dehn|bar; deh|nen; Deh|nung die; **Deh|nungs|fu|ge** die: Lücke auf Brückenstraßen; **Deh|nungs-h** das

Deich der, des Deich(e)s, die Deiche: Damm zum Schutz vor Hochwasser oder Sturmfluten

Deich|sel die, die Deichseln: Stange zum Anspannen von Zugtieren

dein ich bin dein, dein ist mein ganzes Herz; das deine / Deine, die deinen / Deinen (deine Angehörigen); **dei|ner|seits; dei|nes|glei|chen; dei|net|we|gen**

> **dein, dir, dich, du** werden kleingeschrieben; in Briefen ist auch Großschreibung möglich: *Ich muss dir / Dir was erzählen, du / Du wirst es kaum glauben …*

Dé|jà-vu-Er|leb|nis [de*schawü*-…] das *franz.*: Erinnerungstäuschung, der Eindruck, im Augenblick Erlebtes so schon einmal erlebt zu haben

de|ka|dent *franz.*: kulturell im Verfall begriffen, entartet; eine dekadente Gesellschaft; **De|ka|denz** die: kultureller Niedergang

De|kan der *lat.*, die Dekane: 1. geistlicher Würdenträger 2. Vorsteher eines Fachbereichs an der Universität

De|kla|ra|ti|on die *lat.*: 1. öffentliche, feierliche Erklärung 2. Wert- oder Inhaltsangabe, z. B. beim Zoll; **de|kla|rie|ren** Steuern deklarieren

De|kli|na|ti|on die *lat.*, die Deklinationen: Beugung; deklinieren: beugen. Nomen können in die vier Fälle (→ Kasus) und meist auch in den Plural gesetzt werden. Im Deutschen sind die Fälle beim Substantiv fast nur noch am Artikel zu erkennen: „Fußball" z. B. kann Nominativ, Dativ oder Akkusativ sein, nur „(des) Fußballs" ist eindeutig Genitiv (der Fußball = Nominativ; des Fußballs = Genitiv; dem Fußball = Dativ; den Fußball = Akkusativ).
Die Bildung des Plurals ist sehr unterschiedlich: -e mit und ohne Umlaut (Wände, Tage), nur Umlaut (Gärten), nur Änderung des Artikels (das/die Messer), -er mit Umlaut (Männer), -en (Menschen), -nen (Königinnen), -s (bei Fremdwörtern: Autos). Auch unterschiedliche Bildung bei verschiedener Bedeutung kommt vor: Die Bänke haben etwas mit dem Sitzen, die Banken etwas mit dem Geld zu tun. Im Singular heißt beides Bank.
Die Deklination der Adjektive hängt in manchen Fällen davon ab, ob der bestimmte Artikel steht oder nicht: „*der* neugierige Goldfisch" – „*ein* neugieriger Goldfisch".
Ähnlich ist es bei Substantiven, die ursprünglich Adjektive waren: „*Illustrierte* sind manchmal lustig." – „*Die* Illustrierten sind teurer geworden."
Die Pronomina werden meist wie Adjektive dekliniert, nur die Personalpronomina fallen aus der Reihe: Vom Genitiv an werden sie von einem anderen Stamm gebildet:
Nominativ „ich" – Akkusativ „mich", Nominativ „wir" – Akkusativ „uns".

de|kli|nie|ren beugen

de|ko|die|ren / de|co|die|ren: entschlüsseln

De|kol|le|tee / De|kol|le|té [dekolte] das *franz.*: tiefer Ausschnitt an Kleidern

De|kor das/der *franz.*, die Dekors/Dekore: Verzierung, Muster; **De|ko|ra|teur** [dekoratör] der; **De|ko|ra|teu|rin** die; **De|ko|ra|ti|on** die; **de|ko|ra|tiv; de|ko|rie|ren** schmücken, auszeichnen; das Portal wurde mit Blumen dekoriert, ein hochdekorierter General

De|kret das *lat.*, die Dekrete: richterliche oder behördliche Verfügung, Beschluss; ein Dekret wurde erlassen

De|le|ga|ti|on die *lat.*, die Delegationen: 1. Abordnung 2. Übertragung von Aufgaben; **de|le|gie|ren**; **De|le|gier|te** der/die

Del|fin / Del|phin der *griech.*, die Delfine / Delphine: Wassersäugetier; **del|fin|schwim|men / del|phin|schwim|men** *oder* **Del|fin schwim|men / Del|phin schwim|men** ihr könnt schon gut delfinschwimmen / Delfin schwimmen, sie schwimmt Delfin

de|li|kat *franz.*: eine delikate (köstliche) Suppe, eine delikate (heikle) Frage; **De|li|ka|tes|se** die: Leckerbissen, Feinkost

De|likt das *lat.*, des Delikt(e)s, die Delikte: strafbare Handlung, Straftat: ein schweres Delikt begehen

De|li|ri|um das *lat.*, die Delirien: Trübung des Bewusstseins mit Wahnvorstellungen und Verwirrtheit

Del|le die: eingedrückte Stelle; eine Delle im Kotflügel

Del|phin → **Del|fin** der

Del|ta das *griech.*, die Deltas: 1. vierter Buchstabe des griech. Alphabets; *Zeichen* Δ 2. Schwemmland an der Mündung großer Flüsse

De|ma|go|ge *oder* **Dem|ago|ge** der *griech.*, die Demagogen: Person, die andere durch politische Reden aufhetzt, Volksaufwiegler; **de|ma|go|gisch** *oder* **dem|ago|gisch**: demagogische (hetzerische) Propaganda

De|men|ti das *franz.*, des/die Dementis: Widerruf einer Behauptung oder Nachricht, offizielle Berichtigung; **de|men|tie|ren** die Meldung wurde dementiert

dem|ent|spre|chend sie war sehr krank und dementsprechend schwach, *aber:* eine dem (der vereinbarten Sache) entsprechende Zusage; **dem|ge|gen|über** andererseits, *aber:* dem (demjenigen) gegenüber stand …; **dem|ge|mäß**; **dem|nach**; **dem|nächst**; **dem|zu|fol|ge** demzufolge (demnach) ist alles erledigt, *aber:* der Richterspruch, dem zufolge der Angeklagte sich verpflichtete …

De|mo|krat der *griech.*, des/die Demokraten: Anhänger der Demokratie; **De|mo|kra|tie** die, die Demokratien: Staatsform, in der die Staatsgewalt vom Volk ausgeht und in der freie, gleiche und geheime Wahlen möglich sind; **De|mo|kra|tin** die; **de|mo|kra|tisch**

de|mo|lie|ren *lat.*: mutwillig zerstören; **De|mo|lie|rung** die

De|mons|trant *oder* **De|monst|rant** der *lat.*: Teilnehmer an einer Demonstration; **De|mons|tra|ti|on** *oder* **De|monst|ra|ti|on** die: Protestmarsch, Massenkundgebung, anschauliche Darstellung; **de|mons|tra|tiv** *oder* **de|monst|ra|tiv**: absichtlich, herausfordernd; **de|mons|trie|ren** *oder* **de|monst|rie|ren**

De|mons|tra|tiv|pro|no|men das ▶ Pronomen

De|mon|ta|ge [demont*a*sche] die *franz.*: Abbau, Abriss; **de|mon|tie|ren** (abbauen, zerlegen)

De|mos|ko|pie *oder* **De|mo|sko|pie** die *griech.*: Meinungsumfrage, Meinungsforschung; **de|mos|ko|pisch** *oder* **de|mo|sko|pisch**: demoskopische Zahlen (auf einer Meinungsumfrage beruhend)

De|mut die: Bescheidenheit; **de|mü|tig**; **de|mü|ti|gen**; **De|mü|ti|gung** die

de|na|tu|rie|ren *franz.*: seiner Natur berauben, einen Stoff umwandeln, verändern; **De|na|tu|rie|rung** die

Den|drit *oder* **Dend|rit** der *griech.*, des/die Dendriten: 1. die Verästelung einer Nervenzelle 2. baum- oder moosförmige Erzablagerung auf Gestein

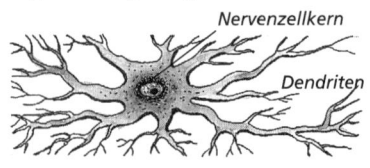

Nervenzellkern
Dendriten

Den|gel der: Sensenschneide; **den|geln** die Schneide einer Sense mit dem Hammer schärfen und glätten

denk|bar; **den|ken** du denkst, er dachte, gedacht, er dächte; **Den|ken** das; **Den|ker** der; **Denk|mal** das, die Denkmale/Denkmäler; **denk|wür|dig**; **Denk|zet|tel** der: sie verpassten ihm einen Denkzettel

> **denn / den|noch:** Verbinden *denn* oder *dennoch* Sätze, steht davor ein Komma: *Hilf mir, denn ich weiß nicht, was ich tun soll. Sie war allein, dennoch fühlte sie sich beobachtet.*

den|tal *franz.*: die Zähne betreffend; **Den|tal|la|bor** das: Labor, in dem künstliche Zähne modelliert werden; **Den|tist** der *franz.*, die Dentisten: Zahnarzt ohne Hochschulprüfung; **Den|tis|tin** die

De|nun|zi|ant der *lat.*, des/die Denunzianten: Person, die eine andere z.B. bei der Polizei aus Rache anzeigt; **De|nun|zi|an|tin** die; **de|nun|zie|ren** seine Veranlagung wurde denunziert (öffentlich verurteilt)

De|o|do|rant / **Des|o|do|rant** *oder* De|so|do|rant das *engl.*: Mittel, das Körpergeruch hemmen soll

De|pe|sche die *franz.*, die Depeschen: veraltet für Telegramm

De|po|nie die: Schuttabladeplatz, Mülldeponie; **de|po|nie|ren** *lat.*: Schmuck im Safe deponieren (hinterlegen, verwahren); **De|pot** [depo] das *franz.*, die Depots: Speicher, Sammelstelle, Aufbewahrungsort, z.B. Bankdepot

De|por|ta|ti|on die *lat.*: in einer Diktatur angeordnete Verschleppung, Zwangsverschickung oder Verbannung von politischen Gegnern oder missliebigen Volksgruppen, z.B. die Judendeportationen im Dritten Reich; **de|por|tie|ren**

De|pres|si|on die *lat.*, die Depressionen: traurige Verstimmung, seelische Niedergeschlagenheit; er leidet unter Depressionen; **de|pres|siv** es herrschte eine depressive (bedrückte, niedergeschlagene) Stimmung; **de|pri|mie|ren** *lat.*: der Film war deprimierend (entmutigend); er sah deprimiert aus

der|art; **der|ar|tig** *aber:* Derartiges

derb derbes Leder; **Derb|heit** die

Der|by [dörbi] das *engl.*: 1. jährliches Pferderennen 2. Sportveranstaltung von besonderem Interesse; das Lokalderby von zwei Münchener Fußballvereinen fand am Samstag statt

der|ge|stalt von solcher Art

der|glei|chen nichts dergleichen geschah, *Abk.* dgl.

der|je|ni|ge

der|lei derlei (solche) Fragen hört man oft

der|ma|ßen so

der|sel|be *Abk.* ders. (→ dasselbe)

der|weil / der|wei|len

der|zeit jetzt; **der|zei|tig**

De|sas|ter das *franz.*, des Desasters, die Desaster: katastrophaler Misserfolg, Unglück; die Partei erlitt ein Wahldesaster

De|ser|teur [desertör] der *franz.*, die Deserteure: Fahnenflüchtiger; **de|ser|tie|ren**

des|glei|chen *Abk.* desgl.

des|halb

De|sign [disain] das *engl.*, die Designs: formgerechte Gestaltung von Industrieprodukten; **De|sig|ner** *oder* De|si|gner der: Gestalter; **De|sig|ne|rin** *oder* De|si|gne|rin die, die Designerinnen

Des|in|fek|ti|on die *lat.*: Abtötung von Krankheitserregern; **des|in|fi|zie|ren** du desinfizierst die Wunde mit Jod

Des|in|te|res|se *oder* Des|in|ter|es|se das *lat.*: Teilnahmslosigkeit, Gleichgultigkeit; sie reagierte mit Desinteresse

Desk|top-Pub|li|shing / **Desk|top|pub|li|shing** [desktop-pablisching] das *engl.*: das Erstellen von Satz und Layout für eine Zeitschrift oder ein Buch am Computer

de|so|lat *lat.*: das Haus ist in einem desolaten (heruntergekommenen) Zustand

Des|pot der *griech.*, des/die Despoten: unumschränkter Gewaltherrscher; er war ein grausamer Despot; **des|po|tisch** eine despotische Regierung

des|sent|we|gen; **des|sent|wil|len**

des|sen un|ge|ach|tet trotzdem

Des|sert [däßär] das *franz.*, die Desserts: Nachtisch, Süßspeise

Des|til|la|ti|on *oder* De|stil|la|ti|on die *lat.*: das Trennen eines Flüssigkeitsgemischs durch Verdampfen und anschließendes Abkühlen; **des|til|lie|ren** *oder* de|stil|lie|ren: destilliertes (gereinigtes) Wasser

desto

des|to je lauter, desto lieber
des|truk|tiv *oder* dest|ruk|tiv *lat.*: zersetzend, zerstörend; destruktive Gedanken; *Ggs.* konstruktiv

> **des|we|gen:** Verbindet *deswegen* Sätze, steht davor ein Komma. *Sie mussten arbeiten, deswegen konnten sie nicht kommen.*

De|tail [detaj] das *franz.*, die Details: Einzelteil, Einzelheit; **de|tail|liert** [detajirt]: ausführlich, detaillierte Auskünfte
De|tek|tei die *lat.*: Ermittlungsbüro, Detektivbüro; **De|tek|tiv** der, die Detektive; **De|tek|ti|vin** die
De|to|na|ti|on die *franz.*: starke Explosion; **de|to|nie|ren** die Bombe detonierte beim Aufschlag
Deut der *niederl.*: ursprünglich kleine Münze; er scherte sich keinen Deut (überhaupt nicht) darum
deu|teln daran gibt's nichts zu deuteln (das steht fest)
deu|ten er deutete (zeigte) auf das Bild, alle Anzeichen deuten auf Sturm (lassen Sturm erwarten), ich lasse mir die Karten deuten (auslegen, erklären); **deut|lich; Deut|lich|keit** die; **Deu|tung** die
deutsch *klein:* ein deutscher Dichter, der Anrufer hat deutsch gesprochen; *groß:* sie lernt Deutsch, Deutsch ist mein Lieblingsfach, er sagt es auf Deutsch, er spricht fließend Deutsch, Deutsch sprechend; **Deut|sche** der / die; **Deut|sche Post** die; **Deutsch|land; Deutsch|land|lied** das: Nationalhymne der Bundesrepublik Deutschland; **Deutsch|schweiz** die: die deutschsprachige Schweiz; **deutsch|spra|chig; dt.** *Abk. für* deutsch

> **deutsch** oder **Deutsch, englisch** oder **Englisch?** Ob man Sprachbezeichnungen klein- oder großschreibt, findet man mit einer einfachen Probe heraus: Kann man mit *wie?* fragen, schreibt man klein: *Am Telefon hat er englisch gesprochen, nicht deutsch.* (Wie hat er gesprochen?) Kann man mit *was?* fragen, schreibt man groß: *Ihr Französisch wurde immer besser.* (Was wurde immer besser?)

De|vi|se die *franz.*, die Devisen: Motto, Losung, Wahlspruch; seine Devise lautete „Nie zurückschauen"
De|vi|sen die: Zahlungsmittel in fremder Währung; **De|vi|sen|kurs** der
de|vot *lat.*: er grüßte devot (unterwürfig, demütig); **De|vo|ti|o|na|li|en** die: Gegenstände, die zur Andacht benutzt werden, z. B. ein Rosenkranz
De|zem|ber der *lat.*
de|zent *lat.*: feinfühlig, taktvoll; sie zog sich dezent zurück
de|zen|tral *oder* de|zent|ral *lat.*: eine dezentrale (von verschiedenen Stellen ausgehende) Energieversorgung; *Ggs.* zentral
De|zi|mal|zahl die; **De|zi|me|ter** der *oder* das, *Abk.* dm (1 dm = 10 cm)
DFB *Abk. für* **D**eutscher **F**ußball**b**und
DGB *Abk. für* **D**eutscher **G**ewerkschafts**b**und
dgl. *Abk. für* dergleichen
Dia das, die Dias: *Kurzwort für* Diapositiv, durchsichtiges Lichtbild
Di|a|be|tes der *griech.*, *Kurzform für* Diabetes mellitus: Zuckerkrankheit; **Di|a|be|ti|ker** der; **Di|a|be|ti|ke|rin** die
di|a|bo|lisch sie hatte eine diabolische (teuflisch-boshafte) Freude dabei
Di|a|dem das *griech.*, des Diadems, die Diademe: Haarreif, Stirnreif, meist mit Edelsteinen
Di|ag|no|se *oder* Di|a|gno|se die *griech.*: Erkennung und Bezeichnung einer Krankheit; **di|ag|nos|ti|zie|ren** *oder* di|a|gnos|ti|zie|ren
di|a|go|nal *griech.*: schräg laufend; **Di|a|go|na|le** die: Verbindungsstrecke zwischen zwei nicht benachbarten Ecken eines Vielecks oder Körpers
Di|a|gramm das *griech.*, des Diagramms, die Diagramme: Schaubild, in dem Größenverhältnisse oder Zahlenwerte zeichnerisch dargestellt werden, z. B. in Form einer Torte (Tortendiagramm)
Di|a|kon der *lat.*, des Diakons, die Diakone(n): 1. Mitarbeiter in der evang. Kirche, der in der Kirchengemeinde vor allem karitative und soziale Arbeit leistet 2. kath. Geistlicher einen Weihegrad unter dem Priester; **Di|a|ko|nie** die: Sozialdienst der evang. Kirche; **Di|a|ko-**

nin die, die Diakoninnen; **di|a|ko|nisch** diakonische Einrichtungen; **Di|a|ko|nis|se / Di|a|ko|nis|sin** die, die Diakonissen / Diakonissinnen: in der Diakonie tätige Frau

Di|a|lekt der *griech.*, des Dialekts, die Dialekte: Mundart

Di|a|log der *griech.*, die Dialoge: Wenn Politiker eine friedliche Lösung von Krisen anstreben, suchen sie den Dialog (griechisch „dialogos" = Gespräch). Sie wollen im Dialog die Absichten des Gesprächspartners erkunden, um daraus Schlüsse für das eigene Handeln zu ziehen. Die Formen des Gedankenaustausches reichen von der geselligen Unterhaltung bis zur gründlichen Erörterung der umstrittenen Sache.
Dialog ist aber auch eine literarische Gattung, die der griechische Philosoph Platon (427–347 v. Chr.) begründet hat. In seinen Dialogen tritt Sokrates auf, der im bohrenden Gespräch seine Partner zur Überprüfung ihrer Auffassungen und zur Aufgabe von Vorurteilen führt. Im Mittelalter wird aus dem Dialog ein religiöses Streitgespräch. In unserem Jahrhundert benutzte Bertolt → Brecht den Dialog in seinen „Flüchtlingsgesprächen". Sie sind als „szenischer Dialog" gedacht, werden also auf der Bühne gespielt.
Brecht hat damit die selbstständige Kunstform Dialog dorthin zurückgeführt, wo sie seit eh und je die wichtigste Rolle spielt: auf die Bühne, zum → Drama. Bereits im klassischen Drama der griechischen Antike belebt der Dialog die Handlung: Er leitet sie ein, führt sie weiter. Im Dialog zwischen den handelnden Personen kommt es zu Konflikten, die auch manchmal wieder im Dialog gelöst werden können. Und durch den Dialog werden den Zuschauern die Charakterzüge der auftretenden Personen nahegebracht. Der Dialog treibt die Handlung voran, vor allem wenn Rede und Gegenrede Zeile auf Zeile folgen. Der Dialog kann die Handlung aber auch aufhalten, wenn die Personen aneinander vorbeireden oder nicht aufeinander eingehen.
Auch in der erzählenden Dichtung ist der Dialog wichtig: Für den Leser wächst die Spannung, wenn die Erzählung unterbrochen wird und die Personen direkt miteinander sprechen. Gleiches gilt auch für → Balladen, z. B. in → Goethes „Erlkönig" oder → Fontanes „Archibald Douglas".

Di|a|ly|sa|tor der *griech.*, die Dialysatoren: medizinisches Gerät für die Blutwäsche; **Di|a|ly|se** die *griech.*: 1. Blutwäsche; die Nierenkranke musste zweimal in der Woche zur Dialyse 2. phys.-chem. Trennung von Flüssigkeiten

Di|a|mant der *griech.*, des/die Diamanten: härtester Edelstein

Di|as|po|ra *oder* **Di|a|spo|ra** die *griech.*: Gebiet, in dem eine (meist) religiöse Minderheit lebt

Di|ät die *griech.*: gesunde Ernährung, Schonkost; sie muss Diät leben

Di|ä|ten die *lat.*: Tagegeld, Bezüge einer / eines Abgeordneten

dicht; dicht|auf; dicht be|sie|delt / dichtbe|sie|delt; Dich|te die; **dich|ten** ein Fenster dichten (dicht machen); **Dichtung** die: Abdichtung

dich|ten ein Sprachkunstwerk verfassen, meist in Versen; **Dich|ter** der: das Volk der Dichter und Denker; **Dich|te|rin** die; **dich|te|risch** dichterische Freiheit; **Dichtung** die: sprachliches Kunstwerk

dick dicke Luft (*ugs.* Gefahr), ein dicker (schlimmer) Fehler, er hat es faustdick hinter den Ohren (ist schlau, durchtrieben); **dick|fel|lig; dick|flüs|sig; Dick|häuter** der; **Di|ckicht** das: dichtes Unterholz

Dieb der; **die|bisch** diebisches Gesindel, sie hatte ein diebisches Vergnügen daran (tat etwas heimlich frohlockend); **Dieb|stahl** der, die Diebstähle

die|je|ni|ge

die|nen; Die|ner der; **Die|ne|rin** die; **dien|lich; Dienst** der; **dienst|be|flis|sen; dienst|be|reit; dienst|frei; Dienst|leistung** die; **dienst|lich**

Diens|tag der: jeden Dienstag, Dienstag, den 22. Juli, am Dienstagmittag, der Dienstagmittag, in der Nacht von

dienstags

Montag auf Dienstag, alle Dienstage war Markt, eines Dienstags; **diens|tags** wir sehen uns dienstags (jeden Dienstag)

Diens|tag|abend ▶ Abend/abends

Die|sel der: *Abk. für* Dieselmotor, Fahrzeug mit Dieselmotor, Dieselkraftstoff
die|sel|be (→ dasselbe)
die|sig nasskalt; diesiges Wetter
dies|mal *aber:* dieses Mal
dies|seits diesseits (auf dieser Seite) der Grenze; **Dies|seits** das: er meinte die Freuden des Diesseits (des irdischen Lebens); *Ggs.* Jenseits
Diet|rich der, die Dietriche: Werkzeug zum Öffnen von Schlössern
Dif|fa|mie die *lat.*, die Diffamien: Verleumdung, schlechtmachende Behauptung **dif|fa|mie|ren** *lat.:* verleumden, in Verruf bringen; er machte diffamierende Bemerkungen über seinen Chef; **Dif|fa|mie|rung** die
Dif|fe|renz die *lat.*, die Differenzen: Unterschied, Fehlbetrag, Zwist; **dif|fe|ren|zie|ren** unterscheiden, verfeinern; **dif|fe|rie|ren** voneinander abweichen
dif|fi|zil *lat.:* kompliziert, heikel, schwierig; ihre Aufgabe war diffizil
dif|fus *lat.:* diffuses (zerstreutes) Licht, ihre Antwort war diffus (unklar), eine diffuse (ungeordnete) Sammlung
di|gi|tal *lat.:* in Ziffern dargestellt, z. B. bei einer Digitaluhr; *Ggs.* analog; **Di|gi|tal|ka|me|ra** die
DIHT *Abk. für* **D**eutscher **I**ndustrie- und **H**andels**t**ag
Dik|tat das *lat.*; **Dik|ta|tor** der: unumschränkter Herrscher; **Dik|ta|to|rin** die; **dik|ta|to|risch**; **Dik|ta|tur** die: Gewaltherrschaft; **dik|tie|ren** gleich in die Maschine diktieren (einen Text vorsprechen), einen neuen Modestil diktieren (aufzwingen)
Di|lem|ma das *lat.*, des/die Dilemmas / Dilemmata: sie suchte einen Ausweg aus dem Dilemma (der Zwangslage), er stand vor einem riesigen Dilemma (einer unangenehmen Situation)
Di|let|tant der *ital.*, die Dilettanten: Stümper, Nichtfachmann; **Di|let|tan|tin** die; **di|let|tan|tisch** sein geradezu dilettantisches (stümperhaftes, unzulängliches) Vorgehen verriet ihn; **Di|let|tan|tis|mus** der

DIN *Abk. für* **D**eutsche **I**ndustrie-**N**orm(en); ein Plakat in DIN A1
Di|ner [dine] das *franz.*, des/die Diners: festliches Mittag- oder Abendessen mit mehreren Gängen; **di|nie|ren**
Ding das: ich bin guter Dinge (fröhlich), ein Ding der Unmöglichkeit (nicht zu machen); **ding|fest ma|chen:** verhaften

Ding|wort das ▶ Nomen

Din|ner das *engl.*, des Dinners, die Dinner: festliches Abendessen, abendliche Hauptmahlzeit in angelsächsischen Ländern
Di|no|sau|ri|er der: ausgestorbenes Riesenreptil
Di|op|trie *oder* Di|opt|rie die *lat.:* Maßeinheit für die Brechung von Linsen; eine Brille mit +1,5 Dioptrien; *Abk.* dpt
Di|ö|ze|se die *lat.:* Bistum, Amtsbereich eines Bischofs
Diph|the|rie die *griech.:* Infektionskrankheit der Mandeln und der Schleimhäute im Nasen-Rachen-Raum
Dip|lom *oder* Di|plom das *griech.*, die Diplome: amtliche Urkunde, Zeugnis; *Abk.* Dipl.; **Dip|lom|land|wirt** *oder* Diplom|land|wirt der; *Abk.* Dipl.-Landwirt
Dip|lo|mat *oder* Di|plo|mat der *griech.*, des/die Diplomaten: Beamter, Regierungsvertreter im Auslandsdienst; **Dip|lo|ma|tie** *oder* Di|plo|ma|tie die: Außenpolitik, Kunst des Verhandelns; **Dip|lo|ma|tin** *oder* Di|plo|ma|tin die; **dip|lo|ma|tisch** *oder* di|plo|ma|tisch: es war nicht sehr diplomatisch (taktisch klug, geschickt) von ihm, darüber zu sprechen
di|rekt *lat.:* wir hatten eine direkte Verbindung (ohne Umweg), sie sagte es ihm direkt (ohne Umschweife), die direkte Rede; *Ggs.* indirekt; **Di|rek|ti|on** die: Unternehmensleitung; **Di|rek|tor** der, die Direktoren; **Di|rek|to|rat** das
Di|ri|gent der *lat.*, des/die Dirigenten: Leiter eines Chores oder Orchesters; **Di|ri|gen|tin** die; **di|ri|gie|ren**; **Di|ri|gismus** der: Lenkung der Wirtschaft durch staatliche Vorschriften

Dirndl das: Trachtenkleid
Dis|coun|ter / Dis|count|la|den [diskaunt...] der engl.: Einzelhandelsgeschäft ohne Kundendienst, in dem die Waren deswegen billiger als üblich verkauft werden können
Disk die: kurz für Diskette, CD oder DVD; **Dis|ket|te** die engl.: kleiner Datenträger für den Computer
Disk|jo|ckei / Disc|jo|ckey [diskdschoke] der engl., die Diskjockeis: jemand, der Musik auflegt und ansagt, Abk. DJ
Dis|kont der ital., die Diskonte: 1. Kurzwort für Diskontsatz (Zinsfuß) 2. Vorzinsen, Zinsertrag, z. B. bei einem Wechselgeschäft; **Dis|kont|satz** der
Dis|ko|thek / Dis|co|thek die engl., die Diskotheken: Tanzlokal, Kurzwort Disko / Disco; Schallplattensammlung
Dis|kre|panz die lat., die Diskrepanzen: Missverhältnis, Widersprüchlichkeit; zwischen seiner und ihrer Aussage ergab sich eine Diskrepanz
dis|kret franz.: vertraulich, unaufdringlich, taktvoll; Ggs. indiskret; **Dis|kre|ti|on** die: Rücksichtnahme, Geheimhaltung
Dis|kus der griech., des Diskus, die Diskusse/Disken: scheibenförmiges Wurfgerät

Dis|kus|si|on die lat.; **dis|ku|tie|ren** erörtern
dis|pen|sie|ren lat.: die Schülerin wurde vom Unterricht dispensiert (vorübergehend freigestellt)
dis|po|nie|ren lat.: sie kann über ihr Geld nicht disponieren (nicht frei verfügen), er hatte schlecht disponiert (nicht im Voraus geplant); **Dis|po|si|ti|on** die: seine Stelle stand zur Disposition (wurde frei), sie änderte ihre Disposition (ihre Planung)
Dis|put der franz., des Disputes, die Dispute: Streitgespräch, wortreiche Meinungsverschiedenheit; er fand sie in lebhaftem Disput mit ihrer Freundin

Dis|qua|li|fi|ka|ti|on die lat.: fehlende Eignung, Ausschluss von einem sportlichen Wettkampf; **dis|qua|li|fi|zie|ren**
Dis|ser|ta|ti|on die lat.: wissenschaftliche Arbeit zur Erlangung des Doktorgrades, Doktorarbeit; **dis|ser|tie|ren** eine Doktorarbeit verfassen
Dis|si|dent der lat., des/die Dissidenten: 1. jemand, der von der offiziellen politischen Meinung abweicht, Andersdenkender 2. Person, die aus der Kirche ausgetreten ist; **Dis|si|den|tin** die, die Dissidentinnen; **dis|si|die|ren**
Dis|so|nanz die lat., die Dissonanzen: Unstimmigkeit, Missklang; ihre Zusammenarbeit endete mit einer Dissonanz
Dis|tanz die lat.: Entfernung, Abstand; **dis|tan|zie|ren** sich: er distanzierte sich von dem Vorhaben (missbilligte es, rückte davon ab); **dis|tan|ziert** er wirkte sehr distanziert (zurückhaltend, kühl); **distanz|los**
Dis|tel die, die Disteln
Di|strikt oder Dis|trikt oder Dist|rikt der lat., die Distrikte: Gebiet, Region, Bereich, Verwaltungsbezirk
Dis|zip|lin oder Dis|zi|plin die lat., die Disziplinen: Ordnung, Zucht, wissenschaftliches Fachgebiet, Sportart; **dis|zip|li|nie|ren** oder dis|zi|pli|nie|ren: streng erziehen, maßregeln; **dis|zip|li|niert** oder dis|zi|pli|niert: beherrscht; **dis|zip|lin|los** oder dis|zi|plin|los
di|to franz.: ugs. ebenso, desgleichen, ebenfalls; Abk. dto.
Di|va die ital., die Divas/Diven: exzentrische, gefeierte Schauspielerin oder Sängerin
Di|ver|genz die lat.: das Auseinandergehen, z. B. von Meinungen, die Aufspaltung von etwas; Abweichung; **di|ver|gie|ren** deine Anschauung divergiert (unterscheidet sich) stark von meiner
di|vers lat.: er kramte diverse (einige, mehrere, verschiedene) Dokumente hervor; sie hatte Diverses an ihr auszusetzen
Di|vi|dend der lat., die Dividenden: Zahl, die durch eine andere geteilt wird, Zähler beim Bruchrechnen; **Di|vi|den|de** die: jährlicher Anteil am Gewinn; **di|vi|die|ren** teilen; **Di|vi|si|on** die: 1. Teilung 2. größerer Truppenverband

Diwan

Di|wan der *pers.*, die Diwane: Sofa
DJ [di̱dsche] der → Diskjockey
DJH *Abk. für* **D**eutsches **J**ugend**h**ergbergswerk
DLRG *Abk. für* **D**eutsche **L**ebensrettungs**g**esellschaft
DM *Abk. für* **D**eutsche **M**ark; Zahlungsmittel in Dtld. von 1948 bis 2001

> **doch:** Leitet *doch* Zusätze ein, steht davor ein Komma. *Ich habe es versucht, doch vergeblich.* Es steht ebenfalls ein Komma, wenn *doch* Sätze verbindet: *Sie hat sich angestrengt, doch sie konnte sich nicht verbessern.*

Docht der, des Docht(e)s, die Dochte
Dock das *engl./niederl.*, des/die Docks: Hafenanlage zur Schiffsreparatur

Trockendock

Dog|ge die *engl.*, die Doggen: große Hunderasse
Dog|ma das *griech.*, des Dogmas, die Dogmen: unumstößlicher Lehr- und Glaubenssatz; **dog|ma|tisch** das Dogma betreffend, starr und unkritisch
Doh|le die: Rabenvogel
do it your|self [du̱-it-jurßälf] *engl.*: selbstständiges handwerkliches Arbeiten zu Hause, wie ein Handwerker arbeiten; **Do-it-your|self-Be|we|gung** die
Dok|tor der *lat.*, des Doktors, die Doktoren: akademischer Grad, Arzt, *Abk.* Dr.; **Dok|to|rand** der: jemand, der an seiner Doktorarbeit schreibt; **Dok|to|ran|din** die; **Dok|to|rin** die, die Doktorinnen
Dokt|rin *oder* **Dok|trin** die *lat.*, die Doktrinen: 1. politisches Programm, politischer Grundsatz 2. wissenschaftliche Lehre, allgemein gültige Aussage; er hielt an seiner Doktrin fest
Do|ku|ment das *lat.*, des Dokument(e)s, die Dokumente: amtliches Schriftstück, Ausweis, Beweisstück; **Do|ku|men|tar|be|richt** der: Bericht über gesicherte Tatsachen; **do|ku|men|ta|risch; Do|ku|men|ta|ti|on** die; **do|ku|men|tie|ren**
Dolch der: kleine Stichwaffe
Dol|de die: Form des Blütenstandes

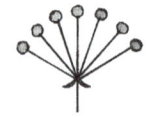

Dol|lar der, des/die Dollars: amerikanische Währungseinheit; *Zeichen* $
dol|met|schen *türk.*, du dolmetschst: Gesprochenes und Geschriebenes mündlich übersetzen; **Dol|met|scher** der; **Dol|met|sche|rin** die, die Dolmetscherinnen
Dom der *lat.*, des Dom(e)s, die Dome: Hauptkirche, Bischofskirche
Do|mä|ne die *lat.-franz.*, die Domänen: 1. staatliches Gut 2. Gebiet, auf dem sich jemand besonders betätigt, Spezialgebiet; Raumfahrt war seine Domäne
Do|mi|nanz die *lat.*, die Dominanzen: Eigenschaft, sich Schwächeren gegenüber durchzusetzen; die Dominanz von Erbfaktoren (Genen); **do|mi|nie|ren** in der Mode dominierte (überwog) der kurze Rock, sie dominierte (beherrschte) die gesamte Klasse
Do|mi|ni|ka|ner der: Mönch des Dominikanerordens; **Do|mi|ni|ka|ner|klos|ter** das
Do|mi|ni|ka|ner der; **Do|mi|ni|ka|ne|rin** die, die Dominikanerinnen; **do|mi|ni|ka|nisch; Do|mi|ni|ka|ni|sche Re|pub|lik** die
Do|mi|no das *ital.*: Spiel, bei dem rechteckige, mit Punkten versehene Steine passend aneinandergelegt werden
Do|mi|no der *ital.*: Maskenkostüm aus Mantel mit Kapuze und weiten Ärmeln
Do|mi|zil das *lat.*, die Domizile: Wohnsitz; sie schlug in Italien ihr neues Domizil auf (ließ sich dort häuslich nieder)
Dom|pfaff der: Singvogel
Domp|teur [domptö̱r] der *franz.*, die Dompteure: jemand, der wilde Tiere dressiert; **Domp|teu|rin** [domptö̱rin], *auch* **Domp|teu|se** [domptö̱se] die
Don|ner der, **don|nern**

> **Don|ners|tag|abend** der
> ▶ Abend/abends

doof du bist vielleicht doof! (*ugs.* dumm), so eine doofe Schulaufgabe; **Doo|fi** der; **Doof|kopp** der: *ugs.* einfältiger Mensch

Do|ping das *engl.*: verbotene Einnahme von Arzneimitteln zur Leistungssteigerung, vor allem im Sport; **ge|dopt** der Radprofi war gedopt

Dop|pel das: das Doppel (die Zweitschrift) einer Urkunde, ein Tennisdoppel (zwei gegen zwei Spieler); **dop|pel|deu|tig**; **dop|pel|glei|sig**; **Dop|pel|klick** der: zweifaches Drücken einer Maustaste; **dop|pel|sei|tig**; **dop|pelt**; **Dop|pel|zent|ner** der: *Abk.* dz (1 dz = 100 kg)

> **Dop|pel|laut** der ▶ Rechtschreiblehre S. 474

> **Dop|pel|punkt** der ▶ Zeichensetzung S. 495

Dorf das, des Dorf(e)s, die Dörfer; **dörflich**

Dorn der: keine Rose ohne Dornen; **dor|nen|voll** ihn erwartete eine dornenvolle (mühevolle) Zukunft; **dor|nig**

dör|ren trocknen; **Dörr|fleisch** das

Dorsch der, des Dorsch(e)s, die Dorsche: junger Kabeljau

dort; **dort|blei|ben** (→ bleiben); **dort|her**; **dort|hin**; **dort|hi|nab** *oder* dort|hin|ab; **dort|hi|nauf** *oder* dort|hinauf; **dort|hi|nein** *oder* dort|hin|ein; **dort|hi|nun|ter** *oder* dort|hin|un|ter; **dort|zu|lan|de** / dort zu Lan|de

Do|se die: kleine Büchse

dö|sen leicht, nicht tief schlafen; während der Zugfahrt döste er vor sich hin

do|sie|ren etwas genau abmessen; **Do|sie|rung** die; **Do|sis** die, die Dosen: festgelegte Menge

Dot|ter das/der: das Gelbe vom Ei; **dot|ter|gelb**

dou|beln [dubeln] *franz.*: einen Schauspieler in einer gefährlichen Szene vertreten; **Dou|ble** [dubel] das, die Doubles

Dow-Jones-In|dex [dau-dschons-index] der *engl.*: Aufstellung (Aktienindex) nach den Aktienkursen der 30 wichtigsten Unternehmen in den USA

down [daun] *engl.*: niedrig, unten; ich war total down (*ugs.* fertig, niedergeschlagen, körperlich kaputt)

down|loa|den [daunlouden] *engl.*: auf den eigenen Computer herunterladen

Down-Syn|drom *oder* -Synd|rom [daunsündrom] das: angeborene geistige Behinderung und Veränderung des Aussehens

Do|zent der *lat.*, die Dozenten: Lehrer an einer Fach- oder Hochschule; **Do|zen|tin** die, die Dozentinnen

dpa *Abk. für* **D**eutsche **P**resse-**A**gentur

Dr. *Abk. für* Doktor

Dra|che der, des/die Drachen: Feuer speiendes Tier in Fabeln und Märchen

Dra|chen der, des Drachens, die Drachen: einen Drachen (ein Fluggerät) aus buntem Papier steigen lassen, mit einem Drachen (Boot) segeln

Dra|gee / **Dra|gée** [drasche] das *franz.*, die Dragees: Tablette mit süßlichem Überzug

Draht der, des Draht(e)s, die Drähte; **draht|haa|rig**; **drah|tig** 1. drahtartig rau 2. sehnig, schlank, durchtrainiert; **Drahtseil|akt** der; **Draht|zaun** der; **Draht|zie|her** der: Hintermann, Anstifter

dra|ko|nisch *griech.*: drakonische (unerbittlich harte) Maßnahmen

drall rundlich, kräftig; **Drall** der, des Drall(e)s: Drehbewegung

> **Dra|ma** das *griech.*, die Dramen: Das Wort kommt aus dem Griechischen und bedeutet zunächst nichts anderes als „Handlung", das heißt hier: Handlung auf der Bühne (→ Dramatik).
> In der Literatur ist das Drama neben der → Epik und der → Lyrik eine der drei Grundformen der Dichtung. Doch anders als diese verlangt das Drama in erster Linie nicht den Leser, sondern den Zuschauer und Zuhörer. Menschen und Schicksale, Kämpfe und Katastrophen, aber auch Freude und Glück werden von Schauspielern als Handlung auf der Bühne gespielt und vom Zuschauer unmittelbar miterlebt. Wir unterscheiden beim Drama drei Hauptformen, je nach dem Ablauf und dem Ende der Handlung. Das Trauerspiel (die Tragödie) endet mit dem Tod des Helden/der Heldin, der/die unter Umständen auch andere mit in den Untergang reißt. Das

Dramatik

Lustspiel (die Komödie) ist heiter, übermütig und gelegentlich derb, was sich auch in der Sprache widerspiegeln kann. Es endet oft damit, dass sich ein verliebtes Paar allen Widerständen und Missverständnissen zum Trotz glücklich in die Arme sinkt. Zwischen diesen Hauptformen steht das Schauspiel. Seine ernste Handlung steuert auf ein ruhiges, ausgeglichenes Ende zu. Sonderfälle sind das Musikdrama, die Oper, die Operette und das Musical.

Das europäische Drama geht auf die Griechen der Antike zurück, deren Regeln zum Teil bis in die heutige Zeit Gültigkeit haben: der strenge Aufbau des Dramas, die Einteilung in Akte, die Sprache in Versen. Blütezeiten erlebte das europäische Drama im 16. und 17. Jh. in Spanien, in England, vor allem durch William Shakespeare, und in Frankreich. Die deutsche Dramendichtung erreichte ihre Höhepunkte zum Beispiel im → Sturm und Drang und in der → Klassik durch → Goethe und → Schiller, im 20. Jh. etwa durch Bertolt → Brecht.

Dra|ma|tik die *griech.*: 1. Spannung, bewegter Ablauf 2. Theaterdichtung, die dramatische Dichtkunst (→ Drama). „Ein Spiel von höchster Dramatik!", hört man gelegentlich einen Reporter rufen, wenn ein Wettkampf voller Spannung, aufregender Situationen und Höhepunkte ist.

Auf der Theaterbühne geht es oft dramatisch zu und wir nehmen voller Spannung am Geschehen Anteil, zittern mit dem Helden oder der Heldin und freuen uns, wenn er/sie siegt. Ein → Dialog kann sich dabei dramatisch zuspitzen und eine entscheidende Wende herbeiführen. Solche Dramatik gibt es jedoch nicht nur im Drama. Auch → Balladen und → Novellen enthalten dramatische Elemente.

Dra|ma|ti|ker der; **Dra|ma|ti|ke|rin** die; **dra|ma|tisch; dra|ma|ti|sie|ren** du dramatisierst deine Krankheit (stellst sie schlimmer dar, als sie eigentlich ist)

dran *ugs.* daran; du bist dran (an der Reihe), an dem Huhn ist nichts dran (es ist mager), an dem Gerücht ist nichts dran (es stimmt nicht)

Drä|na|ge / Drai|na|ge [dränasche] die: 1. Graben- oder Rohrsystem zur Entwässerung 2. Ableitung von Wundabsonderung, z.B. Eiter, mit einem Glasröhrchen

Drang der, des Drang(e)s; **Drän|ge|lei** die; **drän|geln; drän|gen; drang|sa|lie|ren** jemanden peinigen, unter Druck setzen; **drang|voll** drangvolle Enge

dra|pie|ren einen Stoff drapieren (in Falten legen)

dras|tisch *griech.*: eine drastische (wirksame) Änderung

Drauf|gän|ger der: verwegener Bursche; **drauf|ha|ben** etwas gut können; **drauflos; drauf|los|spie|len** sie spielten einfach drauflos

drau|ßen ihr müsst draußen warten; **drau|ßen|blei|ben** (→ bleiben)

drech|seln; Drechs|ler der

Dreck der: Schmutz; **dre|ckig**

Dreh der: den richtigen Dreh (Einfall, Kunstgriff) finden; **dre|hen; Dre|her** der; **Dreh|mo|ment** das; **Dre|hung** die

drei (→ acht); **drei|di|men|si|o|nal** in drei Dimensionen; **Drei|ei|nig|keit** die: Gott Vater, Gott Sohn und Heiliger Geist; **drei|er|lei; Drei|fal|tig|keit** die: Dreieinigkeit; **Drei|satz** der; **drei|ßig; drei Vier|tel** drei Viertel der Klasse waren krank; **drei vier|tel** wir treffen uns um drei viertel drei (14.45 Uhr); **Drei|vier|tel|stun|de** die: es dauerte eine Dreiviertelstunde, in einer Dreiviertelstunde, *auch*: in drei viertel Stunden, in drei Viertelstunden; **Drei|vier|tel|takt** der: Walzertakt

dreist am dreistesten: ungezogen, frech

dre|schen du drischst, er drosch, gedroschen, er drösche, drisch!: den Ball ins Aus dreschen, das ist eine abgedroschene (alte, leere) Weisheit

dres|sie|ren *lat.*; **Dres|sur** die, die Dressuren

Dres|sing das *engl.*: Salatsoße

drib|beln *engl.*: einen Ball mit kurzen Stößen vorwärtstreiben; **Dribb|ling** das

Drift die: 1. Strömung 2. unkontrolliertes Treiben eines Schiffes; **drif|ten**

Annette Freiin von Droste-Hülshoff

Annette Freiin von Droste-Hülshoff

geb. am 10. 1. 1797 auf Schloss
 Hülshoff bei Münster/Westfalen
gest. am 24. 5. 1848 in Meersburg
 am Bodensee

*Gedichte (z. B. Der Knabe im Moor,
 aus: Heidebilder)*
Balladen (z. B. Vorgeschichte)
Die Judenbuche (Novelle)

Annette kam auf einem Wasserschloss in Westfalen auf die Welt. Das Kind war eine Frühgeburt und musste mit Kamille und Zuckerwasser aufgepäppelt werden. Ihre Amme brachte das Edelfräulein nicht nur auf die Beine, sondern führte es auch in die Welt der Fantasie, indem sie ihm Märchen erzählte und Lieder vorsang. Die Mutter sorgte dafür, dass Annette eine ausgezeichnete Ausbildung erhielt. Der Vater war etwas kauzig, er schätzte Tiere und Pflanzen mehr als die Menschen. Annette hatte von ihm die Liebe zu den Büchern und zur Musik geerbt. Sie schrieb schon früh Gedichte, spielte Orgel und komponierte. Doch mit 17 Jahren erkrankte sie schwer.

Als ihr Vater 1826 starb, zog Annette mit der Mutter in das schöne Rüschhaus bei Münster. Da die Mutter in den folgenden Jahren viel auf Reisen war, blieb Annette sehr oft allein. Das wurde ihre schönste Zeit. Sie lernte Levin Schücking kennen, den Sohn ihrer Freundin, der 17 Jahre jünger war als sie. Aus Freundschaft wurde Liebe und aus diesem Glücksgefühl heraus schrieb Annette von Droste-Hülshoff Gedichte, Balladen und Novellen, die sie zu einer der größten deutschen Dichterinnen machten.

In ihren Naturgedichten lebt ihre westfälische Heimat mit den ausgedehnten Moor- und Heidegebieten auf. In den *Heidebildern* wird es ganz gruselig am „Hirtenfeuer" und „schaurig ist's, übers Moor zu gehn", wie sie in ihrem Gedicht *Der Knabe im Moor* beschreibt. *Die Vergeltung* und der *Geierpfiff* zählen zu den großen deutschen Balladen. Die gleiche unheimliche Stimmung herrscht in der Novelle *Die Judenbuche*. Sie erzählt die Geschichte eines Mörders, den es an den Ort seiner Tat zurücktreibt.

Mit ihrem Geliebten Levin begab sich Annette von Droste-Hülshoff auf Schloss Meersburg am Bodensee, das ihrem Schwager gehörte. Doch es kam schon bald zur Trennung. Annette zog sich in das „Fürstenhäusle" inmitten der Weinberge zurück, wo sie 1848 einem Herzschlag erlag.

Drill

Drill der: eintöniges Einüben einer Tätigkeit, Plackerei; **dril|len**

Dril|lich der: festes Baumwollgewebe

Dril|ling der: 1. eines von drei zusammen geborenen Kindern 2. Jagdgewehr mit drei Läufen

drin|gen du dringst, er drang, gedrungen, er dränge; **drin|gend** am dringendsten; **dring|lich; Dring|lich|keit** die

drin|nen Ggs. draußen

dritt / drit|ter klein: eine Freundschaft zu dritt, die dritte Dimension, zu dritt singen; groß: wenn zwei sich streiten, freut sich der Dritte, er wurde Dritter; die Dritte Welt; **Drit|tel** das; **drit|tens**

DRK Abk. für Deutsches Rotes Kreuz

dro|ben dort oben, „Wer hat dich, du schöner Wald, aufgebaut so hoch da droben?" (Joseph von Eichendorff)

Dro|ge die, die Drogen: ursprünglich getrockneter pflanzlicher Stoff, heute vorwiegend Rauschgift; **dro|gen|süch|tig; Dro|ge|rie** die, die Drogerien; **Dro|gist** der, des/die Drogisten; **Dro|gis|tin** die, die Drogistinnen

dro|hen; Dro|hung die

Droh|ne die: männliche Biene; er ist wie eine Drohne (faul), vgl. Abb. S. 67

dröh|nen ein dröhnender Motor

drol|lig lustig, spaßig, am drolligsten

Dro|me|dar das griech., die Dromedare: einhöckeriges Kamel Nordafrikas

Drosch|ke die russ.: 1. leichtes Fuhrwerk, das von einem Pferd gezogen wird 2. veraltet für Taxi

Dros|sel die, die Drosseln: Singvogel

dros|seln herabsetzen, verlangsamen: einen Motor drosseln; **Dros|se|lung / Dross|lung** die

Droste-Hülshoff Annette Freiin von ▶ S. 101

drü|ben hüben und drüben; **drü|ber** → darüber; alles geht drunter und drüber

Druck der, des Druck(e)s: 1. wirkende Kraft (Pl. die Drücke) 2. Gedrucktes (Pl. die Drucke); **Drü|cke|ber|ger** der; **dru|cken; drü|cken; Dru|cker** der; **Drü|cker** der: ugs. er sitzt am Drücker (hat Einfluss), auf den letzten Drücker (im letzten Augenblick); **Dru|cke|rei** die; **Druck|schrift** die: in Druckschrift schreiben

drum → darum: seis drum (sei es, wie es ist), das ganze Drum und Dran (alles, was dazugehört)

drun|ten dort unten; **drun|ter** → darunter

Drü|se die

Dschun|gel der (seltener das) ind., des Dschungels: tropischer Urwald

Dschun|ke die: chinesisches Segelschiff

DSL Abk. aus engl. digital subscriber line: leistungsstarke Datenleitung

du; Du das: das Du anbieten (→ dein)

du|al lat.: auf der Zahl 2 aufgebaut; **Du|a|les Sys|tem Deutsch|land** Rücknahmesystem für Verpackungsmüll (Grüner Punkt), Abk. DSD

Dü|bel der: Pflock aus Holz; **dü|beln**

du|bi|os er machte mir ein dubioses (zweifelhaftes) Angebot

du|cken sich: sie duckte sich (machte sich klein), nach oben duckt er (ist feige); **Duck|mäu|ser** der: Heuchler; **duck|mäu|se|risch**

Du|del|sack der: Blasinstrument; **Du|del|sack|pfei|fer / Du|del|sack|spie|ler** der

Du|ell das lat., die Duelle: ursprünglich Zweikampf mit Waffen, heute sportlicher Wettkampf, Wortgefecht; **du|el|lie|ren** sich

Du|ett das *lat.*, die Duette: zweistimmiger Gesang, Musikstück für zwei Singstimmen

Duft der, die Düfte; **duf|ten; duf|tig**

Du|ka|ten der *ital.*: frühere Goldmünze

dul|den; duld|sam; Duld|sam|keit die; **Dul|dung** die

dumm dümmer, am dümmsten: dumm wie Bohnenstroh, das wird mir zu dumm; **Dum|mer|jan; dum|mer|wei|se; Dumm|heit** die

düm|peln das Boot dümpelte (schlingerte, trieb steuerlos) vor sich hin

dumpf

Dü|ne die, die Dünen: angewehter Sandberg; **Dü|nung** die: gleichmäßiger Seegang nach einem Sturm

Dung der; **dün|gen; Dün|ger** der; **Dün|gung** die

dun|kel ein dunkler (unerfreulicher) Tag in meinem Leben, er hatte den dunklen (unbestimmten) Verdacht; **Dun|kel** das: im Dunkeln ging sie nach Hause, im Dunkeln tappen (nicht informiert sein); **dun|kel|blond; dun|kel ge|klei|det / dun|kel|ge|klei|det; Dun|kel|heit** die

Dün|kel der: Einbildung, Hochmut; **dün|kel|haft**

dünn ein dünnes (dürftiges) Ergebnis, dünn (nicht dicht) gesät / dünngesät; **dünn|flüs|sig**

Dunst der, des Dunstes, die Dünste: keinen blassen Dunst (keine Ahnung) haben; **düns|ten** dämpfen; **duns|tig**

Duo das *ital.*, des/die Duos: 1. Musikstück für zwei Instrumente; 2. zwei Personen, die gemeinsam etwas tun, vor allem Musiker

Du|pli|kat das *lat.*, die Duplikate: Abschrift, Zweitschrift; **du|pli|zie|ren** verdoppeln

Dur das *lat.*: Tonart; *Ggs.* Moll

durch etwas durch das Los entscheiden, der Zug war schon durch (vorbei), ich bin durch und durch (völlig) nass; **durch|aus; durch|weg(s)**

durch|at|men

durch|bei|ßen (→ beißen): er musste sich durchbeißen (etwas Schwieriges mit Ausdauer hinter sich bringen)

durch|blät|tern

Durch|blick der: den totalen Durchblick haben (etwas völlig verstehen); **durch|bli|cken** da blickt keiner durch (das versteht niemand), etwas durchblicken lassen (andeuten)

durch|blu|ten ein durchgebluteter (von Blut durchdrungener) Verband, das Gehirn wurde schlecht durchblutet (nicht ausreichend mit Blut versorgt)

durch|bre|chen (→ brechen); **durch|bro|chen; Durch|bruch** der: er schaffte den Durchbruch (hatte Erfolg)

durch|bren|nen (→ brennen): sie beschlossen, von zu Hause durchzubrennen (auszureißen), die Glühbirne ist durchgebrannt (kaputt)

durch|brin|gen (→ bringen): er konnte seine Familie kaum durchbringen (versorgen, ernähren), wir haben den Schreibtisch nicht durch die Tür gebracht, der Arzt hoffte sie durchzubringen (sie gesund zu machen), er hat all sein Geld durchgebracht (verschwendet), ein Gesetz durchbringen (durchsetzen)

durch|dre|hen er ist / hat vor Angst fast durchgedreht (ist fast verrückt geworden), die Räder haben durchgedreht (griffen nicht auf dem Boden)

durch|drin|gen (→ dringen): von einer Idee durchdrungen sein, ein durchdringender Geruch

durch|drü|cken das Kreuz durchdrücken (sich gerade halten), einen Befehl durchdrücken (durchsetzen), die Beeren durchdrücken (auspressen, entsaften)

durch|ei|nan|der *oder* durch|ein|an|der: sie war ganz durcheinander (verwirrt); **Durch|ei|nan|der** *oder* Durch|ein|an|der das; **durch|ei|nan|der|brin|gen** *oder* durch|ein|an|der|brin|gen (→ bringen)

Durch|fall der; **durch|fal|len** (→ fallen): mit Pauken und Trompeten durchfallen (sehr schlecht abschneiden)

durch|fors|ten planmäßig die schwachen Bäume ausholzen, einige Zeitungen durchforsten (kritisch durchsehen)

durch|füh|ren; Durch|füh|rung die

Durch|gang der; **durch|gän|gig; durch|ge|hend** die Musik spielte durchgehend (ohne Unterbrechung)

durch|hal|ten (→ halten): sie wollte bis zum Schluss durchhalten (nicht aufgeben), **Durchhal|te|pa|ro|le** die

durch|käm|men

Friedrich Dürrenmatt

Friedrich Dürrenmatt

geb. am 5. 1. 1921 in
 Konolfingen/Bern
gest. am 14. 12. 1990 in
 Neuenburg/Schweiz

Der Richter und sein Henker
 (Roman, 1952)
Der Verdacht (Roman, 1953)
Der Besuch der alten Dame
 (Komödie, 1956)
Es geschah am helllichten Tag
 (Drehbuch, 1958, als Roman: *Das Versprechen*)
Die Physiker (Drama, 1962)

Friedrich Dürrenmatt schwankte in seiner Jugend lange zwischen der Neigung zur Malerei und seinem schriftstellerischen Talent. Als Sohn eines Pfarrers studierte er dann doch Theologie, Philosophie und Germanistik in Bern und Zürich, betrieb aber auch naturwissenschaftliche Studien. Nach dem Studium arbeitete er als Zeichner und Grafiker und war Theaterkritiker. In den vierziger Jahren begann er dann zu schreiben, vor allem Erzählungen, aber auch seine erste Komödie. Das Stück wurde 1947 in Zürich uraufgeführt und fiel durch. „Die Zuschauer pfiffen, statt zu gähnen", sagte Dürrenmatt später gelassen darüber – und schrieb weiter das, was er „Komödien" nannte. Seine Bühnenstücke setzen sich scharf mit den Strömungen unserer Zeit auseinander, sind also beileibe keine spaßigen Lustspiele. „Unserer chaotischen Welt kann man nur noch durch Komödien beikommen", sagte er einmal. Immer wieder kam es wegen seiner meist satirischen Stücke zu Theaterskandalen.
Der Besuch der alten Dame und *Die Physiker* zählen zu seinen bekanntesten Stücken. Der Physiker Möbius hat sich in ein Irrenhaus geflüchtet, um zu verhindern, dass seine Forschungsergebnisse von den Mächtigen der Erde missbraucht werden. Zwei andere Physiker, jeder von ihnen im Auftrag eines Geheimdienstes, überwachen ihn. Der überraschende Schluss: Die Irrenärztin selber ist verrückt, aber auch so gerissen, dass sie die Arbeiten von Möbius ausbeuten lässt. Die „normale" Welt wird also von Wahnsinnigen beherrscht, die einzig „Normalen" hingegen sind die scheinbar Verrückten. Dahinter steht die Auffassung Dürrenmatts, dass diese Welt „verunglückt" sei.
Neben seinen Dramen und Erzählungen schrieb Dürrenmatt auch Romane, darunter spannende Krimis wie *Der Richter und sein Henker* und *Der Verdacht*. Er verfasste Hörspiele und schrieb das Drehbuch zu dem erfolgreichen Kriminalfilm *Es geschah am helllichten Tag*. Heute gilt Friedrich Dürrenmatt neben seinem Landsmann Max Frisch als ein Klassiker der Moderne.

durch|kau|en

Durch|lass der, des Durchlasses, die Durchlässe; durch|las|sen (→ lassen); durch|lässig

durch|lau|fen (→ laufen); Durch|lauf der

durch|leuch|ten seine Vergangenheit wurde durchleuchtet (überprüft)

durch|ma|chen eine Nacht durchmachen (feiern), eine schlimme Zeit durchmachen (erleben)

Durch|mes|ser der

durch|neh|men sie hatten gerade das Römische Reich durchgenommen (darüber gelernt)

durch|num|me|rie|ren

durch|que|ren eine Wüste durchqueren

Durch|rei|se die; durch|rei|sen

durch|rei|ßen (→ reißen)

Durch|sa|ge die; durch|sa|gen

durch|schau|en ich habe dich durchschaut (deine Absichten erkannt)

Durch|schlag der, die Durchschläge; durch|schla|gen (→ schlagen): sich in schweren Zeiten durchschlagen (überleben)

durch|schlüp|fen er schlüpfte durch die Maschen des Gesetzes

durch|schnei|den (→ schneiden); Durch|schnitt der; durch|schnitt|lich

durch|schrei|ben (→ schreiben); Durch|schrift die

durch|se|hen (→ sehen); Durch|sicht die; durch|sich|tig am durchsichtigsten

durch|set|zen er konnte sich nicht durchsetzen, die Firma war mit Spitzeln durchsetzt; Durch|set|zungs|ver|mö|gen das

durch|sie|ben

durch|ste|hen (→ stehen): schlimme Zeiten durchstehen (durchmachen)

durch|su|chen das Haus wurde von oben bis unten durchsucht, man durchsuchte ihn nach Waffen; Durch|su|chung die

durch|trie|ben gerissen, schlau

Durch|wahl die; durch|wäh|len ich kann nach Amerika durchwählen

durch|weg ich kann mir durchweg (ausnahmslos) selbst helfen

durch|zie|hen (→ ziehen); Durch|zug der

dür|fen du darfst, sie durfte, gedurft, sie dürfte

dürf|tig karg, ärmlich

dürr am dürrsten; Dür|re die

Dürrenmatt Friedrich ▶ S. 104

Durst der, des Durst(e)s: eine durstige Seele; dürs|ten; durs|tig; Durst|stre|cke die: Zeit der Entbehrungen

Du|sche die *franz.*: eine kalte Dusche nehmen; du|schen

Dü|se die, die Düsen: Austrittsöffnung; Dü|sen|an|trieb der

Du|sel der: hast du einen Dusel (*ugs.* hast du ein Glück), er hatte einen Dusel (war leicht betrunken); du|se|lig / dus|lig mir ist ganz duselig/duslig (schwindlig)

Dus|sel der: Dummkopf; dus|se|lig / duss|lig stell dich nicht so dusslig (ungeschickt) an, Dus|se|lig|keit / Duss|lig|keit die

dus|ter / düs|ter am dustersten / düstersten: fast dunkel, unklar, verschwommen; es herrschte eine düstere Stimmung, plötzlich war es zappenduster

Dut|zend das *franz.*, die Dutzende: zwölf Stück, *Abk.* Dtzd.; im Dutzend billiger, Dutzende / dutzende von Menschen; dut|zend|fach; dut|zend|mal sehr oft, *aber:* ein Dutzend Mal (zwölfmal); dut|zend|wei|se

du|zen mit „du" anreden; Duz|freund der

DVD die, die DVDs, *Abk. aus engl.* **d**igital **v**ersatile **d**isc: CD mit großem Speicherplatz; DVD-Play|er *oder* DVD-Pla|yer der, DVD-Re|kor|der der

Dy|na|mik die *griech.*: Lehre von den bewegten Körpern, Schwung, Tonstärke, Triebkraft; dy|na|misch energiegeladen, schwungvoll

Dy|na|mit das *griech.*: Sprengstoff

Dy|na|mo *oder* Dy|na|mo der *griech.*, des/die Dynamos, *Kurzwort für* Dynamomaschine: Generator, Stromerzeuger

Dy|nas|tie die *griech.*: 1. Herrscherhaus, Herrschergeschlecht 2. Einfluss ausübende, hervorragende Gruppe oder Familie; sie stammte aus einer Gelehrtendynastie

dz *Abk. für* Doppelzentner (100 kg)

D-Zug der: *Kurzwort für* Durchgangszug, der nur an wichtigen Bahnhöfen hält

E *Abk. für* Eilzug, Europastraße
€ *Zeichen für* Euro
Eb|be die: niedrigster Wasserstand am Meer; *Ggs.* Flut
ebd. *Abk. für* ebenda
eben zu ebener Erde; **Ebe|ne** die; **eben|er|dig; eb|nen**
eben mir kam eben (gerade jetzt) der Gedanke, so ist das eben!; das ist eben so!
Eben|bild das: genaues Abbild
eben|bür|tig ein ebenbürtiger (gleichwertiger) Gegner
eben|da; eben|da|her; eben|dann; eben|da|rum; eben|der; eben|die|ser; eben|dort; eben|falls; eben|je|ner
Eben|holz das, die Ebenhölzer: dunkles bis schwarzes, sehr hartes Edelholz
Eben|maß das: Ausgewogenheit; **eben|mä|ßig** sie hat ebenmäßige Züge
eben|so genauso, in gleicher Weise; wir mögen es ebenso wie du; **eben|so gut** ich kann ebenso gut bleiben, ich kann das ebenso (im Vergleich mit dir genauso) gut wie du; **eben|so häu|fig; eben|so lang; eben|so oft; eben|so sehr; eben|so weit; eben|so we|nig**
Eber der: männliches Schwein
Eber|esche die: Laubbaum mit roten Beeren, Vogelbeere

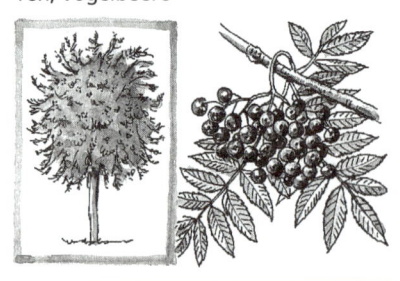

Ebner-Eschenbach Freifrau Marie von ▶ S. 107

EC *Abk. für* Eurocityzug
Echo *das griech.*, des/die Echos: Nachhall, Widerhall; die Rede fand kein Echo (keinen Anklang); **echo|en** es echote vom Berg
Echo|lot das: Gerät, mit dem Tiefen oder Höhen mit Hilfe von Schallwellen gemessen werden; **Echo|lo|tung** die
Ech|se die, die Echsen: Kriechtier
echt ihre Tränen waren echt, ein Mann von echtem Schrot und Korn; **echt|gol|den / echt gol|den; Echt|heit** die
Ecke die: er spähte um die Ecke, es fehlte an allen Ecken und Enden (überall), ich bin gleich um die Ecke (ganz in der Nähe); **Eck|haus** das; **eckig; Eck|lohn** der: im Tarifvertrag festgelegter Normallohn in der untersten Tarifgruppe
ECU [ekü]: *Abk. für* **E**uropean **C**urrency **U**nit: europäische Verrechnungseinheit vor dem Euro
Ecu|a|dor; Ecu|a|do|ri|a|ner der; **Ecu|a|do|ri|a|ne|rin** die, die Ecuadorianerinnen; **ecu|a|do|ri|a|nisch**
edel edler, am edelsten: „Edel sei der Mensch, hilfreich und gut" *(Johann Wolfgang von Goethe)*; **Edel|frau** die; **Edel|gas** das: Helium, Neon, Argon und andere Gase; **Edel|mann** der, die Edelleute; **Edel|me|tall** das: Platin, Gold, Silber u. a.; **Edel|mut** der; **edel|mü|tig**
Edikt das *lat.*, die Edikte: Verordnung, Erlass einer Obrigkeit; ein päpstliches Edikt
edie|ren *lat.*: herausgeben, veröffentlichen; ein Buch herausgeben; **edi|tie|ren** *lat.*: Daten in einen Computer eingeben, sie dort löschen oder korrigieren; **Edi|ti|on** die: Herausgabe eines Buches
EDV *Abk. für* **e**lektronische **D**atenverarbeitung
Efeu der: Kletterpflanze
Eff|eff sie konnte alle Hauptstädte aus dem Effeff (*ugs.* wusste alle mühelos auswendig)
Ef|fekt der *lat.*, des Effekt(e)s, die Effekte: Folge, Auswirkung, Eindruck; **Ef|fek|ten** die: Wertpapiere; **ef|fek|tiv** wirkungsvoll, wirklich, *Ggs.* ineffektiv; **ef|fekt|voll; Ef|fi|zi|enz** die: Leistungsfähigkeit, Wirksamkeit
Ef|fet [efe] *der franz.*, die Effets: einer Kugel oder einem Ball verliehener Drall, der durch Anschneiden beim Stoßen oder Schlagen entsteht; einen Ball mit Effet schlagen
EG *Abk. für* **E**uropäische **G**emeinschaft

Marie Freifrau von Ebner-Eschenbach

Marie Freifrau von Ebner-Eschenbach

geb. am 13. 9. 1830
auf Schloss Zdislavic/Mähren
gest. am 12. 3. 1916 in Wien

Krambambuli (Novelle, 1883)
Dorf- und Schlossgeschichten
  (Erzählungen, 1883)
Das Gemeindekind (Roman, 1887)
Die Spitzin (Novelle, 1901)

Zu den bedeutenden Schriftstellerinnen des 19. Jahrhunderts gehört Marie von Ebner-Eschenbach. Ihre Romane und Erzählungen wurden einmal viel und gern gelesen. Heute kennt man kaum noch ihren Namen. Das ist umso bedauerlicher, als die Werke dieser empfindsamen Dichterin – vor allem ihre Erzählungen – immer noch lesenswert sind.

Marie von Ebner-Eschenbach kam als Tochter eines Grafen auf einem Schloss in Mähren zur Welt. Die Mutter, eine sächsische Baronin, starb schon bald nach der Geburt des Kindes. Marie wurde von tschechischen Kindermädchen und französischen Erzieherinnen betreut und sprach in ihrer Kindheit besser Tschechisch als Deutsch. Erst ihre zweite Stiefmutter weckte in Marie die Liebe zur deutschen Literatur und schon als junges Mädchen unternahm sie erste schriftstellerische Versuche, die immerhin von dem berühmten österreichischen Dichter Franz Grillparzer gelobt wurden.

Mit 18 Jahren heiratete sie ihren Vetter, den Freiherrn von Ebner-Eschenbach, mit dem sie eine fünfzigjährige harmonische, aber kinderlose Ehe führte. Diese verlief ungemein gleichmäßig, ja fast eintönig – im Sommer meist auf dem Gut in einer mährischen Kleinstadt, im Winter und ab 1863 ganz in Wien. Seit 1875 veröffentlichte Marie von Ebner-Eschenbach alljährlich Romane und Erzählungen wie etwa *Das Gemeindekind*, *Krambambuli* (die Geschichte eines Hundes), *Zwei Komtessen*, *Dorf- und Schlossgeschichten*. Die Titel zeigen deutlich die Lebensbereiche, aus denen die Dichterin ihre Stoffe wählte. Es war die Welt der Kleinbauern auf den mährischen Dörfern, des Adels auf den Landschlössern oder in den Palästen der Hauptstadt der österreichischen Monarchie. Alle Werke spiegeln ihre Menschenkenntnis, ihre sichere Beobachtungsgabe, ihren Humor, aber auch ihr Mitgefühl für die Notleidenden, Schwachen und Sonderlinge wider. Im Alter fand die Dichterin endlich die verdiente öffentliche Anerkennung. Sie starb hochbetagt in Wien.

egal *franz.*: ganz egal (gleich), was du denkst
Egel der, die Egel: Blut saugender Ringelwurm, Blutegel
Eg|ge die: Ackergerät zum Lockern des Bodens

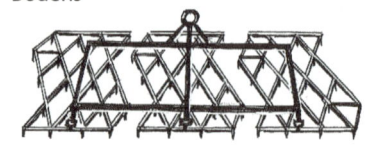

E-Gi|tar|re die: elektrische Gitarre
Ego|is|mus der *lat.*, des Egoismus, die Egoismen: Eigenliebe, Selbstsucht; **Ego|ist** der; **Ego|is|tin** die; **ego|is|tisch**
eh seit eh und je; **ehe** ehe (bevor) wir zahlen; **ehe|ma|lig**; **ehe|mals**; **eher**
Ehe die, die Ehen; **ehe|bre|chen**; **Ehe|leu|te** die; **ehe|lich**; **ehe|li|chen** heiraten; **Ehe|ring** der
ehern eine eherne Glocke (aus Metall, Eisen), sein eherner (fester) Wille, ein ehernes (unveränderliches) Gesetz
Eh|re die, die Ehren: bei meiner Ehre, jemandem die letzte Ehre erweisen (an dessen Beerdigung teilnehmen), jemandem die Ehre abschneiden (ihn verleumden); **eh|ren** dein Vertrauen ehrt mich, sehr geehrte Damen und Herren; **eh|ren|amt|lich**; **eh|ren|haft**; **eh|ren|voll**; **ehr|er|bie|tig**; **Ehr|furcht** die; **Ehr|furcht ge|bie|tend** / **ehr|furcht|ge|bie|tend**; **ehr|fürch|tig**; **ehr|furchts|voll**; **Ehr|geiz** der; **ehr|gei|zig**; **ehr|lich** ehrlich währt am längsten; **Ehr|lich|keit** die; **ehr|los**; **Eh|rung** die; **ehr|ver|let|zend**; **Ehr|wür|de** die; **ehrwür|dig**
Ei das, des Ei(e)s, die Eier: das ist das Ei des Kolumbus! (das ist die einfachste Lösung); **Ei|er|stö|cke** die: paarweise angelegtes Geschlechtsorgan, das die Eizellen erzeugt; **Ei|gelb** das; **Ei|sprung** der: Austritt eines befruchtungsfähigen Eies aus dem Eierstock (*lat.* Ovulation); **Ei|weiß** das; **Ei|weiß|stof|fe** die; **Ei|zel|le** die: weibliche Keimzelle
Ei|be die: Nadelbaum
Eich|amt das: Kontrollamt für Maße und Gewichte; **ei|chen** auf richtiges Maß und Gewicht prüfen; das geeichte Thermometer; **Eich|me|ter** das

Ei|che die; **Ei|chel** die; **Ei|chel|hä|her** der: Vogelart; **ei|chen** die eichene Truhe (aus Eichenholz); **Eich|hörn|chen** das

Eichendorff Joseph Freiherr von
▶ S. 109

Eid der, des Eid(e)s, die Eide: einen Eid schwören, der hippokratische Eid (das Ärztegelöbnis), unter Eid aussagen, etwas an Eides statt erklären; **ei|des|statt|lich** eine eidesstattliche Versicherung
Ei|dech|se die: einheimisches Kriechtier
Ei|fer der; **ei|fern**; **Ei|fer|sucht** die; **ei|fer|süch|tig**; **eif|rig**
ei|gen ihr eigener Einfall, sich etwas zu eigen machen (übernehmen, erlernen), sein eigen Fleisch und Blut (z.B. sein Sohn); **ei|gen|ar|tig**; **Ei|gen|be|darf** der; **Ei|gen|bröt|ler** der: Sonderling, Einzelgänger; **ei|gen|hän|dig**; **Ei|gen|ka|pi|tal** das; **ei|gen|mäch|tig**; **Ei|gen|nutz** der; **ei|gen|nüt|zig**; **ei|gens**; **Ei|gen|schaft** die; **Ei|gen|sinn** der; **Ei|gen|tum** das; **ei|gen|tüm|lich**; **ei|gen|wil|lig**

Ei|gen|schafts|wort das ▶ Adjektiv

eig|nen sich, geeignet sein; **Eig|nung** die
Ei|land das, die Eilande: Insel
Eil|bo|te der; **Ei|le** die; **ei|len** eile mit Weile; **ei|lends**; **ei|lig**
Ei|mer der; **ei|mer|wei|se**
ein, ei|ne, ei|ner ein und dasselbe, ein für alle Mal, er war ihr Ein und Alles (ihr ganzes Glück), in einem fort, ein jeder

> **der, die, das eine / Eine** – groß oder klein? Als Faustregel gilt: Kleinschreibung ist immer richtig. Großschreiben kann man, wenn man „eine" wie ein Substantiv gebraucht: *Das eine / Eine muss ich dir noch sagen ... Die einen / Einen kommen zu Fuß, die anderen / Anderen mit dem Fahrrad.*
> Gibt es zu „eine" ein Bezugswort (manchmal auch nur ein mitgedachtes), muss kleingeschrieben werden: *Zwei Schätze hatten die Seeräuber vergraben, aber der eine (Schatz) wurde nie gefunden.*

ein|ach|sig
ei|nan|der *oder* ein|an|der: sie begrüßten einander

Joseph Freiherr von Eichendorff

Joseph Freiherr von Eichendorff

geb. am 10. 3. 1788 auf Schloss
Lubowitz/Oberschlesien
gest. am 26. 11. 1857 in Neiße

*Naturlyrik (z. B. Winternacht,
In einem kühlen Grunde,
O Täler weit, o Höhen)
Aus dem Leben eines Taugenichts
(Novelle, 1826)*

Einige Gedichte von Joseph von Eichendorff kennt ihr vielleicht, ohne zu wissen, dass sie von ihm stammen, etwa „In einem kühlen Grunde, da geht ein Mühlenrad", „O Täler weit, o Höhen" oder „Wem Gott will rechte Gunst erweisen". Das letztgenannte Lied steht in seiner berühmten Novelle *Aus dem Leben eines Taugenichts*. Ihr Held ist ein armer Müllerssohn, der auf einer „romantischen Reise" mancherlei Abenteuer erlebt, schließlich froh und zufrieden heimkehrt und sich glücklich verheiratet. Die Sehnsucht nach der Fremde, die Liebe zur Natur und eine positive Einstellung zum Leben waren auch Wesenszüge des Dichters.

Der bei Ratibor in Oberschlesien geborene Eichendorff wuchs auf dem väterlichen Schloss Lubowitz auf, inmitten einer unberührten Landschaft an der Oder. Die Menschen dieses Grenzlandes, in dem sich die deutsche und die polnische Sprache und Kultur mit österreichischen Einflüssen vermischten, waren durch tiefe Frömmigkeit gekennzeichnet. Auch Eichendorffs Leben war vom katholischen Glauben geprägt. Nach Studienjahren in Halle lernte er in Heidelberg die wichtigsten Dichter der Romantik kennen, darunter Achim von Arnim und Clemens von Brentano. Sein Jurastudium schloss er 1810 mit glänzendem Examen in Wien ab und arbeitete danach als Beamter in Breslau, Berlin und Königsberg. Schließlich wurde er Ministerialrat im Berliner Kultusministerium. 1844 schied er aus dem Staatsdienst aus und verbrachte die letzten Lebensjahre vor allem in Neiße/Oberschlesien.

Neben Gedichten und Novellen schrieb Eichendorff auch Romane und Theaterstücke. Man verkennt ihn, wenn man in ihm nur den unkritischen Verfasser volkstümlicher, romantischer Dichtungen sieht. Die Zeit, in der er lebte, war sehr bewegt und er nahm stets engagiert am Zeitgeschehen teil. So meldete er sich zum Beispiel 1813 freiwillig zu den Befreiungskämpfen gegen Napoleon und wurde Leutnant in einem schlesischen Landwehrregiment.

einarbeiten

ein|ar|bei|ten; Ein|ar|bei|tungs|zeit die
ein|ar|mig
ein|äschern der Leichnam wurde eingeäschert (verbrannt); Ein|äsche|rung die
ein|at|men ein- und ausatmen
ein|äu|gig
Ein|bahn|stra|ße die
Ein|band der, des Einband(e)s, die Einbände; ein|bän|dig; ein|bin|den (→ binden): das Buch einbinden; Ein|bin|dung die
Ein|bau der, die Einbauten; ein|bau|en
ein|bei|nig
ein|be|ru|fen (→ rufen); Ein|be|ru|fung die
ein|bet|ten einfügen
ein|be|zie|hen (→ ziehen)
ein|bie|gen (→ biegen)
ein|bil|den es war eine eingebildete Krankheit; Ein|bil|dung die: Ausbildung verhindert Einbildung
ein|bläu|en ihr wurde eingebläut (eingeprägt), auf schnellstem Weg zu kommen
Ein|blick der; ein|bli|cken
ein|bre|chen (→ brechen); Ein|bre|cher der; Ein|bruch der; ein|bruch(s)|si|cher
ein|brin|gen (→ bringen)
ein|bür|gern
Ein|bu|ße die: Verlust; ein|bü|ßen
ein|de|cken mit Arbeit eingedeckt sein
ein|deu|tig eine eindeutige Auskunft
ein|drin|gen (→ dringen); ein|dring|lich; Ein|dring|ling der
Ein|druck der, des Eindruck(e)s, die Eindrücke; ein|drucks|voll
ein|ei|ig sie bekam eineiige Zwillinge
ein|ein|halb; ein|ein|halb|fach; ein|ein|halb|mal
ein|en|gen seine Sicht war eingeengt
Ei|ner der: einsitziges Ruderboot

ei|ner|lei das ist mir einerlei; Ei|ner|lei das: das ewige Einerlei des Alltags

ei|ner|seits einerseits ... and(e)rerseits; ei|nes|teils einesteils ... ander(e)nteils
Ein|eu|ro|stück das, *mit Ziffer*: 1-Euro-Stück
ein|fach aufs Einfachste / einfachste, es wird das Einfachste sein; Ein|fach|heit die
ein|fä|deln eine Nadel einfädeln, sich in den Verkehr einfädeln (einordnen), ein böses Spiel einfädeln (vorbereiten)
ein|fah|ren (→ fahren); Ein|fahrt die
Ein|fall der: ein kindischer Einfall, der Einfall der Hunnen; ein|fal|len (→ fallen): ihm fiel eine Ausrede ein, die einfallenden Sonnenstrahlen, ein altes eingefallenes Haus; ein|falls|los; ein|falls|reich
Ein|falt die: o heilige Einfalt!; ein|fäl|tig dumm, naiv
ein|fär|ben; ein|far|big
ein|fas|sen; Ein|fas|sung die
ein|feuch|ten
ein|flie|ßen (→ fließen); ein|flö|ßen du flößt ihm Angst ein; Ein|fluss der: Einfluss (Geltung) besitzen; ein|fluss|reich
ein|för|mig
ein|frie|den mit einem Zaun umgeben
ein|füh|len sich; ein|fühl|sam; Ein|füh|lungs|ver|mö|gen das
Ein|fuhr die; ein|füh|ren Autos aus Japan einführen, der neue Kollege wurde eingeführt, sie sprach einführende Worte; Ein|füh|rung die
Ein|ga|be die: Bittschrift, Gesuch, sie machte eine Eingabe (ans Finanzamt); ein|ge|ben (→ geben); Ein|ge|bung die: er folgt einer plötzlichen Eingebung (einem Gedankenblitz)
Ein|gang der Ggs. Ausgang; ein|gän|gig eine eingängige (leicht zu behaltende) Melodie; ein|gangs
Ein|ge|bo|re|ne der/die, die Eingeborenen: Ureinwohner eines Landes
ein|ge|denk eingedenk der Warnung
ein|ge|hen (→ gehen): sie wollte die Ehe eingehen, die Überweisung ging heute ein, mangels Regen wird alles eingehen (absterben), eine Wette eingehen (abschließen), das Hemd ist etwas eingegangen (kleiner geworden); ein|ge|hend sie informierte sich eingehend (ausführlich) über das Programm

ein|ge|mein|den; Ein|ge|mein|dung die
Ein|ge|ständ|nis das, des Eingeständnisses, die Eingeständnisse; **ein|ge|ste|hen** (→ stehen)
Ein|ge|wei|de die: die inneren Organe
ein|glei|sig (→ Gleis)
ein|grei|fen (→ greifen); **Ein|griff** der: ein Eingriff (eine Operation) war notwendig, der Eingriff (das Einmischen) in mein Privatleben
ein|hän|dig
ein|hei|misch; Ein|hei|mi|sche der/die
ein|heim|sen er hatte einen großen Gewinn eingeheimst
Ein|heit die: die Einheit des Volkes; **ein|heit|lich; Ein|heit|lich|keit** die
ein|hel|lig übereinstimmend
ein|her; ein|her|ge|hen
ein|hö|cke|rig / ein|höck|rig
ein|ho|len die Fahne einholen, er wurde von seiner Vergangenheit eingeholt
ei|nig einig sein; bist du einig mit mir?; **ei|ni|gen** sich; **Ei|nig|keit** die: Einigkeit macht stark; **Ei|ni|gung** die; **Ei|ni|gungs|ver|trag** der
ei|ni|ge einige Straßen weiter, mit einigem Fleiß, mir fehlt einiges; **ei|ni|ge Mal** sie rief mich einige Mal(e) an; **ei|ni|ger|ma|ßen**
Ein|kauf der; **ein|kau|fen; Ein|käu|fer** der; **Ein|kaufs|zen|trum** oder -zent|rum das
Ein|kehr die: die innere Einkehr (Selbstbesinnung); **ein|keh|ren**
Ein|klang der: in/im Einklang sein (übereinstimmen)
Ein|kom|men das; **Ein|kom|men(s)|steu|er** die
Ein|künf|te die: seine Einkünfte waren gering (er verdiente wenig)
ein|la|den (→ laden); **ein|la|dend** ein weiches, einladendes Sofa; **Ein|la|dung** die; **Ein|la|dungs|kar|te** die
Ein|la|ge die: eine musikalische Einlage (Zwischenstück), die Einlage seines Teilhabers (Beteiligung in Form von Zahlungen), in der Suppe sind Nudeln als Einlage
Ein|lass der, des Einlasses, die Einlässe; **ein|las|sen** (→ lassen)
Ein|lauf der: beim Einlauf in das Stadion, die Krankenschwester machte ihm einen Einlauf; **ein|lau|fen** (→ laufen)

ein|läu|ten das neue Jahr wurde eingeläutet
ein|le|ben sich
ein|lei|ten; Ein|lei|tung die
ein|len|ken sie machte eine einlenkende (versöhnliche) Bemerkung
ein|leuch|ten seine Antwort ist einleuchtend
ein|log|gen sich: am Computer eine Datenverbindung oder einen Zugang herstellen, ich habe mich eingeloggt, Ggs. → ausloggen
ein|lö|sen den Scheck einlösen, ein Versprechen einlösen
ein|ma|chen alles Gemüse und Obst aus dem Garten wurde eingemacht (durch Einkochen in Gläsern haltbar gemacht); **Ein|mach|glas** das
ein|mal einmal ist keinmal, es war einmal …, mach's noch einmal; **Ein|mal|eins** das; **ein|ma|lig**

> **einmal / ein Mal:** Das Zahlwort *einmal* wird zusammengeschrieben. *Ich habe einmal gefehlt.* Die Getrenntschreibung ist möglich, wenn man es besonders betonen möchte: *Ich habe doch erst ein Mal gefehlt.*

Ein|mann|be|trieb der
ein|mi|schen sich in ein Gespräch einmischen; **Ein|mi|schung** die
ein|mün|den; Ein|mün|dung die
ein|mü|tig; Ein|mü|tig|keit die
Ein|nah|me die; **ein|neh|men** (→ nehmen): Tabletten einnehmen, einen Standpunkt einnehmen, ein einnehmendes (gewinnendes) Wesen, das Bild nahm zu viel Raum ein, der Kaufmann hat nicht viel (Geld) eingenommen
Ein|öde die, die Einöden: einsame Gegend, eintönige Landschaft; **Ein|öd|bau|er** der; **Ein|öd|bäu|e|rin** die; **Ein|öd|hof** der: ein einzelner Bauernhof in menschenleerer Gegend
ein|pa|cken ein Buch in Geschenkpapier einpacken; er kann einpacken (*ugs.* wegen Erfolglosigkeit aufgeben); pack ein (*ugs.* hau ab)!
ein|prä|gen sich eine Melodie einprägen (merken), in die Münze war ein Wappen eingeprägt (eingestanzt); **ein|präg|sam; Ein|prä|gung** die

ein|quar|tie|ren; Ein|quar|tie|rung die
ein|räu|men eine Schublade einräumen, ihm wurde das Recht eingeräumt (zugestanden)
Ein|rei|se die; **Ein|rei|se|er|laub|nis** die; **ein|rei|sen**
ein|rei|ßen (→ reißen): die Burgruine wurde eingerissen (abgerissen), ein eingerissener Geldschein, wir wollen das nicht einreißen (zur üblen Angewohnheit werden) lassen
ein|ren|nen (→ rennen): er rannte offene Türen ein (stieß auf Zustimmung)
ein|rich|ten; Ein|rich|tung die
eins *klein:* sie wollte vor eins (ein Uhr) kommen, Denken und Handeln waren eins (erfolgten gleichzeitig); *groß:* eine Eins (Note 1) schreiben
ein|sam; Ein|sam|keit die
Ein|satz der: sie rettete das Kind unter Einsatz ihres eigenen Lebens, die Bläser warteten auf ihren Einsatz; **ein|satz|be|reit**
ein|schen|ken jemandem reinen Wein einschenken (die volle Wahrheit sagen)
ein|schi|cken
ein|schie|ben (→ schieben): eine Bemerkung einschieben; **Ein|schub** der
ein|schla|fen (→ schlafen); **ein|schlä|fern** der Hund musste eingeschläfert werden, seine Rede war einschläfernd (langweilig)
Ein|schlag der; **ein|schla|gen** (→ schlagen): einen Pfosten einschlagen (einrammen), dem Boxer wurde die Nase eingeschlagen, etwas in Papier einschlagen (einwickeln), einen anderen Kurs einschlagen (wählen), die Nachricht hat wie ein Blitz eingeschlagen (kam überraschend); **ein|schlä|gig** sie hatte einschlägige (entsprechende) Erfahrungen
ein|schnap|pen der Riegel war eingeschnappt (geschlossen), warum bist du eingeschnappt (beleidigt)?
ein|schnei|dend ein einschneidendes (tiefgreifendes) Erlebnis; **Ein|schnitt** der
ein|schrän|ken einschränkende Maßnahmen; **Ein|schrän|kung** die
Ein|schreib|brief / Ein|schrei|be|brief der; **ein|schrei|ben** (→ schreiben); **Ein|schrei|ben** das
ein|schüch|tern; Ein|schüch|te|rung die
ein|se|hen (→ sehen): er durfte das Urteil einsehen (lesen), du musst das einsehen (verstehen); **Ein|sicht** die; **ein|sich|tig**
ein|sei|tig; Ein|sei|tig|keit die
ein|sen|den (→ senden); **Ein|sen|der** der
ein|set|zen viel Kraft einsetzen, der Regen hat eingesetzt (begonnen), der Notarzt wurde eingesetzt, als Pfand 10 Euro einsetzen (hinterlegen), sich für jemanden einsetzen (verwenden); **Ein|set|zung** die
Ein|sied|ler der: zurückgezogen, einsam lebender Mensch; er lebte wie ein Einsiedler; **Ein|sied|le|rin** die; **Ein|sied|ler|krebs** der; **Ein|sied|ler|le|ben** das; **ein|sied|le|risch**
ein|sil|big wortkarg
Ein|sit|zer der; **ein|sit|zig**
ein|spal|tig
Ein|spruch der: Einspruch (Widerspruch) erheben
ein|spu|rig
einst hier war einst die Grenze, *aber:* das Einst (die Vergangenheit) war vergeben und vergessen; **einst|mals; einst|wei|len; einst|wei|lig**
Ein|stand der: Eintritt in eine Schule, in ein Lehrverhältnis, in eine neue Mannschaft, Antritt einer neuen Arbeitsstelle; sie hat ihren Einstand noch nicht gegeben (eine kleine Feier zum Dienstantritt); **Ein|stands|preis** der: Einkaufspreis zuzüglich Beschaffungskosten, abzüglich Skonto oder Bonus
ein|ste|hen (→ stehen): für seine Fehler einstehen (sich dazu bekennen)
ein|stel|len ein Rad einstellen (unterstellen), das Verfahren wird eingestellt (beendet), sich auf jemanden einstellen (anpassen, vorbereiten), sich pünktlich einstellen (einfinden), es wird niemand mehr eingestellt (zur Arbeit angenommen); **Ein|stel|lung** die
Ein|stieg der
ein|stim|mig ein einstimmiges Ergebnis
Ein|sturz der; **ein|stür|zen**
ein|tei|len in Gruppen einteilen; **ein|tei|lig; Ein|tei|lung** die
ein|tö|nig
Ein|topf der: einfaches Gericht, bei dem alle Zutaten wie z. B. Fleisch und Gemüse in einem Topf gekocht werden

Eldorado

Ein|tracht die; **ein|träch|tig**
Ein|trag der, des Eintrag(e)s, die Einträge; **ein|tra|gen** (→ tragen); **ein|träg|lich** Gewinn bringend
ein|tre|ten (→ treten): die Situation war eingetreten, für eine Sache eintreten (sich dafür einsetzen); **Ein|tritt** der
Ein|ver|neh|men das: gegenseitiges Einvernehmen (Übereinstimmung); **ein|ver|nehm|lich**
ein|ver|stan|den; Ein|ver|ständ|nis das, des Einverständnisses, die Einverständnisse
ein|wach|sen du wachst ein, er wachste ein, eingewachst: die Skier einwachsen
Ein|wand der: Widerspruch; **ein|wand|frei; ein|wen|den** (→ wenden)
Ein|wan|de|rer der; **ein|wan|dern**
ein|wärts; ein|wärts|bie|gen
Ein|weg|fla|sche die: Flasche, die vom Händler nicht zurückgenommen wird, *Ggs.* Pfandflasche
ein|wei|hen die neue Kapelle wurde eingeweiht (gesegnet), er war eingeweiht (wusste Bescheid); **Ein|wei|hung** die
ein|wei|sen (→ weisen); **Ein|wei|sung** die
ein|wer|fen (→ werfen); **Ein|wurf** der
ein|wi|ckeln er wickelte ihn ein (überredete ihn)
Ein|woh|ner der: nur die Hälfte der Einwohner kam zur Wahl; **Ein|woh|ne|rin** die; **Ein|woh|ner|mel|de|amt** das

Ein|zahl die ▶ Singular

ein|zah|len; Ein|zah|lung die
ein|zäu|nen
Ein|zel|han|del der: Betriebsform, die ihre Waren vom Großhandel bezieht und an den Endverbraucher verkauft; **Ein|zel|han|dels|kauf|mann** der; **Ein|zel|han|dels|kauf|frau** die
Ein|zel|ler der: einzelliges Lebewesen; **ein|zel|lig**
ein|zeln *klein:* sie kamen alle einzeln, ein einzeln stehendes / einzelnstehendes Haus; *groß:* bis ins Einzelne, jeder Einzelne, vom Einzelnen zum Ganzen, Einzelnes ist noch zu klären, im Einzelnen
ein|zie|hen (→ ziehen): die Segel wurden eingezogen, das Vermögen einziehen (beschlagnahmen), Erkundigungen einziehen (einholen), in ein Haus einziehen; **Ein|zug** der; **Ein|zugs|er|mäch|ti|gung** die: Erlaubnis eines Zahlungspflichtigen an den Zahlungsempfänger, eine Forderung zu Lasten seines Kontos bei der Bank einzuziehen
ein|zig mein einziger Kummer, einzig und allein, *aber:* kein Einziger, als Einziges; **ein|zig|ar|tig**
Eis das: das Eis ist gebrochen (die Zurückhaltung überwunden); **eis|frei; eis|gekühlt; eis|glatt; ei|sig kalt / ei|sig|kalt; eis|kalt** es läuft mir eiskalt über den Rücken; **Eis|kunst|lauf** der; **eis|lau|fen; Eis|schnell|lauf** der; **Eis|stock|schie|ßen** das

> **eislaufen** wird klein- und zusammengeschrieben: *Sie kann gut eislaufen.* Weitere Verbindungen mit solchen „verblassten" Substantiven sind: *kopfstehen, leidtun, nottun, standhalten, teilnehmen.*

Ei|sen das: mehrere Eisen im Feuer haben (noch andere Pläne verfolgen), die Eisen verarbeitende / eisenverarbeitende Industrie; **Ei|sen|bahn** die; **Ei|sen|erz** das; **ei|sen|hal|tig; ei|sen|hart; ei|sern** er bewahrte eiserne (unerschütterliche) Ruhe, sie hielten eisern (fest) zusammen, mit eisernem Besen kehren (strenge Maßnahmen ergreifen), die eiserne letzte Ration
ei|tel eitler, am eitelsten; **Ei|tel|keit** die
Ei|ter der; **ei|te|rig; ei|tern; eit|rig**
Ekel das: *ugs.* abscheulicher Mensch; **Ekel** der: Widerwille, Abscheu; **Ekel er|re|gend / ekel|er|re|gend; ekel|haft; eke|lig** am ek(e)ligsten; **ekeln** sich; **ek|lig**
EKG das: *Abk.* für **E**lektro**k**ardio**g**ramm: Aufzeichnung der Herzmuskeltätigkeit
Eks|ta|se *oder* Ek|sta|se die *griech.*: rauschhafter Zustand; er handelte wie in Ekstase; **eks|ta|tisch** *oder* ek|sta|tisch: außer sich, schwärmerisch
Ek|zem das *griech.*, des Ekzems, die Ekzeme: Hautausschlag
Elan der *franz.*: Begeisterung, Schwung
elas|tisch *griech.*: dehnbar, biegsam, anpassungsfähig: ein elastisches Gummiband; **Elas|ti|zi|tät** die
Elch der, die Elche: mächtige Hirschart
El|do|ra|do das *span.*, die Eldorados: Paradies, Traumland

Elefant

Ele|fant der, des/die Elefanten
ele|gant *lat.* am elegantesten: vornehm, geschmackvoll: elegant gekleidet sein; **Ele|ganz** die
Ele|gie die *lat.*: Gedicht in Form einer wehmütigen Klage; **ele|gisch**
Elek|tri|ker *oder* Elek|tri|ker der; **Elek|tri|ke|rin** die; **elek|trisch**; **elek|tri|sie|ren** *oder* elek|tri|sieren; sie war wie elektrisiert von ihm (fühlte sich angezogen); **Elekt|ri|zi|tät** *oder* Elek|tri|zi|tät die; **Elekt|ro|de** *oder* Elek|tro|de die: den Stromübergang vermittelnder Kontakt aus Metall; **Elekt|ro|herd** *oder* Elek|troherd der; **Elekt|ro|ly|se** *oder* Elek|troly|se die; **Elekt|ro|lyt** *oder* Elek|tro|lyt das; **Elekt|ro|mag|net** *oder* Elek|troma|gnet der; **elekt|ro|mag|ne|tisch** *oder* elek|troma|gne|tisch; **Elekt|ron** *oder* Elek|tron das: negativ geladenes Elementarteilchen *vgl. Abb. S. 38;* **Elekt|ro|nik** *oder* Elek|tro|nik die; **elekt|ro|nisch** *oder* elek|tro|nisch: elektronische Datenverarbeitung, *Abk.* EDV; **Elekt|ro|tech|nik** *oder* Elek|trotech|nik die
Ele|ment das *lat.*, des Element(e)s: Bestandteil, Merkmal, Grundstoff, Grundbegriff, chemisches Element; in seinem Element sein (sich auskennen); **ele|men|tar** ihm fehlten die elementaren (grundlegenden) Begriffe; **Ele|men|tar|be|griff** der: Grundbegriff; **Ele|men|tar|ge|walt** die: Naturgewalt; **Ele|men|tar|la|dung** die: kleinste nachweisbare elektrische Ladung; **Ele|men|tar|teil|chen** das: kleinste Bausteine der Materie
elend am elend(e)sten: ein elendes Los; **Elend** das, des Elend(e)s: sie war ein Häufchen Elend; **elen|dig** ihn fror elendig(lich); **Elends|quar|tier** das
Ele|ve der *franz.*, die Eleven: Ballett- oder Schauspielschüler, Nachwuchs; **Ele|vin** die, die Elevinnen
elf (→ acht): es ist elf Uhr; **Elf** die: Fußballmannschaft; die gegnerische Elf kommt aufs Spielfeld; **Elf|me|ter** der: Strafstoß beim Fußball; **Elf|me|ter|schie|ßen** das
Elf der, des/die Elfen: männlicher Naturgeist; **El|fe** die, die Elfen: weiblicher Naturgeist in Sagen und Märchen; **el|fen|gleich**
El|fen|bein das

eli|mi|nie|ren *lat.*: als fehlerhaft, überschüssig oder ungenügend beseitigen, ausschalten; er eliminierte seine Konkurrenten (schaltete sie aus)
eli|tär *franz.*: der Elite angehörend, auserwählt, *auch* überheblich, anmaßend; **Eli|te** die, die Eliten: Gruppe der Besten
Eli|xier das *lat.*, die Elixiere: Zaubertrank, Heiltrank
Ell|bo|gen / El|len|bo|gen der, die Ell(en)bogen: seine Ellbogen gebrauchen (rücksichtslos, nicht zimperlich sein); **El|le** die: Unterarmknochen, altes Längenmaß, mit gleicher Elle messen
El|lip|se die *griech.*: Kegelschnitt; **el|liptisch**

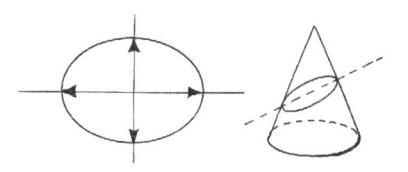

elo|quent *lat.*: sie schilderte ihren Werdegang eloquent (wortreich, ausdrucksstark)
Els|ter die: Rabenvogel, der gerne fremde Nester plündert; eine diebische Elster
el|ter|lich; **El|tern** die: das ist nicht von schlechten Eltern (das ist gut); **el|ternlos**; **El|tern|schaft** die
E-Mail [imäil] die *amerik.*, die E-Mails: Bezeichnung für elektronische Post
Email / Email|le [emaj/emalje] das/die *franz.*, die Emails / Emaillen: meist farbiger Überzug aus geschmolzenem Glas; **email|lie|ren** emaillierter Schmuck
Eman|zi|pa|ti|on die *lat.*: Befreiung aus einer Abhängigkeit, Gleichstellung; **eman|zi|pie|ren** sich
Em|bar|go das *span.*, die Embargos: staatliches Aus- oder Einfuhrverbot aus politischen Gründen, z. B. das amerikanische Handelsembargo gegen Kuba
Emb|lem *oder* Em|blem [äblem] das *griech.*, des Emblems, die Embleme: Wahrzeichen, Symbol
Em|bo|lie die *griech.*, die Embolien: Verstopfung eines Blutgefäßes durch eine in die Blutbahn geratene Substanz

Ensemble

Em|bryo *oder* **Emb|ryo** der *griech.*, des/die Embryos, die Embryonen: Ungeborenes im Mutterleib ab der vierten Schwangerschaftswoche; **em|bry|o|nal** *oder* emb|ry|o|nal: unentwickelt, unreif

28 Tage, 7 mm   *5 Wochen, 14 mm*

Emi|grant *oder* **Emigrant** der *lat.*, die Emigranten: Auswanderer; **Emi|gran|tin** die; **Emi|gra|tion** *oder* **Emig|ra|ti|on** die; **emi|grie|ren** *oder* emig|rie|ren; sie emigrierten nach Amerika

emi|nent *lat.*: herausragend, sehr wichtig, bedeutend; seine musikalische Begabung war eminent

Emis|si|on die *lat.*, die Emissionen: 1. Ausgabe von Geld, Wertpapieren oder Briefmarken 2. Ausstoß von verunreinigter Luft, Luftverschmutzung; **Emis|si|ons|wer|te** die

Emo|ti|on die *franz.*, die Emotionen: Gefühl, Gemütsbewegung; **emo|ti|o|nal** gefühlsbetont

Emp|fang der, die Empfänge; **emp|fan|gen** (→ fangen); **Emp|fän|ger** der; **Emp|fän|ge|rin** die, die Empfängerinnen; **emp|fäng|lich**; **Emp|fäng|nis** die; **Emp|fäng|nis|ver|hü|tung** die: z. B. das Einnehmen der Antibabypille

emp|feh|len du empfiehlst, er empfahl, empfohlen, er empfähle, empfiehl!; **emp|feh|lens|wert**; **Emp|feh|lung** die

emp|fin|den (→ finden); **emp|find|lich** reizbar, wehleidig; **Emp|find|lich|keit** die; **emp|find|sam** feinfühlig, einfühlsam; **Emp|find|sam|keit** die; **Emp|fin|dung** die

Em|pi|rie die *griech.*: das Wissen oder eine Methode, die auf Erfahrungswerten beruht; **em|pi|risch** erfahrungsgemäß

em|por die Treppe empor; **Em|po|re** die, die Emporen: offenes Obergeschoss, Galerie in der Kirche; **em|por|kom|men** (→ kommen); **Em|por|kömm|ling** der; **em|por|ra|gen**

em|pö|ren sich; **Em|pö|rung** die
em|sig; **Em|sig|keit** die
Emu der *port.*, die Emus: straußenähnlicher austral. Laufvogel, *vgl. Abb. S. 388*
Emul|si|on die *lat.*, die Emulsionen: 1. Verbindung zweier ineinander nicht löslicher Flüssigkeiten, bei der die eine in Tröpfchenform in der anderen enthalten ist 2. lichtempfindliche Schicht bei Fotopapier, -film und -platten
En|de das: lieber ein Ende mit Schrecken als ein Schrecken ohne Ende, das Ende vom Lied (das enttäuschende Ende), er ist mit seinem Latein am Ende (weiß nicht mehr weiter), letzten Endes (schließlich), Ende März, Ende letzten Jahres; **en|den** wie soll das enden?; **end|gül|tig**; **End|gül|tig|keit** die; **end|lich**; **end|los**; **End|lo|sig|keit** die; **En|dung** die
En|di|vie die: Salatart
Ener|gie die *griech.*, die Energien: 1. körperliche und geistige Kraft 2. in der Physik die Fähigkeit, Arbeit zu leisten; **Ener|gie|be|darf** der; **ener|gie|los**; **ener|gisch** am energischsten: entschlossen, tatkräftig
eng: ein eng anliegendes / enganliegendes Kleid; zwei eng befreundete / engbefreundete Familien; **En|ge** die; **eng|her|zig**; **Eng|her|zig|keit** die; **Eng|pass** der; **eng|stir|nig** am engstirnigsten: kurzsichtig, beschränkt; **Eng|stir|nig|keit** die
En|ga|ge|ment [ãgaschemã] das *franz.*, des/die Engagements: persönliche Verpflichtung, Bindung, berufliche Anstellung eines Künstlers; **en|ga|gie|ren** sich: sie engagierte sich für die Kinder
En|gel der *griech.*, die Engel; **en|gel|haft**
En|ger|ling der: Larve des Maikäfers
Eng|land; **Eng|län|der** der; **Eng|län|de|rin** die; **eng|lisch**
en gros [ã gro] *franz.*: in großen Mengen; die Jeans wurden en gros verkauft
En|kel der; **En|ke|lin** die, die Enkelinnen; **En|kel|kin|der** die
En|kla|ve die *franz.*, die Enklaven: im eigenen Staatsgebiet eingeschlossener Teil eines fremden Staates; *Ggs.* Exklave
enorm ihr Wissen war enorm (sehr groß)
En|sem|ble [ãßäbl] das *franz.*, des/die Ensembles: Künstlertruppe

entbehren

ent|beh|ren ich kann es nicht entbehren (brauche es dringend), sein Tun entbehrte nicht einer gewissen Komik (war komisch); **ent|behr|lich; Ent|beh|rung** die
ent|bin|den (→ binden); **Ent|bin|dung** die
ent|blö|ßen
ent|bren|nen (→ brennen)
ent|de|cken; Ent|de|cker der; **Ent|de|cke|rin** die; **Ent|de|ckung** die
En|te die: 1. Schwimmvogel 2. Falschmeldung in der Zeitung
ent|eh|ren sein Name war durch den Korruptionsverdacht entehrt
ent|eig|nen die Fabrikbesitzer wurden enteignet; **Ent|eig|nung** die
ent|ei|sen die Tragflächen des Flugzeuges mussten vor dem Start enteist werden
en|tern die Piraten enterten (nahmen) das feindliche Schiff
En|ter|tai|ner [entertäiner] der *engl.*, die Entertainer: Alleinunterhalter; **En|ter|tai|ne|rin** die; **En|ter|tain|ment** [entertäinment] das: Unterhaltung, die berufsmäßig geboten wird
ent|fa|chen ein Feuer entfachen (anzünden)
ent|fal|len (→ fallen): das Konzert entfällt, das ist mir entfallen (habe ich vergessen)
ent|fal|ten sich frei entfalten (entwickeln) können, das Taschentuch entfalten, eine fieberhafte Suche entfalten (beginnen); **Ent|fal|tung** die
ent|fer|nen weit entfernt von der Heimat, eine entfernte (schwache) Ähnlichkeit, er dachte nicht im Entferntesten (überhaupt nicht) daran; **Ent|fer|nung** die
ent|frem|den das Ehepaar hat sich entfremdet; **Ent|frem|dung** die
ent|füh|ren; Ent|füh|rer der; **Ent|füh|re|rin** die; **Ent|füh|rung** die
ent|ge|gen sie ging ihm entgegen, entgegen (im Gegensatz zu) allen Vorhersagen; **ent|ge|gen|ei|len; ent|ge|gen|fie|bern; ent|ge|gen|ge|hen** (→ gehen); **ent|ge|gen|ge|setzt; ent|ge|gen|kom|men** (→ kommen); **Ent|ge|gen|kom|men** das: freundliche Haltung, Zugeständnis
ent|geg|nen erwidern; **Ent|geg|nung** die
ent|geis|tert sie schaute mich entgeistert (sprachlos, völlig verstört) an; **Ent|geis|te|rung** die

Ent|gelt das: Lohn, Zahlung; **ent|gel|ten** (→ gelten)
ent|glei|sen der Zug entgleiste in der Kurve; **Ent|glei|sung** die: er entschuldigte sich für seine Entgleisung (peinliche Unbeherrschtheit)
ent|hal|ten (→ halten): der Korb enthielt Erdbeeren, das Material war im Preis enthalten (inbegriffen), er wollte sich aller Vergnügen enthalten (darauf verzichten), sie konnte sich eines Schmunzelns nicht enthalten (musste schmunzeln); **ent|halt|sam; Ent|halt|sam|keit** die: „Enthaltsamkeit ist das Vergnügen an Sachen, welche wir nicht kriegen" *(Wilhelm Busch)*; **Ent|hal|tung** die
ent|haup|ten im Mittelalter wurden Mörder enthauptet (geköpft)
ent|he|ben (→ heben): er wurde aller Verpflichtungen enthoben (entbunden); **Ent|he|bung** die
ent|hül|len der Bericht enthüllte die ganze Wahrheit; **Ent|hül|lung** die
En|thu|si|as|mus der *griech.*: Begeisterung, Überschwang; **En|thu|si|ast** der, die Enthusiasten; **en|thu|si|as|tisch** sie lobte den Sänger enthusiastisch
ent|ker|nen
ent|kräf|ten durch Hunger entkräftet sein, einen Verdacht entkräften (widerlegen)
ent|lang entlang dem Fluss, den Fluss entlang; **ent|lang|ge|hen** du musst immer diesen Weg entlanggehen
ent|lar|ven sein falsches Spiel wurde entlarvt (aufgedeckt); **Ent|lar|vung** die
ent|las|sen (→ lassen); **Ent|las|sung** die
ent|las|ten; Ent|las|tung die
ent|lau|fen (→ laufen)
ent|le|di|gen sich: er entledigte sich des Verfolgers (befreite sich von ihm)
ent|le|gen die Ortschaft war ziemlich entlegen (lag weit abseits)
ent|mach|ten der Minister wurde entmachtet (seines Einflusses beraubt); **Ent|mach|tung** die
ent|mün|di|gen er wurde wegen Trunksucht entmündigt (ihm wurde vom Gericht die Fähigkeit abgesprochen, Verträge und Rechtsgeschäfte abzuschließen); **Ent|mün|di|gung** die
ent|mu|ti|gen; Ent|mu|ti|gung die

entzweigehen

Ent|nah|me die; **ent|neh|men** (→ nehmen): deinem Brief kann ich nichts entnehmen, ihm wurde eine Blutprobe entnommen

ent|pup|pen sich: sie entpuppte (erwies) sich als große Hilfe

ent|rah|men entrahmte Milch

ent|rich|ten sie mussten Eintritt entrichten (bezahlen)

ent|rüm|peln den Keller entrümpeln; **Ent|rüm|pe|lung / Ent|rümp|lung** die

ent|rüs|ten sie waren über sein Verhalten entrüstet (empört); **Ent|rüs|tung** die: mit gespielter Entrüstung

ent|sa|gen den Freuden des Lebens entsagen (freiwillig darauf verzichten); **Ent|sa|gung** die

ent|schä|di|gen der Erfolg entschädigte ihn für alles (war der entsprechende Ausgleich); **Ent|schä|di|gung** die

ent|schär|fen die Bombe wurde entschärft

ent|schei|den (→ scheiden); **Ent|scheidung** die; **ent|schie|den** sie lehnten die Forderung entschieden (energisch) ab; **Ent|schie|den|heit** die

ent|schla|fen er war sanft entschlafen (gestorben)

ent|schlie|ßen sich (→ schließen); **Ent|schlie|ßung** die; **Ent|schluss** der: schneller Entschluss bringt oft Verdruss

ent|schlüs|seln der Funkspruch war nicht zu entschlüsseln (zu übersetzen)

ent|schul|di|gen wer sich entschuldigt, klagt sich an; **Ent|schul|di|gung** die; **Ent|schul|di|gungs|schrei|ben** das

ent|set|zen sich: sie entsetzte sich bei dem Anblick (geriet außer Fassung), sie sah ihn entsetzt (erschrocken) an; **Ent|set|zen** das; **ent|setz|lich**

ent|sin|nen sich (→ sinnen): ich entsinne (erinnere) mich noch gut

Ent|sor|gung die: Beseitigung von umweltgefährdendem Müll

ent|span|nen; Ent|span|nung die

ent|spre|chen (→ sprechen); **ent|sprechend** sie war entsprechend (angemessen) angezogen; **Ent|spre|chung** die

ent|sprin|gen (→ springen): ein entsprungener (entflohener) Häftling, der Rhein entspringt in der Schweiz, die Geschichte entspringt wohl deiner Fantasie

ent|ste|hen (→ stehen); **Ent|ste|hung** die: die Entstehung der Erde

ent|stel|len der Text wurde entstellt (verfälscht) wiedergegeben; **Ent|stel|lung** die

ent|stö|ren elektrische Geräte werden entstört (die Störungsquelle wird beseitigt); **Ent|stö|rung** die

ent|täu|schen; Ent|täu|schung die

ent|wäs|sern das Moor wurde entwässert (trockengelegt)

ent|we|der entweder kommst du oder deine Schwester, das Entweder-oder

ent|wen|den der ganze Schmuck war entwendet (gestohlen) worden

ent|wer|fen (→ werfen); **Ent|wurf** der

ent|wer|ten das Geld wurde entwertet (verlor an Wert); **Ent|wer|tung** die

ent|wi|ckeln das Bäumchen entwickelte sich zum Baum (wuchs heran), er entwickelte (zeigte) plötzlich Talent, die Aufnahme wird gerade entwickelt (mit Filmentwickler sichtbar gemacht); **Ent|wick|lung** die; **Ent|wick|lungs|hil|fe** die: Unterstützung der Industriestaaten an ärmere Länder; **Ent|wick|lungs|hel|fer** der: Freiwilliger, der Aufbauarbeiten in einem Entwicklungsland leistet; **Ent|wick|lungs|hel|fe|rin** die; **Ent|wicklungs|land** das: weniger entwickeltes Land, oft ohne Industrie

ent|wi|schen du entwischst: er war mir entwischt (entkommen)

ent|wöh|nen der Säugling wurde (der Muttermilch) entwöhnt (an eine andere Nahrung gewöhnt)

ent|zie|hen (→ ziehen): sie wurde unseren Blicken entzogen, sich einer Umarmung entziehen; **Ent|zie|hung** die; **Ent|zie|hungs|kur** die: die stufenweise Behandlung einer Alkohol- oder Drogensucht; **Ent|zug** der

ent|zif|fern die Inschrift war nicht mehr zu entziffern (nicht mehr lesbar)

ent|zü|cken die Geschichte war entzückend; **Ent|zü|cken** das

ent|zün|den das Feuer wurde entzündet, die Wunde entzündete sich; **ent|zündlich; Ent|zün|dung** die

ent|zwei; ent|zwei|bre|chen (→ brechen); **ent|zwei|en** sich: eine Lüge hatte sie entzweit; **ent|zwei|ge|hen** (→ gehen)

En|zi|an der *lat.*, die Enziane: Gebirgsblume, Schnaps aus ihrer Wurzel

En|zy|klo|pä|die die *griech.*, die Enzyklopädien: großes Nachschlagewerk, Sachwörterbuch

Epi|de|mie die *griech.*, die Epidemien: ansteckende Seuche; **epi|de|misch**

epi|go|nal nachahmend; **Epi|go|ne** der *griech.*, die Epigonen: Nachahmer ohne eigene Ideen, Nachgeborener; **epi|gonen|haft**

> **Epik** die *griech.*: Die Epik ist neben den anderen beiden literarischen Gattungen → Lyrik (Gedichte) und → Dramatik (Theaterstücke) heute die wichtigste und umfangreichste literarische Form, mit der wir in Berührung kommen. Der Begriff umfasst alle erzählende Dichtung, ob es sich z.B. um eine → Anekdote, eine → Kurzgeschichte, eine → Novelle oder einen → Roman handelt. Der Roman als „epische Großform" ist die bekannteste Form erzählender Dichtung.
>
> Das aus dem Griechischen kommende Wort „Epik" bedeutet ursprünglich nichts anderes als „Rede". Und in unserem Wort → „Sage" lebt noch etwas von diesem alten Epikbegriff weiter: Es waren ja vielfach Sagen und sagenhaft ausgeschmückte Begebenheiten, die zuerst erzählt wurden.
>
> Die Epiker waren zugleich auch die Vortragenden (Sänger). Die alten Epen, die Vorgänger des Romans, sind durchweg in Versen geschrieben. Man spricht deshalb auch vom Versepos.

Epi|lep|sie die *griech.*: Fallsucht, eine Krankheit mit plötzlichen Krämpfen; **Epi|lep|ti|ker** der; **Epi|lep|ti|ke|rin** die, die Epileptikerinnen; **epi|lep|tisch**

Epi|log der *griech.*, die Epiloge: Nachwort, Abschlussbemerkung

Epis|kop oder **Epi|skop** das *griech.*, die Episkope: Projektor für undurchsichtige Vorlagen, z.B. aus Büchern oder Zeitungen

Epi|so|de die *griech.*, die Episoden: Nebenhandlung, flüchtiges Ereignis, Zwischenspiel, Zeitabschnitt innerhalb eines größeren Geschehens

Epis|tel die *griech.*, die Episteln: Brief, Apostelbrief im Neuen Testament

Epi|zen|trum oder -zent|rum das *lat.*, die Epizentren: der Mittelpunkt eines Erdbebenherdes, Ausgangspunkt eines Erdbebens

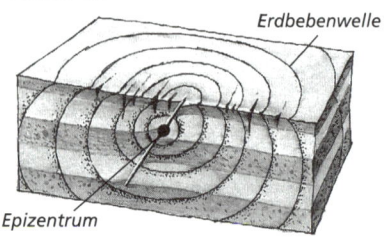

Erdbebenwelle

Epizentrum

epo|chal *griech.*: eine epochale (zukünftig bedeutsame) Erfindung; **Epo|che** die: geschichtlicher Zeitabschnitt, der durch den Beginn neuer Entwicklungen gekennzeichnet ist, z.B. die Epoche der Weltraumfahrt

Epos das *lat.*, die Epen: erzählerische, umfangreiche Versdichtung; ein Epos von Homer

er|ach|ten; Er|ach|ten das: meines Erachtens (meiner Ansicht nach), *Abk.* m. E.

er|bar|men sich; **Er|bar|men** das; **er|bärm|lich; er|bar|mungs|los**

er|bau|en die Kirche wurde um 1900 erbaut, sich an guter Musik erbauen (erfreuen); **Er|bau|er** der; **er|bau|lich** eine erbauliche (besinnliche) Geschichte; **Er|bau|ung** die

Erb|an|la|ge die: durch Gene festgelegte Fähigkeit eines Organismus, ein bestimmtes Merkmal auszubilden; **Er|be** das: er trat das Erbe seines Vaters an; **Er|be** der; **er|ben; Er|bin** die, die Erbinnen; **Erb|krank|heit** die; **Erb|las|ser** der: jemand, der eine Erbschaft hinterlässt; **Erb|las|se|rin** die; **erb|lich; Erb|schaft** die; **Erb|schafts|steu|er** die: von den Erben zu zahlende Steuer bei einer Erbschaft

er|beu|ten
Er|bit|te|rung die
er|blas|sen du erblasst
er|blei|chen
er|bo|sen das erboste ihn
er|bre|chen (→ brechen)
Erb|se die; **erb|sen|groß**

Erd|ach|se die *vgl. Abb. S. 33;* **Erd|be|ben** das; **Erd|bee|re** die; **Er|de** die: die Erde bebt, auf Erden; **er|den** mit der Erde verbinden, z. B. eine Antenne; **Erd|ge|schoss** das; **er|dig**; **Erd|kun|de** die; **erd|kund|lich**; **Erd|öl** das; **Erd|reich** das; **Erd|rutsch** der; **Erd|teil** der: Kontinent

er|denk|bar mit allen erdenkbaren Mitteln; **er|denk|lich**

er|dreis|ten sich: sie hat sich erdreistet, mich gleich zu duzen

er|dros|seln erwürgen

er|drü|cken sie wurde von Sorgen fast erdrückt; **er|drü|ckend** die Übermacht des Gegners war erdrückend, erdrückendes Beweismaterial

er|ei|fern sich: sich über jemanden / etwas ereifern (aufregen)

er|eig|nen sich; **Er|eig|nis** das, des Ereignisses, die Ereignisse: große Ereignisse werfen ihre Schatten voraus

er|ei|len der Tod hat ihn ereilt (er ist plötzlich gestorben)

Ere|mit der *griech.*, des/die Eremiten: Einsiedler

er|fah|ren (→ fahren); **Er|fah|rung** die: wie die Erfahrung lehrt; **er|fah|rungs|ge|mäß**

er|fas|sen (→ fassen): seine Daten wurden im Computer erfasst (eingegeben), du hast es erfasst! *(ugs.* richtig verstanden), statistisch erfassen (statistische Daten zusammentragen/auflisten), die Scheinwerfer eines Autos erfassten (beleuchteten) einen Fußgänger, Angst erfasste sie

er|fin|den (→ finden); **Er|fin|der** der; **Er|fin|de|rin** die; **er|fin|de|risch** Not macht erfinderisch; **Er|fin|dung** die

Er|folg der; **er|fol|gen**; **er|folg|los**; **Er|folg|lo|sig|keit** die; **er|folg|reich**; **Er|folg versprechend / erfolg|ver|sprechend**

er|for|der|lich; **er|for|der|li|chen|falls**; **er|for|dern** die Arbeit erfordert viel Zeit; **Er|for|der|nis** das, des Erfordernisses, die Erfordernisse

er|for|schen du erforschst; **Er|for|schung** die

er|freu|en; **er|freu|lich**

er|frie|ren (→ frieren); **Er|frie|rung** die

er|fri|schen du erfrischst dich; **Er|fri|schung** die

er|füll|bar; **er|fül|len** ihre Forderungen wurden erfüllt, Lärm erfüllte den Saal; **Er|fül|lung** die; **Er|fül|lungs|ge|hil|fe** der: Person, die für eine andere eine Leistung erbringt oder eine Pflicht erfüllt; er wurde zum Erfüllungsgehilfen einer menschenverachtenden Politik; **Er|fül|lungs|ort** der: Ort, an dem eine vertragliche Leistung erbracht werden soll; Erfüllungsort ist München

er|gän|zen

Er|gän|zung die ▶ Objekt

er|gat|tern ich ergatterte (sicherte mir) einige Sonderangebote

er|ge|ben (→ geben): die Untersuchung ergab nichts (brachte kein Ergebnis), sich in sein Schicksal ergeben (fügen), er war ein ergebener (treuer) Diener; **Er|ge|ben|heit** die; **Er|geb|nis** das; **er|geb|nis|los**; **er|gie|big**

er|ge|hen (→ gehen): mir erging es wie euch (ich erlebte Ähnliches), er erging sich in Lobeshymnen (lobte weitschweifend), eine neue Vorschrift ist ergangen (kam heraus), die Gräfinnen ergehen sich im Park (gehen spazieren)

er|gie|ßen (→ gießen)

er|glü|hen

er|go *lat.*: folglich, demnach, also; du hast dich gemeldet, ergo musst du auch antworten

er|göt|zen sich: Spaß haben; **Er|göt|zen** das

er|grau|en in Ehren ergraut

er|grei|fen (→ greifen): Maßnahmen ergreifen (etwas unternehmen), ein Glas ergreifen (nehmen), er wurde von Reue ergriffen (gepackt), sie standen ergriffen (erschüttert) vor dem Sarg; **er|grei|fend** die Musik war ergreifend (ging zu Herzen); **Er|grif|fen|heit** die: Rührung

er|grün|den erforschen

er|ha|ben die Verzierung ist erhaben (ragt heraus), es war ein erhabener (feierlicher) Augenblick, er fühlte sich darüber erhaben (überlegen)

Er|halt der; **er|hal|ten** (→ halten): von der Wandmalerei war nichts erhalten (nichts geblieben), erhalten (bewahren) ist schwerer als erwerben; **er|hält|lich**; **Er|hal|tung** die; **er|hal|tungs|wür|dig**

er|här|ten er konnte sein Argument nicht erhärten (untermauern)

er|he|ben (→ heben): das Dorf wurde zur Stadt erhoben, den Blick erheben; **er|he|bend** ein erhebender (feierlicher) Augenblick; **er|heb|lich** der Verlust war erheblich (groß); **Er|he|bung** die

er|hei|tern; Er|hei|te|rung die

er|hel|len der Blitz erhellte die Nacht, ihr Brief erhellte die Hintergründe des Geschehens (machte sie deutlich)

er|hit|zen er war erhitzt (streitlustig)

er|hö|hen; Er|hö|hung die

er|ho|len; er|hol|sam; Er|ho|lung die; **er|ho|lungs|reif; Er|ho|lung Su|chen|de / Er|ho|lung|su|chen|de** der/die

er|hö|ren ihr Gebet wurde erhört, die Angebetete erhörte ihn endlich (gab seinem Werben endlich nach)

er|in|nern sich; **Er|in|ne|rung** die; **Er|in|ne|rungs|ver|mö|gen** das

er|kal|ten

er|käl|ten sich; **Er|käl|tung** die

er|kenn|bar; er|ken|nen (→ kennen): „An ihren Früchten sollt ihr sie erkennen" *(Mt. 7,16);* **er|kennt|lich** sich erkenntlich zeigen, erkenntlich sein: zum Dank jemandem gefällig sein; **Er|kennt|nis** die: der Baum der Erkenntnis

Er|ker der: Hausvorbau

er|klär|bar; er|klä|ren er wollte sich ihr erklären (ihr seine Liebe gestehen); **er|klä|rend; er|klär|lich** sein Vorgehen war erklärlich (verständlich); **Er|klä|rung** die

er|kleck|lich eine erkleckliche (beachtliche) Summe, um ein Erkleckliches

er|klim|men (→ klimmen)

er|kran|ken; Er|kran|kung die

er|kun|den ein Gelände erkunden (erforschen); **er|kun|di|gen** sich: er erkundigte sich nach meinem Befinden; **Er|kun|di|gung** die; **Er|kun|dung** die

er|lah|men ihre Kräfte erlahmten langsam

er|lan|gen

Er|lass der, des Erlasses, die Erlasse: behördliche Verfügung, Anordnung; **er|las|sen** (→ lassen): die restliche Zahlung wurde ihm erlassen (geschenkt)

er|lau|ben „Erlaubt ist, was gefällt"/ „Erlaubt ist, was sich ziemt" *(Johann Wolfgang von Goethe);* **Er|laub|nis** die

er|läu|tern die Vorschriften wurden erläutert (erklärt); **Er|läu|te|rung** die

Er|le die Laubbaum

er|le|ben ein blaues Wunder (eine böse Überraschung) erleben; **Er|leb|nis** das, des Erlebnisses, die Erlebnisse

Er|leb|nis|er|zäh|lung die ▶ Aufsatzlehre S. 510

er|le|di|gen; Er|le|di|gung die

er|leich|tern; Er|leich|te|rung die

er|lei|den (→ leiden)

er|le|sen erlesene (ausgesuchte) Speisen wurden serviert, sie hat einen erlesenen (ausgezeichneten) Geschmack, ihr ganzes Wissen ist erlesen (durch Lesen angeeignet); **Er|le|sen|heit** die

er|leuch|ten ein hell erleuchteter / hellerleuchteter Saal; **Er|leuch|tung** die: ihm kam eine Erleuchtung (plötzliche Eingebung, Erkenntnis)

er|lie|gen (→ liegen): er war ihrem Charme erlegen, das Eis brachte die Schifffahrt zum Erliegen (Stillstand), den Verletzungen erliegen (daran sterben)

Er|lös der, des Erlöses, die Erlöse: sie lebten vom Erlös ihres Schmuckes; **er|lö|sen** endlich kam das erlösende Wort; **Er|lö|ser** der; **Er|lö|sung** die

er|lö|schen du erlischst, er erlosch, erloschen, er erlösche, erlisch!

er|mäch|ti|gen eine Vollmacht erteilen

er|mah|nen; Er|mah|nung die

er|mä|ßi|gen herabsetzen, senken

er|mes|sen (→ messen); **Er|mes|sen** das: nach menschlichem Ermessen (mit größter Wahrscheinlichkeit)

er|mit|teln; Er|mitt|lung die

er|mög|li|chen

er|mor|den er wurde auf offener Straße ermordet; **Er|mor|dung** die

er|mü|den; Er|mü|dung die

erstaunlich

er|mun|tern; Er|mun|te|rung die
er|mu|ti|gen; Er|mu|ti|gung die
er|näh|ren; Er|näh|rer der; Er|näh|re|rin die; Er|näh|rung die
er|neu|ern; Er|neu|e|rung die; er|neu|e|rungs|be|dürf|tig; er|neut
er|nied|ri|gen sie wurde erniedrigend (demütigend) behandelt, den Druck erniedrigen (vermindern); Er|nied|ri|gung die
ernst ernster, am ernstesten: die Lage war noch nie so ernst (bedrohlich), sie konnte nicht ernst bleiben (musste lachen), „Ernst ist das Leben, heiter die Kunst" *(Friedrich von Schiller)*; **Ernst** der: tierischer Ernst (Humorlosigkeit), sie glaubte allen Ernstes daran, mit einer Drohung Ernst machen; **Ernst|fall** der; **ernst|haft; ernst|lich; ernst mei|nen** meinst du das ernst?, wir erwarten nur ernst gemeinte / ernstgemeinte Angebote; **ernst neh|men**
Ern|te die; ern|ten
Er|obe|rer der; Er|obe|rin die; er|obern; Er|obe|rung die
er|öff|nen den Reigen eröffnen, ein Testament eröffnen, ein Geschäft eröffnen; **Er|öff|nung** die
er|ör|tern das Für und Wider wurde lebhaft erörtert; **Er|ör|te|rung** die
Ero|si|on die *lat.*, die Erosionen: 1. zerstörende Wirkung auf die Erdoberfläche, z. B. durch Eis, Wind oder Wasser 2. Gewebeschaden an der Haut, an Schleimhäuten oder am Zahnschmelz
Ero|tik die *griech.*: die Sinnlichkeit im Liebes- und Geschlechtsleben; **ero|tisch** ein erotischer Tanz
Er|pel der: männliche Ente
er|picht sie war nicht darauf erpicht (nicht versessen), ihn zu treffen
er|pres|sen du erpresst; Er|pres|ser der; Er|pres|se|rin die; er|pres|se|risch; Er|pres|sung die
er|pro|ben; Er|pro|bung die
er|qui|cken; er|quick|lich; Er|qui|ckung die
er|reg|bar; Er|reg|bar|keit die; er|re|gen seine Erfindung erregte großes Aufsehen, die erregten (aufgebrachten) Gemüter mussten beruhigt werden, das erregt böses Blut; **Er|re|ger** der: ein Krankheitserreger; **Er|re|gung** die

er|reich|bar; er|rei|chen
er|rich|ten; Er|rich|tung die
er|rin|gen (→ ringen): einen großen Sieg erringen; **Er|run|gen|schaft** die: die neueste Errungenschaft der Medizin
er|rö|ten vor Scham rot werden
Er|satz der; er|satz|ge|schwächt die ersatzgeschwächte Fußballmannschaft; **Er|satz|kas|se** die; **er|satz|los**
er|schaf|fen (→ schaffen); **Er|schaf|fung** die: die Erschaffung der Welt
er|schau|dern
er|schau|ern
er|schei|nen (→ scheinen): sie erschien auf der Bildfläche; **Er|schei|nung** die
er|schlie|ßen (→ schließen): nutzbar machen, verständlich werden; das Gebiet war noch nicht für den Fremdenverkehr erschlossen, das Gedicht erschließt sich nur dem aufmerksamen Leser; **Er|schlie|ßung** die
er|schöp|fen sie sank erschöpft (entkräftet) zu Boden, eine erschöpfende (vollständige) Auskunft; **Er|schöp|fung** die
er|schre|cken (→ schrecken): sie erschrak vor dem Anblick, *aber:* der Anblick erschreckte sie, da bin ich aber erschrocken, *aber:* habe ich dich erschreckt?; **Er|schro|cken|heit** die
er|schüt|tern; Er|schüt|te|rung die
er|schwe|ren du erschwerst dir unnötig das Leben; **Er|schwer|nis** die
er|schwing|lich das Bild war für mich nicht erschwinglich (es war zu teuer)
er|setz|bar; er|set|zen du ersetzt
er|sicht|lich; Er|sicht|lich|keit die
er|spä|hen
er|spa|ren du hättest dir den Umweg ersparen können; **Er|spar|nis** die, die Ersparnisse: ersparte Summe, Einsparung
er|sprieß|lich eine ersprießliche (nützliche, fruchtbare) Zusammenarbeit
erst erst mal, erst die Arbeit, dann das Vergnügen, denke erst einmal darüber nach, jetzt erst recht
er|star|ren ihr Lächeln erstarrte; **Er|star|rung** die
er|stat|ten ersetzen, vergüten; **Er|stat|tung** die
er|stau|nen du bist erstaunt?; **Er|stau|nen** das: zu meinem größten Erstaunen; **er|staun|lich**

ers|te *klein:* nimm nicht das erste Beste, die ersten beiden, *groß:* fürs Erste, als Erstes sei gesagt, du bist die Erste, die was weiß; bist du die Erste (die Beste) in deiner Klasse?, als Erster durchs Ziel, zahlbar am Ersten jeden Monats, der Erste Weltkrieg, *klein / groß:* die erste / Erste Hilfe; **Ers|te-Hil|fe-Lehr|gang** der; **ers|tens; Erst|ge|bo|re|ne** der/die; **erst|klas|sig** vorzüglich; **Erst|kläss|ler** der; **Erst|kläss|le|rin** die; **Erst|kom|mu|ni|on** die; **erst|ma|lig; erst|mals; erst|ran|gig**

> **erste:** Das Adjektiv wird kleingeschrieben: *die erste Reihe, das erste Mal.* Die substantivierte Form wird großgeschrieben: *der Erste des Monats, die Ersten und die Letzten, die Erste in ihrer Klasse.*

er|sti|cken im Keim ersticken (von Beginn an unterdrücken)
er|stre|ben; er|stre|bens|wert
er|tap|pen erwischen
er|tei|len eine Lektion, einen Denkzettel erteilen
er|tö|nen
Er|trag der, des Ertrag(e)s, die Erträge; **er|tra|gen** (→ tragen)
er|trin|ken; Er|trin|ken|de der/die; **Er|trun|ke|ne** der/die
er|trot|zen
er|üb|ri|gen kannst du das erübrigen (aufbringen)?, dein Kommen erübrigt sich (ist überflüssig)
Erup|ti|on die *lat.,* die Eruptionen: 1. Vulkanausbruch mit Lava und Dampf, 2. Gasausstoß auf der Sonne
er|wa|chen
er|wach|sen (→ wachsen): wann wirst du endlich erwachsen?, aus der Lüge erwuchs Misstrauen; **Er|wach|se|ne** der/die
er|wä|gen (→ wägen): ins Auge fassen, prüfend überlegen; **er|wä|gens|wert; Er|wä|gung** die
er|wäh|len
er|wäh|nen der Sprecher erwähnte den Ort (nannte ihn beiläufig); **er|wäh|nens|wert; Er|wäh|nung** die
er|wär|men; Er|wär|mung die
er|war|ten; Er|war|tung die; **er|war|tungs|ge|mäß; er|war|tungs|voll**
er|we|cken du erweckst Mitleid
er|weh|ren
er|wei|chen
er|wei|sen (→ weisen): das wird sich erweisen (herausstellen), sie erwiesen (bezeigten) ihr großen Respekt
er|wei|tern; Er|wei|te|rung die
Er|werb der; **er|wer|ben** (→ werben); **er|werbs|fä|hig** fähig, Geld zu verdienen; **er|werbs|los** ohne Arbeit; **Er|werbs|lo|se** der/die; **Er|werbs|quo|te** die: Anteil der Erwerbspersonen an der Wohnbevölkerung; **er|werbs|tä|tig; Er|werbs|tä|ti|ge** der/die; **er|werbs|un|fä|hig; Er|wer|bung** die
er|wi|dern; Er|wi|de|rung die
er|wi|schen
Erz das, des Erzes, die Erze: metallhaltiges Mineral; **erz|hal|tig**
er|zäh|len „Wenn jemand eine Reise tut, so kann er was erzählen" *(Matthias Claudius);* **er|zäh|lens|wert; Er|zäh|ler** der; **Er|zäh|le|rin** die; **er|zäh|le|risch** in erzählerischer Form

> **Er|zähl|pers|pek|ti|ve** die: „Perspektive" kommt aus dem Lateinischen und heißt wörtlich übersetzt „Durchblick". Wenn jemand glaubt, eine Sache richtig „durchschaut" zu haben, vergisst er allerdings bisweilen, dass er sie vor allem aus seinem eigenen Blickwinkel, aus seiner „Perspektive" betrachtet. So kann ein Ereignis bekanntlich aus der Sicht verschiedener Zeugen unterschiedlich erzählt werden.
> Auch Schriftsteller wissen, dass man eine Geschichte aus verschiedenen Perspektiven wiedergeben kann – es wird jedes Mal eine etwas andere Erzählung daraus. Es ist ein großer Unterschied, ob z. B. in der 1. Person (Ich-Erzählung) oder in der 3. Person (Er/Sie-Erzählung) erzählt wird. Vergleiche einmal die folgenden Sätze: „Ein einfacher junger Mann reiste im Hochsommer von Hamburg ... nach Davos" und „Es war schon dunkel, als ich in Bonn ankam". Hat dich nicht auch das zweite Beispiel stärker angesprochen, während das erste dich eher „kaltließ"? Die Ich-Perspektive bewirkt nämlich, dass der Leser unmerklich in dieses „Ich" hinein-

schlüpft, während bei der Er/Sie-Erzählung der Abstand zwischen Leser und Geschehen größer sein kann, z. B. wenn der Erzähler kommentierend in den Erzählvorgang eingreift. Es ist auch etwas anderes, ob der Erzähler mit seinen Personen durch den Handlungsverlauf geht (und uns die Welt durch ihre Augen sehen lässt) oder aber das Geschehen aus einer späteren Sicht aufrollt. Der Erzähler steht oft über seinen Figuren; er oder sie weiß, wie die Geschichte weiter- und ausgeht.

Neben diesen zwei grundverschiedenen Erzählperspektiven gibt es noch eine Mischform: "Er stand vor dem Tor des Gefängnisses. Er schüttelte sich, schluckte. Er trat sich auf den Fuß. Dann nahm er einen Anlauf und saß in der Elektrischen. Mitten unter den Leuten. Los." Diese Form der Er/Sie-Erzählung lässt den Leser / die Leserin alles aus der Sicht der einen Person erleben; wir sprechen hier von einem „personalen Erzähler".

Er|zäh|lung die: „Also, erzähl mal der Reihe nach, wie das passiert ist!" In dieser Aufforderung steckt eigentlich alles, was eine „Erzählung" ausmacht. Wer das sagt, erwartet eine verständliche und anschauliche Darstellung des – tatsächlichen oder erdachten – Geschehens in allen Einzelheiten. Genau das erwartet auch der Leser / die Leserin von einer Erzählung.

Eine Erzählung liest sich leichter als ein → Roman. Sie ist kürzer und überschaubarer, da ja nur von einem Ereignis die Rede ist, während im Roman mehrere Handlungen miteinander verknüpft werden. Im Unterschied zu anderen Kurzformen des Erzählens, z.B. der → Novelle oder → Kurzgeschichte, muss sich der Erzähler nicht so sehr an bestimmte Kunstregeln halten. Die Erzählung will nicht belehren wie eine → Fabel oder ein → Gleichnis. Und vom → Märchen unterscheidet sie sich, weil sie in der Welt bleibt, in der wir leben, und meist keine Fantasiewelt darstellt.

Oft nennt man deshalb Erzählungen auch „Geschichten", da sie uns mitteilen, was „geschieht". Auch wenn Dichter Geschichten erfinden, bleiben diese doch ein Stück wahren Lebens. Typische Erzählungen sind die → Kalendergeschichten von Johann Peter → Hebel. Große Erzähler sind auch Adalbert → Stifter („Bergkristall") oder Thomas → Mann („Herr und Hund").

Nicht immer hält der Begriff „Erzählung", was er verspricht. So sind die „Erzählungen" von Heinrich von → Kleist eigentlich Novellen, die von Franz → Kafka eigentlich Parabeln (→ Gleichnis). Viele Texte unserer zeitgenössischen Schriftsteller, z. B. von Heinrich → Böll oder Wolfdietrich Schnurre, schwanken zwischen Erzählung und Kurzgeschichte. Ein Lesevergnügen besonderer Art sind die Masurischen Geschichten „So zärtlich war Suleyken" von Siegfried → Lenz.

er|zeu|gen; Er|zeu|ger der; **Er|zeug|nis** das, des Erzeugnisses; **Er|zeu|gung** die
er|zie|hen (→ ziehen); **Er|zie|her** der; **Er|zie|he|rin** die; **er|zie|he|risch** erzieherische Maßnahmen; **Er|zie|hung** die
er|zie|len sie erzielten keine Einigung, der Stürmer erzielte ein Tor
Esche die: Laubbaum

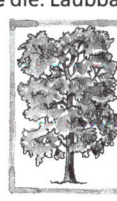

Esel der, die Esel: wenn es dem Esel zu wohl wird, geht er aufs Eis; **Ese|lei** die: Unfug; **Esels|brü|cke** die: Gedächtnisstütze
Es|ka|la|ti|on die *engl.*: Verschärfung, allmähliche Steigerung; eine Eskalation der kriegerischen Auseinandersetzungen; **es|ka|lie|ren** das Gespräch eskalierte zum Streit
Es|ka|pa|de die *franz.*, die Eskapaden:
1. falscher Sprung eines Dressurpferdes
2. Abenteuer, mutwilliger Streich

Eskimo

Es|ki|mo der, die Eskimo(s): Bewohner arktischer Gebiete

Es|kor|te die *franz.*: Ehrengeleit, Begleitmannschaft; **es|kor|tie|ren**

Es|pe die: Zitterpappel; **Es|pen|laub** das: wie Espenlaub zittern

Es|pres|so der *ital.*, die Espressos / Espressi: sehr starker Kaffee

Es|prit [espri] der *franz.*, des Esprits: geistvoll-witzige Art; eine Schriftstellerin mit Esprit

Es|say [eßej] der *engl.*: knappe, anspruchsvolle Abhandlung über ein literarisches oder wissenschaftliches Thema; **es|say|is|tisch**

ess|bar; es|sen du isst, er aß, gegessen, er äße, iss!: der Mensch ist, was er isst; **Essen** das: nach dem Essen, am Essen sparen, Essen servieren; **Es|sens|zeit** die; **Es|ser** der; **Es|se|rin** die; **Ess|löf|fel** der; **Ess|wa|ren** die

Es|se die, die Essen: Fabrikschlot, Schornstein

Es|senz die, die Essenzen: 1. das Wesentliche, der Kern 2. Geruchs- oder Geschmackskonzentrat, Extrakt, z. B. Rosenessenz; **es|sen|zi|ell / es|sen|ti|ell** *lat.*: wesentlich, lebensnotwendig

Es|sig der, des Essigs; **es|sig|sau|er**

Es|ta|blish|ment oder Es|tab|lish|ment [eständern] [eständertäblischment] das *engl.*, die Establishments: Oberschicht aus politisch, wirtschaftlich oder gesellschaftlich einflussreichen Personen

Est|land; Est|län|der der; **Est|län|de|rin** die, die Estländerinnen; **est|län|disch; est|nisch**

Est|rich oder Es|trich der: Fuß- oder Unterboden

Eta|ge [etasche] die *franz.*, die Etagen: Stockwerk

Etap|pe die *franz.*: 1. Teilstrecke, Zeitabschnitt 2. Gebiet hinter der Front

Etat [eta] der *franz.*, die Etats: Haushaltsplan

et ce|te|ra *lat.*: und so weiter; *Abk.* etc.; **et ce|te|ra pp.** (*lat.* perge, perge): fahre fort, fahre fort, *ugs.* und so weiter, und so weiter

Ethik die *griech.*: Sittenlehre; **ethisch** sittlich, moralisch; **Ethos** das: Sittlichkeit

Eti|kett das *franz.*, die Etikette(n) / Etiketts: Hinweisschild, Warenaufkleber; **eti|ket|tie|ren; Eti|ket|tie|rung** die

Eti|ket|te die *franz.*: gesellschaftliche Umgangsform

et|li|che er rief etliche (einige) Leute an, er verursachte etlichen (ziemlich viel) Wirbel; **et|li|che Mal(e)** er rief etliche Mal(e) an

Etui [ätwi] das *franz.*, die Etuis: kleiner Behälter, Futteral

et|wa das kostet etwa (ungefähr) zehn Euro; **et|wa|ig** eine etwaige (eventuelle) Verzögerung

et|was gib mir etwas zu trinken, sie hatte das gewisse Etwas (eine besondere Ausstrahlung)

> **etwas:** Adjektive und Partizipien, die auf *etwas* folgen, werden großgeschrieben: *etwas Neues, etwas Besonderes, etwas Geschriebenes.*

> **euch, euer, eure** werden kleingeschrieben; in Briefen ist auch Großschreibung möglich: *Wie geht es euch/Euch? Viele Grüße, eure/Eure Anne ...*

Eu|cha|ris|tie die *griech.*, die Eucharistien: Messopfer, Abendmahl der Katholiken

eu|er euer Haus, das eure / Eure, das eurige / Eurige, die eurigen / Eurigen; **eu|erseits; eu|ers|glei|chen; eu|ert|hal|ben; eu|ert|we|gen; eu|ert|wil|len; eu|rer|seits**

Eu|ka|lyp|tus der *griech.*: immergrüner Baum

Eu|le die: Nachtvogel

Eu|pho|rie die *griech.*: übersteigerte Begeisterung, Hochgefühl; **eu|pho|risch**

Eu|ro der, die Euro(s): Währungseinheit in vielen Ländern der Europäischen Union seit dem 1. Januar 2002

Eu|ro|pa; Eu|ro|pä|er der; **Eu|ro|päe|rin** die; **eu|ro|pä|isch; Eu|ro|pä|ische Uni|on** die, *Abk.* EU: Zusammenschluss europäischer Staaten zu wirtschaftlicher und politischer Zusammenarbeit

Eu|ro|vi|si|on die: Zusammenschluss europäischer Rundfunk- und Fernsehanstalten zum Austausch von Fernsehprogrammen; **Eu|ro|vi|si|ons|sen|dung** die; **Eu|ro|vi|si|ons|zent|ra|le** die

Eu|ter das, die Euter: Milchdrüsen und Zitzen der Wiederkäuer

e. V. / E. V.: Abk. für eingetragener Verein

eva|ku|ie|ren lat.: die Bevölkerung musste evakuiert (vorübergehend ausgesiedelt) werden; **Eva|ku|ie|rung** die

evan|ge|lisch Abk. ev.; **Evan|ge|list** der: Verfasser eines der vier Evangelien (Matthäus, Markus, Lukas, Johannes); **Evan|ge|li|um** das griech., des Evangeliums, die Evangelien: die Heilsbotschaft Jesu Christi: er verkündete sein Evangelium

even|tu|ell vielleicht, Abk. evtl.

Ever|green [ӓwergrin] der/das engl., die Evergreens: beliebte, immer wieder gespielte Melodie

evi|dent einleuchtend, offenkundig, unmittelbar; ein evidentes Beispiel

Evo|lu|ti|on die lat., die Evolutionen: stammesgeschichtliche Entwicklung von niederen zu höheren Lebensformen, allmähliche geschichtliche Entwicklung; **evo|lu|ti|o|när**; **Evo|lu|ti|ons|the|o|rie** die

evtl. Abk. für eventuell

E-Werk das: Abk. für Elektrizitätswerk

ewig das ewige Leben, auf ewig, für immer und ewig, aber: das Ewige (Unvergängliche), der Ewige Vater (Gott); **Ewig|keit** die

EWS Abk. für Europäisches Währungssystem

ex lat.: ugs. für tot, aus; **Ex** der/die: ugs. für Exfreund/-in, Exfrau, Exmann; **ex…/Ex…** als Vorsilbe ehemalig, z. B. die Ex-DDR

ex|akt lat.: genau, präzise; **Ex|akt|heit** die

Ex|a|men das lat., des Examens, die Examen / Examina: Prüfung; **Ex|a|mens|angst** die; **ex|a|mi|nie|ren**

exe|ku|tie|ren lat.: jmdn. hinrichten, etw. vollstrecken; **Ex|e|ku|ti|on** die lat., die Exekutionen: 1. Hinrichtung eines zum Tode Verurteilten 2. Ausführung einer Aktion; **ex|e|ku|tiv** ausführend; **Ex|e|ku|ti|ve** oder Ex|e|ku|ti|ve die: die ausführende Gewalt

Ex|em|pel das lat.: Beispiel; die Probe aufs Exempel machen (etwas am praktischen Fall auf seine Richtigkeit prüfen); **Ex|em|plar** das: Einzelstück, Abk. Expl.; **ex|em|pla|risch** musterhaft

ex|er|zie|ren lat.: 1. anwenden, praktizieren 2. eine militärische Übung machen; die Soldaten mussten vor dem Staatsbesuch exerzieren

Exil das lat.: Verbannung; Heine lebte in Frankreich im Exil

exis|tent lat.: vorhanden, wirklich; **Exis|tenz** die: eine sichere Existenz (Lebensgrundlage) haben; **exis|ten|zi|ell / existen|ti|ell**: lebenswichtig; **exis|tie|ren** das Kino existiert (besteht) noch, davon konnte er nicht existieren (leben)

Ex|kla|ve die lat.: von einem fremden Staatsgebiet eingeschlossener Teil eines Staatsgebietes; eine französische Exklave; Ggs. Enklave

ex|klu|siv lat.: eine exklusive (vornehme) Gesellschaft, er bekam die Filmrechte exklusiv (alleinig); **ex|klu|si|ve** ausschließlich

Ex|kurs der lat.: Abschweifung

Ex|kur|si|on die lat.: belehrender Gruppenausflug

Exo|tik die lat.; **exo|tisch** lat.: fremdländisch, fremdartig, sie war eine exotische Schönheit

ex|pan|die|ren lat.: eine Firma vergrößern, ausdehnen; **Ex|pan|si|on** die; **ex|pan|siv** sich erweiternd, ausdehnend

Ex|pe|di|ti|on die lat.: 1. Forschungsreise 2. Versandabteilung

Ex|pe|ri|ment das lat.: wissenschaftlicher Versuch, Wagnis; **ex|pe|ri|men|tie|ren**

Ex|per|te der lat.: Kenner, Fachmann; „Experten sind Leute, die immer mehr über immer weniger wissen" (Helmut Qualtinger); Ggs. Laie, **Ex|per|tin** die; **Ex|per|ti|se** die: Gutachten; ohne Expertise kaufe ich die Geige nicht

ex|plo|die|ren lat.: zerplatzen, zornig ausbrechen; **Ex|plo|si|on** die; **Ex|plo|si|ons|ge|fahr** die; **ex|plo|siv**

Ex|po|nent der lat.: 1. hervorragender Vertreter einer Lehre, einer Partei 2. Hochzahl einer Potenz oder Wurzel, z. B. $2^3 = 2 \cdot 2 \cdot 2$; **Ex|po|nen|tin** die; **ex|po|niert** herausgehoben

Export

Ex|port der lat.: Ausfuhr von Waren; Ggs. Import; **Ex|por|teur** [exportör] der; **Ex|por|teu|rin** die; **ex|por|tie|ren**

ex|press lat.: eilig; **Ex|press|sen|dung** die

> **Ex|pres|si|o|nis|mus** der lat.: Der lateinische Begriff „expressio", mit dem diese Kunstrichtung bezeichnet wird, bedeutet „Ausdruck". Um die Jahrhundertwende ging der französische → Impressionismus langsam zu Ende. Dichtung, Literatur und Sprache kehrten sich mehr und mehr von den bis dahin üblichen Formen ab. Als Protesthaltung entstand der Symbolismus, der in einer weltfernen, abgehobenen Sprache versuchte, die Bedeutung hinter den Dingen zu ergründen und mit geheimnisvollem Sinn zu belegen. Gerade das machte der Expressionismus, der vor allem in Deutschland seinen Höhepunkt erlebte, dem Symbolismus zum Vorwurf: Dichtung sei zur Spielerei verkommen. Sprache habe aber eine moralische und politische Aufgabe. Sie sei „Ausdruck" des Protestes gegen Unterdrückung, Verelendung und bürgerliches Spießertum, gegen totale Bürokratie, gegen das gefährliche Anwachsen der Technik und Industrie, gegen das Grauen des Krieges. Der Expressionismus war eine „Bewegung" und erfasste jene Generation, die den Ersten Weltkrieg erleben musste.
>
> In der → Lyrik, der → Epik und der → Dramatik (→ Drama) wurden neue Ausdrucksformen gesucht, die vom gefühlvollen Appell über Sprachverzerrungen zur Sprachzerstückelung reichen. In den Gedichten Georg Heyms ‚zerdrückt der Krieg den Mond (Symbol!) in der schwarzen Hand', ‚streckt der Gott der Stadt, der auf einem Häuserblock breit sitzt, seine Fleischerfaust ins Dunkel'. Auch im Roman „Berlin Alexanderplatz" von Alfred Döblin ist es die Großstadt, die den Menschen kaputtmacht. So wird verständlich, dass ein großer Teil der Expressionisten politisch im proletarisch-revolutionären Lager tätig wurde, um eine Veränderung der Verhältnisse zu erreichen.

ex|qui|sit vorzüglich, ausgesucht, erlesen; ihr Geschmack ist exquisit

ex|ten|siv lat.: umfassend, ausgedehnt, erweiternd; Ggs. intensiv

ex|tern lat.: außerhalb; Ggs. intern

ext|ra oder ex|tra lat.: ich habe extra nachgefragt, ein Extrazimmer, Extratrinkgeld, ein extrastarker Kaffee, ugs. das tatest du extra (absichtlich)!; **Ext|ra** oder Ex|tra das, die Extras: er verlangte einige Extras (Sonderleistungen); **Ext|ra|blatt** oder Ex|tra|blatt das: Sonderausgabe einer Zeitung **ext|ra|hart** oder ex|tra|hart; **ext|ra|va|gant** oder ex|tra|va|gant franz.: außergewöhnlich, ausgefallen

ext|ra|hie|ren oder ex|tra|hie|ren herausziehen: der Zahn wurde extrahiert; **Ext|rakt** oder Ex|trakt der lat., die Extrakte: 1. Konzentrat aus pflanzlichen oder tierischen Stoffen 2. Zusammenfassung wesentlicher Textstellen in einem Buch; **Ext|rak|ti|on** oder Ex|trak|ti|on die

ext|rem oder ex|trem lat.: äußerst, maßlos, extrem hohe Preise; **Ext|rem** oder Ex|trem das: das Äußerste, der höchste bzw. niedrigste Wert; von einem Extrem ins andere; **Ext|re|mis|mus** oder Extre|mis|mus der: radikale Haltung oder Richtung; **Ext|re|mist** oder Ex|tre|mist der; **Ext|re|mis|tin** oder Ex|tre|mis|tin die; **Ext|re|mi|tä|ten** oder Ex|tre|mi|tä|ten die: Arme, Beine

ex|zel|lent lat.: vorzüglich, hervorragend; **Ex|zel|lenz** die, die Exzellenzen: Anrede für Würdenträger

Ex|zen|ter der: Vorrichtung zur Umwandlung einer Drehung in eine Hin- und Herbewegung

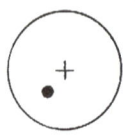

Ex|zen|tri|ker oder Ex|zent|ri|ker der: überspannter Mensch

ex|zen|trisch oder ex|zent|risch 1. außerhalb des Drehpunktes liegend 2. überspannt, merkwürdig

Ex|zess der lat., des Exzesses, die Exzesse: Maßlosigkeit, Ausschreitung; **ex|zes|siv** maßlos, ausschweifend

F

Fa|bel die *lat.:* „Verschwommen sah der Hecht den breiten, grauen Rücken des Karpfens in der schlammigen Tiefe. Er zitterte vor Gier. ‚Wüsste ich nur, wo dieser Nimmersatt so viel zu fressen findet!' Durch Schlamm gedämpft, klang es dem Hecht ans Ohr: ‚Ich fische im Trüben!'" – Diese kurze Geschichte hat ein Schüler geschrieben. Sie handelt von zwei Tieren, die wie Menschen sprechen und denken. Ihr Tun und ihre Gespräche halten uns einen Spiegel vor und zwingen uns zum Nachdenken. Damit ist schon alles Wesentliche über jene kleinen Geschichten gesagt, die man nach dem lateinischen Wort fabula (= Erzählung) „Fabeln" nennt.
Eine Fabel unterhält uns, aber sie gibt uns auch eine Lehre mit. Meistens stehen Tiere im Mittelpunkt des Geschehens, denen bestimmte Eigenschaften zugeschrieben werden. So ist z. B. der Löwe majestätisch, der Esel dumm, der Hase ängstlich, der Fuchs listig. Die Tiere handeln und denken wie Menschen, oft sind sie sogar klüger, denn sonst könnte uns die Fabel kaum als Lehre dienen. Und stets geht es um die „Moral von der Geschicht", die der Leser erkennen soll.
Fabeln begegnen uns als Erzählungen, aber auch als Gedichte. Im Gegensatz zu → Sagen und → Märchen sind ihre Verfasser meist bekannt. Die ältesten Fabeln soll der griechische Sklave Äsop um 500 v. Chr. aufgezeichnet haben. Sie dienten in ihrer knappen, witzigen Art späteren Dichtern als Vorbild. Auch Martin → Luther schrieb einige Fabeln. Er verließ sich jedoch nicht darauf, dass jeder Leser gleich ihren Sinn richtig erfasste, sondern ergänzte seine Fabeln stets durch eine „Lehre".

fa|bel|haft; fa|bu|lie|ren Geschichten erfinden
Fab|rik *oder* Fa|brik die *lat.;* **Fab|ri|kant** *oder* Fa|bri|kant der: Fabrikbesitzer; **Fab|ri|kan|tin** *oder* Fa|bri|kan|tin die; **Fab|ri|kat** *oder* Fa|bri|kat das: Industrieerzeugnis; **fab|rik|neu** *oder* fa|brik|neu; **fab|ri|zie|ren** *oder* fa|bri|zie|ren: herstellen, *oft auch* schlecht anfertigen
Fa|cet|te → **Fas|set|te** die
Fach das, des Fach(e)s, die Fächer; **Fach|ar|beit** die; **Fach|ar|bei|ter** der: speziell ausgebildeter Arbeiter; **Fach|ar|bei|te|rin** die; **Fach|frau** die; **Fach|idi|ot** der: Mensch, der nur in seinem Fach Bescheid weiß; **fach|kun|dig; fach|lich; Fach|mann** der, die Fachmänner / Fachleute; **fach|män|nisch; fach|sim|peln** du fachsimpelst, gefachsimpelt: sich über rein fachliche Dinge unterhalten; **Fach|werk** das: Bauweise mit Wänden aus einem Balkengerippe, die Zwischenräume sind mit Mauerwerk gefüllt
fä|cheln; Fä|cher der
Fa|ckel die, die Fackeln; **fa|ckeln** sie fackelte (zögerte) nicht lange
fad / fa|de schal, reizlos, langweilig; **Fadheit** die
Fa|den der, die Fäden: ihr Leben hängt an einem seidenen Faden (ist sehr gefährdet), dieser Gedanke zog sich wie ein roter Faden durch sein Leben (war sein Leitmotiv); **fa|den|schei|nig** seine Erklärung war fadenscheinig (nicht überzeugend)
Fa|gott das *ital.*, des Fagott(e)s, die Fagotte: Holzblasinstrument, **Fa|gott|blä|ser** der; **Fa|gott|blä|se|rin** die; **Fa|got|tist** der, die Fagottisten; **Fa|got|tis|tin** die

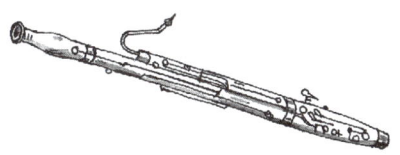

fä|hig; Fä|hig|keit die
fahl bleich; fahl wie Asche (aschfahl)
fahn|den er fahndete nach seinen verschollenen Eltern; **Fahn|dung** die
Fah|ne die: mit fliegenden Fahnen zum Feind überlaufen; **Fah|nen|flucht** die: unerlaubtes Fernbleiben von der Truppe; **fah|nen|flüch|tig; Fähn|rich** der, die Fähnriche: Offiziersanwärter
fahr|bar; fahr|be|reit; fah|ren du fährst, er fuhr, gefahren, er führe: es ist zum

fahren lassen

Aus-der-Haut-Fahren, was ist in dich gefahren?; **fah|ren las|sen** (→ lassen): ein Auto/ein Boot/jemanden fahren lassen; *übertragen:* alle Hoffnung fahren lassen/fahrenlassen (aufgeben); **Fah|rer** der; **Fah|rer|flucht** die; **Fah|re|rin** die; **Fahr|ge|mein|schaft** die; **Fahr|kar|te** die; **fahr|plan|mä|ßig; Fahrrad** das; **Fahrstuhl** der; **Fahr|stun|de** die; **Fahrt** die; **fahr|taug|lich; fahr|tüch|tig; Fahr|zeug** das

Fäh|re die; **Fähr|mann** der

Fah|ren|heit Einheit zur Temperaturmessung, nach dem deutschen Physiker Fahrenheit (1686–1736), die in einigen englischsprachigen Ländern verwendet wird; *Zeichen* F: 100 Grad Fahrenheit (100 °F) = 37,7 °Celsius (37,7 °C)

fah|rig unruhig, zerstreut; **fahr|läs|sig** unachtsam, nachlässig; **Fahr|läs|sig|keit** die

Fähr|te die: Spur (meist von Wildtieren)

fair [fär] *engl.:* ein fairer (anständiger, gerechter) Kampf; **Fair|ness** die; **Fair|play / Fair Play** [färpläi] das: ehrliches Spiel

Fä|ka|li|en die: Kot

fa|ken [fäikn] *engl.:* fälschen, die Fotos waren gefakt

Fa|kir der *arab.*, die Fakire: Angehöriger einer indischen Sekte, der seinen Körper mit Hilfe von Konzentrationsübungen schmerzunempfindlich machen kann

Fakt das/der, die Fakten; **fak|tisch** tatsächlich, eigentlich; **Fak|tor** der: 1. Ursache, Umstand, Gesichtspunkt 2. Zahl zum Multiplizieren; **Fak|tum** das, die Fakten: Tatsache, Ereignis

Fa|kul|tät die *lat.*, die Fakultäten: Fachgruppe einer Hochschule; sie hatte sich an der medizinischen Fakultät eingeschrieben (studierte Medizin)

Fal|ke der: Taggreifvogel

Fall der ▶ Kasus

Fall der, des Fall(e)s, die Fälle: zu Fall bringen, zu Fall kommen, im Fall der Fälle, auf keinen Fall, gesetzt den Fall, dass ...; **Fal|le** die: wir tappten in die Falle; **fal|len** du fällst, er fiel, gefallen, er fiele: er fiel aus allen Wolken (war erstaunt), mit der Tür ins Haus fallen (ohne Umschweife auf sein Ziel losgehen), er fällt vom Fleisch (wird immer magerer), er ist im Krieg gefallen (wurde getötet); **fäl|len** der Baum wurde gefällt; **Fall|rück|zieher** der; **falls** im Falle, dass; falls es schneien sollte, kommt er nicht; **Fallschirm** der

fäl|lig die Zahlung war fällig; **Fäl|lig|keit** die

falsch am falschesten: auf die falsche Karte setzen, falsche Propheten, er bekam meine Worte in den falschen Hals (fasste sie falsch auf), sie ist eine falsche Schlange (unaufrichtig, hinterhältig); **fäl|schen** du fälschst; **Fäl|scher** der; **Fäl|sche|rin** die; **Falsch|geld** das; **Falsch|heit** die; **fälsch|lich** irrtümlich; **Fäl|schung** die

Fal|te die; **fal|ten; fal|ten|los; fal|tig**

Fal|ter der: Schmetterling

Falz der, des Falzes, die Falze: Faltlinie, Papierkniff; **fal|zen** du falzt; **Fal|zung** die

fa|mi|li|är *lat.:* die Familie betreffend; **Fa|mi|lie** die, die Familien: das kommt in den besten Familien vor (man muss sich dessen nicht schämen); **Fa|mi|li|en|an|gehö|ri|ge** der / die; **Fami|li|en|for|schung** die → Genealogie

fa|mos *lat.:* fabelhaft, anerkennenswert

Fan [fän] der *engl.*, die Fans: Anhänger, z. B. eines Sängers oder Fußballklubs; **Fa|na|ti|ker** der *lat.:* Eiferer, leidenschaftlicher Verfechter; **Fa|na|ti|ke|rin,** die; **fa|na|tisch; Fa|na|tis|mus** der

Fan|fa|re die *franz.:* hell klingende Trompete, Trompetensignal

Fang der, des Fang(e)s, die Fänge; **fan|gen** du fängst, er fing, gefangen, er finge: sie fing Feuer (war begeistert); **Fang|fra|ge** die; **fang|si|cher**

Fan|go der *ital.:* vulkanischer, mineralreicher Heilschlamm

Fan|ta|sie / Phan|ta|sie die *griech.:* Einfallsreichtum, Einbildungskraft, Erfindungsgabe, Trugbild, Träumerei, Wahnvorstellung: sie ließ ihrer Fantasie freien Lauf; **fan|ta|sie|los / phan|ta|sie|los; fan|ta|sie|ren / phan|ta|sie|ren; Fan|tast / Phan|tast** der: wirklichkeitsfremder Mensch; **Fan|tas|tin / Phan|tas|tin** die; **fan|tas|tisch / phan|tas|tisch**

Fan|ta|sie|er|zäh|lung / Phan|ta|sie|er|zäh|lung die ▶ Aufsatzlehre S. 510

Far|be die; **farb|echt; fär|ben; far|ben|präch|tig; Fär|ber** der; **Fär|be|rei** die; **far|big; Far|bi|ge** der/die; **Farb|krei|sel** der; **farb|lich; farb|los; Fär|bung** die

Far|ce [farße] oder [farß] die franz., die Farcen: 1. derbes Lustspiel, meist in Versen 2. lächerliche Angelegenheit, ihr Auftritt war eine Farce 3. Füllung bei Fleisch- und Fischspeisen

Farm die amerik., die Farmen: landwirtschaftlicher Großbetrieb; **Far|mer** der

Farn der, des Farn(e)s, die Farne: große Sporenpflanze

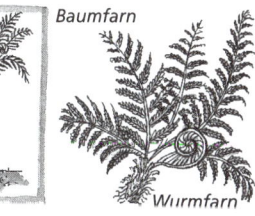

Baumfarn

Wurmfarn

Fär|se die: Kuh, die noch nicht gekalbt hat, aber: → Ferse

Fa|san der, des Fasan(e)s, die Fasane(n)

Fa|sching der; **Fa|schings|zeit** die

Fa|schis|mus der ital.: in Italien entstandene politische Bewegung (1922–1945) unter der Führung von Benito Mussolini. Der Faschismus war wie der → Nationalsozialismus in Deutschland eine diktatorische und antidemokratische Herrschaftsform; **Fa|schist** der: Anhänger des Faschismus; **Fa|schis|tin** die; **fa|schis|tisch**

Fa|ser die, die Fasern; **fa|se|rig; fa|sern** das Papier fasert zu sehr; **fas|rig**

Fass das, des Fasses, die Fässer: das bringt das Fass zum Überlaufen (das ist zu viel)

Fas|sa|de die franz., die Fassaden: Gebäudefront, Vorderansicht; seine Freundlichkeit war nur Fassade (äußerer Schein)

fas|sen du fasst: Fuß fassen, sich an die eigene Nase fassen (seine Schuld erkennen); **Fas|sung** die: 1. Umrandung, Einfassung, z. B. Brillenfassung 2. sprachliche Formulierung, z. B. Kurzfassung 3. innere Haltung, Selbstbeherrschung: sie konnte nur mühsam Fassung bewahren; **fas|sungs|los** sprachlos, verwirrt; **Fas|sungs|ver|mö|gen** das: das geht über mein Fassungsvermögen (verstehe ich nicht, ist unvorstellbar)

Fas|set|te / Fa|cet|te die franz., die Fassetten: eckiger Schliff bei Gläsern oder Edelsteinen

Fast|nacht / Fas|nacht die: Vorabend der Fastenzeit, der Faschingsdienstag, auch Faschingszeit

fast beinahe

fas|ten; Fas|ten|zeit die

Fast|food / Fast Food das engl.: Essen, das schnell gekauft und gegessen werden kann

Fas|zi|na|ti|on die lat.: Ausstrahlung, Anziehungskraft; **fas|zi|nie|ren** der Gedanke war faszinierend

fa|tal lat.: er machte einen fatalen (verhängnisvollen) Fehler, eine fatale (peinliche) Situation; **fa|ta|lis|tisch** gleichmütig, schicksal(s)ergeben

Fa|ta Mor|ga|na die ital.: durch Luftspiegelung erzeugte Sinnestäuschung; **Fa|ta-Mor|ga|na-ähn|lich**

fau|chen sie fauchte mich wütend an

faul auf der faulen Haut liegen, alles fauler Zauber! (Schwindel), „Etwas ist faul im Staate Dänemark" (William Shakespeare); **Fäu|le** die; **fau|len** faulendes Stroh; **fau|len|zen** du faulenzt, gefaulenzt; **Fau|len|zer** der; **Faul|heit** die; **fau|lig; Fäul|nis** die; **Faul|pelz** der; **Faul|tier** das: auf Bäumen lebendes Säugetier

Fau|na die lat., die Faunen: Tierwelt

Faust die, die Fäuste: sie ballte die Faust, er spürte die Faust im Nacken (fühlte sich unterdrückt), er regierte mit eiserner Faust (mit Gewalt); **Fäust|chen** das: sich ins Fäustchen lachen (schadenfroh sein); **faust|dick** das war eine faustdicke (plumpe) Lüge; **faus|ten** er faustete den Ball hoch in die Luft; **Faust|re|gel** die: grobe, einfache Richtlinie

fa|vo|ri|sie|ren franz.: bevorzugen, begünstigen; **Fa|vo|rit** der: Liebling, vermutlicher Sieger im Sport; **Fa|vo|ri|tin** die

Fax das (*auch* Telefax): Fernkopie, die über das öffentliche Telefonnetz übermittelt wird; **fa|xen** einen Brief faxen

Fa|xen die: Albernheiten; lass die Faxen!

Fa|zit das *lat.*, die Fazite / Fazits: Schlussfolgerung, Ergebnis

FCKW *Abk. für* → Fluorchlorkohlenwasserstoff: Gas, das die Ozonschicht der Erde schädigt; **FCKW-frei** ohne FCKW, ein FCKW-freies Spray

Fea|ture [fítscher] das *engl.*, die Features: Radio- oder Fernsehsendung aus Reportagen, Dialogen und Kommentaren

Feb|ru|ar *oder* Fe|bru|ar der *lat.*

fech|ten du fichtst, er ficht, sie focht, gefochten, er föchte, ficht!: das ficht mich nicht an (berührt mich nicht); **Fech|ter** der; **Fech|te|rin** die

Fe|der die: er musste Federn lassen (erlitt Einbußen), sich mit fremden Federn schmücken (mit den Verdiensten anderer prahlen); **Fe|der|fuch|ser** der: pedantischer Mensch, Bürokrat; **fe|der|füh|rend** zuständig, verantwortlich; **fe|der|leicht; fe|dern; Fe|de|rung** die; **Fe|der|zeich|nung** die: Zeichentechnik mit Feder und Tusche oder Tinte

Fee die *franz.*, die Feen: weibliches Märchenwesen; **feen|haft**

Feed|back / Feed-back [fídbäk] das *engl.*, die Feedbacks / Feed-backs: Rückmeldung bei einem technischen System, Reaktion aus dem Publikum bei einer Funk- oder Fernsehsendung

Fe|ge|feu|er / Feg|feu|er das: Höllenfeuer **fe|gen**

Feh|de die: Streit, Feindschaft

fehl fehl am Platz sein (überflüssig, unerwünscht); **feh|len; Feh|ler** der; **feh|ler|frei; feh|ler|haft; feh|ler|los; fehl|ge|hen** (→ gehen): du kannst nicht fehlgehen (den falschen Weg gehen, irren); **fehl|schla|gen** (→ schlagen): der Plan schlug fehl (misslang)

Fei|er die; **Fei|er|a|bend** der; **fei|er|lich; Fei|er|lich|keit** die; **fei|ern** fröhliche Urständ feiern (aus der Vergessenheit wieder auftauchen); **Fei|er|schicht** die: ausgefallene Schicht; **fei|er|tags**, *aber:* des Feiertags

feig / fei|ge am feigsten: ein feiger Hund; **Feig|heit** die; **Feig|ling** der

Fei|ge die: essbare Frucht des Feigenbaums

Fei|le die; **fei|len**

feil|schen du feilschst: handeln

fein feine Unterschiede, feine Leute; **fein be|sai|tet / fein|be|sai|tet** empfindlich; **fein|füh|lig; fein|glie|de|rig / fein|gliedrig; Fein|me|chani|ker** der; **Fein|me|cha|ni|ke|rin** die; **Fein|schme|cker** der; **Fein|schme|cke|rin** die; **fein|sin|nig**

feind ich bin ihm feind (abgeneigt); **Feind** der: ich bin sein Feind; **Fein|din** die, die Feindinnen; **feind|lich; Feind|schaft** die; **feind|schaft|lich; feind|se|lig**

feist ein feistes (fettes) Gesicht, er hatte ein feistes (unangenehmes) Grinsen

fei|xen schadenfroh oder hämisch lachen

Feld das, des Feld(e)s, die Felder: er beherrschte das Feld (war maßgebend), er zog gegen ihn zu Felde (kämpfte gegen ihn), das weite (nicht überschaubare) Feld der Literatur; **feld|ein|wärts; Feldste|cher** der: Fernglas; **feld|über|le|gen**

Fel|ge die: 1. Radkranz 2. Turnübung

Fell das, des Fell(e)s, die Felle

Fels / Fel|sen der, des Felsens, die Felsen; **fel|sen|fest** eine felsenfeste Überzeugung; **fel|sig; Fels|wand** die

Fe|me die: 1. mittelalterliches Sondergericht 2. geheime Gerichtsverhandlung; **Fe|me|ge|richt** das; **Fe|me|mord** der: politischer Mord

fe|mi|nin *lat.*: weiblich; **Fe|mi|nis|tin** die, die Feministinnen: Anhängerin der Frauenbewegung; **fe|mi|nis|tisch**

Fe|mi|ni|num das *lat.*, die Feminina ▶ Genus

Fen|chel der *lat.*: Gewürz-, Gemüse- und Arzneipflanze; **Fen|chel|tee** der

Fens|ter das; **fens|ter|los**

Fe|ri|en die

Fer|kel das: junges Schwein

Fer|ment das *lat.*, die Fermente: besondere, in lebenden Zellen erzeugte Eiweißstoffe, so genannte Enzyme

Feuerversicherung

fern am fernsten: fern der Heimat, ein ferner Planet, das sei fern von mir!, eines fernen Tages; **fern|ab; fern|blei|ben** nicht teilnehmen; **Fer|ne** die: aus der Ferne gesehen, in weiter Ferne; **fer|ner** weiterhin, außerdem; **fer|ner|hin; fern|hal|ten** (→ halten); **fern|hei|zen;** die: Geschick-weither; **fern|len|ken** das Modellboot wird ferngelenkt; **fern|lie|gen** (→ liegen) das liegt mir fern (kommt für mich nicht in Frage); **fern|se|hen** (→ sehen); **Fern|se|hen** das; **Fern|se|her** der; **Fern|spre|cher** der; **fern|steu|ern; Fern|stu|di|um** das

Fer|se die: Hacke, wir waren ihm auf den Fersen (dicht hinter ihm), *aber:* → Färse; **Fer|sen|geld** das: er gab Fersengeld (lief davon)

fer|tig auf die Plätze – fertig – los!, sie konnte nicht fertig werden (fand kein Ende), er muss seine Aufgaben noch fertig machen/fertigmachen, wir waren alle völlig fertig (erschöpft); **fer|ti|gen** herstellen; **Fer|tig|keit** die: Geschicklichkeit; **fer|tig|ma|chen** der Stress hat ihn fertiggemacht (zermürbt); **fer|tig|stel|len** die Arbeit fertigstellen (beenden); **Fer|ti|gung** die; **fer|tig|wer|den** sie muss mit dem Verlust ihrer Stelle fertigwerden (ihn verkraften), mit einem Gegner fertigwerden (ihn besiegen)

Fes / Fez der *türk.*, des Fes(es), die Fes(e): arabische Filzkappe

fesch am feschesten: hübsch, schick

Fes|sel die, die Fesseln: 1. Seil oder Kette zum Fesseln 2. Teil des Beins unterhalb der Wade; **Fes|sel|bal|lon** der: mit Drahtseilen am Boden verankerter Ballon; **fes|seln** sie war von dem Roman gefesselt; **fes|selnd; Fes|se|lung / Fess|lung** die

fest am festesten: ein fester Händedruck, ich bin fest davon überzeugt, feste Preise; **fest|an|ge|stellt / fest|an|ge|stellt; fest|blei|ben** (→ bleiben): nicht nachgeben; **Fest|geld** das: Spargutthaben, das nicht vor Ablauf von 1 bis 12 Monaten abgehoben werden kann, Termineinlage; **fest|hal|ten** du musst dich gut festhalten, ein paar Stichpunkte festhalten (notieren); **fes|ti|gen; fest|klam|mern; fest|kle|ben; Fest|land** das; **fest|le|gen; Fest|plat|te** die: im Computer eingebaute Speicherplatte; **fest|stel|len; Fest|stel|lung** die; **Fes|tung** die **Fest** das; **Fest|be|leuch|tung** die; **fest|lich; Fest|tag** der

Fes|ti|val [fäßtiwel] das *engl.*, die Festivals: Festspiele mit der Aufführung von Konzerten, Opern, Schauspielen, Filmen

Fe|te die *franz.*, die Feten: *ugs.* für ein kleines Fest; gestern lief eine tolle Fete

Fe|tisch der *franz.*, die Fetische: Gegenstand mit magischen Kräften, Götzenbild; das Auto war sein Fetisch

fett am fettesten; **Fett** das, des Fett(e)s, die Fette: er setzt Fett an (wird dicker); **fett|arm; fet|ten; fett|frei; fett gedruckt / fett|ge|druckt; fet|tig; Fettnäpf|chen** das: ins Fettnäpfchen treten (Anstoß erregen); **Fett|säu|ren** die: Hauptbestandteil von tierischen oder pflanzlichen Fetten; **Fett|trop|fen** der

Fe|tus / Fö|tus der *lat.*, des Fetusses, die Fetusse / Feten: menschliche Leibesfrucht ab dem 3. Schwangerschaftsmonat

Fet|zen der, die Fetzen: ein billiger Fetzen (schlecht sitzendes Kleid), das wird bald in Fetzen gehen (sich auflösen)

feucht am feuchtesten; **feucht|fröh|lich** die Stimmung war feuchtfröhlich; **Feuch|tig|keit** die; **feucht|kalt**

feu|dal *lat.*: aristokratisch, vornehm, prunkvoll: sie aßen in einem feudalen (vornehmen) Restaurant; **Feu|da|lis|mus** der: Gesellschaftsform, in die der Herrschaft von der aristokratischen Oberschicht ausgeübt wird; **Feu|dal|staat** der

Feu|er das, die Feuer: sie waren wie Feuer und Wasser (so grundverschieden), er war zwischen zwei Feuer geraten (wurde von zwei Seiten gleichzeitig bedrängt), die Hand für jemanden ins Feuer legen (für ihn garantieren), Öl ins Feuer gießen (anstacheln); **feu|er|fest** feuerfestes Baumaterial; **Feu|er|lö|scher** der; **Feu|er|mel|der** der; **feu|ern** sie feuerten (schossen) gleichzeitig, er feuerte (schleuderte) die Zeitung in die Ecke, sein Freund war gefeuert (entlassen) worden; **feu|er|rot; Feu|er spei|end / feu|er|spei|end** ein Feuer speiender / feuerspeiender Vulkan, der Feuer speiende / feuerspeiende Drache; **Feu|er|ver|si|che|rung** die: Versicherung gegen Brandschaden; **Feu|er|wehr** die; **Feu|er|werk** das; **feu|rig** leidenschaftlich, temperamentvoll

Feuil|le|ton [föjetọ̄/föjetõ] das *franz.*, des/die Feuilletons: Unterhaltungs- und Kulturteil in Zeitungen

ff 1. *Abk. für* fortissimo *ital.*: sehr laut, kräftig 2. *Abk. für* sehr fein; **Eff|eff** etwas aus dem Effeff (*ugs.* sehr gut und mühelos) können

ff. *Abk. für* folgende [Seiten]

Fi|as|ko das *ital.*, die Fiaskos: Fehlschlag, Reinfall; ein Fiasko erleiden

Fi|bel die: 1. Lesebuch für Schulanfänger, Lehrbuch 2. mittelalterliche Gewandspange

Fibeln

Fi|ber die *lat.*, die Fibern: Kunstfaser, z. B. Glasfiber

Fich|te die: Nadelbaum

fi|del *lat.*: gut gelaunt; fröhlich

Fie|ber das *lat.*; **fie|ber|frei; fie|ber|haft; fie|ber|heiß; fie|be|rig / fieb|rig**

Fie|del die *lat.*, die Fiedeln: veraltet für Geige; **fie|deln**

fies sie behandelte ihn ganz fies (gemein), das schmeckt fies (ekelhaft); **Fiesling** der

Fi|gur die *lat.*, die Figuren: eine gute Figur machen; **fi|gür|lich**

Fik|ti|on die *lat.*, die Fiktionen: Einbildung, Unterstellung, Erdichtung; **fik|ti|o|nal** auf Erdachtem beruhend, ein fiktionaler Text; **fik|tiv** erdacht

Fi|let [filẹ] das *franz.*, die Filets: zartes Fleischstück von der Lende des Rindes oder des Schweines

Fi|li|a|le die *lat.*, die Filialen: Zweigniederlassung, Zweigbetrieb

fi|lig|ran *oder* fi|li|gran: feingliedrig, zart; **Fi|lig|ran** *oder* Fi|li|gran das *ital.*, die Filigrane: kunstvolles Geflecht, z. B. aus Silber- oder Golddraht

Film der *engl.*, des Film(e)s; **fil|men; Film|schau|spie|ler** der; **Film|schau|spie|le|rin** die; **Film|star** der

Fil|ter der/das: Gerät zum Zurückhalten von festen Teilchen oder Strahlen, z. B. Kaffeefilter, Rotfilter; **fil|ter|fein; fil|tern**

Filz der, des Filzes, die Filze: Faserstoff, auch Vetternwirtschaft; **filz|ar|tig; fil|zig**

Fim|mel der: Vorliebe, kleine Verrücktheit

Fi|nal [feinel] das *engl.*: Endspiel (Sport); **Fi|na|le** das *lat.*, des Finales, die Finale: Höhepunkt, Endspiel, Schlussteil; **Fi|na|list** der; **Fi|na|lis|tin** die: Teilnehmerin an einer Endausscheidung

Fi|nanz|amt das: Steuerbehörde; **Fi|nan|zen** die: Geldmittel, staatliches Vermögen; **fi|nan|zi|ell; fi|nan|zie|ren** mit Geld unterstützen; **Fi|nan|zie|rung** die

Fin|del|kind das; **fin|den** du findest, er fand, gefunden, er fände: wer sucht, der findet; **Fin|der** der; **fin|dig** gewitzt; **Find|ling** der: ausgesetztes Baby, allein stehender, von Gletschern herantransportierter Felsblock

Fi|nes|se die *franz.*, die Finessen: Spitzfindigkeit, Trick, verfeinerte Technik

Fin|ger der, die Finger: lange Finger machen (stehlen), sich etwas aus den Fingern saugen (etwas frei erfinden), den Finger auf die Wunde legen (auf einen Missstand hinweisen); **fin|ger|breit** ein fingerbreiter Riss, *aber:* vier Finger breit; **fin|ger|dick; fin|ger|fer|tig; fin|gern** er fingerte ein Geldstück aus der Tasche; **Fin|ger|pup|pe** die; **Fin|ger|spit|zen|ge|fühl** das; **Fin|ger|zeig** der: nützlicher Hinweis

fin|gie|ren *lat.*: erdichten, vortäuschen; ein fingierter (frei erfundener) Brief, der Überfall war fingiert (vorgetäuscht)

Fink der, des/die Finken: Singvogel

Fin|ne der; **Fin|nin** die, die Finninnen; **fin|nisch; Finn|land; Finn|län|der** der; **Finn|län|de|rin** die; **finn|län|disch**

fins|ter am finstersten: es wird finster, er sagte das ganz finster (unfreundlich), wir tappen im Finstern (haben keine Anhaltspunkte); **Fins|ter|nis** die: ägyptische (völlige) Finsternis

Fin|te die *ital.*, die Finten: Vorwand, Täuschung, Scheinhieb, z. B. beim Fechten

Fir|le|fanz der: wertloses Zeug, dummes Gerede, Albernheit

firm *lat.*: sattelfest, sicher, kenntnisreich

Fir|ma die *ital.*, die Firmen, *Abk.* Fa.; **fir|mie|ren** einen bestimmten Geschäftsnamen führen

Fir|ma|ment das *lat.*, die Firmamente: Himmel

fir|men; **Firm|ling** der; **Fir|mung** die: katholisches Sakrament

Firn der, des Firn(e)s: alter, harter Schnee

Fir|nis der *franz.*, des Firnisses, die Firnisse: Anstrich aus schnell trocknendem Öl oder Lack

First der, des First(e)s, die Firste: oberste Dachkante

Fisch der, des Fisch(e)s: stumm wie ein Fisch; **fisch|arm**; **fisch|äu|gig**; **fi|schen**; **Fi|scher** der, **Fi|sche|rei** die; **Fisch|ot|ter** der: Säugetier; **Fisch|rei|her** der: langbeiniger Vogel

Fisch- oder Graureiher

Fis|kus der *lat.*, des Fiskus: Staatskasse, der Staat als Inhaber des Staatsvermögens

Fis|tel die *lat.*, die Fisteln: Eitergang, Geschwulst; **Fis|tel|stim|me** die: männliche hohe Kopfstimme

fit *engl.*: durchtrainiert, leistungsfähig; **Fit|ness** die: Leistungsfähigkeit

Fit|tich der, des Fittich(e)s: Flügel, Schwinge; sie nahm ihn unter ihre Fittiche (betreute ihn)

fix *lat.*, am fixesten: mach fix (schnell)!, ein fixes (gleich bleibendes) Gehalt, das war seine fixe (ständige) Idee, die Vorbereitungen sind fix und fertig (abgeschlossen), nach dem Wettlauf war sie fix und fertig (völlig erschöpft)

fi|xie|ren einen Punkt fixieren (fest darauf starren), den Film fixieren (lichtbeständig machen); **Fix|punkt** der; **Fix|stern** der: Stern, der seine Position am Himmel scheinbar nicht verändert, z. B. der Polarstern

Fjord der *skand.*, des Fjord(e)s, die Fjorde: langer, schmaler Meeresarm

flach am flachsten: eine flache (oberflächliche) Unterhaltung; **Flach|bild|schirm** der; **Flä|che** die; **flä|chen|gleich**; **flä|chen|haft**; **Flä|chen|in|halt** der; **flä|chig**; **Flach|land** das

Flachs der, des Flachses: Faserpflanze

fla|ckern flimmern

Fla|den der: flacher Kuchen, breiige Masse, z. B. Kuhfladen; **Fla|den|brot** das

Flag|ge die: er musste die Flagge streichen (sich geschlagen geben), Flagge zeigen (sich zu etwas bekennen); **flag|gen**

Flair [flär] das *franz.*, des Flairs: persönliche Note, Atmosphäre, Spürsinn

flam|bie|ren *franz.*: Speisen mit Alkohol übergießen und anzünden

Fla|men|co der *span.*: südspanischer Volkstanz

Fla|min|go der, die Flamingos: langbeiniger, rosafarbener Wasservogel

Flam|me die: er ist Feuer und Flamme (begeistert); **flam|men** flammende Augen

Fla|nell der *engl.*, die Flanelle: aufgerautes Wollgewebe

fla|nie|ren *franz.*: umherschlendern

Flan|ke die: das Pferd stand mit zitternden Flanken da, sie fielen dem Feind in die Flanke, über die linke Flanke spielen, er turnte am Barren eine Flanke vor; **flan|kie|ren** zwei Polizisten flankierten ihn (gingen links und rechts von ihm), flankierende (unterstützende) Maßnahmen

flap|sig er gab eine flapsige (freche) Antwort

Fla|sche die; **fla|schen|grün**; **Fla|schen|zug** der: Hebevorrichtung

flat|ter|haft unstet, unzuverlässig; **Flat|ter|haf|tig|keit** die; **flat|te|rig** am flatt(e)rigsten; **flat|tern** die Fahne flattert im Wind; **flatt|rig**

flau das Geschäft ging flau (schlecht); **Flau|te** die: Windstille, schwacher Geschäftsgang, Leistungsschwäche

Flaum der: zarter Haar- oder Federwuchs; **flau|mig**

flau|schig ein flauschiges (weiches) Handtuch

Flau|sen die: sie hatte nichts als Flausen (Unsinn, dumme Einfälle) im Kopf

Flech|te die, die Flechten: 1. Haarzopf 2. niedere Pflanze 3. Hautausschlag; **flech|ten** du flichtst, er flocht, geflochten, er flöchte, flicht!: einen Korb flechten

Fleck / Fle|cken der: sie trägt ihr Herz auf dem rechten Fleck, wir kamen nicht vom Fleck (nicht voran); **Fle|cken|ent|fer|ner** der; **fle|cken|los**; **Fleck|fie|ber** das: Infektionskrankheit; **fle|ckig**

Fle|der|maus die: fliegendes Säugetier

Fleet das: mit Schiffen befahrbarer Kanal in Küstenstädten, z. B. in Hamburg

Fle|gel der: 1. Dreschgerät 2. Lümmel, ungehobelter Mensch; **Fle|ge|lei** die; **fle|gel|haft**; **Fle|gel|jah|re** die

fle|hen; **fle|hent|lich** sie bat flehentlich um Gnade

Fleisch das: sein eigen Fleisch und Blut (seine Kinder), die Rechtschreibung sollte dir in Fleisch und Blut übergehen (selbstverständlich werden); **Flei|scher** der; **Flei|sche|rei** die; **flei|schig**; **fleischlich**; **fleisch|los**

Fleiß der, des Fleißes: ohne Fleiß kein Preis; **flei|ßig**

flek|tie|ren lat.: in der Grammatik ein Wort beugen, d. h. deklinieren oder konjugieren; **Fle|xi|on** die, lat.: das Beugen der Nomen (Deklination) und der Verben (Konjugation)

flen|nen heulen, heftig weinen; sie hörte nicht auf zu flennen

flet|schen du fletschst (zeigst) die Zähne

fle|xi|bel lat.: geschmeidig, beweglich, anpassungsfähig; **Fle|xi|bi|li|tät** die

Fle|xi|on → flektieren

fli|cken; **Fli|cken** der; **Fli|cke|rei** die; **Flickwerk** das

Flie|der der; **flie|der|far|ben**

Flie|ge die: lästig wie eine Fliege, die Menschen fielen um wie die Fliegen (starben in großer Zahl), er trug eine Fliege; **flie|gen** du fliegst, er flog, geflogen, er flöge; **Flie|gen|ge|wicht** das: leichte Gewichtsklasse beim Boxen; **Flie|ger** der; **Flie|ge|rei** die

flie|hen du fliehst, er floh, geflohen, er flöhe; **Flieh|kraft** die: Zentrifugalkraft

Flie|se die: Wand- oder Bodenplatte, meist aus Keramik; **flie|sen** er fliese das Bad

Fließ|band das; **Fließ|band|ar|beit** die; **flie|ßen** es fließt, es floss, geflossen, es flösse: bis dahin fließt noch viel Wasser den Rhein hinunter (vergeht viel Zeit); **Fließ|pa|pier** das: Löschpapier

Flim|mer der: zitternder Glanz, Lichtschein; **flim|mern** die Luft flimmerte

flink am flink(e)sten; **Flink|heit** die

Flin|te die: Gewehr; die Flinte ins Korn werfen (schnell aufgeben)

Flip|flop® der, die Flipflops *(meist Plural):* leichte, badeschuhartige Sandale

Flirt [flört] der engl., die Flirts: Liebelei, Bekundung unverbindlicher Zuneigung; **flir|ten** sie flirteten den ganzen Abend lang

Flit|ter der: billiger Schmuck, Tand, täuschender Glanz; **flit|tern** glänzen; **Flit|ter|wo|chen** die: die ersten Wochen nach der Hochzeit

Flitz|bog|en der: ich bin gespannt wie ein Flitzbogen *(ugs.* sehr neugierig auf den Ausgang einer Sache), **flit|zen** die Maus flitzte (sauste) unter die Treppe

Floa|ting [flouting] das engl.: Schwankung des Wechselkurses einer Währung aus Angebot und Nachfrage

Flo|cke die; **flo|ckig** flockiger Schaum

Floh der, des Floh(e)s, die Flöhe: du hörst die Flöhe husten (bist spitzfindig); **Flohmarkt** der: Trödelmarkt

Flop der engl., des / die Flops: Misserfolg, Niete

Flor der lat., des Flors, die Flore: 1. Blumenpracht 2. durchsichtiges, zartes Gewebe; **Flo|ra** die, die Floren: Pflanzenwelt; **flo|rie|ren** gedeihen, blühen; eine florierende (gut gehende) Anwaltskanzlei; **Flo|rist** der: Blumenbinder / -verkäufer; **Flo|ris|tin** die, die Floristinnen

Flo|rett das *franz.*, des Floretts, die Florette: Stoßdegen mit Handschutz; **Florett|fech|ten** das

Flos|kel die *lat.*, die Floskeln: Redensart ohne Bedeutung; **flos|kel|haft**
Floß das, des Floßes, die Flöße; **flö|ßen; Flö|ßer** der; **Flö|ße|rei** die
Flos|se die, die Flossen
Flö|te die; **flö|ten; Flö|tist** der; **Flö|tis|tin** die
flott am flottesten: das Schiff ist wieder flott (schwimmt wieder), ein flottes (schickes) Auto
Flot|te die: großer Schiffsverband; **Flotten|stütz|punkt** der
Flöz das, des Flözes, die Flöze: Erz- oder Kohleschicht im Gestein zum Abbau
Fluch der, des Fluch(e)s, die Flüche: Kraftwort, böser Wunsch, Strafe, Unheil; **fluch|be|la|den; flu|chen**
Flucht die, die Fluchten: er war auf der Flucht, die Zimmerflucht (in einer Reihe liegende Zimmer), die Flucht nach vorne (in den Angriff); **flucht|ar|tig; flüch|ten** „Alles rennet, rettet, flüchtet" *(Friedrich von Schiller)*; **flüch|tig** etwas flüchtig lesen; **Flüch|tig|keits|feh|ler** der; **Flücht|ling** der; **flucht|ver|däch|tig**
Flug der, des Flug(e)s, die Flüge; **flug|be|reit; Flug|blatt** das; **Flü|gel** der: die Flügel hängen lassen (traurig sein); **flü|gellahm; flüg|ge** die Kinder sind bald flügge (selbstständig); **flugs** sofort, schnell; **Flug|zeug** das; **Flug|zeug|ent|füh|rung** die; **Flug|zeug|un|glück** das
Flun|der die, die Flundern: Plattfisch, Scholle: platt wie eine Flunder

flun|kern schwindeln; sie flunkerte ihm etwas vor
Flu|or das *lat.*: hochgiftiges, gasförmiges Element; *Zeichen* F; **flu|o|riert** Fluor enthaltend; **Flu|or|chlor|koh|len|was|ser|stoff** der; *Abk.* → FCKW
Flur der, des Flur(e)s, die Flure: länglicher Vorraum im Haus
Flur die, die Fluren: durch Wald und Flur (Feld) reiten; **Flur|be|rei|ni|gung** die: amtliche Zusammenlegung verstreuter Felder und Wiesen zu großen Flächen
Fluss der, des Flusses, die Flüsse; **fluss|auf|wärts; Flüss|chen** das; **flüs|sig** ich bin zurzeit nicht flüssig (habe kein Geld); **Flüs|sig|keit** die; **flüs|sig|ma|chen** Gelder flüssigmachen (verfügbar machen)
flüs|tern wer hat ihm das geflüstert? (vertraulich gesagt)
Flut die: *Ggs.* Ebbe; **flu|ten** Sonnenlicht flutete ins Zimmer
flut|schen heute flutscht meine Arbeit *(ugs.* geht flott voran), die Seife flutschte (glitt) ihr aus der Hand
Fö|de|ra|lis|mus der *franz.*: Staatsform; ein Bundesstaat oder ein Staatenbund mit eigenständigen Einzelstaaten
Foh|len das: Jungtier von Pferd, Esel
Föhn der, des Föhn(e)s, die Föhne: 1. Haartrockner *(aber Warenzeichen* → Fön) 2. trockener, warmer Fallwind nördlich der Alpen; **föh|nen; föh|nig**
Föh|re die: Kiefer
Fol|ge die: die Folgen waren böse, in rascher Folge, die nächste Folge des Romans; **fol|gen** nachgehen, nachkommen, zuhören, verstehen, gehorchen; er folgte ihm wie sein Schatten, ich kann dir nicht folgen (verstehe es nicht); **fol|gend** *klein:* folgende Worte; *groß:* Folgendes (dieses) sei gesagt; der Folgende (Nachfolgende), aus dem Folgenden (den folgenden Ausführungen) schließen wir; **fol|gen|der|ma|ßen; fol|gen|los; fol|gen|reich; fol|gen|schwer; fol|ge|rich|tig; fol|gern** ableiten, den Schluss ziehen; **Fol|ge|rung** die; **folg|lich; folg|sam; Folg|sam|keit** die
Fo|lie die, die Folien: dünne Schicht, z. B. Goldfolie
Folk [fok] der *engl.*: Musik mit engl. Wurzeln, oft mit akustischen Instrumenten

Folklore

gespielt; **Folk|lo|re** *oder* Fol|klo|re die *engl.*: volkstümliches Brauchtum; **Folkrock** der *engl.*: Verbindung aus Folk- und Rockmusik

Fol|ter die, die Foltern: jemanden auf die Folter spannen (hinhalten); **fol|tern; Fol|te|rung** die

Fon → Phon

Fön® der: *Warenzeichen für* → Föhn

Fond [fõ] der *franz.*, des/die Fonds: 1. Autorücksitz 2. Soßengrundlage 3. Hintergrund

Fonds [fõ] der *franz.*: Vermögensreserve, Geldanlage, z. B. Immobilienfonds

Fon|due [fõdü] das/die *franz.*, des/die Fondues: Gericht aus geschmolzenem Käse, *auch* Fleischgericht in siedendem Fett

Fontane Theodor ▶ S. 137

Fon|tä|ne die *franz.*, die Fontänen: Springbrunnen

fop|pen täuschen, necken; **Fop|pe|rei** die

for|cie|ren [forßiren] *franz.*: er forcierte (beschleunigte) sein Tempo, die Produktion forcieren (verstärken, vorantreiben); **For|cie|rung** die

För|de die, die Förden: lange, schmale Meeresbucht, z. B. Kieler Förde

För|de|rer der; **För|der|korb** der: Bergwerksaufzug; **för|der|lich** zum Vorteil sein; **för|dern** er fördert seine Begabung, sie fördern täglich 100 Tonnen Kohle; **För|de|rung** die; **för|de|rungs|wür|dig for|dern; For|de|rung** die

Fo|rel|le die

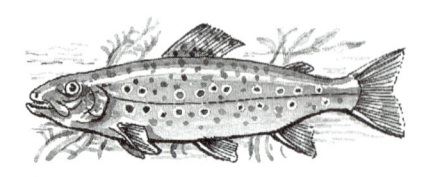

For|ke die: Gabel mit zwei Zinken, Mistgabel

Form die: er war groß in Form; **form|bar; for|men; for|men|reich; förm|lich; formlos; form|voll|en|det**

for|mal *lat.*: die äußere Form betreffend, nur der Form nach; **For|ma|li|tät** die: (behördliche) Vorschrift, Äußerlichkeit, Formsache

Form|al|de|hyd der: stechend riechendes, farbloses Gas zur Desinfektion

For|mat das *lat.*: Papier im Format DIN A4, ein Mann von Format; **For|ma|ti|on** die: bestimmte Aufstellung, Anordnung, Truppeneinheit, Pflanzengesellschaft

For|mel die, die Formeln: 1. feste Redensart, z. B. „mit freundlichen Grüßen" (Grußformel) 2. Kurzbezeichnung, z. B. chemische Formel; **for|mell** offiziell, höflich, distanziert

For|mu|lar das *lat.*: Vordruck; **for|mu|lie|ren** in sprachliche Form bringen; **For|mu|lie|rung** die

forsch am forschesten: energisch, draufgängerisch

for|schen; For|scher der; **For|sche|rin** die; **For|schung** die; **For|schungs|auf|trag** der

Forst der, des Forst(e)s, die Forste(n); **Förs|ter** der; **Förs|te|rin** die

For|sy|thie [forsüzje] die *engl.*, die Forsythien: Zierstrauch mit gelben Blüten

fort; fort|wäh|rend

fort|bil|den sich; **Fort|bil|dung** die

fort|blei|ben (→ bleiben)

fort|dau|ern der fortdauernde (nicht aufhörende) Lärm macht mich ganz krank

for|te *ital.*: laut, kräftig; sie spielte die Stelle forte, *Abk.* f

fort|fah|ren (→ fahren) er fuhr in seiner Ansprache fort (redete weiter), sie sind heute Morgen fortgefahren (abgereist), sie hat den Müll fortgefahren (abtransportiert)

fort|füh|ren sie will das Geschäft ihrer Mutter fortführen, der Verhaftete wurde fortgeführt (abgeführt)

Fort|gang der; **fort|ge|hen** (→ gehen)

fort|kom|men (→ kommen); **Fort|kommen** das

fort|lau|fen er war von zu Hause fortgelaufen, **fort|lau|fend** es kamen fortlaufend (ständig) neue Meldungen über das Erdbeben

fort|pflan|zen das Gelächter pflanzte sich fort (breitete sich aus), die Kaninchen pflanzen sich rasend schnell fort (vermehren sich sehr schnell)

fort|schi|cken

fort|schrei|ten (→ schreiten); **Fort|schritt** der; **fort|schritt|lich**

fort|set|zen; Fort|set|zung die

Theodor Fontane

Theodor Fontane

geb. am 30. 12. 1819 in Neuruppin
gest. am 20. 9. 1898 in Berlin

Balladen (z. B. Herr von Ribbeck auf Ribbeck im Havelland, 1861)
Vor dem Sturm (Roman, 1878)
Wanderungen durch die Mark Brandenburg (Reisebeschreibungen, 1862–82)
Frau Jenny Treibel (Roman, 1892)
Effi Briest (Roman, 1895)
Der Stechlin (Roman, 1899)

„Das Leben auf Strom und See, der Sturm und die Überschwemmungen, englische Matrosen und russische Dampfschiffe, die den Kaiser Nikolaus brachten – das war besser als unregelmäßige Verba", erinnert sich der alte Fontane an seine glückliche Kindheit im Ostseehafen Swinemünde. Die Eltern, Nachkommen französischer Einwanderer, wirkten sehr unterschiedlich auf den Jungen. Der Vater war Apotheker. Fontane schildert ihn später als einen gütigen alten Herrn, der das Leben und auch die Erziehung des Sohnes leichtnahm; die strenge Mutter hatte dafür wenig Verständnis.

Mit 17 Jahren verließ Fontane die Schule ohne Abschluss und wurde Apothekergehilfe in Berlin. In seiner Freizeit begann er Gedichte zu schreiben, die in verschiedenen Zeitungen veröffentlicht wurden. Immer mehr wurde Berlin für ihn zum Mittelpunkt. Dort erlebte er 1848 die Revolution, dort fanden im Kreis befreundeter Dichter seine Balladen wie *Archibald Douglas* großen Beifall. Durch diese Erfolge ermutigt, entschloss er sich 1849, den Apothekerberuf aufzugeben und fortan das Leben eines freien Schriftstellers zu führen. Nach vorübergehenden Aufenthalten in London kehrte er nach Berlin zurück, wo er als Journalist und Redakteur der „Kreuz-Zeitung" arbeitete. Wenn ihm Zeit blieb, durchwanderte er die nähere und weitere Umgebung von Berlin; davon erzählt er in seinem Werk *Wanderungen durch die Mark Brandenburg*. Als Kriegsberichterstatter begleitete er die preußischen Truppen nach Frankreich, wo er in Gefangenschaft geriet.

Die journalistischen Arbeiten traten in den Hintergrund, als der bereits sechzigjährige Fontane mit seinem ersten Roman *Vor dem Sturm* Erfolg hatte. Rasch folgten weitere Bücher, mit denen er zum großen Romancier der Wilhelminischen Ära und zum Darsteller der damaligen Gesellschaft aufstieg. Vor allem verstand er es meisterhaft, seine Zeit und die in ihr lebenden Menschen durch Dialoge zu charakterisieren.

Fortuna

For|tu|na die: römische Göttin des Glücks

Fo|rum das *lat.*, des Forums, die Foren/Fora: altrömischer Gerichts- und Marktplatz; vor einem Forum (sachverständigen Personenkreis) sprechen

fos|sil *lat.*: urweltlich, urzeitlich, versteinert; **Fos|sil** das, die Fossilien: versteinerter Teil einer Pflanze oder eines Tieres aus der Urzeit

Fo|to / Pho|to das: *Kurzwort für* Fotografie; **fo|to|gen** bildwirksam, gut zu fotografieren; **Fo|to|graf** der; **fo|to|gra|fie|ren; Fo|to|gra|fin** die; **Fo|to|ko|pie** die, die Fotokopien; **fo|to|ko|pie|ren, Fo|to|syn|the|se** die *griech.*: durch Sonnenlicht ausgelöster Stoffwechsel, bei dem Pflanzen Wasser und Kohlendioxid in Zucker und Sauerstoff umwandeln

> **Foto** oder **Photo**? Grundsätzlich kann der Wortbestandteil *Foto... / foto...* auch mit ph geschrieben werden, z. B. *Fotokopie* oder *Photokopie*. Die (neuere) Schreibung mit f ist aber inzwischen die weitaus häufigere Form.
> Auch in allen fachsprachlichen Begriffen wie *Fotosynthese / Photosynthese* sind beide Formen möglich.

Fö|tus → **Fe|tus** der

foul [faul] *engl.*: unsportlich, regelwidrig; **Foul** das, des Fouls; **fou|len** im Spiel wurde hart gefoult

Fox|ter|ri|er der *engl.*: kleiner Jagdhund

Fox|trott der *engl./amerik.*: ein Tanz im ⁴/₄-Takt

Foy|er *oder* **Fo|yer** [fo̯aje] das *franz.*, des/die Foyers: Wandelhalle

Fracht die; **Fracht|brief** der: Begleitpapier für eine Fracht; **Frach|ter** der; **Frachtschiff** das

Frack der *franz.*, des Frack(e)s, die Fräcke/Fracks; Fracksausen haben (*ugs.* für Angst haben)

Fra|ge die: ohne Frage (zweifellos); **fragen** es fragt sich (ist zweifelhaft); **fraglich; frag|los; frag|wür|dig**

Fra|ge|satz (indirekter) der ▶ Satzarten

Fra|ge|zei|chen das ▶ Zeichensetzung S. 492

fra|gil *lat.*: zart, zerbrechlich; eine fragile Porzellanfigur

Frag|ment das *lat.*; des Fragment(e)s, die Fragmente: etwas Unvollendetes, ein Bruchstück; **frag|men|ta|risch** nicht vollständig

Frak|ti|on die *lat.*, die Fraktionen: Bruchteil, Vereinigung der Abgeordneten einer Partei; **Frak|ti|ons|mit|glied** das

Frak|tur die *lat.*, die Frakturen: 1. Knochenbruch 2. alte Druckschrift; Fraktur reden (deutlich werden)

Fran|chi|sing [fräntschaising] das *engl.*: Vertriebsform im Einzelhandel, bei der Einzelhändler in Lizenz die gut gehenden Produkte größerer Unternehmen verkaufen

frank frei, unmittelbar, offen; frank und frei; **fran|kie|ren** freimachen; **fran|ko** die Ware kommt franko (kostenfrei)

Frank|reich er lebt wie Gott in Frankreich (sehr gut); **Fran|zo|se** der; **Fran|zö|sin** die; **fran|zö|sisch**

Fran|se die: ein Halstuch mit Fransen; **fran|sig** er trug eine fransige (ausgefranste) Hose

Frä|se die: Maschine; **frä|sen; Frä|ser** der

Fraß der, des Fraßes

Frat|ze die, die Fratzen: Fratzen (Grimassen) schneiden; **frat|zen|haft**

Frau die; **Frau|en|haus** das, **Frau|en|schuh** der: Orchidee *vgl. Abb. S. 289*; **Fräu|lein** das, die Fräulein(s), *Abk.* Frl.; **frau|lich; Frau|lich|keit** die

Freak [frik] der *engl.*, die Freaks: Person, die sich in übertriebener, fanatischer Weise begeistert; er gehörte zu den Motorradfreaks

frech am frechsten: frech wie ein Rohrspatz, frech wie Oskar; **Frech|dachs** der; **Frech|heit** die

Fre|gat|te die *franz.*, die Fregatten: Kriegsschiff

frei freier, am frei(e)sten: sein freier Wille, frei nach Schiller, er spricht frei (ohne Manuskript), freien Lauf lassen, *aber:* im Freien übernachten, alle liefen ins Freie, der Sender Freies Berlin; **Frei|be|ruf|ler** der; **Frei|be|ruf|le|rin** die; **frei|be|ruf|lich; Frei|be|trag** der: ein von der Besteuerung ausgenommener Teil des Einkommens, z. B. der Kinderfreibetrag; **Frei|ga|be** die; **frei|ge|ben** (→ geben); **frei|ge|big; frei hal|ten/frei|hal|ten** (→ halten): kannst du mir einen Platz frei halten/freihalten?; **Frei|han|del** der: Handel ohne Beschränkung zwischen den Ländern; **frei|hän|dig; Frei|heit** die; **frei|heit|lich; frei|heits|lie|bend; frei|he|raus** oder frei|her|aus ich sage es lieber freiheraus: (ganz offen); **frei las|sen/ frei|las|sen** (→ lassen): eine Zeile frei lassen / freilassen, Gefangene frei lassen / freilassen; **frei le|gen/frei|le|gen** ein römisches Kastell frei legen/freilegen (ausgraben); **frei|lich; frei ma|chen/ frei|ma|chen** den Weg frei machen/freimachen; aber: einen Brief freimachen (Briefmarken aufkleben); **frei|mü|tig** offen; **frei|schaf|fend** er war ein freischaffender Künstler (ohne feste Anstellung); **frei|spre|chen** (→ sprechen) für nicht schuldig erklären; **frei|wil|lig; Frei|zeit** die; **frei|zü|gig**

frei|en um jemanden werben, heiraten wollen; jung gefreit hat nie gereut; **Frei|er** der: Bewerber um eine Frau
Frei|tag der (→ Dienstag)

Frei|tag|abend der ▶ Abend/abends

fremd am fremdesten: fremde Sitten, fremdes Eigentum; **fremd|ar|tig** am fremdartigsten; **Frem|de** der/die; **Frem|de** die: Ausland; er zog in die Fremde; **Frem|den|hass** der; **Fremd|ling** der

Fremd|wort das: Gewöhnlich erkennt man Wörter aus fremden Sprachen schon an der Schreibung und an der Aussprache: „Ein Ingenieur ohne Computer hat es schwer." Oder: „Die Orthografie des Wortes ‚Rhythmus' ist ziemlich kompliziert." Die wichtigsten Herkunftssprachen sind Griechisch, Latein, Französisch und – heute vor allem – Englisch.
Warum kommen überhaupt fremde Wörter in unsere Sprache? Dafür gibt es mehrere Gründe: Oft bezeichnen wir mit einem Fremdwort etwas, was in einem anderen Land, in einer anderen Sprache erfunden, entdeckt oder entwickelt wurde. Deshalb das englische Wort „Computer" – da man in England die Rechner zuerst so bezeichnete – und deshalb das griechische Wort „Demokratie", denn bei den Griechen der Antike gab es sie zum ersten Mal.
Oft bekommen Erfindungen auch gleich lateinische oder griechische Namen. So war es bei Auto(mobil) und Lokomotive. Das gilt ganz allgemein für Wissenschaft und Technik, wo sich aus solchen Wörtern oft eine ganze Sprache, eine Fachsprache, entwickelt.
Ein dritter Grund für Fremdwörter in unserer Sprache ist die führende Stellung eines Landes oder einer Gruppe auf einem bestimmten Gebiet. So kamen in früheren Jahrhunderten viele Wörter, die mit Mode und Kleidung zu tun haben, aus dem Französischen, z.B. Bluse, Jackett, Mannequin, auch das Wort „Mode" selbst. Für uns heute ist Amerika und damit Englisch wichtig. Das gilt für Sport, Technik, Film, Unterhaltung und Mode und bringt Wörter wie Bluejeans, Hit und Single bis hin zu Fastfood, Jogging oder Compact Disc (CD) in unsere Sprache.
Zur Übernahme fremder Wörter ins Deutsche kam es schon in sehr früher Zeit. Ihnen sieht man ihren Ursprung meist nicht mehr an. So stammt „Mauer" von lateinisch „murus", „Wein" von lateinisch „vinum", sogar das Fenster hat einen lateinischen Vorfahren: „fenestra". Aus dem Griechischen kommt „Pfingsten" (pentekoste) oder „Kirche" (kyriake). Diese eingedeutschten Wörter nennt man Lehnwörter.

fre|ne|tisch franz.: leidenschaftlich, stürmisch; sein Auftritt wurde frenetisch beklatscht
fre|quen|tie|ren lat.: das Lokal ist stark frequentiert (gut besucht); **Fre|quenz** die: 1. Schwingungszahl von Wellen 2. Zustrom, Zahl der Besucher
Fres|ke die franz.; **Fres|ko** das ital., die Fresken: Wand- oder Deckenmalerei auf frischem, noch feuchtem Putz
fres|sen du frisst, er fraß, gefressen, er fräße, friss!; **Fres|sen** das: ein gefundenes Fressen

Frett|chen das: Iltisart, mit der man Kaninchen fängt

Freu|de die: jemandem die Freude verderben, die kleinen Freuden des Alltags; **Freu|den|tag** der; **Freu|den|tau|mel** der, **freu|de|strah|lend**; **freu|dig** am freudigsten; **freud|los**; **freu|en** sich

freund jemandem freund (freundschaftlich verbunden) bleiben, sein, werden; **Freund** der, des Freund(e)s, die Freunde: Freund Hein (der Tod), er ist kein Freund von Traurigkeit; **Freun|din** die, die Freundinnen; **freund|lich**; **Freund|schaft** die; **freund|schaft|lich**

Fre|vel der, des Frevels: Missetat, Verbrechen; **fre|vel|haft**; **fre|veln**; **Frev|ler** der; **frev|le|risch**

Frie|de(n) der: dem Frieden nicht trauen, ein fauler Friede; **Frie|dens|pfei|fe** die; **Frie|dens|pflicht** die: Laufzeit eines Tarifvertrages, in der Kampfmaßnahmen zwischen Arbeitgebern und Gewerkschaften ausgeschlossen sind; **Frie|dens|schluss** der; **Frie|dens|tau|be** die; **fried|fer|tig** verträglich, umgänglich; **Fried|hof** der; **fried|lich**; **fried|lie|bend**; **fried|los**; **fried|voll**

frie|ren du frierst, er fror, gefroren, er fröre: frieren wie ein Schneider

Fries der, des Frieses, die Friese: plastischer oder bemalter Wandzierstreifen

Frie|se der; **Frie|sin** die, die Friesinnen; **frie|sisch**; **Fries|land**; **fries|län|disch**

Fri|ka|del|le die *franz.*, die Frikadellen: gebratener Hackfleischkloß

Fri|kas|see das *franz.*: Gericht aus klein geschnittenem Fleisch mit heller Soße

frisch ein frisches Aussehen, ein frischer Eindruck, frisches Brot, frisch und munter, frischen Wind in etwas bringen, auf frischer Tat ertappen; **Fri|sche** die; **frisch|fröh|lich**; **Frisch|ling** der: junges Wildschwein; **frisch|weg**

Frisch Max ▶ S. 141

Fri|seur / Fri|sör der *franz.*, des Friseurs / Frisörs, die Friseure / Frisöre; **Fri|seu|rin / Fri|sö|rin** die, die Friseurinnen / Frisörinnen; **Fri|seu|se** die, die Friseusen; **fri|sie|ren**; **Fri|sur** die

Frist die, die Fristen: festgelegte Zeitspanne; innerhalb dieser Frist; **fris|ten** sein Dasein fristen (sich mühevoll am Leben halten); **frist|ge|recht**; **frist|los** fristlos (mit sofortiger Wirkung) kündigen

Frit|teu|se [fritöse] die: elektrisches Gerät zum Frittieren; **frit|tie|ren** in heißem Fett schwimmend garen, z. B. Kartoffelstifte (Pommes frites)

fri|vol *franz.*: ein frivoles (leichtfertiges) Verhalten, ein frivoler (schamloser) Witz; **Fri|vo|li|tät** die

froh froher, am frohesten: frohe Gesichter, er brachte frohe Kunde, sei froh!; **froh|ge|mut**; **fröh|lich**; **froh|lo|cken**; **Froh|sinn** der

fromm; **from|men** nutzen, helfen; **Fröm|mig|keit** die; **Frömm|ler** der, **Frömm|le|rin** die: Mensch, der vorgibt, fromm zu sein

Fron die: früher vom Herrn auferlegte schwere Arbeit; **frö|nen** er frönte der Spielleidenschaft (gab sich ihr hin); **Fron|leich|nam** der: katholischer Feiertag

Front die *franz.*, die Fronten: er musste an die Front (vorderstes Kampfgebiet), sie machten Front gegen dieses Vorhaben (leisteten Widerstand), die Frontseite eines Hauses, die Fronten wechseln (zur Gegenseite überlaufen); **fron|tal** von vorn, entgegenkommend; die beiden Fahrzeuge waren frontal zusammengestoßen; **Fron|tal|zu|sam|men|stoß** der; **Front|schei|be** die: Windschutzscheibe eines Fahrzeugs

Frosch der, des Frosch(e)s, die Frösche: einen Frosch im Hals haben (heiser sein), sei kein Frosch! (zier dich nicht!); **Frosch|laich** der; **Frosch|mann** der, die Froschmänner: Taucher

Frost der, des Frost(e)s, die Fröste; **Frost|beu|le** die; **frös|teln**; **Fros|ter** der: Tiefkühlfach; **fros|tig** ihr Lächeln war frostig (kühl, abweisend)

Frot|tee / Frot|té das/der *franz.*: rauer Schlingenstoff; **Frot|tee|tuch** das; **frot|tie|ren** abreiben; **Frot|tier|tuch** das

Max Frisch

Max Frisch

geb. am 15. 5. 1911 in Zürich
gest. am 4. 4. 1991 in Zürich

Rip van Winkle (Hörspiel/Erzählung)
Tagebücher
Homo faber (Roman, 1957)
Biedermann und die Brandstifter (Drama, 1958)
Andorra (Drama, 1961)
Wilhelm Tell für die Schule (Erzählung, 1971)

Er sollte es einmal besser haben als sein ewig verschuldeter Vater. Deshalb durfte Max Frisch erlernen, was er wollte. Er entschied sich dafür, in seiner Geburtsstadt Zürich Germanistik zu studieren, wurde aber schließlich Architekt. 1952 konnte er es sich leisten, sein Architekturbüro und seinen bürgerlichen Beruf aufzugeben und als freier Schriftsteller zu leben. Max Frisch war inzwischen als Autor längst über die Schweiz hinaus bekannt.

Zahlreiche Reisen durch Europa und Amerika belegen, wie Frisch immer wieder neue Erfahrungen suchte. Er wechselte mehrmals den Wohnsitz: Zürich, Rom, Berzona im Tessin, Berlin und New York, schließlich wieder Zürich. Auch in seinen literarischen Werken zeigt sich dieser Zug, viele Erfahrungen zu sammeln, zu verarbeiten und sein Ich dagegen abzugrenzen.

Wer Max Frisch „hautnah" kennen lernen will, muss seine *Tagebücher* zur Hand nehmen, von denen er mehrere im Laufe seines Lebens veröffentlicht hat. Am ehesten findet man Zugang zu Frisch über seine Theaterstücke; am bekanntesten sind *Biedermann und die Brandstifter* und *Andorra*. Im „Biedermann"-Stück gewährt ein Durchschnittsbürger aus Feigheit zwei Brandstiftern Unterschlupf und duldet ihr Treiben so lange, bis sie ihm sein Haus in Schutt und Asche legen. In *Andorra* lassen Feigheit und Egoismus die Ermordung eines Unschuldigen zu, den man irrtümlich für einen „Jud" hält. Frisch zeigt darin, wie durch das Versagen der Gesellschaft Menschen ausgegrenzt und vernichtet werden können, wie z.B. die Juden unter der Naziherrschaft.

Neben vielen Theaterstücken schrieb Frisch auch Romane, darunter *Homo faber,* die Geschichte eines Menschen, der alles für planbar hält, aber schließlich erkennen muss, dass es im Leben doch noch mehr gibt als das Kalkül.

Max Frisch erhielt, wie auch sein Landsmann Friedrich Dürrenmatt, den Georg-Büchner-Preis, eine der höchsten Auszeichnungen für Literatur in Deutschland. Beide Schweizer Schriftsteller zählen inzwischen zu den modernen Klassikern der deutschsprachigen Literatur.

Frotzelei

Frot|ze|lei die: Spott; **frot|zeln** sie frotzelte oft über seine abstehenden Ohren

Frucht die, die Früchte; **frucht|bar; Fruchtbar|keit** die; **fruch|ten** helfen, nutzen; **fruch|tig; frucht|los** seine Bemühungen waren fruchtlos

fru|gal *franz.*: bescheiden, einfach; ein frugales Mahl

früh am frühesten: schon früh am Tag, in frühester Kindheit, früh übt sich, morgen früh/Früh; **Früh|auf|ste|her** der; **Früh|auf|ste|he|rin** die; **Frü|he** die: er rief in aller Frühe (früh am Morgen) an; **frü|her; frü|hes|tens; Früh|ling** der; **früh|mor|gens; früh|reif; Früh|stück** das; **früh|stü|cken; früh|zei|tig**

Frust|ra|ti|on *oder* **Frus|tra|ti|on** die *lat.:* Enttäuschung, Zurücksetzung durch Nichterfüllung eines Wunsches; sie wollte ihre Frustration abreagieren; **frust|rie|rend** *oder* **frus|trie|rend; frust|riert** *oder* **frus|triert**

Fuchs der, des Fuchses, die Füchse: ein schlauer Fuchs, wo sich Fuchs und Hase Gute / gute Nacht sagen (an einem verlassenen Ort); **fuch|sen** sein dummes Lachen fuchste (ärgerte) mich; **Fuchsschwanz** der: 1. kurze Holzsäge 2. Gartenzierstrauch; **fuchs|teu|fels|wild**

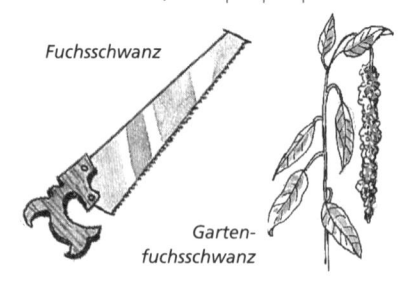

Fuchsschwanz

Gartenfuchsschwanz

Fuch|sie die, die Fuchsien: Balkon- oder Zimmerpflanze

fuch|teln er fuchtelte mir mit dem Stock vor der Nase herum

fuch|tig *ugs. für* wütend

Fu|der das: 1. Wagenladung, z. B. ein Fuder Heu 2. altes Hohlmaß für Wein (1000 bis 1800 Liter); **fu|der|wei|se**

Fu|ge die: 1. Verbindungsstelle; aus den Fugen geraten (sich auflösen) 2. zwei- oder mehrstimmiges Musikstück

fü|gen er fügte (ergab) sich in sein Schicksal, sie fügte (setzte) Zeile an Zeile; **füg|sam; Fü|gung** die: er sah es als glückliche Fügung (Schicksal) an

fühl|bar; füh|len sie fühlte ihr Herz schlagen, sie ließ mich ihre Verachtung fühlen (zeigte sie mir), ich fühlte mich verantwortlich (hielt mich für verantwortlich); **Füh|ler** der: seine Fühler ausstrecken (vorsichtig die Lage erkunden); **Füh|lung** die: wir bleiben in Fühlung (Kontakt), sie nahmen Fühlung mit uns auf (suchten Kontakt mit uns); **Füh|lung|nah|me** die

Fuh|re die; **Fuhr|mann** der, die Fuhrleute; **Fuhr|werk** das

füh|ren ein Restaurant führen (leiten), der Fluss führte Hochwasser, ein Doppelleben führen, das führt zu nichts, er hat sich gut geführt (gut betragen), er wurde hinters Licht geführt (getäuscht); **füh|rend; Füh|rer** der; **Füh|re|rin** die; **Füh|rer|schein** der; **Füh|rung** die; **Führungs|stil** der

Fül|le die: in Hülle und Fülle (reichlich); **fül|len; Fül|ler** der: Füllfederhalter; **fül|lig; Füll|sel** das: Nebensächliches, Lückenfüller; **Fül|lung** die

Fum|me|lei die; **fum|meln**

Fund der, des Fund(e)s, die Funde; **fün|dig wer|den** etwas entdecken, auf etwas stoßen

Fun|da|ment das *lat.*, des Fundament(e)s, die Fundamente: Grundlage, Sockel, Basis; **fun|da|men|tal** die Erkenntnisse waren fundamental (grundlegend, von entscheidender Bedeutung); **Fun|damen|ta|lis|mus** der: Haltung, bei der jemand nur die eigenen (meist religiösen) Ansichten gelten lässt; **Fun|da|men|ta|list** der; **Fun|da|men|ta|lis|tin** die; **fun|damen|ta|lis|tisch; Fun|dus** der: 1. Grundstock, Grundlage 2. Bühnenausstattung

fünf (→ acht); das fünfte Rad am Wagen (überflüssig) sein; **Fünf|kampf** der; **Fünf|tel** das; **Fünf|uhr|tee** der; **fünf|zig; Fünf|zi|ger** der: ein falscher Fünfziger (Heuchler)

Funk der: drahtlose Übertragung, besonders Rundfunk; **Funk|ama|teur** der; **Funk|aus|stel|lung** die; **fun|ken; Fun|ker** der

Fun|ke(n) der: ihm fehlte der zündende Funke (eine mitreißende Idee); **fun|keln; fun|kel|na|gel|neu**

Funk|ti|on die *lat.*, die Funktionen: Aufgabe, Wirksamkeit, Stellung, Tätigkeit; **Funk|ti|o|na|lis|mus** der: Gestaltung eines Bauwerks oder eines Gebrauchsgegenstandes nach seinem Zweck; **Funk|ti|o|när** der: Beauftragter einer Organisation; **Funk|ti|o|nä|rin** die; **funk|ti|o|nie|ren; funk|ti|ons|fä|hig**

Fun|zel / **Fun|sel** die: trübe Lichtquelle

für für Hilfe sorgen, Nacht für Nacht (jede Nacht), das ist für mich, für zehn Euro etwas kaufen, wir sind für die Sache, er ist für acht Tage in Urlaub, für und wider den Plan sein, *aber:* das Für und Wider; **Für|bit|te** die; **für|ei|nan|der** *oder* für-ein|an|der; **für|lieb|neh|men** *veraltet für* → vorliebnehmen; **Für|sor|ge** die; **Für|sor|ge|rin** die; **für|sorg|lich; Für|spra|che** die; **Für|spre|cher** der; **Für|spre|che|rin** die

Fur|che die; **fur|chen; fur|chig**

Furcht die; **furcht|bar** am furchtbarsten; **Furcht ein|flö|ßend / furcht|ein|flö-ßend; fürch|ten** sich; **fürch|ter|lich; Furcht er|re|gend / furcht|er|re|gend; furcht|los; furcht|sam**

Fu|rie die *lat.*, die Furien: römische Rachegöttin; wie von Furien gehetzt sein; **fu|ri|os** ein furioses (mitreißendes) Schlagzeugsolo

Fur|nier das *franz.*, des Furniers, die Furniere: dünnes Holz- oder Kunststoffblatt; **fur|nie|ren** furnierte Möbel

Fu|ro|re das/die *ital.*: mit einem Roman Furore machen (Aufsehen erregen)

Fürst der, des/die Fürsten; **Fürst|bi|schof** der; **Fürs|ten|tum** das; **Fürs|tin** die; **fürst-lich**

Furt die, die Furten: seichte Stelle im Fluss

Fu|run|kel der/das *lat.*, des Furunkels, die Furunkel: Eiterbeule

Für|wort das ▶ Pronomen

Fu|sel der: schlechter, billiger Schnaps

Fu|si|on die *lat.*, die Fusionen: Vereinigung, Verschmelzung; **fu|si|o|nie|ren** die beiden Firmen haben fusioniert (sich zusammengeschlossen)

Fuß der, des Fußes, die Füße: sich mit Händen und Füßen sträuben, das hat Hand und Fuß (wurde gut überlegt), er kam stehenden Fußes (sofort), er bekam plötzlich kalte Füße (bekam Bedenken und gab auf), etwas mit Füßen treten (missachten); **Fuß|ball** der: Fußball spielen; **Fuß|ball|län|der|spiel** das; **Fuß|ball-spiel** das; **fuß|breit; Fuß|breit/Fuß breit** die Tür stand einen Fußbreit/Fuß breit offen, ich werde keinen Fußbreit/Fuß breit zurückweichen (unter keinen Umständen nachgeben); **fußen** der Plan fußte auf einer Annahme (stützte sich darauf); **Fuß|gän|ger** der; **Fuß|gän|ge|rin** die; **fuß|hoch** sie kämpften sich durch fußhohen Schlamm; **Fuß|no|te** die: Anmerkung; **Fuß|pilz** der; **Fuß|tritt** der; **Fuß|volk** das: Mitläufer, Masse, z. B. Fußvolk einer Partei; sich unter das Fußvolk mischen

Fus|sel die/der: an der Kleidung hängen gebliebene Faser; **Fus|sel|bürs|te** die; **fusse|lig / fuss|lig**

futsch *ugs. für* weg, kaputt

Fut|ter das: 1. Nahrung der Tiere 2. schützender Stoff auf der Innenseite von Kleidungsstücken; das Mantelfutter ist eingerissen; **Fut|te|ral** das, des Futterals, die Futterale: Hülle, Schachtel; **Fut|ter-neid** der; **füt|tern; Füt|te|rung** die

Fu|tur das *lat.* ▶ Tempus

Fu|tu|ro|lo|gie die *lat.*: Zukunftsdeutung, Zukunftsforschung

G

Ga|be die
Ga|bel die: sie brachte sich mit Messer und Gabel um (aß sich zu Tode); **ga|beln** sich: die Äste gabelten sich; **Ga|bel|stap|ler** der; **Ga|be|lung** die
ga|ckern sie gackerten wie die Hühner
gaf|fen die Menge stand gaffend (sensationslüstern) an der Unfallstelle, was gaffst du so (schaust du so dumm)?
Gag [gäg] der *engl.*, die Gags: ulkige Idee, witzige Situation
Ga|ge [gasche] die *franz.*, die Gagen: Künstlergehalt
gäh|nen ein gähnender (tiefer) Abgrund
Ga|la die *span.*: er hatte sich in Gala geworfen (*ugs.* festlich gekleidet), sie waren zu einer Gala (einem großen Fest) eingeladen; **Ga|la|vor|stel|lung** die
ga|lant *franz.*: ritterlich, höflich, liebenswürdig
Ga|la|xie die *lat.*, die Galaxien: großes Sternensystem außerhalb der Milchstraße; **Ga|la|xis** die: die Milchstraße
Ga|lee|re die *griech.*: Ruderschiff mit zwei Segelmasten, auf dem früher Sträflinge oder Sklaven rudern mussten; er wurde auf die Galeere geschickt (zu einer Galeerenstrafe verurteilt)
Ga|le|rie die *franz.*, die Galerien: 1. schmaler Gang, Laubengang, oberster Rang im Theater 2. Sammlung, besonders von Gemälden, Kunsthandlung (Kunstgalerie)

Gal|gen der: er wird noch am Galgen enden (ein böses Ende nehmen); **Gal|gen|frist** die: kurzer Aufschub vor einem entscheidenden Geschehen; **Gal|gen|hu|mor** der: vorgetäuschte Lustigkeit in einer verzweifelten Lage
Gal|le die: mir kommt die Galle hoch (mich packen Wut und Zorn); **gal|le(n)|bit|ter**; **gal|lig** bitter wie Galle
Gal|lert das, die Gallerts: eingedickte Knochen- oder Fleischbrühe
Gal|lo|ne die *engl.*, die Gallonen: 1. engl. Hohlmaß (= 4,546 l) 2. amerik. Hohlmaß (= 3,785 l)
Ga|lopp der *ital.*, die Galopps / Galoppe: schnellste Gangart bei Huftieren; **ga|lop|pie|ren**
gal|va|ni|sie|ren mit einer dünnen Schicht Metall überziehen (mittels Elektrolyse)
Ga|ma|sche die *franz.*: über Schuhen und Strümpfen meist bis zum Knöchel getragene Bekleidung, die seitlich geknöpft wird

Game|boy® [gäimboi] der *engl.*: kleines elektronisches Spielgerät
Gam|ma|strah|len die: radioaktive Kurzwellenstrahlen, die bei der Strahlentherapie und zur Materialprüfung eingesetzt werden
gam|me|lig / gamm|lig das Fleisch war ganz gammelig (ungenießbar, unappetitlich); **gam|meln** die Jugendlichen gammelten vor dem Bahnhof (lungerten dort herum), heute will ich nur gammeln (faul sein)
Gams / Gäm|se die, die Gämsen: ziegenähnliches Klettertier; **Gams|bart** der: Hutschmuck in Form eines Haarbüschels aus Gamshaaren an Trachtenhüten
Gang der, des Gang(e)s, die Gänge: er schlurft über den Gang (Flur), ein Essen mit fünf Gängen (Speisefolgen), den ersten Gang im Auto einlegen, alles geht seinen Gang (entwickelt sich wie erwartet), Streit war gang und gäbe (alltäglich, üblich); **gang|bar**; **Gän|gel|band** das: jemanden am Gängelband führen (dauernd bevormunden); **Gän|ge|lei** die; **gän|geln**; **gän|gig** eine gängige (gebräuchliche) Redensart

Gangs|ter [gängßter] der *engl.*, des Gangsters, die Gangster: Schwerverbrecher; **Gangs|ter|boss** der; **Gangs|ter|me|tho|de** die

Gang|way [gängwäj] die *engl.*, die Gangways: Treppe oder Laufgang zum Flugzeug oder Schiff

Ga|no|ve der *jidd.*, des/die Ganoven: Betrüger, kleiner Verbrecher

Gans die, die Gänse; **Gän|se|haut** die: er bekam eine Gänsehaut (fürchtete sich)

Gän|se|füß|chen die: Anführungszeichen ▶ Zeichensetzung S. 495

ganz ist das die ganze Wahrheit?, ganz (völlig) deiner Meinung, sie ist ganz ihre Mutter (ihr sehr ähnlich), ganz (ziemlich) gut, ganz Ohr (dabei) sein; **Gan|ze** das: im Ganzen gesehen, hier ging es ums Ganze (um Sieg oder Niederlage), es war nichts Halbes und nichts Ganzes; **ganz|jäh|rig, gänz|lich** völlig; **ganz|tä|gig; ganz|tags** sie arbeitete wieder ganztags

gar die Kartoffeln sind gar (fertig gekocht); **ga|ren** sie garte das Gemüse (ließ es gar werden)

gar ich weiß gar (überhaupt) nichts, er ist gar zu (allzu) still

Ga|ra|ge [garasche] die *franz.*, die Garagen

Ga|rant der *franz.*, die Garanten: er war der Garant (Gewährsmann) des Friedens; **Ga|ran|tie** die, die Garantien: Gewähr, Sicherheit; **ga|ran|tie|ren**

Gar|aus *oder* Ga|raus der: sie wollten ihm den Garaus machen (*ugs.* ihn umbringen)

Gar|be die, die Garben: Getreidegarbe, Geschossgarbe

Gar|de die *franz.*, die Garden: Schutztruppe, Leibwache; **Gar|dist** der

Gar|de|ro|be die *franz.*, die Garderoben: eine vornehme Garderobe (Kleidung), er brachte seinen Mantel zur Garderobe (Kleiderablage)

Gar|di|ne die: Vorhang; **Gar|di|nen|pre|digt** die: heftige Vorwürfe, Strafpredigt

gä|ren es gärt, es gor/gärte, gegoren/gegärt, es göre/gärte; **Gä|rung** die

Garn das, des Garn(e)s, die Garne: Seemannsgarn spinnen (eine erfundene Geschichte erzählen)

Gar|ne|le die, die Garnelen: wohlschmeckender kleiner Meereskrebs mit langen Fühlern und oft durchsichtigem Körper

gar|nie|ren *franz.*: die Wurstplatte war mit Gurken garniert; **Gar|nie|rung** die; **Gar|ni|tur** die, die Garnituren: Satz, Ausrüstung aus zusammengehörigen Teilen, z. B. Wäschegarnitur

Gar|ni|son die *franz.*: Standort einer Truppe, Besatzungstruppe

gars|tig ein garstiges (freches) Kind, ein garstiges (abscheuliches) Wetter

Gar|ten der, die Gärten; **Gärt|ner** der; **Gärt|ne|rei** die; **Gärt|ne|rin** die

Gas das, des Gases, die Gase, unsichtbarer Stoff, z. B. Sauerstoff; **gas|för|mig; gas|hal|tig; ga|sig**

Gäss|chen das, **Gas|se** die; **Gas|sen|hau|er** der: sehr bekanntes Lied oder Schlager

Gast der, des Gast(e)s, die Gäste; **Gäs|te|buch** das; **gast|freund|lich; gas|tie|ren** ein Zirkus gastiert in der Stadt (gibt Vorstellungen); **gast|lich; Gast|mahl** das; **Gast|stät|te** die

Gast|ro|no|mie *oder* Gas|tro|no|mie die *griech.*: Gaststättengewerbe, Kochkunst

Gat|te der, des/die Gatten: Ehemann; **Gat|tin** die, die Gattinnen

Gat|ter das: Gitterzaun oder -tor, Tiergehege

Gat|tung die: 1. Gruppe nah verwandter Tier- oder Pflanzenarten 2. in der Literatur die → Epik, die → Lyrik, die → Dramatik (→ Drama)

Gau (*auch* Gäu) der, die Gaue: in sich geschlossener landschaftlicher Bezirk, z. B. der Chiemgau, das Allgäu

GAU der, des GAUs: *Abk.* für **g**rößter **a**nzunehmender **U**nfall (in Atomkraftwerken)

Gau|di das/die: Spaß

Gau|ke|lei die, die Gaukeleien: kunstvolle Vortäuschung; **gau|keln; Gauk|ler** der; **Gauk|le|rin** die; **gauk|le|risch**

Gaul der, die Gäule: einem geschenkten Gaul schaut man nicht ins Maul (man soll mit einem Geschenk zufrieden sein)

Gau|men der: einen feinen Gaumen haben (Sinn für gutes Essen und Trinken)

Gau|ner der; **Gau|ne|rei** die; **gau|nern**

Ga|ze [gase] die *arab.*, die Gazen: gitterartiges, feines Gewebe

Ga|zel|le die *arab./ital.*: zierliche Antilope

Ge|äst das, des Geäst(e)s: Astwerk
Ge|bäck das, des Gebäck(e)s
Ge|bälk das, des Gebälk(e)s: Balkenwerk; es knistert im Gebälk (Unheil steht bevor)
Ge|bär|de die: Bewegung, die etwas ausdrückt, Geste; **ge|bär|den** sich unvernünftig gebärden (zeigen); **ge|bär|denreich; Ge|bär|den|spra|che** die: Verständigungsmöglichkeit ohne Worte, z. B. für Gehörlose; **Ge|ba|ren** das: sein weltmännisches Gebaren (Auftreten)
ge|bä|ren du gebärst / gebierst, sie gebar, geboren, sie gebäre, gebäre! / gebier! (ein Kind) zur Welt bringen; **Ge|bä|rende** die; **ge|bär|fä|hig; Ge|bär|mut|ter** die
Ge|bäu|de das
Ge|bein das, des Gebein(e)s, die Gebeine: Knochen eines Toten
Ge|bell das
ge|ben du gibst, er gab, gegeben, er gäbe, gib!: jemandem Feuer geben, eine Geschichte zum Besten geben, der Baum gibt (spendet) Schatten, er gab (gewährte) ein Interview, geben / Geben ist seliger denn nehmen / Nehmen; **Ge|ber|lau|ne** die

Ge|bet das, die Gebete: ein inniges Gebet sprechen
Ge|biet das, des Gebiet(e)s, die Gebiete; **ge|bie|ten** (→ bieten); **Ge|bie|ter** der: Herr, Herrscher; **ge|bie|te|risch**
Ge|bil|de das: Gegenstand von unbestimmter Form
Ge|bin|de das: ein Blumengebinde
Ge|bir|ge das; **ge|bir|gig**
Ge|biss das, des Gebisses, die Gebisse; **Ge|biss|ab|druck** der
Ge|blä|se das
ge|blümt mit Blümchen verziert
ge|bo|ren sie ist eine geborene Meier; *Abk.* geb.
ge|bor|gen sie wusste sich geborgen (beschützt); **Ge|bor|gen|heit** die
ge|brand|markt sie war für immer als Diebin gebrandmarkt (gezeichnet)
Ge|bot das, des Gebot(e)s, die Gebote: das Gebot der Nächstenliebe, das Gebot (die Notwendigkeit) der Stunde, Not kennt kein Gebot
Ge|brauch der, des Gebrauch(e)s: der Gebrauch von Wasser und Seife; **ge|brau|chen** sie konnte es gut gebrauchen (verwenden); **ge|bräuch|lich; Gebrauchs|an|wei|sung** die; **ge|brauchsfer|tig; Ge|brauchs|gü|ter** die: zum Gebrauch bestimmte Gegenstände; **Gebrauchs|mus|ter** das: meist patentgeschützte Erfindung eines praktischen Gegenstandes; **Ge|braucht|wa|gen** der
Ge|bre|chen das: körperlicher Schaden; **ge|brech|lich**
Ge|bühr die, die Gebühren; **ge|büh|rend** jemanden gebührend (angemessen) bezahlen; **ge|büh|ren|frei; Ge|büh|renpflich|tig**: eine gebührenpflichtige (mit Kosten verbundene) Verwarnung
Ge|burt die; **ge|bur|ten|schwach** ein geburtenschwacher Jahrgang; **ge|bür|tig; Ge|burts|tag** der
Ge|büsch das, des Gebüsch(e)s
Geck der, des/die Gecken: er war wie ein Geck gekleidet (eitel, übertrieben modisch)
Ge|dächt|nis das, des Gedächtnisses, die Gedächtnisse: er verlor sie aus dem Gedächtnis (er vergaß sie)
Ge|dan|ke der, die Gedanken: mit dem Gedanken spielen (etwas in Betracht

ziehen), die Gedanken sind frei; **Ge|dan|ken** der; **ge|dan|ken|ver|lo|ren**; **ge|dan|ken|ver|sun|ken**; **ge|dank|lich** in keinem gedanklichen Zusammenhang stehend

Ge|dan|ken|strich der ▶ Zeichensetzung S. 490

Ge|därm / Ge|där|me das: Eingeweide
Ge|deck das, des Gedeck(e)s, die Gedecke: ein weiteres Gedeck auflegen (Besteck, Geschirr, Serviette)
ge|dei|hen du gedeihst, sie gedieh, gediehen, er gediehe; **ge|deih|lich** die Entwicklung war gedeihlich (nützlich, fruchtbar)
ge|den|ken (→ denken) er gedachte (hatte vor) zu fliehen, er gedachte seiner ersten Liebe (erinnerte sich); **Ge|den|ken** das

Ge|dicht das: Ursprünglich hat man alles Geschriebene „Gedicht" genannt. Im 18. Jh. wurde der Begriff auf die Dichtungsgattungen → Epik, → Dramatik (→ Drama), → Lyrik eingegrenzt. So nannte → Schiller sein Schauspiel „Don Carlos" ein „dramatisches Gedicht". Später wurden nur noch lyrische Texte, die nicht gesungen wurden, so bezeichnet. → Goethe verglich Gedichte mit „gemalten Fensterscheiben": Wie im Innern einer Kathedrale die Glasfenster im Sonnenlicht aufleuchten, so wird erst deutlich, was das Gedicht sagen will, wenn man seine Leuchtkraft auf sich wirken lässt.

Manche Gedichte versteht man sofort, andere erscheinen beim ersten Lesen eher rätselhaft oder schwer zugänglich. Aber wenn man die Mittel kennt, mit denen Dichter und Dichterinnen arbeiten, hilft das, den Inhalt zu verstehen. Dazu gehören → Rhythmus, → Reim, → Vers und → Strophe als Elemente der Lyrik. In der Bildhaftigkeit der Sprache spielen auch → Metaphern und → Symbole eine wichtige Rolle. Und sogar der Klang kann ein wirkungsvolles Element sein: Etliche Gedichte kommen erst im Vortrag zur vollen Geltung.

Gefährtin

Zu allen Zeiten wurden Gedichte verfasst. Wenn auch oft die strenge Form erhalten blieb, so änderte sich doch der Inhalt. In der Erlebnislyrik der → Klassik und → Romantik kommen Gefühl und Stimmung zum Ausdruck, das „Dinggedicht" zeigt die Zuwendung zur äußeren Welt: Eduard → Mörike schrieb etwa ein Gedicht auf eine Lampe, C. F. → Meyer über einen Brunnen, Rainer Maria Rilke über ein Karussell. Heinrich → Heine und Bertolt → Brecht üben in vielen ihrer Gedichte auch Zeitkritik. Nicht mehr die „heile Welt", sondern die Unordnung der Welt wird nun vorherrschendes Thema und aus vielen modernen Gedichten sprechen Spott, Klage und Verzweiflung.

ge|die|gen sie hatten gediegene (solide) Möbel, gediegenes (reines) Silber
Ge|döns das: Getue, mach nicht solch ein Gedöns!
Ge|drän|ge das: sich ins Gedränge stürzen (in eine Menschenmenge), ins Gedränge (in Bedrängnis) kommen
ge|drun|gen kräftig, ziemlich dick: er war von gedrungener Gestalt
Ge|duld die: sich in Geduld fassen (ruhig abwarten), ihr riss die Geduld (sie wurde ärgerlich); **ge|dul|den** sich; **ge|dul|dig**, **Ge|dulds|pro|be** die
ge|dun|gen er hatte seinen eigenen Mörder gedungen (beauftragt, angeheuert)
ge|dun|sen sein Gesicht war gedunsen (angeschwollen, aufgedunsen)
ge|eig|net am geeignetsten
Geest die: höher gelegenes, trockenes Gebiet in Norddeutschland
Ge|fahr die: auf eigene Gefahr (Verantwortung), sich außer Gefahr befinden (gerettet sein); **ge|fähr|den**; **Ge|fah|ren|quel|le** die: Ursache einer Gefahr; **Ge|fah|ren|zo|ne** die; **ge|fähr|lich**; **ge|fahr|voll** eine gefahrvolle Reise begann
Ge|fährt das, des Gefährt(e)s, die Gefährte: Fahrzeug; **Ge|fähr|te** der, des/die Gefährten: Freund, Kamerad, der Hund war sein treuester Gefährte; **Ge|fähr|tin** die

Gefälle

Ge|fäl|le das, des Gefälles: Höhenunterschied; das Gefälle einer Straße errechnet sich aus dem Verhältnis von Länge und Höhe: steigt die Straße auf einer Länge von 100 Metern um 12 Meter an, beträgt das Gefälle 12 Prozent

ge|fal|len (→ fallen); **Ge|fal|len** das: sie fanden Gefallen aneinander; **Ge|fal|len** der: jemandem einen Gefallen erweisen; **Ge|fäl|lig|keit** die; **ge|fäl|ligst** sei gefälligst still!; **ge|fall|süch|tig** eitel

Ge|fan|ge|ne der/die; **ge|fan|gen hal|ten** (→ halten); **Ge|fan|gen|nah|me** die; **ge|fan|gen neh|men** (→ nehmen); **Ge|fan|gen|schaft** die; **Ge|fäng|nis** das, des Gefängnisses, die Gefängnisse

Ge|fäß das, des Gefäßes, die Gefäße: 1. Behälter für Flüssigkeiten, z. B. Schüssel, Krug 2. Ader, Leitungsbahn für Blut und Lymphe im Körper von Menschen und Tieren

Ge|fecht das, des Gefecht(e)s: etwas ins Gefecht führen (etwas als Argument vorbringen), im Eifer des Gefechts

ge|feit geschützt

Ge|fie|der das: Vogelfedern; **ge|fie|dert**

Ge|fil|de das: heimatliche Gefilde (Landschaft, Gegend), die Gefilde der Seligen

Ge|flecht das: ein Geflecht (Netz) von Adern, der Stuhl hatte ein Geflecht (Flechtwerk) aus Stroh

Ge|flim|mer / Ge|flim|me|re das

ge|flis|sent|lich er überhörte es geflissentlich (absichtlich)

Ge|flü|gel das: Federvieh, Nutzvogel; **ge|flü|gelt** ein geflügeltes Wort (Redewendung, häufig gebrauchtes Zitat)

Ge|fol|ge das: Begleitung; **Ge|folg|schaft** die: er kündigte ihnen die Gefolgschaft auf

ge|frä|ßig; **Ge|frä|ßig|keit** die

ge|frie|ren (→ frieren); **Ge|frier|tru|he** die

Ge|fü|ge das: Aufbau, Struktur; **ge|fü|gig** gehorsam, sich unterordnend

Ge|fühl das, des Gefühl(e)s: ich habe ein ungutes Gefühl, etwas nach Gefühl tun; **ge|fühls|arm**; **ge|fühls|be|tont**; **ge|fühls|mä|ßig**; **ge|fühl|voll**

ge|ge|be|nen|falls du kannst gegebenenfalls anrufen, *Abk.* ggf.; **Ge|ge|ben|heit** die: tatsächlicher Zustand; mit den Gegebenheiten rechnen

ge|gen du redest gegen eine Wand, etwas gegen die Kälte tun, sie kam gegen drei Uhr, zwei gegen einen, Ware gegen Bezahlung; **ge|gen|ei|nan|der** *oder* ge|gen|ein|an|der, sie boxten gegeneinander; **ge|gen|ei|nan|der|sto|ßen** *oder* ge|gen|ein|an|der|sto|ßen; **ge|gen|läu|fig**; **Ge|gen|leis|tung** die; **ge|gen|le|sen**; **Ge|gen|maß|nah|me** die; **Ge|gen|satz** der: Gegensätze ziehen sich an; **ge|gen|sätz|lich**; **ge|gen|sei|tig**; **Ge|gen|stand** der; **ge|gen|ständ|lich**; **ge|gen|stands|los** hinfällig; **ge|gen|steu|ern**; **ge|gen|über|lie|gen** (→ liegen); **ge|gen|über|ste|hen** (→ stehen); **Ge|gen|wart** die; **ge|gen|wär|tig**; **Ge|gen|wert** der; **Geg|ner** der; **Geg|ne|rin** die; **geg|ne|risch** die gegnerische Abwehr

Ge|gend die: eine Diebesbande macht die Gegend unsicher

Ge|gen|stands|be|schrei|bung die ▶ Aufsatzlehre S. 512

Ge|gen|wart die ▶ Tempus

Ge|halt das, des Gehalt(e)s, die Gehälter: regelmäßige Bezahlung, Lohn

Ge|halt der, des Gehalt(e)s, die Gehalte: der Gehalt (Wert, Inhalt) an Nährstoffen; **ge|halt|voll**

ge|häs|sig am gehässigsten: höhnisch, gemein

Ge|häu|se das: z. B. das Radiogehäuse

Ge|he|ge das: die Gehege im Zoo, komm mir nicht ins Gehege (in die Quere)

ge|heim; **ge|heim hal|ten** (→ halten); **Ge|heim|hal|tung** die; **Ge|heim|nis** das, des Geheimnisses, die Geheimnisse; **ge|heim|nis|tu|e|risch**; **ge|heim|nis|voll**

Ge|heiß das, des Geheißes: er tat das auf Geheiß (Anordnung, Befehl) seines Vorgesetzten

ge|hen du gehst, er ging, gegangen, er ginge: ins Kloster gehen, der Direktor musste gehen (wurde zum Rücktritt gezwungen), in Deckung gehen (Schutz suchen), es geht schon auf (ist bald) drei Uhr

ge|heu|er die Gegend war mir nicht ganz geheuer (war mir unheimlich)

Ge|hil|fe der; **Ge|hil|fin** die, die Gehilfinnen

Ge|hirn das, des Gehirn(e)s, die Gehirne

Ge|höft das, des Gehöft(e)s, die Gehöfte

Ge|hölz das, des Gehölzes, die Gehölze

Ge|hör das; **ge|hör|ge|schä|digt; ge|hörlos**

ge|hor|chen; ge|hor|sam; Ge|hor|sam der

ge|hö|ren; ge|hö|rig

Gei|er der: wo ein Aas ist, da sammeln sich die Geier

gei|fern sie geiferte (schimpfte gehässig) hinter ihm her, der Hund geifert (bellt heftig), das Baby geifert (Speichel läuft ihm aus dem Mund)

Gei|ge die: der Himmel hängt voller Geigen (alles sieht bestens aus)

geil ihr Tanz machte ihn ganz geil (erregte ihn sexuell); die Band ist geil (*ugs. für* toll), er fuhr ein geiles (*ugs.* starkes, aufgemotztes) Motorrad; **Geil|heit** die

Gei|sel die, die Geiseln: Mensch, der gefangen genommen wird und erst dann freikommt, wenn andere Personen bestimmte Forderungen der Geiselnehmer erfüllt haben; **Gei|sel|nah|me** die

Geiß die, die Geißen: Ziege

Gei|ßel die, die Geißeln: 1. Schlagriemen 2. Schicksalsschlag, Plage; **gei|ßeln** er wurde öffentlich gegeißelt (gepeitscht), Missstände geißeln (verurteilen, anprangern)

Geist der, die Geister: 1. menschlicher Verstand, Bewusstsein; er hatte Geist und Witz, im Geiste (Sinn) der Zeit, ein erfinderischer Geist 2. überirdisches Wesen; von allen guten Geistern verlassen sein (etwas Dummes tun), im Schloss spukt ein Geist, der Heilige Geist; **Geis|ter|fah|rer** der: jemand, der auf der Autobahn in falscher Richtung fährt; **Geis|ter|fah|re|rin** die; **geis|ter|haft; Geis|ter|stun|de** die; **geis|tes|ge|gen|wär|tig; geis|tes|ge|stört; Geis|tes|krank|heit** die; **geis|tig** er hat mehr geistige Interessen; **geist|lich** religiös; **Geist|li|che** der/die: Pfarrer/-in, Priester/-in; **geist|los; geist|reich** eine geistreiche (witzige) Bemerkung; **geist|tö|tend** langweilig

Geiz der, des Geizes; **gei|zen** mit den Reizen geizen; **Geiz|hals** der, die Geizhälse; **gei|zig** am geizigsten

Gel das, die Gele: gallertartige Substanz, Gelatine; er schmierte sich ein Gel in die Haare

Ge|läch|ter das: lautes Lachen

Ge|la|ge das: übermäßiges Essen und Trinken

Ge|län|de das

Ge|län|der das: er sprang über das Geländer

ge|lan|gen zu einer Erkenntnis gelangen

Ge|lass das, des Gelasses, die Gelasse: er wurde in ein Gelass eingesperrt (in einen engen, finsteren Kellerraum)

ge|las|sen beherrscht, ruhig; **Ge|las|sen|heit** die

Ge|la|ti|ne [*sche*latine] die *franz.*: Knochenleim, farb- und geschmacklose Substanz zum Eindicken von Speisen

ge|läu|fig in geläufigem (fließendem) Englisch, ein geläufiger (allgemein bekannter) Ausdruck

ge|launt ich bin heute schlecht gelaunt (in schlechter Stimmung)

Ge|läut das: Kirchenglocken; **Ge|läu|te** das: von fern war Glockengeläut(e) zu hören

gelb gelb vor Neid, ein gelbes T-Shirt, die gelbe/Gelbe Karte; **gelb|lich; Gelb|sucht** die: Gelbfärbung der Augen und der Haut bei Gallen- oder Lebererkrankung

Geld das, des Geldes, die Gelder: Geld stinkt nicht, er zog ihm das Geld aus der Tasche, nicht für Geld und gute Worte (auf keinen Fall); **Geld|an|la|ge** die: ein Haus ist eine Gewinn bringende Geldanlage; **geld|gie|rig; Geld|po|li|tik** die: alle Maßnahmen einer Notenbank

Ge|lee [*sche*le] das/der *franz.*, die Gelees: Süßspeise, eingedickter Fleisch- oder Fruchtsaft

ge|le|gen zu gelegener (günstiger) Zeit; **Ge|le|gen|heit** die: Gelegenheit macht Diebe; **ge|le|gent|lich**

ge|leh|rig; **Ge|lehr|te** der/die

Ge|lei|se das (auch → Gleis): Bahngleise

Ge|leit das: sie gaben ihm das letzte Geleit (beerdigten ihn feierlich); **ge|lei|ten**

Ge|lenk das, des Gelenk(e)s, die Gelenke; **ge|len|kig** wendig, beweglich

ge|liebt; **Ge|lieb|te** der/die

ge|lind / ge|lin|de das ist gelinde (vorsichtig) gesagt, eine gelinde (milde) Strafe

ge|lin|gen es gelingt, es gelang, gelungen, es gelänge; **Ge|lin|gen** das: sie stießen auf ein gutes Gelingen an

gel|len ein gellender (durchdringender) Schrei

ge|lo|ben; **Ge|löb|nis** das, des Gelöbnisses, die Gelöbnisse

gel|ten du giltst, er galt, gegolten, er gälte, gilt!; **Gel|tung** die: Gültigkeit, Wirksamkeit; **gel|tungs|be|dürf|tig**; **Gel|tungs|sucht** die

Ge|lüb|de das: feierliches Versprechen vor Gott

ge|lüs|ten mich gelüstet nach Eis mit Sahne (ich habe großen Appetit darauf)

ge|mach nur gemach! (nichts überstürzen); **ge|mäch|lich** ruhig, langsam

Ge|mach das, die Gemächer: Wohnraum

Ge|mahl der: Ehemann; **Ge|mah|lin** die

Ge|mäl|de das: gemaltes Bild

ge|mäß entsprechend, zufolge

Ge|mäu|er das: altes Mauerwerk

ge|mein 1. roh, schlecht, unverschämt; ein gemeines Schimpfwort, er war ein gemeiner Mensch; 2. allgemein üblich, gemeinsam; der gemeine Mann (Durchschnittsbürger), die Liebe zur Musik war ihnen allen gemein; **Ge|mein|de** die: Verwaltungs- oder Pfarrbezirk und dessen Einwohner / Mitglieder; **ge|mein|ge|fähr|lich**; **Ge|mein|heit** die; **ge|mein|nüt|zig** dem Wohl aller dienend; **ge|mein|sam**; **Ge|mein|sam|keit** die; **ge|mein|schaft|lich**; **Ge|mein|wohl** das

ge|mes|sen in seiner gemessenen (würdevollen, ruhigen) Art, sie folgte uns in gemessenem (knappem) Abstand

Ge|met|zel das: Schlächterei, blutiger Kampf

Ge|misch das, des Gemisch(e)s, die Gemische

ge|mobbt (→ Mobbing): sie wurde von ihren Kollegen gemobbt (schikaniert, drangsaliert)

Ge|mü|se das

Ge|müt das, des Gemüt(e)s, die Gemüter: er hat ein Gemüt wie ein Fleischerhund (er ist völlig gefühllos); **ge|müt|lich**; **Ge|müt|lich|keit** die; **ge|müts|arm**; **ge|müts|kalt**; **ge|müts|krank**; **ge|müt|voll**

Gen das griech., die Gene: Träger einer Erbanlage in den Chromosomen; **Ge|nea|lo|gie** die: Wissenschaft von der Herkunft und Verwandtschaft von Familien und Sippen, Familienforschung, Geschlechterkunde; **Ge|ne|tik** die: Wissenschaft, die sich mit der Vererbung befasst; **ge|ne|tisch**; **Gen|food** [genfud] griech./engl.: Nahrungsmittel aus Rohstoffen, die in den Erbanlagen verändert wurden, z. B. Genmais; **Ge|no|typ** der: alle Erbfaktoren eines Lebewesens; **Gen|tech|nik / Gen|tech|no|lo|gie** die: Erforschung und Veränderung von Genen in der Molekularbiologie

gen. Abk. für genannt (→ nennen)

ge|nau sich genau an etwas erinnern, er ist sehr genau, das ist aufs Genau(e)ste / genau(e)ste zu befolgen, ich müsste Genaueres erfahren; **ge|nau ge|nom|men / ge|nau|ge|nom|men**; **Ge|nau|ig|keit** die; **ge|nau|so** genauso gut

Ge|ne|se die lat., die Genesen: Entwicklung, Entstehung; die Genese einer Krankheit, die Genese eines Bildes; **Ge|ne|sis** die lat.: 1. Schöpfungsgeschichte 2. Erstes Buch Mose(s)

ge|nehm ist es genehm (recht, willkommen)?; **ge|neh|mi|gen**; **Ge|neh|mi|gung** die; **ge|neh|mi|gungs|pflich|tig** die Durchfahrt war genehmigungspflichtig

ge|neigt sie war geneigt (willens, bereit), seinen Vorschlag anzunehmen, sein Chef war ihm nicht sonderlich geneigt (stand ihm ablehnend gegenüber)

Ge|ne|ral der franz., die Generale / Generäle

ge|ne|ra|li|sie|ren verallgemeinern; **Ge|ne|ral|streik** der: Streik aller Arbeitnehmer; **Ge|ne|ral|ver|samm|lung** die: Versammlung sämtlicher Mitglieder eines

Vereins oder einer Gesellschaft; **Ge|ne|ral|voll|macht** die: unbeschränkte Vollmacht für alle Verträge

Ge|ne|ra|ti|on die *lat.*: 1. Geschlechterfolge, z. B. Großeltern, Eltern, Kind 2. Gesamtheit gleicher Altersstufe, z. B. die jüngere Generation 3. Lebenszeitraum eines Menschen, Menschenalter; **Ge|ne|ra|ti|ons|kon|flikt** der

Ge|ne|ra|tor der *lat.*, die Generatoren: Maschine, die mechanische in elektrische Energie umwandelt

ge|ne|rell *lat.*: ein generelles (allgemeines, grundsätzliches) Problem

ge|ne|rös *franz.*: edel, großzügig; **Ge|ne|ro|si|tät** die: Edelmut, Großzügigkeit

ge|ne|sen du genest, er genas, genesen, er genäse: gesund werden; **Ge|ne|sung** die

ge|ni|al *lat.*: überragend, vollendet; **Ge|ni|a|li|tät** die; **Ge|nie** [*scheni*] das *franz.*, die Genies: größte schöpferische Begabung, hoch begabter Mensch

Ge|nick das, des Genick(e)s, die Genicke: Nacken, ein steifes Genick haben

ge|nie|ren [*scheniren*] *franz.*: ich geniere (schäme) mich, meine Anwesenheit generierte (störte) ihn

ge|nie|ßen du genießt, er genoss, genossen, er genösse: essen, trinken, mit Wohlbehagen zu sich nehmen; **Ge|nie|ßer** der; **Ge|nie|ße|rin** die; **ge|nie|ße|risch**; **Ge|nuss** der, des Genusses, die Genüsse; **ge|nüss|lich**; **Ge|nuss|mit|tel** das; **ge|nuss|süch|tig**; **ge|nuss|voll**

ge|ni|tal *lat.*: die Geschlechtsorgane betreffend; **Ge|ni|ta|le** das, die Genitalien: Geschlechtsorgan

Ge|ni|tiv der *lat.*, die Genitive ▶ Kasus

Ge|ni|tiv|ob|jekt das ▶ Objekt

Ge|nos|se der; **Ge|nos|sen|schaft** die: Zusammenschluss von Personen zu gemeinschaftlichem Geschäftsbetrieb; **ge|nos|sen|schaft|lich**; **Ge|nos|sen|schafts|bank** die: Kreditbank für landwirtschaftliche und gewerbliche Betriebe; **Ge|nos|sin** die, die Genossinnen

Gen|re [*schäre*] das *franz.*, die Genres: Art, Gattung; **Gen|re|bild** das: Bild, das eine Szene des Alltags wiedergibt

Gent|le|man [*dschäntlmän*] der *engl.*, des Gentlemans, die Gentlemen: Mann mit tadellosen Umgangsformen, ein Ehrenmann

ge|nug genug des grausamen Spiels; **ge|nü|gen** es genügt mir; **ge|nü|gend** genügend Geld haben; **ge|nüg|sam**; **Ge|nug|tu|ung** die

Genus

Ge|nus das *lat.*, die Genera: das Geschlecht. Im Deutschen gibt es drei grammatische Geschlechter: männlich = Maskulinum (z. B. der Mann), weiblich = Femininum (z. B. die Frau), sächlich = Neutrum (z. B. das Kind). Jedes Substantiv, soweit es in der Einzahl vorkommt, ist einem Geschlecht zugeordnet. Auf den ersten Blick ist also alles klar, aber: Warum ist „Kind" weder männlich noch weiblich?

Das lässt sich so erklären: Mit dem Wort „Kind" betont man, dass es sich um einen sehr jungen Menschen handelt, wichtig sind das Alter und die Größe; ob es später eine Frau oder ein Mann wird, spielt zunächst keine Rolle. So ist auch zu verstehen, warum alle Verkleinerungsformen auf -lein und -chen sächlich sind: „Der Hund macht Männchen, wenn das Fräulein pfeift."

Bei Berufsbezeichnungen kann man das Geschlecht, das gewöhnlich nur durch den Artikel angezeigt wird, manchmal durch eine Endung verändern: „Der König und die König<u>in</u> begrüßen den Lehrer und die Lehrer<u>in</u>." Gelegentlich reicht die Änderung des Artikels aus: <u>der</u> Bekannte – <u>die</u> Bekannte.

Auch bei Tieren – meistens größeren – achtet die Sprache auf das Geschlecht. Es gibt vielfach eine Bezeichnung für das männliche und eine für das weibliche Tier, z. B. Hengst und Stute, sowie ein Wort für die Tierart, nämlich Pferd. Ähnlich ist es mit der Reihe Stier – Kuh – Rind. Andere Bezeichnungen sind männlich oder weiblich, das jeweils andere Geschlecht wird durch Ableitung gebildet, z. B. Hund – Hündin, oder es gibt ein eigenes Wort, z. B. Katze – Kater. Bei Maus und Heuschrecke geht

das nicht, sie bleiben immer weiblich, und Adler, Igel und Hai sind immer männlich.
Bei Lebewesen hängt das Geschlecht eines Wortes also oft davon ab, was es bezeichnet. Man nennt das „natürliches Geschlecht". Bei anderen Substantiven bestimmt die Grammatik das Geschlecht, hier spricht man vom „grammatischen Geschlecht", z.B. der Tisch, die Wand, das Haus. Dazu gibt es ein paar Regeln. So sind z.B. Städte immer sächlich, Schiffe immer weiblich: Das berühmte Hamburg liegt an der Elbe, die neue „Hamburg" fährt aber auf der Elbe.
Manche Wörter wechseln das Geschlecht und damit auch die Bedeutung: <u>Der</u> Gehalt ist oft mit Geld nicht zu messen, <u>das</u> Gehalt hat aber eine Menge mit Geld zu tun. Und man kann <u>das</u> Band um ein Paket wickeln, in dem <u>der</u> Band eines Lexikons ist, den man verschicken möchte. Ein Wechsel des Geschlechts ohne Änderung der Bedeutung kommt zwar bei manchen Wörtern in der Umgangssprache vor, ist aber nur bei wenigen möglich; z.B. darf man sagen: der Meter und das Meter, der Liter und das Liter, das Gummi und der Gummi, das Bonbon und der Bonbon.

Geo|graf / Geo|graph der; **Geo|gra|fin / Geo|gra|phin** die; **Geo|gra|fie / Geo|gra|phie** die *griech.*: Erdkunde; **geo|gra|fisch / geo|gra|phisch**
Geo|lo|ge der *griech.*; **Geo|lo|gie** die: Lehre vom Erdaufbau; **Geo|lo|gin** die
Geo|met|rie *oder* Geo|me|trie die *griech.*: Lehre von ebenen und räumlichen Gebilden, Teil der Mathematik; **geo|met|risch** *oder* geo|me|trisch
Ge|or|gi|en; Ge|or|gi|er der; **Ge|or|gi|e|rin** die, die Georgierinnen, **ge|or|gisch**
Ge|päck das, des Gepäck(s)
Ge|pard der *franz.*, die Geparde: sehr schnelle Großkatzenart
Ge|pflo|gen|heit die: Gewohnheit
Ge|plän|kel das: harmloses Wortgefecht
ge|punk|tet sie trug ein gepunktetes Kleid

ge|ra|de in gerader Linie, ich telefoniere gerade (soeben), der Pfeil ging gerade (direkt) ins Ziel, ein gerades (ehrliches) Wesen; **Ge|ra|de** die, der/die Geraden; **ge|ra|de|aus; ge|ra|de|so viel; ge|ra|de ste|hen** (→ stehen): auf einem Bein gerade stehen, *aber:* ich werde dafür geradestehen (die Verantwortung übernehmen); **ge|ra|de|zu; ge|rad|li|nig**
Ge|ran|gel das: Balgerei, Drängelei
Ge|ra|nie die *griech.*, die Geranien: Balkonblume
Ge|rät das, des Gerät(e)s
ge|ra|ten (→ raten): sich in die Wolle geraten (streiten), in schlechten Ruf geraten, er geriet unter das Auto, die Kinder sind gut geraten (haben sich gut entwickelt); **Ge|ra|te|wohl** das: er probierte es aufs Geratewohl (auf gut Glück)
ge|raum vor einer geraumen (beträchtlichen) Weile; **ge|räu|mig** ein geräumiger Schrank
Ge|räusch das, des Geräusch(e)s, die Geräusche; **ge|räusch|arm; ge|räusch|emp|find|lich; Ge|räusch|pe|gel** der
ger|ben jemandem das Fell gerben (ihn prügeln); **Ger|ber** der: Handwerker, der Felle zu Leder verarbeitet; **Gerb|säu|re** die; **Ger|bung** die
Ger|be|ra die: Schnittblume
ge|recht die Strafe war gerecht, einer Sache gerecht werden (sie erfolgreich erledigen); **Ge|rech|tig|keit** die; **Ge|rech|tig|keits|ge|fühl** das
Ge|re|de das: es gab viel Gerede (Geschwätz) über ihn
Ge|richt das, des Gericht(e)s, die Gerichte: 1. staatliche Einrichtung für die Rechtsprechung, z.B. das Amtsgericht; über jemanden zu Gericht sitzen 2. Speise, z.B. Fleischgericht; **ge|richt|lich** jemanden gerichtlich belangen; **Ge|richts|bar|keit** die; **Ge|richts|stand** der: Ort, zuständiger Sitz, an dem eine Klage erhoben werden kann; Gerichtsstand ist Berlin; **Ge|richts|we|sen** das: alles, was mit dem Gericht zusammenhängt
ge|ring eine geringe Summe, nicht die geringste Mühe, das stört mich nicht im Geringsten, sie wusste nicht das Geringste (gar nichts) über ihn, es kam kein Geringerer als der König; **ge|ring|ach-**

ten missachten; **ge|ring|fü|gig**; **Ge|ring-fü|gig|keit** die; **ge|ring|gra|dig**; **ge|ring-schät|zen**; **ge|ring|schät|zig** herablassend, hochnäsig; **ge|ring|wer|tig**

ge|rin|nen (→ rinnen): Flocken, Klumpen bilden, geronnene Milch; **Ge|rinn|sel** das

Ge|rip|pe das: Skelett

Ger|ma|ne der; **Ger|ma|nin** die; **ger|ma|nisch**

Ger|ma|nis|tik die: Deutschkunde, deutsche Sprach- und Literaturwissenschaft; Germanistik studieren

gern / ger|ne das mache ich gern, ja, gern!, ich bin gern allein; **Ger|ne|groß** der: Angeber; **gern ge|se|hen / gern|ge|se|hen** ein gern gesehener / gerngesehener Gast; **gern|ha|ben** sehr mögen, liebhaben: ich hab dich gern

Ge|röll das, des Geröll(e)s

Gers|te die: Getreideart; **Gers|ten|korn** das, die Gerstenkörner: 1. ein Korn der Gerste 2. Vereiterung am Augenlid

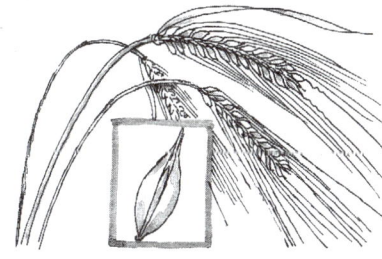

Ger|te die: dünner, biegsamer Stock; **ger|ten|schlank**

Ge|ruch der, des Geruch(e)s, die Gerüche; **ge|ruch|los**; **Ge|ruchs|be|läs|ti|gung** die; **ge|ruchs|emp|find|lich**; **Ge|ruchs|sinn** der

Ge|rücht das, des Gerücht(e)s, die Gerüchte: unbewiesene Nachricht, Gerede; es ging das Gerücht; **ge|rücht|wei|se**

ge|ru|hen Frau Gräfin geruhen zu speisen?; **ge|ruh|sam** ein geruhsamer Abend

Ge|rüm|pel das: wertloses Zeug

Ge|rüst das, des Gerüst(e)s

ge|samt; **Ge|samt|heit** die; **Ge|samt|schu|le** die

Ge|sand|te der/die: diplomatische(r) Vertreter(in) eines Staates

Ge|sang der, des Gesang(e)s, die Gesänge: „Es ist die Länge der Gesänge zu lang für meines Ohres Länge" *(Wilhelm Busch)*; **ge|sang|lich**; **Ge|sang|ver|ein** der

Ge|säß das, des Gesäßes

Ge|schäft das: das Geschäft unten im Haus, Geschäft ist Geschäft (wenn es um Geld geht, kann keine Rücksicht genommen werden); **ge|schäf|tig** im Büro herrschte geschäftiges Treiben; **ge|schäft|lich**; **Ge|schäfts|an|teil** der: finanzielle Beteiligung eines Gesellschafters z. B. an einer GmbH; **Ge|schäfts|be|richt** der: Jahresabschluss einer Firma; **Ge|schäfts|fä|hig|keit** die: Bedingung für das Abschließen von wirksamen Rechtsgeschäften lt. BGB; **Ge|schäfts|frau** die; **Ge|schäfts|füh|rer** der; **Ge|schäfts|füh|re|rin** die; **Ge|schäfts|mann** der; **ge|schäfts|schä|di|gend**; **Ge|schäfts|schluss** der; **ge|schäfts|tüch|tig**

ge|sche|hen es geschieht, es geschah, geschehen, es geschähe; **Ge|sche|hen** das: ein heimliches Geschehen; **Ge|scheh|nis** das, des Geschehnisses, die Geschehnisse

ge|scheit intelligent, klug

Ge|schenk das, des Geschenk(e)s: kleine Geschenke erhalten die Freundschaft

Ge|schich|te die: die griechische Geschichte, eine Geschichte erzählen, eine haarige (unerhörte) Geschichte, mach keine Geschichten (Dummheiten)!; **ge|schicht|lich**; **Ge|schichts|klit|te|rung** die: bewusst verfälschte Darstellung geschichtlicher Ereignisse

Ge|schick das, des Geschick(e)s: 1. sie ergab sich dem launigen Geschick (Schicksal) 2. er zeigt Geschick (Begabung) im Umgang mit Kindern; **Ge|schick|lich|keit** die; **ge|schickt** am geschicktesten

Ge|schirr das, des Geschirr(e)s: 1. das Geschirr (Porzellan) im Schrank 2. die Pferde legten sich ins Geschirr (Riemenzeug); **Ge|schirr|spül|ma|schi|ne** die

Ge|schlecht grammatisches ▶ Genus

Ge|schlecht das, des Geschlecht(e)s, die Geschlechter: das schöne Geschlecht (die Frauen), ein altes Geschlecht (eine adlige, alte Familie), männlichen Geschlechts, die künftigen Geschlechter

(Generationen); **Ge|schlechts|hor|mon** das: Hormon, das die Ausbildung von Geschlechtsmerkmalen und die Fortpflanzung steuert; **Ge|schlechts|merk|mal** das: Merkmal, das Männer und Frauen voneinander unterscheidet, z. B. die Behaarung; **Ge|schlechts|na|me** der; **Ge|schlechts|or|gan** das: Fortpflanzungsorgan, z. B. die Gebärmutter bei der Frau; **Ge|schlechts|teil** das/der äußeres Geschlechtsorgan, z. B. Penis beim Mann; **Ge|schlechts|ver|kehr** der: sexueller Kontakt mit einem Partner

Ge|schmack der, des Geschmack(e)s, die Geschmäcke(r): an etwas Geschmack finden, über Geschmack lässt sich bekanntlich streiten; **ge|schmack|lich; ge|schmack|los; Ge|schmacks|knos|pen** die: auf der Zunge liegendes Organ bei Menschen und Säugetieren, mit dem Geschmack erlebt wird; **Ge|schmacks|sa|che** die; **Ge|schmacks|ver|ir|rung** die

Ge|schmei|de das: kostbarer Schmuck; **ge|schmei|dig** biegsam, weich, wendig

Ge|schmeiß das: 1. Kot von Raubvögeln (Jägersprache) 2. ekliges Ungeziefer 3. verabscheuungswürdige Menschen

ge|schnie|gelt geschniegelt und gebügelt (sehr sorgfältig gekleidet)

Ge|schöpf das, des Geschöpf(e)s

Ge|schoss das, des Geschosses, die Geschosse: 1. Stockwerk 2. abgeschossener Körper, z. B. Kugel, Pfeil

Ge|schrei das: viel Geschrei und nichts dahinter (viel Lärm um nichts)

Ge|schütz das: schwere Feuerwaffe, Kanone; schweres Geschütz auffahren (übertrieben scharf argumentieren, bedrängen)

Ge|schwa|der das: großer Verband von Kriegsschiffen oder Kampfflugzeugen

Ge|schwätz das: dummes Geschwätz; **ge|schwät|zig; Ge|schwät|zig|keit** die

ge|schwei|ge sie hat kein Geld für ein Auto, geschweige denn (schon gar nicht) für ein Haus

ge|schwind; Ge|schwin|dig|keit die

Ge|schwis|ter die

ge|schwol|len einen geschwollenen (dicken) Knöchel haben, sie redete ganz geschwollen (*ugs.* hochtrabend, wichtigtuerisch) daher

Ge|schwo|re|ne der/die: Laienrichter, Laienrichterin, Schöffe, Schöffin

Ge|schwulst die, die Geschwülste: krankhafte Gewebsveränderung

Ge|schwür das: offene, entzündete Stelle

Ge|sel|le der: Handwerksgehilfe; **ge|sel|len** sich: zum Pech gesellte sich der Hohn der anderen; **ge|sel|lig** er war ein geselliger Typ (liebte Gesellschaft); **Ge|sel|lig|keit** die; **Ge|sel|lin** die; **Ge|sell|schaft** die: jemandem Gesellschaft leisten, sie wollte die Gesellschaft verändern, eine literarische Gesellschaft; **Ge|sell|schaft des bür|ger|li|chen Rechts**: Unternehmensform, *Abk.* GbR/BGB-Gesellschaft, **Ge|sell|schaft mit be|schränk|ter Haf|tung**: Unternehmensform, *Abk.* GmbH; **ge|sell|schaft|lich; ge|sell|schafts|fä|hig**

Ge|setz das: ein ungeschriebenes Gesetz, sie schlüpfte durch die Maschen des Gesetzes, ein Gesetz zum Schutz der Jugend; **ge|set|zes|kun|dig; Ge|setz|ge|ber** der; **ge|setz|lich; ge|setz|los; Ge|setz|lo|sig|keit** die; **ge|setz|mä|ßig; ge|setzt** im gesetzten (ruhigen) Alter, gesetzt den Fall (angenommen, dass ...); **ge|setz|wid|rig**

ges. gesch. *Abk. für* gesetzlich geschützt; ein gesetzlich geschütztes Patent

Ge|sicht das; **Ge|sichts|punkt** der

Ge|sims das: vorspringender Teil einer Felswand oder Mauer

Ge|sin|de das: veraltet für Dienstpersonal; **Ge|sin|del** das: Pack (verkommene Menschen)

ge|sinnt weltoffen gesinnt sein; **Ge|sin|nung** die: geistige und sittliche Haltung, Denkweise; er wechselt seine Gesinnung wie das Hemd; **ge|sin|nungs|los**

ge|son|dert die Flaschen sind gesondert (extra für sich) verpackt

Ge|spann das, des Gespann(e)s: Pferdegespann; die beiden waren ein komisches Gespann (Paar)

ge|spannt sie hatten ein gespanntes (gereiztes) Verhältnis, ich bin gespannt (neugierig) auf dein neues Kleid, der Abzugshahn am Gewehr war gespannt (zum Abschuss bereit), er verfolgte das Pferderennen gespannt (voller Erwartung)

Ge|spenst das, des Gespenst(e)s; **ge|spens|ter|haft**; **ge|spens|tig / ge|spens|tisch** am gespenstigsten / gespenstischsten

Ge|spinst das: der Stoff war wie ein zartes Gespinst (Netzwerk) aus Seide

Ge|spött das, des Gespött(e)s: sich dem Gespött der Leute preisgeben

Ge|spräch das, des Gespräch(e)s; **ge|sprächig**

ge|spreizt ein gespreiztes (unnatürliches) Benehmen

ge|spren|kelt unregelmäßig gepunktet

Ge|sta|de das, die Gestade: Küste, Ufer

Ge|stalt die: Figur in einem Film, Roman; **ge|stal|ten**; **ge|stal|te|risch**; **Ge|stal|tung** die

ge|stan|den ein gestandener (erfahrener) Mann

ge|stän|dig; **Ge|ständ|nis** das, des Geständnisses, die Geständnisse; **ge|ste|hen** (→ stehen): „Gestehe, dass ich glücklich bin!" *(Friedrich von Schiller)*

Ge|stän|ge das: Stangenwerk

Ge|stank der, des Gestank(e)s

ge|stat|ten erlauben

Ges|te die *lat.*, die Gesten: eine unfreundliche Geste (Gebärde, Handlung); **Ges|tik** die: Gehabe, Gebaren, Gebärdenspiel; **ges|ti|ku|lie|ren**

Ge|stein das, des Gestein(e)s

Ge|stell das, des Gestell(e)s

ges|tern seit gestern, in der Welt von gestern (rückständig) leben, *aber:* er denkt an das Gestern; **gest|rig** die gestrige Zeitung

Ge|stirn das, die Gestirne: Stern; **ge|stirnt** der gestirnte Himmel über mir

Ge|stö|ber das: ein Schneegestöber begann

ge|streift sie hatte eine gestreifte Bluse an (eine Bluse mit Streifenmuster)

Ge|strüpp das, des Gestrüpp(e)s

Ge|stühl das, die Gestühle: das Gestühl in der Kirche bestand aus geschnitzten Bänken

Ge|stüt das, die Gestüte: 1. Pferdezuchtbetrieb 2. alle Pferde auf einem Gestüt; **Ge|stüt|buch** das: Buch mit den Abstammungsmerkmalen der Pferde

Ge|such das, des Gesuch(e)s: Bittschreiben, ein Gesuch einreichen

ge|sund gesünder, am gesündesten *(selten* am gesundesten): er bewies gesunden Menschenverstand, gesund wie ein Fisch im Wasser, gesunde Luft, ein gesundes (wirtschaftlich gesichertes) Unternehmen, jemanden gesund machen/gesundmachen; **ge|sun|den** genesen; **Ge|sund|heit** die; **Ge|sund|heits|ri|si|ko** das, die Gesundheitsrisiken: das Rauchen gehört zu den größten Gesundheitsrisiken; **ge|sund|heits|schäd|lich**; **Ge|sun|dung** die

Ge|tier das, des Getier(e)s: alle möglichen Tiere

Ge|tö|se das: Lärm, Krach

Ge|tränk das, des Getränk(e)s

ge|trau|en sich: den Mut haben

Ge|trei|de das: Grasfrüchte wie Gerste, Hafer, Mais, Reis, Roggen, Weizen u. a.

ge|trennt sie leben getrennt von Tisch und Bett (in Scheidung); **ge|trennt|ge|schlech|tig** (Biol.); **ge|trennt schrei|ben** in zwei Wörtern schreiben; **Ge|trennt|schrei|bung** die

ge|treu seinen Vorsätzen getreu; **Ge|treue** der/die; **ge|treu|lich** er gab den Text getreulich (ganz genau) wieder

Ge|trie|be das: im Getriebe (Treiben) der Großstadt, das Autogetriebe, Sand im Getriebe (Schwierigkeiten); **Ge|trie|ben|heit** die: innere Unruhe

ge|trost wende dich getrost (vertrauensvoll, ohne Bedenken) an sie

Get|to / Ghetto das *ital.*: abgesperrter Wohnbezirk, früher besonders für die jüdische Bevölkerung

Ge|tue das: dein albernes Getue (dummes Verhalten) regt mich auf

Ge|tüm|mel das: sich ins Getümmel stürzen, das Verkehrsgetümmel

Ge|viert das: Quadrat, z. B. 50 Meter im Geviert

Ge|wächs das, des Gewächses, die Gewächse

ge|wagt ein gewagtes (kühnes) Unternehmen; **Ge|wagt|heit** die

ge|wählt ein gewähltes Hochdeutsch sprechen, gewählte Umgangsformen haben

ge|wahr einen Lärm/eines Lärms gewahr werden (wahrnehmen); **ge|wah|ren** er gewahrte (bemerkte) die Veränderung

Gewähr

Ge|währ die: Sicherheit; Ansage ohne Gewähr (Garantie für die Richtigkeit); **ge|wäh|ren** eine Bitte gewähren (erfüllen), jemanden gewähren lassen (ihn nicht hindern); **ge|währ|leis|ten** sicherstellen: die pünktliche Ankunft wird gewährleistet; *aber:* dafür können wir keine Gewähr leisten; **Ge|währ|leistung** die: Garantie; **Ge|wahr|sam** der: 1. Schutz, Obhut 2. Haft, Gefängnis; der Einbrecher wurde in Gewahrsam genommen

Ge|walt die, die Gewalten: mit aller Gewalt (unbedingt), sich in der Gewalt haben (beherrscht sein); **ge|wal|tig; ge|walt|los** gewaltloser Widerstand; **ge|walt|sam; Ge|walt|tat** die; **ge|walttä|tig**

Ge|wand das, des Gewand(e)s, die Gewänder: Kleidungsstück

ge|wandt am gewandtesten: geschickt, sicher; **Ge|wandt|heit** die

ge|wär|tig ich war der Gefahr gewärtig (war darauf eingestellt, rechnete damit); **ge|wär|ti|gen** er hatte keine Hilfe zu gewärtigen (zu erwarten)

Ge|wäs|ser das

Ge|we|be das: ein Hemd aus synthetischem Gewebe (Kunstfaser), gesundes Gewebe (Zellverband)

Ge|wehr das, des Gewehr(e)s: Feuerwaffe; er stand Gewehr bei Fuß (bereit, wach)

Ge|weih das, des Geweih(e)s, die Geweihe

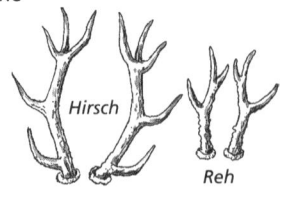

Hirsch

Reh

Ge|wer|be das: das grafische Gewerbe; **Ge|wer|be|steu|er** die; **ge|werb|lich; gewerbs|mä|ßig**

Ge|werk|schaft die: Vereinigung von Arbeitnehmern zur Durchsetzung ihrer Interessen; **Ge|werk|schaf|ter / Ge|werkschaft|ler** der; **Ge|werk|schaf|te|rin / Ge|werk|schaft|le|rin** der; **ge|werk|schaftlich; Ge|werk|schafts|bund** der: Verbund von Einzelgewerkschaften

Ge|wicht das, des Gewicht(e)s, die Gewichte: Gewicht auf etwas legen (für wichtig halten); **Ge|wicht|he|ben** das; **Ge|wicht|he|ber** der; **ge|wich|tig** ein gewichtiger (schwerwiegender) Grund; **Ge|wich|tung** die

ge|wieft ein gewieftes (schlaues) Kerlchen

ge|wiegt geschickt, mit allen Feinheiten vertraut; er ist ein gewiegter Fachmann

Ge|wim|mel das

Ge|win|de das; **Ge|win|de|boh|rer** der

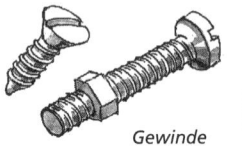

Gewinde

Ge|winn der, des Gewinn(e)s: des einen Schaden ist des anderen Gewinn; Gewinn bringend / gewinnbringend, am gewinnbringendsten; **Ge|winn|betei|li|gung** die; **ge|win|nen** du gewinnst, er gewann, gewonnen, er gewänne / gewönne: wer wagt, gewinnt; **ge|winnend** ein gewinnendes (liebenswürdiges) Lächeln; **Ge|win|ner** der; **Ge|winne|rin** die; **ge|winn|süch|tig** habgierig; **ge|winn|träch|tig** das ist eine gewinnträchtige Idee (sie lässt einen hohen Gewinn erwarten); **Ge|winn-und-Verlust-Rech|nung** die: Teil des Jahresabschlusses eines Unternehmens, *Abk.* GuV-Rechnung

Ge|wirr das, des Gewirr(e)s: Durcheinander; ein Gewirr aus Drähten

ge|wiss ist das gewiss (sicher)?, ein gewisses Örtchen; **Ge|wis|sen** das: jemandem ins Gewissen reden (eindringlich ermahnen), ein gutes Gewissen ist ein sanftes Ruhekissen; **ge|wis|sen|haft; ge|wis|senlos; ge|wis|ser|ma|ßen** sozusagen; **Ge|wiss|heit** die: sie muss sich Gewissheit verschaffen

Ge|wit|ter das: ein reinigendes Gewitter (klärende Aussprache); **ge|wit|te|rig; ge|wit|tern; ge|witt|rig**

ge|witzt schlau, begabt; **Ge|witzt|heit** die

ge|wo|gen er war dem Plan gewogen (zugetan); **Ge|wo|gen|heit** die ge|wöh|nen die Augen gewöhnten sich an das Licht; Ge|wohn|heit die; ge|wöhn|lich alltäglich, normal; ge|wohnt eine gewohnte Umgebung; Ge|wöh|nung die

Ge|wöl|be das: ein Kellergewölbe

Ge|wölk das, des Gewölk(e)s: viele Wolken

Ge|wühl das, des Gewühl(e)s

Ge|würz das, die Gewürze

gez. *Abk. für* gezeichnet (unterschrieben)

Ge|zei|ten die: Ebbe und Flut

Ge|ze|ter das: dauerndes Schreien

ge|zie|mend ein geziemendes (höfliches) Benehmen

ge|ziert ihr geziertes (gekünsteltes, unechtes) Benehmen fiel auf

Ge|zwit|scher das

ge|zwun|ge|ner|ma|ßen nicht freiwillig, notgedrungen

g.g.T. / ggT *Abk. für* **g**rößter **g**emeinsamer **T**eiler

Gicht die: Gelenkentzündung; gich|tig von der Gicht befallen; gicht|krank

Gie|bel der; gie|be|lig / gieb|lig

Gier die: maßloses Verlangen, Begierde; gie|rig er trank gierig

gie|ßen du gießt, er goss, gegossen, er gösse; Gie|ße|rei die: eine Glockengießerei; Gieß|kan|ne die

Gift das, des Gift(e)s, die Gifte; gif|tig sie sah ihn giftig (böse) an, eine giftige Schlange

Gi|gant der *griech.,* des/die Giganten: Riese; gi|gan|tisch

gil|ben gelb, fahl werden; das Papier war ganz vergilbt

Gil|de die: Genossenschaft, besonders von Handwerkern, Innung, Zunft

Gin [*dschin*] der *engl.:* klarer Wacholderbranntwein

Gins|ter der: gelb blühender Strauch

Gip|fel der: der Gipfel der Frechheit; Gip|fel|kon|fe|renz die: Konferenz bedeutender Staatsführer; gip|feln

Gips der, des Gipses; gip|sen; Gip|ser der

Gi|raf|fe die *arab.:* langhalsiges Savannentier

Girl [*görl*] das *engl.,* die Girls: Mädchen

Gir|lan|de die *franz.*

Gi|ro|kon|to [*schi*rokonto] das: Bankkonto für bargeldlosen Zahlungsverkehr

Gischt die/der: Wellenschaum

Gi|tar|re die *span.:* Zupfinstrument; Gi|tar|ren|so|lo das; Gi|tar|ren|spie|le|rin die; Gi|tar|rist der; Gi|tar|ris|tin die

Git|ter das: hinter Gittern (im Gefängnis) sitzen

Gla|di|o|le die *lat.:* Schwertliliengewächs, eine Zierpflanze

Gla|mour [*glämer*] der/das *engl.:* wirkungsvolle Aufmachung, die aber künstlich oder unecht erscheint; der Glamour (Glanz) Hollywoods verblasst

Glanz der, des Glanzes: eine Prüfung mit Glanz (sehr gut) bestehen; glän|zen durch Abwesenheit glänzen; glän|zend am glänzendsten: wir verstehen uns glänzend; glanz|los glanzloses Haar; glanz|voll

Glas das, des Glases, die Gläser: zu tief ins Glas schauen (zu viel trinken), Glück und Glas, wie leicht bricht das!; Glas|au|ge das: künstliches Auge aus Glas; Gläs|chen das; Gla|ser der; Gla|se|rin die; Gla|se|rei die; glä|sern; gla|sig ein glasiger (starrer) Blick; Glas|kör|per der *vgl. Abb. S. 43;* Glas|ma|le|rei die; glas|klar; Gla|sur die: glasartige Schicht auf Keramik oder Esswaren, z. B. Zuckerglasur

glatt

glatt glatter / glätter, am glattesten / glättesten, etwas glatt streichen/glattstreichen; **Glät|te** die; **Glatt|eis** das: jemanden aufs Glatteis führen (ihn verunsichern); **glät|ten**; **glatt|ge|hen** (→ gehen): es ist glattgegangen (ohne Probleme abgelaufen)

Glat|ze die; **glatz|köp|fig**

Glau|be der, des Glaubens: sich in dem Glauben wiegen (irrtümlich annehmen); **glau|ben**; **Glau|bens|be|kennt|nis** das; **glau|bens|stark**; **glaub|haft** eine glaubhafte Entschuldigung; **gläu|big**; **Gläu|bi|ge** der/die; **Gläu|bi|ger** der: jemand, der Geld von einem Schuldner fordert; **glaub|wür|dig** er war nicht sehr glaubwürdig (überzeugte nicht)

gleich 1. die gleiche (dieselbe) Sprache sprechen, gleich (ebenso) alt 2. ich gehe gleich (sofort), gleich (dicht) daneben; **gleich|al|te|rig / gleich|alt|rig**; **gleich|artig**; **gleich|auf**; **gleich|be|rech|tigt**; **glei|chen** du gleichst, er glich, geglichen, er gliche; **gleich|falls**; **gleich|för|mig**; **Gleich|ge|wicht** das: er verlor das Gleichgewicht (schwankte), das Gleichgewicht (der ausgeglichene Zustand) der Kräfte; **Gleich|ge|wichts|sinn** der; **gleich|gül|tig**; **gleich|mä|ßig**; **gleich|schen|ke|lig / gleich|schenk|lig**; **gleich|sei|tig** eine gleichseitige Pyramide; **gleich|set|zen** das kann man nicht gleichsetzen (vergleichen), *aber:* ich werde mich gleich (sofort) setzen; **Gleich|strom** der; **Glei|chung** die; **gleich|wer|tig**; **gleich|zei|tig**

gleich (Großschreibung): *das Gleiche gilt auch für euch, das kommt auf das Gleiche heraus, Gleiches mit Gleichem vergelten*

Gleich|nis das: Wenn wir etwas erklären oder wirkungsvoll erzählen wollen, ziehen wir Vergleiche heran. Die Umgangssprache kennt viele einfache Vergleiche, die wir oft ganz selbstverständlich gebrauchen: Jemand ist etwa stark wie ein Bär, ein anderer schlau wie ein Fuchs.
Das Gleichnis dagegen ist ein umfangreicherer Vergleich, ein kleiner Text. Gleichnisse wählten Dichter schon immer, wenn sie etwas eindrucksvoll veranschaulichen wollten: „Wie ein heftig wehender Wind einen Haufen dürrer Streu aufwirbelt und Hälmchen zerstreut" – so zerstreut in Homers „Odyssee" die hohe Meereswoge die Baumstämme vom Floß des Odysseus. Mit diesem Gleichnis wird die Gewalt des Meeres veranschaulicht. Homer verwendet ein Bild, bei dem etwas ungleich Leichteres als Baumstämme durcheinandergewirbelt wird.
Gleichnisse kennen wir auch aus dem Neuen Testament. Vielfach sind es kleine Geschichten, die Jesus erzählt, um den Zuhörern seine Lehre einprägsam zu veranschaulichen, z.B. das „Gleichnis vom verlorenen Schaf". Als der Hirte das verlorene Schaf wiederfindet, herrscht große Freude. „Also wird auch Freude im Himmel sein über einen Sünder, der Buße tut." Eine solches Gleichnis, das eine abgeschlossene Geschichte bildet, nennt man mit einem griechischen Wort auch „Parabel".

Gleis das (auch Geleise), des Gleises, die Gleise: etwas ins rechte Gleis bringen (ordnen), sich in ausgefahrenen Gleisen bewegen (Altbekanntes tun); **Gleis|bett** das: Schotteruntergrund für Gleise

glei|ßen du gleißt, es gleißte, hat gegleißt, es gleißte: stark glänzen; gleißendes Sonnenlicht

glei|ten du gleitest, er glitt, er ist geglitten, er glitte; **Gleit|zeit** die: Arbeitszeit, bei der man Anfang und Ende selbst bestimmt

Glet|scher der: mächtiger Eisstrom im Hochgebirge

Glied das, des Glied(e)s, die Glieder: die Müdigkeit liegt mir wie Blei in den Gliedern; **glie|dern; Glie|de|rung** die; **Glied|ma|ßen** die

glim|men es glimmt, es glomm / glimmte, geglommen / geglimmt, es glömme / glimmte: eine glimmende Zigarette; **Glim|mer** der: feinblättriges Mineral

glimpf|lich der glimpfliche Ausgang einer Sache (ohne größeren Schaden)

glit|sche|rig; glit|schig glitschige Seife

glit|zern funkeln

glo|bal *lat.*: weltumfassend, gesamt; **Glo|ba|li|sie|rung** die: weltweite Verflechtung verschiedener Lebensbereiche, z.B. Wirtschaft, Politik, Kultur; **Glo|be|trot|ter** der *engl.*: Weltenbummler; **Glo|bus** der *lat.*, des Globusses, die Globen / Globusse: Weltkugel

Glo|cke die; **glo|cken|för|mig; glo|ckig; Glöck|ner** der

Glo|ria das *lat.*, Lobgesang in der kath. Messe, mit Glanz und Gloria

Glo|rie die *lat.*: Ruhm, Glanz, Heiligenschein

Glos|sar das *lat.*, die Glossare: Wörterverzeichnis mit Erklärungen

Glos|se die: Eine Zeitung bietet ihren Lesern nicht nur Nachrichten. Zu den Aufgaben der Zeitungsmacher, der Journalisten und Redakteure, gehört auch, dass sie zu wichtigen Nachrichten Stellung nehmen, Ereignisse erläutern und den Lesern Zusammenhänge erklären. Das geschieht durch den → Kommentar. Eine besondere Form des Kommentars ist die Glosse. Man kann über vieles Glossen schreiben, zum Beispiel über das Auftreten eines Politikers, über einen Dopingfall im Sport, über sprachliche Dummheiten oder über schrille Mode.
Häufig werden gerade die scheinbar unwichtigen Dinge am Rande herausgegriffen und mit spitzen Worten sozusagen aufgespießt. Dabei kommt es besonders auf die Sprache an. In der Glosse findet man nicht die nüchterne Sprache der Nachricht und nicht die strenge Sprache des Kommentars. Die Sprache der Glosse ist locker und spritzig, vielfach auch witzig, häufig verspielt und stets auf originellen Ausdruck bedacht.

Glot|ze die, die Glotzen: *ugs.* für Fernsehapparat; **glot|zen** dumm starren: er glotzt wie ein Kalb

Glück das: er hat sein Glück gemacht (hat es zu etwas gebracht), auf gut Glück (aufs Geratewohl), mehr Glück als Verstand haben; **Glück auf!** Gruß der Bergleute; **glück|brin|gend / Glück brin|gend; glü|cken** der Plan ist geglückt (gelungen); **glück|lich** glücklich ist, wer vergisst, was doch nicht zu ändern ist; **glück|li|cher|wei|se; glück|los; Glücks|brin|ger** der; **Glücks|brin|ge|rin** die; **Glücks|kind** das; **Glücks|pilz** der; **glück|strah|lend; Glücks|zahl** die

Glu|cke die, die Glucken: 1. brütende Henne 2. Schmetterlingsart; **glu|cken** bemuttern, umsorgen

glu|ckern das Bier gluckerte in das Glas

glü|hen seine Augen glühten, ein glühender Verehrer, er saß wie auf glühenden Kohlen (war sehr ungeduldig); **glü|hend heiß**

Glu|ko|se (*fachspr.* Glucose) die: Traubenzucker

Glut die, die Gluten: Feuer ohne Flamme; **glut|äu|gig; Glut|hit|ze** die; **glut|rot**

Gly|ze|rin (*fachspr.* Glycerin) das *griech.*: sirupartiger, süßer, farbloser Alkohol

GmbH *Abk. für* **G**esellschaft **m**it **b**eschränkter **H**aftung

Gna|de die: er fand Gnade vor ihren Augen (wurde akzeptiert), aus Gnade und Barmherzigkeit (aus purem Mitleid); **gna|den|brin|gend** die gnadenbringende Weihnachtszeit; **Gna|den|brot** das: Versorgung im Alter aus Mitleid oder Dankbarkeit; **Gna|den|er|lass** der; **Gna|den|frist** die; **Gna|den|ge|such** das; **gna|den|los; gna|den|reich; gnä|dig**

Gneis der, des Gneises, die Gneise: Gestein aus Feldspat, Glimmer und Quarz

Gnom der, des/die Gnomen: Zwerg, Kobold

Gnu das *hottentott.*: große Antilope

Go|be|lin [gob(e)lɛ̃] der *franz.*, des/die Gobelins: Bildwandteppich

Go|bi die *mong.*: innerasiatische Wüste

Go|ckel der: Hahn

Goethe Johann Wolfgang von
▶ S. 161

Go|kart der *engl.*: kleiner, offener Rennwagen mit Zweitaktmotor
Gold das: flüssiges Gold (Erdöl), er gewann olympisches Gold (eine Goldmedaille), Reden ist Silber, Schweigen ist Gold; **gold|blond; gol|den** goldene Zeiten, er verdiente sich eine goldene Nase (*ugs.* sehr viel), die goldene Freiheit, goldener/Goldener Schnitt (Teilung einer Strecke in einem bestimmten Verhältnis); **gold|gelb; gol|dig** das finde ich goldig (nett, reizend)
Golf das *engl.*, des Golf(e)s: Rasenspiel
Golf der, des Golf(e)s: Meeresbucht
Go|li|ath der *hebr.*, des Goliaths: riesiger, sehr starker Mann, David und Goliath
Gon|del die *ital.*: 1. schmales Ruderboot, besonders in Venedig 2. Seilbahnkabine oder Ballonkorb; **gon|deln** durch die Stadt gondeln (zielos fahren); **Gon|do|li|e|re** [gondoljere] der: Gondelführer
Gong der *malai.*, des/die Gongs: Schlaginstrument; der Gong ertönte
gön|nen; Gön|ner der: Förderer; **Gön|ne|rin** die
goo|geln [gugeln] du googelst, im Internet mit Hilfe einer Suchmaschine etwas suchen, besonders bei Google®
Gör das / **Gö|re** die: kleines Kind, freches Mädchen
Go|ril|la der *afrik.*, des/die Gorillas: großer Menschenaffe
Gos|se die: Rinnstein, in der Gosse aufwachsen (in schlimmsten Verhältnissen)
Go|tik die: europäische Stilepoche (Mitte des 12. Jh.s bis Anfang des 15. Jh.s); **go|tisch** in gotischer Schrift
Gott der, die Götter: vergelt's Gott! (Dank), Gott steh mir bei!, das wissen die Götter! (weiß niemand), wir sprachen über Gott und die Welt (über alles Mögliche); **Got|tes|dienst** der; **got|tes|fürch|tig; gott|ge|fäl|lig; gott|ge|wollt; Gott|heit** die; **Göt|tin** die; **gött|lich; gott|lob; gott|los; gott|voll**
Göt|ze der, des/die Götzen: falscher Gott; **Göt|zen|bild** das; **göt|zen|haft**
Gou|ver|nan|te die *franz.*: Erzieherin; **Gou|ver|neur** [guwernör] der, des Gouverneurs, die Gouverneure: höchster Beamter, oberster Befehlshaber einer Kolonie, Festung oder Garnison
Grab das, des Grab(e)s, die Gräber: du bringst mich noch ins Grab (zur Verzweiflung), er trug seinen Plan zu Grabe (gab ihn auf); **gra|ben** du gräbst, er grub, gegraben, er grübe; **Gra|ben** der, die Gräben; **Gra|bes|stil|le** die; **Grab|le|gung** die; **Grab|mal** das, die Grabmale; **Grab|stein** der
Gracht die, die Grachten: Kanalstraßen in Holland
Grad der *lat.*, des Grad(e)s, die Grade: 1. Abstufung, Stärke; ein hoher Grad an Intelligenz, der Schriftgrad, bis zu einem gewissen Grad übereinstimmen 2. Maßeinheit, *Zeichen* °: im Winkel von 30 Grad (30°), 20 Grad Celsius (20 °C)
Graf der, des/die Grafen: Adelstitel; **Gräfin** die, die Gräfinnen
Graf|fi|ti|künst|ler der; **Graf|fi|to** der/das *ital.*, die Graffiti: auf eine Wand aufgesprühte Texte, Zeichen, Bilder

Gra|fik / Gra|phik die *griech.*: zeichnerisches Werk, auch Stich, Holzschnitt, Radierung usw.; **Gra|fi|ker / Gra|phi|ker** der; **Gra|fi|ke|rin / Gra|phi|ke|rin** die, die Grafikerinnen; **Gra|fik|kar|te / Gra|phik|kar|te** die: Steckkarte für den PC zur Grafikerstellung; **gra|fisch / gra|phisch**
Gra|fit / Gra|phit der *griech.*, des Grafit(e)s, die Grafite: weiches Mineral aus reinem Kohlenstoff
Gra|fo|lo|ge / Gra|pho|lo|ge der; **Gra|fo|lo|gin / Gra|pho|lo|gin** die; **Gra|fo|lo|gie / Gra|pho|lo|gie** die *griech.*: Wissenschaft von der Handschriftendeutung
gram sei mir nicht gram (böse)!, **Gram** der: in Gram (Kummer) versunken; **grä|men** die Bemerkung grämte (betrübte) ihn, er hat sich zu Tode gegrämt
Gramm das *griech.*, des Gramms, die Gramme: Gewichtseinheit, tausendster Teil eines Kilogramms, *Abk.* g

Johann Wolfgang von Goethe

Johann Wolfgang von Goethe

geb. am 28. 8. 1749
 in Frankfurt am Main
gest. am 22. 3. 1832 in Weimar

*Balladen (z. B. Erlkönig,
 Der Zauberlehrling)
Götz von Berlichingen mit der
 eisernen Hand (Drama, 1773)
Die Leiden des jungen Werthers
 (Roman, 1774)
Iphigenie auf Tauris (Drama, 1787)
Torquato Tasso (Drama, 1790)
Faust (Drama, 1808/1832)*

Obwohl er schon über 170 Jahre tot ist – Johann Wolfgang von Goethe ist heute noch so berühmt wie zu seinen Lebzeiten. Dafür gibt es viele Gründe. Einige davon vermittelt ein Blick auf sein Leben: Sorgen um das tägliche Brot brauchte sich der Frankfurter Patriziersohn nicht zu machen. Vor allem die Mutter tat alles für ihren „Hätschelhans". Der junge Mann durfte 1765 zum Jurastudium ins lebensfrohe Leipzig. Hier, in „Klein-Paris", fühlte er sich bald wohl. Er verliebte sich in Kätchen Schönkopf und verfasste neckische Liebesgedichte. Das nächste große Erlebnis seiner Jugend war das Studienjahr in Straßburg. Dort faszinierte ihn außer dem gotischen Münster auch die junge Friederike Brion, der er herrliche Liebesgedichte schrieb. Mit dem Drama *Götz von Berlichingen* und seinem Roman *Die Leiden des jungen Werthers* stellte er sich an die Spitze des „Sturm und Drang", einer Protestbewegung junger „Genies": Werther verliebt sich in Lotte, die bereits mit einem anderen verlobt ist; aus enttäuschter Liebe erschießt er sich. Der Roman wurde ein „Bestseller" und machte Goethe mit einem Schlag so berühmt, dass er ein Jahr später vom Herzog von Sachsen-Weimar eingeladen wurde.
Goethe blieb – mit einer Unterbrechung – bis zu seinem Tode in Weimar. Er übernahm wichtige Ämter in der Regierung. Das änderte allmählich auch seine Einstellung zum Leben: Er erkannte, dass der Einzelne sich in den Dienst eines größeren Ganzen zu stellen hat. Eine längere Italienreise (1786–88) eröffnete ihm den Zugang zur antiken Kultur: Seine „klassischen" Dramen entstanden, wie etwa *Iphigenie*. Erst spät, 1832, fand Goethe die Kraft, sein berühmtestes Drama, den *Faust*, zu vollenden. Es ist das Spiel vom Menschen, der Gott sucht und wissen will, „was die Welt im Innersten zusammenhält". Dazu geht Faust ein Bündnis mit dem Teufel ein, dem er fast verfällt.
Bis zuletzt war Goethe rastlos tätig. Er starb nach einem wahrhaft erfüllten Leben 1832 in Weimar.

Grammatik

Gram|ma|tik die *griech.*: Sprachlehre; **gram|ma|ti|ka|lisch; gram|ma|tisch**
Gram|mo|fon / Gram|mo|phon das *griech.*: früheres Gerät mit einem Schalltrichter zum Abspielen von Platten
Gra|nat der *österr.*, des Granat(e)s, die Granate: glänzendes, hartes, rotbraunes Mineral, Schmuckstein
Gra|na|te die *ital.*, die Granaten: explodierendes Geschoss
Grand Prix [gräpri] der, die Grands Prix: großer Preis, z. B. in der Formel 1
gran|di|os *lat.*: ein grandioses (überwältigendes) Feuerwerk
Gra|nit der *ital.*, die Granite: helles, körniges, hartes Gestein
gran|tig schlecht gelaunt, missmutig
Grape|fruit [gräipfrut] die *engl.*, die Grapefruits: Pampelmuse, eine gelbe Zitrusfrucht
Gra|phik → Gra|fik die
Gra|phit → Gra|fit der
Gra|pho|lo|gie → Gra|fo|lo|gie die
grap|schen er grapschte (griff) nach ihr, sie grapschte (*ugs.* stahl) die Brosche
Gras das, des Grases, die Gräser: sie hört das Gras wachsen (sieht oder hört etwas, wo nichts ist); **gra|sen** die Kühe grasen; **gras|grün**

Grass Günter ▶ S. 163

gras|sie|ren *lat.*, das Gerücht grassierte in der Stadt (breitete sich aus)
gräss|lich entsetzlich, fürchterlich
Grat der, des Grat(e)s, die Grate: scharfer Bergrücken; **Grat|wan|de|rung** die
Grä|te die: eine Fischgräte
Gra|ti|fi|ka|ti|on die *lat.*: freiwillige Sonderzahlung
gra|tis *lat.*: umsonst, kostenlos, der Eintritt ist gratis
Grät|sche die: Sprung mit gespreizten Beinen; **grät|schen** du grätschst, er grätschte, gegrätscht: spreizen
Gra|tu|lant der *lat.*, des/die Gratulanten; **Gra|tu|lan|tin** die; **Gra|tu|la|ti|on** die: Glückwunsch; **gra|tu|lie|ren**
grau am grau(e)sten: graue Augen, ein grauer Himmel, alles grau in grau (düster, trostlos) sehen, bei Nacht sind alle Katzen grau, graue Theorie, eine graue/ Graue Eminenz (einflussreiche Person im Hintergrund), in Ehren grau (alt) werden, *aber:* sie mag Grau (die Farbe); **gräu|lich** ins Graue gehend
Gräu|el der: Abneigung, Abscheu; **gräulich** hier riecht es gräulich (scheußlich)
grau|en bei der Vorstellung graut mir (fürchte ich mich); **Grau|en** das; **grau|en|er|re|gend / Grau|en er|re|gend** *aber nur:* äußerst grauenerregend; **grau|en|haft** die Unordnung war grauenhaft; **grau|en|voll**
Grau|pe die, die Graupen: geschältes Gersten- oder Weizenkorn
Grau|pel die, die Graupeln: kleines Hagelkorn; **grau|peln** es graupelt; **Grau|pel|schau|er** der
grau|sam; Grau|sam|keit die; **grau|sen** ich grauste mich vor ihm, mich / mir grauste es; **Grau|sen** das; **grau|sig**
Gra|veur [grawör] der *franz.*, des Graveurs, die Graveure: Metall- oder Steinstecher; **gra|vie|ren; gra|vie|rend** der Unterschied ist gravierend (schwerwiegend, hervorstechend); **Gra|vur** die: eingestochene Schrift oder Verzierung

Gra|zie die *lat.*: Liebreiz, Anmut; **Gra|zi|en** die: die drei römischen Göttinnen der Anmut; **gra|zil** zierlich, zart; **gra|zi|ös** am graziösesten: anmutig, leichtfüßig
Green|horn [grinhorn] das *engl.*, die Greenhorns: Grünschnabel, unerfahrener Mensch, Anfänger
Green|peace [grinpiß] *engl.*: internationale Umweltschutzorganisation
greif|bar; grei|fen du greifst, sie griff, gegriffen, er griffe: er greift zum Glas, ins Steuer greifen; in die Luft (ins Nichts) greifen, das ist zu hoch gegriffen (geschätzt), *aber:* die Berge sind zum Greifen nahe; **Griff** der, die Griffe: das haben wir im Griff (beherrschen es); **griff|be|reit; Grif|fel** der: Schreibstift für Schie-

Günter Grass

Günter Grass

geb. am 16. 10. 1927 in Danzig

Die Blechtrommel (Roman, 1959)
Katz und Maus (Novelle, 1961)
Hundejahre (Roman, 1963)
Die Plebejer proben den Aufstand
   (Drama, 1966)
Aus dem Tagebuch einer Schnecke
   (1972)
Der Butt (Roman, 1977)
Ein weites Feld (Roman, 1995)

Kaum ein deutscher Roman nach dem Zweiten Weltkrieg hat in Deutschland so viel Aufsehen erregt wie *Die Blechtrommel* von Günter Grass. Und wenige Romanhelden wurden so berühmt wie der zwergenhafte und unheimliche Blechtrommler Oskar Matzerath, ein Kind aus Danzig. Die Stadt Danzig, die heute polnisch ist, beheimatete früher neben einer weit überwiegenden deutschen Bevölkerung auch eine polnische Minderheit. Auch Günter Grass, der Sohn eines deutsch-polnischen Elternpaares, stammt aus Danzig. Seine Erinnerungen an die Jugend in und um diese Stadt sind in die ersten großen Erzählwerke *Die Blechtrommel, Katz und Maus* und *Hundejahre* eingegangen, die Danzig und den nahen Ostseestrand, Hitlerzeit und Krieg, russischen Einmarsch und Vertreibung der Deutschen beschreiben. Die Handlung der Romane reicht bis in die Jahre des „Wirtschaftswunders" in der Bundesrepublik Deutschland, deren Entwicklung Grass sehr kritisch verfolgt.

Grass arbeitete nach dem Krieg auf einem Bauernhof und im Bergwerk; er machte Musik in einem Jazzlokal und wurde schließlich Bildhauer und Grafiker. Manche seiner Bücher hat er später selbst illustriert. Der große Durchbruch als Schriftsteller gelang ihm bereits mit seinem ersten Roman *Die Blechtrommel.* Zuvor hatte er Gedichte veröffentlicht und Theaterstücke geschrieben. Grass stand der einflussreichen „Gruppe 47" nahe. In diesem Kreis hatten sich 1947 namhafte Autoren zusammengeschlossen, die nicht nur schreiben, sondern auch politisch wirken wollten. Der politische Kampf lockte auch Grass. Schreibend und redend setzte er sich für die „Espede" (= SPD) und Willy Brandt ein. *Aus dem Tagebuch einer Schnecke* nannte er das Buch, in dem er 1972 seine Erfahrungen im Wahlkampf zusammenfasste. Auch später äußerte sich Grass oft und manchmal sehr zornig zum politischen Geschehen. 1995 erschien sein Roman *Ein weites Feld,* in dem er die jüngste deutsche Geschichte beschreibt.

1999 erhielt Günter Grass den Nobelpreis für Literatur.

fertafeln; **grif|fig** handlich; **griff|nah; Griff|nä|he** die: sie brachte es in Griffnähe unter; **Griff|wei|te** die

grei|nen das Baby greinte (weinte leise und kläglich vor sich hin)

greis eine greise (sehr alte) Frau; **Greis** der, des Greises, die Greise; **grei|senhaft; Grei|sin** die, die Greisinnen

grell eine grelle (auffallende) Farbe, ein greller (durchdringender) Pfiff; **grell be|leuch|tet / grell|be|leuch|tet; grell|rot**

Gre|mi|um das lat., des Gremiums, die Gremien: beratende Körperschaft, Ausschuss

Gren|ze die, die Grenzen: meine Freude hält sich in Grenzen (ist nicht besonders groß); **gren|zen** eine an Zauberei grenzende Vorführung; **gren|zen|los; grenznah; Grenz|po|li|zei** die

Gret|chen|fra|ge die: Gewissensfrage (nach Gretchen in Goethes „Faust"), Frage nach der Religion

Grie|be die: ausgelassenes Speckstück

Grie|che der, des/die Griechen; **Grie|chenland; Grie|chin** die, die Griechinnen; **grie|chisch**

Gries|gram der, die Griesgrame: schlecht gelaunter Mensch; **gries|grä|mig**

Grieß der, des Grießes

Grill der engl., des Grill(e)s, die Grills: Bratrost; **gril|len; Grill|fest** das

Gril|le die: ein der Heuschrecke ähnliches Insekt; jemandem die Grillen (die dummen Gedanken) austreiben, Grillen fangen (missgelaunt sein)

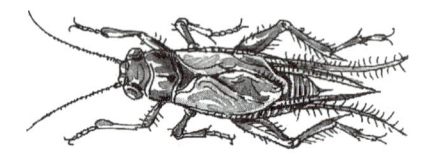

Gri|mas|se die franz.: eine böse Grimasse (Fratze) schneiden; **gri|mas|sie|ren** das Gesicht verzerren

Grimm der, des Grimm(e)s: verhaltene Wut; **grim|mig** zornig, wütend; **Grim|mig|keit** die

Grim|men das: Bauchweh

Grimm Jacob und Wilhelm ▶ S. 165

Grimmelshausen Hans Jacob Christoffel von ▶ S. 166

Grind der, die Grinde: krustiger Hautausschlag, der durch Erkrankung oder nachlässige Körperpflege entsteht; die Wunde war mit Grind (Schorf) bedeckt; **grin|dig** der Junge hatte ganz grindige Ellbogen

grin|sen du grinst (lächelst)

Grip|pe die: Erkältungskrankheit

Grips der: Verstand

grob gröber, am gröbsten: grob gemahlen / grobgemahlen, in groben Zügen, grober Unfug, auf einen groben Klotz gehört ein grober Keil (Grobheit mit Grobheit erwidern), aber: das Gröbste ist wohl überstanden; **Grob|heit** die; **Gro|bi|an** der: rücksichtsloser Mensch; **grob|schläch|tig** plump, derb

Grog der engl., des/die Grogs: heißes Rumgetränk

grö|len laut singen und schreien

Groll der, des Groll(e)s: verhaltener Zorn, Ärger; **grol|len** sie grollt mir (ist mir böse), grollender Donner

Gros [gro] das franz., des/die Gros: Hauptmasse; das Gros der Leute

Gros [groß] das niederl., des Groses, die Grose: 12 Dutzend (= 144 Stück)

Gro|schen der: Zehnpfennigstück

groß größer, am größten; klein: mit großen Augen, in großen Buchstaben, die große (ältere) Schwester, etwas groß und breit (ausführlich) erklären; groß: im Großen einkaufen, die Großen (Erwachsenen) staunten, im Großen und Ganzen (alles in allem); **groß|ar|tig; Grö|ße** die; **Grö|ßen|wahn** der; **grö|ßenwahn|sin|nig; Groß|han|del** der; **Großmacht** die; **Groß|mut** die: edle Gesinnung; **groß|mü|tig; Groß|mut|ter** die; **groß|spu|rig** angeberisch; **größ|tenteils; größt|mög|lich; groß|tun** (→ tun): prahlen; **Groß|va|ter** der; **groß|zie|hen** (→ ziehen); **groß|zü|gig**

großschreiben / groß schreiben: Am Satzanfang musst du großschreiben (mit großem Anfangsbuchstaben). Auf dem Plakat bitte möglichst groß schreiben (in großer Schrift).

Die „Brüder Grimm"

Die „Brüder Grimm"
– Jacob Grimm

geb. am 4. 1. 1785 in Hanau
gest. am 20. 9. 1863 in Berlin

– Wilhelm Grimm

geb. am 24. 2. 1786 in Hanau
gest. am 16. 12. 1859 in Berlin

Kinder- und Hausmärchen
Deutsches Wörterbuch

Die „Brüder Grimm" werden so häufig in dieser Weise gemeinsam genannt, dass viele Leute nicht einmal ihre Vornamen kennen. Und tatsächlich lebten und arbeiteten die beiden von der Kindheit bis zum Tod zusammen. Ihr Vater war 1796 gestorben. 1798 besuchten beide das Gymnasium in Kassel und studierten dann gemeinsam Rechtswissenschaften in Marburg.
Ihre besondere Liebe und ihr Interesse aber galten den alten Märchen, wie sie damals noch im Volk erzählt wurden. Schon als junge Männer spürten sie vor allem im Hessischen solchen Geschichten nach und sammelten sie. Aber sie zeichneten sie nicht einfach auf, sondern feilten immer wieder sorgfältig daran und gaben ihnen so im Laufe von rund vierzig Jahren bis 1857 jene Gestalt, die heute von Kindern wie Erwachsenen gleichermaßen geliebt wird. Dank ihrer Arbeit wurden die *Kinder- und Hausmärchen* zu einem Volksbuch, das einen nachhaltigen Einfluss auf die Jugendliteratur ausübte.
Die Brüder Grimm sammelten auch Sagen und veröffentlichten bedeutende wissenschaftliche Werke. 1852 begannen sie das große *Deutsche Wörterbuch*, ein wahrhaft gewaltiges Unternehmen, das eine Sammlung aller neuhochdeutschen Wörter seit dem 16. Jahrhundert verzeichnet. Dieses Werk wurde erst 1961 mit dem 32. Band abgeschlossen.
Ende 1829 wurden die Brüder als Professoren an die Universität Göttingen berufen. Jacob bekam den Lehrstuhl für deutsche Altertumswissenschaft, Wilhelm wurde Professor für Germanistik. Ende 1837 mussten sie aber ihre Professuren wieder aufgeben, weil sie zusammen mit fünf anderen bedeutenden Gelehrten dem Verfassungsbruch ihres Landesherrn, des Königs von Hannover, öffentlich entgegengetreten waren. Als die „Göttinger Sieben" gingen diese Professoren in die Geschichte ein. Die Brüder Grimm fanden an der Berliner Akademie der Wissenschaften eine neue Wirkungsstätte. Und hier blieben sie auch bis zu ihrem Tod.

Hans J. Christoffel von Grimmelshausen

Hans Jacob Christoffel von Grimmelshausen

geb. im März 1622 in Gelnhausen/Hessen
gest. am 17. 8. 1676 in Renchen/Baden

Der Abentheurliche Simplicissimus Teutsch (Roman, 1668)

Zwanzig Jahre nach Ende des Dreißigjährigen Krieges erschien einer der bedeutendsten deutschen Romane, *Der Abentheurliche Simplicissimus Teutsch*. Heute noch, nach über dreihundert Jahren, wird dieses Buch gelesen.
Der Roman schildert, wie ein Junge, der Heimat und Eltern verloren hat, den Krieg übersteht, dabei selbst gemein und brutal wird und sich schließlich als Einsiedler aus der Welt zurückzieht. Der Verfasser versteckte sich hinter falschem Namen. Erst Ende des 19. Jahrhunderts wurde nachgewiesen, dass er Grimmelshausen hieß und aus Gelnhausen stammte. Aus seiner Jugend ist wenig bekannt: Nach der Plünderung Gelnhausens nahmen ihn Kroaten mit und Grimmelshausen wurde Soldat. Das Schicksal verschlug ihn in die Schreibstube des Obersten von Schauenburg bei der kaiserlichen Armee in Offenburg am Rhein. Zehn Jahre lang hatte er nun Zeit, zu lesen und seine Wissenslücken aufzufüllen. Wegen seiner Tüchtigkeit wurde er zum Sekretär befördert.
Nach dem Krieg trat Grimmelshausen zum katholischen Glauben über, heiratete die Tochter eines Regimentskameraden und wurde Verwalter bei seinem Obersten. Am Fuß der Schauenburg bewohnte er ein Gut in Gaisbach, erwarb Land und führte eine Gastwirtschaft. Er genoss das Leben und ging zur Kur in das teure Schwarzwaldbad Griesbach. Die Folgen: Geldnot, Schulden, Entlassung. Auf der benachbarten Ullenburg fand er eine neue Stelle als Burgvogt. Die Burg gehörte einem Straßburger Arzt; durch ihn kam Grimmelshausen mit literarischen Kreisen in Straßburg zusammen. Später eröffnete er den Gasthof „Zum Silbernen Stern" in Gaisbach und zugleich stürzte er sich mit großem Eifer in die Schriftstellerei und schrieb an drei Romanen gleichzeitig.
Inzwischen war er in Renchen im Dienst des Straßburger Bischofs Schultheiß geworden. Renchen wurde in den Strudel des „Holländischen Krieges" gerissen, und noch bevor dieser beendet war, starb Grimmelshausen, der mit seinen Romanen die Menschen bessern und vor dem Krieg hatte warnen wollen.

gro|tesk *ital./franz.*: fantastisch, eigenartig, verzerrt; **Gro|tes|ke** die: 1. in der Literatur z. B. Mischung aus Grauen und Komik, Darstellung einer verzerrten Wirklichkeit 2. fantasievolle Dekoration aus Ornamenten, Pflanzen und Fabelwesen

Grot|te die *lat.*: kleine Felsenhöhle; **grot|ten|schlecht** *ugs.* sehr schlecht

Ground Ze|ro [graund siro] der/das *engl.*: die Stelle in New York, an der das World Trade Center stand, das am 11.9.2001 bei einem Terroranschlag zerstört wurde

Gru|be die: Vertiefung in der Erde, Bergwerk, offenes Grab; **Gru|ben|un|glück** das

Grü|be|lei die; **grü|beln** sie grübelte über seine Bemerkung lange nach

Gruft die, die Grüfte: Grabkammer

grün sich grün und blau ärgern, er war mir nicht grün (nicht wohlgesinnt), er ist noch grün hinter den Ohren (zu jung und unerfahren), es wurde am grünen / Grünen Tisch (wirklichkeitsfremd) beschlossen, grünes Licht (freie Fahrt, Zustimmung) geben; **Grün** das: die Ampel steht auf Grün, im Grünen frühstücken, das erste Grün des Frühjahrs; **Grün|don|ners|tag** der: Donnerstag vor dem Ostersonntag; **grü|nen**; **grün ge|streift / grün|ge|streift**; **grün|lich**; **Grün|schna|bel** der: Anfänger; **Grün|span** der: giftiger Überzug auf Kupfer und Messing; **Grün|zeug** das

Grund der, des Grund(e)s, die Gründe: aus gutem Grund, sich in Grund und Boden schämen, er ist von Grund aus schwach, auf eigenem Grund und Boden, auf Grund / aufgrund seiner Talente; **Grund|buch** das: sämtliche Grundstücke in Deutschland sind hier eingetragen mit Eigentümer, Größe, Bezeichnung und evtl. Belastungen; **Grund|buch|amt** das: Abteilung des Amtsgerichts in jeder Gemeinde; **Grundbuch|ein|trag** der; **grund|ehr|lich**; **grün|den**; **Grün|der** der; **Grün|de|rin** die; **Grund|er|werbs|steu|er** die: Steuer, die vom Käufer eines Grundstücks entrichtet werden muss; **grund|falsch**; **Grund|ge|halt** das: Mindestvergütung je Stunde oder je Lohn-/Gehaltsgruppe; **Grund|ge|setz** das: Verfassung der Bundesrepublik Deutschland, *Abk.* GG; **grun|die|ren** eine Wand grundieren (mit Grundfarbe anstreichen); **Grund|la|ge** die; **grund|le|gend**; **gründ|lich** ein gründlicher (gewissenhafter) Mensch; **grund|los**; **Grund|recht** das; **Grund|satz** der; **grund|sätz|lich**; **Grund|steu|er** die: Steuer, die von jedem Grundbesitzer abgeführt werden muss; **Grün|dung** die; **grund|ver|kehrt**

grun|zen er grunzte zustimmend

Grüpp|chen das; **Grup|pe** die; **Grup|pen|ar|beit** die; **Grup|pen|bil|dung** die; **Grup|pen|fo|to** das; **Grup|pen|rei|se** die; **grup|pen|wei|se**; **Grup|pe-8-Län|der** die (G 8/ Achtergruppe): die acht führenden Industriestaaten, nämlich Deutschland, Frankreich, Italien, Japan, Kanada, Großbritannien, die USA und Russland; **grup|pie|ren**

gru|se|lig am gruseligsten; schaurig, unheimlich; **gru|seln** es gruselt mich/mir, gruselst du dich?; **grus|lig**

Gruß der, des Grußes, die Grüße; **grü|ßen** grüß Gott!

Grüt|ze die: grober Haferbrei

Gu|a|te|ma|la; **Gu|a|te|mal|te|ke** der; **Gu|a|te|mal|te|kin** die, die Guatemaltekinnen; **gu|a|te|mal|te|kisch**

Gu|gel|hupf der, des Gugelhupf(e)s, die Gugelhupfe: Napfkuchen

Guil|lo|ti|ne [gijotine] die *franz.*: Hinrichtungsgerät mit Fallbeil

Gui|nea [ginea]; **Gui|ne|er** der; **Gui|ne|e|rin** die, die Guineerinnen; **gui|ne|isch**

Gu|lasch das/der *ungar.*, des Gulasch(e)s: meist scharfes Paprikafleischgericht; **Gu|lasch|ka|no|ne** die: fahrbare Feldküche

Gul|den der, des Guldens, die Gulden: frühere Währungseinheit in den Niederlanden vor dem Euro, Goldmünze im 14. bis 19. Jh.

Gul|ly der/das *engl.*, die Gullys: Straßenabfluss

gül|tig; **Gül|tig|keit** die: die Gültigkeit des Passes war abgelaufen

Gum|mi der/das *lat./ägypt.*, des/die Gummis; **gum|mi|ar|tig**; **Gum|mi|bär|chen** das; **Gum|mi|baum** der; **gum|mie|ren** mit Klebstoff versehen

Gunst

Gunst die: die Gunst des Schicksals; **günstig** im günstigen Wind segeln (Glück haben); **güns|ti|gen|falls**; **güns|tigs|ten|falls**; **Günst|ling** der: jemand, der bevorzugt wird

Gur|gel die, die Gurgeln: Kehle; **gur|geln**

Gürk|chen das; **Gur|ke** die; **Gur|ken|sa|lat** der

gur|ren sie hatte ein gurrendes Lachen

Gurt der, des Gurt(e)s, die Gurte; **Gür|tel** der: den Gürtel enger schnallen (weniger Ansprüche stellen); **Gür|tel|ro|se** die: Krankheit, die durch einen Virus ausgelöst wird; **gür|ten**; **Gurt|muf|fel** der: *ugs.* für Person, die sich beim Autofahren nicht anschnallt

Guss der, des Gusses, die Güsse: wie aus einem Guss (geschlossen, einheitlich gestaltet)

gut besser, am besten: *klein:* wie gut, sie hat ein gutes Herz, gut hören, aus gutem Grund, zu guter Letzt, ich bin guter Dinge, du hast gut reden (steckst in einer anderen, besseren Lage), das ist gut genug; *groß:* etwas zum Guten wenden, etwas Gutes kochen, das Gute im Menschen, sich im Guten einigen; **Gut** das, des Gut(e)s, die Güter: 1. landwirtschaftlicher Betrieb 2. Besitz, Ware; Gesundheit ist das höchste Gut, alle irdischen Güter; **Gut|ach|ten** das: Urteil einer fachlich spezialisierten Person; **Gut|ach|ter** der; **gut|ar|tig** eine gutartige (nicht gefährliche) Geschwulst; **gut|bür|ger|lich**; **Gut|dün|ken** das: Beliebigkeit; nach Gutdünken; **Gü|te** die; **Gü|ter|be|för|de|rung** die; **Gü|te|zei|chen** das: es wird von einer Gütegemeinschaft verliehen und garantiert bestimmte Produkteigenschaften; **gut ge|hen / gut|ge|hen** (→ gehen): ich hoffe, dass es dir gut geht/gutgeht, lasst es euch gut gehen/gutgehen, *aber:* kannst du in den Schuhen gut gehen?; **gut ge|launt / gut|ge|launt**; **Gut|ha|ben** das; **gut|hei|ßen** (→ heißen); **gü|tig**; **güt|lich** sie haben sich gütlich geeinigt (ohne sich zu streiten); **gut|ma|chen** wie soll ich das gutmachen? (in Ordnung bringen); **gut|mü|tig**; **Guts|be|sit|zer** der; **gut|schrei|ben** (→ schreiben): anrechnen; **Gut|schrift** die; **gut|tun** (→ tun): das hat gutgetan!; **gut un|ter|rich|tet / gut|un|ter|rich|tet**; **gut|wil|lig**; **Gut|wil|lig|keit** die

> **gut**: Verbindungen aus *gut* und Verb werden getrennt geschrieben, wenn *gut* seine konkrete Bedeutung behält. Dann ist es auch steiger- oder erweiterbar: *das hast du gut (besser) gemacht, ich habe mich (sehr) gut gefühlt.*
> Wenn durch die Verbindung von *gut* und Verb eine neue, übertragene Bedeutung entsteht, wird zusammengeschrieben: *das kann ich nicht gutheißen (billigen), ich lasse das Geld gutschreiben (anrechnen).*

gut|tu|ral *lat.*: die Kehle betreffend; ein gutturaler Laut; **Gut|tu|ral|laut** der

Gym|na|si|al|bil|dung die; **Gym|na|si|al|leh|rer** der; **Gym|na|si|al|leh|re|rin** die, die Gymnasiallehrerinnen; **Gym|na|si|ast** der *griech.*, des/die Gymnasiasten; **Gym|na|si|as|tin** die, die Gymnasiastinnen; **Gym|na|si|um** das, des Gymnasiums, die Gymnasien

Gym|nas|tik die *griech.*: Körperübungen; **Gym|nas|tik|stun|de** die; **gym|nas|tisch** sie machten gymnastische Übungen

Gy|nä|ko|lo|ge der *griech.*, des/die Gynäkologen: Frauenarzt; **Gy|nä|ko|lo|gie** die: Frauenheilkunde; **Gy|nä|ko|lo|gin** die, die Gynäkologinnen; **gy|nä|ko|lo|gisch**

Gy|ros das *griech.*: an einem senkrechten Drehspieß gebratenes und von dort in Portionen abgeschnittenes Hammel- oder Schweinefleisch

H

Haar das: ihm standen die Haare zu Berge (er erschrak sehr), sie hatte Haare auf den Zähnen (war rechthaberisch, streitbar); **haa|ren** Haare verlieren; **Haa|res|brei|te** die: er war dem Tod um Haaresbreite entgangen; **Haar|fes|ti|ger** der; **haar|ge|nau**; **haa|rig** haarige Beine, eine haarige (schwierige) Geschichte; **haarklein** ganz genau; **haar|scharf**; **Haarspal|te|rei** die: Spitzfindigkeit; **haarsträu|bend** grauenhaft, unglaublich; **Här|chen** das

Ha|be die: sie verlor ihre ganze Habe (ihren Besitz); **ha|ben** du hast, er hatte, gehabt, er hätte; sie ist noch zu haben (noch nicht verheiratet), dafür bin ich nicht zu haben (nicht zu gewinnen), was hast du (was fehlt dir)?; **Ha|ben** das: Guthaben, Soll und Haben; **Ha|be|nichts** der: Mittelloser; **Hab|gier** die; **habgie|rig**; **hab|haft** einer Sache habhaft werden (sie bekommen), die Polizei konnte des Brandstifters habhaft werden (ihn fangen, ergreifen) **Hab|se|lig|kei|ten** die; **hab|süch|tig**

Ha|bicht der: Greifvogel; dem Habicht die Tauben anvertrauen (einen Ungeeigneten beauftragen)

Hach|se / Ha|xe die: unterer Teil des Beines von Kalb oder Schwein

Hack|beil / Ha|cke|beil das; **Ha|cke** die: 1. Werkzeug 2. Ferse; **ha|cken**; **Hackfleisch** das

Ha|der der: Zwist, Streit; **ha|dern** mit sich und der Welt hadern

Ha|fen der, die Häfen: 1. Lande-, Ruheplatz; den Hafen der Ehe ansteuern (heiraten wollen) 2. *süddt./österr.* für Schüssel, Topf; **Haf|ner / Häf|ner** der: Ofensetzer, Töpfer; **Haf|ne|rei** die

Ha|fer der: Getreideart; **Ha|fer|flo|cken** die

Haff das, des Haff(e)s, die Haffe: vom offenen Meer durch eine schmale Landzunge abgetrennte Bucht

Haft die: er kam in Haft (ins Gefängnis); **haft|bar** für eine Sache haftbar sein (bürgen, einstehen); **Haft|be|fehl** der; **haften** 1. bürgen, Sicherheit leisten 2. die Etiketten haften (kleben) gut; **haf|ten blei|ben**; **Häft|ling** der; **Haft|pflicht** die: gesetzlich geforderter Schadensersatz; **Haft|pflicht|ver|si|che|rung** die: Versicherung zur Abdeckung von Schadensersatzforderungen; **Haf|tung** die

Ha|ge|but|te die: Frucht der Heckenrose

Ha|gel der: eisiger Niederschlag; **ha|geln**

ha|ger eine hagere (knochige) Figur

Hahn der, des Hahn(e)s, die Hähne: er war Hahn im Korb (allgemeiner Liebling, besonders der Frauen); **Hah|nen|fuß** der: gelb blühende Wiesenblume

Hai der, des Hai(e)s, die Haie

Hain der, des Hain(e)s, die Haine: ein Birkenhain; **Hain|bu|che** die: Laubbaum

Ha|i|ti; **Ha|i|ti|a|ner** der; **Ha|i|ti|a|ne|rin** die, die Haitianerinnen, **ha|i|ti|a|nisch**

hä|keln; **Hä|kel|na|del** die

ha|ken die Sache hakt (geht nicht voran); **Ha|ken** der: die Sache hat einen Haken (Nachteil)

halb (s. auch S. 170) nach einem halben Meter, auf halbem Weg, es ist fünf nach halb, ein halbfertiges / halb fertiges Haus, ich bin damit erst halb fertig, mit halbem Ohr hinhören, *aber*: das ist nichts Halbes und nichts Ganzes; **hal|bie|ren**; **Halb|in|sel** die; **halb|jähr|lich**; **halb links / halb|links**; **Halb|pen|sion** die; **halb rechts / halb|rechts**; **halb|sei|tig**; **Halb|tags|ar|beit** die; **halb tot/halbtot** sehr erschöpft; **halb voll/halb|voll**; **halb|wegs**; **Halb|werts|zeit** die: *phys.* bei radioaktiven Elementen die Zeit, in der sie zur Hälfte zerfallen

halb

halb: In Verbindung mit einem Partizip oder Adjektiv kann getrennt oder zusammengeschrieben werden: *halb geleerte/halbgeleerte Teller, ein halb offenes/halboffenes Fenster.*
Wenn *halb* die Bedeutung des folgenden Adjektivs nur abschwächt, schreibt man zusammen: *ein halbhoher (nicht sehr hoher) Zaun, halbbittere Schokolade.*
Wenn halb „teils" bedeutet, wird getrennt geschrieben: *ein halb herber, halb süßer Geschmack.*

Hal|de die: Abhang, Schutthügel, Produktionsüberschuss; Autos stehen auf Halde
Half|ter das/der: Pferdegeschirr, Zaum
Hall der: Echo; **hal|len**
Hal|le die; **Hal|len|bad** das
Hal|le|lu|ja das *hebr.*: Jubelruf (Lobet den Herrn!)
Hal|lig die, die Halligen: kleine Insel im Nordseewatt
Hal|li|masch der: essbarer Pilz, Holzschädling
hal|lo!; **Hal|lo** das: es gab ein großes Hallo
Hal|lu|zi|na|ti|on die *lat.*, die Halluzinationen: Sinnestäuschung, Trugbild; **hal|lu|zi|nie|ren**
Halm der, des Halm(e)s, die Halme
Ha|lo|gen das *griech.*: Salz bildendes chemisches Element; **Ha|lo|gen|lam|pe** die
Hals der, des Halses, die Hälse: er lief Hals über Kopf (überstürzt) davon, er lachte aus vollem Hals(e) (sehr laut); **hals|bre|che|risch**; **hals|star|rig** eigensinnig
halt!; **Halt** der, des Halt(e)s, die Halte; **halt|bar**; **hal|ten** du hältst, er hielt, gehalten, er hielte: an sich halten (sich beherrschen), diese Theorie lässt sich nicht halten (aufrechterhalten); **Hal|ter** der: 1. Griff 2. Fahrzeug- oder Tierhalter; **Hal|te|rin** die; **Hal|te|rung** die; **Hal|te|stel|le** die; **Hal|te|ver|bot** das; **halt|los**; **Halt ma|chen/halt|ma|chen**; **Hal|tung** die
Ha|lun|ke der *tschech.*, des/die Halunken: Bösewicht
Ham|bur|ger [hämbörger] der *engl.*: Brötchen mit gegrilltem Rinderhack
hä|misch boshaft, schadenfroh; ein hämisches Grinsen
Ham|mel der, die Hammel: Schafbock; **Ham|mel|bein** das: er zog ihm die Hammelbeine lang (wies ihn zurecht)
Ham|mer der, die Hämmer: das Gemälde kam unter den Hammer (wurde versteigert); **häm|mern**
Ham|mond|or|gel [hämend-] die: Elektronikorgel
Hä|mor|ri|de [-ride] / **Hä|mor|rho|i|de** die *lat.*: die Hämorriden / Hämorrhoiden: knötchenförmige Wucherung der Mastdarmvenen im Afterbereich
Ham|pel|mann der; **ham|peln**
Hams|ter der; **hams|tern** Vorrat anlegen
Hand die, die Hände: seine Hände in Unschuld waschen (seine Unschuld beteuern), er hat eine glückliche Hand (besonderes Geschick), Hand aufs Herz (sei ehrlich)!; **hand|breit** ein handbreiter Spalt; **Hän|de|druck** der; **hand|ge|ar|bei|tet**; **hand|ge|recht**; **hand|ge|strickt**; **hand|greif|lich** ein handgreiflicher (unübersehbarer) Beweis, eine handgreifliche Auseinandersetzung (Schlägerei); **Hand|ha|be** die; **hand|ha|ben**; **Hand|lan|ger** der; **hand|lich**; **Hand|stand** der; **Hand|werk** das: einem ins Handwerk pfuschen (sich einmischen); **Hand|werks|kam|mer** die
Han|del der: ist der Handel noch so klein, er bringt doch mehr als Arbeit ein; **han|deln**; **Han|dels|bi|lanz** die; **Han|dels|span|ne** die: Differenz zwischen Wareneinkaufs- und -verkaufspreis; **han|dels|üb|lich**; **Han|dels|ver|tre|ter** der; **Han|dels|ver|tre|te|rin** die; **Händ|ler** der; **Händ|le|rin** die; **Hand|lung** die; **hand|lungs|arm**; **hand|lungs|fä|hig**
Hän|del die: sie hatten Händel (*veraltet* Streit) miteinander
Han|di|kap / **Han|di|cap** [händikäp] das *engl.*, des/die Handikaps: Nachteil, Behinderung; sie war durch ihre Grippe gehandikapt (beeinträchtigt)
Hand|ling [händling] das *engl.*: Durchführung, Gebrauch, Handhabung
Han|dy [händi] das, des/die Handys: schnurloses, mobiles Funktelefon für die Hand- oder Jackentasche
ha|ne|bü|chen seine Geschichte klang hanebüchen (unglaublich), sie log hanebüchen (unverschämt)
Hanf der, des Hanf(e)s: Faserpflanze

Hänf|ling der: 1. Finkenart 2. kleine, schwächliche Person

Hang der, des Hang(e)s, die Hänge: Abhang, Neigung, Vorliebe; der Hang zum Bösen; **Hän|ge|mat|te** die; **hän|gen** du hängst, er hängte / hinge: er hängte den Beruf an den Nagel (gab ihn auf), sie hängte es an die große Glocke (erzählte es herum), mein Herz hing an dem Bild (ich mochte es sehr), am seidenen Faden hängen; **Hän|gen** das: er wurde zum Tod durch Hängen verurteilt, mit Hängen und Würgen (ganz knapp); **hän|gen blei|ben** (→ bleiben): das Poster kann da hängen bleiben, *übertragen:* bei mir ist nichts hängen geblieben/hängengeblieben (ich kann mich nicht erinnern), er ist letztes Schuljahr hängen geblieben/hängengeblieben (nicht versetzt worden); **hän|gen las|sen** (→ lassen): ein Bild hängen lassen, *übertragen*: du kannst ihn doch jetzt nicht hängen lassen/hängenlassen (im Stich lassen), sich hängen lassen/hängenlassen (keine Energie aufbringen)

Han|gar der, des Hangars: Wartungshalle für Flugzeuge

hän|seln jemanden ärgern, necken

Han|tel die: Gymnastikgerät

han|tie|ren *niederl.:* etwas handhaben; **Han|tie|rung** die

ha|pern in Mathematik hapert es bei ihr (ist sie schlecht)

Häpp|chen das; **Hap|pen** der: einen Happen (eine Kleinigkeit) essen

Hap|py|end / **Hap|py End** [häpiänd] das *engl.:* glücklicher Ausgang

Hard|ware [hardwär] die *engl.:* die technischen (festen) Teile eines Computers, z. B. ein Drucker, *Ggs.* → Software

Ha|rem der *türk.*, des/die Harems: Frauengemach in der traditionellen Kultur islamischer Länder

Har|fe die: Musikinstrument mit 46–48 Saiten, die mit beiden Händen angezupft werden; **harfen** Harfe spielen; **Har|fe|nist** der; **Har|fe|nis|tin** die; **Har|fen|spie|ler** der

Har|ke die: Gartengerät; **har|ken**

Har|le|kin der *franz.*, die Harlekine: Narr, Hanswurst, Spaßmacher; **Har|le|ki|na|de** die; **har|le|ki|nisch**

Harm der, des Harm(e)s: Gram, seelischer Schmerz; **här|men** sich: sich grämen; **harm|los** ungefährlich

Har|mo|nie die *griech.*, die Harmonien: die Harmonie der Töne (Zusammenklang), geistige Harmonie (Eintracht, Übereinstimmung); **har|mo|nie|ren**; **har|mo|nisch**; **har|mo|ni|sie|ren**

Har|mo|ni|ka die, die Harmonikas/Harmoniken: Musikinstrument; **Har|mo|ni|um** das, die Harmonien: Tasteninstrument

Harn der, des Harn(e)s: Urin; **Harn|bla|se** die

Har|nisch der, des Harnisch(e)s, die Harnische: Ritterrüstung; jemanden in Harnisch bringen (erzürnen)

Har|pu|ne die: Wurfspieß oder Geschoss mit Widerhaken zum Fisch- und Walfang; **har|pu|nie|ren**

har|ren auf etwas warten; wir harren der Dinge, die da kommen sollen

harsch rau, barsch; **Harsch** der, des Harsches: vereister Schnee; **har|schig**

hart härter, am härtesten: ein hartes Ei, eine harte (stabile) Währung, er war ein harter (unempfindlicher) Bursche, ein harter Schlag (Schicksalsschlag), es geht hart auf hart (man ringt um die letzte Entscheidung), hart (ganz nah) am Abgrund vorbei; **Här|te** die; **här|ten**; **hart ko|chen** / **hart|ko|chen**; **Hart|geld** das: Münzgeld; **hart|ge|sot|ten** ein hartgesottener (unzugänglicher, nicht mehr zu beeindruckender) Mensch; **hart|her|zig**; **hart|nä|ckig**

Harz das, des Harzes, die Harze; **har|zen** harzendes Holz; **har|zig**

ha|schen 1. etwas schnell ergreifen 2. Haschisch rauchen; **Hä|scher** der

Ha|schisch das *arab.*: aus indischem Hanf gewonnenes Rauschgift

Ha|se der: wir wissen, wie der Hase läuft (wie die Sache weitergeht), er ist ein

heuriger Hase (hat keine Erfahrung), mein Name ist Hase, ich weiß von nichts; **Ha|sen|fuß** der: Feigling; **ha|sen|rein** die Sache ist nicht ganz hasenrein (ist verdächtig); **Hä|sin** die, die Häsinnen
Ha|sel|nuss die
Has|pel die: Garn- oder Seilwinde

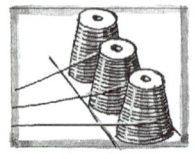

Hass der, des Hasses; **has|sen** du hasst, er hasste, gehasst; **häss|lich** hässlich wie die Nacht; **Häss|lich|keit** die; **hass|ver|zerrt**
Hast die: Eile; **has|ten; has|tig**
hät|scheln übertrieben verwöhnen
Hat|trick [hätrik] der engl.: der Fußballspieler erzielte einen Hattrick (schoss innerhalb einer Halbzeit drei Tore hintereinander)
Hau|be die: sie ist schon unter der Haube (verheiratet)
Hau|bit|ze die: Geschütz mit kurzem Rohr; er war voll wie eine Haubitze (ugs. total betrunken)
Hauch der, des Hauch(e)s; **hauch|dünn; hau|chen** du hauchst; **hauch|fein; hauch|zart** ein hauchzartes Wesen
Haue die: 1. Hacke 2. Schläge; gleich gibt's Haue; **hau|en** du haust, er hieb / haute, gehauen, er hiebe / haute: schlagen; das ist gehauen wie gestochen (ein und dasselbe), da gab es ein Hauen und Stechen (schweren Streit); **Hau|er** der: 1. Bergmann 2. hervorstehender Eckzahn des männlichen Schweins
Häuf|chen das: ein Häufchen Elend; **häufeln** aufhäufen; **Hau|fen** der: ein wilder Haufen (eine Bande, Gruppe); **häu|fen; hau|fen|wei|se; häu|fig; Häu|fung** die
Haupt das, des Haupt(e)s, die Häupter: „Er zählt die Häupter seiner Lieben – und sieh!, statt sechse sind es sieben" (frei nach Friedrich von Schiller); **Hauptbahn|hof** der, Abk. Hbf.; **Häupt|ling** der; **Haupt|sa|che** die, **haupt|säch|lich; Haupt|schu|le** die

Hauptmann Gerhart ▶ S.173

Haupt|satz der: „Ich will Grammatik lernen" ist ein Hauptsatz. Er kann allein stehen, man erwartet keine weitere Information mehr und die Aussage ist abgeschlossen. Wenn du aber sagst: „Weil ich Grammatik lernen will", denkt jeder, dass der Satz weitergeht (z. B. „... habe ich keine Zeit").
Man erkennt einen Hauptsatz auch am Satzbau: Das → Prädikat steht immer an erster oder zweiter Stelle, und wenn man „nicht" einfügt, steht die Verneinung nach dem Prädikat: Hier ein Beispiel: Frage: „Wo bleibt dein Freund?" Antwort (a): „Der <u>kommt</u> schon noch." Oder (b): „Der <u>kommt</u> heute <u>nicht</u>." Die Sätze (a) und (b) sind nach diesen Regeln also Hauptsätze.
Aber: „Der Zug, der heute <u>nicht kommt</u>, kommt vielleicht morgen." Nach unseren Regeln kann „der heute nicht kommt" kein Hauptsatz sein, denn ein solcher Satz kann nicht allein stehen. Das Prädikat steht nicht an zweiter Stelle. Das Wort „der" kann offenbar verschiedene Aufgaben übernehmen und hat dann auch verschiedene Bedeutungen (→ Pronomen/ → Artikel). Und was sind Sätze, die keine Hauptsätze sind? → Nebensätze.

Haupt|wort das ▶ Nomen

Haus das, des Hauses, die Häuser: ist sie schon zu Hause/zuhause?, er geht jetzt nach Hause/nachhause, von Haus(e) aus (ursprünglich, eigentlich); Lieferung frei Haus (kostenlos); **haus|ba|cken** altmodisch; **hau|sen** 1. schlecht oder einsam wohnen 2. wüten, zerstören; wie die Vandalen hausen; **Haus|halt** der; **Haus hal|ten / haus|hal|ten** (→ halten): wirtschaften; **haus|hoch; hau|sie|ren** von Haus zu Haus gehen und Waren anbieten; **häus|lich; Haus|rat** der: die Wohnungseinrichtung; **Haus|se|gen** der: der Haussegen hängt schief (es gibt Streit zu Hause); **Haus|tier** das, die Haustiere; **Haus|wirt|schafts|leh|re** die
Haus|se [oße oder oß] die franz.: Zeitspanne, in der Aktienkurse oder Preise stark steigen, Ggs. Baisse

Gerhart Hauptmann

Gerhart Hauptmann

geb. am 15. 11. 1862
  in Obersalzbrunn/Schlesien
gest. am 6. 6. 1946
  in Agnetendorf/Schlesien

Bahnwärter Thiel (Novelle, 1888)
Die Weber (Drama, 1892)
Der Biberpelz (Drama, 1893)
Rose Bernd (Drama, 1903)
Die Ratten (Drama, 1911)

Im väterlichen Gasthof in Obersalzbrunn, dem späteren Bad Salzbrunn, logierten Kurgäste aus Deutschland, Polen und Russland. Gerhart Hauptmann fand die fremden Menschen interessant; es war immer allerhand los. Die Schule allerdings machte ihm wenig Spaß. Er besuchte nur vier Klassen der Realschule und begann dann eine Landwirtschaftslehre. Danach wollte er Bildhauer werden und ging auf die Kunstschule nach Breslau. Kurze Zeit studierte er in Jena und unternahm dann Reisen nach Spanien und Italien. Nach Deutschland zurückgekehrt, setzte er seine Studien in Berlin fort. Schließlich wurde er freier Schriftsteller, heiratete 1885 eine reiche Frau und konnte von nun an sorglos leben. Wie ein Fürst residierte er in seinem Haus „Wiesenstein" mit Blick auf das Riesengebirge, machte Urlaub in seinem Haus „Seedorn" auf der Ostseeinsel Hiddensee oder in Italien in prominenter Gesellschaft.

Mit 25 Jahren schrieb Hauptmann die Novelle *Bahnwärter Thiel*, 1889 wurde sein erstes Drama *Vor Sonnenaufgang* in Berlin uraufgeführt. Ein Teil des Publikums war schockiert, weil Hauptmann das schreckliche Leben der Armen zeigte. *Die Weber*, ein Drama, das den Hungeraufstand der schlesischen Handweber von 1844 schonungslos schildert, gab das Berliner Polizeipräsidium zwei Jahre nicht frei. Als es dann doch aufgeführt wurde, kündigte Kaiser Wilhelm II. seine Loge. Hauptmann ließ sich nicht beeindrucken. Er machte auf das Elend der kleinen Leute aufmerksam. Er wollte keine Revolution, sondern Verständnis wecken und Mitleid erregen, so in *Fuhrmann Henschel*, *Rose Bernd*, *Die Ratten*. In *Der Biberpelz*, einer prächtigen Diebeskomödie, wird die preußische Bürokratie aufs Korn genommen.

Hauptmann erhielt 1912 den Nobelpreis und war der angesehenste Dichter der Weimarer Republik. Während der Herrschaft der Nationalsozialisten blieb er in Deutschland, erlebte die Zerbombung Dresdens und den Einmarsch der Roten Armee. Sowjetische Soldaten erwiesen dem Toten 1946 die letzte Ehre.

Haut die, die Häute: seine Haut zu Markte tragen (sich einsetzen, viel wagen), das geht mir unter die Haut (berührt mich sehr), mit heiler Haut (unbeschadet) davonkommen; **häu|ten** ein Tier häuten (das Fell abziehen); **haut|eng**; **haut|nah**; **Häu|tung** die

Ha|va|rie die *niederl.*, die Havarien: Unfall, Beschädigung, v. a. bei Schiffen

Ha|xe / Hach|se die: Sprunggelenk bei Schlachttieren

Hea|ring [hiring] das *engl.*, die Hearings: öffentliche Anhörung von Zeugen oder Sachverständigen zu einem Thema

Heb|am|me die: Geburtshelferin

Hebbel Friedrich ▶ S. 175

Hebel Johann Peter ▶ S. 176

He|bel der: alle Hebel in Bewegung setzen (alles unternehmen); **He|bel|arm** der: *phys.* Hebelteil zwischen Drehpunkt und dem Teil, an dem die Kraft wirkt; **he|ben** du hebst, er hob, gehoben, er höbe: einen Schatz heben (ausgraben), ihre Laune hob sich (wurde besser), jemanden aus dem Sattel heben (besiegen); **He|ber** der: Hebevorrichtung; **He|bung** die: betonte Silbe in einem Vers

He|brä|er der/die: Israelit, Jude; **He|brä|e|rin** die; **he|brä|isch**; **He|brä|isch** das: in / auf Hebräisch (→ deutsch)

he|cheln der Hund hechelt

Hecht der, des Hecht(e)s: den Hecht im Karpfenteich (den Starken) spielen; **hech|ten** nach dem Ball hechten (springen); **Hecht|rol|le** die: Turnübung am Boden; **Hecht|sprung** der: Sprung beim Schwimmen oder Turnen

Heck das, des Heck(e)s, die Hecke/Hecks: hinterster Teil beim Schiff, Flugzeug oder Auto, *vgl. Abb. S. 383*

He|cke die; **He|cken|schüt|ze** der: jemand, der aus einem Versteck schießt

Heck|meck das: mach keinen Heckmeck (*ugs.* mach nicht so viel Aufhebens)

Heer das, des Heer(e)s, die Heere: Streitmacht

He|fe die: Gärpilz, Treibmittel; **He|fe|teig** der

Heft das, des Heft(e)s, die Hefte: 1. Griff; das Heft in die Hand nehmen (die Leitung übernehmen) 2. geheftete Blätter; ins Heft schreiben; **hef|ten** den Saum heften, sie heftete (richtete) ihren Blick auf das Bild; **Heft|klam|mer** die

hef|tig stark, mit Wucht

He|ge die: die Hege (Pflege) des Waldes; **he|gen** er hegte Verdacht; **He|ger** der

Hehl das/der: kein(en) Hehl aus seiner Abneigung machen (sie nicht verbergen); **Heh|ler** der: jemand, der Diebesgut an- und verkauft; **Heh|le|rin** die

hehr sie hatte noch hehre (hohe) Ideale, ein hehrer (erhabener) Augenblick

Hei|de der: Ungläubiger, Gottloser; **Hei|den|kind** das; **Hei|den|tum** das; **heidnisch**

Hei|de die: baumlose, ebene Landschaft; **Hei|del|bee|re** die

hei|kel heikler, am heikelsten: schwierig, wählerisch; eine heikle Aufgabe

heil unverletzt; mit heiler Haut davonkommen; **Heil** das: Wohl, Glück; **Heiland** der: Erlöser, Retter, Jesus Christus; **heil|bar**; **hei|len**; **heil|froh**; **heil|kräf|tig**; **heil|los** ein heilloses (schlimmes) Durcheinander; **Hei|lung** die

hei|lig *klein:* etwas hoch und heilig versprechen, die heilige Messe, eine heilige Handlung, *Abk.* hl.; *groß:* die Heilige Dreifaltigkeit, der Heilige Vater (Papst), die Heilige Schrift; **Hei|lig|abend** der; **Hei|li|ge** der/die; **Hei|li|gen|schein** der; **Hei|lig|keit** die; **Hei|lig|tum** das, die Heiligtümer

Heim das: ein gemütliches Heim (Wohnung), ein Heim für Obdachlose; **heim|brin|gen** (→ bringen): nach Hause bringen; **hei|me|lig** gemütlich; **heim|fah|ren** (→ fahren); **Heim|fahrt** die; **heim|ge|hen** (→ gehen): nach Hause gehen, er ist heimgegangen (ins Reich Gottes, gestorben); **hei|misch**; **heim|keh|ren**; **Heim|keh|rer** der; **Heim|keh|re|rin** die; **heim|kom|men** (→ kommen); **heim|leuch|ten** jemandem heimleuchten (ihn grob abfertigen); **Heim|rei|se** die; **heim|rei|sen**;

Friedrich Hebbel

Friedrich Hebbel

geb. am 18. 3. 1813 in Wesselburen/
 Schleswig-Holstein
gest. am 13. 12. 1863 in Wien

Judith (Drama, 1841)
Maria Magdalene (Drama, 1844)
Agnes Bernauer (Drama, 1855)
Gyges und sein Ring (Drama, 1856)
Die Nibelungen (Drama, 1862)

Die schlimmen Jahre seiner Kindheit konnte Friedrich Hebbel zeitlebens nicht vergessen. Sein Vater, ein armer Maurer, der seine Familie kaum ernähren konnte, war völlig verbittert und schimpfte, wenn die Kinder nur lachten. Als ihn der Kirchspielvogt nach dem Tode des Vaters als Laufburschen aufnahm, empfand er es als Demütigung, dass dieser seine Fähigkeiten zwar erkannte, sie aber nicht förderte. Doch eine gute Seite hatte die Sache: Hebbel übernahm auch Dienste als Schreiber, kam mit Büchern in Berührung und begann bald selbst zu dichten. Sein Talent wurde bekannt, als einige seiner Gedichte in einer Hamburger Modezeitschrift abgedruckt wurden. Hebbel fand Menschen, die ihn finanziell unterstützten. Dadurch ermuntert, reiste er nach Hamburg, um das Abitur nachzuholen, begann in Heidelberg Jura zu studieren und ging von dort nach München. Da ihm die Mittel ausgingen, brach er das Studium ab. Er schrieb Artikel für Zeitungen, aber auch Erzählungen und erste Entwürfe für Dramen. In der größten Not marschierte er schließlich zu Fuß bei bitterer Kälte zurück nach Hamburg, wo ihn die Tochter seines früheren Zimmerwirts, die Näherin Elise Lensing, aufnahm.
Wohl erhielt er jetzt Aufträge von Verlegern, doch eine schwere Krankheit hinderte ihn an der Arbeit. Hebbel vollendete schließlich doch sein Drama *Judith*, das in Berlin aufgeführt wurde und ihn berühmt machte. Der dänische König, sein Landesherr, gewährte ihm ein Stipendium für eine Bildungsreise. Hebbel war überglücklich, aber für Paris, die Stadt des Fortschritts in Europa, war er zu steif; er konnte nicht mit Leuten umgehen und sprach schlecht Französisch. Doch schrieb er dort sein wohl bekanntestes Drama *Maria Magdalene*, das den grauen Alltag und die seelische Not in einer kleinbürgerlichen Familie widerspiegelt. In Wien fand Hebbel die Frau, die er liebte und heiratete, die Schauspielerin Christine Enghaus. Nun verfasste er seine großen Dramen, die Trauerspiele *Agnes Bernauer*, *Gyges und sein Ring* und *Die Nibelungen*.

Johann Peter Hebel

Johann Peter Hebel

geb. am 10. 5. 1760 in Basel
gest. am 22. 9. 1826 in
   Schwetzingen

Kalendergeschichten (Erzählungen)

Johann Peter Hebels Lebenslauf ist die Geschichte eines Waisenjungen, der sich aus bedrückenden Verhältnissen zu Ansehen und Würde emporgearbeitet hat. Sein Vater, ein ehemaliger Soldat, starb schon ein Jahr nach Johann Peters Geburt, und die Mutter übersiedelte daraufhin von Basel in den Ort Hausen bei Lörrach, wo ihr Sohn die Schule besuchte. Hebel war erst 13, als auch sie starb. So musste er sich nun, nur notdürftig unterstützt von Freunden und Verwandten, selbst durchs Leben schlagen. Aber er schaffte es, besuchte das Gymnasium und studierte danach Theologie in Erlangen. Nach dem Examen kehrte er wieder in seine badische Heimat zurück und wurde als Lehrer am Gymnasium in Karlsruhe angestellt. In dieser Stadt lebte er nun 35 Jahre. Er gewann rasch an Ansehen, wurde Direktor der Schule und schließlich ein hoher Würdenträger der evangelischen Landeskirche.

1803 veröffentlichte Hebel erstmals eine kleine Sammlung von Gedichten in seiner heimatlichen alemannischen Mundart. Diese Gedichte wurden von der Öffentlichkeit sehr gut aufgenommen. Vier Jahre später übernahm er im Auftrag der Kirchenbehörde die Redaktion des „Rheinländischen Hausfreundes" (später: „Rheinischer Hausfreund"). Diesen Kalender betreute Hebel sieben Jahre lang und steuerte viele kleine Geschichten aus eigener Feder bei, die in schlichter, humorvoller Sprache kunstvoll gestaltet sind. Später wurden sie unter dem treffenden Titel „Schatzkästlein des Rheinischen Hausfreundes" gesammelt und immer wieder neu herausgegeben.

Johann Peter Hebels *Kalendergeschichten* leben bis heute fort. Die Erzählungen vom *Kannitverstan*, vom *Zundelheiner*, vom *Brassenheimer Müller* oder von den seltsamen Abenteuern eines jungen Engländers wurden und werden gern gelesen. Sie sind in viele Lesebücher aufgenommen und gehören zu den großen Werken der deutschen Literatur. 1822, vier Jahre vor seinem Tod, schrieb Hebel auch eine Sammlung biblischer Geschichten für Kinder.

Heim|stät|te die; **heim|such|en**; **Heim|tü|cke** die; **heim|tü|ckisch**; **heim|wärts**; **heim|wärts|ge|hen**; **Heim|weh** das; **heim|weh|krank**; **heim|zah|len** rächen
Hei|mat die; **hei|mat|lich**; **Hei|mat|lie|be** die; **hei|mat|los**; **hei|mat|ver|trie|ben**
heim|lich; **Heim|lich|keit** die; **Heim|lich|tu|e|rei** die; **heim|lich|tun** sich geheimnisvoll geben, *aber:* etwas heimlich tun

Heine Heinrich ▶ S. 178

Hei|rat die, die Heiraten; **hei|ra|ten**; **hei|rats|fä|hig**
hei|schen Beifall heischen (fordern)
hei|ser ein heiseres (raues) Lachen; **Hei|ser|keit** die; **heim|lich|tun** sich geheimnisvoll geben, *aber* etwas heimlich tun
heiß heißer, am heißesten: heiße Musik, heißer Draht, das Essen heiß machen/heißmachen; **heiß|blü|tig**; **heiß ge|liebt / heiß|ge|liebt**; **heiß|hung|rig**; **heiß|lau|fen** (→ laufen); **Heiß|man|gel** die: Bügelmaschine; **heiß um|kämpft / heiß|um|kämpft**; **heiß um|strit|ten / heiß|um|strit|ten** eine heiß umstrittene / heißumstrittene Entscheidung
hei|ßen du heißt, er hieß, geheißen, er hieße: heiß(e) ihn eintreten!
hei|ter heiterer, am heitersten; **Hei|ter|keit** die; **Hei|ter|keits|er|folg** der
heiz|bar; **hei|zen**; **Hei|zer** der; **Hei|zung** die
Hek|tar *oder* Hekt|ar das *griech./lat.:* Flächenmaß, entspricht 10 000 m², *Abk.* ha
Hek|tik die *griech.:* Hast, Unruhe; **hek|tisch** fiebrig, nervös
Hek|to|li|ter der/das *griech.:* Hohlmaß, entspricht 100 Liter, *Abk.* hl
Held der, des/die Helden: er war der Held des Tages; **hel|den|haft**; **Hel|den|tat** die; **Hel|den|tum** das; **Hel|din** die
hel|fen du hilfst, er half, geholfen, er hülfe, hilf!; **Hel|fer** der; **Hel|fe|rin** die; **Hel|fers|hel|fer** der: Komplize, Mittäter
He|li|kop|ter *oder* He|li|ko|pter der *griech.:* Hubschrauber
He|li|um das *griech.:* Edelgas; *Zeichen* He
hell; **hell|auf** sie war hellauf begeistert; **hell leuch|tend / hell|leuch|tend**; **hell|hö|rig**; **hell|licht** am helllichten Tag; **Hel|lig|keit** die
Hel|le|bar|de die: mittelalterliche Stoß- und Hiebwaffe

Hel|ler der: frühere Münze; das ist keinen roten Heller wert
Helm der, des Helm(e)s
Hemd das, des Hemd(e)s, die Hemden: er verlor alles bis aufs Hemd, jemanden bis aufs Hemd ausziehen (ihm alles nehmen); **hemds|är|me|lig** ungezwungen
He|mi|sphä|re *oder* He|mis|phä|re die *griech.,* die Hemisphären: Erdhalbkugel
hem|men; **Hemm|nis** das, des Hemmnisses, die Hemmnisse; **Hemm|schuh** der; **Hem|mung** die, die Hemmungen: Unsicherheit; **hem|mungs|los**
Hengst der: männliches Pferd
Hen|kel der
hen|ken am Galgen hinrichten; **Hen|ker** der
Hen|ne die: weibliches Huhn
her komm her!, er lief hin und her
he|rab *oder* her|ab; **he|rab|las|sen** (→ lassen) *oder* her|ab|las|sen; **he|rab|las|send** *oder* her|ab|las|send: er grüßte herablassend (hochnäsig); **he|rab|set|zen** *oder* her|ab|set|zen: eine herabsetzende (abwertende) Bemerkung
he|ran *oder* her|an; **he|ran|ei|len** *oder* her|an|ei|len
he|rauf *oder* her|auf; **he|rauf|ho|len** *oder* her|auf|ho|len
he|raus *oder* her|aus; **he|raus|bo|xen** *oder* her|aus|bo|xen; **he|raus|ge|ben** *oder* her|aus|ge|ben: eine neue Zeitschrift herausgeben (auf den Markt bringen), *Abk.* hrsg./hg.; **He|raus|ge|ber** *oder* Her|aus|ge|ber der, **He|raus|ge|be|rin** *oder* Her|aus|ge|be|rin die, *Abk.* Hrsg./Hg.; **he|raus|keh|ren** *oder* her|aus|keh|ren: er kehrte den Reichen heraus (tat so)
herb ein herber (säuerlicher) Wein, eine herbe Schönheit
her|bei; **her|bei|ho|len**; **her|bei|zie|hen** (→ ziehen); das ist an den Haaren herbeigezogen (hat mit der Sache wenig zu tun)
Her|ber|ge die: billige Unterkunft
Her|bi|zid das *lat.,* die Herbizide: chemisches Unkrautvernichtungsmittel
Herbst der, des Herbstes, die Herbste; **herbst|lich**; **Herbst|zeit|lo|se** die: giftige Wiesenblume
Herd der, des Herd(e)s, die Herde
Her|de die: mit der Herde (mit der breiten Masse) laufen

Heinrich Heine

Heinrich Heine

geb. am 13. 12. 1797 in Düsseldorf
gest. am 17. 2. 1856 in Paris

Gedichte (z. B. aus „Buch der Lieder", 1827)
Balladen (z. B. Belsazar)
Reisebilder (z. B. London, 1826–31)
Deutschland. Ein Wintermärchen (Versepos, 1844)

Als er einmal in der Schule von seinem Großvater erzählte, „der ein kleiner Jude gewesen und einen großen Bart hatte", da erhob sich in der Klasse lautes, lärmendes Gelächter. Der Lehrer eilte herbei und verabreichte dem scheinbar schuldigen Knaben Heine „eine bedeutende Anzahl Prügel". Heinrich Heine litt unter der Herkunft aus einer jüdischen Kaufmannsfamilie; denn die Juden waren nicht überall gleichberechtigt. Später trat Heine aus zwingenden beruflichen Gründen und ohne wirkliche Überzeugung zum Protestantismus über. Nach der Familientradition sollte er Kaufmann werden. Doch es stellte sich bald heraus, dass er dazu weder Neigung noch Talent hatte. Ein reicher Onkel ermöglichte ihm das juristische Studium, das ihn schließlich nach Berlin führte. Viel mehr als die Rechtswissenschaft interessierten ihn aber literarische Dinge. Als er 1825 endlich seinen juristischen Doktortitel erwarb, war er als Dichter schon bekannt.

Der Erfolg der Gedichtsammlung *Buch der Lieder* und der nach und nach erschienenen *Reisebilder* ermutigte ihn, freier Schriftsteller zu werden. In den *Reisebildern* entfaltete Heine seine besondere Kunst als witziger, brillanter Erzähler. Seine revolutionäre Begeisterung ließ ihn schließlich nach der Julirevolution von 1830 nach Paris übersiedeln, wo er sich zunehmend mit politischen Themen beschäftigte. Mit seinem literarischen Kampf gegen die Unterdrückung in Deutschland machte er sich viele Feinde. Seine Schriften waren zeitweise verboten. Das Versepos *Deutschland. Ein Wintermärchen*, das nach einem Besuch in Hamburg entstand, durfte nur gekürzt erscheinen. Es war, nach Heines Worten, nicht nur „revolutionär, sondern auch antinational". Trotz Kritik und Spott konnte Heine die Sehnsucht nach Deutschland nie ganz unterdrücken. Seine letzten Jahre belastete eine schwere Krankheit, die ihn ans Bett, in die „Matratzengruft", fesselte. „Ich habe manchen gekratzt, manchen gebissen und war kein Lamm", schrieb er am Ende seines Lebens.

he|rein *oder* her|ein; he|rein|fal|len *oder* her|ein|fal|len (→ fallen); he|rein|le|gen *oder* her|ein|le|gen: betrügen

Her|gang der: Verlauf eines Geschehens, her|ge|hen (→ gehen): es ging hoch (ausgelassen) her

He|ring der, des Hering(e)s, die Heringe: 1. Speisefisch 2. Holz- oder Metallpflock zum Zeltaufbau

Zelthering

he|rin|nen *oder* her|in|nen (→ Innen)
her|kom|men (→ kommen); her|kömm|lich üblich; Her|kunft die

Her|ku|les der *lat.*, die Herkulesse: 1. Halbgott aus der griech. Mythologie 2. Mann mit großer Körperkraft

Her|me|lin das, die Hermeline: Wieselart, sein Winterfell wurde früher zu Pelz verarbeitet

her|me|tisch *griech.*: die Häuser waren hermetisch (dicht) abgeriegelt

her|nach nachher

her|nie|der herunter

he|ro|ben *oder* her|oben (→ oben)

He|roe der *griech.*: Held; He|ro|i|ne die: Heldin; he|ro|isch erhaben, mutig, heldenhaft

He|ro|in das *lat.*: süchtig machendes Rauschgift in Pulverform; he|ro|in|süch|tig

He|rold der, die Herolde: im Mittelalter Bote und Ausrufer eines Fürsten, Überbringer von wichtigen Nachrichten

Herr der, des Herrn, die Herren: einer Sache Herr werden (etwas bewältigen), *Abk.* Hr.; her|ren|los; Herr|gott der; Her|rin die; her|risch; Herr|schaft die

herr|lich am herrlichsten; Herr|lich|keit die

herr|schen; Herr|scher der; Herr|sche|rin die; Herrsch|sucht die; herrsch|süch|tig

her|stel|len; Her|stell|kos|ten die; Herstel|lungs|kos|ten die

Hertz das, nach dem deutschen Physiker H. Hertz (1857–1894): Maßeinheit der Frequenz, der Anzahl der Schwingungen je Sekunde, *Zeichen* Hz

he|rü|ber *oder* her|über; he|rü|ber|se|hen *oder* her|über|se|hen (→ sehen)

he|rum *oder* her|um; he|rum|lau|fen *oder* her|um|lau|fen (→ laufen)

he|run|ter *oder* her|un|ter; he|run|ter|kom|men *oder* her|un|ter|kom|men (→ kommen)

her|vor; her|vor|ra|gend außergewöhnlich gut; her|vor|tun (→ tun): sich bei anderen hervortun (wichtigmachen)

Herz das, des Herzens, die Herzen: das liegt ihm wie ein Stein auf dem Herzen, ich legte es ihr ans Herz, etwas auf Herz und Nieren (sehr genau) prüfen, sie waren ein Herz und eine Seele (unzertrennlich); her|zen liebkosen; her|zens|gut; Her|zens|wunsch der; herz|er|grei|fend; herz|haft; her|zig reizend; herz|krank; herz|lich er ließ sie aufs Herzlichste / herzlichste grüßen; herz|los; herz|zer|rei|ßend

Her|zog der, des Herzog(e)s, die Herzöge: Adelstitel; Her|zo|gin die, die Herzoginnen; Her|zog|tum das

her|zu herbei, heran

Hesse Hermann ▶ S. 180

Hes|sen; hes|sisch

he|te|ro|gen *griech.*: nicht einheitlich, ungleichmäßig aufgebaut, grundverschieden, *Ggs.* homogen; he|te|ro|se|xu|ell auf das jeweils andere Geschlecht bezogen; *Ggs.* homosexuell

Het|ze die; het|zen; het|ze|risch

Heu das, des Heu(e)s; Heu|schnup|fen der; Heu|schre|cke die

Heu|che|lei die; heu|cheln; Heuch|ler der; Heuch|le|rin die; heuch|le|risch

heu|er dieses Jahr

Heu|er die: Anstellung und Lohn eines Seemanns; heu|ern anwerben

heu|len mit den Wölfen heulen, Heulen und Zähneklappern

heu|te heute vor einem Jahr, die Technik von heute, lieber heute als morgen (*ugs.* möglichst gleich), von heute auf morgen, heute mir, morgen dir, *aber*: das Heute (die Gegenwart) ist schöner als das Morgen (die Zukunft); heu|tig mit unserem heutigen Brief; heu|ti|gen|tags *veraltet für* in der gegenwärtigen Zeit; heut|zu|ta|ge

Hermann Hesse

Hermann Hesse

geb. am 2. 7. 1877 in
  Calw/Württemberg
gest. am 9. 8. 1962 in
  Montagnola/Schweiz

Peter Camenzind (Roman, 1904)
Unterm Rad (Roman, 1906)
Demian (Erzählung, 1919)
Siddharta (Roman, 1922)
Der Steppenwolf (Roman, 1927)
Narziss und Goldmund
  (Roman, 1930)
Das Glasperlenspiel (Roman, 1943)

Er stammte aus einer sehr religiösen Familie: Sein Vater war ein Missionsprediger aus Estland, die Mutter war in Indien als Tochter eines Missionars zur Welt gekommen, ein Vetter missionierte in Japan. Hermann war ein kränkliches, schwieriges Kind. Er sollte ebenfalls Pfarrer werden, aber er floh aus dem Seminar Maulbronn, wo er sich wie im Gefängnis fühlte. Nach einem Selbstmordversuch brachte man ihn in eine Nervenheilanstalt. Den Plan, nach Brasilien auszuwandern, gab er auf. Nach mehreren vergeblichen Ansätzen schloss er schließlich eine Buchhändlerlehre in Tübingen ab.

Hesse gewann Selbstvertrauen, als seine ersten Gedichte gedruckt wurden, die wegen ihrer liedhaften, schlichten, gefühlvollen Sprache Beifall fanden. Von Tübingen zog er nach Basel, wo er den Roman *Peter Camenzind* schrieb, der ihn berühmt machte. Der Inhalt ist typisch für Hesses eigene Lebensstimmung: „Es galt nicht, ihn (Peter Camenzind) etwas werden zu lassen, sondern seine persönlichen Anlagen im Feuer des Lebens [...] zu entwickeln." Eigene Erlebnisse spiegelt auch der Roman *Unterm Rad* wider, in dem sich Hesse u. a. mit Ereignissen in der Maulbronner Zeit auseinandersetzt. Nach dem Erfolg dieser Werke verbesserten sich seine Lebensverhältnisse. Mit seiner ersten Frau Maria lebte Hesse glücklich in Gaienhofen am Bodensee. 1911 unternahm er eine Reise nach Indien und Ceylon, kehrte aber enttäuscht zurück. Das Grauen des Ersten Weltkrieges machte ihn zum entschiedenen Kriegsgegner; von Heldentum hielt Hesse nichts. Nach dem Weltkrieg erschien die Erzählung *Demian*. Sie schildert die Geschichte eines jungen Menschen, der zu sich selber finden will. Insbesondere im *Glasperlenspiel* spiegeln die fernöstlichen Weisheitslehren die Einflüsse des Elternhauses wider.

Deutschland war Hesse fremd geworden. Seit 1919 lebte er in Montagnola bei Lugano, 1924 wurde er Schweizer Bürger. Der Nobelpreis für Literatur (1946) krönte sein Lebenswerk.

He|xe die; **he|xen**; **He|xe|rei** die
hi!; **hi|hi!** *Interjektion*
hi! [hai] *engl.*: hallo!
Hi|bis|kus der *griech.*: Eibisch, Zierstrauch

Hick|hack das/der: das Hickhack: nutzlose Streiterei
Hieb der, des Hieb(e)s, die Hiebe
hier er ist nicht von hier, hier und jetzt; *aber*: das Hier und Heute (das Augenblickliche); **hie|ran** *oder* hier|an; **hie|raus** *oder* hier|aus; **hier|be|hal|ten** (→ halten); **hier|bei**; **hier|blei|ben** (→ bleiben); **hier|durch**; **hier|für**; **hier|her|kom|men** (→ kommen); **hier|hin**; **hie|rin** *oder* hier|in; **hier|las|sen** (→ lassen); **hier|mit**; **hier|nach**; **hier sein** (→ sein): wann wirst du hier sein?, er ist schon hier gewesen; **hie|rü|ber** *oder* hier|über; **hie|run|ter** *oder* hier|un|ter; **hier|von**; **hier|zu**; **hier|zu|lan|de / hier zu Lan|de**
Hie|rar|chie *oder* Hier|ar|chie die *griech.*: Rangfolge, Rangordnung; **hie|rar|chisch** *oder* hier|ar|chisch
Hie|ro|gly|phe die *griech.*, die Hieroglyphen: Bildschriftzeichen der alten Ägypter bzw. der Maya

ägyptische Hieroglyphen   Mayahieroglyphen

hie|sig einheimisch, hier befindlich
hie|ven hochziehen
Hi-Fi [haifi / haifai] *engl.*, *Abk. für* High Fidelity (hohe Wiedergabetreue), **Hi-Fi-An|la|ge** die: hochwertige Stereoanlage
High|tech [haitec] das/die *engl.*: Spitzentechnologie; **High|tech|ge|rät / High|tech-Ge|rät** das
Hil|fe die: schnell Hilfe holen, mit Gottes Hilfe, eine Hilfe (Hilfskraft) nehmen; **Hil|fe su|chend / hil|fe|su|chend**; **hilf|los**; **hilf|reich**; **Hilfs|be|reit|schaft** die; **Hilfs|lohn** der: Personalkosten, z. B. für die Reinigungskraft; **Hilfs|or|ga|ni|sa|ti|on** die; **Hilfs|pro|gramm** das; **Hilfs|werk** das

Hilfs|verb das, die Hilfsverben: das Hilfszeitwort. Es gibt im Deutschen drei Hilfsverben: „sein", „werden" und „haben". Sie heißen so, weil sie helfen, bestimmte Formen des Verbs zu bilden.
„Werden" benötigt man immer für das Passiv (→ Aktiv). Alle drei braucht man, wenn es um die Bildung der Zeiten geht: „werden" beim Futur, „sein" und „haben" beim Perfekt und Plusquamperfekt (→ Tempus): „Weil der Hase lange auf den Löwen gewartet hatte (Plusquamperfekt), wurde er von Wut gepackt (Passiv), als er ihn gemächlich heranschlendern sah. ‚Mir ist der Spaß vergangen (Perfekt). Warum hast du dich nicht ein bisschen beeilt (Perfekt)? Das wirst du noch bereuen (Futur)!'"
Die drei Verben gelten aber nur dann als Hilfsverben, wenn sie Hilfsaufgaben erfüllen. Man kann sie nämlich auch als echte und selbstständige Verben verwenden; „sein" und „werden" stehen dann mit einem Prädikatsnomen. Bei „sein" kann ein Adverbial stehen und „haben" hat ein Akkusativobjekt bei sich: „Der Löwe wurde bleich (Präd.-Nomen), weil der Hase so frech (Präd.-Nomen) war und keinen Respekt (Akk.-Obj.) mehr vor dem König der Tiere hatte."

Hilfs|zeit|wort das ▶ Hilfsverb

Hi|ma|la|ja der: das höchste Gebirge der Erde zwischen Indien und Tibet
Him|bee|re die
Him|mel der: den Himmel auf Erden haben (es sehr gut haben), er log das Blaue vom Himmel herunter, das schreit zum Himmel (ist ein großes Unrecht); **Him|mel|fahrt** die; **him|mel|hoch**; **him|mel|schrei|end** himmelschreiendes (empörendes) Unrecht; **Him|mels|rich|tung** die; **himm|lisch**
hin zum Herbst hin, nach außen hin, hin und wieder (manchmal), er lief hin und her (auf und ab), *aber*: sie einigten sich nach langem Hin und Her

hinab

hi|nab *oder* hin|ab; hi|nauf *oder* hin|auf; hi|naus *oder* hin|aus; hi|naus|ge|hen *oder* hin|aus|ge|hen (→ gehen)

Hin|blick der: im Hinblick auf (wegen); hin|bli|cken

hin|der|lich; hin|dern; Hin|der|nis das, des Hindernisses, die Hindernisse

hin|durch

hi|nein *oder* hin|ein; hi|nein|ge|hen *oder* hin|ein|ge|hen (→ gehen)

hin|fah|ren (→ fahren); Hin|fahrt die

hin|fal|len (→ fallen); hin|fäl|lig die Sache ist hinfällig (ungültig), er macht einen hinfälligen (geschwächten) Eindruck

hin|fort ab jetzt

Hin|ga|be die; hin|ge|ben (→ geben); hin|ge|bungs|voll

hin|ge|gen im Gegensatz dazu

hin|ge|ris|sen

hin|hal|ten (→ halten): er hielt ihr das Buch hin (reichte es ihr); er hat sie lange hingehalten (immer wieder vertröstet)

hin|ken: ein Bein nachziehen, ein hinkender (nicht passender) Vergleich

hin|läng|lich genügend

hin|rei|chend ausreichend

hin|se|hen (→ sehen); Hin|sicht die; hin|sicht|lich

hint|an|stel|len sie musste ihre Wünsche hintanstellen (zurückstellen); hin|ten hinten im Garten, weiter hinten, das stimmt weder hinten noch vorne (überhaupt nicht); hin|ten|he|rum *oder* -her|um; etwas hintenherum (heimlich) tun; hin|ten|über|kip|pen er ist mit dem Stuhl hintenübergekippt

hin|ter lebst du hinter dem Mond?, ich gehe hinter dir, ich setze mich hinter dich, über die hintere Treppe; Hin|ter|blie|be|ne der/die; hin|ter|brin|gen (→ bringen); hin|ter|drein (→ darauf); hin|ter|ei|nan|der; hin|ter|ei|nan|der|le|gen; hin|ter|ge|hen (→ gehen): täuschen, betrügen; Hin|ter|grund der; hin|ter|grün|dig; Hin|ter|halt der, des Hinterhalt(e)s, die Hinterhalte; hin|ter|häl|tig; hin|ter|her; hin|ter|las|sen (→ lassen); Hin|ter|las|sen|schaft die; hin|ter|le|gen; Hin|ter|list die; hin|ter|lis|tig; Hin|ter|mann der; Hin|ter|rad das; hin|ter|rücks; Hin|ter|tref|fen das: ins Hintertreffen geraten (im Nachteil sein)

hi|nü|ber *oder* hin|über; hi|nun|ter *oder* hin|un|ter; hin|weg; hin|zu

Hin|weis der; hin|wei|sen (→ weisen)

Hi|obs|bot|schaft die: Schreckensnachricht, nach dem Buch Hiob im A. T.

Hirn das, des Hirn(e)s, die Hirne; Hirn|gespinst das: absurde Idee; Hirn|an|hangs|drü|se die: Drüse im Zwischenhirn, die die Funktion aller anderen Hormondrüsen im Körper reguliert (*lat.* Hypophyse); hirn|ver|brannt töricht

Hirsch der, des Hirsches, die Hirsche

Hir|se die: Getreideart

Hirt / Hir|te der, des/die Hirten

his|sen die Segel hissen (hochziehen)

His|to|rie die *griech.*: Geschichte, Geschichtswissenschaft, erfundene Erzählung; His|to|ri|ker der: Geschichtsforscher; His|to|ri|ke|rin die; his|to|risch geschichtlich, bedeutungsvoll

Hit der *engl./amerik.*, des/die Hits: erfolgreicher Schlager

HI-Vi|rus / HIV der: *Abk. für engl.* human immunodeficiency virus: maßgeblicher Erreger von Aids; HIV-po|si|tiv: von HIV befallen; HIV-ne|ga|tiv: nicht von HIV befallen

Hit|ze die: in der Hitze des Gefechtes; hitzig eine hitzige Debatte; Hitz|kopf der: unbeherrschter Mensch; hitz|köp|fig

Hob|by das *engl.*, des/die Hobbys: Steckenpferd, Liebhaberei

Ho|bel der: Tischlerwerkzeug; ho|beln wo gehobelt wird, da fallen Späne

hoch höher, am höchsten: das ist mir zu hoch (unverständlich), er will hoch hinaus (strebt nach Ruhm), höherer Blödsinn, das höchste der Gefühle; Hoch das, die Hochs: ein dreifach(es) Hoch, ein Hoch (Hochdruckgebiet) kommt näher, jemanden hoch achten / hochachten; Hoch|ach|tung die; hoch|ach|tungs|voll; Hoch|deutsch das; Hoch|druck der: 1. hoher Luftdruck; ein Hochdruckgebiet wird erwartet 2. hoher Druck in Gasen oder Flüssigkeiten, z. B. Bluthochdruck 3. *ugs.*

Betriebsamkeit, Geschäftigkeit; heute herrscht Hochdruck im Betrieb; **hoch|ge|hen** (→ gehen): explodieren, steigen, zornig werden; **hoch|her|zig**; **hoch|kant** auf der Schmalseite stehend; **Hoch|mut** der: Hochmut kommt vor dem Fall; **hoch|mü|tig**; **Hoch|ofen** der; **Hoch|schu|le** die; **Hoch|sitz** der: Jägerkanzel; **Hoch|sprung** der; **Hoch|stap|ler** der: Aufschneider; **Hoch|stap|le|rin** die; **höchs|tens**; **Höchst|ge|schwin|dig|keit** die; **hoch|tra|bend** hochtrabende (übertriebene) Worte; **hoch|ver|ehrt**; **Hoch|ver|rat** der: Verbrechen gegen die Staatsordnung und -verfassung; **hoch|wer|tig**; **Hoch|wür|den** Anrede für Geistliche; **Hoch|zeit** die

> **hoch** wird mit dem folgenden Verb zusammengeschrieben, wenn sich eine neue, übertragene Bedeutung ergibt: *hochrechnen, hochstapeln, sich hocharbeiten.*
> Zusammengeschrieben wird auch, wenn *hoch* „nach oben" bedeutet: *hochklettern, die Treppen hochsteigen, die Stühle hochstellen.*
> Bei wörtlicher Bedeutung wird getrennt geschrieben, dann ist *hoch* steiger- und erweiterbar: *Gestern in Sport bin ich (ziemlich, sehr) hoch gesprungen. Aber du bist höher gesprungen.*

Ho|cke die; **ho|cken**; **Ho|cker** der
Hö|cker der: Wölbung, Buckel
Ho|ckey [hoke] das *engl.:* Ballspiel mit Schläger, als Eishockey auf Eis und mit Schlittschuhen gespielt
Ho|de / **Ho|den** der: beim Mann eiförmige Drüse im Hodensack, in der die Samenzellen (Spermien) erzeugt werden
Hof der, des Hof(e)s, die Höfe: einen Hof bewirtschaften, Hof halten (seine Anhänger um sich versammeln), er macht ihr den Hof (wirbt um sie); **höf|lich**; **Höf|lich|keit** die
Hof|fart die: Überheblichkeit, Anmaßung, Hochmut; **hof|fär|tig** hochmütig, dünkelhaft
hof|fen; **hof|fent|lich**; **Hoff|nung** die; **hoff|nungs|froh**; **hoff|nungs|los**; **Hoffnungs|schim|mer** der; **Hoff|nungs|trä|ger** der; **hoff|nungs|voll**

ho|he das hohe C, das Hohe Haus (Parlament); **Hö|he** die: nicht auf der Höhe sein (nicht gesund sein, nicht alles Notwendige wissen); **Hö|he|punkt** der
Ho|heit die: oberste Staatsgewalt, fürstliche Person, Würde; **ho|heit|lich**; **Hoheits|ge|biet** das; **ho|heits|voll**
hohl die hohle Hand hinhalten (Geld heischen); **Höh|le** die: sich in die Höhle des Löwen wagen (sich ein Herz fassen); **Hohl|maß** das: Maßeinheit für Rauminhalt, z. B. Liter; **Hohl|spie|gel** der: Vergrößerungsspiegel mit nach innen gewölbter Oberfläche; **hohl|wan|gig**; **Hohl|weg** der: tief eingeschnittener Weg zwischen zwei steilen Abhängen
Hohn der, des Hohn(e)s: das ist blanker Hohn (völlig absurd); **höh|nen**; **Hohnge|läch|ter** das; **höh|nisch**; **hohn|voll**
Ho|kus|po|kus der: Zauberformel; Hokuspokus Fidibus, dreimal schwarzer Kater!
hold am holdesten

Hölderlin Friedrich ▶ S. 184

ho|len bei ihm ist nichts zu holen
Hol|land; **Hol|län|der** der; **Hol|län|de|rin** die; **hol|län|disch**
Höl|le die: jemanden zur Hölle wünschen (verwünschen), die grüne/Grüne Hölle (der Urwald), die Hölle ist los (große Aufregung, unerträglicher Lärm); **Höllen|qual** die; **höl|lisch**
Holm der, des Holm(e)s, die Holme: Längs- oder Querbalken, z. B. bei einer Leiter
Ho|lo|caust der *lat./griech.:* die im Nationalsozialismus von Hitler angeordnete Vernichtung des jüdischen Volkes, die Massenvernichtung des menschlichen Lebens, z. B. der atomare Holocaust
hol|pe|rig ungleichmäßig, stockend; **hol|pern**; **holp|rig**
Ho|lun|der / **Hol|der** / **Hol|ler** der: Strauch mit weißen Blüten
Holz das, des Holzes, die Hölzer: auf Holz klopfen (das Glück beschwören), gut Holz! (Keglerwunsch), ins Holz fahren (in den Wald); **hol|zen** Bäume fällen; **höl|zern**; **Holz|fäl|ler** der; **hol|zig**; **Holzweg** der: auf dem Holzweg sein (irren); **Holz|wurm** der, die Holzwürmer
Home|page [houmpäidsch] die *engl.*, die Homepages: Bildschirmseite im Inter-

Friedrich Hölderlin

Friedrich Hölderlin

geb. am 20. 3. 1770 in Lauffen am Neckar
gest. am 7. 6. 1843 in Tübingen

Gedichte
Hyperion oder
  Der Eremit in Griechenland
  (Roman, 1797–99)

Sonderlich vom Glück begünstigt waren schon seine ersten Lebensjahre nicht: Friedrich war gerade zwei Jahre alt, da starb sein Vater. 1774 zog die Mutter von Lauffen am Neckar nach Nürtingen, weil sie zum zweiten Mal geheiratet hatte. Bald darauf starb auch der Stiefvater. Um die Erziehung des Kindes kümmerten sich nun Mutter und Großmutter. Der Junge wurde auf die Lateinschule geschickt und erhielt Klavier- und Flötenstunden. Als Fünfzehnjähriger verfasste er bereits erste Gedichte. 1786 kam er in das Seminar Maulbronn, danach in das angesehene Stift Tübingen. Dort studierte er Theologie. Hölderlin schloss sich bald einem freiheitlichen politischen Klub an und begeisterte sich für die Ideale der Französischen Revolution. 1793 legte er sein Examen ab. Nun begann ein zwanzig Jahre dauernder ruheloser Lebensabschnitt.

Hölderlin schlug sich an verschiedenen Orten als Hauslehrer („Hofmeister") durch. Von 1796 an erzog er in Frankfurt am Main die Kinder des Bankiers Gontard. Als Susette Gontard, die Mutter der Kinder, Hölderlins Liebe erwiderte, kam es zum Streit mit dem Ehemann und Hölderlin verließ das Haus. Kurze Zeit noch trafen sich die Liebenden heimlich, die „unsichtbaren Beziehungen" dauerten fort. Die Liebe zu der schönen, hochmusikalischen Frau spricht aus Hölderlins Roman *Hyperion*, in dem Susette als „Diotima" erscheint, sowie aus vielen seiner Gedichte. Eine Hofmeisterstelle in Bordeaux bot ihm die willkommene Gelegenheit zur Flucht vor dieser unglücklichen Liebe. Im Sommer 1802 kam er völlig verstört bei der Mutter zu Hause an. Er zeigte alle Anzeichen einer Geisteskrankheit. 1806 wurde er in eine Klinik eingeliefert. Noch immer schrieb er großartige Gedichte. Von 1807 an lebte Hölderlin unheilbar gemütskrank als „armer Hölderlin" bei einem Schreiner im „Hölderlinturm" in Tübingen. Nach 35 Jahren im Turm starb er, von der Welt vergessen. Schon 1798 hatte er seinem Bruder geschrieben: „Ich hab auch viel, sehr viel gelitten und mehr, als ich vor dir, vor irgendeinem Menschen jemals aussprach."

net, mit der private oder geschäftliche Informationen angeboten werden

Ho|mo|ehe die: *ugs. für* eingetragene Partnerschaft von gleichgeschlechtlichen Paaren

Ho|mo erec|tus der *lat.*: ausgestorbener Vorfahre des Menschen

ho|mo|gen *grich.*: einheitlich, gleichmäßig: ein homogener (einheitlicher) Stoff, eine homogene Gruppe (Gleichgesinnte); *Ggs.* heterogen; **ho|mo|ge|ni|sie|ren** nicht mischbare Flüssigkeiten (z. B. Fett und Wasser) durch Aufspalten mischen; homogenisierte Milch

Ho|mo sa|pi|ens der *lat.*: der heutige Menschentyp

Ho|mo|se|xu|a|li|tät die *grich.*: sexuelles Verhalten, das auf das eigene Geschlecht gerichtet ist; **ho|mo|se|xu|ell**

Hon|du|ras; **Hon|du|ra|ner** der; **Hon|du|ra|ne|rin** die, die Honduranerinnen; **hon|du|ra|nisch**

Ho|nig der: türkischer Honig (Süßigkeit), jemandem Honig ums Maul schmieren (ihm schmeicheln); **ho|nig|süß**; **Ho|nig|wa|be** die

Ho|no|rar das *lat.*, des Honorar(e)s, die Honorare: Bezahlung für Freiberufliche; **ho|no|rie|ren**

Hop|fen der: Pflanze, die dem Bier den bitteren Geschmack verleiht; da ist Hopfen und Malz verloren (es ist hoffnungslos)

hop|peln der Hase hoppelte davon hopp|la!

hop|sen hüpfen; **Hop|ser** der

hor|chen; **Horch|pos|ten** der

Hor|de die: 1. Bande, wilde Schar 2. offene Lattenkiste; **hor|den|wei|se**

hö|ren das lässt sich hören (das ist eine erfreuliche Nachricht), du wirst noch von mir hören, man höre und staune (das ist kaum zu glauben); **Hör|be|reich** der: Frequenzbereich der Schallwellen, die akustisch wahrgenommen werden; **Hö|rer** der: 1. der Telefonhörer 2. Zuhörender; **Hö|re|rin** die; **Hör|funk** der; **Hör|ge|rät** das; **hö|rig** er ist ihr hörig (im Willen unterworfen); **Hör|saal** der, die Hörsäle: **Hör|spiel** das: Darstellung eines Geschehens rein akustisch durch Worte, Geräusche, Musik

Ho|ri|zont der *grich.*: Linie, an der sich Himmel und Erde scheinbar berühren, Gesichtskreis, geistiger Bereich; durch Lesen seinen Horizont erweitern, der Silberstreifen am Horizont (leise Hoffnung); **ho|ri|zon|tal** waag(e)recht; *Ggs.* vertikal

Hor|mon das *grich.*, des Hormon(e)s, die Hormone: körpereigener Wirkstoff, z. B. Insulin; **Hor|mon|be|hand|lung** die; **hor|mo|nell**; **Hor|mon|haus|halt** der: das Zusammenwirken der Hormone im Körper

Horn das, des Horn(e)s, die Hörner: 1. Stirnwaffe, z. B. von Kuh, Schaf; sich die Hörner abstoßen (besonnen werden) 2. tierischer Stoff, z. B. von Krallen und Nägeln 3. Blechblasinstrument; in dasselbe Horn blasen (eine Meinung bestätigen)

Hor|nis|se die: große Wespenart, *vgl. Abb. S. 452*

Ho|ros|kop *oder* Ho|ro|skop das *grich.*, des Horoskop(e)s, die Horoskope: Analyse der Planetenstellung zur Charakter und Schicksalsdeutung

Hor|ror der *lat.*: Widerwille, Abscheu, Schreckzustand: sie hatte Horror (*ugs.* Angst) vor der Schulaufgabe; **Hor|ror|mel|dung** die; **Hor|ror|film** der; **Hor|ror-trip** der: Drogenrausch

Horst der, des Horst(e)s, die Horste: 1. Greifvogelnest 2. Strauchgruppe

Hort der, des Hort(e)s, die Horte: der Hort (Goldschatz) der Nibelungen, ein Hort (eine Stätte) der Ruhe; **hor|ten** sammeln

Hor|ten|sie die, die Hortensien: Zierstrauch

Hös|chen das; **Ho|se** die: sie hat die Hosen an (sie bestimmt, beherrscht)

Hos|pi|tal das *lat.*, die Hospitale/Hospitäler: Krankenhaus

Hos|piz das *lat.*, die Hospize: 1. meist zu einem Kloster gehörendes Haus, in dem Pilger übernachten können 2. Pflegeheim für todkranke Menschen

Hostess

Hos|tess die engl., die Hostessen: weibliche Begleit- oder Beratungsperson auf einer Messe, bei einer Reisegruppe oder im Hotel

Hos|tie [hostje] die lat., die Hostien: beim Abendmahl verteilte Oblate, Leib Christi

Hot|dog / Hot Dog der engl./amerik., die Hotdogs / Hot Dogs: heißes Würstchen in einem aufgeschnittenen Brötchen, mit Ketschup, Zwiebeln oder Senf

Ho|tel das franz., des/die Hotels; **Ho|telier** [hotelje] der, des/die Hoteliers: Inhaber eines Hotels

Hub der, des Hub(e)s, die Hübe: Hebevorgang; **Hub|raum** der; **Hub|schrau|ber** der

hü|ben hüben wie drüben (auf dieser wie auf der anderen Seite)

hübsch am hübschesten

hu|cke|pack er nahm seine Tochter huckepack (auf den Rücken)

hu|deln nur nicht hudeln (ugs. nur nichts überstürzen), sie hatte bei der Arbeit gehudelt (war zu schnell und dadurch nachlässig gewesen)

Huf der, des Huf(e)s, die Hufe; **Huf|ei|sen** das; **huf|ei|sen|för|mig**; **Huf|lat|tich** der: im Frühjahr blühende Heilpflanze

Hüf|te die; **Hüft|ge|lenk** das; **hüft|lang**; **Hüft|lei|den** das

Hü|gel der; **hü|ge|lig**; **hü|gel|reich**

Huhn das, des Huhn(e)s, die Hühner: da lachen ja die Hühner, mit den Hühnern (sehr früh) aufstehen, ein Huhn schlachten, das goldene Eier legt (sich selbst die Grundlage seines Reichtums entziehen); **Hühn|chen** das: mit jemandem ein Hühnchen rupfen (eindringlich mit jemandem reden); **Hüh|ner|brü|he** die; **Hüh|ner|ei** das; **Hüh|ner|zucht** die

Huld die: jemandem seine Huld (sein Wohlwollen, seine Gunst) beweisen; **hul|di|gen** das Opernpublikum huldigte dem Sänger mit heftigem Beifall (zeigte ihm dadurch seine Verehrung), er huldigt dem Alkohol (ugs. trinkt gern); **Hul|di|gung** die; **huld|voll**

Hül|le die: seine sterbliche Hülle (sein Leichnam), in Hülle und Fülle (reichlich); **hül|len** in Dunkel gehüllt (verborgen); **hül|len|los**

Hül|se die: die Bleistifthülsen; **Hül|senfrucht** die: Bohnen, Erbsen, Linsen

hu|man lat.: menschenwürdig, menschlich, nachsichtig; **hu|ma|ni|sie|ren**; **Huma|ni|sie|rung** die; **hu|ma|ni|tär** menschenfreundlich gesinnt; humanitäre Hilfe; **Hu|ma|ni|tät** die: Menschlichkeit; **Hu|man|me|di|zin** die

Hum|bug der: das ist nichts als Humbug (Schwindel), sie redet nur Humbug (Unsinn, Quatsch)

Hum|mel die: große, stark behaarte Bienenart

Hum|mer der, des Hummers, die Hummer: großer, essbarer Meereskrebs; **Hum|mer|sup|pe** die

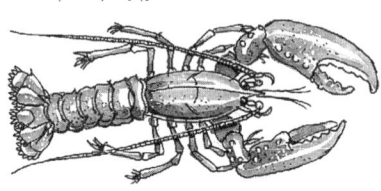

Hu|mor der lat.: heitere Gelassenheit, bestimmte Wesensart; er hat keinen Sinn für Humor (ist humorlos), Humor ist, wenn man trotzdem lacht; **hu|mo|rig** launig; **Hu|mo|rist** der, die Humoristen; **Hu|mo|ris|tin** die; **hu|mo|ris|tisch**; **humor|los**; **hu|mor|voll**

hum|peln hinken

Hum|pen der: Trinkgefäß mit Henkel; einen Humpen Bier bestellen

Hu|mus der lat., des Humus: fruchtbare Erde; **hu|mus|reich**

Hund der, des Hundes, die Hunde: ich bin müde wie ein Hund (erschöpft), er geht vor die Hunde (geht zugrunde); **hun|deelend**; **hun|de|kalt**; **Hün|din** die, die Hündinnen; **hün|disch** würdelos, unterwürfig; **hunds|ge|mein** ugs. sehr übel, böse; **Hunds|ta|ge** die: heißeste Sommerzeit (vom 23. Juli bis 23. August)

hun|dert von null auf hundert, bis hundert zählen, hunderte / Hunderte von Menschen (→ acht); **Hun|dert** das: Prozent, Abk. v.H.; **Hun|der|ter** der: Hunderteuroschein; **Hun|derts|tel** das; **hundert|tau|send** (→ acht)

Hü|ne der, des/die Hünen: großer Mann, Riese; **Hü|nen|grab** das; **hü|nen|haft**

Hun|ger der: Hunger ist der beste Koch; *aber*: hungers sterben; **Hun|ger|ge|fühl** das; **Hun|ger|lohn** der: *ugs.* schlechte Bezahlung; **hun|gern**; **Hun|gers|not** die; **Hun|ger|tuch** das: am Hungertuch nagen (*ugs.* arm, mittellos sein); **hung|rig**

Hu|pe die; **hu|pen**

hüp|fen du hüpfst

Hür|de die: eine Hürde nehmen (Schwierigkeit überwinden); **Hür|den|lauf** der; **Hür|den|läu|fer** der; **Hür|den|läu|fe|rin** die, die Hürdenläuferinnen

hur|ra!; **Hur|ra** das: er wurde mit Hurra begrüßt

Hur|ri|kan [ha̱riken *oder* huri̱ka̱n] der *indian.*, die Hurrikane / Hurrikans: tropischer Wirbelsturm

hur|tig lebhaft, flink; **Hur|tig|keit** die

Hu|sar der *ung.*, des / die Husaren: *ehem.* Mitglied einer Reitertruppe in ungarischer Nationaltracht; **Hu|sa|ren|streich** der: tollkühne Aktion

hu|schen du huschst

Hus|ky [ha̱ski] der *engl.*: Hund der Eskimos, Schlittenhund

hus|ten; **Hus|ten** der

Hut der, des Hut(e)s, die Hüte: das ist ein alter Hut (nichts Neues), er muss seinen Hut nehmen (von seinem Amt zurücktreten); **Hüt|chen** das; **Hut|ma|cher** der; **Hut|schach|tel** die

Hut die: Aufsicht, Obhut; sei auf der Hut (pass auf)!; **Hü|te|hund** der; **hü|ten** hüte dich (nimm dich in Acht) vor ihm!

Hüt|te die; **Hüt|ten|kä|se** der: körniger Quark; **Hüt|ten|werk** das: Industrieanlage zur Metallgewinnung aus Erzen; **Hüt|ten|we|sen** das

Hut|zel|brot das: Früchtebrot; **hut|ze|lig / hutz|lig** die Pflaumen waren schon ganz hutzelig (dürr), eine hutzelige alte Frau (mit vielen Falten und Runzeln)

Hy|ä|ne die *griech.*, die Hyänen: hundeähnliches Raubtier

Hy|a|zin|the die *griech.*: stark duftende Garten- oder Topfpflanze

Hyd|rant oder **Hy|drant** der *griech.*, die Hydranten: Schlauchanschluss

hyd|rau|lisch *oder* **hy|drau|lisch** *griech.*: mit Flüssigkeitsdruck arbeitend; hydraulische Bremsen

Hy|gi|e|ne die *griech.*: Gesundheitslehre, Gesundheitspflege, Sauberkeit; **hy|gi|e|nisch** reinlich, einwandfrei

Hym|ne die *griech.*: feierliches Lied, Lobgesang, *Kurzwort für* Nationalhymne; **hym|nisch** überschwänglich

Hype [haip] der, des / die Hypes *engl.*: aggressive Werbung, die falsche Erwartungen weckt; etwas, das so beworben wird

hy|per|ak|tiv mit übermäßigem Bewegungsdrang, ein hyperaktives Kind

Hy|per|bel die *lat.*, die Hyperbeln: 1. *math.* Kegelschnitt mit zwei ins Unendliche verlaufenden Geraden 2. rhetorische Übertreibung; in Hyperbeln reden, z.B. Geld wie Heu haben, zu Tode betrübt sein

Hyp|no|se die *griech.*, die Hypnosen: durch Willensbeeinflussung erzeugter schlafähnlicher Zustand; **hyp|no|ti|sie|ren** in Hypnose versetzen

Hy|po|chon|der der *griech.*, des Hypochonders, die Hypochonder: jemand, der sich eine Krankheit nur einbildet oder sehr wehleidig ist; **hy|po|chon|drisch** *oder* **hy|po|chond|risch**

Hy|po|phy|se die → Hirnanhangsdrüse

Hy|po|te|nu|se die *lat.*: im rechtwinkligen Dreieck die dem rechten Winkel gegenüberliegende Seite

Hy|po|thek die *griech.*: Pfandrecht an einem Grundstück; eine Hypothek (Geld) auf sein Haus aufnehmen

Hy|po|the|se die *griech.*: Vermutung, Unterstellung, unbewiesene Aussage; **hypo|the|tisch** fraglich, zweifelhaft

Hys|te|rie die *griech.*: hochgradige Erregung, seelische Krankheit; **hys|te|risch** leicht erregbar, überspannt

I

i. A. Abk. für im Auftrag
IC Abk. für Intercityzug; **ICE** Abk. für Intercityexpresszug
ich; Ich das, des Ich(s): sein inneres Ich erforschen; **Ich-AG** die: eine einzelne Person, die sich mit staatlicher Hilfe selbstständig macht, um nicht mehr arbeitslos zu sein; **ich|be|zo|gen; Ich|er|zäh|ler** der; **Ich|form** die: etwas in der Ichform erzählen; **Ich|laut** der, des Ichlautes, die Ichlaute: das nach einem e oder i gesprochene ch, z. B. in echt, dich
i. d. Abk. für in der
ide|al griech.: günstig, geeignet, vollkommen; **Ide|al** das: Ziel, Wunschvorstellung; **Ide|al|fi|gur** die; **ide|a|li|sie|ren** verklären; **Ide|a|lis|mus** der: von Idealen bestimmte Anschauung; **Ide|a|list** der: jemand, der bestimmte Ideale verwirklichen will; **Ide|a|lis|tin** die; **ide|a|lis|tisch; Ide|al|zu|stand** der
Idee die griech., die Ideen: Vorstellung, Gedanke, Kernthema; eine fixe Idee (Zwangsvorstellung); **ide|ell** geistig; ideelle Ziele; Ggs. real; **ide|en|arm**
Iden|ti|fi|ka|ti|on die lat.: Gleichsetzung; **iden|ti|fi|zie|ren** gleichsetzen, wiedererkennen; damit kann er sich nicht identifizieren (nicht übereinstimmen); **Iden|ti|fi|zie|rung** die; **iden|tisch** sie hatten identische (dieselben) Interessen; **Iden|ti|tät** die: ich kann für seine Identität (Übereinstimmung mit seinen Angaben zur Person) bürgen; **Iden|ti|täts|kar|te** die österr. / schweiz.: Personalausweis; **Iden|ti|täts|ver|lust** der
Ide|o|lo|gie die franz.: Grundeinstellung, Weltanschauung, politische Theorie; er hing einer rechtsextremen Ideologie an; **ide|o|lo|gisch** sie hatte ideologische Vorurteile: **ide|o|lo|gi|sie|ren**
Idi|om das griech., des/die Idioms: Redewendung, eigentümliche, mundartliche Sprechweise
Idi|ot der griech., des/die Idioten: Dummkopf, Schwachsinniger; **Idi|o|tie** die; **Idi|o|tin** die; **idi|o|tisch** schwachsinnig, dumm

Idol das griech., die Idole: Wunschbild, Vorbild, Götzenbild
Idyll das griech., des Idylls, die Idylle: friedlicher Zustand, einfaches Leben, stilles Glück; **idyl|lisch** beschaulich
Igel der: Insektenfresser; **Igel|kopf** der: ugs. für Bürstenhaarschnitt

Ig|lu das/der eskim., des/die Iglus: aus Schnee gebaute Wohnhütte der Eskimos

ig|no|rie|ren nicht beachten; sie ignorierte seine Bemerkung
ihr; ih|rer|seits; ih|res|glei|chen; ih|ret|wegen; ih|ret|wil|len um ihretwillen wird es gemacht
Iko|ne die russ.: Heiligenbild der orthodoxen Kirche; **Iko|no|gra|fie / Iko|no|gra|phie** die lat.: Inhaltsdeutung, Beschreibung von alten Bildern
il|le|gal lat.: gesetzwidrig; Ggs. legal; **Il|le|ga|li|tät** die; **il|le|gi|tim** auf illegitime (unrechtmäßige) Weise
il|lo|yal vertragsbrüchig, rücksichtslos, nicht respektierend: sie verhielt sich ihren Mitschülerinnen gegenüber illoyal; Ggs. loyal
Il|lu|mi|na|ti|on die: die Beleuchtung, das Anstrahlen von Gebäuden, Straßen und Plätzen; **il|lu|mi|nie|ren** die Fußgängerzone war weihnachtlich illuminiert
Il|lu|si|on die lat., die Illusionen: sie macht sich Illusionen (täuscht sich selbst); **il|lu|si|o|när** illusionäre Wünsche; **il|lu|si|ons|los; il|lu|so|risch** eingebildet, zwecklos, überflüssig

Il|lust|ra|ti|on *oder* Il|lus|tra|ti|on die *lat.*, die Illustrationen: Bebilderung, Erläuterung; **Il|lust|ra|tor** *oder* Il|lus|tra|tor der; **Il|lust|ra|to|rin** *oder* Il|lus|tra|to|rin die; **il|lust|rie|ren** *oder* il|lus|trie|ren ein Buch illustrieren (mit Bildern versehen); **Il|lust|rier|te** *oder* Il|lus|trier|te die: Zeitschrift mit Bildern

Il|tis der, des Iltisses, die Iltisse: Marderart

Image [imidsch] das *engl.*, die Images: Bild, Vorstellung von jemandem oder etwas, Ruf; sein Image war angeschlagen, die Baufirma pflegte ihr Image durch Zuverlässigkeit und gute Preise

ima|gi|när *lat.*: nicht wirklich, eingebildet, nur gedacht

Im|biss der, des Imbisses, die Imbisse

Imi|ta|ti|on die *lat.*, die Imitationen: Nachahmung, Nachbildung; **Imi|ta|tor** der; **imi|tie|ren**

Im|ker der: Bienenzüchter; **Im|ke|rei** die; **Im|ke|rin** die; **Im|me** die: Biene

im|ma|nent *lat.*: in etwas enthalten sein, innewohnend, wissensmäßig angehörend; **Im|ma|nenz** die: das Innewohnen

im|mens *lat.*: unermesslich, unendlich, sehr groß; immenser Reichtum

im|mer immer wieder, nicht immer; **im|mer|dar** jetzt und immerdar (jederzeit); **im|mer|fort**; **im|mer|grün**; **im|mer|hin**; **im|mer wäh|rend** / **im|mer|wäh|rend**; **im|mer|zu**

Im|mi|grant der *lat.*, die Immigranten: Einwanderer; **Im|mi|gran|tin** die, die Immigrantinnen, **im|mi|grie|ren** sie durften in Amerika nicht immigrieren

Im|mis|si|on die *lat.*: die Einwirkung von Strahlen, Lärm, verschmutzter Luft usw. auf Menschen, Tiere, Pflanzen, Umwelt; **Im|mis|si|ons|wer|te** die

im|mo|bil *lat.*: unbeweglich; **Im|mo|bi|li|en** die: unbeweglicher Besitz, vor allem Häuser, Grundstücke

Impressionismus

im|mun *lat.*: unempfänglich, geschützt, gefeit; **im|mu|ni|sie|ren** widerstandsfähig machen; **Im|mu|ni|tät** die: 1. Widerstandskraft 2. Schutz vor strafrechtlicher Verfolgung (bei Parlamentsmitgliedern); **Im|mun|sys|tem** das: körpereigenes Abwehrsystem gegen Krankheitserreger und Gifte

Im|pe|ra|tiv der *lat.* ▶ Modus

Im|per|fekt das *lat.* ▶ Tempus

Im|pe|ri|a|lis|mus der *lat.*: das Bestreben einer Regierung, ihren Einflussbereich immer weiter auszudehnen, z.B. in der Kolonialzeit, **im|pe|ri|a|lis|tisch** imperialistische Politik

im|per|ti|nent *lat.*: er lachte impertinent (frech, herausfordernd), sie ist eine impertinente (unverschämte) Person

imp|fen Schutzstoff gegen gefährliche Krankheiten zuführen; **Impf|schein** der

im|plo|die|ren *lat.*: ineinanderfallen, eingedrückt werden, einbrechen; *Ggs.* explodieren; **Im|plo|si|on** die

im|po|nie|ren *lat.*: beeindrucken; **Im|po|nier|ge|ha|be** das; **im|po|sant** *franz.*, am imposantesten: eindrucksvoll, stattlich

Im|port der *lat.*: Einfuhr von Waren; *Ggs.* Export; **Im|por|teur** [importör] der; **Im|por|teu|rin** die; **im|por|tie|ren**

im|präg|nie|ren *oder* im|prä|gnie|ren *lat.*: mit einem Schutzmittel tränken, wasserdicht oder feuerfest machen

Im|pres|si|o|nis|mus der / **Sym|bo|lis|mus** der: Mitte des 19. Jahrhunderts verließen viele französische Maler ihre Ateliers, um draußen im Freien das Spiel von Licht, Farbe und Bewegung auf der Leinwand festzuhalten. Heute gehören die Bilder dieser „Impressionisten", die den „Eindruck" eines Augenblicks wiedergeben, zu den Kostbarkeiten der Malkunst.
Die Maltechnik der Impressionisten wurde auch in der Musik und der Dichtung nachgeahmt. In Deutschland erreichte diese Stilrichtung um die Jahrhundertwende ihren Höhepunkt, vor allem in der → Lyrik mit ihren sprachlichen und rhythmischen Feinheiten:

Improvisation

Detlev von Liliencron erfasst in den „Heidebildern" den Flügelschlag eines Reihers in herbstlicher Stille oder das Zucken eines Blitzes in der Mittagsglut. Richard Dehmel lässt in „Manche Nacht" etwas vom „hundertfältigen" Lichtschimmer der Dämmerung erahnen. Die Bilder werden sorgfältig ausgewählt, die Sprache fängt an zu klingen im Wechsel der Vokale. Auch in Erzählungen nähert man sich bisweilen diesem Stil, so der frühe Thomas → Mann, besonders aber Arthur Schnitzler.

Aus Frankreich kommt etwa um die gleiche Zeit eine weitere Anregung, der Symbolismus. 1889 verkehrt der deutsche Dichter Stefan George im Kreise der französischen Symbolisten. Wie schon der Name ankündigt, spielt in dieser literarischen Bewegung das → Symbol als Grundelement der Dichtung die beherrschende Rolle. Auch hier steht die Lyrik im Vordergrund. Ein Gedicht sollte für sich selbst vollkommen schön sein. Es sollte nichts bezwecken, nicht belehren, nicht kritisieren, nicht zu politischem Handeln auffordern, kurz: nur reine Kunst sein.

Das Kunstwerk spiegelt eine Welt wider, die unseren Blicken sonst verborgen ist. Sie ist nicht greifbar, wir können sie nur in Symbolen erahnen. In dem Gedicht Stefan Georges „Der Herr der Insel" werden wir in den Zauber einer Märchenwelt versetzt. Es ist das einsame Reich eines unheimlichen Riesenvogels. Mit „Schmerzenslauten" fliegt er davon, als Menschen nahen. Der Dichter setzt virtuos alle sprachlichen Mittel ein, um sein Werk zu einem einzigartigen Kunsterlebnis zu machen.

Im|pro|vi|sa|ti|on die *lat.*: unvorbereitete Handlung, Darbietung; **im|pro|vi|sie|ren**

Im|puls der *lat.*, des Impulses, die Impulse: Anstoß, Antrieb, Erregung, Stromstoß; **im|pul|siv** ohne Überlegung; **Im|pul|si|vi|tät** die

im|stan|de / im Stan|de zu keinem klaren Gedanken im Stande (fähig) sein

In|be|griff der, des Inbegriff(e)s, die Inbegriffe: der Inbegriff (die Verkörperung) der Schönheit; **in|be|grif|fen** die Nebenkosten sind inbegriffen (enthalten)

In|brunst die: Hingebung, Leidenschaft; **in|brüns|tig**

In|de|fi|nit|pro|no|men das ▶ Pronomen

in|dem er sparte Zeit, indem (dadurch, dass ...) er mit dem Bus fuhr; das Kind spielte, indem (während) sie schrieb

In|der der; **In|de|rin** die, die Inderinnen; **In|di|en; in|disch**

in|des; in|des|sen inzwischen, allerdings

In|dex der lat., die Indexe/Indizes/Indices: 1. Register, alphabetisches Namens- oder Stichwortverzeichnis am Ende eines Buches 2. Liste von Büchern, die nach Meinung der Kirche oder einer Regierung nicht gelesen werden dürfen; sein neues Buch wurde auf den Index gesetzt 3. Messwert in einer Statistik; der Index der Lebenshaltungskosten 4. *math./chem.* Zeichen, das oben oder unten an einen Buchstaben oder eine Zahl angehängt wird, z. B. a_2, 10^6, CO_2; **in|de|xie|ren** ein Verzeichnis erstellen

In|di|a|ner der; **In|di|a|ne|rin** die; **in|di|a|nisch**; **In|dio** der *span.*, die Indios: süd- und mittelamerik. Indianer

In|di|go der/das *span.*: alter, auf pflanzlicher Basis hergestellter tiefblauer Farbstoff (heute synthetische Herstellung); **in|di|go|blau**

In|di|ka|tiv der lat. ▶ Modus

In|di|ka|tor der *lat.*, des Indikators, die Indikatoren: 1. Merkmal, Anzeichen für eine bestimmte Entwicklung; die große Nachfrage nach einem Artikel gilt als Indikator für einen sehr guten Umsatz damit 2. Instrument zum Messen von Dampfdruck 3. Farbstoff, der den Verlauf einer chemischen Reaktion anzeigt, z. B. Lackmuspapier

in|di|rekt über einen Umweg, nicht persönlich: indirekte Beleuchtung, indirekt (verschlüsselt) warf sie ihm seine Eitelkeit vor; *Ggs.* direkt

in|dis|kret *lat.*: neugierig, taktlos; eine indiskrete Frage; *Ggs.* diskret; **In|dis|kre|ti|on** die: Vertrauensbruch, Taktlosigkeit

in|dis|ku|ta|bel dein Vorschlag ist absolut indiskutabel (so abwegig, dass es sich nicht lohnt, darüber zu reden)

in|dis|po|niert die Schauspielerin war heute Abend indisponiert (unpässlich, in schlechter Verfassung)

In|di|vi|du|a|list der *lat.*: Einzelgänger; **in|di|vi|du|a|lis|tisch**; **In|di|vi|du|a|li|tät** die: Einzigartigkeit, Persönlichkeit, Gesamtheit der Merkmale eines Einzelwesens; **in|di|vi|du|ell**; **In|di|vi|du|um** das, die Individuen: 1. Einzelwesen mit besonderen Merkmalen 2. Person, die negativ eingeschätzt wird

In|diz das *lat.*, die Indizien: verdächtiger Umstand, Anzeichen

In|do|ne|si|en; **In|do|ne|si|er** der; **In|do|ne|si|e|rin** die, die Indonesierinnen; **in|do|ne|sisch**

In|duk|ti|on die *lat.*, die Induktionen: 1. *physik.* Erzeugung von Elektrizität durch Änderung von Magnetfeldern 2. *philosoph.* der Schluss aus einem Einzelfall auf das Allgemeine, auf alle Fälle, die Erkenntnis aus der Erfahrung

In|dust|rie *oder* In|dus|trie die, die Industrien: Massenherstellung von Waren, Gesamtheit der Industriebetriebe; die chemische Industrie; **In|dus|trie- und Han|dels|kam|mer** die: Zusammenschluss aller Industrie- und Handelsunternehmen in einem bestimmten Bezirk, *Abk.* IHK; **in|dust|ri|ell** *oder* in|dus|tri|ell; **In|dust|ri|el|le** *oder* In|dus|tri|el|le der / die: Inhaber oder Inhaberin eines Industriebetriebes, Fabrikant/-in

in|ef|fek|tiv fruchtlos, unwirksam; seine Bemühungen waren ineffektiv; *Ggs.* effektiv

in|ei|nan|der *oder* in|ein|an|der; **in|ei|nan|der|fü|gen** *oder* in|ein|an|der|fü|gen; **in|ei|nan|der|le|gen** *oder* in|ein|an|der|le|gen

in|fam *lat.*: das war eine infame (bösartige) Verleumdung, ihre Bemerkungen waren infam (niederträchtig), **In|fa|mie** die: Unverschämtheit

In|fan|te|rie die *franz.*, die Infanterien: Bodentruppen des Heeres, wie Jäger, Gebirgsjäger, Fallschirmjäger und Panzergrenadiere

in|fan|til *lat.*: 1. kindlich 2. kindisch, geistig und körperlich unterentwickelt, zurückgeblieben; infantiles Benehmen

In|farkt der *lat.*, des Infarktes, die Infarkte: Absterben eines Organs, das nicht mehr durchblutet wird, z.B. Herzinfarkt

In|fekt der *lat.*, des Infekt(e)s, die Infekte: ansteckende Krankheit; **In|fek|ti|on** die: Ansteckung, Übertragung von Krankheitserregern; **in|fek|ti|ös** ansteckend, verseucht; **in|fi|zie|ren** anstecken, übertragen

in|fer|na|lisch *lat.*: teuflisch, unerträglich: infernalischer Gestank drang aus dem Stall; **In|fer|no** das: Hölle, Ort eines schrecklichen Geschehens; sie entkamen nur knapp dem brennenden Inferno

In|fil|tra|ti|on *oder* In|filt|ra|ti|on die: das Eindringen, das Einströmen, z.B. von Flüssigkeiten; **in|fil|trie|ren** *oder* in|filt|rie|ren *franz.*: eindringen, durchsetzen, einsickern

---

In|fi|ni|tiv der *lat.*, die Infinitive: Grundform, Nennform. Diese Form des Verbs nennt nur die Handlung, nicht die Zeit und keine Person. Am häufigsten kommen Infinitive zusammen mit → Hilfsverben oder → Modalverben vor. Die Hilfs- oder Modalverben geben dann auch Auskunft über die grammatische Zeit und die grammatische Person, z.B.: „Du sollst diesen Artikel ganz lesen." – „Ich möchte alles über den Infinitiv wissen." In diesen Beispielen bildet der Infinitiv zusammen mit Hilfs- oder Modalverben das Satzglied → Prädikat. Der Infinitiv kann aber auch die Rolle des Satzgliedes → Subjekt im Satz übernehmen, z.B.: „(Das) Basteln macht Freude." Schließlich kann der Infinitiv auch als das Satzglied → Objekt erscheinen, z.B.: „Er lernt schreiben" bzw. „er lernt das Schreiben".

Das letzte Beispiel zeigt übrigens auch, dass Infinitive zu einem richtigen Substantiv werden, wenn man den Artikel „das" davorsetzt (und die Großschreibung nicht vergisst). „Das Wandern (Nominativ) ist des Müllers Lust, denn er liebt das Wandern (Akkusativ), weil er beim Wandern (Dativ) viel sieht."

Obwohl der Infinitiv keine Person

Inflation

nennt, spricht er doch manchmal eine an. Welche, das erfährst du unter dem Stichwort → Modus. Vielseitig, wie er ist, kann der Infinitiv auch einen selbstständigen Satz ersetzen. → Satzgefüge

In|fla|ti|on die *lat.*, die Inflationen: Geldentwertung; **in|fla|ti|o|när; in|fla|to|risch**
in|fol|ge er verlor die Stelle infolge seines Diebstahls; **in|fol|ge|des|sen**
In|for|mant der *lat.*: jemand, der Informationen liefert; **In|for|man|tin** die; **In|for|ma|ti|on** die, die Informationen: Mitteilung, Auskunft, Aufklärung; **in|for|ma|tiv; in|for|mie|ren**
in|fra|ge / in Fra|ge das kommt gar nicht infrage / in Frage, er stellte die Entscheidung infrage / in Frage
In|fra|rot das: unsichtbare Wärmestrahlen; **In|fra|rot|lam|pe** die
In|fu|si|on die *lat.*, die Infusionen: Einführung von Flüssigkeit, z. B. in eine Ader
In|fra|struk|tur die: 1. alle für die Versorgung eines Gebietes erforderlichen Einrichtungen wie Verkehrsnetz, Kraftwerke, Fabriken 2. die Gesamtwirtschaft eines Landes 3. zusammenfassende Bezeichnung für militärische Anlagen wie Kasernen, Flughäfen, Radarstationen; **in|fra|struk|tu|rell**
In|ge|ni|eur [inschenjör] der *franz.*, des Ingenieurs, die Ingenieure; **In|ge|ni|eu|rin** die; *Abk.* Ing.
Ing|wer der *sanskr.*: Gewürzpflanze

in|haf|tie|ren festnehmen, einsperren; er wurde für eine Nacht inhaftiert
In|ha|la|ti|on die *lat.*: Einatmen von heilenden Dämpfen; **In|ha|la|tor** der: Inhalationsapparat; **in|ha|lie|ren**
In|halt der, des Inhalt(e)s, die Inhalte; **in|halt|lich; in|halts|arm; in|halts|be|zo|gen; in|halts|leer; in|halts|los**

In|halts|an|ga|be die ▶ Aufsatzlehre S. 516

in|hu|man *lat.*: menschenunwürdig, unmenschlich; **In|hu|ma|ni|tät** die
In|i|ti|a|le die *lat.*: vergrößerter, oft auch verzierter Buchstabe am Beginn eines Kapitels; **In|i|ti|a|len** die: Anfangsbuchstaben eines Namens; **In|i|ti|al|zün|dung** die: zündende Idee, die etwas ins Rollen bringt
in|i|ti|a|tiv *lat.*: den Anstoß gebend, einsatzfreudig; **In|i|ti|a|ti|ve** die: Entschlusskraft, erster Schritt; sie ergriff sofort die Initiative; **In|i|ti|a|tor** der: Urheber, Anreger; **In|i|ti|a|to|rin** die; **in|i|ti|ie|ren**: etwas auslösen, etwas in die Wege leiten
In|jek|ti|on die *lat.*, die Injektionen: Einspritzung; **in|ji|zie|ren** einspritzen: ihr wurde ein Kreislaufmittel injiziert
In|kar|na|ti|on die *lat.*: 1. die Menschwerdung eines göttlichen Wesens 2. Verkörperung; er war die Inkarnation des Bösen
In|kas|so das *ital.*, die Inkassos / Inkassi: das Einkassieren von Geldforderungen
in|klu|si|ve *lat.*, *Abk.* inkl.: inbegriffen, einschließlich; *Ggs.* exklusive
in|kog|ni|to *oder* **in|ko|gni|to** *lat.*: unerkannt, unter fremdem Namen; er reiste inkognito
in|kom|pa|ti|bel *lat.:* miteinander unvereinbar, *Ggs.* kompatibel
in|kom|pe|tent *lat.*: der neue Mitarbeiter erwies sich als völlig inkompetent (nicht fähig, ohne Sachverstand), *Ggs.* kompetent, **In|kom|pe|tenz** die, die Inkompetenzen
in|kor|rekt deine Aussprache ist inkorrekt (unrichtig, fehlerhaft), er verhielt sich inkorrekt (nicht vorschriftsmäßig); *Ggs.* korrekt
In|ku|ba|ti|on die *lat.*: 1. die Zeit zwischen Ansteckung und Ausbruch einer Krankheit (Inkubationszeit) 2. das Aufziehen von zu früh geborenen Babys in einem Inkubator (Brutkasten)
In|land das, **In|län|der** der; **In|län|de|rin** die, die Inländerinnen; **in|län|disch**
In|lett das *niederl.*, des Inlett(e)s, die Inlette: Stoffhülle
in|mit|ten inmitten der Kisten und Kästen
in|ne|ha|ben (→ haben): die Leitung des Klassenrats innehaben

in|ne|hal|ten (→ halten): eine Tätigkeit kurz unterbrechen

in|nen; **In|nen|dienst** der; **in|nen|dienst|lich**; **In|nen|le|ben** das

in|ner|deutsch; **In|ne|re** das: in seinem Inneren; **In|ne|rei|en** die: die inneren Organe von Tieren, z. B. Magen, Leber, Herz; **in|ner|halb** innerhalb der Frist, innerhalb Berlins; **in|ner|lich**; **in|ner|ört|lich**; **In|ners|te** das: sein Innerstes blieb ihr verborgen

in|ne|woh|nen

in|nig am innigsten: uns verband innige Zuneigung; **In|nig|keit** die: Herzlichkeit, Verbundenheit; **in|nig|lich**

in|of|fi|zi|ell die Meldung war noch inoffiziell (amtlich noch nicht bestätigt), ich sage dir das inoffiziell (vertraulich); *Ggs.* offiziell

In|no|va|ti|on die *lat.*, die Innovationen: geplante Reform, Neuerung, kontrollierte Veränderung, fortschrittliche Lösung; **in|no|va|tiv** innovative Maßnahmen wurden beschlossen

In|nung die: Zusammenschluss, besonders von Handwerkern, z. B. der Bäcker in der Bäckerinnung

in pet|to *ital.*: sie hatte noch eine Überraschung in petto (bereit, hielt diese aber noch zurück)

in punc|to *lat.*: hinsichtlich, in Bezug auf, in puncto Sauberkeit war nichts zu beanstanden

In|put der/das *amerik.*: wörtl. „das Hineingesteckte": 1. Produktionsmittel oder -kräfte, die einem Betrieb zugeführt werden 2. Eingabe bei der Datenverarbeitung; *Ggs.* Output

in|qui|si|to|risch *lat.*: unerbittlich, streng: er quälte sie mit inquisitorischen Fragen; **In|qui|si|ti|on** die *lat.*: im 12. bis 18. Jh. von der katholischen Kirche eingerichtetes Untersuchungsgericht, das Glaubensabweichler und angebliche Hexen verfolgen ließ

ins in das; **ins|be|son|de|re / ins|be|sond|re**; **ins|ge|heim**; **ins|ge|samt**

In|sas|se der, des/die Insassen: der „in etwas Sitzende", z. B. Autoinsasse

In|schrift die

In|sekt das *lat.*, des Insekts/die Insekten: meist geflügeltes Kerbtier, z. B. Fliege

In|sel die, die Inseln; **In|sel|reich** das; **In|sel|welt** die

In|se|rat das, des Inserat(e)s, die Inserate: Zeitungsanzeige; **In|se|rent** der: jemand, der ein Inserat aufgibt; **In|se|ren|tin** die; **in|se|rie|ren**

In|si|der [insaider] der *engl.*, des Insiders, die Insider: Eingeweihter, Person, die bestimmte Dinge genau kennt; er nutzte sein Wissen als Insider, um unerlaubte Geschäfte an der Börse zu machen

In|sig|ni|en *oder* In|si|gni|en die *lat.*: die Kennzeichen königlicher oder staatlicher Macht, z. B. Zepter oder Krone

in|so|fern

in|sol|vent *lat.*: zahlungsunfähig

in|so|weit

In|spek|ti|on *oder* Ins|pek|ti|on die *lat.*, die Inspektionen: Kontrolle, Prüfung, Besichtigung, beaufsichtigende Behörde; **In|spek|tor** *oder* Ins|pek|tor der, die Inspektoren: Aufsichts- oder Verwaltungsbeamter; **In|spek|to|rin** die

In|spi|ra|ti|on *oder* Ins|pi|ra|ti|on die *lat.*: Erleuchtung, plötzlicher Einfall, schöpferischer Gedanke, z. B. eines Erfinders, einer Malerin; **in|spi|rie|ren** *oder* ins|pi|rie|ren: zu etwas anregen

in|sta|bil die Treppe war völlig instabil (in sich nicht fest, baufällig), eine instabile (unbeständige, schwankende) Wirtschaftslage; *Ggs.* stabil

In|stal|la|teur [instalatör] *oder* Ins|tal|la|teur der *franz.*, die Installateure: Handwerker für technische Anlagen eines Hauses, z. B. die Gasleitung; **In|stal|la|teu|rin** die; **In|stal|la|ti|on** *oder* Ins|tal|la|ti|on die: Einrichtung einer technischen Anlage; **in|stal|lie|ren** *oder* ins|tal|lie|ren

in|stand set|zen / in Stand set|zen

in|stän|dig inständig (eindringlich) bitten

In|stanz *oder* Ins|tanz die *lat.*, die Instanzen: zuständige Behörde, Abschnitt eines Gerichtsverfahrens; er ging in die zweite Instanz (Berufung)

Ins|tinkt *oder* In|stinkt der *lat.*, des Instinkt(e)s, die Instinkte: angeborene Verhaltensweise; **ins|tink|tiv** *oder* instink|tiv: gefühlsmäßig, unbewusst; **ins|tinkt|los** ohne Feingefühl

In|sti|tut *oder* Ins|ti|tut das *lat.*, des Institut(e)s, die Institute: Forschungs-

oder Bildungsanstalt; **In|sti|tu|ti|on** oder Ins|ti|tu|tion die, die Institutionen: Einrichtung, zuständige Stelle

in|stru|ie|ren oder ins|tru|ie|ren *lat.*: er wurde über die neue Reiseroute instruiert (in Kenntnis gesetzt, unterrichtet), man hatte sie instruiert (angewiesen), nur mit dem Chef zu verhandeln

Ins|tru|ment oder Inst|ru|ment das *lat.*, des Instrument(e)s, die Instrumente: Gerät, Werkzeug, Musikinstrument; **ins|tru|men|tal** oder inst|ru|men|tal; **ins|tru|men|tie|ren** oder inst|ru|men|tie|ren / in|stru|men|tie|ren

In|su|la|ner der: Inselbewohner, **In|su|la|ne|rin** die, die Insulanerinnen

In|su|lin das *lat.*: in der Bauchspeicheldrüse gebildetes Hormon, das Zuckerkranken fehlt

in|sze|nie|ren *lat.*: ein Theaterstück inszenieren (künstlerisch gestalten), einen Skandal inszenieren (einfädeln); **In|sze|nie|rung** die

in|takt *lat.*: ganz, unbeschädigt, funktionsfähig

In|tar|sie die *ital.*, die Intarsien: Einlegearbeit meist in Holz aus Metall, Elfenbein oder andersfarbigem Holz

in|te|ger *lat.*: rechtschaffen, redlich, unbestechlich; **In|teg|ri|tät** oder In|te|gri|tät die

In|te|gra|ti|on oder In|teg|ra|ti|on die *lat.*: Eingliederung; **in|te|grie|ren** oder in|teg|rie|ren: einbeziehen, zugehörig machen

In|tel|lekt der *lat.*: Denkvermögen, Verstand; **in|tel|lek|tu|ell** geistig, verstandesmäßig; **In|tel|lek|tu|el|le** der / die, die Intellektuellen: verstandesbetonter, gebildeter Mensch; **in|tel|li|gent** geistig begabt, klug; **In|tel|li|genz** die: Einsichtigkeit, Klugheit

In|ten|dant der *lat.*, des/die Intendanten: künstlerischer und kaufmännischer Leiter eines Theaters, einer Rundfunk- oder Fernsehanstalt; **In|ten|dan|tin** die

In|ten|si|tät die *lat.*: Wirksamkeit, Kraft, Stärke, **in|ten|siv** angestrengt, eindringlich, kräftig; **in|ten|si|vie|ren** verstärken, steigern; **In|ten|siv|sta|ti|on** die: Krankenhausabteilung für lebensgefährlich Erkrankte

In|ten|ti|on die *lat.*: Absicht, Bestreben; das ist nicht meine Intention

In|ter|ak|ti|on die: Wechselwirkung; **in|ter|ak|tiv**

In|ter|ci|ty der: Intercityzug; *Abk.* IC; **In|ter|ci|ty|ex|press|zug**; *Abk.* ICE

in|te|res|sant oder in|ter|es|sant *franz.*, am interessantesten: anziehend, aufschlussreich; **In|te|res|se** oder In|ter|es|se das *lat.*, des Interesses, die Interessen: Aufmerksamkeit, Vorliebe, Neigung, Vorteil, Nutzen, Wichtigkeit; **in|te|res|se|hal|ber**; **in|te|res|se|los**; **In|te|res|se|lo|sig|keit** die; **In|te|res|sent** der: Bewerber, Kauflustiger; **In|te|res|sen|tin** die; **in|te|res|sie|ren** oder in|ter|es|sie|ren

In|te|ri|eur [ēteriör] das *franz.*, des Interieurs, die Interieure / Interieurs: Innenausstattung, das Innere eines Raumes

---

In|ter|jek|ti|on die *lat.*, die Interjektionen: Ausrufewort. Wenn dir ein großer Stein auf den Fuß fällt, sagst du nicht: „Mir ist ein großer Stein auf den Fuß gefallen", sondern du rufst zunächst mal „Au!", vielleicht auch „Autsch!" oder „Oh!". Solche Wörter heißen Interjektionen. Sie können Schmerz ausdrücken, aber auch Bewunderung, Überraschung (nanu!), Schadenfreude (ätsch!), Abscheu (igitt!), großen Abscheu (igittigitt!).

Neben der eigenen Stimmung kannst du aber auch eine Aufforderung deutlich machen: he, hallo, pst! Die Wortart Interjektion lädt schon fast dazu ein, schöpferisch tätig zu sein: Man darf sie kombinieren, wie man will, und durch die Aussprache eine persönliche Wertung einbringen (oh: kleines Geschenk, ooooh: sehr großes Geschenk).

Ähnlich wie die genannten Wörter werden auch Ausdrücke wie „verdammt" oder „zum Kuckuck" verwendet. Das sind aber keine Interjektionen, sondern stark verkürzte Ausrufesätze.

In|ter|mez|zo das *ital.*, die Intermezzos/Intermezzi: 1. kurzes Klavier- oder Orchesterstück 2. Zwischenspiel im Drama oder in einer Oper 3. kleiner, lustiger Zwischenfall

in|tern *lat.*: im Innern befindlich, inwendig, vertraulich, *Ggs.* extern; ein interne (im Innern befindliche) Festplatte, eine interne (vertrauliche) Notiz; **In|ter|nat** das, die Internate: Lehranstalt mit Wohnheim; **In|ter|nist** der, des/die Internisten: Facharzt für innere Krankheiten; **In|ter|nis|tin** die

in|ter|na|ti|o|nal *lat.*: überstaatlich, allgemein; eine internationale Messe (mit Teilnehmern aus mehreren Staaten); **In|ter|na|ti|o|na|ler Wäh|rungs|fonds** der: Organisation mit dem Ziel, den internationalen Handels- und Zahlungsverkehr zu fördern und zu schützen (Sitz in Washington); *Abk.* IWF

In|ter|net das *engl.*, des Internets: weltweites Computernetzwerk aus unbegrenzt ankoppelbaren Rechnern, das den Zugriff auf Datenbanken in aller Welt erlaubt

In|ter|pret der *lat.*, die Interpreten: Erklärer, Deuter, darbietender Künstler, z.B. Sänger, Dirigent; **In|ter|pre|ta|ti|on** die; **in|ter|pre|tie|ren**; **In|ter|pre|tin** die

In|ter|punk|ti|on die *lat.*: Zeichensetzung

In|ter|ro|ga|tiv|pro|no|men das
▶ Pronomen

In|ter|vall das *lat.*, die Intervalle: 1. Zeitspanne, Pause: die Wehen kamen in kurzen Intervallen 2. Abstand zweier nacheinander oder zusammen erklingender Töne

in|ter|ve|nie|ren *lat.*: sich einmischen, eingreifen; **In|ter|ven|ti|on** die, die Interventionen

In|ter|view das engl., des/die Interviews: Im Sprachgebrauch der Journalisten kommt das Wort „Interview" in zwei Bedeutungen vor, als „Befragung" und als „Gespräch". Wir kennen das Interview vom Fernsehen: Ein Reporter befragt Augenzeugen eines Ereignisses nach ihren Eindrücken oder er entlockt im Gespräch einem Politiker eine Stellungnahme.
Interviews sind in der Regel unvorbereitet. Daher sind die Antworten häufig von der augenblicklichen Stimmung der Befragten abhängig. Ein Interview mit einer wichtigen Persönlichkeit, etwa einem führenden Politiker, kann aber auch ein gründlich vorbereitetes Gespräch sein. Das Thema ist genau abgegrenzt, Fragen und Antworten sind gut überlegt. Wenn ein solches Gespräch in der Presse oder im Fernsehen veröffentlicht wird, dann kann es von großer Wirkung sein. Denn was z.B. der amerikanische Präsident in einem Interview zu sagen hat, hört man auch in Europa.

in|tim *lat.*: vertraut, ganz persönlich, gemütlich; **In|ti|mi|tät** die: Vertrautheit, persönliche Atmosphäre; **In|tim|sphä|re** die: persönlicher Lebensbereich

in|to|le|rant *lat.*: unduldsam, engstirnig; *Ggs.* tolerant; **In|to|le|ranz** die

Int|ri|gant *oder* In|tri|gant der *franz.*, des/die Intriganten: hinterlistiger, verleumderischer Mensch; **Int|ri|gan|tin** *oder* In|tri|gan|tin die; **Int|ri|ge** *oder* In|tri|ge die, die Intrigen: hinterhältiges Ränkespiel, Machenschaft; **Int|ri|gen|spiel** *oder* In|tri|gen|spiel das; **int|ri|gie|ren** *oder* in|tri|gie|ren

In|tu|i|ti|on die *lat.*, die Intuitionen: Eingebung, den Zusammenhang erkennend, das Erfassen eines Sachverhalts; er konnte sich auf seine Intuition verlassen; **in|tu|i|tiv** sie erfasste intuitiv seine Vorstellungen und Wünsche

in|tus ha|ben er hatte schon einige Gläser Wein intus (ugs. war schon angetrunken), hast du das endlich intus (ugs. verstanden, kapiert)?

in|va|lid / in|va|li|de *franz.*: arbeitsunfähig, behindert; **In|va|li|de** der, des/die Invaliden: Behinderter; **In|va|li|di|tät** die

In|va|si|on die *lat.*, die Invasionen: Einfall feindlicher Truppen

In|ven|tar das *lat.*, die Inventare: Bestand, Einrichtung; **In|ven|tur** die: Bestandsaufnahme

in|ves|tie|ren *lat.*: Kapital investieren (anlegen), Arbeit investieren (aufwenden); **In|ves|ti|ti|on** die: langfristige Kapitalanlage

in|wen|dig der Apfel war inwendig (innen) faul, ich kenne dich in- und auswendig (ugs. sehr gut)

in|wie|fern in welcher Weise
in|wie|weit
In|zucht die, die Inzuchten: Fortpflanzung unter nahe verwandten Lebewesen
in|zwi|schen
IOK das *Abk. für* **I**nternationales **O**lympisches **K**omitee
Ion das *griech.*, die Ionen: elektrisch geladenes Teilchen, das durch Abspaltung aus neutralen Atomen oder Molekülen entsteht
i-Punkt der: alles war bis auf den i-Punkt (*ugs.* bis ins letzte Detail) geplant
IQ *Abk. für* **I**ntelligenzquotient
i. R. *Abk. für* **i**m **R**uhestand
I**ra**k; I**ra**|ker der; I**ra**|ke|rin die, die Irakerinnen, i**ra**|kisch
I**ran**; I**ra**|ner der; I**ra**|ne|rin die, die Iranerinnen; i**ra**|nisch
ir|den aus gebranntem Ton; ir|disch das irdische Leben (das Leben auf der Erde), alles Irdische ist vergänglich
Ire der, die Iren; **I**rin die, die Irinnen; **i**risch; **I**r|land; **I**r|län|der der; **I**r|län|de|rin die, die Irländerinnen
ir|gend irgend so ein, irgend so etwas; ir|gend|ein; ir|gend|ein|mal; ir|gend|etwas; ir|gend|je|mand; ir|gend|wann; ir|gend|was; ir|gend|wer; ir|gend|wie; ir|gend|wo irgendwo anders, irgendwo sonst; ir|gend|wo|her; ir|gend|wo|hin
Iris die *griech.*, die Iris: 1. Regenbogenhaut des Auges 2. Schwertlilie
IRK *Abk. für* **I**nternationales **R**otes **K**reuz
Iro|nie die *griech.*: verhüllter Spott; iro|nisch eine ironische (spöttische) Bemerkung; iro|ni|sie|ren
irr / ir|re; Ir|re der/die; ir|re|füh|ren; ir|ren sich; Irr|fahrt die; Irr|glau|be der; irr|gläu|big; ir|rig eine irrige (falsche) Entscheidung; Irr|läu|fer der: fehlgeleitete Sendung; Irr|sinn der; irr|sin|nig; Irr|tum der; irr|tüm|lich

ir|ra|ti|o|nal *lat.*: er verhielt sich völlig irrational (unvernünftig), ein irrationales (mit dem Verstand nicht fassbares) Geschehen; *Ggs.* rational
ir|re|al *lat.*: sie lebte in irrealen (unwirklichen) Vorstellungen; *Ggs.* real
ir|re|le|vant *lat.*: ohne Bedeutung, unwichtig: deine Meinung ist für mich irrelevant; *Ggs.* relevant
ir|re|pa|ra|bel *lat.*: der Schaden war irreparabel (nicht zu beheben); *Ggs.* reparabel
Ir|ri|ta|ti|on die *lat.*: Reiz, Unsicherheit, Erregung, Verärgerung; ir|ri|tie|ren verwirren, ärgern; sein Benehmen irritierte alle seine Freunde
Is|chi|as [ischias/ißchias] der/das *lat.*: anfallartige oder Langzeitschmerzen im Bereich des Ischiasnervs
Is|lam der *arab.*, des Islam(s): vom Propheten Mohammed gestiftete Weltreligion; is|la|misch
Is|land; Is|län|der der; Is|län|de|rin die, die Isländerinnen; is|län|disch
Iso|la|ti|on die *franz.*: Absonderung, Abkapselung, Abdichtung; Iso|lier|band das: Klebeband zum Isolieren; iso|lie|ren sie stand isoliert (getrennt, abgesondert) von den anderen, das Haus ist isoliert (vor Feuchtigkeit, Kälte und Lärm geschützt); Iso|lier|ma|te|ri|al das; Iso|lie|rung die
Is|ra|el; Is|ra|e|li der/die, die Israelis: Staatsangehöriger Israels; is|ra|e|lisch; Is|ra|e|lit der, die Israeliten: Angehöriger eines Stammes im alten Palästina; Is|ra|e|li|tin die
Ita|li|en; Ita|li|e|ner der; Ita|li|e|ne|rin die, die Italienerinnen; ita|li|e|nisch; Ita|li|en|rei|se die
i-Tüp|fel|chen das: ihre Kleidung war bis aufs i-Tüpfelchen (*ugs.* sehr genau) aufeinander abgestimmt
i. V. *Abk. für* **i**n **V**ertretung

J

ja zu allem Ja und Amen / ja und amen sagen, das ist ja toll!; **Ja** das: das war ein zögerndes Ja; **ja|wohl**

Jacht / Yacht die, die Jachten: eine hochseetaugliche Jacht

Jäck|chen die *franz.*: kurze Jacke; **Ja|cke** die; **Ja|ckett** [*schakęt*] das *franz.*, die Jacketts/Jackette: Anzugjacke

Ja|cket|kro|ne [*dschäkit-*] die *engl.*: Zahnkrone

Jack|pot [*dschäkpot*] der *engl.*, die Jackpots: beim Lotto oder Toto besonders hohe Gewinnquote, die dadurch entsteht, dass es in den Spielen vorher keine Gewinner im 1. Rang gegeben hat

Ja|de der/die *franz.*: grüner Schmuckstein

Jagd die, die Jagden: alle machten Jagd auf den Dieb; **ja|gen**; **Jä|ger** der; **Jä|ge|rei** die; **Jä|ger|la|tein** das: übertriebene Erzählung eines Jagderlebnisses

Ja|gu|ar der *indian.*, die Jaguare: südamerikanisches Raubtier

jäh plötzlich; **Jäh|heit** die; **jäh|lings**; **Jäh|zorn** der; **jäh|zor|nig**

Jahr das, des Jahr(e)s, die Jahre: im Jahr, *Abk.* i. J., in die Jahre kommen (alt werden), nächstes Jahr, jedes dritte Jahr; **jahr|aus**; **jahr|ein**; **jah|re|lang**; **jäh|ren** sich; **Jah|res|ab|schluss** der: kaufmännische Jahresbilanz mit Gewinn-und-Verlust-Rechnung; **Jah|res|tag** der; **Jah|res|wirt|schafts|be|richt** der: jedes Jahr im Januar vorgelegter Bericht der Bundesregierung mit den Zielen der Wirtschafts- und Finanzpolitik sowie einem Maßnahmenkatalog; **Jahr|gang** der: der 99er Wein wurde ein guter Jahrgang, sie ist mein Jahrgang (ist im selben Jahr wie ich geboren), ein Automodell Jahrgang 1946; *Abk.* Jg.; **Jahr|hun|dert** das, *Abk.* Jh.; **...jäh|rig** volljährig, vierjährig, 4-jährig, ein 4-Jähriger; **jähr|lich** alljährlich, vierteljährlich; **Jahr|zehnt** das, des Jahrzehnt(e)s, die Jahrzehnte

Jak / → Yak der

Ja|lou|sie [*schalusi*] die *franz.*, die Jalousien: Rollladen

Jam|mer der; **jäm|mer|lich**; **Jam|mer|lap|pen** der: feiger, ängstlicher Mensch; **jam|mern** er hat gejammert; **jam|mer|scha|de**; **Jam|mer|tal** das: die Erde als Ort des Unglücks

Jams|wur|zel → Yams|wur|zel die

Ja|nu|ar der *lat.*, *Abk.* Jan.

Jan|ker der *bayer./österr.*: er trug einen Janker (eine Trachtenjacke) aus grünem Loden

Ja|pan; **Ja|pa|ner** der; **Ja|pa|ne|rin** die, die Japanerinnen; **ja|pa|nisch**

jap|sen er japste vor Anstrengung (rang dabei nach Luft)

Jar|gon [*schargõ*] der *franz.*, des Jargons: saloppe Umgangssprache einer Berufsgruppe oder Gesellschaftsschicht, z. B. der Jargon der Schüler

Jas|min der *pers.*: stark duftender Zierstrauch

jä|ten Unkraut entfernen

Jau|che die: flüssiger Dünger aus Tierkot und -urin; **Jau|che(n)|gru|be** die

jauch|zen / juch|zen: du jauchzt; **Jauchzer** der: Freudenschrei

jau|len heulen

Jazz [*jaz / dschäs*] der *amerik.*: aus den USA stammender Musikstil

je je mehr, je länger, je lieber, je nach Laune, seit eh und je

Jeans [*dschins*] die *amerik.*: Hose aus fester Baumwolle, Nietenhose, Bluejeans

je|den|falls unter allen Umständen

je|der zu jeder Stunde, auf jeden Fall, alles und jedes; **je|der|art**; **je|der|lei**; **je|der|mann**; **je|der|zeit**; **je|des Mal**

je|doch

Jeep [*dschip*] der *amerik.*, des/die Jeeps: kleines Geländefahrzeug

jeg|lich ohne jegliche Anteilnahme

je|her das wurde von jeher (schon immer) so gemacht

je|mals irgendwann

je|mand irgendjemand, *aber:* ein gewisser Jemand

Je|men der; **Je|me|nit** der, die Jemeniten; **Je|me|ni|tin** die, die Jemenitinnen; **je|me|ni|tisch**

je|ner jener Vorfall, jene Stunde

jen|seits jenseits des Flusses, jenseits von Gut und Böse; **Jen|seits** das: Ort, in den nach religiöser Vorstellung die Verstorbenen eingehen; *Ggs.* Diesseits

Jer|sey [d*sch*örsi] der *engl.*: Kleiderstoff; **Jer|sey** das, die Jerseys: Sportlertrikot

Je|su|it der, des/die Jesuiten: Mitglied des kath. Ordens der Gesellschaft Jesu

Je|sus Chris|tus *Genitiv:* Jesu Christi

Jet [d*sch*ät] der *engl.*; *aber:* **jet|ten** im Jet reisen

jet|zig die jetzige Adresse; **jetzt** bis jetzt, von jetzt an; **Jetzt** das: Neuzeit, Gegenwart; **Jetzt|zeit** die

je|wei|lig; je|weils

Jh. *Abk. für* → Jahrhundert

Jiu-Jit|su [d*sch*iu-d*sch*izu] *jap.*, des Jiu-Jitsu(s): waffenlose Selbstverteidigung

Job [d*sch*op] der *engl.*, des/die Jobs: zeitweilige Beschäftigung, Arbeit; **job|ben**

Joch das, des Joch(e)s, die Joche: 1. Rindergeschirr, Schultertrage, schwere Bürde, Last; ein drückendes Joch abschütteln 2. Bergsattel, Pass; **Joch|bein** das: Backenknochen

Jo|ckei / Jo|ckey [d*sch*okäi] der *engl.*, die Jockeis / Jockeys: Berufsrennreiter

Jod/Iod das *griech.*: chemisches Element; *Zeichen* J; **jod|hal|tig**

jo|deln; Jod|ler der; **Jod|le|rin** die

Jo|ga / Yo|ga das *sanskrit.*: indische Meditationsübungen; **Jo|gi / Yo|gi** der: Anhänger des Joga

Jog|ger [d*sch*oger] der; **Jog|ge|rin** die; **Jog|ging** [d*sch*oging] das *amerik.*: lockeres Laufen in mäßigem Tempo, Lauftraining

Jo|gurt / Jo|ghurt der/das *türk.*: gegorene Dickmilch, Sauermilch

Jo|han|nis|bee|re die

Jo|han|ni|ter der: Angehöriger oder Mitarbeiter des Johanniterordens

joh|len du johlst: lärmen

Joint [d*sch*oint] der *engl.*, die Joints: selbst gedrehte Zigarette mit Haschisch; er drehte sich einen Joint

Joint Ven|ture [d*sch*oint ventscher] das *engl.*, die Joint Ventures: Unternehmensgründung mit dem Zweck, Kenntnisse und Geldmittel zusammenzulegen und Gewinn und Risiko zu teilen

Jo-Jo → **Yo-Yo** das

Jo|ker [d*sch*oker] der *engl.*, die Joker: Spielkarte mit der Abbildung eines Narren, die für jede andere Karte eingesetzt werden kann; den Joker setzen

Jo|kus der *lat.*, die Jokusse: Ulk, Spaß

Jol|le die: Beiboot, kleines, kielloses Segelboot

Jong|leur *oder* **Jon|gleur** [*sch*öglör] der *franz.*, des Jongleurs, die Jongleure: Geschicklichkeitskünstler; **Jong|leu|rin** die; **jong|lie|ren**

Jop|pe die: einfache Jacke

Jor|da|ni|en; Jor|da|ni|er der; **Jor|da|ni|e|rin** die, die Jordanierinnen; **jor|da|nisch**

Joule [d*sch*ul *oder* d*sch*aul] das: Maßeinheit für Energie, *Abk.* J

Jour|nal [*sch*urnal] das *franz.*, des Journals, die Journale: Zeitschrift, Zeitung, Rechnungsbuch; **Jour|na|lis|mus** der; **Jour|na|list** der; **Jour|na|lis|ten|schu|le** die; **Jour|na|lis|tin** die, die Journalistinnen; **jour|na|lis|tisch**

jo|vi|al *lat.*: gemütlich, herablassend, gönnerhaft; der Vorstandschef gab sich jovial; **Jo|vi|a|li|tät** die

Ju|bel der; **ju|beln; Ju|bi|lar** der, die Jubilare; **Ju|bi|la|rin** die, die Jubilarinnen; **Ju|bi|lä|um** das, die Jubiläen: Jahrestag; **ju|bi|lie|ren**

juch|he! / ju|hee!; Juch|he das: sie saßen auf dem Juchhe (*ugs.* oberster Rang im Theater)

ju|cken; Ju|cken das; **Juck|reiz** der, des Juckreizes

Ju|de der, des/die Juden; **Ju|den|tum** das; **Jü|din** die, die Jüdinnen; **jü|disch**

Ju|do das *jap.*: Kunst der waffenlosen Selbstverteidigung; **Ju|do|ka** der / die: Judokämpfer/-in

Ju|gend die: der Jugend Fleiß, des Alters Preis; **Ju|gend|ar|beits|schutz|ge|setz** das; **ju|gend|frei** für Jugendliche zugelassen; **ju|gend|lich; Ju|gend|li|che** der / die, des / die Jugendlichen; **Ju|gend|stil** der: Kunststil um die Jahrhundertwende; **Ju|gend- und Aus|zu|bil|den|den|ver|tre|tung** die

Ju|go|sla|wi|en oder Ju|gos|la|wi|en; **Ju|go|sla|we** oder Ju|gos|la|we der; **Ju|go|sla|win** oder Ju|gos|la|win die, die Jugoslawinnen; **ju|go|sla|wisch** oder ju|gos|la|wisch

ju|hu! juhu, wir haben Ferien!

Ju|li der *lat.*, des Juli(s)

Jum|bo der *engl./amerik.*: *Kurzwort für* Jumbojet (Großraumdüsenflugzeug)

Jum|per [dsch*a*mper] *engl.*: blusen- oder pulloverähnliches gestricktes Kleidungsstück

jung jünger, am jüngsten: von jung an, Alt und Jung, die Alten und Jungen; **Jun|ge** das, des/die Jungen: neugeborenes Tier; **Jun|ge** der, des/die Jungen; **jun|gen|haft; Jün|ger** der; **Jung|fer** die; **Jung|fern|fahrt** die: erste planmäßige Fahrt eines Verkehrsmittels; **Jung|frau** die; **jung|fräu|lich; Jung|ge|sel|le** der; **Jüng|ling** der; **Jung|sein** das: das Jungsein und das Altsein; **jüngst** neulich, kürzlich; das Jüngste Gericht; **Jüngs|te** der/die: nicht mehr der Jüngste sein; **Jung|ver|mähl|te / jung Ver|mähl|te** der / die

Ju|ni der *lat.*, des Juni(s)

ju|ni|or *lat.*: Schulze junior übernahm die Geschäfte seines Vaters (Schulze senior übergab seinem Sohn die Geschäfte), *Abk.* jun. *oder* jr.; **Ju|ni|or** der, des Juniors, die Junioren

Jun|ker der, die Junker: im Mittelalter junger Edelmann, Großgrundbesitzer

Jun|kie [dsch*a*nki] der *engl.*, des/die Junkies: Rauschgiftsüchtiger, Drogenabhängiger

Jun|ta [chunta] die *span.*: 1. in Spanien, Portugal und Lateinamerika die Verwaltungsbehörde, das Staatsorgan 2. *Kurzwort für* Militärjunta

Ju|pi|ter der, des Jupiters: höchste römische Gottheit, Planet

Ju|ra der *lat.*: Abschnitt der Erdgeschichte, Gesteinsschicht und Name von Gebirgen, z. B. der Schwäbische Jura

Ju|ra *lat.*: Rechtswissenschaft; sie studierte Jura; **Ju|rist** der *lat.*, des/die Juristen: studierter Kenner des Rechts; **Ju|ris|tin** die, die Juristinnen; **ju|ris|tisch**

Ju|ror [juror] der, des/die Juroren: Preisrichter; **Ju|ro|rin** die, die Jurorinnen; **Ju|ry** [schüri/schüri] die *franz.*: Sachverständigenausschuss, Preisgericht

just *lat.*: just (genau, eben) in dieser Stunde; **jus|tie|ren** genau einstellen, einpassen; **Jus|tie|rung** die

Jus|ti|tia römische Göttin des Rechts, Sinnbild der Gerechtigkeit; **Jus|ti|zi|ar / Jus|ti|ti|ar** der *lat.*: angestellter Rechtsbeistand in einem Unternehmen; **Jus|ti|zi|a|rin / Jus|ti|ti|a|rin** die; **Jus|tiz** die staatliche Rechtspflege; **Jus|tiz|irr|tum** der

Ju|te die *ind.*: Bastfaser; die Säcke waren aus Jute

Ju|wel das *niederl.*, des Juwels, die Juwelen: Edelstein, Schmuckstück; **Ju|we|lier** der, die Juweliere: Goldschmied, Schmuckhändler, **Ju|we|lie|rin** die

Jux der *lat.*, des Juxes, die Juxe: Ulk, Scherz; „Einen Jux will er sich machen" (Posse von *Johann Nepomuk Nestroy*); **ju|xen** du juxt

K

Ka|ba|rett das *franz.*, die Kabaretts / Kabarette: satirisch, politisch oder gesellschaftskritisch ausgerichtete Theaterdarbietung, Kleinkunstbühne; **Ka|ba|ret|tist** der, des/die Kabarettisten; **Ka|ba|ret|tis|tin** die

Ka|bel das *franz.*, des Kabels, die Kabel: Stahlseil, elektrische Leitung, Überseetelegramm; **ka|beln**

Ka|bel|jau der, die Kabeljaus/Kabeljaue: Speisefisch

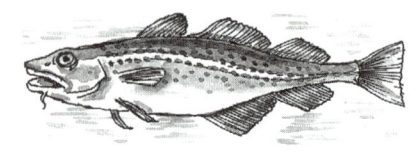

Ka|bi|ne die *engl.*, die Kabinen: abgeteilter kleiner Raum, z. B. Telefonkabine, Schlaf- und Wohnraum auf Schiffen

Ka|bi|nett das *franz.*, die Kabinette: 1. Ministerrat, Beraterstab 2. kleiner Schauraum für Kunstsammlungen, z. B. Kupferstichkabinett 3. guter Wein

Kab|rio / Cab|rio *oder* **Ka|brio** das *franz.*, des/die Kabrios, *Kurzwort für* Kabriolett / Cabriolet: Auto mit aufklappbarem Verdeck

Ka|chel die, die Kacheln; **ka|cheln**; **Ka|chel|ofen** der

Ka|da|ver der *lat.*: verwesender Tierkörper

Ka|der der *schweiz.*, die Kader: ausgewählte Gruppe von Personen, die wichtige Funktionen in der Politik, in der Wirtschaft oder im Sport ausüben; der Kader einer Partei, er gehörte zum Kader der Olympiamannschaft

Ka|dett der *franz.*, des/die Kadetten: Zögling einer Offiziersschule

Ka|di der *arab.*, die Kadis: 1. Richter in islamischen Ländern 2. *ugs. für* Richter; jemanden vor den Kadi bringen (gegen ihn einen Prozess anstrengen)

Kad|mi|um (*fachspr.* Cadmium) das: chemisches Element, ein Schwermetall; *Zeichen* Cd

Kä|fer der

Kaff das, die Kaffs/Kaffe: *ugs. für* abgelegenes, langweiliges Dorf; sie wohnte in einem Kaff

Kaf|fee der *arab./franz.*

Kä|fig der, die Käfige: ein goldener Käfig

Kafka Franz ▶ S. 201

kahl; kahl|köp|fig; Kahl|schlag der: baumlose Waldfläche

Kahn der, des Kahn(e)s, die Kähne

Kai / Quai der *niederl.*, die Kaie / Kais: befestigte Schiffsanlegestelle, Uferstraße

Kai|man der, des Kaimans, die Kaimane: südamerikanische Krokodilart

Kai|ser der: sich um des Kaisers Bart (um Unwichtiges) streiten

Ka|jak der/das *eskim.*, die Kajaks: einsitziges, geschlossenes Boot der Eskimos, Sportpaddelboot

Ka|jü|te die: Wohn- und Aufenthaltsraum auf einem Schiff

Ka|ka|du der *malai.*, des/die Kakadus: Papagei mit Federschopf

Ka|kao [kakau] der *mexik./span.*

Kak|tee die / **Kak|tus** der *griech.*, die Kakteen: Stachelpflanze

Ka|la|mi|tät die *lat.*, die Kalamitäten: missliche Lage, Unglück

Ka|lau|er der *franz.*: geistloses Wortspiel, dummer Witz

Kalb das, des Kalb(e)s, die Kälber: um das Goldene Kalb tanzen (geldgierig sein); **kal|ben** ein Kalb gebären

Ka|len|der der / **Ka|len|der|ge|schich|te** die: Ein Kalender ist heute für uns meistens ein Wandkalender mit schönen Bildern, von dem wir wöchentlich oder monatlich ein Blatt abreißen, vielleicht auch ein Vormerkkalender, in den wir wichtige Termine, schulfreie Tage oder den Ferienbeginn eintragen. Früher verstand man darunter vorwiegend ein Buch. Solche Kalender waren in vielen Haushalten neben der Bibel die einzigen Bücher und sie wurden aufbewahrt und gesammelt.
Manche dieser Kalender wie etwa der „Lahrer hinkende Bote" oder der „Rheinländische Hausfreund" erfreuten sich ganz besonderer Beliebtheit, und das hatte seinen guten Grund.

Franz Kafka

Franz Kafka

geb. am 3. 7. 1883 in Prag
gest. am 3. 6. 1924 bei Wien

Die Verwandlung (Erzählung, 1916)
Das Urteil (Erzählung, 1916)
Ein Hungerkünstler
  (Erzählung, 1924)
Der Prozess (Roman, 1925)
Das Schloss (Roman, 1926)

Um diesem ungewöhnlichen Autor näherzukommen, muss man einige Umstände seines Lebens kennen: Da ist einmal die Stadt Prag, wo Franz Kafka 1883 geboren wurde und fast sein ganzes Leben verbrachte. Dann gab es den strengen, fast tyrannischen Vater, der den Jungen in die innere Einsamkeit trieb. Schließlich prägte das Judentum seine Erfahrungswelt: Kafka war Jude und wurde „jüdisch" erzogen. Bemerkenswert ist noch, dass Deutsch die Sprache einer Minderheit inmitten einer anderssprachigen Umwelt war. Als deutschsprachiger Prager Jude musste sich Kafka also mehrfach isoliert fühlen.

Seine berufliche Karriere verlief planmäßig: Nach Gymnasium und Jurastudium schloss Kafka 1906 mit der Promotion ab und arbeitete in einer Versicherungsanstalt. Daneben lebte er sein zweites, sein eigentliches Leben. Dem bürgerlichen Dasein tagsüber stand das des Schriftstellers gegenüber, dem er die Nächte opferte. Zur gegebenen Isolation trat die gesuchte Einsamkeit; sie begleitete ihn lebenslang. Mehrere Versuche, sie in einer Liebesbeziehung oder durch die Ehe zu überwinden, scheiterten. Nur wenige Freunde wussten von seiner Schriftstellerexistenz: von seinen Tagebüchern, seinen kurzen Prosastücken, seinen Erzählungen und den drei Romanen. Das meiste wurde erst nach seinem Tode veröffentlicht – gegen seinen erklärten Willen.

Heute zählt Kafka zu den bedeutendsten Autoren der ersten Hälfte des 20. Jahrhunderts, und das, obwohl er bereits mit knapp 41 Jahren an Kehlkopftuberkulose starb. Wenn man seinen langen *Brief an den Vater* liest, versteht man, woher das Gefühl der Ohnmacht kommt, das viele seiner „Helden" kennzeichnet. Im Roman *Der Prozess* wird Josef K. von einer anonymen Macht, dem Gericht, aus seinem „normalen" Leben herausgerissen. Er kommt nicht mehr von ihr los, sie zerstört ihn. Kafkas vieldeutige Parabeln sprechen uns heute ganz besonders an, fühlen wir uns doch häufig auch als „manipulierte" Opfer ohne eigene Entscheidungsfreiheit und -möglichkeit.

Kali

Sie enthielten nämlich neben dem eigentlichen astronomischen Kalendarium auch viele Hinweise, z. B. auf die Fest- und Fasttage des Kirchenjahres, die Jahr- und Viehmärkte, Bauernregeln („Wenn's an Lichtmess stürmt und schneit, ist der Frühling nicht mehr weit") sowie Angaben für die Aussaat oder Gesundheitsregeln.

Daneben brachten die Kalender auch zahlreiche, meist kürzere Berichte und Geschichten. Die Leser erfuhren hier Wichtiges und Staunenswertes aus aller Welt (damals gab es ja weder Radio noch Fernsehen und auch Zeitungen waren sehr selten). Man konnte in den Kalendern traurige und heitere, spannende und belehrende Geschichten lesen, Räuber- und Gespenstergeschichten, historische Erzählungen und nicht selten viele Geschichten aus dem bäuerlichen Alltag. Diese belehrenden, oft unterhaltenden Texte nennt man „Kalendergeschichten".

Bedeutende Erzähler fanden es nicht unter ihrer Würde, für einfache Leser mit häufig nur geringer Schulbildung zu schreiben. Und heute noch gehören Kalendergeschichten von Johann Peter → Hebel, Jeremias Gotthelf oder Peter Rosegger zu den besten deutschen Erzählungen. Kein Wunder, dass gelegentlich auch moderne Schriftsteller wie etwa Bertolt → Brecht solche Kalendergeschichten geschrieben haben, in denen sie versuchten auf einfache, volkstümliche Art zu erzählen.

Ka|li das *arab.*: Kurzwort für Kalium und für Kaliumsalze; **Ka|li|um** das: Dünge- und Ätzmittel, chemisches Element, ein Leichtmetall; *Zeichen* K

Ka|li|ber das *franz.*: 1. innerer Durchmesser eines Rohres oder eines Gewehrlaufes 2. äußerer Durchmesser einer Gewehr- oder Kanonenkugel; mit schwerem Kaliber schießen 3. Messgerät zur Bestimmung eines Durchmessers 4. Sorte, Art; er ist das gleiche Kaliber (ist von der gleichen Art) wie sein Bruder

Ka|lif der *arab.*, die Kalifen: Titel muslimischer Herrscher; der Kalif von Bagdad

Kalk der, des Kalk(e)s; **kal|ken; kalk|hal|tig; kal|kig** kalkiges (kalkhaltiges) Wasser; **kalk|weiß**

Kal|kül das/der *franz.*: Berechnung, Abschätzung, Überlegung; **Kal|ku|la|ti|on** die *lat.*: Kostenermittlung, Kostenschätzung; **kal|ku|la|to|risch:** rechnerisch; **kal|ku|lie|ren** im Voraus berechnen

Ka|lo|rie die *lat.*, die Kalorien: frühere Maßeinheit für die Wärme und den Energiewert von Nahrungsmitteln; *Zeichen* cal; **ka|lo|ri|en|be|wusst**

kalt kälter, am kältesten: kalte Wut erfüllte ihn, das Wetter wird kalt bleiben, *übertragen:* er ist trotz der Beleidigung kaltgeblieben (hat die Ruhe bewahrt); **kalt|blü|tig; Käl|te** die; **kalt lä|chelnd / kalt|lä|chelnd; kalt|schnäu|zig; kalt|stellen** einen Konkurrenten kaltstellen (entmachten), *aber:* der Sekt ist kalt gestellt/kaltgestellt

Ka|lu|met / Ca|lu|met das *franz./lat.*, des/die Kalumets / Calumets: Friedenspfeife der nordamerikanischen Indianer

Kal|vi|nis|mus / Cal|vi|nis|mus der: reformierte evangelische Glaubenslehre, nach dem Schweizer Reformator J. Calvin (1509–1564); **kal|vi|nis|tisch / cal|vi|nis|tisch**

Kal|zi|um (*fachspr.* Calcium) das: chemisches Element, Leichtmetall; *Zeichen* Ca

Kam|bo|dscha oder Kam|bod|scha; **Kam|bo|dscha|ner** oder Kam|bod|scha|ner der; **Kam|bo|dscha|ne|rin** oder Kam|bod|scha|ne|rin die, die Kambodschanerinnen; **kam|bo|dscha|nisch** oder kam|bod|scha|nisch

Ka|mel das *griech.*, die Kamele: Wüstenhuftier; eher geht ein Kamel durchs Nadelöhr (das ist unmöglich)

Ka|me|ra die *lat.*, die Kameras

Ka|me|rad der *franz.* des/die Kameraden; **Ka|me|ra|din** die, die Kameradinnen;

Ka|me|rad|schaft die; **ka|me|rad|schaft|lich; Ka|me|rad|schafts|geist** der

Ka|mil|le die *griech.*, die Kamillen: Heilpflanze; **Ka|mil|len|bad** das

Ka|min der *griech.*, des Kamin(e)s: 1. Schornstein, Rauchabzug 2. schmaler, senkrechter Felsspalt

Kamm der, des Kamm(e)s, die Kämme; **käm|men**

Kam|mer die; **Käm|me|rer** der: Leiter der städtischen Finanzverwaltung; **Kammer|jä|ger** der: jemand, der Ungeziefer in Häusern vernichtet; **Kam|mer|or|chester** das: kleines Orchester; **Kammerspiel** das: kleines Theater

Kam|pa|gne / Cam|pa|gne oder Kampag|ne / Cam|pag|ne [kampanje] die *franz.*, die Kampagnen / Campagnen: Aktion von Leuten mit einem gemeinsamen Ziel, z. B. eine Kampagne gegen Tierversuche, die Wahlkampagne

Kampf der, des Kampf(e)s, die Kämpfe; **kämp|fen; Kämp|fer** der; **Kämp|fe|rin** die; **kämp|fe|risch** am kämpferischsten; **kampf|un|fä|hig**

kam|pie|ren *lat.*: die Pfadfinder kampierten auf freiem Feld (schlugen dort ihr Lager auf), er musste auf dem Sofa kampieren (*ugs.* übernachten)

Ka|na|di|er der: 1. Bewohner von Kanada 2. offenes, mehrsitziges Paddelboot

Ka|nal der, die Kanäle; **Ka|na|li|sa|ti|on** die: unterirdisches System von Kanälen; **ka|na|li|sie|ren**

Ka|nail|le / Ca|nail|le [kanalje] die *franz.*: Gesindel, Schurke

Ka|na|pee (*österr.* Kanape) das *franz.*, des/die Kanapees: 1. Sofa 2. pikant belegte Weißbrotscheibe

Ka|na|ri|en|vo|gel der: Vogel, der ursprünglich auf den Kanarischen Inseln beheimatet war

Kan|da|re die *ungar.*: Gebissstange am Pferdezaum

Kan|de|la|ber der: mehrarmiger Kerzenständer, Laternenständer

Kan|di|dat der *lat.*, des/die Kandidaten: Anwärter, Bewerber, Prüfling; **Kan|di|da|tin** der; **Kan|di|da|tur** die; **kan|di|die|ren**

kan|die|ren *arab.*: mit Zuckerlösung überziehen; **Kan|dis / Kan|dis|zu|cker** der: große Rohrzuckerkristalle

Kän|gu|ru das *austral.*: ein Beuteltier

Ka|nin|chen das

Ka|nis|ter der *ital.*: tragbarer Behälter, z. B. Benzinkanister

Kan|ne die

Kan|ni|ba|le der *span.*, des/die Kannibalen: Menschenfresser

Ka|non der *lat.*, des/die Kanons: 1. Rechtsbestimmung, Gesamtheit von Regeln für ein bestimmtes Gebiet 2. traditionelles Gebet während der katholischen Messe 3. mehrstimmiger Gesang, bei dem die Stimmen nacheinander mit der gleichen Melodie einsetzen

Ka|no|ne die *ital.*: Geschoss, *ugs. für* Pistole

Kan|ta|te die *lat.*, die Kantaten: mehrteiliges Musikstück für Singstimme, Chor und Instrumente; **Kan|tor** der *lat.*, des Kantors, die Kantoren: Organist und Kirchenchorleiter, **Kan|to|rin** die

Kan|te die: etwas auf der hohen Kante (Geld gespart) haben; **kan|tig**

Kan|ti|ne die *franz.*, die Kantinen: Speisesaal in Großbetrieben und Kasernen

Kan|ton der/das *franz./schweiz.*, die Kantone: 1. Bundesland der Schweiz 2. Bezirk in Frankreich und Belgien

Kan|ton südchinesische Stadt

Ka|nu das *karib.*, des/die Kanus: Paddelboot, Sammelbegriff für → Kajak und → Kanadier; **Ka|nu|te** der, des/die Kanuten: Kanufahrer

Ka|nü|le die *franz.*: Röhrchen, Hohlnadel der Injektionsspritze

Kan|zel die *lat.*: erhöhte Plattform, Rednerpult, Felsvorsprung; **Kanz|lei** die: Büro eines Anwalts/Notars, einer Anwältin/Notarin; **Kanz|ler** der: der Bundeskanzler; **Kanz|le|rin** die

Kap das *niederl.*, des Kaps: vorspringender Teil einer Felsküste, Vorgebirge; Kap der Guten Hoffnung

Kapazität

Ka|pa|zi|tät die *lat.*: 1. Fassungskraft, Aufnahmevermögen, Produktionsumfang 2. bedeutender Experte; eine medizinische Kapazität

Ka|pel|le die *lat.*: 1. kleines Gotteshaus 2. Musikergruppe, kleines Orchester

ka|pern ein Schiff erbeuten

ka|pie|ren hast du das jetzt kapiert (*ugs.* verstanden)?

Ka|pil|la|re die *lat.*, die Kapillaren: 1. feinste Verästelung von Blutgefäßen, Haargefäß 2. Glasröhrchen zu Versuchszwecken

ka|pi|tal *lat.*: gewaltig, sehr groß; ein Hirsch mit einem kapitalen Geweih

Ka|pi|tal das, die Kapitale/Kapitalien: Vermögen an Bargeld und Sachwerten; **Ka|pi|tal|er|hö|hung** die; **Ka|pi|tal|er|trag(s)|steu|er** die; **Ka|pi|tal|markt** der: Wertpapierbörse; **Ka|pi|tal|ver|bre|chen** das: besonders schwere Straftat, z. B. Mord

Ka|pi|tän der *ital.*, die Kapitäne: Führer eines Flugzeugs, Schiffes oder einer Mannschaft; **Ka|pi|tä|nin** die

Ka|pi|tel das *lat.*: Textabschnitt; das ist ein Kapitel für sich (eine besondere Sache)

Ka|pi|tell das *lat.*, die Kapitelle: oberer Abschluss eines Pfeilers/einer Säule

Ka|pi|tu|la|ti|on die *lat.*: Nachgeben, Unterwerfung; **ka|pi|tu|lie|ren**

Kap|lan *oder* Ka|plan der *lat.*, des Kaplan(e)s, die Kapläne: Hilfsgeistlicher

Kap|pe die *lat.*, Kopfbedeckung

kap|pen ein Seil kappen (abschneiden)

Ka|pri|o|le *oder* Kap|ri|o|le die *ital.*, die Kapriolen: Kapriolen schlagen (drollige Luftsprünge machen), Kapriolen des Wetters (sehr wechselhaftes Wetter)

ka|pri|zi|ös *oder* kap|ri|zi|ös *franz.*: sie war ein kapriziöses (eigenwilliges) Wesen

Kap|sel die *lat.*: kleiner Behälter

ka|putt *franz.*; **ka|putt|ge|hen** (→ gehen); **ka|putt|la|chen** sich; **ka|putt ma|chen/ ka|putt|ma|chen; ka|putt schla|gen / ka|putt|schla|gen** (→ schlagen)

Ka|pu|ze die *ital.*, die Kapuzen: am Mantel oder an der Jacke befestigte Kopfbedeckung

Ka|ra|bi|ner der *franz.*: kurzläufiges Gewehr

Ka|raf|fe die *franz.*, die Karaffen: bauchiges Glasgefäß mit Glasstöpsel

Ka|ra|mell der *franz.*: durch Erhitzen gebräunter Zucker; **Ka|ra|mel|le** die: Bonbon aus Sahne und Karamell; **ka|ra|mel|li|sie|ren**

Ka|ra|o|ke das *jap.*: Veranstaltung, bei der Laien Schlagertexte singen

Ka|rat das *arab.*: Gewichtsmaß für Edelsteine (1 k = 0,2 g), Maß für den Goldfeingehalt (24 k = 100 % Gold)

Ka|ra|te das *jap.*: Art der Selbstverteidigung ohne Waffe; **Ka|ra|te|ka** der/die: jemand, der Karate betreibt; **Ka|ra|te|kämp|fer** der

Ka|ra|wa|ne die *pers.*, die Karawanen: Händler- oder Reisegesellschaft in orientalischen Ländern; **Ka|ra|wan|se|rei** die: Raststätte für Karawanen

Kar|bon das: Steinkohlenzeit; **Kar|bo|nat** (*fachspr.* Carbonat) das: Salz der Kohlensäure

Kar|bo|na|de die *franz.*: Kotelett

Kar|di|nal der, die Kardinäle: höchster katholischer Würdenträger nach dem Papst

Kar|dio|gramm das *griech.*, die Kardiogramme: 1. grafische Aufzeichnung der Herzbewegungen 2. Elektrokardiogramm

Ka|renz die *lat.*, die Karenzen: Zeit der Enthaltsamkeit, Entbehrung, Verzicht

Kar|frei|tag der: Freitag vor Ostern; **Kar|wo|che** die: die Woche vor Ostern

Kar|fun|kel der: roter Edelstein, Granat

karg karger/kärger, am kargsten / kärgsten: gering, ärmlich, sparsam; **kärg|lich**

ka|riert eine karierte Bluse; **Ka|ro** das *franz.*: Viereck

Ka|ri|es die *lat.*: Zahnfraß, Zahnfäule; **ka|ri|ös** morsch, angefault

Ka|ri|ka|tur die *ital.*, die Karikaturen: Spottzeichnung, übertriebene, verzerrte und lächerlich machende Darstellung; **Ka|ri|ka|tu|rist** der, des/die Karikaturisten; **Ka|ri|ka|tu|ris|tin** die; **ka|ri|kie|ren**

ka|ri|ta|tiv mildtätig (*aber:* Ca|ri|tas)

Kar|ne|val der *ital.*: Fastnachtszeit; **Kar|ne|va|list** der; **Kar|ne|va|lis|tin** die

Kar|ni|ckel das: Kaninchen

Ka|ros|se die *franz.*, die Karossen: Prunkwagen; **Ka|ros|se|rie** die, die Karosserien: Aufbau von Autos

Ka|rot|te die *niederl.*: Mohrrübenart

Karp|fen der

Kar|re die; **Kar|ren** der: jemandem an den Karren fahren (seine Absichten durchkreuzen)

Kar|ree das *franz.*, des/die Karrees: 1. Geviert, Viereck; ums Karree gehen (*ugs.* um den Wohnblock) 2. *österr.* Rippenstück vom Kalb oder Schwein 3. Diamantenschliff

Kar|ri|e|re [kariäre] die *franz.*, die Karrieren: beruflicher Aufstieg, glänzende Laufbahn

Karst der: 1. zweizinkige Hacke 2. vom Wasser ausgehöhltes Kalksteingebirge

Kar|te die: die letzte Karte (Möglichkeit) ausspielen, der Spieler bekam die Rote Karte (wurde wegen Unsportlichkeit vom Feld gewiesen); **Kar|tei** die, die Karteien: Zettelkasten, Sammlung von Karten, die nach einem bestimmten Prinzip geordnet sind

Kar|tell das *franz.*, die Kartelle: Zusammenschluss selbstständiger Unternehmen mit gleicher Produktion zum Zwecke der Marktbeherrschung; **Kar|tell|ge|setz** das: Gesetz gegen Wettbewerbsbeschränkungen

Kar|tof|fel die: Erdapfel

Kar|ton der *franz.*, die Kartons: steifes Papier, Pappschachtel; **kar|to|nie|ren** mit einem Pappeinband versehen

Ka|rus|sell das *franz.*, die Karussells/Karusselle

Ka|sa|che der; **Ka|sa|chin** die, die Kasachinnen; **ka|sa|chisch**; **Ka|sach|stan** *oder* Ka|sachs|tan

Kä|scher / Ke|scher der: ein um einen Ring gespanntes Netz mit Griff zum Fangen von Fischen oder Schmetterlingen

ka|schie|ren *franz.*: verhüllen, verschleiern; **Ka|schie|rung** die

Kasch|mir Landschaft in Vorderindien

Kasch|mir der: weiches Wollgewebe

Kaschnitz Marie Luise ▶ S. 206

Kä|se der *lat.*; **kä|sig** blass, gelblich

Ka|se|mat|te die *franz.*: Raum in einer Festung oder auf einem Kriegsschiff, der durch starke Mauern gegen feindlichen Beschuss geschützt ist

Ka|ser|ne die *franz.*: Dauerunterkunft für Soldaten

Ka|si|no das *ital.*, die Kasinos: Speiseraum, Raum für Geselligkeiten, Klub, z. B. Spielkasino

Kas|ka|de die *franz.*: stufenförmiger Wasserfall

Kas|ko|ver|si|che|rung die, *Abk.* Kasko: Autoversicherung gegen selbst verschuldete Schäden

Kas|per der; **Kas|per|(le)|the|a|ter** das

Kas|se die *ital.*; **kas|sie|ren**; **Kas|sie|rer** der; **Kas|sie|re|rin** die

Kas|se|rol|le die *franz.*: flacher Schmortopf mit Stiel oder Henkeln

Kas|set|te die *franz.*: kleiner Kasten, Schutzhülle für Bücher oder Platten, Tonband in Kunststoffgehäuse; **Kas|set|ten|re|kor|der** der: tragbares Tonbandgerät

Kas|ta|nie die *griech.*; **kas|ta|ni|en|braun**

Kas|te die *franz.*, die Kasten: Gesellschaftsschicht mit besonderen Sitten und Regeln (z. B. im Hinduismus) oder (abwertend) von übertriebenem Standesbewusstsein; die Kaste der Ärzte

kas|tei|en sich: enthaltsam leben, durch selbst auferlegte Schmerzen büßen

Marie Luise Kaschnitz

geb. am 31. 1. 1901 in Karlsruhe
gest. am 10. 10. 1974 in Rom

*Gedichte (z. B. Hiroshima,
  Die Katze, Genazzano)
Das dicke Kind (Erzählung, 1952)
Popp und Mingel (Erzählung, 1960)
Der alte Garten
  (Erzählung, 1940/1975)*

Marie Luise Kaschnitz ist eine besondere Schriftstellerin unseres Jahrhunderts. Viele ihrer Texte sind bereits Lesebuchklassiker geworden. Sie fing erst spät zu schreiben an, in Rom, wo ihr Mann bis 1932 am Archäologischen Institut arbeitete. Eines ihrer schönsten Werke – viele sagen: ihr schönstes – erschien nach ihrem eigenen Wunsch erst nach ihrem Tod: *Der alte Garten* mit dem Untertitel „Ein modernes Märchen". *Der alte Garten* ist voller Geheimnisse, ein Rest Natur inmitten der betriebsamen, zugepflasterten und zubetonierten Stadt, eine Zufluchtsstätte für Kinder, die sich aus der hektischen Welt hierherflüchten: Zaubermärchenroman für Jugendliche und Erwachsene. Marie Luise Kaschnitz hatte ihn 1940 im Krieg entworfen, als man von Dichtern wie von jedem anderen „Volksgenossen" erwartete, dass ihre Arbeit helfen solle, den Krieg zu gewinnen. Nach 1945 war sie unter den Ersten, die auf neue Bedrohungen aufmerksam machten, Botschaften an ihre Zeitgenossen weitergaben, damit alle wachsam blieben. Schon 1955, als ihre wichtigsten Werke noch gar nicht geschrieben waren, erhielt sie als erste Frau den Georg-Büchner-Preis, den angesehensten Literaturpreis der Bundesrepublik Deutschland.
Schon geschrieben hatte sie damals *Das dicke Kind*, das in fast allen Lesebüchern und Kurzgeschichtensammlungen zu finden ist. Der Text gibt die Auseinandersetzung der Dichterin mit ihrer eigenen Kindheit wieder. Und in vielen ihrer anderen Texte wird sichtbar, wie ernst sie Kinder als zukünftige Erwachsene nimmt. In einem ihrer wichtigsten Hörspiele, *Wer fürchtet sich vorm schwarzen Mann*?, ist die Hauptfigur ein einsamer, ausgestoßener Junge. Er tritt nie auf; man hört nur sein hilfloses Klavierspiel. Und welches Schulkind erkennt sich nicht wieder in dem Text *Rennen und trödeln* aus der Sammlung „Atlas" von 1965? Ahnungslose Kinder sind es auch, die mit ihrem Vater spielen, dem Mann, der die erste Atombombe auf *Hiroshima* abgeworfen hat, wie aus den wenigen Zeilen des gleichnamigen Gedichts herauszulesen ist.

Kas|tẹll das *lat.*, die Kastelle: Burg, Festung
Kas|ten der, die Kästen

Kästner Erich ▶ S. 208

Ka|sus der *lat.*, die Kasus: der Fall. Die Fälle – es gibt im Deutschen vier – machen die Beziehungen zwischen den Teilen eines Satzes klar. (Vielleicht siehst du einmal bei → Artikel nach.)
Die vier Fälle sind:
1. Fall = Nominativ (Wer-Fall),
2. Fall = Genitiv (Wes-Fall),
3. Fall = Dativ (Wem-Fall),
4. Fall = Akkusativ (Wen-Fall).
Ein Wort in verschiedene Fälle setzen nennt man *deklinieren* (→ Deklination) und dekliniert werden kann jedes → Nomen. Um die Fälle zu bestimmen, gibt es mehrere Möglichkeiten: Oft erkennt man den Fall am Artikel oder an der Form des Wortes, manchmal auch an der Endung. (Allerdings haben Substantive im Deutschen kaum Endungen, manchmal noch im Genitiv Singular ein „s" oder im Dativ Plural ein „n".)
Wir bestimmen die Fälle an einem Beispiel: „Der Cowboy bezahlt Joe einen Whiskey, bringt dem Pferd Wasser und führt es in den Stall."
„Der Cowboy" ist Nominativ wegen des Artikels „der"; „einen Whiskey" ist Akkusativ, zu erkennen an „einen"; „dem Pferd" ist Dativ, zu erkennen am Artikel „dem".
Wie steht es aber mit „Joe", „Wasser" und „es"? Da gibt es einen Trick (der natürlich auch bei eindeutigen Formen funktioniert). Man lässt das Wort weg, für das man sich interessiert, und fragt dann danach: *Wem* bezahlt er einen Whiskey? *Wen oder was* führt er in den Stall? Auf die Frage *wem?* antwortet der Dativ, auf die Frage *wen?* der Akkusativ. „Joe" steht also im Dativ, das „Wasser" und „es" stehen im Akkusativ.
Die verschiedenen Fälle haben verschiedene Aufgaben:
1. Der *Nominativ* ist die Grundform des Nomens, er ist der Fall des → Subjekts (→ Satzglied). Man kann es auch umgekehrt sagen: Was im Nominativ steht, ist Subjekt; allenfalls kann es noch Prädikatsnomen sein (→ Prädikat).
2. Der *Genitiv* antwortet auf die Frage *wessen?* und bezeichnet dann ein Objekt, einen Besitz oder eine Zugehörigkeit. „Die Bücher meines Bruders möchte ich auch gerne lesen." (Der Bruder besitzt Bücher.) „Das Dach des Hauses lässt den Regen durch." (Hier geht es weniger um Besitz, eher um eine Zugehörigkeit.) Und in dem Satz „Sie erinnerten sich längst vergangener Zeiten" sind die vergangenen Zeiten ein Genitivobjekt.
Der Genitiv antwortet aber auch auf andere Fragen: *„Wann* werden alle Menschen die Grammatik vollständig beherrschen?" – „Eines Tages wird es so weit sein." – „Ein Bild dieser Größe hat hier gerade noch Platz." – *„Was für ein* Bild?"
Schließlich steht der Genitiv auch noch nach den Präpositionen *wegen* und *trotz:* „Wegen des Regens bleiben wir zu Hause, und das trotz des Fußballspiels."
Der Genitiv hat es schwer, er stirbt nämlich aus; in der Umgangssprache ist es fast schon so weit. Man erinnert sich heute nicht mehr des Genitivs, sondern an den Genitiv. Und die meisten Leute verwenden auch bei „trotz" und „wegen" den Dativ. Zugehörigkeit oder Besitz wird oft mit „von" umschrieben: Im Fernsehen hörst du sicher, dass die Reise von Präsident Meier – statt des Präsidenten Meier – kein Erfolg war.
3. Der *Dativ* ist etwas einfacher: Er steht nach bestimmten Verben und Adjektiven: „Ich helfe dir gerne, es ist mir aber unmöglich, dir hilfreich zu sein, wenn du mir befehlen willst; dann kündige ich dir die Freundschaft auf." Im letzten Teil des Satzes kommt das Verb „aufkündigen" vor. Es hat einen Dativ (dir) und einen Akkusativ (Freundschaft) bei sich. Der Dativ zeigt hier, wer etwas von der Handlung des

Erich Kästner

Erich Kästner

geb. am 23. 2. 1899 in Dresden
gest. am 29. 7. 1974 in München

Gedichte
Kinderbücher:
Emil und die Detektive (1929)
Pünktchen und Anton (1931)
Das fliegende Klassenzimmer (1933)
Das doppelte Lottchen (1949)
Die Konferenz der Tiere (1949)

Emil und die Detektive kennt bei uns wohl fast jedes Kind – und mit dieser spannenden Erzählung auch den Namen ihres Verfassers. Erich Kästner besuchte nach der Volksschule in seiner Geburtsstadt Dresden ein Lehrerseminar. 1917 wurde Kästner zum Militär eingezogen und nach dem Ende des Ersten Weltkrieges holte er mit 20 Jahren sein Abitur nach. Ein Stipendium erlaubte ihm den Besuch der Universität Leipzig, wo er Germanistik und Zeitungswissenschaft studierte und 1925 den Doktortitel erlangte. Zwei Jahre später übersiedelte er nach Berlin und verdiente sich hier seinen Lebensunterhalt als freier Mitarbeiter verschiedener Zeitungen. 1929 brachte ihm dann der „Emil", sein erstes Kinderbuch, einen überraschend großen Erfolg.
Bis 1933 schrieb Kästner noch mehrere Kinderbücher, aber auch Romane und Gedichte für Erwachsene. Seine offene, kritische Art, mit der er sich für Demokratie und Frieden einsetzte, passte den Nationalsozialisten nicht. Und so wurden seine Werke 1933 öffentlich verbrannt. Er blieb zwar in Berlin, seine Bücher erschienen aber nur noch in der Schweiz. Und schließlich erhielt er 1942 Schreibverbot. Nach Kriegsende übersiedelte Erich Kästner nach München. Dort übernahm er eine leitende Stelle bei einer von den Amerikanern herausgegebenen deutschen Tageszeitung und gab eine Jugendzeitschrift heraus, „Der Pinguin". Er schrieb jetzt Theaterstücke und auch wieder Gedichte und erfolgreiche Kinderbücher wie *Das doppelte Lottchen.*
Nun endlich fand er auch die lange verwehrte Anerkennung und erhielt eine Reihe bedeutender Literaturpreise, darunter 1957 den Georg-Büchner-Preis. Anfang der 60er Jahre erkrankte Kästner und zog sich mehr und mehr vom öffentlichen Leben zurück. Er starb 1974 in München. Der Erich-Kästner-Turm in der Blutenburg in München, dem Sitz der Internationalen Jugendbibliothek, soll an seine bleibenden Verdienste vor allem für die Kinder- und Jugendliteratur erinnern.

Satzes hat oder nicht hat, wer davon betroffen ist. In dieser Bedeutung kann man in vielen Sätzen einen Dativ unterbringen: „Ich baue dir ein Haus." – „Er hat uns den Kopf gewaschen."
Auch bei einigen Präpositionen steht der Dativ: „Der Hund kommt zu mir. Er bleibt bei mir und geht mit mir." Beim Dativ muss man noch auf Folgendes achten: Er steht bei einigen Präpositionen nur auf die Frage Wo?: „Wo gibt es ein Gespenst?" – „Im Haus." – „Wo sitzt es?" – „Unter dem Tisch." – „Wo steht es manchmal?" – „Vor dem Kamin." (Auf die Frage Wohin? steht der Akkusativ: „Wohin flüchtet das Gespenst?" – „Ins Haus." – „Wohin verkriecht es sich?" – „Unter den Tisch." – „Wohin stellt es sich?" – „Vor den Kamin.").

4. Der Akkusativ ist neben dem Nominativ der häufigste Fall. Er steht als Objekt nach sehr vielen Verben und bezeichnet das, worauf sich die Handlung richtet, oder das, was durch die Handlung hervorgebracht wird: „Ich baue das Zelt auf." – „Ich baue aus alten Tüchern ein Zelt." Bei Verben wie „nennen" oder „lehren" stehen sogar zwei Akkusative: „Er nannte mich einen alten Fuchs, denn ich hatte ihn viele Tricks gelehrt."
Natürlich gibt es auch Präpositionen mit Akkusativ: „Gegen einen Tiger zu stoßen ist nicht empfehlenswert, wenn man durch den Urwald geht, besonders wenn man das ohne Begleiter tut."
Auch bei Adverbialen auf die Frage Wann? und bei Angaben über Größe, Entfernung, Wert steht der Akkusativ: „Das Fahrrad, das ich letzten Freitag kaufte, funktionierte nur einen Tag, obwohl ich nur einen Kilometer damit fuhr. Dabei hat es einen schönen Batzen Geld gekostet."
(Zur Abrundung deines Wissens über den Akkusativ: Verben, nach denen ein Akkusativ steht oder stehen kann, heißen transitiv oder zielend, alle anderen intransitiv oder nichtzielend.)

Ka|ta|kom|be die *ital.*, die Katakomben: unterirdische Bestattungsanlage der ersten Christen, besonders in Rom

Ka|ta|log der *griech.*, die Kataloge: Verzeichnis; **ka|ta|lo|gi|sie|ren** zusammenfassen, in ein Verzeichnis aufnehmen

Ka|ta|ly|sa|tor der *griech.*, die Katalysatoren: 1. Rußfilter an Kraftfahrzeugen 2. Stoff, der eine chemische Reaktion beschleunigt

Ka|ta|ma|ran der/das *tamil.*, die Katamarane: schnelles Segelboot mit Doppelrumpf

Ka|ta|pult das/der *griech.*, die Katapulte: antike Wurfmaschine, Startvorrichtung für Flugzeuge; **ka|ta|pul|tie|ren** schleudern

Ka|ta|rakt der *lat.*, die Katarakte: Wasserfall, Stromschnelle

Ka|tarr / Ka|tarrh der *griech.*, des Katarr(e)s, die Katarre: Schleimhautentzündung (besonders der Atmungsorgane), Schnupfen

Ka|tas|ter der/das *ital.*: amtliches Verzeichnis der Grundstücke

ka|ta|stro|phal oder ka|tas|tro|phal *griech.*, am katastrophalsten: verhängnisvoll, fürchterlich; **Ka|ta|stro|phe** oder Ka|tas|tro|phe die: Verhängnis, Unheil

Ka|te die: einfaches, bescheidenes Häuschen, meist mit Strohdach

Ka|te|chis|mus der *griech.*: Leitfaden für den christlichen Religionsunterricht

Ka|te|go|rie die *griech.*: Grundbegriff, Klasse, Begriffsgruppe; **ka|te|go|risch** er stritt es kategorisch (nachdrücklich, entschieden) ab

Ka|the|der das/der *lat.*: Podium, Lehrerpult

Ka|the|dra|le *oder* **Ka|thed|ra|le** die *griech.*, die Kathedralen: Dom, bischöfliche Kirche

Ka|the|te die *lat.*: senkrechte Linie, die Seiten eines rechtwinkligen Dreiecks, die den 90°-Winkel einschließen

Ka|the|ter der *lat.*: Glas- oder Kunststoffröhrchen zum Entnehmen von Körperflüssigkeiten, z. B. aus der Harnblase; einen Katheter anlegen

Ka|tho|de (*fachspr.* Katode) die *griech.*: negative Elektrode; *Ggs.* Anode

Ka|tho|lik der *griech.*, des/die Katholiken; **Ka|tho|li|kin** die; **ka|tho|lisch**; **Ka|tho|li|zis|mus** der

katz|bu|ckeln er hat gekatzbuckelt (sich unterwürfig gezeigt); **Kat|ze** die; **Kat|zen|jam|mer** der: Niedergeschlagenheit nach einem Misserfolg

Kau|der|welsch das: sie sprach ein Kauderwelsch (Gemisch) aus Deutsch und Spanisch

kau|en Kaugummi kauen, nervös an den Fingernägeln kauen, sie kaut an einem Problem (denkt intensiv nach)

kau|ern hocken

Kauf der, des Kauf(e)s, die Käufe; **kau|fen**; **Käu|fer** der; **Käu|fe|rin** die; **Kauf|frau** die; **Kauf|haus** das; **kauf|kräf|tig**; **käuf|lich**; **Kauf|mann** der; **kauf|män|nisch**

Kaul|quap|pe die: schwarze kugelige Froschlarve mit einem Schwänzchen, das sich beim Heranwachsen zum Frosch zurückentwickelt

kaum kaum (fast nicht) zu glauben

kau|sal *lat.*: ursächlich; ein kausaler Zusammenhang

Kau|ti|on die *lat.*: Bürgschaft; er musste für die Wohnung ein Kaution stellen

Kaut|schuk *oder* **Kau|tschuk** der *indian.*: eingedickter milchiger Saft einiger tropischer Bäume, Rohstoff für Gummi

Kauz der, des Kauzes, die Käuze: 1. kleine Eule 2. Eigenbrötler, Sonderling

Ka|va|lier der *franz.*, die Kavaliere: ritterlicher, höflicher Mann; **Ka|va|liers|de|likt** das: strafbare Tat, die als nicht schlimm betrachtet wird

Ka|val|le|rie die *franz.*: berittene Truppe

Ka|vi|ar der *türk.*: konservierter Rogen einiger Störarten

Ke|bab der *türk.*: orientalisches Gericht aus gegrillten Hammelfleischstücken

keck am kecksten: unbekümmert

Ke|gel der: geometrische Figur, flaschenförmige Spielfigur des Kegelspiels; **kegeln** Kegel schieben

Keh|le die: die Angst schnürte ihm die Kehle zu, aus voller Kehle (laut) singen

Kehr|aus der: Schluss, letzter Tanz einer Veranstaltung; **Keh|re** die: Wendung; **keh|ren** er saß in sich gekehrt (versunken) in der Ecke, den Hinterhof kehren (fegen), das Gesicht zur Sonne kehren (drehen); **Keh|richt** der: Abfall, Schmutz; das geht dich einen feuchten Kehricht (*ugs.* gar nichts) an; **Kehr|sei|te** die; **kehrt|ma|chen** umkehren

kei|fen mit sich überschlagender Stimme schimpfen

Keil der, des Keil(e)s; **Kei|le** die: Prügel; **kei|len** sich: sich prügeln; **Kei|ler** der: männliches Wildschwein; **Kei|le|rei** die: Rauferei

Keim der, des Keim(e)s; **Keim|drü|se** die: Geschlechtsdrüse wie Hoden oder Eierstock, in der sich die Keimzellen entwickeln; **kei|men, keim|frei** eine Spritze keimfrei (steril) machen; **Keim|ling** der; **Keim|zel|le** die

kein keinen Schlaf finden, kein Einziger, ich habe keine Lust; **kei|ner|lei**; **kei|nes|falls**; **kei|nes|wegs**; **kein|mal** einmal ist keinmal

Keks der *engl.*, des Kekses, die Kekse: Kleingebäck

Kelch der, des Kelch(e)s, die Kelche: den bitteren Kelch bis zur Neige leeren müssen (alles durchstehen müssen, was man an Not und Leid erdenken kann), der Kelch ist an ihm vorübergegangen (ein drohendes Schicksal konnte abgewendet werden); **kelch|för|mig; Kelch|glas** das

Kel|le die: 1. Schöpfgerät 2. Maurerwerkzeug 3. Signalzeichen der Polizei

Kel|ler der; **Kel|le|rei** die: Weinkellerei

Keller Gottfried ▶ S. 212

Kell|ner der; **Kell|ne|rin** die
Kel|ter die: Obstpresse; **kel|tern**
Ke|me|na|te die: Frauengemach mit Kamin in Burgen des Mittelalters
ken|nen du kennst, er kannte, gekannt, er kennte; **ken|nen ler|nen/ken|nen|ler|nen** du lernst ihn kennen; **Ken|ner** der; **Kenn|num|mer** die; **kennt|lich; Kennt|nis** die, die Kenntnisse; **Kenn|zei|chen** das; **kenn|zeich|nen** du kennzeichnest
ken|tern der Sturm ließ das Boot kentern (umschlagen)
Ke|ra|mik die griech., die Keramiken: Gegenstände aus gebranntem Ton
Ker|be die: in die gleiche Kerbe hauen (die gleiche oder eine ähnliche Ansicht vertreten); **Kerb|tier** das: Insekt
Ker|ker der lat.: im Kerker (Gefängnis) schmachten
Kerl der, des Kerls, die Kerle
Kern der, des Kern(e)s, die Kerne: es steckt ein guter Kern (Charakter) in ihm; **Kern|ener|gie** die; **Kern|fu|si|on** die: Verschmelzung von Atomkernen; **kern|ge|sund; ker|nig; Kern|kraft** die; **Kern|kraft|werk** das, Abk. KKW; **Kern|obst** das; **Kern|re|ak|tor** der; **Kern|schat|ten** der, vgl. Abb. S. 348; **Kern|sei|fe** die
Ke|ro|sin das griech.: Petroleum, Flugzeugtreibstoff
Ker|ze die; **ker|zen|ge|ra|de / ker|zen|gra|de** sie saß kerzengerade am Tisch
Ke|scher → **Kä|scher** der
kess kesser, am kessesten: eine kesse (witzig-freche) Antwort; **Kess|heit** die
Kes|sel der
Ket|schup / Ket|chup [kätschap] der/das engl.: süßsauer gewürzte Tomatensoße
Ket|te die; **Ket|ten|re|ak|ti|on** die: 1. physikalischer oder chemischer Vorgang, der sich nach Einleitung kettenartig von selbst fortsetzt, z. B. bei der Kernspaltung 2. Folge von Ereignissen, die durch ein gleichartiges Ereignis ausgelöst wird
Ket|zer der griech.: Irrgläubiger, Abtrünniger; **Ket|ze|rei** die; **Ket|ze|rin** die; **ket|ze|risch**
keu|chen du keuchst; **Keuch|hus|ten** der: Infektionskrankheit von Kindern
Keu|le die
keusch sexuell enthaltsam, sittsam, rein; **Keusch|heit** die
Key|board [kibord] das engl., die Keyboards: elektronisches Tasteninstrument
Kfz. Abk. für Kraftfahrzeug
Kha|ki das engl.: braungelbliche Farbe; **Kha|ki** der: erdfarbener Stoff für Uniformen oder Tropenkleidung
Kib|buz der hebr., die Kibbuze: ländliche Siedlung mit Wirtschafts- und Wohnkollektiv in Israel; in einem Kibbuz leben
ki|chern
Kick|board [kikbord] das engl.: meist mit einer Hand lenkbarer Tretroller; **ki|cken** du kickst: Fußball spielen
kid|nap|pen [kidnäpen] engl.: entführen; **Kid|nap|per** der; **Kids** die: ugs. für Kinder, Jugendliche
Kie|fer der, des Kiefers, die Kiefer: Schädelknochen mit Zähnen
Kie|fer die, der Kiefer, die Kiefern: Nadelbaum; **Kie|fern|wald** der
Kiel der: 1. Schaft der Vogelfeder 2. unterster Längsteil des Schiffsbodens; **kiel|oben** umgedreht
Kie|me die, die Kiemen: Atmungsorgan von vielen Wassertieren
Kie|pe die, die Kiepen: auf dem Rücken getragener Korb
Kies der, die Kiese: kleine Steine; **Kie|sel** der: kleiner, runder Stein
kil|len engl.: er wurde gekillt (kaltblütig umgebracht)
kil|len (seemänn.) im Wind flattern
Ki|lo das griech., des/die Kilos: Vorsilbe mit der Bedeutung von „tausend", auch Kurzwort für Kilogramm; **Ki|lo|gramm** das: Gewichtseinheit, Abk. kg; **Ki|lo-**

Gottfried Keller

Gottfried Keller

geb. am 19. 7. 1819 in Zürich
gest. am 15. 7. 1890 in Zürich

Gedichte (z. B. Abendlied, Winternacht)
Der grüne Heinrich (Roman, 1854)
Die Leute von Seldwyla (Erzählungen, 1856)
Züricher Novellen (Novellen, 1878)
Martin Salander (Roman, 1886)

„Wer eine neue Welt schaffen will als Dichter, muss die alte vorher bitter an sich selbst erlitten haben", sagte Keller. Als er fünf Jahre alt war, starb sein Vater. Die Mutter musste sich mit zwei Kindern hart einschränken. Dann wurde Gottfried auch noch aus der Schule geworfen; man verdächtigte ihn als Rädelsführer bei einem Aufstand gegen einen unbeliebten Lehrer. Nun wollte Gottfried Maler werden und zog nach München auf die Akademie. Die Mutter schickte ihm ihr letztes Geld. Er vergeudete alles, verkaufte schließlich seine Bilder für einen Spottpreis an einen Trödler, malte Fahnenstangen in den bayerischen Farben weißblau an und gab endlich auf. Nach Hause zurückgekehrt, plante er „einen traurigen, kleinen Roman" über sein verpfuschtes Leben zu schreiben; später wurde daraus ein großer Erfolg: *Der grüne Heinrich*. Zunächst aber fanden seine Gedichte Beachtung. Von der Stadt Zürich erhielt er ein Stipendium für ein Studium in Deutschland. Zuerst ging er nach Heidelberg, später nach Berlin. Er wollte alle Wissenslücken auffüllen und Theaterstücke schreiben. Doch Keller wurde kein „Dramatiker", sondern einer der größten Erzähler deutscher Sprache.

In den Erzählungen, die unter dem Titel *Die Leute von Seldwyla* zusammengefasst sind, einem Schweizer Ort, der überall und nirgends liegt, beschreibt er Menschen mit all ihren Licht- und Schattenseiten – zum Beispiel in *Pankraz der Schmoller*, *Romeo und Julia auf dem Dorfe* oder *Kleider machen Leute*. Die Stadt Zürich ernannte ihn nach seiner Rückkehr zum „Ersten Staatsschreiber". Gewissenhaft verwaltete er dieses Amt 15 Jahre lang und hatte nun genügend Geld, um für den Rest seines Lebens ohne Sorgen zu schreiben oder, wie er sagte, „sein Heu unter Dach zu bringen". Aus den *Züricher Novellen* ist vor allem *Das Fähnlein der sieben Aufrechten* bekannt. Im Roman *Martin Salander* kritisiert er die Profitgier der Industriegesellschaft. Wie sehr man ihn liebte und schätzte, zeigte sein „Staatsbegräbnis": Tausende säumten die Straßen.

hertz das: Maßeinheit der Wellenfrequenz, *Abk.* kHz; **Ki|lo|joule** [kilo*schu*l *oder* -*dschau*l] die: tausend → Joule, *Abk.* kJ; **Ki|lo|ka|lo|rie** die: tausend → Kalorien, *Abk.* kcal; **Ki|lo|me|ter** der: Längenmaß, *Abk.* km; **Ki|lo|pond** das: frühere Maßeinheit der Kraft, *Abk.* kp; **Ki|lo|watt** das: Maßeinheit für elektrische Leistung, *Abk.* kW

Ki|mo|no *oder* **Ki|mo|no** der *jap.*, des/die Kimonos: langes Kleidungsstück mit weiten Ärmeln

Kind das, des Kind(e)s, die Kinder: ein Kind erwarten, sie ist unschuldig wie ein neugeborenes Kind (völlig unschuldig), das Kind beim Namen nennen (etwas ganz offen aussprechen), an Kindes statt; **Kin|de|rei** die; **kin|der|leicht; kind|ge|mäß; kind|ge|recht; Kind|heit** die; **kin|disch** unreif, töricht; **kind|lich; Kinds|kopf** der: kindische Person; **Kindstod** der; **Kind|tau|fe** die

Ki|ne|tik die *griech.*: 1. Lehre von der Bewegung durch Kräfteeinfluss 2. moderne Kunstrichtung mit beweglichen Objekten

Kin|ker|litz|chen die: mit solchen Kinkerlitzchen (Kleinigkeiten, Nichtigkeiten) gebe ich mich nicht ab

Kinn das, des Kinn(e)s, die Kinne

Ki|no das *griech.*, des/die Kinos

Ki|osk der *pers.*, des Kiosk(e)s, die Kioske: Verkaufsstand

Kip|pe die: 1. Zigarettenstummel 2. turnerische Übung; **kip|pe|lig** leicht wackelig; **kip|peln** nicht ganz fest stehen; **kip|pen** 1. umfallen 2. ausschütten; einen Schnaps kippen (in einem Zug trinken); **Kip|per** der: Ladefahrzeug mit Kippvorrichtung; **kipp|lig**

Kir|che die: die Kirche im Dorf lassen (nicht übertreiben); **Kir|chen|licht** das: er ist kein großes Kirchenlicht (nicht sehr klug); **Kir|chen|steu|er** die; **Kirchhof** der; **kirch|lich; Kirch|weih** die

Kir|mes die, die Kirmessen: Kirchweih, Rummel

Kir|sche die; **Kirsch|kern** der

Kis|met das *türk.*: das dem Menschen von Allah zugewiesene Schicksal, dem er nicht entgehen kann; das ist Kismet!

Kis|sen das

Kis|te die; **kis|ten|wei|se**

Kitsch der: geschmacklos gestalteter Gegenstand; **kit|schig**

Kitt der, des Kitt(e)s, die Kitte: Dichtungsmasse; **kit|ten**

Kitt|chen das: *ugs. für* Gefängnis

Kit|tel der: Arbeitskittel

Kitz das: junge Ziege, junges Reh; Rehkitz

kit|zeln; kit|ze|lig / kitz|lig am kitz(e)ligsten

Kla|bau|ter|mann der: Schiffskobold

Klacks der, die Klackse: das ist für mich ein Klacks (*ugs.* eine leichte Aufgabe)

Klad|de die *niederl.*: Schmierheft für einen vorläufigen Entwurf

klaf|fen Risse klaffen in der Wand

kläf|fen ein wütend kläffender Dackel

Kla|ge die; **kla|gen** du klagst; **Klä|ger** der; **kläg|lich** hilflos, jämmerlich

Kla|mauk der: macht nicht so einen Klamauk (Ulk, Lärm); **Kla|mauk|film** der: Film mit billiger, turbulenter Komik

klamm klamme Finger (steif durch Kälte), klamme (feuchte) Wäsche; **Klam|mer** die, die Klammern; **klam|mern**

Kla|mot|te die, die Klamotten: 1. minderwertiges Theaterstück 2. *ugs. für* Kleidungsstück

Klamp|te die: einfache Gitarre

kla|mü|sern nachsinnen, über etwas nachdenken

Klan / Clan der: Stammesverband, Familiensippe

Klang der, des Klang(e)s, die Klänge; **klang|rein; klang|voll** ein klangvoller (berühmter) Name

Klap|pe die; **klap|pen** das Zusammenspiel klappt (gelingt) nicht, die Fensterläden klappen (schlagen gegen etwas); **Klap|pen|text** der: Werbetext für ein Buch, der auf der vorderen und hinteren Umschlagklappe zu lesen ist; **Klap|per** die: Babyspielzeug; **klap|pe|rig; klappern** mit den Zähnen klappern; **klapprig** ein klappriges (altes) Fahrrad

Klaps der, des Klapses, die Klapse: leichter Schlag

klar am klarsten: er hatte einen klaren Vorsprung, ein klarer Verstand, etwas klar und deutlich sagen, bist du dir darüber im Klaren? (weißt du, welche Folgen das hat?), klar zum Gefecht (fertig zum Einsatz)!; **Klär|an|la|ge** die; **klä|ren; Klar|heit** die; **klar|ma|chen** sich etwas klarmachen (genau bedenken und verstehen); **klar|se|hen** (→ sehen): nach dem Gespräch werden wir klarsehen (Klarheit haben); **klar|stel|len; Klä|rung** die

Kla|ri|nẹt|te die *ital.*, die Klarinetten: Holzblasinstrument; **Kla|ri|net|tist** der; **Kla|ri|net|tis|tin** die

klas|se *lat.*: großartig, toll, das ist klasse, du siehst klasse aus!, ein klasse Fußballspiel; **Klas|se** die: eine gemischte Klasse, die arbeitende Klasse (Bevölkerungsschicht), er fährt 1. Klasse

Klas|sik die: Wenn wir rufen: „Das ist klasse!", denken wir sicher nicht an den lateinischen Ursprung des Wortes. „Classicus" war der römische Bürger der ersten Steuerklasse, also einer von höchstem Rang. Auch wir wollen ja ausdrücken: Das ist eine besondere Sache, das ist hervorragend.
„Klassiker" ist in diesem Sinn jeder Dichter, der vollendete Werke geschaffen hat, ganz gleich, in welcher Zeit und in welcher Sprache. Vor allem jene Epoche wird „Klassik" genannt, in der man die Kunst und Literatur des griechisch-römischen Altertums als Vorbild ansah.
Die „deutsche Klassik" (auch „Weimarer Klassik" genannt, weil in Weimar viele „klassische" Werke entstanden) wird, streng genommen, nur durch die beiden „Dichterfürsten" → Goethe und → Schiller vertreten. Beide kamen aus der Protestbewegung des → Sturm und Drang und fanden auf verschiedenen Wegen zu gemeinsamer Arbeit zusammen, um die Ideale (= Leitgedanken) der deutschen Klassik in ihren Werken zum Ausdruck zu bringen. Schiller stellt sie in seinem Gedicht „Die Worte des Glaubens" vor: innere Freiheit, Tugend, Glaube an Gott. Goethe fordert: „Edel sei der Mensch, hilfreich und gut!" Beide sahen das Ideal des sittlich vollkommenen, harmonischen und dadurch adlig-schönen Menschen in der Antike verwirklicht. Sie setzten sich zum Ziel, den Menschen ihrer Zeit die Augen zu öffnen. Jeder müsse sich, im Glauben an eine höhere Macht, auf seine guten Kräfte besinnen, um zu innerer Ausgeglichenheit zu kommen und sich zu verantwortungsvollem Handeln zu erziehen. Herz und Verstand, Kunst und Natur sollen ihm dabei helfen. So wird wie bei den Griechen das Gute, Wahre und Schöne Wegweiser zu einem sinnerfüllten Leben.
Leitbild, vor allem für Schiller, war der Philosoph Kant, der forderte, dass jeder so leben solle, dass sein Handeln für alle mustergültig sei. Zur sog. Vorklassik gehört auch → Lessing, dessen Drama „Nathan der Weise" (in dem es zu einer Versöhnung zwischen Juden, Christen und Moslems kommt) das Ideal der Humanität (= Menschlichkeit) mit Betonung der Toleranz zum Thema hat. Und es gibt noch andere „Vorarbeiter": Der Altertumsforscher Winckelmann lenkte die Blicke auf eine neue Sicht der griechischen Kunst; Voß übersetzte die Epen Homers und machte Welt und Lebensformen der alten Griechen einem breiten Publikum bekannt.
Der griechischen Welt wandten sich in der „Frühklassik", die mit Goethes Italienreise 1786 angesetzt wird, beide Dichter zu, Goethe mit dem Drama „Iphigenie auf Tauris", Schiller mit Übersetzungen griechischer Dramen und einer Huldigung im Gedicht „Die Götter Griechenlands". Ihre bis ins Feinste durchkomponierten Balladen zeigen den handelnden Menschen in einer umfassenden Weltordnung aufgehoben. In den Dramen Goethes („Iphigenie", „Egmont", „Tasso", „Faust I") und Schillers („Don Carlos", „Wilhelm Tell", „Die Jungfrau von

Orleans") geht es um die Grundfragen menschlichen Daseins, um die Würde des Menschen, um seine innere und äußere Freiheit. Eine „Antwort" Goethes auf diese Grundfragen ist besonders berühmt geworden: „Alle menschlichen Gebrechen sühnet reine Menschlichkeit."

Klas|si|ker der; **Klas|si|ke|rin** die; **klassisch** vorbildlich, meisterhaft

Klas|si|zis|mus der: Stilepoche Mitte des 18. Jh.s, die sich an die klaren Formen vor allem der römischen Antike hielt; **klas|si|zis|tisch**

Klatsch der, des Klatsch(e)s: Gerede, Geschwätz; **klat|schen** du klatschst: in die Hände klatschen, über die Freundin klatschen (abwertend reden); **klatsch|nass**

klau|ben mühsam zusammensuchen

Klaue die: Kralle

Klau|se die *lat.*, die Klausen: Einsiedelei, Klosterzelle; **Klau|sur** die: 1. Abgeschlossenheit 2. beaufsichtigte Prüfungsarbeit; eine Klausur schreiben

Klau|sel die *lat.*, die Klauseln: vertragliche Nebenbestimmung, Vorbehalt

Kla|vier das *franz.*, die Klaviere

kle|ben; kle|ben blei|ben (→ bleiben): soll der Zettel da kleben bleiben?, *übertragen:* kleben bleiben/klebenbleiben: *ugs. für* nicht versetzt werden, ich hoffe, dass ich dieses Jahr nicht kleben bleibe/klebenbleibe

Kle|ber der; **kleb|rig; Kleb|stoff** der

kle|ckern; Klecks der; **kleck|sen**

Klee der, des Klees

Kleid das, des Kleid(e)s; **klei|den; kleidsam; Klei|dung** die

Kleie die: Abfall beim Mahlen von Getreide

klein das Kleid ist zu klein, ein kleines Bier, meine kleine Welt, klein, aber fein, von klein auf, *aber:* bis ins Kleinste (Detail), die Kleinen hängt man, die Großen lässt man laufen; **Klei|ne** der/die; **Kleingeld** das; **Klei|nig|keit** die; **Klein|kind** das; **klein|krie|gen; klein|laut; klein|lich** geizig; **klein|mü|tig; Klein|od** das: Kostbarkeit, kostbares Schmuckstück; **klein schnei|den / klein|schnei|den** (→ schneiden): das Obst klein schneiden/kleinschneiden

klein: *klein schreiben* (in kleiner Schrift) und *kleinschreiben* (mit kleinem Anfangsbuchstaben)

Kleist Heinrich von ▶ S. 216

Kleis|ter der; **kleis|tern**

Klem|me die; **klem|men**

Klemp|ner der: Metallhandwerker; **Klemp|ne|rin** die; **klemp|nern**

Klep|per der: dürres, schwaches Pferd

Klep|to|ma|ne der *griech.*: ein Mensch mit krankhaftem Trieb zum Stehlen; **Klep|to|ma|nie** die: zwanghafter Trieb zum Stehlen

Kle|rus der *griech./lat.*: Gesamtheit der katholischen Priester

Klet|te die: Pflanze, die sich mit feinen Häkchen an Kleidung festheftet; **klet|tern**

klick bei ihr machte es klick *(ugs.* sie begriff endlich); **kli|cken** die Kameras der Reporter klickten ununterbrochen

Kli|ent der *lat.*, des/die Klienten: Kunde, Auftraggeber; **Kli|en|tin** die

Kliff das: steil abfallende Felsküste

Kli|ma das *griech.*, des Klimas, die Klimas / Klimata / Klimate: durchschnittlicher Witterungsablauf in einem bestimmten Gebiet; **kli|ma|ti|sie|ren**

Klim|bim der: in der Schachtel war lauter Klimbim (überflüssiger Kram), sie macht um jede Kleinigkeit viel Klimbim (Aufhebens)

klim|men du klimmst, er klomm / klimmte, geklommen / geklimmt, er klömme / klimmte; **Klimm|zug** der

klim|pern klingen lassen, Geld klimpert

Klin|ge die: scharfer Werkzeugteil, die Klingen kreuzen (kämpfen)

Klin|gel die; **klin|geln; klin|gen** du klingst, er klang, geklungen, er klänge

Kli|nik die *griech.*, die Kliniken: Krankenhaus; **kli|nisch** ein klinischer Fall

Klin|ke die: Türdrücker; Klinken putzen (von Tür zu Tür gehen und etwas erbitten oder verkaufen)

Klin|ker der: sehr hart gebrannter Ziegelstein

Klipp / Clip der *engl.*, die Klipps / Clips: 1. Klemme, z.B. am Kugelschreiber 2. Ohrschmuck

Heinrich von Kleist

Heinrich von Kleist

geb. am 18. 10. 1777
in Frankfurt (Oder)
gest. am 21. 11. 1811
am Wannsee bei Berlin

Anekdoten
Der zerbrochene Krug
  (Komödie, 1807/1811)
Das Käthchen von Heilbronn
  (Drama, 1810)
Novellen (ab 1810), darunter
  Michael Kohlhaas,
  Das Erdbeben in Chili,
  Die Verlobung in San Domingo
Prinz Friedrich von Homburg
  (Drama, Nachlass)

Seine Vorfahren und auch der Vater waren preußische Offiziere gewesen. So ergab es sich, dass Heinrich von Kleist bereits mit 15 Jahren in die preußische Armee eintrat. Mit 16 Jahren zog er in den Krieg, mit 20 Jahren wurde er Offizier. Doch nach zwei Jahren verließ er den Dienst. Er mochte nicht länger „Exerziermeister" sein in einer Armee, deren Drill er verachtete. Kleist begann Philosophie und Staatswissenschaft zu studieren. Doch auch an der Universität und später im Staatsdienst hielt er es nicht lange aus. Von innerer Unruhe getrieben, reiste er nach Paris. Später lebte er in der Schweiz, dann wieder in Deutschland, dann in Italien und erneut in Frankreich. Als sich seine Lebenspläne zerschlugen, kehrte er 1804 voller Verzweiflung nach Preußen zurück und wandte sich der Schriftstellerei zu.

Nach dem Lustspiel *Der zerbrochene Krug* entstand *Das Käthchen von Heilbronn*. Seine Hoffnung, vom Schreiben auch leben zu können, erfüllte sich aber nur in bescheidenem Maß. Zwar fanden seine Novellen wie *Michael Kohlhaas* oder *Das Erdbeben in Chili* Anklang, doch mit den Zeitschriften, die er herausgab, hatte er wenig Glück. Und für seine Dramen fehlte den meisten Zeitgenossen das Verständnis. Kleists Versuch, mit Goethe in Verbindung zu treten, endete mit einer Enttäuschung. *Der zerbrochene Krug* wurde, nicht ohne Goethes Schuld, am Theater in Weimar ein Misserfolg. Kleist selbst hat übrigens keines seiner Stücke je auf der Bühne gesehen. Erfolglos blieb auch sein hasserfüllter literarischer Kampf gegen die Herrschaft Napoleons über Deutschland. Von seinem letzten Bühnenstück *Prinz Friedrich von Homburg*, dessen Thematik der preußischen Geschichte entnommen ist, erfuhr die Öffentlichkeit erst Jahre nach dem Tod des Dichters. Mit einem Abschiedsbrief, verfasst „am Morgen meines Todes", wandte er sich ein letztes Mal an seine Stiefschwester Ulrike: „Die Wahrheit ist, dass mir auf Erden nicht zu helfen war." Am Wannsee bei Berlin erschoss er sich.

klipp und klar ich sage dir das klipp und klar (*ugs.* sehr deutlich)

Klip|pe die: aus dem Meer ragender Fels

klir|ren die Fensterscheiben klirren, klirrende (eisige) Kälte

Kli|schee das *franz.*, des/die Klischees: 1. Druckstock 2. Abklatsch, schlechte Nachbildung 3. festgefahrene Vorstellung 4. abgedroschene Redensart; du redest in Klischees

Klis|tier das *lat.*, die Klistiere: medizinischer Einlauf

klit|schig → glitschig

Klo|a|ke die *lat.*, die Kloaken: unterirdischer Abwasserkanal, Senkgrube

klo|big er war ein klobiger (unbeholfener) Mensch, ein klobiger (unförmiger, kantiger) Kasten

Klon der *griech./engl.*, des Klons, die Klone: eine in den Genen völlig übereinstimmende Kopie eines Lebewesens; **klo|nen** ein geklontes Schaf

klö|nen plaudern

klop|fen; Klop|fer der: Teppich- oder Türklopfer

Klöp|pel der: Glockenschwengel; **klöp|peln** auf bestimmte Art Spitzen(gewebe) herstellen

Klops der, des Klopses, die Klopse: Fleischkloß

Klo|sett das *engl.*, die Klosetts/Klosette

Kloß der, des Kloßes, die Klöße

Klos|ter das, die Klöster; **klös|ter|lich**

Klotz der; **klot|zig** unförmig, gewaltig

Klub / Club der *engl.*: Verein

Kluft die, die Klüfte: tiefe Felsspalte, scharfer Gegensatz

klug klüger, am klügsten: der Klügere gibt nach; **klu|ger|wei|se; Klug|heit** die

Klum|pen der; **klum|pig** ein klumpiger Teig

Klün|gel der: 1. eine Gruppe, Clique, die sich gegenseitig Vorteile verschafft 2. *norddt.* Traube, Rispe; ein Klüngel Johannisbeeren; **klün|geln**

knab|bern

Kna|be der, des/die Knaben

Knä|cke|brot das

kna|cken; kna|ckig; Knacks der

Knall der, des Knall(e)s, die Knalle; **Knallef|fekt** der: Überraschung, verblüffende Wirkung; **knal|len; knall|hart; knal|lig** auffallend, grell

knapp knapp gerechnet / knappgerechnet, knapp vorbei, eine knappe Rede; **knapp|hal|ten** (→ halten): jemanden knapphalten (wenig gönnen); **Knapp|heit** die; **knap|sen** knausern, sparen

knar|ren unter ihm knarrte die Treppe

Kna̱tsch der: sie hatten Knatsch (*ugs.* Streit, Ärger) miteinander

knat|tern das Motorrad knatterte

Knäu|el das/der

Knauf der, die Knäufe: runder Griff

Knau|ser der: geiziger Mensch; **knau|se|rig** am knauserigsten; **knau|sern; knaus|rig**

knaut|schen du knautschst: knittern, knüllen

Kne|bel der; **kne|beln** gefesselt und geknebelt

Knecht der, des Knecht(e)s, die Knechte; **knech|ten** unterdrücken, versklaven; **Knecht|schaft** die

knei|fen du kneifst, er kniff, gekniffen, er kniffe: 1. zwicken 2. sich vor etwas drücken

Knei|pe die: kleines, gemütliches Lokal

kneip|pen eine Kneippkur machen (eine Wasserkur, benannt nach dem kath. Pfarrer und Naturheilkundigen Sebastian Kneipp, 1821–1897)

kne|ten; Knet|mas|se die

Knick der, des Knick(e)s, die Knicke; **kni|cken** umbiegen, falzen, brechen

kni|ckern von einem bestimmten Betrag etwas für sich zurückbehalten; **knick|rig** er war sehr knickrig (knausrig, geizig)

Knicks der: einen Knicks machen; **knick|sen**

Knie das, des Knies, die Knie: er hatte weiche Knie (große Angst); **knie|hoch; knien** sich in die Arbeit knien

Kniff der, des Kniff(e)s, die Kniffe: er kennt jeden Kniff (Trick); **knif|fe|lig / kniff|lig** am kniff(e)ligsten

Knilch der: er war ein komischer Knilch (*ugs.* ein sonderbarer Mensch)

knip|sen die Fahrkarte knipsen

Knirps der: so ein frecher Knirps (kleiner Junge), sie steckte ihren Knirps® ein (ihren kleinen faltbaren Regenschirm)

knirschen

knir|schen du knirschst mit den Zähnen, der Schnee knirscht unter den Schuhen
knis|tern es knistert im Gebälk (Gefahr ist im Verzug)
knit|tern der Stoff knittert nicht
kno|beln 1. würfeln 2. angestrengt nachdenken; an einem Problem knobeln
Knob|lauch der: Gewürz- und Heilpflanze; **Knob|lauch|ze|he** die

Knö|chel der; **Kno|chen** der, des Knochens: nass bis auf die Knochen (durch und durch), nur noch Haut und Knochen sein (so mager); **Kno|chen|mark** das: weiches Gewebe in Röhrenknochen; **knö|che|rig; kno|chig; knöch|rig**
knock-out / knock|out [nokaut] *engl.*: niedergeschlagen und ausgezählt (Boxsport), kampfunfähig, *Abk.* k. o.
Knö|del der
Knol|le die / **Knol|len** der
Knopf der, des Knopf(e)s, die Knöpfe; **knöp|fen**
Knor|pel der; **knor|pe|lig; knorp|lig**
knor|rig ein knorriger Ast
Knos|pe die; **knos|pen** es knospte, geknospt: die Rosen begannen zu knospen
kno|ten; Kno|ten der: 1. Verknüpfung, Verdickung 2. Maßeinheit für Schiffsgeschwindigkeit (1 Knoten = 1,85 km pro Stunde), *Abk.* kn; **kno|tig**
Know-how / Know|how [nouhau] das *engl.*: das praktische Wissen, die Anwendung; ihnen fehlt das Know-how, um den Computer zu bedienen
knül|len; Knül|ler der: sensationelle Neuigkeit
knüp|fen Verbindungen knüpfen
Knüp|pel der: jemandem Knüppel zwischen die Beine werfen (ihn behindern)
knur|ren; knur|rig mürrisch
knus|pe|rig am knusp(e)rigsten; **knuspern** geräuschvoll knabbern; **knusp|rig**
Knu|te die *russ.*: Peitsche, Gewaltherrschaft

knut|schen Zärtlichkeiten austauschen, sich küssen; **Knut|sche|rei** die
k. o. *Abk.* für → **k**nock-**o**ut
ko|a|lie|ren *franz.*: sich verbünden; **Ko|a|li|ti|on** die, die Koalitionen: Staaten- oder Parteienbündnis
Ko|balt das: chemisches Element, ein graues Metall; *Zeichen* Co; **ko|balt|blau**
Ko|bel der *südd./österr.*: 1. kleiner Stall, Verschlag 2. Nest des Eichhörnchens
Kob|ra oder **Ko|bra** die *portug.*: giftige Schlange
Koch der, des Koch(e)s, die Köche; **Kochbuch** das; **ko|chen; Ko|cher** der; **kochfest; Kö|chin** die; **Koch|salz** das: Natriumchlorid; **Koch|wä|sche** die
Kö|cher der: Tragebehälter für Pfeile, Futteral

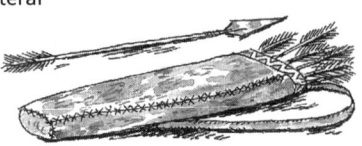

Kode (*fachspr.* Code) [kod] der *franz.*: Zeichentabelle, System verabredeter Zeichen; **ko|die|ren** verschlüsseln
Kö|der der: Lockmittel; **kö|dern**
Ko|dex / Co|dex der *lat.*, des Kodexes, die Kodexe / Kodizes: 1. zwischen zwei Holzdeckeln zu einer Art Buch zusammengefasste Handschriften 2. Gesetzessammlung 3. Regel- und Normenwerk für alle gesellschaftlichen Belange 4. ungeschriebene Verhaltensregeln einer Gruppe; sogar die Diebe hatten einen Ehrenkodex
Ko|edu|ka|ti|on die: Gemeinschaftserziehung; **ko|edu|ka|tiv**
Ko|exis|tenz die *lat.*: das Nebeneinander, das gleichzeitige Existieren; eine friedliche Koexistenz der Länder
Kof|fe|in / Cof|fe|in das *arab.*: anregender Stoff in Tee und Kaffee
Kog|ge die: bauchiges Handels- oder Kriegsschiff im 13. bis 15. Jahrhundert
Kog|nak oder **Ko|gnak** [konjak] der *franz.*: Weinbrand (aber Warenzeichen → Cognac)
Kohl der, des Kohl(e)s; **Kohl|ra|bi** der *ital.*, des/die Kohlrabi(s): Kohlart; **Kohl|weißling** der: Schmetterling

Koh|le die: er saß wie auf glühenden Kohlen; **Koh|len|stoff** der: nichtmetallisches chemisches Element; *Zeichen* C; **Köh|ler** der: Kohlenbrenner; **kohl|ra|ben|schwarz**

Ko|i|tus / Co|i|tus der *lat.*, die Koitusse / Coitusse: Beischlaf, Geschlechtsverkehr

Ko|je die *niederl.*, die Kojen: 1. eingebautes Bett in der Schiffskajüte 2. Ausstellungsstand

Ko|jo|te der *mexik.*: Präriewolf

Ko|ka|in das *span.*: Betäubungsmittel aus den Blättern des Kokastrauches; er schnupfte Kokain

Ko|ke|rei die *engl.*: Kohle verarbeitender Betrieb, Kokswerk; **Koks** der *engl.*, des Koks, die Kokse: 1. entgaste Braun- oder Steinkohle 2. *ugs. für* Kokain 3. *jidd. für* steifer Hut

ko|kett sie lächelte ihn kokett an (wollte seine Aufmerksamkeit erregen), er kokettierte mit seinem Alter (wollte sich damit interessant machen)

Ko|ko|lo|res der: *ugs.* das ist alles Kokolores (Unfug, Unsinn)

Ko|kos|nuss die *span.*: Frucht der Kokospalme

Kol|ben der

Kol|cho|se die *russ.*: landwirtschaftliche Produktionsgenossenschaft in der ehemaligen Sowjetunion

Ko|li|bri der *karib.*, des/die Kolibris: winziger südamerikanischer Vogel

Ko|lik die *griech.*, die Koliken: krampfartige Leibschmerzen

Kolk|ra|be der: größter einheimischer Rabenvogel

kol|la|bo|rie|ren mit dem Feind kollaborieren (zusammenarbeiten)

Kol|laps der *lat.*, des Kollapses, die Kollapse: Zusammenbruch infolge Kreislaufversagens

Kol|le|ge der *lat.*: Berufsgenosse, Mitarbeiter; **kol|le|gi|al**; **Kol|le|gin** die

Kol|lek|te die *lat.*: kirchliche Spendensammlung; **Kol|lek|ti|on** die: Auswahl oder Sammlung von Waren oder Gegenständen

kol|li|die|ren *lat.*: zusammenstoßen, sich überschneiden; **Kol|li|si|on** die, die Kollisionen

Kol|lier / Col|lier [kolje] das *franz.*, des/die Kolliers: 1. Halsschmuck aus Edelsteinen oder Perlen 2. schmaler Pelzkragen

Kol|lo|qui|um das *lat.*, die Kolloquien: 1. Zusammenkunft von Wissenschaftlern, Lehrern oder Politikern zur Problembewältigung; ein Kolloquium abhalten 2. wissenschaftliches Gespräch zwischen Student und Professoren als Teil der Doktorarbeit

Ko|lo|nie die *lat.*: auswärtiger Landbesitz eines Staates, Ansiedlung außerhalb des Mutterlandes, Siedlung; **Ko|lo|ni|sa|ti|on** die: Gründung einer Kolonie, Erschließung eines Gebietes

Ko|lon|na|de die *franz.*, die Kolonnaden: Säulengang; **Ko|lon|ne** die *franz.*, die Kolonnen: Reihe, z. B. Autokolonne, Arbeitstrupp

Ko|lo|ra|tur die *ital.*, die Koloraturen: Gesangsstimme mit Läufen und Sprüngen, die zusammenhängend auf einer Textsilbe ausgeführt werden, bes. bei Arien

Ko|lo|rit das *ital.*, des Kolorit(e)s, die Kolorite/Kolorits: 1. Farbe, Farbmuster, Pigmentierung 2. Klangfarbe 3. besonderer Charakter, die Atmosphäre; das Kolorit eines Stadtviertels

Ko|loss der *griech.*, des Kolosses, die Kolosse: riesiges Standbild, Riese, Ungetüm; **ko|los|sal** massig, riesig, ungeheuer

kol|por|tie|ren *lat.*: er kolportierte (verbreitete) das Gerücht ungehindert

Ko|lum|bi|a|ner der; **Ko|lum|bi|a|ne|rin** die, die Kolumbianerinnen; **ko|lum|bi|a|nisch**; **Ko|lum|bi|en**

Ko|lum|ne die *lat.*: 1. Textspalte im Buch oder in einer Zeitung 2. regelmäßiger Meinungsbeitrag in einer Zeitung oder Zeitschrift, der dort immer an einer bestimmten Stelle erscheint und immer von demselben Journalisten verfasst wird; **Ko|lum|nist** der: Journalist, der Kolumnen schreibt; **Ko|lum|nis|tin** die

Ko|ma das *griech.*: sie wurde in ein künstliches Koma (in einen Heilschlaf) versetzt, im Koma liegen (bewusstlos sein)

Kombi

Kom|bi der: *Kurzwort für* kombinierter Liefer- und Personenwagen; **Kom|bi|na|ti|on** die: Verbindung, gedankliche Folgerung, Verbund mehrerer sportlicher Disziplinen, z.B. nordische Kombination, zusammengehörige Kleidungsstücke; **kom|bi|nie|ren**

Kom|bü|se die: Schiffsküche

Ko|met der *griech.*, des/die Kometen: Himmelskörper mit Schweif

Kom|fort [komfor] der *engl.*, des Komforts: Bequemlichkeit, Annehmlichkeit, praktische Einrichtung von Räumen; **kom|for|ta|bel** mit allem Komfort

Ko|mik die *griech.*: erheiternde Wirkung, komische Darstellungskunst; **Ko|mi|ker** der: Darsteller lustiger Rollen, Spaßmacher; **Ko|mi|ke|rin** die; **ko|misch** am komischsten: erheiternd, merkwürdig, sonderbar

Ko|mi|tee das *franz.*, die Komitees: Ausschuss, Gruppe mit bestimmten Aufgaben

Kom|ma das *griech.*, die Kommas/Kommata ▶ Zeichensetzung S. 492

Kom|man|dant der *franz.*, des/die Kommandanten: militärischer Befehlshaber; **Kom|man|deur** [komandör] der, die Kommandeure: Befehlshaber; **Kom|man|deu|rin** die; **kom|man|die|ren** befehlen; **Kom|man|do** das: Befehl, Auftrag

Kom|man|dit|ge|sell|schaft die: Handelsgesellschaft, bei der mindestens ein Teilhaber mit seinem ganzen Vermögen (auch dem privaten) haftet und mindestens einer nur mit dem Geld, das er in die Gesellschaft eingebracht hat, *Abk.* KG; **Kom|man|di|tist** der: Gesellschafter einer KG; **Kom|man|di|tis|tin** die

kom|men du kommst, er kam, gekommen, er käme: wann willst du kommen?, *aber:* Frauenfußball ist im Kommen (wird immer beliebter)

Kom|men|tar der *lat.*: Die meisten Zeitungen bei uns sind unabhängige Presseorgane; sie brauchen weder der Regierung noch einem Auftraggeber „nach dem Munde" zu schreiben und können frei ihre Meinung äußern. Deswegen spielt der „Meinungsteil" in einer Zeitung, und innerhalb dieses Teiles der Kommentar, eine große Rolle. Ihn erkennst du oft daran, dass der Verfasser namentlich – manchmal abgekürzt – genannt wird. Viele Kommentare haben auch ihren „Stammplatz" in der Zeitung; sie erscheinen stets an derselben Stelle.
Im Kommentar gibt der Verfasser seine Stellungnahme zu einem Tagesereignis ab. Er muss seine Meinung mit Argumenten begründen und überzeugend darbieten. Ein guter Kommentar macht den Leser nachdenklich, mag dieser nun zustimmend oder ablehnend reagieren.
Kommentare gibt es übrigens nicht nur in der Zeitung, sondern auch bei Rundfunk und Fernsehen.

kom|men|tie|ren

Kom|merz der *lat.*: Handel, Wirtschaft und Geschäftsverkehr; **kom|mer|zi|ell** gewerblich, auf Gewinn bedacht

Kom|miss der *lat.*: Militär, Militärdienst; er muss zum Kommiss

Kom|mis|sar der *lat.*, die Kommissare: staatlich Beauftragter mit Sondervollmacht, polizeilicher Dienstrang; **Kom|mis|sa|ri|at** das: Amts- oder Polizeidienststelle; **Kom|mis|sa|rin** die; **kom|mis|sa|risch** etwas kommissarisch (vorübergehend, in Vertretung) verwalten

Kom|mis|si|on die *lat.*, die Kommissionen: Fachgremium; etwas in Kommission geben (einen Verkaufsauftrag geben)

Kom|mo|de die: Möbel mit Schubladen

kom|mu|nal *lat.*: eine Gemeinde betreffend, gemeindeeigen; **Kom|mu|ne** die: Gemeinde, Verwaltungseinheit, z.B. Dorf, Wohn- oder Lebensgemeinschaft

Kom|mu|ni|ka|ti|on die *lat.*: Informationsaustausch, Verständigung, Umgang, Verbindung; **Kom|mu|ni|on** die *lat.*: katholisches Abendmahl; **kom|mu|ni|zie|ren** mitteilen, verbinden, das katholische Abendmahl empfangen

Ko|mö|die die *griech.*, die Komödien: Lustspiel; **Ko|mö|di|ant** der, des/die Komödianten: Darsteller einer lustigen Rolle, schauspielernder Mensch; **Ko|mö|di|an|tin** die

Kom|pag|non *oder* **Kom|pa|gnon** [kɔmpanjõ] der *franz.*, die Kompagnons: Mitinhaber, Teilhaber

kom|pakt *franz.*, am kompaktesten: massiv, dicht, stämmig, eng

Kom|pa|nie die *franz.*, die Kompanien: Truppeneinheit

Kom|pa|ra|tiv der *lat.* ▶ Steigerung

Kom|pass der *ital.*, des Kompasses, die Kompasse: Gerät zur Bestimmung der Himmelsrichtung

kom|pa|ti|bel *franz.*: verträglich (*med.*), zusammensetzbar, kombinierbar; das Computerprogramm ist kompatibel (zwischen verschiedenen Systemen austauschbar), *Ggs.* inkompatibel

Kom|pen|di|um das *lat.*, die Kompendien: kurzgefasstes Lehrwerk, Abriss, Zusammenfassung

kom|pen|sie|ren etwas ausgleichen, durch eine Gegenwirkung aufheben; sie kompensierte ihre Angst durch forsches / mit forschem Auftreten

kom|pe|tent *lat.*, am kompetentesten: maßgebend, zuständig, urteilsfähig, *Ggs.* inkompetent; **Kom|pe|tenz** die

Kom|ple|men|tär|far|ben die: Farben, die zusammen Weiß oder Schwarz ergeben

kom|plett *franz.*: vollständig, abgeschlossen; **kom|plet|tie|ren** vervollständigen

kom|plex *lat.*, am komplexesten: vielschichtig, umfassend, zusammengesetzt; **Kom|plex** der, des Komplexes, die Komplexe: 1. Gesamtheit, Zusammenfassung, zusammengehörige Gruppe, z. B. Wohnkomplex 2. bedrückende, oft unbewusste Vorstellungen, z. B. Minderwertigkeitskomplex

Kom|pli|ka|ti|on die *lat.*, die Komplikationen: Schwierigkeit, Verwicklung, verschlimmerter Zustand; **kom|pli|zie|ren** erschweren; **kom|pli|ziert** am kompliziertesten: schwierig

Kom|pli|ment das *franz.*, die Komplimente: höfliche Redensart, schmeichelhafte Bemerkung; **kom|pli|men|tie|ren** er hat ihn aus dem Haus komplimentiert (höflich aus dem Haus gewiesen)

Kom|pli|ze / Komplice der *franz.*, des/die Komplizen: krimineller Mittäter; **Kom|pli|zin** die

Kom|plott das *franz.*, des Komplott(e)s, die Komplotte: verabredete Tat, Verschwörung

Kom|po|nen|te die *lat.*, die Komponenten: Teilkraft, Bestandteil eines Ganzen

kom|po|nie|ren *lat.*: 1. vertonen 2. kunstvoll anordnen, zusammenstellen; **Kom|po|nist** der; **Kom|po|nis|tin** die; **Kom|po|si|ti|on** die, die Kompositionen

Kom|post der *franz.*: aus pflanzlichen und tierischen Abfällen hergestellter Dünger; **kom|pos|tie|ren**

Kom|pott das *franz.*, des Kompott(e)s, die Kompotte: gekochtes Obst

Kom|pres|se die *franz.*: feuchter Umschlag, Teil des Druckverbands; **Kom|pres|sor** der: Apparat zur Verdichtung von Gasen; **kom|pri|mie|ren** verdichten, zusammenpressen; komprimierte Luft

Kom|pro|miss der *lat.*, des Kompromisses, die Kompromisse: ausgleichende Übereinkunft, Verständigung

kom|pro|mit|tie|ren *franz.*: schaden, bloßstellen

Kon|den|sa|ti|on die *lat.*: Übergang vom gasförmigen in den flüssigen Zustand; **kon|den|sie|ren** 1. durch Abkühlen vom gasförmigen in den flüssigen Zustand übergehen 2. verdichten, eindampfen; **Kon|dens|milch** die

Kon|di|ti|on die *lat.*: 1. Bedingung 2. körperlich-seelische Verfassung, Leistungsfähigkeit

Kon|di|tor der *lat.*: Feinbäcker; **Kon|di|to|rei** die; **Kon|di|to|rin** die

Kon|dom das *engl.*, die Kondome: Schutzhülle aus Gummi für den Mann beim Geschlechtsverkehr, Präservativ

Kon|fekt das *lat.*, des Konfekt(e)s, die Konfekte: feine Zuckerwaren

Kon|fek|ti|on die *franz.*: fabrikmäßige Fertigung von Kleidung

Kon|fe|renz die *lat.*, die Konferenzen: beratende Zusammenkunft, Besprechung mehrerer Personen; **kon|fe|rie|ren**

Kon|fes|si|on die *lat.*: Glaubensbekenntnis, Glaubensgemeinschaft; **kon|fes|si|o|nell**

Kon|fet|ti das *ital.*: bunte, kleine Papierblättchen

Kon|fir|mand der *lat.*: Jugendlicher, der konfirmiert wird oder wurde; **Kon|fir-**

Konfirmation

man|din die; Kon|fir|ma|ti|on die: feierliche Aufnahme evangelischer Jugendlicher in die Gemeinde; kon|fir|mie|ren

kon|fis|zie|ren beschlagnahmen, gerichtlich einziehen

Kon|fi|tü|re die *franz.*: Marmelade mit Fruchtstücken

Kon|flikt der *lat.*, des Konflikt(e)s, die Konflikte: Auseinandersetzung, Zerwürfnis, Zwiespalt

Kon|fö|de|ra|ti|on die *lat.*: Staatenbund, Zusammenschluss gleichberechtigter Staaten

kon|form ähnlich, übereinstimmend; konform ge|hen / kon|form|ge|hen (→ gehen): übereinstimmen

Kon|fron|ta|ti|on die *lat.*: Gegenüberstellung verschiedenartiger Meinungen, Sachverhalte oder Personen; es kam zu einer Konfrontation (Auseinandersetzung) zwischen Polizei und Demonstranten; kon|fron|tie|ren sie sah sich mit ihrer Vergangenheit konfrontiert (ihr gegenübergestellt)

kon|fus *lat.*, am konfusesten: verwirrt, verworren, unklar

Kon|glo|me|rat das *franz.*, die Konglomerate: 1. Gemisch aus sehr unterschiedlichen Dingen 2. Geröll

Kon|go der; Kon|go|le|se der; Kon|go|le|sin die, die Kongolesinnen; kon|go|le|sisch

Kon|gress der *lat.*, des Kongresses, die Kongresse: fachliche oder politische Versammlung, Tagung, parlamentarische Volksvertretung in den USA

kon|gru|ent *lat.*: total übereinstimmend, deckungsgleich

Kö|nig der; Kö|ni|gin die; kö|nig|lich

ko|nisch *lat.*: kegelförmig

Kon|ju|ga|ti|on die *lat.*, die Konjugationen: die Beugung (des Verbs). Mit einem → Verb lässt sich allerhand anstellen. Aus „sehen" kann man z. B. Folgendes machen: „ich sehe", „du siehst", „er sehe", „wir sahen", „ihr habt gesehen", „sie sind gesehen worden". Wenn man an einem Verb solche Veränderungen vornimmt, nennt man das *konjugieren*.

Was zeigen die konjugierten Verbformen? Man erkennt daran, welche Person etwas tut (auch das Personalpronomen hilft dabei ein bisschen), in welcher Zeit etwas geschieht, ob es Wirklichkeit ist oder ein Wunsch und ob jemand etwas tut oder ob mit ihm etwas gemacht wird. Man kann deshalb sagen: Eine Verbalform gibt Auskunft über Person (erste, zweite, dritte), Zahl (Numerus: → Singular oder Plural), Zeit (→ Tempus), → Modus und Genus (→ Aktiv). Oder umgekehrt: Wenn ich diese fünf Angaben habe, kann ich eine bestimmte Verbalform bilden. „Ich sei gerufen worden" ist also 1. Person Singular Perfekt Konjunktiv Passiv des → Infinitivs „rufen".

Die Veränderungen bei der Konjugation bestehen in einem Wechsel der Endungen oder des Stammvokals (ich sehe – du siehst). Es kann auch eine Vorsilbe (Präfix) dazukommen (gesehen). Das erscheint etwas verwirrend; wir wollen die Verben deshalb in Gruppen einteilen:

Zur ersten Gruppe sollen solche Verben gehören, die im Präsens keine Veränderung des Stammvokals haben, auch im Präteritum nicht, und die hier vor die Endung ein „-t" setzen. Ihr → Partizip II endet auf „-t" (ich suche, du suchst, er suchte, wir haben gesucht). Zu dieser Gruppe gehören die meisten Verben im Deutschen: „machen", „lachen", „kaufen", „reden", „setzen" und ein paar tausend andere. Weil sie zur Bildung des Präteritums ein „t" brauchen, ihre eigenen Kräfte also sozusagen zu schwach sind, nennt man sie auch schwache oder schwach konjugierte Verben.

Die zweite Gruppe, die starken oder stark konjugierten Verben, weisen im Präsens – manchmal – einen Wechsel des Stammvokals auf (ich gebe – du gibst, *aber:* ich komme – du kommst), im Präteritum dagegen immer (ich gab – ich kam) und ihr Partizip II endet auf „-en" (gegeben und gekommen).

Eine dritte Gruppe, die unregelmäßig konjugierten Verben, könnte man mit

dem Verb „sein" bilden. Es hat völlig andere Endungen (ich rufe – ich bin, wir rufen – wir sind) und im Präteritum braucht es gar einen anderen Stamm (wir waren).
Bei den schwachen Verben gibt es noch zwei Untergruppen:
Die erste bilden die → Modalverben. Diese haben alle in der 3. Person Singular Präsens Indikativ kein „-t" als Endung; das ist ihr Markenzeichen: „Er kann, will, darf und muss mit mir gehen." Im Präteritum haben sie alle ihr „-te", mit dem Stammvokal gehen sie aber sehr eigenwillig um: „dürfen – ich darf – sie durften", „mögen – er mag – sie mochte". Sie werden unregelmäßig konjugiert.
Die zweite Untergruppe sind Verben, deren Stammvokal im Präteritum doch ein bisschen anders ist: „Ich kenne jetzt die schwachen Verben, früher kannte ich sie nicht." Ähnlich ist es mit „denken – dachte", „rennen – rannte".
Bei „senden" gibt es zwei Formen, aber mit verschiedener Bedeutung: „Das Fernsehen sendete den ganzen Tag Sport, deswegen sandten die erbosten Zuschauer dem Programmchef viele Beschwerdebriefe."

kon|ju|gie|ren ein Verb beugen

Kon|junk|ti|on die *lat.*, die Konjunktionen: das Bindewort. Es gibt im Deutschen etwa neunzig Konjunktionen. Hier ist ein Rezept, wie du sie erkennen kannst: Konjunktionen sind Wörter, die man nicht verändern kann und die Wörter, Wortgruppen oder Sätze miteinander verbinden (oder auch trennen):
„Sie mag Schach und Fußball; sie mag sowohl Schach als auch Fußball; sie mag Schach, außerdem Fußball; sie mag Schach, auch Fußball findet sie nicht schlecht. Er mag weder Schach noch Fußball; er mag Schach nicht, geschweige denn Fußball."
Die meisten Konjunktionen halten nicht nur einfach etwas zusammen, sie sagen auch, wie dieser Zusammenhalt, diese Verbindung zu verstehen ist: „Wenn (Bedingung) du jetzt weiterliest, lernst du viel. Du lernst Grammatik, ... / weil (Begründung) das so spannend ist / während (Gleichzeitigkeit) andere Unsinn machen / obwohl (Gegensatz) du keine Lust hast / bis (Zeitpunkt) du alles weißt / damit (Absicht) du alle Regeln kennst / sodass (Folge) du nicht zu schlagen bist."
Es wird dir aufgefallen sein, dass (schon wieder eine Konjunktion!) alle diese Konjunktionen Nebensätze einleiten. Es gibt jedoch auch solche, die vor Hauptsätzen stehen und eine ähnliche verbindende Bedeutung haben: „Es war dort nicht schlecht, denn die Sonne schien und wir hatten Ferien." Dieses „denn" gibt ebenfalls eine Begründung. Auch „aber", „also", „nämlich", „trotzdem" usw. stehen vor Hauptsätzen.
Manche Konjunktionen, z.B. „und", „aber", „denn", „trotzdem", können auch zusammen mit unterordnenden Konjunktionen (also solchen vor einem Nebensatz, den sog. Subjunktionen) vorkommen: „Denn wenn er glaubt / aber wenn sie meint / weil wir trotzdem sagen / und obwohl ihr denkt / aber nachdem sie sich überzeugt hatten, dass Grammatik lustig ist ..."

Kon|junk|tiv der *lat.* ▶ Modus

Kon|junk|tur die *lat.*: Wirtschaftslage; **Kon|junk|tur|auf|schwung** der

kon|kav *lat.*: eine konkave (nach innen gewölbte) Linse, *Ggs.* konvex

Kon|kor|dat das *lat.*, des Konkordats, die Konkordate: 1. Vertrag zwischen dem Vatikan und einem Staat 2. Vertrag zwischen Schweizer Kantonen

kon|kret *lat.*, am konkretesten: gegenständlich, anschaulich, real, deutlich; *Ggs.* abstrakt; **kon|kre|ti|sie|ren** näher bestimmen, verdeutlichen

Kon|kur|rent der *lat.*, die Konkurrenten: Rivale, Mitbewerber; **Kon|kur|ren|tin** die; **Kon|kur|renz** die: wirtschaftlicher oder sportlicher Wettbewerb; **kon|kur|rie|ren** wetteifern

Konkurs

Kon|kurs der lat., des Konkurses, die Konkurse: Einstellung aller Zahlungen wegen Zahlungsunfähigkeit, Bankrott, gerichtliches Konkursverfahren; einen Konkurs eröffnen

kön|nen du kannst, er konnte, gekonnt, er könnte; **Kön|nen** das; **Kön|ner** der; **Kön|ne|rin** die

Kon|rek|tor der lat.: stellvertretender Rektor; **Kon|rek|to|rin** die

Kon|sens der lat.: Übereinstimmung von Meinungen; es bestand Konsens über das Ziel der Klassenfahrt

kon|se|quent lat., am konsequentesten: grundsatztreu, folgerichtig, beharrlich, beständig; **Kon|se|quenz** die

kon|ser|va|tiv lat.: am Bestehenden, Hergebrachten festhaltend, altmodisch

Kon|ser|ve die lat.; **Kon|ser|ven|do|se** die; **kon|ser|vie|ren** haltbar machen, pflegen, instand halten; **Kon|ser|vie|rungs|stoff** der

Kon|so|le die franz.: gemauerter Vorsprung, Wandbrett

Kon|so|li|die|rung die lat.: Verfestigung, Sicherung, Stillstand, z. B. eines Krankheitsprozesses

> **Kon|so|nant** der lat.: der Mitlaut
> ▶ Rechtschreibung S. 474

Kon|sor|te der lat.: Gefährte, Mittäter

Kon|sor|ti|um das lat., die Konsortien: Unternehmenszusammenschluss zur Durchführung ganz bestimmter Aufgaben, z. B. von mehreren Banken, um das geschäftliche Risiko zu begrenzen

kon|stant oder kons|tant lat.: gleich bleibend, unveränderlich, ständig; **Kon|stan|te** oder Kons|tan|te die: unveränderliche Größe, feststehender Wert; **kon|sta|tie|ren** oder kons|ta|tie|ren: feststellen

Kon|stel|la|ti|on oder Kons|tel|la|ti|on die lat.: Zusammentreffen, bestimmte Gesamtlage, Stellung der Gestirne

kon|ster|niert oder kons|ter|niert: sie sah mich konsterniert (fassungslos, bestürzt) an

kon|sti|tu|ie|ren oder kons|ti|tu|ie|ren lat.: bilden, gründen, festsetzen

kon|stru|ie|ren oder kons|tru|ie|ren lat.: gestalten, entwerfen, erfinden, bauen;

Kon|struk|teur oder Kons|truk|teur [konstruktör] der; **Kon|struk|teu|rin** die; **Kon|struk|ti|on** oder Kons|truk|ti|on die; **kon|struk|tiv** oder kons|truk|tiv: sinnvoll, folgerichtig

Kon|sul der lat., des Konsuls, die Konsuln: ständiger staatlicher Vertreter im Ausland; **kon|su|la|risch**; **Kon|su|lat** das; **Kon|su|lin** die

Kon|sul|ta|ti|on die lat.: fachliche Beratung und Untersuchung, besonders durch einen Arzt; **kon|sul|tie|ren**

Kon|sum der ital.: Verbrauch von Bedarfsgütern; **Kon|su|ment** der, des/die Konsumenten: Verbraucher; **Kon|su|men|tin** die; **kon|su|mie|ren**

Kon|takt der, die Kontakte: Verbindung, Berührung, Verbindungsstelle zweier Stromleiter; **kon|takt|arm**

kon|tern engl.: 1. spiegelbildlich umdrehen 2. abwehren, zurückschlagen, angreifen

Kon|text der lat., die Kontexte: die Äußerung war aus dem Kontext (aus dem gedanklichen und sprachlichen Zusammenhang) der Rede gerissen

Kon|ti|nent der lat., die Kontinente: Festland, Erdteil; **kon|ti|nen|tal**

Kon|tin|gent das lat.: begrenzte Menge, anteilige Leistung

kon|ti|nu|ier|lich lat.: ununterbrochen, gleichmäßig, fortdauernd

Kon|to das lat., die Konten / Kontos oder Konti: ein Bankkonto eröffnen; **Kon|to|num|mer** die, Abk. Kto.-Nr.

kon|tra / cont|ra oder kon|tra lat.: gegen, wider, entgegengesetzt; Ggs. pro; jemandem Kontra geben (heftig widersprechen)

Kon|tra|bass oder Kont|ra|bass der ital.: Bassgeige

Kon|trakt der *lat.*, die Kontrakte: einen Kontrakt (Vertrag) abschließen, einen Künstler unter Kontrakt nehmen

kon|trär *oder* kont|rär: sie verfolgten konträre (gegensätzliche) Ziele

Kon|trast *oder* Kont|rast der *lat.*, des Kontrast(e)s, die Kontraste: Gegensatz, Unterschied; **kon|tras|tie|ren** *oder* kontras|tie|ren sich abheben, unterscheiden

Kon|trol|le *oder* Kont|rol|le die *franz.*: Überwachung, Aufsicht, Prüfung, Beherrschung; **Kon|trol|leur** *oder* Kontrol|leur [kontrolör] der; **Kon|trol|leu|rin** *oder* Kont|rol|leu|rin die; **kon|trol|lie|ren** *oder* kont|rol|lie|ren

kont|ro|vers *oder* kon|tro|vers *lat.*: gegeneinander, widersprüchlich, bestreitbar; **Kont|ro|ver|se** *oder* Kon|tro|ver|se die: Meinungsverschiedenheit, Auseinandersetzung

Kon|tur die *franz.*, die Konturen: Umrisslinie, Umriss

Kon|vek|ti|on die *lat.*: Übertragung von Energie, z. B. Wärme, durch die kleinsten Teilchen einer Strömung; **Kon|vek|tor** der: Rippenheizkörper

Kon|vent der *lat.*, die Konvente: 1. alle Mitglieder eines Klosters 2. Versammlung der Mitglieder eines Klosters, wöchentliche Zusammenkunft von Studenten einer Studentenverbindung

Kon|ven|ti|on die *franz.*, die Konventionen: Abkommen, Vertrag, Umgangsregeln; **kon|ven|ti|o|nell** gebräuchlich, üblich, herkömmlich, förmlich

kon|ver|gent übereinstimmend; *Ggs.* divergent; **Kon|ver|genz** die; **kon|ver|gie|ren** *lat.*: übereinstimmen, sich einander annähern

Kon|ver|sa|ti|on die *franz.*, die Konversationen: unverbindliche Plauderei

kon|ver|tie|ren *lat.*: 1. zu einem anderen Glauben übertreten 2. eine Währung gegen eine andere tauschen

kon|vex *lat.*: ein konvexer (nach außen gewölbter) Spiegel, *Ggs.* konkav

Kon|voi der *franz.*, die Konvois: die Autos fuhren im Konvoi (in einer Kolonne hintereinander)

kon|ze|die|ren *lat.*: zugestehen, einräumen, zugeben; sie konzedierte ihm großes fachliches Wissen

Kon|zent|rat *oder* Kon|zen|trat das *lat.*: angereicherter Stoff, Zusammenfassung; **Kon|zent|ra|ti|on** *oder* Kon|zentra|ti|on die: Verdichtung, Zusammenballung, geistige Anspannung, gezielte Aufmerksamkeit; **Kon|zent|ra|ti|ons|lager** *oder* Kon|zen|tra|ti|ons|la|ger das: Arbeits- und Vernichtungslager im Nationalsozialismus, *Abk.* KZ; **kon|zentrie|ren** *oder* kon|zen|trie|ren

Kon|zept das *lat.*, die Konzepte: 1. Rohfassung eines Textes, stichwortartiger Entwurf 2. Leitidee, zugrunde liegende Anschauung; das passt nicht in sein Konzept, sie war ganz aus dem Konzept gebracht; **kon|zi|pie|ren** planen, eine Rede konzipieren (entwerfen), ein benutzerfreundlich konzipiertes (entwickeltes) Gerät

Kon|zern der *engl.*, des Konzerns, die Konzerne: Firmenverbund

Kon|zert das *ital.*, des Konzert(e)s, die Konzerte: öffentliche musikalische Aufführung, Musikstück; **kon|zer|tie|ren**

Kon|zes|si|on die *lat.*, die Konzessionen: behördliche Genehmigung, Zugeständnis, Entgegenkommen

Kon|zil das *lat.*, die Konzile/Konzilien: Versammlung katholischer Bischöfe

Ko|ope|ra|ti|on die *lat.*: Zusammenarbeit; **ko|ope|rie|ren**

Ko|or|di|na|ti|on die *lat.*: Beiordnung, Zusammenspiel, Abstimmung; **Ko|or|di|na|tor** der; **ko|or|di|nie|ren**

Kopf der, des Kopf(e)s, die Köpfe: ein kühler (besonnener) Kopf, er ist nicht auf den Kopf gefallen (ist durchaus intelligent), Kopf hoch (nicht den Mut verlieren)!, den Kopf in den Sand stecken (die Wirklichkeit nicht sehen wollen); **köp|fen; kopf|los; kopf|rech|nen; kopfscheu; kopf|ste|hen; kopf|über; kopfun|ter; Kopf|weh** das

Ko|pie die *lat.*, die Kopien: Nachbildung, Abzug, Abschrift; **ko|pie|ren; Ko|pier|ge|rät** das; **ko|pier|ge|schützt; Ko|pier|schutz** der: Datenkode auf CDs oder DVDs, der das (unerlaubte) Brennen verhindern soll

Ko|pi|lot der: zweiter Flugzeugführer, zweiter Fahrer (beim Autorennen); **Ko|pi|lo|tin** die

Koppel

Kop|pel das: breiter Ledergürtel, meist bei einer Uniform; das Koppel umschnallen; **kop|peln** der Astronaut war an das Raumschiff gekoppelt (mit ihm verbunden)

Kop|pel die, die Koppeln: eingezäunte Weide

Ko|pro|duk|ti|on die: gemeinschaftlich produziertes Gut, z. B. Film, Fernsehsendung oder Buch

Ko|ral|le die *griech.*: Meereshohltier mit Kalkskelett, Schmuck aus dem Skelett; **Ko|ral|len|riff** das

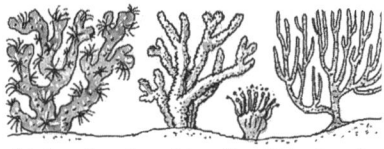

Edelkoralle Geweihkoralle Fächerkoralle

Ko|ran der *arab.*: heilige Schrift des Islam mit den Offenbarungen Mohammeds

Korb der, des Korb(e)s, die Körbe; **Korb|blüt|ler** der: artenreichste Pflanzenfamilie; **Körb|chen** das

Kord → **Cord** der

Kor|del die: zusammengedrehte Schnur

Ko|re|fe|rent / Kor|re|fe|rent der, des / die Ko(r)referenten: zweiter Gutachter, zweiter Referent; **Ko|re|fe|ren|tin / Kor|re|fe|ren|tin** die

Ko|rin|the die *griech.*: kleine, dunkle Rosine ohne Kerne

Kork der *span.*, des Kork(e)s, die Korke; **Kor|ken** der

Kor|mo|ran der *lat.*, die Kormorane: Meeresvogel

Korn das, des Korn(e)s, die Körner: das Korn (Getreide) steht schlecht, beim Gewehr zielt man über Kimme und Korn; **Korn** der: Getreideschnaps; **körnig; Körnung** die

Kör|per der *lat.*; **kör|per|be|hin|dert; Kör|per|far|ben** die: Farben zum Bemalen des Körpers; **Kör|per|hal|tung** die; **Kör|per|kon|takt** der; **kör|per|lich; Kör|per|schaft** die: Vereinigung, Verband; **Kör|per|schafts|steu|er** die: Einkommensteuer, die von allen Kapitalgesellschaften und Genossenschaften entrichtet werden muss; **Kör|per|spra|che** die: seelische Verfassung eines Menschen, die sich in seiner Körperhaltung, Mimik und Gestik ausdrückt; **Kör|per|teil** der

kor|pu|lent *lat.*, am korpulentesten: füllig, dick; **Kor|pu|lenz** die

kor|rekt *lat.*: richtig, einwandfrei, angemessen, *Ggs.* inkorrekt; **kor|rek|ter|wei|se; Kor|rekt|heit** die; **Kor|rek|tur** die: Verbesserung, Berichtigung; **kor|ri|gie|ren** berichtigen

Kor|re|la|ti|on die *lat.*, die Korrelationen: wechselseitige Beziehung, Entsprechung; die Korrelation zwischen Galle und Leber, das Gehalt steht in Korrelation zur Leistung (= leistungsbezogen)

Kor|res|pon|dent *oder* **Kor|re|spon|dent** der *lat.*: auswärtiger Berichterstatter für Presse, Funk und Fernsehen; **Kor|res|pon|den|tin** die; **Kor|res|pon|denz** *oder* **Kor|re|spon|denz** die: Schriftverkehr, Briefwechsel; **kor|res|pon|die|ren** *oder* **kor|re|spon|die|ren**

Kor|ri|dor der *ital.*, des Korridors, die Korridore: Gang, Flur, durch fremdes Gebiet führender Landstreifen

Kor|ro|si|on die *lat.*: die Zerstörung von Oberflächen durch Umwelteinflüsse, z. B. durch Wasser oder Abgase

kor|rum|pie|ren *lat.*: negativ beeinflussen, verleiten; **kor|rupt** am korruptesten: käuflich, bestechlich; **Kor|rup|ti|on** die

Kor|sett das *franz.*, des Korsett(e)s, die Korsette/Korsetts: Mieder, Gipsverband um den Oberkörper

Kor|so der *ital.*, des/die Korsos: ein Korso (festlicher Umzug) aus Trachtengruppen bewegte sich durch die Straßen

ko|sen du kost: zärtlich sein, liebevoll streicheln; **Ko|se|na|me** der

Kos|me|tik die *griech.*: Schönheitspflege, oberflächliche Korrektur; **Kos|me|ti|ke|rin** die; **Kos|me|ti|kum** das, die Kosmetika: Schönheitsmittel; **kos|me|tisch** eine kosmetische Operation

kos|misch *griech.*: im Weltall, unendlich; **Kos|mos** der: das Weltall, die Welt

Kost die: Ernährung, Verpflegung: er hat freie Kost und Logis (bekommt Essen und Wohnung kostenlos); **kos|ten** probieren; **Kost|gän|ger** der: *veraltet für* Untermieter; **köst|lich; Kost|pro|be** die:

sie gab eine Kostprobe (ein Beispiel) ihres Könnens

kost|bar; kos|ten was kostet das Auto?, das kostet mich nur ein Lächeln, das kann dich die Stellung kosten; **Kos|ten** die: finanzielle Aufwendungen; **kos|ten|los** umsonst, gratis; **kos|ten|pflich|tig; Kosten|rech|nung** die; **Kos|ten|stel|le** die; **kost|spie|lig** teuer

Kos|tüm das *franz.*, des Kostüm(e)s, die Kostüme: zweiteiliges Kleidungsstück für Frauen, Verkleidung im Fasching / Karneval oder auf der Bühne; **kos|tü|mie|ren**

Kot der, des Kot(e)s; **Kot|flü|gel** der: Schutzblech zur Verkleidung der Autoräder

Ko|te|lett das *franz.*, des/die Koteletts: Rippenstück von Schlachtvieh

Ko|te|let|ten die: Backenbart

Kö|ter der: *abwertend für* Hund

kot|zen wie ein Reiher kotzen (*ugs.* sich erbrechen); etwas zum Kotzen (unerträglich, abstoßend) finden

Krab|be die: Krebsart, die seitwärts gehen kann, *auch* essbare Garnele; **krab|beln** auf Händen und Füßen kriechen; **Krab|bel|stu|be** die: Tagesstätte für Kleinkinder im Krabbelalter

Krach der, des Krach(e)s, die Kräche; **kra|chen** es kracht im Gebälk

kräch|zen der Rabe krächzte

kraft auf Grund / aufgrund; kraft dieses Gesetzes; **Kraft** die, die Kräfte: eine Verordnung in Kraft setzen (gültig werden lassen), mit vereinten Kräften; ein Kraft raubender / kraftraubender Endspurt; **Kräf|te|gleich|ge|wicht** das; **Kraft|fahrzeug** das, die Kraftfahrzeuge; **kräf|tig; kräf|ti|gen; kraft|los; kraft|voll**

Kra|gen der: ich packte ihn am Kragen

Krä|he die; **krä|hen** das Baby krähte vergnügt

Kra|ke der *norweg.*, des/die Kraken: großer Tintenfisch

kra|kee|len lautstark streiten, schimpfen; der Betrunkene krakeelte im Wirtshaus herum

Kra|kel der: er malte Krakel (Schnörkel) auf das Papier

Kral|le die; **kral|len**

Kram der, des Kram(e)s; **kra|men** wühlen

Krampf der, des Krampf(e)s, die Krämpfe: plötzlicher Muskelschmerz, gequältes Bemühen; **krampf|haft** verbissen, gequält

Kran der, des Kran(e)s, die Kräne / Krane: Hebevorrichtung

Kra|nich der: storchähnlicher, seltener Stelzvogel

krank kränker, am kränksten; **Kran|ke** der/die; **krän|keln; kran|ken** der Entwurf krankte an der nötigen Sorgfalt; **krän|ken** dein Lachen kränkt (beleidigt) mich; **Kran|ken|geld** das; **Kran|ken|haus** das; **krank|haft; Krank|heit** die; **krankla|chen** sich; **kränk|lich; krank|schreiben; Krän|kung** die

> **krank** wird mit dem folgenden Verb zusammengeschrieben, wenn sich eine neue, übertragene Bedeutung ergibt, z. B.: *krankfeiern, sich kranklachen, jemanden krankschreiben.*
> Getrennt oder zusammenschreiben kann man in Verbindung mit *machen: Es ist bekannt, dass Lärm auf Dauer krank macht/krankmacht.*

Kranz der, des Kranzes, die Kränze

Krap|fen der: mit Marmelade gefülltes Gebäck

krass krasser, am krassesten: ein krasser (auffallender) Unterschied, das ist total krass (*ugs.* extrem gut *oder* extrem schlecht)

Kra|ter der *griech.*: trichterförmige Öffnung, z. B. bei einem Vulkan

Kratz|bürs|te die; **kratz|bürs|tig** widerspenstig, gereizt; **krat|zen** du kratzt; **Krat|zer** der; **krat|zig; Kratz|wun|de** die

Krät|ze die: 1. Hautausschlag, 2. Rückentragekorb

krau|len liebkosen, streicheln

krau|len / **craw|len**: im Kraulstil schwimmen

kraus am krausesten: krauses Haar, krause (wirre) Gedanken; **Krau|se** die; **kräuseln** das Wasser kräuselt sich (wirft kurze, unregelmäßige Wellen)

Kraut das, des Kraut(e)s, die Kräuter: ins Kraut schießen (üppig wuchern); **krautig**

Kra|wall der, des Krawall(e)s, die Krawalle: Aufruhr, Tumult, Lärm

Kra|wat|te die *franz.*: eine Krawatte umbinden

Kra|xe|lei die; **kra|xeln** klettern

Kre|a|ti|on die *lat.*: Modell, Modeentwurf, Schöpfung; **kre|a|tiv** ideenreich, schöpferisch; **Kre|a|tur** die: Lebewesen, Geschöpf; **kre|a|tür|lich**

Krebs der, des Krebses, die Krebse: 1. Wassertier, meist mit Panzer und Scheren 2. bösartige Geschwulst; **krebsar|tig**; **kreb|sen** sich schleppen, mühsam kriechen, sich erfolglos abmühen; **Krebs er|re|gend / krebs|er|re|gend**; **krebskrank**

Kre|dit der *franz.*, die Kredite: befristetes Darlehen; einen Kredit aufnehmen, auf Kredit leben; **Kre|dit|kar|te** die

Kre|do / Cre|do das *lat.*, des/die Kredos / Credos: 1. Glaubensbekenntnis 2. Teil der katholischen Messe, in der das Kredo / Credo gesprochen wird

Krei|de die: beim Lebensmittelhändler in der Kreide stehen (bei ihm Schulden haben); **krei|de|bleich**; **Krei|de|strich** der; **krei|de|weiß**

kre|ie|ren *lat.*: erschaffen, hervorbringen; sie kreierte einen neuen Hut, er wollte etwas Eigenes kreieren (hervorbringen), er wurde zum Kardinal kreiert (ernannt)

Kreis der, des Kreises, die Kreise *vgl. Abb. S. 320*; **Krei|sel** der; **krei|seln**; **krei|sen** du kreist; **Kreis|lauf** der; **Kreis|lauf|kol|laps** der; **Kreis|stadt** die; **Kreis|ver|kehr** der

krei|schen seine weiblichen Fans kreischten (schrien) hysterisch

krei|ßen *veraltet für* gebären; **Kreiß|saal** der: Entbindungsraum im Krankenhaus

Krem / Kre|me → **Creme** die

Kre|ma|to|ri|um das *lat.*, die Krematorien: Einäscherungshalle

Krem|pe die: Hutrand

Krem|pel der: am liebsten würde ich den ganzen Krempel hinwerfen (*ugs.* aus Ärger an etwas nicht mehr weitermachen), das ist nur Krempel (Ramsch)

kre|pie|ren *lat.*: der Hund krepierte (verendete) auf der Straße, Bomben krepierten (explodierten) über der Stadt

Krepp / Crêpe der *franz.*: Kräuselstoff; **Krepp|pa|pier** das

Krepp / Crêpe die *franz.*, die Krepps / Crêpes: dünner Eierkuchen

Kres|se die: Name verschiedener Pflanzen, z. B. Gartenkresse

Kreuz das *lat.*: ein Kreuz machen, Kreuz des Südens (Sternbild am südlichen Himmel), mit jemandem über Kreuz (böse, zerstritten) sein; *aber:* wir liefen kreuz und quer durch die Stadt; **kreuzen** sie kreuzte meinen Weg; **Kreu|zer** der: 1. alte Münze 2. Kriegsschiff; **Kreuz|fahrt** die; **Kreuz|feu|er** das: Beschuss von mehreren Seiten, er steht im Kreuzfeuer der Kritik; **kreu|zi|gen**; **Kreu|zi|gung** die; **Kreuz|ot|ter** die: Giftschlange *vgl. Abb. S. 440*; **Kreuz|spin|ne** die; **Kreu|zung** die; **Kreuz|ver|hör** das; **kreuz|wei|se**; **Kreuz|zug** der

krib|be|lig ich bin heute so kribbelig (nervös); **krib|beln** in meiner Nase kribbelt (juckt) es; **kribb|lig**

krie|chen du kriechst, er kroch, gekrochen, er kröche; **krie|che|risch** unterwürfig; **Kriech|tier** das: Reptil

Krieg der, des Krieg(e)s, die Kriege; **Krieger** der; **Krie|ge|rin** die; **krie|ge|risch**; **Krieg(s)füh|rung** die; **kriegs|be|schädigt**; **Kriegs|be|schä|dig|te** der; **Kriegsdienst** der

krie|gen einen Preis kriegen (bekommen), ich krieg dich schon (*ugs.* fange dich), die beiden haben sich endlich gekriegt (*ugs.* sind ein Paar)

Kri|mi der, die Krimis: *Abk. für* Kriminalroman und -film; **Kri|mi|na|list** der: Polizeibeamter, Kenner des Strafrechts; **Kri|mi|na|lis|tin** die; **Kri|mi|na|lis|tik** die: Wissenschaft von den Verbrechen; **kri|mi|na|lis|tisch**; **Kri|mi|na|li|tät** die: Gesamtheit der Straftaten; **Kri|mi|nalpo|li|zei** die: *Abk.* Kripo; **kri|mi|nell**

Krims|krams der: wertloses Zeug

Krin|gel der; **krin|ge|lig**; **krin|geln**

Krip|pe die

Kri|se die *griech.*, die Krisen: schwierige Lage, Zeit der Gefährdung; **kri|seln** es kriselte in ihrer Ehe

Kris|tall das *griech.*: geschliffenes Glas; **Kris|tall** der, die Kristalle: chemisch einheitlicher, fester Körper; **kris|tal|li|sie|ren** Kristalle bilden; **kris|tall|klar**; **Kris|tall|va|se** die

Kri|tik die *griech.*, die Kritiken: Beurteilung, Bewertung, Besprechung; **Kri|ti|ker** der; **Kri|ti|ke|rin** die; **kri|tik|los**; **kri|tisch**; **kri|ti|sie|ren**

Krit|ze|lei die, die Kritzeleien; **krit|zeln**

Kro|kant der *franz.*: knusprige Masse aus zerkleinerten Mandeln und Nüssen

Kro|ket|te die, die Kroketten: längliche, ausgebackene Kartoffelklößchen

Kro|ko|dil das *griech.*, die Krokodile: Panzerechse

Kro|kus der, des Krokus, die Krokusse: stängellose Frühjahrsblume

Kro|ne die *griech.*; **krö|nen**; **Kron|prinz** der; **Kron|prin|zes|sin** die; **Krö|nung** die; **Kron|zeu|ge** der: Hauptzeuge, der selbst an der Tat beteiligt war; **Kron|zeu|gin** die

Kropf der, des Kropf(e)s, die Kröpfe: krankhafte Wucherung am Hals, dehnbarer Schlund des Vogels

kross krosses (knuspriges) Brot

Krö|sus der *griech.*, des Krösus(ses), die Krösusse: sehr reicher Mann

Krö|te die: Froschlurch

Krü|cke die: Gehhilfe

Krug der, des Krug(e)s, die Krüge: der Krug geht so lange zum Brunnen, bis er bricht

Kru|me die: Brotkrume; **Krü|mel** der; **krü|me|lig**

krumm am krummsten; **krüm|men** sich; **krumm|le|gen** sich: sich abmühen; **krumm|neh|men** übel nehmen; **Krümmung** die

Krüp|pel der: *oft abwertend für* Körperbehinderter

Krus|te die; **krus|tig**

Kru|zi|fix das *lat.*, des Kruzifixes, die Kruzifixe: plastische Darstellung des gekreuzigten Christus

Kryp|ta die *lat.*, die Krypten: unterirdische Grabstätte in einer Kirche

Kryp|ton das *griech.*: geruch- und farbloses Edelgas in Glühlampen; *Zeichen* Kr

Kü|bel der; **Kü|bel|pflan|ze** die

Ku|bik|me|ter der/das: Raummeter, *Abk.* m³; **Ku|bik|zahl** die: dritte Potenz einer Zahl

Kü|che die; **Kü|chen|tisch** der

Ku|chen der

Ku|ckuck der, des Kuckuck(e)s, die Kuckucke; **Ku|ckucks|uhr** die

Kud|del|mud|del das: Wirrwarr, Durcheinander

Ku|fe die: Gleitschiene oder -gestell

Kü|fer der: Hersteller von Weinfässern

Ku|gel die; **ku|ge|lig**; **Ku|gel|la|ger** das; **ku|geln**; **ku|gel|rund**; **Ku|gel|schrei|ber** der; **Ku|gel|sto|ßen** das

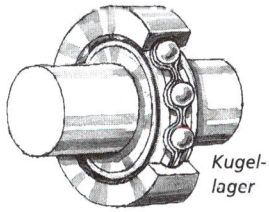

Kugellager

Kuh die, die Kühe; **Kuh|han|del** der: übles Geschäft

kühl am kühlsten; **Küh|le** die; **küh|len**; **Küh|ler** der; **Kühl|flüs|sig|keit** die; **Kühlhaus** das; **Kühl|schrank** der; **Kühl|tru|he** die; **Küh|lung** die

Kuh|le die: Mulde

kühn; **Kühn|heit** die

Kü|ken das: Jungtier, v. a. beim Huhn

ku|lant *franz.*, am kulantesten: entgegenkommend, annehmbar; **Ku|lanz** die

Ku|li der *hind.*, die Kulis: Lastträger, billige Arbeitskraft in asiatischen Ländern; er schuftete wie ein Kuli

Kuli

Ku|li der: *ugs. für* Kugelschreiber
ku|li|na|risch *lat.*: die Kunst des Kochens betreffend; der kulinarische Ruf des Hotels war ausgezeichnet
Ku|lis|se die *franz.*, die Kulissen: Bühnendekoration
kul|lern aus den Augen kullern Tränen
kul|mi|nie|ren *lat.*: seinen Höhepunkt erreichen; die Begeisterung kulminierte in tosendem Applaus
Kult der *lat.*, des Kult(e)s, die Kulte: 1. Form des Gottesdienstes 2. übertriebene Pflege oder Verehrung, z. B. Körperkult; **Kult|fi|gur** die; **kul|tisch**; **kul|ti|vie|ren** urbar machen, verfeinern, pflegen; **kul|ti|viert** am kultiviertesten: sie benahm sich kultiviert (wohlerzogen); **Kul|tur** die, die Kulturen: 1. Gesamtheit der geistigen und künstlerischen Errungenschaften einer Gesellschaft, geistige und seelische Bildung, Lebensweise 2. Pflanzenzucht und -anbau; **kul|tu|rell**; **Kul|tus|mi|nis|te|ri|um** das
Kum|mer der; **küm|mer|lich**; **Küm|mer|ling** der: schwaches Geschöpf; **kümmern** kümmere dich um deine eigenen Dinge; **Küm|mer|nis** die, die Kümmernisse; **kum|mer|voll**
ku|mu|lie|ren *lat.*: ansammeln, anhäufen
kün|den; **kund|ge|ben** (→ geben): bekannt geben; **Kund|ge|bung** die; **kun|dig** kenntnisreich; **kün|di|gen**; **Kün|di|gung** die; **kund|tun** (→ tun)
Kun|de der, des/dem Kunden; **Kun|dendienst** der; **Kun|din** die; **Kund|schaft** die
künf|tig in Zukunft
Kunst die, die Künste; **Kunst|griff** der: geschickter Handgriff, Trick; **Künst|ler** der; **Künst|le|rin** die; **künst|le|risch**; **künstlich**; **Kunst|stoff** der; **kunst|voll**; **Kunst|werk** das
kun|ter|bunt ein kunterbuntes (abwechslungsreiches, gemischtes) Programm
Kup|fer das: chemisches Element, ein rötliches Schwermetall; *Zeichen* Cu
Ku|pon / Cou|pon [kupõ] der *franz.*: Abschnitt, Schein
Kup|pe die; **Kup|pel** die, die Kuppeln
kup|peln verbinden, koppeln; **Kupp|lung** die: Verbindung zweier beweglicher Teile, z. B. zwischen Automotor und Getriebe

Kur die *lat.*, die Kuren: Heilbehandlung; **ku|rie|ren** heilen, mit Erfolg behandeln
Kür die: Wahl, frei gewählte sportliche Übung
Kur|bel die, die Kurbeln; **kur|beln**
Kür|bis der, des Kürbisses, die Kürbisse; **Kür|bis|kern** der
Ku|rie die *lat.*: päpstliche Behörde und deren Sitz
Ku|rier der *franz.*, die Kuriere: Überbringer wichtiger Nachrichten, Bote
ku|ri|os *lat.*, am kuriosesten: sonderbar, merkwürdig, komisch
Kurs der *lat.*, des Kurses, die Kurse: 1. Fahrtrichtung 2. Lehrgang *(auch* Kursus) 3. Marktpreis von Wertpapieren, Wechselkurs von Währungen; **Kursbuch** das: Fahrplanbuch der Bahn
Kürsch|ner der: Handwerker, der Tierfelle verarbeitet
kur|siv *lat.*: in kursiver (schräger, nach rechts geneigter) Schrift schreiben
Kur|ve die *lat.*; **kur|ven**; **kur|ven|reich**; **kur|vig**
kurz kürzer, am kürzesten: alles kurz und klein schlagen, das ging kurz und schmerzlos (schnell, ohne viel Umstände), er hat mir vor Kurzem / vor kurzem geschrieben; **Kurz|ar|beit** die: eingeschränkte Arbeitszeit; **kurz|är|me|lig / kurz|ärm|lig**; **Kür|ze** die: in der Kürze liegt die Würze; **Kür|zel** das: Abkürzungszeichen in der Stenografie; **kür|zen**; **kur|zer|hand**; **kurz|fas|sen** sich: wenig Worte machen; **kurz|fris|tig**; **kurz ge|bra|ten / kurz|ge|bra|ten**; **kurz|hal|ten** jemanden kurzhalten (ihm wenig gönnen), *aber* kannst du die Leiter bitte kurz halten?; **kürz|lich**; **Kurz|schluss** der: als sie die Lampe anbrachte, gab es einen Kurzschluss; **Kurz|schluss|handlung** die: unüberlegtes Tun; **Kurzschrift** die: Stenografie; **kurz|sich|tig**; **Kurz|sich|tig|keit** die; **kurz|tre|ten / kür|zer|tre|ten** (→ treten): sich schonen; **kurz|um**; **Kür|zung** die

---

Kurz|ge|schich|te die: „Kurzgeschichte" ist eine Übersetzung des amerikanischen Begriffs „Shortstory", doch stimmen nur die Namen überein. In Deutschland hat die Kurzgeschichte nämlich eine ganz andere Bedeutung als in Amerika die Shortstory / Short Story.

Zu den Vorformen der modernen Kurzgeschichte rechnet man bei uns u.a. die → Kalendergeschichten und die → Anekdoten. Doch die Kurzgeschichte ist weder volkstümlich unterhaltsam noch heiter-witzig. Auch die 1905 erschienenen „Lausbubengeschichten" von Ludwig → Thoma sind nur zum Teil Vorläufer des modernen Typs Kurzgeschichte. Sie sind aber vergleichbar, weil sie ganz aus der Alltagssprache leben und scharfe Kritik an den Verhaltensweisen der Menschen üben.

Die erste Kurzgeschichtensammlung nach dem Zweiten Weltkrieg gab Wolfgang Weyrauch unter dem Titel „Tausend Gramm" im Jahre 1949 heraus. Er rief nach einer „Kahlschlag-Literatur", in der alles Überflüssige vermieden werden sollte. Die Menschen sollten sich nicht mehr von schönen Texten einlullen lassen, sondern inmitten des Dickichts der bisherigen Literatur sollte der „Kahlschlag" der Kurzgeschichte die Menschen aufschrecken, schockieren, in ihrer Haltung verändern.

Am eindrucksvollsten hat Wolfgang → Borchert mit seiner „Trümmerliteratur" (die Geschichten spielen in den Trümmern der zerbombten Städte) Armut, Leid, Hoffnungslosigkeit, aber auch Güte und Menschlichkeit in dieser trostlosen Zeit erfasst („An diesem Dienstag", „Das Brot", „Die Küchenuhr", „Nachts schlafen die Ratten doch").

Er ist das große Vorbild für Heinrich → Böll, der sich vornahm, die Sprache der verzweifelten Menschen zu sprechen, die noch einmal davongekommen waren, so in den 1950 erschienenen Kurzgeschichten „Wanderer, kommst du nach Spa…". Im selben Jahr erschien die Sammlung „Die Rohrdommel ruft jeden Tag" von Wolfdietrich Schnurre. Fast alle Schriftsteller der Nachkriegszeit begannen damals Kurzgeschichten zu schreiben. Beachtung fanden auch die Schriftstellerinnen Ilse Aichinger, Elisabeth Langgässer und Marie Luise → Kaschnitz. Was aber ist nun diesen Kurzgeschichten verschiedener Autoren gemeinsam? Wie die → Novelle ist auch die Kurzgeschichte straff komponiert. Ein bedeutsamer Moment im Leben eines Menschen wird herausgehoben. Anders aber als in den meisten Novellen werden in Kurzgeschichten Außenseiter, Zukurzgekommene, Hilflose, Verachtete, Schwache in oft aussichtsloser Lage vorgestellt. Der Leser / die Leserin soll nicht unterhalten, sondern provoziert und aktiviert werden.

Die Handlung beginnt plötzlich, ohne Einleitung, und bricht jäh ab. Alles bleibt offen, es gibt auch während des Erzählens keine Abschweifungen. Die Sprache ist knapp und karg; die Leute sprechen, wie ihnen „der Schnabel gewachsen ist". Alle diese Merkmale der Kurzgeschichte blieben erhalten, als längst die Themen gewechselt hatten.

ku|scheln sich in die Polster kuscheln
ku|schen der Junge kuschte (gehorchte)
Ku|si|ne / Cou|si|ne die: Base
Kuss der, des Kusses, die Küsse; kuss|echt kussechter Lippenstift; küs|sen du küsst
Küs|te die: Meeresküste; Küs|ten|strei|fen der; Küs|ten|wa|che die
Küs|ter der: Kirchendiener
Kut|sche die; Kut|schen|fahrt die; Kut|scher der; kut|schie|ren
Kut|te die: Kleidung der Mönche
Kut|teln die südd./österr.: Innereien vom Rind
Kut|ter der engl.: motorisiertes Fischerboot
Ku|vert [kuwer] das franz., die Kuverts: Briefumschlag; ku|ver|tie|ren in ein Kuvert stecken
Ku|weit / Ku|wait; Ku|wei|ter / Ku|wai|ter der; Ku|wei|te|rin / Ku|wai|te|rin die, die Kuweiterinnen / Kuwaiterinnen; ku|wei|tisch / ku|wai|tisch
KZ das, des / die KZ(s): kurz für → Konzentrationslager

L

la|ben die Wanderer labten (erfrischten) sich an der Quelle; **Lab|sal** das, des Labsal(e)s, die Labsale: das frische Wasser war ein Labsal (etwas Erfrischendes, Erquickendes) für ihn; **La|bung** die

la|bil *lat.*, am labilsten: unsicher, schwankend, nicht zuverlässig; ein labiler Charakter; *Ggs.* stabil

La|bor das *lat.*, die Labors / Labore: *Kurzwort für* Laboratorium (Forschungsstätte); **La|bo|rant** der: Laborhilfskraft; **La|bo|ran|tin** die; **la|bo|rie|ren** an einer Krankheit laborieren (leiden)

La|by|rinth das *griech.*, des Labyrinth(e)s, die Labyrinthe: 1. Irrgarten 2. innerer Teil des Ohres

La|che die: Pfütze

lä|cheln; La|chen das; **la|chen; La|cher** der: er hat die Lacher auf seiner Seite (er kann die Anwesenden für sich einnehmen); **lä|cher|lich; lach|haft**

Lachs der, des Lachses, die Lachse: Meeresfisch, der im Süßwasser laicht

Lack der *ital.*, die Lacke; **la|ckie|ren; La|ckie|rer** der; **La|ckie|re|rin** die; **La|ckie|re|rei** die

la|den du lädst, er lud, geladen, er lüde: das Schiff hat Erz geladen, nur für geladene Gäste!, eine Datei laden (um sie am Computer zu bearbeiten); **La|dung** die

La|den der, die Läden: ein eleganter Laden, die Läden (Rollläden, Fensterläden) herunterlassen

lä|die|ren *lat.*: der Bilderrahmen sah lädiert (beschädigt) aus, sie stieg etwas lädiert (verletzt) aus dem Unfallauto

La|dy [läidi] die *engl.*, die Ladys: 1. engl. Adelstitel 2. vornehme Dame; sie benahm sich nicht gerade wie eine Lady

La|ge die: ihr Haus befindet sich in einer schönen Lage der Stadt, das ist keine bequeme Lage (Art des Liegens), den Ernst der Lage erfassen (wissen, worauf es ankommt), ich bin nicht in der Lage (nicht im Stande); **La|ge|be|richt** der

La|ger das, die Lager; **La|ger|hal|tung** die: Lagerung und Verwaltung von Warenvorräten; **La|ge|rist** der: Lagerarbeiter; **La|ge|ris|tin** die; **la|gern; La|ge|rung** die

La|gu|ne die *ital.*, die Lagunen: sehr seichter abgetrennter Meeresteil

lahm am lahmsten; **lah|men** lahm gehen; **läh|men** er ist beidseitig gelähmt; **lahmle|gen** der Bahnverkehr wurde lahmgelegt (kam zum Stillstand); **Läh|mung** die

Laib der: ein Laib Brot

Laich der: im Wasser abgelegte Eier von Wassertieren; **lai|chen; Laich|platz** der

Laie der *griech.*, des/die Laien: Nichtfachmann; *Ggs.* Experte; **lai|en|haft; Lai|enthe|a|ter** das; **Lai|in** die

La|kai der *franz.*, die Lakaien: ein Lakai (Diener) am Hofe, sie behandelte ihn wie einen Lakaien (spannte ihn rücksichtslos für ihre Interessen ein)

La|ke die, die Laken: salzige Brühe zum Einlegen von Fleisch oder Fisch

La|ken das, die Laken: Betttuch

la|ko|nisch *griech.*: sie lächelte lakonisch (kurz, etwas spöttisch), er machte eine lakonische Bemerkung

Lak|ritz *oder* La|kritz der/das / **Lak|rit|ze** *oder* La|krit|ze die *griech.*: Bonbon aus eingedicktem Süßholzsaft

lal|len undeutlich sprechen

La|ma das *span.*, die Lamas: höckerlose kleine Kamelart Südamerikas

La|mel|le die *franz.*: dünner Streifen, Platte

la|men|tie|ren *lat.*: jammern, klagen

La|met|ta das *ital.*: glänzende, dünne Streifen aus Aluminium, z. B. als Christbaumschmuck

Lamm das, des Lamm(e)s, die Lämmer; **Lämm|chen** das; **lamm|fromm**

Lam|pe die *franz.*; **Lam|pen|fie|ber** das: Nervosität und Angst vor einem öffentlichen Auftritt

Lam|pi|on der *franz.*, die Lampions: Papier- oder Stofflaterne

LAN das *engl.*: *Abk. aus* local area network: örtlich begrenztes Computernetzwerk; **LAN-Par|ty** die: gemeinsames Spielen an vernetzten Computern

lan|cie|ren *lat.*: sie lancierte die Meldung geschickt in die Presse (brachte sie gezielt an die Öffentlichkeit), der Vater lancierte seinen Sohn an die Konzernspitze (nützte Beziehungen und Vorteile aus), ein neues Produkt in den Markt lancieren (auf den Markt bringen)

Land das, des Land(e)s, die Länder: er sah wieder Land (eine Möglichkeit), bleibe im Lande und nähre dich redlich, im Land der aufgehenden Sonne (Japan); **land|auf und land|ab** (überall); **land|aus und land|ein; land|ein|wärts; Lan|des|spra|che** die; **lan|des|üb|lich; land|läu|fig; länd|lich; Land|schaft** die; **land|schaft|lich; Lands|mann** der, des Landsmann(e)s, die Landsleute; **Landsmän|nin** die; **Lan|dung** die

lang länger, am längsten: eine Zeit lang/Zeitlang, einen Monat lang, über kurz oder lang (in absehbarer Zeit); **lan|ge** das dauert zu lange, seit Längerem / seit längerem, *aber*: des Längeren; **Län|ge** die; **lan|gen** das dürfte langen (reichen), *aber*: des Langen und Breiten; **Län|gen|ein|heit** die: Längenmaß; **Län|gen|grad** der; **Lan|ge|wei|le** die; **lang|fris|tig; lang gestreckt / lang|ge|streckt; lang|jäh|rig; lang|le|big; läng|lich; lang|mü|tig** geduldig; **längs** längs des Hauses / dem Haus; **lang|sam; Längs|schnitt** der; **längs|seits; längst; längs|tens; lang|wei|len** sich; **lang|wei|lig; lang|wie|rig**

> **lang:** Das Adjektiv wird kleingeschrieben: *eine lange Pause; die längste Rede.* In Fügungen, die aus einer Präposition (ohne Artikel) und einem deklinierten Adjektiv bestehen, kann das Adjektiv substantiviert werden: *seit Längerem / seit längerem.*

Lan|gus|te die *franz.*, die Langusten: Speisekrebs

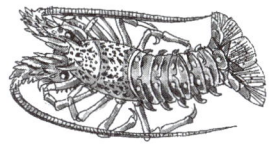

Lan|ze die *franz.*: lange Stoßwaffe; für jemanden eine Lanze brechen (für ihn eintreten)

La Ola die *span.*, die La Olas = die Welle: Ausdrucksform eines begeisterten Publikums, z. B. bei einem Fußballspiel

la|pi|dar *lat.*: er formulierte seine Frage lapidar (kurz und knapp, aber treffend)

Lap|pa|lie die: Belanglosigkeit, unbedeutende Angelegenheit; er regte sich wegen jeder Lappalie auf

Lap|pen der, die Lappen: Stoffklumpen; **lap|pig** weich, schlaff

läp|pern das läppert sich (*ugs.* wird aus vielen kleinen Mengen zu einer beachtlich großen Menge)

läp|pisch kindisch, albern, dumm

Lap|sus der *lat.*: Ungeschicklichkeit, Fehler, Versehen; ihr unterlief ein peinlicher Lapsus

Lap|top [läptop] der *engl.*: flacher, tragbarer Kleincomputer (*auch*: Notebook)

Lär|che die: Nadelbaum

La|ri|fa|ri das: Unsinn, Geschwätz

Lärm der, des Lärm(e)s; **lär|men**

Lar|ve die *lat.*: 1. Gesichtsmaske 2. Entwicklungsstadium vieler Tiere, besonders der Insekten

lasch am lasch(e)sten: fade, schlaff, müde

La|sche die: 1. technisches Verbindungsstück 2. Verschlussteil

La|ser [läiser] der *engl.*: Gerät, das energiereiche Lichtstrahlen erzeugt; **La|serstrahl** der

la|sie|ren *pers.*: mit einer durchsichtigen Schicht oder Farbe übermalen; **La|sur** die

las|sen du lässt, sie ließ, gelassen, sie ließe, lass / lasse!; sich nichts gefallen lassen, das Schloss lässt sich nicht öffnen, lass das!, ich habe viel Geld dort gelassen (ausgegeben); **läss|lich** lässliche (zu vergebende) Sünden

läs|sig ungezwungen; er lehnte lässig am Auto; **Läs|sig|keit** die

Las|so das/der *span.*, des/die Lassos: Wurfschlinge

Last die, die Lasten: die schwere Last seines Amtes, das geht zu deinen Lasten (auf deine Rechnung), er fällt ihr zur Last (ist ihr lästig, bereitet ihr Mühe); **las|ten** drückende Hitze lastete auf der Stadt; **Las|ter** der: *Kurzwort für Lastkraftwagen, Abk.* Lkw / LKW; **läs|tig** am lästigsten; **Last|schrift** die: Belastung eines Kontos oder Mitteilung darüber an den Kontoinhaber; **Last|schrift|ver|kehr** der: bargeldloser Zahlungsverkehr, wobei durch eine Vollmacht des Kunden von der Bank (Abbuchungsauftrag) oder einem Zahlungsempfänger (Einzugsermächtigung) regelmäßige Zahlungen wie z. B. Miete oder Strom von dessen Konto abgerufen werden können

Las|ter das; **las|ter|haft**; **läs|ter|lich**; **läs|tern** spotten; **Läs|te|rung** die

La|tein das; **la|tei|nisch**

la|tent *lat.*: nicht unmittelbar sichtbar, aber vorhanden, noch nicht akut; sie spürte die latente Gefahr, eine latente Erkrankung der Atemwege

La|ter|ne die *griech.*

Lat|ri|ne *oder* La|tri|ne die *lat.*: behelfsmäßige Toilette, z. B. im Pfadfinderlager

Lat|sche die, die Latschen: niedrig wachsende Bergkiefer

lat|schen er latschte (schlurfte) in den Keller; **Lat|schen** die: alte, ausgetretene Hausschuhe; aus den Latschen kippen (*ugs.* 1. ohnmächtig werden 2. überrascht, fassungslos sein)

Lat|te die; **Lat|ten|zaun** der; **Lat|ten|schuss** der

Latz der, die Latze/Lätze: Brustschutz aus Stoff; **Lätz|chen** das; **Latz|ho|se** die

lau lauer, am lau(e)sten: laues Wasser, das Geschäft ist lau (mäßig); **lau|warm**

Laub das, des Laub(e)s; **Lau|be** die: Gartenhäuschen, gedeckte Veranda; **Laub|sä|ge** die: feine Handsäge

Lauch der, des Lauch(e)s: Gemüsepflanze

Lau|er die: die Katze lag auf der Lauer; **lau|ern** er lauerte ihr auf

Lauf der, des Lauf(e)s, die Läufe: im Lauf(e) der Zeit, es nimmt seinen Lauf (ist nicht aufzuhalten); **Lauf|bahn** die; **lau|fen** sie rief mich laufend (dauernd) an, ich halte dich auf dem Laufenden (informiere dich ständig); **Läu|fer** der; **Läu|fe|rin** die; **Lauf|feu|er** das; **Lauf|ma|sche** die; **Lauf|pass** der: jemandem den Laufpass geben (sich von ihm trennen)

Lau|ge die: Seifenlauge, Waschwasser

Lau|ne die *lat.*; **lau|nen|haft**; **lau|nig** humorvoll; **lau|nisch** am launischsten: mit wechselnden Stimmungen

Laus die, die Läuse; **Laus|bub** der; **lau|sen**

lau|schen; **lau|schig** ein lauschiges (verborgenes, gemütliches) Plätzchen

laut am lautesten: sie schrie laut auf, Zweifel sind laut geworden / lautgeworden, laut (gemäß) unserem ersten Brief; **Laut** der, die Laute; **Lau|te** die: altes Zupfinstrument; er schlug die Laute; **lau|ten** die Überschrift lautet (heißt wörtlich)…; **läu|ten**; **laut|los**; **laut|stark**; **Laut|stär|ke** die

lau|ter er hatte einen lauteren (aufrichtigen, ehrlichen) Charakter, vor lauter Freude; **Lau|ter|keit** die; **läu|tern** das Erlebnis hat ihn geläutert (reifer gemacht); **Läu|te|rung** die

> **Laut|ma|le|rei** die: Wiedergabe von Klängen oder Geräuschen durch Wörter, die ähnlich klingen, z. B. zischen, prasseln, summen, Kuckuck

La|va die *ital.*, die Laven: ausfließendes, geschmolzenes Gestein bei Vulkanausbruch

La|ven|del der *ital.*: stark duftende Pflanze; **la|ven|del|blau**

La|wi|ne die *lat.*: herabgleitende Eis-, Geröll- oder Schneemassen; **La|wi|nen|war|nung** die

lax *lat.*, laxer, am laxesten: lasch, nachlässig; **Lax|heit** die

La|za|rett das *franz.*, die Lazarette: Soldatenkrankenhaus

lea|sen [lisen] *engl.*: etwas zur eigenen Nutzung mieten; sie hat das Auto geleast; **Lea|sing** das: spezielles Mietverfahren für langlebige Güter wie z. B. Autos, Computer oder Fabrikanlagen; **Lea|sing|fir|ma** die; **Lea|sing|neh|mer** der: Mieter; **Lea|sing|ra|te** die: monatliche Zahlung, die später auf den Kaufpreis angerechnet wird

le|ben allein leben, er versteht zu leben (ist ein Genießer), ich lebe (wohne) in Berlin, für eine Idee leben (sich ihr ganz widmen); **Le|ben** das: einem Kind das Leben schenken (ein Kind gebären), er macht mir das Leben zur Hölle (macht mir Schwierigkeiten), zum Leben zu wenig, zum Sterben zu viel (sehr arm), Leben spendend / lebensspendend; Leben zerstörend / lebenzerstörend; **le|bendig; Le|bens|al|ter** das; **le|bens|fä|hig; le|bens|ge|fährlich; le|bens|läng|lich; Lebens|lauf** der; **le|bens|lus|tig; Le|bensver|si|che|rung** die; **Le|be|wohl** das: ein endgültiges Lebewohl, aber: leb(e) wohl!; **leb|haft; leb|los; Leb|tag** der: sein Lebtag daran denken (das ganze Leben lang); **Leb|zei|ten** die: zu seinen Lebzeiten (solange er lebte)

Le|bens|lauf der ▶ Aufsatzlehre S. 519

Le|ber die, die Lebern; **Le|ber|käs(e)** der; **Le|ber|tran** der: Öl aus Fischleber
Leb|ku|chen der: Honig-/Sirupgebäck
lech|zen die Tiere lechzten nach Wasser (verlangten gierig danach)
leck undicht; **leck schla|gen / leck|schlagen; Leck** das: undichte Stelle
le|cken sich die Lippen lecken; **le|cker** am leckersten: das sieht lecker (appetitlich) aus; **Le|cker|bis|sen** der; **Le|cker|mäulchen** das
Le|der das; **le|de|rig, le|dern** sie hat die Scheibe geledert (mit einem Ledertuch poliert); **le|dern** aus Leder; **led|rig**
le|dig sie ist noch ledig (unverheiratet), sie ist aller Verpflichtungen ledig (frei davon)
le|dig|lich sie hatte lediglich (nur) fünfzig Cent in der Tasche
Lee die dem Wind abgekehrte Seite; *Ggs.* Luv

Lee   *Luv* ← — *Wind* —

leer ein Haus steht leer, ein Glas leer trinken / leertrinken; **Lee|re** die; **lee|ren** ein Glas leeren (austrinken); **Leer|gut** das: Behälter, die man zurückgeben kann, z. B. Flaschen, Kisten; **Leer|lauf** der; **leer ste|hend / leer|ste|hend; Leer|tas|te** die; **Lee|rung** die

Lef|ze die, die Lefzen: schlaff herabhängende Lippen beim Hund

le|gal *lat.*: gesetzlich erlaubt; **le|ga|li|sieren** amtlich beglaubigen, rechtskräftig machen; **Le|ga|li|tät** die: Gesetzmäßigkeit

Le|gas|the|nie *oder* Leg|as|the|nie die *lat.*: eine Schwäche beim Lesen oder bei der Rechtschreibung von Wörtern

le|gen

le|gen|där *lat.*: unwahrscheinlich, sagenumwoben

Le|gen|de die *lat.*: Früher wurden beim Gottesdienst in den Kirchen oder bei Andachten in den Klöstern Geschichten aus dem Leben von Heiligen vorgelesen. Solche Erzählungen nennt man nach dem lateinischen Wort „legenda" (= das zu Lesende) Legenden.
Legenden berichten meist von wunderbaren Ereignissen, vom Leben und Sterben großer Heiliger, Märtyrer und frommer Einsiedler, wobei sich Wahrheit und Dichtung oft untrennbar vermischen. Sicher kennst du die eine oder andere Legende, etwa die Erzählung von der Vogelpredigt des heiligen Franziskus oder die Legende von Christophorus, der das Christuskind über den Fluss getragen haben soll.
Die ersten Legendensammlungen entstanden bereits vor 700 Jahren in lateinischer Sprache. Die größte dieser Sammlungen, die im 17. und 18. Jh. in 70 Bänden zusammengetragen wurde, enthält rund 25 000 solcher Geschichten. Sie dienten oft Malern als Vorbild für Gemälde oder Wandmalereien in den Kirchen.

le|ger [le*schä*r] *franz.*, am legersten: ungezwungen, lässig, salopp
Leg|gings / Leg|gins die *amerik.*: elastische wadenlange Hose
le|gie|ren *ital.*: 1. Metalle schmelzen und mischen 2. mit Mehl und Ei binden, eindicken, z. B. eine Soße; **Le|gie|rung** die: Mischmetall

Legion

Le|gi|on die *lat.*, die Legionen: 1. altrömische Heereseinheit 2. Truppe aus freiwilligen Söldnern 3. große Anzahl; **Le|gi|o|när** der, die Legionäre

le|gi|tim *lat.*: gesetzlich anerkannt, rechtmäßig, begründet; **Le|gi|ti|ma|ti|on** die: Ausweis, Beglaubigung; **le|gi|ti|mie|ren** bevollmächtigen; er konnte sich nicht legitimieren (nicht ausweisen)

Le|gu|an der *karib.*: südamerikanische Echse

Le|hen das: Grundbesitz, der im Mittelalter von einem Fürsten an einen Untertan verliehen wurde mit der Verpflichtung, dass dieser ihm dafür diente

Lehm der, des Lehm(e)s; **leh|mig**

Leh|ne die: Stuhllehne; **leh|nen** ich lehne mich an

Lehn|wort das ▶ Fremdwort

Lehr|buch das; **Leh|re** die; **leh|ren**; **Leh|rer** der; **Leh|re|rin** die; **Lehr|ling** der; **lehrreich**

Leib der, des Leib(e)s, die Leiber: bleib mir vom Leib(e)! (komm mir nicht zu nahe!), etwas am eigenen Leib erfahren (eine Erfahrung selbst machen), sie hat nur, was sie am Leib trägt (besitzt nichts); **leib|ei|gen**; **leib|haf|tig**; **Leib|haf|ti|ge** der: der Teufel; **Leib|ren|te** die: regelmäßig an eine Person zu zahlende Rente, die mit deren Tod erlischt. Diese Art Rente wird oft bei einem Hauskauf vereinbart; dabei wird der Kaufpreis in Form dieser Rentenzahlung entrichtet.

Lei|che die: er geht über Leichen (ist rücksichtslos); **lei|chen|blass**; **Leich|nam** der, die Leichname

leicht am leichtesten: leicht wie eine Feder, du machst dir das zu leicht (zu einfach); **Leicht|ath|let** der; **Leicht|ath|le|tin** die; **leicht|fal|len** (→ fallen): das ist ihr leichtgefallen (machte ihr keine Mühe); **leicht|fer|tig** unüberlegt; **Leicht|fuß** der: Bruder Leichtfuß (sorgloser Mensch); **leicht|gläu|big**; **leicht|hin** er sagte es leichthin (nebenbei, ohne nachzudenken); **Leicht|ma|tro|se** *oder* -mat|ro|se der: Rang zwischen Schiffsjunge und Vollmatrose; **Leicht|sinn** der; **leicht|sin|nig**

leid ich bin es leid (mag es nicht mehr leiden); **Leid** das: ihnen wurde großes Leid angetan, *aber* → leidtun; geteiltes Leid ist halbes Leid, was tust du mir zu Leide/zuleide; **lei|den** du leidest, er litt, gelitten, er litte; **Lei|den** das; **Lei|den|schaft** die: Eifersucht ist eine Leidenschaft, die mit Eifer sucht, was Leiden schafft; **lei|den|schaft|lich**; **lei|den|schafts|los**; **Lei|dens|ge|nos|se** der; **lei|der** ich habe leider keine Zeit; **lei|dig** ein leidiges (lästiges) Problem; **leid|lich** das Wetter war leidlich (einigermaßen gut); **leid|tun** sie kann einem leidtun, das tut mir leid

Leid: Das Substantiv wird großgeschrieben: *Leid erfahren, jemandem ein Leid zufügen.*
leid: Das Adjektiv kommt nur mit *sein* und *werden* vor und wird kleingeschrieben: *Ich bin das Warten leid.*
leidtun wird klein- und zusammengeschrieben: *Das tut mir wirklich leid. So leid es mir tut … Das wird Ihnen noch leidtun!*

Lei|de|form die: Passiv ▶ Aktiv

Lei|er die *griech.*: Musikinstrument; **Lei|er|kas|ten** der: Drehorgel; **lei|ern** ohne Betonung aufsagen

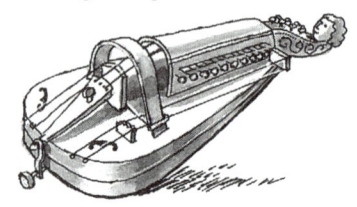

Leih|bib|li|o|thek die; **lei|hen** du leihst, er lieh, geliehen, er liehe; **Leih|ver|trag** der: Vertrag, der dem Entleiher gestattet, einen Gegenstand eine Zeit lang unentgeltlich zu nutzen; **Leih|wa|gen** der; **leih|wei|se**

Leim der, des Leim(e)s; **lei|men**

Lei|ne die

lei|nen; Lei|nen das; aus Leinen; **Lein|öl** das: Leinsamenöl; **Lein|sa|men** der; **Lein|wand** die: die Leinwand (im Kino)

lei|se am leisesten: stell bitte das Radio leiser, ich habe den leisen (schwachen) Verdacht, nicht im Leisesten (überhaupt nicht), auf leisen Sohlen (heimlich), bei der leisesten (schwächsten) Berührung; **Lei|se|tre|ter** der: ängstlicher, alles hinnehmender Mensch

Leis|te die: 1. schmale Holzlatte 2. Stelle zwischen Bauch und Oberschenkel; **Leis|ten|bruch** der

leis|ten Ersatz leisten, ich kann mir das nicht leisten (nicht kaufen), sich eine Frechheit leisten (herausnehmen); **Leistung** die: sie bot eine schwache Leistung; **Leis|tungs|ab|fall** der; **Leistungs|bi|lanz** die: Bestandteil der Zahlungsbilanz der Bundesrepublik Deutschland; sie umfasst u. a. das Handels-, Dienstleistungs- und Vermögenseinkommen; **Leis|tungs|druck** der; **leistungs|schwach; Leis|tungs|test** der

Leit|ar|ti|kel der: längerer, wichtiger Zeitungskommentar; **lei|ten** er ist leitender Angestellter; **Lei|ter** der; **Lei|te|rin** die; **Leit|fa|den** der: Buch mit kurzen Angaben; **Leit|ham|mel** der: Anführer (einer Schafherde); **Leit|plan|ke** die; **Leit|tier** das; **Lei|tung** die; **Lei|tungs|sys|tem** das: hierarchische Ordnung in einem Unternehmen; **Leit|wäh|rung** die: Währung eines Landes, an deren Kurs sich andere Länder mit ihren Währungen orientieren

Lei|ter die: er klettert die Leiter des Erfolges hoch (kommt beruflich vorwärts); **Lei|ter|wa|gen** der: Handkarre

Leit|for|men die: Leitformen des → Verbs sind der Infinitiv, die 1. Person des Präteritums und das → Partizip II: sehen – sah – gesehen; arbeiten – arbeitete – gearbeitet; → Stamm, Stammformen

Lek|ti|on die *lat.*, die Lektionen: 1. Abschnitt in einem Lehrbuch, Aufgabe 2. Unterrichtsstunde; ich habe ihm eine Lektion erteilt (ihn zurechtgewiesen), du hast deine Lektion nicht gelernt (wirst aus Schaden nicht klug)

Lek|tü|re die *franz.*: Lesestoff, das Lesen

Len|de die; **Len|den|stück** das

len|ken der Mensch denkt, Gott lenkt; **Lenk|rad** das; **Len|kung** die

Lenz der: *dichterisch für* Frühling; er kann sich einen schönen Lenz machen (*ugs.* er hat eine leichte, anspruchslose Arbeit)

Lenz Siegfried ▶ S. 239

Le|o|pard der *lat.*, des/die Leoparden: große Raubkatze

Lep|ra *oder* Le|pra die *griech.*: Infektionskrankheit, Aussatz

Ler|che die: Singvogel

ler|nen reiten / Reiten lernen, etwas auswendig lernen, Englisch lernen; **lern|eif|rig; Ler|nen|de** der/die; **Lern|pro|zess** der; **Lern|ziel** das

les|bar; Le|se|buch das; **le|sen** du liest, er las, gelesen, er läse, lies!; **le|sens|wert; Le|ser** der; **Le|se|rin** die; **le|ser|lich** eine leserliche Schrift

Les|bi|e|rin die: homosexuelle Frau, *ugs.* Lesbe (nach der griech. Insel Lesbos); **les|bisch**

Lessing Gotthold Ephraim ▶ S. 240

Le|thar|gie die *lat.*: 1. seelische und körperliche Müdigkeit, Interesselosigkeit; in der Klasse breitete sich große Lethargie aus 2. Schlafsucht; **le|thar|gisch**

Let|ter die *franz.*, die Lettern: 1. Druckbuchstabe; er schrieb in großen Lettern 2. Drucktype

Lett|land; Let|te der; **Let|tin** die, die Lettinnen; **let|tisch; Lett|län|der** der; **Lett|län|de|rin** die, die Lettländerinnen, **lett|län|disch**

letz|te der letzte Versuch, letztes Mal; *groß:* er ging als Letzter durchs Ziel, du bist die Letzte, die ich anrufe; ein Letztes ist noch zu sagen, als Letztes, das Letzte herausholen; **letzt|end|lich; letz|tens; letzt|hin** kürzlich; **letzt|lich; letzt|mals**

Leu der: *dichterisch für* Löwe

Leuchte

Leuch|te die: er ist keine große Leuchte (ist nicht besonders klug); **leuch|ten; Leuch|ter** der
leug|nen abstreiten; **Leug|ner** der
Leu|kä|mie oder **Leuk|ä|mie** die griech.: Blutkrebs, krankhafte Vermehrung der weißen Blutkörperchen
Leu|ko|zy|ten die griech.: weiße Blutkörperchen
Leu|mund der: sie hat einen bösen Leumund (einen schlechten Ruf)
Leu|te die: lauter nette Leute, macht keinen Quatsch, Leute!, unter die Leute bringen (bekannt machen, verteilen); **leut|se|lig** verbindlich, freundlich
Leut|nant der franz., die Leutnants/Leutnante: unterster Offiziersdienstgrad
Le|xi|kon das griech., die Lexika / Lexiken: Nachschlagewerk
lfd. Abk. für laufend
LH Abk. für Lufthansa
Li|a|ne die franz.: Schlingpflanze
Li|bel|le die: 1. Insekt 2. mit Flüssigkeit gefülltes Glasröhrchen bei Messinstrumenten, z. B. bei der Wasserwaage 3. Haarspange
li|be|ral lat.: ohne Vorurteile, freisinnig, freiheitlich gesinnt, offen; liberale Politik; **Li|be|ra|le** der/die; **li|be|ra|li|sie|ren** freiheitlich gestalten, Einschränkungen aufheben
Li|by|en; Li|by|er der; **Li|by|e|rin** die, die Libyerinnen; **li|bysch**
licht hell, dünn, durchscheinend; er hat lichtes (spärliches) Haar; **Licht** das, des Licht(e)s, die Lichter; **Licht|blick** der: das war endlich ein Lichtblick (eine Hoffnung); **Licht|bün|del** das: deutlich begrenzte Lichtstrahlen, die durch eine sehr kleine Öffnung treten; **lich|ten** die Reihen lichten sich (immer mehr Leute gehen); **lich|ter|loh; licht|scheu; Lichtung** die: gerodete Stelle im Wald
lich|ten den Anker hochziehen; sie lichteten den Anker im Morgengrauen
Lid das, des Lid(e)s, die Lider: Augendeckel; **Lid|schat|ten** der
lieb am liebsten; **Lie|be** die: sie hat mit Liebe (großer Sorgfalt) gekocht; **Lie|be|lei** die; **lie|ben; lie|bens|wert; lie|benswür|dig; Lie|bes|brief** der; **lie|be|voll; lieb ge|win|nen / lieb|ge|win|nen** (→ gewinnen); **lieb ha|ben / lieb|ha|ben** (→ haben); **Lieb|ha|ber** der; **lieb|ko|sen; lieblich; Lieb|ling** der; **lieb|los** am lieblosesten; **Liebs|te** der/die
Lied das, des Lied(e)s
Liech|ten|stein; Liech|ten|stei|ner der; **Liech|ten|stei|ne|rin** die, die Liechtensteinerinnen; **liech|ten|stei|nisch**
lie|der|lich leichtfertig, verwerflich, unordentlich; sie hatte den Ruf einer liederlichen Person
Lie|fe|rant der; **lie|fer|bar; Lie|fer|be|din|gun|gen** die; **Lie|fer|frist** die; **lie|fern; Lie|fe|rung** die; **Lie|fer|wa|gen** der; **Lie|fer|zeit** die
Lie|ge die; **lie|gen** du liegst, er lag, gelegen, er läge; **lie|gen blei|ben** (→ bleiben): auf dem Bett liegen bleiben, übertragen: ich bin mit dem Auto liegen geblieben / liegengeblieben (hatte eine Panne); **lie|gen las|sen** (→ lassen): sie ließ die Brille liegen (vergaß sie), alles liegen und stehen lassen (etwas überstürzt beenden, um schnell aufzubrechen), übertragen: jemanden links liegen lassen / liegenlassen (nicht beachten); **Lie|ge|stütz** der
Lift der engl., die Lifte/Lifts: Fahrstuhl; **Lift|boy** der
Li|ga die span., die Ligen: 1. Zusammenschluss, Bündnis 2. Spielklasse, z. B. im Fußball
li|ie|ren franz.: mit jemandem liiert sein (ein Liebesverhältnis haben)
Li|kör der franz.: süßes alkoholisches Getränk; „Wer Sorgen hat, hat auch Likör" (Wilhelm Busch)
li|la arab.: das Tuch war lila, aber: sie war ganz in Lila gekleidet
Li|lie die lat.: Zierblume; **li|li|en|weiß**
Li|li|pu|ta|ner der engl.: zwergwüchsiger Mensch (nach dem Land „Liliput" in Jonathan Swifts Roman „Gullivers Reisen"); **Li|li|pu|ta|ne|rin** die, die Liliputanerinnen
Li|me|rick der engl.:
Stets trug nur ein Tuch statt des Wamses,
Auch bei Regen, der selige Ramses.
Der Arzt warnt ihn sehr,
Doch er fand kein Gehör,
Zuletzt sprach er nur noch: „Da ham Se's!" (Carl Peiser)

Siegfried Lenz

Siegfried Lenz

geb. am 17.3.1926
in Lyck/Ostpreußen

Der Läufer (Erzählung, 1951)
So zärtlich war Suleyken
(Masurische Geschichten, 1955)
Der Mann im Strom (Roman, 1957)
Das Feuerschiff
(Erzählung, 1959/60)
Deutschstunde (Roman, 1968)
Heimatmuseum (Roman, 1978)

Siegfried Lenz stammt aus einer „kleinen Stadt zwischen zwei Seen" in Ostpreußen, der östlichsten Provinz des früheren Deutschen Reiches, die nach dem Zweiten Weltkrieg zu Polen kam. Die Welt seiner Kindertage zwischen den Masurischen Seen hat er später in dem Erzählbändchen *So zärtlich war Suleyken* höchst anschaulich und mit viel Humor beschrieben. Diese Welt war bevölkert von „Arbeitern, Handwerkern, kleinen Geschäftsleuten, Fischern, geschickten Besenbindern und geduldigen Beamten, zu denen auch mein Vater gehörte", schreibt er. Kurz vor Ende des Zweiten Weltkriegs musste Siegfried Lenz von der Schulbank an die Front. Er erlebte den Zusammenbruch Deutschlands und wurde „Augenzeuge der großen Flucht und des Untergangs vieler Schiffe".

1945 kam Lenz in das zerbombte Hamburg, um dort zu studieren. Seinen Lebensunterhalt verdiente er zunächst als Schwarzhändler – er handelte unter anderem mit Nähnadeln und Zwiebeln –, später als Blutspender. Um Geld zu sparen, blieb er manchmal einfach im Bett liegen und las. Schließlich wurde er Journalist und begann zu schreiben.

„Ich wüsste nicht, was ich lieber täte als schreiben", bekennt er selbst einmal. Zunächst waren es Nachrichten aus Kultur und Politik oder Reportagen aus den Gerichtssälen. Dann aber löste er sich vom Schreiben für den Tag. Seit 1951 lebt er nun in Hamburg als freier Schriftsteller. Als Erzähler hat er inzwischen eine große Leserschaft bei Jung und Alt gewonnen. Zu seinen Themen gehören spannende Geschichten aus Hamburg oder von der See, wie *Das Feuerschiff*. Er verfasste auch erfolgreiche Romane, zum Beispiel *Der Mann im Strom*, *Deutschstunde* und *Heimatmuseum*. Viele jüngere Leserinnen und Leser wissen, dass er interessante Geschichten vom Sport und von Sportlern erzählen kann; in Lesebüchern findet sich oft die Erzählung *Der Läufer*. Siegfried Lenz erhielt viele Auszeichnungen, darunter den Friedenspreis des Deutschen Buchhandels.

Gotthold Ephraim Lessing

Gotthold Ephraim Lessing

geb. am 22.1.1729
in Kamenz/Oberlausitz
gest. am 15.2.1781
in Braunschweig

Fabeln
Minna von Barnhelm
  oder Das Soldatenglück
  (Komödie, 1767)
Emilia Galotti (Drama, 1772)
Nathan der Weise (Drama, 1779)

Was in dem jungen Gotthold Ephraim alles steckte, darauf wurden als Erste seine Lehrer an der Fürstenschule St. Afra in Meißen aufmerksam: Lessing wurde mit 12 Jahren in diese Eliteschule geschickt und fiel dort durch seine glänzende Begabung, aber auch durch seine Keckheit und Schlagfertigkeit auf. In fünf Jahren absolvierte er die Schule, ein Halbjahr durfte er überspringen. Ein Stipendium seiner Heimatstadt Kamenz ermöglichte ihm das Theologiestudium in Leipzig. Dort lernte er die wichtigsten Schriftsteller der Zeit kennen. Er fühlte sich zum Theater hingezogen, schien einmal sogar in Schauspielerkreisen zu „versumpfen", sodass die Eltern ihn mit der erfundenen Nachricht, die Mutter liege im Sterben, nach Hause riefen.

In Wittenberg und Berlin schrieb er Zeitungsartikel, vor allem Theaterkritiken, und verfasste seine ersten Dramen. Als Dramen- und Fabelautor ist er auch bis heute am bekanntesten. Mit drei Stücken hat er seinen Ruhm auf der Bühne begründet: der Komödie *Minna von Barnhelm oder Das Soldatenglück,* dem bürgerlichen Trauerspiel *Emilia Galotti* und schließlich dem Schauspiel *Nathan der Weise.* In der „Minna" wird einem Major mit strengem Ehrbegriff von einer lebensfrohen Sächsin der Kopf zurechtgerückt. Emilia Galotti ist der erste „gemischte" Charakter auf der Bühne, sozusagen ein Mensch wie du und ich. Und im „Nathan" stellte Lessing seinen aufklärerischen Glauben an den Sieg der Vernunft im Menschen in einer Bühnenhandlung dar. Es ist erstaunlich, dass Lessing sich diesen optimistischen Glauben bis zuletzt bewahrt hat. Denn nicht nur, dass ihm ein bitteres Schicksal ein Jahr nach der Hochzeit seine Frau und sein einziges Kind nahm, auch Krankheiten machten ihm sehr zu schaffen. Meist fehlte es am Geld für das Nötigste. Anfeindungen, vor allem von kirchlicher Seite, bewirkten, dass er in seinen letzten Lebensjahren keine theologischen Schriften mehr veröffentlichen durfte. Nur 52 Jahre alt ist er 1781 in Braunschweig gestorben.

Li|mes der *lat.*: Grenzwall der Römer gegen die Germanen; der rätische Limes; **Li|mes|kas|tell** das

Li|mit das *engl.*, die Limite/Limits: festgesetzte Grenze, die nicht über- oder unterschritten werden darf; bis zum Limit gehen, er setzte sich ein Limit

Li|mo|na|de die *franz.*

Li|mou|si|ne die *franz.*: geräumiger, geschlossener Personenkraftwagen

lind sanft, mild, „Die linden Lüfte sind erwacht" *(Ludwig Uhland)*; **lin|dern** die Not lindern; **Lin|de|rung** die; **lind|grün** zart gelblichgrün

Lin|de die: Laubbaum; „Am Brunnen vor dem Tore, da steht ein Lindenbaum"; **lind|grün**

Li|ne|al das *lat.*; **li|ne|ar** geradlinig, linienförmig

Li|nie die *lat.*; **Li|ni|en|blatt** das; **li|ni|en|treu** der Partei oder einer Ideologie gehorchend; **li|nie|ren / li|ni|ie|ren** Linien ziehen

Lin|ke die: 1. die linke Hand; „...dann soll deine Linke nicht wissen, was deine Rechte tut" *(Mt. 6,3)* 2. politische Linie, Gruppierung (die im Parlament aus der Sicht des Präsidenten links sitzt); **lin|kisch** am linkischsten: unbeholfen; **links; Links|au|ßen** der: er spielte heute den Linksaußen; **Links|hän|der** der; **Links|hän|de|rin** die; **links|hän|dig; links|he|rum** *oder* -her|um; **links|rhei|nisch**

Li|no|le|um das *lat.*: Bodenbelag; **Li|nol|schnitt** der: grafische Technik

Lin|se die: 1. Gemüsepflanze und deren Samen 2. Fotoobjektiv 3. Teil des Auges

Lip|pe die; **Lip|pen|be|kennt|nis** das: Äußerung ohne innere Überzeugung

Li|qui|da|ti|on die *lat.*: 1. Auflösung, z. B. eines Unternehmens oder eines Vereins 2. Rechnung, z. B. für eine ärztliche Behandlung; **li|qui|die|ren** der Verbrecher wurde liquidiert (hingerichtet), eine Schuld liquidieren (tilgen); **Li|qui|die|rung** die; **Li|qui|di|tät** die: 1. Zahlungsfähigkeit 2. flüssige Mittel wie Bargeld, Bankguthaben

lis|peln

List die; **lis|ten|reich** der listenreiche Odysseus; **lis|tig** pfiffig-schlau

Lis|te die

Li|ta|nei die *griech.*: Bittgesang; eine Litanei (langatmige Aufzählung) von Vorwürfen

Li|tau|en; Li|tau|er der; **Li|tau|e|rin** die, die Litauerinnen; **li|tau|isch**

Li|ter der/das *griech.*: Hohlmaß; *Abk.* l

li|te|ra|risch; Li|te|ra|tur die; **Li|te|ra|tur|ge|schich|te** die; **Li|te|ra|tur|kri|tik** die: Beurteilung von zeitgenössischer Literatur; **Li|te|ra|tur|kri|ti|ker** der

Lit|faß|säu|le die: meist an Straßen stehende, runde Plakatsäule, so genannt nach ihrem Berliner Erfinder E. Litfaß

Li|tho|gra|fie / Li|tho|gra|phie die *griech.*: 1. Platte für Stein- und Offsetdruck 2. im Steindruckverfahren hergestelltes Kunstblatt

Li|tur|gie die *lat.*, die Liturgien: 1. offizielle Form des kath. Gottesdienstes 2. Teil des evang. Gottesdienstes mit Wechselgebet oder -gesang

Lit|ze die: 1. flache Schnur, mit der man Stoffe verziert 2. biegsamer, dünner Leitungsdraht

live [laif] *engl.*: eigentlich „lebend", direkt; einen Sänger live erleben; **Live|sen|dung** [laif-] die: Direktübertragung in Rundfunk oder Fernsehen

Liv|ree *oder* Li|vree die *franz.*, die Livreen: Uniform eines Dieners

Li|zenz die: amtliche Genehmigung; **Li|zenz|spie|ler** der: bei einem Verein fest angestellter Sportler

Lkw / LKW der: *Abk. für* Lastkraftwagen

Lob das, des Lob(e)s; **lo|ben; lo|bens|wert** am lobenswertesten; **Lob|ge|sang** der; **Lob|hu|de|lei** die: einschmeichelndes Lob; **Lob|lied** das

Lob|by der *engl.*, die Lobby: 1. Wandelhalle in britischen und amerikanischen Parlamentsgebäuden 2. Interessengruppe, die versucht, Entscheidungen von Abgeordneten zu beeinflussen; Kinder haben meist keine Lobby hinter sich 3. Hotelhalle; wir treffen uns in der Lobby

Loch das, des Loch(e)s, die Löcher; **lo|chen**; **Lo|cher** der; **lö|chern** ich löchere: die Kinder löcherten mich mit vielen Fragen; **lö|che|rig / löch|rig**; **Loch|ka|me|ra** die: Camera obscura, etwa seit Ende des 13. Jh.s. zur Abbildung von Gegenständen genutzter lichtdichter Kasten

Lo|cke die; **lo|ckig**

lo|cken

lo|cker am lockersten; **lo|cker|las|sen** (→ lassen): nachgeben, er ließ nicht locker; **lo|ckern** eine Schraube lockern

Lo|den der: filziger Wollstoff; **Lo|den|man|tel** der

Löf|fel der; **löf|feln**

Lo|ga|rith|mus oder **Log|a|rith|mus** der griech., die Logarithmen: mathematische Größe; Abk. log

Lo|ge [lọsche] die franz.: abgeteilter Raum mit mehreren Sitzplätzen, z. B. im Theater; **lo|gie|ren** [loschiren]: zeitweise wohnen; **Lo|gis** das [loschi]: einfache Unterkunft

Log|ger der niederl.: kleines Schiff für den Heringsfang

Log|gia [lodscha] die ital., die Loggien: nach vorn offener, balkonartiger Raum, Säulenhalle

Lo|gik die griech.: Lehre vom richtigen Denken und Folgern; **lo|gisch** folgerichtig, selbstverständlich

Lo|gis|tik die griech.: 1. Planung, Bereitstellung, Einsatz verschiedener Mittel zur Unterstützung und Versorgung einer militärischen Truppe 2. alle Aktivitäten eines Unternehmens hinsichtlich Beschaffung, Lagerung und Transport einer Ware; **lo|gis|tisch**

Lo|go das/der engl., die Logos: charakteristisches Firmenzeichen, Signet

Lo|go|pä|de der griech., des / die Logopäden: Sprachheilkundiger; **Lo|go|pä|die** die griech.: Wissenschaft und Behandlung von physisch oder psychisch bedingten Sprachstörungen, Sprachheilkunde; **Lo|go|pä|din** die; **lo|go|pä|disch**

Lohn der, des Lohn(e)s, die Löhne: Undank ist der Welt Lohn; **loh|nen** etwas mit Missgunst lohnen; **loh|nend**; **Lohn|ne|ben|kos|ten** die: Abgaben an die Sozialversicherung (Renten-, Kranken-, Pflege-, Arbeitslosenversicherung), gemeinsam vom Arbeitnehmer und vom Arbeitgeber zu bezahlen; **Lohn|steu|er** die: Steuer für Einkünfte aus einem Arbeitsverhältnis; **Löh|nung** die

Loi|pe die skand.: Spur für den Skilanglauf

Lok die: Kurzwort für Lokomotive; **Lo|ko|mo|ti|ve** die

lo|kal lat.: örtlich; **Lo|kal** das: Wirtschaft, Gaststätte; **Lo|kal|ter|min** der: Gerichtstermin am Tatort

Long|drink / Long Drink der engl., die Longdrinks / Long Drinks: alkoholisches Getränk, das mit Mineralwasser, Fruchtsaft oder Eis verlängert wird

Lon|ge [lösch(e)] die franz., die Longen: 1. lange Dressurleine für Pferde 2. Sicherheitsleine bei Schwimmübungen

Look [luk] der engl.; die Looks: Aussehen, Moderichtung; sie liebt einen sportlichen Look

Loo|ping [luping] der engl., die Loopings: er flog einen Looping (flog mit dem Flugzeug eine vertikale Schleife)

Lor|beer der lat., die Lorbeeren: immergrüner Gewürzstrauch; er hat Lorbeeren (viel Lob) geerntet

Lord der engl., die Lords: 1. hoher engl. Adelstitel 2. Träger dieses Titels

Lo|re die: offener Schienenwagen zum Kippen, z. B. in einem Bergwerk

los der Löwe ist los, was ist los? (ist etwas passiert?); **lös|bar**; **lo|se**; **los|ei|sen** sich: ugs. sich mühsam von etwas trennen, befreien; **los|ge|hen** können wir etwas früher losgehen?, er ging auf ihn los (bedrängte ihn, griff ihn an); **Lö|se|geld** das; **lö|sen** eine Aufgabe lösen, die Bremse lösen; **lös|lich**; **los|sa|gen** er sagte sich von ihr los; **Lö|sung** die

Los das, des Loses, die Lose: 1. Lotterieschein 2. Schicksal; das Los der Armen; **lo|sen** ein Los ziehen

lö|schen 1. die Flammen löschen 2. ein Schiff wird gelöscht (entladen); **Lösch|fahr|zeug** das

Löss/Löß der: poröse, gelbliche, stark kalkhaltige Ablagerung aus der Eiszeit; **Löss|bo|den / Löß|bo|den** der

Lo|sung die: 1. Wahlspruch, Parole, Kennwort 2. Tierkot

Lot das, des Lot(e)s, die Lote: Senkblei, Tiefenmessgerät; alles kam wieder ins Lot (in Ordnung); **lot|recht** senkrecht; **Lot|rech|te** die

lö|ten; Löt|naht die

Lot|ter|le|ben das: er führte ein Lotterleben (ein liederliches, faules Leben)

Lo|ti|on die *engl.*: Hautpflegemittel

Lot|se der *engl.*: Führer durch gefährliches Gebiet, z. B. der Fluglotse; **lot|sen; Lot|sen|schlff** das

Lot|te|rie die *niederl.*, die Lotterien: Glücksspiel; **Lot|to** das *ital.*, die Lottos

Lö|we der; **Lö|wen|an|teil** der: der beste und größte Anteil; **Lö|wen|mut** der; **Lö|win** die

lo|yal oder loy|al *franz.*: sie war eine loyale (treue, anständige, redliche) Kollegin, *Ggs.* illoyal

LP *Abk. für* Langspielplatte

LSD das: *Kurzwort für* Lysergsäurediäthylamid; ein das Bewusstsein veränderndes Rauschgift

Luchs der, des Luchses, die Luchse: katzenartiges Raubtier; er passt auf wie ein Luchs (ist äußerst aufmerksam)

Lü|cke die; **Lü|cken|bü|ßer** der: Ersatzmann; **lü|cken|haft**

Lu|der das: sie ist ein großes Luder (ein gemeiner, durchtriebener Mensch), man hielt sie für ein armes Luder (einen bedauernswerten Menschen), der Jäger legte ein Luder aus (ein totes Tier als Köder für Raubwild)

Luft die, die Lüfte: das ist aus der Luft gegriffen (frei erfunden); **luft|dicht; Luft|druck** der: Druck, den das Gewicht der Luft auf eine Fläche ausübt; **lüf|ten; luft|ge|kühlt; luft|ge|trock|net; luf|tig; Luf|ti|kus** der: unbekümmerter Mensch; **Luft|kis|sen|boot** das; **luft|leer; Luft|schloss** das: Wunschvorstellung, Traum

Lug der: Lug und Trug (Lüge und Täuschung); **Lü|ge** die: sie hat ihn Lügen gestraft (bewiesen, dass er gelogen hat); **lü|gen** du lügst, er log, gelogen, er löge; **Lüg|ner** der; **Lüg|ne|rin** die

lu|gen er lugte (spähte) um die Ecke

Lu|ke die: kleines Fenster

lu|kra|tiv oder luk|ra|tiv *lat.*: sie erhielt ein lukratives (finanziell interessantes, erstrebenswertes) Angebot, sein Geschäft war nicht sehr lukrativ (nicht gewinnbringend)

lu|kul|lisch *lat.*, nach dem römischen Feldherrn Lucullus (117–57 v. Chr.): sie speisten lukullisch (erlesen und üppig)

Lüm|mel der

Lump der, des/die Lumpen: gewissenloser Mensch; **Lum|pen** der

Lunch [lạntsch] der *engl.*, des Lunches, die Lunche: kleine Mittagsmahlzeit; **lun|chen** [lạntschen]: sie lunchten miteinander

Lun|ge die: die grüne Lunge (die Grünanlagen) der Stadt, die eiserne Lunge (Gerät zur künstlichen Beatmung); **lun|gen|krank; Lun|gen|krebs** der

Lun|te die, die Lunten: Zündvorrichtung bei alten Gewehren

Lu|pe die *franz.*: Vergrößerungsglas; **lu|pen|rein**

Lu|pi|ne die: Pflanze mit dichten Blütentrauben und fingerartigen Blättern

Lurch der, des Lurch(e)s, die Lurche

Lust die, die Lüste; **lus|tig; lust|los; Lustspiel** das: Komödie

Lüs|ter der: prunkvoller Kronleuchter

Luther Martin ▶ S. 244

Lu|the|ra|ner der, nach dem deutschen Reformator Martin Luther (1483–1546): Angehöriger der evang.-lutherischen Kirche

lut|schen du lutschst; **Lut|scher** der

Luv dem Wind zugekehrte Seite; *Ggs.* Lee, *vgl. Abb. S. 235*

Lu|xem|burg; Lu|xem|bur|ger der/die; **Lu|xem|bur|ge|rin** die, die Luxemburgerinnen; **lu|xem|bur|gisch**

Martin Luther

Martin Luther

geb. am 10.11.1483 in Eisleben
gest. am 18.2.1546 in Eisleben

Fabeln
  (z. B. Vom Frosch und der Maus)
Kirchenlieder
  *(z. B. Ein' feste Burg ist unser Gott,
  Nun freut euch liebe Christen
  g'mein)*
Bibelübersetzung (1522/1534)

„Ich bin eines Bauern Sohn. Vater, Großvater und Ahn sind rechte Bauern gewesen", sagte Martin Luther einmal über seine Herkunft. Der Vater Hans wandte sich bald dem Bergbau zu und brachte es zu Ansehen und Vermögen. Den Sohn bestimmte er zum Juristen und schickte ihn zunächst auf die Lateinschule, eine rechte Prügelschule, wie sich Luther später erinnert. Fröhlicher und freier ging es an der Universität Erfurt zu. Auch die Studien machten gute Fortschritte. Doch plötzlich änderte sich Luthers Leben. In höchster Todesangst mitten in einem Gewitter gelobte er ins Kloster zu gehen. Gegen den Willen des Vaters wurde er Mönch, später Priester und schließlich Theologieprofessor in Wittenberg.

Mit den 95 Thesen begann er 1517 den Kampf gegen kirchliche Missstände, der sich bald zu heftigen literarischen Angriffen gegen den Papst und die alte Kirche steigerte. Als Luther sich weigerte, seine Lehren zu widerrufen, stießen ihn Papst und Kaiser aus der Gemeinschaft der Christenheit aus. Doch seine Schriften wurden überall gedruckt und von vielen begeistert gelesen. Er war der berühmteste Mann in Deutschland. Da für ihn allein die Bibel Grundlage des Glaubens war, nahm er das Werk in Angriff, von dem die stärkste Wirkung ausging: Er übersetzte die Bibel ins Deutsche. So fanden auch die einfachen Leute Zugang zu Gottes Wort, denn Luther schrieb die Sprache, die sie verstanden. Sie merkten, „dass man deutsch mit ihnen redet". Den rechten Ton traf er auch in seinen Kirchenliedern, von denen *Vom Himmel hoch* wohl am bekanntesten wurde. Seine Lieder und Predigten, seine theologischen Schriften und Briefe füllen viele Bände. Später verlor er manches von seinem früheren Ansehen. Man nahm ihm übel, dass er eine ehemalige Nonne geheiratet und eine Familie gegründet hatte. Aber ungebrochen blieb sein Einfluss auf die entstehende protestantische Kirche und die protestantischen Fürsten. Er starb, kurz bevor 1546 der protestantische Schmalkaldische Bund zerschlagen wurde.

lu|xu|ri|ös *lat.*, am luxuriösesten: üppig, prachtvoll, verschwenderisch; **Lu|xus** der; **Lu|xus|le|ben** das

Lu|zi|fer der *lat.*: Teufel, Satan

Lym|phe die *lat.*: Gewebeflüssigkeit; **Lymph|ge|fä|ße** die: Leitungsbahn für die Lymphe zum Transport in die Vene; **Lym|pho|zy|ten** die: im lymphatischen Gewebe entstehende weiße Blutkörperchen

lyn|chen *engl.*: die wütende Menge hätte den Verbrecher fast gelyncht (grausam misshandelt, umgebracht)

Ly|rik die *griech.*: Vor 2500 Jahren, im alten Griechenland, saß man fröhlich beisammen, jeder sang selbst geschmiedete Verse aus dem Stegreif, dabei ging die „Lyra" von Hand zu Hand. Dieses kleine Instrument bestand aus einem Schildkrötenpanzer als Schallkasten, zu dem von einem Querarm zwischen zwei Antilopenhörnern Saiten gespannt waren. Es gab Meister auf der Lyra: Berufssänger, die „Lyriker", die im Dienste der großen adligen Familien standen. Sie besangen in Festliedern die Sieger der Olympischen Spiele oder dichteten „Hymnen" zu Ehren der Götter.

Der Begriff „Lyrik" als Dichtungsgattung neben → Epik und → Dramatik kam allerdings erst später auf. Heute versteht man darunter die persönliche Aussage eines Dichters. Ein Gedicht erzählt nicht und lässt auch nicht andere (auf der Bühne) sprechen, sondern das „lyrische Ich" äußert darin sein Empfinden, seine Stimmung, seine Meinung, seine Kritik, seinen Protest.

Ein wesentliches Element der Lyrik ist die Nähe zur Musik. Klar ist das bei der Form des weltlichen oder geistlichen Liedes. Im Mittelalter gab es die herrlichen Vagantenlieder, dann die Minnelieder oder die Lieder der Meistersinger – alle von Instrumenten begleitet. Heute singen die „Liedermacher" ihre Texte zur Gitarre. Viele Gedichte, „stumme" Texte, wurden oft bald vertont, weil der Sprachklang dazu verlockte: Franz Schubert hat so die deutsche „Erlebnislyrik" für alle Welt hörbar gemacht, Freude, Sehnsucht, Angst und Leid in Tönen zum Ausdruck gebracht. Beethoven setzte die festlichen Hymnen „Die Himmel rühmen" (Gellert) und „Freude, schöner Götterfunken" (Schiller) in Musik um und steigerte damit die lyrische Aussage.

Die Lyrik unserer Tage ist anderer Art. Die Krisen in der Welt, die Gefährdung des Menschen und der Umwelt, Zukunftsangst und Unsicherheit spiegeln sich in Inhalt und Formen moderner Lyrik wider. Dabei muss es keineswegs immer ernst zugehen: Um Missstände zu entlarven und politische Gegner zu treffen, knüpft man an volkstümliche Formen (→ Moritat und Bänkelsang) an, tritt vom hohen Podest der Dichtersprache herunter, redet in der Alltagssprache oder verwendet die derbe Gassensprache.

Zunehmend findet auch der Dialekt in die moderne Lyrik Eingang. Doch neben aller Kritik an der Zeit und der Gesellschaft schreiben Dichter und Dichterinnen auch heute noch zarte und empfindsame Gedichte.

ly|risch *griech.*: gedichtartig, stimmungsvoll, liedhaft; **ly|ri|sche Ich** das: fiktiver (gedachter) Sprecher oder fiktive Sprecherin in einem Gedicht (→ Lyrik)

Ly|sol® Mittel zur Desinfektion

Ly|ze|um das *griech.*, die Lyzeen: veraltet für höhere Mädchenschule, *schweiz. für* gymnasiale Oberstufe

LZ *Abk. für* **L**ade**z**one

Lz. *Abk. für* **L**i**z**enz

LZB *Abk. für* **L**andes**z**entral**b**ank

M

Maar das, die Maare: Kratersee
Maat der *niederl.*, die Maate: 1. Bootsgehilfe 2. Dienstgrad bei der Marine
mach|bar; **Mach|bar|keit** die; **Ma|che** die: gekünsteltes Gehabe; das ist nichts als Mache; **ma|chen**; **Ma|chen|schaft** die: heimliche, ungesetzliche Handlung; **Mach|werk** das: Pfuscherei, minderwertiges Erzeugnis
Ma|cho [matscho] der *span.*, die Machos: sich übertrieben männlich und überlegen gebender Mann
Macht die, die Mächte: die Macht der Gewohnheit; **Macht|er|grei|fung** die; **Macht|ha|ber** der: Inhaber der absoluten Regierungsgewalt; **macht|hung|rig**; **mäch|tig**; **macht|voll**; **Macht|wort** das: er sprach ein Machtwort (sprach entschieden, keinen Widerspruch duldend)
Ma|da|gas|kar; **Ma|da|gas|se** der, die Madagassen; **Ma|da|gas|sin** die, die Madagassinnen; **ma|da|gas|sisch**
Ma|dam die *franz.*, die Madams / Madamen: Hausherrin, gnädige Frau
Mäd|chen das; **mäd|chen|haft**
Ma|de die: wurmartige Larve von Insekten; wie die Made im Speck (in Überfluss) leben; **ma|dig**; **ma|dig|ma|chen** jemandem etwas madigmachen (schlechtmachen)

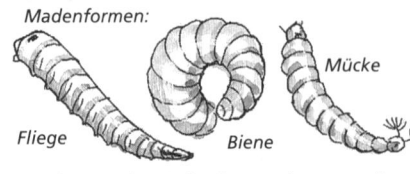

Madenformen:

Fliege *Mücke* *Biene*

Ma|don|na die *ital.*, die Madonnen: die Mutter Gottes; **ma|don|nen|haft**
Ma|fia / Maf|fia die *ital.*, die Mafias: sizilianischer Geheimbund, der mit Erpressung und Mord seine Ziele durchsetzt
Ma|ga|zin das, des Magazins, die Magazine: 1. Lagerraum 2. Patronenbehälter bei Handfeuerwaffen 3. bebilderte Zeitschrift
Magd die, die Mägde
Ma|gen der, die Magen/Mägen: sich den Magen verderben; **Ma|gen|ge|schwür** das; **Ma|gen|saft** der; **Ma|gen|schleim|haut** die; **ma|ger**; **Ma|ger|keit** die; **Ma|ger|sucht** die: abnormes Abmagern
Ma|gie die *griech.*: übersinnliche Kraft, Zauberei; **Ma|gi|er** der: Zauberer; **Ma|gi|e|rin** die; **ma|gisch** magische Kräfte
Ma|gis|ter der *lat.*: er macht gerade seinen Magister (den akademischen Grad Magister Artium, *Abk.* MA)
Ma|gist|rat *oder* Ma|gis|trat der *lat.*, des Magistrat(e)s, die Magistrate: Verwaltungsbehörde einer Stadt
Mag|ma das *lat.*, die Magmen: flüssige, glühende Masse aus dem Erdinnern (wird beim Erkalten zu Gestein)
Mag|ne|si|um *oder* Ma|gne|si|um das: chemisches Element, ein weiches Leichtmetall; *Zeichen* Mg
Mag|net *oder* Ma|gnet der *griech.*, des Magnet(e)s/Magneten, die Magnete(n): Eisen anziehender Körper; **Mag|net|feld** *oder* Ma|gnet|feld das; **mag|ne|tisch** *oder* ma|gne|tisch; **mag|ne|ti|sie|ren** *oder* ma|gne|ti|sie|ren; **Mag|ne|tis|mus** *oder* Ma|gne|tis|mus der: magnetische Eigenschaft, Anziehungskraft; **Mag|net|schwe|be|bahn** *oder* Ma|gnet|schwe|be|bahn die

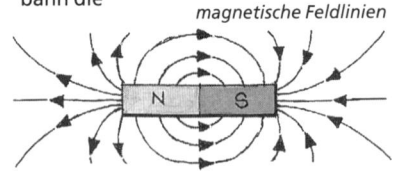

magnetische Feldlinien

Mag|no|lie *oder* Ma|gno|lie [magnolje] die: Zierbaum oder -strauch
Ma|ha|go|ni das *indian.*, des Mahagonis: edles rotbraunes Hartholz
Mäh|dre|scher der; **mä|hen**; **Mä|her** der
Mahl das, des Mahl(e)s, die Mahle/Mähler; **Mahl|zeit** die, die Mahlzeiten
mah|len gemahlener Pfeffer, seine Zähne mahlten (kauten gründlich)
Mäh|ne die: Pferdemähne
mah|nen; **Mahn|be|scheid** der: gerichtliche Zahlungsaufforderung an einen Schuldner; **Mahn|mal** das; **Mah|nung** die; **Mahn|ver|fah|ren** das: Verfahren, durch das ein Gläubiger mit Hilfe des Gerichts Zahlungsansprüche gegen einen Schuldner geltend machen kann

Mäh|re die: altes, abgemagertes Pferd
Mai der: der Erste Mai (Tag der Arbeit); **Mai|an|dacht** die; **Mai|glöck|chen** das: Frühlingsblume; **Mai|kä|fer** der
Maid die, die Maiden: junges Mädchen
Mais der, des Maises: mittelamerikanische Getreideart; **mais|gelb; Mais|kol|ben** der
Maisch der / **Mai|sche** die, die Maischen: 1. geschrotetes, mit Wasser vermischtes Malz zur Bierherstellung 2. gekelterte Trauben zur Weinherstellung
Ma|jes|tät die lat., die Majestäten: 1. Titel und Anrede von Kaisern und Königen, z. B. Eure Majestät 2. Würde, Erhabenheit; **ma|jes|tä|tisch** ihr Gang war majestätisch (hoheits-, würdevoll); **Ma|jes|täts|be|lei|di|gung** die
Ma|jo|nä|se / Ma|yon|nai|se die franz.: pikante, dicke Soße aus Eigelb und Öl
Ma|jor der lat., die Majore: Offiziersrang
Ma|jo|ran der lat.: Gewürzkraut
Ma|jo|ri|tät die lat.: Stimmenmehrheit; Ggs. Minorität
ma|ka|ber unheimlich
Ma|kel der lat., die Makel: Fehler, Wertminderung; **Mä|ke|lei** die: Bemängelung, ständige Nörgelei; **ma|kel|los; mä|keln** er mäkelte über die Farbe des Kleides
Make-up [mäik-ap] das engl., des/die Make-ups: kosmetisches Mittel zur Gesichtsverschönerung, Tönungscreme
Mak|ka|ro|ni die ital.: lange, röhrenförmige Nudeln
Mak|ler der: eine Wohnung über einen Makler (Vermittler) suchen; **Mak|le|rin** die
Ma|kre|le oder **Mak|re|le** die: Speisefisch

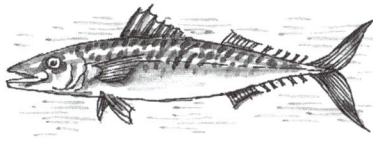

Ma|kro|ne oder **Mak|ro|ne** die: Mandel- oder Kokosplätzchen
Mak|ro|kos|mos oder **Ma|kro|kos|mos** der griech.: das Weltall, die gesamte Natur; Ggs. Mikrokosmos
Ma|ku|la|tur die lat., die Makulaturen: fehlerhafte Druckbogen, Altpapier

mal zwei mal zwei, zweimal, keinmal, mehrmals, diesmal, aber: ein für alle Mal, zum letzten Mal, dieses Mal, mit einem Mal(e), unzählige Male, ein anderes Mal, erst beim dritten Mal, von Mal zu Mal; **mal|neh|men** (→ nehmen)

> **Mal:** Das Substantiv wird großgeschrieben: *das erste Mal; beim letzten Mal.* Kleingeschrieben wird nur die umgangssprachliche Kurzform von *einmal: Kann ich mal das Salz haben?*

Mal das, die Male: 1. Fleck, Zeichen, z. B. ein Muttermal 2. Denkmal, Mahnmal
Ma|la|ria die ital.: tropische Infektionskrankheit
ma|len er malte kleine Männchen aufs Papier; **Ma|ler** der; **Ma|le|rei** die; **ma|lern** ugs. Malerarbeiten durchführen; **Ma|le|rin** die; **ma|le|risch; Mal|uten|si|li|en** die: zum Malen benötigte Gegenstände
Mal|heur [malör] das franz., des Malheurs: Missgeschick; sie lachten über dieses Malheur (kleine Unglück)
ma|lo|chen jidd.: er musste auf dem Bau malochen (körperlich schwer arbeiten)
Mal|ta; Mal|te|ser der, die Malteser; **Mal|te|sin** die, die Maltesinnen; **mal|te|sisch**
Mal|te|ser der: 1. Angehöriger des Malteserordens 2. Schoßhund mit langhaarigem weißem Fell
Mal|ve die ital.: Gartenpflanze mit rosa oder lila Blüten; **mal|ven|far|big**
Malz das, des Malzes: Getreideprodukt; **Malz|bier** das
Ma|ma die lat., die Mamas: Mutter; **Mami** die: Koseform für Mama
Mam|mon der hebr., des Mammons: abwertend für Geld, Reichtum; er jagt dem schnöden Mammon nach
Mam|mut das, des Mammuts, die Mammute / Mammuts: in der Eiszeit ausgestorbener behaarter Riesenelefant

mamp|fen ugs. für genüsslich essen, mit vollen Backen kauen

Ma|nage|ment [mänidschment] das engl., des/die Managements: Führung, Leitung eines Großbetriebes, die Führungskräfte; **ma|na|gen** du managst, er managte, gemanagt; sie managte die Sängerin (betreute sie geschäftlich); **Ma|na|ger** [mänedscher] der; **Ma|na|ge|rin** die

man|cher in mancher Beziehung, so manche Stunde, manche Leute, an manchen Stellen; **man|cher|lei**; **manch|mal**; ich schrieb dir manchmal, aber: ich schrieb dir so manches Mal

Man|dant der lat., des/die Mandanten: Auftrag- oder Vollmachtgeber, z. B. eines Rechtsanwalts; **Man|dan|tin** die; **Man|dat** das, des Mandat(e)s, die Mandate: 1. Auftrag, Bevollmächtigung 2. Abgeordnetensitz

Man|da|ri|ne die franz.: süße Zitrusfrucht

Man|del die: 1. essbarer Samenkern der Mandelbaumfrucht 2. mandelförmiges Organ im Rachen; ihm wurden die Mandeln herausoperiert

Man|do|li|ne die griech.: Zupfinstrument

Ma|ne|ge [manesche] die franz., die Manegen: kreisförmiger Vorführplatz im Zirkus oder in der Reitschule

Man|ga das/der, jap., des Mangas, die Manga/Mangas: Comic aus Japan

Man|gan das griech.: chemisches Element, unedles Metall; Zeichen Mn

Man|gel die, die Mangeln: Bügelmaschine; jemanden in die Mangel nehmen (ihm oder ihr sehr zusetzen, z. B. mit peinlichen Fragen); **man|geln** Wäsche mangeln (bügeln)

Man|gel der, die Mängel: sein Mangel an Erfahrung, die Maschine wies große Mängel (Fehler) auf; **man|gel|haft**; **man|geln** mir mangelt es an Geld, mangelnde Bereitschaft; **Män|gel|rü|ge** die: befristete Form des Einspruchs bei Lieferung einer fehlerhaften Ware; **man|gels** aus Mangel an

Ma|nie die griech., die Manien: krankhafte Sucht, Besessenheit

Ma|nier die lat., die Manieren: Eigenart, Stil; in bewährter Manier; **Ma|nie|ren** die: Benehmen, Umgangsform; ihm muss man erst Manieren beibringen; **ma|nie|riert** gekünstelt, übertrieben; **ma|nier|lich** anständig, wohlerzogen

Ma|ni|fest das lat., des Manifest(e)s, die Manifeste: öffentliche Grundsatzerklärung, Programmdarlegung

Ma|ni|kü|re die franz.: 1. Hand- und Nagelpflege 2. Frau, die Maniküre betreibt; **ma|ni|kü|ren**

Ma|ni|pu|la|ti|on die lat.: Kunstgriff, geschicktes Vorgehen, bestimmte Handhabung, Beeinflussung; **ma|ni|pu|lie|ren** steuern, handhaben, beeinflussen

Man|ko das ital.: 1. Beeinträchtigung, Mangel 2. Fehlbetrag/-menge

Mann der, des Mannes, die Männer: ein Mann in den besten Jahren, sei ein Mann!, selbst ist der Mann; **Man|nen** die: er kam mit seinen Mannen (Anhängern); **mann|haft**; **man|nig|fal|tig**; **män|nig|lich**; **männ|lich**; **Männ|lich|keit** die; **Mann|schaft** die; **Mann|schafts|ka|pi|tän** der; **Mann|schafts|spiel** das; **manns|hoch**

Mann Thomas ▶ S. 249

männ|lich ▶ Genus

Man|ne|quin [manekä̃] das franz.: weibliche Person, die Modellkleider vorführt

Ma|no|me|ter das griech.: Druckmesser für Gas und Flüssigkeiten

Ma|nö|ver das franz.: 1. große Truppenübung 2. Winkelzug, Scheinmaßnahme; ein Täuschungsmanöver; **ma|növ|rie|ren** oder ma|nö|vrie|ren; **ma|növ|rier|un|fä|hig** oder ma|nö|vrier|un|fä|hig

Man|sar|de die franz.: Dachzimmer oder -wohnung

man|schen er manschte (wühlte) in seinem Kartoffelbrei herum

Man|schet|te die franz.: 1. verstärkter Ärmelabschluss von Blusen oder Hemden 2. Zierhülle aus Papier 3. Dichtungsring

Thomas Mann

geb. am 6.6.1875 in Lübeck
gest. am 12.8.1955
  in Kilchberg bei Zürich

Buddenbrooks (Roman, 1901)
Königliche Hoheit (Roman, 1909)
Tonio Kröger (Novelle, 1914)
Herr und Hund (Erzählung, 1919)
Der Zauberberg (Roman, 1924)
Das Eisenbahnunglück (Erzählung)
Mario und der Zauberer
  (Novelle, 1930)

Buddenbrooks. Verfall einer Familie – dieser Roman erschien im Jahre 1901. Der Autor, Thomas Mann, kaum 26 Jahre alt, wurde mit einem Schlag berühmt. Sein erster Roman erzählt vom Aufstieg und vor allem vom Niedergang einer Lübecker Kaufmanns- und Patrizierfamilie. Dass Thomas Mann dabei seine Vaterstadt und die Geschichte seiner eigenen Familie zum Modell nahm, war offenkundig. Einige Jahre zuvor war der Vater, Großkaufmann und Senator wie der letzte Buddenbrook, verstorben. Nach seinem Tod zog die Familie Mann 1893 nach München.

Dem Erfolg seiner literarischen Arbeit und der Heirat mit Katja aus der hoch gebildeten, reichen Familie Pringsheim verdankte Thomas Mann die äußere Sicherheit, die es ihm erlaubte, einen großzügigen Lebensstil zu entfalten. Bald füllte eine zahlreiche, sehr lebhafte Familie das Haus.

Seine ursprünglich unpolitische Haltung gab Thomas Mann nach dem Ersten Weltkrieg auf. Er trat fortan entschieden für den demokratischen Staat ein und wandte sich gegen den aufkommenden Nationalsozialismus. 1929 erhielt Thomas Mann den Nobelpreis für Literatur. Er war auf einer Vortragsreise in der Schweiz, als 1933 in Deutschland Hitler an die Macht kam. Mann blieb in der Schweiz und ging dann 1938 nach Amerika. Dort wurde er zum allgemein anerkannten kämpferischen Vertreter eines anderen, humanen Deutschland in der Tradition Goethes. Man nannte ihn den berühmtesten lebenden deutschen Autor. In Amerika schrieb er den Goethe-Roman *Lotte in Weimar* und den Roman *Doktor Faustus*. Und er vollendete das umfangreiche Werk *Joseph und seine Brüder*. Nach dem Zweiten Weltkrieg kehrte Thomas Mann nicht wieder nach Deutschland zurück. Er lebte bis zu seinem Tod in der Schweiz. Freilich mied er Deutschland auch nicht. So hielt er im Goethe-Jahr 1949 – politisch neutral zwischen West und Ost – die Festansprachen in Frankfurt/Main und in Weimar: ein wahrer Weltbürger im Sinne Goethes.

Mantel

Man|tel der, die Mäntel: etwas mit dem Mantel der Nächstenliebe zudecken (über eine Verfehlung hinwegsehen); **Man|tel|ta|rif** der: Tarif, in dem die Arbeitsbedingungen, z. B. Arbeitszeit und Kündigungsschutz, geregelt sind

ma|nu|ell *lat.*: mit der Hand; eine manuelle Tätigkeit; **Ma|nu|fak|tur** die *lat.*: 1. Fertigung von Hand 2. Unternehmen mit vorwiegender Handfertigung; **Ma|nu|skript** *oder* Ma|nus|kript das *lat.*, die Manuskripte: mit der Hand, der Schreibmaschine oder dem Computer angefertigter Textentwurf

Map|pe die *lat.*

Ma|ra|cu|ja die *indian.*: Frucht der Passionsblume; **Ma|ra|cu|ja|saft** der

Ma|ra|thon|lauf der: ein Langstreckenlauf über 42,2 km; **Ma|ra|thon lau|fen / ma|ra|thon|lau|fen** seid ihr fit genug, um Marathon zu laufen / marathonzulaufen?; er läuft Marathon

Mär die, die Mären: 1. Erzählung 2. unglaubwürdiger Bericht

Mär|chen das: „Es war einmal…", so beginnen viele Märchen, die von den Brüdern → Grimm in ihre berühmte Sammlung der „Kinder- und Hausmärchen" aufgenommen wurden. Es ist ein altes Vorurteil, dass Märchen nur etwas für Kinder seien. Die meisten Märchen waren ursprünglich für Erwachsene bestimmt und gehören zu den ältesten Dichtungen der Menschheit. Vielleicht gehen ihre Anfänge sogar bis auf die Steinzeit zurück.

Märchen begegnen wir in allen Ländern der Erde, bei uns genauso wie bei den Indianern oder in Afrika. Weithin berühmt wurden die orientalischen „Märchen aus 1001 Nacht"; sie sind im Lauf der Zeit von Land zu Land gewandert. Kein Wunder also, dass einige dieser Geschichten in ähnlicher Form auch in deutschen Märchensammlungen auftauchen.

Märchen führen in eine wunderbare, unwirkliche Welt, in der das Gute belohnt und das Böse bestraft wird und in der auch ein armer, manchmal sogar ein dummer Mensch sein Glück macht.

In Märchen spiegelt sich die Sehnsucht der Menschen nach Glück und Zufriedenheit wider. Manche sind so spannend wie Abenteuererzählungen, andere wieder geheimnisvoll; in vielen finden sich auch grausame Züge.

Die Volksmärchen wurden zwar von einem Einzelnen erfunden, dann aber über die Jahrhunderte hinweg im Volk mündlich überliefert und sind eine Art Gemeinschaftsdichtung. Ganz anders die Kunstmärchen, die von bekannten Dichtern nach dem Vorbild der Volksmärchen geschaffen wurden. Sie entstanden besonders zahlreich in der → Romantik. Die schönsten dieser Kunstmärchen schuf wohl der Däne Hans Christian Andersen, z. B. „Die Prinzessin auf der Erbse", „Der fliegende Koffer" und „Das kleine Mädchen mit den Schwefelhölzern", oder Wilhelm Hauff mit „Zwerg Nase" und „Die Geschichte von dem kleinen Muck".

Während heute in allen Teilen der Erde die letzten überlieferten Volksmärchen aufgespürt und gesammelt werden, dichten Erzähler immer neue Kunstmärchen besonders für jüngere Leser. Denken wir hier nur an Otfried Preußlers „Kleine Hexe" und den „Kleinen Wassermann" oder an den „Bär auf dem Försterball" von Peter Hacks. Und wer kennt nicht Michael Endes „Momo" oder „Die unendliche Geschichte"?

---

mär|chen|haft das ist eine märchenhafte (sehr hohe) Summe; **Mär|chen|prinz** der; **Mär|chen|prin|zes|sin** die

Mar|der der: kleines Raubtier

Mar|ga|ri|ne die *franz.*, die Margarinen: gehärtetes pflanzliches oder tierisches Speisefett

Mar|ge|ri|te die: Wiesenblume; **Mar|ge|ri|ten|strauß** der

mar|gi|nal am Rande liegend, beiläufig; marginale Gruppen (Randgruppen); **Mar|gi|na|lie** die, die Marginalien

Ma|ri|en|al|tar der; **Ma|ri|en|an|dacht** die; **Ma|ri|en|kä|fer** der

Ma|ri|hu|a|na das *span.*: aus indischem Hanf gewonnenes Rauschgift

Ma|ril|le die: Aprikose; **Ma|ril|len|knö|del** der: Kloß aus Kartoffelteig mit einer Aprikose in der Mitte

Ma|ri|na|de die *franz.*: saure Gewürzbeize zum Einlegen von Fisch oder Fleisch, Salatsoße; **ma|ri|nie|ren** in Marinade einlegen

Ma|ri|ne die *franz.*: Flotte, staatliches Seewesen; **ma|ri|ne|blau; Ma|ri|ne|of|fi|zier** der

Ma|ri|o|net|te die *franz.*, die Marionetten: an Fäden bewegliche Gliederpuppe zum Theaterspielen

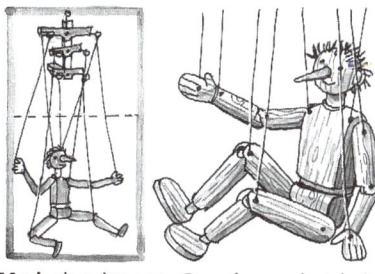

Mark das: inneres Gewebe; er hat kein Mark (keine Energie, wenig Entschlusskraft) in den Knochen; **mar|kig** kraftvoll

Mark die, die **Mark|stü|cke:** Einheit der deutschen Währung (bis 31.12.2001); die Deutsche Mark, *Abk.* DM; keine müde (einzige) Mark mehr haben

Mark die, die Marken: Grenzgebiet; **Mark|stein** der: 1. Grenzstein 2. Lebenseinschnitt, Wendepunkt

mar|kant *franz.*: deutlich ausgeprägt, hervorstechend; er war eine markante Erscheinung

Mar|ke die: Warenzeichen, Wertzeichen (z. B. Briefmarke), Erkennungszeichen, Kupon (z. B. Dienstmarke, Garderobenmarke); **Mar|ken|ar|ti|kel** der: Erzeugnis in bester Qualität, mit hohem Bekanntheitsgrad und kennzeichnendem Merkmal; **Mar|ken|fa|bri|kat** das: Ware, die als Qualitätszeichen einen festen Namen trägt; **mar|kie|ren** sie markiert (kennzeichnet) die Textstelle, er markiert Kopfschmerzen (täuscht sie vor); **Mar|kie|rung** die

Mar|ke|ting das *engl.*, des Marketings: unternehmerische Tätigkeit, um den Absatz der eigenen Produkte zu fördern. Dazu gehören die Beobachtung des Marktes und der Konkurrenz, die Marktforschung, die Werbemaßnahmen, die Öffentlichkeitsarbeit und die entsprechende Steuerung der Eigenproduktion

Mar|ki|se die *franz.*: Sonnenschutzdach aus Stoff

Markt der, des Markt(e)s, die Märkte: öffentlicher Verkauf oder Verkaufsplatz, z. B. Wochenmarkt, Warenverkehr, Handel, Absatzgebiet; ein neues Produkt kommt auf den Markt; **Markt|an|teil** der: die von einem Unternehmen verkaufte Stückzahl einer Ware im Verhältnis zur Konkurrenz oder zur ganzen Branche; **Markt|for|schung** die: wissenschaftliche Marktuntersuchung; **markt|schrei|e|risch** lautstark, aufdringlich werben; **Markt|wirt|schaft** die: auf der Grundlage von Angebot und Nachfrage sowie Wettbewerbsfreiheit beruhendes Wirtschaftssystem; *Ggs.* Planwirtschaft

Mar|me|la|de die *portug.*

Mar|mor der *lat.*, des Marmors, die Marmore: sehr hartes, geädertes Kalkgestein; **mar|mo|rie|ren** mit der typischen Marmormusterung versehen; **mar|morn** aus Marmor

ma|rod / ma|ro|de *österr.*: sie fühlt sich heute ganz marod *(ugs.* matt, erschöpft, leicht krank), die Bausubstanz ist marode (sehr schadhaft)

Ma|rok|ka|ner der, die Marokkaner; **Ma|rok|ka|ne|rin** die, die Marokkanerinnen; **ma|rok|ka|nisch; Ma|rok|ko**

Ma|ro|ne die, die Maronen: 1. essbare Frucht der Edelkastanie 2. Speisepilz

Ma|rot|te die *franz.*, die Marotten: wunderliche Vorliebe, schrullige Angewohnheit

Mars der: Planet, der nach dem römischen Kriegsgott Mars benannt ist; **Mars|son|de** die

Marsch der, des Marsches, die Märsche: die Truppe setzte sich in Marsch, einen flotten Marsch (ein Musikstück im Marschtakt) spielen, jemandem den Marsch blasen (deutlich die Meinung sagen); **mar|schie|ren**

Marsch die, die Marschen: flaches, fruchtbares Deichland an der Nordseeküste

Marschall

Mar|schall der, die Marschälle: hoher militärischer Rang

Mar|ter die: Qual, Folter; **mar|tern** quälen, plagen; **Mär|ty|rer** der *griech.*: 1. Christ, der für seinen Glauben gestorben ist 2. jemand, der für seine Überzeugung Nachteile und Verfolgung auf sich nimmt; **Mär|ty|re|rin** die; **Mar|ty|ri|um** das, die Martyrien: schweres Leiden, Qual

Mar|xis|mus der: von Karl Marx und Friedrich Engels begründete sozialistische Staats-, Gesellschafts- und Wirtschaftstheorie; **Mar|xist** der: Anhänger des Marxismus; **Mar|xis|tin** die; **mar|xis|tisch**

März der *lat.*, des März(es)

Mar|zi|pan das *arab.*: weiche Süßware aus Mandeln und Zucker

Ma|sche die: Garnschlinge, das ist seine Masche (sein Trick); **Ma|schen|draht** der; **Ma|schen|wa|re** die: Strickware

Ma|schi|ne die; **ma|schi|nell**; **Ma|schi|ne|rie** die; **Ma|schi|ne schrei|ben** (→ schreiben); **Ma|schi|ne(n)|schrei|ben** das; **Ma|schi|nist** der, des/die Maschinisten

Ma|sern die: ansteckende Krankheit

Ma|se|rung die: Musterung in Marmor oder Holz

Mas|ke die *arab./franz.*: eine Maske vor dem Gesicht tragen, die Maske fallen lassen (sein wahres Gesicht zeigen); **Mas|ke|ra|de** die: Verkleidung, Kostümfest; **mas|kie|ren**; **Mas|kie|rung** die

Mas|kott|chen das *provenzal.*: kleine Figur als Glücksbringer

mas|ku|lin *lat.*: männlich

Mas|ku|li|num das *lat.*, die Maskulina ▶ Genus

Maß das, des Maßes, die Maße: das Maß ist voll (jetzt ist meine Geduld am Ende), ohne Maß und Ziel (maßlos und unüberlegt) sein; **Maß|ga|be** die; **maß|ge|bend** entscheidend; **maß|geb|lich** wichtig; **maß|ge|schnei|dert** ein maßgeschneidertes (nach den individuellen Körpermaßen angefertigtes) Kostüm; **Maß hal|ten / maß|hal|ten** (→ halten); **Maß|krug** der: 1-l-Bierkrug; **maß|los**; **Maß|lo|sig|keit** die; **Maß|nah|me** die; **Maß neh|men** (→ nehmen); **Maß|re|gel** die; **maß|re|geln** tadeln; **Maß|stab** der, die Maßstäbe: im Maßstab 1 : 1; **maß|stab(s)|ge|recht**

Mas|sa|ge [maßasche] die *franz.*: Heilbehandlung der Muskeln; **Mas|seur** [maßör] der, die Masseure; **Mas|seu|rin** die; **Mas|seu|se** [maßöse] die, die Masseusen; **mas|sie|ren** die Muskeln kneten, lockern

Mas|sa|ker das *franz.*: Gemetzel, Blutbad; **mas|sak|rie|ren** *oder* mas|sa|krie|ren: niedermetzeln

Mas|se die: eine weiche Masse, eine Masse (Menge) Geld, eine große Menschenmasse; **Mas|sen|an|drang** der: Zustrom vieler Menschen an einen Ort; **mas|sen|haft**; **Mas|sen|me|di|um** das, die Massenmedien: Verbreitungsmittel, z. B. Rundfunk, Fernsehen, Zeitungen; **Mas|sen|pro|duk|ti|on** die: Herstellung von Waren in großen Mengen; **mas|sie|ren** (Truppen oder Material) an einem Ort zusammenziehen, sammeln; **mas|sig** groß, breit und plump, *ugs.* sehr viel

Mas|sel der *jidd.*: sie hatte unverschämten Massel (unerwartetes, unverdientes Glück)

mä|ßig er raucht mäßig, ein mäßiger Film; **mä|ßi|gen** sein Temperament mäßigen (zügeln), sich im Trinken mäßigen (beherrschen), der Wind hat sich gemäßigt (hat nachgelassen); **Mä|ßi|gung** die

mas|siv ein massiver (wuchtiger) Tisch, massives (reines) Gold, eine massive (nachdrückliche) Drohung; **Mas|siv** das: Gebirgsstock

Mast der, des Mast(e)s, die Maste(n): hohe starke Stange aus Holz oder Metall

Mast die, der Mast, die Masten: das gute Füttern von Schlachttieren; **mäs|ten**

Ma|sur|ka / Ma|zur|ka die *poln.*, die Masurken: polnischer Nationaltanz

Ma|ta|dor der *span.*, des Matadors/Matadoren, die Matadore(n): Stierkämpfer, der dem Stier den Todesstoß gibt

Match [mätsch] das *engl.*, des Matches, die Matchs/Matche/Matches: (sportliches) Wettspiel, z. B. ein Tennismatch; **Match|ball** der: spielentscheidender Ball

Ma|te|ri|al das *lat.*, die Materialien: Baumaterial (Werkstoff, Rohstoff), Unterrichtsmaterial (Hilfsmittel, Geräte); wir haben Material (Belege, Beweise) gegen sie gesammelt; **Ma|te|ria|list** der: jemand, der nur auf Besitz und seinen Vorteil bedacht ist; **Ma|te|ria|lis|tin** die; **ma|te|ria|lis|tisch**

Ma|te|rie die *lat.*: 1. Urstoff, Substanz 2. Thema, Wissensbereich; **ma|te|ri|ell** 1. stofflich, gegenständlich 2. lebensnotwendige Dinge betreffend

Ma|the|ma|tik die *griech.*: Wissenschaft von den Zahlen, Figuren, Mengen; **Ma|the|ma|ti|ker** der; **Mathe|ma|ti|ke|rin** die; **ma|the|ma|tisch**

Ma|ti|nee die *franz.*, die Matineen: Veranstaltung, die vormittags stattfindet

Mat|jes|he|ring der: junger gesalzener Hering

Mat|rat|ze *oder* Ma|trat|ze die

Mät|res|se *oder* Mä|tres|se die *franz.*, die Mätressen: Geliebte eines Adligen

Mat|ri|ze *oder* Ma|tri|ze die: Abdruckform, Abziehfolie für Vervielfältigungen

Mat|ro|se *oder* Ma|tro|se der; **Mat|ro|sen|kra|gen** *oder* Ma|tro|sen|kra|gen der: Kragen, der auf dem Rücken rechteckig abschließt

Matsch der, des Matsch(e)s; **mat|schig**; **Matsch|wet|ter** das

matt sie war vor Hunger ganz matt (schwach, schlapp), mattes (undurchsichtiges) Glas, der Lack ist matt (glanzlos), er ist (schach)matt (beim Schachspiel besiegt); **Mat|tig|keit** die

Mat|te die: Unterlage

Mätz|chen die: mach keine Mätzchen! (*ugs.* keinen Unsinn, keine Tricks)

Mau|er die; **mau|ern**; **Mau|er|seg|ler** der: schwalbenähnlicher Vogel; **Mau|rer** der: Handwerker; **Mau|rer|ge|sel|le** der; **Mau|rer|zunft** die

Maul das, die Mäuler: sich das Maul zerreißen (bösartig klatschen), jemandem Honig ums Maul schmieren (schmeicheln); **Maul|af|fen** die: Maulaffen feilhalten (untätig herumstehen und zuschauen); **mau|len** die Kinder maulten (murrten); **Maul|korb** der; **Maul|tier** das: Kreuzung aus einem Eselhengst und einer Pferdestute; **Maul|wurf** der, die Maulwürfe: in der Erde lebendes Tier

Mau|ri|ti|er der, die Mauritier; **Mau|ri|ti|e|rin** die, die Mauritierinnen; **mau|ri|tisch**; **Mau|ri|ti|us**

Maus die, die Mäuse: sie ist eine graue Maus (ein farbloses, unauffälliges Mädchen); **Mäus|chen** das: da möchte ich Mäuschen sein (heimlich zuhören); **mäus|chen|still**; **Mäu|se|bus|sard** der: adlerähnlicher Greifvogel; **mau|sen** sie mauste (stahl) mir mein Buch; **mau|se|tot**; **maus|grau**

Mau|ser die: jahreszeitlicher Wechsel des Federkleids bei Vögeln; **mau|sern** sich: der Vogel hat (sich) gemausert

Mau|so|le|um das *griech.*, die Mausoleen: monumentales Grabmal

Maut die: Gebühr für die Straßen- oder Brückenbenutzung

m. a. W. *Abk. für* mit anderen Worten

ma|xi *lat.*: maxi (knöchellang) tragen

ma|xi|mal *lat.*: im Höchstfall, höchstens, vorzüglich; *Ggs.* minimal; **Ma|xi|me** die: Grundsatz, Lebensregel; **Ma|xi|mum** das, des Maximums, die Maxima: oberster Wert, Höchstmaß

Ma|yon|nai|se → **Ma|jo|nä|se** die

Ma|ze|do|ni|en; **Ma|ze|do|ni|er** der, die Mazedonier, **Ma|ze|do|ni|e|rin** die, die Mazedonierinnen; **ma|ze|do|nisch**

Mä|zen der *lat.*, die Mäzene: reicher Privatmann, der Künstler oder Sportler finanziell fördert und unterstützt; **Mä|ze|nin** die

MdB *Abk. für* Mitglied des Bundestages

MdL *Abk. für* **M**itglied **d**es **L**andtages
m. E. *Abk. für* **m**eines **E**rachtens
Me|cha|nik die *griech.*, die Mechaniken: 1. Wissenschaft von der Bewegung der Körper, Maschinenkunde 2. Getriebe; **Me|cha|ni|ker** der; **Me|cha|ni|ke|rin** die; **me|cha|nisch**; **Me|cha|ni|sie|rung** die: auf mechanischen Betrieb umstellen; **Me|cha|nis|mus** der, des Mechanismus, die Mechanismen
Me|cke|rei die: Nörgelei; **me|ckern**
Meck|len|burg-Vor|pom|mern; **meck|lenburg-vor|pom|me|risch**
Me|dail|le [medaljə] die *franz.*, die Medaillen: Erinnerungs- oder Anerkennungsmünze; **Me|dail|lon** [medaljõ] das, die Medaillons: 1. flache Schmuckkapsel für ein Bild 2. rundes Fleischstück vom Filet
Me|di|ka|ment das *lat.*, des Medikament(e)s, die Medikamente: Arzneimittel; **me|di|ka|men|tös**
Me|di|ta|ti|on die *lat.*, die Meditationen: sinnendes Nachdenken, Versenkung; **Me|di|ta|ti|ons|übung** die; **me|di|tie|ren** nachdenken, Betrachtungen anstellen
me|di|ter|ran *lat.*: dem Mittelmeerraum zugehörend; ein mediterranes Klima
Me|di|um das *lat.*, die Medien: 1. Verbreitungsmittel, Übermittler, z. B. Zeitung, Fernsehen, Buch 2. Person, die angeblich Verbindungen zum übersinnlichen Bereich vermitteln kann
Me|di|zin die *lat.*, die Medizinen: 1. Krankheits- und Heilkunde 2. Arznei; **Me|di|zi|ner** der; **Me|di|zi|ne|rin** die; **me|di|zi|nisch**
Meer das, des Meer(e)s, die Meere; **Meer|en|ge** die; **Mee|res|spie|gel** der: München liegt 530 m über dem Meeresspiegel, *Abk.* ü. d. M.; **Meer|jung|frau** die; **Meer|schaum** der: auf dem Wasser schwimmendes (leichtes) Mineral, das an erstarrten Schaum erinnert; **Meerschaum|pfei|fe** die
Meer|ret|tich der: Gewürzpflanze

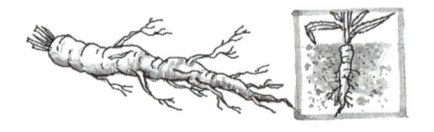

Mee|ting [miting] das *engl.*, die Meetings: Treffen, (offizielle, fachliche) Zusammenkunft
me|ga... *griech.*: *ugs.* Steigerung von Super-; **Me|ga|star** der: Superstar im Film- oder Musikgeschäft
Me|ga|bit das, die Megabit(s): etwa eine Million Bit, *Zeichen* Mbit; **Me|ga|byte** [megabait] das, die Megabyte(s): etwa eine Million Byte, *Zeichen* MB, Mbyte
Me|ga|fon / Me|ga|phon das *griech.*, die Megafone / Megaphone: trichterförmiger Schallverstärker, Sprachrohr
Me|ga|watt das *griech.*: eine Million Watt, *Abk.* MW
Mehl das, des Mehl(e)s; **meh|lig**; **Mehl|tau** der: Pflanzenkrankheit
mehr ich will mehr, ein Grund mehr, demnächst sage ich mehr, mehr tot als lebendig; **mehr|deu|tig**; **meh|ren** zunehmen, sich vermehren; **meh|re|re** ich rief dich mehrere Male an; **mehr|er|lei**; **mehr|fach**; **mehr|far|big**; **Mehr|heit** die: eine knappe Mehrheit, die schweigende Mehrheit (die große Zahl von Menschen, die ihre Meinung nicht sagen können oder möchten); **mehr|heit|lich**; **Mehr|heits|be|schluss** der; **mehr|jäh|rig**; **mehr|mals**; **mehr|sil|big**; **mehr|tä|gig**; **Mehr|wert|steu|er** die, *Abk.* MwSt. / Mw.-St.

Mehr|zahl die: Plural ▶ Singular

mei|den du meidest, er mied, gemieden, sie miede
Mei|e|rei die: Molkerei
Mei|le die *lat.*: je nach Gebiet unterschiedliches Längenmaß, z. B. eine Seemeile = 1852 m; **mei|len|weit**
Mei|ler der: *Kurzform von* Atommeiler, Kohlenmeiler
mein meine Schwester, was Mein ist, ist auch Dein, eines meiner Bücher, unterscheide Mein und Dein, ich habe das meine / Meine getan (was ich nur tun konnte), das meine / Meine (mein Eigentum), die meinen / Meinen (meine Familie); **mei|ner|seits**; **mei|nes|glei|chen** ich war dort unter meinesgleichen (Menschen meiner Art); **mei|net|hal|ben**; **mei|net|we|gen**
Mein|eid der: vorsätzlicher falscher Eid

merkwürdig

mei|nen was meinst du?; Mei|nung die; Mei|nungs|for|schung die; Mei|nungs|un|ter|schied der

Mei|se die: Singvogel; *ugs.* er hat eine Meise (ist verrückt)

Mei|ßel der: Werkzeug; mei|ßeln

meist ich friere meist, ich habe die meisten CDs, du hast am meisten gegessen; die meisten / die Meisten ekeln sich vor Spinnen, meist|bie|tend; meis|ten|orts; meis|tens; meis|ten|teils

Meis|ter der: es ist noch kein Meister vom Himmel gefallen (jeder muss zuerst lernen); meis|ter|haft; Meis|te|rin die; meis|ter|lich; meis|tern sein Leben meistern (bewältigen); Meis|ter|schaft die

Me|lan|cho|lie [melangkoli] die *griech.*, die Melancholien: Traurigkeit, Niedergeschlagenheit; Me|lan|cho|li|ker der; Me|lan|cho|li|ke|rin die; me|lan|cho|lisch

mel|den; Mel|de|pflicht die; Mel|de|stel|le die; Mel|dung die

me|lie|ren mengen, mischen; me|liert sie hatte grau meliertes / graumeliertes Haar

mel|ken du melkst, er molk/melkte, gemolken/gemelkt; Mel|ker der; Mel|ke|rin die; Melk|ma|schi|ne die

Me|lo|die die *griech.*, die Melodien: Folge von Tönen, Gesangsstück; me|lo|disch wohlklingend; Me|los das *griech.*: Lied, Melodie

Me|lo|ne die *griech.*: Kürbisgewächs

Memb|ran oder Mem|bran die *lat.*, die Membrane(n): 1. dünnes Blättchen aus Papier oder Metall, das Schwingungen übertragen kann, z. B. im Telefonhörer 2. feines Häutchen, das abgrenzt oder trennt, z. B. die Zellmembran

Me|moi|ren [memoaren] die *franz.*: Erinnerungen des eigenen Lebens; Me|mo|ran|dum das *lat.*, die Memoranden/Memoranda: Denkschrift; me|mo|rie|ren *lat.*: auswendig lernen

Me|na|ge|rie [menascheri] die *franz.*, die Menagerien: Tiergehege, Tierschau

Me|ne|te|kel das *aram.*: Anzeichen eines drohenden Unheils, eine geheimnisvolle Warnung

Men|ge die; Men|gen|leh|re die; Men|gen|ra|batt der: Preisnachlass bei Bestellung größerer Warenmengen

Me|nis|kus der *griech.*, die Menisken: 1. Knorpelscheibe im Kniegelenk 2. Linse mit zwei nach derselben Seite gekrümmten Flächen

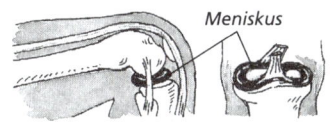

Meniskus

Men|sa die *lat.*, die Mensen: 1. *Kurzwort für* die Kantine in einer Universität 2. Altartisch in einer kath. Kirche

Mensch der: er ist eine Seele von Mensch (sehr hilfsbereit, gutmütig), kein Mensch (niemand); Men|schen|af|fe der: in der Entwicklungsgeschichte dem Menschen am nächsten stehender großer Affe; men|schen|ähn|lich; men|schen|leer; Men|schen|rech|te die; Mensch|heit die; mensch|lich; Mensch|lich|keit die

Menst|ru|a|ti|on *oder* Mens|tru|a|ti|on die *lat.*, die Menstruationen: monatliche Regelblutung aus der Gebärmutter bei Mädchen und Frauen, Periode

Men|ta|li|tät die *lat.*, die Mentalitäten: Denkweise, Geistesart

Men|thol das *lat.*: aus dem Pfefferminzöl gewonnener, stark riechender Stoff

Men|tor der *griech.*, die Mentoren: erfahrener Berater, Fürsprecher, Förderer; Men|to|rin die

Me|nü das *franz.*, des/die Menüs: Folge von Speisen, Mahlzeit aus mehreren Gängen

Me|nu|ett das *franz.*, des Menuetts, die Menuette/Menuetts: Tanz

Me|phis|to der: der Teufel in Goethes „Faust"; me|phis|to|phe|lisch teuflisch, listig, hintergründig

Me|ri|di|an der *lat.*, die Meridiane: durch beide Pole laufender Längenkreis auf der Erdkugel

Merk|blatt das; mer|ken; merk|lich der Wind ließ merklich (spürbar) nach; Merk|mal das; merk|wür|dig

Merkur

Mer|kur der *lat.*: 1. römischer Götterbote 2. Planet

me|schug|ge *hebr./jidd.*: er ist ja meschugge (nicht ganz bei Verstand), sie macht mich meschugge (verrückt)

Mes|ner / Mess|ner der (*schweiz.* Mesmer): Küster, Kirchendiener

mess|bar; mes|sen du misst, er maß, gemessen (*selten:* er mäße), miss!

Mes|se die *lat.*: 1. katholischer Gottesdienst 2. geistliches Musikwerk 3. große Warenausstellung 4. Speise- und Aufenthaltsraum auf Schiffen

Mes|ser das: jemanden ans Messer liefern (preisgeben, verraten), bis aufs Messer (bis zum Äußersten); **Mes|ser|rü|cken** der; **mes|ser|scharf** sie besaß einen messerscharfen (scharfsinnigen, klaren) Verstand

mes|si|a|nisch; Mes|si|as der *hebr.*: Erlöser, Jesus Christus

Mes|sing das: gelbe Legierung aus Kupfer und Zink

Met der: alkoholisches Getränk aus vergorenem Honigwasser bei den Germanen

Me|tall das *griech.*, des Metalls, die Metalle: eine Metall verarbeitende / metallverarbeitende Fabrik; **Me|tall|le|gie|rung** die; **me|tal|lisch** eine metallisch (wie Metall) schimmernde Fliege, er hatte eine metallische (durchdringende) Stimme; **me|tal|len** der metallene Türknopf

Me|ta|mor|pho|se die *griech.*, die Metamorphosen: Verwandlung, Umgestaltung; die Raupe macht eine Metamorphose zum Schmetterling durch

---

Me|ta|pher die *griech.*: „Der Mannschaftskapitän peitscht seine Kameraden nach vorne. – Eine 20-Meter-Bombe! – Der scharfe Schuss reißt dem Torhüter die Hände weg. – Der Ball zappelt im Netz." Wurde wirklich gepeitscht und geschossen? Wo flog eine Bombe? Kann ein Ball zappeln? Natürlich nicht. Vielmehr hat ein Reporter seinen Bericht über ein Fußballspiel mit Metaphern geschmückt. „Metapher" bedeutet „Übertragung"; d. h.: Ein Wort oder eine Wortgruppe wird aus dem ursprünglichen Sinnzusammenhang (z. B. Kampf) herausgenommen und als Bild in einen anderen Bedeutungsbereich (z. B. Spiel) übertragen. Solche Übertragungen oder Metaphern kommen überall in unserer Sprache vor, auch in der Umgangssprache. Wir merken es nur manchmal nicht mehr, wenn wir z. B. sagen „am Fuß des Berges". Deutlicher wird die Metapher, wenn wir von einem Menschen sagen, er oder sie hat „ein Herz aus Stein" und „geht über Leichen", oder wenn die Werbung behauptet, ein Waschmittel wasche „blütenweiß". Vor allem in Gedichten werden Metaphern häufig verwendet. Sie richtig zu deuten ist nicht immer leicht, da hier jeder Dichter seine Fantasie ins Spiel bringt.

Me|ta|phy|sik die *griech.*: Lehre von den Gründen und Zusammenhängen des Seienden; **me|ta|phy|sisch**

Me|tas|ta|se oder **Meta|sta|se** die *griech.*, die Metastasen: Tochtergeschwulst, Zellen eines Tumors, die durch das Blut oder die Lymphe von ihrem ursprünglichen Entstehungsort an eine andere Körperstelle verlagert werden

Me|te|o|ro|lo|ge der *griech.*: Wissenschaftler auf dem Gebiet der Wetter- und Klimakunde; **Me|te|o|ro|lo|gie** die; **Me|te|o|ro|lo|gin** die; **me|te|o|ro|lo|gisch**

Me|ter der/das *griech.*: Längenmaß, *Abk.* m; **me|ter|hoch** die Mauer ist meterhoch, *aber:* sie ist einen Meter hoch; **me|ter|lang** das Schiff ist meterlang, *aber:* das Schiff ist 20 Meter lang; **Me|ter|maß** das; **me|ter|wei|se**

Me|te|or der *griech.*, die Meteore: Gesteinsbrocken außerirdischer Herkunft, der sich beim Eintreten in die Erdatmosphäre bis zum Glühen erhitzt und dadurch als Sternschnuppe am Himmel erscheint; **Me|te|o|rit** der, die Meteoriten: nicht verdampfter Meteor, der auf die Erde fällt

Me|than das: geruch- und farbloses Gas aus Kohlenwasserstoff, Hauptbestandteil des Erdgases

Me|tho|de die *griech.*: Verfahren, Planmäßigkeit, Art des Vorgehens, z. B. Unterrichtsmethode, eine raue Methode; **me|tho|disch**

Me|tier [metje] das *franz.*, des/die Metiers: Beruf, Arbeitsgebiet, Tätigkeit; die Musik war sein Metier

Me|trik *oder* Met|rik die *griech.*: 1. Lehre vom Versmaß 2. Lehre vom Takt und der Betonung in der Musik

Me|tro|po|le *oder* Met|ro|po|le die *griech.*: Hauptstadt, Mittelpunkt

Met|rum *oder* Me|trum das *lat.*, die Metren: Jeder weiß, dass ein „Meter" ein Längenmaß ist; so eine Maßeinheit für Sprache ist das Metrum: Nimm an, die Mutter ruft: „Komm her und hilf mir doch!" Dieser Satz besteht aus sechs Silben, die so geordnet sind, dass immer auf eine betonte eine unbetonte folgt. Lies ihn noch einmal, indem du die unterstrichenen Wörter besonders hervorhebst, und du wirst merken: Der Satz lässt sich vom Stimmaufwand her in drei gleiche Einheiten zerlegen. Jede dieser Maßeinheiten nennt man Metrum. In der „Geheimschrift" der Sprachforscher sieht das so aus: lxxlxxlxxl. Du hast sicher bemerkt, dass das „x" die Silbe bezeichnet, der Schrägstrich darüber (der „Akzent") die Betonung.
Wenn du an die Musik denkst, wird klar, dass „Metrum" auch „Verstakt" genannt werden kann. Eine andere Benennung ist „Versfuß". Allerdings kann man nicht jeden Satz ohne Weiteres in so gleichmäßige metrische Einheiten aufteilen. Fast immer ist das aber z. B. bei Gedichten möglich. So folgt etwa in dem Mörikegedicht „Gelassen stieg die Nacht ans Land / Lehnt träumend an der Berge Wand" immer auf eine schwach betonte eine stärker akzentuierte Silbe (wie auch in unserem Beispiel oben). Dieses Metrum wird „Jambus" (lxxl) genannt. Der umgedrehte Jambus heißt Trochäus (lxxl). Im gleichen Gedicht heißt es einige Zeilen weiter: „Und kecker rauschen die Quellen hervor ..." – Hier wechselt das Metrum und die letzten sechs Silben bilden zweimal die Abfolge (lxxxl). Ein solches Metrum nennt man Anapäst; dreht man ihn um, entsteht der Daktylus (lxxxl).
Unter Metrum versteht man allerdings nicht bloß einen Versfuß oder -takt, sondern auch den geregelten Wechsel von betonten und unbetonten Silben in einer ganzen Zeile oder einer ganzen Gedichtstrophe. Das Metrum kann dabei mit ganz verschiedenen Wörtern „gefüllt" werden; es ist sozusagen das Skelett, um das sich die Wörter legen.
Ein Beispiel: Die ersten beiden Zeilen der Liedchen „Maikäfer, flieg, / dein Vater ist im Krieg" und „Schlaf, Kindchen, schlaf, / dein Vater hüt' die Schaf" fußen auf demselben metrischen Schema.
Versuch einmal, es in unserer Geheimschrift zu notieren! Hier ist die Lösung: lxlxxlxllxlxxlxxlxl.

Mett das, des Metts: gewürztes, rohes Hackfleisch; **Mett|wurst** die

Met|te die: Mitternachtsmesse

Met|ze|lei die; **met|zeln** schlachten, mit Hieben niedermachen; **Metz|ger** der; **Metz|ge|rei** die; **Metz|ge|rin** die

Meu|chel|mord der: heimtückischer Mord; **Meu|chel|mör|der** der; **meucheln; meuch|le|risch** heimtückisch, hinterrücks

Meu|te die *franz.*: 1. Hunderudel 2. bedrohliche Menschenmenge, wilde Schar; **Meu|te|rei** die: Auflehnung gegen die Obrigkeit; **Meu|te|rer** der; **Meu|te|rin** die; **meu|tern**

Meyer Conrad Ferdinand ▶ S. 258

Me|xi|ka|ner der, die Mexikaner; **Me|xi|ka|ne|rin** die, die Mexikanerinnen; **me|xi|ka|nisch; Me|xi|ko**

MEZ *Abk. für* **M**ittel**e**uropäische **Z**eit

mi|au|en das Kätzchen miaute kläglich

mich *Akkusativ von* ich

mi|cke|rig / mick|rig *ugs.* klein, kümmerlich: ein mickriges Pflänzchen

Mi|cky|maus die: nach Mickey Mouse, einer von Walt Disney erfundenen Comicfigur

Mie|der das

Conrad Ferdinand Meyer

Conrad Ferdinand Meyer

geb. am 11.10.1825 in Zürich
gest. am 28.11.1898
  in Kilchberg bei Zürich

Das Amulett (Novelle, 1873)
Die Versuchung des Pescara
  (Novelle, 1887)
Gustav Adolfs Page (Novelle, 1882)
Der Schuss von der Kanzel
  (Novelle, 1877)
Balladen (z. B. Die Füße im Feuer)

Conrad Ferdinand Meyer stammte aus einer vornehmen Züricher Familie. Vom Vater erbte er die Kunstbegeisterung, aber auch die Menschenscheu. Von der Mutter hatte er die Freude an der Dichtung, aber auch das „traurige Herz", das „Nichtzurechtkommen" mit sich selbst, Ängste und Skrupel. Nach dem frühen Tod des Vaters wollte die Mutter aus dem Jungen einen tüchtigen Juristen machen. Doch Conrad, körperlich und nervlich zu schwach, versagte. Er verlor sein Selbstbewusstsein und schloss sich von der Außenwelt ab. Als er 27 Jahre alt war, kam es zum völligen Nervenzusammenbruch. Drei Jahre nach seiner Entlassung aus der Heilanstalt beging die Mutter Selbstmord; das stürzte ihn wieder in eine Krise. Reisen nach Paris und München, vor allem die Begegnung mit großen Kunstwerken in Rom, Florenz, Siena und Venedig gaben ihm neuen Lebensmut.

Conrad Ferdinand Meyer fühlte, er musste schreiben, wusste aber nicht, ob in französischer oder in deutscher Sprache. Der Sieg Deutschlands über Frankreich im Krieg 1870/71 brachte für ihn in dieser Frage die Entscheidung. Erstes Dokument seiner Begeisterung für Deutschland war das Erzählgedicht *Huttens letzte Tage.* Meyer war schon 46 Jahre alt! Doch nun rang er sich mit eisernem Fleiß Werk um Werk ab.

Das Dichten erwies sich als seine Rettung. 1874 beendete Meyer den Roman *Georg Jenatsch,* der das Schicksal des Volkshelden im Schweizer Kanton Graubünden schildert. Wie in diesem Roman machte Meyer auch in seinen Novellen und Balladen Geschichte lebendig. Ihn fesselten vor allem das Mittelalter, die Renaissance und die Reformation und die großen Gestalten dieser Epochen. Er gestand einmal, dass das Mittelmäßige ihn traurig mache, weil er sich selbst so fühle. Wer sich in die Novellen C. F. Meyers einlesen will, beginnt vielleicht am besten mit *Gustav Adolfs Page* oder *Der Schuss von der Kanzel.* Sein großartigstes Werk ist wohl *Die Versuchung des Pescara.*

Mief der: schlechte, verbrauchte Luft in einem Raum; sie hasste den Mief (die kleinbürgerliche Atmosphäre) der Kleinstadt

Mie|ne die: sie verzog keine Miene (zeigte kein Gefühl); **Mie|nen|spiel** das

mies ein mieses Essen; **Mie|se|pe|ter** der: jemand, der ständig unzufrieden und übellaunig ist; **mies|ma|chen** er hat ihn miesgemacht (schlecht über ihn geredet); **Mies|mu|schel** die: essbare Pfahlmuschel

Mie|te die; **mie|ten; Mie|ter** der; **Mie|te|rin** die; **Mie|ter|schutz** der; **Miet|hai** der: Vermieter, der Wuchermieten für schlechte Mietobjekte verlangt; **Miets|haus** das

Mie|ze die, die Miezen: Katze

Mig|rä|ne oder Mi|grä|ne die griech.: anfallartige starke Kopfschmerzen

Mig|ra|ti|on oder Mig|ra|ti|on die lat.: Wanderung von Tieren, z. B. der Zugvögel; Zu- oder Abwanderung von Menschen (z. B. Arbeitskräften)

Mik|ro|chip oder Mi|kro|chip [mikrotschip] der engl.: Computerbaustein

Mik|ro|film oder Mi|kro|film der: Film, der Aufnahmen von Texten, Plänen u. Ä. in starker Verkleinerung trägt

Mik|ro|fon oder Mi|kro|fon / **Mik|ro|phon** das, die Mikrofone: Gerät zur Umwandlung von Schall in elektrische Impulse

Mik|ro|kos|mos oder Mi|kro|kos|mos der griech., die Mikrokosmen: 1. Welt der Kleinlebewesen 2. verkleinerte Welt des Menschen als Gegenstück zum Weltall; Ggs. Makrokosmos

Mik|ro|skop oder Mi|kros|kop das: Gerät, mit dem man sehr kleine Objekte stark vergrößert sehen kann; **mik|ro|sko|pie|ren** oder mi|kros|ko|pie|ren: mit dem Mikroskop untersuchen; **mik|ro|sko|pisch** oder mi|kros|ko|pisch

Milch die; **Milch|stra|ße** die; **Milch|vieh** das; **Milch|zahn** der

mild; Mil|de die; **mil|dern; Mil|de|rung** die; **mild|tä|tig; Mild|tä|tig|keit** die

Mi|li|eu [miljö] das franz., des/die Milieus: Umgebung, Lebensbereich eines Menschen; ein kleinbürgerliches Milieu

Mi|li|tär das franz.: Heerwesen, Streitkräfte; **mi|li|tä|risch**

Mi|liz die lat., die Milizen: kurzfristig ausgebildete Truppe, Bürgerwehr

Mil|le das lat.: Tausend; ugs. das kostet fünf Mille (5000 Euro)

Mil|li|ar|där der; **Mil|li|ar|de** die: tausend Millionen, Abk. Md./ Mrd./Mia.

Mil|li|bar das: alte Maßeinheit für den Luftdruck, Abk. mbar/mb

Mil|li|gramm das: ¹⁄₁₀₀₀ Gramm, Abk. mg

Mil|li|me|ter der/das: ¹⁄₁₀₀₀ Meter, Abk. mm

Mil|li|on die: 1000 mal 1000, Abk. Mill./Mio.; **Mil|li|o|när** der; **Mil|li|o|nä|rin** die; **mil|li|o|nen|fach; Mil|li|ons|tel** das

Milz die, die Milzen: inneres Organ

Mi|me der griech.: Schauspieler; **mi|men** er mimte Freude (er täuschte Freude vor); **Mi|mik** die: Mienenspiel; **Mi|min** die; **mi|misch**

Mi|mi|kry oder Mi|mik|ry die: Gestalt- oder Farbenähnlichkeit mancher Tiere und Pflanzen mit anderen Tieren, als Warntracht zum Schutz vor Feinden

Mi|mo|se die lat.: empfindliche Pflanzenart; sie ist eine Mimose (überempfindlich); **mi|mo|sen|haft**

Mi|na|rett das arab., die Minarette: Turm der Moschee, von dem fünfmal am Tag zum Gebet aufgerufen wird

min|der nicht so sehr, gering; eine mindere Qualität; **min|der|be|mit|telt** sein: wenig Geld haben; **Min|der|heit** die; **min|der|jäh|rig; Min|der|jäh|ri|ge** der/die; **min|dern; Min|de|rung** die; **min|der|wer|tig; Min|der|wer|tig|keit** die; **min|des|te** ohne den mindesten (geringsten) Zweifel, nicht im Mindesten, zum Mindesten; **min|des|tens; Min|dest|maß** das; **Min|dest|re|ser|ve** die

Mi|ne die: 1. Bergwerk 2. Sprengkörper 3. Farb- oder Grafitstift, Kugelschreibermine

Mi|ne|ral das lat., die Minerale / Mineralien: anorganischer Bestandteil der Erdrinde; **Mi|ne|ra|lo|gie** die: Wissenschaft von den Mineralien; **Mi|ne|ral|quel|le** die: Quelle, deren Wasser viele Mineralstoffe besitzt; **Mi|ne|ral|stoff** der: anorganisches Salz, das auch künstlich hergestellt werden kann

Mi|ni|a|tur die lat., die Miniaturen: 1. Bild oder Zeichnung in alter Hand- oder Druckschrift 2. winziges Bild;

Mi|ni|a|tur|aus|ga|be die: kleinformatige Ausgabe
Mi|ni|golf das; Minigolf spielen
mi|ni|mal sehr wenig, sehr klein, winzig; *Ggs.* maximal; **Mi̱|ni|mum** das, des Minimums, die Minima: Mindestmaß, -preis, -menge, niedrigster Wert
Mi|nis̱|ter der *lat.*: Regierungsmitglied mit bestimmtem Geschäftsbereich; **mi|nis|te|ri|ell**; **Mi|nis̱|te|rin** die; **Mi|nis|te|ri|um** das: 1. höchste Verwaltungsbehörde für einen bestimmten Bereich 2. das betreffende Gebäude; **Mi|nis|ter|prä|si|dent** der: Leiter einer Landesregierung in der Bundesrepublik Deutschland; **Mi|nis|ter|prä|si|den|tin** die
Mi|nist|rant *oder* Mi|nis|trant der *lat.*: Messdiener; **Mi|nist|ran|tin** *oder* Mi|nis|tran|tin die
Mi̱n|ne die: im Mittelalter die verehrende Liebe eines Ritters zu einer meist adligen Frau; **Mi̱n|ne|sang** der: Lyrik, die meist unerfüllte Liebe zum Thema hatte und von Minnesängern an Fürstenhöfen vorgetragen wurde
Mi|no|ri|tät die: Minderzahl, Minderheit; *Ggs.* Majorität
Mi|nu|end der *lat.*: Zahl, von der eine andere abgezogen werden soll; **mi|nus** abzüglich, weniger; zehn minus fünf, die Temperatur sank auf fünf Grad minus; *Ggs.* plus; **Mi̱|nus** das: die Bilanz weist ein Minus auf, das ist ein Minus (Nachteil)
Mi|nu̱|te die *lat.*: auf die Minute (absolut pünktlich), in letzter Minute; **mi|nu|ten|lang** mehrere Minuten lang; **mi|nüt|lich**
Mi̱n|ze die: Lippenblütler mit rötlichen oder violetten Blüten. Der Stängel und die Blätter enthalten ein ätherisches Öl, das als Arzneimittel, für Zahnpasta und Süßigkeiten verwendet wird (Pfefferminztee und -öl, Pfefferminzbonbon)
mir *Dativ von* ich
Mi|ra|bel|le die *franz.*: pflaumenartige gelbe Frucht
Mi|ra|kel das *lat.*: Wunder
Misch|ehe die: Ehe zwischen Partnern verschiedener Konfessionen oder Kulturkreise; **mi|schen; Misch|ling** der: *veraltet für* Kind von Eltern verschiedener Kulturkreise; **Mi|schung** die

mi|se|ra|bel *lat.*: erbärmlich, schlecht; ein miserabler Film; **Mi|se̱|re** die: Notlage, unglückliche Situation
Miss die *engl.*, die Misses: 1. engl. Anrede für eine unverheiratete Frau 2. Schönheitskönigin; sie wurde zur Miss Universum gewählt
miss|ach|ten; Miss|ach|tung die; **Missbrauch** der; **miss|brau|chen; missbräuch|lich; Miss|er|folg** der; **miss|fal|len** du missfällst, er missfiel, sie missfalle; **Miss|fal|len** das; **miss|ge|launt; Miss|geschick** das, des Missgeschick(e)s; **missge|stimmt; Miss|gunst** die; **miss|günstig; miss|han|deln; Miss|hand|lung** die; **Miss|kre|dit** der: in Misskredit geraten (an Ansehen verlieren); **miss|lich** unerfreulich; **miss|lie|big** unbeliebt; **miss|lin|gen** es misslingt, es misslang, misslungen, es misslänge; **Miss|lin|gen** das; **Miss|mut** der; **miss|mu|tig; miss|trau|en; Miss|trau|en** das; **miss|trau|isch; missver|ständ|lich; Miss|ver|ständ|nis** das, die Missverständnisse; **miss|ver|ste|hen** (→ stehen): er hat sie missverstanden; **Miss|wirt|schaft** die
mis|sen ich möchte diese erholsamen Wochen nicht missen (nicht entbehren)
Mis|se|tat die; **Mis|se|tä|ter** der
Mis|si|on die *lat.*: 1. Auftrag, Aufgabe 2. entsandte Gruppe mit besonderem Auftrag 3. diplomatische Vertretung im Ausland 4. das Bemühen, den eigenen Glauben unter Andersgläubigen zu verbreiten; **Mis|si|o|nar** der: missionarisch tätiger Geistlicher; **Mis|si|o|na|rin** die; **mis|si|o|nie|ren**
Mist der; **mis|ten; Mist|kä|fer** der
Mis|tel die: immergrüne Schmarotzerpflanze

mit mit Vergnügen, mit meiner Freundin, mit den Jahren, wir müssen das Alter der Teilnehmer mit berücksichtigen / mitberücksichtigen
mit|ar|bei|ten im Unterricht mitarbeiten

Mobiliar

mit|be|stim|men; **Mit|be|stim|mung** die
mit|brin|gen (→ bringen); **Mit|bring|sel** das
Mit|bür|ger der; **Mit|bür|ge|rin** die
mit|ei|nan|der oder mit|ein|an|der: miteinander singen
mit|er|le|ben er hat das Unglück miterlebt
Mit|es|ser der: verstopfte Talgdrüse, die als Hautunreinheit erscheint
mit|füh|len; **mit|füh|lend** er ist ein mitfühlender Mensch
Mit|gift die: Heiratsgut, Aussteuer
Mit|glied das; **Mit|glied|schaft** die
mit|hil|fe / mit Hil|fe: er öffnet die Dose mithilfe/mit Hilfe (unter Zuhilfenahme) eines Taschenmessers; aber: mit Hilfe (mit Unterstützung) der USA kam die Wirtschaft in Gang
Mit|läu|fer der; **Mit|läu|fe|rin** die
Mit|leid das; **Mit|leid er|re|gend / mit|leider|re|gend;** **mit|lei|dig;** **mit|leid(s)|los**
mit|ma|chen machst du mit?
Mit|mensch der: sie konnte über ihre Mitmenschen nur den Kopf schütteln
mit|neh|men
mit|nich|ten keineswegs
Mi|to|chon|dri|en oder Mi|to|chond|ri|en die griech.: körnige oder fadenförmige Teilkörper in pflanzlichen oder tierischen Zellen, die deren Energiehaushalt dienen
Mi|to|se die griech.: Form der Zellkernteilung
Mit|ra oder Mi|tra die lat., die Mitren: 1. in der kath. Kirche die Bischofsmütze 2. in der Medizin Kopfverband in Form einer Haube
mit|rei|sen reist du auch mit?
mit|rei|ßen (→ reißen): sie hielt eine mitreißende (ansteckende, beflügelnde) Rede
Mit|schuld die: er trug keine Mitschuld an dem Auffahrunfall
Mit|tag der, des Mittags, die Mittage: ich komme gegen Mittag, es ist Mittag; gestern Mittag, Dienstagmittag; **Mit|tag|es|sen** das, aber: zu Mittag essen; **mit|tags** er schlief bis mittags

Mit|tag ▶ Abend/abends

Mit|te die, die Mitten: Mitte Mai, er ist Mitte vierzig, wir nehmen dich in die Mitte (zwischen uns); **mit|ten** sie steht mitten im Leben; **mit|ten|durch**
mit|teilen; **mit|teil|sam;** **Mit|tei|lung** die

Mit|tei|lungs|satz der ▶ Satzarten

mit|tel mittlere, mittelste: das mittlere Bild, im mittleren Alter, aber: der Mittlere Osten; **Mit|tel|al|ter** das: die Zeit zwischen Altertum und Neuzeit; im finstersten Mittelalter (rückständig) leben; **mit|tel|bar** indirekt, über eine Mittelsperson; Ggs. unmittelbar; **Mittel|maß** das: Durchschnitt; **mit|tel|mä|ßig;** **mittels** mittels einer Menge Geld (mit Hilfe von); **Mit|tels|mann** der: Vermittler, Unterhändler; **Mit|tel|stand** der: die kleinen bis mittleren Unternehmer; **Mit|tel|weg** der: der goldene Mittelweg (Lösungsweg ohne Extreme)

Mit|tel|wort das ▶ Partizip I/II

Mit|tel das, die Mittel: wir werden Mittel und Wege finden, mit allen Mitteln um etwas kämpfen, er bekam ein starkes Mittel (Arzneimittel) verordnet, meine Mittel (Geldmittel) sind erschöpft; **mit|tel|los** ohne Geldmittel, arm
Mit|ter|nacht die; **mit|ter|nächt|lich**
Mitt|ler der: er sah sich als Mittler (Vermittler) zwischen den Streithähnen; **Mitt|ler|rol|le** die
mitt|ler|wei|le inzwischen, unterdessen; mittlerweile sind alle da

Mitt|woch der, des Mittwoch(e)s ▶ Dienstag

mit|un|ter manchmal, gelegentlich
Mit|wis|ser der; **Mit|wis|se|rin** die; **Mitwis|ser|schaft** die
mi|xen engl.; **Mi|xer** der; **Mix|tur** die lat.: eine teuflische Mixtur (Mischung)
Mob der engl., des Mobs: Pöbel, Horde; **Mob|bing** das: Schikane am Arbeitsplatz durch Kollegen / Kolleginnen oder Vorgesetzte
Mö|bel das lat., die Möbel; **möb|lie|ren** oder mö|blie|ren; **Möb|lie|rung** oder Mö|blie|rung die
mo|bil lat.: beweglich; **Mo|bi|le** das: an Fäden schwebendes, bewegliches Gebilde; **Mo|bi|li|ar** das: Gesamtheit der

Möbel, bewegliche Einrichtung; **mo|bi|lis|ie|ren** die Streitkräfte wurden mobilisiert (für den Kriegseinsatz bereitgestellt), Kaffee mobilisiert (aktiviert, weckt) die Lebensgeister

Mo|dal|verb das *lat.*, die Modalverben: „wollen", „sollen", „können", „müssen", „dürfen", „mögen" werden Modalverben genannt, weil sie die eigentliche Handlung mit einer bestimmten Betonung oder Färbung versehen, die Aussageweise (→ Modus) also verändern: „Ich will lesen" bedeutet, dass zunächst der Wunsch besteht, die Handlung aber noch nicht „läuft".

Man verwendet Modalverben – meist im Konjunktiv der Präteritumformen – auch, um eine Möglichkeit, eine abgemilderte Behauptung auszudrücken: „Sollte es sein, dass", „es dürfte stimmen, dass" (die Formen mit „sollte" und „dürfte" bezeichnen vor allem die Möglichkeit, den Potenzialis), „müssten wir nicht eigentlich", „wolltest du wirklich". Gemeinsames Merkmal der Modalverben ist die ziemlich unregelmäßige → Konjugation: „mögen – ich mag – ich mochte". Etwas komplizierter wird es im Perfekt und im Plusquamperfekt: „Ich habe das nie gemocht" (mit einem Objekt), *aber*: „ich hätte kommen mögen" (mit Infinitiv). Genauso ist es mit „gewollt" / „wollen" oder „gemusst" / „müssen". Auch „lassen" und „nicht brauchen", die manchmal zu den Modalverben gezählt werden, verhalten sich so: „Ich habe es ihm gelassen." – „Ich habe ihn kommen lassen." – „Sie hat es nicht gebraucht." – „Das hätte sie nicht zu sagen brauchen."

Mo|de die *franz.*: das ist gerade Mode, eine sehr weibliche Mode; **Mo|de|branche** [modebräsche] die: Geschäftszweig, der auf die Mode ausgerichtet ist; **Mo|de|krank|heit** die; **Mo|den|schau** die; **mo|dern**; **Mo|de|rne** die; **mo|der|ni|sie|ren** die Küche modernisieren

Mo|del [modl] das *engl.*, die Models: Fotomodell; die Models führten die neuesten Modeschöpfungen auf dem Laufsteg vor;

Mo|dell das *franz.*, die Modelle: Entwurf, Vorbild, Muster; einem Maler Modell sitzen; **Mo|dell|ei|sen|bahn** die; **mo|del|lie|ren** eine Vase modellieren (formen)

Mo|del der: Hohlform aus Holz mit alten Mustern zum Backen oder für den Stoffdruck; **mo|deln**

Mo|dem das/der *engl.*, des/die Modems: elektronisches Zusatzgerät, mit dessen Hilfe über die Telefonleitung Daten übertragen werden können

Mo|der der: Verwesungsprodukt; **mo|de|rig**; **mo|dern** faulen, verwesen; **mod|rig**

Mo|de|ra|tor der *lat.*, die Moderatoren: Diskussionsleiter, Kommentator in Rundfunk und Fernsehen; **Mo|de|ra|to|rin** die; **mo|de|rie|ren**

mo|dern dem neuesten Stand entsprechend, zeitgemäß

Mo|der|ne die: Als 1945 der Zweite Weltkrieg zu Ende war, befanden sich fast alle wichtigen deutschen Schriftsteller im Exil: Sie waren vor der Hitler-Diktatur ins Ausland geflohen. Viele von ihnen blieben Deutschland auch nach 1945 fern. In den ersten Nachkriegsjahren kam ein literarisches Leben erst ganz allmählich in Gang; die Sorge um das tägliche Brot ließ alles andere unwichtig erscheinen. Die spärliche Literatur in dieser Zeit, die sog. Trümmerliteratur, kreiste natürlich um das schreckliche Geschehen des Krieges und seine Folgen. Name und Werk Wolfgang → Borcherts stehen für diese „Kahlschlag"-Dichtung.

Als es in den Fünfzigerjahren zumindest im „westlichen" Teil Deutschlands rascher als gedacht aufwärtsging – das deutsche „Wirtschaftswunder" –, wandten sich die Schriftsteller wieder mehr der Gegenwart zu. Die Sorge, dass die Deutschen im Sog des Wohlstands die Untaten und Gräuel des Dritten Reiches vergessen könnten, forderte die kritischen Autoren heraus. So nimmt etwa der Kölner Heinrich → Böll in seinen Kurzgeschichten diesen Trend satirisch aufs Korn.

Seit 1960 wurde die kritische Einstellung vieler Autoren zur satten „Wirtschaftswunderwelt" immer deutlicher. Sie sahen ihre Aufgabe jetzt mehr und mehr darin, zu warnen und dem „kapitalistischen" Denken und Leben den Spiegel vorzuhalten. Einige Stücke, wie z. B. „Biedermann und die Brandstifter" von Max → Frisch und „Die Physiker" von Friedrich → Dürrenmatt, gehen sogar noch weiter: Sie bringen Zweifel zum Ausdruck, ob dem Menschen überhaupt noch zu helfen ist. Andere Schriftsteller schalteten sich jetzt direkt in die Tagespolitik ein, wie etwa Günter → Grass. Er schrieb um diese Zeit auch seinen berühmtesten Roman, „Die Blechtrommel".

Ab 1960 setzte nun auch wie eine Flut die sog. Bewältigungsliteratur ein. Darunter versteht man die Versuche, die Geschehnisse der Hitlerzeit wirklich aufzuarbeiten, indem man sie dem allgemeinen Vergessenwerden erst einmal entreißt; das „Dokumentartheater" ließ z. B. einfach die Tatsachen aus den erhaltenen Quellen zu Wort kommen. Diese Jahre waren in einer Art Aufbruchstimmung von dem optimistischen Glauben beherrscht, dass man mit Dichtung die Welt verändern könne – Dramatiker wie Rolf Hochhuth, Peter Weiss und Heiner Müller sind hier zu nennen.

Nach 1970 folgte dann eine Phase der Ernüchterung. Seitdem verstärkt sich in der Literatur der Gegenwart wieder die Neigung, dem Einzelmenschen, seinen Problemen und Gefühlen größeren Raum zu geben. Tagebücher, Autobiografien, Kindheitsgeschichten und „private" Gedichte belegen diesen veränderten Blickwinkel. Deutlich markiert ihn eine Gedichtsammlung aus dem Jahr 1977 mit dem Titel „Und ich bewege mich doch". Auffällig ist auch, dass sich schon seit den Sechzigerjahren zunehmend Dichterinnen kritisch zu Wort melden, z. B. Hilde Domin, Marie Luise → Kaschnitz oder Ingeborg → Bachmann.

Auch die Literatur der ehemaligen DDR hat zu der mehr gesellschaftsabgewandten Dichtung sehr viel beigesteuert, z. B. Erwin → Strittmatter oder Christa Wolf mit „Nachdenken über Christa T." (1968) und Ulrich Plenzdorf mit „Die neuen Leiden des jungen W." (1973).

Mo|dul das *lat.*, die Module: austauschbare, elektronische Baueinheit z. B. eines Computers

Mo|dus der *lat.*, die Modi: die Aussageweise. Wenn man von etwas spricht, kann man schon durch die Aussageweise, den Modus, festlegen, ob man den Gegenstand der Rede als Tatsache ansieht, als Wunsch, als Möglichkeit oder als Vorgang, der in der Zukunft liegt. Wenn ich etwas als Tatsache hinstelle, verwende ich den *Indikativ*. Das ist die häufigste Form des Verbs: „Dieses Buch ist gut." – „Asterix lebte vor langer Zeit." – „Der nächste Winter kommt bestimmt."

Wenn ein Umstand nicht so ist, wie ich ihn gerne hätte, dann gebe ich jemandem den Auftrag, dies zu ändern. Dazu verwendet man die Befehlsform, den *Imperativ* (Ausrufezeichen nicht vergessen!). Allerdings muss der andere ansprechbar sein, deshalb gibt es den Imperativ nur in der zweiten Person (Einzahl und Mehrzahl): „<u>Sei</u> so gut und <u>bringe</u> mir ein Glas Wasser!" – „<u>Seid</u> so nett und <u>dreht</u> das Radio leiser!" Auch wenn ich zu jemandem „Sie" sage, geht es: „Seien Sie so freundlich und lassen Sie mich durch!" Manche Leute reagieren aber nicht auf so höfliche Aufforderungen; dann muss man etwas deutlicher werden: „Du bringst mir jetzt ein Glas Wasser!" – „Ihr werdet jetzt das Radio leiser drehen!" Der Form nach sind das Indikative, durch den Ton aber wird es ein scharfer Befehl.

Eine Sonderform des Befehls kann der → Infinitiv sein. Er steht vor allem bei Aufforderungen, die sich nicht an eine bestimmte Person wenden: „Bitte weitergehen!" Da soll sich jeder angesprochen fühlen, der das hört. Auch versteckt kann ein Befehl sein. Wenn

Mofa

es heißt: „Radweg kreuzt", ist das zunächst eine Aussage, dahinter steckt aber die Aufforderung: „Sei vorsichtig, es könnte nämlich sein, dass hier ein Radfahrer kommt."

Die dritte Aussageweise ist der *Konjunktiv*. Beim Konjunktiv werden keine Tempusformen (→ Tempus) unterschieden wie beim Indikativ, sondern nur Konjunktiv I (gebildet aus den Formen des Präsens) und Konjunktiv II (gebildet aus den Formen des Präteritums).

Die Formen des Konjunktivs sind nicht ganz einfach und außerdem haben sie verschiedene Bedeutungen. Schauen wir uns zunächst die Formen an. Wie du weißt, ist nur bei „sein" der Konjunktiv immer deutlich vom Indikativ zu unterscheiden, bei „haben" ziemlich oft, bei den starken Verben manchmal, bei den schwachen nur in der 3. Person Singular des Präsens. In vielen Fällen braucht man aber den Konjunktiv unbedingt; dann werden – nach bestimmten Regeln – die unklaren Formen durch eindeutige ersetzt.

1. Regel: Wenn im Präteritum Indikativ und Konjunktiv gleich sind – aber nur dann! –, umschreibt man mit „würde", also: „ich würde suchen", „wir würden suchen", aber nur: „ich käme". Eine Umschreibung wird auch dann gerne verwendet, wenn eine Form zwar vorhanden, aber ungebräuchlich ist: „Ich gewönne gerne im Lotto" sagt niemand, sondern: „Ich würde gerne gewinnen."

2. Regel: Wenn im Präsens Indikativ und Konjunktiv gleich sind, ersetzt man die unklare Form des Konjunktivs I durch den Konjunktiv II: „ich käme" ist damit Konjunktiv I und Konjunktiv II. Kompliziert wird es, wenn noch die erste Regel dazukommt: „Ich würde suchen" ist danach sowohl Konjunktiv I als auch Konjunktiv II. Der Konjunktiv I der 3. Person Singular heißt dagegen nur „er suche" – sie ist ja eindeutig –, „er würde suchen" ist in jedem Fall nur Konjunktiv II. – Man darf sich von diesen Regeln nur nicht verwirren lassen. Nimm dir Zeit, sie in Ruhe zu verstehen.

Nun zu den Aufgaben des Konjunktivs: Der Konjunktiv ist das Gegenteil des Indikativs. Der Indikativ sagt, was ist, der Konjunktiv sagt, was nicht ist, was vielleicht ist, was sein könnte, was sein soll.

Der Konjunktiv I begegnet uns am häufigsten in der indirekten Rede:

Ein Forscher erzählte, er sei einem jungen Löwen begegnet, der ihn habe auffressen wollen. Es sei ihm aber gelungen, ihn davon abzubringen mit dem Hinweis, dass er zu mager sei. Der Löwe habe das eingesehen und so hätten (Regel 1: „haben" wäre nicht eindeutig!) sie sich in aller Freundschaft getrennt. In Zukunft werde er aber besser aufpassen.

Die indirekte Rede drückt also aus: Jemand sagt/meint/glaubt etwas. Ich berichte davon, es muss aber nicht meine Meinung sein.

Der Konjunktiv I dient auch zur Angabe einer Möglichkeit oder Vorstellung. Diesen Fall nennt man Potenzialis (→ Modalverb). So dachte der Löwe, als er den Forscher sah: „Sei er nun alt oder jung, ich habe Hunger. Nehmen wir an, er sei etwas zäh und habe keinen Geschmack; dann werde ich ihn eben etwas länger kochen und stärker würzen."

Von der Vorstellung einer Möglichkeit ist es nicht weit zu einem Wunsch; auch das leistet der Konjunktiv I. Der Forscher dachte natürlich:

„Bewahre mich das Schicksal davor, im Kochtopf des Löwen zu landen! Möge mir das erspart bleiben!" (*Merke:* Das „möge" in solchen Wunschsätzen kommt nur in der gehobenen Sprache vor, in der gewöhnlichen Sprache sagt man eher „ich möchte / wünsche mir, dass" oder wie der Forscher sicher dachte: *„Hoffentlich* bleibt mir das erspart!")

Der Forscher kam also noch einmal davon, was dem Löwen nachträglich sehr leidtat. Das zeigt uns jetzt aber, wozu der Konjunktiv II dient. Er bezeichnet unerfüllbare Wünsche oder die Unmöglichkeit und Nichtwirklichkeit (Irrealis). So jammerte der Löwe am Abend: „<u>Wäre</u> ich doch nur nicht so schüchtern, <u>hätte</u> ich doch heute Morgen nur meinen Onkel <u>mitgenommen</u>! (Zwei unerfüllbare Wünsche.) Aber wenn der dabei <u>gewesen wäre</u>, <u>hätte</u> ich mit ihm teilen <u>müssen</u>. (Sinn: Es war nicht so – Irrealis.) Aber reden darf ich über die ganze Sache nicht, denn alle <u>würden</u> mich <u>auslachen</u>, wenn ich ihnen die Geschichte <u>erzählte</u>." Den letzten Satz hätte der Löwe – in völlig einwandfreiem Deutsch – auch so sagen können: „Alle lachten mich aus, wenn ich die Geschichte erzählte." Da „lachten" nicht sofort als Konjunktiv erkennbar ist, wird mit „würden" umschrieben (Regel 1). *Aber:* „Erzählte" ist auch nicht eindeutig, nur: In wenn-Sätzen soll nach Möglichkeit kein „würde" stehen, also bleibt hier die eigentlich unklare Form.

Mo|fa das: *Kurzwort für* Motorfahrrad
Mo|ge|lei die, die Mogeleien: Schwindel, Kniff; **mo|geln**
mö|gen du magst, er mochte, gemocht, er möchte
mög|lich kannst du das möglich machen?, so rasch wie möglich, Hilfe war nicht möglich, *aber:* ich lese alles Mögliche, alles Mögliche (alle Möglichkeiten) bedenken; **mög|li|chen|falls; mög|li|cher|wei|se; Mög|lich|keit** die; **mög|lichst** möglichst bald

Mög|lich|keits|form die ▶ Modus

Mo|hair [mohär] der *arab.*, die Mohairs: Wolle oder Stoff aus dem Haar der Angoraziege
Mo|ham|med: Prophet, Begründer des Islam(s); **Mo|ham|me|da|ner** der: Anhänger der Lehre Mohammeds, *heute:* → Moslem; **Mo|ham|me|da|ne|rin** die
Mohn der, des Mohn(e)s, die Mohne: Mohnpflanze und -samen
Möh|re die: Gemüsepflanze; **Mohr|rü|be** die

Mo|kas|sin der *indian.*, des Mokassins, die Mokassins / Mokassine: leichter, meist handgefertigter Lederschuh

Mok|ka der *arab.*, des/die Mokkas: sehr starker Kaffee; **Mok|ka|tas|se** die
Molch der, des Molch(e)s, die Molche: Schwanzlurch
Mol|da|wi|en; Mol|da|wi|er der, die Moldawier; **Mol|da|wi|e|rin** die, die Moldawierinnen; **mol|da|wisch**
Mo|le die, die Molen: Hafenmauer
Mo|le|kül das *lat.*, die Moleküle: kleinste, aus Atomen bestehende Einheit einer chemischen Verbindung; **mo|le|ku|lar; Mo|le|ku|lar|bi|o|lo|gie** die
Mol|ke die: flüssiger Rückstand bei der Milchgerinnung, Käsewasser; **Mol|ke|rei** die
Moll das *lat.*: Tongeschlecht; *Ggs.* Dur
mol|lig rundlich, weich; mollige (behagliche) Wärme
Mo|loch der *hebr.*, die Moloche: 1. Sinnbild für eine unersättliche, grausame Macht, die alles verschlingt; der Moloch Krieg 2. eine in Australien vorkommende Echse (Dornteufel)
Mo|ment das *lat.*, des Moment(e)s, die Momente: Gesichtspunkt; ein überraschendes Moment
Mo|ment der *lat.*: sie sprang im letzten Moment (Augenblick), den rechten Moment (Zeitpunkt) verpassen; **mo|men|tan** er arbeitet momentan (zurzeit), ein momentanes (flüchtiges) Erschrecken; **Mo|ment|auf|nah|me** die
Mo|na|co; Mo|ne|gas|se der, die Monegassen; **Mo|ne|gas|sin** die, die Monegassinnen; **mo|ne|gas|sisch**
Mo|narch *oder* Mon|arch der *griech.*, des/die Monarchen: gekrönter Herrscher; **Mo|nar|chie** *oder* Mon|ar|chie die: Staatsform mit einem Monarchen an der Spitze; **Mo|nar|chin** *oder* Monar|chin die, die Monarchinnen; **mo|nar|chis|tisch** *oder* mon|ar|chis|tisch

Monat

Mo|nat der, des Monat(e)s: ein heißer Monat, am Ende des Monats, von Monat zu Monat; **mo|na|te|lang** er war monatelang krank, *aber:* sie war einige Monate lang krank; **mo|nat|lich; Monats|mie|te** die

Mönch der, des Mönch(e)s, die Mönche: Ordensmitglied; **mön|chisch; Mönchs|kut|te** die; **Mönch(s)|tum** das

Mond der, des Mond(e)s, die Monde: ich könnte ihn auf den Mond schießen (möchte ihn los sein, weil er mich ärgert); **Mond|fins|ter|nis** die; **Mond|lan|de|fäh|re** die; **Mond|land|schaft** die; **Mond|lan|dung** die; **mond|los; Mond|pha|se** die; **mond|süch|tig**

mon|dän *franz.*: sie war mondän (auffällig elegant) gekleidet

Mo|ne|ten die: ich habe keine Moneten mehr (*ugs.* kein Geld)

Mon|go|le der, die Mongolen; **Mon|go|lei** die; **Mon|go|lin** die, die Mongolinnen; **mon|go|lisch; Mon|go|lis|mus** der (heute → Down-Syndrom): angeborene Form geistiger Behinderung, die äußerlich durch mongoloide Gesichtszüge gekennzeichnet ist; **Mon|go|lo|i|de** der/die: *veraltet für* Mensch mit Down-Syndrom

mo|nie|ren *lat.*: er monierte (beanstandete) den schlechten Wein

Mo|ni|tor der *lat.*, des Monitors, die Monit*o*re(n): Kontrollbildschirm

Mo|no|gramm das *griech.*, des Monogramm(e)s, die Monogramme: Namenszeichen, meist aus den Anfangsbuchstaben, z. B. CS

Mo|no|kel *oder* Mon|okel das *franz.*: optisches Glas, das an Stelle einer Brille nur für ein Auge verwendet wird

Mo|no|kul|tur die: die einseitige Bodennutzung mit der immer gleichen Pflanzenart über einen längeren Zeitraum hinweg

Mo|no|log der *griech.*, die Monologe: Wir verstehen darunter in der Literatur das „Selbstgespräch", und zwar vor allem im → Drama. Im Allgemeinen ist ja für das Drama der → Dialog kennzeichnend. Es gibt aber Situationen, in denen der Monolog auch im Drama seine Berechtigung hat. Dem Zuschauer können dadurch Vorgänge mitgeteilt werden, die auf der Bühne nicht darzustellen sind. Der Held kann seine Gefühle, seine inneren Konflikte oder verborgenen Absichten aussprechen. Große Monologe kennen wir aus den Dramen → Schillers, besonders aus dem „Wallenstein", oder aus → Goethes „Faust".

Mo|no|pol das *griech.*: alleiniger Anspruch, alleiniges Vorrecht

mo|no|ton eintönig, gleichmäßig

Mons|ter das *engl.*: Scheusal, riesenhaftes Ungeheuer; **mons|trös** monsterhaft, riesig, scheußlich

Monst|ranz *oder* Mons|tranz die *lat.*: Hostienbehälter in der kath. Kirche

Mon|sun der *arab.*: halbjährlich wechselnder Wind in Südasien; **Mon|sun|re|gen** der: durch den Monsun verursachter, lang anhaltender Regen

Mon|tag der ▶ Dienstag

Mon|ta|ge [mont*a*sche] die *franz.*: Auf- und Zusammenbau von technischen Anlagen oder Maschinen, Zusammenstellung einer Druckform; **Mon|teur** [montör] der, die Monteure: Facharbeiter; **mon|tie|ren**

Mon|tan|in|dust|rie *oder* -in|dus|trie die: Bergbau und Hüttenwesen

Mon|tur die *franz.*, die Monturen: 1. Uniform; die Soldaten marschierten in voller Montur 2. Schutz- und Arbeitskleidung

Mo|nu|ment das *lat.*, des Monument(e)s, die Monumente: großes Denkmal; **mo|nu|men|tal** beeindruckend, gewaltig; **Mo|nu|men|tal|bau** der

Moor das, des Moor(e)s, die Moore; **moo|rig; Moor|pa|ckung** die: Heilbehandlung mit heißer Moorerde

Moos das, des Mooses, die Moose; **moos|be|deckt; moo|sig; Moos|pols|ter** das; **moos|über|wach|sen**

Mo|ped das, des/die Mopeds: *Kurzwort aus* Motorrad und Pedal

Mopp der, des/die Mopps: Staubwischer mit Fransen; **mop|pen**

Mops der, die Möpse: Hunderasse

Mo|ral die *lat.*: sittliches Verhalten, Empfinden, Sittenlehre; **mo|ra|lisch; Mo|ra|list** der; **Mo|ra|lis|tin** die

Mo|rä|ne die *franz.*: von Gletschern abgelagerter Gesteinsschutt

Mo|rast der, des Morast(e)s, die Moraste/Moräste: Sumpfland, Schlamm; **mo|ras|tig**

Mo|ra|to|ri|um das *lat.*, die Moratorien: vereinbarter Aufschub, z. B. zur Stundung von Schulden oder zum Aussetzen von Atomwaffentests

mor|bid *lat.*: krankhaft, brüchig, im Verfall begriffen

Mor|chel die, die Morcheln: Speisepilz

Mord der, des Mord(e)s, die Morde, **mor|den; Mör|der** der; **Mör|der|ban|de** die; **Mör|de|rin** die; **mör|de|risch; Mords|glück** das: wir hatten ein Mordsglück; **mords|mä|ßig** *ugs.* ein mordsmäßiger (gewaltiger) Lärm; **Mords|ver|gnü|gen** das

mor|gen morgen Abend, ich seh dich morgen, morgen in vierzehn Tagen; **Mor|gen** der: es wird schon Morgen, vom Morgen bis zum Abend, eines Morgens war er fort; **mor|gend|lich; Mor|gen|gym|nas|tik** die; **Mor|gen|land** das: Orient; **mor|gens; mor|gig** am morgigen Tag

Mor|gen ▶ Abend / abends

Mor|gen der: altes, je nach Gebiet verschieden großes Feldmaß; er besitzt zehn Morgen Land

Morgenstern Christian ▶ S. 269

Mörike Eduard ▶ S. 270

Mo|ri|tat die/**Bän|kel|sang** der: Früher traten auf Jahrmärkten auch „Bänkelsänger" auf, die so genannte Moritaten vortrugen. Das Wort „Moritat" kommt von „Mordtat" und diese Bezeichnung verrät schon etwas von der Art dieser Lieder. Sie handeln von Sensationen und Aufsehen erregenden Begebenheiten, auf die die Menschen damals, als es noch kaum Zeitungen und Zeitschriften gab, so neugierig waren wie heute.

Man baute zunächst eine Wand aus Bildern auf, die rührende oder oft auch blutige Szenen darstellten. Drehorgelmusik und der Gesang einer Frau leiteten die Darbietung ein. Dann stieg der Sänger auf eine Bank (daher „Bänkelsang") und trug die Sensationsgeschichte vor. Dabei deutete er mit einem Stab auf die Bilder, die die Höhepunkte der Geschichte illustrierten. Man hörte da z. B. vom „Räuberhauptmann Rohland" oder vom „heldenmütigen Förstersohn" oder von einem „Opfer väterlicher Härte und Selbstsucht" und freute sich, wenn das Gute siegte und das Böse bestraft wurde.

Mor|phi|um das *griech.*: aus Opium gewonnenes Rauschgift

morsch brüchig, verwittert

Mor|se|al|pha|bet das: aus Punkten und Strichen bestehendes Alphabet zur Nachrichtenübermittlung durch Stromimpulse oder Ton- bzw. Lichtsignale, so genannt nach seinem Erfinder Samuel Morse; **mor|sen** du mors(es)t; **Mor|se|zei|chen** das

Mör|ser der *lat.*: 1. dickwandiges Gefäß zum Zerstoßen fester Substanzen mit einem Stößel 2. schweres Geschütz

Mör|tel der: Bindemittel für Bausteine oder zum Verputzen von Wänden

Mo|sa|ik das *lat.*, des Mosaiks, die Mosaiken: aus bunten, kleinen Steinen oder Glasstücken zusammengesetztes Bild in Mauern oder Fußböden; **mo|sa|ik|ar|tig**

Mo|schee die *arab.*, die Moscheen: islamisches Gebetshaus

Mos|ki|to der *span.*, des/die Moskitos: tropische Stechmücke

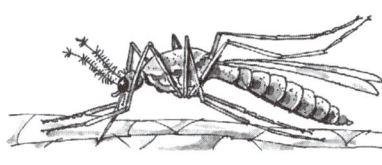

Mos|lem der *arab.*, des Moslems, die Moslems / Muslime: Anhänger des Islam(s); **Mos|le|min** die; **mos|le|misch**

Most

Most der: Obstwein oder unvergorener Fruchtsaft; **mos|ten**

Mo|tel das *amerik.*, des/die Motels: Kurzwort aus Motor und Hotel, an Straßen gelegenes Hotel für Autofahrer

Mo|tiv das *lat.*, die Motive: Wer etwas tut, kann normalerweise einen Grund dafür angeben. Diesen Beweggrund nennen wir sein oder ihr Motiv. „Der Täter handelte aus niederen Motiven", heißt es dann etwa vor Gericht. Nun gibt es ja im Leben viele Situationen, die sich häufig wiederholen: Ein Mensch fühlt sich glücklich, Geschwister können sich überhaupt nicht ausstehen, ein Mann liebt zwei Frauen – und Ähnliches mehr. Solche Situationen können literarische „Motive" sein. Ihnen allen ist gemeinsam, dass sie das Geschehen „in Bewegung halten" (so heißt das Wort „Motiv" nämlich wörtlich übersetzt). Wenn ein Schriftsteller beispielsweise eine Gespenstergeschichte schreibt, dann kommt er fast nicht ohne die Motive „Geisterstunde", „Zittern und Schlottern", „verlassenes, verfallenes Schloss" usw. aus. Oder wenn die Lebensgeschichte eines jungen Menschen erzählt wird, stellen sich fast von selber Motive ein, wie z. B. der „Konflikt mit der Welt der Eltern", „Liebeskummer", „Eifersucht". Sie gehören also notwendig zum Thema.

Mo|ti|va|ti|on die *lat.*: Beweggründe, die eine Entscheidung beeinflussen; **mo|ti|vie|ren**

Mo|to|cross das *engl.*: Geschicklichkeitsfahrt mit dem Motorrad auf einer abgesteckten Strecke im freien Gelände

Mo|tor der *lat.*, die Motoren: Antriebsmaschine; treibende Kraft; **mo|to|ri|sie|ren; Mo|tor|rad** das

Mot|te die: kleiner Schmetterling; **Mot|ten|be|kämp|fung** die; **mot|ten|si|cher**

Mot|to das *ital.*, des/die Mottos: Wahlspruch, Leitgedanke

Moun|tain|bike [mauntenbeik] das *engl.*, des/die Mountainbikes: Fahrrad mit breiteren Reifen für die Fahrt in bergigem Gelände oder im Gebirge

Mö|we die: am Wasser lebender Vogel; **Mö|wen|schrei** der

MP3-Play|er der *engl.*: kleines Speicher- und Abspielgerät für Musikdateien

Mü|cke die: aus einer Mücke einen Elefanten machen (etwas gewaltig übertreiben); **Mü|cken|schwarm** der; **Mü|cken|stich** der

muck|sen keiner wagte es, zu mucksen (sich zu rühren); **Mucks / Muck|ser** der; **mucks|mäus|chen|still**

mü|de; Mü|dig|keit die

Muff der, die Muffe: 1. Handwärmer aus Pelz 2. fauler, modriger Geruch; **Muf|fel** der: verdrießlicher, unfreundlicher Mensch; **muf|feln** er muffelt vor sich hin (ist grantig, mürrisch), in der Wohnung muffelt / müffelt es (riecht es abgestanden); **muf|fig** 1. mürrisch, unfreundlich 2. nach Muff (modrig) riechend

Muff|lon der *franz.*, die Mufflons: Wildschaf

Mü|he die: er hatte keine Mühe damit, mit äußerster Mühe, mit Müh und Not (gerade noch); **mü|he|los; mü|hen** sich; **Müh|sal** die; **müh|sam; müh|se|lig**

Müh|le die: 1. Gebäude oder Gerät zum Mahlen, z. B. Windmühle, Kaffeemühle; Gottes Mühlen mahlen langsam, aber sicher (alles findet irgendwann seine gerechte Strafe) 2. ein Brettspiel

Mu|lat|te der *span.*, die Mulatten: Kind von einem schwarzen und einem weißen Elternteil; **Mu|lat|tin** die, die Mulattinnen

Mulch der *engl.*, die Mulche: Schutz- und Deckschicht aus Torf oder Gras; die Gartenbeete werden im Herbst mit Mulch bedeckt

Mul|de die: Bodenvertiefung, länglicher Trog

Mu|li das: Maulesel

Mull der, des Mull(e)s, die Mulle: leichtes Baumwollgewebe; **Mull|bin|de** die

Müll der: Abfall; **Müll|de|po|nie** die; **Müll|ver|bren|nung** die

Mül|ler der; **Mül|le|rin** die

mul|mig ein mulmiges (unbehagliches) Gefühl haben, eine mulmige (gefährliche) Sache

Christian Morgenstern

Christian Morgenstern

geb. am 6.5.1871 in München
gest. am 31.3.1914 in Meran

Gedichte aus:
Galgenlieder (1905)
Palmström (1910)
Palma Kunkel (1916)
Der Gingganz (1919)

Als Christian Morgenstern seine *Galgenlieder* veröffentlichte, ahnte er wohl kaum, dass er damit sein „bleibendstes" Werk geschaffen hatte. Ihr Motto lautete „Dem Kind im Manne" und ihre Entstehung verdanken diese Gedichte auch dem kindlichen Spieltrieb ihres Verfassers: Seine Fantasie erfand so originelle Wesen wie das Mondschaf, den Zwölf-Elf, das Vierviertelschwein und die Auftakteule. In dieser Welt aus Tieren, Pflanzen und Dingen geht es immer humorvoll und sehr menschlich zu. Die *Galgenlieder* prägten fortan das „Image" von Morgenstern. Freilich war Morgenstern alles andere als ein oberflächlicher Spaßvogel. Er hatte auch keinen Grund zu besonderer Lustigkeit: Mit zehn Jahren verlor Christian die Mutter. Bald darauf zog er mit dem Vater, einem Professor für Malerei, nach Breslau. Schon 1893 zeigten sich bei Christian Anzeichen der Lungenkrankheit, an der auch die Mutter gestorben war, sodass er sein Jurastudium unterbrechen musste. 1895 kam es zum Zerwürfnis mit dem Vater. Von dieser Zeit an war Morgenstern ständig unterwegs, vor allem in Südeuropa, wo er sich von Sanatoriumsaufenthalten Heilung seines Leidens erhoffte – vergeblich: 1914 starb er in Meran, wo er vier Jahre vorher geheiratet hatte.

Es ist schon erstaunlich, dass dieser Mensch mit seinen humorvoll-heiteren Gestalten die Mitwelt und Nachwelt erfreuen konnte. Wer kennt nicht wenigstens ein Gedicht aus der Sammlung *Der Gingganz* oder hat noch nichts von so liebenswerten Leuten wie *Palmström,* Korf und *Palma Kunkel* gehört? Und ist es nicht hilfreich zu wissen, wie sich das Galgenkind die Monatsnamen merkt: „Jaguar / Zebra / Nerz / Mandrill" usw. All diese verspielten Ideen und verschrobenen Figuren bilden nur eine Seite des Dichters. Die andere ist der melancholische Morgenstern, der in der Versenkung in Gott und in wahrer Menschlichkeit den tiefsten Sinn des Lebens und der Welt sieht: „Ich weiß, dass Liebe ihr tiefster Sinn / und dass ich da, um immer mehr zu lieben, bin."

Eduard Mörike

Eduard Mörike

geb. am 8.9.1804 in Ludwigsburg
gest. am 4.6.1875 in Stuttgart

Gedichte (z. B. Septembermorgen, An einem Wintermorgen vor Sonnenaufgang, Im Frühling)
Das Stuttgarter Hutzelmännlein (Märchen, 1853)
Mozart auf der Reise nach Prag (Novelle, 1856)

Mörike verlebte die Kindheit im schwäbischen Ludwigsburg, der damals vom württembergischen königlichen Hof schon verlassenen Residenzstadt. Er entstammte einer Arztfamilie mit vielen Kindern. Als er 13 Jahre alt war, verlor er den Vater. Die Mutter zog mit den Kindern zu ihrem Bruder nach Stuttgart und Eduards Onkel ermöglichte dem Jungen den Besuch des angesehenen „Gymnasiums illustre". Mörike war kein guter Schüler. Während des Theologiestudiums in Urach und im Stift Tübingen lernte er Freunde kennen, die ihn anregten, sich mit Dichtung zu beschäftigen. Goethe wurde sein großes Vorbild. Mit 19 Jahren fing er selbst an zu schreiben.

Nach dem Examen wanderte Mörike acht Jahre lang als Vikar von einem schwäbischen Ort zum andern. Dieser Zwang, den sein Beruf mit sich brachte, und der Tod seiner Schwester Luise, zu der er ein sehr inniges Verhältnis hatte, belasteten ihn sehr. Er litt an Depressionen, glaubte seinen Beruf nicht mehr ausüben zu können und schimpfte auf die „Vikariatsknechtschaft". Viel lieber wollte er als freier Schriftsteller in Stuttgart leben. Doch das gelang ihm nicht. Eine unglückliche Liebe bedrückte ihn zusätzlich. So wurde er schließlich doch Pfarrer in Cleversulzbach bei Heilbronn. Aber er hielt es nur neun Jahre aus. Dann ließ er sich pensionieren und führte weiter ein unstetes Leben. In Mergentheim lernte er die Tochter eines bayerischen Offiziers, Gretchen von Speeth, kennen. Er heiratete sie, obwohl sie Katholikin war. Es wurde eine Ehe mit vielen Krisen. Um seine Pension aufzubessern, hielt er Literaturvorlesungen am Katharinenstift in Stuttgart. Einsam, mit seiner Frau zerfallen und krank, ging er dem Tod entgegen: „Wie ein Reis zerbrochen, zerkracht lieg ich da." Nur wenige gaben ihm das Grabgeleit. Man hatte ihn völlig vergessen. Von Mörikes großartigen Gedichten ist besonders der *Feuerreiter* bekannt. Und *Mozart auf der Reise nach Prag* gehört zu den schönsten Novellen der deutschen Literatur.

mul|ti|kul|tu|rell eine multikulturelle Gesellschaft (eine Gesellschaft mit Menschen aus verschiedensten Kulturkreisen)

Mul|ti|ple-Choice-Ver|fah|ren *oder* Multip|le-Choice-Ver|fah|ren [maltipltschoiß...] das *lat. / engl.*: Prüfungs- und Testverfahren, bei dem aus mehreren vorgegebenen Antworten die richtige herausgefunden werden muss

Mul|ti|pli|ka|ti|on die *lat.*: Vervielfachung einer Zahl; **Mul|ti|pli|ka|tor** der: Zahl, mit der eine andere Zahl vervielfacht wird; **mul|ti|pli|zie|ren**

Mu|mie die *arab.*, die Mumien: einbalsamierte Leiche, **mu|mi|fi|zie|ren**

Mumm der: Entschlossenheit, Mut, Kraft

Mumps der: Infektionskrankheit, Ziegenpeter

Mund der, des Mund(e)s, die Münder: er nimmt den Mund zu voll (gibt an, tut sich wichtig), sie machte mir den Mund wässrig (reizte mich zum Genuss von etwas), der Skandal war in aller Munde (überall Gesprächsstoff); **Mund|art** die: Dialekt; **Mund|art|dich|tung** die; **mun|den** der Wein mundet (schmeckt gut); **mün|den; mund|ge|recht; münd|lich; Mund|pro|pa|gan|da** die: mündliche Weiterempfehlung; **Mund|raub** der: Diebstahl von Lebensmitteln; **mundtot** einen Gegner mundtot machen (zum Schweigen bringen); **Mün|dung** die: Straßenmündung, Flussmündung; **Mund|werk** das: ein loses Mundwerk haben (freche Bemerkungen machen)

Mün|del das: minderjährige oder entmündigte Person, die einen Vormund hat; **mün|del|si|cher** das Erbe wurde mündelsicher (ohne Risiko, z.B. auf einem Sparkonto) angelegt; **mün|dig** volljährig, erwachsen; **Mün|dig|keit** die

Mu|ni|ti|on die *lat.*: Schießmaterial, z.B. Patronen, Sprengladungen; **Mu|ni|ti|ons|la|ger** das

mun|keln in der Stadt munkelte man (redete man heimlich), er sei ein Trinker

Müns|ter das: Stiftskirche, Klosterkirche

mun|ter; Mun|ter|keit die

Mün|ze die *lat.*: jemandem etwas mit gleicher Münze heimzahlen (auf gleiche böse Art vergelten); etwas für bare Münze nehmen (etwas törichterweise ernst nehmen); **mün|zen** auf den Gegner gemünzt (bezogen)

Mu|rä|ne die: aalartiger Meeresfisch

mürb / mür|be mürbes Gebäck, mürbe (brüchige) Schiffstaue; **mür|be|ma|chen** den Gegner mürbemachen (widerstandslos machen); **Mür|be|teig / Mürbteig** der

murk|sen sie murkst seit Stunden an ihrem Aufsatz (*ugs.* arbeitet nachlässig, erfolglos daran); **Murks** der

Mur|mel die: bunte Spielkugel; mit Murmeln spielen

mur|meln einen Gruß murmeln (undeutlich, leise sagen)

Mur|mel|tier das: im Hochgebirge lebendes Nagetier

mur|ren er murrte (beklagte sich) über die Arbeit; **mür|risch**

Mus das, des Muses: Obstbrei

Mu|schel die; **mu|schel|för|mig**

Mu|se die *griech.*, die Musen: eine der neun Schutzgöttinnen der Künste; **musisch** künstlerisch veranlagt

Mu|se|um das *griech.*, die Museen: Gebäude, in dem Kunstwerke, wissenschaftliche oder technische Sammlungen aufbewahrt und ausgestellt werden; **Mu|se|ums|wär|ter** der

Mu|si|cal [mjusikel] das *amerik.*: Musiktheater, Musikrevue

Mu|sik die *griech.*; **mu|si|ka|lisch; Mu|si|ka|li|tät** die: besondere Begabung für Musik; **Mu|si|kant** der; **Mu|si|kan|tin** die; **Mu|si|ker** der; **Mu|si|ke|rin** die; **Mu|sik|ge|schich|te** die; **Mu|sik|lieb|ha|ber** der; **mu|si|zie|ren**

Mus|kat der: Gewürz

Mus|ka|tel|ler der: Traubensorte, auch der Wein aus dieser Rebe

Mus|kel der *lat.*, des Muskels, die Muskeln; **Mus|kel|ar|beit** die: Arbeit, die ein Muskel leistet, z.B. beim Krafttraining; **Mus|kel|fa|ser|riss** der;

Muskelkater

Mus|kel|ka|ter der: besonders nach ungewohnter körperlicher Anstrengung auftretender Schmerz, der durch Verhärtung von Muskeln entsteht; sie hatte einen Muskelkater in den Oberarmen; **Mus|kel|kraft** die; **Mus|kel|protz** der; **Mus|kel|zer|rung** die; **Mus|ku|la|tur** die; **mus|ku|lös** am muskulösesten

Müs|li / Mü|es|li *(schweiz.)* das: Rohkostmischung aus Getreideflocken, getrockneten Früchten, Nüssen

Mu|ße die: Zeit und Muße (innere Ruhe) haben; **mü|ßig** untätig, zwecklos, überflüssig; **Mü|ßig|gang** der: Müßiggang ist aller Laster Anfang

müs|sen du musst, sie musste, gemusst, er müsste

Mus|tang der *indian.*: Wildpferd

Mus|ter das; **mus|ter|gül|tig**; **mus|terhaft**; **mus|tern**; **Mus|te|rung** die

Mut der, des Mut(e)s: nur Mut!; **mu|tig**; **mut|los**; **Mut|lo|sig|keit** die; **mut|wil|lig**

Mu|ta|ti|on die *lat.*: 1. plötzliche Veränderung eines Erbmerkmals 2. Stimmbruch; **mu|tie|ren**

mut|ma|ßen du mutmaßt, er mutmaßte, gemutmaßt: vermuten, annehmen; **mut|maß|lich**; **Mut|ma|ßung** die

Mut|ter die: 1. weiblicher Elternteil (*Pl.* die Mütter) 2. Schraubenmutter (*Pl.* die Muttern); **Mut|ter|got|tes / Mut|ter Gottes** die; **Mut|ter|ku|chen** der: Organ, das sich während der Schwangerschaft in der Gebärmutter ausschließlich zur Ernährung des Embryos bildet (*lat.* Plazenta); **Mut|ter|lie|be** die; **müt|ter|lich**; **müt|ter|li|cher|seits** meine Großeltern mütterlicherseits (die Eltern meiner Mutter); **Müt|ter|lich|keit** die; **Mut|ter|mal** das; **Mut|ter|schaft** die; **Mut|ter|schutz** der; **Mut|ter|schutz|ge|setz** das; **mut|ter|see|len|al|lein**; **Muttersöhn|chen** das: verhätschelter Sohn; **Mut|ter|spra|che** die; **Mut|ter|tag** der; **Mut|ter|tier** das; **Mut|ter|witz** der: die angeborene Fähigkeit, etwas witzig auszudrücken

Müt|ze die: er bekam was auf die Mütze (*ugs.* wurde verhauen, streng gerügt)

My|o|sin das *griech.*: in den Muskeln enthaltenes Eiweiß

My|ri|a|de die *lat.*, die Myriaden: Myriaden (unzählige Massen) von Heuschrecken fielen über die Felder her

Myr|re / Myr|rhe die *griech.*, die Myrren / Myrrhen: wohlriechendes Gummiharz, das für Arzneimittel verwendet wird

Myr|te die *griech.*: immergrüner Strauch; **Myr|ten|kranz** der: Brautschmuck aus Myrtenzweigen

mys|te|ri|ös *griech.*: rätselhaft, unerklärlich; sie lächelte mysteriös (geheimnisvoll); **Mys|tik** die *griech.*: Grundform der Religiosität, die persönliche Verbindung zu einer Gottheit; **mys|tisch** unergründlich, unverständlich

My|thos der *griech.*, die Mythen: 1. überlieferte Erzählung aus alter Zeit, meist über Götter und Helden 2. legendäre Gestalt; der Schauspieler war schon zu seinen Lebzeiten ein Mythos

My|zel / My|ze|li|um das *griech.*, die Myzelien: der fädige, fortwachsende Pilzkörper, das Pilzgeflecht

N

Na|be die: Mittelteil eines Rads
Na|bel der: der Nabel der Welt (der Mittelpunkt, um den sich alles dreht)
nach von links nach rechts, nach innen, nach meiner Erinnerung, nach Maß, nach und nach (allmählich); **nach|ei|nan|der** *oder* nach|ein|an|der
nach|äf|fen jemanden abwertend nachmachen; sie äffte seine Sprechweise nach
nach|ah|men du ahmst nach, sie ahmte nach, nachgeahmt; eine Stimme nachahmen; **nach|ah|mens|wert; Nach|ah|mung** die; **Nach|ah|mungs|trieb** der
Nach|bar der, des Nachbarn/Nachbars, die Nachbarn; **Nach|ba|rin** die; **nach|bar|lich; Nach|bar|schaft** die; **Nach|bar|schafts|hil|fe** die: organisierte Hilfe für alte, bedürftige Menschen
nach|bes|sern der Aufsatz musste nachgebessert (nachträglich verbessert) werden; **Nach|bes|se|rung** die
nach|be|stel|len; Nach|be|stel|lung die
nach|bil|den; Nach|bil|dung die
nach|dem eine Stunde nachdem er fort war; je nachdem; nachdem du abgesagt hattest
nach|den|ken (→ denken); **nach|denk|lich** in Gedanken versunken; **Nach|denk|lich|keit** die
Nach|druck der: sie sagte das mit allem Nachdruck, der Nachdruck (Folgedruck) einer Zeitschrift; **nach|drück|lich**
nach|dun|keln im Winter dunkelten ihre Haare nach, die im Sommer von der Sonne gebleicht worden waren
nach|ei|fern
Na|chen der: kleines Boot

Nach|er|zäh|lung die ▶ Aufsatzlehre S. 510

Nach|fahr / Nach|fah|re der, des Nachfahren / Nachfahrs, die Nachfahren; *Ggs.* Vorfahr(e); **Nach|fah|rin** die
nach|fei|ern einen Geburtstag nachfeiern (an einem späteren Tag feiern)
Nach|fol|ge die; **nach|fol|gen** das Nachfolgende, im Nachfolgenden; **Nach|fol|ger** der; **Nach|fol|ge|rin** die
nach|for|schen; Nach|for|schung die
Nach|fra|ge die; **nach|fra|gen**
nach|füh|len ich kann deinen Schmerz nachfühlen (nachempfinden)
nach|ge|ben (→ geben); **nach|gie|big; Nach|gie|big|keit** die
Nach|ge|bühr die: Strafporto der Post
nach|ge|hen (→ gehen): die Uhr geht nach
nach|grü|beln unablässig über etwas nachdenken
Nach|hall der: Weiterklingen eines Tones, der dabei leiser wird; **nach|hal|len**
nach|hal|tig das Erlebnis hat mich nachhaltig beeinflusst
nach Hau|se / nach|hau|se ich gehe nach Hause/nachhause; **Nach|hau|se|weg** der
nach|hel|fen (→ helfen); **Nach|hil|fe** die
nach|her dann, später
Nach|hol|be|darf der; **nach|ho|len**
nach|ja|gen er jagt dem Glück nach
Nach|klang der; **nach|klin|gen** (→ klingen)
Nach|kom|me der; **Nach|kömm|ling** der: viele Jahre nach den Geschwistern geborenes Kind
Nach|kriegs|zeit die
Nach|lass der, des Nachlasses, die Nachlässe: 1. Hinterlassenschaft, Erbe 2. Rabatt, Preisnachlass; **nach|las|sen** (→ lassen); **nach|läs|sig** unordentlich, gleichgültig
nach|lö|sen eine Fahrkarte nachlösen (nach Antritt der Fahrt kaufen)
Nach|mit|tag der (→ Abend / abends); **nach|mit|tags**
Nach|nah|me die: Geldeinzug durch die Post bei Warenlieferung
Nach|na|me der
Nach|re|de die: eine üble Nachrede

Nach|richt die, die Nachrichten: Wir leben im Zeitalter der Information und werden ständig mit Nachrichten versorgt – durch Zeitungen und Zeitschriften, durch Rundfunk und Fernsehen und andere Medien. Für den Journalisten, der berufsmäßig Nachrichten sammelt und an die Leser, Hörer und Zuschauer weitergibt, ist eine Nachricht eine aktuelle Information über bestimmte Ereignisse oder Personen,

Nachruf

die nach bestimmten Regeln abgefasst ist. Es gibt sog. „harte" oder wichtige Nachrichten und „weiche", d. h. weniger wichtige. Die harten Nachrichten informieren knapp und möglichst sachlich über Ereignisse von allgemeiner Bedeutung, z. B. aus der Politik. An die weichen Nachrichten stellt man keine so strengen Anforderungen. Sie bringen in lockerer Form z. B. Klatschgeschichten aus dem gesellschaftlichen Leben, etwa über Schauspieler oder Prominente. Sie informieren über sensationelle Ereignisse ebenso wie über Unglücksfälle, Katastrophen oder Verbrechen. Natürlich kann sich der Journalist, der Nachrichten aus aller Welt an die Öffentlichkeit bringt, diese nicht alle selbst besorgen. Dafür gibt es Nachrichtenbüros, sog. Nachrichtenagenturen. Sie haben überall ihre Vertreter, die Nachrichten sammeln und über die Agenturen an Zeitungen, Rundfunk- und Fernsehanstalten weitergeben. Die Redakteure wählen dann aus, was sie bringen wollen oder – wenn die Nachrichten wichtig sind – was sie bringen müssen.

Nach|ruf der: würdigende Worte für einen verstorbenen Menschen
Nach|sai|son [-βäsõ] die: die Wochen nach der Haupturlaubszeit
nach|schla|gen (→ schlagen); **Nach|schlage|werk** das: Lexikon
Nach|schub der, die Nachschübe: Versorgung mit neuem Material
nach|se|hen (→ sehen); **Nach|se|hen** das: das Nachsehen haben (nur noch das Schlechtere oder gar nichts bekommen); **Nach|sicht** die: er kannte keine Nachsicht (kein Verständnis); **nach|sichtig** sie lächelte nachsichtig
Nach|sil|be die: z. B. -ung, -schaft, -keit
nach|sit|zen (→ sitzen)
Nach|spei|se die
Nach|spiel das: es wird ein gerichtliches Nachspiel geben
nächst im nächsten Sommer, fürs Nächste, bei nächster Gelegenheit; **Nächs|te** der: „Du sollst deinen Nächsten (Mitmenschen) lieben wie dich selbst" (3. Mose 19,18); **Nächs|tenlie|be** die; **nächs|tens** wir fahren nächstens (demnächst) nach Venedig

> **nächst:** Kleingeschrieben wird das Adjektiv: *der nächste Tag, beim nächsten Mal.* Die substantivierte Form wird hingegen großgeschrieben: *Wer ist der Nächste? Was machen wir als Nächstes?*

Nacht die (→ Abend / abends), die Nächte: gute Nacht!, sich die Nacht um die Ohren schlagen (bis zum Morgen aufbleiben); **Nacht|aus|ga|be** die: die am späten Abend erscheinende Ausgabe einer Zeitung; **Nacht|dienst** der; **nächte|lang** sie weinte nächtelang, *aber:* sie fuhren zwei Nächte lang; **näch|ti|gen** sie nächtigten (übernachteten) im Auto; **nächt|lich; nachts; Nacht|schwes|ter** die; **Nacht|tisch|chen** das; **Nacht|wächter** der
Nach|teil der; **nach|tei|lig**
Nach|ti|gall die, die Nachtigallen: Singvogel mit besonders melodischem Gesang

Nach|tisch der: als Nachtisch gab es Obst
Nach|trag der, die Nachträge: schriftliche Ergänzung; **nach|tra|gen** (→ tragen); **nach|tra|gend** lange übel nehmend, beleidigt sein; **nach|träg|lich** ich gratuliere nachträglich
nach|trau|ern er trauert seiner alten Stellung nach (denkt sehnsüchtig an sie)
Nach|weis der, die Nachweise; **nach|weisen** (→ weisen); **nach|weis|lich**
Nach|welt die: etwas für die Nachwelt (die kommenden Generationen) erhalten
nach|wir|ken; Nach|wir|kung die
Nach|wuchs der, des Nachwuchses; **Nach|wuchs|schau|spie|ler** der: junger Schauspieler; **Nach|wuchs|schau|spie|lerin** die
nach|zah|len er musste Umsatzsteuer nachzahlen; **Nach|zah|lung** die

Nach|züg|ler der: wir warteten auf die Nachzügler

Na|cke|dei der, des/die Nackedeis; **nackend; na|ckig; nackt; Nackt|heit** die

Na|cken der: sie warf den Kopf in den Nacken (zeigte ihren Stolz), die Angst saß ihm im Nacken (er hatte sehr große Angst)

Na|del die; **Na|del|baum** der; **na|deln** der Christbaum begann zu nadeln; **Na|delöhr** das; **Na|del|wald** der

Na|gel der, die Nägel: die Sache brannte ihm unter den Nägeln (war sehr dringlich und eilig); **na|geln; na|gel|neu**

na|gen Zweifel nagten an ihm, nichts zu nagen und zu beißen haben (Hunger leiden); **Na|ger** der; **Na|ge|tier**

nah / na|he näher, am nächsten: ich bin nahe an der Lösung, dieser Ort liegt näher, sie kamen von nah und fern, ich kenne ihn nicht näher; **Nä|he** die; **na|he|bei; na|he|ge|hen** (→ gehen): sein Tod ging ihr nahe (machte sie traurig); **na|he|le|gen** ihm wurde der Rücktritt nahegelegt (empfohlen); **na|he|lie|gen** (→ liegen): die Vermutung liegt nahe, ein naheliegender Gedanke, *aber:* nahe (in der Nähe) liegen; **na|hen** der Morgen nahte; **nä|her|kom|men** (→ kommen): sie sind sich nähergekommen (haben sich besser kennen gelernt), *aber:* das Gewitter ist näher gekommen; **nä|hern** sich; **na|he|ste|hen** (→ stehen): vertraut sein, nahestehende Freunde; **na|he|tre|ten** jemandem nahetreten: ihn kränken, in Verlegenheit bringen; **na|he|zu** es dauerte nahezu (fast) zwei Tage; **Nah|verkehrs|mit|tel** das

nä|hen; Nä|he|rei die; **Nä|he|rin** die; **Näh|garn** das

näh|ren ein Gerücht nähren (aufrechterhalten); **nahr|haft; Nähr|stoff** der; **Nah|rung** die; **Nah|rungs|quel|le** die

Naht die, die Nähte: aus allen Nähten platzen (zu dick werden); **naht|los**

na|iv *franz.:* kindlich, unkritisch, arglos; **Na|i|vi|tät** die

Na|me(n) der, des Namens, die Namen: sich einen Namen machen (bekannt werden); **na|men|los; na|mens** ein Land namens Utopia; **Na|mens|tag** der; **Namens|vet|ter** der: jemand mit gleichem Vor- oder Familiennamen; **na|ment|lich; nam|haft** bekannt, bedeutend; **näm|lich** die nämlichen (dieselben) Beschwerden; einmal im Jahr, nämlich (und zwar) im Sommer; der Nämliche

Na|men|wort das ▶ Nomen

Nan|du der: südamerikan. Laufvogel, *vgl. Abb. S. 388*

Napf der, die Näpfe; **Napf|ku|chen** der

Nap|pa|le|der das: besonders feines, weiches Schaf- oder Ziegenleder

Nar|be die; **nar|big** er hatte ein pockennarbiges Gesicht; **Nar|bung** die

Nar|ko|se die *griech.:* Betäubung durch ein Narkosemittel, **nar|ko|ti|sie|ren**

Narr der, des/die Narren; **nar|ren** sie hat mich genarrt (getäuscht); **Nar|ren|frei|heit** die; **Nar|re|tei** die; **När|rin** die; **när|risch** ein närrischer (unvernünftiger) Einfall

nar|ra|tiv *lat.:* erzählend

Nar|ziss der *griech.*, des Narzisses, die Narzisse (nach einer griech. Sage, in der sich ein Jüngling in sein Spiegelbild verliebt und nach dem Tod in eine Narzisse verwandelt wird): jemand, der in sich selbst verliebt, ganz auf sich bezogen ist

Nar|zis|se die *griech.:* Frühlingsblume

na|sal *lat.:* etwas nasal (durch die Nase) sprechen; **Na|sal|laut** der

na|schen du naschst; **nasch|haft; Naschkat|ze** die

Na|se die: er rümpfte die Nase (gab sich verächtlich, herablassend), jemandem etwas unter die Nase reiben (vorhalten); **nä|seln** eine näselnde Aussprache; **Na|sen|stü|ber** der: 1. leichter Stoß gegen die Nase 2. Tadel, Verweis; **Na|se|weis** der: jemand, der neugierig oder vorwitzig ist; **nas|füh|ren** er wurde von seinen Freunden genasführt (hereingelegt); **Nas|horn** das

nass nasser / nässer, am nassesten / nässesten; **Nass** das, des Nasses: kostbares Nass (Wasser, Getränk); **Näs|se** die; **näs|sen** die Wunde nässt; **nass|kalt; Nass|schnee** der: tauender Schnee

Na|ti|on die *lat.:* eine durch gemeinsame Herkunft, Sprache, Kultur und Geschichte gekennzeichnete menschliche Gemeinschaft, Staat; **na|ti|o|nal**

Nationalhymne

er vertrat nationale Interessen; **Na|ti|o|nal|hym|ne** die: die deutsche Nationalhymne wurde 1841 als „Deutschlandlied" von August Heinrich Hoffmann, genannt von Fallersleben, geschrieben; **Na|ti|o|na|lis|mus** der: übersteigertes Nationalbewusstsein; **na|ti|o|na|lis|tisch**; **Na|ti|o|na|li|tät** die: Staatszugehörigkeit; **Na|ti|o|nal|park** der: staatlicher Naturpark; **Na|ti|o|nal|so|zi|a|lis|mus** der: nach 1918 in Deutschland aufgekommene Bewegung, aus der die Gewaltherrschaft Adolf Hitlers 1933–1945 hervorging. Im Namen des Nationalsozialismus wurden Menschen wegen ihrer Überzeugung oder ihrer Religion eingeschüchtert und verfolgt, in den Vernichtungslagern wurden über 4 Millionen Menschen umgebracht, *Abk.* NS; **Na|ti|o|nal|so|zi|a|list** der: Anhänger des Nationalsozialismus, *Kurzwort*: Nazi; **Na|ti|o|nal|so|zi|a|lis|tin** die; **na|ti|o|nal|so|zi|a|lis|tisch**; **Na|ti|o|nal|stolz** der: Gefühl des Stolzes, einer bestimmten Nation anzugehören

NATO / Na|to die *engl.*: *Abk. für* **N**orth **A**tlantic **T**reaty **O**rganization (Nordatlantisches Verteidigungsbündnis)

Nat|ri|um *oder* **Na|tri|um** das *ägypt.*: chemisches Element, ein sehr reaktionsfähiges Metall; *Zeichen* Na; **Nat|ron** *oder* **Na|tron** das: doppeltkohlensaures Natrium

Nat|ter die: meist ungiftige Schlange

Ringelnatter

Na|tur die *lat.*; **Na|tu|ra|li|en** die: landwirtschaftliche Produkte, die statt Geld zum Bezahlen verwendet werden; **Na|tu|rell** das, die Naturelle: Veranlagung, Wesensart; **Na|tur|er|schei|nung** die; **na|tur|ge|mäß**; **na|tur|ge|treu**; **Na|tur|heil|kun|de** die; **na|tür|lich**; **na|tur|rein**; **Na|tur|schutz** der; **Na|tur|ta|lent** das: außergewöhnliche Begabung; **Na|tur|wis|sen|schaf|ten** die

Na|tu|ra|lis|mus der: Als → Goethe 1832 starb, hatte er ein so beeindruckendes Werk hinterlassen, dass noch lange danach alle deutschen Dichter im Banne dieses Erbes standen und in ihrem Schaffen davon beeinflusst waren. Erst etwa ein halbes Jahrhundert später kam eine Generation von Schriftstellern, die einen radikalen neuen Anfang setzen wollte: die Naturalisten.

Sie verstanden sich – ganz zeitgemäß – nicht mehr als Dichter, sondern als „Wissenschaftler", die mit der Sprache arbeiten; und diese Arbeit musste wissenschaftlich exakt sein. Da sie wie viele ihrer Zeitgenossen der Meinung waren, der Mensch sei nur ein Produkt von Vererbung und Umwelt, sahen sie sich diese Umwelt ganz genau an. Dichtung war für sie nichts anderes als eine möglichst naturgetreue Wiedergabe des Lebens. So erklärt es sich, dass diese naturalistischen Autoren jetzt die „kleinen Leute" für die Literatur entdeckten.

Sie griffen bewusst die hässlichen Seiten der Wirklichkeit auf, sie schilderten krass „nach der Natur" Krankheiten, Laster, Verderbnis. Und sie ließen ihre Figuren reden, wie ihnen „der Schnabel gewachsen" war. Es kam nun nicht mehr auf „schöne" oder „richtige" Sätze an, sondern darauf, ob diese der Wirklichkeit entsprachen. Die Mundart fand jetzt Eingang in die Literatur. Der Naturalist Arno Holz hat diese neue Art zu schreiben auf eine „exakte" Formel gebracht: „Kunst = Natur minus x"; das „x" ist der Autor, und je weniger er dazugibt, desto näher rückt die Kunst der Natur.

In den Romanen und Theaterstücken des Naturalismus gibt es natürlich keine strahlenden Helden mehr wie in der Dichtung vorher; wir haben sogar ein Drama ohne eine Hauptfigur: das Stück „Die Weber" von Gerhart → Hauptmann (1892). Hier stehen nämlich die Weber insgesamt, d.h. die armen, ausgenutzten und ausgebeuteten Arbeiter, im Mittelpunkt des

Geschehens. Ihre beklagenswerte Situation wird schonungslos offen dargelegt, indem Hauptmann sie wie im wirklichen Leben reden und handeln lässt.

Für die „gutbürgerliche" Gesellschaft der Kaiserzeit war das alles freilich skandalös und schockierend. Der Naturalismus, der als literarische Bewegung um 1900 schon wieder zu Ende ging, war ein echter Neuanfang in der Literaturgeschichte. Aktuelle Themen und rückhaltloser Realismus der Darstellung gehören eigentlich seit dieser „Revolution der Literatur" untrennbar zur modernen Dichtung.

Nau|tik die *griech.*: Schifffahrtskunde

Na|vi|ga|ti|on die *lat.*: Orts- und Kursbestimmung von Schiffen, Flugzeugen und Raumfahrzeugen; **na|vi|gie|ren**

Na|zi der: *kurz für* → Nationalsozialist; **Na|zi|herr|schaft** die → Nationalsozialismus

n. Chr. *Abk. für* nach Christus

Ne|an|der|ta|ler der: vorgeschichtlicher Mensch aus der Altsteinzeit, benannt nach den im Neandertal bei Düsseldorf gefundenen Skelettresten

Ne|bel der; **ne|be|lig** am neb(e)ligsten; **Ne|bel|schlei|er** der; **neb|lig**

ne|ben er saß neben ihr; **ne|ben|an**; **ne|ben|bei**; **Ne|ben|buh|ler** der: Mitbewerber; **ne|ben|ei|nan|der** *oder* ne|ben|ein|an|der; **ne|ben|ei|nan|der|le|gen**; **ne|ben|her** (→ darauf); **Ne|ben|kos|ten** die; **Ne|ben|nie|ren** die; **Ne|ben|sa|che** die; **ne|ben|säch|lich**; **ne|ben|ste|hend** das Nebenstehende; **Ne|ben|stra|ße** die; **Ne|ben|wir|kung** die

Ne|ben|satz der: Gliedsatz. Wenn wir uns den Begriff ansehen, verstehen wir schon etwas: Nebensätze stehen neben dem Hauptsatz, haben wenig oder keine Selbstständigkeit, d.h., sie können nicht allein vorkommen. Und Gliedsätze kann man sie nennen, weil sie (unselbstständige) Glieder oder Teile eines Ganzen sind, nämlich des → Satzgefüges. (Ein Satz wie „Obwohl er kommt" gibt keinen Sinn.)

Auch durch ihren Bau sind die Nebensätze gekennzeichnet. Sie werden durch unterordnende → Konjunktionen oder durch ein Relativpronomen (→ Pronomen) oder durch ein Fragewort eingeleitet und die Verbform mit der Endung steht am Schluss. Eine Ausnahme bilden hier die → Modalverben, bei denen in manchen Nebensätzen nicht die Form mit der Endung am Satzende steht.

Einige Beispiele (Einleitungswörter und → Prädikate sind unterstrichen): „Der Regen, der nicht kommt, macht niemanden nass." – „Wenn es nicht regnet bleibt alles trocken." – „Weil ich wissen will, ob es bald regnet, klopfe ich ans Barometer." – „Weil ich es genau hatte wissen wollen, war schließlich ein Sprung in der Scheibe des Barometers."

Nebensätze können viele Aufgaben übernehmen. Relativsätze erklären oder beschreiben meistens etwas: „Der Kater, den ich am Bart gezupft hatte, knurrte mich an." Auch andere Relativsätze würden etwas über den Kater sagen: „der in der Ecke saß", „dessen Bart schon grau war", „dem ich ein Stück Wurst anbot". Die meisten Sätze, die von einer Konjunktion eingeleitet werden, sind Adverbialsätze (→ Adverbial), weil sie die näheren Umstände angeben: „als ich den Kater am Bart gezupft hatte" (Zeit), „während ich den Kater am Bart zupfte" (Zeit), „weil ich zupfte" (Grund), „damit er sich umdrehte" (Absicht), „sodass er sich umdrehte" (Folge).

Nebensätze können auch die Rolle des Subjektes oder Objektes spielen:

„Wer nicht weiß, dass man einen Kater nicht am Bart zupfen soll, lernt es hier." Subjekt zu „lernt" ist der Satz „wer nicht weiß" (wer lernt?) und Objekt zu „weiß" ist der Satz „dass man nicht ... soll" (denn: was weiß er?). Auch ein indirekter Fragesatz kann Objekt sein. (Übrigens: Nur indirekte Fragesätze sind Nebensätze!) „Warum man einen Kater nicht am Bart zupfen soll, wirst du schon noch merken."

Nun noch eine Bemerkung zur Stellung der Nebensätze. Relativsätze müssen in der Nähe des Wortes stehen, auf das sich das Relativpronomen bezieht, sonst klingt der Satz seltsam: „Mein Onkel fing den Ochsen ein, der ein starker Mann ist." Das ist wohl nicht gemeint, sondern: „Mein Onkel, der ein starker Mann ist" und so weiter. Aber übertreiben soll man auch nicht: „Er schloss die Tür, durch die man den Garten von der Straße aus betreten kann, zu" hört sich holprig an. Hier steht das „zu" besser vor dem Relativsatz.

Indirekte Fragesätze sind leichter zu bewegen. „Woher du kommst, will ich wissen" ist so gut wie „Ich will wissen, woher du kommst". Am größten ist – in vielen Fällen – die Freiheit bei den Adverbialsätzen: „Weil es regnet, bleibe ich zu Hause." – „Ich bleibe, weil es regnet, zu Hause." – „Ich bleibe zu Hause, weil es regnet." Eine feste Regel gibt es hier nicht. Man richtet sich nach dem Klang und danach, was man betonen will. Der zweite Satz hat nämlich immer das größere Gewicht.

nebst sie verkaufte die Wohnung nebst (mit) Einrichtung
Ne|ces|saire → **Nes|ses|sär** das
ne|cken; ne|ckisch schelmisch
Nef|fe der
Ne|ga|ti|on die *lat.*: Ablehnung, Verneinung; **ne|ga|tiv** negative (nachteilige) Folgen, eine negative (ablehnende) Antwort, ein negativer Befund (es wurde nichts gefunden); *Ggs.* positiv; **Ne|ga|tiv** das: entwickeltes Foto, von dem Papierabzüge (Positive) hergestellt werden; **ne|gie|ren** abstreiten, verneinen
Ne|ger der *lat.*: *wird heute als abwertend empfunden; stattdessen z. B.* Schwarzer, Afrodeutscher; **Ne|ge|rin** die → Neger
neh|men du nimmst, er nahm, genommen, er nähme, nimm!
Neh|rung die: schmaler Landstreifen, der eine Bucht vom offenen Meer abtrennt

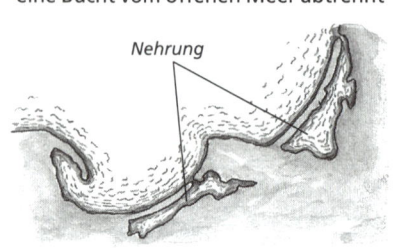

Nehrung

Neid der: vor Neid erblassen; **nei|den** ich neide ihr den Erfolg; **Nei|der** der: er hatte viele Neider; **Neid|ham|mel** der; **neidisch; neid|los**
Nei|ge die: bis zur bitteren Neige (zum letzten bitteren Stadium); **nei|gen** sie neigt sich über das Bett des Kindes; **Nei|gung** die: 1. Gefälle 2. Lust, Hang, Vorliebe zu etwas 3. Zuneigung; **Nei|gungs|grup|pe** die: Arbeitsgruppe von Schülern mit gleichen Interessen
nein nicht Nein / nein sagen können (zu gutmütig sein, nichts abschlagen können), mit Nein stimmen; **Nein|sa|ger** der
Nek|tar der *griech.*: 1. ewige Jugend spendender Göttertrank in der griechischen Mythologie 2. Frucht- oder Blütensaft; **Nek|ta|ri|ne** die: gelblich-dunkelroter Pfirsich mit glatter Haut
Nel|ke die: 1. Gartenblume 2. Gewürz
nen|nen du nennst, er nannte, genannt, sie nennte; **nen|nens|wert; Nen|ner** der: Zahl unter dem Bruchstrich; einen gemeinsamen Nenner finden (eine gemeinsame Grundlage); **Nen|nung** die

Nenn|form die ▶ Infinitiv

Nenn|wert (*auch* Nominalwert) der: der auf Banknoten, Wertpapiere und Aktien aufgedruckte Wert
Ne|on das *griech.*: chemisches Element, ein Edelgas; *Zeichen* Ne

Nepp der: betrügerisch überhöhte Preise; **nep|pen**; **Nepp|lo|kal** das

Nep|tun der: 1. römischer Gott des Meeres 2. Planet in unserem Sonnensystem

Nerv der *lat.*, des Nervs, die Nerven: Faserstrang zur Weiterleitung von Reizen im Körper; du gehst mir auf die Nerven; **Ner|ven|arzt** der; **ner|ven|auf|rei|bend**; **Ner|ven|gift** das: Gift, das in erster Linie das Nervensystem angreift; **ner|ven|krank**; **Ner|ven|pro|be** die: starke Anspannung der Nerven; **Ner|ven|sä|ge** die: lästige Person; **ner|ven|schwach**; **Ner|ven|sys|tem** das; **Ner|ven|zu|sam|men|bruch** der: Versagen der Nerven auf Grund körperlicher, seelischer oder geistiger Überforderung; **ner|vig** 1. sehnig, kraftvoll 2. störend, lästig; **nerv|lich**; **ner|vös** nervöser, am nervösesten; **Ner|vo|si|tät** die; **nerv|tö|tend** zermürbend

Nerz der, des Nerzes, die Nerze: 1. kleines Raubtier mit wertvollem Fell 2. Pelz aus Nerzfellen

Nes|sel der: unbehandeltes Baumwollgewebe; **Nes|sel** die: bei Berührung auf der Haut brennende Pflanze; **Nes|sel|fie|ber** das: mit Fieber verbundener, juckender Hautausschlag

Nes|ses|sär / **Ne|ces|saire** [neßäßär] das *franz.*, des/die Nessessärs / Necessaires: Behältnis für Toilettensachen oder Nähzeug

Nest das; **Nest|flüch|ter** der: Tier, das nach der Geburt bereits sehr selbstständig ist, z. B. das Huhn; **Nest|häk|chen** das: jüngstes Kind in der Familie; **Nest|ho|cker** der; **Nest|wär|me** die: familiäres Geborgensein

nes|teln sie nestelte am Verschluss ihrer Tasche herum (versuchte sie zu öffnen)

nett *franz.*, am nettesten: sie waren sehr nett zu mir, sich nett unterhalten; *aber:* er sagte etwas Nettes; **net|ter|wei|se**

net|to *ital.*: ohne Verpackung, nach Abzug der Kosten oder Steuern; *Ggs.* brutto; **Net|to|lohn** der

neutralisieren

Netz das, die Netze: sich in einem Netz von Lügen verstricken, das soziale Netz (System); **netz|ar|tig**; **Netz|haut** die: lichtempfindliche Sehschicht des Auges; **Netz|kar|te** die: Fahrkarte für beliebig viele Fahrten innerhalb eines Verkehrsnetzes

net|zen Tränen netzten (befeuchteten) das Gesicht des Mädchens

neu neuer, am neuesten: das ist mir neu, seit neuestem / seit Neuestem; *aber:* er probierte es aufs Neue (noch mal), auf ein Neues!, etwas Neues erfahren, allem Neuen misstrauisch gegenüberstehen, das ist die Neue (neue Kollegin), das Neueste vom Neuen, aus Alt mach Neu; **neu|ar|tig**; **Neu|bau** der; **neu|er|dings**; **neu|er|lich**; **Neu|e|rung** die; **Neu|gier** die; **neu|gie|rig**; **Neu|heit** die; **Neu|ig|keit** die; **Neu|jahr** das; **neu|lich**; **Neu|ling** der; **Neu|mond** der; **neu|reich** mit neu erworbenem Reichtum prahlend; **Neu|schnee** der; **Neu|zeit** die; **neu|zeit|lich**

> **neu**: Das Adjektiv wird kleingeschrieben: *ein neuer Ball, der neue Lehrer.* Das Substantiv wird hingegen großgeschrieben: *es gibt nichts Neues, der Neue in der Klasse.* Auch in Namen wird *neu* großgeschrieben: *das Neue Testament.* In Verbindung mit einer Präposition kann das deklinierte Adjektiv auch großgeschrieben werden: *seit neuestem / seit Neuestem.*

neun (→ acht); **neun|mal|klug** überklug, besserwisserisch; **neun|stö|ckig**; **Neun|tö|ter** der: Vogel

Neu|ral|gie *oder* Neur|al|gie die *griech.*, die Neuralgien: Nervenschmerz; **neu|ral|gisch** *oder* neur|al|gisch: das ist ihr neuralgischer (besonders empfindlicher) Punkt; **Neu|ro|lo|ge** der, die Neurologen: Nervenarzt; **Neu|ro|lo|gin** die; **neu|ro|lo|gisch**; **Neu|ro|se** die: seelische Störung; **Neu|ro|ti|ker** der; **neu|ro|tisch**

neut|ral *oder* neu|tral *lat.*: nicht gebunden, unbeteiligt, unparteiisch; Österreich ist ein neutraler Staat; **Neut|ra|li|sa|ti|on** *oder* Neu|tra|li|sa|ti|on die: chemische Reaktion zwischen einer Säure und einer Base; **neut|ra|li|sie|ren** *oder* neu|tra|li|sie|ren: die Wirkung zweier

Neutralität

Stoffe oder Gegenstände gegenseitig aufheben; er neutralisierte die Lauge durch Zugießen von Säure; **Neut|ra|li|tät** *oder* Neu|tra|li|tät die

Neut|ron *oder* Neu|tron das *lat.*, die Neutronen: Elementarteilchen, Baustein des Atomkerns

Neut|rum *oder* Neu|trum das *lat.*, die Neutra/Neutren ▶ Genus

New|ton [njutn] das *engl.* (nach dem engl. Physiker Sir Isaac Newton, 1643–1727): physikalische Maßeinheit der Kraft, *Zeichen* N

nicht so nicht!, gar nicht, schrei nicht so!, noch nicht; **nicht amt|lich / nichtamtlich**; **Nicht|er|fül|lung** die; **nich|tig** ein nichtiger (unwichtiger) Anlass, der Vertrag war nichtig (ungültig); **Nich|tig|keit** die; **Nicht|lei|ter** der: *phys.* Stoff, der keine Elektrizität leitet; **Nicht|me|tall** das: chemisches Element, das kein Metall ist; **nicht ros|tend / nicht|ros|tend** nicht rostender/nichtrostender Stahl; **nicht ru|ßend / nicht|ru|ßend**; **Nicht|schwim|mer** der; **Nicht|schwim|me|rin** die

Nich|te die

nichts ich bin und habe nichts, nichts von alledem, sie ist um nichts besser als du, das schmeckt nach nichts, von nichts kommt nichts; **Nichts** das: er stand plötzlich vor dem Nichts (hatte allen Besitz verloren), ein gähnendes Nichts (eine große Tiefe) tat sich auf; **nichts|des|to|trotz**; **nichts|des|to|we|ni|ger**; **Nichts|kön|ner** der; **Nichts|nutz** der; **nichts|nut|zig**; **nichts sa|gend / nichts|sa|gend**; **Nichts|tu|er** der; **nichts|wür|dig**

nichts: Adjektive und Partizipien werden in Verbindung mit *nichts* großgeschrieben, weil sie als Substantive gebraucht werden: *nichts Wichtiges, nichts Neues, nichts Eilendes.* Gleiches gilt für Verbindungen mit *alles, etwas, viel, wenig, allerlei, genug.*

Ni|ckel das: chemisches Element, ein Schwermetall; *Zeichen* Ni

ni|cken; **Ni|cker|chen** das: leichter, kurzer Schlaf

Ni|cki der: Pullover aus einem samtartigen Baumwollgewebe

nie wie nie zuvor und danach, das macht er nie!, nie und nimmer; **nie|mals**; **nie|mand** ich will niemand(em) wehtun, niemandes Tat, das weiß niemand außer mir, sie sah niemand(en); aber: er war ein Niemand (völlig unbedeutend); **Niemands|land** das: Land, das zwischen zwei feindlichen Fronten liegt

nie|der der Hammer sauste auf und nieder; **Nie|der|deutsch** das: norddeutsche Mundart; **Nie|der|gang** der: 1. Verfall, Untergang 2. steile Schiffstreppe; **nie|der|ge|schla|gen** er wirkte niedergeschlagen (betrübt); **nie|der|knien**; **nie|der|kom|men** (→ kommen): ein Kind gebären; **Nie|der|kunft** die: Geburt; **Nie|der|la|ge** die; **nie|der|las|sen** sich (→ lassen); **Nie|der|las|sung** die; **nie|der|le|gen**; **Nie|der|schlag** der, die Niederschläge; **nie|der|schla|gen** (→ schlagen); **Nie|der|schrift** die; **nie|der|stür|zen**; **Nie|der|tracht** die: Boshaftigkeit, Falschheit; **nie|der|träch|tig**; **Nie|de|rung** die: tief liegendes Küstengebiet; **Nie|der|wald** der

Nie|der|sach|se der, die Niedersachsen; **Nie|der|sach|sen**, **Nie|der|säch|sin** die, die Niedersächsinnen; **nie|der|säch|sisch**

Nie|der|lan|de die: Holland; **Nie|der|län|der** der, die Niederländer; **Nie|der|län|de|rin** die, die Niederländerinnen; **nie|der|län|disch**

nied|lich goldig, reizend, winzig

nied|rig das Bild hängt zu niedrig, eine niedrige (geringe) Miete, er war von niedrigem Rang; **Nied|rig|was|ser** das: niedrigster Wasserstand bei Ebbe

Nie|re die: Körperorgan; *ugs.* das geht ihm an die Nieren (belastet ihn)

nie|seln; **Nie|sel|re|gen** der

nie|sen; **Nie|ser** der: ich hörte einen unterdrückten Nieser; **Nies|pul|ver** das

Nieß|brauch der: Recht auf Nutzung fremden Besitzes

Niet der/das, die Niete: Metallbolzen; **nie|ten**; **niet- und na|gel|fest** die Einbrecher nahmen alles mit, was nicht niet- und nagelfest war (alles, was sich wegtragen ließ)

Nie|te die *niederl.*, die Nieten: eine Niete ziehen (ein Los ohne Gewinn), im Rechnen ist er eine Niete (ein Versager)

nominal

Ni|ger; Ni|grer *oder* Nig|rer der, die Nigrer; **Ni|gre|rin** *oder* Nig|re|rin die, die Nigrerinnen; **ni|grisch** *oder* nig|risch

Ni|ge|ria; Ni|ge|ri|a|ner der, die Nigerianer; **Ni|ge|ri|a|ne|rin** die, die Nigerianerinnen; **ni|ge|ri|a|nisch**

Ni|hi|lis|mus der *lat.: philosoph.* die Ansicht, alles Bestehende sei sinnlos, die völlige Ablehnung aller Ideale, Werte und Normen; **ni|hi|lis|tisch**

Ni|ko|laus der, die Nikolause (*ugs.* Nikoläuse)

Ni|ko|tin (*fachspr.* Nicotin) das *franz.:* giftiger Stoff in der Tabakpflanze; **ni|ko|tin|arm; ni|ko|tin|hal|tig**

Nil|pferd das

Nim|bus der *lat.:* 1. hohes Ansehen, Glanz und Ruhm; er umgab sich mit dem Nimbus eines Weltstars 2. *in der bildenden Kunst* Gloriole, Heiligenschein

nim|mer ich kann nimmer (nicht mehr); **nim|mer|mehr; nim|mer|mü|de; Nim|mer|satt** der; **Nim|mer|wie|der|se|hen** das: sie verschwand auf Nimmerwiedersehen

Nip|pel der: 1. kurzes Rohrstück mit Gewinde 2. *ugs. für* Brustwarze

nip|pen am Tee nippen (in kleinen Schlucken trinken)

Nip|pes *franz.:* kleine Ziergegenstande aus Porzellan; **Nipp|fi|gur** die

nir|gend(s) ich sehe ihn nirgends; **nir|gend|wo; nir|gend|wo|hin**

Ni|sche die *franz.:* Mauervertiefung

nis|ten unter dem Dach nisten die Schwalben; **Nist|kas|ten** der

Ni|trat *oder* Nit|rat das, die Nitrate: Salz der Salpetersäure

Ni|tro|gly|ze|rin *oder* Nit|ro|gly|ze|rin (*fachspr.* Nitroglycerin) das: hochexplosive Flüssigkeit, die als Sprengstoff, aber auch in der Medizin verwendet wird

Ni|veau [niwo̱] das *franz.,* des/die Niveaus: 1. ebene Fläche 2. Wertstufe, z. B. das Preisniveau 3. Bildungsgrad, geistiger Rang; ihr Verhalten war unter allem Niveau; **ni|veau|voll**

Ni|xe die: weiblicher Wassergeist

no|bel *franz.,* nobler, am nobelsten: großmütig, vornehm, luxuriös; sich nobel benehmen, ein nobles Hotel; **No|bel|her|ber|ge** die: *ugs. für* Luxushotel

No|bel|preis der: von dem schwedischen Chemiker Alfred Nobel gestifteter Geldpreis, der jährlich für hervorragende Leistungen auf verschiedenen Gebieten verliehen wird, z. B. für Medizin, Literatur; **No|bel|preis|trä|ger** der; **No|bel|preis|trä|ge|rin** die

noch ich habe noch ein bisschen Geld, wer war noch da?, noch eines, sie hat Geld noch und noch (sehr viel); **noch mal / noch|mal** *ugs. für* noch einmal; **noch|mals** ich sage es nochmals (noch einmal)

No|cken der: vorspringender Teil an einer Scheibe oder Welle; **No|cken|wel|le** die

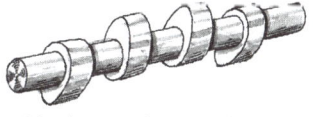

No|ma|de der *griech.:* Angehöriger eines nichtsesshaften Volkes, Wanderhirte; **No|ma|din** die

NOK *Abk. für* **N**ationales **O**lympisches **K**omitee

No|men das *lat.,* die Nomina: Mit dieser Bezeichnung fasst man alles zusammen, was dekliniert (→ Deklination) werden kann und bestimmte Aufgaben im Satz übernimmt. Das sind zunächst die Substantive (Hauptwörter, Namenwörter), für die allein oft das Wort „Nomen" gebraucht wird. Es gehören aber auch die Adjektive dazu, die Pronomina, die Artikel, die Partizipien und die Zahlwörter.

Die Gruppe der Substantive ist am größten; denn man kann jedes beliebige Wort substantivieren, indem man den Artikel davorsetzt und es großschreibt: das Singen, das Auf und Ab. In dem folgenden Satz kommen alle Arten von Nomina vor: „Mein Bekannter hatte uns zwei in ein von allen Leuten gerühmtes Lokal eingeladen, aber das Hin und Her beim Aussuchen der Speisen und seine bohrenden Fragen an den Ober verdarben uns den Appetit." (Wer kann alle Nomina bestimmen?)

no|mi|nal 1. das Nomen betreffend 2. zahlenmäßig, den Nennwert betreffend;

no|mi|nell dem Namen nach, nicht wirklich; **no|mi|nie|ren** bestimmen, ernennen; einen Nachfolger nominieren

No|mi|na|tiv der *lat.*, die Nominative ▶ Kasus

Non|food|ab|tei|lung / Non-Food-Ab|tei|lung [nonfud-…] die *engl.*: Abteilung in Einkaufszentren, die keine Lebensmittel, sondern z. B. Elektrogeräte, Kleidung oder Kosmetika anbietet

Non|ne die *lat.*: Ordensfrau

Non|sens der *engl.*, des Nonsens(es): etwas Unsinniges, Absurdes und gleichzeitig Witziges

Non|stop|ki|no/Non|stop-Ki|no das *engl.*: Kino, in dem pausenlos Filme laufen

Nop|pe die: Stoffschlinge, Wollknoten

Nord Ausgang Nord, Menschen aus Nord und Süd; **nord|deutsch; Nor|den** der; **nor|disch; nörd|lich; Nord|licht** das; **Nord|pol** der; **Nord|see** die; **nord|wärts**

Nord|rhein-West|fa|le der, die Nordrhein-Westfalen; **Nord|rhein-West|fa|len; Nord|rhein-West|fä|lin** die, die Nordrhein-Westfälinnen; **nord|rhein-west|fä|lisch**

Nör|ge|lei die; **nör|geln** mit nichts zufrieden sein; **Nörg|ler** der; **Nörg|le|rin** die

Norm die *lat.*: verbindliche Regel, Maßstab, Arbeits- oder Mindestleistung; **nor|mal** üblich, wie gewohnt; **nor|ma|li|sie|ren** die Beziehungen wurden normalisiert; **nor|ma|tiv** maßgebend; **nor|men** eine Norm aufstellen, vereinheitlichen; ein genormtes Format; **nor|mie|ren** vereinheitlichen, regeln

Nor|we|gen; Nor|we|ger der, die Norweger; **Nor|we|ge|rin** die, die Norwegerinnen; **nor|we|gisch**

Nos|tal|gie die *griech.*: Heimweh, Rückwendung zu einer scheinbar besseren vergangenen Zeit und Wiederbelebung der damaligen Mode, Kunst o. Ä.; **nos|tal|gisch**

Not die, die Nöte: ich helfe, wenn Not am Mann ist (wenn jemand gebraucht wird); **Not|brem|se** die; **Not|durft** die: seine Notdurft verrichten (Darm oder Blase entleeren); **not|dürf|tig** ein notdürftiger (nicht ausreichender) Verband; **Not|fall** der; **not|falls; not|ge|drun|gen; Not|gro|schen** der: Geld, das man für Notfälle zurücklegt; **nö|tig** nicht mehr als nötig tun, sie hat Ruhe nötig, er braucht es am nötigsten (dringendsten), *aber:* alles Nötige mitbringen, es fehlt am Nötigsten; **nö|ti|gen** er nötigte (zwang) ihn zur Unterschrift; **nö|ti|gen|falls; Nö|ti|gung** die; **Not|la|ge** die; **not|lan|den; Not lei|dend / not|lei|dend; Not|lö|sung** die; **Not|ruf** der; **Not|ruf|säu|le** die; **Not|sig|nal** *oder* -si|gnal das; **Not|stand** der; **not|tun** dringend erforderlich sein: schnelle Hilfe hat notgetan; **Not|wehr** die; **not|wen|dig** es ist nicht notwendig, notwendige Maßnahmen, etwas für notwendig halten; *aber:* das Notwendige veranlassen, nur das Notwendigste reden; **Not|wen|dig|keit** die

No|tar der *lat.*, die Notare: Jurist, der Rechtsgeschäfte beurkundet und Unterschriften beglaubigt; **No|ta|ri|at** das: Büro eines Notars; **no|ta|ri|ell; No|ta|rin** die

No|te die *lat.*, die Noten: 1. Tonzeichen 2. Beurteilung, Zensur 3. Geldschein (Banknote) 4. Notiz, Anmerkung 5. Eigenschaft, Besonderheit; ein Mantel mit sportlicher Note; **No|ten|bank** die: Bank, die Banknoten herausgeben darf; **No|ten|durch|schnitt** der; **No|ten|stän|der** der: Ständer zum Auflegen für Notenblätter

Note|book [notbuk] das *engl.*: flacher, tragbarer Computer mit aufklappbarem Bildschirm, Laptop

no|tie|ren *lat.*: er notierte sich die Adresse; **No|tiz** die, die Notizen: sie machte sich eifrig Notizen, er nahm von ihr keine Notiz (beachtete sie nicht); **No|ti|zen|samm|lung** die

no|to|risch *lat.*: er ist ein notorischer (ständiger) Lügner

Nou|gat → **Nu|gat** der/das

No|vel|le die *ital.*, die Novellen: „Eine unerhörte Begebenheit, die sich ereignet hat." – So kennzeichnete Goethe einmal die Novelle. Das ist immerhin eine Aussage, an die wir uns halten können; denn es ist gar nicht so einfach, diese Dichtungsgattung näher zu beschreiben.

Wir dürfen wenigstens behaupten, dass die Novelle eine → Erzählung ist und damit in den großen Bereich der → Epik gehört. Sie ist zum einen die Tochter des → Romans, jedoch etwas schlanker im Umfang als dieser. Zum andern ist sie die Mutter der → Kurzgeschichte. Zugleich ist die Novelle aber auch eine Schwester des → Dramas, mit dem sie einen strengen, klaren Aufbau gemeinsam hat.

„Novella" bedeutet im Italienischen so viel wie „kleine Neuigkeit". Daran merken wir eigentlich schon, worauf die Dichter bei diesem kleinen und doch so komplizierten Gebilde hinauswollen. Sie erzählen von einem besonderen Ereignis, gewöhnlich im Zusammenhang mit den Schicksalen eines oder mehrerer Menschen. Aber sie berichten nicht einfach, sondern komponieren diese Geschichte geradezu, sodass die Spannung sich zielstrebig bis zum Höhepunkt am Schluss steigert. Gerade wegen ihrer knappen Form und des strengen Aufbaus eignen sich Novellen auch besonders gut als Vorbilder für Dramen. Das hatte schon der englische Dichter Shakespeare erkannt, der Novellen gern als Grundlage für seine Schauspiele verwendete.

Novellen erfreuten sich schon im Mittelalter bei Dichtern wie bei Lesern großer Beliebtheit. In Italien schrieb Giovanni Boccaccio um 1350 die erste große Novellensammlung. In Deutschland entstanden die bekanntesten und schönsten Novellen im 19. Jahrhundert, besonders in der Zeit des → Realismus. Manche Dichter, wie etwa C. F. → Meyer, Gottfried → Keller oder Theodor → Storm, verstanden sich darauf, ihre Novellen besonders kunstvoll zu komponieren oder – wie wir hier schon sagen dürfen – zu konstruieren, indem sie in einer sog. Rahmenhandlung mehrere Novellen zusammenfassten oder ineinander verschachtelten. „Der Schimmelreiter" von Theodor Storm ist ein besonders gutes Beispiel dafür.

Heute ist die Zeit der Novelle weitgehend vorbei und die meisten Schriftsteller bevorzugen die in ihrer Gestaltung wesentlich offenere Kurzgeschichte.

No|vem|ber der *lat.*, des November(s); **no|vem|ber|lich**

No|vi|tät die *lat.*, die Novitäten: etwas Neues, Neuartiges; eine Novität auf dem Kunstmarkt

N. T. *Abk. für* Neues Testament

Nu der: ich bin im Nu (in kürzester Zeit) zurück

Nu|an|ce [nüãße] die *franz.*: 1. feiner Unterschied 2. ein bisschen, eine Kleinigkeit; **nu|an|cie|ren** [nüãßiren]: fein abstufen, in feinen Unterschieden darstellen

nüch|tern ein nüchterner (sachlicher) Raum, nüchterne Zahlen, er war nicht mehr ganz nüchtern (er war angetrunken); **Nüch|tern|heit** die

Nu|del die: Teigware in verschiedenen Formen; sie ist eine ulkige Nudel (*ugs.* komisch, lustig)

Nu|dist der *lat.*, die Nudisten: Anhänger der Freikörper-/Nacktkultur

Nu|gat / Nou|gat [nugat] der/das *franz.*: süße Masse aus Zucker, Kakao und fein gemahlenen Nüssen oder Mandeln

Nug|get [nagit] das *engl.*, des/die Nuggets: Goldklümpchen

nuk|le|ar *oder* nu|kle|ar *lat.*: den Atomkern betreffend; nukleare Streitkräfte; **Nuk|le|ar|macht** *oder* Nu|kle|ar|macht die: Atommacht, Land mit Kernwaffen

null es sind null Grad draußen, der Kandidat hat null Punkte, meine Stimmung ist auf null, in null Komma nichts (in ganz kurzer Zeit); **Null** der/das: Spielart beim Skat; **Null** die, die Nullen; **Nullpunkt** der: Gefrierpunkt; **Null|ta|rif** der: kostenlose Benutzung, Freifahrt

Nu|me|ra|le das *lat.*, die Numeralien: das Zahlwort. Dazu gehören zunächst die Zahlwörter, die man zum Zählen braucht: „eins", „zwei", „drei". Sie heißen Kardinalzahlen. Fast genauso häufig stellt man mit Zahlen eine

Reihenfolge, eine bestimmte Ordnung her, nämlich mit den Ordinalzahlen. Ihr Kennzeichen sind die Endungen „-ste" oder „-te": Der Zwanzigste kommt nach dem Neunzehnten, aber vor dem Einundzwanzigsten. Vom Bruchrechnen kennst du die Bruchzahlen: Ein Drittel ist mehr als ein Viertel. Ihre Nachsilben „-stel"/„-tel" bedeuten eigentlich „Teil". Die übrigen Zahlwörter werden mit Ableitungssilben oder durch Zusammensetzung gebildet: Auf die Frage „wie oft?" antwortet „hundertmal", „keinmal". Und auf welche Frage antwortet „tausendfach"? Und „zehnerlei"?

nu|me|risch *lat.*: zahlenmäßig; **Num|mer** die, *Abk.* Nr.; **num|me|rie|ren**: die Banknoten sind nummeriert; **Num|me|rie|rung** die

nun was nun?, nun gut!, nun bin ich an der Reihe; **nun|mehr**

Nun|ti|us der *lat.*, die Nuntien: päpstlicher Botschafter, diplomatischer Vertreter des Vatikans

nur nur wir beide, nur aus Mitleid

nu|scheln undeutlich sprechen

Nuss die, die Nüsse: das war eine harte Nuss (eine schwierige Aufgabe); **Nüsschen** das; **Nuss|kna|cker** der; **Nuss|scha|le** die

Nüs|ter die, die Nüstern: Nasenloch bei größeren Tieren, z. B. bei Pferd, Rind usw.

Nut / Nu|te die: Rinne, Fuge; **nu|ten**

Nu|tria *oder* Nut|ria die *span.*, die Nutrias: 1. südamerikanisches Nagetier, das wegen seines weichen Fells auch gezüchtet wird 2. Mantel aus dem Fell der Nutria

Nutz|an|wen|dung die: Gebrauch mit Gewinn; **nutz|bar; nutz|brin|gend; nüt|ze** der Rest ist zu nichts mehr nütze; **nut|zen / nüt|zen; Nut|zen** der; **nütz|lich; nutz|los; Nutz|nie|ßer** der; **Nutz|nie|ße|rin** die; **Nutz|pflan|ze** die; **Nut|zung** die; **Nut|zungs|dau|er** die

Ny|lon® [nailon] das *engl.*: Kunstfaser; **Ny|lons** die: *Kurzwort für* Nylonstrümpfe

Nym|phe die *griech.*: weibliche Naturgottheit

O

Oa|se die *griech.*, die Oasen: grüner, wasserreicher Ort in der Wüste

ob und ob ich das weiß!; **ob|gleich; obschon; ob|wohl; ob|zwar**

> **ob:** Meistens dient *ob* als Konjunktion, die indirekte Fragesätze einleitet. Dann steht vor *ob* ein Komma: *Niemand weiß, ob er wirklich kommt. Obgleich, obwohl, obschon* und *obzwar* sind ebenfalls Konjunktionen. Sie leiten Nebensätze ein, die durch Komma vom Hauptsatz abgetrennt werden.

OB *Abk. für* **O**ber**b**ürgermeister/-in
o. B. *Abk. für* **o**hne **B**efund
Ob|acht die: ich werde darauf Obacht geben (aufpassen)
Ob|dach das: er hatte kein Obdach (keine Unterkunft); **ob|dach|los; Ob|dach|lo|se** der/die; **Ob|dach|lo|sig|keit** die
O-Bei|ne die: nach außen gebogene Beine
Ob|duk|ti|on die *lat.*: meist gerichtlich angeordnete Leichenöffnung zur Feststellung der Todesursache; **ob|du|zie|ren** die Leiche wurde obduziert
Obe|lisk der *griech.*, des/die Obelisken: oben spitze, vierkantige Säule

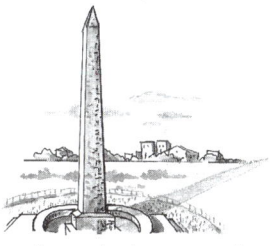

oben ich gehe nach oben, von oben bis unten, hoch oben auf dem Turm, sie sah mich von oben herab (hochmütig) an; **oben|an; oben|auf; oben|drauf; oben|drein; oben|hin; oben ste|hend / oben|ste|hend**
Ober der: 1. Kellner 2. deutsche Spielkarte; **obe|re** die obere Schachtel, er gehört zu den oberen zehntausend; **obers|te** das oberste Gebot; **Ober|flä|che** die; **ober|fläch|lich** einen Artikel nur oberflächlich lesen; **ober|halb; Ober|hand** die: sie behielt die Oberhand (blieb die Stärkere); **Ober|haupt** das; **Obe|rin** die: Oberschwester im Krankenhaus, Leiterin eines Nonnenklosters; **ober|ir|disch; ober|leh|rer|haft** kleinlich belehrend; **Ober|lei|tung** die; **Ober|licht** das; **Oberschicht** die; **Oberst** der: hoher Offizier
Ob|hut die: ich nehme das Kind in meine Obhut (in fürsorglichen Schutz)
obig an obige Adresse liefern; *aber:* der Obige wird sich melden

Ob|jekt das *lat.*, die Objekte: die Satzergänzung. Ein Objekt ergänzt die Aussage des → Prädikats. Es kann im Akkusativ, im Dativ, im Genitiv oder mit einer Präposition stehen (ich rufe dich, du hilfst mir, ich erinnere mich dieses Tages, er denkt an die Ferien).
Welche Art von Objekt nötig oder möglich ist, hängt vom → Verb ab. Nach „helfen" kann kein Akkusativ stehen, nach „geben" Dativ und Akkusativ, aber kein Genitiv. Umgekehrt verändert die Art des Objektes auch den Sinn des Verbs: „Ich frage ja nur" (kein Objekt) ist eine Entschuldigung, „ich frage dich" bedeutet, dass ich von dir etwas wissen will. Und wenn ich sage „ich frage nach dir", heißt das, ich will wissen, wo du bist.
Was kann nun Objekt sein? Antwort: Fast alles, z. B. ein Satz: „Ich weiß, dass du heute kommst / wann du kommst" oder ein Infinitiv: „er will kommen". Es geht aber auch einfacher: „Ich rufe meinen Bruder" (Substantiv), „wir rufen ihn" (Pronomen), „er kennt die Guten" (substantiviertes Adjektiv), „er denkt nicht an das Heute" (substantiviertes Zeitadverb).
Objekt kann also alles sein, was sich wie ein Nomen verwenden lässt, auch ein Satz oder ein Infinitiv. Am häufigsten sind Akkusativobjekte, am seltensten Objekte im Genitiv. Sie werden außerdem immer mehr durch Präpositionalobjekte verdrängt: Man erinnert sich eher an ein Buch als eines Buches.

ob|jek|tiv *lat.*: 1. gegenständlich, tatsächlich; objektive Bedingungen 2. unvoreingenommen, sachlich; ein objektiver Bericht; *Ggs.* subjektiv; **Ob|jek|tiv** das: dem Objekt zugewandte Linse eines optischen Gerätes, z. B. einer Kamera; **ob|jek|ti|vie|ren** versachlichen, gegenständlich machen; **Ob|jek|ti|vi|tät** die; *Ggs.* Subjektivität

Ob|la|te die *lat.*, die Oblaten: aus Wasser und Mehl gebackene, dünne Scheibe als Gebäckunterlage, aber auch als Hostie im katholischen und evangelischen Gottesdienst

ob|lie|gen (→ liegen): es oblag dir (du hattest die Pflicht), den Beweis zu erbringen

ob|li|ga|to|risch verpflichtend, zwingend, *Ggs.* fakultativ; **Ob|li|go** das *ital.*, die Obligos: wirtschaftliche Gewähr, Verpflichtung, Schuld, Haftung; im Obligo sein (für etwas haften, meist für eine Geldsumme)

Ob|mann der, die Obmänner / Obleute: Vereinsvorsitzender, Vertrauensmann; **Ob|män|nin** die

Oboe die *ital.*, die Oboen: Holzblasinstrument

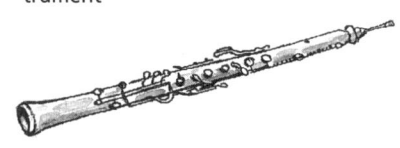

Obo|lus der *griech.*, die Obolusse: 1. kleine altgriech. Münze 2. Spende, kleiner Beitrag; einen Obolus entrichten

Ob|rig|keit die: Inhaber weltlicher oder geistlicher Macht; **ob|rig|keits|gläu|big**; **ob|rig|keits|hö|rig**

Ob|ser|va|to|ri|um das *lat.*, die Observatorien: Stern- oder Wetterbeobachtungsstation; **ob|ser|vie|ren** wissenschaftlich beobachten, polizeilich überwachen

ob|skur *oder* obs|kur *lat.*: anrüchig, fragwürdig; wir trafen uns in einer obskuren Kneipe

Obst das; **Obst|plan|ta|ge** [-plantasche] die; **Obst|schwem|me** die: Überangebot an Obst

ob|szön *oder* obs|zön *lat.*: unanständig, schamlos, schlüpfrig; er machte eine obszöne Geste; **Ob|szö|ni|tät** *oder* Obszö|ni|tät die, die Obszönitäten

Och|se der, des/die Ochsen

Ocker der/das *griech.*: gelbbraune Tonerde, Malerfarbe; **ocker|far|ben**

Ode die *lat.*, die Oden: feierliches, oft reimloses Gedicht; Schillers Ode „An die Freude"

öd / öde öder, am ödesten: menschenleer, verlassen, inhaltslos; eine öde Gegend, das Fest war öde und langweilig; **Öde** die: eine unfruchtbare Öde; **Öd|land** das; **Öd|nis** die

Ödem das *griech.*, die Ödeme: krankhafte Wasseransammlung im Zellgewebe

oder rechts oder links?, er hieß Müller oder so ähnlich

Odys|see die *griech.*: abenteuerliche Irrfahrt, Reise (nach den Irrfahrten des griech. Helden Odysseus)

Öf|chen das; **Ofen** der, die Öfen; **ofenwarm**

of|fen am offensten: mit offenen Augen, sie trug ihr Haar offen, du kannst offen (aufrichtig) reden, eine offene (unbezahlte) Rechnung; **of|fen|bar** du frierst offenbar; **of|fen|ba|ren** seine Gefühle offenbaren (offen zeigen); **Of|fen|ba|rung** die; **Of|fen|ba|rungs|eid** der: eidesstattliche Erklärung über die Vermögensverhältnisse; **of|fen blei|ben** (→ bleiben): das Fenster kann offen bleiben, *übertragen:* das ist eine Frage, die noch offenbleibt; **Of|fe|ne Han|dels|ge|sell|schaft** die: Personengesellschaft, *Abk.* OHG; **of|fen hal|ten** (→ halten): sie hat die Tür offen gehalten, *übertragen:* er hat sich den Ausweg offengehalten; **Of|fen|heit** die; **of|fen|her|zig**; **of|fen|kun|dig**; **offen las|sen** (→ lassen): sie ließ die Tür offen, *übertragen:* er musste offenlassen, ob er kommt; **of|fen|sicht|lich**; **öf|fent|lich** es bestand öffentliches Interesse; **Öf|fent|li|ches Recht** das: regelt u. a. das Verhältnis des Bürgers zum Staat und zur Kirche; **Öf|fent|lich|keit** die; **öff|nen**; **Öff|ner** der; **Öff|nung** die

of|fen|siv *lat.*: angreifend; *Ggs.* defensiv; **Of|fen|si|ve** die: Angriff

of|fe|rie|ren *lat.*: anbieten; **Of|fer|te** die *franz.*, die Offerten: Kaufangebot

of|fi|zi|ell *franz.*: dienstlich, amtlich, förmlich; etwas offiziell bestätigen, *Ggs.* inoffiziell

Of|fi|zier der *franz.*, die Offiziere: militärischer Rang; **Of|fi|zie|rin** die; **Of|fi|ziers|an|wär|ter** der

off|line [ɔflain] *engl.*: ohne Verbindung zum Internet oder einer anderen Datenverarbeitung, du kannst deine E-Mails auch offline schreiben, *Ggs.* → online

Off|set|druck der: Flachdruckverfahren

o-för|mig er hatte o-förmige Beine

oft öfter, am öftesten: sie war oft krank, das gibt es oft, immer öfter, ich sehe ihn des Öfteren, ich habe schon öfter angerufen; **oft|ma|lig; oft|mals**

Oheim der: *veraltet für* Onkel

Ohm das, die Ohm: Maßeinheit für den elektrischen Widerstand; *Zeichen* Ω; **ohm|sches Ge|setz / Ohm'|sches Ge|setz** das: nach dem dt. Physiker Georg Simon Ohm benanntes physikalisches Gesetz, das den Widerstand als Beziehung zwischen Stromstärke und Spannung in einem elektrischen Stromkreis beschreibt

oh|ne ohne dich; **oh|ne|dies; oh|ne|glei|chen; oh|ne|hin; oh|ne Wei|te|res / oh|ne wei|te|res**

Ohn|macht die; **ohn|mäch|tig** sie sank ohnmächtig zu Boden; **Ohn|machts|an|fall** der

oho! klein, aber oho!

Ohr das: sie war ganz Ohr (hörte aufmerksam zu), er war bis über beide Ohren (sehr) verliebt; **oh|ren|be|täu|bend; Ohr|fei|ge** die; **ohr|fei|gen; Ohr|ring** der; **Ohr|wurm** der: 1. Insekt 2. Melodie, die lange im Ohr bleibt, Schlager

o.k. / okay [okäi] *amerik.*: das ist okay (in Ordnung), morgen ist sie wieder okay, er gab sein Okay (sein Einverständnis)

ok|kult *lat.*: geheim, verborgen, übersinnlich; sie hatte okkulte Fähigkeiten; **Ok|kul|tis|mus** der

Ok|ku|pa|ti|on die *lat.*, die Okkupationen: die militärische Besetzung eines fremden Gebietes; **ok|ku|pie|ren**

Öko|lo|gie die *griech.*: Wissenschaft von den Wechselbeziehungen zwischen Lebewesen und ihrer Umwelt; **öko|lo|gisch** ein ökologisch gesunder Landstrich

Öko|no|mie die: Wirtschaftswissenschaft, Wirtschaft, Wirtschaftlichkeit; **öko|no|misch** wirtschaftlich, sparsam

Ok|ta|ve die *lat.*: der achte Ton der Tonleiter vom Grundton aus, ein Intervall

Ok|to|ber der *lat.*, des Oktober(s)

oku|lie|ren → veredeln; **Oku|lie|rung** die

Öku|me|ne die *griech.*: 1. die bewohnte Erde 2. Gesamtheit der Christen und ihr Bestreben, die Kirchen zu vereinigen; **öku|me|nisch** ein ökumenischer Gottesdienst (von Protestanten und Katholiken gemeinsam veranstaltet)

Ok|zi|dent der *lat.*: das Abendland, der Westen; *Ggs.* Orient; **ok|zi|den|tal** abendländisch

Öl das, des Öl(e)s, die Öle: mit Öl heizen, Öl auf die Wogen gießen (beruhigen), Öl ins Feuer gießen (etwas noch verstärken), sie malt in Öl (mit Ölfarben); **Öl|bild** das; **ölen** eine Maschine ölen; **ölig; Öl|raf|fi|ne|rie** die: ein Erdöl verarbeitender Betrieb; **Öl|scheich** der: Scheich, der durch Erdöl reich wurde

Ol|die der *engl.*, des/die Oldies: ein alter Schlager oder Film; *ugs. für* jemanden der älteren Generation

Old|ti|mer [ouldtaimer] der *engl.*, die Oldtimer: altes Automodell

Ole|an|der der *ital.*: Zierstrauch

oliv *lat.*: von der Farbe einer reifen Olive; **Oli|ve** die: Ölbaumfrucht; **Oli|ven|öl** das; **oliv|grün**

Olymp der *griech.*: Berg in Griechenland, nach der griech. Sage Wohnsitz der Götter; **Olym|pi|a|de** die: die alle vier Jahre stattfindenden Olympischen Spiele, *auch*: Zeitraum von vier Jahren zwischen den Spielen; **Olym|pia|kämp|fe|rin** die; **Olym|pia|teil|neh|mer** der; **Olym|pi|o|ni|ke** der; **Olym|pi|o|ni|kin** die: Teilnehmer an und Sieger bei der Olympiade; **olym|pisch** der olympische Gedanke, die Olympischen Spiele

Oma die, die Omas: Großmutter

Ome|lett [omlǟt] das franz., des Omeletts, die Omelette/Omeletts: Eierkuchen

Omen das lat., die Omen/Omina: Vorzeichen, z. B. die schwarze Katze als schlechtes Omen

Om|ni|bus der lat., des Omnibusses, die Omnibusse

om|ni|po|tent allmächtig

Ona|nie die engl.: Selbstbefriedigung; **ona|nie|ren** sich selbst befriedigen

On|kel der, die Onkel; **on|kel|haft** sich onkelhaft benehmen

on|line [onlain] engl.: mit direkter Verbindung zum Internet oder zu einer anderen Datenverarbeitung, Ggs. → offline

Onyx der griech., die Onyxe: Halbedelstein

OP Abk. für **O**perationssaal

Opa der, die Opas: Großvater

Opal der lat., die Opale: milchig weißer oder farbig funkelnder Edelstein

Op-Art die engl., Abk. für **op**tical **art**: moderne dekorative Kunstrichtung

OPEC die: Abk. für **O**rganization of the **P**etroleum **E**xporting **C**ountries, Zusammenschluss der Erdöl exportierenden Länder

Open-Air-Fes|ti|val [openär...] das engl.: Großveranstaltung im Freien, z. B. ein Popkonzert (Open-Air-Konzert); **Open-End-Dis|kus|si|on** die

Oper die ital.: vertontes Bühnenstück, Kurzwort für Opernhaus; **Ope|ret|te** die: vertontes, unterhaltsames Bühnenstück mit teilweise gesprochenen Dialogen; **Ope|ret|ten|staat** der: kleiner, unbedeutender Staat; **Opern|glas** das, die Operngläser; **Opern|sän|ger** der; **Opern|sän|ge|rin** die

ope|ra|bel lat.: für eine Arbeit verwendbar; operierbar; **Ope|ra|teur** [operatȫr] der franz.: Arzt, der operiert; **Ope|ra|teu|rin** die; **Ope|ra|ti|on** die lat.: 1. chirurgischer Eingriff 2. Handlung, Unternehmung; **Ope|ra|ti|ons|saal** der; **ope|ra|tiv** die Mandeln wurden operativ entfernt; **ope|rie|ren**

Op|fer das: jdm. fiel einem Verbrechen zum Opfer; **op|fer|be|reit; op|fer|freu|dig; Op|fer|ga|be** die; **Op|fer|lamm** das; **op|fern** seine Gesundheit opfern; **Op|fer|tod** der; **Op|fe|rung** die

Opi|um das lat.: eingetrockneter Saft des Schlafmohns, Grundlage für Morphium (Morphin)

Opos|sum das indian., des/die Opossums: katzenartige Beutelratte

op|po|nie|ren lat.: sich widersetzen

op|por|tun lat.: vorteilhaft, augenblicklich angebracht, günstig; **Op|por|tu|nis|mus** der: Handlung oder Anpassung um persönlicher Vorteile willen; **Op|por|tu|nist** der: einer, der sich bedenkenlos anpasst; **Op|por|tu|nis|tin** die; **op|por|tu|nis|tisch; Op|por|tu|ni|tät** die: Vorteil, Zweckmäßigkeit

Op|po|si|ti|on die lat.: 1. Gegensatz, Widerstand 2. alle Parteien in einem Parlament, die nicht an der Regierung beteiligt sind; **op|po|si|ti|o|nell**

Op|tik die griech.: Wissenschaft vom Licht und vom Sehen; **Op|ti|ker** der: Fachmann für Brillen und optische Geräte; **Op|ti|ke|rin** die; **op|tisch** 1. die Optik betreffend 2. vom Aussehen her; der optische Eindruck

op|ti|mal lat.: bestmöglich; der optimale Zeitpunkt; **op|ti|mie|ren** etwas optimal gestalten; **Op|ti|mis|mus** der: heitere Lebensauffassung, zuversichtliche Grundhaltung; Ggs. Pessimismus; **Op|ti|mist** der, des/die Optimisten: lebensbejahender Mensch; **Op|ti|mis|tin** die; **opti|mis|tisch** optimistisch in die Zukunft schauen; **Op|ti|mum** das, die Optima: Höchstmaß, Höchstwert

Op|ti|on die lat., die Optionen: zeitlich begrenztes An- oder Verkaufsrecht, z. B. für ein Haus; **op|ti|o|nal** nicht zwingend, nach eigener Wahl

Ora|kel das lat., die Orakel: Zukunftsdeutung, Weissagung, rätselhafter Ausspruch; **ora|kel|haft; ora|keln** in rätselhaften Andeutungen sprechen

oral lat.: den Mund betreffend, mündlich; eine Medizin oral (durch den Mund) einnehmen, die orale Phase in der Kindheit (z. B. Daumenlutschen)

Ornat

oran|ge [orăsch] *franz.*: rötlich-gelb; **Oran|ge** [orăsche] die, die Orangen: Zitrusfrucht; **Oran|gea|de** [orăschade] die: Limonade aus Orangensaft; **Oran|geat** [orăschat] das: kandierte Orangenschale zum Backen

Orang-Utan der *malai.*, die Orang-Utans: Menschenaffenart

Or|ches|ter das *griech.*: Gruppe von Musikern unter Leitung eines Dirigenten; **Or|chest|ri|on** *oder* Or|ches|tri|on das, die Orchestrien: mechanisches Musikinstrument, z. B. auf Jahrmärkten

Or|chi|dee die *griech.*, die Orchideen: prächtig blühende Pflanze

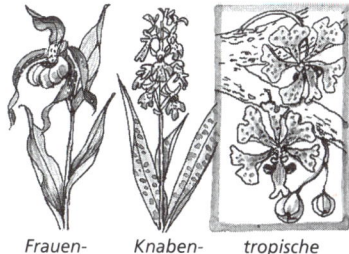

Frauenschuh   Knabenkraut   tropische Orchidee

Or|den der: 1. klösterliche oder weltliche Gemeinschaft mit bestimmter Lebensform 2. Ehrenmedaille, Auszeichnung; einen Orden verliehen bekommen; **or|den|ge|schmückt**

or|dent|lich das Zimmer war ordentlich aufgeräumt, ein ordentliches (anständiges) Leben führen, seine Arbeit macht er ordentlich (ganz gut)

Or|der die *franz.*: Befehl, Anweisung; **or|dern** er orderte (bestellte) einige Kisten Wein

or|di|när *franz.*: unfein, gewöhnlich, alltäglich; Möbel aus ordinärem Holz, erspare uns deine ordinären Witze!

ord|nen; Ord|ner der; **Ord|nung** die: hast du ihn zur Ordnung gerufen (zurechtgewiesen)?; **ord|nungs|ge|mäß; ord|nungs|hal|ber; Ord|nungs|lie|be** die; **ord|nungs|wid|rig** gegen amtliche Vorschriften verstoßend

Or|do|nanz / Or|don|nanz die *franz.*, die Ordonanzen / Ordonnanzen: *veraltet für* 1. Offiziersanwärter 2. Anordnung, Befehl

Or|gan das *griech.*, die Organe: 1. Teil des Körpers, z. B. Lunge, Magen 2. Stimme; ein lautes Organ haben 3. Fach- oder Vereinszeitung; **Or|ga|ni|sa|ti|on** die *franz.*: 1. Institution, ein Zusammenschluss Gleichgesinnter 2. planvoller Aufbau, Gestaltung; **Or|ga|ni|sa|tor** der; **Or|ga|ni|sa|to|rin** die; **or|ga|ni|sa|to|risch** planmäßig; **or|ga|nisch** 1. zum belebten Teil der Natur gehörend, ein Organ betreffend; sie ist organisch gesund 2. sich harmonisch in etwas einfügend; der organische Aufbau einer Geschichte; **or|ga|ni|sie|ren** ein Fest organisieren (sorgfältig vorbereiten), rasche Hilfe organisieren (herbeiholen); **Or|ga|nis|mus** der, die Organismen: 1. System aller Organe, Lebewesen 2. einheitliches, zusammenwirkendes Ganzes

Or|ga|nist der *griech.*, die Organisten: Orgelspieler; **Or|ga|nis|tin** die

Or|gas|mus der *griech.*, die Orgasmen: sexueller Höhepunkt; zum Orgasmus kommen

Or|gel die; **or|geln; Or|gel|spie|le|rin** die

Or|gie [orgje] die *griech.*, die Orgien: ausschweifendes Fest, zügelloses Gelage

Ori|ent der *lat.*: das Morgenland, der Vordere Orient, Osten; *Ggs.* Okzident; **Orlen|ta|le** der; **Ori|en|ta|lin** die; **ori|en|ta|lisch**

ori|en|tie|ren sich: sich nach dem Stadtplan orientieren (zurechtfinden), sie orientierte (erkundigte) sich über den Stand der Verhandlungen; **Ori|en|tie|rung** die; **Ori|en|tie|rungs|sinn** der

ori|gi|nal *lat.*: eine originale (echte) Urkunde; **Ori|gi|nal** das: 1. Urschrift, Urbild 2. Mensch mit auffälligen Eigenheiten, Kauz; **Ori|gi|na|li|tät** die; **ori|gi|när** eigenständig, ursprünglich; **ori|gi|nell** neu, treffend, merkwürdig, heiter

Or|kan der *karib.*: heftiger Sturm

Or|kus der *lat.*: in der röm. Mythologie das Totenreich, die Unterwelt; etwas im Orkus (*ugs.* spurlos) verschwinden lassen

Or|na|ment das *lat.*, die Ornamente: Verzierung, Schmuckform; **or|na|men|tie|ren** mit Ornamenten versehen

Or|nat der/das *lat.*, die Ornate: Amtstracht

Ort

Ort der, des Ort(e)s, die Orte: etwas wurde höheren Orts entschieden (bei einer höheren Dienststelle), im ganzen Ort fiel gestern Abend der Strom aus, vor Ort (im Bergwerk) arbeiten, an Ort und Stelle (genau dort); **or|ten** man versuchte das U-Boot zu orten (seine Position zu ermitteln); **ört|lich; Orts|aus|gang** der; **Ort|schaft** die; **ortsfremd; Orts|ge|spräch** das; **Orts|kranken|kas|se** die; **orts|kun|dig; Orts|teil** der; **orts|üb|lich**

or|tho|dox griech.: 1. strenggläubig, nach der Lehrmeinung lebend; eine orthodoxe Jüdin 2. unnachgiebig, starrköpfig

Or|tho|gra|fie / Or|tho|gra|phie die griech.: Rechtschreibung; **or|tho|grafisch / or|tho|gra|phisch**

Or|tho|pä|de der griech.: Facharzt für Orthopädie; **Or|tho|pä|die** die: Lehre von den Krankheiten der Knochen, Gelenke und Muskeln; **Or|tho|pä|din** die **or|thopä|disch** orthopädische Schuhe

Öse die: kleiner Metallring

ost|deutsch; Ost|deut|sche der/die; **Ostdeutsch|land**

Os|ten der: 1. Himmelsrichtung 2. die Länder Osteuropas und Asiens; der Mittlere Osten; **öst|lich; ost|wärts**

Os|ter|ei das; **Os|ter|glo|cke** die: Frühlingsblume; **ös|ter|lich; Os|tern** das: Fest der Auferstehung Christi

Ös|ter|reich; Ös|ter|rei|cher der, die Österreicher; **Ös|ter|rei|che|rin** die, die Österreicherinnen; **ös|ter|rei|chisch**

Ös|tro|gen oder **Öst|ro|gen** das griech.: weibliches Geschlechtshormon

Ot|ter der, die Otter: Marderart, z.B. Fischotter

Ot|ter die, die Ottern: Giftschlange, z.B. Kreuzotter

out [aut] engl.: Plateauschuhe sind out (nicht mehr modern), Ggs. in

Out|fit [autfit] das engl., die Outfits: sein Outfit (seine Kleidung, seine äußerliche Erscheinung) war sehr gewagt

Out|put [autput] der/das engl.: Arbeitsergebnis und Ausdruck der Ergebnisse bei der elektronischen Datenverarbeitung; Ggs. Input

Out|si|der [autßaider] der engl., die Outsider: Außenseiter, Ggs. Insider

Ou|ver|tü|re [uwärtüre] die franz.: musikalische Einleitung zu einer Oper oder Operette

oval lat.: länglich rund, ellipsenförmig; **Oval** das, die Ovale

Ova|ti|on die lat., die Ovationen: stürmischer, begeisterter Beifall

Over|all oder **Ove|rall** der engl., die Overalls: einteiliger Arbeitsanzug

Oxer der: Hindernis beim Springreiten

Oxyd (fachspr. Oxid) das griech.: Verbindung eines chemischen Elements mit Sauerstoff; **Oxy|da|ti|on** (fachspr. Oxidation) die; **oxy|die|ren**

Oze|an der griech., die Ozeane: Weltmeer zwischen den Kontinenten; **Oze|andamp|fer** der; **oze|a|nisch; Oze|a|nogra|fie / Oze|a|no|gra|phie** die: Meereskunde

Oze|lot der aztek., des Ozelots, die Ozelote/Ozelots: gefleckte Raubkatze, Pelzmantel aus Ozelotfellen

Ozon das griech.: unstabile, giftige Form des Sauerstoffs; **Ozon|alarm** der; **Ozon|ge|halt** der; **Ozon|loch** das: Stelle, wo die Ozonosphäre dünner geworden ist; **Ozo|no|sphä|re** die: ozonreiche, vor schädlicher Strahlung schützende Schicht der Erdatmosphäre; **Ozon|schicht** die

P

paar in ein paar Jahren, ein paar (einige) Zeitungen; **Paar** das, die Paare: ein Paar (zwei) Strümpfe, ein verliebtes Paar; **paa|ren** sich; **Paar|hu|fer** der; **Paar|laut** der; **paar|mal / paar Mal** das müssen wir noch ein paarmal/ein paar Mal üben; **Paa|rung** die

> **paar:** Kleingeschrieben wird *paar*, wenn es als unbestimmtes Zahlwort gebraucht wird und *einige, wenige* bedeutet: *ein paar Cent, ein paar Seiten*. Das Substantiv *Paar* im Sinne von *zwei* wird großgeschrieben: *ein Paar Socken, ein Paar Ohrringe*.

Pacht die: Nutzung gegen Entgelt, z.B. eines Lokals; **pach|ten; Päch|ter** der; **Pacht|ver|trag** der; **Pacht|zins** der

Pack das, des Pack(e)s: ein freches Pack (Gesindel)

Pack / Pa|cken der, die Packe(n): Bündel, viele Dinge; **Päck|chen** das; **Pack|eis** das: zusammengeschobene Eismassen; **pa|cken** den Koffer packen, jemanden am Arm packen, Angst hatte sie gepackt, ein packender (spannender) Roman; **Pa|cker** der; **Pack|pa|pier** das; **Pa|ckung** die; **Pack|zet|tel** der

Pä|da|go|ge *oder* Päd|ago|ge der *griech.*: Erzieher, Lehrer; **Pä|da|go|gik** *oder* Päd|ago|gik die: Erziehungswissenschaft; **pä|da|go|gisch** *oder* päd|ago|gisch

Pad|del das, die Paddel; **Pad|del|boot** das; **pad|deln; Padd|ler** der; **Padd|le|rin** die

paf|fen rauchen, ohne zu inhalieren

Pa|ge [pa*sche*] der *franz.*, die Pagen: junger Diener, Laufbursche in Uniform, meist in Hotels; **Pa|gen|kopf** der: kurze, stufenlose, glatte Frisur

Pail|let|te [pajäte] die *franz.*, die Pailletten: kleine Metallplättchen, die auf Kleidungsstücke, Taschen o.Ä. aufgenäht werden

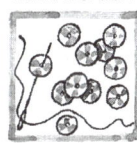

Pa|ket das; **Pa|ket|post** die

Pa|kis|tan *oder* Pa|ki|stan; **Pa|kis|ta|ner** *oder* Pa|ki|sta|ner der, die Pakistaner; **Pa|kis|ta|ne|rin** *oder* Pa|ki|sta|ne|rin die, die Pakistanerinnen; **Pa|kis|ta|ni** *oder* Pa|ki|sta|ni der, die Pakistani; **pa|kis|ta|nisch** *oder* pa|ki|sta|nisch

Pakt der *lat.*, die Pakte: Bündnis, Vereinbarung, Vertrag; **pak|tie|ren** sich verbünden, gemeinsame Sache machen

Pa|lais [palä] das *franz.*, des/die Palais: schlossartiges Gebäude, z.B. das Palais Schaumburg

Pa|last der, des Palastes, die Paläste: Schloss, pompöser Prachtbau

Pa|la|ver das *portug.*, die Palaver: endloses Gerede; **pa|la|vern**

Pa|let|te die *franz.*, die Paletten: 1. Farbenmischplatte des Malers 2. hölzerner Transport- und Ladeuntersatz

Pa|li|sa|de die *franz.*, die Palisaden: zugespitzter Befestigungspfahl; **Pa|li|sa|den|zaun** der

Pa|li|san|der der *indian./franz.*: dunkles, hartes Edelholz

Pal|me die *lat.*: tropische Baumart; *ugs.* jemanden auf die Palme bringen (wütend machen, aufbringen); **Pal|men|art** die; **pal|men|ar|tig; Palm|kätz|chen** das: Weidenkätzchen; **Palm|sonn|tag** der: Sonntag vor Ostern

Palmenarten

Pam|pel|mu|se die *niederl.*: Zitrusfrucht

Pamph|let *oder* Pam|phlet das *franz.*, des Pamphlet(e)s, die Pamphlete: Streit- oder Schmähschrift

pam|pig dickflüssig, breiig; der Junge gab eine pampige (*ugs.* freche, unverschämte) Antwort

Pa|na|de die *franz.*, die Panaden: breiartige Mischung aus Semmelbröseln oder Mehl, Gewürzen und Eiern zum Panieren; pa|nie|ren der Fisch war paniert (in Eigelb und Semmelbröseln gewälzt)

Pa|na|ma; Pa|na|ma|er der, die Panamaer; Pa|na|ma|e|rin die, die Panamaerinnen; pa|na|ma|isch; Pa|na|ma|ka|nal der; Pa|na|me|ne der, die Panamenen; pa|na|me|nisch

Pa|na|ma der: breitkrempiger Strohhut

Pa|neel das *franz.*, die Paneele: Holztäfelung

Pa|nik die *griech.*, die Paniken: kopflose Angst; pa|nik|ar|tig; Pa|nik|ma|che die: meist grundloses Heraufbeschwören einer Panik; pa|nisch jäh und wild; er lief in panischem Schrecken davon

Pan|ne die *franz.*: eine Autopanne haben

Pa|nop|ti|kum *oder* Pan|op|ti|kum das *griech.*, die Panoptiken: Sammlung von Kuriositäten, z. B. von Wachsfiguren

Pa|no|ra|ma *oder* Pan|ora|ma das *griech.*, die Panoramen: landschaftlicher Rundblick, Rundgemälde oder -foto; Pa|no|ra|ma|fens|ter *oder* Pan|ora|ma|fens|ter das

pan|schen / pant|schen 1. verwässern, verfälschen, z. B. gepanschter Wein 2. im Wasser patschen, plantschen

Pan|sen der: erster Magenabschnitt bei Wiederkäuern

Pan|ter / Pan|ther der *griech.*: Leopard

Pan|ti|ne die *franz.*, die Pantinen: Pantoffel aus Holz

Pan|tof|fel der *franz.*, die Pantoffeln; er steht zu Hause unter dem Pantoffel (hat nichts zu sagen)

Pan|to|let|te die (*Kurzwort aus* **Panto**ffel *und* Sand**alette**): Sommerschuh ohne Fersenteil

Pan|to|mi|me die *griech.*:, die Pantomimen: Wie kommt es, dass wir der Handlung eines Stummfilms, also eines Films, der nur Bilder ohne den dazugehörigen Ton wiedergibt, überhaupt folgen können? Das liegt daran, dass die Schauspieler hier alle anderen Möglichkeiten, etwas auszudrücken, besonders hervorkehren. Sie schneiden z. B. Grimassen, zeigen also übertriebenes Mienenspiel (Mimik), sie gestikulieren, d. h., sie reden nicht nur „mit Händen und Füßen", sondern genau genommen mit allen Körperteilen („Körpersprache").

Diese Art des Schauspielens ohne Sprache heißt Pantomime. Die Pantomime kann fast alle seelischen Regungen, wie z. B. Angst, Überraschung oder Freude, ausdrücken. Sie ist eine uralte Darstellungsform; als Kunstgattung gab es sie schon in der Antike. Auch viele unserer modernen Tänze sind eigentlich pantomimisch. Jemand, der eine Pantomime vorführt, ist ein Pantomime oder eine Pantomimin. Einer der berühmtesten Pantomimen unserer Zeit ist der Franzose Marcel Marceau (geb. 1923).

Pan|zer der: Rüstung, Kampffahrzeug, harte Schutzschicht bei bestimmten Tieren, z. B. bei einer Schildkröte; **Pan|zer|glas** das: kugelsicheres Glas; **pan|zern** sich: sich gegen etwas abschirmen, schützen

Pa|pa der, die Papas

Pa|pa|gei der *franz.*, des Papageien/Papagei(e)s, die Papageie(n): tropischer Vogel, der Wörter nachsprechen kann; pa|pa|gei|en|haft sie ist papageienhaft (so bunt wie ein Papagei) gekleidet

Pa|pa|ya die *span.*, die Papayas: Frucht des Melonenbaums

Pa|per|back [päjperbäck] das *engl.*: kartoniertes Taschenbuch

Pa|pier das, die Papiere: ein Stapel Papier, in alten Papieren (Unterlagen) stöbern, sie musste ihre Papiere (Ausweis, Führerschein) vorzeigen, etwas zu Papier bringen (aufschreiben); **Pa|pier|con|tai|ner** der: Behälter für Altpapier; **pa|pie|ren** aus Papier; **Pa|pier|ma|schee / Pa|pier|ma|ché** [-masche] das *franz.*, die Papiermaschees: Masse aus eingeweichtem Altpapier, Leim und Stärke, z. B. Kasperlepuppen aus Papiermaschee

Papp|band der, die Pappbände: Buch mit Pappeinband; **Pap|pe** die: Karton, festes Papier; **Papp|ma|schee / Papp|ma|ché** das *franz.*: Papiermaschee; **Papp|pla|kat** das; **Papp|schnee** der

Pap|pel die: Laubbaum

päp|peln ein Kind oder einen Kranken liebevoll ernähren

Pap|ri|ka *oder* **Pa|pri|ka** der *ungar.*, des/die Paprika(s): 1. Gemüsepflanze mit verschiedenen Formen 2. daraus hergestelltes Gewürzpulver

Papst der *lat.*, die Päpste; **päpst|lich** päpstlicher als der Papst sein (*Redensart:* übergenau, überkritisch sein); **Papst|tum** das

Pa|pua-Neu|gui|nea; **Pa|pua-Neu|gui|ne|er** der/die; **Pa|pua-Neu|gui|ne|e|rin** die, die Papua-Neuguineerinnen; **pa|pua-neu|gui|ne|isch**; **pa|pu|a|nisch**

Pa|py|rus der *lat.*, die Papyri: Pflanze, aus deren Mark im Altertum eine Art Papier hergestellt wurde

Pa|ra|bel die *griech.*, die Parabeln: Kurve, ein Kegelschnitt

> **Pa|ra|bel** die *griech.* ▶ Gleichnis

Pa|ra|de die *franz.*: 1. prächtiger militärischer Aufmarsch 2. Abwehr eines Angriffs; **Pa|ra|de|bei|spiel** das: Beispiel, das etwas besonders gut verdeutlicht; **pa|ra|die|ren**

Pa|ra|den|to|se *veraltet für* → **Pa|ro|don|to|se** die

Pa|ra|dies das *pers.*, des Paradieses: das Paradies auf Erden haben (ein Leben führen können, in dem es an nichts fehlt); **pa|ra|die|sisch**

pa|ra|dox *griech.*: widersprüchlich, widersinnig, seltsam, abwegig; **Pa|ra|do|xer|wei|se**; **Pa|ra|do|xie** die

Pa|raf|fin *oder* **Par|af|fin** das *lat.*: Gemisch aus gesättigten Kohlenwasserstoffen, das zur Herstellung von Kerzen oder Schuhcreme verwendet wird; **pa|raf|fi|nie|ren** *oder* **par|af|fi|nie|ren**; **pa|raf|fi|nisch** *oder* **par|af|fi|nisch**

Pa|ra|graf / Pa|ra|graph der *griech.*, des/die Paragrafen / -graphen: Textabsatz in Vorträgen, Gesetzesbüchern, wissenschaftlichen Werken; *Zeichen* §; **Pa|ra|gra|fen|rei|ter** der: jemand, der sich übergenau nach Vorschriften richtet

Pa|ra|gu|ay [paragwai]; **Pa|ra|gu|a|yer** der/die; **Pa|ra|gu|a|ye|rin** die, die Paraguayerinnen; **pa|ra|gu|a|yisch**

pa|ral|lel *oder* **par|al|lel** *griech.*: in gleicher Richtung und in gleichem Abstand zu etwas anderem verlaufend, gleichzeitig; **Pa|ral|le|le** *oder* **Par|al|le|le** die, die Parallelen: Gerade, die zu einer anderen Geraden im gleichen Abstand verläuft, ähnlicher Fall; **Pa|ral|le|li|tät** *oder* **Par|al|le|li|tät** die; **Pa|ral|le|lo|gramm** *oder* **Par|al|le|lo|gramm** das: Viereck mit je zwei gleich langen Seiten; **Pa|ral|lel|schal|tung** *oder* **Par|al|lel|schaltung** die; **Pa|ral|lel|stra|ße** *oder* **Par|al|lel|stra|ße** die

pa|ra|ly|sie|ren *griech.*: lähmen; sie starrte wie paralysiert auf die Schlange

Pa|ra|me|ter der *griech.*: *math.* veränderliche oder konstante Hilfsgröße

Pa|ra|nuss die, die Paranüsse: dreikantige südamerikanische Nussart

Pa|ra|phe die *franz.*, die Paraphen: Namenszeichen, Namensstempel; **pa|ra|phie|ren** abzeichnen; der Vertrag wurde von allen Beteiligten paraphiert

Parasit

Pa|ra|sit der *griech.*, des/die Parasiten: menschlicher, tierischer oder pflanzlicher Schmarotzer; **pa|ra|si|tär**; **Pa|ra|si|ten|tum** das

pa|rat *lat.*: er hält das Geld parat (bereit)

Pär|chen das

Par|cours [parkur] der *franz.*: Hindernisstrecke im Pferdesport u. Ä.

par|dauz! Ausruf, wenn jemand hinfällt

Par|don [pardō] der/das *franz.*, die Pardons: Nachsicht, Verzeihung; kein(en) Pardon (keine Rücksicht) kennen

Par|fum / Par|füm [parfö / parfüm] das *franz.*, die Parfums/Parfume; **Par|fü|me|rie** die; **par|fü|mie|ren** das Bademittel war sehr stark parfümiert

pa|ri *ital.*: gleich, unentschieden; **Pa|ri|tät** die: Gleichheit, Gleichwertigkeit; **pa|ri|tä|tisch** gleichberechtigt, gleichwertig

pa|rie|ren *franz.*: einen Fechtstoß parieren (abwehren), der Hund pariert (gehorcht) nicht

Park der *franz.*, die Parks / Parke; **Park|deck** das; **par|ken** vor dem Haus parken; **Park|haus** das; **Park|lü|cke** die; **Park|ver|bots|schild** das

Par|ka der *eskim.*, die Parkas: knielanger, warmer Anorak mit Kapuze

Par|kett das *franz.*, des Parkett(e)s, die Parkette: 1. Fußboden aus zusammengesetzten Holzbrettchen 2. ebenerdiger Zuschauerraum in Theater und Kino

Par|la|ment das *engl.*, des Parlament(e)s, die Parlamente: 1. gewählte, gesetzgebende Volksvertretung 2. das betreffende Gebäude; **Par|la|men|ta|ri|er** der: Abgeordneter; **par|la|men|ta|risch**; **Par|la|men|ta|ris|mus** der: demokratische Regierungsform; **Par|la|ments|de|bat|te** die; **Par|la|ments|mit|glied** das

Pa|ro|die *oder* Par|odie die *griech.*, die Parodien: Parodien sind schon dem Vorschulkind vertraut: Das alte Wiegenlied „Schlaf, Kindchen, schlaf..." kennt mancher vielleicht auch in einer boshaft veränderten Fassung wie dieser: „Schlaf, Kindchen, schlaf / deine Mutter ist ein Schaf, / dein Vater ist ein Trampeltier, / was kannst du armes Kind dafür? / Schlaf, Kindchen, schlaf."
An diesem einfachen Beispiel sieht man gut das Wesentliche einer Parodie: Ein ernst gemeinter Text, etwa ein Gedicht, ein Sprichwort, ein Schlager oder ein Werbespruch, wird ins Lächerliche gezogen.
Eine Parodie erkennt man aber nur, wenn das „Original" noch durchschimmert. Meist werden Wörter oder Sätze durch andere ersetzt, während die Form der Vorlage insgesamt erhalten bleibt. Man muss also diese Vorlage kennen, um den veränderten Text als Parodie zu verstehen. So erklärt es sich auch, dass bei der literarischen Parodie allgemein bekannte Texte am häufigsten parodiert werden und gerade die „Klassiker" der Dichtkunst nicht von Parodien verschont bleiben. Aus dem Anfang von → Schillers „klassischer" Ballade „Der Ring des Polykrates" („Er stand auf seines Daches Zinnen …") wird so zum Beispiel: „Er saß auf einem Sack voll Linsen …" Die Parodie spielt also mit dem Original, und das reizt zum Lachen.
Wenn man aber genau hinhört, spürt man, dass die Parodie nicht immer nur Spiel sein will. Worüber lacht man denn eigentlich? Bei unseren beiden Beispielen ist es doch so, dass man die Vorlagen nicht mehr ganz so ernst nehmen kann, wenn man einmal die Parodie im Ohr hat. Sie verändert also unsere innere Einstellung zum Original – wir sehen es jetzt kritischer an. So kann eine Parodie sogar das Original zerstören.
Parodie heißt übrigens wörtlich „Gegengesang". Diese Wirkungsweise lässt sich besonders bei der so

genannten Antireklame feststellen: „Zweimal Zahnogard am Tag löst die Zähne samt Belag." Der Fantasie für solche „zweckentfremdet" parodierten Werbeslogans sind keine Grenzen gesetzt.

pa|ro|die|ren *oder* par|odie|ren; **Pa|ro|dist** *oder* Par|odist der
Pa|ro|don|to|se *oder* Par|odon|to|se, *veraltet* Pa|ra|den|to|se die *griech.*: Zahnbetterkrankung mit Zahnfleischschwund und Lockerwerden der Zähne
Pa|ro|le die *franz.*: Leitspruch, Motto, Kennwort gleich gesinnter Menschen, unwahre Meldung, Behauptung
Pa|ro|li das *franz.*: jemandem Paroli bieten (Widerstand entgegensetzen)
Part der *franz.*, die Parts / Parte: Teil, Anteil, Rolle in einem Bühnenstück
Par|tei die *franz.*, die Parteien: 1. politische Organisation von Personen mit gleichen Vorstellungen, Zielen 2. Mieter 3. Beklagter bzw. Kläger in einem Rechtsstreit; **Par|tei|en|sys|tem** das; **Par|tei|freund** der; **par|tei|isch** voreingenommen, eine Seite vertretend; **par|tei|lich** eine Partei betreffend; **Par|tei|zent|ra|le** *oder* Par|tei|zen|tra|le die
Par|ter|re das *franz.*, des/die Parterres: Erdgeschoss
Par|tie die *franz.*, die Partien: 1. Abschnitt, Teil; die obere Gesichtspartie 2. Spielrunde; eine Partie Schach 3. einzelne Gesangsrolle; er sang die Partie des Bajazzo 4. Heiratsmöglichkeit; sie ist eine gute Partie (bringt Geld mit in die Ehe) 5. Ausflug; eine Partie aufs Land machen 6. Restposten, Warenmenge; eine Partie Bücher
Par|ti|kel das, die Partikel: sehr kleines Teilchen
Par|ti|kel die, die Partikeln: (Gramm.) unflektierbares Wort, *vgl. Interjektion*
Par|ti|san der *franz.*, die Partisanen: aus dem Hinterhalt kämpfender, bewaffneter Angehöriger einer Widerstandsgruppe; **Par|ti|sa|nin** die
Par|ti|tur die *ital.*, die Partituren: übersichtliche Niederschrift der einzelnen Instrumental- und Gesangspartien eines Musikwerks

Par|ti|zip das *lat.*, die Partizipien: das Mittelwort. Die Bildung der Partizipien ist leicht: Das *Partizip I* (auch: Partizip Präsens) hat die Endung „-nd": „Das singen<u>de</u> Kind". Das *Partizip II* (auch: Partizip Perfekt) benötigt ein „ge-" und besitzt die Endung „-en" (starke Verben) oder „-t" (schwache Verben): „das <u>ge</u>sung<u>ene</u> Lied,", „das <u>ge</u>heiz<u>te</u> Zimmer". Bei Verben mit einer Vorsilbe steht „ge-" nur, wenn die Vorsilbe abgetrennt werden kann: „ich höre auf – ich habe <u>aufgehört</u>", *aber*: „ich überhöre es – ich habe es <u>überhört</u>".
Verwendet werden die Partizipien wie Adjektive oder Adverbien: „Der <u>bellende</u> Hund sprang an mir hoch." – „Der <u>gefragte</u> Schüler antwortete." ▶ Getrennt- und Zusammenschreibung, Hinweis 6, S. 488. Auch als Substantiv kann man sie benutzen: „Die <u>Umstehenden</u> sagten nichts." Außerdem braucht man das Partizip II zur Zeitenbildung (→ Tempus) und für das Passiv (→ Aktiv).
Die Beispiele zeigen auch den inhaltlichen Unterschied zwischen den beiden Partizipien: Das Partizip I bezeichnet die Gleichzeitigkeit zweier Handlungen und sagt, dass jemand etwas tut („bellen", „springen"). Das Partizip II drückt aus, dass eine Handlung vor einer anderen stattfand oder zumindest vorher begann. Und es drückt ein Passiv aus: „Der gefragte Schüler antwortete" besagt: „Zuerst <u>wurde</u> der Schüler <u>gefragt</u>, dann antwortete er."

Part|ner der *engl.*, die Partner; **Part|ne|rin** die; **Part|ner|schaft** die; **part|ner|schaft|lich**; **Part|ner|stadt** die: Stadt, die zu einer anderen Stadt eine besondere Beziehung hat, z. B. auf kulturellem Gebiet
par|tout [partu] *franz.*: um jeden Preis, unter allen Umständen, unbedingt; er wollte partout nach Mexiko
Par|ty die *engl.* die Partys: privates Fest, Feier, Gesellschaft
Par|zel|le die *franz.*: Stückchen, Teil; das Grundstück wurde in kleine Parzellen aufgeteilt; **par|zel|lie|ren** aufteilen

Pass der, des Passes, die Pässe: 1. amtliches Dokument, Reisepass 2. Hochgebirgsübergang 3. gezielte Ballabgabe im Sport; **Pass|kon|trol|le** die; **Pass|stra|ße** die

pas|sa|bel *franz.*: annehmbar, erträglich; eine passable Handschrift, der Vorschlag klingt passabel

Pas|sa|ge [paßa̱sche] die *franz.*: 1. Durchfahrt, Durchgang; eine Schaufensterpassage 2. Überfahrt, Schiffs- oder Flugreise; eine Passage buchen 3. fortlaufender Text; eine längere Buchpassage 4. schnelle Tonfolge in der Musik; **Pas|sa|gier** [paßaschi̱r] der: Fahrgast, Reisender; ein blinder Passagier (jemand, der an Bord eines Schiffes oder Flugzeugs heimlich mitreist); **Pas|sa|gie|rin** die; **Pas|sant** der: Fußgänger, Vorübergehender; **Pas|san|tin** die; **pas|sie|ren** die Grenze passieren (überschreiten), was kann mir passieren (geschehen, zustoßen)?, Spinat passieren (durch ein Sieb pressen)

Pas|sat der, des Passat(e)s, die Passate: subtropischer, gleichmäßiger Ostwind in Richtung Äquator; **Pas|sat|wind** der

pas|sen das Kleid passt wie angegossen, das Geld passend (abgezählt) haben, der Termin passt mir gut (ist mir angenehm), bei dem Tempo muss ich passen (aufgeben), ich suche den passenden Hut; **Pass|form** die: der Anzug hat eine gute Passform (einen maßgerechten Sitz)

Passe|par|tout [paspartu̱] das *franz.*, die Passepartouts, *wörtlich* „passt für alles": 1. Pappumrahmung für Bilder und Fotos 2. Hauptschlüssel

Pas|si|on die *lat.*, die Passionen: 1. starke Neigung, Leidenschaft, Begeisterung; ihre Passion ist das Lesen 2. die Leidensgeschichte Christi und deren Darstellung, z. B. die Oberammergauer Passionsspiele; **Pas|si|ons|blu|me** die: Zierpflanze

pas|siv *lat.*: abwartend, untätig, teilnahmslos; passives Wahlrecht; *Ggs.* aktiv; **Pas|si|va** die: Verbindlichkeiten, Schulden; **Pas|si|vi|tät** die: teilnahmsloses Verhalten

Pas|siv das *lat.* ▶ Aktiv

Pas|sus der *lat.* des/die Passus: Textstelle, Abschnitt; einen Passus streichen

Pas|ta die *ital.*: Teigwaren, Nudeln

Pas|te die, die Pasten: streichbare Masse, z. B. Zahnpasta

Pas|tell das *ital.*, die Pastelle: Maltechnik mit Pastellfarben, mit Pastellfarben gemaltes Bild; **Pas|tell|far|be** die: zart getönte Farbe

Pas|te|te die *lat.*: in Blätterteig gehüllte Fisch- oder Fleischspeise

pas|teu|ri|sie|ren [pastöri̱si̱ren] *franz.*: durch Erhitzung keimfrei und haltbar machen, z. B. Milch

Pas|tor der *lat.*, die Pastoren: Geistlicher; **pas|to|ral** 1. seelsorglich, die Seelsorge betreffend 2. idyllisch, ländlich; **Pas|to|ra|le** die: kleines ländlich-idyllisches Sing- oder Schäferspiel; **Pas|to|rin** die

Pa|te der *lat.*; Taufpate; bei etwas Pate stehen (von Anfang an Einfluss nehmen); **Pa|ten|schaft** die; **Pa|tin** die

pa|tent *lat.*: geschickt, tüchtig, praktisch; eine patente Methode; **Pa|tent** das, die Patente: 1. Urkunde über eine berufliche Qualifikation, z. B. das Kapitänspatent 2. Urkunde über das alleinige Nutzungs- und Verwertungsrecht einer Erfindung; zum Patent anmelden; **Pa|tent|amt** das: Behörde, die für die Erteilung von Patenten zuständig ist; **pa|ten|tie|ren** eine Erfindung durch ein Patent schützen; **Pa|tent-schutz** der

Pa|ter der *lat.*, die Pater / Patres: Ordensgeistlicher; **Pa|ter|nos|ter** das: das Vaterunser-Gebet; **Pa|ter|nos|ter** der: offener, ständig fahrender Aufzug

pa|the|tisch *griech.*: übertrieben feierlich oder gefühlvoll; **Pa|thos** das: übersteigerter Gefühlsausdruck, feierliches Ergriffensein; ein Vortrag voller Pathos, mit hohem Pathos

pa|tho|lo|gisch *griech.*: krankhaft verändert

Pa|ti|ence [paßiä̱ß] die *franz.*: Kartenspiel

Pa|ti|ent [paziä̱nt] der *lat.*, die Patienten: Kranker in ärztlicher Behandlung; **Pa|ti|en|tin** die, die Patientinnen

Pa|ti|na die *ital.*: grünliche Korrosionsschicht auf Kupfer, Edelrost

Pat|ri|arch oder Pa|tri|arch der griech., des/die Patriarchen: 1. Erzvater 2. oberster orthodoxer Geistlicher 3. hochbetagtes Familienoberhaupt

Pat|ri|ot oder Pa|tri|ot der griech., die Patrioten: jemand, der sein Land liebt und sich dafür einsetzt; **Pat|ri|o|tin** die; **pat|ri|o|tisch** oder pa|tri|o|tisch; **Pat|ri|o|tis|mus** oder Pa|tri|o|tis|mus der: Vaterlandsliebe; das ist Hurrapatriotismus (übertriebene Vaterlandsliebe)

Pat|ri|zi|er oder Pa|tri|zi|er der lat.: 1. Person des altrömischen Adels 2. wohlhabender Bürger im Mittelalter; **Pat|ri|zi|e|rin** oder Pa|tri|zi|e|rin die

Pat|ron oder Pa|tron der lat., die Patrone: Schirmherr, Schutzheiliger, Herr; **Pat|ro|nin** oder Pa|tro|nin die

Pat|ro|ne oder Pa|tro|ne die franz.: 1. Munition, mit Sprengstoff und Zunder versehene Metallhülse 2. ein mit Tinte gefüllter, kleiner Plastikbehälter 3. lichtundurchlässige Filmkapsel

Pat|rouil|le oder Pa|trouil|le [patrulje] die franz.: Streife, Erkundungstrupp, Kontrollgang; **pat|rouil|lie|ren** oder pa|trouil|lie|ren

Pat|sche die: jemandem aus der Patsche (Bedrängnis, Notlage) helfen; **pat|schen** durch die Pfützen patschen; **patsch|nass** sehr nass

Patt das franz., die Patts: unentschiedener Ausgang, z. B. beim Schach

pat|zen klecksen, kleine Fehler machen; **Pat|zer** der; **pat|zig** unverschämt, frech; **Pat|zig|keit** die

Pau|ke die: Schlaginstrument; auf die Pauke hauen (ausgelassen feiern, prahlen, angeben); **pau|ken** ugs. intensiv lernen, die Pauke schlagen; **Pau|ken|schlä|gel** der; **Pau|ken|spie|ler** der; **Pau|ker** der: 1. ugs. Lehrer 2. Schüler, der viel paukt

paus|ba|ckig / **paus|bä|ckig** mit runden, roten Backen

pau|schal im Ganzen, alles zusammen (gerechnet); ein pauschales Urteil; **Pau|scha|le** die: einmalige Bezahlung, Gesamtabfindung; **pau|scha|lie|ren** auf- und abrunden, zusammenrechnen; **pau|scha|li|sie|ren** verallgemeinern; **Pau|schal|preis** der; **Pau|schal|rei|se** die: Reise, bei der Fahrt, Unterkunft und Verpflegung pauschal an das Reiseunternehmen bezahlt werden

Pau|se die: 1. Unterbrechung einer Tätigkeit; ohne Pause lernen 2. Durchzeichnung, Kopie; **pau|sen** durchzeichnen; **Pau|sen|brot** das; **Pau|sen|clown** der: Clown, der zwischen zwei Darbietungen auftritt; **pau|sie|ren** zeitweise aufhören, aussetzen, ausruhen

Pa|vi|an der niederl., die Paviane: Affenart mit rötlichen Gesäßschwielen

Pa|vil|lon [pawiljõ] der franz., die Pavillons: kleines, meist rundes Gartenhaus, kleinerer An- oder Vorbau

Pa|zi|fik der: Stiller Ozean

Pa|zi|fis|mus der lat.: Weltanschauung, die den Krieg und die Rüstung ablehnt; **Pa|zi|fist** der; **Pa|zi|fis|tin** die; **pa|zi|fis|tisch**

Pech das 1. klebriger schwarzer Rückstand beim Destillieren von Erdöl 2. Missgeschick, Unglück; wie Pech und Schwefel (fest) zusammenhalten; **Pech|nel|ke** die: wild wachsende Nelke; **Pech|vo|gel** der: sie war ein richtiger Pechvogel (jemand, der oft Pech hat)

Pe|dal das lat., die Pedale: Tretkurbel, Fußhebel, z. B. beim Klavier; in die Pedale treten (schnell Rad fahren)

Pe|dant der griech., die Pedanten: Kleinkrämer, Ordnungsfanatiker; **Pe|dan|te|rie** die; **Pe|dan|tin** der; **pe|dan|tisch**

Ped|dig|rohr das: flechtbares Palmenrohr

Pe|di|kü|re die franz.: Fußpflege, Fußpflegerin; **pe|di|kü|ren**

Pe|gel der: Wasserstand, Wasserstandsmesser

pei|len die Richtung oder Lage bestimmen; etwas über den Daumen peilen (grob abschätzen); **Pei|lung** die

Pein die: Qual, Schmerz; **pei|ni|gen**; **Pei|ni|ger** der; **pein|lich** ein peinlicher (be-

Peinlichkeit

schämender) Vorfall, er achtete auf peinliche (sehr große) Ordnung; **Pein|lich|keit** die

Peit|sche die *slaw.*; **peit|schen** er peitschte das Pferd, Schüsse peitschten durch den Wald; **Peit|schen|hieb** der

Pe|ki|ne|se der: kleine Hunderasse

Pel|le|ri|ne die *franz.*: ärmelloser Umhang, Cape

Pe|li|kan der *griech.*, die Pelikane: großer Schwimmvogel

Pel|le die: dünne Schale; *ugs.* jemandem auf die Pelle rücken (lästigfallen, jemanden bedrängen); **pel|len** Kartoffeln pellen (schälen); **Pell|kar|tof|fel** die: mit der Schale gekochte Kartoffel, die gepellt wird

Pelz der: *ugs.* jemandem auf den Pelz rücken (ihn bedrängen); **pel|zig**; **Pelz|tier|farm** die

Pen|dant [pãdã] das *franz.*, die Pendants: ergänzendes Gegenstück

Pen|del das *lat.*: das Uhrenpendel steht still; **pen|deln** mit den Beinen pendeln, er pendelt (fährt hin und her) zwischen Wohnort und Arbeitsplatz

pe|net|rant *oder* pe|ne|trant *lat.*: hartnäckig, aufdringlich, ein penetranter (störender, unangenehmer) Geruch

pe|ni|bel *franz.*: übergenau, sehr sorgfältig; er hielt penibel (peinlich) Ordnung in seinem Zimmer; in Gelddingen war sie sehr penibel (sehr genau)

Pe|nis der *lat.*, die Penisse: äußeres männliches Geschlechtsorgan, das sich bei sexueller Erregung versteift

Pe|ni|zil|lin (*fachspr.* Penicillin) das *lat.*: Arznei gegen Infektionskrankheiten

Pen|ne die: *ugs.* Schule

pen|nen schlafen; du pennst wohl noch?, da habe ich gepennt (nicht aufgepasst)

Pen|si|on die *franz.*, die Pensionen: 1. Ruhestand; er geht nächstes Jahr in Pension 2. Ruhestandsgeld; sie erhält nur eine ganz kleine Pension 3. Unterkunft mit Verpflegung; sie wohnt in einer kleinen Pension; **Pen|si|o|där** der; **Pensi|o|nä|rin** die; **Pen|si|o|nat** das: Internat; **pen|si|o|nie|ren** in den Ruhestand versetzen; **Pen|si|ons|kas|se** die

Pen|sum das *lat.*, die Pensen/Pensa: festgelegter Arbeitsumfang, Lehrstoff

Pep der: Temperament, Schwung; die Darbietung hatte viel Pep; **pep|pig** peppige Musik

Pe|pe|ro|ne der / **Pe|pe|ro|ni** die / **Pfef|fe|ro|ni** der *ital.*: kleine scharfe Paprikaschote

per *lat.*: per annum (jährlich), *Abk.* p. a.; per (durch) Einschreiben, per (mit der) Bahn, per (zum) 15. Mai, per (ab) sofort

per|fekt *lat.*: eine perfekte (hervorragende) Köchin, der Vertrag ist perfekt (endgültig abgemacht, besiegelt); **Per|fek|ti|on** die; **per|fek|ti|o|nie|ren** vervollkommnen

Per|fekt das *lat.* ▶ Tempus

per|fid / per|fi|de *lat.*: hinterhältig, gemein; **Per|fi|die** die

Per|fo|ra|ti|on die: Trenn- oder Reißlinie bei Papier oder Karton, Zähnung an Briefmarken, **per|fo|rie|ren** durchlöchern

Per|ga|ment das *lat.*, die Pergamente: feine, zum Beschreiben verarbeitete Tierhaut, alte Handschrift auf dieser Haut; **Per|ga|ment|pa|pier** das: fettundurchlässiges Papier

Per|go|la die *ital.*, die Pergolen: Anbau, Laubengang mit Rankpflanzen

Pe|ri|o|de die *griech.*: 1. Zeitraum, Zeitabschnitt 2. Monatsblutung; **Pe|ri|o|di|kum** das, die Periodika: regelmäßig erscheinende Zeitung oder Zeitschrift; **pe|ri|o|disch** eine periodische (regelmäßig auftretende) Erscheinung

pe|ri|pher *griech.*: am Rande liegend, nebensächlich; **Pe|ri|phe|rie** die: Rand-, Außengebiet; er wohnte an der Peripherie der Stadt

Per|le die *lat.*; **per|len** der Schweiß perlt ihm von der Stirn, perlender (spritziger) Wein; **Perl|mutt** das / **Perl|mut|ter** die/das: schimmernde Innenschicht mancher Muschelschalen; **Perl|mutt|knopf** der

Per|lon das: Kunstfaser; **Per|lon|strumpf** der

per|ma|nent *lat.*: ständig, ununterbrochen, anhaltend; sein permanentes Lügen und Schwindeln

per pe|des *lat.*: zu Fuß

Per|pe|tu|um mo|bi|le das *lat.*, die Perpetua mobilia: 1. etwas, das ständig in Bewegung ist 2. utopisches Gerät, das ohne Energiezufuhr ständig Arbeit leistet 3. gleichmäßig schnelles Musikstück

per|plex *lat.*: er war völlig perplex (verblüfft, verwirrt)

Per|si|a|ner der: Fell des Karakullamms, Pelz aus diesen Fellen

Per|si|fla|ge *oder* Per|sif|la|ge [persiflasche] die *franz.*: Verspottung durch Nachahmung; **per|si|flie|ren** *oder* per|sif|lie|ren

Per|si|pan das *lat.*: aus Pfirsich- oder Aprikosenkernen hergestellter Ersatz für Marzipan

Per|son die *lat.*; **per|so|nal** persönlich; **Per|so|nal** das: Beschäftigte; **Per|so|na|li|en** die: persönliche Lebensdaten; **Per|so|nal|rat** der; **per|so|nell**; **Per|so|nen|ge|sell|schaft** die; **per|so|ni|fi|zie|ren** sie ist die personifizierte (verkörperte) Güte; **per|sön|lich**

Per|so|nal|form die ▶ Verb

Per|so|nal|pro|no|men das ▶ Pronomen

Per|so|nen|be|schrei|bung die ▶ Aufsatzlehre S. 513

Per|spek|ti|ve *oder* Pers|pek|ti|ve die *lat.*: Darstellung mit räumlicher Wirkung, Blickwinkel, Sicht, Zukunftsaussicht; hier zeigen sich neue Perspektiven (Möglichkeiten für die Zukunft); **per|spek|ti|visch** *oder* pers|pek|ti|visch

Pe|ru; **Pe|ru|a|ner** der/die; **Pe|ru|a|ne|rin** die, die Peruanerinnen; **pe|ru|a|nisch**

Pe|rü|cke die *franz.*: Haarersatz

per|vers *lat.*: verkehrt, widernatürlich, abartig, unerhört; **per|ver|tie|ren** ins Widernatürliche verkehren

Pes|si|mis|mus der *lat.*: verneinende Lebenseinstellung, Schwarzseherei; *Ggs.* Optimismus; **Pes|si|mist** der; **Pes|si|mis|tin** die; **pes|si|mis|tisch**

Pest die *lat.*: ansteckende Krankheit; jemanden wie die Pest (sehr) hassen

Pe|ter|si|lie die *lat.*: Würzpflanze

Pe|ti|ti|on die *lat.*, die Petitionen: Bittgesuch, Eingabe

Pe|tro|le|um *oder* Pet|ro|le|um das *lat./griech.*: Erdöl, durch Destillation daraus gewonnener Brennstoff

Pet|schaft das *tschech.*, die Petschafte: Stempel zum → Siegeln

Pet|ting das *engl.*: erotisches Spiel durch Berührung und Reizung ohne Beischlaf

pet|zen *ugs.* etwas verraten

Pfad der: auf krummen Pfaden wandeln (etwas Unrechtes tun); **Pfad|fin|der** der; **Pfad|fin|de|rin** die

Pfahl der, des Pfahl(e)s, die Pfähle; **Pfahlbau** der; **pfäh|len** mit Pfählen stützen

Pfalz die, die Pfalzen; **Pfäl|zer** der; **Pfäl|ze|rin** die; **Pfalz|graf** der

Pfand das *lat.*, des Pfand(e)s, die Pfänder; ein Pfand (Beweis) der Treue; **pfänd|bar**; **Pfand|brief** der; **pfän|den** seine Möbel wurden gepfändet; **Pfän|der|spiel** das; **Pfän|dung** die

Pfan|ne die; **Pfann|ku|chen** der

Pfarr|amt das, die Pfarrämter; **Pfar|re** die; **Pfar|rei** die; **Pfar|rer** der; **Pfar|re|rin** die

Pfau der, des Pfau(e)s, die Pfaue(n): der Pfau schlägt ein Rad; **Pfau|en|au|ge** das: Schmetterlingsart

Pfef|fer der; **pfef|fe|rig / pfeff|rig**; **Pfef|fer|ku|chen** der: Lebkuchen; **Pfef|fer|min|ze** die: Heil- und Würzpflanze; **pfef|fern**

Pfeife

Pfei|fe die: Musikinstrument, Tabakspfeife; er tanzt nach ihrer Pfeife (er tut alles, was sie will); **pfei|fen** du pfeifst, sie pfiff, gepfiffen, er pfiffe; **Pfei|fer** der; **Pfeifkon|zert** das

Pfeil der; **pfeil|ge|ra|de**; **pfeil|schnell**

Pfei|ler der: senkrechte Stütze

Pfen|nig der, die Pfennige, *Abk.* Pf., 100 Pfennig = 1 Mark (Währung in Deutschland bis 2001, ab 2002 durch Euro und Cent ersetzt); **Pfen|nig|fuch|ser** der: geiziger Mensch

Pferch der, die Pferche: eingezäunte Fläche für das Vieh; **pfer|chen** die Schafe wurden in den Stall gepfercht (gezwängt)

Pferd das; **Pfer|de|stär|ke** die: veraltete Maßeinheit für Leistung; *Zeichen* PS

Pfiff der: die Sache hat Pfiff (ist originell); **pfif|fig** listig, aufgeweckt, reizvoll

Pfif|fer|ling der: Speisepilz; deine Entschuldigung ist keinen Pfifferling (nichts) wert

Pfings|ten das *griech.*: Fest des Heiligen Geistes am 50. Tag nach Ostern

Pfir|sich der: eine Haut wie ein Pfirsich haben (so samtig)

Pflan|ze die *lat.*; **pflan|zen**; **Pflan|zenkunde** die; **Pflan|zen|schutz|mit|tel** das; **Pflan|zer** der; **Pflan|ze|rin** die; **pflanzlich** die Medizin ist rein pflanzlich (aus Pflanzen gewonnen); **Pflan|zung** die

Pflas|ter das *griech.*: 1. Straßenbelag 2. Wundauflage; **pflas|tern**; **Pflas|terung** die

Pflau|me die: Frucht

Pfle|ge die; **pfle|ge|be|dürf|tig**; **Pfle|ge|eltern** die; **Pfle|ge|kas|se** die; **Pfle|ge|kind** das; **pfle|gen** sein Äußeres pflegen, sie pflegt gut zu essen, ein gepflegter Wein; **Pfle|ger** der; **Pfle|ge|rin** die; **Pflege|ver|si|che|rung** die; **pfleg|lich**; **Pflegschaft** die: Vormundschaft

Pflicht die; **pflicht|be|wusst**; **Pflicht|ei|fer** der; **Pflicht|ge|fühl** das; **pflicht|ge|mäß**; **pflicht|schul|dig**; **pflicht|ver|ges|sen**; **Pflicht|ver|let|zung** die

Pflock der, des Pflock(e)s, die Pflöcke: zugespitzter Pfahl

pflü|cken; **Pflü|cker** der; **Pflück|obst** das

Pflug der, des Pflug(e)s, die Pflüge: landwirtschaftliches Gerät; **pflü|gen**; **Pflug|schar** die: Schneideblatt des Pflugs

Pfort|ader die *lat.*: Vene, die nährstoffreiches Blut aus der Darmwand zur Leber transportiert

Pfor|te die *lat.*: Seitentür; **Pfört|ner** der: 1. Türsteher, Torwächter 2. Mageneingang; **Pfört|ne|rin** die

Pfos|ten der; **Pfos|ten|schuss** der: Schuss, der den Torpfosten trifft

Pfo|te die, die Pfoten

Pfropf der, des Pfropf(e)s, die Pfropfen; **pfrop|fen** die Kleider in den Koffer pfropfen (stopfen); Obstbäume pfropfen (veredeln), *vgl. Abb. S. 430*

Pfrün|de die *mhd.*: Kirchenamt, das mit regelmäßigem Einkommen verbunden ist

Pfuhl der, des Pfuhl(e)s, die Pfuhle: kleiner Teich, große Pfütze mit schmutzigem Wasser

pfui!; **Pfui|ruf** der

Pfund das *lat.*, die Pfunde: 1. Gewichtseinheit, *Abk.* Pfd. 2. Währungseinheit, z. B. in Großbritannien; *Zeichen* £

Pfusch der: minderwertige Arbeit; **pfuschen** nachlässig arbeiten, *ugs.* schummeln; **Pfu|scher** der; **Pfu|sche|rei** die; **Pfu|sche|rin** die

Pfüt|ze die: über die Pfütze springen

Pha|go|zyt der *griech.*, des/die Phagozyten: weißes Blutkörperchen (Fresszelle), das Bakterien vernichtet

Phä|no|men das *griech.*, die Phänomene: (ungewöhnliche) Erscheinung; er ist ein Phänomen (ein außergewöhnlicher oder sehr begabter Mensch); **phä|no|me|nal** einzigartig, ohnegleichen

Phä|no|typ / Phä|no|ty|pus der *griech.*, die Phänotypen: das Erscheinungsbild eines Lebewesens, das durch Erbanlagen und Einflüsse der Umwelt geprägt wird; **phä|no|ty|pisch**

Phan|ta|sie → **Fan|ta|sie** die

Phan|tom das *griech.*: Trugbild; er jagt einem Phantom (einer Einbildung) nach

Pha|rao der *griech.*, des Pharaos, die Pharaonen: König im alten Ägypten; **Pha|ra|o|nen|grab** das; **Pha|ra|o|nin** die

Pha|ri|sä|er der *aram.-lat.*: 1. Angehöriger einer altjüdischen, sehr gesetzes-

Pha|se die *griech.*, die Phasen: Abschnitt, Stufe; eine Phase geht zu Ende

Phil|har|mo|nie die *griech.*: Gesellschaft zur Pflege des Musiklebens, großes Orchester, Gebäude mit Konzertsaal; **Phil|har|mo|ni|ker** der: Musiker im philharmonischen Orchester; **Phil|har|mo|ni|ke|rin** der; **phil|har|mo|nisch**

Phi|lip|pi|nen; **Phi|lip|pi|ner** der/die; **Phi|lip|pi|nin** die, die Philippininnen; **phi|lip|pi|nisch**

Phi|lo|dend|ron *oder* Phi|lo|den|dron der *griech.*, die Philodendren: Kletterpflanze

Phi|lo|lo|ge der *griech.*: Sprach- und Literaturwissenschaftler; **Phi|lo|lo|gie** die; **Phi|lo|lo|gin** die

Phi|lo|soph der *griech.*: Forscher und Lehrer auf dem Gebiet der Philosophie; **Phi|lo|so|phie** die: Lehre vom Sein, vom Ursprung und Wesen der Dinge, vom Denken, Streben nach Erkenntnis und Wahrheit; **Phi|lo|so|phin** die; **phi|lo|so|phie|ren**; **phi|lo|so|phisch**

Phleg|ma das *griech.*: Trägheit, unerschütterliche Ruhe; **phleg|ma|tisch** träge, schwerfällig

Pho|bie die *griech.*, die Phobien: krankhafte Angst, z. B. Spinnenphobie

Phon / Fon das: alte Maßeinheit für Lautstärke

Phos|phat das *griech.*: Salz der Phosphorsäure; **Phos|phor** der: chemisches Element, ein Nichtmetall; *Zeichen* P; **phos|pho|res|zie|ren** im Dunkeln von selbst leuchten

Pho|to → **Fo|to** das

Phra|se die *griech.*, die Phrasen: nichts sagende Redensart; Phrasen dreschen (leere Reden führen)

pH-Wert der: *fachsprachl. aus lat.* **p**otentia **h**ydrogenii): Maß für den sauren oder basischen Zustand einer Lösung

Phy|sik die *griech.*: Teil der Naturwissenschaft; **phy|si|ka|lisch; Phy|si|ker** der; **Phy|si|ke|rin** die, die Physikerinnen

Phy|sis die *griech.*: natürliche, körperliche Beschaffenheit; **phy|sisch** körperlich, in der Natur begründet; ein physischer Schmerz; *Ggs.* psychisch

strengen Partei 2. *ugs. für* engstirnigen, selbstgerechten Menschen

Pi das *griech.*: 1. Buchstabe des griech. Alphabets 2. Zahl (3,1415…), mit deren Hilfe aus dem Radius eines Kreises sein Umfang und seine Fläche berechnet werden können, Zeichen π

Pi|a|nist der *ital.*: Klavierspieler; **Pi|a|nis|tin** die; **pi|a|no** leise (in der Musik); **Pi|a|no** das, des/die Pianos: Klavier

pi|cheln *ugs.* übermäßig trinken

Pi|ckel der: 1. Spitzhacke 2. Hautunreinheit; **pi|cke|lig / pick|lig** pick(e)lige Haut

pi|cken pickende Tauben

Pick|nick das *franz.*, die Picknicke / Picknicks: Mahlzeit im Freien; **pick|ni|cken**; **Pick|nick|korb** der

piek|fein ein piekfeines (*ugs.* sehr vornehmes) Restaurant; **piek|sau|ber** ihre Wohnung war pieksauber (*ugs.* tadellos sauber)

piep|egal das ist mir piepegal (*ugs.* völlig gleichgültig)

pie|pen / piep|sen die Küken piep(s)ten aufgeregt

Pier der/die *engl.*, die Piere / Piers: Anlegestelle, Landungsbrücke

pier|cen [pirßen] *engl.*: durchstechen, durchbohren; **Pier|cing** [pirßing] das, des/die Piercings: Körperschmuck, der durch ein zuvor gebohrtes oder gestochenes Loch befestigt wird, z. B. Nasenpiercing

pie|sa|cken *ugs.* jemanden quälen, peinigen; er wurde mit bohrenden Fragen gepiesackt

Pi|e|tät die *lat.*: Respekt, Ehrfurcht, Takt, Frömmigkeit; **Pi|e|tis|mus** der: protestantische Bewegung im 17. und 18. Jh.; **pi|e|tät|los**

Pig|ment das *lat.*, die Pigmente: Farbstoffe des menschlichen, tierischen und pflanzlichen Organismus; **pig|men|tie|ren**; **Pig|men|tie|rung** die; **Pig|ment|mal** das, die Pigmentmale: Muttermal

Pik das *franz.*, des/die Piks: Spielkartenfarbe mit spießförmigem Symbol; Pik ist Trumpf

Pik der *niederl.*: heimlicher Groll; *ugs.* einen Pik auf jemanden haben

pi|kant *franz.*, am pikantesten: schmackhaft gewürzt, reizvoll; eine pikante Soße; **Pi|kan|te|rie** die, die Pikanterien; **pi|kan|ter|wei|se**

Pi|ke die *franz.*: frühere Stoßwaffe, Spieß; er lernte es von der Pike auf (von Grund auf); **pi|ken** leicht stechen; **pi|kie|ren** zu dicht stehende Pflänzchen versetzen; **pi|kiert** sie machte ein pikiertes (gekränktes) Gesicht

Pik|ko|lo / Pic|co|lo der *ital.*, die Pikkolos / Piccolos: 1. Kellner in der Ausbildung 2. kleine Flasche Sekt

Pik|ko|lo das: kleinste Flöte

Pik|to|gramm das *lat.*, die Piktogramme: Information in Form eines Zeichens, das international verständlich ist, z. B. auf Bahnhöfen oder Flughäfen

Pil|ger der *lat.*: Wallfahrer; **pil|gern** nach Lourdes pilgern; **Pil|ger|rei|se** die

Pil|le die: eine bittere Pille schlucken (sich mit etwas Unangenehmem abfinden), *ugs. für* Antibabypille (Mittel zur Verhütung einer Schwangerschaft)

Pi|lot der *franz.*, des/die Piloten: Flugzeugführer, Rennfahrer, Lotse; **Pi|lo|tin** die; **Pi|lot|stu|die** die: Untersuchung, die einem Projekt vorausgeht, Leitstudie

Pils / Pil|se|ner / Pils|ner das: leicht bitter schmeckendes Bier, nach der tschechischen Stadt Pilsen benannt

Pilz der, des Pilzes, die Pilze, **Pilz|ver|gif|tung** die

Pi|ment der/das *franz.*, die Pimente: Gewürz

Pi|na|ko|thek die *griech.*: Gemäldesammlung

pin|ge|lig übertrieben genau, sehr gewissenhaft

Ping|pong das *engl.: veraltet für* Tischtennis; **Ping|pong|schlä|ger** der

Pin|gu|in der *franz.*, die Pinguine: flugunfähiger Schwimmvogel; **Pin|gu|in|ko|lo|nie** die

Pi|nie die *lat.*: Nadelbaum

pink *engl.*: kräftig rosa; **pink|far|ben**

Pin|ne die, die Pinnen: 1. Teil des Steuerruders 2. Reißzwecke; **pin|nen** etwas mit Pinnen oder Stecknadeln befestigen; **Pinn|wand** die: Tafel, auf die man Merkzettel heften kann

Pin|scher der: Hunderasse

Pin|sel der; **pin|seln**

Pin-up-Girl [pinapgörl] das *engl.*, des/ die Pin-up-Girls: Druck oder Foto einer meist leicht bekleideten Frau, zum Anheften an eine (Pin)Wand

Pin|zet|te die *franz.*, der Pinzette, die Pinzetten: kleines Greifinstrument

Pi|o|nier der *franz.*, des Pioniers, die Pioniere: 1. für technische Aufgaben, z. B. für den Brückenbau, ausgebildeter Soldat 2. Wegbereiter, Bahnbrecher; ein Pionier der Luftfahrt; **Pi|o|nier|leis|tung** die

Pipe|line [paiplain] die *engl.*, die Pipelines: Rohrleitung für Erdöl und Erdgas

Pi|pet|te die *franz.*: Saugröhrchen

Pi|rat der *griech.*, die Piraten: Seeräuber, *heute auch* Flugzeugentführer (Luftpirat); **Pi|ra|ten|sen|der** der: Rundfunk- oder Fernsehsender, der ohne Genehmigung private Programme ausstrahlt; **Pi|ra|te|rie** die; **Pi|ra|tin** die

Pi|rol der, die Pirole: Singvogel

Pi|rou|et|te [piruette] die *franz.*, die Pirouetten: auf dem Eis eine Pirouette drehen (Drehung um die eigene Achse)

Pirsch die: auf die Pirsch (Jagd) gehen; **pir|schen** sich anschleichen

PISA-Stu|die / Pi|sa-Stu|die die (**P**rogramme for **I**nternational **S**tudent **A**ssessment): Untersuchung, die den Wissensstand von Schülern aus vielen Ländern vergleicht

Pis|ta|zie die *pers.*, die Pistazien: Baum oder Strauch in Mittelmeerländern, essbarer Samenkern der Pistazie

Pis|te die *franz.*, die Pisten

Pis|to|le die *tschech.*: kleine Schusswaffe; die Antworten kamen wie aus der Pistole geschossen (ohne lange zu überlegen, ohne Zögern)

Piz|za die *ital.*, die Pizzas / Pizzen: belegter Hefeteig; **Piz|ze|ria** die: italienisches Lokal mit Pizzaverkauf

Pkw / PKW *Abk. für* **P**ersonen**k**raft**w**agen

pla|cken sich: sich sehr abmühen, plagen; **Pla|cke|rei** die

plä|die|ren *franz.*: sie plädierte für eine gerechtere Behandlung des Mannes (setzte sich dafür ein); **Plä|doy|er** [plädoaje] das, die Plädoyers: der Verteidiger hält ein Plädoyer (Verteidigungsrede vor Gericht), ein Plädoyer für/gegen etwas

Pla|ge die: den Lärm empfand er als große Plage (Quälerei); **Pla|ge|geist** der: lästiger Mensch; **pla|gen**

Pla|gi|at das *lat.*, die Plagiate: Diebstahl geistigen Eigentums; das Buch war größtenteils ein Plagiat; **Pla|gi|a|tor** der; **pla|gi|ie|ren** jemanden plagiieren (nachahmen, ihm seine Ideen klauen)

Plaid [pled] das/der *engl.*, die Plaids: karierte Decke oder Umhangtuch

Pla|kat das *franz.*, des Plakat(e)s, die Plakate: großformatiger, bedruckter Papierbogen; sie klebten ein neues Werbeplakat an die Mauer; **pla|ka|tie|ren** Plakate anbringen; **pla|ka|tiv** einprägsam und auffällig; **Pla|ket|te** die, die Plaketten: bedruckter Aufkleber oder Schildchen zum Anstecken

plan *lat.*: eine plane (ebene, flache) Landschaft; **Pla|ne** die, die Planen: Schutzdach oder -decke aus wasserdichtem Material; **pla|nie|ren** der Platz wurde planiert (eingeebnet); **Pla|nier|raupe** die: Raupenfahrzeug; **Pla|nie|rung** die

Plan der, die Pläne: wir schmiedeten verrückte Pläne; **pla|nen**; **plan|los**; **planmä|ßig**; **Plan|qua|drat** das; **Pla|nung** die; **Plan|wa|gen** der, die Planwagen; **Planwirt|schaft** die: auf zentraler staatlicher Planung beruhendes Wirtschaftssystem; *Ggs.* Marktwirtschaft

Pla|net der *griech.*, die Planeten: sich um die Sonne bewegender, nicht selbst leuchtender Himmelskörper, *Ggs.* Stern; unser Blauer Planet (die Erde); **pla|neta|risch**; **Pla|ne|ta|ri|um** das, die Planetarien: Raum mit kuppelförmiger Decke, an der mit Hilfe eines Projektors ein Bild des gesamten Sternenhimmels gezeigt werden kann; **Pla|ne|ten|bahn** die; **Pla|ne|ten|kon|stel|la|ti|on** *oder* -kons|tel|la|ti|on die

Plan|ke die *griech.*, die Planken: langes, dickes Bohlen- oder Dielenbrett; die Schiffsplanken schrubben

Plän|ke|lei die, die Plänkeleien: scherzhafter Streit, Geplänkel; **plän|keln**

Plank|ton das *griech.*: im Wasser lebende und vom Wasser bewegte kleinste Pflanzen (Phytoplankton) und Tierchen (Zooplankton)

Plan|ta|ge [plantasche] die *franz.*, die Plantagen: größere Anpflanzung, z. B. Erdbeerplantage, Kaffeeplantage

Plan(t)sch|be|cken das; **plan(t)|schen** du plan(t)schst in der Badewanne

plap|pern er plappert

plär|ren *ugs.* unangenehm laut reden oder weinen; ein plärrendes Kind

Plä|sier das *franz.*: Spaß, Vergnügen

Plas|ma das *griech.*, des Plasmas, die Plasmen: 1. flüssiger Bestandteil des Blutes, Zellbestandteil 2. leuchtendes, elektrisch leitendes Gasgemisch

Plas|tik die *griech.*, die Plastiken: Skulptur; eine moderne Plastik; **plas|tisch** eine plastische (bildhafte) Schilderung, eine plastische (formbare) Masse

Plas|tik das *engl./amerik.*: Kunststoff; eine Schüssel aus Plastik

Plas|ti|lin das / **Plas|ti|li|na** die: Modelliermasse

Pla|ta|ne die *griech.*, die Platanen: Laubbaum

Pla|teau [plato] das *franz.*, des/die Plateaus: Hochebene, ebene Gebirgsfläche

Pla|tin das *span.*: chemisches Element, Edelmetall; *Zeichen* Pt; **Pla|tin|hoch|zeit** die: 70. Hochzeitstag

plät|schern der plätschernde Bach, das Gespräch plätschert so dahin (ist oberflächlich)

platt am platt(e)sten; **Platt** das: das Plattdeutsche, Niederdeutsche; **platt|deutsch**

niederdeutsch; sie sprach plattdeutschen Dialekt, sie spricht plattdeutsch/Plattdeutsch (→ deutsch); **Plat|te** die: 1. flacher Gegenstand aus verschiedensten Materialien (Schallplatte, Steinplatte) 2. eine kalte Platte (Teller mit Käse und Wurst); **plät|ten** Hemden plätten (bügeln); **Platt|fuß** der; **Platt|heit** die

Platz der, die Plätze: für jemanden Platz machen, fehl am Platz sein (unpassend); **Plätz|chen** das: ein ruhiges Plätzchen suchen, sie hatte Appetit auf Plätzchen (Kekse); **plat|zie|ren** sie wurde in der letzten Reihe platziert (aufgestellt); **Plat|zie|rung** die: das Rennpferd hatte eine schlechte Platzierung (erreichte einen schlechten Platz); **Platz|kar|te** die: Platzreservierung, z. B. in der Eisenbahn; **Platz|kon|zert** das: Musik im Freien, auf einem Platz; **Platz spa|rend / platz|sparend**

plat|zen die Verlobung platzte (wurde plötzlich aufgelöst); ihr platzte der Kragen (sie wurde wütend); **Platz|re|gen** der

Plau|de|rei die; **Plau|de|rer** der: anregender Erzähler; **plau|dern**

Plausch der: gemütliche Unterhaltung; **plau|schen**

plau|si|bel lat.: ihre Entschuldigung klang plausibel (begreiflich, einleuchtend, stichhaltig); **Plau|si|bi|li|tät** die

Play|back / Play-back [pläibäck] das engl., die Playbacks: gesondert hergestellte Tonaufnahme, die während einer Film- oder Fernsehaufnahme über Lautsprecher eingespielt wird; **Play|back|ver|fah|ren/Play-back-Ver|fah|ren** das

plei|te hebr.: er wird bald pleite sein (zahlungsunfähig werden); **Plei|te** die: der Film war eine Pleite (ein Misserfolg), das Geschäft hat Pleite gemacht (ist zahlungsunfähig); **plei|te|ge|hen** (→ gehen): er ist kurz davor, pleitezugehen

Ple|nar|sit|zung die: Sitzung mit allen Mitgliedern; **Ple|num** das lat.: Vollversammlung, z. B. des Bundestages

Pleu|el der: (techn.) ein Verbindungsstück, das die Bewegung des Kolbens auf die Kurbelwelle überträgt; **Pleu|el|stan|ge** die

Ple|xi|glas das: glasartiger Kunststoff

Plis|see das franz.: in schmale Falten gelegter Stoff; **Plis|see|rock** der; **plis|sie|ren**

Plom|be die franz.: Metallsiegel, Zahnfüllung; **plom|bie|ren** der Stromzähler wurde neu plombiert

plötz|lich ein plötzlicher Schmerz

Plu|der|ho|se die: weite, bauschige Hose; **plu|de|rig / plud|rig** bauschig

plump am plump(e)sten: plumpe Vertraulichkeit, eine plumpe Falle; **Plumpheit** die: Ungeschicklichkeit, Derbheit; **plump|ver|trau|lich / plump-ver|trau|lich**

plump|sen ein plumpsendes Geräusch

Plun|der der: 1. unnützes, wertloses Zeug 2. Gebäck

plün|dern eine plündernde Horde zog durch die Stadt; **Plün|de|rer** der/die; **Plün|de|rin** die; **Plün|de|rung** die; **Plünd|rer** der/die; **Plünd|re|rin** die

Plu|ral der lat. ▶ Singular

Plu|ra|lis|mus der lat.: das Nebeneinander verschiedener gleichberechtigter sozialer Gruppen und Weltanschauungen; **plu|ra|lis|tisch** eine pluralistisch aufgebaute Gesellschaft; **Plu|ra|li|tät** die: vielfältiges Vorhandensein, Nebeneinanderbestehen

plus lat.: der Betrag plus (zuzüglich) Zinsen, die Temperatur ist sechs Grad plus (+6° C); Ggs. minus; **Plus** das: ein Plus (Gewinn) machen, ihr größtes Plus (ihr Vorteil) ist ihre Ausdauer; **Plus|pol** der: positiv geladener Pol; **Plus|zei|chen** das

Plüsch der franz.: samtähnlicher Stoff; **Plüsch|au|gen** die: ugs. große, verträumte Augen; **Plüsch|bär** der

Plus|quam|per|fekt das lat. ▶ Tempus

Pluto der *griech.*: 1. griech. Gott der Unterwelt, aber auch des Reichtums und des Überflusses 2. Planet in unserem Sonnensystem

Plutonium das *griech.*: radioaktives chemisches Element, ein Schwermetall; *Zeichen* Pu

pneumatisch *griech.*: 1. *(techn.)* mit Druckluft arbeitend; pneumatische Bremsen 2. *(biol.)* mit Luft gefüllt

Po der: 1. ital. Fluss 2. *Kurzw. für* Popo

Pöbel der *franz.*: gewalttätige Gruppe von Menschen; **pöbelhaft** beleidigend, roh

pochen ihr Herz pochte (klopfte) vor Angst, auf seine Forderungen pochen (darauf bestehen)

Pocken die: gefährliche Infektionskrankheit, Blattern; **pockennarbig; Pockenschutzimpfung** die

Podest das *griech.*, des Podest(e)s, die Podeste: erhöhtes kleines Podium, Treppenabsatz

Podium das *griech.*, die Podien: erhöhte hölzerne Plattform; **Podiumsdiskussion** die: Diskussion von Spezialisten auf einem Podium vor Zuhörern

Poesie die *griech.*: Dichtung, Dichtkunst; **Poesiealbum** das; **Poet** der: Dichter; **Poetik** die: Lehre von der Dichtkunst; **Poetin** die; **poetisch** am poetischsten

Pogrom *oder* Pogrom der/das *russ.*, des Pogroms, die Pogrome: Hetze oder Ausschreitungen gegen religiöse, ethnische oder nationale Minderheiten, z. B. das Judenpogrom der Nazis vom 9. November 1938

Pointe [poãte] die *franz.*, die Pointen: Man hat einen wirklich guten → Witz gehört und erzählt ihn seinen Freunden weiter. In der Vorfreude auf den Augenblick, in dem alles lachen muss, verliert man den Faden. Und gerade an der entscheidenden Stelle des Witzes – hat man die treffende Formulierung prompt vergessen. Der Witz zündet nicht.

Dieser „springende Punkt", bei dem es eben auf jedes Wörtchen ankommt, ist die Pointe. (Wer Englisch oder Französisch kann, weiß, dass „point" der „Punkt" heißt.) Die Pointe ist gewissermaßen das „Tüpfelchen auf dem i", der überraschende Schluss, der einer Formulierung erst zu ihrer treffenden Wirkung verhilft. Je weniger man eine bestimmte Pointe erwartet, desto besser „sitzt" sie; denn um es pointiert zu sagen: Man soll den Witz nicht vor der Pointe loben.

Pokal der *griech.*, die Pokale: Trinkgefäß, Siegespreis

Pökelfleisch das: eingesalzenes Fleisch; **pökeln**

Poker das *amerik.*: Kartenglücksspiel; **pokern** sie pokerten die ganze Nacht

Pol der *griech.*: Dreh-, Mittel- oder Zielpunkt, z. B. Nord- und Südpol; sie war der ruhende Pol der Gruppe; **polar** Nord- und Südpol betreffend; entgegengesetzt wirkend; **Polarexpedition** die: Expedition in die Polargebiete; **polarisieren** sich immer mehr zu Gegensätzen entwickeln; **Polarkreis** der: Breitenkreis, der die Polarzone von der gemäßigten Zone trennt

Polder der: eingedeichtes Land

Pole der, die Polen; **Polen; Polin** die, die Polinnen; **polnisch**

Polemik die *griech.*, die Polemiken: scharfer, meist persönlicher Angriff, unsachliche Kritik; **polemisch** am polemischsten: feindselig, unsachlich; **polemisieren** unsachlich argumentieren

Police [poliße] die *franz.*, die Policen: Versicherungsurkunde

Polier der *franz.*, die Poliere: Aufsicht führender Vorarbeiter auf dem Bau

polieren *lat.*: er polierte seine Brillengläser; **Politur** die, die Polituren: Glanzschicht, Poliermittel

Poliklinik die: Krankenhaus mit einer Abteilung für ambulante Behandlung

Politesse die *franz.*, die Politessen: Hilfspolizistin

Politik die *griech.*: Führung eines Staates, Staatskunst, berechnendes Verhalten, Taktik; **Politiker** der; **Politikerin** die; **Politikum** das: Ereignis von politischer Bedeutung; **politisch; politisieren** über Politik reden, jemanden zu politischer Aktivität bringen

Po|li|zei die *griech.*; **Po|li|zei|es|kor|te** die: Geleit von Polizisten; **po|li|zei|lich**; **Po|li|zist** der; **Poli|zis|tin** die
Pol|ka die *tschech.*, die Polkas: lebhafter Rundtanz im $^2/_4$-Takt
Pol|len der *lat.*: Blütenstaub
Pol|lu|ti|on die *lat.*: Samenerguss im Schlaf
Po|lo das *engl.*: Stockballspiel zu Pferd
Po|lo|nä|se / Po|lo|nai|se die *franz.*: ursprünglich polnischer Tanz, bei dem die Paare hintereinanderschreiten
Pols|ter das/der; **Pols|te|rer** der: Handwerker; **pols|tern**; **Pols|te|rung** die
Pol|ter|abend der: Vorabend einer Hochzeit; **pol|tern** lärmen
Po|ly|es|ter der: *(chem.)* Rohstoff aus Säuren und Alkoholen zur Herstellung von Lacken oder Kunstfasern
Po|ly|ne|si|en Inselwelt im Pazifik; **Po|ly|ne|si|er** der, die Polynesier, **Po|ly|ne|si|e|rin** die, die Polynesierinnen, **po|ly|ne|sisch**
Po|lyp der *griech.*: 1. festsitzendes Nesseltier 2. *fälschlich für* Krake 3. gutartige Geschwulst in der Nase

po|ly|fon / po|ly|phon mehrstimmig; **po|ly|tech|nisch** mehrere Zweige der Technik umfassend
Po|ma|de die *franz.*: Salbe, z. B. Lippen- oder Haarpomade; **po|ma|dig** 1. fettig, 2. blasiert, anmaßend; sein pomadiges Gehabe 3. gemächlich, träge
Po|me|ran|ze die *lat.*, die Pomeranzen: 1. Zitrusfrucht 2. Spitze des Billard- oder Snookerstocks
Pommes frites [pom frit] die *franz.*: in Öl gebackene Kartoffelstäbchen
Pomp der *franz.*, des Pomps: mit gewaltigem Pomp (übertriebenem Aufwand, Prunk); **pom|pös** am pompösesten: aufwendig, prunkvoll

Pon|cho [pontscho] der *indian.*, die Ponchos: ärmelloser Umhang

Pond das *lat.*: alte physikalische Krafteinheit, *Abk.* p
Pon|ti|fex der *lat.*: Oberpriester im antiken Rom; **Pon|ti|fex ma|xi|mus** der: Titel des Papstes; **pon|ti|fi|kal** bischöflich; **Pon|ti|fi|kal|amt** das: von einem Bischof gehaltene Messe; **Pon|ti|fi|kat** das: Amtsdauer des Papstes oder eines Bischofs
Pon|ton [põtõ] der *franz.*, die Pontons: Kahn, Schwimmkörper für den Bau von Behelfsbrücken; **Pon|ton|brü|cke** die: von Pontons getragene Brücke
Po|ny das *engl.*, des/die Ponys: kleine Pferderasse; **Po|ny** der: Frisur, in die Stirn gekämmtes Haar
Pool [pul] der *engl.*: 1. Kurzwort für Swimmingpool 2. Interessengemeinschaft von Firmen oder Personen zur Verteilung von Gewinnen aus einem gemeinsamen Fonds; **Pool|bil|lard** [pulbiljart] das: eine Form des Billardspiels
Po|panz der *tschech.*, die Popanze: ausgestopfte Puppe, Schreckgestalt, Vogelscheuche, unselbstständiger, von anderen abhängiger, willenloser Mensch
Pop-Art die: moderne Kunstrichtung; **Pop|fes|ti|val** [-festiwäl] das; **Pop|mu|sik** die; **pop|pig** in vielen grellen Farben, auffallend; **Pop|sän|ger** der; **Pop|sän|ge|rin** die; **Pop|star** der; **Pop|sze|ne** die
Pop|corn das *engl.*: „Puffmais", bis zum Aufplatzen gerösteter Mais
Po|pe|lin / Po|pe|li|ne der/die *franz.*: festes Baumwollgewebe
po|pu|lär *lat.*: für jeden verständlich, volksnah, beliebt; ein populärer Schlager; **Po|pu|la|ri|tät** die
Po|re die *griech.*, die Poren: er schwitzte aus allen Poren (feinen Hautöffnun-

gen); **po|rig** löchrig; **po|rös** schwammartig, durchlässig

Por|no der: *Kurzwort für* Pornofilm; **Por|no|gra|fie** / **Por|no|gra|phie** die *franz.*: sprachliche oder bildliche Darstellung des Geschlechtsakts mit einseitig sexueller Betonung; **por|no|gra|fisch** / **por|no|gra|phisch**

Por|ree der *franz.*, die Porrees: Gemüselauch

Por|tal das *lat.*, die Portale: großer, prächtiger Eingang; das Portal der Kirche

Por|ti|er [portje] der *franz.*, die Portiers: Pförtner, Hauswart

Por|ti|on die *lat.*, die Portionen: eine Portion Fleisch; **por|ti|ons|wei|se**

Port|mo|nee / **Por|te|mon|naie** [portmone] das *franz.*, die Portmonees / Portemonnaies: Geldbörse

Por|to das *ital.*, die Portos / Porti: der Brief kostet 55 Cent Porto

Port|rät [porträ] *oder* **Por|trät** das *franz.*, des/die Porträts: Bildnis eines Menschen; **Por|trät|fo|to|gra|fie** die; **por|trä|tie|ren** *oder* porträtieren: sie ließ sich porträtieren; **Por|trä|tist** *oder* Por|trä|tist der, die Porträtisten: Künstler, der Porträts malt; **Por|trä|tis|tin** die

Por|tu|gal; **Por|tu|gie|se** der, die Portugiesen; **Por|tu|gie|sin** die, die Portugiesinnen; **por|tu|gie|sisch**

Port|wein der: portugiesischer Süßwein

Por|zel|lan das *ital.*, die Porzellane: feine, weiße Tonware, Geschirr; **por|zel|la|nen** aus Porzellan; **Por|zel|lan|er|de** die; **Por|zel|lan|ma|nu|fak|tur** die

Po|sau|ne die *franz.*: Blechblasinstrument; **po|sau|nen** Posaune blasen, etwas lautstark verkünden; **Po|sau|nist** der; **Po|sau|nis|tin** die

Po|se die *griech.*, die Posen: künstlerische oder gekünstelte Haltung, Stellung; eine anmutige Pose, bei ihm ist alles Pose; **po|sie|ren**

Po|si|ti|on die *lat.*, die Positionen: Stellung, Lage, Posten, Situation; sie hatte eine leitende Position, die Position des Flugzeugs bestimmen; **po|si|ti|o|nell**

po|si|tiv *lat.*: eine positive (bejahende) Einstellung, die Entwicklung ist positiv (günstig, gut), ein positives (konkretes) Ergebnis, ich weiß das positiv (sicher, bestimmt); *Ggs.* negativ; **Po|si|tiv** das: aus einem Negativ gewonnenes Lichtbild

Po|si|tiv der *lat.* ▶ Steigerung

Po|si|tur die *lat.*, die Posituren: bewusste Körperhaltung; er warf sich in Positur

Pos|se die *franz.*, die Possen: volkstümliches, derb-lustiges Theaterstück; **pos|sen|haft**; **Pos|sen|rei|ßer** der: Hanswurst, Spaßmacher; **pos|sier|lich** ein possierliches (drolliges) Kätzchen

Pos|ses|siv|pro|no|men das ▶ Pronomen

Post die *ital.*; **pos|ta|lisch** auf postalischem Wege (durch die Post); **Post|bo|te** der; **Post|bo|tin** die; **post|la|gernd** ich schreibe postlagernd; **Post|leit|zahl** die, *Abk.* PLZ; **post|wen|dend** sofort, unmittelbar danach; **Post|wert|zei|chen** das: Briefmarke

Pos|ten der *lat./ital.*: er blieb auf seinem Posten, sie hat einen gut bezahlten Posten, einzelne Posten (Beträge) zusammenzählen, nicht ganz auf dem Posten (nicht gesund) sein, auf verlorenem Posten stehen (keine Aussicht auf Erfolg haben); **pos|tie|ren** er hatte sich an der Ecke postiert (aufgestellt)

Pos|ter das/der *engl.*, die Poster: großes Plakat

post|hum / **pos|tum** *lat.*: nach dem Tode; der Dichter wurde posthum geehrt

Pos|til|li|on [poßtiljon] der *ital.*, die Postillione: 1. früher Fahrer einer Postkutsche 2. Schmetterlingsart

Post|mo|der|ne die: Stilrichtung der modernen Architektur, die u. a. die streng geometrische, rein funktionale Bauweise ablehnt und frühere Baustile miteinander mischt

Post|skript / **Post|skrip|tum** das *lat.*: Nachsatz, Nachschrift unter einem Brief, *Abk.* PS; PS: Ich komme am Donnerstag.

po|tent *lat.:* 1. zeugungsfähig 2. mächtig, stark, einflussreich, vermögend; ein potenter Mann, ein potenter (vermögender) Geldgeber; **Po|ten|zi|al / Po|ten|ti|al** das, die Potenziale / Potentiale: 1. Leistungsfähigkeit 2. *phys.* Maß für die Stärke eines Kraftfeldes; **po|ten|zi|ell / po|ten|ti|ell** *franz.*: denkbar, eventuell zukünftig: potenzielle (mögliche) Gefahren erkennen, ein potenzieller (zukünftiger) Käufer, mit potenzieller Energie; **Po|tenz** die *lat.:* 1. Zeugungsfähigkeit, Macht, Kraft 2. *math.:* Produkt mehrerer gleichartiger Faktoren; **po|ten|zie|ren** 1. steigern, erhöhen, verstärken; mit Alkohol potenziert sich die Wirkung des Medikaments gefährlich 2. *math.* eine Zahl in die Potenz erheben, d. h. mehrfach mit sich selbst multiplizieren, z. B. $10^3 = 10 \cdot 10 \cdot 10$

Pot|pour|ri [pọtpuri] das *span.-franz.*, des/die Potpourris: Gemisch, Zusammenstellung, buntes Allerlei; ein Potpourri von beliebten Operettenmelodien

Pott der *niederl.*, des Pott(e)s, die Pötte: 1. Trinkbecher, Topf; ein Pott heißer Tee 2. Nachttopf; komm endlich zu Potte (*ugs.* werde endlich fertig)

Pott|asche die: Salz aus Pflanzenasche (Kaliumkarbonat)

potz Blitz!; potz|tau|send! Ausrufe der Überraschung

Pou|lard das / **Pou|lar|de** die *franz.*, die Poularden: junges Masthuhn / -hähnchen

Po|wer [pauer] die *engl.*: Kraft, Stärke, Leistung, Wucht, Ausdauer; ein Lautsprecher mit viel Power, er zeigt Power in seiner Arbeit; **po|wern** [pauern]: die Basketballmannschaft powerte gegen Ende des Spiels (setzte sich nochmals voll ein); **Po|wer|play** das

pp *Abk. für* pianissimo (sehr leise)

pp. *Abk. für* perge, perge *lat.*: fahre fort, und so weiter

Prä|am|bel die *lat.*, die Präambeln: Einleitung, Vorspiel

Pracht die; **Pracht|ex|emp|lar** das; **prächtig; Pracht|stück** das; **pracht|voll**

prä|des|ti|nie|ren vorherbestimmen; er ist zum Klassensprecher prädestiniert (besonders geeignet)

Prä|di|kat das *lat.*, die Prädikate: die Satzaussage. Das Prädikat enthält die entscheidende Aussage eines Satzes: Was macht das → Subjekt, was machte es, was wurde mit ihm gemacht, wie ist es? „Wir wünschen uns eine Mondrakete." – „Das Auto wurde repariert." – „Das Wetter ist schön." Diese Sätze zeigen auch, dass das Prädikat sich nach dem Subjekt richtet (wir = 1. Person Plural: wünschen) und dass es oft ein (manchmal auch mehr als ein) → Objekt bei sich hat: „eine Mondrakete". Was aber ist „schön"? Eine solche Ergänzung, Substantiv oder Adjektiv, bei den Verben „sein", „werden" und „bleiben" ist Teil des Prädikats und heißt *Prädikatsnomen*: „Sie war / wurde / blieb ruhig" (… blieb meine Freundin). In einigen Wendungen gibt es auch noch einen Genitiv: „Er war des Teufels, sonst aber guter Laune."

So wichtig das Prädikat auch ist, es kann auch fehlen, zumindest ein Teil, den man aber leicht ergänzen kann, z. B. in Sprichwörtern: „Mitgegangen – mitgefangen." (Da fehlt sogar das Subjekt!) Um ehrlich zu sein: Es fehlt natürlich nicht das Prädikat, sondern nur das Hilfsverb (ist oder wird), die eigentliche Aussage steckt im andern Teil des Prädikats, hier im Partizip II.

Prä|fekt der *lat.*, die Präfekten: oberster Verwaltungsbeamter in Frankreich, leitender katholischer Geistlicher; **Prä|fek|tur** die: Amt, Amtsbezirk, Amtsräume eines Präfekten

Prä|fe|renz die *lat.*, die Präferenzen: Vorrang, Vorzug, Vorliebe

prä|gen das Erlebnis prägte (beeindruckte, formte) sie; **Prä|gung** die: die Prägung auf einer Münze, ein Land westlicher Prägung (Art)

Prag|ma|ti|ker der *griech.*: jemand, der praktisch, sachbezogen und nüchtern denkt und handelt; **Prag|ma|ti|ke|rin** die; **prag|ma|tisch**; **Prag|ma|tis|mus** der: philosophische Lehre, die das Handeln und Denken nur nach dem praktischen Nutzen bewertet

präg|nant *oder* prä|gnant *lat.*, am prägnantesten: er schrieb prägnante (knappe, treffende) Sätze; **Präg|nanz** *oder* Prä|gnanz die

prah|len sie prahlte mit ihren Kenntnissen; **Prah|le|rei** die; **prah|le|risch**

Prak|tik die *griech.*, die Praktiken: Verfahrensweise, Handhabung; gewissenlose Praktiken; **prak|ti|ka|bel** ein praktikabler (brauchbarer, durchführbarer) Plan; **Prak|ti|kant** der: jemand, der ein Praktikum macht; **Prak|ti|kan|tin** die; **Prak|ti|ker** der: Mensch mit praktischer Erfahrung und Arbeitsweise; **Prak|ti|kum** das, die Praktika: praktische Arbeit während einer beruflichen Ausbildung; **prak|tisch** am praktischsten: sie kann praktisch (so gut wie) alles, er ist praktisch (zweckmäßig, nützlich) eingerichtet; **prak|ti|zie|ren** er praktizierte (arbeitete) als Kinderarzt, ein Verfahren praktizieren (in die Tat umsetzen)

Prä|lat der *lat.*, die Prälaten: hoher Geistlicher

Pra|li|ne die / **Pra|li|nee** das *franz.*: Schokoladenkonfekt mit Füllung; **Pra|li|nen|schach|tel** die

prall am prallsten: ein pralles (fest ausgefülltes) Kissen, in der prallen (vollen) Sonne sitzen; **prall|len** das Auto prallte gegen den Baum; **prall|voll** der Raum war prallvoll (bis auf den letzten Platz gefüllt)

Prä|lu|di|um das *lat.*, des Präludiums, die Präludien: musikalisches Vorspiel

Prä|mie die *lat.*, die Prämien: 1. zusätzliche Vergütung oder Gewinnausschüttung 2. Versicherungsbeitrag 3. Belohnung; **prä|mie|ren** ein prämierter (mit einem Preis ausgezeichneter) Film; **Prämie|rung** die

Prä|mis|se die *lat.*, die Prämissen: Voraussetzung, erster Satz eines logischen Schlusses, Grundgedanke eines Plans oder Vorhabens

pran|gen über der Tür prangte eine Leuchtreklame (war in auffälliger Weise angebracht)

Pran|ger der: mittelalterlicher Schandpfahl; jemanden an den Pranger stellen (öffentlich bloßstellen)

Pran|ke die: Pfote großer Raubtiere

Präposition

Prä|pa|rat das *lat.*, die Präparate: etwas künstlich Hergestelltes, z.B. ein Arzneimittel, ein ausgestopftes Tier; **Prä|pa|ra|tor** der: Tierausstopfer, Hersteller von naturwissenschaftlichen Präparaten; **Prä|pa|ra|to|rin** die; **prä|pa|rie|ren** sie war für die Prüfung schlecht präpariert (vorbereitet), eine Pflanze präparieren (haltbar machen)

Prä|po|si|ti|on die *lat.*, die Präpositionen: das Verhältniswort. „Er kam mit seinem Hund trotz des Regens zu uns in den Garten." Wir sehen: Mit Hilfe der Präpositionen ordnet man Wörter in den Satz ein, in unserem Beispielsatz sind es Adverbiale. Es gibt auch Präpositionalobjekte: „Ich hoffe *auf Erfolg*." – „Er denkt *an ihren Geburtstag*." Auch einige Adjektive verlangen eine nähere Angabe mit einer Präposition: „Ich bin dir dankbar *für* deine Hilfe." – „Er ist *an* dieser Sache nicht interessiert." Präpositionen stehen meist vor dem Nomen (*zu dir, bei der Tante*) manche auch nach dem Nomen („*Dir zuliebe* bleibe ich"). Meist ist der Fall festgelegt.
Genitiv: statt eines Briefes, während des Unterrichts, wegen des Wetterumschlags;
Dativ: mit Geld, von dir, zu niemandem;
Akkusativ: durch den Wald, gegen seinen Willen.
Bei einigen Präpositionen finden wir Dativ oder Akkusativ. Auf die Frage „wo?" steht der Dativ, auf die Frage „wohin?" der Akkusativ: „Ein Männlein steht (wo?) im Walde." – „Hänsel und Gretel gehen (wohin?) in den Wald." Ähnlich ist es mit „über", „zwischen", „vor", „neben" und „unter".
Manche Präpositionen kommen zusammen mit anderen oder mit Adverbien vor, meist wegen der größeren Genauigkeit: „Er ging um den Baum herum, dann am Fluss entlang bis zu seiner Hütte." Da Präpositionen sehr häufig vorkommen, sind sie manchmal gleich mit dem Artikel verschmolzen: ins Haus, im Wasser, unters Dach.

Präpositionalobjekt

Allerdings gibt es auch die Formen in das Haus, in dem Wasser, unter das Dach. Wann verwendet man sie? Man löst die Verbindung von Artikel und Präposition immer dann auf, wenn der Artikel eine leicht hinweisende Aufgabe hat: „Er ging in das große Haus (nicht in das kleine)", und wenn ein Relativsatz folgt: „Er ging in das Haus, das neben der Straße stand."

Prä|po|si|ti|o|nal|ob|jekt das ▶ Objekt

Prä|rie die *franz.*, die Prärien: Grassteppe im nordamerik. Mittelwesten; **Prärie|hund** der: Nagetier

Prä|sens das *lat.* ▶ Tempus

prä|sẹnt *lat.*: sie war immer präsent (anwesend, gegenwärtig); **Präsẹnt** das *franz.*, die Präsente: kleines Geschenk; **Prä|sen|ta|ti|on** die: öffentliche Vorstellung; **prä|sen|tie|ren** anbieten, überreichen; jemandem eine Rechnung präsentieren (vorlegen); **Prä|sẹnz** die: Anwesenheit; **Prä|sẹnz|pflicht** die

Prä|ser|va|tiv das *franz.*, des Präservativs, die Präservative: Gummiüberzug für den Penis zur Empfängnisverhütung oder zum Schutz vor Geschlechtskrankheiten und Aids, Kondom

Prä|ses der *lat.*, des Präses, die Präsides/Präsiden: Vorsitzender einer kirchlichen Institution; **Prä|si|dẹnt** der, die Präsidenten: Oberhaupt, Leiter, Vorsitzender; **Prä|si|dẹn|tin** die; **Prä|si|dẹnt|schaft** die; **prä|si|di|al** vom Präsidenten oder vom Präsidium ausgehend; **prä|si|die|ren** den Vorsitz haben; **Prä|si|di|um** das, die Präsidien: Vorsitz, Amtsgebäude

pras|seln ein Feuer prasselt im Kamin

pras|sen du prasst (lebst verschwenderisch); sein Geld verprassen; **Pras|se|rei** die

Prä|te|ri|tum das *lat.* ▶ Tempus

prä|ven|tiv *franz.*: verhütend, vorbeugend; präventive Maßnahmen zur Verbrechensbekämpfung

Pra|xis die *griech.*, die Praxen: praktische Anwendung, Tätigkeit, Berufserfahrung, Tätigkeitsbereich, Arbeitsraum, z. B. eines Arztes oder Anwalts; etwas in die Praxis umsetzen; **pra|xis|be|zo|gen** eine praxisbezogene Ausbildung; **pra|xis|fern**; **Pra|xis|ge|bühr** die: Betrag, der beim ersten Arztbesuch im Vierteljahr direkt in der Arztpraxis bezahlt werden muss; **pra|xis|nah**; **pra|xis|ori|en|tiert**

Prä|ze|dẹnz|fall der *lat.*, die Präzedenzfälle: beispielhafter Fall

prä|zis / prä|zi|se *lat.*, am präzisesten: eine präzise (genaue, klare) Auskunft geben; **prä|zi|sie|ren** sie präzisierte ihre Begründung (formulierte sie klarer); **Prä|zi|si|on** die: die Uhr läuft mit äußerster Präzision (Genauigkeit)

pre|di|gen *lat.*; **Pre|di|ger** der; **Pre|di|ge|rin** die; **Pre|digt** die; **Pre|digt|text** der: die der Predigt zugrunde liegende Bibelstelle

Preis der *franz.*, des Preises, die Preise: er wollte die Wohnung um jeden Preis (unbedingt), 10 000 Euro sind als Preise (Gewinne) ausgesetzt, sie erhielt den Preis (die Belohnung für ihren Sieg im Wettbewerb), der Preis (z. B. Kulturpreis) der Stadt München, Gott dem Herrn sei Preis (Lob) und Dank!; **Preis|auf|trieb** der: steigende Preise; **Preis|aus|schrei|ben** das; **Preis|bil|dung** die; **Preis|dif|fe|renz** die; **prei|sen** du preist, er pries, gepriesen, sie priese; **preis|ge|krönt** ein preisgekrönter Entwurf; **preis|lich** den Preis betreffend, im Preis; **Preis|nach|lass** der; **Preis|stopp** der: amtliche Festsetzung bestimmter Preise; **preis|wert** am preiswertesten; **preis|wür|dig** lobenswert

Prei|sel|bee|re die: Waldstrauch mit essbaren Beeren

Preis|ga|be die: Aufgabe, Verzicht, Offenlegung; **preis|ge|ben** jemanden dem Elend preisgeben (überlassen, ausliefern), seine Ideale preisgeben (aufgeben), ein Geheimnis preisgeben (verraten)

pre|kär *franz.*: du bringst mich in eine prekäre (schwierige, peinliche) Lage

prel|len er wurde um seine Belohnung geprellt (betrogen), sich an der Schulter prellen (sich heftig stoßen); **Prell|ung** die

Pre|mi|e|re [premjere] die: Ur- oder Erstaufführung eines Bühnenstücks, Films oder Musikwerks

pre|schen du preschst (eilst, jagst) nach Hause

Pres|se die: 1. Maschine zum Drucken, Formen oder Auspressen 2. Gesamtheit der Zeitungen und Zeitschriften, deren Mitarbeiter und Einrichtungen; er ist von der Presse (Journalist), sie bekam eine gute Presse (Kritik): **Pres|se|be|richt|er|stat|ter** der; **Pres|se|frei|heit** die; **Pres|se|kom|men|tar** der; **pres|sen** er sprach mit gepresster Stimme; **Press|holz** das

pres|sie|ren *franz.*: es pressiert (eilt)

Pres|ti|ge [prestisch] das *franz.*, des Prestiges: es ging um ihr Prestige (Ansehen, Geltung); **Pres|ti|ge|ver|lust** der

Preu|ße der; **Preu|ßin** die; **preu|ßisch** er war preußisch streng

pri|ckeln ein prickelnder (leicht erregender) Reiz

Priel der, die Priele: Wasserrinne im Wattenmeer

Priem der *niederl.*, des Priem(e)s, die Prieme: Kautabak

Pries|ter der *griech.*; **Pries|te|rin** die; **pries|ter|lich**; **Pries|ter|se|mi|nar** das; **Pries|ter|tum** das; **Pries|ter|wei|he** die

pri|ma *lat.*: das machst du prima (ausgezeichnet), prima (erstklassige) Ware; **Pri|ma|bal|le|ri|na** die: erste Tänzerin eines Balletts; **Pri|ma|don|na** die: Sängerin der Hauptpartie einer Oper, empfindlicher Mensch, der ständig besonders zuvorkommend behandelt werden möchte; **Pri|ma|ner** der; **Pri|ma|ne|rin** die; **pri|mär** ursprünglich, vorrangig, wesentlich; es ist von primärer Bedeutung; *Ggs.* sekundär; **Pri|mus** der: Klassenbester; **Prim|zahl** die: Zahl, die nur durch 1 und sich selbst teilbar ist

Pri|mat der/das *lat.*, des Primat(e)s, die Primate: Erstgeburtsrecht, Vorrang

Pri|ma|ten die *lat.*: Menschenartige, Affen und Halbaffen

Pri|mel die *lat.*, die Primeln: Frühlingsblume

pri|mi|tiv *lat.*, eine primitive (armselige, behelfsmäßige) Behausung, mit primitiven (einfachen) Mitteln; **Pri|mi|ti|vi|tät** die

Pri|miz die *lat.*: erste, meist sehr feierliche Messe eines Priesters nach seiner Priesterweihe; **Pri|miz|fei|er** die

Prin|te die *niederl.*: Lebkuchenart

Prin|ter der *engl.*, des Printers: Drucker oder automatisches Kopiergerät

Prinz der *franz.*, des/die Prinzen; **Prin|zess|chen** das; **Prin|zes|sin** die; **Prinz|ge|mahl** der; **Prinz|re|gent** der

Prin|zip das *lat.*, die Prinzipien: Grundsatz, Regel, Gesetzmäßigkeit; **prin|zi|pi|ell** ich tue das prinzipiell (grundsätzlich) nicht, es lief prinzipiell (immer, stets) schief; **Prin|zi|pi|en|rei|te|rei** die: stures, kleinliches Festhalten an bestimmten Prinzipien

Pri|or der *lat.*, die Prioren: Klostervorsteher; **Pri|o|ri|tät** die: Vorrang, Erst-, Vorzugsrecht, Rangfolge

Pri|se die *franz.*: 1. kleine Menge, z.B. eine Prise Zucker 2. im Krieg erbeutetes Handelsschiff oder beschlagnahmte Schiffsladung

Pris|ma das *griech.*, die Prismen: geometrischer Körper, Glaskörper zur Zerlegung von Licht; **pris|ma|tisch**; **pris|men|för|mig**

Prit|sche die: einfache Holzliege, Ladefläche eines Lastautos

pri|vat *lat.*: ein privates (persönliches) Vergnügen, ein privater (außerdienstlicher) Telefonanschluss, ein privates (nicht öffentliches) Grundstück; **Pri|vat|bank** die; **Pri|vat|ein|la|ge** die; **Pri|vat|mann** der, die Privatleute

Pri|vi|leg das *lat.*, die Privilegien: Sonderrecht, Vorrecht, Sonderstellung; ein staatliches Privileg; **pri|vi|le|gie|ren** sie hatte eine privilegierte Stellung

pro *lat.*: jeweils, je; zehn Euro pro Kopf ausgeben, pro Monat und Jahr; *aber:* das Pro und Kontra (Für und Wider) einer Sache; **pro an|no** jährlich, auf das Jahr; *Abk.* p. a.; **pro do|mo** zum eigenen Nutzen, in eigener Sache; **pro for|ma** der Form halber, nur zum Schein; etwas

Pro-Kopf-Verbrauch

pro forma ankündigen; **Pro-Kopf-Verbrauch** der; **pro mil̇le** pro tausend, fürs Tausend; *Abk.* p. m.; *Zeichen* ‰; **Pro|mil̇le** das: Tausendstel; er wurde mit 1,5 Promille (Blutalkohol) erwischt

pro|bat *lat.*: erprobt, bewährt; wirksam

Pro|be die *lat.*: jemanden auf die Probe stellen (prüfen, testen), jemanden auf Probe (versuchsweise) anstellen; **pro·be|hal|ber; pro|ben** sie probten für die Aufführung; **pro|biė|ren** versuchen, probier (koste) mal die Soße

Prob|leṁ *oder* Pro|bleṁ das *griech.*, die Probleme: ein neues Problem tauchte auf, kein Problem!; **Prob|le|ma|tik** *oder* Pro|ble|ma|tik die: Gesamtheit von Problemen; **prob|le|ma|tisch** *oder* pro|ble·ma|tisch; **prob|le|ma|ti|siė|ren** *oder* pro·ble|ma|ti|siė|ren: Probleme erkennen, darstellen und diskutieren

Pro|dụkt das *lat.*, des Produkt(e)s, die Produkte: ein maschinelles Produkt (Erzeugnis), er ist ein Produkt (Ergebnis) seiner Erziehung; **Pro|duk|ti|on̄** die: die Herstellung und Gesamtheit von Produkten; **pro|duk|tiv̄** ergiebig, leistungsstark, schöpferisch; **Pro|duk|ti|vi̇·tät** die; **Pro|du|zẹnt** der: ein Autoproduzent, er ist der Produzent des Films; **Pro|du|zẹn|tin** die; **pro|du|ziė|ren**

pro|fạn *lat.*: weltlich, alltäglich; profane Bauwerke, ihn plagten ganz profane Sorgen

Pro|fes|si|on̄ die *franz.*: Gewerbe, Beruf; **pro|fes|si|o|nẹll** berufsmäßig, fachmännisch: ein professioneller Sportler (Berufssportler); **Pro|fi̇** der, des/die Profis: *Kurzwort für* Professional (Berufssportler); *Ggs.* Amateur

Pro|fẹs|sor der *lat.*, die Professoren: höchster akademischer Titel, Hochschullehrer; **Pro|fes|sȯ|rin** die; **Pro|fes|sur̄** die: eine Professur annehmen

Pro|fi̇l das *ital.*, die Profile: sie ließ sich im Profil (in Seitenansicht) malen, die Partei hat an Profil (Eigenart, Unterscheidbarkeit) gewonnen, das Profil (die Lauffläche) des Autoreifens ist abgefahren; **pro|fi|liė|ren** sich: sie profilierte sich mit diesem Buch (machte sich damit einen Namen); **pro|fi|lier̄t** er war ein profilierter (bedeutender) Politiker

Pro|fi̇t der *franz.*, die Profite: nur auf Profit (Gewinn) bedacht sein; **pro|fi|ta|bel** Gewinn bringend: ein profitables Unternehmen; **Pro|fit-Cen|ter / Pro|fit|center** das; **pro|fi|tiė|ren** sie profitierte von seiner Hilfe (zog Nutzen daraus)

pro|fund̄ *lat.*: allumfassend, gründlich: sie hatte profunde Kenntnisse in der Medizin

Pro|ges|te|ron̄ das: Gelbkörperhormon

Prog|nȯ|se *oder* Pro|gnȯ|se die *griech.*, die Prognosen: eine Prognose (Voraussage) über das Wetter stellen; **prog|nos·ti|ziė|ren** *oder* pro|gnos|ti|ziė|ren

Pro|grạmm das *griech.*, die Programme: das Fernsehprogramm, nach Programm (Plan) vorgehen, die Darsteller stehen im Programm(heft); **pro|gram|ma·tisch** richtungweisend, zielsetzend; **pro·grạmm|ge|mäß; pro|gram|miė|ren** einen Computer programmieren (Daten eingeben); **Pro|gram|miė|rer** der: jemand, der einen Computer programmiert; **Pro|gram|miė|re|rin** die; **Pro|gram|mier̄·sprạ|che** die; **pro|grạmm|mä|ßig** in Bezug auf das Programm

Pro|gres|si|on̄ die *lat.*: Steigerung, Weiterentwicklung, Zunahme; **pro|gres|siv̄** progressive (fortschrittliche) Ideen

Pro|jẹkt das *lat.*, des Projekt(e)s, die Projekte: geplantes oder begonnenes Unternehmen, Vorhaben; **pro|jek|tiė|ren** eine Wohnanlage projektieren (planen, entwerfen); **Pro|jek|til̄** das: Pistolenkugel, Geschoss

Pro|jek|ti|on̄ die: 1. vergrößerte Bildwiedergabe mittels Lichtstrahlen 2. Darstellung räumlicher Körper auf einer Ebene; Landkartenprojektion; **Pro|jẹk|tor** der, die Projektoren: Gerät zum Vergrößern von Bildern; **pro|ji|ziė|ren** wiedergeben, übertragen

Pro|kla|ma|ti|on̄ die *lat.*: feierliche Verkündigung, öffentliche Bekanntgabe; **pro|kla|miė|ren**

Pro|ku̇|ra die *lat./ital.*, die Prokuren: Geschäftsvollmacht; **Pro|ku|rịst** der: kaufmännischer Angestellter mit Prokura; **Pro|ku|rịs|tin** die

Pro|lẹt der *lat.*, die Proleten: ungebildeter, ungehobelter Mensch; **Pro|le|ta|ri|at̄** das: Arbeiterklasse, Klasse der Besitzlosen; **Pro|le|ta|ri|er** der; **Pro|le|ta|ri|e|rin** die; **pro|le|ta|risch**

Pro|log der *griech.*, die Prologe: Vorrede, Vorspiel eines Dramas

Pro|lon|ga|ti|on die *lat.*: Laufzeitverlängerung, z. B. eines Wechsels; **pro|lon|gie|ren** einen Kredit prolongieren

Pro|me|na|de die *franz.*: Spaziergang, gepflegter Weg; **pro|me|nie|ren** am Strand promenieren (auf und ab gehen)

Pro|mil|le das → pro

pro|mi|nent *lat.*: ein prominenter (weithin bekannter) Sänger; **Pro|mi|nenz** die: Gesamtheit wichtiger, bekannter Leute

pro|mo|ten *engl.*: für etwas Werbung machen; **Pro|mo|ter** der, d|e Promoter: (Werbe)manager, Sportveranstalter; **Pro|mo|ti|on** die *lat.*: 1. Verleihung der Doktorwürde 2. Werbemaßnahme; **Pro|mo|tor** der, des/die Promotoren: Förderer, Manager; **pro|mo|vie|ren** die Doktorwürde erlangen / verleihen; er ist promovierter Jurist (mit Doktortitel)

prompt *lat.*: sie rief prompt (umgehend) an, es fing prompt (doch tatsächlich) an zu schneien

Pro|no|men das *lat.*, die Pronomen/Pronomina: das Fürwort. Die deutsche Bezeichnung stimmt nur bei den persönlichen Fürwörtern *(Personalpronomen)*. Wenn eine Geschichte anfängt: „Miss Marple schlich die Straße entlang", kann der zweite Satz lauten: „Dabei beobachtete sie alle verdächtigen Hunde." Das heißt, „sie" steht für „Miss Marple". Wäre ein Detektiv losgegangen, hieße es statt „sie" natürlich „er". Das Personalpronomen in der 3. Person Singular ist also „er", „sie", „es", im Plural für alle Geschlechter „sie". Auch für die 1. und 2. Person gibt es ein Personalpronomen: „ich" und „du", „wir" und „ihr". Als Nomina (→ Nomen) kommen Personalpronomen in allen Fällen vor (ich frage dich, du stehst bei ihm, er geht zu ihr, sie spricht mit uns, wir suchen euch, ihr helft ihnen, sie kommen zu mir).

Ähnlich verwendet wird das rückbezügliche Fürwort *(Reflexivpronomen)* „sich"; es bezieht sich – in der dritten Person – auf das Subjekt: „Er/sie/es betrachtet sich." Alle übrigen Pronomen kann man, von „wer" und „was" einmal abgesehen, als Pronominaladjektive bezeichnen, da sie (wie Adjektive) bei Substantiven, aber auch allein stehen können. Es gibt noch folgende Pronomen:

Die besitzanzeigenden Fürwörter *(Possessivpronomen)* „mein", „dein", „sein", „unser", „euer", „ihr" (dekliniert werden sie wie „ein"): „Das ist mein Ball, das ist meiner."

Die Fragefürwörter *(Interrogativpronomen)* „wer", „was", „welcher": Mit „wer" (natürlich auch „wessen", „wem", „wen") frage ich nach Personen, mit „was" nach Sachen: „Wer kommt? Wessen Auto ist das? Was wünschst du dir zum Geburtstag?" Mit „was" frage ich nach dem Wunsch überhaupt; wenn ich aber sage: „Welches Fahrrad hättest du gerne?", dann weiß ich schon, dass es ein Fahrrad sein soll, nur die Art (d. h. die Farbe und die Zahl der Gänge z. B.) ist noch unklar.

Die hinweisenden Fürwörter *(Demonstrativpronomen)* „dieser", „jener" und „solcher": „dieser" weist auf etwas in der Nähe hin, worüber gerade gesprochen wird: „Dieses Boot (alle wissen, welches ich meine) ist teuer." Dagegen ist „jener Kahn" weiter weg, es wurde früher über ihn gesprochen. „Solcher" betont die Eigenschaften einer Sache: „Solch ein Wetter nervt mich." Auch „der", „die" oder „das" kann, betont ausgesprochen, auf etwas hinweisen (oft zusammen mit *da/dort*): „Das Kleid ist nicht schön, das dort geht schon eher."

Die bezüglichen Fürwörter *(Relativpronomen)* „der", „die", „das", „welcher", „welche", „welches": Das Relativpronomen hängt einen Satz an ein Wort an und erklärt es: „Der Mantel, der dort hängt, ist nicht schlecht." Wie erkennt man nun, ob „der" ein Relativpronomen oder der Artikel ist?

Ganz einfach: Das Relativpronomen steht (ohne Substantiv!) am Anfang eines Nebensatzes (Prädikat immer ganz am Schluss) und man kann es durch „welcher" ersetzen: „Ich schenkte dem Mann, der (welcher) damit nicht rechnete, einen Kaugummi." Auch in anderen Fällen geht das (nicht im Genitiv!): „Der Hund, den (welchen) ich gekauft habe, stammt von einem Wolf ab." Vor Relativsätzen – und nur hier – steht manchmal das Demonstrativpronomen „derjenige", „diejenige", „dasjenige": „Derjenige, der etwas gesehen hat, soll sich melden." Nur: So sagt niemand. Man zieht das zusammen zu: „Wer etwas gesehen hat, (der) soll sich melden." Ebenso: „Derjenige, dem nichts versprochen wurde, braucht mit nichts zu rechnen" wird zu: „Wem nichts versprochen wurde, (der) braucht mit nichts zu rechnen."

Die unbestimmten Fürwörter (Indefinitpronomen) „jeder", „keiner", „niemand", „nichts" und – allgemeiner – „jemand", „einer", „etwas", oft zusammen mit „irgend"; es gibt auch „irgendwer": Diese Pronomen haben einen großen Hang zur Kürze, man lässt möglichst viel weg: „wenn du etwas weißt" wird zu „wenn du was weißt" und statt „wenn irgendjemand/irgendwer kommt" sagt man gerne „wenn wer kommt". Das ist also die dritte Bedeutung von „wer".

Wie kann man sie auseinanderhalten? Wenn „wer" am Anfang eines Satzes steht und jemand etwas wissen will, handelt es sich um eine Frage; wenn man es ersetzen kann durch „derjenige, der", haben wir es mit einem Relativsatz zu tun; und wenn man „irgend" dazusetzen kann, ist es ein Indefinitpronomen. Jetzt fällt es nicht schwer, folgende Sätze zu bestimmen: Wer etwas wissen will, muss fragen. – Ich fragte ihn, wer er sei. – Weil mich wer fragte, kam ich ganz durcheinander.

Pro|pa|gan|da die *lat.*: Werbung, Beeinflussung; **pro|pa|gan|dis|tisch**; **pro|pa|gie|ren** verbreiten, werben, sich dafür einsetzen

Pro|pan das *griech.*: Brenngas

Pro|pel|ler der *engl.*: Antriebsschraube bei Flugzeugen und Schiffen

pro|per *franz.*: sie sah recht proper (gepflegt, ansprechend) aus

Pro|phet der *griech.*, des/die Propheten: Mahner, Weissager; er ist ein falscher Prophet; **Pro|phe|tin** die; **pro|phe|tisch** sie besaß eine prophetische Gabe; **pro|phe|zei|en** du prophezeist, er prophezeite: voraussagen; **Pro|phe|zei|ung** die

pro|phy|lak|tisch *griech.*: prophylaktische (vorbeugende) Maßnahmen; **Pro|phy|la|xe** die: Verhütung, Vorbeugung

Pro|por|ti|on die *lat.*: Maß- oder Größenverhältnis, Verhältnisgleichung; **pro|por|ti|o|nal** verhältnisgleich; **Pro|porz** der: Verteilung von Posten nach dem Stimmen- oder Kräfteverhältnis

Propst der *lat.*, die Pröpste: geistlicher Würdenträger; **Props|tei** die: Amt, Amtsräume eines Propstes

Pro|py|lä|en die *griech.*: antike Vorhalle, meist offene Säulenhalle

Pro|sa die *lat.*: Sprach-/Textform ohne Reim, Vers und Rhythmus, z.B. Romane, Novellen, Kurzgeschichten, Reden, Vorträge usw.; **pro|sa|isch** poesielos, nüchtern, sachlich; eine prosaische Geschichte

pro|sit / prost! *lat.*: zum Wohl!, wohl bekomm's!; **Pro|sit** das: mit einem kräftigen Prosit anstoßen

Pros|pekt *oder* **Pro|spekt** der *lat.*, die Prospekte: 1. Werbeschrift 2. Ansicht einer Stadt, Straße oder eines Gebäudes

Pro|ta|go|nist *oder* **Prot|ago|nist** der *griech.*, die Protagonisten: wichtigste Person eines Geschehens, Vorkämpfer; **Pro|ta|go|nis|tin** die

pro|te|gie|ren [proteschiren] *franz.*: jemanden fördern, unterstützen, schützen; **Pro|tek|ti|on** die *lat.*: Schutz, Förderung, Begünstigung; **Pro|tek|ti|o|nis|mus**

der: Außenhandelspolitik eines Staates zum Schutz inländischer Waren vor ausländischer Konkurrenz durch Schutzzölle oder Einfuhrbeschränkungen; **Pro|tek|tor** der: Schirmherr, Förderer, Schutzmacht; **Pro|tek|to|rat** das: Schirm- oder Schutzherrschaft; **Pro|tek|to|rin** die

Pro|te|in das *griech.*, die Proteine: Eiweißkörper

Pro|test der *lat./ital.*: Widerspruch, Einspruch; sie übten stummen Protest (durch Schweigen); **Pro|tes|tant** der *lat.*, die Protestanten: Angehöriger der protestantischen (ev.) Kirche; **Pro|tes|tan|tin** die; **pro|tes|tan|tisch**; **Pro|testan|tis|mus** der: evangelische Glaubensbewegung; **pro|tes|tie|ren** sie protestierte gegen diese Behandlung

Pro|the|se die *griech.*, die Prothesen: künstlicher Ersatz eines Körperteils, z. B. Beinprothese, Zahnprothese

Pro|to|koll das *griech.*, die Protokolle: 1. Niederschrift über eine Sitzung, Verhandlung, Beschluss; etwas zu Protokoll geben/nehmen 2. die im diplomatischen Verkehr üblichen Formen und Regeln; gegen das Protokoll verstoßen; **Pro|to|kol|lant** der; **Pro|to|kol|lan|tin** die; **pro|to|kol|la|risch**; **pro|to|kol|lie|ren**

Pro|to|koll das ▶ Aufsatzlehre S. 514

Pro|ton das *griech.*, die Protonen: Kern des Wasserstoffatoms, positiv geladenes Elementarteilchen in Atomkernen

Pro|to|plas|ma das *griech.*: lebende Substanz aller pflanzlichen, tierischen und menschlichen Zellen

Pro|to|typ der *griech.*: Urbild, Muster, Vorbild, erste Ausführung, z. B. eines Autos

Protz der, die Protze(n): Aufschneider, Angeber; **prot|zen** sie protzte mit ihrem Geld; **prot|zig** er fuhr einen protzigen Wagen

Pro|vi|ant der *ital.*: sie hatten noch Proviant (Verpflegung) für zwei Tage

Pro|vi|der [prowajder] der *engl.*, die Provider: Anbieter eines Internetzugangs

Pro|vinz die *lat.*, die Provinzen: Verwaltungsgebiet, Hinterland, kulturell rückständige Gegend; **pro|vin|zi|ell** engstirnig, kleinbürgerlich

Pro|vi|si|on die *ital.*, die Provisionen: prozentualer Anteil am Gewinn, Vermittlungsgebühr

pro|vi|so|risch *franz.*: eine provisorische (behelfsmäßige) Unterkunft, etwas provisorisch (vorläufig) regeln; **Pro|vi|so|rium** das: Übergangslösung, vorläufiger Zustand

Pro|vo|ka|teur [prowokatör] der *franz.*, die Provokateure: Herausforderer, Aufwiegler; **Pro|vo|ka|teu|rin** die; **Pro|vo|ka|ti|on** die: Herausforderung; **pro|vo|zie|ren** er provozierte einen Skandal

Pro|ze|dur die *lat.*, die Prozeduren: Verfahren, unangenehme Behandlung

Pro|zent das *ital.*, die Prozente: Hundertstel; *Abk.* p.c., v.H.; *Zeichen* %; Prozente (Preisnachlass, Rabatt) gewähren; ...pro|zen|tig eine zweiundsiebzigprozentige / 72-prozentige / 72%ige Alkohollösung

Pro|zess der *lat.*, des Prozesses, die Prozesse: Gerichtsverfahren, Ablauf, Vorgang; **pro|zes|sie|ren** gegen jemanden gerichtlich vorgehen

Pro|zes|si|on die *lat.*, die Prozessionen: feierlicher kirchlicher Umzug, Bitt- oder Danksagung

prü|de *franz.*: zimperlich, übertrieben schamhaft; **Prü|de|rie** die

prüf|bar; prü|fen; Prü|fer der; **Prü|fe|rin** die; **Prü|fung** die; **Prü|fungs|kan|di|dat** der; **Prü|fungs|kan|di|da|tin** die

Prü|gel der, die Prügel: Holzknüppel, Schläge; er bezog Prügel; **Prü|ge|lei** die; **Prü|gel|kna|be** der: er war stets der Prügelknabe (er wurde an Stelle der anderen bestraft); **prü|geln**

Prunk der; **prun|ken** mit seinen Schätzen prunken (prahlen), sie prunkte (erregte die Aufmerksamkeit) in einem wunderschönen Kleid; **prunk|voll** eine prunkvolle Fassade

prus|ten heftig schnauben, geräuschvoll blasen, er tauchte prustend aus dem Wasser auf

PS 1. *Abk.* für **P**ferde**s**tärke; mein Auto hat 90 PS 2. *Abk.* für → Postskriptum

Psalm der *griech.*, die Psalmen: Lied aus dem Alten Testament; **Psal|ter** der: Psalmenbuch

Pseudonym

Pseu|do|nym *oder* Pseud|o|nym das, die Pseudonyme: die Autorin benutzte ein Pseudonym (einen Decknamen)

Psy|che die *griech.*: Seele, Seelenleben; **Psy|chi|a|ter** *oder* Psych|i|a|ter der: Facharzt für seelische Krankheiten; **Psy|chi|a|te|rin** *oder* Psych|i|a|te|rin die; **Psy|chi|a|trie** *oder* Psych|i|a|trie die: medizinisches Teilgebiet, das sich mit den seelischen Krankheiten befasst; **psy|chi|a|trisch** *oder* psych|i|a|trisch; **psy|chisch** seelisch; unter psychischem Druck stehend; *Ggs.* physisch; **Psy|cho|lo|ge** der: Fachmann auf dem Gebiet der Psychologie; **Psy|cho|lo|gie** die: Wissenschaft vom Erleben, Verhalten und Lernen der Menschen; **Psy|cho|lo|gin** die; **psy|cho|lo|gisch**; **Psy|cho|path** der: verhaltensgestörter Mensch; **Psy|cho|pa|thin** die; **psy|cho|pa|thisch**; **Psy|cho|se** die: schwere geistig-seelische Störung, Geistes- und Gemütskrankheit; **Psy|cho|the|ra|peut** der: Arzt oder Psychologe, der seelische Leiden behandelt; **Psy|cho|the|ra|peu|tin** die

Pu|ber|tät die *lat.*: Entwicklungsjahre zwischen Kindheit und Erwachsensein, geschlechtliche Reifezeit; **pu|ber|tie|ren**

Pub|li|ci|ty [pablißiti] die *engl.*: das öffentliche Bekanntwerden oder -sein, Maßnahme, um Aufsehen zu erregen; die Filmgesellschaft sorgte für die nötige Publicity des Schauspielers

Pub|lic Re|la|tions [pablık riläischens] *amerik.*: Öffentlichkeitsarbeit, Werbung, *Abk.* PR

pub|lik *oder* pu|blik *franz.*: sie machte ihre Meinung publik (öffentlich bekannt); **Pub|li|ka|ti|on** *oder* Pu|bli|ka|ti|on die, die Publikationen: Veröffentlichung; **Pub|li|kum** *oder* Pu|bli|kum das: das Publikum (die Zuschauer) klatschte begeistert, ihre Bücher fanden ein großes Publikum (viele Leser), er kannte die Wünsche des Publikums (der Allgemeinheit); **Pub|li|kums|ge|schmack** *oder* Pu|bli|kums|ge|schmack der; **pub|li|zie|ren** *oder* pu|bli|zie|ren: einen Roman publizieren (veröffentlichen); **Pub|li|zist** *oder* Pu|bli|zist der: Schriftsteller, Journalist; **Pub|li|zis|tin** *oder* Pu|bli|zis|tin die; **Pub|li|zis|tik** *oder* Pu|bli|zis|tik die: Zeitungswissenschaft, Wissenschaft von den Massenmedien; **pub|li|zis|tisch** *oder* pu|bli|zis|tisch; **Pub|li|zi|tät** *oder* Pu|bli|zi|tät die: das Bekanntsein

Puck der *engl.*, die Pucks: Eishockeyscheibe

Pud|ding der *engl.*, die Puddinge / Puddings: Süßspeise

Pu|del der, die Pudel: Hunderasse; er stand da wie ein begossener Pudel (beschämt, überrascht); **pu|del|nackt** völlig nackt; **pu|del|wohl** sie fühlte sich pudelwohl (sehr wohl)

Pu|der der *franz.*: feinstes Pulver; **pu|dern** sie puderte sich die Nase; **Pu|der|quas|te** die: kleines Schminkkissen zum Auftragen von Puder

Puf|fer der: die Puffer (Stoßdämpfer) der Waggons trafen aufeinander

Pulk der *slaw.*, die Pulks: Verband, z. B. ein Pulk von Flugzeugen, größere Ansammlung, dichtes Gedränge

Pul|li der, des/die Pullis: leichter Pullover; **Pul|lo|ver** *oder* Pull|over der *engl.*

Puls der *lat.*, des Pulses, die Pulse: der Arzt fühlte ihm den Puls; **pul|sen / pul|sie|ren** um ihn herum pulste / pulsierte (wogte) das Leben; **Puls|schlag** der; **Puls|wär|mer** der

Pult das *lat.*, des Pult(e)s, die Pulte: Schreibtisch mit schräger Platte

Pul|ver das *lat.*, die Pulver: sein Pulver verschossen haben (am Ende der Kraft oder der Argumente sein); **Pul|ver|fass** das: auf einem Pulverfass sitzen (in einer äußerst gefährlichen Situation sein); **pul|ve|rig / pulv|rig** so fein wie Staub; **pul|ve|ri|sie|ren** etwas fein zermahlen

Pu|ma der *peruan.*, die Pumas: Raubkatze mit graubraunem Fell

pum|me|lig / pumm|lig eine pumm(e)lige (rundliche) Figur haben

Pum|pe die: An- oder Absaugvorrichtung; **pum|pen** er pumpte Luft in den Reifen; **Pum|pen|haus** das

Pum|per|ni|ckel der: schwarzbraunes Brot aus geschrotetem Roggen

Punk [pank] der *engl.*: 1. schnelle, zornig-aggressiv gespielte Rockmusik 2. Protesthaltung von Jugendlichen durch schockierendes Äußeres und Auftreten; **Punk / Pun|ker** der: Anhänger des

Punk; **Pun|ke|rin** die, die Punkerinnen; **Punk|rock/Punk-Rock** der: Musikstil der Punks

Punkt der *lat.*, die Punkte, *Abk.* Pkt.: einen Punkt machen (aufhören), es gab einen dunklen Punkt (ein zwielichtiges Ereignis) in seiner Vergangenheit, sie sprach ohne Punkt und Komma (unentwegt), es ist Punkt zehn Uhr, der Boxer verlor nach Punkten, sie kamen zu Punkt 3 der Tagesordnung, der springende Punkt (das Wesentliche), er traf einen wunden Punkt (eine verwundbare, empfindliche Stelle), den toten Punkt (die stärkste Müdigkeit) überwunden haben; **punk|ten** mit Punkten bewerten; **punkt|för|mig; punk|tie|ren** eine Fläche punktieren, er wurde an der Lunge punktiert (mit einer Hohlnadel wurde Flüssigkeit entnommen); **Punk|ti|on** die; **pünkt|lich** ich werde pünktlich sein; **punk|tu|ell** einen oder mehrere Punkte betreffend; **Punk|tum!** Schluss!, Aus!, Genug damit! **Punk|tur** die

Punkt der ▶ Zeichensetzung S. 492

Punsch der *engl.*, des Punsch(e)s, die Punsche: meist heißes alkoholisches Mischgetränk

Pu|pil|le die *lat.*, die Pupillen: Sehloch im Auge

Pup|pe die *lat.*; **Pup|pen|haus** das; **Pup|pen|spiel** das; **Pup|pen|spie|ler** der

pur *lat.*: aus purer (bloßer) Neugier fragen, Saft pur (unverdünnt) trinken

Pü|ree das *franz.*, die Pürees: Speisebrei z. B. Kartoffelpüree; **pü|rie|ren** zu Püree machen, ein Püree herstellen

Pur|pur der *lat.*: violettroter Farbstoff, Stoff oder Gewand in dieser Farbe; **purpur; pur|pur|rot**

Pur|zel|baum der; **pur|zeln** er purzelte die Treppe hinunter

pu|schen / pu|shen *engl.*: 1. jemanden antreiben, etwas in Schwung bringen 2. *früher* mit harten Drogen handeln

Pus|te die: ihr ging die Puste (der Atem) aus; **Pus|te|blu|me** die: *kindersprachl. für* abgeblühten Löwenzahn; **Pus|te|kuchen!** *ugs. für* gerade das Gegenteil!; **pus|ten** ins Feuer pusten (blasen)

Pus|tel die *lat.*: Eiterbläschen, Hautpickel

Pu|te die: Truthenne; **Pu|ten|fleisch** das; **Pu|ter** der: Truthahn; **pu|ter|rot** sie wurde puterrot vor Anstrengung

Putsch der, des Putsches, die Putsche: einen Putsch (Umsturz) planen; **put|schen** du putschst; **Put|schist** der; **Put|schis|tin** die; **Putsch|ver|such** der

Put|te die *ital.*, die Putten / **Put|to** der, die Putti: kleine, gemalte oder plastische Engelsfigur

put|ten / pat|ten *engl.*: beim Golfspiel den Ball mit dem Putter schlagen; **Put|ter** der: Golfschläger zum Einlochen

Putz der: der Putz bröckelt von den Wänden, ein Hut mit viel Putz (Ausschmückung); **put|zen** er putzt die Wohnung; **Put|ze|rei** die; **Putz|frau** die; **Putz|ko|lon|ne** die; **Putz|ma|che|rin** die: *veraltet für* Hutmacherin, Modistin; **putz|süch|tig; Putz|wol|le** die: Faserknäuel zur Maschinenreinigung

put|zig du siehst putzig aus (komisch, niedlich, eigenartig); ein putziges kleines Kerlchen

puz|zeln; Puzz|le [pasl/pusl] das *engl.*, die Puzzles: Geduldsspiel, bei dem aus vielen kleinen Teilen ein Bild zusammengesetzt werden muss; **Puzz|le|spiel** das; **Puzz|le|tei|le** die; **Puzz|ler** der

PVC *Abk. für* Polyvinylchlorid, ein Kunststoff zur Herstellung z. B. von Fußbodenbelag und Folien

Pyg|mäe der *griech.*, des/die Pygmäen: Angehöriger einer kleinwüchsigen Bevölkerungsgruppe in Afrika; **Pyg|mä|in** die; **pyg|mä|isch**

Py|ja|ma [püdschama] der *engl.*, die Pyjamas: Schlafanzug

Py|lon der *griech.*, des/die Pylonen: 1. Eckpfeiler oder -türme am Eingang von Palästen oder Tempeln 2. kegelförmige Straßenmarkierungen 3. tragende Pfeiler bei Hängebrücken

Py|ra|mi|de die *griech.*, die Pyramiden: geometrischer Körper, Grabmal altägyptischer Könige; **py|ra|mi|den|för|mig**

Py|thon der *griech.*, des Pythons, die Pythons: Riesenschlange; **Py|thon|schlan|ge** die

Q

Quack|sal|ber der niederl.: ugs. für einen schlechten Arzt

Quad|del die: juckende Hautschwellung, z. B. nach einem Bienenstich

Qua|der der lat.: 1. behauener Steinblock 2. ein rechteckiger Körper

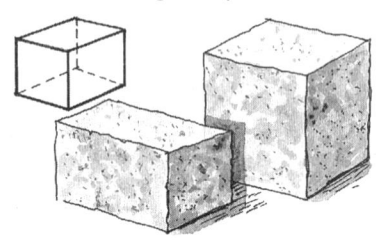

Quad|rat oder Qua|drat das lat., die Quadrate: Viereck mit gleich langen, rechtwinkligen Seiten; **quad|ra|tisch** oder qua|dra|tisch; **Quad|rat|lat|schen** oder Qua|drat|lat|schen die: ugs. für sehr große Schuhe; **Quad|rat|me|ter** oder Qua|drat|me|ter der/das, Abk. m²; **Quad|ra|tur** oder Qua|dra|tur die: Umwandlung einer geometrischen Figur in ein Quadrat; das ist die Quadratur des Kreises (unmöglich); **quad|rie|ren** oder qua|drie|ren eine Zahl mit sich selbst multiplizieren; **Quad|ro|fo|nie/Quad|ro|pho|nie** oder Qua|dro|fo|nie/Qua|dro|pho|nie die: Stereoübertragung mit vier Kanälen

Quai / Kai der/das

qua|ken der Frosch quakte im Schilf; **quä|ken** eine quäkende Stimme

Quä|ker der engl., die Quäker: Angehöriger der Quäker, einer engl.-amerikanischen Religionsgemeinschaft; **Quä|kerin** die

Qual die, die Qualen: die Qual der Wahl haben (sich zwischen mehreren gleich guten Dingen entscheiden müssen); **quä|len** ein quälender Gedanke, sie quälte (mühte) sich ab; **Quä|le|rei** die; **quä|le|risch**; **Quäl|geist** der, die Quälgeister; **qual|voll** das Pferd verendete qualvoll

Qua|li|fi|ka|ti|on die lat.: Befähigung, Berechtigung, Eignungsnachweis, Beurteilung; **qua|li|fi|zie|ren** sich: eine bestimmte Leistung erbringen; **qua|li|fi|ziert** eine qualifizierte Arbeit (eine Arbeit, die besondere Befähigung verlangt), der qualifizierte Hauptschulabschluss, ihr Urteil war sehr qualifiziert (sachkundig)

Qua|li|tät die lat.: Beschaffenheit, Eigenschaft, Wert; **qua|li|ta|tiv** auf die Qualität bezogen, nach Beschaffenheit; **Qua|li|täts|wa|re** die

Qual|le die: gallertartiges Meerestier mit Nesselfäden; **qual|lig** gallertartig

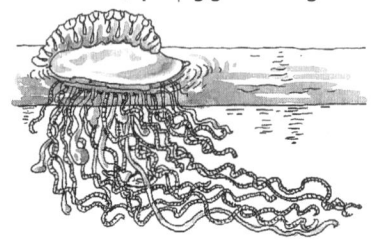

Qualm der: dichter Rauch; **qual|men** ugs. er qualmt wie ein Schlot (raucht zu viel)

Quänt|chen das: es fehlt noch ein Quäntchen (bisschen) Salz

Quan|ti|tät die lat.: Anzahl, Menge, Ausmaß; **quan|ti|ta|tiv** mengenmäßig, größenmäßig; **Quan|tum** das, die Quanten: angemessene Menge; er bekam nur sein Quantum (die ihm zustehende Menge)

Qua|ran|tä|ne [karantäne] die franz.: zeitlich begrenzte, ursprünglich 40-tägige (nlat.: quaranta = 40) Abschirmung von Menschen oder Tieren bei Verdacht auf ansteckende Krankheiten; die Katze musste in Quarantäne; **Qua|ran|tä|ne|sta|ti|on** die

Quark der: Weißkäse aus saurer Milch; ugs. rede doch keinen Quark! (keinen Unsinn)

Quar|tal das lat., die Quartale: Vierteljahr; **Quar|tals|ab|rech|nung** die; **quar|tals|wei|se** vierteljährlich

Quar|tett das ital., die Quartette: 1. Komposition für vier Stimmen oder Instrumente 2. vier Musiker/-innen 3. Kartenspiel

Quar|tier das franz., die Quartiere: er suchte ein billiges Quartier (eine Unterkunft, Wohnmöglichkeit)

Quarz der, des Quarzes, die Quarze: Mineral; **quarz|hal|tig**; **Quar|zit** der: sehr hartes, quarzhaltiges Gestein; **Quarz|lam|pe** die; **Quarz|uhr** die

qua|si *lat.*: ich bin quasi (so gut wie) schon weg, er ist so quasi (gewissermaßen) der Chef

quas|seln sie quasselte (schwatzte) unaufhörlich

Quast der, die Quaste: bürstenartiger Pinsel

Quas|te die, die Quasten: Ende einer Zierschnur aus vielen Fäden, auch Troddel genannt; **Quas|ten|flos|ser** der: altertümlicher Fisch, ein lebendes Fossil

Quatsch der: mach keinen Quatsch (keine Dummheit, keinen Unsinn)!; **quat|schen** Überflüssiges und Unsinniges reden

Que|cke die: ein Süßgras mit weiten unterirdischen Ausläufern

Queck|sil|ber das: silbriges, zähflüssiges Schwermetall; *Zeichen* Hg; sie war ein rechtes Quecksilber (sehr lebhaft)

Quel|le die: eine Information aus zuverlässiger Quelle (Ursprung); **quel|len** 1. anschwellen, hervorspringen, sprudeln: es quillt, es quoll, gequollen, es quölle, quill!: aus der Wunde quillt Blut, ihm quollen fast die Augen aus dem Kopf 2. einweichen: es quellt, es quellte, gequellt, quell(e): die Linsen quellen im Wasser; **Quel|len|an|ga|be** die: Literaturangabe; **Quel|len|ma|te|ri|al** das; **quell|frisch**; **Quellwas|ser** das

Quen|ge|lei die: Weinerlichkeit, Nörgelei; **quen|geln** das Baby quengelte ständig; **quen|ge|lig**; **Queng|ler** der; **Queng|le|rin** die; **queng|lig**

quer das Auto stellte sich quer, quer über die Wiese laufen; **Quer|ach|se** die; **Que|re** die: komm mir nicht in die Quere (behindere mich nicht)!; **quer|feld|ein**; **Quer|for|mat** das; **quer ge|streift** / **quer|ge|streift**; **quer|le|sen** überfliegend lesen; **Quer|schlä|ger** der: Geschoss, das quer zur Flugbahn aufprallt; **quer|schnitt(s)|ge|lähmt**; **Querschnitt(s)|läh|mung** die; **Que|re|le** die *lat.*, die Querelen: kleinere Streitereien, Beschwerden; **Que|ru|lant** der *lat.*: Quengler, Nörgler; **Que|ru|lan|tin** die; **que|ru|lie|ren** nörgeln

Quet|sche die: Presse, *ugs. für* kleine Druckerei; **quet|schen** sich die Finger in der Tür quetschen; **Quetsch|kar|tof|feln** die: Kartoffelbrei; **Quetsch|kom|mo|de** die: *ugs. für* Ziehharmonika; **Quet|schung** die

quick lebhaft, rege; **quick|le|ben|dig**; **Quick|stepp** der *engl.*: Tanz

quiek|en / quiek|sen man hörte die Schweine im Stall quiek(s)en; **Quiek|ser** der: *ugs.* schriller Laut

quiet|schen die Bremsen quietschten; **quietsch|fi|del** sehr lustig

Quin|tett das *ital.*: 1. Komposition für fünf Stimmen oder Instrumente 2. fünf Musiker/ innen

Quirl der, des Quirl(e)s, die Quirle: Rührbesen; **quir|len** ein Ei quirlen; **quir|lig** ein quirliges (lebhaftes) Kind

quitt *franz.*: wir sind quitt (sind uns gegenseitig nichts schuldig); **quit|tie|ren** eine Lieferung quittieren (durch Unterschrift bestätigen), der Beamte musste den Dienst quittieren (aufgeben), sie quittierte (reagierte auf) meine Äußerung mit einem Lächeln; **Quit|tung** die: Empfangsbestätigung

Quit|te die *griech.*: Obstbaum und Frucht; **Quit|ten|ge|lee** das/der

Quiz [kwiß] das *engl.*: unterhaltsames Frage-und-Antwort-Spiel; **Quiz|fra|ge** die; **Quiz|mas|ter** der: Quizleiter; **Quizsen|dung** die

Quo|te die *lat.*, die Quoten: bestimmte Menge, Anteil; das Lotto zahlte eine hohe Quote (Gewinnanteil); **Quo|ten|re|ge|lung** die: Regelung z. B. über den Frauenanteil in einer Partei; **Quo|ti|ent** der, die Quotienten: Ergebnis einer Division; der Quotient aus 4 durch 2 ist 2

R

Raabe Wilhelm ▶ S. 321

Ra|batt der *ital.*, des Rabatt(e)s, die Rabatte: Preisnachlass; **ra|bat|tie|ren** Nachlass gewähren; wir rabattieren diese Bestellung mit 15 %

Ra|bat|te die *niederl.*, die Rabatten: schmales Pflanzenbeet

Ra|batz der *berlin.*: lauter Tumult, Radau, heftiger Protest

Ra|bau|ke der *niederl.*: ugs. gewalttätiger, rüpelhafter Jugendlicher

Ra|be der, des/die Raben: er stiehlt wie ein Rabe (hemmungslos); **Ra|ben|el|tern** die: hartherzige und lieblose Eltern

ra|bi|at *lat.*, am rabiatesten: ein rabiater (rücksichtsloser, gewalttätiger) Mensch, er ging rabiat (rücksichtslos) vor

Ra|che die: Verzeihung ist die beste Rache; **rä|chen** ihr Leichtsinn wird sich noch rächen; **Rä|cher** der; **Rä|che|rin** die; **rach|süch|tig**

Ra|chen der: der Dompteur steckt seinen Kopf in den Rachen des Löwen

Ra|chi|tis die *griech.*, die Rachitiden: Knochenerweichung und -verformung bei Säuglingen und Kleinkindern durch Vitamin-D-Mangel; **ra|chi|tisch**

Ra|clette *oder* Rac|lette [raklɛt] das/die, die Raclettes *franz.*: schweizerisches Käsegericht

Rad das, des Rad(e)s, die Räder; **ra|deln** sie radelten zur Schule; **Rad fah|ren** (→ fahren): er kann weder Rad noch Auto fahren; **Rad schla|gen**

Ra|dar der/das: Funkmesstechnik zur Ortung von Gegenständen

ra|de|bre|chen du radebrechst, sie radebrecht, er radebrechte, er hat geradebrecht, zu radebrechen: eine fremde Sprache mühsam sprechen

Rad fahren / schlagen: Das Substantiv wird immer getrennt vom Verb geschrieben: *Sie ist Rad gefahren. Der Pfau wird gleich ein Rad schlagen.*

Ra|dar der/das *engl.*: Funkmessverfahren, *Kurzwort für* „radio detection and ranging"

Ra|dau der: die Maschine macht großen Radau (Krach)

Rä|dels|füh|rer der: Anstifter, Aufhetzer, Anführer einer Bande

ra|die|ren z.B. mit einem Radiergummi entfernen; **Ra|die|rung** die, die Radierungen: 1. Zeichnung, die mit einer Radiernadel in eine Kupferplatte geritzt und mittels Säure dort eingeätzt wird 2. Papierabzug davon

Ra|dies|chen das *lat.*: kleine Rettichart

ra|di|kal *lat.*: radikale (rücksichtslose, harte) Maßnahmen ergreifen, er änderte das radikal (gründlich), sie hat radikale (bis zum Äußersten gehende) Ansichten

Ra|dio das *lat.*: er hörte den ganzen Tag Radio

ra|dio|ak|tiv *lat.*: der Müll ist radioaktiv verseucht (gibt gesundheitsschädigende Strahlen ab), **Ra|dio|ak|ti|vi|tät** die: die Eigenschaft bestimmter Atomkerne, sich unter Strahlenaussendung umzuwandeln

Ra|di|um das *lat.*: radioaktives Schwermetall, chemischer Grundstoff; *Zeichen* Ra

Ra|di|us der *lat.*, des Radius, die Radien: halber Durchmesser eines Kreises oder einer Kugel; *Zeichen* r

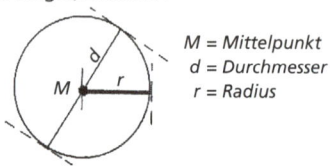

M = Mittelpunkt
d = Durchmesser
r = Radius

raf|fen die Gardinen waren gerafft (hochgezogen), einen Text raffen (kürzen), sie raffte (riss) den Schmuck an sich; **Raff|gier** die; **raff|gie|rig**

Raf|fi|na|de die *franz.*: feiner, gereinigter Zucker; **Raf|fi|ne|rie** die: Industrieanlage zur Veredelung von Zucker, Öl u. a. Rohstoffen; **raf|fi|nie|ren** verfeinern

Wilhelm Raabe

Wilhelm Raabe

geb. am 8.9.1831
  in Eschershausen/Braunschweig
gest. 15.11.1910 in Braunschweig

Die Chronik der Sperlingsgasse
  (Roman, 1857)
Der Hungerpastor (Roman, 1864)
Die schwarze Galeere
  (Novelle, 1861)

Raabe gilt als einer der großen Erzähler des Realismus im 19. Jahrhundert, aber auch als jemand, der seine Zeit recht kritisch sah. Seine Kindheit war unbeschwert und glücklich. Er verbrachte sein erstes Lebensjahrzehnt als „Naturkind" in ländlicher Umgebung. Diese Phase beendete jäh der Tod des Vaters. Die Witwe zog zu Verwandten nach Wolfenbüttel und der vierzehnjährige Wilhelm schaffte es nicht, sich in die neue Umgebung einzuleben. Er wurde zum Außenseiter, verließ das Gymnasium ohne Abschluss, trat eine Buchhändlerlehre an, gab aber diesen Berufsweg bald wieder auf. Auch ein Versuch, als Gasthörer in Berlin zu studieren, schlug fehl. Aber dann schrieb er sein erstes Buch: *Die Chronik der Sperlingsgasse*. Es wurde ein Erfolg. Bald darauf festigte der Roman *Der Hungerpastor* seinen Ruf als Schriftsteller.
Es folgten nun weitere Romane, Novellen und Erzählungen – besonders spannend *Die schwarze Galeere* – und auch Gedichte. 1862 zog Raabe nach Stuttgart, wo er endlich auch gesellschaftlichen Anschluss fand. Aber was er in seinem bisherigen Leben an – vorwiegend negativen – Erfahrungen gesammelt hatte, bestimmte fortan sein Schreiben: die Schlechtigkeit der Welt, in der nach Raabes Meinung „die Kanaille (d.h. das Pack) Herr ist und Herr bleibt". Er sah Menschlichkeit und Güte nicht bei den Erfolgreichen, sondern eher bei den Außenseitern der Gesellschaft. Mit dieser Auffassung geriet er mehr und mehr ins Abseits, zumal nach der Reichsgründung 1871 und in den Gründerjahren bürgerlicher Stolz und bürgerliches Selbstbewusstsein das „Kanaillentum" immer mehr in Vergessenheit geraten ließen. Es blieb ihm nur übrig, das Treiben der Welt mit gelassenem Humor zu notieren.
Sein Alterswerk klingt versöhnlich und zeugt von viel Lebensweisheit. Dem alten Raabe wurde zwar noch einige literarische Anerkennung zuteil, aber er starb doch ziemlich vereinsamt 1910 in Braunschweig. So gesehen hatte er also doch Recht behalten mit seinem Pessimismus.

Raffinesse

Raf|fi|nes|se die franz.: Durchtriebenheit, gerissenes Vorgehen; **raf|fi|niert** am raffiniertesten: sie ist ganz schön raffiniert (schlau), ein raffinierter (ausgeklügelter) Plan

Ra|ge [rasche] die franz.: er geriet plötzlich in Rage (heftigen Zorn, Wut)

Ra|gout [ragu] das franz., des/die Ragouts: kleine Fleisch- oder Fischwürfel in Soße, z. B. Rehragout

Rah/Ra|he die, die Rahen: auf Segelschiffen am Mast befestigte Querstange zum Anbringen des rechteckigen Rahsegels

Rahen

Rahm der, des Rahm(e)s: Fettschicht der Milch, den Rahm abschöpfen (das Beste für sich selbst herausholen)

rah|men ein Bild rahmen (einfassen); **Rah|men** der: die Kosten halten sich im Rahmen (sind nicht zu hoch), im Rahmen (Bereich) seiner Möglichkeiten bleiben

Rain der, des Rain(e)s: unbebauter Grenzstreifen zwischen zwei Äckern

Ra|ke|te die ital.: Flug- oder Feuerwerkskörper mit Rückstoßantrieb; er stob davon wie eine Rakete; **Ra|ke|ten|ab|schuss|ram|pe** die

Ral|lye [räli/rali] die engl./franz., die Rallyes: Wettbewerb für Serienautos; die Rallye Monte Carlo

Ra|ma|dan der arab.: Fastenmonat der Muslime

Ram|me die: Holz- oder Metallklotz zum Einrammen oder Feststampfen; **rammen** sie wurde von einem Lastwagen gerammt (angefahren)

Ram|pe die franz.: 1. schiefe Auffahrt zum Be- oder Entladen, Laderampe 2. Bühnenrand; **Ram|pen|licht** das: der Schauspieler trat ins Rampenlicht

ram|po|nie|ren ital.: das Bild ist arg ramponiert (beschädigt)

Ramsch der: Ausschussware

Ranch [räntsch] die amerik.: nordamerikanischer Bauernhof, auf dem überwiegend Viehzucht betrieben wird; **Rancher** [räntscher] der: Viehzüchter

Rand der, des Rand(e)s, die Ränder: etwas am Rande (nebenbei) erwähnen, das Glas bis zum Rand füllen, er kommt damit nicht zu Rande/zurande (kann es nicht); **Rand|be|mer|kung** die: beiläufige Bemerkung; **rän|dern; Rand|er|scheinung** die: Nebensächlichkeit; **rand|los; Rand|strei|fen** der

ran|da|lie|ren auf der Straße wurde randaliert (gegrölt, getobt)

Rang der franz., des Rang(e)s, die Ränge: alles, was Rang und Namen hatte (die Prominenz), war gekommen, ein Ereignis ersten Ranges (von größter Bedeutung), er saß im obersten Rang (balkonartig erhöhter Platz im Kino oder Theater); **Rang|ord|nung** die: Einschätzung und Einordnung nach dem Wert; **Rang|un|ter|schied** der

ran|gie|ren [rangschiren / räschiren] franz.: der Zug wird auf ein Nebengleis rangiert (geschoben), sie rangierte (stand) auf Platz 3

rank ein rankes (schlankes, hochgewachsenes) Mädchen

Ran|ke die: Klammerorgan bestimmter Pflanzen; **ran|ken** um das Fenster rankt wilder Wein

Rän|ke die: üble Machenschaften, böse Pläne: Ränke schmieden

Ran|zen der: den Ranzen (die Schultasche) packen

ran|zig niederl.: das Fett riecht ranzig (ist verdorben)

Rap [rep] der engl.: rhythmischer Sprechgesang; **Rap|per** der; **Rap|pe|rin** die

ra|pid / ra|pi|de lat.: sie hat rapide (sehr schnell, ziemlich viel) dazugelernt, eine rapide (erstaunliche) Entwicklung

Rap|pe der: Pferd mit schwarzem Fell; Ggs. Schimmel

Rap|port der *franz.*, des Rapport(e)s, die Rapporte: 1. dienstlicher Bericht, Meldung 2. Aufeinanderfolge gleichartiger Muster bei Geweben oder Tapeten
Raps der: Feldpflanze mit ölhaltigen Samen

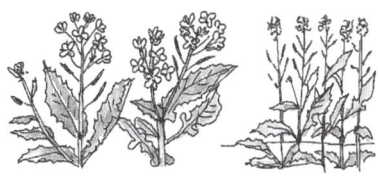

rar *lat.*, am rarsten: Fachkräfte sind rar (selten und gesucht); **Ra|ri|tät** die: das Bild ist eine Rarität (Seltenheit und daher wertvoll); **rar|ma|chen** sich: sich selten sehen lassen

ra|sant *franz.*: sie fuhr ein rasantes (hohes) Tempo, eine rasante (schwungvolle, stürmische) Darbietung; **Ra|sanz** die
rasch am rasch(e)sten
ra|scheln was raschelt im Stroh?
ra|sen die Zeit scheint zu rasen; **ra|send** er ist rasend (sehr) verliebt, ich könnte rasend werden vor Wut, in rasender (sehr schneller) Fahrt; **Ra|se|rei** die
Ra|sen der
Ra|sier|ap|pa|rat der; **ra|sie|ren** *franz.*; **Ra|sur** die *lat.*, die Rasuren
Rä|son [räsō] die *franz.*: er muss zur Räson (Vernunft) gebracht werden
Ras|pel die: grobe Feile, Küchenreibe; **ras|peln** Süßholz raspeln (sich einschmeicheln)
Ras|se die *franz.*: eine neue Hunderasse züchten, über die menschliche Rasse (die Menschheit) reden; **ras|sig** ein rassiges (feuriges) Pferd
Ras|sel die: Spielzeug für Babys, einfaches Rhythmusinstrument; **ras|seln** sein Atem rasselte

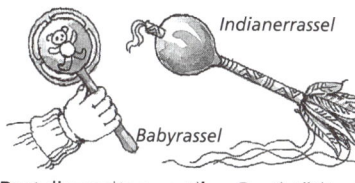

Indianerrassel

Babyrassel

Rast die; **ras|ten; rast|los; Rast|stät|te** die
Ras|ter der/das *lat.*: optisches Gerät zur Zerlegung einer Bildfläche in einzelne Punkte in der Druck- und Fernsehtechnik; **ras|tern**
Rat der, des Rat(e)s: 1. Empfehlung; einen Fachmann zu Rate / zurate ziehen, sie steht ihm mit Rat und Tat zur Seite (*Pl.* die Ratschläge) 2. Gremium; der Gemeinderat (*Pl.* die Räte); **ra|ten** du rätst, er riet, geraten, sie riete; **Ra|te|spiel** das; **rat|los; rat|sam; Rat|schlag** der, die Ratschläge; **Rat su|chend / rat|su|chend** sie wandte sich Rat suchend / ratsuchend an ihn, sie kümmerte sich um alle Rat Suchenden / Ratsuchenden
Ra|te die *ital.*: verhältnismäßiger Anteil, Teilbetrag; etwas auf Raten kaufen; **Ra|ten|kauf** der; **Ra|ten|zah|lung** die
Ra|tio die *lat.*: die Vernunft, der logische Verstand; **ra|ti|o|nal** überlegt, vernünftig, *Ggs.* irrational; **ra|ti|o|na|li|sie|ren** zweckmäßig gestalten, vereinheitlichen; der Betrieb wird rationalisiert (z. B. werden Arbeitskräfte durch Maschinen ersetzt); **Ra|ti|o|na|li|sie|rung** die; **ra|ti|o|nell** sparsam, zweckmäßig
Ra|ti|on die *franz.*: zugeteilte Menge; eiserne Ration (Notvorrat); **ra|ti|o|nie|ren** das Wasser musste rationiert (ein-/zugeteilt) werden; **Ra|ti|o|nie|rung** die
rat|schen schwatzen und tratschen
Rät|sel das: sie war ihm ein Rätsel (undurchschaubar), das ist des Rätsels Lösung!; **rät|sel|haft** am rätselhaftesten; **rät|seln** sie rätselten über seine Herkunft
Rat|te die; **Rat|ten|fän|ger** der: Sagengestalt aus Hameln
rat|tern die Schreibmaschine rattert
rau rauer, am rau(e)sten: es herrschen raue Sitten, sie sang mit rauer Stimme; **rau|bei|nig** er gibt sich raubeinig (grob, aber nicht verletzend); **Rau|fa|ser|ta|pe|te** die; **Rau|heit** die; **Rau|reif** der: die Bäume waren mit Raureif überzogen
Raub der, des Raub(e)s; **Raub|bau** der: er treibt mit seinen Kräften Raubbau (gefährdet sich); **rau|ben; Räu|ber** der; **Räu|be|rin** die
Rauch der: kein Rauch ohne Flamme (für alles gibt es eine Ursache); **rau|chen; Rau|cher** der; *Ggs.* Nichtraucher; **Rau|che|rin** die; **räu|chern** geräucherte Wurst; **Rauch|fang** der: der Kamin; **rau|chig**

Raufbold

Rauf|bold der, die Raufbolde; **rau|fen; Rau|fe|rei** die; **rauf|lus|tig**

Raum der, des Raum(e)s, die Räume: er verließ wütend den Raum (das Zimmer), eine Frage im Raum stehen (unbeantwortet) lassen, eine Rakete in den Raum (*Kurzwort für* Weltraum) schießen, ein Sturm im Raum (Gebiet) Südbayern; **räu|men** sie musste die Wohnung räumen (ausziehen); **Raum|fahrt** die; **Raum|leh|re** die: Geometrie; **räum|lich; Raum|me|ter** der/das: Raummaß für 1m³ gestapelte Holzstämme; **Raum|son|de** die *vgl. Abb. S. 372;* **Räu|mung** die

rau|nen die Zuschauer raunten (murmelten, sprachen leise); **Rau|nen** das: sie vernahm ein leises Raunen

Rau|pe die: 1. wurmähnliche Schmetterlingslarve 2. *Kurzwort für* Planierraupe *oder* Raupenkette; **Rau|pen|fahr|zeug** das: Kettenfahrzeug

Rausch der, des Rausch(e)s, die Räusche: seinen Rausch ausschlafen; **Rausch|gift** das; **rausch|gift|süch|tig**

rau|schen es gab rauschenden Beifall, man hörte das Meer rauschen

räus|pern sich: er räusperte sich verlegen

Rau|te die: gleichseitiges Parallelogramm; **Rau|ten|mus|ter** das

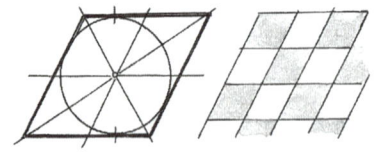

Raz|zia die *arab./franz.,* die Razzien: überraschende Durchsuchungs- und Festnahmeaktion der Polizei

Rea|der [rider] der *engl.,* des Readers, die Reader: Lesebuch mit Auszügen von meist wissenschaftlichen Büchern

Re|a|genz|glas das, die Reagenzgläser: kleines, zylindrisches Probierglas

re|a|gie|ren *lat.:* er reagierte prompt; **Re|ak|ti|on** die, die Reaktionen: eine chemische Reaktion (Umwandlung chemischer Elemente), seelische Reaktionen (Wirkungen auf einen Reiz); **re|ak|ti|o|när** politisch nicht zeitgemäß; **Re|ak|ti|o|när** der; **Re|ak|ti|o|nä|rin** die; **re|ak|ti|ons|schnell**

Re|ak|tor der *engl.,* die Reaktoren: Anlage zur Umwandlung von Kernenergie in Wärmeenergie, Kernreaktor

re|al *lat.:* gegenständlich, wirklich, *Ggs.* irreal; **re|a|li|sie|ren** einen Plan realisieren (in die Tat umsetzen); **Re|a|lis|mus** der: 1. eine sachliche, nüchterne Einstellung zum täglichen Leben 2. in der Kunst und Dichtung eine wirklichkeitsgetreue Darstellung oder Beschreibung der Welt; **re|a|lis|tisch** eine realistische (lebensechte, wirklichkeitsnahe) Erzählung, ein realistischer (sachlich-nüchterner) Mensch; **Re|a|li|tät** die: Gegebenheit, Wirklichkeit; **Re|al|schu|le** die

Re|a|lis|mus der: „Das ist eben ein Realist", sagt man manchmal von einem Menschen und meint, dass er mit beiden Füßen auf dem Boden der Tatsachen steht und eine klare, nüchterne Einstellung zu den Dingen des täglichen Lebens hat. Schon das Wort „real", das aus dem Lateinischen kommt, besagt ja so viel wie „sachlich", „wirklich".
Damit ist auch schon der Weg zum Verständnis des Realismus in der Literatur gewiesen. Der Begriff markiert einen ganz bestimmten zeitlichen Abschnitt von rund fünfzig Jahren im 19. Jahrhundert, die Zeit, die sich an die → Romantik anschließt und bis ins letzte Drittel des 19. Jh.s reicht. Es waren unruhige Jahre des politischen, wirtschaftlichen und technischen Umbruchs, die auf allen Gebieten des Geisteslebens, aber auch des alltäglichen Lebens in Deutschland zu einem großen Wandel führten. Die „gute alte Zeit", beschaulich und gemütlich, wie sie sich in den zahlreichen Bildern Ludwig Richters oder Carl Spitzwegs spiegelte, ging zu Ende und das Industriezeitalter begann.
Ein solcher Wandel konnte nicht ohne Einfluss auf die Literatur bleiben. „Holzpuppen" nannte Georg → Büchner einmal die Gestalten der klassischen und romantischen Dichtungen – doch auch die Klassiker glaubten zu ihrer Zeit, etwas bewegen zu können. Die Realisten wollten das Leben

nun schildern, wie es wirklich war, mit all seinen Licht- und Schattenseiten. Die Literatur der → Klassik und → Romantik wirkte jedoch stark nach und verhinderte, dass sich die Dichter auf die nackte Wirklichkeit beschränkten. Die meisten von ihnen sahen die Welt noch mit den Augen des Poeten. Gerade darin liegt aber der Reiz des „poetischen Realismus", wie man ihn auch nennt.

Die besondere Liebe der Dichter gehörte in dieser Zeit der → Epik. Adalbert → Stifter, Wilhelm → Raabe, C.F. → Meyer, Gottfried → Keller und Theodor → Storm schufen in diesen Jahren die schönsten deutschen Novellen, in denen sich das Leben der Menschen mit all seinen Freuden und Sorgen spiegelt. Aber auch die Vergangenheit wurde in der gleichen realistischen Art und in oft strenger historischer Treue geschildert. Jeremias Gotthelf ließ dabei seine Gestalten in Schwyzerdütsch sprechen, und Fritz Reuter verwendete die plattdeutsche Mundart, um auch auf diese Weise die Wirklichkeitsnähe zu betonen.

Mit → Fontanes Werken erreichte der Realismus einen letzten Höhepunkt. Dann setzt sich zu Beginn der 80er Jahre des 19. Jh.s eine noch strengere Wirklichkeitsnähe durch, die zum → Naturalismus überleitet.

Re|be die: Weinrebe; **Reb|laus** die: Blattlausart; **Reb|stock** der: Weinstock

Re|bell der *franz.*, des/die Rebellen: Aufrührer, Aufständischer; **re|bel|lie|ren** aufbegehren, sich auflehnen; ihr Magen rebellierte (sie hatte Magenbeschwerden); **Re|bel|lin** die; **Re|bel|li|on** die: Aufstand, Empörung; **re|bel|lisch**

Re|bus das / der *lat.*; die Rebusse: → Bilderrätsel

re|chen harken, zusammenscharren; **Rechen** der: Harke

Re|chen|auf|ga|be die; **Re|chen|schaft** die: er ist mir noch Rechenschaft (pflichtgemäße Auskunft, Offenlegung) schuldig; **Re|chen|schafts|pflicht** die; **rechnen** alles in allem gerechnet, mit dem Schlimmsten rechnen; **Rech|nung** die: ihre Rechnung ging nicht auf; **Rechnungs|we|sen** das: Unternehmensbereich, in dem alle Betriebsvorgänge zahlenmäßig erfasst werden

Re|cher|che [reschersche] die *franz.*, die Recherchen: Nachforschung, Ermittlung; **re|cher|chie|ren**

recht du kommst mir gerade recht, recht so! (gut so), verstehe mich recht (missverstehe mich nicht), das geschieht ihm recht! (hat er als Strafe verdient), es geht ihm recht (ganz) gut, den Weg rechter Hand nehmen; **Recht** das, des Recht(e)s, die Rechte: gegen Recht und Gesetz verstoßen, von seinem Recht Gebrauch machen, alle Rechte (auf Abdruck, Verfilmung) vorbehalten, etwas für Recht erkennen (durch Gerichtsurteil entscheiden), etwas zu Recht (mit Grund) fordern; nach dem Rechten sehen (nachsehen, ob alles in Ordnung ist); **recht be|kom|men / Recht be|kom|men** (→ kommen): vor Gericht wird sie recht bekommen / Recht bekommen; **rechtfer|ti|gen** sein Misstrauen war gerechtfertigt (berechtigt, begründet), er wollte sich rechtfertigen (verteidigen, verantworten); **recht ge|ben / Recht geben** (→ geben): wir müssen dir recht geben / Recht geben; **recht ha|ben / Recht ha|ben** ich weiß, dass du recht hast / Recht hast, er hat recht / Recht; **recht|ha|be|risch** immer Recht haben wollen; **recht|mä|ßig** er ist der rechtmäßige (gesetzliche) Erbe; **Rechts|an|walt** der, die Rechtsanwälte; **Rechtsan|wäl|tin** die; **recht|schrei|ben** du kannst nicht rechtschreiben *(nur Infinitiv)*; **Recht|schrei|bung** die; **Rechtsschutz|ver|siche|rung** die: Versicherung, die die Kosten in einem Rechtsstreit übernimmt; **Recht|spre|chung** die; **rechts|wid|rig** ungesetzlich; **recht|winklig**; **recht|zei|tig** sie bremst rechtzeitig

---

recht / Recht: Das Adverb wird kleingeschrieben: *Das geschieht ihr ganz recht. Das ist mir nur recht. Jetzt erst recht.* Großgeschrieben wird die Substantivierung: *Sie wird das Rechte tun. Ich werde nach dem Rechten se-*

hen. In Verbindung mit *haben, geben, bekommen* ist Groß- oder Kleinschreibung möglich: *Du hast Recht/recht. Ich muss dir Recht/recht geben.*

Rech|te die: die rechte Hand; sie saß zur Rechten (zur rechten Hand) des Hausherrn, der Boxer traf mit seiner gefürchteten Rechten; *Ggs.* die Linke; **Rech|te|hand|re|gel / Rech|te-Hand-Re|gel** die: phys. Regel für die Richtung elektromagnetischer Feldlinien um einen Stromleiter, die mit Daumen, Zeige- und Mittelfinger der rechten Hand veranschaulicht wird; **rechts** nach rechts fahren; **Rechts|ab|bie|ger** der; **Rechts|hän|de|rin** die; **rechts|hän|dig; rechts|he|rum** *oder* **-her|um**

Reck das, des Reck(e)s, die Recke: Turngerät; **re|cken** sich recken und strecken

Re|cke der: mutiger, starker Krieger in alten Sagen

Re|cor|der → **Re|kor|der** der

Re|cyc|ling [riß<u>ai</u>kling] das *engl.*, des/die Recyclings: Aufbereitung und Wiederverwendung von benutzten Rohstoffen; **re|cy|celn** [riß<u>ai</u>keln] Flaschen, Dosen und Papier lassen sich recyceln

Re|dak|teur [redakt<u>ö</u>r] der *franz.*, die Redakteure: Angestellter bei Zeitung, Rundfunk, Fernsehen oder im Verlag, der Beiträge auswählt, bearbeitet oder auch selbst verfasst; **Re|dak|teu|rin** die; **Re|dak|ti|on** die: Tätigkeit eines Redakteurs, Gesamtheit der Redakteure, ihre Arbeitsräume; **re|di|gie|ren** ein Manuskript redigieren (bearbeiten)

Re|de die: jemanden zur Rede stellen (Rechenschaft verlangen), er schwang große Reden (prahlte); **re|de|ge|wandt; re|den** erst nachdenken, dann reden!, du hast gut reden; **Re|dens|art** die; **Re|de|rei** die: dummes, oberflächliches Reden; **Red|ner** der; **Red|ne|rin** die; **red|se|lig**

red|lich er gibt sich redlich (aufrichtig) Mühe; **Red|lich|keit** die: Ehrlichkeit

Re|duk|ti|on die *lat.*, die Reduktionen: Verminderung, Herabsetzung, Vereinfachung; **re|du|zie|ren**

re|dun|dant *lat.*: überladen, überreichlich, weitschweifig, überflüssig, nicht erforderlich; **Re|dun|danz** die

Ree|de die: Schiffsankerplatz außerhalb des Hafens; **Ree|der** der: Schifffahrtsunternehmer; **Ree|de|rei** die: Schifffahrtsunternehmen

re|ell *franz.*, am reellsten: ein reelles (preiswertes, vernünftiges) Angebot

Reet das, des/die Reets: Riedgras, Schilf; **Reet|dach** das: mit Schilf gedecktes Dach

Re|fe|rat das *lat.*, die Referate: 1. Abhandlung über ein bestimmtes Thema, die mündlich vorgetragen wird, z. B. ein Referat halten 2. Fachabteilung in einer Behörde, z. B. das Referat für Abfallwirtschaft; **Re|fe|rent** der: 1. Vortragender, Gutachter 2. Sachbearbeiter einer höheren Dienststelle, z. B. Pressereferent der Stadt; **Re|fe|ren|tin** die; **re|fe|rie|ren** zusammenfassend berichten, vortragen

Re|fe|ren|dar der *lat.*: Anwärter auf die höhere Beamtenlaufbahn; **Re|fe|ren|da|rin** die, die Referendarinnen

Re|fe|renz die *lat.*: 1. Empfehlung, Auskunft; er gab ihr Referenzen 2. Person, auf die man sich für Auskunftserteilung beruft

Re|fi|nan|zie|rung die, die Refinanzierungen: Geldaufnahme z. B. einer Bank bei der Bundesbank, um selbst wieder Kredite vergeben zu können

re|flek|tie|ren *lat.*: 1. widerspiegeln, zurückstrahlen; reflektiertes Licht 2. nachdenken, grübeln; über ein Problem reflektieren 3. etwas haben wollen, anstreben; auf eine Auszeichnung reflektieren; **Re|flek|tor** der: Rückstrahler, z. B. beim Fahrrad; **Re|flex** der *franz.*, des Reflexes, die Reflexe: 1. Widerschein, Rückstrahlung 2. auf Nervenreiz erfolgende automatische Kurzreaktion; gute Reflexe haben (schnell reagieren); **Re|fle|xi|on** die *lat.*: 1. Rückstrahlung von Schallwellen oder Lichtstrahlen 2. Nachdenken, Überlegung; **re|fle|xiv** rückbezüglich

Re|fle|xiv|pro|no|men das
▶ Pronomen

Re|form die *lat.*: verbessernde Um- oder Neugestaltung, z. B. soziale Reformen; **Re|for|ma|tor** der; die Reformatoren; **Re|for|ma|to|rin** die; **re|for|mie|ren**

Ref|rain *oder* Re|frain [refrã] *der franz.*, die Refrains: regelmäßige Wiederkehr eines Textstücks oder einer Strophe, z. B. in einem Lied

Re|fu|gi|um das *lat.*, des Refugiums, die Refugien: Zufluchtsstätte, sicherer Ort

Re|gal das *lat.*, die Regale: Bücher- oder Warenregal

Re|gat|ta die *ital.*, die Regatten: Wettfahrt für Segel- oder Ruderboote

re|ge am regsten: sie führen einen regen (lebhaften) Briefwechsel; **re|gen** sich: in ihm regte sich leise Hoffnung, sich regen (sich betätigen) bringt Segen

Re|gel die *lat.*, die Regeln: Vorschrift, Gesetz; etwas nach allen Regeln der Kunst tun (gründlich, geübt); **Re|gel|blu|tung** die: → Menstruation; **re|gel|mä|ßig**; **re|geln** der Polizist regelt den Verkehr; **re|gel|recht** ordnungsgemäß, richtiggehend; **Re|ge|lung** die; **re|gel|wid|rig**

Re|gen der; jemanden im Regen stehen (im Stich) lassen; **reg|nen; reg|ne|risch**

Re|ge|ne|ra|ti|on die: Erneuerung, das Nachwachsen, Erholung; **re|ge|ne|rie|ren** sich: auffrischen, erneuern, wiederherstellen; unsere Haut regeneriert (erneuert) sich ständig, ich muss mich regenerieren (erholen)

Re|gie [reschi] die *franz.*: Regie führen (die künstlerische Leitung eines Theaterstücks, Films o. Ä. haben); etwas in eigener Regie (selbstständig, ganz allein) tun; **Re|gis|seur** [reschißör] der: berufsmäßiger, verantwortlicher Spielleiter; **Re|gis|seu|rin** die

re|gie|ren *lat.*; **Re|gie|rung** die

Re|gime [reschim] das *franz.*, die Regime: Regierung, Herrschaftssystem (*meist abwertend*)

Re|gi|ment das *lat.*, des Regiment(e)s, die Regimente(r): 1. Herrschaft, Leitung; das Regiment führen (bestimmen) 2. Truppenverband

Re|gi|on die *lat.*, die Regionen: bestimmter Bereich, Bezirk; sie schwebt in höheren Regionen (lebt in einer Traumwelt); **re|gi|o|nal** es kamen regionale (eine bestimmte Region betreffende) Nachrichten; *Ggs.* überregional

Re|gis|ter das *lat.*: 1. alphabetisches Personen- oder Sachverzeichnis, z. B. das amtliche Handelsregister 2. stufenförmig zugeschnittenes Abc-Register, z. B. bei Telefonbüchern 3. Reihe von Orgelpfeifen gleicher Klangfarbe; sie zog alle Register ihres Wissens; **Re|gis|ter|ton|ne** die: Raummaß für Schiffe; *Abk.* RT (1 RT = 2,83 m³); **Re|gist|ra|tur** *oder* Re|gis|tra|tur die: Aktenraum, Ablageschrank; **re|gist|rie|ren** *oder* re|gis|trie|ren: Adressen registrieren (aufzeichnen), einen Vorfall registrieren (wahrnehmen, feststellen)

Reg|le|ment *oder* Re|gle|ment [reglemã] das *franz.*, des/die Reglements: Dienstvorschriften, Satzungen, Statuten; **reg|le|men|tie|ren** *oder* re|gle|men|tie|ren: jemanden reglementieren (gängeln), sein Tagesablauf ist reglementiert (genau geregelt, festgelegt)

Re|gress der *lat.*, des Regresses, die Regresse: *(Wirtsch./Recht)* Schadensersatzanspruch; **re|gress|pflich|tig** er machte ihn regresspflichtig (forderte Schadensersatz)

re|gu|lär *lat.*: die reguläre (vorgeschriebene) Arbeitszeit, den regulären (normalen) Preis bezahlen, *Ggs.* irregulär; **regu|lie|ren** die Wärme regulieren (genau einstellen)

Re|gung die; **re|gungs|los** ohne sich zu bewegen: sie lag regungslos da

Reh das, des Reh(e)s, die Rehe

Re|ha|bi|li|ta|ti|on die: Wiedereingliederung, Wiedereinsetzung; **re|ha|bi|li|tie|ren** 1. das eigene oder fremde Ansehen wiederherstellen; der Politiker wurde in einem Gerichtsverfahren rehabilitiert 2. einen Kranken oder Behinderten wieder in das berufliche und gesellschaftliche Leben eingliedern; **Re|ha-Kli|nik** die: *Kurzwort für* Rehabilitationsklinik

Rei|be die: Raspel; **rei|ben** du reibst, sie rieb, gerieben, er riebe; **Rei|be|rei** die: Streitigkeit; **Rei|bung** die; **rei|bungs|los**

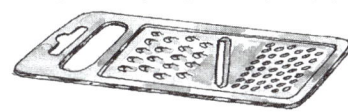

reich die reichste Stadt, der Saal ist reich (kostbar, prächtig) geschmückt; **Reich** das, des Reich(e)s, die Reiche: im Reich der Träume leben (weltfremd sein), das Römische Reich; **reich|hal|tig** ein reichhaltiges Programm; **Reich|tum** der, die Reichtümer

rei|chen solange der Vorrat reicht, mir reicht es jetzt (ich habe genug), so weit der Himmel reicht (überall), sich die Hände reichen; **Reich|wei|te** die: bleib in Reichweite (in der Nähe)!, die Reichweite (der Empfangsradius) eines Senders

reif er war reif für einen Urlaub, sie bot eine reife (abgerundete, gute) Leistung; **Rei|fe** die; **rei|fen** die Idee muss noch reifen; **Rei|fe|zeit** die; **reif|lich** nach reiflicher (gründlicher) Erwägung etwas entscheiden

Reif der, des Reif(e)s: Niederschlag aus Eiskristallen; der erste Reif lag auf den Wiesen; **Reif|glät|te** die

Reif der, des Reif(e)s, die Reife: ein goldener Reif; **Rei|fen** der, die Reifen: den Reifen flicken

Rei|he die: aus der Reihe tanzen (eigenwillig sein), immer der Reihe nach, sie sitzt in der letzten Reihe; **rei|hen** Wort an Wort reihen (fügen); **Rei|hen|schal|tung** die: **rei|hen|wei|se**; **reih|um** die Flasche ging reihum; **Rei|hung** die

Reim der, des Reim(e)s, die Reime: Viele meinen, ein Gedicht müsse sich reimen, d. h., die Endsilben einzelner Zeilen müssten gleich klingen. Falsch! Ein Gedicht lebt nicht unbedingt vom Reim. Er ist neben anderen nur *ein* Formelement der → Lyrik (auch des Epos); übrigens sind reimlose Gedichte gar nicht so selten.
Im Unterschied zum germanischen Stabreim, der durch gleichen Anlaut die Sinn tragenden Wörter einer Zeile heraushebt (B̲üsche und B̲äume), achtet der aus der romanischen Literatur übernommene Endreim auf den Gleichklang vom letzten betonten Vokal an. Man unterscheidet Reime nach 1. Silbenzahl: „gleitend" (fröhliche – selige), „klingend" (singen – klingen), „stumpf" (Sang – Klang); 2. nach Übereinstimmung im Vokalklang: „rein" (S a̲ng – Kl a̲ng), „unrein" (fr ö̲hliche – s e̲lige).

Auch nach verschiedenen Reimfolgen kann man unterscheiden: „Paarreim" = aabb (Knaben – Graben – hinüber – lieber), „Kreuzreim" = abab (Teller – Pfützen – schneller – Mützen), „umarmender Reim" = abba (Kuh – schallendes – hallendes – Muh), „Schweifreim" = aabccb (aufgegangen – prangen – klar – schweiget – steiget – wunderbar). Wenn am Ende der Strophen immer die gleiche Zeile wiederkehrt, spricht man vom „Kehrreim" (= Refrain).

rei|men → Reim

rein das ist reiner Zufall, er hat ein reines Gewissen, ins Reine kommen, im Reinen sein; **Rein|fall** der: unangenehme Überraschung, Misslingen; **Rein|heit** die; **rei|ni|gen**; **Rei|ni|gung** die; **rein|lich**

Reis der *ind./griech.*, des Reises: asiatische Getreideart

Rei|se die; **rei|se|fer|tig**; **Rei|se|lek|tü|re** die: Lesestoff für die Urlaubsreise; **rei|sen**; **Rei|sen|de** der/die; **Rei|se|scheck** der: bargeldloses Zahlungsmittel zum Einlösen bei einer Bank im Reiseland; **Rei|se|wel|le** die: starker Reiseverkehr

Rei|sig das: dürre Zweige; **Rei|sig|be|sen** der

Reiß|aus der: sie nahm Reißaus (lief weg); **rei|ßen** du reißt, er riss, gerissen, er risse: sich blutig reißen (ritzen), Witze reißen, ein reißender (wild strömender) Fluss, ein gerissener (schlauer) Plan; **rei|ße|risch** ein reißerischer (auf billige Effekte angelegter) Film; **Reiß|ver|schluss** der; **Reiß|zwe|cke** die: Pinnnadel

rei|ten du reitest, er ritt, geritten, sie ritte; **Rei|ter** der; **Rei|te|rin** die

Reiz der, des Reizes, die Reize: der Reiz des Verbotenen; **reiz|bar**; **reiz|emp|find|lich**; **rei|zen** er war sehr gereizt (ärgerlich); **rei|zend** es ist reizend von dir; **Reiz|hus|ten** der: hartnäckiger Husten; **reiz-**

los; **Reiz|über|flu|tung** die: Fülle von Reizen wie Lärm, Reklame, Musik u. Ä., denen jemand im Alltag ausgesetzt ist

Re|ka|pi|tu|la|ti|on die *lat.*: Zusammenfassung, Wiederholung; **re|ka|pi|tu|lie|ren** die Hauptaussagen eines Vortrages rekapitulieren (noch einmal zusammenfassen, wiederholen)

Re|kla|ma|ti|on die *lat.*, die Reklamationen: Beanstandung, Protest; **re|kla|mie|ren** sie reklamierte (forderte) die fehlende Rechnung

Re|kla|me die *lat.*: Reklame (Werbung) machen

Re|kord der *engl.*, des Rekord(e)s, die Rekorde: meist sportliche Höchstleistung; **Re|kord|ern|te** die: überdurchschnittliche Ernte

Re|kor|der / Re|cor|der der *engl.*: Aufnahme- und Wiedergabegerät für Bild- und Tonsignale, z. B. Kassettenrekorder

Re|krut der *franz.*, des/die Rekruten: Soldat in der Grundausbildung; **Re|kru|ten|zeit** die; **Re|kru|tin** die

Rek|tor der *lat.*, die Rektoren: 1. Schulleiter 2. leitender Geistlicher; **Rek|to|rat** das, des Rektorat(e)s: Amt, Amtszeit, Diensträume eines Rektors; **Rek|to|rin** die

Re|lais [relä] das *franz.*, des/die Relais: elektrische Schalteinrichtung

Re|la|ti|on die *lat.*: der Preis steht in keiner Relation (in keinem angemessenen Verhältnis) zu dem, was geboten wird; **re|la|tiv** vergleichsweise, eingeschränkt, auf etwas bezogen; **Re|la|ti|vi|tät** die: Bedingtheit, eingeschränkte Gültigkeit, Verhältnismäßigkeit

Re|la|tiv|pro|no|men das ▶ Pronomen

Re|la|tiv|satz der ▶ Nebensatz

re|le|vant *franz.*: bedeutsam, wichtig; *Ggs.* irrelevant

Re|li|gi|on die *lat.*, **re|li|gi|ös** am religiösesten; **Re|li|gi|o|si|tät** die

Re|likt das *lat.*, des Relikts, die Relikte: Überbleibsel, ein Relikt aus der Eiszeit

Re|ling die: Geländer um das Schiffsdeck

Re|li|quie die *lat.*, die Reliquien: Überrest wie z. B. Gebeine oder Kleidung einer als heilig verehrten Person

re|mis [remi] *franz.*: unentschieden, z. B. beim Schachspiel oder im Wettkampf; **Re|mis** das: unentschiedenes Spiel

Re|mit|ten|de die *lat.*, die Remittenden: beschädigte Zeitung oder fehlerhaftes Buch, das an den herausgebenden Verlag zurückgeschickt wird

Re|mou|la|de [remulade] die *franz.*: Kräutermajonäse

Rem|pe|lei die; **rem|peln** er wurde von hinten gerempelt (angestoßen)

Ren das *skand.*, des/die Rens: Hirschart in den Nordpolargebieten

Re|nais|sance [renäßáß] die *franz.*: 1. in Italien beginnende kulturgeschichtliche Epoche zwischen Mittelalter und Neuzeit 2. künstlerische und geistige Bewegung in dieser Zeit

Ren|dez|vous [rãdewu] das *franz.*: Stelldichein, Verabredung

Ren|di|te die *ital.*, die Renditen: jährlicher Kapitalgewinn, Zinsertrag

re|ni|tent *franz.*: widerspenstig, sich auflehnend; eine renitente Klasse

ren|nen du rennst, er rannte, gerannt, sie rennte; **Ren|nen** das

Re|nom|mee das *franz.*, des/die Renommees: Ruf, Leumund, Ansehen; **re|nom|mie|ren** sie renommiert (prahlt) mit einem großen Auto; **Re|nom|mist** der: Prahlhans, Angeber

re|no|vie|ren *lat.*: die Kirche wurde völlig renoviert (instand gesetzt, hergerichtet); **Re|no|vie|rung** die

ren|ta|bel *franz.*, am rentabelsten: eine rentable (lohnende, einträgliche) Arbeit bekommen; **Ren|ta|bi|li|tät** die; **Ren|te** die: regelmäßiges Einkommen nach altersbedingtem Ausscheiden aus dem Berufsleben; in Rente gehen; **Ren|ten|ver|si|che|rung** die; **ren|tie|ren** sich: der Aufwand hat sich rentiert (gelohnt); **Rent|ner** der; **Rent|ne|rin** die

re|pa|ra|bel *lat.*: wiederherstellbar, zu reparieren, *Ggs.* irreparabel; **Re|pa|ra|tur** die: Ausbesserung, Instandsetzung; **re|pa|ra|tur|an|fäl|lig**; **re|pa|rie|ren**

Re|per|toire [repertoar] das *franz.*, des/die Repertoires: eingeübte Stücke (bei Musikern) oder Rollen (bei Schauspielern), die jederzeit gespielt werden können

Report

Re|port der *franz.*, des Report(e)s, die Reporte: Untersuchung, Bericht über wichtige Ereignisse; **Re|por|ter** der; **Re|por|te|rin** die

Re|por|ta|ge [reportasche] die *franz.*: Wenn irgendwo in der Welt ein wichtiges Ereignis stattfindet, das die Neugier, den Wissensdurst oder den Sensationshunger der Menschen weckt, dann sind auch Reporter dabei, die für die Presse, für den Rundfunk oder das Fernsehen arbeiten. An Ort und Stelle sammeln die Journalisten Informationen, formulieren → Nachrichten und verfassen → Kommentare, um die Öffentlichkeit zu informieren und sie an den Geschehnissen teilhaben zu lassen.

Die Reportage ist eine besondere Form der journalistischen Berichterstattung. Sie ist im Ton nicht so sachlich wie die Nachricht; sie informiert zwangloser, bisweilen auch spannender. Man könnte die Reportage auch einen Erlebnisbericht nennen. Sie enthält nämlich vielfach die persönlichen Erfahrungen und Eindrücke des Reporters, die er durch Befragen von Augenzeugen, durch → Interviews, erweitern und bereichern kann. Von berufsmäßiger Neugier getrieben, sucht der Reporter hinter die Kulissen zu blicken, Zusammenhänge aufzuzeigen und Stimmungsbilder zu geben. In der Regel ist daher die Reportage auch umfangreicher als ein Zeitungsbericht.

Themen für Reportagen finden sich bei allen möglichen Gelegenheiten; sie müssen nur interessant sein oder interessant gemacht werden: z.B. wichtige politische Ereignisse oder Hochzeiten von Stars, Olympische Spiele oder Sensationsprozesse, Raketenstarts oder Kriegsschauplätze. Wie die meisten journalistischen Arbeiten werden Reportagen bald vergessen. Nur wenige überdauerten, wie z.B. manche Reportagen des „rasenden Reporters" Egon Erwin Kisch oder des amerikanischen Schriftstellers Ernest Hemingway.

Re|prä|sen|tant der *lat.*, des/die Repräsentanten: öffentlicher Vertreter einer Gruppe oder Firma, Abgeordneter; **Re|prä|sen|tan|tin** die; **Re|prä|sen|ta|ti|on** die; **re|prä|sen|ta|tiv** 1. wirkungsvoll, würdig 2. verschiedene Interessengruppen berücksichtigend; eine repräsentative Umfrage; **re|prä|sen|tie|ren** nach außen würdig vertreten

Re|pres|sa|lie die *lat.*, die Repressalien: Straf- oder Vergeltungsmaßnahme; gegen jemanden Repressalien (Druckmittel) ergreifen

Re|print [ri…] der *engl.*, des/die Reprints: Neudruck, unveränderter Nachdruck

Re|pro|duk|ti|on die *lat.*: Wiedergabe, Nachbildung, Vervielfältigung; **re|pro|du|zie|ren** nachahmen, etwas genauso herstellen

Rep|til das *lat.*, die Reptilien: Kriechtier

Re|pub|lik *oder* Re|pu|blik die *franz.*, die Republiken: Staatsform

Re|qui|em das *lat.*, des/die Requiems: 1. Totenmesse; ein Requiem halten 2. Komposition für eine Totenmesse; sie ließ das Requiem von Mozart spielen

re|qui|rie|ren *lat.*: beschlagnahmen, etwas gewaltsam herbeischaffen; **Re|qui|sit** das *lat.*: im Theater oder beim Film verwendeter Gegenstand

Re|se|da die: Zierpflanze; **Re|se|da|grün** das: zartes Gelbgrün

Re|ser|vat das *lat.*, des Reservats, die Reservate: 1. Schutzgebiet für Tiere und Pflanzen 2. den Indianern in Nordamerika zugewiesenes Wohngebiet; **Re|ser|va|ti|on** die → Reservat

Re|ser|ve die *lat./franz.*: 1. Vorrat, Rücklage, Ersatz; sie hat stille Reserven (Geldrücklagen) 2. Zurückhaltung; jemanden aus der Reserve locken; **Re|ser|ve|rei|fen** der: im Auto mitgeführter Ersatzreifen; **re|ser|vie|ren** sich Kinokarten reservieren (zurücklegen) lassen; **re|ser|viert** er grüßte reserviert (kühl, zurückhaltend)

Re|ser|voir [reservoar] das *franz.*, die Reservoire: großes Sammelbecken, z.B. für Wasser

Re|si|denz die *lat.*: 1. Wohn- oder Amtssitz eines Staatsoberhaupts 2. Landeshauptstadt; **re|si|die|ren** eine Residenz bewohnen, Hof halten

Re|sig|na|ti|on *oder* Re|si|gna|ti|on die *lat.*: das Sichfügen, Ergeben in etwas Unabänderliches; **re|sig|nie|ren** *oder* re|si|gnie|ren: aufgeben, verzichten

re|sis|tent *lat.*: widerstandsfähig gegen Einwirkungen von außen wie z. B. Schädlinge oder Krankheitskeime

re|so|lut *lat.*, am resolutesten: eine resolute (entschlossene, tatkräftige) Frau; **Re|so|lu|ti|on** die: abschließende Meinungsäußerung einer Versammlung, Beschluss

Re|so|nanz die *lat.*, die Resonanzen: 1. das Mittönen oder -schwingen eines anderen Körpers, angeregt durch Schall oder andere Wellen; der Resonanzkörper der Violine verstärkt den Klang, durch Resonanz schaukelten sich die Meereswellen haushoch auf 2. Wirkung, Anklang, Verständnis: er stieß auf schwache Resonanz

re|sor|bie|ren *lat.*: gelöste oder flüssige Stoffe über die Haut oder den Verdauungstrakt aufnehmen, aufsaugen; **Re|sorp|ti|on** die

re|so|zi|a|li|sie|ren *lat.*: schrittweise wieder in die Gemeinschaft eingliedern, z. B. einen ehemaligen Strafgefangenen; **Re|so|zi|a|li|sie|rung** die

Res|pekt *oder* Re|spekt der *franz.*, des Respekt(e)s: sich Respekt (Achtung, Anerkennung) verschaffen; **res|pek|ta|bel** *oder* re|spek|ta|bel: ein respektabler (achtbarer) Erfolg; **res|pek|tie|ren** *oder* re|spek|tie|ren: die bestehenden Gesetze respektieren (anerkennen, befolgen); **res|pekt|los** *oder* re|spekt|los

Res|sort [reßor] das *franz.*, des/die Ressorts: Aufgaben- oder Geschäftsbereich

Res|sour|ce [reßurße] die *lat.-franz.*, die Ressourcen: natürlicher Bestand, Hilfsmittel, Geldquelle; das Land verfügte über beachtliche Ressourcen (Bodenschätze)

Rest der, des Rest(e)s, die Reste; **rest|lich** der restliche Betrag folgt; **rest|los**; **Rest|wert** der: Wert eines Produkts, der sich vermutlich beim Verkauf erlösen lässt

Res|tau|rant [räßtorā] das *franz.*, des/die Restaurants: Speisegaststätte

Res|tau|ra|ti|on die *lat.*: Erhaltung, Ausbesserung, Wiederherstellung; **Res|tau|ra|tor** der: Fachmann, der Kunstwerke restauriert; **Res|tau|ra|to|rin** die; **res|tau|rie|ren** die Hausfassade wird restauriert

re|strik|tiv *oder* res|trik|tiv / rest|rik|tiv *lat.*: einengend, einschränkend; eine Anordnung restriktiv (eng) auslegen; *Ggs.* extensiv

Re|sul|tat das *lat.*, des Resultat(e)s, die Resultate: Ergebnis; **re|sul|tie|ren** der Endbetrag resultiert (ergibt sich) aus fünf Einzelposten

Re|sü|mee das *franz.*, des/die Resümees: Übersicht, Zusammenfassung; das Resümee ziehen (feststellen, was wichtig war); **re|sü|mie|ren** kurz darlegen

re|tar|die|ren *franz.*: hemmen, verzögern, aufhalten

Re|tor|te die *lat.*, die Retorten: kugelförmiges Laborgefäß mit nach unten gebogenem Hals zur Destillation von Flüssigkeiten; **Re|tor|ten|ba|by** das: Baby, das sich aus einem außerhalb des Mutterleibs befruchteten und wieder in die Gebärmutter zurückverpflanzten Ei entwickelt hat

ret|ten sie hatte die rettende Idee, der erfolgreiche Schauspieler weiß sich vor Verehrerinnen kaum noch zu retten (er wird von ihnen sehr stark bedrängt), der Läufer rettete sich ins Ziel (erreichte es mit knapper Not), rette sich, wer kann!; **Ret|ter** der; **Ret|te|rin** die; **Ret|tung** die; **ret|tungs|los**

Ret|tich der *lat.*

Re|turn [ritörn] der *engl.*, des/die Returns: 1. Ballrückgabe 2. Wagenrücklauf bei der Schreibmaschine oder Rücklauftaste beim Computer

Re|tu|sche die *franz.*, die Retuschen: nachträgliche Bearbeitung eines Negativs, Fotos oder einer Druckvorlage; **re|tu|schie|ren**

Reue die; **reu|en** das viele Geld hat ihn gereut; **reue|voll**; **reu|ig** ein reuiger Sünder; **reu|mü|tig**

Reu|se die: Fisch- oder Vogelfanggerät

Re|van|che [rewãsch(e)] die *franz.*: 1. Vergeltung 2. Gegendienst, 3. Rückspiel; vom Gegner eine Revanche verlangen; **re|van|chie|ren** sich: 1. sich rächen, etwas heimzahlen 2. sich bedanken, erkenntlich zeigen; sie revanchierte sich mit einer Einladung zum Essen

Re|ve|renz die *lat.*: jemandem seine Reverenz (Hochachtung, Ehrerbietung) erweisen

Re|vers [rewär] das/der *franz.*, des/die Revers: Jacken- oder Mantelaufschlag

Re|vers [rewärß / rewär] der *franz.*, des Reverses, die Revers(e): 1. Rückseite einer Medaille oder Münze 2. schriftliche Erklärung, Verpflichtung

re|ver|si|bel *lat.*: umkehrbar, z. B. in Bezug auf chemische oder biologische Abläufe; *Ggs.* irreversibel

re|vi|die|ren *lat.*: 1. prüfen, kontrollieren, durchsuchen: eine Satzfahne revidieren (auf Fehler durchsuchen) 2. nach Prüfung ändern, korrigieren: er musste sein Urteil revidieren

Re|vier das *niederl.*, die Reviere: 1. Tätigkeitsbereich 2. Abbaugebiet im Bergbau 3. Wohn-, Brut- oder Jagdgebiet eines Tieres 4. polizeiliche Meldestelle

Re|vi|si|on die *lat.*: 1. Kontrolle, Überprüfung 2. Rechtsmittel gegen ein Urteil; sein Anwalt geht in die Revision; **Re|vi|sor** der, die Revisoren: Prüfer, Korrektor; **Re|vi|so|rin** die

Re|vol|te die *franz.*: Aufstand, Empörung, Auflehnung; **re|vol|tie|ren** gegen eine schlechte Behandlung revoltieren (aufbegehren)

Re|vo|lu|ti|on die *lat.*: gewaltsamer Umsturz, Umwälzung; **re|vo|lu|ti|o|när**

Re|vol|ver der *engl.*: mehrschüssige Handfeuerwaffe

Re|vue [rewü] die *franz.*, die Revuen: 1. Bühnenstück mit Musik, Tanz und großer Ausstattung 2. Zeitschrift mit Überblick über ein spezielles Gebiet, z. B. Flugrevue

Re|zen|sent der *lat.*: jemand, der rezensiert; **Re|zen|sen|tin** die; **re|zen|sie|ren** ein Buch rezensieren (kritisch lesen und besprechen); **Re|zen|si|on** die: kritische Besprechung neuer Bücher, Filme, Theaterstücke in einer Zeitung

Re|zept das *lat.*, des Rezept(e)s, die Rezepte: 1. Koch- oder Backanleitung 2. ärztliche Anweisung, Arzneimittelverordnung; **re|zept|pflich|tig**

Re|zep|ti|on die *lat.*: 1. Aufnahme, Übernahme, Wahrnehmung 2. Aufnahmeraum, Anmeldestelle im Hotel

Re|zes|si|on die *lat.*: Rückgang der wirtschaftlichen Entwicklung

re|zi|prok *oder* re|zip|rok *lat.*: wechselseitig, aufeinander bezüglich; ein reziproker Wert, Kehrwert z. B. 3/5 und 5/3

Re|zi|ta|ti|on die *lat.*, die Rezitationen: künstlerischer Vortrag; **re|zi|tie|ren** ein Gedicht rezitieren

Rha|bar|ber der *griech.*: Heil- und Nutzpflanze

Rhein der; **rhei|nisch**; **Rhein|land-Pfalz**; **Rhein|land-Pfäl|zer** der, die Rheinland-Pfälzer; **Rhein|land-Pfäl|ze|rin** die, die Rheinland-Pfälzerinnen; **rhein|land|pfäl|zisch**

Rhe|sus|fak|tor der *lat.*: von den Blutgruppen unabhängiges erbliches Merkmal bei roten Blutkörperchen (zuerst entdeckt bei Rhesusaffen), das z. B. bei einer Blutübertragung beachtet werden muss; *Zeichen* Rh = Rhesusfaktor positiv, rh = Rhesusfaktor negativ

Rhesusaffe

Rhe|to|rik die *griech.*: Lehre von der wirkungsvollen Kunst des Redens, Redekunst; **rhe|to|risch** die Redeweise betreffend

Rheu|ma das *griech.*: Kurzwort für Rheumatismus; **rheu|ma|tisch**; **Rheu|ma|tis|mus** der: Entzündung der Gelenke, Muskeln, Sehnen

Rhi|no|ze|ros das *griech.*, des Rhinozeros(ses), die Rhinozerosse: Nashorn

Rho|do|den|dron *oder* Rho|do|den|dron das/der *griech.*, die Rhododendren: immergrüner Zierstrauch

Rhön|rad das: Turngerät, das in der Rhön (dt. Mittelgebirge) entwickelt wurde

Rhyth|mik die *griech.*: 1. Lehre vom Rhythmus 2. rhythmische Gymnastik, rhythmischer Tanz

Rhyth|mus der *griech.*, die Rhythmen: Unser Leben ist von Rhythmen bestimmt. Anspannung und Entspannung wechseln ständig, Arbeit und Ruhe müssen einander ablösen, sonst kommen wir aus dem Tritt. Auch die Dichtung lebt vom Rhythmus. Man darf den Rhythmus aber nicht mit dem Takt verwechseln, der durch das → Metrum bestimmt wird. Der Takt kennzeichnet z. B. Gehbewegungen in ihrem regelmäßigen Wechsel von betonten und unbetonten Silben („Schau, da kommt er angeschlichen!") oder Tanzbewegungen, die einen regelmäßigen Wechsel von einer betonten und zwei unbetonten Silben zeigen („Zum Drehen und Walzen mit lustigem Hopp").

Der Rhythmus aber löst sich von jeder Fessel. Er spiegelt die innere Bewegung des Textes, steigt, fällt, schwankt. Er macht sinnlich spürbar, was die Worte sagen: durch Akzent, Pause, Tempo, Klangfarbe. Er spielt mit Hebungen und Senkungen wie im Tanz, fließt, strömt, baut die Aussage auf, verzögert und verstummt. Der Rhythmus weckt die Musik in der Sprache.

rich|ten alle Augen waren auf ihn gerichtet, besser schlichten als richten (verurteilen); **Rich|ter** der; **Rich|te|rin** die; **Richt|fest** das: Feier der Handwerker nach Fertigstellung des Rohbaus; **Richt|li|nie** die; **Richt|wert** der: vorgegebener Wert, an dem man sich orientiert

rich|tig ich finde das richtig, sie wurde richtig (regelrecht) wütend, hast du die Uhr richtig gestellt / richtiggestellt?, *aber* → richtigstellen; *groß:* er hat im Lotto vier Richtige, das wird das einzig Richtige sein, das Richtigste sein; **rich|tig|stel|len** klarstellen, korrigieren, er hat den Sachverhalt richtiggestellt

Rich|tung die; **Rich|tungs|kampf** der: Auseinandersetzungen innerhalb einer Partei über politische Grundsätze; **rich|tung(s)|wei|send** eine richtung(s)weisende Verordnung

rie|chen du riechst, er roch, gerochen, sie röche: die Luft roch nach Schnee, das riecht nach Betrug (könnte Betrug sein); **Riech|kol|ben** der: *ugs. scherzh. für* Nase

Ried → Reet

Rie|ge die: Gruppe, Turnerabteilung

Rie|gel der: einer Sache einen Riegel vorschieben (sie stoppen, unterbinden)

Rie|men der: 1. Lederband, Schnürsenkel, Gürtel 2. längeres Ruder

Rie|se der; **rie|sen|groß; rie|sig; Rie|sin** die

rie|seln „Leise rieselt der Schnee …"

Ries|ling der: Rebsorte, leichter Weißwein daraus

Riff das, des Riff(e)s, die Riffe: Felsklippe im Strom oder Meer

rif|feln geriffeltes (geripptes) Glas

ri|gid / ri|gi|de *lat.:* 1. streng, unnachgiebig; rigide Befehle 2. *(med.)* starr, steif; **Ri|gi|di|tät** die

ri|go|ros *lat.:* rigorose (strenge, harte) Maßnahmen treffen; **Ri|go|ro|si|tät** die

Rik|scha die *jap.:* zweirädriger, von einer Person gezogener Wagen in Ostasien, heute meist durch dreirädrige Fahrradrikschas ersetzt

Ril|le die

Rind das, des Rind(e)s, die Rinder; **Rin|der|bra|ten / Rinds|bra|ten** der; **Rind(s)|le|der** das; **Rind|vieh** das

Rin|de die: 1. Baumrinde 2. Brotrinde

Ring der, des Ring(e)s, die Ringe; **rin|geln** Locken ringeln sich um ihr Gesicht; **rin|gen** du ringst, er rang, gerungen, sie ränge: sie ringt entsetzt die Hände, er rang nach Luft (atmete nur mühsam); **Rin|ger** der; **ring|för|mig; Ring|rich|ter** der: Schiedsrichter beim Boxen (im Ring)

rings rings um das Haus ist ein Garten; **rings|he|rum** *oder* rings|her|um

Rin|ne die; **rin|nen** es rinnt, es rann, ge-

ronnen, es ränne: der Regen rinnt über die Blätter; **Rinn|sal** das, des Rinnsal(e)s, die Rinnsale: Bächlein
Rip|pe die
Ri|si|ko das *ital.*, die Risiken/Risikos: Wagnis, Verlustgefahr; sie wollte lieber kein Risiko eingehen; **Ri|si|ko|fak|tor** der, die Risikofaktoren; **ri|si|ko|freu|dig**; **Ri|si|ko|prä|mie** die: kalkulatorischer Zuschlag für erwartete Risiken, z. B. bei Versicherungen; **ris|kant** am riskantesten: ein riskantes Vorhaben; **ris|kie|ren** sie riskiert dabei Kopf und Kragen (setzt alles aufs Spiel)
Ri|sot|to der *ital.*, des/die Risottos: Gericht aus Reis mit Tomatensoße und Parmesankäse
Ris|pe die: verzweigter Blütenstand

Riss der, des Risses, die Risse; **ris|sig** er hat rissige Hände
Rist der, des Ristes, die Riste: Fußspann und Handrücken
Ritt der, des Ritt(e)s; **Rit|ter** der: mittelalterlicher Krieger aus dem Ritterstand; **Rit|ter|burg** die; **Rit|ter|gut** das; **rit|ter|lich** er benahm sich sehr ritterlich (fair, zuvorkommend); **Rit|ter|schlag** der: Aufnahme in den Ritterstand; **rittlings** sie saß rittlings (wie eine Reiterin) auf dem Zaun
Ri|tu|al das *lat.*, die Rituale / Ritualien: feste Ordnung religiöser Bräuche, Zeremoniell; **ri|tu|ell**; **Ri|tus** der, des Ritus, die Riten: althergebrachter, feierlicher Brauch
Ritz der, des Ritzes, die Ritze (→ Ritze); **Ritze** die, die Ritzen: der Wind pfeift durch die Ritzen; **rit|zen** sich an den Dornen ritzen
Ri|va|le der *franz.*, die Rivalen: Mitbewerber, Nebenbuhler; **ri|va|li|sie|ren** um den Vorrang kämpfen; **Ri|va|lin** die; **Ri|va|li|tät** die
Ri|zi|nus der: Pflanze, aus deren Samen Rizinusöl (ein Abführmittel) gewonnen wird

Roast|beef [rostbif] das *engl.*: zarter Rinderbraten (nicht ganz durchgebraten)
Rob|be die, die Robben: Meeressäugetier; **rob|ben** durch den Schlamm robben; **Rob|ben|fän|ger** der/die

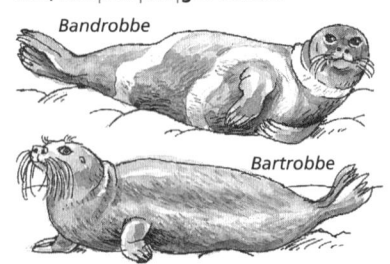

Bandrobbe

Bartrobbe

Ro|be die *franz.*, die Roben: 1. langes, festliches Abendkleid 2. richterliche Amtstracht
Ro|bin|son|spiel|platz der: Abenteuerspielplatz (nach der Titelfigur des Abenteuerromans „Robinson Crusoe" von Daniel Defoe)
Ro|bo|ter der *tschech.*: elektronisch gesteuerter Automat
ro|bust *lat.*, am robustesten: stämmig, kräftig, unempfindlich, stabil; **Ro|bust|heit** die
rö|cheln der Kranke röchelte
Ro|chen der: Meeresraubfisch, Haiart mit flachem Körper

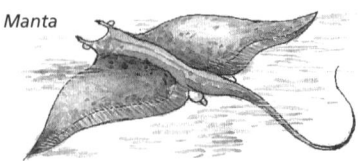

Manta

Rock der, des Rock(e)s, die Röcke
Rock der: *Kurzwort für* Rockmusik; **Rock and Roll / Rock 'n' Roll** der *amerik.*; **ro|cken**; **Ro|cker** der, die Rocker: 1. motorisierter, meist ledergekleideter Angehöriger einer jugendlichen Bande 2. Rockmusiker
Ro|del der: Schlitten; **ro|deln**
ro|den den Wald roden (die Bäume fällen und die Wurzeln ausgraben); **Ro|dung** die
Ro|gen der: Eier der Fische
Rog|gen der: Getreideart; **Rog|gen|mehl** das

roh am rohesten: Möbel aus rohem (unbearbeitetem) Holz, er behandelt sie roh und gemein; **Roh|bau** der, die Rohbauten; **Roh|heit** die; **Roh|kost** die; **Roh|ling** der; **Roh|stoff** der; **roh|stoff|reich**

Rohr das, des Rohr(e)s, die Rohre; **Röhre** die; **röh|ren|för|mig**; **Röh|richt** das: Schilfrohrdickicht; **Röhr|ling** der: Pilz mit feinen, senkrechten Röhren an der Unterseite des Hutes, im Gegensatz zum Lamellenpilz

Ro|ko|ko das franz.: kurzzeitiger europäischer Kunststil im 18. Jh. in der Bauweise, Mode, Dichtung, Malerei und Musik, gekennzeichnet durch verspielt-heitere und zierliche Formen

Roll|la|den der, die Rollläden / Rollladen; er ließ den Rollladen herunter; **Rol|le** die: sie machte eine Rolle vorwärts, Zeit spielt keine Rolle, in der Rolle des Zuschauers sein, eine Rolle Münzen; **rol|len** der Ball rollt ins Tor; aber: etwas kommt ins Rollen (beginnt); **Rol|ler** der: Kurzwort für Tret- oder Motorroller; **Roll|schuh** der, die Rollschuhe

Rol|lo / **Rou|leau** das, des/die Rollos: aufrollbarer Vorhang

Ro|man der franz., die Romane: Mit dem Begriff „Roman" geht es uns wie mit vielen ähnlichen Begriffen: Jeder benutzt sie, jeder hat eine ungefähre Vorstellung von der Sache, die sie bezeichnen. Und doch: Würde man gefragt, was ein Roman denn nun sei – dann wäre die Antwort gar nicht so einfach. Es gibt ja die verschiedensten Erscheinungsformen des Romans. Man denke an den Abenteuerroman, den Kriminalroman, den Liebesroman, den Zukunftsroman, den Mädchenroman, um nur einige wenige zu nennen. Als äußerliche Gemeinsamkeit wird man in jedem Fall feststellen können: Romane sind Prosatexte größeren Umfangs (unterhalb einer bestimmten Länge würden wir die Benennung → „Erzählung" vorziehen).

Dieser „kleinste gemeinsame Nenner" befriedigte die Literaturwissenschaftler natürlich nicht, und so ist man sich heute weitgehend einig, dass zum Roman die Darstellung größerer Lebenszusammenhänge gehört, also z. B. eines längeren Abschnitts im Leben eines Menschen oder eines breiteren Ausschnitts aus dem „Leben" einer Zeit (oder beides miteinander).

Der Roman darf und soll in „epischer" Breite erzählen. Dazu benutzen die Autoren das „epische Präteritum", d. h.: Es wird meist in der Vergangenheitsform erzählt.

Ein Roman ist aber keineswegs ein nüchterner Bericht über geschehene Ereignisse. Er will seine Leser in erster Linie unterhalten, aber auch belehren. Aus der Unterhaltungsabsicht erklärt sich auch der Name „Roman": Man bezeichnete damit im mittelalterlichen Frankreich alles, was nicht in der lateinischen „Gelehrtensprache", sondern für jedermann verständlich in der romanischen Volkssprache geschrieben war. Das war natürlich vorwiegend unterhaltende Lektüre, und noch lange Zeit galt das Lesen von Romanen in weiten Kreisen zwar als amüsant, aber auch als fast unmoralische Zeitverschwendung.

Dass man aus der Romanlektüre auch einen Nutzen für sein eigenes Leben ziehen kann, liegt für uns heute auf der Hand. Diesen lehrhaften Zug betonten innerhalb der Geschichte des deutschen Romans besonders die sog. Entwicklungs- und Bildungsromane des 18. und 19. Jh.s. Ihr Muster lieferte → Goethe mit „Wilhelm Meisters Lehrjahre" (1795/96). Warum es diese Form des „erzieherischen" Romans heute nicht mehr gibt, kann man sich denken: Die Meinungen über die richtige Art von Erziehung und Lebensführung gehen in der heutigen Zeit zu stark auseinander. Der Roman unseres Jahrhunderts will weder nur Unterhaltung sein noch will er belehrend wirken. Die modernen Autoren haben etwa seit 1920 auf vielfältige Weise neue Formen der Darstellung ausprobiert. Sie versuchten das Leben umfassender einzufangen, als es

Romanik

beim „einfachen" Erzählen möglich wäre.

So gibt es heute neue Weisen, das „Innenleben" der Romanfiguren sichtbar zu machen, etwa durch die Technik des „inneren" (d. h. nur gedachten) Monologs. Selbstverständlich beschäftigen sich große deutsche Romanciers mit den drängenden Fragen der Zeit, wie beispielsweise in der zweiten Hälfte des 20. Jahrhunderts so engagierte Schriftsteller wie Heinrich → Böll und Günter → Grass.

Ro|ma|nik die *lat.*: europäische Stilepoche ab dem 10. Jh., die im 12. Jh. von der Gotik abgelöst wurde

Ro|man|tik die: Ganz Europa blickte 1793 voll Entsetzen nach Frankreich, wo in der neuen Republik der Terror wütete. Im gleichen Jahr brachen zwei junge Berliner zu einer Fahrt ins Frankenland auf: der spätere Kunstschriftsteller Wilhelm Wackenroder und der zukünftige Dichter Ludwig Tieck, Freunde ganz unterschiedlichen Typs. Um die Schreckensnachrichten zu vergessen, durchwanderten sie das Maintal. In den malerischen Städten Bamberg und Nürnberg begeisterten sie sich an herrlicher Musik und vertieften sich in altdeutsche Kunst.

Das völlige Aufgehen in einer Welt abseits vom Alltag war Ausdruck des Lebensgefühls dieser Generation. Für Wackenroder, den Typ des romantischen Schwärmers, existierte nur die Welt der Kunst; er beeinflusste entscheidend die romantischen Maler. Tieck wies in eine andere Richtung: Er schuf eine Welt der Fantasie und spürte hinter den Kulissen des Alltags dem Wirken unheimlicher Kräfte nach, die den Menschen ständig bedrohen.

Die beiden stießen zu einer Gruppe in Jena, die sich gegen bestimmte Grundsätze der → Klassik wandte. Mit dem neuen Begriff „Romantik" umschrieben sie eine Gegenposition: Dichtung dürfe nicht vom kalten Verstand beherrscht werden; der Dichter müsse in die Tiefen der Seele eindringen, seine innersten Gefühle zum Ausdruck bringen. Der Hang zum Abenteuerlichen und Fantastischen sollte zum Leben erweckt werden und die Welt der Träume erwachen. Friedrich von Hardenberg, der sich „Novalis" nannte, fand für die neue Bewegung ein Symbol: die „blaue Blume". Um sie zu finden, sind die Romantiker ständig unterwegs; erst in der Ewigkeit werden sie zur Ruhe kommen. Goethe, der das neue Programm anfangs interessiert verfolgte, lehnte später die romantischen Vorstellungen von Dichtung ganz ab.

Während der Jenaer Kreis („Frühromantik") den Grundstein legte, erweckte der Heidelberger Kreis („Hochromantik") den romantischen Gedanken zum Leben. Joseph Görres, der als Journalist gegen den Polizeistaat kämpfte, wurde Mittelpunkt einer Gruppe junger Dichter, darunter Clemens Brentano, Achim von Arnim und Joseph von → Eichendorff. Ihre Gedichte und Erzählungen gehören heute zu den Schätzen deutscher Dichtung. Zum Heidelberger Kreis zählten auch Jacob und Wilhelm → Grimm, deren „Kinder- und Hausmärchen" in kaum einer Familienbibliothek fehlen. In Berlin hatte sich ebenfalls eine Gruppe von Romantikern zu „literarischen Zirkeln" zusammengefunden – im Salon der Rahel Varnhagen von Ense (überhaupt spielten Frauen in der romantischen Bewegung eine große Rolle). Einer der fantastischsten Erzähler gehörte dazu, der Dichter, Musiker und Maler Ernst Theodor Amadeus (E. T. A.) Hoffmann, auch „Gespensterhoffmann" genannt.

Der „Schwäbischen Romantik" entstammt Wilhelm Hauff, ein großes Erzähltalent, der bereits im Alter von 24 Jahren starb. Seine „Fantasien im Bremer Ratskeller" und die vielen Kunstmärchen („Kalif Storch", „Der kleine Muck", „Zwerg Nase", „Das kalte Herz") sind ein romantisches Lesevergnügen.

ro|man|tisch sie ist romantisch (gefühlsbetont) veranlagt; **Ro|man|ze** die: 1. romantische Liebelei 2. volkstümliche, liedhafte Verserzählung 3. stimmungsvolles Vokal- oder Instrumentalstück

Rom|mee / **Rom|mé** das *franz.*: Kartenspiel für drei bis sechs Spieler

Rö|mer der: 1. Bewohner Roms 2. kelchförmiges Weinglas 3. Rathaus in Frankfurt am Main; **Rö|me|rin** die; **rö|misch-ka|tho|lisch** *Abk.* röm.-kath.

Ron|dell das *franz.*, des Rondells, die Rondelle: 1. runder Platz, rundes Gartenbeet 2. runder Festungsturm

rönt|gen; Rönt|gen|strah|len die: elektromagnetische Strahlen, so genannt nach ihrem Entdecker Conrad Röntgen

ro|sa *lat.*; **ro|sig** sie hat rosige Wangen, rosige (unbeschwerte) Zeiten

Ro|se die; **Rös|chen** das/die; **Ro|sen|mon|tag** der: Montag vor Fastnacht; **Ro|sen|zucht** die

Ro|set|te die *franz.*: rosenförmiges Ornament, Verzierung

Ro|si|ne die *franz.*: süße, getrocknete Weinbeere; er hat Rosinen im Kopf (hochfliegende, abwegige Pläne); **ro|sin|far|ben**

Ros|ma|rin der *lat.*: immergrüne Gewürzpflanze

Ross das, des Rosses, die Rosse / Rösser: Pferd; er soll Ross und Reiter nennen (sagen, von wem die Rede ist), auf dem hohen Ross sitzen (überheblich sein)

Rost der, des Rost(e)s: 1. rötlich brauner Eisenbelag 2. Metallgitter; **rost|braun; ros|ten** wer rastet, der rostet; **rost|frei; ros|tig** ein rostiger Nagel

rös|ten geröstete Kastanien; **Rös|te|rei** die

rot röter, am rötesten: er bekam einen roten Kopf, rote Blutkörperchen; *aber:* siehst du die Rote (Rothaarige) da vorn?, ich trinke noch einen Roten (Wein), Rot (Spielkarte) ist Trumpf, bei Rot (rotem Licht) anhalten; **Rö|te** die: die Röte schoss ihr ins Gesicht; **Rot-Grün-Blind|heit** die; **rot|grün** / **rot-grün** ein rot-grünes Bündnis (aus Sozialdemokraten und Grünen); **rot|haa|rig; Rot|kehl|chen** das: Singvogel; **röt|lich; rot|wan|gig**

Rö|teln die: Infektionskrankheit mit Hautausschlag

ro|tie|ren *lat.*: rotierende Messer, sie rotiert (*ugs.* ist erregt, hektisch)

Rot|te die *franz.*: wilder Haufen, lärmende Gruppe

Rot|welsch das: deutsche Gaunersprache

Rouge [rusch] das *franz.*, des/die Rouges: 1. rote Schminkfarbe 2. Rot beim Roulett

Rou|la|de [rulade] die *franz.*: gefüllte Fleischrolle

Rou|leau [rulo] das *franz.*: / **Rol|lo** das

Rou|lett(e) [rulät] das *franz.*: Glücksspiel

Rou|te [rute] die *franz.*: festgelegter Reiseweg, Marsch- oder Flugstrecke

Rou|ti|ne [rutine] die *franz.*: durch Übung und Erfahrung gewonnene Fertigkeit, Fähigkeit; **Rou|ti|ni|er** [rutinje] der; **rou|ti|niert** am routiniertesten; **Rou|ti|ne|un|ter|su|chung** die

Row|dy [raudi] der *engl.*, des/die Rowdys: Jugendlicher, der sich flegelhaft benimmt und oft gewalttätig wird; Fußballrowdys zogen durch die Stadt

Ru|an|da / **Rwan|da; Ru|an|der** der/die; **Ru|an|de|rin** die, die Ruanderinnen; **ru|an|disch**

rub|beln kräftig reiben: sich mit einem Handtuch rubbeln (trockenreiben), ein Los rubbeln (das Losfeld freilegen)

Rü|be die

Ru|bin der *lat.*, die Rubine: roter Edelstein; **ru|bin|rot**

Rub|rik *oder* Ru|brik die *lat.*, die Rubriken: Spalte, Abschnitt, Abteilung; die Zeitung hat eine ständige Rubrik „Bekanntschaften"

ruch|bar der Vorfall wurde ruchbar (öffentlich bekannt); **ruch|los** eine ruchlose (gewissenlose, gemeine) Tat

Ruck der, des Ruck(e)s, die Rucke: mit einem jähen Ruck; ruck|ar|tig; rü|cken kannst du noch etwas rücken (Platz machen)?, sie ist nach oben gerückt (rangmäßig aufgestiegen)

Rü|cken der, die Rücken: sie hat einen breiten Rücken (kann einiges einstecken), der Stadt den Rücken kehren (weggehen), sich den Rücken freihalten (sich in einer Sache absichern); **Rü|ckenmark** das: Strang aus Nervengewebe im Innern der Wirbelsäule; **Rück|grat** das, die Rückgrate; **rück|lings** er fiel rücklings ins Wasser; **Ruck|sack** der; **rück|wärts**; **rück|wärts|fah|ren**; **rück|wärts|ge|hen**

Rück|fall der; **Rück|kehr** die; **Rück|kreuzung** die: Kreuzung mit einem Typ der Elterngeneration; **Rück|la|ge** die: Geld, das für einen Notfall zurückgelegt wird, Reserve, Vorrat; **rück|stän|dig** unterentwickelt, veraltet; **Rück|tritt** der; **Rückver|si|che|rung** die: Absicherung nach verschiedenen Seiten; **rück|wir|kend** eine rückwirkende Zahlung

Rück|sicht die; **Rück|sicht|nah|me** die; **rück|sichts|los**

ruck, zuck das ging ja ruck, zuck (schnell und problemlos)

rü|de *franz.*: sein rüdes (grobes, ungehobeltes) Benehmen

Rü|de der, des/die Rüden: männlicher Hund

Ru|del das, die Rudel: wild lebende Gruppe von Tieren; ein Rudel Wölfe

Ru|der das: eine neue Regierung kam ans Ruder (an die Macht); **ru|dern** sie ruderten mit letzter Kraft

ru|di|men|tär *franz.*: verkümmert, unvollständig, andeutungsweise; rudimentäre (nicht ausgebildete) Organe

Ruf der, des Ruf(e)s: schlechter Ruf dauert hundert Jahre; **ru|fen** du rufst, sie rief, gerufen, er riefe: ein Notdienst wurde ins Leben gerufen (eingerichtet, gegründet); **Ruf|mord** der: böswillige öffentliche Verleumdung; **Ruf|na|me** der

Rüf|fel der: er erhielt vom Chef einen Rüffel (Verweis)

Rug|by [ragbi] das *engl.*: Kampfballspiel

Rü|ge die: ernster Tadel; **rü|gen** sie wurde gerügt

Ru|he die: er ist die Ruhe selbst, sie setzt sich zur Ruhe (gibt aus Altersgründen den Beruf auf); **ru|he|los**; **ru|hen** er schien weder zu ruhen noch zu rasten (war unentwegt tätig); **ru|hen las|sen** kannst du mich noch etwas ruhen (schlafen) lassen?, *übertr.:* wir sollten die Frage ruhen lassen / ruhenlassen (zurückstellen); **Ru|he|stand** der; **ru|hig**; **ru|higstel|len** jemanden (mit Medikamenten) ruhigstellen; *aber:* ein gebrochenes Bein ruhig stellen / ruhigstellen

Ruhm der, des Ruhm(e)s; **rüh|men** man rühmte ihre Gerechtigkeit; **rühm|lich** es nahm kein rühmliches (kein ehrenhaftes) Ende

Ruhr die: Darminfektionskrankheit

Rühr|ei das; **rüh|ren** sie konnte sich nicht mehr rühren (bewegen); ein rührender (zu Herzen gehender) Anblick; **rüh|rig** tüchtig, rege; **rühr|se|lig** eine rührselige Geschichte

Ru|in der *lat./franz.*, des Ruins: Verfall, Zusammenbruch, Vermögensverlust; **ru|i|nie|ren** der Alkohol hat ihn ruiniert (zugrunde gerichtet)

rülp|sen laut aufstoßen

Rum der *engl.*: Zuckerrohrschnaps

Ru|mä|ni|en; **Ru|mä|ne** der, die Rumänen; **Ru|mä|nin** die, die Rumäninnen; **ru|mänisch**

Rum|mel der: 1. Betriebsamkeit, Durcheinander; der ganze Weihnachtsrummel 2. Jahrmarkt, der Rummel(platz)

ru|mo|ren es rumort (gluckert) in meinem Bauch, er rumorte (hantierte geräuschvoll) im Keller

Rumpf der, des Rumpf(e)s, die Rümpfe; **rümp|fen** die Nase rümpfen

Run [ran] der *engl.*, des/die Runs: Andrang, Ansturm; der weihnachtliche Run auf Geschenke

rund am rundesten: sie machte runde Augen (staunte), eine Reise rund um die Welt, rund um die Uhr (pausenlos) arbeiten; **Run|de** die: er ging k. o. in der vierten Runde (beim Boxen), der Witz machte die Runde (einer erzählte ihn dem andern); **rund|he|rum** *oder* rundher|um: sie fühlte sich rundherum wohl; **rund|lich**; **Rund|rei|se** die; **rund|um**; **Run|dung** die

Rund|funk der; **Rund|funk|an|stalt** die

rütteln

Ru|ne die: Schriftzeichen der Germanen
Run|kel|rü|be die *österr.*: Rübe, deren Wurzel als Viehfutter verwendet wird
Run|zel die: Hautfalte; **run|ze|lig; run|zeln** sie runzelte nachdenklich die Augenbrauen; **runz|lig**
Rü|pel der, die Rüpel: flegelhafter Mensch; **Rü|pe|lei** die; **rü|pel|haft** am rüpelhaftesten
rup|fen sie wurden in der Bar ganz schön gerupft (um ihr Geld gebracht, übervorteilt), eine Gans rupfen; **Rup|fen** der: grobes Jutegewebe
rup|pig er antwortete sehr ruppig (frech, schnodderig, grob)
Rü|sche die: geraffter Stoffbesatz
Rush|hour [raschauer] die *engl.*, die Rushhours: Hauptverkehrszeit zu Beginn und am Ende eines Arbeitstages
Ruß der, des Rußes; **ru|ßen; ru|ßig**

Rus|se der, die Russen; **Rus|sin** die, die Russinnen; **rus|sisch; Russ|land**
Rüs|sel der: Elefantenrüssel
rüs|ten zum Aufbruch rüsten, gerüstet (bereit) für die Reise, bis an die Zähne gerüstet (bewaffnet) sein; **rüs|tig** er ist noch sehr rüstig (trotz seines Alters noch leistungsfähig, frisch); **Rüs|tung** die; **Rüst|zeit** die: Vorbereitungszeit
rus|ti|kal *lat.*: bäuerlich, derb; rustikale (derbe, schlichte) Möbel
Ru|te die: 1. dünner, biegsamer Zweig, Gerte 2. *Kurzwort für* Angel- oder Wünschelrute 3. Schwanz beim Hund
Rutsch|bahn die; **Rut|sche** die; **rut|schen** sie rutschte hin und her; **rut|schig** die Treppe ist rutschig
rüt|teln der Wind rüttelt am Fenster, daran ist nicht zu rütteln (das ist unabänderlich)

S

Saal der, des Saal(e)s, die Säle
Saar|land; Saar|län|der der, die Saarländer; **Saar|län|de|rin** die, die Saarländerinnen, **saar|län|disch**
Saat die; **Saat|beet** das
Sab|bat der *hebr.*: jüdischer Ruhetag am Ende der Woche (von Freitagabend bis Samstagabend), der besonders gefeiert wird
sab|bern *ugs.* wenn Speichel oder Speisebrei aus dem Mund fließt; das Baby sabbert sein Lätzchen voll
Sä|bel der: mit dem Säbel rasseln (mit Krieg drohen); **sä|beln** ungeschickt schneiden; **sä|bel|ras|selnd** eine säbelrasselnde (kämpferische) Rede

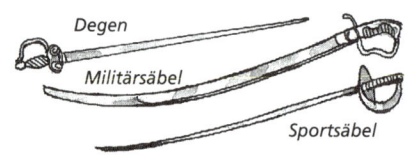

Degen
Militärsäbel
Sportsäbel

Sa|bo|ta|ge [sabotasche] die *franz.*: absichtliche Vereitelung der Ziele oder Pläne anderer durch Widerstand, Zerstörung oder Beschädigung von Anlagen, Maschinen o. Ä.; **Sa|bo|ta|ge|akt** der; **Sa|bo|teur** [sabotör] der, die Saboteure; **Sa|bo|teu|rin** die; **sa|bo|tie|ren**
Sach|be|zü|ge die: Entgelt in Naturalien, z.B. kostenloses Essen; **Sach|buch** das: Buch zu einem bestimmten Thema, z.B. über richtige Ernährung; **sach|dien|lich**; **Sa|che** die: das tut nichts zur Sache (ist unwichtig); **sach|ge|mäß** eine sachgemäße Lagerung der Waren; **sach|ge|recht**; **Sach|kennt|nis** die; **sach|kun|dig**; **Sach|leis|tung** die: bargeldlose Leistung; **sach|lich** ein sachliches (objektives, nüchternes) Gespräch; **Sach|lich|keit** die; **Sach|ver|halt** der; **Sach|ver|si|che|rung** die: Versicherung z.B. gegen Feuer oder Glasschäden; **Sach|ver|stand** der; **sach|ver|stän|dig**; **Sach|ver|stän|di|ge** der/die; **Sach|wert** der: stabiler Geldwert z.B. eines Grundstücks

säch|lich ▶ Genus

Sach|se der; **säch|seln** sächsisch sprechen; **Sach|sen; Sach|sen-An|halt; Sach|sen-An|hal|ter / Sach|sen-An|hal|ti|ner** der, die Sachsen-Anhalter/-Anhaltiner; **Sach|sen-An|hal|te|rin / Sach|sen-An|hal|ti|ne|rin** die, die Sachsen-Anhalterinnen/-Anhaltinerinnen; **sach|sen-an|hal|te|risch/-an|hal|ti|nisch; Säch|sin** die; **säch|sisch**
sacht / sach|te sie drückte sacht (vorsichtig, langsam) die Türklinke herunter
Sack der, des Sack(e)s, die Säcke: sie ging in Sack und Asche (tat Buße); **Säck|chen** das; **sack|wei|se** die Kohlen wurden sackweise angeliefert
Sa|dis|mus der *franz.*, die Sadismen (nach dem franz. Schriftsteller de Sade): die (oft sexuelle) Lust daran, andere zu quälen oder zu demütigen; **Sa|dist** der, die Sadisten; **Sa|dis|tin** die; **sa|dis|tisch** er ist sadistisch veranlagt
sä|en du säst, er säte, gesät
Sa|fa|ri die *arab.*: 1. Reise mit einer Karawane 2. Gesellschaftsreise in Afrika zur Jagd oder Beobachtung von Großwild; eine Fotosafari machen
Safe [säif] der *engl.*, des/die Safes: 1. Stahlgeldschrank 2. mietbares Sicherheitsfach in den Stahlkammern einer Bank
Saft der, des Saft(e)s, die Säfte; **saf|tig** saftige (überhöhte) Preise

Sa|ge die: Sicher kennst du aus deiner engeren Heimat die eine oder andere Sage. Sagen erzählen von einem Ereignis aus der Vergangenheit, vielleicht von seltsamen Bauwerken oder Naturerscheinungen, von Geistern oder geheimnisvollen Wesen. Als aufgeweckter moderner Mensch wirst du wahrscheinlich solche Sagen nicht ernst nehmen. Doch in vielen steckt ein Körnchen Wahrheit.
Eigentlich ähneln diese kleinen Geschichten den → Märchen und wie diese sind sie im Volk entstanden. Aber im Gegensatz zu ihnen sind Sagen meist an einen ganz bestimmten Ort gebunden und auch zeitlich genau festgelegt. Und sie wollten zumindest früher einmal durchaus ernst genommen werden. Manche Sagen suchen etwas

zu erklären – etwa eine merkwürdige Erscheinung in der Natur –, andere spiegeln den Volksglauben wider. Daneben gibt es noch die große Gruppe der geschichtlichen Sagen, in denen vielfach ein wahrer Kern steckt. Im Gegensatz zu den kleinen Volkssagen berichten die wesentlich umfangreicheren Heldensagen, wie etwa die Nibelungen- oder die Gudrunsage, von großen heldenhaften Taten aus der Frühzeit der Völker.

Sä|ge die; **sä|gen**; **Sä|ge|spä|ne** die; **Sä|ge|werk** das

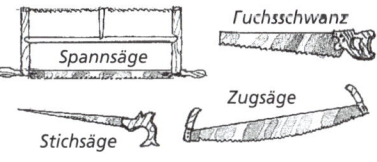

Fuchsschwanz
Spannsäge
Zugsäge
Stichsäge

sa|gen er lässt sich einfach nichts sagen (ist eigensinnig, hört auf keinen Rat)
Sa|ha|ra die *arab.*: nordafrikan. Wüste
Sah|ne die; **sah|nig**
Sai|son [säsō] die *franz.*, die Saisons: Hauptbetriebs- oder Hauptgeschäftszeit, Hauptreisezeit, Theaterspielzeit; **sai|son|be|dingt**
Sai|te die: eine Gitarren- oder Geigensaite; wir ziehen andere Saiten auf (ergreifen härtere Maßnahmen)

> **Saite / Seite:** Obwohl beide Wörter gleich klingen, darf man sie nicht verwechseln, da sie verschiedene Bedeutungen haben: *die Saiten einer Gitarre, wir müssen andere Saiten aufziehen. Die Seiten einer Sache, von dieser Seite kenne ich dich gar nicht.*

Sak|ko der/das *österr.*, die Sakkos: Jackett oder Jacke eines Herrenanzugs
Sak|ra|ment oder **Sa|kra|ment** das *lat.*, des Sakrament(e)s, die Sakramente: göttliches Gnadenzeichen oder -mittel; das Sakrament der Taufe empfangen; **Sak|ris|tei** oder **Sa|kris|tei** die: Nebenraum in der Kirche
sä|ku|la|ri|sie|ren *lat.*: den Besitz der Kirche einziehen und verstaatlichen
Sa|la|man|der der *griech.*: Schwanzlurch

Sa|la|mi die *ital.*: luftgetrocknete Dauerwurst
Sa|lär das *franz.*: *schweiz. für* Besoldung, Lohn oder Gehalt
Sa|lat der, des Salat(e)s, die Salate
Sal|be die; **sal|ben** der Sterbende wurde gesalbt; **sal|bungs|voll** eine salbungsvolle (übertrieben feierliche) Rede
sal|die|ren *ital.*: 1. den Saldo ermitteln 2. begleichen, bezahlen, eine Schuld tilgen; **Sal|do** der, die Salden/Saldi/Saldos: 1. Differenzbetrag zwischen der Soll- und Habenseite eines Kontos 2. restlicher Betrag
Sa|li|ne die *lat.*: 1. Salzbergwerk 2. Anlage zur Salzgewinnung
Sal|mi|ak der/das *lat.*: wasserlösliche, salzige Verbindung aus Chlorwasserstoff und Ammoniak (Ammoniumchlorid)
Sal|mo|nel|len die: im Darm lebende Bakterien, die eine Darminfektion oder Typhus hervorrufen können. Die Übertragung kann z.B. durch verdorbene Lebensmittel erfolgen; **Sal|mo|nel|len|in|fek|ti|on** die
sa|lo|mo|nisch ein salomonisches (weises, ausgewogenes, kluges) Urteil (nach dem biblischen König Salomon)
Sa|lon der *franz.*, des/die Salons: Empfangs- oder Besuchszimmer, Ausstellungsraum, Mode- oder Friseurgeschäft; **sa|lon|fä|hig** er ist nicht salonfähig (er kann sich nicht benehmen)
Sa|loon [ßalun] der *engl.*, des/die Saloons: Kneipe im ehem. Wilden Westen oder im Westernstil
sa|lopp *franz.*: unbekümmert, zwanglos, bequem; er hat ein saloppes (etwas zu zwangloses) Benehmen
Sal|pe|ter der *lat.*: Salz der Salpetersäure
Sal|to der *ital.*, die Salti/Saltos: Überschlag in der Luft, Luftrolle
Salz das, des Salzes, die Salze; **sal|zen** eine gesalzene (sehr hohe) Rechnung; **salz|hal|tig**; **sal|zig**; **salz|reich**
Sa|lut der *franz.*, des Salut(e)s, die Salute: militärische Ehrenbezeigung durch Schüsse; Salut schießen
sal|ve! *lat.*: sei gegrüßt!
Sal|ve die *franz.*, die Salven: gleichzeitiges Abfeuern von Gewehren oder Geschützen, oft auch Ehrbezeigung am

Samariter

Grab eines im Kampf gefallenen Soldaten; eine Salve aus einem Maschinengewehr fegte über den Platz

Sa|ma|ri|ter der: freiwillig und selbstlos helfender Mensch; **Sa|ma|ri|te|rin** die, die Sameriterinnen

Sam|bia; Sam|bi|er der/die; **Sam|bi|e|rin** die, die Sambierinnen; **sam|bisch**

Sa|me(n) der, des Samens, die Samen; **Sa|men|er|guss** der; **Sa|men|zel|le** die; **Sä|me|rei** die: Samenhandlung

sä|mig dickflüssig

Sam|mel|lin|se die: konvexe (nach außen gewölbte) Linse; **sam|meln** Eindrücke und Erfahrungen sammeln; **Sam|mel|su|ri|um** das, die Sammelsurien: gemischte Dinge, Durcheinander, Unordnung; **Samm|ler** der; **Samm|le|rin** die; **Sammlung** die

Sa|moa (Samoainseln); **Sa|mo|a|ner** der/die; **Sa|mo|a|ne|rin** die, die Samoanerinnen; **sa|mo|a|nisch**

Sams|tag der: Sonnabend ▶ Dienstag

samt der Baum samt Wurzeln, samt und sonders (ohne Ausnahme); **sämt|lich**

Samt der, des Samt(e)s: Baumwollstoff mit pelzartigem Flor; **samt|ar|tig; sam|ten** eine samtene Hose; **Samt|handschuh** der: Handschuh aus Samt; jemanden mit Samthandschuhen anfassen (übervorsichtig behandeln); **sam|tig**

Sa|na|to|ri|um das lat., die Sanatorien: Genesungsheim, Pflegestätte

Sand der, des Sand(e)s, die Sande; **Sanddorn** der: dorniger Strauch mit essbaren Beeren; **san|dig**

San|da|le die griech.: leichter, offener Riemchenschuh; **San|da|let|te** die: zierliche Damensandale

Sand|wich [säntwitsch] das/der engl., des Sandwich(e)s, die Sandwiche(s): meist mit Salat, Wurst und Käse belegte, doppelte Weißbrotscheiben

sanft am sanftesten: mit sanfter Gewalt; **Sänf|te** die: Tragestuhl; **Sanft|mut** die; **sanft|mü|tig**

Sang der, des Sang(e)s: mit Sang und Klang; **Sän|ger** der; **Sän|ge|rin** die; **san|ges|freu|dig; san|ges|froh; sang- und klang|los** er verschwand sang- und klanglos (unbemerkt)

sa|nie|ren lat.: 1. heilen, gesunde Lebensbedingungen herstellen; er ließ sich seine Zähne sanieren 2. umgestalten, modernisieren; die Altstadt wurde mit großem Kostenaufwand saniert 3. wirtschaftlich gesunden, wieder leistungsfähig werden: das Unternehmen hat sich saniert; **Sa|nie|rung** die

sa|ni|tär franz.: die Hygiene betreffend, gesundheitlich; die sanitären Anlagen (Waschräume, Toiletten); **Sa|ni|tä|ter** der: Krankenpfleger; **Sa|ni|tä|te|rin** die

Sankt lat.: Abk. St. (vor Heiligennamen und davon abgeleiteten Ortsnamen); St. Peter, St.-Anna-Straße, die St.-Michaels-Kirche

Sank|ti|on die lat., die Sanktionen: 1. Zustimmung, Bestätigung, Billigung; die Sanktion eines Gesetzes 2. Maßnahmen zur Bestrafung oder um Druck auszuüben: die USA verhängten wirtschaftliche Sanktionen gegen Kuba

San-Ma|ri|ne|se der; **San-Ma|ri|ne|se|rin** die, die San-Marineserinnen; **san-ma|ri|ne|sisch; San Ma|ri|no**

Sa|phir der sem.-griech., das Saphirs, die Saphire: blauer Edelstein

Sar|del|le die ital.: kleiner Heringsfisch, gesalzen oder mariniert im Handel

Sar|di|ne die ital.: kleiner Heringsfisch, als Ölsardine (in Öl) bekannt

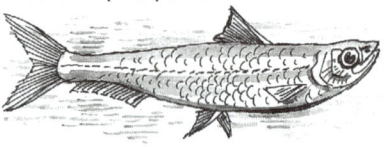

Sarg der, des Sarg(e)s, die Särge

Sar|kas|mus der griech., die Sarkasmen: beißender Spott, verletzender Hohn; **sar|kas|tisch**

Sar|ko|phag der lat., die Sakophage: verzierter Prunksarg aus Stein oder Metall, vor allem für Herrscher

Sa|tan der hebr.: Versucher, Teufel; **sa|ta|nisch** ein satanischer (teuflischer) Plan; **Sa|tans|bra|ten** der: Schlingel, frecher Kerl

Sa|tel|lit der lat., des/die Satelliten: 1. Himmels- oder künstlicher Raumkörper, der einen Planeten umkreist 2. ständiger Begleiter, Gefolgsmann (meist ab-

wertend); **Sa|tel|li|ten|staat** der: scheinbar unabhängiger, tatsächlich jedoch von einer Großmacht abhängiger Staat
Sa|tin [satã] der *franz.*: glänzender, atlasähnlicher Stoff

Sa|ti|re die *lat.*, die Satiren: Eine Opferschale mit Früchten nannten die Römer „satura" und von diesem Begriff kommt wahrscheinlich auch das Wort „Satire". Welcher innere Zusammenhang da allerdings bestehen soll, wird uns nicht so recht klar; denn die Satire ist gar keine köstliche Fruchtschale, sondern eine Spottdichtung. Sie will Missstände, Unsitten, aber auch bestimmte Personen oder Ereignisse anprangern. Und da das in den meisten Dichtungsgattungen möglich ist, kann der Dichter seinen Spott in ein Gedicht, eine Fabel, eine Erzählung, eine Komödie oder sogar einen Roman kleiden. Im letzten Falle spricht man dann von einem „satirischen Roman", bei Gedichten oder Erzählungen einfach von „Satiren".
Schon berühmte römische Dichter wie Horaz und Juvenal schrieben solche Satiren. Es macht Spaß, das Leben im alten Rom einmal auf diese Weise kennen zu lernen. In Deutschland verspotteten im 16. Jh. die Gelehrten und auch die Geistlichen besonders bei ihren wissenschaftlichen und religiösen Streitigkeiten ihre Gegner gern mit Satiren in deutscher oder lateinischer Sprache. In Frankreich führte der Spötter Voltaire im 18. Jh. die Satire zu einem Höhepunkt. Auch heute gibt es satirische Dichtungen. Die bekannten und beliebten „Filser-Briefe" von Ludwig → Thoma gehören ebenso dazu wie Heinrich Manns Roman „Der Untertan" oder Gedichte von Erich → Kästner und Kurt → Tucholsky, aber auch Erzählungen von Heinrich → Böll. Und weil Dummheit und Überheblichkeit nie aussterben, werden Dichter auch in Zukunft immer wieder Satiren schreiben müssen.

Sa|ti|ri|ker der; **Sa|ti|ri|ke|rin** die; **sa|ti|risch**

Sa|tis|fak|ti|on die *lat.*: Genugtuung; er forderte Satisfaktion (die Wiederherstellung seiner Ehre) in einem Duell; **sa|tis|fak|ti|ons|fä|hig**
Sat|su|ma die: Mandarinenart
satt bist du satt?, sich satt essen / sattessen; **sät|ti|gen** eine sättigende Vorspeise; **Sät|ti|gung** die; **satt|sam** es war sattsam (bis zum Überdruss) bekannt
Sat|tel der, die Sättel: jemanden in den Sattel heben (an die Macht bringen); **Sat|tel|dach** das: Dach mit zwei schrägen Flächen; **sat|tel|fest** sie war sattelfest (sicher, erfahren) in ihrem Beruf; **sat|teln** für eine Prüfung gesattelt (vorbereitet) sein

Satz der: Wenn wir wissen wollen, was ein Satz ist, sollten wir erst mal herausfinden, was unbedingt vorhanden sein muss, damit man von einem Satz sprechen kann. Ein paar Beispiele helfen vielleicht: „<u>Der</u> treue, von seinem Herrn sehr geschätzte <u>Hund</u> <u>schläft</u> in seinem mit hellblauer Seide ausgeschlagenen Körbchen." – „Voll Überraschung <u>betrachtete</u> <u>ich</u> <u>das Bild</u> lange." – „<u>Er</u> <u>gleicht</u> <u>seinem</u> etwa fünfzehn Jahre älteren <u>Onkel</u> sehr." – „<u>Der König</u> <u>saß</u> <u>auf</u> <u>seinem</u> <u>Thron</u>." Wenn man in diesen Sätzen so viel streicht, dass gerade noch ein richtiger Satz übrig bleibt, stehen nur noch die unterstrichenen Wörter da.
Welche Teile sind es, auf die man offensichtlich nicht verzichten kann? Da ist zunächst einmal ein → Prädikat; außerdem ein → Subjekt (zu erfragen mit „wer oder was?"). Ob noch etwas dazukommt, entscheidet das Verb im Prädikat: Bei „schläft" reicht das Subjekt; bei den anderen Verben nicht. Weil das Verb „schlafen" für einen vollständigen Satz nur eine Ergänzung benötigt, nennt man es einwertig. Demnach ist „betrachten" zweiwertig, es braucht nämlich zwei Ergänzungen: das Subjekt und ein Akkusativobjekt (→ Objekt). Auch „gleichen" ist zweiwertig, nur steht hier statt eines Akkusativobjektes ein Dativobjekt.
„Sitzen" braucht ein Subjekt und eine

Satzarten

Ortsbestimmung. Nun können wir eine Regel aufstellen: Ein Satz ist eine selbstständige sprachliche Einheit, bei der alle Ergänzungen vorhanden sind, die das Verb verlangt.

Es gibt einige Sonderfälle, nämlich Sätze ohne Subjekt: „Ihm wird schlecht." („Werden" ist hier zweiwertig, mit Dativ und Prädikatsnomen.) – Allerdings kann „es" als Subjekt eingesetzt werden: „Es wird ihm schlecht." Und noch etwas: Wenn man die Wertigkeit eines Verbs feststellen will, muss man vorsichtig sein; denn sehr viele Verben haben verschiedene Wertigkeiten und damit auch verschiedene Bedeutungen. Umgekehrt: Wenn sich die Art der Ergänzung ändert, ändert sich auch der Sinn. Nehmen wir „singen": Es kann einwertig sein: „Das Kind sang." Zweiwertig: „Er sang eine Ballade" (trug eine Ballade in einer bestimmten Weise vor). – „Er sang in Paris und New York" (auch zweiwertig, aber statt des Akkusativs eine Ortsangabe: Er trat in diesen Städten als Sänger auf). Und wenn ich als Ortsangabe „bei der Polizei" sage, ist der Sinn auch ganz klar: „Schlüssel-Ede sang bei der Polizei."

Auch mit der Änderung der Wertigkeit kann man etwas erreichen: „Schlüssel-Ede sitzt auf einer Bank" (zweiwertig). „Wo ist eigentlich Schlüssel-Ede?" – „Na, der sitzt" (hier ist „sitzen" einwertig und wohl eindeutig).

Satz|ar|ten die: Schauen wir uns zunächst einmal die → Hauptsätze an. Deren erste große Gruppe bilden die Aussagesätze, z.B.: „Die Erde ist eine Kugel."

In einer zweiten Gruppe fassen wir die Fragesätze zusammen; davon gibt es zwei Arten. Auf die Wortfragen – eingeleitet mit einem Fragewort (z.B. wer, wie, was, wann) – kann man mit einem einzigen Wort antworten: „Wann kommst du?" – „Heute." Bei den Satzfragen will man wissen, ob der ganze Satz überhaupt wahr ist (hier steht immer das Prädikat am Satzanfang!): „Ist dieses Buch spannend?"

Zur dritten Gruppe gehören die Befehls-, Wunsch- oder Aufforderungssätze: „Hilf mir bitte!" – „Möge es dir wieder bessergehen!" – „Machen wir's kurz!" Meistens erkennt man diese Satzart an der Form, aber auch hier macht der Ton die Musik: „Du bleibst zu Hause" kann ein Aussagesatz sein, im Frageton gesprochen ein Fragesatz und nachdrücklich gesagt ein Befehlssatz (beim Lesen helfen die Satzzeichen: Punkt oder Fragezeichen oder Ausrufezeichen).

Die letzte Gruppe sind die Ausrufesätze. Manche sind mit den Aussagesätzen verwandt. Man stellt etwas fest, aber durch den Ton drückt man Freude, Ärger oder Überraschung aus: „Das ist toll!" Aber auch zu den Fragesätzen besteht eine Verwandtschaft: „Ist das toll!(?) Wer hätte das gedacht!(?)"

Die → Nebensätze kann man nach ihrer Form einteilen in:
1. Relativsätze (→ Pronomen): „Das ist ein Buch, das mir gefällt."
2. Konjunktionalsätze (→ Konjunktion): „Ich lese das Buch, weil es mir gefällt."
3. Indirekte Fragesätze: „Ich will wissen, ob es dir auch gefällt."

Man kann die Nebensätze auch nach ihrer Funktion einteilen:
Sie können für ein → Adverbial stehen; dann spricht man von Adverbialsätzen: „weil es regnet" steht statt „wegen des Regens".
Sie können auch Subjekt oder Objekt sein (→ Satzglied).

Eine dritte Einteilungsmöglichkeit bei den Konjunktionalsätzen bietet der Sinn der Konjunktion. So gibt es:
1. begründende Nebensätze (Kausalsätze): „weil ich keine Ruhe hatte",
2. bedingende Nebensätze (Konditionalsätze): „wenn du mich nicht in Ruhe lässt",
3. Absichtssätze (Finalsätze): „damit du endlich Ruhe gibst",

4. Nebensätze mit einer Folge (Konsekutivsätze): „sodass ich meine Ruhe fand",
5. Nebensätze mit Zeitangaben: „als es ruhig war", „während alles ruhte".

Satz|aus|sa|ge die ▶ Prädikat

Satz|ge|fü|ge das: Die Verbindung eines oder mehrerer Nebensätze mit einem Hauptsatz nennt man Satzgefüge. In einem Satzgefüge ist also eine Aussage mit allen ihren Voraussetzungen, Gründen, Folgen, Bedingungen, Zeit- und Ortsangaben verbunden. „Als wir ankamen, waren wir so hungrig, dass wir das Essen kaum erwarten konnten." – „Wann war das?" – „Als wir ankamen." – „Welche Folgen hatte es?" – „Wir konnten das Essen kaum erwarten." Natürlich könnte man noch mehr Umstände nennen: „Warum?" – „Weil der Weg so weit war." – „Was für ein Essen?" – „Das Essen, das unsere Freunde für uns gekocht hatten." Alle diese Gliedsätze erläutern den Hauptsatz „waren wir so hungrig".
Es kann aber auch sein, dass ein Nebensatz einen anderen erläutert: „Wir möchten, dass ihr bald kommt (1), damit wir mit dem Essen rechtzeitig anfangen können (2), das meine Geschwister vorbereitet haben (3)." Hier sagt Satz (3) etwas Näheres über Satz (2) und Satz (2) etwas über Satz (1). Man nennt Satz (1) einen Nebensatz ersten Grades, Satz (2) einen Nebensatz zweiten Grades und Satz (3) einen Nebensatz dritten Grades. Wenn mehrere Sätze gleichen Grades nebeneinanderstehen, spricht man von einer *Satzreihe*. So könnte Satz (3) noch einen Partner haben: „… und dessen Kosten mein Onkel übernehmen will."
Aber aufpassen: Wenn man in ein Satzgefüge zu viel hineinpackt, wird es unübersichtlich; deshalb lieber öfter einen Punkt machen! Auch innerhalb eines Satzgefüges kann man für besseren Durchblick sorgen: Manche Nebensätze lassen sich kürzen, indem man sie durch einen Infinitiv mit „zu" ersetzt. Das geht vor allem bei vielen „Dasssätzen": „Ich bitte dich, dass du mich in Ruhe lässt" ist länger und umständlicher als „Ich bitte dich, mich in Ruhe zu lassen".

Satz|ge|gen|stand der ▶ Subjekt

Satz|glied das: Zu den Satzgliedern gehört zunächst alles, was für einen korrekten → Satz nötig ist, also Prädikat, Subjekt, Objekte. Dazu kommen die sog. freien Angaben, die möglich, manchmal sogar unerlässlich sind (für das Verständnis, nicht für den Satzbau!). Der Satz „Der Cowboy fing den Büffel" enthält nur notwendige Teile, denn „fangen" ist ein zweiwertiges Verb und braucht neben dem Subjekt auch ein Objekt. Ich kann den Vorgang aber noch genauer darstellen durch Adverbien oder Adverbiale: „im Hof", „gestern", „nach einer langen Jagd". Diese Angaben sind frei, aber sie können für das Verständnis einer Geschichte sehr wichtig sein.
Die einzelnen Satzglieder (auch „Satzteile") können aus einem Wort, einer Wortgruppe oder einem Nebensatz bestehen: „er" – „der Cowboy", „der schlaue Cowboy", „der schlaue, von allen Büffeln gefürchtete Cowboy", manchmal sogar aus einem eigenen ganzen Satz: „Wer einen Büffel mit der Hand fängt, ist ein toller Kerl." Der Relativsatz ist hier Subjekt zu „ist" (Subjektsatz). Ähnlich: „Der Cowboy tat, was sonst keiner fertigbrachte." (Objektsatz.) „Der Cowboy kam, als der Regen vorbei war." (Konjunktionalsatz, Ersatz für ein Adverbial: „nach dem Regen".)

Satz|kern der ▶ Prädikat

Sat|zung die: schriftlich niedergelegte Bestimmung, Rechtsordnung, z. B. eines Vereins; **sat|zungs|ge|mäß**
Sau die, die Säue / Sauen: weibliches Schwein

sau|ber die Sache scheint nicht ganz sauber (nicht korrekt, nicht einwandfrei) zu sein, den Herd sauber machen / saubermachen; **sau|ber hal|ten** (→ halten); **Sau|ber|keit** die; **säu|ber|lich** das Tuch säuberlich (ordentlich) zusammenlegen; **säu|bern; Säu|be|rung** die

Sau|ce [soße] die franz., die Saucen; **Sau-ci|e|re** [soßiäre] die: Soßenschüssel

Sau|di der, die Saudis; **Sau|di-Ara|ber** der/die; **Sau|di-Ara|be|rin** die, die Saudi-Araberinnen; **Sau|di-Ara|bi|en; sau|di-ara|bisch**

sau|er saurer, am sauersten: saure Milch, sie lachte mit saurem Gesicht, er ist sauer (böse, beleidigt); **Sau|er|amp|fer** der: Wiesenpflanze, deren Blätter essbar sind; **säu|er|lich; säu|ern** gesäuertes Brot; **Säu|er|nis** die; **Sau|er|stoff** der: farb- und geruchloses Gas, chemischer Grundstoff; Zeichen O; **Sau|er|stoff|fla-sche** die; **Säu|re** die: chemische Verbindung; **säu|re|be|stän|dig; Säu|re|schutz-an|zug** der

sau|fen du säufst, sie soff, gesoffen, er söffe; **Säu|fer** der; **Säu|fe|rin** die

sau|gen du saugst, sie sog / saugte, gesogen / gesaugt, er saugte (selten er söge); **säu|gen** die Kuh säugte ihr Kalb; **Säu|ge|tier** das; **saug|fä|hig; Säug|ling** der

Säu|le die; **säu|len|för|mig**

Saum der, des Saum(e)s, die Säume: umgenähter Stoffrand; **säu|men** den Rock säumen (einen Saum nähen), er kam, ohne zu säumen (zu zögern); **säu|mig** nachlässig, sich Zeit lassend, langsam; **saum|se|lig** ein saumseliger (träger, langweiliger) Mensch

Sau|na die finn., die Saunas/Saunen: Heißluftbad; **sau|nen / sau|nie|ren**

Sau|ri|er der: ausgestorbene urzeitliche Riesenechse, die Saurier der Vorzeit

Saus der: in Saus und Braus (sorglos, verschwenderisch) leben; **säu|seln** im Kamin säuselt der Wind, mit säuselnder (schmeichelnder) Stimme; **sau|sen** er sauste um die Ecke

Sa|van|ne die indian., die Savannen: grasbewachsene Steppenlandschaft mit vereinzelten Bäumen und Sträuchern

Sa|xo|fon / Sa|xo|phon das, die Saxofone/-phone: Blasinstrument aus Metall; **Sa|xo|fo|nist / Sa|xo|pho|nist** der; **Sa|xo-fo|nis|tin / Sa|xo|pho|nis|tin** die

S-Bahn die: Kurzwort für **S**tadt- oder Schnell**bahn**

scan|nen [skänen] engl.: das Einlesen von Schrift oder Abtasten von Bildvorlagen mittels eines Scanners; **Scan|ner** der: Lesegerät mit einem Licht- oder Elektronenstrahl zum Abtasten von Warenstrichcodes, Texten oder Bildern

scha|ben die Sau schabt (reibt) sich an der Rinde

Scha|ber|nack der, des Schabernack(e)s, die Schabernacke: übermütiger Streich

schä|big eine schäbige (abgetragene) Tasche, er verhielt sich sehr schäbig (niederträchtig, gemein)

Schab|lo|ne oder Scha|blo|ne die franz.: ausgestanzte Vorlage, feste Form, Schema, Klischee; in Schablonen denken; **schab|lo|nen|haft** oder scha|blo|nen-haft

Schach das pers.: Brettspiel für zwei Personen; einem Vorhaben Schach bieten (sich entgegenstellen, Einhalt gebieten); **schach|matt; Schach|spiel** das

Schacht der, des Schacht(e)s, die Schächte: z. B. ein Brunnenschacht

Schach|tel die: eine Schachtel Pralinen; **schach|teln** etwas ineinanderstecken / -schieben

scha|de wie schade (bedauerlich)!, das Kleid ist dafür viel zu schade (zu gut); **scha|den** der Vorfall hat seinem Ansehen sehr geschadet, etwas mehr Regen könnte nicht schaden (würde guttun); **Scha|den** der, die Schäden: durch Schaden wird man klug, sie kam bei dem Unfall zu Schaden (wurde verletzt); **Scha|den(s)|er|satz** der; **scha|den-froh** er lachte schadenfroh; **schad|haft; schä|di|gen** seine Gesundheit schädigen; **Schä|di|gung** die; **schäd|lich; Schäd-ling** der; **Schäd|lings|be|kämp|fung** die;

Scharade

schad|los da es kein Essen mehr gab, hielt sie sich an den Getränken schadlos (trank stattdessen viel)

Schä|del der, die Schädel

Schaf das, des Schaf(e)s: er ist das schwarze Schaf (der Außenseiter, Bösewicht) der Familie; **Schäf|chen** das; **Schäf|chen|wol|ke** die; **Schä|fer** der; **Schä|fer|hund** der; **Schä|fe|rin** die; **Schaf|fell** das; **Schaf|gar|be** die: Arzneipflanze

Scha|fott das *niederl.*, die Schafotte: erhöhter Aufbau oder Gerüst, auf dem im Mittelalter Enthauptungen vor Publikum durchgeführt wurden

schaf|fen 1. etwas bewältigen, *ugs. für* arbeiten: du schaffst das, sie schaffte die Prüfung, wir haben den ganzen Tag geschafft 2. etwas gestalten, hervorbringen: er schuf (komponierte) ein grandioses Klavierkonzert, sie war für die Rolle wie geschaffen; **Schaf|fens|drang** der; **Schaff|ner** der; **Schaff|ne|rin** die

Schaft der, des Schaft(e)s, die Schäfte: der Schaft eines Messers, Stiefelschaft

Scha|kal der *ind.*: meist von Aas lebendes hundeartiges Raubtier

Streifenschakal

schä|kern *ugs.* mit jemandem scherzen, ihn/sie necken: ich schäkere mit meinem Nachbarn

schal das Wasser schmeckt schal (abgestanden), ein schales (langweiliges) Vergnügen

Schal der *engl.*, die Schale/Schals

Scha|le die: eine Schale Tee, eine Bananenschale; **schä|len**

Schalk der, des Schalk(e)s, die Schalke/Schälke: ihr sitzt der Schalk im Nacken (sie ist ein Schelm); **schalk|haft**

Schall der, des Schall(e)s, die Schalle/Schälle: Name ist Schall und Rauch (nach Johann Wolfgang von Goethes „Faust", etwa: Rang und Titel bedeuten nichts); **Schall|aus|brei|tung** die; **Schall|däm|mung** die; **schall|dicht**; **schal|len** es schallt, es scholl / schallte, geschallt (*selten* geschollen), es schallte (*selten* es schölle): der Junge bekam eine schallende Ohrfeige; **Schall|mau|er** die: extrem hoher Luftwiderstand bei Erreichen der Schallgeschwindigkeit; der Düsenjäger durchbrach die Schallmauer (flog schneller als der Schall, 331 m/s)

Schal|mei die, die Schalmeien: Blasinstrument des Hirten

Schal|lot|te die *franz.*: Lauch, kleine Zwiebelart

schal|ten sie kann schalten und walten, wie sie will (ganz nach eigener Entscheidung handeln); **Schal|ter** der: der Schalter (Bankschalter) ist geschlossen, wo ist der Lichtschalter?; **Schalt|jahr** das: Jahr mit einem Schalttag, dem 29. Februar (alle vier Jahre); **Schalt|uhr** die; **Schal|tung** die

Scham die: sie empfand große Scham; **schä|men** sich; **scham|haft**; **scham|los**; **scham|voll**

scham|po|nie|ren / scham|pu|nie|ren mit Shampoo waschen

Schan|de die: mach mir keine Schande (benimm dich gut)!; **schän|den** einige Gräber waren geschändet worden; **Schand|fleck** der; **schänd|lich** sie wurde schändlich behandelt (es ist empörend, wie sie behandelt wurde); **Schand|tat** die; **Schän|dung** die

Schän|ke / Schen|ke die: kleine Gastwirtschaft

Schan|ze die: 1. ein Verteidigungswall 2. *Kurzwort für* Sprungschanze; **schan|zen** eine Schanze bauen

Schar die: 1. mehrere Personen oder Tiere; die Kinder kamen in Scharen zum Zirkus 2. *Kurzwort für* Pflugschar; **scha|ren|wei|se**

Scha|ra|de die *franz.*, die Scharaden: Rätsel, bei dem ein Wort in seine Bestandteile zerlegt ist, deren Bedeutung pantomimisch dargestellt wird; *Beispiel:* 1. Teil: seelischer Schmerz 2. Teil: kugelige Speise; das Ganze: Trauerkloß (langweiliger Mensch)

Schä|re die *schwed.*, die Schären: flache, kleine, felsige Insel vor der Küste

scharf schärfer, am schärfsten; **Scharfblick** der; **Schär|fe** die; **schär|fen** den Verstand schärfen; **scharf|kan|tig;** **Scharf|schüt|ze** der; **scharf|sich|tig;** **Scharf|sinn** der; **Scharf|sin|nig|keit** die

Schar|lach der *lat.*: 1. kräftiger, hellroter Farbton 2. ansteckende Infektionskrankheit bei Kindern, bei der hohes Fieber und roter Hautausschlag auftritt; **schar|lach|rot**

Schar|la|tan der *franz.*, die Scharlatane: Quacksalber, Kurpfuscher, Blender; **Schar|la|ta|ne|rie** die

Scharm → **Charme** der

Schar|nier das *franz.*, die Scharniere: gelenkähnliche Vorrichtung, z.B. an Türen; **Schar|nier|band** das

Schär|pe die *franz.*: breites Taillen- oder Brustband

schar|ren die Hühner scharren im Hof

Schar|te die: 1. Kerbe, ausgebrochene Stelle, z.B. in einer Messerschneide; eine Scharte auswetzen (einen Fehler wiedergutmachen) 2. *Kurzwort für* Schießscharte 3. schwer zugänglicher Bergsattel; **schar|tig**

schar|wen|zeln / scher|wen|zeln *ugs.* übereifrig-ergeben sein; man sah ihn um seinen Chef (herum)scharwenzeln

Schasch|lik der/das *russ.*: am Spieß gebratene Fleisch- und Gemüsestückchen

Schlag-schatten — Kernschatten

Schat|ten der: er ist nur noch ein Schatten seiner selbst (so krank, mager und elend), die Ereignisse warfen ihre Schatten voraus (kündigten sich durch bestimmte Vorzeichen an), sie jagt einem Schatten nach (verfolgt ein unrealistisches Ziel); **Schat|ten|bo|xen** das: Boxtraining ohne Gegner; **schat|tie|ren** Schatten andeuten, abstufen; **Schat|tie|rung** die; **schat|tig**

Scha|tul|le die *lat.*: kleiner, abschließbarer Kasten für Schmuck

Schatz der, des Schatz(e)s, die Schätze; **schät|zen** sie ließ ihren Schmuck schätzen (seinen Wert feststellen), ich schätze (mag) das Buch

Schau die, die Schauen: etwas zur Schau stellen (öffentlich ausstellen, vorzeigen); **schau|en** warum schaust du so traurig?; **schau|lus|tig;** **Schau|spiel** das; **Schau|spie|ler** der; **Schau|spie|le|rin** die; **schau|spie|le|risch;** **Schau|stel|ler** der

Schau|der der: sie betrat die Kirche mit frommem Schauder (Ehrfurcht); **schau|der|haft**

Schau|er der: 1. kurzer, heftiger Niederschlag, z.B. Hagelschauer 2. kurze, intensive Empfindung; ihr liefen vor Angst kalte Schauer über den Rücken; **schau|er|lich** der Verletzte bot einen schauerlichen Anblick

Schau|er|mann der, des Schauermanns, die Schauerleute: Hafenarbeiter

Schau|fel die; **schau|feln**

Schau|kel die; **schau|keln**

Schaum der, des Schaum(e)s, die Schäume; **schäu|men** er schäumte vor Wut; **schau|mig**

Scheck / Cheque *(schweiz.)* / Check der, *engl.*, des/die Schecks: bargeldloses Zahlungsmittel; einen Scheck ausstellen

sche|ckig eine scheckige (bunt gefleckte) Kuh

schef|feln anhäufen; er scheffelte Geld

Scheib|chen das; **scheib|chen|wei|se;** **Schei|be** die: die Scheibe (Fensterscheibe) ging entzwei, leihst du mir diese Scheibe (Schallplatte)?, davon kannst du dir eine Scheibe abschneiden (dir ein Beispiel nehmen)

Scheich der *arab.*, des Scheich(e)s, die Scheiche / Scheichs: bei den Beduinen Oberhaupt eines Herrschaftsgebiets, Dorfes oder einer Sippe; **Scheich|tum** das, die Scheichtümer

Schei|de die: 1. Messer- oder Waffenhülle; das Schwert aus der Scheide ziehen 2. Teil der weiblichen Geschlechtsorgane 3. Grenze; **schei|den** du scheidest,

schicken

sie schied, geschieden, er schiede; **Scheidung** die

Schein der, des Schein(e)s: der Schein (Anschein) trügt, sie hatte ein Bündel Scheine (Geldscheine) in der Tasche; **schein|bar** sie stieg scheinbar zufällig in denselben Bus (in Wirklichkeit absichtlich), es ist scheinbar (anscheinend, offenbar) keiner zu Hause; **schei|nen** du scheinst, sie schien, geschienen, er schiene: sie schien sich darüber zu freuen, das Licht scheint mir direkt ins Gesicht; **schein|hei|lig** heuchlerisch, unehrlich; **Schein|tod** der: todesähnlicher Zustand; **schein|tot; Schein|wer|fer** der

Scheit das, des Scheit(e)s, die Scheite: Holzstück; **Schei|ter|hau|fen** der

Schei|tel der: vom Scheitel bis zur Sohle (von Kopf bis Fuß); **schei|teln** gescheiteltes Haar

schei|tern er scheiterte am Torwart

Schelf das/der, *engl.*, des Schelfs, die Schelfe: die Kontinente umgebender Gürtel (Kontinentalsockel), der in ca. 200 m Tiefe steil abfällt; **Schelf|meer** das: flacher Teil des Meeres

Schel|le die: 1. Kugelglöckchen 2. Klingel 3. Ringklammer 4. Befestigungsbügel; **schel|len** das Telefon schellte

Schell|fisch der: Seefisch

Schelm der, des Schelm(e)s, die Schelme: Schalk, lustiger Mensch; **Schel|men|roman** der: Roman, dessen Hauptfigur mit List und Tücke und kleinen Betrügereien durchs Leben geht; **Schel|men|stück** das: Streich; **Schel|min** die; **schel|misch** schalkhaft

Schel|te die: scharfer Tadel, Vorwurf; **schel|ten** du schiltst, sie schalt, gescholten (*selten* er schölte), schilt!: das Kind wurde heftig gescholten

Sche|ma das *griech.*, die Schemas / Schemata: 1. vereinfachte zeichnerische Darstellung, Vorbild, Muster 2. Verfahren, Vorgehen; nach Schema F (gedankenlos, routinemäßig); **sche|ma|tisch; schema|ti|sie|ren**

Schem|bart der: Maske mit Bart

Sche|mel der: kleiner Hocker

sche|men|haft verschwommen, nur undeutlich

Schen|ke / Schän|ke die

Schen|kel der: er schlug sich lachend auf die Schenkel

schen|ken; Schen|kung die: Geschenk, Zuwendung; **Schen|kungs|ur|kun|de** die

schep|pern klappern

Scher|be die: Scherben bringen Glück

Sche|re die; **sche|ren** du scherst, sie schor, geschoren (*selten* er schöre): sich den Bart scheren (abrasieren); **sche|ren**: es scherte (kümmerte) sie wenig, was man über sie dachte; **Sche|ren|schlei|fer** der; **Sche|ren|schnitt** der: Umrisse einer Figur, meist aus schwarzem Papier geschnitten; **Sche|re|rei** die: er machte viel Scherereien (Ärger, Unannehmlichkeiten); **Schur** die, der Schur, die Schuren: das Schaf(e)scheren; **Schur|wol|le** die

Scherf|lein das: sein Scherflein (einen kleinen Geldbetrag) beisteuern

Scher|ge der, des/die Schergen: *früher* Diener einer Obrigkeit, Häscher, Henker; *heute* käufliche Person, Handlanger

Scherz der, die Scherze: Scherz beiseite! (jetzt wieder ernsthaft); **Scherz|bold** der; **scher|zen; scherz|haft**

scheu am scheu(e)sten: wie ein scheues Reh (furchtsam, zaghaft); **Scheu** die: seine Scheu ablegen; **scheu|en** er scheute (mied) keine Mühe, sie scheute (schreckte) davor zurück; **Scheu|klap|pe** die: Scheuklappen haben (ohne Weitblick sein); **Scheu|sal** das, die Scheusale: Rohling, Ungeheuer, abscheulicher Mensch; **scheuß|lich**

scheu|chen sie scheuchte (vertrieb) die Kinder aus dem Garten

Scheu|er die: Scheune

scheu|ern die Fliesen scheuern (putzen), er hat sich das Knie blutig gescheuert (gerieben)

Scheu|ne die: das Heu in die Scheune bringen

Schi → **Ski** der

Schicht die: eine zweite Schicht Lack auftragen, er gehörte zur oberen Schicht (der Gesellschaft), sie arbeitete in der zweiten (Arbeits-)Schicht; **Schicht|arbei|ter** der; **schich|ten** Stein auf Stein schichten: **schich|ten|wei|se; Schichtwech|sel** der, **schicht|wei|se**

schick / chic *franz.*: modisch, hübsch, toll

schi|cken einen Boten schicken (senden),

sich ins Unvermeidliche schicken (fügen), das schickt (gehört) sich nicht; **schick|lich** in schicklicher (angemessener, taktvoller) Art und Weise

Schick|sal das, die Schicksale: er wurde seinem Schicksal überlassen (allein gelassen, ohne Hilfe); **schick|sal|haft** eine schicksalhafte Begegnung; **Schick|sals|schlag** der; **schick|sals|träch|tig**

schie|ben du schiebst, er schob, geschoben, sie schöbe; **Schie|bung** die: Betrug, Begünstigung

Schieds|rich|ter der; **Schieds|rich|te|rin** die

schief am schiefsten: sie sah mich schief (ablehnend, misstrauisch) an, er hat ein schiefes (falsches) Bild von der Sache; **schief|ge|hen** (→ gehen): das wäre beinahe schiefgegangen (misslungen), *aber:* er ist immer so schief (krumm) gegangen; **schief|lie|gen** (→ liegen): du liegst schief (irrst) mit deinen Vermutungen

Schie|fer der: Schichtgestein

schie|len er schielte nach den Mädchen

Schien|bein das: sie trat ihn gegen das Schienbein; **Schie|ne** die, die Schienen; **schie|nen** der gebrochene Arm wurde geschient

schier eine schier (nahezu, fast) endlose Menschenschlange, das war schiere (eine große) Dummheit, schieres (reines) Gold

schie|ßen du schießt, sie schoss, geschossen, er schösse: ein Tor schießen, Tränen schossen (stiegen) ihr in die Augen, ihr schießt eine tolle Idee durch den Kopf; **Schie|ße|rei** die; **Schieß|stand** der, die Schießstände

Schiff das, des Schiff(e)s; **Schiff|fahrt** die; **schiff|bar**; **Schiff|brü|chi|ge** der/die; **schif|fen**; **Schif|fer** der; **Schif|fer|kla|vier** das: Akkordeon; **Schiffs|schau|kel** die; **Schiffs|ta|ge|buch** das

Schi|ka|ne die *franz.*, die Schikanen: Quälerei, Boshaftigkeit; ein Auto mit allen Schikanen (allem Komfort, Luxus); **schi|ka|nie|ren**; **schi|ka|nös**

Schi|ko|ree → **Chi|co|rée** der/die

Schild das, des Schild(e)s, die Schilder: ein Preisschild, Verkehrsschild; **Schild** der, des Schild(e)s, die Schilde: Schutzwaffe, jemanden auf den Schild heben (zum Anführer oder Vorbild erklären); **Schild|chen** das; **Schild|drü|se** die: Hormondrüse am Kehlkopf; **Schil|der|wald** der; **Schild|krö|te** die

Schild der Gallier

Buckelschild der Kreuzritter

schil|dern er schilderte seine Eindrücke

Schil|de|rung die: „Infolge überhöhter Geschwindigkeit kam es gestern zu einem Auffahrunfall." So steht vielleicht im Polizeibericht, was ein Augenzeuge zuvor noch ganz aufgeregt in die folgenden Worte gekleidet hatte: „Da rast plötzlich einer wie verrückt auf die stehende Kolonne zu, Bremsen quietschen, schon kracht es und Glas splittert …"
Im Gegensatz zum nüchternen, sachlichen Bericht, der nur wiedergibt, was sich ereignete, „malt" die Schilderung: Ob man z. B. einen Unfall, eine Landschaft oder ein Erlebnis schildert, immer kommt es darauf an, den Leser oder Zuhörer mit seinen eigenen Empfindungen und Gefühlen „anzustecken". Man muss also selbst „gepackt" sein und dies weitergeben. Das erreichen wir, indem wir erstens für eine Schilderung das Präsens verwenden und zweitens anschauliche Verben und Adjektive einsetzen: Sie sollen genau charakterisieren und zugleich die Stimmung treffend ausdrücken. Dabei muss man sich allerdings vor Übertreibungen hüten. Sie wirken unglaubwürdig und leicht kitschig.

Schiller Friedrich von ▶ S. 351

Schil|ler|lo|cke die: 1. Räucherfisch 2. Gebäck aus Blätterteig

schil|lern er hat einen schillernden (schwer durchschaubaren) Charakter, in allen Farben schillernd

Schim|mel der: 1. Pilzbelag auf fauligen oder feuchten Stoffen 2. weißes Pferd;

Friedrich von Schiller

Friedrich von Schiller

geb. am 10.11.1759 in Marbach
gest. am 9.5.1805 in Weimar

*Balladen (z.B. Der Taucher,
    Die Kraniche des Ibykus,
    Die Bürgschaft)
Die Räuber (Drama, 1781)
Kabale und Liebe (Drama, 1784)
Don Carlos, Infant von Spanien
    (Drama, 1787)
Wallenstein (Drama, 1800)
Maria Stuart (Drama, 1801)*

Auf dem berühmten Denkmal vor dem Nationaltheater in Weimar stehen Goethe und Schiller Hand in Hand – nicht als Konkurrenten, sondern als Freunde. In der Gunst des Publikums hatte Schiller zeitweilig aber seinen Freund Goethe überflügelt und galt als der Lieblingsdichter des deutschen Bürgertums. So leicht wie Goethe hatte Schiller es in seinem Leben allerdings nie gehabt. Er kam aus bescheidenen Verhältnissen. In Marbach am Neckar kann man heute noch das kleine Geburtshaus besichtigen. Von hier führte der Weg den jungen Schiller an die „Karlsschule" des Herzogs von Württemberg, wo er Medizin studierte. Aus der Auflehnung gegen den strengen Drill, der dort herrschte, und gegen den Despotismus seines Landesherrn entstand 1781 sein erstes Schauspiel *Die Räuber,* sein beachtlichstes Werk der Sturm- und-Drang-Zeit. Schiller musste deshalb aus Württemberg fliehen und verbrachte die nächsten fünf Jahre unter zum Teil bedrückenden Verhältnissen. Trotzdem schrieb er in dieser Zeit mehrere bedeutende Schauspiele wie *Kabale und Liebe* oder *Don Carlos.*

Ein Versuch, in Weimar Fuß zu fassen, scheiterte zwar, aber durch die Vermittlung Goethes erhielt Schiller 1789 eine – allerdings unbesoldete – Professur für Geschichte an der kleinen Universität Jena. Erst durch ein Stipendium besserten sich endlich seine wirtschaftlichen Verhältnisse. Er heiratete und konnte sich unbeschwerter als bisher seinen wissenschaftlichen Studien und seinen Dichtungen widmen. Die große Wende seines Lebens kam 1794: Die beginnende Freundschaft und der geistige Austausch mit Goethe regten seine schöpferischen Kräfte an. Er verfasste Gedichte, Balladen und vor allem noch mehrere große Schauspiele wie *Wallenstein, Maria Stuart, Die Jungfrau von Orleans* und den *Wilhelm Tell* – die schönsten Dramen der deutschen Klassik. Die letzte Zeit seines Lebens war von Krankheit überschattet. Er starb auf der Höhe seines Schaffens, noch nicht 46 Jahre alt.

schim|me|lig; schim|meln das Obst schimmelt schon; **Schim|mel|pilz** der

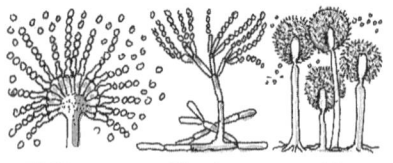

Gießkannen- schimmel   *Pinsel- schimmel*   *Köpfchen- schimmel*

Schim|mer der: ein Schimmer (geringes Maß) von Hoffnung; **schim|mern**

Schim|pan|se der *afrik.*, des/die Schimpansen: Menschenaffe

Schimpf der, des Schimpf(e)s: Schmach, Demütigung, Beleidigung; **schimp|fen; schimpf|lich** man behandelte ihn schimpflich (entwürdigend, schändlich); **Schimpf|wort** das, die Schimpfworte / Schimpfwörter

Schin|del die, die Schindeln; **Schin|del|dach** das

schin|den du schindest (*selten* er schund), geschunden (*selten* er schünde): sie wollte nur Zeit schinden (gewinnen), sich plagen und schinden (mühen, quälen), ein verendetes Tier schinden (abhäuten); **Schin|der** der: 1. jemand, der andere quält 2. jemand, der tote Tiere abhäutet; **Schin|de|rei** die: Qual, Strapaze

Schin|ken der

Schip|pe die: Schaufel; **schip|pen** sie muss Schnee schippen

Schirm der, des Schirm(e)s, die Schirme

Schis|ma das *griech.*, des Schismas, die Schismata / Schismen: Spaltung der kath. Kirche

schi|zo|phren *griech.*: 1. an Schizophrenie erkrankt 2. widersprüchlich, verrückt, absurd; sich in einer schizophrenen Lage befinden; **Schi|zo|phre|nie** die: krankhafte Spaltung des Bewusstseins

schlab|bern der Hund schlabbert das Wasser, du hast geschlabbert (gekleckert); **schlab|be|rig / schlabb|rig** stark verdünnt, sehr weit geschnitten (Schlabberhose)

Schlacht die, die Schlachten: die Schlacht ist nicht zu gewinnen; **schlach|ten** ein Schwein wird geschlachtet; **Schlach|ter / Schläch|ter** der: Metzger; **Schlach|te|rei / Schläch|te|rei** die; **schlacht|reif** schlachtreifes Vieh; **Schlacht|schiff** das

Schla|cke die: poröser Verbrennungsrückstand bei Kohle oder Koks

schla|ckern uns schlackerten (wackelten) die Knie

Schlaf der, des Schlaf(e)s: er spricht im Schlaf, den Schlaf des Gerechten (sehr tief und fest) schlafen; **schla|fen** du schläfst, sie schlief, geschlafen, er schliefe: schlaf gut!, sich schlafend stellen; **Schlä|fer** der; **Schlä|fe|rin** die; **schlaf|los; schläf|rig; schlaf|trun|ken** halb wach; **schlaf|wan|deln** unbewusst im Schlaf umhergehen

Schlä|fe die: ein Herr mit grauen Schläfen

Schla|fitt|chen das *niederl. ugs.* ich krieg dich noch am/beim Schlafittchen (werde dich fassen und dann bestrafen)

Schlag der, des Schlag(e)s, die Schläge: die Fragen kamen Schlag auf Schlag (schnell nacheinander), er war vom Schlag getroffen worden (hatte einen Schlaganfall); **Schlag|ader** die: Arterie; **schlag|ar|tig** plötzlich, schnell; **Schlä|gel** der: Schlagwerkzeug oder Schlaginstrument; **schla|gen** du schlägst, er schlug, geschlagen, er schlüge: sie schlug die Hände vors Gesicht, ein Rad schlagen, ich wartete eine geschlagene (volle) Stunde, er gab sich geschlagen (gab seine Niederlage zu); **Schla|ger** der: beliebtes Lied, Hit, kurzfristig erfolgreiche Sache; die Uhr ist ein Schlager (verkauft sich gut); **Schlä|ger** der; **Schlä|ge|rei** die; **schlag|fer|tig** redegewandt, witzig; **schlag|kräf|tig** überzeugend, wirksam; **Schlag|zei|le** die: auffällige Titelzeile, Überschrift; **Schlag|zeug** das

schlak|sig groß, mager, sich unbeholfen bewegend; ein schlaksiger junger Mann

Schla|mas|sel das/der *jidd.*: ugs. schwierige Lage, Missgeschick; wir stecken bis zum Hals im Schlamassel

Schlamm der, des Schlamm(e)s, die Schlamme / Schlämme; **Schlamm|bad** das; **schläm|men** 1. entschlammen 2. mit einem Schlämmanstrich versehen; **schlam|mig**; **Schlämm|krei|de** die: natürliche, gereinigte Kreide, z. B. in Zahnpasta verwendet

schlam|pen er hat ziemlich geschlampt (nachlässig gearbeitet); **Schlam|per** der; **Schlam|pe|rei** die; **schlam|pig**

Schlan|ge die; **schlän|geln** sie schlängelte sich durch die Menge

schlank am schlank(e)sten; **schlank|weg** ich lehne das schlankweg (ohne zu zögern, ohne Weiteres) ab

schlapp am schlappsten: sie fühlte sich müde und schlapp; **Schlap|pe** die: Misserfolg, Niederlage; er erlitt eine Schlappe; **schlap|pen** er schlappte (schlurfte) zur Tür, der Hund schlappt (schlürft) Wasser; **Schlap|pen** der: Pantoffel; **schlapp|ma|chen** der Läufer hat schlappgemacht (aufgegeben); **Schlapp|ohr** das: herunterhängendes Ohr bei Tieren

Schla|raf|fen|land das: Märchenland für Faulenzer und Schlemmer

schlau am schlau(e)sten; **Schlau|ber|ger** der: überschlauer Mensch; **Schläue** die; **Schlau|heit** die

Schlauch der, des Schlauch(e)s, die Schläuche; **schlauch|för|mig**

Schla|wi|ner der: ugs. für einen Nichtsnutz oder eine hinterlistige Person

Schlau|fe die: Griff, ringförmiges Band

schlecht am schlechtesten: er hat ein schlechtes Gedächtnis, sie staunte nicht schlecht (sehr), mir ist schlecht (übel), er tat es schlecht und recht (so gut es ging); **schlech|ter|dings** durchaus, ganz und gar; **schlecht ge|hen / schlecht|ge|hen** (→ gehen), ich hörte, dass es ihm schlecht geht / schlechtgeht, *aber:* in diesen Sandalen kann ich schlecht gehen; **schlecht|hin** an sich, in reinster Form; er war der Künstler schlechthin; **Schlech|tig|keit** die; **schlecht|ma|chen** sie muss immer alles schlechtmachen (herabsetzen), *aber:* das Möbelstück ist schlecht (unzulänglich) gemacht

schle|cken das Kind schleckte ein Eis
Schle|gel der: Keule von Schlachttieren
Schlei der / **Schleie** die, die Schleie(n): Karpfenfisch

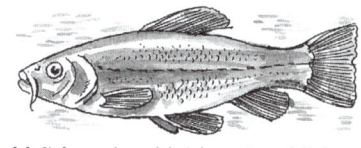

schlei|chen du schleichst, sie schlich, geschlichen, er schliche; **Schleich|wer|bung** die: versteckte Werbung außerhalb einer erkennbaren Werbesendung

Schlei|er der; **Schlei|er|eu|le** die: Eulenvogel; **schlei|er|haft** unerklärlich, rätselhaft; **Schlei|er|kraut** das: Pflanze mit kleinen Blütenrispen

Schlei|fe die: eine Schleife binden, der Fluss macht eine Schleife (Biegung); **schlei|fen** 1. ziehen, zerren, schleppen: du schleifst, sie schleifte, geschleift: der Mantel schleifte am Boden, die Festung wurde geschleift (bis auf den Boden zerstört) 2. schärfen, glatt machen: du schleifst, sie schliff, geschliffen, er schliffe; sie schliff das Messer, ihre Rede war geschliffen (scharf formuliert), der Auszubildende wurde geschliffen (schikaniert), er hat alles schleifen lassen / schleifenlassen (*übertragen:* sich um nichts gekümmert)

Schleim der, des Schleim(e)s; **schlei|mig**
schlem|men gut und reichlich essen und trinken; **Schlem|mer** der; **Schlem|me|rei** die; **Schlem|me|rin** die

schlen|dern; Schlend|ri|an *oder* Schlendri|an der: Trägheit, Nachlässigkeit

schlen|kern er schlenkerte mit den Armen

Schlep|pe die: ein Brautkleid mit langer Schleppe; **schlep|pen; Schlep|per** der: Schleppschiff

Schles|wig; Schles|wi|ger der, die Schleswiger; **Schles|wig-Hol|stein; Schles|wig-Hol|stei|ner** der, die Schleswig-Holsteiner, **Schles|wig-Hol|stei|ne|rin** die, die Schleswig-Holsteinerinnen; **schles|wig-hol|stei|nisch; schles|wi|gisch / schleswigsch**

Schleu|der die; **schleu|dern**
schleu|nig(st) komm schleunigst (sofort)!

Schleuse

Schleu|se die lat.: alle Schleusen (Wassertore) wurden geöffnet; **schleu|sen** sie schleuste (lotste) mich durch die Stadt, jemanden einschleusen (heimlich hereinbringen)

Schleusenkammer

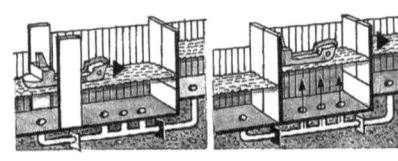

Schlich der, des Schlich(e)s, die Schliche: 1. Schleichweg 2. Schlamm, feinkörniges Erz; **Schli|che** die: ich komme dir noch auf die Schliche (ugs. hinter deine heimlichen Absichten, Tricks)

schlicht am schlichtesten: die Feier war schlicht (bescheiden, einfach), das ist schlicht (ganz einfach gesagt) falsch

schlich|ten sie griff schlichtend (beruhigend) ein; **Schlich|ter** der; **Schlich|te|rin** die; **Schlich|tung** die

Schlick der, des Schlick(e)s: Schlamm

Schlie|re die: schleimige Masse; **schlie|rig**

schlie|ßen du schließt, sie schloss, geschlossen, er schlösse; **schließ|lich**

Schliff der, des Schliff(e)s, die Schliffe: 1. das Schleifen, z. B. von Glas, Messern 2. feine Umgangsformen, Lebensart; ihm fehlte jeder Schliff

schlimm; schlimms|ten|falls

Schlin|ge die; **schlin|gen** du schlingst, sie schlang, geschlungen, er schlänge

Schlin|gel der: Schelm

schlin|gern das Schiff begann plötzlich zu schlingern

Schlips der, die Schlipse: Krawatte

Schlit|ten der; **schlit|tern** rutschen; **Schlitt|schuh** der

Schlitz der, die Schlitze; **schlitz|äu|gig**; **schlit|zen**; **Schlitz|ohr** das: Betrüger

schloh|weiß sie hatte schlohweißes (vollkommen weißes) Haar

Schloss das, des Schlosses, die Schlösser: 1. Vorrichtung zum Abschließen, z. B. Türschloss, Fahrradschloss 2. großes, prunkvolles Wohngebäude; **Schlos|ser** der; **Schlos|se|rin** die; **Schlos|se|rei** die

Schlot der, des Schlot(e)s, die Schlote/ Schlöte

schlot|tern sie schlotterte (zitterte) vor Angst; **schlot|te|rig / schlott|rig**

Schlucht die, die Schluchten

schluch|zen; Schluch|zer der

Schluck der, des Schluck(e)s, die Schlucke/ Schlücke; **Schluck|auf** der: glucksendes Einatmen; **schlu|cken; Schlu|cken** der: Schluckauf; **Schlu|cker** der: armer, bedauernswerter Mann; **schluck|wei|se**

schlu|dern ugs. schlampig arbeiten; er schludert mit seinem Geld (ugs. verschludert, vergeudet es)

Schlum|mer der; **schlum|mern**

Schlund der, des Schlund(e)s, die Schlünde: der tiefe Schlund eines Kraters

schlup|fen / schlüp|fen unter die Bettdecke schlüpfen; **Schlüp|fer** der: Unterhose; **Schlupf|loch** das; **schlüpf|rig** das Pflaster war schlüpfrig (glitschig), ein schlüpfriger (unanständiger) Witz

schlur|fen er schlurfte durch das Zimmer; **schlür|fen** er schlürfte seine Suppe

Schluss der, des Schlusses, die Schlüsse: das ist der Weisheit letzter Schluss (das Ergebnis aller Überlegungen); **Schluss|bi|lanz** die: Bilanz eines Unternehmens am Ende eines Geschäftsjahres; **Schluss|fol|ge|rung** die; **schlüs|sig** ein schlüssiger (folgerichtiger) Beweis, sie sind sich nicht schlüssig (einig)

Schlüs|sel der; **Schlüs|sel|reiz** der: (Psych.) Reiz (z. B. ein Geräusch, eine Farbe, ein Duft), der eine bestimmte Handlung auslöst

Schmach die: er empfand es als große Schmach (Kränkung, Schande, Demütigung); **schmach|ten** sie schmachteten (litten) in der großen Hitze, mit schmachtenden (verlangenden, sehnsuchtsvollen) Blicken; **schmäch|tig** er war von schmächtiger (dünner, magerer) Gestalt; **schmach|voll; schmä|hen** schlechtmachen, beleidigen, beschimpfen; **schmäh|lich** sie ließen ihn schmählich (schändlich) im Stich

schmack|haft am schmackhaftesten

schmal schmaler / schmäler, am schmalsten/schmälsten; **schmä|lern** nichts schmälert (mindert) seinen Erfolg; **Schmal|spur** die: geringe Spurweite; **schmal|spu|rig**

Schmalz das, des Schmalzes, die Schmalze; **schmalz|ge|ba|cken; schmal|zig** er sang mit schmalziger (gefühlvoller, rührseliger) Stimme

Schman|kerl das *bayer. u. österr.*, des Schmankerls, die Schmankerln: Süßigkeit, Süßspeise, etwas besonders Gutes zum Essen

schma|rot|zen faul auf Kosten anderer leben; **Schma|rot|zer** der; **Schma|rot|ze|rin** die

Schmar|ren / Schmarrn der: 1. süße Mehlspeise, z. B. ein Kaiserschmarren 2. *ugs. für* Unsinn; er erzählte lauter Schmarrn

schmat|zen er schmatzte laut beim Essen

schmau|chen genussvoll rauchen

Schmaus der, die Schmäuse; **schmau|sen** reichlich und mit Genuss essen

schme|cken die Arbeit schmeckt (passt) mir nicht

Schmei|che|lei die; **schmei|chel|haft** deine Worte sind nicht gerade schmeichelhaft; **schmei|cheln; Schmeich|ler** der; **Schmeich|le|rin** die; **schmeich|le|risch**

schmei|ßen du schmeißt, sie schmiss, geschmissen, er schmisse; **Schmeiß|flie|ge** die: große metallisch glänzende Fliegenart

Schmelz der, des Schmelzes, die Schmelze: 1. Glanzüberzug, Glasur 2. Zahnschmelz 3. Glanz, Klang; mit Schmelz (Ausdruck) in der Stimme; **schmel|zen** 1. flüssig werden: du schmilzt, sie schmolz, geschmolzen, er schmölze, schmilz!: das Eis schmolz in der Sonne 2. flüssig machen (*auch* sie schmelzte, geschmelzt, schmelzte, schmelze!): wir haben das Wachs geschmolzen/geschmelzt; **Schmelz|tem|pe|ra|tur** die; **Schmelz|was|ser** das

Schmerz der, die Schmerzen: ein vom Schmerz gezeichnetes Gesicht; **schmerz|emp|find|lich; Schmerz|emp|fin|dung** die; **schmer|zen** es schmerzt mich sehr (tut mir in der Seele weh), dass du gehst; **Schmer|zens|laut** der; **Schmer|zens|mut|ter** die: Darstellung einer trauernden Muttergottes; **schmerz|frei; schmerz|haft; schmerz|lich** er vermisst sie schmerzlich (sehr); **schmerz|lin|dernd; schmerz|stil|lend; Schmerz|tab|let|te** *oder* -ta|blet|te die; **schmerz|voll**

Schmet|ter|ball der: geschmetterter Ball, z. B. beim Tennis; **schmet|tern**

Schmet|ter|ling der, die Schmetterlinge

Schmied der, des Schmied(e)s; **schmie|den** sie schmiedeten eifrig Reisepläne; **Schmie|din** die

schmie|gen das Kind schmiegte sich in die Arme des Vaters; **schmieg|sam**

Schmie|re die: 1. Schmiermittel 2. drittklassiges Theater; **schmie|ren; Schmie|re|rei** die; **schmie|rig**

Schmin|ke die; **schmin|ken**

Schmir|gel der: Schleifmittel; **schmir|geln**

Schmiss der, des Schmisses, die Schmisse: 1. Narbe von einer Verwundung beim Fechten 2. Schwung; diesem Kleid fehlt jeder Schmiss; **schmis|sig** schmissige (schwungvolle) Marschmusik

Schmö|ker der: dickes Buch; **schmö|kern** sie schmökert gerne in Büchern

schmol|len schweigsam-trotzig, beleidigt sein; **Schmoll|mund** der: sie zog einen Schmollmund

schmo|ren Fleisch schmoren (gar werden lassen), *übertragen:* jemanden schmoren lassen / schmorenlassen (längere Zeit nicht beachten)

schmuck am schmuck(e)sten: ein schmuckes (hübsches) Dorf; **Schmuck** der, des Schmuck(e)s; **schmü|cken; schmuck|los**

schmud|de|lig / schmudd|lig ein schmuddeliges (unsauberes) Gasthaus

Schmug|gel der; **schmug|geln; Schmugg|ler** der; **Schmugg|le|rin** die

schmun|zeln in sich hineinlächeln

schmu|sen das Kind schmuste mit seiner Mutter; **Schmu|se|rei** die

Schmutz der, des Schmutzes: ihr Name wurde in den Schmutz gezerrt (verunglimpft, herabgesetzt); **schmut|zen; schmut|zig**

Schna|bel der, die Schnäbel; **schna|bel|för|mig; schnä|beln** zwei Spatzen schnäbelten miteinander

Schnack der *niederdt. ugs.*: Schwatz, Unterhaltung, Unsinn; **schna|cken**

Schna|ke die, die Schnaken: Stechmücke

Schnal|le die: Schuh- oder Gürtelschnalle; **schnal|len** den Riemen enger schnallen (sparen); er hat nichts geschnallt (*ugs.* nichts verstanden)

schnal|zen er schnalzte mit der Zunge

schnap|pen die Tür schnappte (klappte) ins Schloss; **Schnapp|schuss** der: Momentaufnahme

Schnaps der, die Schnäpse; **Schnäps|chen** das; **Schnaps|idee** die: verrückter, unsinniger Einfall

schnar|chen; **Schnar|cher** der

schnar|ren mit schnarrender (durchdringender) Stimme

schnat|tern *landschaftl.*: sie schnatterte (klapperte mit den Zähnen) vor Kälte

schnau|ben er schnaubte (schnäuzte sich) in sein Taschentuch, vor Wut schnauben

schnau|fen; **Schnau|fer** der

schnauz|bär|tig; **Schnau|ze** die; **schnäu|zen** sich; **Schnau|zer** der: 1. Hunderasse 2. Schnauzbart; **Schnäuz|tuch** das

Schne|cke die; **Schne|cken|haus** das; **Schne|cken|tem|po** das

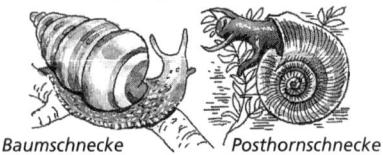

Baumschnecke *Posthornschnecke*

Schnee der, des Schnees: das ist Schnee vom vergangenen Jahr (das interessiert keinen mehr); **schnee|be|deckt**; **schneebe|la|den**; **schnee|blind**; **Schnee|eu|le** die; **schnee|frei**; **Schnee|ge|stö|ber** das; **schnee|glatt**; **Schnee|glöck|chen** das: erste Frühlingsblume; **schnee|ig**; **schnee|weiß**; **Schnee|witt|chen** das: Märchenfigur

Schneid der, des Schneid(e)s: Mut; jemandem den Schneid abkaufen (ihn entmutigen); **schnei|dig** ein schneidiger (tapferer, forscher) Bursche

Schnei|de die: die Schneide eines Beils, auf des Messers Schneide (noch nicht entschieden); **schnei|den** du schneidest, sie schnitt, geschnitten, er schnitte: er schnitt (sprach) ein anderes Thema an, ich habe mir/mich in den Finger geschnitten, ein elegant geschnittenes Kleid, Bahnlinie und Straße schneiden (kreuzen) sich; **Schnei|der** der; **Schnei|de|rin** die; **schnei|dern** einen Anzug schneidern

schnei|en es hat tagelang geschneit

Schnei|se die: baum- und strauchfreie Stelle im Wald

schnell; **Schnell|lauf** der; **Schnel|le** die: sie braucht auf die Schnelle (dringend) Geld; **schnell|le|big**; **schnel|len** das Fieber schnellte in die Höhe; **Schnel|lig|keit** die; **Schnell|kraft** die; **schnells|tens**; **schnellst|mög|lich**

Schnep|fe die, die Schnepfen: Wald- und Sumpfvogel

schnet|zeln klein schneiden, in Streifen schneiden (vor allem Fleisch); geschnetzeltes Putenfleisch; das Zürcher Geschnetzelte stand auf der Speisekarte

Schnick|schnack der: überflüssiger Zierrat, Kleinkram, unsinniges Gerede

schnie|fen geräuschvoll die Luft durch die Nase einatmen

schnie|geln sich mit übertriebener Sorgfalt kleiden

Schnipp|chen das: er schlug ihm ein Schnippchen (überlistete ihn)

schnip|peln Bohnen schnippeln (klein schneiden)

schnip|pisch er gab eine schnippische (ungezogene, respektlose) Antwort

Schnip|sel der; **schnip|seln**

Schnitt der, des Schnitt(e)s, die Schnitte; **Schnit|te** die, die Schnitten: Brotscheibe; **schnit|tig** ein schnittiges Auto

Schnit|zel das, die Schnitzel: 1. panierte und gebratene Scheibe Fleisch 2. kleine Papierstücke; **schnit|zeln** klein schneiden

schnit|zen sie schnitzte eine Figur aus dem Holzstück; **Schnit|zer** der: 1. Holz- oder Elfenbeinschnitzer 2. Fehler aus Unachtsamkeit; er leistete sich einen groben Schnitzer

schnod|de|rig / schnodd|rig respektlos, großtuerisch; **Schnodd|rig|keit** die

schnö|de am schnödesten: um des schnöden Mammons (verachtenswerten Geldes) willen, in schnöder (erbärmlicher) Angst

Schnor|chel der, die Schnorchel: Rohr zum Atmen beim Tauchen; **schnor|cheln** mit dem Schnorchel tauchen

Schnör|kel der, die Schnörkel: meist geschwungene Linie zur Verzierung; **schnör|ke|lig / schnörk|lig** am schnörkeligsten

schnor|ren er schnorrte (erbettelte) bei mir Zigaretten; **Schnor|rer** der; **Schnorre|rin** die

Schnö|sel der: *ugs.* frecher, eingebildeter junger Mann

Schnu|cke die: Heidschnucke, Schaf; **schnu|cke|lig / schnuck|lig** lieb, süß

Schnüf|fe|lei die, die Schnüffeleien: neugierige Herumsucherei, **schnüf|feln** der Hund schnüffelte an den Schuhen; **Schnüff|ler** der: abwertend für Spion, Detektiv; **Schnüff|le|rin** die

Schnul|ler der: Gummisauger für Babys

Schnul|ze die: rührseliges, kitschiges Musik-, Film-, Fernseh- oder Theaterstück; **Schnul|zen|sän|ger** der; **schnul|zig** ein schnulziger Schlager

schnup|fen Tabakpulver durch die Nase einziehen; **Schnup|fen** der; **Schnup|fer** der; **Schnupf|ta|bak** der

schnup|pern er schnupperte (roch) an ihrem Haar

Schnur die, die Schnüre; **schnü|ren** sie schnürte ihre Wanderstiefel, der Wolf schnürte (schlich) über das freie Feld; **schnur|ge|ra|de**; **Schnür|sen|kel** der; **schnur|stracks** direkt, geradewegs

Schnurr|bart der

schnur|ren die Katze rieb sich schnurrend an meinen Beinen; **schnur|rig** belustigend, komisch; er erzählte eine schnurrige Geschichte

Schnu|te die: *ugs.* Mund; eine Schnute ziehen (beleidigt, enttäuscht sein)

Scho|ber der: Heuhaufen, Scheune

Schock das: alte Bezeichnung für 60 Stück

Schock der *franz.*, des Schock(e)s, die Schocks / Schocke: 1. große seelische Erschütterung, Schreck 2. Kreislaufversagen, z. B. bei einem Autounfall; **schocken** die Nachricht schockte (erschütterte, erschreckte) sie; **scho|ckie|ren** ihr Benehmen schockierte mich (ärgerte mich sehr)

scho|fel / scho|fe|lig / schof|lig *hebr./jidd.*: *ugs.* geizig, schändlich, gemein; sie benahm sich schofel gegenüber ihrem Freund

Schöf|fe der, die Schöffen: ehrenamtlicher Laienrichter; **Schöf|fen|ge|richt** das: Strafgericht aus einem Richter und mehreren Schöffen; **Schöf|fin** die

Scho|ko|la|de die *mexik.*; **scho|ko|lade(n)- braun**; **Scho|ko|la|den|sei|te** die: er zeigte sich von seiner Schokoladenseite (angenehmsten, besten Seite)

Schol|le die: 1. flaches, großes Stück Erde beim Pflügen, nutzbares Ackerland 2. Teil der Erdkruste 3. Plattfisch, z. B. Heilbutt

schon ich habe es schon gehört, was macht das schon, es wird schon werden

schön nichts als schöne (leere) Worte, ein schönes Wochenende; **schö|nen** verbessern, verschönern; **schön|fär|ben** beschönigen, allzu günstig darstellen; **Schön|fär|be|rei** die; **Schön|heit** die; **Schön|heits|re|pa|ra|tur** die: Reparatur nur um des besseren Aussehens willen (nicht um einen Schaden zu beheben); **schön ma|chen / schön|ma|chen** sich; **schön schrei|ben** die Einladung hast du sehr schön geschrieben (→ schreiben); **schön|schrei|ben** über etwas beschönigend schreiben, Schönschrift schreiben; **Schön|schreib|heft** das; **Schön|schrift** die; **Schön|wet|ter|la|ge** die

schön: Das Adjektiv wird kleingeschrieben: *schöne Grüße, schöne Ferien*. Es muss von der substantivierten Form, die großgeschrieben wird, unterschieden werden: *das Schönste auf der Welt, die Schöne und das Biest.*
Verbindungen aus *schön* und Verb werden zusammengeschrieben, wenn

schonen

sich eine neue, übertragene Bedeutung ergibt: der Trainer hat die Niederlage schöngeredet / schöngefärbt (als nicht so schlimm dargestellt, beschönigt), schöntun (schmeicheln).

scho|nen du solltest dich noch etwas schonen; **Schon|frist** die; **Schon|kost** die; **Scho|nung** die: 1. Rücksichtnahme, Genesungszeit 2. eingezäuntes Waldstück mit jungen Bäumen; **scho|nungs|los** am schonungslosesten

Scho|ner der *engl.*, des Schoners, die Schoner: 1. Schutzhülle oder -überzug 2. Zweimast-Segelschiff

Schopf der, des Schopf(e)s, die Schöpfe: sie wollte die Gelegenheit beim Schopf packen (sie wahrnehmen)

schöp|fen er ging ein bisschen frische Luft schöpfen (atmen); **Schöp|fer** der: 1. Gott als Erschaffer der Welt 2. künstlerisch tätiger Mensch; **schöp|fe|risch**; **Schöpf|kel|le** die; **Schöp|fung** die; **Schöpfungs|ge|schich|te** die: Bericht über die Erschaffung der Welt, z.B. in der Bibel im 1. Buch Mose

Schop|pen der *schweiz.*: ein halber Liter Wein oder Bier; zusammen hatten sie vier Schoppen Wein

Schorf der, des Schorf(e)s: 1. verkrustetes Hautgewebe, z. B. Wundschorf, 2. Pflanzenpilzkrankheit; **schor|fig**

Schor|le die, die Schorlen: Mischgetränk aus Saft oder Wein mit Mineralwasser

Schorn|stein der, die Schornsteine; **Schorn|stein|fe|ger** der

Scho|se → **Cho|se** die

Schoß der, des Schoßes, die Schöße: der Geldsegen ist ihr in den Schoß gefallen (sie brauchte sich darum nicht zu bemühen)

Schoss der, des Schosses, die Schosse: junger Pflanzentrieb; **Schöss|ling** der

Scho|te die, die Schoten: längliche Kapselfrucht der Kreuzblütler

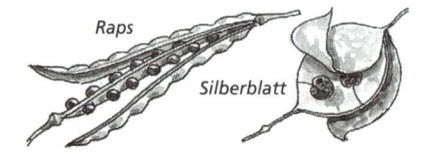

Raps

Silberblatt

Schott das, des Schott(e)s, die Schotten: wasserdichte und feuerfeste Stahlwand in einem Schiff

Schot|te der; **Schot|tin** die; **schot|tisch**; **Schott|land**

Schot|ter der: Schottersteine, Geröllablagerung; **Schot|ter|weg** der

schraf|fie|ren parallel stricheln; blau schraffierte / blauschraffierte Schatten; **Schraf|fur** die

schräg am schrägsten: eine schräge Wand, sie sah mich schräg (missbilligend, prüfend) an; **Schrä|ge** die

Schram|me die; **schram|men** sein Auto wurde von einem anderen geschrammt

Schrank der, des Schrank(e)s, die Schränke; **Schränk|chen** das

Schran|ke die: die Zollschranke passieren, jemanden in die Schranken weisen (zurechtweisen), der Fantasie sind keine Schranken gesetzt; **schran|ken|los**; **Schran|ken|wär|ter** der; **Schranken|wär|te|rin** die

schrap|pen Möhren schrappen (schaben)

Schrau|be die: bei dir ist wohl eine Schraube locker (*ugs.* du spinnst); **schrau|ben** er schraubte seine Forderungen immer höher; **Schraub|stock** der

Schre|ber|gar|ten der: Kleingarten am Stadtrand, so genannt nach dem Leipziger Arzt Daniel Gottlob Moritz Schreber

Schreck der, des Schreck(e)s: ihn erfasste eisiger Schreck, sie bekam einen tüchtigen Schreck; **Schre|cken** der, die Schrecken: das Unwetter erfüllte uns mit Angst und Schrecken, er kam noch einmal mit dem Schrecken davon, die Schrecken des letzten Krieges; **schre|cken** du schrickst, sie schrak / schreckte, geschrocken / geschreckt, er schräke / schreckte; er schreckt (scheut) vor nichts zurück; **Schre|cken er|re|gend / schre|cken|er|re|gend**; **schre|ckens|bleich**; **Schreck|ge|spenst** das; **schreck|haft** am schreckhaftesten: leicht zu erschrecken; **schreck|lich**; **Schreck|nis** das, des Schrecknisses, die Schrecknisse

Schred|der der *engl.*, des Schredders, die Schredder: technische Einrichtung zum Zerkleinern von Schrottautos oder alten Akten; **schred|dern** zerfetzen

Schrei der, des Schrei(e)s, die Schreie: sie ist immer nach dem letzten Schrei (der neuesten Mode) gekleidet; **schrei|en** du schreist, sie schrie, geschrien, er schrie: schrei mich nicht so an!; **Schrei|er** der; **Schrei|e|rei** die; **Schrei|hals** der; **Schrei|krampf** der

schrei|ben du schreibst, sie schrieb, geschrieben, er schriebe: schreib mir ein paar Zeilen, sie schreibt die Musik dazu, wir schreiben das Jahr 2006; **Schrei|ben** das; **Schrei|ber** der; **Schrei|be|rin** die; **schreib|faul**; **Schreib|feh|ler** der; **Schreib|ma|schi|ne** die; **Schrei|bung** die; **Schreib|wei|se** die

Schrein der, des Schrein(e)s: ein Reliquienschrein; **Schrei|ner** der: Handwerker; **Schrei|ne|rin** die; **schrei|nern**

schrei|ten du schreitest, sie schritt, geschritten, er schritte: sie schritten zur Tat; **Schritt** der, die Schritte: er konnte mit ihr nicht Schritt halten, er tat den ersten Schritt (machte den Anfang); **schritt|wei|se**

Schrift die, die Schriften: die Heilige Schrift (Bibel), nach der Schrift (dialektfrei, hochdeutsch) sprechen; **schrift|lich; Schrift|stel|ler** der; **Schrift|stel|le|rin** die; **schrift|stel|lern; Schrift|tum** das: Gesamtheit aller Schriften; **Schrift|zei|chen** das

schrill mit schriller Stimme; **schril|len** die Alarmglocke schrillte

schroff am schroffsten: schroffe (zerklüftete, steile) Felswände, er war abweisend und schroff (unhöflich); **Schroff|heit** die

Schrot der/das, des Schrot(e)s: 1. Bleikügelchen für Gewehrpatronen 2. grob gemahlene Getreidekörner; ein Mann von echtem Schrot und Korn (redlich, tüchtig); **schro|ten** grob mahlen

Schrott der, des Schrott(e)s, die Schrotte: er hat sein Auto zu Schrott gefahren; **schrott|reif**

schrub|ben das Schiffsdeck schrubben; **Schrub|ber** der: besenähnliche Bürste

Schrul|le die, die Schrullen: sie hat nichts als Schrullen (seltsame Ideen) im Kopf; **schrul|lig** wunderlich, eigensinnig

schrum|pe|lig / schrump|lig ugs. runzlig, faltig, verknittert, vertrocknet; der Elefant hat eine schrumplige Haut

schrump|fen; Schrump|fung die

Schub der, des Schub(e)s, die Schübe; **Schub|kar|re(n)** die (der); **Schub|kraft** die; **Schub|la|de** die; **Schubs / Schups** der, die Schubse / Schupse: sie gab mir einen Schubs (Stoß); **schub|sen / schup|sen** es wurde geschubst und gedrängt; **schub|wei|se**

schüch|tern; Schüch|tern|heit die

Schuft der, des Schuft(e)s: niederträchtiger Mensch, Schurke; **schuf|tig**

schuf|ten ugs. für übermäßig viel und schwer arbeiten; sie schufteten ganze Nächte (hin)durch

Schuh der, des Schuh(e)s, die Schuhe: wo drückt dich der Schuh (welche Sorgen, Nöte hast du)?; **Schuh|creme** die

Schu|ko|ste|cker der: *Kurzwort für Schutzkontaktstecker*

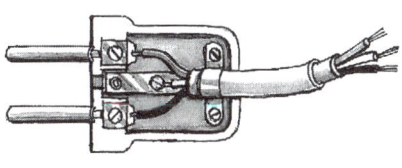

Schuld die: ihn trifft keine Schuld, Schuld und Sühne, sich keiner Schuld bewusst sein, Schuld haben, große Schuld tragen; *aber:* schuld sein, er ist schuld daran; **schuld|be|wusst** verlegen, kleinlaut; **schul|den** wir schulden dir großen Dank; **Schul|den** die: er steckt bis über beide Ohren in Schulden; **schuld|haft; schul|dig; Schul|di|ge** der/die; **schuld|los; Schuld|ner** der: *Ggs.* Gläubiger; **Schuldner|be|ra|tung** die; **Schuld|schein** der; **Schuld|ver|hält|nis** das

Schu|le die *lat.*: sie hat eine gute Schule durchgemacht (viel gelernt, viel Erfahrung), sein Beispiel machte Schule (fand

schulen

viele Nachahmer); **schu|len**; **Schü|ler** der; **Schü|le|rin** die; **schul|frei**; **schu|lisch** schulische Leistungen; **Schul|kon|zert** das; **Schul|jahr** das; **schul|pflich|tig**; **Schu|lung** die; **Schul|zeit** die

Schul|ter die, die Schultern: die Leute standen Schulter an Schulter (gedrängt), er zeigte ihr die kalte Schulter (beachtete sie kaum, wies sie ab); **schul|tern** er schulterte sein Bündel; **Schul|ter|zu|cken** das

Schum|me|lei die; **schum|meln** betrügen, mogeln

schum|me|rig / schumm|rig bei schummriger Beleuchtung; **schum|mern** dämmern

Schund der, des Schund(e)s: Wertloses, Minderwertiges; **Schund|li|te|ra|tur** die

schun|keln; **Schun|kel|lied** das

Schup|pe die, die Schuppen: ein Haarwaschmittel gegen Schuppen; **schuppen** ihre Haut schuppte sich nach dem Sonnenbrand, der Fisch wird zuerst geschuppt; **Schup|pen|flech|te** die: Hautkrankheit; **schup|pig**

Schup|pen der: Holzhütte

schü|ren das Feuer schüren (anfachen), Eifersucht schüren (anstacheln)

schür|fen sich das Knie schürfen, es wurde in großen Tiefen nach Kohle geschürft (gesucht und gefördert); **Schürfung** die; **Schürf|wun|de** die

schu|ri|geln ugs. jemanden ungerecht behandeln, bevormunden, schikanieren

Schur|ke der; **schur|kisch**

Schurz der, die Schurze: ein Schurz aus Leder; **Schür|ze** die, die Schürzen; **schürzen** sie schürzte (kräuselte) die Lippen; **Schür|zen|zip|fel** der

Schuss der, des Schusses, die Schüsse: einen Schuss vor den Bug (eine Warnung) bekommen, das war ein Schuss ins Schwarze (ein Volltreffer, eine treffende Bemerkung, die richtige Lösung); **Schussel** der: gedankenloser, unkonzentrierter, fahriger Mensch; **schus|selig** am schuss(e)ligsten; **Schuss|fahrt** die: direkte Abfahrt; **schuss|si|cher** eine schusssichere Weste

Schüs|sel die, die Schüsseln

Schus|ter der: auf Schusters Rappen (zu Fuß) reisen; Schuster, bleib bei deinem Leisten! (lass die Finger von Dingen, die du nicht verstehst!); **schus|tern**

Schutt der, des Schutt(e)s: Müll, Abfall; die Stadt versank in Schutt und Asche (wurde zerstört und niedergebrannt); **Schutt|platz** der

Schüt|tel|frost der; **schüt|teln** er schüttelte sich vor Lachen; **Schüt|tel|reim** der: „Da sprach der Herr von Rubenstein: Mein Hund ist noch nicht stubenrein" *(Erich Mühsam)*

schüt|ten es schüttet (regnet) fürchterlich, sie schüttete sich aus vor Lachen

schüt|ter er sprach mit schütterer (schwacher) Stimme, der Baumbestand war schütter (spärlich, dürftig)

Schutz der: sie nahm ihn vor den Anschuldigungen in Schutz (verteidigte ihn), zum Schutz der Augen, vor dem Regen Schutz suchen; **schutz|be|dürftig**; **schüt|zen** wie kann ich mich vor Krankheit schützen?; **Schutz|ge|bühr** die; **Schütz|ling** der; **schutz|los**; **Schutzmann** der, die Schutzmänner / Schutzleute; **Schutz|um|schlag** der; **Schutzzoll** der, die Schutzzölle: Einfuhrgebühr für ausländische Produkte

Schüt|ze der, die Schützen: sie ist eine gute Schützin, er ist im Sternzeichen Schütze geboren; **Schüt|zen|ver|ein** der

Schwa|be der, die Schwaben; **Schwä|bin** die; **schwä|bisch**

schwab|be|lig / schwabb|lig ugs. wackelig, zittrig; er hatte einen schwabb(e)ligen Bauch

schwach schwächer, am schwächsten: er hat ein schwaches Herz, ein schwach besuchter / schwachbesuchter Film, sie konnte sich nur schwach (undeutlich) erinnern, nur nicht schwach werden / schwachwerden (nachgeben); **Schwäche** die: er kennt seine größten Schwächen (Fehler, Eigenheiten), der Roman hat einige Schwächen, sie brach vor Schwäche (Erschöpfung, Kraftlosigkeit) zusammen, er hat eine große Schwäche für sie (mag sie sehr); **schwä|chen** die Wirksamkeit von etwas schwächen; **schwäch|lich**; **Schwäch|ling** der: willensschwacher, kraftloser Mensch; **Schwach|sinn** der; **schwach|sin|nig**; **Schwä|chung** die

Schwa|den der: Nebel- oder Rauchschwaden

Schwad|ron oder Schwa|dron die ital., die Schwadronen: *früher kleinste Truppeneinheit der Kavallerie*; **Schwad|ro|neur** oder Schwa|dro|neur [schwadronör] der: männl. Person, die prahlt und angibt; **schwad|ro|nie|ren** oder schwa|dronie|ren: aufschneiden, angeben

schwa|feln *ugs.* töricht und wortreich über etwas reden; er schwafelte etwas von einem ganz tollen Geschäft

Schwa|ger der, die Schwäger; **Schwä|gerin** die

Schwal|be die: eine Schwalbe macht noch keinen Sommer (ein einziges Anzeichen lässt noch nicht auf eine große Wende schließen); **Schwal|ben|schwanz** der, die Schwalbenschwänze: 1. Schmetterling 2. *scherzhaft für* Frack

Schwall der, des Schwall(e)s: ein Schwall Wasser kam von oben

Schwan der, des Schwan(e)s, die Schwäne

schwan|ger sie ist schwanger (erwartet ein Kind), er geht mit einer Idee schwanger (hat schon länger eine Idee); **schwängern** die Luft war von Rauch geschwängert (gefüllt); **Schwan|ger|schaft** die

Schwank der, die Schwänke: Als „swanc" bezeichnete man im Mittelalter einen geglückten Schlag oder einen guten Hieb, und etwas von dieser Bedeutung ist auch am Schwank als einer Erzählung hängen geblieben. Es ist häufig ein kleiner Streich, über den wir uns vergnügen und den wir nicht allzu ernst nehmen.
Im Schwank steckt die Verspottung menschlicher Schwächen und wie bei der → Anekdote kommt es dabei ganz wesentlich auf den treffenden Schluss, die → Pointe, an. Oft geht es nach dem Grundsatz zu: „Wer zuletzt lacht ...", und eine gehörige Portion Übertreibung oder Komik erhöhen nur die Wirkung. Ein solcher Schwank kann ein heiteres Theaterstück sein, häufiger aber versteht man darunter eine Erzählung.
Im Mittelalter waren besonders derbe – wir würden heute manchmal sogar sagen: ordinäre – Schwänke sehr beliebt. Später kamen dann ganze Schwanksammlungen auf, wie etwa die Geschichten von den Schildbürgern oder vom Eulenspiegel. Auch Lügendichtungen, wie die berühmten Geschichten des Barons von Münchhausen, gehören zu den Schwänken und ebenso manche lustige → Kalendergeschichte.

schwan|ken schwankende Preise, sie schwankt noch zwischen zwei Angeboten (ist noch unsicher bei der Entscheidung), ihr Lachen ließ ihn schwanken; **Schwan|kung** die

Schwanz der, die Schwänze; **schwän|zeln** der Hund schwänzelt (wedelt mit dem Schwanz); **schwän|zen** er schwänzte die Schule

schwap|pen Wasser schwappte ins Boot

Schwarm der, des Schwarm(e)s, die Schwärme: ein Schwarm von Krähen saß auf dem Feld, er hat einen neuen Schwarm (ist neu verliebt); **schwär|men** die Bienen schwärmen, sie schwärmt für gutes Essen; **schwär|me|risch** am schwärmerischsten

Schwar|te die, die Schwarten: eine Speckschwarte

schwarz schwärzer, am schwärzesten: die Straße war schwarz von Menschen (gedrängt voll), ein schwarzer (schlimmer) Tag, ein schwarz gepunkteter / schwarzgepunkteter Käfer, den Kaffee schwarz trinken, hier steht es schwarz auf weiß (gedruckt), der schwarze / Schwarze Peter, das schwarze / Schwarze Brett, er war ganz in Schwarz gekleidet, ihr Haar hat ein tiefes Schwarz; **Schwarz|ar|beit** die: illegale Arbeit;

schwarz|ar|bei|ten; Schwär|ze die: Druckerschwärze; **schwär|zen** sich das Gesicht schwärzen; **schwarz|fah|ren** (→ fahren); **schwarz|haa|rig; Schwarz|han|del** der; **Schwarz|hö|rer** der: jemand, der sein Radio nicht angemeldet hat; **schwärz|lich; schwarz|rot|gol|den / schwarz-rot-gol|den; schwarz|se|hen** etwas negativ einschätzen: er sieht schwarz; **schwarz|weiß / schwarz-weiß; Schwarz-weiß|film / Schwarz-Weiß-Film** der

schwat|zen / schwät|zen; Schwät|zer der; **schwatz|haft** am schwatzhaftesten

Schwe|be die: die Turnerin blieb einen Moment in der Schwebe (im Gleichgewicht, frei schwebend); **schwe|ben** sie schwebte zwischen Angst und Hoffnung, das Blatt schwebte zu Boden; **Schwe|be|zu|stand** der

Schwe|de der, die Schweden; **Schweden; Schwe|din** die, die Schwedinnen; **schwe|disch**

Schwe|fel der: chemischer Grundstoff; Zeichen S; **schwe|fel|gelb; schwe|fel|hal|tig; schwe|fe|lig; schwe|feln** geschwefelte Rosinen; **schwef|lig**

Schweif der, des Schweif(e)s: Schwanz; **schwei|fen** in die Ferne schweifen

schwei|gen du schweigst, sie schwieg, geschwiegen, er schwiege: sie schwieg aus Höflichkeit, das Hotel war schlecht, ganz zu schweigen vom Essen, die schweigende Mehrheit; **Schwei|gen** das: jemanden zum Schweigen bringen (einschüchtern, mundtot machen, töten), er fasste mein Schweigen als Zustimmung auf; **Schwei|ge|pflicht** die; **schweig|sam**

Schwein das, des Schwein(e)s, die Schweine; **Schwei|ne|rei** die; **Schwei|ne|stall** der; **schweins|le|dern**

Schweiß der: im Schweiße seines Angesichts (unter großen Mühen, Anstrengungen); **schwei|ßen; Schwei|ßer** der; **Schwei|ße|rin** die; **schwei|ßig** er hat schweißige (feuchte) Hände; **schweiß|trei|bend; schweiß|über|strömt**

Schweiz die; Schwei|zer der: 1. Staatsangehöriger der Schweiz 2. Melker; **schwei|zer|deutsch; Schwei|zer|deutsch** das (→ deutsch); **Schwei|ze|rin** die, die Schweizerinnen; **schwei|ze|risch; Schwei|zer Kä|se** der

Schwel|brand der: Brand ohne sichtbare Flamme; **schwe|len** die Trümmer des Hauses schwelten noch nach dem Feuer

schwel|gen in Erinnerungen schwelgen (sich ihnen überlassen); **schwel|ge|risch** üppig, genießerisch

Schwel|le die: die Schwelle des Hauses

schwel|len 1. größer werden, sich ausdehnen, es schwillt, es schwoll, geschwollen, schwölle, schwill!: der Lärm schwoll zum Dröhnen an 2. größer, stärker machen, du schwellst, du schwelltest, geschwellt, schwell(e): er sagte das mit geschwellter Brust (voller Stolz); **Schwel|lung** die

Schwem|me die: 1. flache Flussstelle 2. Überangebot von Waren; **schwemmen** Treibholz wurde an Land geschwemmt; **Schwemm|land** das: angeschwemmtes, fruchtbares Land

Schwen|gel der: Glockenschwengel (Klöppel), Pumpenschwengel

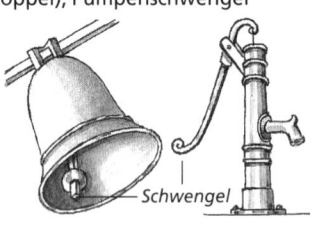

Schwengel

schwenk|bar; schwen|ken sie schwenkte ein helles Tuch, nach links schwenken; **Schwenk|kran** der, die Schwenkkräne

schwer am schwersten: wie schwer bist du?, sie hatte einen schweren Schock, sich etwas schwer erarbeiten; *aber:* das Schwerste ist überstanden, du sollst nichts Schweres heben; **schwer be|hin|dert / schwer|be|hin|dert; schwer Be|hin|der|te / Schwer|be|hin|der|te** der/die; **schwer|blü|tig** bedächtig, ernst, langsam; **Schwe|re** die: die Schwere seiner Schuld, die Schwere des Weines; **Schwe|re|lo|sig|keit** die; **schwer er|zieh|bar / schwer|er|zieh|bar; schwer|fal|len** (→ fallen): Mühe verursachen; **schwer|fäl|lig** er ist schwerfällig im Denken und Handeln; **schwer|hö|rig; schwer krank / schwer|krank** ein schwer krankes / schwerkrankes Kind; **schwer·lich** ohne deine Hilfe hätte sie das schwerlich (kaum, nicht leicht) bewältigen können; **schwer|mü|tig; schwer·neh|men** (→ nehmen); **Schwer|punkt** der; **Schwer|trans|port** der; **schwer|tun** sich (→ tun): sich abmühen; **schwer ver|ständ|lich / schwer|ver|ständ|lich; schwer ver|wundet / schwer|ver|wundet; schwer wiegend / schwer|wie|gend** eine schwer wiegende / schwerwiegende Lüge, ein noch schwerer wiegender / schwerwiegenderer Verlust

Schwes|ter die, die Schwestern

Schwie|ger|el|tern die; **Schwie|ger|mutter** die; **Schwie|ger|va|ter** der

Schwie|le die: er hat Schwielen an den Händen; **schwie|lig**

schwie|rig; Schwie|rig|keit die

Schwimm|bad das; **schwim|men** du schwimmst, er schwamm, wir sind um die Wette geschwommen, er schwömme; **Schwimm|ver|ein** der

Schwin|del der: jäher Schwindel erfasste sie, das Ganze ist ein ausgemachter Schwindel (Betrug); **Schwin·de|lei** die; **Schwin|del er|re|gend / schwin|del|er|regend; schwin|del|frei** er ist nicht schwindelfrei; **schwin|de|lig / schwind|lig** Ihr wurde schwind(e)lig, **schwin|deln; Schwind|ler** der; **Schwind·le|rin** die

schwin|den es schwindet, es schwand, geschwunden, es schwände: ihre Kräfte schwanden (wurden weniger); **Schwind·sucht** die: Tuberkulose; **schwind|süch·tig; Schwund** der

Schwin|ge die: Flügel; **schwin|gen** du schwingst, sie schwang, geschwungen, er schwänge: eine geschwungene Linie, er schwang sich zur Arbeit auf (begann mit der Arbeit); **Schwin|gung** die

Schwips der, die Schwipse: leicht angetrunkener Zustand

schwir|ren Gerüchte schwirrten durch die Firma

Schwit|ze die: Mehlschwitze; **schwit|zen**

schwö|ren du schwörst (*veralt.* schwurst), er schwor / schwur, geschworen, sie schwöre / schwüre: er schwor ihr ewige Treue, sie schwört auf ihre gesunde Lebensweise

schwül; Schwü|le die

Schwulst der, die Schwülste: geschmacklose, übertriebene Ausschmückung, z. B. von Räumen; **schwuls|tig / schwüls|tig** er schreibt ziemlich schwülstig (überladen, weitschweifend, kitschig)

Schwung der, des Schwung(e)s, die Schwünge: endlich kommt Schwung in die Sache (geht sie voran); **Schwung·kraft** die; **schwung|los; schwung|voll**

Schwur der, des Schwur(e)s, die Schwüre: Gelöbnis, Eid, Versprechen; **Schwur|gericht** das: Strafkammer mit hauptamtlichen Richtern und Schöffen für besonders schwere Vergehen

Sci|ence|fic|tion / Sci|ence-Fic|tion [ßaienßfikschen] die *amerik.*: Texte und Filme, in denen die erdachte Zukunft der Menschen beschrieben wird, vor allem im Hinblick auf technische Möglichkeiten

sechs (→ acht); **sechs|fach; 6-fach / 6fach; 6-Fa|che / 6fa|che** das; **sechs|jäh|rig; 6-jäh|rig; Sechs|jäh|ri|ge** der/die; **6-Jähri|ge** der/die; **Sechs|eck** das; **sechs|eckig; Sech|ser** der: er hat im Lotto einen Sechser (sechs richtige Gewinnzahlen); **Sechs|tel** das, die Sechstel

Se|cond|hand|shop [ßekendhändschop] der *engl.*, die Secondhandshops: Laden für gebrauchte Kleidung

Se|di|ment das *lat.*, des Sediment(e)s, die Sedimente: Bodensatz, Ablagerung von Schichtgestein

See der, die Seen: Binnengewässer; **See** die: das Meer; in See stechen (mit dem Schiff auslaufen), er fährt zur See (ist Seemann); **See|fisch** der; **See|igel** der; **see|krank; See|mann** der, die Seeleute; **see|män|nisch; See|not** die: in Seenot geraten; **Seen|plat|te** die: Landschaft mit vielen Seen; **see|tüch|tig; see|wärts**

See|le die: er hasst ihn aus tiefster Seele (zutiefst), sie wollte sich etwas von der Seele reden; **see|len|ru|hig; see·len|ver|wandt; see|lisch; Seel|sor|ge** die; **Seel|sor|ger** der: Pfarrer; **Seel|sor|ge|rin** die

Se|gel das, die Segel: sie ging mit vollen Segeln (mit ganzem Einsatz, aller Kraft) auf ihr Ziel los; **se|gel|flie|gen; Se|gel|flug|zeug** das; **se|geln**

Se|gen der: aller Segen kommt von oben, den Segen erhalten; **se|gens|reich**; **Se|gens|wunsch** der, die Segenswünsche; **seg|nen** er hat einen gesegneten (gesunden) Schlaf, sie hob segnend die Hände; **Seg|nung** die

Seghers Anna ▶ S. 365

se|hen du siehst, sie sah, gesehen, er sähe, sieh(e)!: er sah sich plötzlich ganz allein, sieh mal an!, ich würde dich gerne sehen (treffen), deine Arbeit kann sich sehen lassen / sehenlassen (ist gut); **se|hens|wert** am sehenswertesten; **se|hens|wür|dig**; **Se|he|rin** die; **se|he|risch**; **Sicht** die: aus meiner Sicht (Anschauung), die Sicht beträgt nur zehn Meter; **sicht|bar**; **sich|ten** Unterlagen sichten (durchsehen); **sicht|lich** sie war sichtlich (deutlich, offenkundig) erschrocken; **Sicht|wei|te** die

Seh|ne die: sich eine Sehne zerren; **Seh|nen|zer|rung** die; **seh|nig** sehnige Beine

seh|nen sich: er sehnte sich nach seinem Bett; **Seh|nen** das: heißes Sehnen erfüllte ihn; **sehn|lich** sie wird sehnlich erwartet; **Sehn|sucht** die, die Sehnsüchte; **sehn|süch|tig**

sehr ich danke sehr!, er ist sehr beleidigt

seicht am seichtesten: flach, oberflächlich; eine seichte Unterhaltung, eine seichte Stelle im Fluss

Sei|de die, die Seiden: aus reiner Seide; **sei|den** ein seidener Vorhang; **Sei|denglanz** der; **sei|den|weich**; **sei|dig**

Sei|fe die; **Sei|fen|bla|se** die: ihr Traum zerplatzte wie eine Seifenblase; **sei|fig**

sei|hen die Soße durch einen Filter seihen

Seil das, des Seil(e)s, die Seile; **Seil|bahn** die; **Sei|ler** der: Seilmacher; **seil|springen** (→ springen); **seil|tan|zen**; **Seil|win|de** die

sein *Possessivpronomen:* seine Schwester, sein Beruf, das ist sein Zug; *aber:* er denkt an die Seinen / seinen, er hat das Seine / seine dazu getan; **sei|ner** *Genitiv des Personalpronomens „er":* wir gedenken seiner, sie wurden seiner endlich habhaft; **sei|ner|zeit** damals; **sei|nes|glei|chen**; **sei|net|we|gen**

sein *Verb:* du bist, sie war, gewesen, er wäre, sei!: das kann doch nicht wahr sein!, wirst du da sein?, sei doch nicht so!, sei es zu Wasser oder zu Lande; **Sein** das: Dasein, Existenz; das menschliche Sein; **sein las|sen / sein|las|sen** (→ lassen): ich muss es sein lassen / seinlassen

seit ich kenne ihn seit langer Zeit, seit kurzem / seit Kurzem, seit Wochen schon; **seit|dem**; **seit|her**

seid / seit: Beide Wörter klingen gleich, trotzdem müssen sie unterschieden werden: Sie werden verschieden geschrieben und haben unterschiedliche Bedeutungen. Die von *sein* abgeleitete Verbform wird mit *d* geschrieben: *Seid doch mal still! Wann seid ihr wieder zurück?* Die Konjunktion und die Präposition werden hingegen mit *t* geschrieben: *Seit gestern bin ich zurück. Seit er beim Arzt war, geht es ihm besser.*

Seis|mo|graf / Seis|mo|graph der *griech.*, des/die Seismografen / Seismographen: technische Einrichtung zur Aufzeichnung von Erdstößen und -beben

Sei|te die: auf allen Seiten, etwas auf die Seite schaffen (zurücklegen, stehlen), Seite an Seite stehen (zusammenhalten); seitens der Kinder, vonseiten / von Seiten der Schule; **Sei|ten|hieb** der: bissige Anspielung, Bemerkung; **sei|ten|lang**; **sei|ten|ver|kehrt** rechts und links vertauscht: das Bild war seitenverkehrt; **seit|lich**; **seit|wärts**

Sek|ret *oder* Se|kret das *lat.*, des Sekret(e)s, die Sekrete: 1. Wundflüssigkeit, Absonderung 2. *veraltet für* Geheimnis

Sek|ret *oder* Se|kret die *lat.*, des Sekret, die Sekreten: stilles Gebet des Priesters während eines Gottesdienstes

Sek|re|tär *oder* Se|kre|tär der *lat.:* 1. Angestellter, der für den Schriftverkehr zuständig ist 2. leitender Parteifunktionär 3. Beamter im mittleren Dienst 4. Schreibschrank; **Sek|re|ta|ri|at** *oder* Se|kre|ta|ri|at das; **Sek|re|tä|rin** *oder* Se|kre|tä|rin die; **Sek|re|tä|rin|nen|kurs** oder Se|kre|tä|rin|nen|kurs der

Anna Seghers

geb. am 19.11.1900 in Mainz
gest. am 1.6.1983 in Ost-Berlin

*Der Aufstand der Fischer
   von St. Barbara (Erzählung, 1928)
Das siebte Kreuz (Roman, 1942)
Transit (Roman, dt. 1948)
Das wirkliche Blau
   (Erzählung, 1967)*

Eigentlich hieß sie Netty Reiling und nach ihrer Heirat mit einem ungarischen Schriftsteller: Radványi. Als Schriftstellerin nahm sie das Pseudonym Anna Seghers an. Sie stammte aus einem behüteten bürgerlichen Haus, fand aber während des Studiums der Kunstgeschichte und der chinesischen Sprache Zugang zu revolutionären Kreisen. Mit 22 Jahren machte sie bereits ihren Doktor. 1928 schloss sie sich der Kommunistischen Partei an. Im gleichen Jahr erhielt sie für ihre erste Erzählung *Der Aufstand der Fischer von St. Barbara* den Kleist-Literaturpreis und wurde dadurch mit einem Schlag berühmt.

Als Kommunistin und antifaschistische Schriftstellerin musste sie wie viele andere nach Hitlers Machtübernahme 1933 aus Deutschland fliehen. Ihre Bücher wurden verboten und verbrannt. Zunächst fand Anna Seghers eine Zuflucht in Paris. Dort entstand auch ihr berühmtester Roman, *Das siebte Kreuz*. Es ist die Geschichte einer Flucht von sieben Häftlingen aus einem deutschen Konzentrationslager. Als der Roman später in englischer Sprache in den USA erschien, verstanden viele Menschen dort zum ersten Mal, „dass Hitler, bevor er sich auf fremde Völker gestürzt hat, den besten Teil seines eigenen Volkes kaputtgemacht hat".

Beim Einmarsch der Deutschen in Frankreich 1940 musste Anna Seghers wieder fliehen, zunächst nach Marseille, dann zu Schiff nach Mexiko. Aus den Erfahrungen dieser Flucht entstand der Roman *Transit*. 1947 kehrte sie nach Deutschland zurück und ließ sich in Ost-Berlin nieder, da sie hoffte, dort am Aufbau des Sozialismus mitwirken zu können. Hohe Ehrungen wurden der inzwischen international berühmten Autorin zuteil. Sie war Vorsitzende des Deutschen Schriftstellerverbandes der DDR und erhielt zahlreiche Literaturpreise, darunter 1951 den Stalinpreis. Aus dieser Zeit sei noch der Roman *Die Entscheidung* genannt. In der Erzählung *Steinzeit* nahm sie kritisch zum Vietnamkrieg Stellung.

Sekt

Sekt der *franz.*, des Sekt(e)s; **Sekt|lau|ne** die: beschwingte Stimmung; **Sekt|kü|bel** der

Sek|te die *lat.*, die Sekten: kleinere, abgesonderte religiöse Gemeinschaft

Sek|ti|on die *lat.*, die Sektionen: 1. Abteilung, Gruppe 2. Streckenabschnitt 3. Leichenöffnung

Sek|tor der *lat.*, die Sektoren: Kreisausschnitt, Bereich, Gebietsteil, Sachgebiet; **Sek|to|ren|gren|ze** die

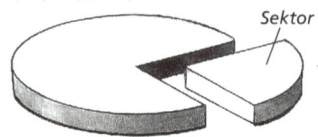

Sektor

se|kun|där zweitrangig, nachträglich hinzukommend; von sekundärer Bedeutung; *Ggs.* primär

Se|kun|de die *lat.*, die Sekunden; **Se|kun|den|zei|ger** der

sel|ber ich mache das selber / selbst; **Sel|ber|ma|chen** das; **sel|big** am selbigen (gleichen) Tag; **selbst** selbst ist der Mann/die Frau (sich auf sich selbst verlassen); **Selbst|ach|tung** die; **Selbst|be|tei|li|gung** die: Beteiligung eines Versicherten an den festgelegten Leistungen einer Versicherung oder Krankenkasse, z.B. bei einer Zahnersatzversicherung; **selbst|be|wusst**; **Selbst|be|wusst|sein** das; **selbst|ge|fäl|lig**; **Selbst|hil|fe|grup|pe** die: Zusammenschluss von Personen, um gemeinsam ein Problem zu meistern, z.B. die Anonymen Alkoholiker; **Selbst|kos|ten** die; **Selbst|laut** der: Vokal; **selbst|stän|dig / selb|stän|dig** er hat sich selbstständig / selbständig gemacht; **Selbst|stän|dig|keit / Selb|stän|dig|keit** die; **selbst|tä|tig** die Tür öffnet sich selbsttätig (automatisch); **selbst|ver|ständ|lich**; **Selbst|ver|trau|en** das

> **selbst:** Mit Partizipien kann *selbst* getrennt oder zusammengeschrieben werden: *ein selbst gebackener / selbstgebackener Kuchen, ein selbst komponiertes / selbstkomponiertes Lied.* Wenn *selbst* „von selbst" bedeutet, muss zusammengeschrieben werden: *eine selbstklebende Folie.*

sel|chen *österr.*: durch Räuchern haltbar machen; **Sel|che|rei** die

se|lek|tie|ren für die Zucht bestimmen, auswählen; **Se|lek|ti|on** die: Auslese

Self|made|man [selfmäidmän] der *engl.*, des Selfmademans, die Selfmademen: männl. Person, die durch Fortbildung und gute Leistungen beruflich hochgekommen ist

se|lig wer's glaubt, wird selig; bis an sein seliges Ende; **Se|lig|keit** die: Verklärung, tiefes Glücksgefühl; Bücher sind ihre ganze Seligkeit (liebt sie über alles); **se|lig|spre|chen** (→ sprechen); **Se|lig|spre|chung** die

Sel|le|rie der/die *ital.*, die Sellerie(s): Gemüsepflanze

sel|ten am seltensten: ich habe selten so gelacht, ein selten günstiges Angebot; **Sel|ten|heit** die; **Sel|ten|heits|wert** der

Sel|ter(s)|was|ser das: Mineralwasser

selt|sam er benahm sich sehr seltsam (komisch, eigenartig); **selt|sa|mer|wei|se**; **Selt|sam|keit** die

Se|mes|ter das *lat.*: Studienhalbjahr; **Se|mes|ter|an|fang** der

Se|mi|fi|na|le das *lat.*: Vorschlussrunde, Halbfinale

> **Se|mi|ko|lon** das *lat./griech.*, die Semikola / Semikolons ▶ Zeichensetzung S. 494

Se|mi|nar das *lat.*, die Seminare: 1. Lehr- oder Übungskurs an einer Hochschule 2. Hochschulinstitut 3. Ausbildungsstätte, z.B. ein Priesterseminar; **Se|mi|nar|ar|beit** die

Sem|mel die

Se|nat der *lat.*, des Senat(e)s, die Senate: 1. oberste Regierungsbehörde 2. Richtergremium, z.B. Strafsenat 3. Selbstverwaltungsbehörde an Hochschulen; **Se|na|tor** der; **Se|na|to|rin** die; **Se|nats|be|schluss** der; **Se|nats|sit|zung** die

sen|den du sendest, sie sandte / sendete, gesandt / gesendet (*selten* er sendete); **Sen|der** der; **Sen|dung** die

Se|ne|gal; **Se|ne|ga|ler** der/die; **Se|ne|ga|le|se** der, die Senegalesen; **Se|ne|ga|le|rin** die, die Senegalerinnen; **Se|ne|ga|le|sin** die, die Senegalesinnen; **se|ne|ga|le|sisch**; **se|ne|ga|lisch**

Sexualität

Senf der *griech.*, des Senf(e)s, die Senfe
sen|gen sie hat beim Bügeln das Kleid versengt, sengende Hitze
se|nil *lat.*: altersschwach, körperlich und geistig wie ein Greis; **Se|ni|li|tät** die
se|ni|or *lat.*: Krause senior (der ältere Krause), *Abk.* sen.; *Ggs.* junior; **Se|ni|or** der, die Senioren; **Se|ni|o|rin** die
Senk|blei das: Lot; **Sen|ke** die: Mulde, Vertiefung; **sen|ken** sie senkte zerknirscht den Kopf, die Steuern senken; **senkrecht**; **Senk|rech|te** die; *Ggs.* Waag(e)rechte

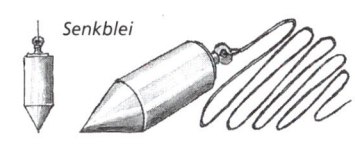

Senkblei

Sen|kel der: *Kurzwort für* Schnürsenkel; er stellte ihn in den Senkel (wies ihn zurecht)
Senn / Sen|ne der: Almhirt; **Sen|ne|rin** die; **Senn|hüt|te** die
Sen|sa|ti|on die *franz.*, die Sensationen: Aufsehen erregendes Ereignis, große Überraschung; **sen|sa|ti|o|nell**; **sen|sa|ti|ons|hung|rig**; **Sen|sa|ti|ons|lust** die
Sen|se die; **Sen|sen|mann** der: der Tod
sen|si|bel *franz.*, sensibler, am sensibelsten: empfindsam, reizempfindlich, feinfühlig; **sen|si|bi|li|sie|ren** empfindlich machen; **Sen|si|bi|li|tät** die
sen|ti|men|tal *engl.*: ihr Brief war sehr sentimental (wehmütig, gefühlvoll, romantisch); **Sen|ti|men|ta|li|tät** die
se|pa|rat *lat.*: einzeln, abgesondert, für sich; ein separater (gesonderter) Eingang
Sep|tem|ber der *lat.*
Se|quenz die *lat.*, die Sequenzen: 1. Folge, Reihe von Gleichartigem 2. Lern- oder Dateneinheit; **se|quen|zi|ell / sequen|ti|ell**
Se|re|na|de die *ital.*, die Serenaden: Musikstück für ein kleines Orchester (z.B. „Die kleine Nachtmusik" von *Wolfgang Amadeus Mozart*) oder für Gesang
Se|rie die *lat.*, die Serien: Aufeinanderfolge, Reihe, Anzahl gleichartiger Dinge; eine Serie schwerer Unfälle, eine Briefmarkenserie, ein Radio in Serie herstellen; **se|ri|ell** serienmäßig; **Se|ri|en|pro|duk|ti|on** die; **se|ri|en|reif**; **Se|ri|en|schal|tung** die: (*Elektrotechn.*) Reihenschaltung; **se|ri|en|wei|se**
se|ri|ös *franz.*, am seriösesten: ordentlich, anständig, ernst, feierlich, zuverlässig, vertrauenswürdig; ein seriöser Geschäftsmann; **Se|ri|o|si|tät** die
Ser|pen|ti|ne die *lat.*, die Serpentinen: in Kehren und Windungen schlangenförmig ansteigende Bergstraße
Se|rum das *lat.*, die Seren/Sera: 1. nicht gerinnender Teil des Blutes 2. Impfstoff
Ser|ve|lat|wurst → **Zer|ve|lat|wurst** die
Ser|vice [serwiß] das *franz.*, die Service: mehrteiliges, zusammengehöriges Kaffee- oder Essgeschirr, ein Service für zwölf Personen
Ser|vice [ßörwiß] der/das *engl.*: Gästebetreuung, Bedienung, Kundendienst; im Hotel war ein schlechter Service; **ser|vie|ren** *franz.*, den Nachtisch servieren; **Ser|vie|re|rin** die; **Ser|vi|et|te** die: Mundtuch aus Stoff oder Papier
Ser|vo|len|kung die *lat.*: hydraulisch verstärkte Autolenkung
Ses|sel der, die Sessel
sess|haft am sesshaftesten: ein sesshaftes (beständiges) Leben führen; **Sess|haftig|keit** die
Set das/der *engl.*, die Sets: 1. zusammengehörige Gegenstände, z.B. ein Nagelpflegeset 2. Platzdeckchen
Set|ter der *engl.*: Jagdhund

Irischer Setter   Englischer Setter

set|zen sich setzen, ein Komma setzen, Tomaten setzen, das Auto in Gang setzen; **Set|zer** der: Schriftsetzer; **Set|ze|rei** die; **Setz|ling** der: junge Pflanze
Seu|che die; **Seu|chen|ge|fahr** die
seuf|zen; **Seuf|zer** der
Sex der *lat.*: Geschlecht, Geschlechtsverkehr; **Se|xu|a|li|tät** die: Oberbegriff für alles, was mit geschlechtlichen Verhal-

Sexualkunde

tensweisen und Empfindungen zu tun hat; **Se|xu|al|kun|de** die; **se|xy** mit erotischer Ausstrahlung

Sex|tett das ital., des Sextett(e)s, die Sextette: 1. Komposition für sechs Instrumente oder sechs Solostimmen 2. Gruppe von sechs Musikern, z.B. ein Streichsextett

Sey|chel|len die; **Sey|chel|ler** der/die; **Sey|chel|le|rin** die, die Seychellerinnen; **sey|chel|lisch**

Se|zes|si|on die lat., der Sezession, die Sezessionen: Abfall, Absonderung, Trennung, Verselbstständigung; **Se|zes|si|ons|krieg** der: Krieg in den Vereinigten Staaten von Amerika, der durch den Abfall der Südstaaten von der Union ausgelöst wurde (1861–1865)

se|zie|ren lat.: einen Leichnam öffnen und zerlegen, zergliedern

Sham|poo [schampo / schampu] das engl., die Shampoos: Haarwaschmittel

She|riff [scherif] der engl., des/die Sheriffs

Shop|ping [schopping] das engl.: das Einkaufen, Einkaufsbummel; **Shop|ping|cen|ter / Shop|ping-Cen|ter** das: Einkaufszentrum

Shorts die engl.: kurze, sportliche Hose

Show [schou] die engl., die Shows: unterhaltsame Darbietung, Vorführung, Schau

Si|chel die, die Sicheln: Schneidewerkzeug mit halbrunder Klinge

si|cher sie ist eine sichere Fahrerin, ist das sicher?; **si|cher|ge|hen** (→ gehen); **Si|cher|heit** die; **Si|cher|hei|ten** die; **si|cher|lich** es ist sicherlich (gewiss) das Beste; **si|chern** die Tür sichern; **si|cher|stel|len** das Diebesgut wurde sichergestellt; **Si|che|rung** die

> **sicher:** Verbindungen aus sicher und Verb werden zusammengeschrieben, wenn sich eine neue, übertragene Bedeutung ergibt: *Er wollte sichergehen, dass das Paket rechtzeitig ankommt. Die Waffen wurden von der Polizei sichergestellt.*
> Bei wörtlicher Bedeutung wird getrennt geschrieben: *Ohne feste Schuhe kannst du hier nicht sicher gehen.*

Sicht die → sehen

Si|cker|gru|be die: Abwassersenkgrube; **si|ckern** Blut sickerte aus der Wunde

Side|board [ßaidbord] das engl., des/die Sideboards: halbhoher Geschirrschrank

Sieb das, des Sieb(e)s, die Siebe; **sie|ben** das Mehl muss gesiebt werden

sie|ben (→ acht); **Sie|ben|sa|chen** die: hast du deine Siebensachen (alles, was du brauchst) beisammen?; **Sie|ben|schlä|fer** der: Nagetier

siech er war siech (gebrechlich, hinfällig) und alt; **sie|chen** sie siecht dahin; **Siech|tum** das: langes, leidvolles Kranksein

sie|deln; Sied|ler der; **Sied|le|rin** die; **Sied|lung** die

sie|den du siedest, sie sott / siedete, gesotten / gesiedet, er siedete (*selten* er sötte); **Sie|de|punkt** der; **Sie|de|tem|pe|ra|tur** die

Sieg der, des Sieg(e)s, die Siege; **sie|gen** der Verstand siegte über ihre Gefühle; **Sie|ger** der; **Sie|ge|rin** die; **sie|ges|ge|wiss; sie|ges|si|cher; sieg|reich**

Sie|gel das lat., die Siegel: das amtliche Siegel war aufgebrochen worden, darauf gebe ich dir Brief und Siegel (jede Garantie); **sie|geln** einen Brief siegeln

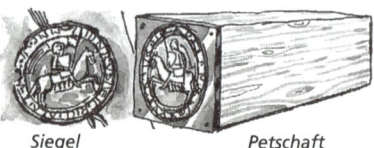

Siegel   *Petschaft*

Si|er|ra Le|o|ne; Si|er|ra-Le|o|ner / Si|er|ra Le|o|ner der/die; **Si|er|ra-Le|o|ne|rin / Si|er|ra Le|o|ne|rin** die, die Sierra-Leonerinnen / Sierra Leonerinnen; **si|er|ra|le|o|nisch**

sie|zen er hat mich gesiezt (mit Sie angeredet)

Sig|nal oder **Si|gnal** das lat., die Signale: optisches / akustisches Zeichen mit festgelegter Bedeutung; ein Signal überfahren; **sig|na|li|sie|ren** oder si|gna|li|sie|ren

Sig|na|tur *oder* **Si|gna|tur** die *lat.*, die Signaturen: Zeichen, abgekürzter Namenszug; **sig|nie|ren** *oder* si|gnie|ren; der Autor signierte sein Buch (versah es mit seinem Namenszug); **sig|ni|fi|kant** *oder* si|gni|fi|kant: bedeutsam, bezeichnend; ein signifikantes Merkmal

Sil|be die *griech.*: davon ist keine Silbe (kein Wort, nichts) wahr

Sil|ber das: Edelmetall, chemischer Grundstoff; *Zeichen* Ag; **sil|ber|grau**; **Sil|ber|hoch|zeit** die: 25. Hochzeitstag; **sil|be|rig**; **sil|bern**; **Sil|ber|streif** der: ein Silberstreif am Horizont (ein Anlass zur Hoffnung); **silb|rig**

Sil|hou|et|te [siluˈɛtə] die *franz.*: Schattenbild, Scherenschnitt, Umriss

Si|lo das/der *span.*, die Silos: großer Speicher, z. B. Getreidesilo, Gärbehälter für Viehfutter

Sil|ves|ter letzter Tag des Jahres, 31. Dezember

Sim|bab|we; Sim|bab|wer der/die; **Sim|bab|we|rin** die, die Simbabwerinnen; **sim|bab|wisch**

sim|pel *franz.*: schlicht, einfach, einfältig; es ist eine simple Tatsache, er hat ein simples Gemüt

Sims der/das, die Simse: Wandvorsprung

Si|mu|lant der *lat.*, die Simulanten: jemand, der etwas vortäuscht, meist eine Krankheit; **Si|mu|lan|tin** die; **si|mu|lie|ren**

si|mul|tan *lat.*: gleichzeitig, gemeinsam; simultanes Dolmetschen; **Si|mul|tan|über|set|zer** der; **Si|mul|tan|über|set|ze|rin** die; **Si|mul|tan|über|set|zung** die

Sin|fo|nie / Sym|pho|nie die *griech.*, die Sinfonien / Symphonien: mehrsätziges Musikstück für Orchester; **Sin|fo|nie|or|ches|ter** das; **sin|fo|nisch**

Sin|ga|pur; Sin|ga|pu|rer der/die; **Sin|ga|pu|re|rin** die, die Singapurerinnen; **sin|ga|pu|risch**

sin|gen du singst, er sang, gesungen, er sänge; **Sing|spiel** das; **Sing|vo|gel** der

Sing|le [ßingl] der *engl.*, die Singles: jemand, der allein lebt, ohne festen Partner; **Sing|le|haus|halt** der

Sing|le die: kleine Schallplatte mit nur je einem Titel auf Vorder- und Rückseite

Sing|le das: Einzelspiel beim Tennis

Sinus

Sin|gu|lar der *lat.*: die Einzahl, **Plural** der *lat.*: die Mehrzahl. Die meisten Nomina (→ Nomen) kommen im Singular und Plural vor: „der Hof – die Höfe", „das Tor – die Tore", „er / sie / es – sie". Erkennbar ist der Plural (z. B. bei Substantiven und Adjektiven) an der Endung oder am Artikel: „die gute Frau – die guten Frauen", „das Mädchen – die Mädchen".

Viele Substantive haben jedoch keinen Plural, ihre Bedeutung lässt das nicht zu. Das gilt z. B. für Gefühle wie Liebe, Hass oder Neid oder für bestimmte Zustände wie Ruhe oder Frieden.

Auch Wörter, die durch den Artikel substantiviert wurden, kann man nicht in den Plural setzen: Es gibt nur das Schreiben. Nun fragt man sich: Was ist mit dem Satz „Ich habe alle seine Schreiben in den Papierkorb geworfen"? „Die Schreiben" ist doch der Plural von „das Schreiben" – oder? Richtig, nur: Mit „Schreiben" ist hier ein Schriftstück gemeint, nicht die Tätigkeit des Schreibens.

Bei manchen Substantiven gibt es zwar einen Plural, aber er bedeutet etwas anderes: „Geld" ist ganz allgemein das Zahlungsmittel, „Gelder" sind bestimmte Summen.

Umgekehrt stehen manche Substantive immer im Plural, z. B.: „Leute, die in den Ferien die Masern bekommen, sind wirklich zu bedauern."

sin|ken du sinkst, sie sank, gesunken (*selten* er sänke)

Sinn der, des Sinn(e)s, die Sinne: der Traum geht mir nicht mehr aus dem Sinn, er hat etwas im Sinn (etwas vor), ohne Sinn und Verstand (dumm), im engeren Sinne, **Sinn|bild** das; **sin|nen** du sinnst, sie sann, gesonnen (*selten* er sänne): er sann auf Rache; **sinn|ent|stellend; Sin|nes|ein|druck** der, **Sin|nes|or|gan** das; **sinn|ge|mäß; sinn|lich; sinn|los**

Sint|flut die: nach mir die Sintflut! (was danach passiert, ist mir egal); **sint|flut|ar|tig** sintflutartige Wassermassen

Si|nus der *lat.*, die Sinusse: 1. *(Med.)* Gewebe- oder Organhohlraum, Gefäßer-

Sinuskurve

weiterung 2. *(Math.)* Winkelfunktion, *Zeichen* sin; **Si|nus|kur|ve** die: *(phys.)* Darstellung einer Schwingung

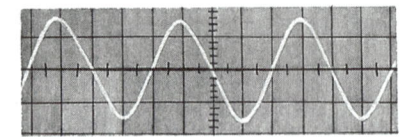

Si|phon [sifõ / sif*on*] der *franz.*, die Siphons: Geruchsverschluss, Getränkegefäß, aus dem die Kohlensäure die Flüssigkeit herausdrückt

Sip|pe die: Gruppe, Familie, Verwandtschaft; **Sipp|schaft** die: Verwandtschaft *(meist abwertend)*, Gesindel

Si|re|ne die *griech.*, die Sirenen: akustisches Signal- und Warngerät

Si|rup der *arab.*, die Sirupe: Zuckermasse oder -saft

Si|sal der: Pflanzenfaser; **Si|sal|tep|pich** der

Sit|te die: überlieferte Gewohnheit, Gepflogenheit, moralische Werte, Grundsätze, Umgangsformen, Benehmen; sie verstieß gegen alle guten Sitten, bei uns ist es so Sitte (Brauch); **sit|ten|streng**; **sit|ten|wid|rig**; **sitt|lich**; **Sitt|lich|keit** die; **sitt|sam** wohlerzogen

Sit|tich der, die Sittiche: kleiner Papageienvogel, z. B. Wellensittich

Si|tu|a|ti|on die *lat.*, die Situationen: Zustand, Lage, Umstand; eine kritische Situation; **si|tu|a|ti|ons|ge|recht**

Sitz der, des Sitzes, die Sitze: ein Sitz am Fenster, die Partei hat zwanzig Sitze im Parlament, eine Firma mit Sitz in Hamburg; **sit|zen** du sitzt, sie saß, gesessen, er säße: sitzt dein Text (kannst du deinen Text)?; **sit|zen blei|ben** (→ bleiben): Sie können hier leider nicht sitzen bleiben, *übertragen:* in der Schule sitzen bleiben/sitzenbleiben; **Sit|zung** die

Si|zi|li|a|ner der; **Si|zi|li|a|ne|rin** die, die Sizilianerinnen; **si|zi|li|a|nisch**; **Si|zi|li|en**

Ska|la die *lat.*: die Skalen / Skalas: 1. Maßeinteilung an Messinstrumenten 2. Stufenleiter, abstufende Erscheinung; eine Skala von Blautönen

Skalp der *engl.*, die Skalpe: abgezogene Kopfhaut mit Haaren (früher Siegestrophäe bei den Indianern); **skal|pie|ren**

Skal|pell das *lat.*: chirurgisches Messer

Skan|dal der *griech.*, die Skandale: anstößiges Vorkommnis; das ist ein Skandal (unerhört); **skan|da|lös**

Skan|di|na|vi|en; **Skan|di|na|vi|er** der, die Skandinavier; **Skan|di|na|vi|e|rin** die, die Skandinavierinnen; **skan|di|na|visch**

Skat der *ital.*, des Skat(e)s, die Skate/Skats: Kartenspiel; **ska|ten**: Skat spielen

Skate|board [skäitbord] das *amerik.*, die Skateboards: Rollbrett; **ska|ten** [skäiten]: Inlineskates oder Skateboard fahren

Ske|lett das *griech.*, des Skelett(e)s, die Skelette: Totengerippe, Knochengerüst; der alte Mann war fast bis zum Skelett abgemagert; **Ske|lett|mus|ku|la|tur** die

Skep|sis die *griech.*: Zweifel, Misstrauen, Bedenken, Zurückhaltung; seine Skepsis war begründet; **Skep|ti|ker** der; **Skep|ti|ke|rin** die; **skep|tisch** am skeptischsten: er sah mich skeptisch an

Sketsch / Sketch [ßkätsch] der *engl.*, des Sketsch(e)s, die Sketsche: Der Begriff bedeutet so viel wie: eine kurze Szene, die aus dem Stegreif gespielt werden soll. An einem Elternabend führen Schüler gern einen Sketsch auf; diese dramatische Form eignet sich gut für Laienspieler.
Sketsche haben zwei Vorteile. Erstens: Ein Sketsch ist stets kurz. Zweitens: Man braucht keine Rollen auswendig zu lernen, sondern nur zu wissen, worauf es bei dem verabredeten Thema ankommt. Die Szene soll witzig sein und am Schluss soll das Publikum über die → Pointe lachen können. Dabei braucht man niemanden zu verletzen; aber über Schwächen kann man sich mit → Witz lustigmachen, sodass Spieler und Zuschauer ihren Spaß daran haben.
Ein unermüdlicher Erfinder von Sketschen war der Komiker Karl Valentin.

Ski / Schi [schi] der, die Skier / Ski; **Ski lau|fen** (→ laufen)

Skin|head [skinhäd] der *engl.*, des/die Skinheads: meist rechtsradikaler, in der Gruppe zu Gewalt neigender Jugendlicher mit rasiertem Kopf

Skiz|ze die *ital.*, die Skizzen: Entwurf, Konzept, kurze Darstellung, grobe, halb fertige Zeichnung; **skiz|zen|haft; skiz|zie|ren** aufzeichnen, umreißen

Skla|ve der, des/die Sklaven: Leibeigener, abhängiger, unfreier Mensch; **Skla|ve|rei** die; **Skla|vin** die; **skla|visch** er war ihm sklavisch ergeben

Skon|to der/das *ital.*, die Skontos / Skonti: Preisnachlass bei Barzahlung; mit 3 % Skonto bezahlen

Skor|pi|on der *griech.*, die Skorpione: 1. Wärme liebendes Spinnentier mit Giftstachel 2. Sternzeichen

Skript das *engl.*, des Skript(e)s, die Skripten/Skripts: 1. *Kurzwort für* Manuskript, schriftliche Notizen, Nachschrift eines Vortrags oder einer Vorlesung 2. Drehbuch

Skru|pel der *lat.*, die Skrupel: moralische Bedenken, Zweifel, Hemmung; ihre Skrupel kamen zu spät; **skru|pel|los** am skrupellosesten; **skru|pu|lös** überängstlich, übertrieben gewissenhaft

Skulp|tur die *lat.*, die Skulpturen: Plastik, Bildhauerobjekt

skur|ril *lat.*: eigenwillig, seltsam, merkwürdig; sie erzählte eine skurrile (absonderliche) Geschichte

Sla|lom der *norweg.*, die Slaloms: Torlauf im Skisport

Slang [ßläng] der *engl.*, des/die Slangs: lässige, umgangssprachliche Ausdrucksweise, Szene- oder Gruppensprache

Sla|we der, die Slawen: Angehöriger einer ost- oder südosteuropäischen Völkergruppe; **Sla|win** die, die Slawinnen; **sla|wisch**

Slip der *engl.*, des/die Slips: Unterhose; **Slip|per** der, die Slipper: bequemer Schlüpfschuh

Slo|gan [ßlougen] der *engl.*, des/die Slogans: werbendes Schlagwort, Redewendung

Slo|wa|ke der, die Slowaken; **Slo|wa|kei** die, *auch* **Slo|wa|ki|sche Re|pu|blik** die; **Slo|wa|kin** die, die Slowakinnen; **slo|wa|kisch**

Slo|we|ne der, die Slowenen; **Slo|we|ni|en; Slo|we|nin** die, die Sloweninnen; **slo|we|nisch**

Slum [ßlam] der *engl.*, des/die Slums: Elendsviertel, meist einer Großstadt; **Slum|be|woh|ner** der/die

Small|talk / Small Talk [smoltok] der *engl.*: unverbindliche und oberflächliche Unterhaltung, Geplauder

Sma|ragd der *griech.*, des Smaragd(e)s, die Smaragde: grün leuchtender Edelstein; **sma|ragd|grün**

smart *engl.*: 1. gescheit, gewitzt, geschäftstüchtig; er war ein smarter Autoverkäufer 2. elegant, modisch

Smog der *engl.*, des/die Smogs: Abgasdunst über Industriegebieten oder Großstädten

Smo|king der *engl.*, des/die Smokings: schwarzer, vornehmer Abendanzug

SMS die *engl.*: *Abk. für* **S**hort **M**essage **S**ervice, per Handy verschickte kurze Textnachricht

SMV die: *Abk. für* **S**chüler**m**it**v**erwaltung

Snack|bar [snäck-] die *engl.*: Schnellimbiss

Snob der *engl.*, des/die Snobs: extravaganter, sich überlegen gebender Mensch, **Sno|bis|mus** der; **sno|bis|tisch**

Snow|board [snoubord] das *amerik.*, die Snowboards: Gleitbrett für den Schnee

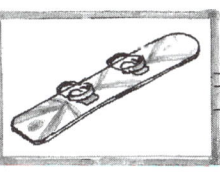

so so oder so (in jedem Fall), es tut mir so leid, komm so (etwa) gegen zehn Uhr, so (falls) Gott will, und so weiter, *Abk.* usw.; **so|bald** ich rufe an, sobald ich kann; **so|dann; so|dass / so dass; so|eben** er hat soeben angerufen; **so|fern** sofern (falls) du Zeit hast; **so|fort** ich gehe sofort; *aber:* mach immer so fort (so weiter); **so|gar; so ge|nannt / so|ge|nannt** *Abk.* sog.: die so genannte / sogenannte Freiheit; **so|gleich; so|lang / so|lan|ge** während, für die Dauer der Zeit; **so|mit** du hast somit (folglich, also) Recht behalten; **so|oft** (→ Kasten S. 372)**; so|sehr; so|viel** soviel (nach dem, was) ich erfahren konnte, wird er heute erwartet; *aber:* ich habe nicht so viel Geld; **so|weit**

soweit (nach dem, was) ich weiß; *aber:* er warf so weit, dass …; **so|we|nig; so|wie** sowie (gleich, wenn) ich Zeit habe, Eier und Mehl sowie (und außerdem) Zucker und Salz; *aber:* ich mache das so wie du; **so|wie|so** ich hätte dir sowieso (ohnehin) Bescheid gesagt; **so|wohl** sie spricht sowohl Spanisch als auch Italienisch; **so|zu|sa|gen**

> **sobald / sooft / sosehr / soviel / soweit:** Die Konjunktionen, die einen Nebensatz einleiten, werden zusammengeschrieben: *Sie kommt, sobald sie fertig ist. Soviel er wusste, …*
> Gefüge aus *so* und Adjektiv oder Adverb werden getrennt geschrieben: *so lange, so oft, so sehr, so weit, so wenig. Das kommt so bald nicht wieder. Ich habe so viel zu tun.*

So|cke die; **So|cken** der
So|ckel der, die Sockel
So|da das/die *span.:* Natriumsalz (zur Herstellung von Seife oder Waschpulver); **So|da|was|ser** das: kohlensäurehaltiges Mineralwasser
Sod|bren|nen das: saures Aufstoßen
So|fa das *arab.*, die Sofas
Soft|ware [ßoftwär] die *engl.:* Betriebs- und Anwendungsprogramme eines Computers, *Ggs.* → Hardware
Sog der, des Sog(e)s, die Soge: Saugströmung in Luft oder Wasser
Soh|le die
Sohn der, des Sohn(e)s, die Söhne: der Sohn des Hauses begrüßte sie
So|ja|boh|ne die: asiatische Bohnenart mit viel Gehalt an Eiweiß und Fett
So|lar|zel|le die: Element zur Umwandlung von Sonnenstrahlen in elektrische Energie

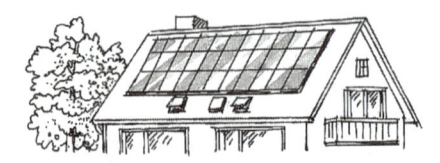

solch; sol|che; sol|cher solch ein herrliches Wetter, ich habe solche Schmerzen; **solcher|art** so geartet; **sol|cher|lei**

Sold der *lat.*, des Sold(e)s: Entlohnung für Soldaten; **Sol|dat** der, die Soldaten; **Söld|ner** der
So|le die, die Solen: kochsalzgesättigtes Wasser; **Sol|ei** das: in Salzbrühe eingelegtes hartgekochtes Ei
so|lid / so|li|de *lat.*, am solidesten: gediegen, massiv, anständig, häuslich; der Tisch ist solide gebaut
so|li|da|risch *lat.:* füreinander eintretend, einig, gemeinsam; sich mit jemandem solidarisch erklären; **so|li|da|ri|sie|ren** sich; **So|li|da|ri|tät** die
So|list der *ital.*, die Solisten: Sänger oder Künstler, der allein auftritt; **So|lis|tin** die; **so|lo** er lebt solo (allein); **So|lo** das, die Solos / Soli: Darbietung eines einzelnen Künstlers; er tanzte ein Solo; **So|lo|ge|sang** der
Soll das, die Solls: 1. Schuldenseite im Rechnungswesen; *Ggs.* Haben; er steht schon im Soll 2. geforderte Leistung, festgelegte Norm; er hat sein Soll noch nicht erfüllt; **sol|len** soll er doch schimpfen!, du solltest das Buch lesen, sie soll schon abgereist sein
sol|vent *lat.:* zahlungsfähig; *Ggs.* insolvent
So|ma|li der, die Somali; **So|ma|lia; So|ma|li|er** der/die; **So|ma|li|e|rin** die, die Somalierinnen; **So|ma|li|land** das; **so|ma|lisch**
Som|mer der: Sommer wie Winter (das ganze Jahr über); **som|mer|lich** ein sommerliches Kleid; **som|mers** sommers wie winters; **som|mer|spros|sig**
So|na|te die *ital.:* mehrsätziges Musikstück für ein oder mehrere Instrumente
Son|de die *franz.*, die Sonden: 1. längliches Instrument zum Untersuchen von Körperhöhlen 2. technische Vorrichtung zur Erdöl- oder Erdgasförderung 3. *Kurzwort für* Raumsonde; **sondie|ren**

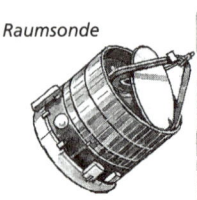

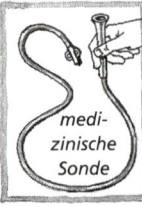

Raumsonde

medizinische Sonde

sowjetisch

Son|der|ab|schrei|bung die: staatliche Steuervergünstigung; **Son|der|aus|ga|be** die; **Son|der|müll** der: Abfall, der giftige Stoffe enthält, z. B. Lackfarbe oder leere Batterien; **son|dern** etwas trennen, absondern; die Guten von den Schlechten sondern; **Son|der|pos|ten** der

son|der|bar; **son|der|lich** besonders, seltsam

son|dern nicht er, sondern sie hat angerufen

> **sondern:** Vor der Konjunktion *sondern* steht immer ein Komma, egal ob ganze Sätze oder nur Satzteile verknüpft werden: *Er spielt nicht heute, sondern erst morgen.*

So|nętt das *ital.*, des Sonett(e)s, die Sonette: Form des lyrischen Gedichts aus zwei vier- und zwei dreizeiligen Strophen

Song der *engl.*, des/die Songs: populäres Lied, zeit- oder sozialkritisches Lied, Sprechgesang, z. B. ein Song von Bertolt Brecht

Sonn|abend der, *auch* Samstag (→ Dienstag); **Son|ne** die: Sonne im Herzen haben (ein fröhlicher Mensch sein); **son|nen** sich; **Son|nen|blu|me** die; **son|nen|ge|bräunt**; **son|nen|klar**; **Son|nen|un|ter|gang** der; **son|nig** sie hat ein sonniges (heiteres) Gemüt

Sonn|tag der ▶ Dienstag

so|nor *lat.*: mit vollem Ton, klangvoll; er trug seine Bitte mit sonorer (wohlklingender) Stimme vor

sonst sonst noch jemand?, wie sonst?, wer kommt sonst in Frage?; **sons|tig** alle sonstigen (anderen) Bilder sind unbrauchbar; *aber:* das Sonstige; **sonst je|mand** irgendjemand anders; **sonst wo** das Kind kann sonst wo (irgendwo) stecken

Sop|ran *oder* So|pran der *ital.*, die Soprane: hohe Frauen- oder Kindersingstimme; **Sop|ra|nis|tin** *oder* So|pra|nis|tin die

Sor|ge die: sie hat große Sorgen, einer Sache Sorge tragen (sich um etwas kümmern); **sor|gen** du sorgst dich um Kleinigkeiten; **sor|gen|frei**; **Sor|ge|recht** das; **Sorg|falt** die; **sorg|fäl|tig**; **sorg|los** er führt ein sorgloses Leben; **Sorg|lo|sig|keit** die; **sorg|sam** geh sorgsam (pfleglich, vorsichtig) damit um!

Sor|te die *lat.*, die Sorten: eine neue Apfelsorte; **Sor|ten** die: 1. ausländische Banknoten und Münzen 2. verwandte Produkte; beim Bäcker gab es zehn verschiedene Sorten Brot; **sor|tie|ren** ordnen, auslesen; sie sortierte die eingegangene Post; **Sor|tie|rer** der; **Sor|ti|ment** das *ital.*, des Sortiment(e)s, die Sortimente: Warenangebot

SOS *Abk. für engl.* **S**ave **o**ur **s**ouls! (Rettet unsere Seelen!) *oder* **S**ave **o**ur **s**hip! (Rettet unser Schiff!): internationaler Seenot- oder Hilferuf

so|so drückt Erstaunen, Zweifel, Missbilligung aus: soso, du hast keine Zeit

So|ße die *österr.*, die Soßen; **So|ßen|löffel** der

Souff|leur *oder* Souf|fleur [suflö̱r] der *franz.*: Theatermitarbeiter, der im Souffleurkasten sitzt, die Rolle mitliest und dem Schauspieler beim Steckenbleiben leise den Text zuflüstert; **Souff|leu|se** *oder* Souf|fleu|se die; **souff|lie|ren** *oder* souf|flie|ren

Soul [so̱l] der *amerik.*, des Souls: ausdrucksstarker Musikstil, basierend auf Blues und Jazz

Sound [sau̱nd] der *engl.*, des/die Sounds: spezieller Klang, Stilrichtung in der Musik; die Band spielte im Sound der 30er Jahre; **Sound|track** [sau̱ndträk] der: die musikalische Unterlegung eines Films

Sou|ta|ne [sutane] die *franz.*, die Soutanen: knöchellanges Gewand eines katholischen Geistlichen

Sou|ter|rain [suterä̱] das *franz.*, des/die Souterrains: Keller- oder Untergeschoss

Sou|ve|nir [suweni̱r] das *franz.*, des/die Souvenirs: Reiseandenken

sou|ve|rän [suwerä̱n] *franz.*: uneingeschränkt, sicher, überlegen; **Sou|ve|rän** der: *veraltet für* Fürst, Herrscher; **Sou|ve|rä|ni|tät** die: Oberhoheit, höchste Gewalt, Unabhängigkeit, z. B. eines Staates

Sow|jet *oder* So|wjet der *russ.*, des/die Sowjets: oberste Volksvertretung der ehemaligen Sowjetunion; **sow|je|tisch** *oder* so|wje|tisch

sozial

so|zi|al *lat.*: gesellig, hilfsbereit, die Gemeinschaft und Gesellschaft betreffend, zu ihr gehörend, ihr dienend, gemeinnützig, wohltätig; die sozialen Verhältnisse, soziale Gegensätze, soziale Leistungen einer Firma; **So|zi|al|arbeit** die; **So|zi|al|ge|richt** das: Gericht für Streitigkeiten im Sozialbereich; **so|zi|ali|sie|ren** verstaatlichen, vergesellschaften; **So|zi|a|lis|mus** der; **So|zi|a|list** der; **So|zi|a|lis|tin** die; **so|zi|a|lis|tisch**; **So|zi|al|po|li|tik** die: Maßnahmen zur Absicherung und Verbesserung der Lebensqualität aller Bürger in einem Staat; **so|zi|al|po|li|tisch**; **So|zi|al|produkt** das: in Geld ausgedrückte Gesamtheit aller Güter und Leistungen, die innerhalb eines Jahres produziert wurden; **So|zi|al|ver|hal|ten** das; **So|zi|al|ver|si|che|rung** die; **So|zi|us** der, die Soziusse/Sozii: Teilhaber, Mitgesellschafter

Spach|tel der (die), die Spachtel(n): Maler- und Maurerwerkzeug; **spach|teln** 1. mit einem Spachtel arbeiten 2. *ugs.* für essen

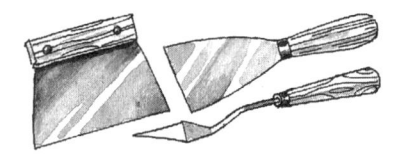

Spa|gat der/das *ital.*, die Spagate: Turn- oder Ballettfigur

Spa|get|ti / Spa|ghet|ti die *ital.*: lange, dünne Nudeln

spä|hen er spähte um die Ecke; **Spä|her** der

Spa|lier das *ital.*, die Spaliere: 1. Gittergestell aus Holz oder Draht (meist für Spalierobst) 2. von Menschen gebildete Gasse; die Soldaten stehen Spalier

Spalt der, des Spalt(e)s, die Spalte: das Fenster einen Spalt offen lassen, die Tür einen Spalt breit / Spaltbreit öffnen; **spaltbreit** eine spaltbreite Öffnung; **Spal|te** die; **spal|ten**; **Spal|tung** die

Spam [ßpäm] das *engl.*: unerwünschte Werbung per E-Mail; **Spam|fil|ter** der: Programm, das Spams automatisch aussortiert; **Spam|mail / Spam-Mail** die

Span der, des Span(e)s, die Späne

Span|fer|kel das: ganz junges Ferkel

Span|ge die

Spa|ni|en; **Spa|ni|er** der/die; **Spa|ni|e|rin** die, die Spanierinnen; **spa|nisch**

Spann der, des Spann(e)s: Fußrücken, Rist; **Span|ne** die: 1. Zeitraum zwischen zwei Zeitpunkten; eine Spanne von zehn Wochen 2. altes Längenmaß, ca. 20–25 cm 3. *Kurzwort für* Handelsspanne, Preisunterschied; **span|nen** die Geigensaiten neu spannen, meine Nerven sind zum Zerreißen gespannt, die Jacke spannt unter den Armen (ist zu eng); **span|nend** mach es nicht so spannend (komm zur Sache)!; **Span|ner** der: 1. Schmetterling 2. jemand, der andere heimlich beobachtet (Voyeur) 3. Spanngurt; **Spann|kraft** die; **Span|nung** die

Span|ten die: Teile zur äußeren Verstärkung eines Flugzeug- oder Schiffsrumpfs

Spar|buch das; **Spar|büch|se** die; **spa|ren**; **Spa|rer** der; **Spa|re|rin** die; **Spar|kas|se** die; **spär|lich** er hat spärlichen Haarwuchs; **spar|sam**; **Spar|sam|keit** die

Spar|gel der *lat.*: Gemüsepflanze

Spar|ren der: schräger Dachbalken

Spar|ring das *engl.*, des Sparrings: Boxtraining

spar|ta|nisch anspruchslos, einfach, sparsam; eine spartanische Einrichtung

Spar|te die: spezieller Bereich, Teil eines Fachgebietes, Spalte, Teil einer Zeitung; er hat die Sparte „Sport" aufgeschlagen

Spaß der *ital.*, des Spaßes, die Späße: da hört der Spaß auf (das geht zu weit), er verträgt keinen Spaß; **spa|ßen** du spaßt doch, oder?; **spa|ßes|hal|ber**; **spaß|haft**; **spa|ßig** eine spaßige (komische) Sache

spas|tisch krampfartig, verkrampft; ein spastischer Anfall; **Spas|ti|ker** der; **Spas|ti|ke|rin** die

spät am spätesten: wie spät ist es?, Stunden später, ein später (spätgeborener) Sohn, je später der Abend, desto lieber die Gäste; **spät|abends**; **spä|tes|tens**; **Spät|le|se** die: Traubenlese im Spätherbst, Wein davon

Spa|ten der

Spatz der, des Spatzes, die Spatzen: die Spatzen pfeifen es schon von allen Dächern (jeder weiß schon davon)

spa|zie|ren *lat.*; spa|zie|ren fah|ren (→ fahren); spa|zie|ren ge|hen (→ gehen); Spa|zier|gang der; Spa|zier|gän|ger der

Specht der, des Specht(e)s: Vogelart mit Meißelschnabel

Speck der, des Speck(e)s, die Specke: er setzt Speck an (wird dick), mit Speck fängt man Mäuse (mit einer Verlockung gewinnt man jemanden, etwas zu tun); **spe|ckig** ihre Jacke hat speckige (glänzende und abgewetzte) Ärmel

Spe|di|teur [schpeditör] der *ital.*, die Spediteure: Kaufmann, der Güter aller Art befördert; **Spe|di|ti|on** die, die Speditionen: Transportunternehmen

Speer der, des Speer(e)s, die Speere: Waffe zum Werfen oder Stoßen, Sportgerät; **Speer|wer|fen** das: Sportart

Spei|che die: Strebenteil des Rades

Spei|chel der *mhd.*: von Drüsen im Mund abgesonderte Flüssigkeit; **Spei|chel|drü|se** die; **Spei|chel|le|cke|rei** die: unterwürfiges Verhalten

Spei|cher der; **spei|chern**

spei|en du speist, sie spie, gespien (*se/ten* er spie): erbrechen, spucken

Speis der: Mörtel

Spei|se die; **spei|sen**; **Spei|se|röh|re** die; **Spei|se|zim|mer** das; **Spei|sung** die

Spek|ta|kel das *lat.*: Aufsehen erregendes Geschehen, Schauspiel; **Spek|ta|kel** der: Lärm, Krach; **spek|ta|ku|lär** großes Aufsehen erregend; ein spektakuläres Verbrechen

Spek|tral|far|ben oder Spekt|ral|far|ben die: *(phys.)* die bei der Zerlegung von Licht entstehenden sieben reinen Farben; **Spek|trum** oder Spekt|rum das *lat.*, des Spektrums, die Spektren: 1. *(phys.)* das Lichtband, das entsteht, wenn weißes Licht in seine einzelnen Wellenlängen zerlegt wird 2. reichhaltige Auswahl, Vielfältigkeit: das Spektrum der klassischen Musik

Spe|ku|lant der *lat.*, des/die Spekulanten: jemand, der gewagte Geschäfte macht und sich dabei große Gewinne erhofft; **Spe|ku|lan|tin** die; **Spe|ku|la|ti|on** die: 1. bloße Vermutung 2. Geschäftsabschluss, der auf Gewinne aus zukünftigen Preisänderungen zielt; **spe|ku|la|tiv** 1. grüblerisch, berechnend denken 2. auf Spekulation beruhend; **spe|ku|lie|ren** 1. mit etwas rechnen, auf etwas hoffen 2. nachsinnen, mutmaßen 3. risikoreiche Geschäfte machen

Spe|lun|ke die *griech.*, die Spelunken: schmuddelige, nicht sehr vertrauenerweckende Kneipe

spen|da|bel andere freihaltend, großzügig; **Spen|de** die; **spen|den**; **Spen|der** der; **Spen|de|rin** die; **spen|die|ren** spendierst (kaufst) du mir ein Eis?

Speng|ler der: Klempner

Sper|ber der: habichtähnlicher Greifvogel

Sper|ling der: Spatz

Sper|ma das *griech.*, des Spermas, die Spermata/Spermen: milchige Samenflüssigkeit; **Sper|mi|um** das, des Spermiums, die Spermien: männliche Samenfäden

sperr|an|gel|weit du hast das Fenster sperrangelweit offen gelassen; **Sper|re** die; **sper|ren** er sperrte sein Rad in den Keller, alle Flughäfen wurden gesperrt; **Sperr|holz** das; **sper|rig** ein sperriges Möbelstück; **Sper|rung** die

Spe|sen die *ital.*: Geschäftskosten, Auslagen; außer Spesen nichts gewesen (etwas hat viel Mühe und Geld gekostet, aber nichts gebracht)

spe|zi|al *lat.*; **spe|zi|a|li|sie|ren** sich: sein Können und seine Neigungen auf ein bestimmtes Gebiet konzentrieren; sie spezialisierte sich auf Computertechnik; **Spe|zi|a|list** der; **Spe|zi|a|lis|tin** die; **Spe|zi|a|li|tät** die: etwas Besonderes; **Spe|zi|a|li|tä|ten|res|tau|rant** das; **spe|zi|ell** von besonderer Art, nicht allgemein, einzeln, besonders; er ist sein spezieller Freund, eine spezielle Aufgabe

Sphä|re [ßfäre] die *griech.*, die Sphären: 1. Wirkungskreis, Machtbereich 2. Himmelskugel, Himmelsgewölbe

Sphinx

Sphinx [ßfinx] der/die: 1. *im Alten Ägypten* Steinmonument in Löwengestalt mit männl. Kopf 2. *in der griech. Mythologie* Löwengestalt mit Flügeln und Frauenkopf

spi|cken den Braten spicken; abschreiben
Spie|gel der *lat.*; **Spie|gel|bild** das; **Spie|gel|ei** das; **spie|gel|glatt**; **spie|geln**; **Spie|ge|lung** die
Spiel das, des Spiel(e)s, die Spiele: es steht viel auf dem Spiel (das Wagnis, Risiko ist groß), sie hatte leichtes Spiel mit ihm (wurde leicht fertig mit ihm); **spie|len** du spielst mit dem Feuer (tust etwas Gefährliches); **Spiel|en|de** das; **Spie|le|rei** die, die Spielereien; **spie|le|risch**; **spielfrei** heute war sein spielfreier Tag; **Spiel|zeug** das
Spieß der, des Spießes: er drehte den Spieß um (verwandelte einen Angriff auf sich in einen Gegenangriff); **Spießbür|ger** der: engstirniger Mensch; **spießen; Spie|ßer** der; **spie|ßig** spießbürgerlich; **Spieß|ru|ten|lau|fen** das
Spike [spaik] der *engl.*, des/die Spikes: Stahldorn in Schuhsohlen und Autoreifen, um auf Eis und Schnee oder beim Sport nicht zu rutschen
Spi|nat der *pers./arab.*, des Spinat(e)s: Blattgemüse
Spi|nett das *ital.*, des Spinett(e)s, die Spinette: kleines, klavierähnliches Tasteninstrument, das vor allem im 16. und 17. Jh. gespielt wurde
Spind der/das, des Spind(e)s, die Spinde: einfacher, schmaler Schrank; **Spin|del** die: 1. Fadenspindel beim Spinnrad 2. Mittelteil der Wendeltreppe; **spin|deldürr**
Spin|na|ker der: Beisegel
Spin|ne die; **spin|ne|feind** die beiden sind sich spinnefeind; **spin|nen** du spinnst, sie spann, gesponnen (*seltener* spönne / spänne); **Spin|nen|ge|we|be** das; **Spin|nen|netz** das; **Spin|ne|rin** die; **Spinn|ge|we|be** das; **Spinn|we|be** die
Spi|on der *franz.*: 1. Agent, heimlicher Beobachter 2. Guckloch in der Tür; **Spi|o|na|ge** die; **spi|o|nie|ren** er spioniert durchs Haus; **Spi|o|nin** die
Spi|ra|le die *griech.*: sich um einen Punkt oder eine Achse windende Linie, Gegenstand in dieser Form; **spi|ral|för|mig**

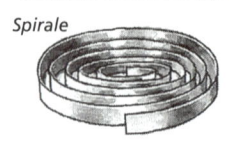

Spirale   *Feder*

Spi|ri|tu|o|sen die *lat.*: sehr starke alkoholische Getränke; **Spi|ri|tus** der: Weingeist, Alkohol
Spi|tal das *schweiz.*, des Spitals, die Spitäler: *früher für* Krankenhaus, Armenhaus oder Altersheim
spitz am spitzesten; **spitz|bü|bisch**; **spitze** *ugs. für* toll, hervorragend; **Spit|ze** die: 1. oberes oder herausragendes spitzes Ende von etwas, z. B. Bleistiftspitze, Bergspitze 2. Höchstleistung, der Zug fährt 300 km/h Spitze 3. Ziergewebe, z. B. Spitzendeckchen; **Spit|zel** der: Spion; **spit|zen** die Lippen spitzen (spitz machen); **Spit|zer** der: Bleistiftspitzer; **spitz|fin|dig** übertrieben scharfsinnig; **spitz|krie|gen** *ugs.* herausfinden; **spitz|wink|lig**
Spitz der: kleine Hunderasse

> **spitze** wird als undeklinierbares Adjektiv kleingeschrieben: *das war ein spitze Film, du singst wirklich spitze.* Auch als Prädikatsnomen wird *spitze* kleingeschrieben: *Das ist spitze!*

Spleen [ßplin/schplin] der *engl.*, des/die Spleens, die Spleene: verschrobene Eigenart, Verrücktheit; **splee|nig**
Splitt der, des Splitt(e)s: Straßenbelag aus zerkleinerten Steinen; **Split|ter** der; **split|tern**; **split|ter|nackt**
Split|ting das *engl.*, des/die Splittings: Teilung, z. B. der Steuerlast bei Ehepaaren
Spoi|ler der *engl.*, des Spoilers, die Spoiler: Leitblech am Auto zur Regulierung der auftretenden Luftströmung

Sprödigkeit

spon|sern *engl.*: durch finanzielle Unterstützung fördern; der Boxkampf wurde von einer Brauerei gesponsert; **Spon|sor** der, die Sponsoren: Geldgeber, Förderer, vor allem im Sport; der Sponsor betreibt damit auch seine Werbung

spon|tan *lat.*: einem plötzlichen Antrieb, Impuls folgend; sie umarmte mich ganz spontan; **Spon|ta|ne|i|tät** die

spo|ra|disch *griech.*: vereinzelt, gelegentlich, manchmal; sporadische Besuche

Spo|re die *griech.*, die Sporen: Vermehrungszelle bei Moosen, Algen, Pilzen; **spo|rig** schimm(e)lig

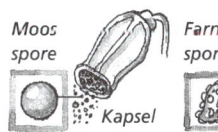

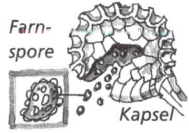

Moosspore — *Kapsel*
Farnspore — *Kapsel*

Sporn der, des Sporn(e)s, die Sporen: er hat sich die ersten Sporen verdient (kann erste Erfolge verbuchen); **sporn|streichs** geradewegs, umgehend, eiligst

Sport der *engl.*, des Sport(e)s; **Sport|ler** der; **Sport|le|rin** die; **sport|lich**; **Sport|me|di|zin** die: Spezialgebiet der Medizin

Spot der *engl.*, des/die Spots: 1. kurzer Werbefilm, in Hörfunksendungen eingeblendeter Werbetext 2. *Kurzwort für* Spotlight (Scheinwerferlicht)

Spott der, des Spott(e)s: sie war dem Spott der Klasse ausgesetzt; **spott|bil|lig** äußerst billig; **Spöt|te|lei** die; **spöt|teln** sie spöttelte über seine Tollpatschigkeit; **spot|ten** das spottet jeder Beschreibung; **Spöt|te|rin** die, die Spötterinnen; **spöt|tisch**; **spott|lus|tig**

Spra|che die: sie wollte mit der Sprache nicht herausrücken (nichts sagen, zugeben), er spricht eine deutliche Sprache (redet offen, unverblümt); **sprachge|wandt**; **sprach|kun|dig**; **Sprach|leh|re** die; **sprach|lich**; **sprach|los**

Spray das/der *engl.*, des/die Sprays: z.B. Schnupfenspray; **Spray|do|se** die

spre|chen du sprichst, sie sprach, gesprochen, er spräche, sprich!: er ist nicht gut auf mich zu sprechen (ist böse auf mich), sie kann für sich selbst sprechen (braucht keinen Befürworter), du sprichst in Rätseln (ich verstehe dich nicht, kann dir nicht folgen); **Spre|cher** der; **Spre|che|rin** die; **Sprech|stun|den|hel|fe|rin / Sprechstun|den|hil|fe** die

sprei|zen der Adler spreizt die Flügel, sie benahm sich gespreizt (eitel, eingebildet), sich gegen etwas spreizen (zum Schein sträuben)

spren|gen den Rasen sprengen (mit Wasser bespritzen), sie sprengte die Versammlung (löste sie auf), er hatte die Bank gesprengt (so hoch gewonnen, dass die Spielbank ihn nicht auszahlen konnte); **Spreng|satz** der: Sprengladung; **Spren|gung** die

Spren|kel der: Farbtupfen, Fleck; **sprenkeln** ein gesprenkeltes Federkleid

Spreu die: Getreideabfall beim Dreschen; die Spreu vom Weizen trennen

Sprich|wort das, die Sprichwörter: kurzer, einprägsamer Satz, der eine (meist) praktische Lebensweisheit beinhaltet; z.B.: „Übermut tut selten gut"; **sprich|wört|lich**

sprie|ßen es sprießt, es spross / sprosste / sprießte, gesprossen / gesprießt, es sprösse / sprießte: sein Bart sprießt (beginnt zu wachsen); **Spross** der, des Sprosses, die Sprosse: Pflanzentrieb, Abkömmling, Nachkomme; **Spröss|ling** der, die Sprösslinge

sprin|gen du springst, er sprang, gesprungen, er spränge; **Sprin|ger** der; **Springflut** die; **spring|le|ben|dig**

Sprink|ler der *engl.*: Wassersprühdüse; **Sprink|ler|an|la|ge** die: automatische Feuerlöschanlage an Raumdecken, z.B. in Kaufhäusern

Sprint der *engl.*, des/die Sprints: Kurzstreckenlauf; **sprin|ten**; **Sprin|ter** der; **Sprin|te|rin** die

Sprit der, des Sprit(e)s, die Sprite: *ugs. für* Benzin, Alkohol, Schnaps

Sprit|ze die; **sprit|zen** den Wein spritzen (mit kohlensäurehaltigem Wasser verdünnen); **Sprit|zer** der; **sprit|zig** eine spritzige (witzige, schwungvolle) Komödie; **Spritz|tour** die: kurze Vergnügungsfahrt

spröd / sprö|de am sprödesten: sie hat spröde (trockene, raue) Lippen, sprödes (brüchiges) Leder; **Sprö|dig|keit** die

Spros|se die, die Sprossen: Querstange einer Leiter

Sprot|te die: heringsähnlicher, kleiner Speisefisch

Spruch der, des Spruch(e)s, die Sprüche: er klopft große Sprüche (macht große, aber nichtssagende Worte); **spruch|reif**; **Spruch|weis|heit** die

Spru|del der: kohlensäurehaltiges Mineralwasser, Limonade; **spru|deln** ein sprudelndes (quirliges) Temperament

Sprüh|do|se die; **sprü|hen** ihre Augen sprühten Zorn, sprühende Funken

Sprung der, des Sprung(e)s, die Sprünge: ich komme auf einen Sprung (ganz kurz) vorbei; **sprung|be|reit**; **Sprung|fe|der** die; **sprung|haft** launisch, unbeständig, abrupt; **Sprung|tuch** das: Rettungsgerät der Feuerwehr

Spu|cke die: Speichel; ihm blieb die Spucke weg (*ugs.* er war sprachlos vor Überraschung); **spu|cken**

Spuk der, des Spuk(e)s: Geistererscheinung; plötzlich war der Spuk vorbei; **spu|ken** diese Idee spukt noch in ihren Köpfen

Spu|le die: Rolle, elektrisches Schaltelement; **spu|len**

spü|len sich den Mund spülen

Spund der, des Spund(e)s, die Spunde / Spünde: Zapfverschluss für ein Bier- oder Weinfass; er war noch ein junger Spund (*ugs.* ohne Erfahrung)

Spur die: er verfolgt eine heiße Spur (einen viel versprechenden Anhaltspunkt), sie überholte auf der linken Spur (Fahrspur), es fehlt noch eine Spur (ein wenig) Salz; **spu|ren** eine Langlaufstrecke wurde gespurt; **Spu|ren|ele|ment** das: wichtiges, aber nur in kleiner Menge benötigtes Element für den menschlichen, tierischen und pflanzlichen Organismus; **spu|ren|si|cher**; **Spu|ren|si|che|rung** die: polizeiliche Maßnahme bei einem Verbrechen; **spur|los**

spür|bar es kühlte spürbar ab; **spü|ren**; **Spür|hund** der

Spurt der, des Spurt(e)s, die Spurts / Spurte: Endphase, Endlauf, Sprint; sie gewann den Endspurt; **spur|ten** er spurtete zum Wagen

spu|ten sich: spute (beeile) dich!

Squash [skwosch] das *engl.*: Ballspiel, bei dem ein weicher Gummiball gegen die Wand geschmettert wird und in ein bestimmtes Feld auf dem Boden zurückkommen muss; **Squash|hal|le** die; **Squash|spie|ler** der

Sri Lan|ka; **Sri-Lan|ker / Sri Lan|ker** der / die; **Sri-Lan|ke|rin / Sri Lan|ke|rin** die, die Sri-Lankerinnen / Sri Lankerinnen; **sri-lan|kisch**

Staat der, des Staat(e)s, die Staaten: von Staats wegen, sich in Staat werfen (in offizielle, festliche Kleidung), er macht viel Staat (treibt großen Aufwand); **staa|ten|los** keine Staatsangehörigkeit habend; **staat|lich**; **Staats|an|ge|hö|rig|keit** die

Stab der, des Stab(e)s, die Stäbe: den Stab über jemanden brechen (ihn verurteilen); **Stäb|chen** das; **stab|för|mig**; **Stab|hoch|sprin|ger** der

sta|bil *lat.*: haltbar, dauerhaft, widerstandsfähig, unveränderlich; eine stabile Währung, ein stabil gebautes / stabilgebautes Haus, Ggs. instabil; **sta|bi|li|sie|ren** festigen, kräftigen; **Sta|bi|li|tät** die; **Sta|bi|li|täts|ge|setz** das: *kurz für* „Gesetz zur Förderung der Stabilität und des Wachstums der Wirtschaft"

Sta|chel der, die Stacheln: ihre Worte nahmen seiner Wut den Stachel (beruhigten ihn); **Sta|chel|bee|re** die; **sta|che|lig / stach|lig** am stach(e)ligsten

Sta|del der: Schuppen, Heustadel

Sta|di|on das *griech.*, die Stadien: große, ovale Sportanlage mit ansteigenden Zuschauerreihen

Sta|di|um das *lat.*, die Stadien: Entwicklungsstufe, -abschnitt; die Verhandlungen erreichten ein neues Stadium

Stammformen

Stadt die, die Städte: in Stadt und Land (überall), die Ewige Stadt (Rom); **stadt|be|kannt**; **Städ|te|bau** der; **Städ|te|rin** die; **städ|tisch** die städtische Müllabfuhr; **Stadt|pla|nung** die; **Stadt|teil** der; **Stadt|vä|ter** die: Stadtträte

Sta|fet|te die *ital.*, die Stafetten: 1. *früher* reitender Bote, Kurier 2. Begleitschutz aus Fahrzeugen oder Berittenen

Staf|fa|ge [staffasche] die *österr.*, die Staffagen: schmückende Aufmachung, Ausstattung, malerisches Beiwerk

Staf|fel die: die Schwimmstaffel (Gruppe), eine Staffel Düsenjäger (Luftgeschwadereinheit) stieg auf; **Staf|fe|lei** die: Gestell zum Malen oder Zeichnen; **Staf|fel|läu|fer** der; **Staf|fel|läu|fe|rin** die; **staf|feln** gestaffelte Preise; **Staf|fe|lung / Staff|lung** die

Stag|na|ti|on *oder* Sta|gna|ti|on die *lat.*, die Stagnationen: Stillstand, z. B. des Wirtschaftswachstums; **stag|nie|ren** *oder* sta|gnie|ren: nicht weiterkommen, stocken; ein stagnierendes (nicht abfließendes) Gewässer

Stahl der, des Stahl(e)s, die Stähle / Stahle: sie hat Nerven aus Stahl (sehr gute); **stäh|len** durch Sport gestählte (harte) Muskeln; **stäh|lern** er hat einen stählernen (starken) Willen; **stahl|hart**

stak|sen unbeholfen, mit steifen Beinen gehen

Sta|lag|mit der *lat.*, des Stalagmits / Stalagmiten, die Stalagmite(n): stehender Tropfstein in Säulenform; **Sta|lak|tit** der *lat.*, des Stalaktits/Stalaktiten, die Stalaktite(n): eiszapfenähnlicher, hängender Tropfstein

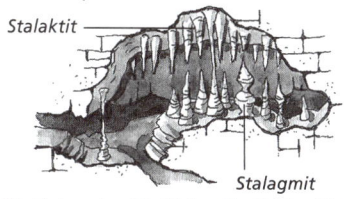

Stalaktit

Stalagmit

Stall der, des Stall(e)s, die Ställe; **Stall|la|ter|ne** die; **Stall|ha|se** der: Hauskaninchen; **Stall|lun|gen** die

Stamm der, des Stamm(e)s, die Stämme: Damit meint man den Grundbestandteil eines Wortes oder, bei veränderbaren Wörtern, den Teil, von dem aus alle Formen und Ableitungen gebildet werden, manchmal mit Veränderung des Stammes selbst. Nehmen wir den Stamm „seh": Mit „-en" oder „-t" bekommen wir verschiedene Personalformen im Präsens, mit „ge-" und der Endung „-en" das Partizip II, durch Veränderung des Stammes (mit der entsprechenden Endung) die 2. und 3. Person Singular im Präsens (du siehst, er sieht) oder das Präteritum (sah). Mit Hilfe von Vorsilben (Präfixen) und Endungen (Suffixen) kann man neue Wörter bilden: „Ge-sich-t" oder „Vor-seh-ung". → Leitformen

Stamm der, des Stamm(e)s, die Stämme: 1. Baumstamm 2. Gruppe von Menschen mit kulturellen, wirtschaftlichen o. ä. Gemeinsamkeiten, Sippe, z. B. bei den Indianern; **Stamm|baum** der: Ahnenverzeichnis; **stam|men** diese Lampe stammt aus dem 19. Jh., woher stammt der Fleck?; **Stam|mes|ge|schich|te** die; **Stam|mes|zu|ge|hö|rig|keit** die; **Stamm|hal|ter** der: männlicher Nachkomme, Sohn; **stäm|mig** das Kind hatte stämmige (feste, dicke) Beine; **Stamm|ka|pi|tal** das: Vermögensgrundstock einer GmbH

stam|meln stottern, stockend sprechen; **Stam|me|lei** die

Stamm|for|men die: Das sind die Formen des → Verbs, die man kennen muss, um alle Formen in allen Zeiten (→ Tempus) bilden zu können. Von „geben" z. B. heißen sie: „gebe", „gibst", „gab", „gäbe", „gegeben". Damit kenne ich die 1. Person Singular, ich weiß, dass die 2. Person den Stamm ändert (und damit auch die Befehlsform), ich kenne das Präteritum, den Konjunktiv und das Partizip II, das ich für das Perfekt, das Plusquamperfekt und das → Passiv brauche.

Diese Vielfalt gibt es nur bei den starken Verben, die schwachen sind viel regelmäßiger: „sage", „sagst", „sagte", „gesagt" oder „suche", „suchst", „suchte", „gesucht". → Leitformen

stampfen

stamp|fen er stampfte wütend mit dem Fuß auf; **Stamp|fer** der: Gerät zum Stampfen oder Quetschen

Stand der, des Stand(e)s, die Stände: in den heiligen Stand der Ehe treten (heiraten), der Spielstand ist 1:1, Familienstand ledig, wie ist der Stand der Dinge?, aus dem Stand (ohne Anlauf, ohne Vorbereitung); **Stand|bild** das; **Stan|der** der: dreieckige Flagge, z. B. am Auto hoher Staatsbeamter; **Stän|der** der: Kerzen- oder Notenständer; **Stan|des|amt** das; **stan|des|be|wusst**; **stand|fest**; **stand|haft** am standhaftesten: er weigerte sich standhaft; **stand|hal|ten** (→ halten); **stän|dig**; **Stand|licht** das; **Stand|ort** der; **Stand|pau|ke** die: sie hielt den Kindern eine Standpauke (schimpfte sie aus); **Stand|punkt** der; **stand|recht|lich** der Spion wurde standrechtlich erschossen

Stan|dard der engl., des/die Standards: Norm, Maßstab, Richtschnur; der technische Standard, das Standardmodell einer Automarke; **stan|dar|di|sie|ren** vereinheitlichen, normen

Stan|dar|te die franz., die Standarten: 1. kleine Fahne, z. B. einer Truppe oder am Auto eines Staatsoberhaupts 2. Fuchs- oder Wolfsschwanz

Stan|ge die; **Stan|gen|brot** das; **stan|gen|för|mig**

Stän|gel der: Blütenstiel

stän|kern 1. Gestank verbreiten 2. ugs. Unfrieden stiften

Stan|ni|ol das lat.: blattdünne Zinn- oder Aluminiumfolie

Stan|ze die ital.: Prägestempel, Stanzgerät; **stan|zen** Löcher stanzen

Sta|pel der: ein Stapel Bücher, das Schiff läuft vom Stapel (wird zu Wasser gelassen); **Sta|pel|lauf** der; **sta|peln** Holz stapeln, der Abfall stapelt sich

stap|fen durch den hohen Schnee stapfen; **Stap|fen** der: Fußstapfen

Star der, des Star(e)s, die Stare: 1. Singvogel 2. Erkrankung des Auges; sie hat grünen Star; **Sta|ren|kas|ten** der: Brutkasten für Stare

Star der engl., des/die Stars: berühmter Künstler, z. B. Filmstar; **Star|al|lü|ren** die: launenhaftes, eitles, rücksichtsloses Benehmen

stark stärker, am stärksten: ihr Herz klopfte stark, eine starke Arznei, er ist besonders stark in Englisch; **Stär|ke** die: Rechnen ist seine Stärke; **stär|ken** sie stärkten sich durch einen Imbiss, gestärkte Manschetten; **stark|ma|chen** sich: sich für etwas starkmachen (einsetzen); **Stark|strom** der; **Stär|kung** die

starr am starrsten: in starrer Haltung, sie schaute starr geradeaus; **Star|re** die; **star|ren** der Boden starrt vor Schmutz, ins Wasser starren; **starr|sin|nig**

Start der engl., des/die Starts: einen guten beruflichen Start haben, der Raketenstart wurde abgebrochen; **star|ten** in den Urlaub starten, sie startet (geht in den Wettkampf) für Österreich

State|ment [ßtäjtment] das engl., des/die Statements: öffentliche Erklärung, Verlautbarung, Anweisung, Befehl

Sta|tik die griech.: Lehre von den in ruhenden Körpern wirkenden Kräften; Ggs. Dynamik; **Sta|ti|ker** der; **sta|tisch** stillstehend, ruhig, die Statik betreffend; Ggs. dynamisch

Sta|ti|on die lat., die Stationen: Haltestelle, z. B. Bahnstation, Krankenhausabteilung, Stützpunkt, z. B. Polarstation; **sta|ti|o|när** eine stationäre Behandlung (Behandlung im Krankenhaus) war erforderlich; **sta|ti|o|nie|ren** im Kriegsgebiet stationierte Soldaten; **Sta|ti|ons|arzt** der; **Sta|ti|ons|ärz|tin** die; **Sta|ti|ons|schwes|ter** die

Sta|tist der lat., des/die Statisten: stummer Mitdarsteller in Film oder Theater, Randfigur; **Sta|tis|tin** die

Sta|tis|tik die lat., die Statistiken: zahlenmäßige Erfassung, Untersuchung und Auswertung von Massenerscheinungen, grafische Darstellung davon; **Sta|tis|ti|ker** der, die Statistiker; **sta|tis|tisch** durch Zahlen belegt, die Statistik betreffend

Sta|tiv das lat., die Stative: meist dreibeiniges Gestell, z. B. Fotostativ

statt anstatt, an Eides statt; **Stät|te** die: an der Stätte (am Ort) seiner Kindheit; **statt|des|sen** mein Freund konnte wegen Arbeitsüberlastung selbst nicht kommen, stattdessen kam ein Brief; **statt des|sen** mein Freund, statt dessen ein Brief gekommen war, beklagte sich über sein Zuviel an Arbeit; **statt|fin|den** (→ finden): wo findet das Spiel statt?; **statt|haft** das Betreten dieser Räume ist nicht statthaft (nicht erlaubt)

statt|lich er hat eine stattliche (bemerkenswerte) Briefmarkensammlung, sie ist eine stattliche (beeindruckende) Erscheinung

Sta|tue die *lat.*, die Statuen: frei stehende Plastik, Standbild; **sta|tu|ie|ren** bestimmen, aufstellen, festsetzen; ein Exempel statuieren (ein warnendes, abschreckendes Beispiel geben)

Sta|tur die *lat.*, die Staturen: von mittlerer Statur (Gestalt, Wuchs)

Sta|tus der *lat.*: Lage, Situation, gesellschaftliche oder rechtliche Stellung; der wirtschaftliche Status dieses Landes, der Status der Kaufleute; **Sta|tus quo** der: gegenwärtiger Zustand

Sta|tut das *lat.*, des Statut(e)s, die Statuten: Satzung; ihr Verhalten verstößt gegen die Statuten des Vereins; **sta|tu|ten|ge|mäß**

Stau der, die Staus / Staue: im Stau stehen; **Stau|damm** der; **stau|en** das Blut stauen; **Stau|ung** die

Staub der, des Staub(e)s: die Sache wirbelte viel Staub auf (verursachte Aufregung, Unruhe, Empörung), zu Staub werden (gestorben sein); **staub|bedeckt**; **stau|ben** beim Fegen staubt es häufig, der Teppich staubt; **stäu|ben** Asche vom Rock stäuben (entfernen); **staub|frei**; **stau|big** staubige Schuhe; **Staub sau|gen / staub|sau|gen**; **staub|tro|cken**; **Staub|wol|ke** die

stau|chen eine gestauchte (verbogene) Achse

stau|nen man höre und staune!; **stau|nens|wert** mit staunenswerter Geduld

Stau|pe die: Viruskrankheit, die besonders Tiere befällt

Steak [stek] das *engl.*, des/die Steaks: kurz zu bratende Fleischschnitte

Stech|ap|fel der: Nachtschattengewächs mit stacheligen Früchten; **ste|chen** du stichst, sie stach, stäche (*selten*), gestochen, stich!: sich am Rosendorn stechen, welche Farbe sticht (beim Kartenspiel)?, er hat eine gestochene (akkurate) Schrift; **Stech|schritt** der: Paradeschritt

Steck|brief der; **steck|brief|lich** er wird steckbrieflich gesucht; **Steck|do|se** die; **ste|cken** du steckst, sie stak/steckte, gesteckt, er steckte (*selten* er stäke): wo steckst (bleibst) du denn so lange?, noch in den Anfängen stecken (noch nicht weit sein), sie steckt voller Bosheit; **stecken blei|ben** (→ bleiben): soll der Schlüssel stecken bleiben?, *übertragen:* die Schauspieler sind oft stecken geblieben/ steckengeblieben (wussten nicht weiter); **Ste|cker** der *vgl. Abb. S. 359*; **Steckling** der: abgetrennter Pflanzentrieb

Ste|cken der: Holzstock; **Ste|cken|pferd** das: 1. Hobby 2. Kinderspielzeug

Steg der, des Steg(e)s, die Stege: schmale Brücke, schmaler Pfad, Verbindungsteil; **Steg|reif** der: aus dem Stegreif (unvorbereitet) eine Szene spielen; **Steg|reifspiel** das

ste|hen du stehst, sie stand, gestanden, er stände / stünde: vor der Kamera stehen, ich stehe auf deiner Seite (halte zu dir), die Sache steht und fällt mit deinem Kommen (hängt davon ab); *aber:* den Kaffee im Stehen trinken; **ste|hen blei|ben** (→ bleiben): die Vase kann hier stehen bleiben, *übertragen:* wie dumm, dass meine Uhr ständig stehen bleibt/ stehenbleibt; **ste|hen las|sen** (→ lassen): ich habe meinen Schirm irgendwo stehen (ge)lassen, *übertragen:* gemein, wie sie ihn einfach stehen ließ / stehenließ (plötzlich nicht mehr beachtete); **Steh|pult** das

steh|len du stiehlst, sie stahl, gestohlen, (*selten* er stähle), stiehl!: du stiehlst mir die Zeit, er kann mir gestohlen bleiben (interessiert mich nicht); **Steh|le|rei** die

steif ein steifer (gestärkter) Kragen, die Begrüßung war sehr steif (förmlich, unpersönlich), etwas steif und fest (unbeirrbar) behaupten, die Sahne steif schlagen / steifschlagen; steif gewordene / steifgewordene Glieder; **steif|bei|nig**

Steig der: steiler Weg; **Steig|bü|gel** der: jemandem den Steigbügel halten (bei der Karriere behilflich sein); **stei|gen** du steigst, sie stieg, gestiegen, er stiege: das Barometer steigt, steigende Kosten, die Schamröte stieg ihm ins Gesicht; **Stei|gung** die: Geländeanstieg

steigern

stei|gern eine gesteigerte (zunehmende) Nachfrage, sie steigerte (versetzte) sich in Wut, das Tempo steigern (erhöhen)

Stei|ge|rung die (*lat.*: die Komparation). Wir alle wissen: Du bist stark, dein Freund ist <u>stärker</u>. Er ist flink, du bist <u>flinker</u>. Er ist gut in Grammatik, du bist <u>besser</u> als er. Bei einem Vergleich stellt sich also heraus, dass ihr zwar die gleichen Eigenschaften und Fähigkeiten habt, aber nicht in der gleichen Ausprägung.
Die Formen „stärker", „flinker" und „besser" heißen *Komparativ* (1. Steigerungsstufe des Adjektivs) – die Grundformen „stark", „flink" und „gut" heißen *Positiv*. Wer es ganz genau wissen will und euch beide mit anderen vergleicht, wird merken, dass ihr „super" seid. Denn: Dein Freund ist der <u>stärkste</u> Junge der Klasse, du bist der <u>flinkste</u> Turner und in Grammatik der <u>beste</u> Schüler. Die unterstrichenen Formen heißen *Superlativ* (2. Steigerungsstufe).
Adjektive, die eine Eigenschaft bezeichnen, kann man steigern, das Aussehen oder eine Form aber nicht: Ein Kreis ist rund, „runder" geht's nicht. Ähnlich ist es auch bei „oval", „vierzehnjährig", „augenblicklich" und anderen Adjektiven. Auch „optimal" und „ideal" müssen so bleiben; sie drücken ja aus, dass jemand oder etwas schon in Bestform ist. Dafür kann man die meisten Adverbien, die aus Adjektiven entstanden sind, steigern. Wie rechnete doch einer: Eine Schnecke kriecht langsam. Zwei Schnecken kriechen langsamer. Drei Schnecken kriechen am langsamsten.
Noch ein Tipp: Es muss heißen: Grammatik ist angenehme<u>r</u> <u>als</u> eine Freistunde. Aber: Grammatik ist nicht <u>so</u> angenehm <u>wie</u> ein Diskobesuch.

steil die Sonne steht steil (hoch) am Himmel, steile Felsen, eine steile Ballvorlage; **Steil|küs|te** die; **Steil|pass** der: Ballvorlage beim Fußballspiel

Stein der, des Stein(e)s, die Steine: das ist der Stein der Weisen (die Lösung aller Rätsel), es fror Stein und Bein (es war bitterkalt), es blieb kein Stein auf dem anderen (alles wurde zerstört); **stein|alt** sehr alt; **stei|nern**; **Stein|er|wei|chen** das: sie weinte zum Steinerweichen (herzzerreißend, heftig); **stein|grau**; **stei|nig** ein steiniger Acker; **stei|ni|gen** durch Steinwürfe hinrichten; **Stein|koh|le** die; **stein|reich** er ist steinreich (sehr reich); **Stein|wurf** der: sie wohnt nur einen Steinwurf entfernt (ganz in der Nähe)

Steiß der; **Steiß|bein** das: unterster Wirbelsäulenknochen

Stel|la|ge [stella*sche*] die, die Stellagen: Bretter- oder Holzgestell

Stel|le die: wäre ich nur an deiner Stelle, sich nicht von der Stelle rühren, ich könnte auf der Stelle (sofort) einschlafen, sich zur Stelle (seine Anwesenheit) melden, es gibt derzeit keine offene Stelle (Arbeitsstelle), lies die Stelle im Buch nochmals; **stel|len** das Radio lauter stellen (aufdrehen), keine Anforderungen stellen (haben), er stellt sich gegen mich (verweigert mir die Hilfe oder Mitarbeit), sie ist ganz auf sich selbst gestellt (allein, auf sich selbst angewiesen), er stellt (gibt) sich schlafend, etwas in Rechnung stellen (berechnen); **Stel|len|aus|schrei|bung** die; **stel|len|wei|se** stellenweise Glatteis; **Stel|lung** die: in unnatürlicher Stellung (Körperhaltung), sie ist zurzeit ohne Stellung (arbeitslos), er nahm zu den Vorwürfen Stellung (rechtfertigte sich), ich halte einstweilen die Stellung (bleibe hier und passe auf); **Stel|lung|nah|me** die; **stell|ver|tre|tend**; **Stell|werk** das

Stel|ze die: wie auf Stelzen gehen; **stel|zen** sie redet ziemlich gestelzt (gespreizt); **Stelz|vo|gel** der

Stemm|ei|sen das; **stem|men** sich gegen die Tür stemmen, einen Durchbruch in die Mauer stemmen, sich gegen den Plan stemmen (ihn heftig ablehnen)

Stem|pel der: mit Stempel vom 17. Januar, der Artikel trägt seinen Stempel (ist unverkennbar von ihm); **stem|peln** er war zum Lügner gestempelt (gekennzeichnet), sie geht stempeln (bezieht Arbeitslosenunterstützung)

Ste|no die: *Kurzwort für* **Ste|no|gra|fie** / **Ste|no|gra|phie**; spezielle Kurzschrift zum schnellen Schreiben; **ste|no|gra|fie|ren** / **ste|no|gra|phie|ren** einen Vortrag mitstenografieren; **Ste|no|gramm** das *griech.*: Text in Kurzschrift; **Ste|no|ty|pis|tin** die: Angestellte, die Stenografie und Maschinenschreiben beherrscht

Stepp|de|cke die: abgesteppte Bettdecke; **step|pen** 1. eine Naht steppen 2. Stepp tanzen; **Step|pe|rin** die

Ster der *griech.*, die Stere / Sters: veraltetes Raummaß; drei Ster Holz

ster|ben du stirbst, er starb, gestorben, er stürbe, stirb!: er ist für mich gestorben (ich will nichts mehr von ihm wissen), sie starb fast vor Neugier (war überaus neugierig); **ster|bens|e|lend** ihr ist sterbenselend; **ster|bens|krank**; **Ster|bens|see|le** die: keine Sterbensseele (niemand) wusste davon; **Ster|bens|wort** / **Ster|bens|wört|chen** das: er sagte nicht ein Sterbenswort (gar nichts); **Ster|be|stun|de** die; **sterb|lich** seine sterblichen Überreste (sein Leichnam); **Sterb|li|che** der / die: er ist ein gewöhnlicher Sterblicher (Durchschnittsmensch)

Ste|reo|an|la|ge die

ste|ril *lat.*: keimfrei, unfruchtbar, nüchtern; eine sterile (kalte, unpersönliche) Wohnung; **Ste|ri|li|sa|ti|on** die; **ste|ri|li|sie|ren** steril machen; **Ste|ri|li|tät** die: Unfruchtbarkeit, Keimfreiheit

Stern der, des Stern(e)s, die Sterne: nach den Sternen greifen (fast Unmögliches wollen, versuchen), das steht in den Sternen (ist noch ungewiss); **Ster|nen|him|mel** / **Stern|him|mel** der; **ster|nen|klar**; **Stern|fahrt** die: Wettfahrt aus verschiedenen Richtungen zum selben Ziel; **stern|för|mig**; **stern|kun|dig**; **Stern|schnup|pe** die: Meteor; **Stern|stun|de** die: eine Sternstunde (schicksalhafte Stunde) der Menschheit; **Stern|war|te** die: Observatorium; **Stern|zei|chen** das: Tierkreiszeichen

ste|reo|typ gleichförmig, ständig wiederkehrend, unveränderlich; seine stereotypen Beteuerungen kann ich nicht mehr hören

ste|tig ständig, gleichmäßig; **Ste|tig|keit** die: Beständigkeit; **stets** sie ist stets (immer) pünktlich, du bist stets (jederzeit) willkommen

Steu|er das, die Steuer: Lenkrad, z. B. beim Auto; **Steu|er|bord** das: rechte Schiffsseite in Fahrtrichtung gesehen; *Ggs.* Backbord; **Steu|er|klas|se** die: Einstufung hinsichtlich Lohn- und Einkommensteuerpflicht; **Steu|er|mann** der, die Steuermänner / Steuerleute; **steu|ern** eine automatisch gesteuerte Anlage; **Steu|e|rung** die

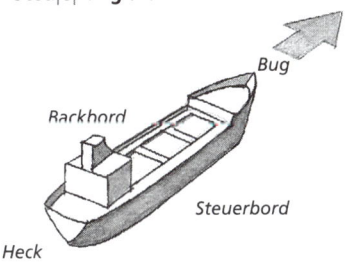

Bug
Backbord
Steuerbord
Heck

Steu|er die, die Steuern: die Kosten von der Steuer absetzen; **Steu|er|be|ra|ter** der; **Steu|er|be|ra|te|rin** die; **steu|er|frei**; **steu|er|lich**; **Steu|er|vo|raus|zah|lung** die

Ste|ward [ßtjuert] der *engl.*, des/die Stewards: Betreuer oder Begleiter an Bord von Schiffen oder Flugzeugen; **Ste|war|dess** [ßtjuerdäß] die, die Stewardessen

StGB das: *Abk. für* **St**ra**fg**esetz**b**uch

sti|bit|zen er hat mir meinen Füller stibitzt (*ugs.* entwendet)

Stich der, des Stich(e)s, die Stiche: das gab ihr einen Stich (traf, kränkte sie), sein Gedächtnis ließ ihn im Stich (er konnte sich nicht mehr erinnern); **stich|hal|tig** ein stichhaltiger (zwingender, unwiderlegbarer) Grund; **Stich|wahl** die: letzter Wahlgang, der die Entscheidung zwischen zwei Hauptkandidaten bringt; **Stich|wort** das, die Stichworte (Notizen, Einsatz für Schauspieler) *und* die Stichwörter (im Lexikon)

Stich|wort|zet|tel der ▶ Aufsatzlehre S. 508

Sti|chel der: Werkzeug; **Sti|che|lei** die: dauerndes Sticheln (Spott); **sti|cheln** spitze Bemerkungen machen, sie stichelte gegen ihre Freundin

sticken

sti|cken; **Sti|cke|rei** die

sti|ckig ein stickiger Raum (mit schlechter Luft); **Stick|stoff** der: farb- und geruchloses Gas, chemischer Grundstoff; *Zeichen* N; **stick|stoff|frei**

stie|ben du stiebst, er stob / stiebte, gestoben / gestiebt, er stiebte *(selten* er stöbe)*: Schnee stiebt durchs Fenster

Stie|fel der: das sind zwei Paar Stiefel (nicht vergleichbare Dinge); **Stie|fel|knecht** der: Gerät zum Ausziehen von Stiefeln; **stie|feln** er stiefelte Richtung Scheune, gestiefelt und gespornt (fix und fertig angezogen)

Stief|el|tern die; **Stief|mut|ter** die: neue Partnerin des Vaters; **Stief|müt|ter|chen** das: Blume; **stief|müt|ter|lich** sie wurde ganz stiefmütterlich (schlecht, lieblos) behandelt; **Stief|va|ter** der

Stie|ge die: 1. enge, steile Holztreppe 2. alte Maßeinheit (= 20 Stück)

Stieg|litz der *slaw.*, des Stieglitzes, die Stieglitze: Distelfink

Stiel der, des Stiel(e)s, die Stiele: Rosen mit langem Stiel, Eis am Stiel

stier er saß dort mit stierem (glasigem, ausdruckslosem) Blick; **stie|ren** in sein Glas stieren (starr blicken)

Stier der, des Stier(e)s, die Stiere: den Stier bei den Hörnern packen (in einer unangenehmen Lage entschlossen handeln); **stier|na|ckig** bullig, breit

Stift das, des Stift(e)s, die Stifte: kirchliche Institution, Stiftung, Altersheim, Waisenhaus; **stif|ten** ein Kloster stiften (gründen), Bücher für die Tombola stiften (herschenken), er stiftete (verursachte) Verwirrung; **Stif|tung** die

Stift der, des Stift(e)s, die Stifte: 1. ein Metallstift, Bleistift, Buntstift 2. *ugs.* der jüngste Lehrling; **Stift|zahn** der

Stifter Adalbert ▶ S. 385

Stig|ma *oder* Sti|gma das *griech.*, des Stigmas, die Stigmen/Stigmata: bei einem Menschen auftretendes Wundmal Jesu Christi; **stig|ma|ti|sie|ren** brandmarken; **stig|ma|ti|siert** 1. mit Wundmalen versehen 2. gebrandmarkt; sie war durch ihren Sprachfehler stigmatisiert (hatte Mühe, von anderen anerkannt zu werden)

Stil der *lat.*, des Stil(e)s, die Stile: im Stil des 19.Jh.s, der Skiläufer fährt einen eleganten Stil, ihr Briefstil ist schlecht, das ist nicht sein Stil (seine Art); **Stil|blü|te** die: belustigender sprachlicher Fehlgriff, unfreiwillige sprachliche Komik; **sti|li|sie|ren** etwas vereinfacht, aber im Wesentlichen darstellen, wiedergeben; einen Text stilisieren; **sti|lis|tisch** den Stil betreffend; **stil|los** ohne Stil; **Stil|mö|bel** die; **stil|wid|rig** geschmacklos

Sti|lett das *ital.*, die Stilette: kleiner Dolch mit Dreikantklinge

still sie weinte still (leise) vor sich hin, er war ganz still (ruhig), eine stille (heimliche) Hoffnung haben, ganz im Stillen (unbemerkt), ein stiller Teilhaber; **Stil|le** die; **stil|len** seinen Heißhunger stillen (befriedigen), eine stillende (säugende) Mutter; **still|hal|ten** (→ halten): kannst du nicht stillhalten?; **Still|le|ben** das: künstlerische bildliche Darstellung unbeweglicher Dinge, z.B. von Früchten; **still|le|gen** ein stillgelegter Flugplatz; **still|schwei|gen** (→ schweigen): sie hat stillgeschwiegen (nichts gesagt); **still|schwei|gend** in stillschweigendem Einverständnis; **Still|stand** der; **still|ste|hen** (→ stehen); **still|ver|gnügt**

Stimm|band das; **stimm|be|rech|tigt** wahlberechtigt; **Stim|me** die: ihr versagte die Stimme (sie konnte nicht mehr weiterreden), auf seine innere Stimme hören (Gefühle, Vorahnungen berücksichtigen), die Stimme erheben (zu sprechen beginnen), jemandem seine Stimme geben (ihn wählen); **stim|men** stimmt die Adresse noch?, er war traurig gestimmt (in trauriger Stimmung), mit Nein stimmen, die Geige muss gestimmt werden; **Stimm|ga|bel** die; **stimm|ge|wal|tig**; **stimm|haft** ein stimmhaftes s sprechen; **stimm|lich**; **stimm|los**; **Stimm|recht** das; **Stim|mung** die: es kam keine rechte Stimmung auf, eine wunderbare Abendstimmung (bei Sonnenuntergang); **Stim|mungs|wan|del** der

sti|mu|lie|ren *lat.*: anregen, anspornen, reizen

stin|ken du stinkst, sie stank, gestunken *(selten* er stänke): stinkende Abgase; **stink|faul** *ugs.* sehr faul

Adalbert Stifter

Adalbert Stifter

geb. am 23. 10. 1805
 in Oberplan/Böhmen
gest. am 28. 1. 1868 in Linz

Der Hochwald (Erzählung, 1842)
Bergkristall (Erzählung, 1843)
Brigitta (Erzählung, 1843)
Das Heidedorf (Erzählung, 1840)
Der Nachsommer (Roman, 1857)
Witiko (Roman, 1865–1867)

Adalbert Stifter stammte aus dem südböhmischen Oberplan. Diese Landschaft wird später in seinen Erzählungen und Romanen immer wieder sichtbar. Nach dem Tod seines Vaters wurde er am Gymnasium der oberösterreichischen Benediktinerabtei Kremsmünster aufgenommen. Schon hier schwärmte er für Schiller und übersetzte griechische und römische Klassiker, zeigte Talent fürs Zeichnen und Malen und ebenso Interesse für die Sternwarte der Abtei. Deshalb war er bald als Nachhilfelehrer gefragt.
Nach der Reifeprüfung studierte er in Wien Jura und beschäftigte sich nebenbei mit Naturwissenschaften, Mathematik und Geschichte. Wegen seiner Redegewandtheit wurde er bald Mittelpunkt eines reichen, adeligen Freundeskreises, der ihn als Nachhilfelehrer von Haus zu Haus empfahl. Der Zufall machte ihn als Dichter bekannt. Eine adelige Gönnerin entdeckte die Niederschrift einer Erzählung und ließ sie veröffentlichen: *Der Condor*. Die Schilderung vom Start eines Luftschiffs war mit einem Schlag die literarische Sensation in Wien, die weitere Aufträge nach sich zog. In diesen Erzählungen, die er später unter dem Titel *Studien* herausgab *(Das Heidedorf, Der Hochwald, Abdias, Brigitta)*, beschreibt Stifter die durch Stolz, Leidenschaft und Eifersucht gefährdeten Beziehungen der Menschen zueinander, während die Natur die Ordnung Gottes widerspiegelt.
Stifter traf sich mit Grillparzer und Eichendorff, wurde Hauslehrer bei Fürst Metternich und verkehrte in Kreisen des Hochadels, ohne seine fortschrittliche freiheitliche Gesinnung zu verbergen. 1850 zum Schulinspektor in Linz ernannt, wollte er die Jugend für mehr Freiheit durch Bildung gewinnen. Für sie schrieb er den Erzählband *Bunte Steine*. In seinem großen Bildungs- und Erziehungsroman *Der Nachsommer* ordnen sich die Menschen dem „sanften Gesetz" der Menschlichkeit unter. Schwer krank, verbittert und fast vergessen starb Stifter zwei Tage nach einem Selbstmordversuch.

Sti|pen|di|at der *lat.*: jemand, der ein Stipendium erhält; **Sti|pen|di|a|tin** die; **Sti|pen|di|um** das, die Stipendien: finanzielle Beihilfe, Unterstützung

Stipp|vi|si|te die: kurzer Besuch

Stirn / Stir|ne die, die Stirnen: einer Sache die Stirn bieten (sie furchtlos angehen), er hat die Stirn (Dreistigkeit, Unverschämtheit), mir das zu sagen; **stirn|run|zelnd** missbilligend

stö|bern in alten Archiven stöbern (suchen, wühlen)

sto|chern sie stocherte in der Glut

Stock der, des Stock(e)s, die Stöcke: mit dem Stock drohen, über Stock und Stein (querfeldein), sie wohnt jetzt einen Stock (ein Stockwerk, eine Etage) tiefer; **Stock|bett** das: Etagenbett; **stock|dunkel**; **Stö|ckel|schuh** der; **sto|cken** der Verkehr stockte (stand still), das Blut stockte ihr vor Schreck in den Adern, gestockte (saure) Milch; **Sto|ckung** die

Stoff der, des Stoff(e)s, die Stoffe: aus edlem Stoff (Material), einen spannenden Stoff (z. B. Roman) verfilmen; **Stoff|fetzen** der; **stoff|lich**; **Stoff|wech|sel** der: biochemische Abläufe im Organismus von Menschen, Tieren und Pflanzen

stöh|nen

sto|isch *griech.*: gelassen, gleichmütig, unerschütterlich (nach der Stoa, einer griech. Philosophenschule); sie legte eine stoische Haltung an den Tag

Sto|la die *griech.*, die Stolen: 1. breiter Schal 2. altrömisches Ärmelkleid

Stol|len der: 1. unterirdischer Gang, Grubenbau 2. runde Leder- oder Metallklötzchen an der Sohle, z. B. bei Fußballschuhen 3. Weihnachtsbackwerk

stol|pern er stolperte über einen alten Freund (begegnete ihm unvermutet)

stolz am stolzesten: ein stolzer (hoher) Preis, sie ist zu stolz, um sich helfen zu lassen, ich bin stolz auf dich; **Stolz** der, des Stolzes: sein Stolz ist verletzt; **stol|zie|ren** über die Bühne stolzieren

stop (auf Verkehrsschildern) *engl.*: halt!; *aber:* **stopp** halt, stopp, bleiben Sie stehen!; **Stopp** der, die Stopps; **stop|pen** alle Maschinen wurden gestoppt (angehalten, abgestellt), die Sekunden stoppen (die Zeit ermitteln); **Stop|per** der: Abwehrspieler; **Stopp|schild** das; **Stopp|uhr** die

Stop|pel die, die Stoppeln: Getreidestoppeln, Bartstoppeln; **Stop|pel|bart** der; **Stop|pel|feld** das; **stop|pe|lig**

Stöp|sel der: Pfropfen; **stöp|seln**

Stör der, des Stör(e)s, die Störe: Fisch, dessen Rogen (Eier) den Kaviar ergeben

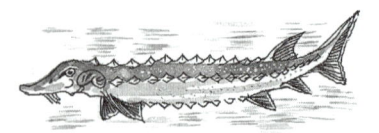

Storch der, des Storch(e)s, die Störche; **Stör|chin** die: weiblicher Storch

Store [ßtor] der *franz.*, des/die Stores: durchscheinender Vorhang

stö|ren störe ich?; **Stö|ren|fried** der: Unruhestifter, Störer; **Stö|rung** die; **störungs|frei**

Storm Theodor ▶ S. 387

stor|nie|ren *ital.*: die Buchung stornieren (rückgängig machen); **Stor|nie|rung** die; **Stor|no** der/das, die Storni: das Stornieren, Rückbuchung

stör|risch eigensinnig, widerspenstig, starrköpfig; sich störrisch geben

Sto|ry die *engl.*, die Storys: meist kurze Geschichte, Bericht; diese Story nimmt dir niemand ab (das glaubt dir keiner)

Stoß der, die Stöße: gib deinem Herzen einen Stoß (mach doch mit, lass dich überreden)!, ein Stoß (Stapel) alter Zeitungen, mit kräftigen Stößen schwimmen; **sto|ßen** du stößt, sie stieß, gestoßen, er stieße: zu den anderen stoßen (sich anschließen), er stieß sich hart am Schrank, der Garten stößt (grenzt) an den Wald, sie stieß sich (nahm Anstoß) an seiner Kleidung, auf Erdöl stoßen (treffen); **stoß|fest**; **Stoß|seuf|zer** der; **stoß|wei|se** sein Atem ging stoßweise (ruckartig), bring die Bücher stoßweise (in einzelnen Stößen)

Stot|te|rer der; **Stot|te|rin / Stott|re|rin** die; **stot|tern** der Motor stottert

Stöv|chen das: Untersetzer mit einer Kerze zum Warmhalten einer Kanne mit Tee oder Kaffee

stracks sofort, geradewegs

Theodor Storm

geb. am 14.9.1817 in Husum
gest. am 4.7.1888
  in Hademarschen

Der kleine Häwelmann
  (Märchen, 1851)
Pole Poppenspäler (Novelle, 1875)
Der Schimmelreiter (Novelle, 1888)
Gedichte

Storm war der Familientradition gefolgt und studierte Jura in Kiel und Berlin. Hier fand er den Weg zum eigenen Schreiben. In Gemeinschaftsarbeit mit seinem Freund, dem Historiker Theodor Mommsen, und dessen Bruder Tycho entstand 1843 das *Liederbuch dreier Freunde*. Als er nach Abschluss des Studiums in seine Geburtsstadt Husum zurückkehrte, schrieb er seine ersten Novellen, darunter *Immensee,* die ihn bekannt und berühmt machte. Sie eröffnet die Reihe der so genannten Erinnerungsnovellen, in denen Storm sehnsuchtsvoll auf vergangene Tage zurückschaut.

Nach seinen eigenen Worten ist sein Erzählen aus der Lyrik geboren. Deshalb übt das Musikalisch-Stimmungsvolle, die schlichte Einfachheit in Form und Aussage in seinen Erzählungen auch einen eigenartigen Reiz auf den Leser aus. Sein *Weihnachtslied* und *Knecht Ruprecht* begeistern Generationen von Lesern ebenso wie das *Oktoberlied, Abseits, Die Stadt, Meeresstrand* und das humorvolle Gedicht *Von Katzen*.

Obwohl sich Storm nicht zu gesellschaftlichen und politischen Themen äußerte, protestierte er öffentlich gegen die Besetzung von Schleswig durch die Dänen. Daraufhin wurde er seines Amtes enthoben und musste Husum verlassen. Erst nach dem für die Dänen verloren gegangenen Krieg kehrte Storm 1864 als Landvogt zurück. Nun begann auch seine große Zeit als Dichter; es entstanden u. a. die Novellen *Viola tricolor, Aquis submersus, Carsten Curator, Hans und Heinz Kirch* oder *Bötjer Basch*. Sein Einfühlungsvermögen in junge Menschen zeigen auch die Novelle *Pole Poppenspäler* und das Märchen *Der kleine Häwelmann*. Untrennbar mit Storms Namen verbunden bleibt sein Meisterstück *Der Schimmelreiter,* die kunstvoll in eine Rahmenhandlung eingebettete Geschichte Hauke Haiens, der sich aus ärmlichen Verhältnissen zum Deichgrafen emporarbeitet und bei einem Dammbruch Frau, Kind und schließlich auch sein eigenes Leben verliert.

straf|bar; Stra|fe die; **stra|fen** mit strafenden Worten, er ist gestraft genug; **straf|fäl|lig** werden: eine Straftat begehen; **straf|frei; sträf|lich** sträflicher Leichtsinn; **straf|mün|dig** alt genug, um bestraft zu werden; **Straf|pre|digt** die; **straf|recht|lich; Straf|tat** die; **Straf|tä|ter** der; **Straf|ver|tei|di|ger** der

straff am straffsten: straff (gut) organisiert / strafforganisiert; **straf|fen** gestraffte Muskeln, der Wind strafft (spannt) die Segel, einen Text straffen (aufs Wesentliche verknappen)

Strahl der, des Strahl(e)s, die Strahlen: der Wasserstrahl, ein Hoffnungsstrahl; **strah|len** bei strahlendem Sonnenschein, sie ist der strahlende Mittelpunkt des Festes, er strahlte über das ganze Gesicht; **Strah|len|be|las|tung** die; **strah|len|för|mig; Strah|len|schutz** der; **Strah|ler** der: Heizstrahler; **Strah|lung** die

Sträh|ne die, die Strähnen: ein paar helle Haarsträhnen, er hat gerade eine Pechsträhne (unglückliche Zeit); **sträh|nig** fettiges, strähniges Haar

stramm stramme Waden, stramm (kräftig) an etwas ziehen, *aber:* etwas stramm ziehen / strammziehen (spannen); **stramm|ste|hen** (→ stehen)

stram|peln das Baby strampelt (zappelt mit den Beinen); **Stram|pel|ho|se** die

Strand der, des Strand(e)s, die Strände: faul am Strand liegen; **stran|den** auf Grund laufen, scheitern; er ist in seinem Beruf gestrandet; **Strand|gut** das: vom Meer angeschwemmte Dinge

Strang der, des Strang(e)s, die Stränge: wir ziehen alle an einem Strang (haben das gleiche Ziel), ein Strang Wolle

Stra|pa|ze die *ital.*, die Strapazen: große, meist körperliche Anstrengung; sich von den Reisestrapazen erholen; **stra|pa|zie|ren** stark beanspruchen, nicht schonen; du strapazierst meine Nerven; **stra|pa|zier|fä|hig** aus strapazierfähigem Stoff; **stra|pa|zi|ös** beschwerlich, anstrengend

Straps der *engl.*, des Strapses, die Strapse: Halterung für Strümpfe

straß|ab; straß|auf; Stra|ße die: sie wurde auf offener Straße überfallen (vor allen Leuten); **Stra|ßen|bahn** die

Stra|te|ge der *griech.*, des/die Strategen: *früher:* Heerführer, *heute:* Person, die einen genauen Plan zur Durchsetzung eines Ziels ausarbeitet und ausführt; **Stra|te|gie** die: Planung des eigenen Vorgehens, Verhandelns; **stra|te|gisch**

sträu|ben sich: er sträubt (wehrt) sich, ihr sträubten sich die Haare (sie war entsetzt)

Strauch der, des Strauch(e)s, die Sträucher; **strau|cheln** stolpern, scheitern

Strauß der, des Straußes, die Sträuße: ein Strauß Rosen

Strauß der *griech.*, die Strauße: flugunfähiger Laufvogel mit hohen Beinen; den Kopf in den Sand stecken wie Vogel Strauß (etwas Unangenehmes nicht wahrhaben wollen); **Strau|ßen|fe|der** die

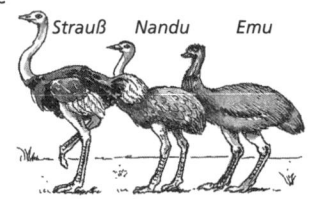

Strauß   Nandu   Emu

Stre|be die: Holz- oder Metallstütze; **stre|ben** nach Erfolg streben (trachten), die Menge strebte (bewegte sich zügig) ins Freie; **Stre|ber** der: Ehrgeizling; **Stre|be|rin** die; **streb|sam**

Stre|cke die: der Roman ist über weite Strecken recht fad, der Zug hält auf offener Strecke; **stre|cken** eine Soße strecken (verdünnen), die Beine unter den Tisch strecken; **stre|cken|wei|se** zeitweise, abschnitt(s)weise

Streich der, des Streich(e)s, die Streiche: sie schaffte es auf einen Streich (alles auf einmal, gleichzeitig), einen Streich (Spaß) aushecken; **strei|cheln**

strei|chen du streichst, sie strich, gestrichen, er striche: ein gestrichen(es) Maß an Dummheit, die Fensterrahmen neu streichen, ein Teil des Textes wird gestrichen, der Adler strich (flog) über das offene Feld, er will die Segel streichen (aufgeben, weggehen); **Strei|cher** der: jemand, der ein Streichinstrument spielt; **Strei|che|rin** die; **streich|fä|hig; Streich|holz|schach|tel** die

Strei|fe die: Patrouille, z. B. Polizeistreife; **strei|fen** ein Thema streifen (kurz erwähnen), der Schuss hat ihn nur gestreift, den Ring vom Finger streifen; **Strei|fen** der, die Streifen: ein Kleid mit Streifen, ein langer Streifen (Abschnitt) Wald; **Strei|fen|wa|gen** der; **strei|fig**

Streik der engl., des/die Streiks: Ausstand, organisierte Arbeitsverweigerung; **strei|ken** ihr Magen streikte bei dem fetten Essen

Streit der, des Streit(e)s: er sucht immer Streit (ist streitlustig); **streit|bar** kämpferisch, kriegerisch; **strei|ten** du streitest, sie stritt, gestritten, er stritte: sie streiten um des Kaisers Bart (um Nichtigkeiten); **streit|süch|tig**; **Streit|wert** der; **strit|tig** ein strittiges (ungeklärtes, umstrittenes) Problem

streng einen strengen Verweis erhalten, ein strenges (herbes) Gesicht, es herrschte strenger (starker) Frost, ein strenger (bitterer, herber) Geschmack; **Stren|ge** die; **streng ge|nom|men / streng|ge|nom|men**; **streng|gläu|big**; **streng neh|men** (→ nehmen); **strengs|tens** Parken vor dem Tor ist strengstens verboten

Stress der engl., des Stresses: große physische und psychische Belastung, Beanspruchung; sie steht im Prüfungsstress; **stres|sen** er ist sehr gestresst; **stres|sig**

Stretch [ßtretsch] der, des/die Stretches engl.: dehnbarer Stoff

Streu die: frische Streu fürs Katzenklo; **streu|en** Sand auf die vereisten Gehwege streuen; **Streu|licht** das; **Streu|sel|ku|chen** der; **Streu|ung** die

streu|nen streunende (sich herumtreibende) Katzen; **Streu|ner** der

Strich der, des Strich(e)s: unterm Strich gesehen (nach Erwägung aller Vor- und Nachteile), er wurde nach Strich und Faden (gehörig) betrogen, diese Arbeit geht mir gegen den Strich (mag ich nicht); **stri|cheln** eine gestrichelte Linie; **strich|wei|se** gebietsweise

Strich|punkt der ▶ Zeichensetzung S. 494

Strick der, des Strick(e)s, die Stricke: er will mir einen Strick daraus drehen (will mir schaden, mich zu Fall bringen), wenn alle Stricke reißen (im äußersten Notfall); **stri|cken**; **Stri|cke|rei** die

Strie|gel der lat.: harte Bürste zur Fellpflege; **strie|geln**

Strie|me(n) die (der): blutunterlaufener Streifen in der Haut

strikt lat., am strikt(e)sten: genau, peinlich, streng; strikte Anweisungen

Strip|pe die: Schnur, Leitungsdraht, Telefonleitung

Strubbelkopf

Strittmatter Erwin ▶ S. 390

Stroh das, des Stroh(e)s; **stroh|blond**; **stroh|dumm**; **Stroh|feu|er** das: schnell abklingende Begeisterung; **stroh|hig**; **Stroh|mann** der (Wirtsch.) Person, die in eigenem Namen handelt, aber insgeheim die Interessen einer dritten Person verfolgt

Strolch der, des Strolch(e)s, die Strolche: Gauner, übler Kerl; **strol|chen** umherziehen ohne Ziel

Strom der, des Strom(e)s, die Ströme: mit dem Strom schwimmen (sich anpassen, keine eigene Meinung haben), es regnete in Strömen, ihm wurde der Strom gesperrt; **strom|auf|wärts**; **strö|men** die Menschen strömten in den Saal (kamen in Scharen); **Stro|mer** der: Landstreicher; **stro|mern**; **Strom|kreis** der; **strom|li|ni|en|för|mig** zugespitzt, länglich; **Stromnetz** die; **Strom|quel|le** die; **Strö|mung** die; **Strom|ver|sor|gung** die

Stro|phe die griech.: die Strophen: „Ach, so viele Strophen auswendig zu lernen – das ist reiner Stress!" Zumindest ist es aber eine gute Gedächtnisübung. Strophen sind Orientierungshilfen; sie helfen z. B. bei → Balladen den Handlungsablauf zu gliedern, die gedankliche Entwicklung festzuhalten. Charakteristisch für die Strophe sind die Reimfolgen (→ Reim), ob sie sich nun gleichen oder wechseln. Sie allein markieren Strophenenden und -anfänge – anders als der Satzbau, der von einer in die andere Strophe hineinreichen kann (= Strophensprung).

strot|zen er strotzt vor Gesundheit
strub|be|lig / strubb|lig ein strubbliges Fell; **Strub|bel|kopf** der

Erwin Strittmatter

Erwin Strittmatter

geb. am 14.8.1912 in Spremberg
gest. am 31.1.1994
  in Dollgow/Gransee
  (Brandenburg)

Ochsenkutscher (Roman, 1950)
Katzgraben (Komödie, 1953)
Tinko (Erzählung, 1955)
Die Holländerbraut (Drama, 1961)
Ole Bienkopp (Roman, 1963)
Der Wundertäter
  (Roman, 1957–1980)
Der Laden (Roman, 1983–1992)

Erwin Strittmatter wuchs als Sohn eines Bäckers in der Niederlausitz auf. Nach Realgymnasium, Bäckerlehre und verschiedenen Hilfstätigkeiten trat er der sozialistischen Arbeiterjugend bei. Seine Erinnerungen daran verarbeitete er später in dem Entwicklungsroman *Ochsenkutscher*. 1934 wurde er verhaftet und bei Kriegsausbruch zum Militärdienst eingezogen. Kurz vor dem Ende des Krieges desertierte er. Danach arbeitete er u. a. als Amtsvorsteher. Seit 1954 lebte er als freier Schriftsteller mit seiner Frau Eva Strittmatter, einer bekannten Kinderbuchautorin und Dichterin, in Dollgow, südlich der Mecklenburgischen Seenplatte.
Seine Komödie *Katzgraben. Szenen aus dem Bauernleben,* von Brecht angeregt und von dessen Berliner Ensemble uraufgeführt, ist das erste Stück, das den „modernen Klassenkampf auf dem Dorf auf die Bühne" bringt. Aus der Sicht eines Jugendlichen schildert Strittmatter in der später verfilmten Erzählung *Tinko* ein ähnliches Thema. Zur Vermittlung des Klassenkampfes suchte er neue Wege der Darstellung des „sozialistischen Realismus". Grundlage hierfür sind die volkstümlichen Formen wie Blankvers, Schwank und der Schelmenroman. Im Verlauf der 60er Jahre rückte er aber immer weiter davon ab. Seine Sprache wurde poetischer, nicht zuletzt auch durch die Aufnahme fantastischer und traumhafter Elemente, durch die Beschwörung von „Poesie und Schwerelosigkeit der Kindheit". Dies deutet sich schon in dem Schauspiel *Die Holländerbraut* an, in dem er das Schicksal der Tagelöhnerin Hanna Tainz und die Bedeutung von privaten und politischen Konflikten für Staat und Gesellschaft schildert. Mit dem Roman *Ole Bienkopp* vertieft er dieses Thema. Er zeigt darin, wie Selbstverantwortlichkeit an staatlichem Widerstand scheitert. Die Problematisierung der Rolle des Einzelnen in der Gesellschaft führte zu einer heftigen Debatte. Neben seinem bekanntesten Entwicklungsroman *Der Wundertäter* schrieb Strittmatter Kurzprosa, Kinder- und Jugendbücher.

Sturm und Drang

Stru|del der: 1. Wasserwirbel; in den Strudel der Ereignisse geraten 2. Mehlspeise, z. B. Apfelstrudel; **stru|deln**

Struk|tur die *lat.*, die Strukturen: gegliederter Aufbau, innere Gliederung eines Ganzen, Gefüge; die wirtschaftliche Struktur eines Landes; **struk|tu|rell; struk|tu|rie|ren**

Strumpf der, des Strumpf(e)s, die Strümpfe; **Strumpf|ho|se** die

Strunk der, des Strunk(e)s, die Strünke: Salatstrunk

strup|pig struppiges Gebüsch

Strych|nin das *griech.*: farbloses Gift aus dem Samen der Brechnuss, Rattengift

Stu|be die, **Stu|ben|ho|cker** der; **stu|benrein**

Stü|ber der: Nasenstüber

Stuck [schtuck] der *ital.*: Modelliermasse aus Gips und Sand, Verzierung oder Plastik daraus; **Stuck|de|cke** die; **Stu|ka|teur** [schtuckatör] der *franz.*; **Stu|ka|teu|rin** die

Stück das, des Stück(e)s, die Stücke: ein Stück Käse, die Bilder Stück für Stück (einzeln) einpacken, ein modernes Stück (Theaterstück) wurde aufgeführt, er tut es aus freien Stücken (freiwillig, unaufgefordert); **stü|ckeln** ein gestückelter Vorhang; **Stück|ge|winn** der: Unterschied zwischen Erlös und Kosten; **Stück|kos|ten** die; **Stück|lis|te** die: Verzeichnis; **stück|wei|se**

Stu|dent der *lat.*: er ist ein ewiger Student (hat immer noch kein Examen gemacht); *Abk.* Stud.; **Stu|den|tin** die; **Stu|die** die, die Studien: wissenschaftliche Arbeit, Vorarbeit, Entwurf; **stu|die|ren; Stu|die|ren|de** der/die; **Stu|dio** das *ital.*, des/die Studios: Atelier, Künstlerwerkstatt, Aufnahme- oder Senderaum bei Rundfunk und Fernsehen, Tonstudio für Musikaufnahmen; **Stu|di|um** das *lat.*, die Studien

Stu|fe die: auf einer Stufe stehen (gleichrangig sein); **stu|fen|ar|tig; stu|fen|för|mig; stu|fen|wei|se; stu|fig**

Stuhl der, des Stuhl(e)s, die Stühle: 1. Sitzmöbel, sie setzte ihm den Stuhl vor die Tür (warf ihn hinaus) 2. *kurz für* Stuhlgang: Darmentleerung, menschlicher Kot

Stul|le die *niederl.*, die Stullen: mit Wurst oder Käse belegte Brotscheibe

stül|pen die Taschen nach außen stülpen

stumm ein stummer (toter) Zeuge

Stum|mel der: Reststück, z. B. Zahnstummel

Stum|pen der: 1. Baumstumpf 2. kurze Zigarre; **Stüm|per** der: Nichtskönner, Pfuscher; **Stüm|pe|rei** die: Pfuscharbeit; **stüm|per|haft; stüm|pern**

stumpf am stumpf(e)sten: ein stumpfer (ungespitzter) Bleistift, die Farbe ist stumpf (glanzlos, matt), ihr stumpfer (teilnahmsloser) Blick, abgestumpft; **Stumpf** der, des Stumpf(e)s, die Stümpfe: Reststück; **stumpf|sin|nig** langweilig, monoton, stupide; **stumpf|win|ke|lig / stumpf|wink|lig**

Stun|de die: er ist ein Mann der ersten Stunde (war von Anbeginn dabei), von Stund an (von diesem Augenblick an); **stun|den** sie stundet mir den Betrag (ich brauche ihn erst später zurückzuzahlen); **Stun|den|buch** das: mittelalterliches Gebetsbuch; **stun|den|lang; Stun|den|plan** der; **stünd|lich** der Bus fährt stündlich (jede Stunde); **Stun|dung** die

Stunt [stant] der *engl.*, des/die Stunts: waghalsige Akrobatik, die in Filmszenen eingebaut wird; **Stunt|man** [-män] der, die Stuntmen: männl. Person, die Stunts berufsmäßig vollführt und oft Schauspieler in gefährlichen Szenen vertritt; **Stunt|frau** die

stu|pid / stu|pi|de *lat.*: beschränkt, geistlos, langweilig; eine stupide Arbeit

Stups der; **stup|sen** jemand stupste mich (stieß mich leicht an); **Stups|na|se** die: kleine, aufwärtsgebogene Nase

stur stur (eigensinnig) an etwas festhalten, eine sture (eintönige) Tätigkeit; **Stur|heit** die

Sturm der, des Sturm(e)s, die Stürme: gegen etwas Sturm laufen (heftig protestieren), er läutete Sturm (heftig und lang); **stür|men** es stürmte und schneite; **Stür|mer** der: Angriffsspieler; **stür|misch** sie umarmte mich stürmisch

Sturm und Drang der: „Sturm und Drang" – das klingt wie Aufruhr und Revolution; und es war tatsächlich eine revolutionäre Bewegung in der deutschen Dichtung der zweiten Hälfte des 18. Jh.s. Die Bezeichnung für diese Epoche lieferte übrigens der Titel eines Dramas aus jener Zeit.

Die „Stürmer und Dränger" waren junge Dichter, die damals leidenschaftlich gegen die Herrschaft der kalten Vernunft und die Traditionen protestierten. Sie setzten auf das Gefühl und die Fantasie und wandten sich gegen die unumschränkte Macht der Fürsten und die Stellung des Adels, gegen gesellschaftliche Schranken und Vorurteile. Stattdessen betonten sie die Rechte des Einzelnen, besonders des ungebundenen, schöpferischen Menschen, des „Genies". Jeder von ihnen fühlte sich als Genie, das nicht an Regeln gebunden sei, sondern eigenen Gesetzen folge.

Da aber an eine wirkliche Änderung der Verhältnisse in Deutschland damals nicht zu denken war, blieb die „Revolution" auf die Dichtung beschränkt, und zwar vor allem auf das → Drama. Die Gegensätze der Zeit wurden auf der Bühne ausgefochten. Von → Goethes Ritter „Götz von Berlichingen" haben sicher viele schon gehört. Der Ritter kämpft für die Freiheit des Einzelnen, gegen die Ansprüche der Gesellschaft. In → Schillers Drama „Die Räuber" empört sich der Räuberhauptmann Karl Moor gar gegen eine Weltordnung, die ihm Unrecht zugefügt hat. Die Liebenden in Schillers „Kabale und Liebe" scheitern am Gegensatz zwischen Adel und Bürgertum und an der Gemeinheit verbrecherischer Fürstendiener.

Den Sturm-und-Drang-Genies und ihren Helden genügte die herkömmliche Form des Dramas nicht mehr. Sie zerbrachen den strengen Aufbau und steigerten die Sprache zu leidenschaftlichen Ausbrüchen. An die Stelle der Verssprache trat die Prosa der Alltagssprache, die auch Derbheiten erlaubte. „Er kann mich im Arsch lecken" aus Goethes „Götz von Berlichingen" ist dafür das berühmteste Beispiel.

Sturz der, die Stürze; **stür|zen** sie stürzt (fällt zu Boden), die Regierung ist gestürzt (nicht mehr im Amt), er stürzte (lief) auf sie zu, sich in die Arbeit stürzen (sehr eifrig arbeiten), den Pudding stürzen (umdrehen)

Stu|te die: weibliches Pferd

Stütz der: Grundhaltung beim Turnen; **Stüt|ze** die; **stüt|zen** sich auf die Ellbogen stützen; **Stütz|pfei|ler** der; **Stützpunkt** der: militärischer Stützpunkt

stut|zen er schien zu stutzen (irritiert innezuhalten), gestutzte (verkürzte) Federn; **stut|zig** sie wurde stutzig (misstrauisch)

Stut|zen der: 1. Jagdgewehr mit kurzem Lauf 2. kurzes Rohrstück 3. Knie- oder Wadenstrumpf

sty|len [ßtailen] *engl.*: in Form bringen, entwerfen, gestalten

Sty|ro|por das *griech./lat.* schaumstoffartiger, leichter Kunststoff

Sub|jekt das *lat.*, des Subjekt(e)s, die Subjekte: der Satzgegenstand. Das Subjekt ist leicht zu erkennen: Es steht im Nominativ, es bestimmt, ob das Prädikat im Singular oder im Plural steht, und es antwortet auf die Frage „wer oder was?". Subjekt kann jedes → Nomen sein: „Die Tür ist zu." – „Der Lehrer steht draußen." Aber auch ein Satz kann Subjekt sein: „Wer das lustig findet, ist gemein." Es gibt allerdings ein paar unpersönliche Ausdrücke, die kein Subjekt haben, bei denen also keine bestimmte Person als Handelnder genannt ist, z. B.: „Ist dir nun besser?" – „Jetzt wird gearbeitet." Möglich ist hier ein „es" als Subjekt: „Ist es dir nun besser?" – „Es wird jetzt gearbeitet."

Dieses „es" ist überhaupt seltsam. In vielen Sätzen kommt es als eine Art Nebensubjekt vor, aber nur, wenn das eigentliche Subjekt ein Substantiv ist: „Es war einmal ein König." – „Es kamen drei Männer." Wenn das eigentliche Subjekt eine später im Satz folgende Infinitivgruppe ist, steht „es" fast immer: „Es ist schön, wieder mal ein interessantes Buch zu lesen."

sub|jek|tiv parteiisch, persönlich, unsachlich befangen; *Ggs.* objektiv; **Sub|jek|ti|vi|tät** die

Sub|junk|ti|on die *lat.*: unterordnende ▶ Konjunktion

Sub|stan|tiv *oder* **Subs|tan|tiv** das *lat.* ▶ Nomen

sub|stan|ti|vie|ren *oder* **subs|tan|ti|vie|ren**: zu einem Substantiv machen, z. B. das Grün; **sub|stan|ti|visch** *oder* **subs|tan|ti|visch**

Sub|stanz *oder* **Subs|tanz** die *lat.*, die Substanzen: Stoff, Materie, fester Bestand, Wert, das Wesentliche; eine chemische Substanz, die Substanz (das Kapital) angreifen, das geht an die Substanz (zehrt an den geistigen und körperlichen Kräften); **sub|stanz|los** *oder* **subs|tanz|los**; **sub|stan|zi|ell / sub|stan|ti|ell** *oder* **subs|tan|zi|ell / subs|tan|ti|ell**; **Sub|stanz|ver|lust** *oder* **Subs|tanz|ver|lust** der

Sub|sti|tut *oder* **Subs|ti|tut** der *lat.*, des/die Substituten: Assistent oder Stellvertreter eines Abteilungsleiters im Einzelhandel; **Sub|sti|tu|tin** *oder* **Subs|ti|tu|tin** die

sub|til *lat.*: sorgfältig, feinfühlig, zart, spitzfindig, kompliziert, schwer durchschaubar

Sub|tra|hend der *lat.*, des/die Subtrahenden: die von einer anderen abzuziehende Zahl; **sub|tra|hie|ren** abziehen; **Sub|trak|ti|on** die: das Subtrahieren

Sub|ven|ti|on die *lat.*, die Subventionen: zweckgebundener, meist staatlicher Zuschuss; **sub|ven|ti|o|nie|ren** unterstützen, fördern

sub|ver|siv *engl.*: einen Umsturz planend, zerstörerisch

Such|ak|ti|on die; **Su|che** die: auf die Suche gehen; **su|chen** sie hat hier nichts zu suchen (gehört nicht hierher), er suchte nach Worten, diese Bibliothek sucht ihresgleichen (sie ist nicht zu übertreffen, sie ist einzigartig); **Su|che|rei** die; **Such|ma|schi|ne** die: Angebot im Internet, mit dessen Hilfe nach bestimmten Wörtern bzw. Informationen gesucht werden kann; **Such|trupp** der

Sucht die, die Süchte: seine krankhafte Sucht nach Erfolg; **Sucht|ge|fahr** die; **süch|tig** sie war süchtig nach Süßigkeiten; **Süch|tig|keit** die; **sucht|krank**

Sud der, des Sud(e)s, die Sude: flüssiger Kochrückstand, Brühe

Süd|af|ri|ka; **Süd|af|ri|ka|ner** der/die; **Süd|af|ri|ka|ne|rin** die, die Südafrikanerinnen; **süd|af|ri|ka|nisch**

Su|dan der; **Su|da|ner** der/die; **Su|da|ne|rin** die, die Sudanerinnen; **Su|da|ne|se** der, die Sudanesen; **Su|da|ne|sin** die, die Sudanesinnen; **su|da|ne|sisch**; **su|da|nisch**

süd|deutsch; **Süd|deutsch|land**

Sü|den der: gen Süden fahren, der Wind kommt von Süden, *Abk.* S; **Süd|frucht** die; **süd|län|disch**; **süd|lich**; **süd|öst|lich**; **Süd|pol** der; **süd|wärts**; **süd|west|lich**

suh|len sich: sich im Schlamm wälzen

sug|ge|rie|ren *lat.*: jemandem etwas einreden, ihn beeinflussen; **Sug|ges|ti|on** die

Süh|ne die; **süh|nen** das Verbrechen wurde gesühnt (der Schuldige wurde dafür bestraft)

Suit|case [ßjutkäjs] das/der *engl.*, die Suitcases: handlicher kleiner Koffer

Sui|te [ßwit] die *franz.*, die Suiten: 1. Zimmerflucht, z. B. im Hotel: sie bezogen eine Suite; 2. *Musik:* Komposition aus mehreren Sätzen

Su|i|zid der *lat.*, des Suizid(e)s, die Suizide: Selbsttötung

suk|zes|siv *lat.*: allmählich, in Folge, nach und nach, schrittweise; sie baute ihre Sprachkenntnisse sukzessive auf

Sul|fat / Sul|fid / Sul|fit das *lat.*, des Sulfat(e)s/Sulfid(e)s/Sulfit(e)s, die Sulfate/Sulfide/Sulfite: Schwefelverbindungen

Sul|ky das *engl.*, des/die Sulkys: Trabrenngefährt

Sul|tan der *arab.*, des Sultans, die Sultane: Titel islamischer Herrscher

Sul|ta|ni|ne die, die Sultaninen: kernlose, große Rosine

Sül|ze die: Fleisch oder Fisch in Aspik
Sum|mand der lat., des/die Summanden: Zahl, die hinzugezählt (addiert) wird; **sum|ma|risch** zusammengefasst, gerafft; **Sum|me** die: das ist eine runde Summe; **sum|mie|ren** häufen, zusammenzählen, zusammenfassen, vereinigen; seine Kosten summierten sich
sum|men eine Melodie summen; **Summer** der: akustisches Signal
Sumpf der, des Sumpf(e)s, die Sümpfe; **Sumpf|dot|ter|blu|me** die; **Sumpf|fie|ber** das: Malaria; **sump|fig**
Sund der, des Sund(e)s, die Sunde: Meerenge
Sün|de die; **Sün|den|bock** der; **Sün|der** der; **Sün|de|rin** die; **sünd|haft** das Kleid ist sündhaft teuer; **sün|dig; sün|di|gen** beim Essen sündigen (zu viel essen)
su|per lat.: ugs. für hervorragend, sehr gut, ihr habt super gespielt, die Band hat einen super Gitarristen

Su|per|la|tiv der lat. ▶ Steigerung

Su|per|markt der engl.: großer Einzelhandelsbetrieb mit Selbstbedienung
Sup|pe die; **Süpp|chen** das; **Sup|pen|grün** das; **sup|pig**
Sur|fing [ßörfing] das engl.: Wellenreiten mit einem Surfbrett; **sur|fen** 1. auf den Wellen reiten 2. im Internet nach Informationen suchen
Sur|re|a|lis|mus der franz.: Richtung in der Literatur und Kunst, die Reales vermischt mit Traumerlebnissen, Visionen und Unbewusstem darstellt
sur|ren die Kameras surrten
sus|pekt oder **su|spekt** lat.: fragwürdig, zweifelhaft, verdächtig; ein suspektes Benehmen
sus|pen|die|ren lat.: er wurde vom Dienst suspendiert (beurlaubt, entlassen)
süß am süßesten: das süße Nichtstun; **Sü|ße** die; **sü|ßen** gesüßter Kaffee; **Sü|ßig|keit** die; **süß|lich** ein süßlicher Geruch; **süß|sau|er / süß-sau|er**
Swim|ming|pool / Swim|ming-Pool [ßwimingpuhl] der engl.: Schwimmbecken
Swing der engl.: Jazzstil; **swin|gen**
Sym|bi|o|se die griech., die Symbiosen: Zusammenleben verschiedenartiger Lebewesen zum gegenseitigen Nutzen

Sym|bol das griech., die Symbole: Zwei Freunde versprechen einander in Not zu helfen. Sie teilen einen Ring; jeder behält die Hälfte. Ist der eine in Gefahr, so lässt er dem anderen seinen Teil zukommen. Passen die beiden Teile zusammen, weiß der andere, dass der Hilferuf echt ist.
Die Ringhälfte ist also ein Erkennungszeichen, ein Symbol. Statt vieler Worte, die täuschen können, wird ein Zeichen gegeben, hinter dem sich eine Botschaft, eine Aussage verbirgt. Ein christliches Kreuz signalisiert Sieg über den Tod, eine Fahne kann das Erkennungszeichen einer Gemeinschaft sein. Die Dichtung lebt von Symbolen. Mit Dingen, Pflanzen, Tieren können symbolhafte Bedeutungen verbunden sein: Das Herz ist das Symbol für Liebe, der zu- und abnehmende Mond steht für ständige Veränderung, die leuchtende Mondscheibe für Trost in der Finsternis. Um die „Judenbuche" der → Droste-Hülshoff kreist der Fluch, der auf einer Untat lastet. Auch manche Figuren aus großen Dichtungen sind zum Symbol geworden: Fällt der Name Odysseus, ersteht das Bild des umherirrenden, dem Götterspruch ausgelieferten Menschen.

sym|bol|haft; Sym|bo|lik die: symbolische Bedeutung; **sym|bo|lisch; sym|bo|li|sie|ren** symbolisch darstellen; eine weiße Taube symbolisiert den Frieden

Sym|bo|lis|mus der ▶ Impressionismus

Sym|met|rie oder **Sym|me|trie** die griech., die Symmetrien: Spiegelgleichheit, Gleichmaß; **Sym|met|rie|ach|se** oder **Sym|me|trie|ach|se** die; **sym|metrisch** oder **sym|me|trisch**: spiegelbildlich, gleich; Ggs. asymmetrisch

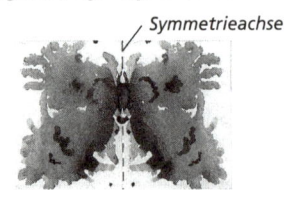

Symmetrieachse

Sym|pa|thie die *griech.*, die Sympathien: Wohlwollen, Zustimmung, Zuneigung; **sym|pa|thisch** eine sympathische Stimme, ich finde sie sehr sympathisch (nett, angenehm); **sym|pa|thi|sie|ren** zustimmen, übereinstimmen

Sym|pho|nie → **Sin|fo|nie** die

Symp|tom *oder* Sym|ptom das *griech.*, die Symptome: Anzeichen, Kennzeichen; die Symptome einer Gelbsucht; **symp|to|ma|tisch** *oder* sym|pto|matisch: bezeichnend, typisch

Sy|na|go|ge *oder* Syn|ago|ge die *griech.*, die Synagogen: Gebetsraum einer jüdischen Gemeinde

Sy|nap|se *oder* Syn|ap|se die *griech.*, die Synapsen: *(biol.)* Verbindung zwischen zwei Nervenzellen oder zwischen Nerven- und Sinneszelle zur Übertragung von Reizen

syn|chron *griech.*: zeitgleich, übereinstimmend, gleichzeitig; sie lernten, synchron zu schwimmen; **syn|chro|ni|sie|ren** einen Film synchronisieren (übersetzen); **Syn|chro|ni|sie|rung** die; **Synchron|schwim|men** das

Syn|di|kat das *franz.*, des Syndikat(e)s, die Syndikate: 1. Unternehmensform mit einer gemeinsamen Verkaufsorganisation 2. Zusammenschluss von Verbrechern in einem Unternehmen

Syn|drom *oder* Synd|rom das *griech.*, des Syndrom(e)s, die Syndrome: *(med.)* Krankheitsbild

Sy|ner|gie *oder* Syn|er|gie die *griech.*: das Zusammenwirken von verschiedenen Kräften zu einer einheitlichen Leistung; **Sy|ner|gie|ef|fekt** *oder* Syn|er|gie|effekt der, die Synergieeffekte; **sy|ner|ge|tisch** *oder* syn|er|ge|tisch

Sy|no|de *oder* Syn|ode die *griech.*, die Synoden: in der kath. Kirche beratende Versammlung von Priestern und Bischöfen, in der evang. Kirche auch zusätzlich mit Laien; **sy|no|disch** *oder* syn|odisch

sy|no|nym *oder* syn|onym *griech.*: sinnverwandt; **Sy|no|nym** *oder* Syn|onym das, die Synonyme / Synonyma: sinnverwandtes Wort

syn|tak|tisch *griech.*: den korrekten Satzbau betreffend; **Syn|tax** die: Lehre vom Satzbau, Satzlehre

Syn|the|se die *griech.*, die Synthesen: 1. Verknüpfung einzelner Teile zu einer Einheit 2. Aufbau einer chemischen Verbindung; **Syn|the|si|zer** [ßünteßaiser] der *engl.*: Gerät zur künstlichen Klangerzeugung, meist als Tasteninstrument; **syn|the|tisch** *griech.*: zusammengesetzt, verknüpft, künstlich hergestellt; synthetische Fasern

Sy|rer der/die; **Sy|re|rin** die, die Syrerinnen; **Sy|ri|en**; **Sy|ri|er** der/die; **Sy|ri|e|rin** die, die Syrierinnen; **sy|risch**

Sys|tem das *griech.*, die Systeme: wissenschaftliches Schema, Ordnungsprinzip, Aufbau, Gefüge; System (Ordnung) in eine Kartei bringen; **sys|te|ma|tisch** systematisch (planmäßig, konsequent) trainieren; **sys|te|ma|ti|sie|ren** aufbauen, ordnen nach System; **Sys|tem|bau|wei|se** die; **sys|tem|los**

Sys|to|le die *griech.*, die Systolen: die rhythmische Zusammenziehung des Herzmuskels; *Ggs.* Diastole (Ausdehnung)

Sze|ne die *griech.*: 1. kürzerer Abschnitt in einem Schauspiel, Text oder Film, der durch Personen oder Ortswechsel oder eine neue Kameraeinstellung begrenzt wird; die erste Szene spielt im Wald, die Szenen mit Gollum im „Herrn der Ringe" 2. Bühne, Bühnenbild; die Darsteller bekamen Applaus auf offener Szene (spontanen Beifall) 3. bemerkenswerter Vorgang; nach dem Erdbeben spielten sich erschütternde Szenen ab, sie machte ihr eine Szene (heftige Vorwürfe) 4. Bereich, zu dem Menschen mit gleichen Interessen gehören; die Musikszene, die Berliner Literaturszene; **Sze|nen|ap|plaus** der; **Sze|nen|wech|sel** der; **Sze|ne|rie** die, die Szenerien: Bühnendekoration, Schauplatz, Umfeld; **sze|nisch** eine szenisch einfallsreiche Vorstellung

T

Ta|bak der franz.; Ta|bak|pflan|ze die; Ta|baks|beu|tel der

ta|bel|la|risch lat.: in Tabellenform; Ta|bel|le die: listen- oder kolonnenförmige Übersicht, Aufstellung

Ta|ber|na|kel der/das lat.: Schrein oder Gehäuse für geweihte Hostien

Tab|lett oder Ta|blett das franz., des Tablett(e)s, die Tabletts / Tablette

Tab|let|te oder Ta|blet|te die franz.: Arzneimittel in Pillenform

ta|bu polynes.: dieses Thema ist tabu (unantastbar); Ta|bu das, die Tabus: gegen ein Tabu verstoßen; ta|bu|i|sie|ren etwas für tabu erklären, zum Tabu machen

Ta|cho der: Kurzwort für Tachometer; Ta|cho|me|ter der/das griech.: Messgerät für Geschwindigkeit

Tack|ling [täkling] das engl., des/die Tacklings: Abwehrmaßnahme beim Fußball, bei der ein Spieler in die Beine des Gegners hineingrätscht, um ihn vom Ball zu trennen

Ta|del der; ta|del|los; ta|deln zurechtweisen

Tad|schi|ke oder Ta|dschi|ke der, die Tadschiken; Tad|schi|kin oder Ta|dschi|kin die, die Tadschikinnen; tad|schi|kisch oder ta|dschi|kisch; Tad|schi|kis|tan oder Ta|dschi|kis|tan

Ta|fel die: eine steinerne Gedenktafel, er bat seine Gäste zur Tafel (zu Tisch); ta|fel|fer|tig; ta|feln gut essen und trinken; tä|feln eine getäfelte (mit Holztafeln verkleidete) Decke; Tä|fe|lung die; Ta|fel|was|ser das

Taft der pers., des Taft(e)s: ein Kleid mit Taft (Kunstseide, Seide) füttern

Tag der, des Tag(e)s: guten Tag!, ein albernes Benehmen an den Tag legen (zeigen), bei Tag(e) besehen (genauer betrachtet), heute ist Tag der offenen Tür (allgemeiner Besichtigungstag, z. B. des Rathauses); tag|aus, tag|ein jeden Tag, immer; Ta|ge|bau der: oberirdischer Bergbau; Ta|ge|buch das; ta|ge|lang; ta|gen sie tagten an einem geheimen Ort; Ta|ges|geld das: Geld, das eine Bank einer anderen Bank für einen Tag als Guthaben zur Verfügung stellt; Ta|ges|zei|tung die; tag|hell; täg|lich; tags da|rauf; tags da|vor; tags|über; tags zu|vor; tag|täg|lich; Ta|gung die

> Tag der ▶ Abend / abends

Tai|fun der chin., die Taifune: tropischer Wirbelsturm

Tail|le [talje] die franz.: Gürtellinie; tail|lie|ren [tajiren]: eine taillierte Jacke

Tai|wan; Tai|wa|ner der/die; Tai|wa|ne|rin die, die Taiwanerinnen; tai|wa|nisch

Ta|ke|la|ge [takelasche] die: die gesamte Segelausstattung eines Schiffes mit Masten, Segeln, Tauen, Rahen

Takt der lat., des Takt(e)s: 1. rhythmische Maßeinheit; den Takt angeben 2. regelmäßiger Bewegungsablauf; im Takt rudern 3. Feingefühl; sie hat es aus Takt verschwiegen; Takt|ge|fühl das; tak|tie|ren klug, geschickt vorgehen, sich verhalten; Tak|tik die, die Taktiken: zweckmäßiges, kluges Vorgehen; Tak|ti|ker der; Tak|ti|ke|rin die; tak|tisch taktische (klug berechnete) Überlegungen; takt|los; takt|voll

Tal das, des Tal(e)s, die Täler; Tal|soh|le die: Talboden; die Wirtschaft ist in einer Talsohle (ungünstigen Lage, auf einem Tiefpunkt); tal|wärts

Ta|lar der lat., die Talare: Amtstracht von Geistlichen und Richtern

Richter
Pastoren
katholisch   evangelisch

Ta|lent das griech., des Talent(e)s, die Talente: er hat Talent (Geschick, Begabung) zum Musiker; ta|len|tiert am talentiertesten; ta|lent|los

Ta|ler der: alte deutsche Münze

Talg der, des Talg(e)s: 1. ausgelassenes Tierfett 2. Hauttalg; tal|gig

Ta|lis|man der *arab.*, die Talismane: kleiner Gegenstand, der Glück bringen soll

Talk der, des Talk(e)s: weiches Mineral, das zu Puder verarbeitet wird; **Talk|puder** der

Talk|show / Talk-Show [tokscho] die *engl.*; der Talkshow, die Talkshows: von einem Moderator oder einer Moderatorin geleitete Fernsehsendung, in der Menschen zu allgemeinen, beruflichen und privaten Dingen befragt werden

Tal|mi das *franz.*: wertloses Zeug, unechter Schmuck

Tal|mud der *hebr.*, des Talmud(e)s, die Talmude: Niederschrift der Vorschriften und Gesetze des Judentums sowie Aufzeichnung von Gleichnissen und Erzählungen aus der nachbiblischen Zeit

Tam|bour [tambur] der *arab.*, die Tamboure: Trommler, meist in einer Militärkapelle; **Tam|bour|ma|jor** der: Leiter des Spielmannszuges; **Tam|bu|rin** das *franz.*, die Tamburine: flache Handtrommel mit Schellen

Tam|pon der *franz.*, des/die Tampons: Mull- oder Wattebausch; **Tam|po|na|de** die; **tam|po|nie|ren**

Tam|tam das *Hindi*, des/die Tamtams: 1. asiatisches Musikinstrument, Gong 2. ugs. *für* großes Getue, Lärm, Unruhe, Aufwand; sie machte großes Tamtam (viel Aufhebens) um ihren neuen Wagen

Tand der *lat.*, des Tand(e)s: Firlefanz, wertloses Kleinzeug; **Tän|de|lei** die: Liebelei; **Tand|ler / Tänd|ler** der *österr.*: Trödler

Tan|dem das *lat.*: Fahrrad für zwei Personen

Tang der *skand.*, des Tang(e)s: Seetang, Algen

Tan|gen|te die *lat.*: 1. Gerade, die eine Kurve in einem Punkt berührt 2. Autostraße, die an einem Ort vorbeiführt; **tan|gen|ti|al**

Tan|go der *span.*, die Tangos: südamerikanischer Gesellschaftstanz

Tank der *engl.*, die Tanks / Tanke: 1. Flüssigkeitsbehälter 2. Panzer; **tan|ken; Tan|ker** der: Schiff, das Flüssigkeiten, z. B. Erdöl, befördert; **Tank|stel|le** die; **Tank|wart** der; **Tank|war|tin** die

Tan|ne die: Nadelbaum; **Tan|nen|grün** das

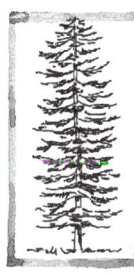

Tan|sa|nia; Tan|sa|ni|er der/die; **Tan|sa|ni|e|rin** die, die Tansanierinnen; **tan|sa|nisch**

Tan|te die *franz.*

Tan|ti|e|me [tãtjeme] die *franz.*, die Tantiemen: 1. anteiliger Jahresgewinn für die Vorstands- oder Aufsichtsratsmitglieder eines Unternehmens 2. an Sänger, Musiker oder Schriftsteller gezahlte Honorare für die Wiedergabe und Verwertung ihres Werkes durch andere Personen

Tanz der, des Tanzes, die Tänze; **tän|zeln** sie tänzelte durch das Zimmer; **tan|zen; Tän|ze|rin** die

Ta|pe|te die *griech.*, **ta|pe|zie|ren**

tap|fer am tapfersten; **Tap|fer|keit** die

tap|pen im Dunkeln / Finstern tappen

Ta|ra die *ital.*: 1. Verpackung 2. Verpackungsgewicht; **ta|rie|ren** *arab.*: das Gewicht feststellen, ausgleichen

Ta|ran|tel die *ital.*: große, giftige Spinne des Mittelmeerraums; wie von einer Tarantel gebissen (wie besessen)

Ta|rif der *arab.*, die Tarife: vertraglich festgesetzter Preis, Lohn, Gebühr für

etwas; **ta|rif|lich**; **Ta|rif|lohn** der: festgesetzter Mindestlohn; **Ta|rif|ver|trag** der: Regelwerk für die Entlohnung von Arbeitnehmern; **ta|rif|ver|trag|lich**

tar|nen eine gut getarnte / gutgetarnte Falle; **Tar|nung** die

Ta|rock das *österr.*: altes Kartenspiel für drei Personen; **ta|ro|cken**

Ta|rot [taro] das/der *franz.*, des/die Tarots: Kartenspiel (ähnlich dem Tarock) mit Symbol-(Wahrsage-)Karten, die gedeutet werden müssen

Tar|tan|bahn die: Sportbahn mit Kunstharzbelag

Ta|sche die: sie musste tief in die Tasche greifen (sehr viel zahlen), er steckt ihn in die Tasche (ist ihm weit überlegen); **Ta|schen|buch** das; **Ta|schen|for|mat** das: kleines, handliches Format; **Ta|schenkrebs** der

Täss|chen das; **Tas|se** die

Tas|ta|tur die *ital.*: Gesamtheit der Tasten, z. B. einer Schreibmaschine; **tast|bar** eine tastbare Geschwulst; **Tas|te** die: kleiner Hebel, Druckknopf; **tas|ten**; **Tast|sinn** der

Tat die: er ist ein Mann der Tat (entschlossen, zupackend), eine Idee in die Tat umsetzen (verwirklichen); **Ta|ten|drang** der; **ta|ten|durs|tig**; **ta|ten|los**; **Tä|ter** der; **Tä|te|rin** die; **tä|tig**; **Tä|tig|keit** die; **tat|kräf|tig**; **tät|lich** tätlichen (handgreiflichen) Widerstand leisten

Ta|tar der, des/die Tataren: Angehöriger eines südrussischen Reitervolkes; **Ta|tar** das, des/die Tatars: nach den Tataren benanntes Rinderhackfleisch

---
Tä|tig|keits|wort das ▶ Verb

Tat|form die ▶ Aktiv
---

tä|to|wie|ren *tahit.*: farbige Bilder oder Muster in die Haut ritzen; **Tä|to|wie-rung** die

Tat|sa|che die: das entspricht den Tatsachen (der Wahrheit); **tat|säch|lich** ist das der tatsächliche (wahre) Grund?, sein tatsächlicher (wirklicher) Name

tät|scheln sie tätschelte meine Hand

Tat|ze die: Tierpfote

Tau das, des Tau(e)s, die Taue: starkes Seil; **Tau|zie|hen** das: das Tauziehen (Hin und Her) hat ein Ende

Tau der, des Tau(e)s: am Morgen glitzerte Tau auf dem Gras; **tau|en** es taut; **taufrisch**

taub bist du taub (hörst du denn nicht)?, seine Füße wurden taub (wie abgestorben); **Taub|heit** die; **taub|stumm**

Tau|be die; **Tau|ben|schlag** der; **Tau|be|rich** / **Täu|be|rich** der (*auch* Tauber / Täuber): männliche Taube

tau|chen; **Tauch|sie|der** der: elektrischer Wassererhitzer

Tau|fe die; **tau|fen**; **Täuf|ling** der; **Tauf|pa|te** der; **Tauf|pa|tin** die

tau|gen das Radio taugt nichts (ist wertlos); **Tau|ge|nichts** der, die Taugenichtse: Nichtsnutz; **taug|lich** geeignet, brauchbar

Tau|mel der: ein Taumel der Begeisterung erfasste uns alle; **tau|meln**

Tausch der, des Tausch(e)s; **tau|schen**

täu|schen mein Gedächtnis täuscht mich nicht; **Täu|schung** die

tau|send (→ acht); vom / per Tausend, *Abk.* v. T.; *Zeichen* ‰; **Tau|send|fü|ßer** / **Tau|send|füß|ler** der: Gliederfüßer

---
tausend: Das Zahladjektiv wird kleingeschrieben: *tausend Seiten; tausend Mal*. Das Zahlsubstantiv wird großgeschrieben: *die Tausend vollmachen; vier von Tausend (4‰)*. Bezeichnet *tausend* Mengen, die nicht in genauen Zahlen ausgedrückt werden können, ist Groß- und Kleinschreibung möglich: *mehrere tausend / Tausend Zuschauer; tausende / Tausende kamen zu spät.*

Ta|ver|ne die *ital.*, die Tavernen: kleiner italienischer Gasthof

Ta|xe die *lat.*: 1. festgesetzte Gebühr, Abgabe, z. B. Kurtaxe 2. geschätzter Wert, Taxpreis; **Ta|xi** das: *Kurzwort für* Taxameter = Fahrpreisanzeiger, Mietauto; **ta|xie|ren** schätzen, bewerten, kritisch betrachten; sie ließ ihren gesamten Schmuck taxieren

Tb / Tbc / Tbk die: *Kurzwort für* → Tuberkulose; **Tb-krank**

Teak|holz [tik-] das *engl.*: Holz des tropischen Teakbaums

Team [tim] das *engl.*, des/die Teams: Sportmannschaft, Arbeitsgruppe; **Team|ar|beit** die: Gemeinschaftsarbeit, gute Zusammenarbeit; **Team|work** das

Tech|nik die *griech.*, die Techniken: 1. Gesamtheit der Mittel zur Nutzbarmachung aller natürlichen Stoffe und Kräfte 2. Regeln und Verfahren einer Tätigkeit, z.B. Zeichentechnik 3. maschinelle und technische Betriebseinrichtung; **Tech|ni|ker** der; **Tech|ni|ke|rin** die; **tech|nisch**; **tech|ni|sie|ren** unsere technisierte Gesellschaft

Tech|tel|mech|tel das, des/die Techtelmechtels: lockere Beziehung, Flirt

TED der: *Kurzwort aus* Teledialog: Computer, der per Telefon abgegebene Stimmen aufzeichnet und hochrechnet

Ted|dy|bär der: Stofftier für Kinder

Te|de|um das *lat.*, des/die Tedeums: Lobpreisung als Gebet oder in musikalischer Form während des kath. Gottesdienstes

Tee der *chin.*, des/die Tees; **Tee|ei** das; **Tee|kan|ne** die

Teen|ager [tinäidscher] der *amerik.*: Jugendlicher zwischen 13 und 19 Jahren; **Tee|nie** der: jüngerer (vor allem weiblicher) Teenager

Teer der, des Teer(e)s; **tee|ren** die Straße wird geteert; **teer|hal|tig**; **tee|rig**

Teich der, des Teich(e)s, die Teiche: ein zugefrorener Teich

Teig der, des Teig(e)s, die Teige; **tei|gig**; **Teig|wa|ren** die

Teil der/das, des Teil(e)s, die Teile: zum gemütlichen Teil des Abends kommen, ich für meinen Teil (was mich betrifft), dazu gehört ein gut Teil (gar nicht so wenig) Glück; **tei|len** er teilt nicht gern, sie teilten sich eine Wohnung, wir waren geteilter Meinung; **teil|ha|ben** (→ haben): hast du daran teilgehabt (warst du beteiligt)?; **Teil|ha|ber** der: Geschäftspartner; **teil|haf|tig**; **Teil|kos|ten|rech|nung** die; **Teil|nah|me** die: eine regelmäßige Teilnahme am Kurs; **teil|nahms|los** er saß teilnahmslos (gleichgültig) in der Ecke; **teil|neh|men** (→ nehmen); **teils** teils Sonne, teils Regen (sowohl Sonne als auch Regen); **Tei|lung** die; **teil|wei|se**; **Teil|wert** der: steuerlicher Wertbegriff; **Teil|zah|lung** die: Zahlung in Raten

Teint [tä] der *franz.*, des/die Teints: Gesichts- / Hautfarbe; ein rosiger Teint

Te|le|fax das (*Kunstwort aus* **Tele**fon und **Faks**imile): Fernkopierer, Fernkopie; **te|le|fa|xen** fernkopieren, ein Fax senden

Te|le|fon das *griech.*, die Telefone: Fernsprechapparat; **Te|le|fo|nat** das, des Telefonat(e)s, die Telefonate: Telefongespräch; **te|le|fo|nie|ren**; **te|le|fo|nisch**

te|le|gen *griech.*: sie ist sehr telegen (kommt im Fernsehen sehr gut zur Geltung)

Te|le|graf / Te|le|graph der, des/die Telegrafen: mechanisches Übermittlungsgerät für das Alphabet mit Hilfe von elektrischen Signalen; **te|le|gra|fie|ren**; **te|le|gra|fisch**; **Te|le|gramm** das: per Telegraf übermittelte Nachricht

Te|le|kom|mu|ni|ka|ti|on die: Verständigung und Informationsaustausch mit elektronischen Mitteln wie Telefon, Fax oder Computer

Te|le|ob|jek|tiv das: (Foto-)Objektiv für die Aufnahme weit entfernt liegender Objekte

Te|le|pa|thie die *griech.-lat.*: die Fähigkeit, die Gedanken einer entfernten Person zu lesen oder deren Gefühle wahrzunehmen; **te|le|pa|thisch** sie hatte telepathische Fähigkeiten

Te|le|skop *oder* Te|les|kop das *griech.*, die Teleskope: Fernrohr mit ineinanderzuschiebenden Teilen; in der Astronomie werden Spiegelteleskope verwendet

Spiegelteleskop

Te|le|vi|si|on [*auch* televischn] die *engl.*: das Fernsehen; *Abk.* TV [tefau / tiwi]

Te|lex das *schweiz.*, die Telexe (*Kurzwort aus* **tel**eprinter **ex**change): 1. der Fernschreiber 2. das Fernschreiben
Tel|ler der *ital.*
Tel|lur das *lat.*: Halbmetall, chemischer Grundstoff; *Zeichen* Te
Tem|pel der *lat.*: Kultstätte, Heiligtum
Tem|pe|ra|far|be die *lat.*: matte, wasserunlösliche Malfarbe
Tem|pe|ra|ment das *lat.*: des Temperament(e)s, die Temperamente: Wesensart, Schwung, Lebhaftigkeit; **tem|pe|ra|ment|voll**
Tem|pe|ra|tur die *lat.*: Wärmegrad, Wärmezustand; das Kind hat Temperatur (leichtes Fieber); **Tem|pe|ra|tur|ska|la** die: **tem|pe|rie|ren** ein Zimmer richtig temperieren (erwärmen)
Tem|po das *ital.*, die Tempos / Tempi: Geschwindigkeit, Schnelligkeit, musikalisches Zeitmaß; **tem|po|rär** zeitweilig, vorübergehend

---

Tem|pus das *lat.*, die Tempora: die Zeit. Die deutsche Sprache kennt sechs Zeitformen, deren Bedeutung und Aufgaben wir uns jetzt anschauen wollen:
Im *Präsens* (Gegenwart) wird etwas erzählt, das zur Zeit des Sprechens stattfindet: „Du liest (jetzt) etwas über die Tempora." Aber auch das, was immer gilt, steht im Präsens: „Wer zuletzt lacht, lacht am besten."
Das *Präteritum* (1. Vergangenheit) wird manchmal auch als Imperfekt bezeichnet. Es ist das Tempus, das für Erzählungen verwendet wird. Mit dem Präteritum berichtet man von vergangenen Ereignissen, es sagt, was früher war und jetzt vorbei ist: „Früher wusstest du über Grammatik nicht so gut Bescheid." Bei einer sehr eindringlichen Schilderung kann diese Zeitform durch das Präsens ersetzt werden: „Ich gehe gestern die Straße entlang, da kommt doch einer und fragt mich, wo es nach Amerika geht."
Diese Eindringlichkeit ist wohl auch der Grund, warum viele Witze im Präsens stehen: „Eine Maus und ein Elefant kommen zur Polizei und ..."
Beim *Perfekt* (2. Vergangenheit) müssen wir uns erst die Form etwas näher ansehen: Es setzt sich zusammen aus einer Präsensform von „haben" oder „sein" und dem → Partizip II – „sein" steht vor allem bei Verben der Bewegung und wenn sich etwas ändert: du bist gekommen, die Blume ist aufgeblüht, sie sind eingeschlafen. Wie die Präsensformen von „sein" und „haben" schon andeuten, hat das Perfekt eine Beziehung zur Gegenwart: Eine Handlung fing früher an, wurde vielleicht auch beendet, ihre Wirkung zeigt sie aber noch in der Gegenwart. „Ich habe (vorhin) deinen Bruder gesehen" bedeutet: Es ist noch nicht lange her, ich weiß es genau. Aber: „Gestern sah ich deinen Bruder, als er aus der Schule kam." Das Sehen ist hier in einen Zusammenhang eingebettet, der ganz in der Vergangenheit liegt, deshalb steht das Präteritum. Diese schönen Regeln gelten allerdings nicht mehr so ganz: Das Perfekt setzt sich immer mehr durch und hat in Süddeutschland das Präteritum schon fast ganz verdrängt, zumindest in der gesprochenen Sprache. Eine Ausnahme ist hier die Form „ich war".
Das *Plusquamperfekt* (Vorvergangenheit) berichtet über etwas Vergangenes, das vor einer anderen, auch vergangenen Handlung liegt (statt „Handlung" könnte man natürlich auch „Ereignis" oder „Zustand" sagen). „Da ich gut gegessen hatte, war ich zufrieden": Zuerst kam das Essen, dann die Zufriedenheit, aber beides ist Vergangenheit. Durch das Plusquamperfekt wird immer eine Handlung mit einer anderen in Verbindung gebracht, deshalb steht es meist in einem → Satzgefüge. Wie wird das Plusquamperfekt gebildet? Eigentlich wie das Perfekt, nur heißt es jetzt „ich hatte" und „ich war" (zusammen mit dem Partizip II).
Für die Zukunft gibt es zwei Formen. Die Bildung des *Futurs I* ist leicht; „werden" (in den Präsensformen) und der

Territorium

Infinitiv: „Der Nikolaus wird bald kommen." Aber: Für die Zukunft verwendet man im Deutschen das Futur nur ganz selten. In dem Satz „Nächstes Jahr fahre ich nach Amerika" ist ja klar, dass die Reise in der Zukunft liegt. Das heißt: Wenn eine Zeitangabe oder die Umstände deutlich machen, dass alles erst geschehen wird, verwenden wir im Deutschen das Präsens statt des Futurs. So sagt man auch: „Heute Abend bekommen wir Besuch", obwohl der Besuch in der Zukunft liegt, also erst stattfinden wird. Sehr wichtig ist das Futur aber als Form der Vermutung, und zwar in der Gegenwart, da man ja nie genau wissen kann, was die Zukunft bringen wird: Du beobachtest jemanden bei einer seltsamen Tätigkeit, du fragst und bekommst von einem Dritten die Antwort: „Der wird schon wissen, was er tut." Damit drückt der Antwortende aus, wie er die Sache einschätzt. Die Vermutung ist auch die Hauptbedeutung des *Futurs II*, allerdings für die Vergangenheit: „Warum willst du das Buch nicht? Du wirst es doch nicht schon gelesen haben?" Der Sprecher vermutet hier, dass in der Vergangenheit das Lesen schon stattgefunden hat. Wenn du genau hinsiehst: Das Futur II ist eigentlich das in die Zukunft gesetzte Perfekt: „ich habe – ich werde haben", „ich habe gelesen – ich werde gelesen haben". An sich dient das Futur II dazu, zwei Ereignisse in der Zukunft in eine bestimmte zeitliche Reihenfolge zu bringen: „Wenn ich gegessen haben werde, werde ich zufrieden sein." Auch hier wieder: zuerst das Essen, dann die Zufriedenheit. Nur: So sagt niemand, sondern: „Wenn ich gegessen habe, bin ich zufrieden." Dabei verdeutlicht das „wenn", dass es noch nicht so weit ist.

Ten|denz die *lat.*: 1. Entwicklungslinie, Strömung; eine neue Tendenz in der Malerei 2. Grundstimmung, Neigung, Hang; seine Tendenz, alles schlechtzureden; **ten|die|ren** ich tendiere (neige) mehr zur praktischen Arbeit

Ten|der der *engl.*: 1. Kohlenwagen 2. Begleit- / Versorgungsschiff
Ten|ne die: gepflasterter Dreschplatz
Ten|nis das *engl.*
Te|nor der *ital.*, die Tenöre: hohe Männersingstimme
Te|nor der *lat.*: Haltung, Einstellung, Sinn, Wortlaut; der Tenor eines Briefes
Ten|sid das *lat.*, des Tensid(e)s, die Tenside: chemische Grundsubstanz in Wasch- und Reinigungsmitteln
Tep|pich der *griech.*
Ter|min der *lat.*, die Termine: einen Termin vereinbaren, der letzte Termin ist der 15. November; **Ter|min|ge|schäft** das: Geschäft, das an einem Tag zu bestimmten Bedingungen abgeschlossen wird, bei dem die Lieferung und Bezahlung aber erst zu einem späteren Termin erfolgt; **ter|mi|nie|ren** 1. befristen 2. zeitlich festsetzen; **Ter|min|ka|len|der** der
Ter|mi|nal [törminel] das/der *engl.*, des/die Terminals: 1. Warte- und Abfertigungshalle für Flugreisende 2. Be- und Entladestation für Containerzüge in einem Bahnhof oder für Containerschiffe in einem Hafen
Ter|mi|nus der *lat.*, die Termini: Fachausdruck, Fachwort, feste Bezeichnung; **Ter|mi|nus tech|ni|cus** Fachausdruck
Ter|mi|te die *lat.*, die Termiten: tropische weiße Ameise; **Ter|mi|ten|hü|gel** der
Ter|pen|tin das *griech.*: Harz verschiedener Nadelbäume; **Ter|pen|tin|öl**: Lösungsmittel für Lacke
Ter|rain [terã] das *franz.*, des/die Terrains: Gelände, Grundstück; das Terrain sondieren (Nachforschungen anstellen)
Ter|ra|ri|um das *lat.*, die Terrarien: Glasbehälter für die Haltung und Beobachtung von Kriechtieren und Lurchen
Ter|ras|se die *franz.*: am Haus angebaute, ebenerdige oder erhöhte Fläche, ebene Fläche eines Hanges; **ter|ras|sen|för|mig**
Ter|ri|er der *engl.*: Hunderasse
Ter|ri|ne die *franz.*: große Schüssel mit Deckel
ter|ri|to|ri|al *lat.*: ein Land oder Gebiet betreffend; **Ter|ri|to|ri|um** das, die Territorien: Land, Gebiet, staatliches Hoheitsgebiet

Terror

Ter|ror der *lat.*: Druck, brutales Vorgehen, Zwang, Schreckensherrschaft; **ter|ro|ri|sie|ren; Ter|ro|ris|mus** der; **Ter|ro|rist** der; **Ter|ro|ris|tin** die

Ter|ti|är das *lat.*: vor ca. 2,5 Millionen Jahren endender Abschnitt der Erdgeschichte (Braunkohlenzeit)

Terz die *lat.*, der Terz, die Terzen: 1. der dritte Ton auf der Tonleiter 2. kath. Stundengebet um 9 Uhr 3. beim Fechten eine bestimmte Art, die Klinge zu führen; **Ter|zett** das

Test der *engl.* des/die Tests / Teste: Versuch, Eignungsprüfung, Probe, Untersuchung; **tes|ten**

Tes|ta|ment das *lat.*, des Testament(e)s: 1. der letzte Wille, letzte schriftliche Verfügung, Vermächtnis 2. das Alte und das Neue Testament der Bibel, *Abk.* A. T. und N. T.; **tes|ta|men|ta|risch**

Tes|tos|te|ron das *lat.*: (med.) Keimdrüsenhormon beim Mann

Te|ta|nus der *griech.*: Starrkrampf nach einer Wundinfektion

Tete-a-tete / Tête-à-tête [tätatät] das, die Tete-a-tetes: *ugs.* vertrauliche Zusammenkunft, zärtliches Miteinander

teu|er das wird dich teuer zu stehen kommen (üble Folgen haben); **Teu|e|rung** die

Teu|fel der, die Teufel: er lief auf Teufel komm raus (so schnell wie möglich), du bringst mich in Teufels Küche (in eine unangenehme Lage); **teuf|lisch**

Text der *lat.*, des Text(e)s, die Texte: einen Text korrigieren, den genauen Text (Wortlaut) übersetzen, sie war aus dem Text gebracht (hatte den Faden verloren); **tex|ten** Werbe- oder Liedtexte verfassen

Tex|ti|li|en die: Sammelbezeichnung für Gewebe, Stoffe, Kleidung, Wäsche; **Tex|til|in|dus|trie** die: Industriezweig, der Textilien herstellt oder bearbeitet

T-förmig ein T-förmiger Eisenträger

TH die: *Kurzwort für* Technische Hochschule

Thai das: Sprache in Thailand; **Thai** der/die; **Thai|land; Thai|län|der** der/die; **Thai|län|de|rin** die, die Thailänderinnen; **thai|län|disch**

The|a|ter das *griech.*; **the|a|tra|lisch** gespreizt, übertrieben

The|ke die *griech.*: Schank- oder Ladentisch

The|ma das *griech.*, die Themen / Themata: ein heikles Thema, Thema Nummer eins (wichtigstes Thema), im Aufsatz das Thema verfehlen; **the|ma|tisch; the|ma|ti|sie|ren** zum Thema machen; **The|men|stel|lung** die: Art, in der ein Thema gestellt ist; die Themenstellung ist irreführend

The|o|lo|ge der *griech.*: Religionswissenschaftler, Pfarrer; **The|o|lo|gie** die: Glaubenslehre, Religionswissenschaft; **The|o|lo|gin** die; **the|o|lo|gisch**

The|o|re|ti|ker der *griech.*: jemand (meist Wissenschaftler), der eine Sache oder ein Fachgebiet nur gedanklich, begrifflich betrachtet oder untersucht und die Praktizierung nicht berücksichtigt; **The|o|re|ti|ke|rin** die; **the|o|re|tisch; The|o|rie** die, die Theorien: Lehre, Lehrmeinung, Darstellung gesicherter wissenschaftlicher Aussagen, Erkenntnisse

The|ra|pie die *griech.*, die Therapien: Behandlung von Krankheiten

Ther|mal|bad das *griech.*: Warmwasserheilbad; **Ther|me** die, die Thermen: Thermalquelle, altrömische Badeanlage; **Ther|mik** die: aufsteigende Warmluft, die z. B. von Segelfliegern genutzt wird; **Ther|mo|me|ter** das: Temperaturmessgerät; **Ther|mos|fla|sche** die: Gefäß, mit dem man Getränke warm oder kühl hält; **Ther|mos|tat** der, die Thermostate(n): Temperaturregler

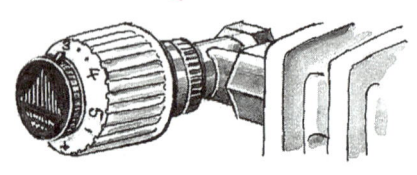

The|se die *griech.*: Behauptung, Lehrsatz

Thoma Ludwig ▶ S. 403

Thril|ler [θriller] der *amerik.*, des Thrillers, die Thriller: Film oder Kriminalroman mit effektvoller Spannung und Nervenkitzel

Throm|bo|se die *griech.*: Venenverschluss durch Blutgerinnsel

Ludwig Thoma

Ludwig Thoma

geb. am 21. 1. 1867
  in Oberammergau
gest. am 26. 8. 1921
  in Rottach-Egern

Die Lokalbahn (Komödie, 1902)
Lausbubengeschichten
  (Erzählungen, 1905)
Erster Klasse (Komödie, 1910)
Jozef Filsers Briefwexel
  (Satire, 1909/1912)
Heilige Nacht (Legende, 1916)
Altaich (Erzählung, 1918)
Der Ruepp (Roman,
  erschienen 1922)

Nur selten erfreut sich ein Buch so uneingeschränkter Zustimmung bei Jung und Alt wie die *Lausbubengeschichten* von Ludwig Thoma. Ein paar Körnchen Wahrheit und viel lustige Fantasie vereinen sich hier zu dem Bild einer heiteren Jugend, die in Wirklichkeit gar nicht so unbeschwert war. Denn bei der Familie Thoma gab es manche Sorgen.

Der Vater, ein Förster, war schon früh gestorben und die Mutter musste sich mit sieben Kindern recht mühsam durchs Leben schlagen. Ludwig wurde während seiner Schulzeit von einem Verwandten zum anderen herumgeschoben. Ein Musterschüler war er gewiss nicht und das Abitur schaffte er gerade noch. In München und Erlangen studierte er Jura und ließ sich danach als junger Rechtsanwalt zuerst in Dachau und schließlich in München nieder. Um diese Zeit begann er zu schreiben. Einige Skizzen aus dem Volksleben brachten ihm schon einen Achtungserfolg. So richtig bekannt wurde er aber erst durch seine Mitarbeit an der satirischen Zeitschrift „Simplicissimus". Seine Gedichte und Geschichten, in denen er schonungslos gegen spießbürgerliche Scheinmoral und Engherzigkeit Stellung bezieht, fanden rasch über Bayern hinaus in ganz Deutschland Aufmerksamkeit und Anerkennung. Auch seine Komödie *Die Lokalbahn* wurde 1902 begeistert aufgenommen.

In den Jahren bis 1912 erschienen seine erfolgreichsten Werke nach den *Lausbubengeschichten:* die *Filserbriefe,* die Komödie *Moral* und der Bauernroman *Andreas Vöst.* Er ließ sich nun als freier Schriftsteller in Rottach am Tegernsee nieder. Im Ersten Weltkrieg wurde er als Sanitäter eingezogen, doch erkrankte er schwer und kehrte in die geliebte oberbayerische Heimat zurück. Hier blieben ihm nur noch einige wenige Jahre, die er zu eifriger schriftstellerischer Arbeit nutzte. Es entstanden noch so reizvolle Erzählungen wie *Altaich* oder *Der Jagerloisl* und der große Bauernroman *Der Ruepp.* Mit 54 Jahren erlag Ludwig Thoma schließlich einem Krebsleiden.

Throm|bo|zyt der *griech.*, der/die Thrombozyten: *(Med.)* Blutplättchen
Thron der *griech.*, des Thron(e)s, die Throne: sein Thron wackelt (seine Vorrangstellung ist gefährdet); **thro|nen**
Thun|fisch / Tun|fisch der: Speisefisch; **Thun|fisch|sa|lat / Tun|fisch|sa|lat** der

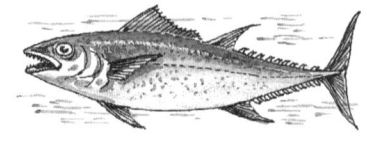

Thü|rin|gen; Thü|rin|ger der, die Thüringer; **Thü|rin|ge|rin** die, die Thüringerinnen; **thü|rin|gisch**
THW das: *Abk. für* Technisches Hilfswerk
Thy|mi|an der *griech.*: Gewürz- und Heilpflanze
Thy|mus der *griech.*, die Thymi: *(med.)* innere Drüse hinter dem Brustbein, die bei Menschen und Wirbeltieren nur während der Zeit des Wachsens tätig ist und sich nach der Geschlechtsreife zurückbildet; **Thy|mus|drü|se** die
Thy|ro|xin das *griech.*: *(med.)* wichtigstes Schilddrüsenhormon
Ti|a|ra die *pers.*, die Tiaren: 1. altpersische Kopfbedeckung aus Filz 2. hohe päpstliche Kopfbedeckung mit drei Kronen
Tick der, des Tick(e)s, die Ticks: er hat einen kleinen Tick (lächerliche, befremdliche Angewohnheit, Eigenart); **ti|cken**
Ti|cket das *engl.*, die Tickets: Fahrschein, Eintrittskarte
Ti|de die: Gezeiten, Ebbe oder Flut
tief sie schlief tief, eine Treppe tiefer, sich tief in den Finger schneiden, es ging nicht sonderlich tief bei ihm (beeindruckte ihn wenig); **Tief** das: Tiefdruckzone; **Tie|fe** die; **tief ge|hend / tief|ge|hend** tiefer gehend / tiefgehender, am tiefsten gehend / am tiefgehendsten; **tief|küh|len** tiefgekühltes Gemüse; **Tief|kühl|kost** die; **Tief|kühl|tru|he** die
Tie|gel der *griech.*: feuerfestes Gefäß zum Schmelzen oder Erhitzen
Tier das, des Tier(e)s; **tie|risch** tierische Fette, *ugs.* tierisch (sehr) gut; **tier|lieb**
Ti|ger der: asiatische Raubkatze mit gestreiftem Fell

til|gen jemanden aus seinem Gedächtnis tilgen (auslöschen), ein Darlehen tilgen (durch Zurückzahlung ausgleichen); **Tilgung** die
ti|men [taimen] *engl.*: 1. im Sport mit Hilfe einer Stoppuhr die Zeit messen 2. etwas zeitlich aufeinander abstimmen oder steuern, eine geeignete Zeit für etwas festlegen; ihr Auftritt war schlecht getimt; **Ti|ming** [taiming] das
tin|geln als Künstler von Ort zu Ort ziehen und in zweitklassigen Veranstaltungen auftreten; **Tin|gel|tan|gel** der/das: zweitklassiges Lokal
Tink|tur die *lat.*, die Tinkturen: flüssiger Auszug aus pflanzlichen oder tierischen Stoffen
Tin|te die; **tin|tig** sie hatte tintige Finger
Tipp der *engl.*, des/die Tipps: ein brauchbarer Tipp (Hinweis, Rat); **tip|pen** auf der Schreibmaschine tippen, im Lotto tippen (wetten); **Tipp|feh|ler** der
tipp|topp *engl.*: ihre Wohnung ist tipptopp (tadellos, sauber)
Ti|ra|de die *franz.*, die Tiraden: 1. Wortschwall; er erging sich in gehässigen Tiraden auf seinen Chef 2. *(Musik)* schneller Lauf zwischen zwei Tönen
ti|ri|lie|ren zwitschern, hoch singen, z. B. wie eine Lerche
Tisch der, des Tisch(e)s, die Tische: etwas unter den Tisch fallen lassen (nicht berücksichtigen), auf den Tisch hauen (energisch werden); **Tisch|ler** der: Möbelbauer, Schreiner; **Tisch|le|rin** die
Ti|tan das: Leichtmetall, chemischer Grundstoff; *Zeichen* Ti
Ti|tel der *lat.*: einen Titel (z. B. Professor) tragen, der Titel (Name) des Buches; **Ti|tel|ge|schich|te** die
Toast [toßt] der *engl.*, die Toaste / Toasts: 1. geröstete Weißbrotscheibe 2. Trinkspruch; sie brachten einen Toast auf ihn aus; **toas|ten; Toas|ter** der
to|ben die Kinder tobten durch das Haus, sie tobte vor Wut; **Tob|sucht** die; **tob|süch|tig; Tob|suchts|an|fall** der
Toch|ter die, die Töchter
Tod der, des Tod(e)s: sie ist auf den Tod (lebensgefährlich) krank, sie starb tausend Tode (war überängstlich, voller Zweifel), er fürchtete weder Tod noch

tot geboren / totgeboren

Teufel (gar nichts); **tod|ernst; To|des|an|zei|ge** die; **to|des|mu|tig; tod|krank; töd|lich** er war in tödlicher Gefahr (→ tot)

To|go; To|go|er der/die; **To|go|e|rin** die, die Togoerinnen; **to|go|isch; To|go|le|se** der, die Togolesen; **To|go|le|sin** die, die Togolesinnen; **to|go|le|sisch**

To|hu|wa|bo|hu das *hebr.*, des/die Tohuwabohus: Chaos, wildes Durcheinander, größte Unordnung

Toi|let|te die *franz.*: 1. festliche Kleidung 2. Frisiertisch 3. Klosett

to|le|rant *lat.*, am tolerantesten: duldsam, großzügig, nachsichtig; **To|le|ranz** die; **to|le|rie|ren** ich kann das nicht tolerieren (dulden, gelten lassen, zulassen)

toll ein tolles Auto, er lachte wie toll (verrückt); **toll|dreist; toll|en** die Jungen tollten (tobten) über die Bänke; **toll|kühn** waghalsig; **Toll|wut** die: gefährliche Viruskrankheit bei Tieren, die auch auf Menschen übertragen werden kann, z. B. durch einen Biss

Tol|le die: Haartolle

Toll|patsch der *ungar.*, des Tollpatsch(e)s: unbeholfener Mensch; **toll|pat|schig** ungeschickt

Töl|pel der: 1. Schwimmvogel 2. dummer, ungeschickter Mensch; **töl|pel|haft**

To|ma|te die *mexik.*: Gemüsepflanze und deren Frucht

Tom|bo|la die *ital.*, die Tombolas / Tombolen: Verlosung

Ton der, des Ton(e)s: Tonerde; **tö|nern** aus Ton; ein tönerner Krug

Ton der, des Ton(e)s, die Töne: 1. hörbare Luftschwingung, Klang, Betonung, Tonfall; wohlklingende Töne, er sprach in ruhigem Ton 2. Farbton; sie ist Ton in Ton gekleidet, die Tapete hatte einen warmen Rotton; **ton|an|ge|bend** bestimmend; **Ton|art** die; **tö|nen** ein Pfiff tönte herüber, sie hatte getöntes (leicht gefärbtes) Haar; **Ton|fall** der; **Tö|nung** die: Farbschattierung

Ton|ga; Ton|ga|er der/die; **Ton|ga|e|rin** die, die Tongaerinnen; **ton|ga|isch**

To|ni|ka die *griech.*: Grundton einer Tonleiter, Dreiklang auf diesem Ton

To|ni|kum das *griech.*, des Tonikums, die Tonika: stärkendes Mittel, z. B. ein Haartonikum

Ton|na|ge [ton*a*sche] die *franz.*: Rauminhalt eines Schiffes (in Registertonnen gemessen); **Ton|ne** die: 1. Metallbehälter 2. Maßeinheit von tausend Kilogramm; *Zeichen* t

To|pas der *griech.*, des Topases, die Topase: durchsichtiger Schmuckstein in vielen hellen Farben

Topf der, des Topf(e)s, die Töpfe; **Töp|fer** der; **Töp|fe|rei** die; **töp|fern; Töp|fer|schei|be** die

top|fit *engl.*: in Höchstform

To|po|graf / To|po|graph der/die Topografen / Topographen: Fachmann auf dem Gebiet der Landvermessung; **To|po|gra|fie / To|po|gra|phie** die, die Topografien / Topographien: Beschreibung und Darstellung der geografischen Gegebenheiten eines Landes

Tor das, des Tor(e)s, die Tore: vor den Toren der Stadt (außerhalb), das Tor verfehlen (im Sport)

Tor der, des/die Toren: Dummkopf, Narr; **Tor|heit** die: Dummheit; **tö|richt** unvernünftig, dumm

To|re|ro der *span.*: Stierkämpfer

Torf der, des Torf(e)s: Brennstoff aus pflanzlichen Substanzen

tor|keln taumeln

Tor|na|do der *engl.*, des/die Tornados: heftiger Wirbelsturm, der vor allem in Nordamerika auftritt; **Tor|na|do|war|nung** die

Tor|nis|ter der *slaw.*: auf dem Rücken getragener Ranzen

tor|pe|die|ren mit Torpedos beschießen, versenken, z. B. ein Schiff, sie torpediert (verhindert, bekämpft) mein Vorhaben

Tor|te die *ital.*; **Tor|ten|stück** das

Tor|tur die *lat.*, die Torturen: Qual, Strapaze, Folter

to|sen tosender Lärm, eine tosende Brandung

tot er war mehr tot als lebendig (völlig erschöpft), den Vermissten für tot erklären lassen; **To|te** der/die; **tö|ten; to|ten|blass; to|ten|still; To|ten|tanz** der; **tot fah|ren / tot|fah|ren** (→ fahren): der Hund wurde tot gefahren / totgefahren; **tot ge|bo|ren / tot|ge|bo|ren** ein tot geborenes / totgeborenes

Totschlag

Kätzchen; **Tot|schlag** der; **tot schla|gen / tot|schla|gen** (→ schlagen); **Tö|tung** die

> **Tot-/tot- / Tod-/tod-:** Mit *t* werden die Wörter geschrieben, die vom Adjektiv *tot* abgeleitet werden: *Totschlag, Totgeglaubter, sich totlachen, tot schlagen / totschlagen.*
> Wörter, die vom Substantiv *Tod* abgeleitet werden, werden mit *d* geschrieben: *Todfeind, Todsünde, todgeweiht, todmüde.*

to|tal *franz.*: vollständig, ganz und gar; eine totale Sonnenfinsternis; **to|ta|li|tär** ein totalitäres (diktatorisches, undemokratisches) Regime; **To|ta|li|tät** die: 1. Ganzheit, Gesamtheit 2. totale Machtausübung

To|tem das *indian.*, des/die Totems: von einem Indianerstamm verehrte symbolische Darstellung eines Tieres oder einer Pflanze, auch Stammeszeichen; **To|tem|pfahl** der

To|to das/der: *Kurzwort für Totalisator* (Wetteinrichtung); Fußballtoto; **To|to|schein** der

Touch [tatsch] der *engl.*, des/die Touches: einen Touch (Hauch) Gelb in die weiße Wandfarbe geben, er gab sich den Touch (Anstrich) eines Spitzensportlers, sie spürte einen Touch (Anflug) von Trauer, **Touch|screen** [tatschskrin] die: Bildschirm zum Antippen

Tou|pet [tupe] das *franz.*, die Toupets: künstliches Haarteil; **tou|pie|ren** die Haare toupieren (aufbauschen)

Tour [tur] die *franz.*, die Touren: auf Tour (unterwegs, auf Reisen) sein; **Tou|rist** der: Urlaubsreisender; **Tou|ris|tik** die: Reise- und Fremdenverkehr; **Tou|ris|tin** die; **Tour|nee** die: die Sängerin geht auf Tournee (Gastspielreise)

To|wer [tauer] der *engl.*, des/die Towers: 1. im Mittelalter Wohnsitz der engl. Könige, aber auch Staatsgefängnis im Zentrum von London 2. Kontrollturm mit Radaranlage auf einem Flughafen

To|xin das *griech.*, des Toxins, die Toxine: bakterieller, organischer Giftstoff; **to|xisch** giftig, durch Gift verursacht

Trab der, des Trab(e)s: Pferdegangart; jemanden auf Trab bringen (antreiben); **tra|ben**; **Trab|ren|nen** das

Tra|bant der, die Trabanten: Satellit; **Tra|ban|ten|stadt** die: riesige Wohnsiedlung außerhalb der Stadt

Tracht die: typische Kleidung einer Berufs- oder Volksgruppe; **Trach|ten|verein** der; **träch|tig** die Katze ist trächtig (trägt Junge im Bauch), ein kostenträchtiger (sehr hohe Kosten verursachender) Bauplan; **Träch|tig|keit** die

trach|ten nach Ruhm und Erfolg trachten (zu erlangen suchen), jemandem nach dem Leben trachten (ihn töten wollen)

Tra|di|ti|on die *lat.*: Brauch, Gewohnheit, Herkommen, Überlieferung; die jährliche Vereinsfeier war schon Tradition (Gewohnheit, Brauch), er brach ganz bewusst mit der Tradition; **tra|di|ti|o|nell**

Tra|fo der: *Kurzwort für* → **Trans**for*mator*

Trag|bah|re die; **trag|bar** eine tragbare Mode; **tra|gen** du trägst, sie trug, getragen, er trüge: die Musik war getragen (ernst, feierlich); **Trä|ger** der; **Trä|ge|rin** die; **trag|fä|hig**; **Trag|last** die; **Trag|wei|te** die: etwas in seiner ganzen Tragweite (Bedeutung) erkennen

träg / trä|ge am träg(e)sten: schwerfällig, lustlos; **Träg|heit** die; **Träg|heits|ge|setz** das: physikalisches Gesetz, nach dem jeder Körper in einem Ruhezustand oder einem Zustand gleichförmiger Bewegung verharrt, solange er nicht durch äußere Einwirkung gezwungen wird, diesen Zustand aufzugeben

Tra|gik die *griech.*: trauriges, schicksalhaftes Geschehen, erschütterndes Leid; **tragisch** du nimmst das zu tragisch (zu ernst); **Tra|gö|de** der; **Tra|gö|die** die, die Tragödien: Trauerspiel, Drama mit tragischem Ausgang, tragischer Vorfall, schreckliches, leidvolles Geschehen; **Tra|gö|din** die

Trai|ner [träner] der *engl.*: jemand, der Sportler oder Pferde trainiert; **trai|nie|ren** auf einen Wettkampf vorbereiten; sein Gedächtnis trainieren (vervollkommnen); **Trai|ne|rin** die; **Trai|ning** das

Trakt der *lat.*, des Trakt(e)s, die Trakte: Gebäudeteil

trak|tie|ren sie traktierte (quälte) mich mit Fragen, jemanden mit Fäusten traktieren (boxen, verprügeln)

Trak|tor der *lat.*, die Traktoren: Zugmaschine, Schleppfahrzeug

träl|lern ein Lied trällern

Tram die: *Kurzwort für* Trambahn; **Trambahn** die: Straßenbahn

Tramp [trämp] der *engl.*, des/die Tramps: Gelegenheitsarbeiter, der durch die Lande zieht, Landstreicher; **tram|pen** [trämpn]: per Autostopp / per Anhalter reisen; nach dem Abitur plante er quer durch Europa zu trampen

Tram|pel das/der: ungeschickter, unbeholfener Mensch; **tram|peln** heftig mit den Füßen stampfen; **Tram|pel|tier** das: zweihöckriges Kamel

Tram|po|lin das *ital.*: federndes Sprungbrett für Sport und Artistik

Tran der, des Tran(e)s: 1. aus Wal- oder Robbenspeck gewonnenes Öl 2. im Tran (benommen, geistesabwesend); **tra|nig**

Tran|ce [trãs] die *franz.*, die Trancen: Bewusstseinszustand, der einem Dämmerschlaf gleicht, Hypnosezustand; das ständige Schlagen der Trommeln versetzte die Tanzenden in Trance

tran|chie|ren → **tran|schie|ren**

Trä|ne die; **trä|nen** seine Augen tränten vom Rauch

Trank der, des Trank(e)s; **Trän|ke** die, die Tränken: z. B. Vogeltränke; **trän|ken** ein Stück Stoff mit Öl tränken

Trans|ak|ti|on die *lat.*, die Transaktionen: (meist finanzielle) Geschäfte in großem Stil

tran|schie|ren / tran|chie|ren [träschiren] *franz.*: Geflügel transchieren (kunstgerecht zerlegen, zerteilen)

Trans|fer der *engl.*, des/die Transfers: 1. Zahlungsverkehr zwischen zwei Ländern mit verschiedenen Währungen 2. Weitertransport während einer Urlaubsreise, z. B. Bustransfer vom Flughafen zum gebuchten Hotel 3. Vereinswechsel eines Profifußballers mit Zahlung einer Ablösesumme

Trans|for|ma|tor der *lat.*: Gerät zur Erhöhung oder Minderung der Stromspannung; *Kurzwort* Trafo

Trans|fu|si|on die *lat.*: Blutübertragung

Tran|sis|tor der *engl.*, die Transistoren: elektronischer Verstärker oder Schalter

Tran|sit der *lat.*: Warendurchfuhr oder Durchreise durch ein Land; **Tran|sit|verkehr** der

tran|skri|bie|ren *oder* trans|kri|bie|ren *lat.*: 1. das Übertragen von Wörtern oder eines Textes in eine andere Schrift oder Lautschrift 2. ein Musikstück für ein anderes Instrument umschreiben; **Tran|skrip|ti|on** *oder* Trans|krip|ti|on die

Trans|mit|ter der *engl.*, des Transmitters, die Transmitter: 1. *(Techn.)* Messumformer, Sender 2. *(Med.)* Botenstoff im Nervensystem

trans|pa|rent *lat.*: durchsichtig, lichtdurchlässig; **Trans|pa|rent** das, des Transparent(e)s: 1. Spruchband; ein Transparent entrollen 2. von hinten beleuchtetes Bild aus durchsichtigem Material

Trans|plan|ta|ti|on die *lat.*: Organ- oder Hautverpflanzung

Trans|port der *lat.*: des Transport(e)s: Beförderung; **trans|por|tie|ren**; **Trans|port|ver|si|che|rung** die

Trans|ves|tit der *lat.*, des/die Transvestiten: Mann, der sich wie eine Frau kleidet und schminkt

trans|zen|dent *oder* tran|szen|dent *lat.*: übernatürlich, über das menschliche Bewusstsein hinausgehend, übersinnlich

Tra|pez das *griech.*, des Trapezes: 1. Viereck 2. Schaukelreck; **tra|pez|för|mig**

Trapez

trap|peln *ugs.* hörbar und schnell gehen, mit kleinen Schritten laufen

Trap|per der *amerik.*, des Trappers, die Trapper: Pelztierjäger und Fallensteller in nordamerikanischen Wäldern

Tra|ra das: 1. Signalblasen mit einem Horn 2. *ugs.* Wirbel, viel Lärm um nichts, Aufhebens um etwas; es gab großes Trara, weil wir zu spät kamen

Tras|se die *franz.*: festgelegte Linie für Straßen- oder Bahnführung; **tras|sieren** festlegen, abstecken

Tratsch der, des Tratsch(e)s: Klatsch; **tratschen**

Trau|al|tar der; **trau|en** sie werden morgen getraut (heiraten), du traust dich (wagst es) ja doch nicht, er traute (glaubte) ihren Versprechungen; **traut** ein trautes (vertrautes) Paar, trautes Heim, Glück allein; **Trau|ung** die

Trau|be die: saure Trauben, eine Traube (dichte Menge) von Kindern stand vor dem Zirkus; **Trau|ben|zu|cker** der

Trau|er die; **trau|ern; trau|rig**

Trau|fe die: Regenrinne, Dachtraufe; vom Regen in die Traufe (von einem Pech in noch schlimmeres) kommen; **träu|feln** tropfenweise befeuchten

Traum der, des Traum(e)s, die Träume: ich denke nicht im Traum (nicht im Entferntesten) daran; **träu|men; Träu|mer** der; **Träu|me|rei** die; **Träu|me|rin** die; **träu|me|risch; traum|haft**

Trau|ma das *griech.*, des Traumas, die Traumata / Traumen: gewaltsames körperliches (z. B. eine Verletzung) oder seelisches Erlebnis (z. B. eine Misshandlung), das im Unterbewusstsein noch lange nachwirkt und späteres Verhalten stark beeinflussen kann

Treck der *niederl.*, des/die Trecks: Flüchtlings- oder Siedlerzug; **Tre|cker** der: Traktor; **Tre|cking** → **Trek|king** das

tref|fen du triffst, sie traf, getroffen, er träfe, triff!: er war in seinem Stolz getroffen (verletzt), wir trafen (begegneten) uns zufällig, das Bild ist sehr treffend (genau, ähnlich); **Tref|fer** der; **treff|lich** eine treffliche (gute) Beobachtung; **Treff|punkt** der; **treff|si|cher**

trei|ben du treibst, sie trieb, getrieben, er triebe: Holz treibt im Fluss, was treibst (machst) du da?, der Teig treibt (geht auf); **Treib|haus** das; **Treib|haus|ef|fekt** der: *ugs.* Erwärmung der Erdatmosphäre, verursacht z. B. durch Abgase wie Kohlendioxid (CO_2)

Trek|king / Tre|cking das *engl.*, des/die Trekkings / Treckings: längere Wanderung oder Fahrt in unwegsamem Gebiet

Trench|coat [trenschkot] der *engl.*, des/die Trenchcoats: Mantel aus Wasser abweisendem Stoff

Trend der *engl.*, des/die Trends: Entwicklungsrichtung / -tendenz; ein modischer Trend; **tren|dy**

trenn|bar; tren|nen; Trenn|schei|be die; **Tren|nung** die

Tren|se die: Gebissstange für den Pferdezaum; **Tren|sen|zaum** der

Trense
Trensenzäumung

trepp|ab; trepp|auf; Trep|pe die

Tre|sen der: Ladentisch, Theke

Tre|sor der *franz.*, die Tresore: Panzerschrank, unterirdische Stahlkammer in Banken

Tres|se die *franz.*, die Tressen: Rangabzeichen an einer Uniform in Form einer mit Metallfäden durchzogenen, flachen Borte, Schmuckbesatz an Kleidung

Tres|ter die: Rückstände bei der Traubenkelterung; **Tres|ter|schnaps** der

tre|ten du trittst, sie trat, getreten, er träte, tritt!: in Aktion treten (tätig werden, erscheinen); **Tret|müh|le** die: ermüdender, gleichförmiger Alltag; **Tritt** der, des Tritt(e)s, die Tritte

treu am treu(e)sten; **Treue** die; auf Treu und Glauben; **Treu|hand|an|stalt** die: auf Grund der deutschen Wiedervereinigung 1990 gegründete Anstalt mit dem Auftrag, die ehemaligen DDR-Betriebe zu privatisieren; **Treu|hän|der** der: Person, die fremden Besitz verwaltet; **treu|her|zig; treu sor|gend / treu|sor|gend**

Tri|an|gel der *lat.*: 1. dreieckförmiges Schlaginstrument aus Metallstäben 2. Riss in Form eines Dreiecks

Tri|ath|lon das/der *griech.*, des/die Triathlons: dreiteiliger Wettkampf an einem Tag im Radfahren, Laufen und Schwimmen

Tri|bu|nal das *lat.*, des Tribunals, die Tribunale: 1. erhöhter Platz auf dem Forum Romanum im alten Rom, wo Recht gesprochen wurde 2. Gericht oder Gerichtshof; er wurde vor ein Tribunal gestellt, ein Tribunal abhalten

Tri|bü|ne die *franz.*: Sitzgerüst für Zuschauer, Rednerbühne

Tri|but der *lat.*, des Tribut(e)s, die Tribute: Beitrag, Steuer, Abgabe, Anerkennung, Hochachtung; einer Leistung den nötigen Tribut zollen; **tri|but|pflich|tig**

Tri|chi|ne die *griech.*, die Trichinen: im Körpergewebe von Säugetieren eingekapselter Fadenwurm, der bei Verzehr von mit ihm verseuchtem Fleisch auch auf den Menschen übertragen wird; **Tri|chi|nen|schau** die: Untersuchung, bei der geprüft wird, ob zum Essen bestimmtes Fleisch trichinenfrei ist

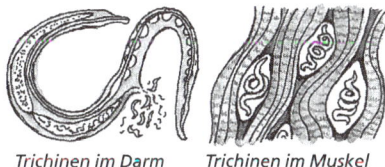

Trichinen im Darm   *Trichinen im Muskel*

Trich|ter der

Trick der *engl.*, des/die Tricks: Kunstgriff, geschicktes Manöver; **trick|reich**; **trick|sen** listig handeln

Trieb der, des Trieb(e)s, die Triebe: ein junger Pflanzentrieb (Spross), sein spielerischer Trieb (Hang); **trieb|haft**

trie|fen du triefst, sie troff / triefte, getroffen / getrieft, er triefte (*selten* er tröffe)

trie|zen *ugs.* jemandem heftig zusetzen, ihn ärgern, quälen, nicht in Ruhe lassen; sie triezte ihren Freund so lange, bis er sich endlich einen neuen Anzug kaufte

Trift die, die Triften: spärlich bewachsener Weg, der regelmäßig von Tieren benutzt wird, Viehweide

trif|tig sie hat triftige (schwerwiegende, stichhaltige) Gründe

Tri|go|no|me|trie die *griech.*: die Messung und Berechnung eines Dreiecks

Tri|kot [triko / triko] das *franz.*, des/die Trikots: elastisches, eng anliegendes Kleidungsstück; **Tri|kot** der: dehnbares Gewebe; **Tri|ko|ta|gen** [trikotaschen] die: maschinell gestricktes Material, Kleidung aus Trikot

Tril|ler der *ital.*; **tril|lern**; **Tril|ler|pfei|fe** die

Tril|li|ar|de die *lat.*: tausend Trillionen (10^{21}); **Tril|li|on** die: eine Million Billionen (10^{18})

Tri|lo|gie die *griech.*, die Trilogien: drei eigenständige, aber im Thema zusammengehörende Romane, Musikstücke oder Filme in Folge

Trimm-dich-Pfad der; **trim|men** sich sportlich trimmen, die Ladung wird getrimmt (verstaut)

trink|bar; **trin|ken** du trinkst, sie trank, getrunken, er tränke; **Trin|ker** der: 1. jemand, der etwas trinkt 2. Alkoholiker; **Trin|ke|rin** die; **trink|fest**; **Trink|spruch** der; **Trunk** der, des Trunk(e)s; **trun|ken** am trunkensten: trunken vor Glück

Trio das *ital.*, des/die Trios: 1. Musikstück für drei Instrumente 2. drei Musiker, eine Drei-Personen-Gruppe; das Gaunertrio plante einen Einbruch

Trip der *engl.*, des/die Trips: 1. kurzfristige Reise, kurzer Ausflug 2. rauschartiger Zustand nach Einnahme von Drogen; er war auf einem Trip

trip|peln kleine, schnelle Schritte machen

trist *franz.*: das Wetter war trist (trostlos), ein tristes (freudloses) Leben führen

Tri|umph der *lat.*, des Triumph(e)s: Freude, Sieg, Erfolg, Genugtuung; sie feierte einen großen Triumph; **tri|um|phal** großartig, herrlich; **tri|um|phie|ren** jubeln, frohlocken über einen Sieg oder Erfolg, siegreich sein

tri|vi|al *lat.*: platt, durchschnittlich, abgedroschen; **Tri|vi|al|li|te|ra|tur** die: anspruchslose Unterhaltungsliteratur

tro|cken am trockensten: sie hatte einen trockenen Humor, trockenes (altbackenes) Brot, ein trockener (herber) Wein; *aber*: ins Trock(e)ne kommen (auf

trockenlegen

trockenen Boden); tro|cken|le|gen das Baby wird trockengelegt (gewickelt), ein Moor trockenlegen (entwässern); Tro|cken|obst das; tro|cken rei|ben / tro|cken|rei|ben trocknen; Tro|cken|zeit die; trock|nen sich die Haare trocknen

trö|deln bummeln, langsam arbeiten

Trog der, des Trog(e)s, die Tröge

Troi|ka die *russ.*, die Troikas: Gespann aus drei Pferden nebeneinander; das Land wurde von einer Troika regiert (gemeinsam von drei Politikern an der Spitze)

Troll der: Unhold, Dämon, Kobold in nordischen Sagen; trol|len sich: sich kleinlaut und eingeschüchtert entfernen, gelangweilt weggehen; der Hund trollte sich mit eingezogenem Schwanz, er trollte sich nach Hause

Trom|mel die; trom|meln der Regen trommelt auf das Dach

Trom|pe|te die *franz.*: Blechblasinstrument; trom|pe|ten

Tro|pen die: heiße Zone zwischen den Wendekreisen; tro|pisch

Tropf der, des Tropf(e)s, die Tröpfe: der Kranken wird ein Tropf angelegt (Vorrichtung, bei der durch einen Schlauch eine Flüssigkeit in die Vene tropft); er ist ein armer Tropf (bedauernswerter Mensch); tröp|feln Medizin auf ein Stück Zucker tröpfeln; trop|fen der Regen tropft von den Bäumen; Trop|fen der: das ist ein guter Tropfen (Wein); trop|fen|wei|se; tropf|nass er zog seinen tropfnassen Mantel aus

Tro|phäe die *griech.*, die Trophäen: Zeichen des Sieges, z. B. die Fahne des Feindes, Siegerpreis

Tross der *franz.*, des Trosses, die Trosse: 1. militärische Versorgungsfahrzeuge 2. *ugs.* Gruppe von Gleichgesinnten oder von Personen mit gleichem Beruf; sie rauschte mit einem Tross von Freundinnen an, ein Tross von Mechanikern kümmert sich um den Rennwagen

Tros|se die: starkes Tau

Trost der, des Trost(e)s: jemandem Trost zusprechen; trös|ten; tröst|lich; trostlos; Trost|lo|sig|keit die

Trott der, des Trott(e)s: in den alten Trott verfallen (alte Gewohnheiten aufnehmen), ein ewiger Trott (immer der gleiche Ablauf, Alltag); Trot|tel der: Dummkopf, einfältiger Mensch; trot|teln sie trottelt hinter den anderen her; trotten die Kühe trotten heim

Trot|toir [trotoar] das *schweiz.*, des/die Trottoirs, die Trottoire: Gehweg

trotz sie arbeitete trotz heftiger Schmerzen, trotz alledem / allem blieben sie in Verbindung; trotz|dem er kam trotzdem, trotzdem rief sie an

Trotz der, des Trotz(e)s: sie tut es aus Trotz, allen Warnungen zum Trotz; trot|zen der Kälte trotzen; trot|zig die Antwort kam trotzig

trüb / trü|be am trübsten: das Wasser war trübe (nicht klar), trübe (gedrückte, traurige) Stimmung; trü|ben der Vorfall trübte meine Freude, keine Wolke trübte den Himmel, im Trüben fischen; Trüb|sal die: sie blies Trübsal (war lustlos, traurig); trüb|se|lig; Trüb|sinn der; trüb|sin|nig; Trüb|sin|nig|keit die; Trübung die

Tru|bel der *franz.*: auf den Straßen war großer Trubel

Truch|sess der, des Truchsesses, die Truchsesse: im Mittelalter der Verwalter des Königshofes, der auch für die Küche zuständig war

tru|deln das Flugzeug begann zu trudeln (schwankend an Höhe zu verlieren)

Trüf|fel die *franz.*: unter der Erde wachsender Speise- und Gewürzpilz; Trüf|fel|le|ber|pas|te|te die; trüf|feln; Trüf|fel|schwein das: Schwein, das man bei der Trüffelsuche einsetzt

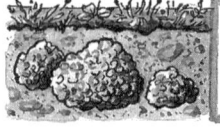

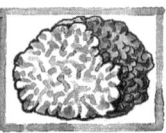

Trug der, des Trug(e)s: das ist nichts als Lug und Trug (Lüge und Täuschung); Trug|bild das: Fantasiebild; trü|gen es trügt, es trog, getrogen (*selten* es tröge): wenn mich nicht alles trügt; trü|ge|risch; Trug|schluss der: einleuchtende, aber dennoch falsche Einschätzung oder Schlussfolgerung

Tru|he die

Trumm das: großes Stück; **Trüm|mer** die: die Stadt lag in Trümmern (war völlig zerstört); **Trüm|mer|feld** das

Trumpf der lat., des Trumpf(e)s, die Trümpfe: eine der höchsten Karten beim Kartenspiel; einen Trumpf (Vorteil) in der Hand haben; **trump|fen; Trumpf|kar|te** die

Trupp der franz., des/die Trupps: kleine Gruppe; **Trup|pe** die, die Truppen: militärischer Verband

Trust [trast] der engl., des Trust(e)s, die Truste/Trusts: Großkonzern, Unternehmenszusammenschluss

Trut|hahn der; **Trut|hen|ne** die

Tsat|si|ki → **Za|zi|ki das/der**

Tschad der; **Tscha|der** der/die; **Tscha|de|rin** die, die Tschaderinnen; **tschadisch**

Tsche|che der, die Tschechen; **Tsche|chi|en; Tsche|chin** die, die Tschechinnen; **tsche|chisch; Tsche|chi|sche Re|pub|lik**

tschil|pen tschilpende (zwitschernde) Spatzen balgten sich um die Brotkrümel auf den Gartentischen

tschüs / tschüss! Abschiedsgruß

T-Shirt [tischört] das engl., des/die T-Shirts: meist kurzärmliges Oberteil aus Trikotstoff

Tsu|na|mi der, des Tsunami, die Tsunamis jap.: Flutwelle nach einem Seebeben

T-Trä|ger der: Eisenträger in Form eines T

TU die: Abk. für Technische Universität

Tu|ba die lat., die Tuben: großes Blechblasinstrument

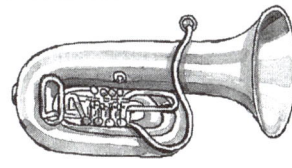

Tu|be die lat.

Tu|ber|kel die/der österr., die des Tuberkels, die Tuberkel: Geschwulst in Form eines Knötchens; **Tu|ber|kel|bak|te|ri|en** die; **Tu|ber|ku|lo|se** die, die Tuberkulosen: Infektionskrankheit mit Bildung von Tuberkeln im Gewebe, vor allem in der Lunge; Abk. Tb, Tbc, Tbk

Tuch das, des Tuch(e)s: 1. Gewebe, Stoff (Pl. die Tuche); ein Ballen Tuch 2. viereckiges, gesäumtes Stück Stoff (Pl. die Tücher); sie band sich ein Tuch um den Kopf

Tucholsky Kurt ▶ S. 412

tüch|tig eine tüchtige Frau; **Tüch|tig|keit** die

Tü|cke die: mit List und Tücke etwas erreichen; **tü|ckisch** am tückischsten

tu|ckern wir tuckerten über den See

Tuff der ital., des Tuffs, die Tuffe: verfestigte Vulkanasche, löchriger Kalkstein; **Tuff|stein** der

Tüf|te|lei die; **tüf|teln** er tüftelte an dem Entwurf; **Tüft|ler** der; **Tüft|le|rin** die

Tu|gend die: sittliche Eigenschaft, z. B. Bescheidenheit; **tu|gend|haft** am tugendhaftesten

Tüll der franz.: Netzgewebe

Tul|pe die türk./pers.

tumb einfältig, naiv

tum|meln sich: die Kinder tummelten sich im Wasser; **Tümm|ler** der: 1. ein Delfin 2. Taubenrasse

Tu|mor der lat., die Tumoren / Tumore: Geschwulst

Tüm|pel der: Lache, kleiner Teich

Tu|mult der lat., des Tumult(e)s, die Tumulte: im Saal entstand Tumult (Verwirrung, Unruhe, Lärm); **tu|mul|tu|a|risch**

tun du tust, sie tat, getan, er täte, tu(e)!: was können wir tun?, tu, was du willst!, Dienst tun, was tut (macht) das schon?, der Hund tut dir nichts!; **tun|lich** es wäre sicher tunlich (ratsam, sinnvoll, zweckmäßig); **tun|lichst** Alkohol sollte tunlichst (möglichst) vermieden werden

Tün|che die: Kalkfarbe; **tün|chen** du tünchst die Decke

Tu|ne|si|en; Tu|ne|si|er der/die; **Tu|ne|si|e|rin** die, die Tunesierinnen; **tu|ne|sisch**

Tun|fisch → **Thun|fisch** der

Tun|ke die: Soße; **tun|ken**

Tun|nel der engl., die Tunnel / Tunnels: einen Tunnel graben

Tüp|fel|chen das: das ist das Tüpfelchen auf dem i (macht das Maß voll, hat zur Abrundung noch gefehlt); **tüp|feln** Tupfen machen; **tup|fen** ein getupfter Rock, jemand tupfte (tippte) mir auf die Schulter; **Tup|fen** der; **Tup|fer** der: ein bunter Tupfer (Fleck), ein Tupfer Watte

Kurt Tucholsky

geb. am 9. 1. 1890 in Berlin
gest. am 21. 12. 1935
  in Hindas/Schweden

*Rheinsberg. Ein Bilderbuch
  für Verliebte (Roman, 1912)
Schloss Gripsholm (Roman, 1931)
Ein Pyrenäenbuch
  (Reisebericht, 1927)
Mit 5 PS (Gedichte, Skizzen,
  Aufsätze, Schriften, 1928)*

Tucholsky wurde als Sohn eines Kaufmanns in Berlin geboren, wo er auch das Gymnasium besuchte. Danach studierte er Rechtswissenschaften in Berlin, Jena und Genf. Nach dem Ersten Weltkrieg arbeitete er für kurze Zeit in einer Berliner Bank. Noch im gleichen Jahr ging er nach Paris, wo er als freier Schriftsteller lebte. 1929 ließ er sich in Schweden nieder. Die Nationalsozialisten verbrannten 1933 seine Bücher und bürgerten ihn aus. Aus Verzweiflung über die Zustände in Deutschland beging Kurt Tucholsky in Hindas bei Göteborg Selbstmord.

Noch als Student hatte Tucholsky sein erstes Buch veröffentlicht, *Rheinsberg. Ein Bilderbuch für Verliebte*. 1913 wurde er fester Mitarbeiter bei der „Schaubühne", einer Zeitschrift, die sich vorwiegend mit Themen aus Kultur und Politik befasste. Ab 1926 war er Herausgeber dieser Zeitschrift, die sich nun „Weltbühne" nannte. Tucholsky schrieb eifrig unter seinem Namen und vier Pseudonymen – Kaspar Hauser, Peter Panter, Theobald Tiger und Ignaz Wrobel. Er war gleichermaßen kritischer Journalist wie einfühlsamer, sprachgewandter Dichter. Mit Erich Kästner zusammen schuf er das moderne Großstadtchanson, Lieder für das Kabarett. Auf Wunsch seines Verlegers verfasste er Skizzen über das Berliner Leben in den 1920er Jahren *(Ein Ferngespräch)*, gelegentlich Naturbilder *(Die fünfte Jahreszeit)* und viele Gedichte *(Mutterns Hände, Auf ein Kind)*. Er erwies sich auch als liebenswürdiger, humorvoller Erzähler, etwa in *Schloss Gripsholm,* das später verfilmt wurde.

Seine Sprache war geistreich und geschliffen, manchmal auch schnoddrig oder von ätzender Schärfe. Nicht zu Unrecht wird sein Stil mit dem Heinrich Heines verglichen. In der Weltbühne stritt er für einen pazifistischen Humanismus und bekämpfte den Militarismus, die Korruption in der Justiz und die Parteilichkeit der Presse. Und schon früh warnte er vor den Gefahren, die mit den Nationalsozialisten heraufdämmerten. Leider sollte er Recht behalten.

Tür die, die Türen; **Tür|klin|ke** die; **Tür|klop|fer** der

Tur|ban der *pers.*, die Turbane: aus einem Tuch gewundene orientalische Kopfbedeckung

Tur|bi|ne die *franz.*: rotierende Kraftmaschine zur Energieumwandlung

tur|bu|lent *lat.*: ein turbulenter (lebhafter, aufregender, ungeordneter) Tag; **Tur|bu|lenz** die

Tür|ke der, die Türken; **Tür|kei** die; **Tür|kin** die, die Türkinnen; **tür|kisch**

tür|ken er legte einen getürkten (*ugs.* gefälschten) Ausweis vor

tür|kis *franz.*: blaugrün (als Farbe)

Turk|me|ne der, die Turkmenen; **Turk|me|ni|en**; **Turk|me|nin** die, die Turkmeninnen; **turk|me|nisch**; **Turk|me|nis|tan**

Turm der, des Turm(e)s, die Türme; **tür|men** die Bücher türmten sich auf dem Tisch; **turm|hoch**

tur|nen; **Tur|ner** der; **Tur|ne|rin** die, die Turnerinnen; **Turn|ge|rät** das; **Turn|stun|de** die

Tur|nier das *franz.*, die Turniere: früheres Ritterkampfspiel, Wettkampfveranstaltung

Tur|nus der *griech.*, die Turnusse: Abfolge, Reihenfolge, regelmäßiger Wechsel, Schicht, Durchgang; sie schrieb ihm im Turnus (im Abstand) von vier Wochen, im Bergwerk wurde im 6-Stunden-Turnus (in einer 6-Stunden-Schicht) gearbeitet, er beendete seinen letzten Turnus (Durchgang) der Testreihe; **tur|nus|ge|mäß**; **tur|nus|mä|ßig**

Tur|tel|tau|be die: Taubenart

Tusch der, des Tusch(e)s, die Tusche: die Kapelle spielte einen Tusch

Tu|sche die: Zeichentinte; **tu|schen** sich die Wimpern tuschen; **Tusch|zeich|nung** die

Tu|sche|lei die; **tu|scheln** die Mädchen tuschelten (flüsterten) miteinander

Tü|te die

tu|ten alle Schiffe tuteten zur Begrüßung bei der Einfahrt in den Hafen, von Tuten und Blasen keine Ahnung haben (überhaupt nichts wissen)

TÜV der: *Kurzwort für* Technischer Überwachungs-Verein

TV der: *Abk. für* Turnverein

TV [tefau] *engl.* [tivi]: *Abk. für* Television

Tweed [twid] der *engl.*: handgesponnener Wollstoff

Twen der *engl.*, die Twens: Person zwischen 20 und 29 Jahren

Twist der *engl.*: 1. Baumwollgarn (*Pl.* Twiste) 2. Tanz (*Pl.* Twists); **twis|ten** den Twist tanzen

Typ der *griech.*, die Typen: 1. Gattung, Art, Menschenschlag; sie ist ein sehr stiller Typ, er ist genau mein Typ (die Art von Mensch, die ich nett finde) 2. Modell, Bauart; ein Autotyp mit Sonderausstattung; **Ty|pe** die *franz.*, die Typen: 1. Schreibmaschinentype, Drucktype 2. eigenartiger, ungewöhnlicher Mensch; sie ist eine ulkige Type; **Ty|pen|be|zeich|nung** die; **ty|pisch** charakteristisch, bezeichnend, musterhaft; eine typisch deutsche Eigenart, das ist wieder mal typisch (so kennt man es leider); **Ty|po|lo|gie** die, die Typologien; **Ty|pus** der

Ty|phus der *griech.*: Infektionskrankheit, die meist durch Verunreinigungen in Wasser und Lebensmitteln ausbricht

Ty|po|gra|fie / Ty|po|gra|phie die *franz.*, die Typografien / Typographien: die künstlerische Gestaltung von Druckwerken; **ty|po|gra|fisch / ty|po|gra|phisch**

Ty|rann der *griech.*, des/die Tyrannen: Alleinherrscher, Despot, Gewaltherrscher; **Ty|ran|nei** die: Gewalt- oder Schreckensherrschaft; **Ty|ran|nen|herrschaft** die; **Ty|ran|nin** die; **Ty|ran|nis** die; **ty|ran|nisch** sie war eine tyrannische Frau (zwang allen ihren Willen auf); **ty|ran|ni|sie|ren** er tyrannisierte seine ganze Umgebung; **Ty|ran|no|sau|rus** der, die Tyrannosaurier: größter Raubsaurier

U

U-Bahn *kurz für* Untergrund**bahn**
übel übler, am übelsten: er ist übel dran (in einer bösen Lage), in üble Gesellschaft geraten, ihr wird übel (sie muss sich erbrechen); **Übel** das; **Übel|keit** die; **übel neh|men / übel|neh|men** (→ nehmen): hast du mir das übel genommen / übelgenommen?; **übel rie|chend / übelrie|chend**; **Übel|tä|ter** der
üben sich in Geduld üben; **Übung** die: Übung macht den Meister
über Nebel liegt über der Stadt, fünf Grad über null, er war über und über (völlig) mit Ruß bedeckt, über Ostern wegfahren, einen Scheck über 500 Euro erhalten; **über|all** sie ist überall und nirgends zu Hause; **über|aus** sie ist überaus glücklich; **über|dies** ich habe überdies (außerdem) keine Zeit; **über|haupt** wie heißt er überhaupt (eigentlich)?
über|an|stren|gen sie hat sich überanstrengt
über|ant|wor|ten wir haben ihm diese Aufgabe überantwortet (anvertraut)
über|be|an|spru|chen der Chef überbeanspruchte seine Mitarbeiter
Über|be|schäf|ti|gung die: in einer Volkswirtschaft die Beanspruchung von Maschinen und Beschäftigung von Arbeitskräften über das Normalmaß hinaus; *Ggs.* Unterbeschäftigung
über|bie|ten (→ bieten)
Über|bleib|sel das: Rest
Über|blick der; **über|bli|cken**
über|bra|ten in der dunklen Gasse bekam er eins übergebraten (*ugs.* wurde er überfallen, bekam einen Schlag)
über|brin|gen (→ bringen)
über|brü|cken einen Zeitraum überbrücken
über|da|chen ein überdachter Balkon
über|dau|ern der Baum hat zwei Generationen überdauert
über|den|ken du solltest das noch einmal überdenken (darüber nachdenken)
über|deut|lich ihr Hinweis war überdeutlich
über|di|men|si|o|nal ein überdimensionales (übergroßes) Plakat

Über|ei|fer der: sie stürzte sich mit Übereifer auf ihre neue Arbeit; **über|eif|rig**
Über|druck der; **Über|druck|ven|til** das
Über|druss der, des Überdrusses; **überdrüs|sig** er war des Lernens überdrüssig
über|durch|schnitt|lich
über|eig|nen der Vater übereignete seiner Tochter ein großes Grundstück
über|ei|len ihre Zusage war übereilt
über|ei|nan|der *oder* über|ein|an|der: übereinander lachen; **über|ei|nan|dersta|peln** kannst du die Kartons übereinanderstapeln?
über|ein|kom|men (→ kommen); **Überein|kom|men** das: Abmachung; **Überein|kunft** die, die Übereinkünfte
über|ein|stim|men wir stimmten darin völlig überein; **Über|ein|stim|mung** die
über|emp|find|lich; **Über|emp|find|lichkeit** die
über|fah|ren (→ fahren): ein Stoppschild überfahren; **Über|fahrt** die
Über|fall der; **über|fal|len** (→ fallen)
über|fäl|lig der Zug ist überfällig (hat Verspätung)
über|flie|gen (→ fliegen); **Über|flie|ger** der: er gilt als Überflieger in seinem Fach (ist überdurchschnittlich begabt)
über|flie|ßen (→ fließen); **Über|fluss** der: im Überfluss leben; **über|flüs|sig** deine Sorgen sind überflüssig (unnütz)
über|flü|geln sie wurde von der niederländischen Schwimmerin im Wettkampf überflügelt
über|flu|ten
über|for|dern er war mit der Prüfungsfrage völlig überfordert; *Ggs.* unterfordern
über|füh|ren die Verstorbene wurde in die Heimat über(ge)führt, jemanden einer Lüge überführen (sie nachweisen)
Über|ga|be die; **über|ge|ben** (→ geben): die Straße wurde dem Verkehr übergeben (zur Benutzung freigegeben), sie muss sich übergeben (erbrechen)
Über|gang der; **über|ge|hen** (→ gehen): das Auto ist in meinen Besitz übergegangen, zu einem anderen Sachgebiet übergehen (wechseln), der Tierkadaver war schon in Verwesung übergegangen, sie überging seine Frage (beachtete diese nicht), jemanden übergehen (nicht berücksichtigen)

übertragen

über|ge|nau sie ist eine übergenaue Buchhalterin
Über|ge|wicht das; **über|ge|wich|tig**
über|gie|ßen (→ gießen)
über|glück|lich sie fiel ihm überglücklich um den Hals
über|grei|fen (→ greifen): der Brand griff auf andere Häuser über
über|groß; Über|grö|ße die: sie brauchte einen Mantel in Übergröße
über|grü|nen eine übergrünte (mit Grün bedeckte) Hauswand
über|hand|neh|men (→ nehmen): der Straßenlärm nimmt überhand
über|heb|lich sein überhebliches (herablassendes, kränkendes) Getue
über|ho|len sie überholte sehr waghalsig, die Anlage wird überholt (überprüft und repariert)
über|hö|ren etwas absichtlich oder unabsichtlich nicht verstehen
über|las|sen (→ lassen)
über|lau|fen (→ laufen): ihn hat ein Frösteln überlaufen (es hat ihn gefröstelt), ein überlaufener (viel besuchter) Ort
über|lau|fen (→ laufen): sie ist zum Feind übergelaufen (übergewechselt), eine überlaufende Badewanne; **Über|läu|fer** der: jemand, der (im Krieg) auf die Seite des Gegners wechselt
über|le|ben er hat den Unfall überlebt (lebend überstanden), er hatte überlebte (veraltete) Vorstellungen
über|le|gen 1. *Verb* sich jedes Wort überlegen 2. *Adj.* er ist ihm an Kraft weit überlegen (übertrifft ihn weit); **Über|le|gen|heit** die
über|lis|ten
Über|macht die; **über|mäch|tig** sein Verlangen war übermächtig
über|mä|ßig übermäßig hohe Preise
über|mit|teln eine Nachricht übermitteln
über|mor|gen ich treffe sie übermorgen
Über|mut der; **über|mü|tig**
über|nach|ten du übernachtest
Über|nah|me die; **über|neh|men** (→ nehmen): übernimm du das Steuer!, sich finanziell übernehmen (mehr Geld ausgeben, als man hat)
über|que|ren eine Entenfamilie überquerte die Straße
über|ra|schen; Über|ra|schung die

über|re|den ich ließ mich zum Kauf überreden
über|re|gi|o|nal → regional
über|rei|chen ein Geschenk überreichen
über|rum|peln er fühlte sich überrumpelt; **Über|rum|pe|lung** die
über|run|den seine Mitschüler überrunden (übertreffen)
über|schät|zen du überschätzt meine Möglichkeiten
über|schla|gen (→ schlagen): sie überschlug (überrechnete) ihre Barschaft, sich vor Freundlichkeit überschlagen (überfreundlich sein)
über|schrei|ben (→ schreiben): er überschrieb das Grundstück seiner (auf seine) Tochter; **Über|schrift** die
über|schrei|ten (→ schreiten)
Über|schuss der; **über|schüs|sig**
über|schüt|ten
Über|schwang der: im Überschwang der Gefühle; **über|schwäng|lich** gefühlvoll, schwärmerisch; er bedankte sich überschwänglich
über|schwem|men; Über|schwem|mung die
Über|see nach Übersee (jenseits des Ozeans, Amerika) auswandern; **über|see|isch**
über|se|hen (→ sehen); **Über|sicht** die; **über|sicht|lich**
über|set|zen wir haben mit der Fähre übergesetzt (sind ans andere Ufer gefahren); **über|set|zen** wir haben den Text ins Englische übersetzt; **Über|set|zer** der; **Über|set|ze|rin** die; **Über|set|zung** die: 1. das sprachliche Übersetzen 2. Bewegungsübertragung, z.B. beim Fahrrad
über|ste|hen (→ stehen): der Fels hat zwei Meter übergestanden (hinausgeragt); **über|ste|hen** (→ stehen): sie hat die Krise überstanden (hinter sich gebracht)
über|stim|men ich ließ mich überstimmen (schloss mich der allgemeinen Auffassung an)
Über|stun|de die: Stunde, die über die normale Arbeitszeit hinausgeht
über|stür|zen sie brachen überstürzt auf
über|tra|gen (→ tragen): sie übertrug ihre Freude auf uns alle, das Konzert wird im Radio übertragen

übertreffen

über|tref|fen (→ treffen)
über|trei|ben (→ treiben): das halte ich für übertrieben
über|tre|ten (→ treten): er hat die Regel übertreten (gegen sie verstoßen); über|tre|ten (→ treten): er ist zum katholischen Glauben übergetreten, der Fluss ist übergetreten (über die Ufer); Über|tritt der
über|völ|kert unser Planet Erde droht übervölkert zu werden
über|voll der Saal war übervoll
über|wa|chen er wird von der Polizei überwacht
über|wäl|ti|gen sie wurde vom Schlaf überwältigt; über|wäl|ti|gend der Applaus war überwältigend
über|wei|sen (→ weisen)
über|wie|gen (→ wiegen): seine Angst überwog seine Neugier; über|wie|gend sie liest überwiegend (hauptsächlich) Krimis
über|win|den (→ winden)
über|win|tern der Dachs überwintert in seinem Bau
Über|zahl die; über|zäh|lig
über|zeu|gen ein überzeugender Beweis
über|zie|hen (→ ziehen): hast du einen Pullover übergezogen (angezogen)?; über|zie|hen (→ ziehen): die Torte wurde mit einem Guss überzogen, er hat sein Konto überzogen (mehr abgehoben, als gutgeschrieben war); Über|zie|her der: leichter Mantel; Über|zug der: Schicht, z. B. ein Überzug aus Schokolade, Hülle, z. B. eine Kissenhülle
üb|lich das ist so üblich (gebräuchlich), er kam wie üblich (wie gewohnt) zu spät
U-Boot das: *kurz für* Unterseeboot
üb|rig lass noch etwas übrig, schade, dass wir keine Zeit mehr übrig haben, *aber* → übrighaben; ist noch Kuchen übrig geblieben?, *aber:* mir ist nichts anderes übrig geblieben / übriggeblieben (ich hatte keine andere Wahl), das Übrige bringe ich später, im Übrigen sehe ich ihn heute; üb|rig|ha|ben ich weiß, dass du nichts für Kriegsspielzeug übrighast (es nicht magst); üb|ri|gens ich kenne ihn übrigens (nebenbei gesagt)
Übung die
u. desgl. *Abk. für* und desgleichen
u. dgl. *Abk. für* und dergleichen
u. d. M. *Abk. für* unter dem Meeresspiegel
ü. d. M. *Abk. für* über dem Meeresspiegel
u. E. *Abk. für* unseres Erachtens
Ufer das; ufer|los
UFO / Ufo das: *Kurzwort für* unbekanntes Flugobjekt
U-för|mig
Ugan|da; Ugan|der der/die; Ugan|de|rin die, die Uganderinnen; ugan|disch
Uhr die: rund um die Uhr (den ganzen Tag) arbeiten
Uhu der, des/die Uhus: Nachtgreifvogel

Uk|ra|i|ne die; Uk|ra|i|ner der/die; Uk|ra|i|ne|rin die, die Ukrainerinnen; uk|ra|i|nisch
UKW *kurz für* Ultrakurzwelle
Ulk der, des Ulk(e)s, die Ulke: lustiger Unfug; ul|ken; ul|kig
Ul|me die: Laubbaum
ul|ti|ma|tiv *lat.*: das ist seine ultimativ (nachdrücklich) letzte Chance; Ul|ti|ma|tum das: letzte Frist oder Aufforderung, etwas zu erledigen; ul|ti|mo am Letzten des Monats, *Abk.* ult.
Ul|tra|kurz|wel|le die: Wellenbereich des Rundfunks, *Abk.* UKW
um Schritt um Schritt, gleich um die Ecke, ich mache mir Sorgen um ihn, es war um den 11. November herum
um|än|dern den Rock umändern
um|ar|men; Um|ar|mung die
Um|bau der; um|bau|en die Bühne wurde umgebaut
um|blät|tern
um|bre|chen (→ brechen); Um|bruch der: Text in Spalten oder Seiten aufteilen und zusammen mit Bildern gestalten
um|brin|gen (→ bringen): er bringt sich vor Eifer fast um
um|dre|hen; Um|dre|hung die

Umstand

um|ei|nan|der *oder* um|ein|an|der sich umeinander sorgen

um|fah|ren (→ fahren): er hat die Mülltonne umgefahren (angefahren und zu Boden geworfen); **um|fah|ren** (→ fahren): sie hat das Hindernis umfahren (ist um das Hindernis herumgefahren)

um|fal|len (→ fallen); **Um|fal|ler** der: er ist ein Umfaller (bleibt nicht bei seiner Meinung, seinem Standpunkt)

Um|fang der; **um|fang|reich**

um|fas|sen das Gebiet umfasst viele Quadratmeter; **um|fas|send** der Täter legte ein umfassendes Geständnis ab

um|for|men ein Gedicht umformen

Um|fra|ge die: Meinungsumfrage, Umfrageergebnis das

Um|gang der; **um|gäng|lich** verträglich; **um|ge|hen** (→ gehen): sie hat das Thema umgangen (vermieden)

um|gar|nen das Mädchen umgarnte ihren Freund mit großen Versprechungen

um|ge|ben (→ geben): er war von Kindern umgeben; **Um|ge|bung** die

um|gra|ben (→ graben)

Um|hang der; **um|hän|gen**

um|her; **um|her|fah|ren** (→ fahren)

um|hin|kön|nen (→ können): sie konnte nicht umhin, so zu handeln

um|keh|ren lass uns umkehren!

um|klei|den sie hat sich umgekleidet (etwas anderes angezogen); **um|klei|den** sie hat den hässlichen Pfeiler mit Holz umkleidet (mit schmückendem, schützendem Holz umgeben)

um|kom|men (→ kommen)

um|krei|sen die Erde umkreist die Sonne

um|la|gern der Star war von Fans umlagert

Um|land das: sie machten einen Ausflug ins Umland

Um|lauf der: Falschgeld in Umlauf setzen; **um|lau|fen** (→ laufen): er hat sie umgelaufen (zu Fall gebracht); **um|lau|fen** (→ laufen): sie hat den See umlaufen (ist um ihn herumgelaufen)

Um|laut der: ä, ö, ü, äu

um|le|gen eine Perlenkette umlegen, er wurde im Auftrag der Mafia umgelegt (*ugs.* getötet)

um|lie|gend die umliegenden Häuser

um|nach|tet er galt als geistig umnachtet (verwirrt, wahnsinnig)

um|rah|men Musik umrahmte das Fest

um|ran|den ein Wort mit Rot umranden

um|rei|ßen (→ reißen): er hat seinen Plan umrissen (knapp beschrieben); **um|rei|ßen** (→ reißen): sie hat die Vase umgerissen (umgestoßen); **Um|riss** der

ums (um das) er ist dabei ums Leben gekommen, sie ist ums Haus gelaufen

Um|satz der; **um|set|zen** sein Geld in Bücher umsetzen (für Bücher ausgeben), eine Tanne umsetzen (umpflanzen); **Um|satz|steu|er** die (*auch* Mehrwertsteuer), *Abk.* USt.

um|schal|ten auf einen anderen Radiosender umschalten

um|schau|en er schaute sich nach ihr um

um|schich|ten; **um|schich|tig** in Schichten abwechseln

Um|schlag der: 1. Schutzhülle, z. B. Briefkuvert 2. Verband 3. Veränderung, z. B. ein Stimmungs-/Wetterumschlag 4. Güterverladung; **um|schla|gen** (→ schlagen); **Um|schlag|ha|fen** der

um|schrei|ben (→ schreiben): er hat ihren Charakter umschrieben (beschrieben); **um|schrei|ben** sie hat den Text umgeschrieben (schriftlich geändert)

um|schu|len sie will sich umschulen (in einem anderen Beruf ausbilden) lassen; **Um|schu|lung** die

um|schwär|men das Licht wird von Motten umschwärmt, er war ein von Frauen umschwärmter Mann

Um|schweif der, die Umschweife: ohne Umschweife (direkt, geradeheraus) reden

Um|schwung der: der plötzliche Umschwung (Wechsel) ihrer Stimmung war unerklärlich, ein Wetterumschwung

um|se|hen sich (→ sehen); **Um|sicht** die: Besonnenheit; **um|sich|tig**

um|sei|tig der Anfahrtsweg zur neuen Firma ist umseitig beschrieben

um|sie|deln von München nach Berlin umsiedeln (umziehen)

um|so ich sehe jetzt umso besser, ich freue mich umso mehr

um|sonst ihre Mühe war umsonst

um|spie|len ein Lächeln umspielte ihre Lippen

Um|stand der: mach keinen Umstand (Aufwand), sie ist in anderen Umstän-

umständlich

den (schwanger), unter Umständen (vielleicht), *Abk.* u. U., unter allen Umständen (unbedingt); um|ständ|lich

Um|stands|be|stim|mung die
▶ Adverbial

um|stei|gen (→ steigen)

um|stel|len er hat seine Ernährung umgestellt (geändert); um|stel|len die Polizei hat das Haus umstellt (umzingelt)

um|stim|men er versuchte mich umzustimmen (meine Meinung zu ändern)

um|strit|ten am umstrittensten: ein umstrittenes Urteil

Um|sturz der; um|stür|zen der Baum ist umgestürzt

Um|tausch der; um|tau|schen

Um|trieb der: *(Forstwirtschaft)* die Zeit vom Pflanzen eines Baumes bis zum Fällen; Um|trie|be die: die Gruppe plante umstürzlerische Umtriebe (geheime politische Aktivitäten); um|trie|big sie war eine recht umtriebige (lebhafte, gesellige) Person

Um|trunk der: zu einem Umtrunk einladen

um|tun sich: ich will mich nach einer neuen Arbeit umtun (umsehen, suchen), ein Kopftuch umtun (*ugs.* umbinden)

U-Mu|sik die: *kurz für* Unterhaltungsmusik

um|wäl|zen eine umwälzende Erfindung

um|wan|deln sie schien wie umgewandelt

um|wech|seln Geld umwechseln

Um|weg der, die Umwege

Um|welt die; Um|welt|be|las|tung die; um|welt|freund|lich; Um|welt|schutz der

um|wer|fen (→ werfen)

um|wit|tert ein von gruseligen Geschichten umwittertes (umgebenes) Haus

um|zie|hen (→ ziehen); Um|zug der

um|zin|geln du bist umzingelt (umstellt, umringt); Um|zin|ge|lung / Um|zing|lung die

UN die: *Abk. für* United Nations (Vereinte Nationen)

un|ab|än|der|lich sein Schicksal ist unabänderlich

un|ab|ding|bar unerlässlich

un|ab|hän|gig sie wollte unabhängig sein

un|ab|kömm|lich

un|ab|läs|sig sie redete unablässig

un|ab|seh|bar

un|ab|sicht|lich sie löschte unabsichtlich die Datei

un|acht|sam

un|an|ge|bracht

un|an|ge|foch|ten sie blieb unangefochten Siegerin

un|an|ge|mes|sen

un|an|ge|nehm seine Berührung war ihr unangenehm; er konnte sehr unangenehm (böse, gemein) werden

un|an|nehm|bar der Vorschlag war unannehmbar; Un|an|nehm|lich|kei|ten die

un|an|sehn|lich das Leder war durch jahrelangen Gebrauch unansehnlich geworden (abgenutzt)

un|an|stän|dig

un|an|tast|bar

Un|art die

un|auf|find|bar das Testament blieb unauffindbar

un|auf|halt|sam die Lawine donnerte unaufhaltsam ins Tal

un|auf|hör|lich

un|aus|lösch|lich

un|auf|merk|sam

un|auf|rich|tig

un|aus|bleib|lich nach dem Deichbruch war die Flut unausbleiblich

un|aus|ge|gli|chen sie hatte ein unausgeglichenes Wesen

un|aus|steh|lich er ist unausstehlich

un|bän|dig sie hatte unbändigen (sehr großen) Hunger

un|bar er beglich die Rechnung unbar (bargeldlos; per Überweisung oder mit Scheck); *Ggs.* bar

un|barm|her|zig die Zuschauer trieben den Läufer unbarmherzig an

un|be|dacht Unbedacht hat manches schon ans Licht gebracht *(Sprichwort)*

un|be|darft in Sachen Computer war er noch etwas unbedarft (unerfahren)

un|be|denk|lich

un|be|dingt du musst das unbedingt (auf jeden Fall) melden, er hätte nicht unbedingt mit dem Auto fahren müssen

un|be|fan|gen

un|be|fugt; Un|be|fug|te der/die, die Unbefugten: die Baustelle darf von Unbefugten nicht betreten werden

Unendlichkeit

un|be|greif|lich
un|be|grenzt bei jemandem unbegrenzt Kredit (*ugs.* große Freiheiten) haben
un|be|grün|det deine Zweifel sind unbegründet
un|be|hag|lich
un|be|hel|ligt
un|be|herrscht
un|be|hol|fen seine Bastelei war etwas unbeholfen (ungeschickt)
un|be|irr|bar: sie war unbeirrbar in ihrer Entscheidung; un|be|irrt er arbeitete unbeirrt weiter
un|be|kannt
un|be|küm|mert er bediente sich unbekümmert aus ihrem Kühlschrank
un|be|lehr|bar
un|be|liebt
un|be|merkt
un|be|nom|men es bleibt dir unbenommen, dagegen Einspruch zu erheben (du hast das Recht dazu)
un|be|quem
un|be|re|chen|bar sie war unberechenbar in ihren Entscheidungen
un|be|rührt der Sandstrand lag unberührt (noch nicht benutzt) vor uns, unberührt (jungfräulich) die Ehe eingehen
un|be|scha|det sie überstand das Zugunglück unbeschadet, unbeschadet (trotz) aller Erfahrungen nahm er den Job an
un|be|schol|ten sein Ruf als Kaufmann war unbescholten (untadelig)
un|be|schrankt ein unbeschrankter Bahnübergang
un|be|schränkt sie hatte unbeschränkten Zugang
un|be|schreib|lich
un|be|schwert ein unbeschwertes Lachen
un|be|se|hen etwas unbesehen (ohne es zu prüfen) kaufen
un|be|son|nen ein unbesonnenes Vorgehen
un|be|sorgt
un|be|stän|dig sie ist unbeständig in ihren Leistungen
un|be|stech|lich
un|be|stimmt sie trennten sich auf unbestimmte Zeit
un|be|streit|bar; un|be|strit|ten eine unbestreitbare / unbestrittene Tatsache
un|be|tei|ligt unbeteiligte Gaffer
un|beug|sam er hat einen unbeugsamen Willen
un|be|wäl|tigt eine unbewältigte (immer noch belastende) Kindheit
un|be|weg|lich ein unbewegliches Tor, der Dreikönigstag ist ein unbeweglicher Feiertag, er kam mit unbeweglicher (starrer) Miene auf sie zu, in seinem Denken er ist reichlich unbeweglich (geistig nicht flexibel, stur auf etwas beharrend)
un|be|zahl|bar
un|be|zähm|bar
Un|bill die: Unrecht, üble Behandlung
un|bot|mä|ßig der Schüler zeigte sich unbotmäßig gegen seinen Lehrer (war aufsässig)
un|brauch|bar
und na und (was macht das schon)?, und so fort / weiter, *Abk.* usf. / usw.
Un|dank der: Undank ist der Welt Lohn *(Sprichwort)*; un|dank|bar
Un|der|ground [andergraund] der *engl.*, des Undergrounds: Gruppe von Gleichgesinnten, die vor allem in der Musik- und Kunstszene gegen vorherrschende Auffassungen protestiert
Un|der|state|ment [anderstäjtment] das *engl.*, des/die Understatements: bewusstes Untertreiben, Herunterspielen
Un|ding das: es ist ein Unding (Unsinn), am Abend noch starken Kaffee zu trinken
un|duld|sam
un|durch|dring|lich der Nebel ist undurchdringlich
un|eben
un|echt
un|ehe|lich unehelich geboren sein (*veraltet, oft abwertend für* unverheiratete Eltern haben)
un|ehr|lich
un|ei|gen|nüt|zig sie pflegte den alten Mann uneigennützig
un|ei|nig
un|emp|find|lich
un|end|lich er tat mir unendlich leid, sie war unendlich traurig, *(math.)* von eins bis unendlich (*Zeichen* ∞), sie diskutierten bis ins Unendliche (konnten nicht aufhören); un|end|lich|mal *aber* un|end|li|che Mal / Ma|le; Un|end|lich|keit die

un|ent|behr|lich
un|ent|gelt|lich er arbeitet unentgeltlich (ohne Entgelt, ohne Bezahlung)
un|ent|schie|den das Fußballspiel endete unentschieden 2:2; Un|ent|schie|den das: ein torloses Unentschieden (0:0)
un|ent|wegt sie lachte unentwegt
un|er|bitt|lich
un|er|fah|ren
un|er|find|lich ein solches Benehmen ist mir unerfindlich (nicht erklärbar, unbegreiflich), aus unerfindlichen Gründen
un|er|freu|lich
un|er|gie|big
un|er|gründ|lich
un|er|heb|lich ohne Bedeutung, gering: die Kosten waren unerheblich
un|er|hört ihre Anschuldigung war unerhört (unglaublich), eine unerhörte (ungeheure) Menge Wasser überflutete das Land, er ist unerhört (ungewöhnlich) talentiert
un|er|klär|lich
un|er|läss|lich
un|er|mess|lich; Un|er|mess|li|che das
un|er|müd|lich
un|er|sätt|lich
un|er|schöpf|lich das Thema ist unerschöpflich
un|er|schro|cken sie stand ihm unerschrocken zur Seite
un|er|schüt|ter|lich
un|er|schwing|lich ein Notebook war für ihn unerschwinglich (nicht zu bezahlen)
un|er|setz|bar
un|er|sprieß|lich sie hatten eine unersprießliche (unerfreuliche, unnütze) Unterredung
un|er|träg|lich
un|er|war|tet
un|fä|hig
un|fair [unfär]: ihre Fahrweise war unfair (rücksichtslos), er machte eine unfaire (gemeine) Bemerkung, ein unfairer (unsportlicher) Kampf
Un|fall der; Un|fall|ver|hü|tung die; Un|fall|ver|si|che|rung die
un|fass|bar
un|fehl|bar
un|flä|tig eine unflätige (unanständige) Bemerkung
un|för|mig

un|freund|lich
Un|frie|de der
un|frucht|bar
Un|fug der, des Unfug(e)s
Un|gar der, die Ungarn; Un|ga|rin die, die Ungarinnen; un|ga|risch; Un|garn
un|ge|ahnt sie hatte noch ungeahnte (große) Kraftreserven
un|ge|bär|dig ein ungebärdiges (unangenehm freches, wildes) Kind
un|ge|be|ten
un|ge|bräuch|lich
un|ge|bun|den frei und ungebunden sein, ein ungebundenes (nicht gebundenes) Buch
un|ge|bühr|lich er benimmt sich sehr ungebührlich (ungehörig)
un|ge|deckt der Fußballspieler war nicht gedeckt (ohne Deckung), die Hütte stand noch ungedeckt (ohne Dach) im Garten, der Scheck war ungedeckt (der entsprechende Betrag nicht auf dem Konto)
un|ge|dul|dig
un|ge|fähr so ungefähr müsste es gehen, nicht von ungefähr (nicht zufällig, aus gutem Grund), eine ungefähre (nicht genaue) Darstellung
un|ge|hal|ten der Chef war ungehalten (verärgert)
Un|ge|heu|er das; un|ge|heu|er|lich ihre Behauptung ist ungeheuerlich (empörend)
un|ge|hö|rig nicht den guten Sitten entsprechend; sein Ton war ungehörig (vorlaut, frech)
un|ge|hor|sam; Un|ge|hor|sam der
un|ge|lenk eine ungelenke (steife, unbeholfene) Schrift haben
Un|ge|mach das; er erfuhr großes Ungemach (Ärger, Übel)
un|ge|mein das ärgert mich ungemein (ganz besonders), er ist ein ungemein (außerordentlich) guter Redner
un|ge|nau ungenaue Angaben
un|ge|niert [unscheniert]: er häufte sich ungeniert (zwanglos) Essen auf seinen Teller
un|ge|nieß|bar
un|ge|nü|gend sie war mit der Note „ungenügend" nicht zufrieden, sie hatte ein Ungenügend in Mathe

unmenschlich

un|ge|ra|de *(math.)* ungerade Zahlen
un|ge|ra|ten eine ungeratene Tochter
un|ge|recht; Un|ge|rech|tig|keit die
un|ge|rührt er fuhr ungerührt (gleichgültig) weiter
un|ge|schickt
un|ge|schlacht ein ungeschlachtes (massiges, riesiges) Pferd, er bewegte sich ungeschlacht (plump), ungeschlachtes (grobes, unhöfliches) Benehmen
un|ge|schminkt sie sagte ihm ungeschminkt (schonungslos) die Meinung
un|ge|scho|ren sie ließen ihn ungeschoren (unbehelligt); der Verbrecher kam ungeschoren (unbestraft) davon
un|ge|schrie|ben das Buch wäre besser ungeschrieben geblieben, es war ein ungeschriebenes Gesetz, Weihnachten zu Hause zu verbringen
un|ge|setz|lich
un|ge|stört
un|ge|stüm der Hund begrüßte sie ungestüm (stürmisch)
un|ge|trübt der Himmel war ungetrübt (wolkenlos), ihr Glück blieb lange ungetrübt
Un|ge|tüm das
un|ge|wiss ein Spiel mit ungewissem (offenem) Ausgang, sich noch ungewiss (noch nicht im Klaren) sein; er ließ sie lange im Ungewissen, eine Reise ins Ungewisse; Un|ge|wiss|heit die
un|ge|wöhn|lich
Un|ge|zie|fer das: tierische Schädlinge, z. B. Motten
un|ge|zo|gen
un|ge|zwun|gen sie begann mit ihm eine ungezwungene Unterhaltung
un|glaub|lich unglaubliche Geschichten
un|gleich sie waren ein ungleiches Paar
Un|glück das; un|glück|lich
un|gnä|dig sie bedachte mich mit einem ungnädigen Blick
un|gül|tig sein Fahrausweis war ungültig
un|güns|tig es herrschten ungünstige Windverhältnisse
un|gut sie hatte ein ungutes Gefühl
un|halt|bar er vertrat eine unhaltbare (nicht einleuchtende) Meinung; der Elfmeterschuss war unhaltbar (nicht zu halten)
Un|heil das: Unheil stiften

un|heim|lich so viel Glück war ihr fast unheimlich (nicht geheuer), ich fühle mich unheimlich (außerordentlich) gut
un|höf|lich frech
UNICEF die *engl.*: *Abk. für* United Nations International Children's Emergency Fund (Weltkinderhilfswerk der UNO)
Un|hold der, des Unhold(e)s: 1. Ungeheuer im Märchen 2. Sittlichkeitsverbrecher
uni [üni / üni] *franz.*: einfarbig, ungemustert; uni|far|ben
Uni die: Kurzwort für Universität; Uni|ver|si|tät die *lat.*: Hochschule
Uni|form die: einheitliche Dienstkleidung; uni|for|mie|ren vereinheitlichen, gleichförmig gestalten
Uni|on die *lat.*, die Unionen: Zusammenschluss, Bündnis, z. B. von Staaten; die Europäische Union
uni|ver|sal / uni|ver|sell *lat.*: weltweit, umfassend, allgemein, vielseitig; sie ist universell begabt
Uni|ver|sum das *lat.*: Weltall, Kosmos
Un|ke die: Krötenart

un|kennt|lich er machte seine Adresse unkenntlich (unleserlich)
un|klar
Un|kos|ten die
Un|kraut das
un|längst ich habe ihn unlängst (neulich) getroffen
un|lau|ter sie handelte aus unlauteren (unehrlichen, selbstsüchtigen) Gründen
un|leid|lich mein Sohn ist heute unleidlich (nörgelig, misslaunig)
un|leug|bar
un|lieb|sam er hatte den Ausflug in unliebsamer (unangenehmer) Erinnerung
Un|lust die, un|lus|tig
un|mä|ßig er trinkt unmäßig (maßlos)
Un|men|ge die, die Unmengen
Un|mensch der, des/die Unmenschen: er hatte den Ruf eines Unmenschen; un|mensch|lich er strengte sich unmenschlich (in sehr hohem Maß) an

un|merk|lich fast unmerklich war der Junge gewachsen

un|miss|ver|ständ|lich sie machte ihm ihre Abneigung unmissverständlich klar

un|mit|tel|bar sie schwebte in unmittelbarer (höchster) Lebensgefahr, er kaufte sich in unmittelbarer (nächster) Nachbarschaft ein Haus, ihr Weg führte sie unmittelbar (direkt) zu mir

un|mög|lich

Un|mut der: sie konnte ihren Unmut (ihr Missfallen) nicht verbergen

un|nach|gie|big er war unnachgiebig in seinen Forderungen

un|nach|sich|tig die Kinder befürchteten eine unnachsichtige Bestrafung

un|nah|bar sie zeigt sich unnahbar (abweisend)

un|na|tür|lich sie benahm sich unnatürlich (gekünstelt), er starb eines unnatürlichen (gewaltsamen) Todes

un|nö|tig sich unnötig aufregen; **un|nö|ti|ger|wei|se**

un|nütz am unnützesten

UNO die *engl.: Abk. für* United Nations Organization (die Vereinten Nationen)

un|päss|lich sie ist heute unpässlich (fühlt sich nicht wohl)

Un|rast die: innere Unruhe, Rastlosigkeit

Un|rat der: Abfall, Weggeworfenes

un|recht du tust mir unrecht; **Un|recht** das: jemanden zu Unrecht verdächtigen, ihr ist bitteres Unrecht widerfahren

> **unrecht / Unrecht:** Das Adjektiv wird kleingeschrieben: *Ihr Handeln war unrecht (= es war falsch).*
> Großgeschrieben wird das Substantiv: *Du bist im Unrecht. Ihm geschieht ein Unrecht.*
> In Verbindung mit *haben, geben, bekommen* ist Groß- oder Kleinschreibung möglich: *Sie hat Unrecht / unrecht. Da muss ich dir leider Unrecht / unrecht geben.*

un|red|lich ihre Absichten waren unredlich (nicht ehrlich)

un|re|gel|mä|ßig der Bus fuhr nur unregelmäßig, *(math.)* ein unregelmäßiges Viereck, sein Herz schlug unregelmäßig (in ungleichen Abständen), die Farbe war unregelmäßig aufgetragen

un|rein unreines (dreckiges, unsauberes) Wasser, *aber:* sie schrieb ihren Aufsatz erst einmal ins Unreine (als Entwurf)

un|ru|hig

uns wann sehen wir uns?; **un|ser** das ist unser Sohn, das ist unsere Tochter; **un|ser|ei|ner; un|ser|eins; un|se|res|glei|chen / uns|res|glei|chen; un|se|rer|seits / uns|rer|seits; un|se|ret|hal|ben / uns|ret|hal|ben; un|se|ret|wil|len / uns|ret|wil|len** sie wird es um unseretwillen (uns zuliebe) tun

un|sach|lich sie machte ein unsachliche (nicht zum Thema gehörende) Bemerkung

un|sag|bar der Krieg brachte unsagbares Leid; **un|säg|lich**

un|sanft ich wurde unsanft geweckt

un|sau|ber

un|schätz|bar eine Bildersammlung von unschätzbarem Wert

un|schein|bar er war ein unscheinbarer Mann (fiel nicht auf)

un|schlag|bar nicht zu besiegen

un|schlüs|sig sie blieb unschlüssig (unentschlossen) stehen

Un|schuld die; **un|schul|dig**

un|schwer das ist unschwer (mühelos) zu begreifen

un|selbst|stän|dig / un|selb|stän|dig das Mädchen war mit ihren 16 Jahren noch sehr unselbstständig

un|se|lig etwas nimmt ein unseliges (übles, unglückseliges) Ende

un|si|cher

un|sicht|bar

Un|sinn der; **un|sin|nig** sein Vorhaben war unsinnig (töricht, dumm), er bekommt ein unsinnig hohes Gehalt; **un|sin|ni|ger|wei|se**

Un|sit|te die, die Unsitten: sie hatte die Unsitte (schlechte Angewohnheit), immer zu spät zu kommen; **un|sitt|lich** er benahm sich ihr gegenüber unsittlich (unanständig, sexuell aufdringlich)

un|statt|haft ohne Führerschein zu fahren ist unstatthaft (nicht erlaubt)

un|sterb|lich die unsterbliche (unvergängliche) Musik von Beethoven, sie schämte sich unsterblich (über die Maßen) für das, was sie getan hatte; **Un|sterb|lich|keit** die

un|stet sie war sehr unstet (innerlich unruhig, unbeständig) in ihrem Verhalten; er hatte einen unsteten (ruhelosen, gehetzten) Blick

un|stim|mig eine unstimmige Erörterung

un|strei|tig unbestreitbar, sicher; **un|strit|tig** ein unstrittiges Ergebnis

Un|sum|me die: der Hausbau verschlang Unsummen

un|ta|de|lig / un|tad|lig am untad(e)ligsten

Un|tat die, die Untaten: er wurde für seine Untat (sein Verbrechen) verurteilt; **un|tä|tig** untätig herumsitzen

un|taug|lich er wurde als untauglich für den Wehrdienst befunden

un|ten im Regal unten rechts, ich komme nach unten, siehe unten, *Abk.* s. u.

un|ter zwei Grad unter null, Jugendliche unter 15 Jahren, unter Lebensgefahr, sie kroch unter das Auto; **un|ter|des / un|ter|des|sen** warte unterdessen (inzwischen, einstweilen)!; **un|ter|halb** er hat eine Schramme unterhalb des Knies; **un|terst** in der untersten Schublade; *aber:* das Unterste zuoberst kehren

Un|ter|be|schäf|ti|gung die

un|ter|be|wusst; Un|ter|be|wusst|sein das

un|ter|bin|den (→ binden): Klatsch und Tratsch müssen unterbunden (verhindert, aufgehalten) werden

un|ter|blei|ben (→ bleiben)

un|ter|bre|chen (→ brechen)

un|ter|brei|ten

un|ter|brin|gen (→ bringen)

un|ter|drü|cken das Volk wurde unterdrückt, sie unterdrückte ein Gähnen

un|ter|ei|nan|der *oder* un|ter|ein|an|der: sie besprachen das untereinander (unter sich); **un|ter|ei|nan|der|schrei|ben** *oder* un|ter|ein|an|der|schrei|ben

un|ter|er|nährt; Un|ter|er|näh|rung die

Un|ter|fan|gen das: ein gefährliches Unterfangen (Vorhaben, Unternehmen)

un|ter|for|dern

Un|ter|füh|rung die: eine Bahnunterführung

Un|ter|gang der; **un|ter|ge|hen** (→ gehen)

Un|ter|ge|bei|ne der/die

Un|ter|grund der, des Untergrund(e)s, die Untergründe: lehmiger Untergrund (Bodenschicht aus Lehm), der Terrorist war in den Untergrund abgetaucht (außerhalb der Gesellschaft); **Un|ter|grund|be|we|gung** die: politische Bewegung, die verdeckt aus dem Untergrund gegen die bestehende Gesellschaft arbeitet

Un|ter|halt der: er kommt für den Unterhalt (Lebensunterhalt) seiner Familie auf; **un|ter|hal|ten** (→ halten): sich angeregt unterhalten (mit jemandem reden), sie unterhält (pflegt) viele Kontakte, sie unterhält uns (vertreibt uns die Zeit) mit Witzen, er unterhält seine Kinder (sorgt für sie); **un|ter|halt|sam** ein unterhaltsamer Film; **Un|ter|hal|tung** die; **Un|ter|hal|tungs|mu|sik** die, *kurz* U-Musik

Un|ter|holz das: niedriges Gehölz im Wald

un|ter|ir|disch eine unterirdische Bahn

un|ter|jo|chen der neue Herrscher unterjochte (unterdrückte) das Volk

Un|ter|kie|fer der

un|ter|kom|men (→ kommen): er konnte in keinem Hotel unterkommen (fand nirgends ein Zimmer), so eine Dummheit ist mir schon lange nicht mehr untergekommen (begegnet)

un|ter|kühlt er wurde total unterkühlt aus dem Wasser gezogen, sie wirkte etwas unterkühlt (gefühllos, kalt); **Un|ter|küh|lung** die

Un|ter|kunft die

Un|ter|la|ge die

Un|ter|lass der, des Unterlasses: es regnete ohne Unterlass (ununterbrochen); **un|ter|las|sen** (→ lassen): er hatte es unterlassen, zu helfen

un|ter|le|gen sie hat die Vase mit Filz unterlegt (Filz auf die Unterseite geklebt); **un|ter|le|gen** er ist ihr unterlegen (schwächer als sie); **un|ter|le|gen** sie hat ihm ein Kissen untergelegt (unter ihn gelegt); **Un|ter|le|ge|ne** der/die; **un|ter|lie|gen** (→ liegen): er unterlag in diesem Kampf (verlor ihn), er ist starken Willensschwankungen unterlegen (ausgesetzt)

un|ter|ma|len ihr Vortrag wurde von klassischer Musik untermalt

un|ter|mau|ern die Burg war fest untermauert (mit Grundmauern abgesichert), er konnte seine Aussage mit Beweisen untermauern (stützen)

Untermiete

Un|ter|mie|te die; **Un|ter|mie|ter** der; **Un|ter|mie|te|rin** die
un|ter|neh|men (→ nehmen): was habt ihr unternommen?; **Un|ter|neh|men** das; **Un|ter|neh|mer** der; **Un|ter|neh|mungs|geist** der; **un|ter|neh|mungs|lus|tig**
un|ter|ord|nen sie wollte sich nicht unterordnen, das ist eine untergeordnete (weniger wichtige) Frage
Un|ter|pfand das, des Unterpfand(e)s, die Unterpfande: als Unterpfand (Beweis) seiner Liebe schickte er täglich Blumen
Un|ter|re|dung die
Un|ter|richt der; **un|ter|rich|ten**
Un|ter|rock der
un|ter|sa|gen das Betreten der Baustelle ist untersagt (verboten)
Un|ter|satz der
un|ter|schät|zen er hatte seinen Gegner unterschätzt, seine Schlagkraft ist nicht zu unterschätzen
un|ter|schei|den (→ scheiden); **Un|ter|schied** der; **un|ter|schied|lich**; **un|ter|schieds|los** ohne Unterschied
un|ter|schie|ben (→ schieben): sie wollten ihm den Diebstahl unterschieben (ihm zuschreiben, obwohl er ihn nicht begangen hat)
un|ter|schla|gen (→ schlagen): er hat eine Summe unterschlagen (andere um das ihm anvertraute Geld betrogen)
Un|ter|schlupf der, des Unterschlupf(e)s: jemandem Unterschlupf (Zuflucht) gewähren
un|ter|schrei|ben (→ schreiben); **Un|ter|schrift** die
un|ter|schwel|lig unbewusst wirkend, verdeckt; unterschwellige Ängste
un|ter|setzt ein untersetzter (stämmiger) Typ
Un|ter|stand der, des Unterstand(e)s, die Unterstände: er fand einen Unterstand (Unterschlupf) im Wald
un|ter|stel|len ihr wurden böse Absichten unterstellt (unberechtigt vorgeworfen); **un|ter|stel|len** die Möbel wurden im Keller untergestellt (abgestellt)
un|ter|strei|chen (→ streichen)
un|ter|stüt|zen; **Un|ter|stüt|zung** die
un|ter|su|chen
Un|ter|ta|ge|bau der: unterirdischer Bergbau
un|ter|tan jemandem untertan (von jemandem abhängig, beherrscht) sein; **Un|ter|tan** der: die Untertanen des Königs; **un|ter|tä|nig**; **Un|ter|ta|nin** die
Un|ter|teil das/der; **un|ter|tei|len**
un|ter|trei|ben (→ treiben)
un|ter|wan|dern zerstörerisch in etwas eindringen; das Holzhaus war von Termiten unterwandert
un|ter|wegs sie ist seit Tagen unterwegs
un|ter|wei|sen (→ weisen)
Un|ter|welt die: 1. das Reich der Toten 2. zwielichtige, verbrecherische Gesellschaft; er trieb sich in der Unterwelt seiner Heimatstadt herum
un|ter|wer|fen (→ werfen); **un|ter|wür|fig** würdelos, ergeben; **Un|ter|wür|fig|keit** die
un|ter|zeich|nen das Protokoll wurde unterzeichnet
Un|tie|fe die: 1. sehr große Tiefe, die Untiefen des Ozeans 2. flache Stelle, z.B. in einem See
un|trag|bar durch seine Sturheit war er für seine Partei untragbar geworden
un|treu; **Un|treue** die: „Untreue ist auch Dieberei" (Martin Luther)
un|trüg|lich untrügliche (sichere, nicht zu übersehende) Anzeichen für seine Mitschuld
un|über|legt du kaufst unüberlegt ein
un|über|seh|bar das Warenangebot war unübersehbar groß
un|über|sicht|lich sie befand sich in unübersichtlichem Gelände
un|um|gäng|lich unbedingt erforderlich, nicht zu umgehen
un|um|schränkt der König herrschte unumschränkt
un|um|stöß|lich meine Meinung ist unumstößlich
un|um|wun|den er redete unumwunden (frei, ohne Umschweife)
un|un|ter|bro|chen
un|ver|äu|ßer|lich unveräußerliche (nicht zu verkaufende) Kunstschätze, zu den unveräußerlichen Rechten einer Demokratie gehört die Meinungsfreiheit
un|ver|bes|ser|lich sie ist eine unverbesserliche Träumerin
un|ver|bind|lich ein unverbindliches (zu nichts verpflichtendes) Angebot

un|ver|bleit unverbleites (bleifreies) Benzin tanken

un|ver|blümt sie kam unverblümt (offen) darauf zu sprechen

un|ver|brüch|lich er gelobte ihr unverbrüchliches (ewiges) Treusein

un|ver|dient

un|ver|dros|sen er suchte unverdrossen weiter nach einem Parkplatz

un|ver|ein|bar dein Benehmen ist mit meinen Ansichten unvereinbar

un|ver|fäng|lich sie stellte eine unverfängliche (harmlose) Frage

un|ver|fro|ren er fuhr mit seinem Auto unverfroren (rücksichtslos) über den Gehweg

un|ver|gess|lich

un|ver|gleich|lich sie kocht unvergleichlich (sehr gut)

un|ver|hält|nis|mä|ßig die Strafe fiel unverhältnismäßig streng aus

un|ver|hofft ein unverhofftes Wiedersehen

un|ver|hoh|len er erwartete sie mit unverhohlener (offen gezeigter, unverhüllter) Angst

un|ver|meid|bar; un|ver|meid|lich

un|ver|min|dert mit unverminderter Geschwindigkeit

un|ver|mit|telt sie beendete unvermittelt (ohne Ankündigung) unser Telefonat

Un|ver|mö|gen das; **un|ver|mö|gend**

un|ver|mu|tet er war unvermutet (plötzlich) aufgetaucht

Un|ver|nunft die; **un|ver|nünf|tig**

un|ver|rich|tet sie verließ die Behörde unverrichteter Dinge (ohne etwas erreicht zu haben)

un|ver|schämt; Un|ver|schämt|heit die

un|ver|se|hens er tauchte unversehens (plötzlich, unerwartet) auf

un|ver|sehrt die Zugreisenden blieben bei dem Unfall unversehrt

Un|ver|stand der: „Der Unverstand ist die unbesiegbarste Macht auf der Erde" *(G. Ch. Lichtenberg)*; **un|ver|stän|dig** noch nicht den nötigen Verstand habend; **un|ver|ständ|lich**

un|ver|wandt sie starrte ihn unverwandt (längere Zeit) an

un|ver|wech|sel|bar sie ist unverwechselbar seine Tochter

un|ver|wüst|lich der Stoff ist unverwüstlich

un|ver|züg|lich sofort

un|voll|stän|dig

un|vor|ein|ge|nom|men sie konnte ihm unvoreingenommen (ohne Vorbehalte) begegnen

un|vor|her|ge|se|hen; un|vor|her|seh|bar

un|wahr; Un|wahr|heit die

un|weg|sam eine unwegsame Gegend

un|wei|ger|lich er musste unweigerlich lachen (konnte es nicht vermeiden)

un|weit er traf sie unweit (nicht weit von) seiner Wohnung

Un|we|sen das: der Lehrer setzte dem Unwesen (Unfug) in der Klasse ein Ende, der Fahrraddieb hatte seit Wochen sein Unwesen getrieben

un|we|sent|lich

un|wich|tig

un|wi|der|ruf|lich mein Entschluss ist unwiderruflich (endgültig)

un|wi|der|steh|lich

un|wie|der|bring|lich

Un|wil|le der; **un|wil|lig** sie folgte seiner Anordnung unwillig; **un|will|kür|lich** sie wich unwillkürlich (ohne es zu wollen) einen Schritt zurück

un|wirk|lich sie empfand die Begegnung als unwirklich; **un|wirk|sam** das Medikament ist unwirksam

un|wirsch mürrisch, unfreundlich

un|wirt|lich das Hotelzimmer war unwirtlich (ungemütlich)

un|wis|send; Un|wis|sen|heit die

un|wohl ihm war bei dieser Sache unwohl (er fühlte sich nicht wohl dabei)

un|zäh|lig er versuchte es unzählige Mal(e)

Un|ze die *lat.*, der Unze, die Unzen: Gewicht (28,35 g)

Un|zeit die: sie traf zur Unzeit (zu einem unpassenden Zeitpunkt) bei mir ein; **un|zeit|ge|mäß** nicht in die Zeit passend, unmodern

un|zie|mend; un|ziem|lich ein unziemliches (ungehöriges) Benehmen

Un|zucht die, **un|züch|tig** unanständig, sexuell anstößig

un|zu|frie|den

un|zu|gäng|lich die Burgruine war unzugänglich, ein unzugänglicher Mensch

unzulänglich

un|zu|läng|lich er war nur unzulänglich (nicht ausreichend) ausgebildet
un|zu|läs|sig nicht erlaubt
un|zu|rech|nungs|fä|hig er galt als unzurechnungsfähig (unberechenbar in seinem Verhalten)
un|zu|rei|chend unzureichende Verpflegung
un|zu|tref|fend eine unzutreffende Bemerkung, *aber:* Unzutreffendes bitte durchstreichen
Up|date [ạpdäjt] das *engl.,* des/die Updates: die verbesserte Ausgabe eines Computerprogramms oder einer -datei
üp|pig eine üppige (verschwenderische) Blütenpracht; **Üp|pig|keit** die
up to date [ap tu däjt] *engl.:* auf dem neuesten Stand sein, zeitgemäß
Ur der: Auerochse

Ur|ab|stim|mung die: Abstimmung aller Betroffenen, Beteiligten
Ur|ahn / Ur|ah|ne der: Vorfahr; **Ur|ah|ne** die: Vorfahrin; **Ur|groß|el|tern** die; **Ur|groß|mut|ter** die; **Ur|groß|va|ter** der
ur|alt
Uran das: radioaktives Schwermetall, chemischer Grundstoff; *Zeichen* U; **Uran|berg|werk** das
Ur|auf|füh|rung die: erste Aufführung, Premiere eines Theaterstücks oder Musikwerkes
ur|bar anbaufähig, ein Stück Land urbar machen / urbarmachen; **ur|ba|ri|sie|ren** *schweiz.;* **Ur|bar|ma|chung** die
Ur|ein|woh|ner der; **Ur|ein|woh|ne|rin** die
Ur|fas|sung die: Erstfassung eines Musikstücks oder eines Werkes der Literatur
ur|ge|müt|lich er fand die Kneipe urgemütlich (sehr anheimelnd)
Ur|he|ber der; **Ur|he|be|rin** die; **Ur|he|ber|recht** das; **ur|he|ber|recht|lich**

urig ein uriger (origineller) Typ
Urin der *lat.:* Harn
Ur|kun|de die: amtliches Schriftstück, Dokument; **ur|kund|lich**
Ur|laub der; **Ur|lau|ber** der; **Ur|lau|be|rin** die; **ur|laubs|reif;** **Ur|laubs|rei|se** die
Ur|ne die *lat.:* Tongefäß, in dem die Asche einer / eines Verstorbenen aufbewahrt wird; Wahlurne
Ur|sa|che die; **ur|säch|lich**
Ur|schrift die: Original eines Schriftstücks; **ur|schrift|lich**
Ur|sprung der; **ur|sprüng|lich** anfänglich, zuerst
Ur|teil das; **ur|tei|len;** **ur|teils|los**
ur|tüm|lich aus Urzeiten stammend, unverbildet
Uru|gu|ay; Uru|gu|a|y|er der/die; **Uru|gu|a|ye|rin** die, die Urugayerinnen; **uru|gu|a|yisch**
Ur|wald der
ur|wüch|sig ein urwüchsiger (nicht gekünstelter, unverfälschter) Dialekt
Ur|zeit die: vor Urzeiten (vor unendlich langer Zeit)
USA die *engl.: Abk. für* United States of America (Vereinigte Staaten von Amerika)
Us|be|ke der, die Usbeken; **Us|be|kin** die, die Usbekinnen; **us|be|kisch;** **Us|be|kis|tan**
User [jụser] der *engl.* des Users, die User: 1. *ugs.* Person, die drogensüchtig ist 2. jemand, der am Computer arbeitet
usf. *Abk. für* und so fort
usw. *Abk. für* und so weiter
Uten|sil das *lat.,* die Utensilien: Gebrauchsgegenstand, z. B. Schreibutensilien
Uto|pie die *griech.,* die Utopien: undurchführbarer Plan, (noch) nicht zu verwirklichende Idee, Wunschvorstellung; **uto|pisch** fantastisch, erträumt, (noch) unerfüllbar; seine Wünsche erwiesen sich als utopisch
u. U. *Abk. für* unter Umständen
UV *Abk. für* ultraviolett; **UV-be|strahlt;** **UV-Stra|hlen** die; **UV-Strah|lung** die
u. v. a. *Abk. für* und viele(s) andere
u. W. *Abk. für* unseres Wissens
Ü-Wa|gen der: *Kurzwort für* Übertragungs**wagen**

V

Va|ga|bund der *franz.*, des/die Vagabunden: Landstreicher; **va|ga|bun|die|ren** ohne festen Wohnsitz umherziehen

va|ge *franz.*: unbestimmt, ungenau, undeutlich

Va|gi|na die *lat.*: Scheide; **va|gi|nal**

va|kant *lat.*: offen, unbesetzt, frei; er bewarb sich um die vakante Stelle

Va|ku|um das *lat.*, die Vakua / Vakuen: luftleerer Raum, Leere

Va|lu|ta die *ital.*, die Valuten: 1. Wertstellung einer Buchung auf einem Konto 2. ausländische Währung

Vam|pir der *serb.*, die Vampire: tropische Fledermausart, die Blut saugt

Van|da|le → **Wan|da|le** der

Va|nil|le [wanil(j)e] die *lat.*: tropische Pflanze, aus deren Schote gewonnenes Gewürz; **Va|nil|le|zu|cker** der

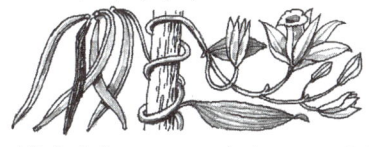

va|ri|a|bel *franz.*: veränderbar, wandelbar, schwankend; **Va|ri|an|te** die *lat.*: abweichende Form, Abart, Spielart; **Va|ri|a|ti|on** die *franz.*: Abwandlung, Veränderung, Abweichung; **va|ri|ie|ren**

Va|sall der *franz.*, des/die Vasallen: im Mittelalter ein königlicher Gefolgsmann, der mit einem Lehen beschenkt wurde

Va|se die *franz.*: Blumenvase

Va|ter der, die Väter; **Va|ter|land** das; **vä|ter|lich**; **Va|ter|un|ser** das

Va|ti|kan der *lat.*: Papstresidenz in Rom, die päpstliche Regierung; **va|ti|ka|nisch**; **Va|ti|kan|stadt** die

Ve|ge|ta|ri|er der *lat.*: jemand, der sich nur von pflanzlicher Kost ernährt; **Ve|ge|ta|ri|e|rin** die; **ve|ge|ta|risch**; **Ve|ge|ta|ti|on** die: Pflanzenwuchs oder -bestand; **ve|ge|ta|tiv** 1. ungeschlechtlich; vegetative Vermehrung 2. nicht dem Willen unterliegend, unbewusst ablaufend; das vegetative Nervensystem; **ve|ge|tie|ren** kümmerlich leben

ve|he|ment *lat.*: stürmisch, heftig; sie diskutierte vehement (leidenschaftlich) mit ihm; **Ve|he|menz** die

Ve|hi|kel das *lat.*: altmodisches, schlechtes Fahrzeug

Veil|chen das *lat.*: Frühlingsblume; **veil|chen|blau**

Vek|tor der *lat.*, des Vektors, die Vektoren: *(Math., Phys.)* Größe einer Ebene oder eines Raumes, die durch Betrags- oder Richtungsangaben festgelegt werden kann (dargestellt als Pfeil)

Ve|lours [welur] der *franz.*: Samtgewebe

Ve|ne die *lat.*: Blutader

Ve|ne|zo|la|ner der/die; **Ve|ne|zo|la|ne|rin** die, die Venezolanerinnen; **ve|ne|zo|la|nisch**; **Ve|ne|zu|e|la**; **Ve|ne|zu|e|ler** der/die; **Ve|ne|zu|e|le|rin** die, die Venezuelerinnen; **ve|ne|zu|e|lisch**

Ven|til das *lat.*, die Ventile: Absperrvorrichtung für Gase und Flüssigkeiten; sie suchte ein Ventil für ihren Zorn (eine Möglichkeit, sich abzureagieren); **Ven|ti|la|ti|on** die: Belüftung; **Ven|ti|la|tor** der, die Ventilatoren: Lüfter

Ve|nus die *lat.*: römische Liebesgöttin, nach ihr benannter Planet

ver|ab|re|den auf ein verabredetes Zeichen hin, ein Treffen verabreden

ver|ab|scheu|en sie verabscheute Spinnen

ver|ab|schie|den ich möchte mich noch verabschieden, die Gäste wurden an der Haustür verabschiedet

ver|ach|ten; **ver|ächt|lich** sie sah ihn verächtlich an; **Ver|ach|tung** die

ver|all|ge|mei|nern

ver|al|tet eine veraltete (altmodische) Methode

Ve|ran|da die *engl.*, die Veranden: überdachter Hausvorbau

ver|än|der|lich; **ver|än|dern**; **Ver|än|de|rung** die

ver|ängs|tigt das Kind versteckte sich verängstigt unter der Treppe

ver|an|la|gen er wurde vom Finanzamt mit 50 000 Euro veranlagt (er soll diesen Betrag versteuern); **ver|an|lagt** sie ist praktisch veranlagt; **Ver|an|la|gung** die: 1. Steuerveranlagung 2. menschliche Eigenart, Fähigkeit, Neigung

ver|an|las|sen er sah sich veranlasst, Anzeige zu erstatten, sie wird das Nötige veranlassen; **Ver|an|las|sung** die: du hast keine Veranlassung (keinen Anlass, keinen Grund), traurig zu sein

ver|an|schau|li|chen er veranschaulichte seine Idee mit einem Tafelbild

ver|an|schla|gen für Miete veranschlagte er monatlich 700 Euro (plante er ein)

ver|an|stal|ten ein Konzert veranstalten

ver|ant|wor|ten; ver|ant|wort|lich; ver|ant|wor|tungs|be|wusst; ver|ant|wor|tungs|los

ver|äp|peln sie fühlte sich von ihm veräppelt (veralbert)

ver|ar|gen ich kann dir deine Wut nicht verargen (nicht übel nehmen)

ver|är|gern sie ging verärgert weg; **Ver|är|ge|rung** die

ver|arz|ten die Verletzten sind verarztet

ver|äu|ßern alles veräußern (verkaufen)

ver|aus|ga|ben sich im Urlaub verausgaben (zu viel Geld verbrauchen), sich kräftemäßig verausgaben (sich überanstrengen)

Verb das *lat.*, die Verben: das Zeitwort, Tätigkeitswort. Hier handelt es sich um die wohl wichtigste Wortart: Das Verb bestimmt den Satzbau (→ Satz) und liefert eine Menge Informationen. Dazu bildet es drei verschiedene Personalformen – jeweils im → Singular und im Plural – in sechs verschiedenen Zeitformen (→ Tempus), → in Aktiv und Passiv sowie in drei verschiedenen Modi (→ Modus).

Wir können die Verben nach mehreren Gesichtspunkten einteilen, z. B. in → Hilfsverben, → Modalverben und Vollverben (das sind alle anderen). Oder in transitive und intransitive Verben (→ Kasus). Und reflexive Verben gibt es auch noch: Sie müssen in der dritten Person ein „sich" haben (in den anderen Personen ein „mich", „dich", „uns", „euch"): „Ich bedanke mich und er bedankt sich auch."

Viele Verben können durch Vorsilben ihre Bedeutung verändern: Von „kaufen" kann man z. B. bilden „verkaufen", „abkaufen", „einkaufen", „zurückkaufen" usw. Bei der → Konjugation werden die Vorsilben getrennt, die im Infinitiv betont sind: „einkaufen – ich kaufe ein", *aber*: „verkaufen – ich verkaufe". Eine Ausnahme bildet „missverstehen": Wer die Form „ich verstehe miss" für richtig hält, unterliegt einem Missverständnis. Bei manchen Verben kann man durch ein „l" so etwas wie eine Verkleinerung zum Ausdruck bringen: „lachen – lächeln", „tropfen – tröpfeln".

---

ver|ball|hor|nen (nach dem Buchdrucker Ballhorn, 16. Jh.): ein Wort oder eine Redewendung vermeintlich richtigstellen, es aber tatsächlich noch mehr entstellen; **Ver|ball|hor|nung** die

Ver|band der, des Verband(e)s, die Verbände: 1. Wundschutz, Binde 2. Zusammenschluss von Personen oder Vereinigungen mit gleichen Interessen, z. B. der Deutsche Bauernverband 3. Zusammenschluss militärischer Einheiten;

ver|bin|den (→ binden): uns verbindet eine herzliche Freundschaft, jemanden telefonisch verbinden, jemanden verbinden (jdm. einen Verband anlegen); **ver|bind|lich** sie lächelte verbindlich (liebenswürdig, freundlich), eine verbindliche (feste) Zusage; **Ver|bund** der; **Ver|bün|den** sich; **Ver|bün|de|te** der/die

ver|ban|nen sie verbannte ihn aus ihrem Gedächtnis; **Ver|ban|nung** die

ver|bar|ri|ka|die|ren etwas versperren, unpassierbar machen; die Streikenden verbarrikadierten das Firmentor

ver|bau|en das Neubauviertel war total verbaut (verunstaltet) worden, viele Tonnen Stahl wurden verbaut (zum Bauen verwendet), er verbaute (zerstörte) sich durch sein Verhalten seine Karriere, **Ver|bau|ung** die

ver|ber|gen (→ bergen)

ver|bes|sern
ver|beu|gen sich
ver|bie|ten (→ bieten); **Ver|bot** das, des Verbot(e)s, die Verbote
ver|bin|den → **Ver|band**; **ver|bind|lich** er gab sich verbindlich (liebenswürdig, freundlich), eine verbindliche (bindende) Aussage; **Ver|bind|lich|keit** die
ver|bis|sen am verbissensten: hartnäckig
ver|bit|ten sich (→ bitten): er verbat sich diesen unfreundlichen Ton
ver|bit|tern sie ist eine verbitterte Frau
Ver|bleib der: über seinen Verbleib (Aufenthaltsort) ist nichts bekannt; **ver|blei|ben** (→ bleiben)
ver|blei|chen es verbleicht, es verblich, verblichen, es verbliche: der Stoff verbleicht (verblasst), verblichener (erloschener) Ruhm; **Ver|bli|che|ne** der/die: der/die Verstorbene
ver|blüf|fen eine verblüffende (überraschende, erstaunliche) Lösung
ver|blü|hen
ver|bohrt sie hat verbohrte (ugs. starre) Ansichten, er verhält sich verbohrt (ugs. uneinsichtig, starrköpfig)
ver|bor|gen einen verborgenen Schatz suchen, es blieb ihr nicht verborgen, ein verborgener Wesenszug, aber: im Verborgenen (Geheimen) arbeiten
ver|brä|men einen Kostümkragen mit Pelz verbrämen (besetzen)
Ver|brauch der; **ver|brau|chen**; **Ver|brau|cher** der; **Ver|brau|che|rin** die; **Ver|brau|cher|schutz** der: staatliche Schutzmaßnahmen für den Käufer vor zu großer Macht der Anbieter; **Verbrauchs|gü|ter** die: Güter, die von den Menschen unmittelbar verbraucht werden, z. B. Fleisch; Ggs. Gebrauchsgüter
Ver|bre|chen das; **Ver|bre|cher** der; **ver|bre|che|risch**
ver|brei|ten ein Gerücht verbreiten; **Verbrei|tung** die
ver|brei|tern der Gehweg wird verbreitert; **Ver|brei|te|rung** die
ver|bren|nen ich will mir nicht die Finger verbrennen (ugs. mir nicht selbst schaden)
ver|bür|gen sich: ich verbürge mich für seine Ehrlichkeit (stehe dafür ein), seine Rechte sind verbürgt (garantiert)

ver|bü|ßen eine Strafe verbüßen
Ver|dacht der; **ver|däch|tig**; **ver|däch|ti|gen**
ver|dam|men; **Ver|damm|nis** die, die Verdammnisse: die ewige Verdammnis (Hölle, das Verworfensein von Gott); **Ver|dam|mung** die
ver|damp|fen
ver|dat|tert sie suchte verdattert (verwirrt) nach einer Antwort
ver|dau|en; **ver|dau|lich**; **Ver|dau|ung** die; **Ver|dau|ungs|en|zym** das; **Ver|dau|ungs|or|gan** das
Ver|deck das, die Verdecke: Autoverdeck
ver|den|ken er konnte ihr das nicht verdenken (verübeln)
ver|der|ben du verdirbst, er verdarb, verdorben, er verdürbe, verdirb!; **Ver|der|ben** das: er lief in sein Verderben (Unglück); **ver|derb|lich** rasch verderbliche Lebensmittel
ver|deut|li|chen erläutern
ver|die|nen; **Ver|dienst** das: ihre großen Verdienste (anerkennenswerten Leistungen) als Wissenschaftlerin; **Verdienst** der: Einkommen
Ver|dikt das lat., des Verdikt(e)s, die Verdikte: Urteil, Entscheidung
ver|din|gen sich: veraltet für eine Arbeit annehmen; er verdingte sich als Gehilfe in einer Bäckerei
ver|don|nern die Mutter verdonnerte (ugs. verurteilte) ihre Kinder zur Hausarbeit
ver|dop|peln seinen Einsatz verdoppeln; **Ver|dop|pe|lung / Ver|dopp|lung** die
ver|dor|ren ein verdorrter Ast
ver|drän|gen; **Ver|drän|gung** die
ver|dre|hen er hat sich den Fuß verdreht, viele Meter Film verdrehen (verbrauchen), jemandem die Worte verdrehen (etwas bewusst falsch wiedergeben), sie ist eine etwas verdrehte (leicht verrückte) Person
ver|drei|fa|chen
ver|drie|ßen du verdrießt, sie verdross, verdrossen (selten er verdrösse); **verdrieß|lich** missmutig; **Ver|druss** der
ver|drü|cken er konnte fünf Pfannkuchen auf einmal verdrücken (ugs. essen), sie verdrückte (ugs. entfernte) sich ungesehen

ver|duf|ten verdufte endlich! (*ugs.* geh endlich)
ver|dum|men manche behaupten, dass viel Fernsehen verdummt (geistig abstumpfen lässt); **Ver|dum|mung** die
ver|dun|keln der Himmel verdunkelte sich; **Ver|dun|ke|lung / Ver|dunk|lung** die
ver|dün|nen; Ver|dün|nung die
ver|duns|ten (*selten* verdünsten); **Ver|duns|ter** der: Luftbefeuchter; **Ver|duns|tung** die (*selten* Verdünstung)
ver|durs|ten
ver|düs|tern die Wolken verdüsterten den Himmel, sein Gesicht verdüsterte sich
ver|dut|zen der Hinweis verdutzte (verwirrte) ihn; **Ver|dutzt|heit** die
ver|eb|ben der Lärm verebbte (ließ allmählich nach)
ver|edeln veredelte Rosen; **Ver|ede|lung** die

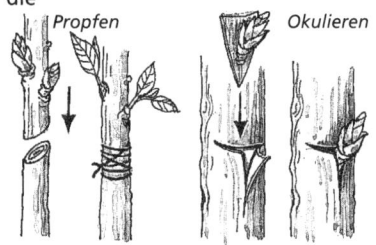

Propfen   *Okulieren*

ver|eh|ren er verehrte (schenkte) mir eine Theaterkarte; **Ver|eh|rer** der; **Ver|eh|re|rin** die
ver|ei|di|gen der Zeuge wurde auf die Bibel vereidigt, ein vereidigter Wirtschaftsprüfer wurde eingesetzt
Ver|ein der; **ver|ei|nen** mit vereinten Kräften; **ver|ei|ni|gen; Ver|ei|ni|gung** die
ver|ein|ba|ren ein Treffen vereinbaren
ver|ein|fa|chen eine sehr vereinfachte Methode
ver|ei|nigt; Ver|ei|nig|te A|ra|bi|sche E|mi|ra|te die; **Ver|ei|nig|te Staa|ten von A|me|ri|ka** die; **Ver|ei|nig|tes Kö|nig|reich Groß|bri|tan|ni|en und Nord|ir|land; Ver|ei|ni|gung** die: die Vereinigung der beiden deutschen Staaten
ver|ein|sa|men; er starb vereinsamt; **Ver|ein|sa|mung** die
ver|ein|zeln Pflanzenschösslinge auseinandersetzen; **ver|ein|zelt** vereinzelte (einzelne, wenige) Regenschauer

ver|ei|sen vereiste Straßen
ver|ei|teln verhindern; **Ver|ei|te|lung / Ver|eit|lung** die
ver|en|den das Pferd war verendet
ver|en|gen der Weg verengt sich; **ver|en|gern** ich verengere den Abstand
ver|er|ben; Ver|er|bung die
ver|ewi|gen mit diesem Buch hat sie sich verewigt (unvergesslich gemacht), sie hat sich im Gästebuch verewigt (ihren Namen hineingeschrieben)
ver|fah|ren (→ fahren): er hat sich verfahren (den richtigen Weg verfehlt), er verfuhr (handelte) rücksichtslos; **Ver|fah|ren** das: 1. Methode, z. B. ein technisches Verfahren 2. Vorgang zur Aufklärung von Rechtsfällen, Gerichtsverfahren
Ver|fall der; **ver|fal|len** (→ fallen): ein verfallenes (baufälliges) Haus, der Kranke verfiel von Tag zu Tag (wurde immer schwächer), sie verfiel dem Alkohol (wurde alkoholsüchtig), die Fahrkarte ist verfallen (ungültig); **Ver|falls|da|tum** das
ver|fan|gen (→ fangen): der Trick verfängt bei mir nicht (darauf falle ich nicht herein); **ver|fäng|lich** eine verfängliche (peinliche) Situation
ver|fas|sen du verfasst einen scharfen Artikel; **Ver|fas|ser** der; **Ver|fas|se|rin** die; **Ver|fas|sung** die: 1. die Verfassung (das Grundgesetz) der Bundesrepublik Deutschland 2. er ist in guter Verfassung (in gutem Zustand)
ver|fech|ten (→ fechten): sich für etwas einsetzen, für etwas eintreten
ver|feh|len ich habe ihn leider verfehlt (nicht erreicht), eine verfehlte (falsche) Erziehung; **Ver|feh|lung** die: Verstoß gegen Regeln
ver|flie|gen (→ fliegen): sein Zorn ist verflogen, der Pilot verflog sich im Nebel
ver|flixt verflixt und zugenäht! (*ugs.* verflucht!), das verflixte 7. Jahr
ver|flüch|ti|gen sich: der Gestank hat sich verflüchtigt (ist verschwunden), mein Zirkel hat sich verflüchtigt (*ugs.* ist weg)
ver|fol|gen ein Ziel verfolgen (im Auge haben, anstreben); **Ver|fol|ger** der; **Ver|fol|ge|rin** die
ver|for|men durch Überhitzung hatte sich der Kochtopf völlig verformt; **Ver|for|mung** die

ver|fres|sen er war als verfressen (*ugs.* als gefräßig) bekannt

ver|füg|bar alle verfügbaren Leute einsetzen; ver|fü|gen er verfügt über Besitz

ver|füh|ren; Ver|füh|rer der; Ver|füh|re|rin die; ver|füh|re|risch am verführerischsten: ein verführerisches Lächeln

ver|gaf|fen sie hatte sich in das rote Kleid im Schaufenster vergafft (*ugs.* wollte es unbedingt haben)

ver|gäl|len sie vergällt (verdirbt) ihm den Spaß

Ver|gan|gen|heit die; ver|gäng|lich alles Irdische ist vergänglich

Ver|gan|gen|heit die ▶ Tempus

Ver|ga|ser der: Düse, Vorrichtung zur Aufbereitung des Luft-Benzin-Gemisches im Verbrennungsmotor

ver|gat|tern die Schüler wurden zum Aufräumen vergattert (verpflichtet)

ver|ge|ben (→ geben); ver|ge|bens er suchte ihn vergebens; ver|geb|lich vergebliche Bemühungen

ver|ge|gen|wär|ti|gen sich: er versuchte sich seine Kindheit zu vergegenwärtigen (sich wieder ins Bewusstsein zu rufen)

ver|ge|hen (→ gehen): ihre Müdigkeit war rasch vergangen; Ver|ge|hen das: ein schweres Vergehen (Verstoß gegen Regeln oder Vorschriften)

ver|gel|ten (→ gelten): Gleiches mit Gleichem vergelten, vergelt's Gott!

ver|ges|sen du vergisst, sie vergaß, vergessen, er vergäße, vergiss!; ver|gess|lich; Ver|gess|lich|keit die

ver|geu|den du vergeudest deine Zeit

ver|ge|wal|ti|gen gewaltsam zum Geschlechtsverkehr zwingen; Ver|ge|wal|ti|ger der; Ver|ge|wal|ti|ge|rin die; Ver|ge|wal|ti|gung die

ver|ge|wis|sern sich: er vergewisserte sich (überprüfte), ob die Tür geschlossen war

ver|gif|ten die Atmosphäre war vergiftet (spannungsgeladen)

ver|gil|ben sie fand einige vergilbte (mit der Zeit gelb gewordene) Dokumente

Ver|giss|mein|nicht das: Wiesenblume

Ver|gleich der: einen Vergleich (eine gütliche Einigung in einem Rechtsstreit) anstreben; ver|gleich|bar; ver|glei|chen (→ gleichen); ver|gleichs|wei|se

ver|gnü|gen alle waren vergnügt, sich beim Tanzen vergnügen; Ver|gnü|gen das: viel Vergnügen!; ver|gnüg|lich; Ver|gnü|gungs|fahrt die

ver|göt|tern die Mutter vergötterte ihren Sohn

ver|grä|men der Parteiskandal vergrämte viele Wähler (machte sie wütend)

ver|grei|fen (→ greifen): der Mann hatte sich an einem Kind vergriffen (hatte es missbraucht), sie vergreift sich oft im Ton, sich am Geldbeutel des Vaters vergreifen (stehlen)

ver|grö|ßern der Betrieb musste sich vergrößern, eine vergrößerte Fotografie

ver|güns|tigt; Ver|güns|ti|gung die

ver|gü|ten seine Überstunden werden vergütet (ausbezahlt)

ver|haf|ten

ver|hal|ten sich (→ halten): das verhält sich (ist) ganz anders, er verhielt sich (handelte) falsch, ein verhaltener (unterdrückter) Schmerz; Ver|hal|ten das; Ver|hal|tens|for|schung die: (*Biol.*) die Beobachtung und Erforschung des Verhaltens von Menschen und Tieren; Ver|hält|nis das, des Verhältnisses, die Verhältnisse; ver|hält|nis|mä|ßig

Ver|hält|nis|wort das ▶ Präposition

ver|han|deln; Ver|hand|lung die

ver|hän|gen die Fenster verhängen, den Ausnahmezustand verhängen (anordnen); Ver|häng|nis das, des Verhängnisses, die Verhängnisse: Unglück; ver|häng|nis|voll

ver|harm|lo|sen er verharmloste seine Tat

ver|härmt eine verhärmte (von Kummer gezeichnete) Frau

ver|har|ren in stillem Gebet verharren

ver|hasst diese Arbeit war ihm zutiefst verhasst

ver|hät|scheln ein verhätscheltes (verwöhntes, verzogenes) Kind

ver|hed|dern der Hund verhedderte (verfing) sich in der Leine

ver|hee|ren das Hochwasser verheerte (verwüstete) ein riesiges Gebiet; ver|hee|rend entsetzlich

ver|heh|len er konnte seinen Zorn nicht verhehlen (nicht verbergen)

ver|hei|len zuheilen, die Wunde verheilte nur langsam
ver|heim|li|chen
ver|herr|li|chen preisen, übermäßig loben
ver|hin|dern
ver|hoh|len mit verhohlenem (heimlichem) Grinsen
ver|höh|nen boshaft verspotten
Ver|hör das; **ver|hö|ren** der Beschuldigte wurde verhört (befragt, vernommen), ich muss mich verhört haben
ver|hül|len
ver|hun|gern
ver|hü|ten ein Unglück verhüten
ver|hüt|ten das abgebaute Erz wird verhüttet (im Hüttenwerk zu Metall verarbeitet)
ve|ri|fi|zie|ren *lat.*: der Versuch wurde verifiziert (überprüft und für richtig befunden)
ver|ir|ren
ver|ja|gen
ver|jäh|ren seine Forderung ist verjährt (hinfällig geworden); **Ver|jäh|rung** die
ver|ju|beln er verjubelte sein ganzes Geld (*ugs.* gab es leichtsinnig aus)
ver|jün|gen die Kur hat dich verjüngt (lässt dich jünger erscheinen), die Säule verjüngt sich (wird nach oben hin schmaler); **Ver|jün|gungs|kur** die
ver|ka|beln alle Mieter waren verkabelt (hatten einen Kabelanschluss für das Fernsehen); **Ver|ka|be|lung** die
ver|kalkt ein verkalkter Wasserkocher, der Großvater ist schon etwas verkalkt (*ugs.* alt und geistig unbeweglich)
ver|kal|ku|lie|ren sich: sie hatte sich mit der Zeit verkalkuliert (hatte falsch geplant)
ver|kappt eine verkappte (getarnte, schwer erkennbare) Beleidigung
Ver|kauf der; **ver|kau|fen**; **Ver|käu|fer** der; **Ver|käu|fe|rin** die; **ver|käuf|lich**
Ver|kehr der; **ver|keh|ren** er verkehrt nur in feinsten Kreisen; **Ver|kehrs|mit|tel** das; **ver|kehrs|wid|rig**
ver|kehrt das ist gar nicht verkehrt (ganz richtig)
ver|kei|len durch den Aufprall hatten sich die Waggons ineinander verkeilt
ver|ken|nen (→ kennen): sie ist ein verkanntes Genie

ver|klap|pen Abfallstoffe ins Meer versenken; **Ver|klap|pung** die
ver|klä|ren das Erlebnis hatte sich in ihrer Erinnerung verklärt (sie sah es nur noch positiv), sie schaute mit einem verklärten (bewundernden, anhimmelnden) Lächeln zu ihm auf; **Ver|klä|rung** die
ver|klau|su|lie|ren ihre Anschuldigungen waren verklausuliert (undeutlich formuliert, mehrdeutig); **Ver|klau|su|lie|rung** die
ver|klei|den die Wände sind mit Holz verkleidet
ver|klei|nern in verkleinertem Umfang
ver|klemmt das Garagentor hat sich verklemmt, die Bewerberin machte einen verklemmten (gehemmten) Eindruck; **Ver|klemmt|heit** die
ver|knap|pen der Fischbestand der Meere hat sich verknappt (ist weniger geworden)
ver|knei|fen (→ kneifen): sie verkniff sich das Stück Torte (*ugs.* verzichtete darauf), sie sah ihn verkniffen (*ugs.* verärgert, verbittert) an
ver|knö|chert *ugs.* alt sein, festgefahren in den Ansichten
ver|knüp|fen
ver|kom|men (→ kommen): eine verkommene (verwahrloste) Gegend
ver|kork|sen *ugs.* verderben
ver|kör|pern er verkörpert den Schurken (stellt ihn auf der Bühne dar), er verkörpert hohe Tugenden (zeigt sie in seinem ganzen Wesen)
ver|kra|chen die Geschwister sind seit Jahren miteinander verkracht (*ugs.* sind zerstritten), ein verkrachter (*ugs.* gescheiterter) Schauspieler
ver|kraf|ten sie muss das Erlebnis erst verkraften
ver|kramp|fen sich: sie wirkte verkrampft (unfrei, gehemmt), das Kind verkrampfte sich in den Mantel des Vaters (krallte sich dort fest)
ver|küh|len ich habe mich beim Eislaufen verkühlt (*ugs.* erkältet)
ver|küm|mern verkümmerte Muskeln
ver|kün|den; **ver|kün|di|gen**; **Ver|kün|di|gung** die; **Ver|kün|dung** die
ver|kup|peln zwei Waggons miteinander verkuppeln (aneinanderhängen), die

Mutter wollte ihre Tochter mit dem Sohn ihrer besten Freundin verkuppeln (als Paar zusammenbringen)

ver|la|den Paletten auf einen Lkw verladen, jemanden verladen (*ugs.* jemanden hinters Licht führen, betrügen); **Ver|la|de|bahn|hof** der

Ver|lag der; **Ver|lags|kauf|frau** die; **Ver|lags|kauf|mann** der; **ver|le|gen** eine Zeitschrift verlegen (veröffentlichen, herausbringen); **Ver|le|ger** der

ver|la|gern; **Ver|la|ge|rung** die

ver|lan|gen du wirst am Telefon verlangt; **Ver|lan|gen** das: starker Wunsch, Bedürfnis, Bitte, Forderung; der Ausweis ist auf Verlangen vorzuzeigen

ver|län|gern

Ver|lass der: auf seine Verschwiegenheit ist Verlass; **ver|las|sen** (› lassen); **ver|läss|lich**

Ver|laub das ist mir mit Verlaub (in aller Höflichkeit) gesagt zu teuer

Ver|lauf der, die Verläufe; **ver|lau|fen** (→ laufen): die Spuren verliefen im Sand (waren nicht mehr zu sehen), ich habe mich verlaufen (verirrt), alles ist gut verlaufen (abgelaufen)

ver|laut|ba|ren über das Ergebnis wurde noch nichts verlautbart (bekannt gegeben); **ver|lau|ten** aus dem Ministerium verlautete nichts

ver|le|gen die Flötenstunde wurde verlegt (auf einen neuen Termin); sie hat das Etui verlegt (findet es nicht mehr)

ver|le|gen er lachte verlegen (unsicher, hilflos); **Ver|le|gen|heit** die

ver|lei|den das schlechte Wetter hat mir den ganzen Urlaub verleidet (vermiest)

ver|lei|hen

ver|lei|ten sich zum Schwindeln verleiten (verführen) lassen

ver|ler|nen

ver|let|zen; **ver|letz|lich** leicht gekränkt, empfindlich; **Ver|letz|lich|keit** die; **Ver|letz|te** der/die; **Ver|let|zungs|ge|fahr** die

ver|leug|nen sie ließ sich verleugnen (ließ sagen, sie sei nicht da), er verleugnete ihn (bekannte sich nicht zu ihm)

ver|leum|den sein bester Freund hat ihn verleumdet (Unwahres über ihn verbreitet); **Ver|leum|dung** die; **Ver|leumdungs|kla|ge** die

vermöbeln

ver|lie|ben sich: bis über beide Ohren verliebt sein; **Ver|lieb|te** der/die; **Ver|liebt|heit** die

ver|lie|ren du verlierst, sie verlor, verloren, er verlöre: viel Zeit verlieren, sie verlor kein Wort (sprach nicht) darüber; **ver|lo|ren ge|hen / ver|lo|ren|ge|hen** (→ gehen): der Schlüssel darf nicht verloren gehen / verlorengehen; **Ver|lo|ren|heit** die: Einsamkeit; **Ver|lust** der: das Geschäft hat viel / großen Verlust gemacht

Ver|lies das, die Verliese: Kerker, unterirdisches Gefängnis

ver|lo|ben sich; **Ver|lo|bung** die

ver|lo|ren → verlieren

ver|lo|cken eine verlockende (unwiderstehliche) Gelegenheit

ver|lo|gen manche Menschen haben eine verlogene Moral; **Ver|lo|gen|heit** die

ver|lot|tert er lebte in einer verlotterten (verwahrlosten) Wohnung

Ver|lust der → verlieren

ver|ma|chen er vermachte (vererbte) ihr sein ganzes Vermögen; **Ver|mächt|nis** das: letzter Wille

ver|mäh|len sich; **Ver|mäh|lung** die: Hochzeit

ver|mas|seln ich vermassele / vermassle (*ugs.* verderbe) mir selbst diesen Urlaub durch meine schlechte Laune

ver|meint|lich irrtümlich: der vermeintliche Dieb war ein neugieriger Nachbar

ver|meh|ren sein Wissen vermehren

ver|meid|bar; **ver|mei|den** (→ meiden)

Ver|merk der, des Vermerk(e)s, die Vermerke; **ver|mer|ken** aufschreiben; etwas übel vermerken (übel nehmen)

ver|mes|sen (→ messen): das Gelände vermessen

ver|mes|sen überheblich, tollkühn

ver|mie|sen er vermieste ihr den Konzertbesuch durch ewiges Nörgeln (*ugs.* nahm ihr die Freude daran)

ver|mie|ten; **Ver|mie|ter** der; **Ver|mie|te|rin** die; **Ver|mie|tung** die

ver|min|dern mit verminderter Kraft

ver|mis|sen vermisst du etwas?; **Ver|miss|te** der/die

ver|mit|teln; **Ver|mitt|ler** der; **Ver|mitt|le|rin** die; **Ver|mitt|lung** die

ver|mö|beln *ugs.* verhauen

ver|mö|ge vermöge (aufgrund) ihrer Fähigkeiten; **ver|mö|gen** (→ mögen): ich vermag das nicht zu beurteilen; **Ver|mö|gen** das; **ver|mö|gend** ein vermögender (reicher) Mann
ver|murk|sen *ugs.* verderben
ver|mu|ten; ver|mut|lich
ver|nach|läs|si|gen seine Pflichten vernachlässigen
ver|narrt er war ganz vernarrt (*ugs.* verliebt) in seinen neuen Sportwagen
ver|neh|men (→ nehmen): sie vernahm (hörte) leise Musik, der Verhaftete wurde vernommen (verhört); **Ver|neh|men** das; dem Vernehmen nach (wie man hört, wie allgemein bekannt ist); **Ver|neh|mung** die
ver|nei|gen sich; **Ver|nei|gung** die
ver|nei|nen; Ver|nei|nung die
ver|net|zen miteinander verbinden
ver|nich|ten zerstören, ein vernichtendes Urteil; **Ver|nich|tung** die
ver|nied|li|chen sie verniedlichte (verharmloste) ihren Wutanfall
Ver|nis|sa|ge [wärnißasche] die *franz.*, die Vernissagen: erste Vorstellung der Werke eines noch lebenden Künstlers, im Rahmen eines kleinen Empfangs und mit ausgesuchten Gästen
Ver|nunft die; **ver|nünf|tig** sei doch vernünftig!
ver|öden die Landschaft verödet (wird unfruchtbar, versteppt), *(med.)* eine Krampfader wird verödet (stillgelegt)
ver|öf|fent|li|chen
ver|ord|nen sie bekam viele Tabletten verordnet (vom Arzt verschrieben)
ver|pach|ten er verpachtete sein Haus
ver|pa|cken
ver|pas|sen den Zug verpassen
ver|pes|ten Mülltonnen verpesten die Luft; sie verpestete (verdarb) das Arbeitsklima mit ihren ewigen Sticheleien
ver|pet|zen *ugs.* verraten
ver|pflan|zen aufgrund der Straßenverbreiterung mussten viele Bäume verpflanzt werden, ein Organ verpflanzen (transplantieren); **Ver|pflan|zung** die
ver|pfle|gen; Verpfle|gung die: Versorgung mit Essen und Trinken
ver|pflich|ten er verpflichtete sie zum Stillschweigen; **Ver|pflich|tung** die

ver|pfu|schen ihr Frisur war völlig verpfuscht (verdorben)
ver|pö|nen diese Musik ist dort verpönt (wird abgelehnt, missbilligt, verachtet)
ver|pras|sen sie verprasste (*ugs.* vergeudete) ihr Taschengeld am ersten Tag
ver|prü|geln
ver|puf|fen ihre Ermahnung verpuffte (blieb ungehört, wirkungslos), das entzündete Benzin verpuffte mit einem Knall; **Ver|puf|fung** die
ver|pup|pen sich: die Schmetterlingslarve (Raupe) hat sich verpuppt; **Ver|puppung** die

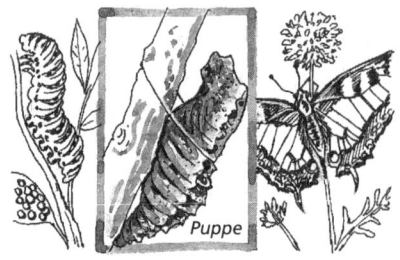

Puppe

Ver|putz der; **ver|put|zen** die Fassade wird neu verputzt
ver|quer das Auto stand völlig verquer (schräg) auf der Straße, sie hatte verquere (*ugs.* absonderliche) Gedanken; **ver|quer|ge|hen** (→ gehen): misslingen
ver|qui|cken in Zusammenhang bringen
Ver|rat der: **ver|ra|ten** (→ raten); **Ver|rä|ter** der; **Ver|rä|te|rin** die; **ver|rä|te|risch** sie machte eine verräterische Bewegung
ver|rech|nen
ver|rei|sen auf Reise gehen (→ reisen)
ver|rei|ßen ihr neues Buch wurde verrissen (bekam sehr schlechte Kritiken) (→ reißen); **Ver|riss** der
ver|ren|ken sich den Kopf verrenken
ver|ren|nen sich in eine Idee verrennen (nicht mehr davon loskommen)
ver|rich|ten er wollte seine Arbeit ordentlich verrichten (tun)
ver|rie|geln; Ver|rie|ge|lung die
ver|rin|gern er verringerte sein Tempo
ver|rin|nen (→ rinnen)
ver|rot|ten die leer stehenden Häuser verrotten (verfallen)
ver|rucht eine verruchte (schändliche, gemeine) Tat; **Ver|rucht|heit** die

ver|rückt ein verrückter Typ; Ver|rück|te der/die, Ver|rückt|heit die

Ver|ruf der: jemanden in Verruf (ins Gerede) bringen

Vers der *lat.*, die Verse: Schon kleine Kinder haben an Versen ihre Freude: „Kommt eine Maus, die baut ein Haus ..." Ein Vers ist eine Zeile, in der betonte (Hebungen) und unbetonte (Senkungen) Silben bzw. Wörter in einer ganz bestimmten Ordnung aufeinanderfolgen. Und diese Ordnung wiederholt sich (Metrum).
Stellen wir diesen Kindervers einmal in „normale" Wortfolge um, in Prosa, dann erkennen wir, was einen Vers eigentlich ausmacht: „Eine Maus kommt, die ein Haus baut." – Man spürt, dass nach dem Umstellen aus dem Satz „die Luft raus ist". Für einen Vers ist nämlich eine gewisse Spannung kennzeichnend, die zwischen dem geordneten Auf und Ab des Tons und dem Inhalt besteht.

ver|sa|gen ihr versagte vor Schreck die Stimme; Ver|sa|gen das; Ver|sa|ger der
ver|sal|zen das Essen ist versalzen
ver|sam|meln; Ver|samm|lung die
Ver|sand der; Ver|sand|han|del der: Bestellung nach einem Katalog per Bestellschein, Telefon, Fax oder Internet; Ver|sand|haus das; ver|sen|den (→ senden)
ver|san|den die Fahrrinne im Fluss versandet langsam (füllt sich immer mehr mit Sand), seine Anordnungen versandeten im täglichen Bürobetrieb (wurden immer weniger befolgt und dann ganz vergessen)
ver|säu|men; Ver|säum|nis das, des Versäumnisses, die Versäumnisse
ver|scha|chern er verschacherte das Haus seines Vaters (verkaufte es unter Wert)
ver|schaf|fen er verschaffte ihr Luft
ver|schal|en die Hütte wurde außen mit Wellblech verschalt (verkleidet); Ver|scha|lung die
ver|schämt verschämt (schüchtern) lachen
ver|schan|deln ich verschand(e)le (verunstalte), du verschandelst; Ver|schan|delung / Ver|schand|lung die

ver|schan|zen sich die Ritter verschanzten sich in der Burg, sie verschanzte (verbarg) sich hinter ihrem Buch
ver|schär|fen die Krise verschärft (verschlimmert) sich immer mehr
ver|schen|ken
ver|scher|zen sich sich eine Belohnung verscherzen (einbüßen)
ver|scheu|chen sie verscheuchte (vertrieb) die Neugierigen
ver|schie|den; ver|schie|de|ner|lei; ver|schie|dent|lich öfter, mehrmals
ver|schla|fen sie meldete sich verschlafen am Telefon; Ver|schla|fen|heit die
Ver|schlag der: die Tiere hausten in einem Verschlag
ver|schla|gen es hat sie ins Ausland verschlagen (sie kam durch besondere Umstände dorthin)
ver|schla|gen ein verschlagener (hinterhältiger) Blick; Ver|schla|gen|heit die
ver|schlech|tern ihre Position hat sich verschlechtert; Ver|schlech|te|rung die
ver|schlei|ern einen Betrag verschleiern (verbergen); Ver|schlei|e|rung die
Ver|schleiß der; ver|schlei|ßen du verschleißt, sie verschliss, verschlissen, er verschlisse: ein verschlissenes (abgenütztes) Sofa
ver|schlep|pen eine verschleppte (nicht ausgeheilte) Grippe
ver|schleu|dern er verschleuderte seine Einrichtung (verkaufte sie unter dem Wert, zu billig)
ver|schlie|ßen (→ schließen); Ver|schluss der, des Verschlusses, die Verschlüsse
ver|schlim|mern der Sturm verschlimmerte sich
ver|schlin|gen (→ schlingen): das Hobby verschlang (kostete) viel Geld
ver|schlu|cken
ver|schlüs|seln eine verschlüsselte Botschaft; Ver|schlüs|se|lung die
ver|schmä|hen sie verschmähte das Essen (wies es zurück)
ver|schmer|zen einen Verlust nicht verschmerzen können (nicht darüber hinwegkommen)
ver|schmie|ren verschmierte Wände
ver|schmitzt lustig-listig, pfiffig
ver|schmut|zen die Kinder verschmutzten den Hausflur

ver|schnau|fen er wollte (sich) kurz verschnaufen; **Ver|schnauf|pau|se** die

ver|schnupft alle in der Klasse sind zurzeit verschnupft (haben einen Schnupfen), meine Freundin ist verschnupft (*ugs.* verärgert, beleidigt)

ver|schol|len das Boot ist als verschollen (vermisst) gemeldet

ver|scho|nen

ver|schö|nern das Klassenzimmer verschönern; **Ver|schö|ne|rung** die

ver|schrän|ken die Arme hinter dem Rücken verschränken, zwei (Maschen) links, zwei rechts, zwei verschränkt

ver|schrau|ben den Deckel fest verschrauben

ver|schreckt ängstlich, verstört

ver|schrei|ben (→ schreiben): sich beim Diktat verschreiben, er bekam ein Medikament verschrieben (verordnet)

ver|schro|ben sie hat verschrobene (absonderliche) Ansichten

ver|schrot|ten ein Auto verschrotten

ver|schul|den sehr hoch verschuldet sein, er hat sein Unglück selbst verschuldet

ver|schüt|ten zehn Bergleute sind verschüttet worden

ver|schwei|gen (→ schweigen)

ver|schwen|den; **Ver|schwen|der** der; **ver|schwen|de|risch** am verschwenderischsten; **Ver|schwen|dung** die

ver|schwin|den (→ schwinden)

ver|schwit|zen eine verschwitzte Bluse

ver|schwom|men ein verschwommenes (unklares, unscharfes) Bild

ver|schwö|ren sich (→ schwören): alles schien sich gegen sie verschworen zu haben (alles lief schief)

ver|se|hen (→ sehen): seinen Dienst versehen (ausüben), sie war (versorgte) sich mit genügend Reisegeld, ehe man sich's versieht (schneller als erwartet); **Ver|se|hen** das: er hatte aus Versehen (irrtümlich) ihren Brief geöffnet; **ver|se|hent|lich**

ver|seh|ren er ist kriegsversehrt (kriegsverletzt); **Ver|sehr|te** der/die

ver|selb|stän|di|gen / **ver|selbst|stän|di|gen** sein Vorschlag hatte sich verselbstständigt (wurde zur Tat)

ver|sen|gen die Sonne versengte (verbrannte) die Landschaft

ver|sen|ken das Schiff wurde versenkt; sie war ganz in die Musik versenkt (vertieft)

ver|ses|sen er war versessen (begierig) darauf, sie wiederzusehen

ver|set|zen seine Uhr versetzen (verpfänden), kannst du dich in meine Lage versetzen (hineindenken)?, sie hat ihn versetzt (vergeblich warten lassen), er wurde nicht versetzt (kam nicht in die nächste Klasse)

ver|seu|chen verseuchtes (stark verschmutztes, giftiges) Wasser

ver|si|chern ich versichere dich meiner Freundschaft (du kannst auf mich zählen), sie versicherte ihr Haus gegen Feuer; **Ver|si|che|rung** die; **Ver|si|cher|te** der/die; **ver|si|che|rungs|pflich|tig**; **Ver|si|che|rungs|po|li|ce** die: Versicherungsurkunde

ver|si|ckern das Wasser versickert in der Erde

ver|sie|gen die Quelle war versiegt (hatte aufgehört zu fließen)

ver|sie|geln einen Brunnen versiegeln (zuschütten), der Holzboden wurde versiegelt (mit einer Schutzschicht haltbar gemacht); **Ver|sie|ge|lung** die

ver|siert [wersi:rt] *lat.*: sie ist eine versierte (erfahrene, geschickte) Autofahrerin

ver|sil|bern versilbertes Besteck

ver|sin|ken (→ sinken)

ver|sinn|bild|li|chen der Löwe versinnbildlicht (steht symbolisch für) Kraft und Ausdauer; **Ver|sinn|bild|li|chung** die

Ver|si|on die *franz.*, die Versionen: die ursprüngliche Version (Fassung) des Romans, er erzählte seine Version (Darlegung) des Unfalls, die verbesserte Version des Autos (das verbesserte Modell)

ver|söh|nen; **ver|söhn|lich**

ver|son|nen träumerisch

ver|sor|gen

ver|spä|ten ich habe mich verspätet

ver|sper|ren

ver|spie|len er hat alle seine Chancen verspielt (verloren), eine verspielte Katze

ver|spot|ten

ver|spre|chen (→ sprechen): er verspricht ehrlicher zu werden, er hat ihr die Ehe versprochen, sie versprach sich; **Ver|spre|chen** das; **Ver|spre|cher** der

ver|staat|li|chen sein Betrieb wurde verstaatlicht (vom Staat gekauft)
Ver|stand der; **ver|stän|dig** klug, einsichtig; **ver|stän|di|gen** die Feuerwehr verständigen; **ver|ständ|lich** das ist nur schwer verständlich (zu verstehen); **Ver|ständ|nis** das, des Verständnisses; **ver|ständ|nis|los**; **ver|ste|hen** (→ stehen)
ver|stär|ken sein Argwohn wurde verstärkt; **Ver|stär|ker** der: Gerät zum Verstärken von Strom, Spannung oder Leistung, z. B. Gitarrenverstärker
ver|staubt verstaubte Möbel, er hat verstaubte (altmodische) Moralbegriffe
ver|stau|chen sich den Finger verstauchen
ver|stau|en er verstaute alle Unterlagen in seiner Tasche
Ver|steck das; **ver|ste|cken**
ver|stei|fen sie versteifte sich (beharrte) darauf
ver|stei|gern wertvolle Bilder wurden versteigert
Ver|stei|ne|rung die

ver|stel|len er konnte sich nicht länger verstellen (anders geben, als er ist)
ver|steu|ern der Gewinn muss versteuert werden
ver|stim|men eine verstimmte Geige, sie war verstimmt (verärgert)
ver|stockt ein verstockter (starrsinniger) Junge; **Ver|stockt|heit** die
ver|stoh|len sie warf ihm einen verstohlenen (heimlichen) Blick zu
ver|stop|fen der Abfluss war verstopft
ver|stor|ben; **Ver|stor|be|ne** der/die
ver|stö|ren das Unfallopfer kletterte verstört (verwirrt) aus dem Auto; **Ver|stört|heit** die
Ver|stoß der: ein Verstoß gegen die Regeln; **ver|sto|ßen** (→ stoßen): sie wurde von ihren Freunden verstoßen (aus deren Gemeinschaft ausgeschlossen)
ver|strei|chen (→ streichen): inzwischen waren einige Monate verstrichen (vergangen), die Butter verstreichen
ver|streu|en alle Kleider lagen verstreut herum

ver|stüm|meln sein Name war verstümmelt (entstellt) wiedergegeben; **Ver|stüm|me|lung / Ver|stümm|lung** die
ver|stum|men der Lärm verstummte plötzlich (hörte auf)
Ver|such der; **ver|su|chen**; **ver|suchs|wei|se**
ver|sün|di|gen sich
ver|sun|ken (→ sinken): ein versunkener Tempel, sie stand ganz versunken (in sich gekehrt) vor dem Bild; **Ver|sun|ken|heit** die
ver|sü|ßen
ver|tä|feln eine mit Holz vertäfelte Stube
ver|ta|gen die Verhandlung wurde vertagt (aufgeschoben, verschoben)
ver|täu|en sie vertäuten ihr Boot am Steg (banden es mit Tauen dort fest)
ver|tau|schen
ver|tei|di|gen; **Ver|tei|di|ger** der; **Ver|tei|di|ge|rin** die; **Ver|tei|di|gung** die
ver|tei|len; **Ver|tei|lung** die
ver|teu|ern das Leben hat sich um einiges verteuert
ver|teu|feln jemanden verteufeln (als böse, gefährlich hinstellen), eine verteufelte (verzwickte, böse) Sache
ver|tie|fen sein Misstrauen vertiefte sich; **Ver|tie|fung** die
ver|til|gen Schnecken vertilgen (vernichten), er vertilgte (aß) vier Klöße zum Braten
ver|ti|kal *lat.*: senkrecht; *Ggs.* horizontal; **Ver|ti|ka|le** die
ver|to|nen einen Film vertonen (mit Musik untermalen), einen Text vertonen (musikalisch umsetzen)
ver|trackt verworren, kompliziert
Ver|trag der, des Vertrag(e)s, die Verträge; **ver|trag|lich** etwas vertraglich festlegen; **Ver|trags|frei|heit** die; **Ver|trags|stra|fe** die; **Ver|trags|un|ter|zeich|nung** die
ver|tra|gen (→ tragen): sie verträgt keine Hitze, sich wieder vertragen (gut sein); **ver|träg|lich** ein verträgliches Essen
ver|trau|en; **Ver|trau|en** das; **Ver|trau|en er|we|ckend / ver|trau|en|er|we|ckend**; **ver|trau|ens|se|lig**; **ver|trau|ens|wür|dig**; **ver|trau|lich**; **ver|traut** am vertrautesten: ein vertrautes Gesicht tauchte auf; **Ver|trau|te** der/die

ver|träumt sie saß verträumt (entrückt) am Fenster
ver|trei|ben (→ treiben): der Kaffee wird deine Müdigkeit vertreiben, sie vertreibt Elektrogeräte (handelt damit); **Ver|trieb** der; **Ver|trie|be|ne** der/die
ver|tret|bar; ver|tre|ten (→ treten): sich die Beine vertreten, er vertritt den Chef; **Ver|tre|ter** der; **Ver|tre|te|rin** die; **Ver|tre|tung** die
ver|trock|nen vertrocknetes Brot
ver|trö|deln sie vertrödelte (*ugs.* vergeudete) den Vormittag damit, Kleider anzuprobieren
ver|trös|ten sie wurde immer wieder vertröstet (zeitlich hingehalten)
ver|tun (→ tun): eine vertane Chance
ver|tu|schen verheimlichen, verbergen
ver|übeln er hat ihr das sehr verübelt
ver|üben einen Einbruch verüben (begehen), Selbstmord verüben
ver|un|glimp|fen beleidigen, schmähen
ver|un|glü|cken
ver|un|rei|ni|gen
ver|un|si|chern sie wirkt verunsichert
ver|un|stal|ten das Gebäude verunstaltet den Platz
ver|un|treu|en Geld veruntreuen (unterschlagen); **Ver|un|treu|ung** die
ver|ur|sa|chen
ver|ur|tei|len
Ver|ve [wärv(e)] die *franz.:* Schwung, Begeisterung, Elan; sie ging mit viel Verve an ihre neue Aufgabe heran
ver|viel|fa|chen das Warenangebot vervielfachen (vergrößern)
ver|viel|fäl|ti|gen ein Rundschreiben vervielfältigen (kopieren)
ver|voll|schen
ver|voll|komm|nen sich in einer Sprache vervollkommnen
ver|wach|sen mit seiner Familie verwachsen (zusammengewachsen) sein, ein verwachsener (verkrüppelter) Zeh
ver|wah|ren persönliche Unterlagen gut verwahren; **Ver|wah|rung** die
ver|wahr|lo|sen eine verwahrloste (heruntergekommene) Gegend
ver|wai|sen ein verwaister (menschenleerer) Platz, die Geschwister sind verwaist (haben die Eltern verloren)
ver|wal|ten; Ver|wal|ter der

ver|wan|deln; Ver|wand|lung die
ver|wandt; Ver|wand|te der/die; **Ver|wandt|schaft** die; **ver|wandt|schaft|lich**
ver|war|nen der Polizist verwarnte den Motorradfahrer (tadelte ihn scharf); **Ver|war|nung** die; **Ver|war|nungs|geld** das: *(amtssprachl.)* polizeiliche Gebühr
ver|wech|seln; Ver|wech|se|lung / Ver|wechs|lung die
ver|we|gen am verwegensten: ein verwegenes (tollkühnes) Vorhaben
ver|we|hen der Wind verweht die Blätter
ver|weh|ren seine Zustimmung verwehren (verweigern), der Neubau verwehrt die Sicht auf die Berge (verhindert sie)
ver|wei|gern er verweigerte die Auskunft
ver|wei|len an einem Ort verweilen
Ver|weis der: ein strenger Verweis (Verwarnung), der Verweis (Hinweis) im Text; **ver|wei|sen** (→ weisen)
ver|wel|ken
ver|wen|den (→ wenden): viel Sorgfalt verwenden
ver|wer|fen (→ werfen): sie verwarf den Gedanken wieder; **ver|werf|lich** schlecht, unmoralisch, tadelnswert
ver|wert|bar ihre Ideen waren alle verwertbar; **ver|wer|ten** Altpapier verwerten; der Autor hat in dem Buch die Erfahrungen seiner Weltreisen verwertet; **Ver|wer|tung** die
ver|we|sen verfaulen
ver|wi|ckeln; Ver|wick|lung die
ver|wir|ken er hat seine Rechte verwirkt (verscherzt, eingebüßt)
ver|wirk|li|chen eine Idee verwirklichen
ver|wir|ren; Ver|wir|rung die
ver|wi|schen alle Spuren verwischen
ver|wit|tern die Fassade verwittert
ver|wit|wet eine verwitwete (zur Witwe gewordene) Frau; *Abk.* verw.
ver|wöh|nen sie hat einen verwöhnten Gaumen, weshalb er sie ständig mit Leckereien verwöhnt
ver|wor|fen sie galt als verworfen (lasterhaft, schlecht)
ver|wor|ren verworrene (wirre) Gedanken, ein verworrener (unklarer) Fall
ver|wund|bar; ver|wun|den; Ver|wun|de|te der/die; **Ver|wun|dung** die
ver|wun|dern; Ver|wun|de|rung die

ver|wün|schen ein verwunschenes (verzaubertes) Schloss

ver|wüs|ten; Ver|wüs|tung die

ver|za|gen nur nicht verzagen (nicht den Mut verlieren)!, ein verzagtes (mutloses) Kind; **Ver|zagt|heit** die

ver|zau|bern

Ver|zehr der: zum baldigen Verzehr (Verbrauch) bestimmt; **ver|zeh|ren**

ver|zeich|nen sehr große Fortschritte verzeichnen; **Ver|zeich|nis** das, des Verzeichnisses, die Verzeichnisse

ver|zei|hen du verzeihst, sie verzieh, verziehen, er verziehe; **ver|zeih|lich; Ver|zei|hung** die: um Verzeihung bitten

ver|zer|ren sein Gesicht war vor Schmerz verzerrt

ver|zet|teln 1. Notizen für eine spätere Kartei auf Zetteln festhalten 2. sich mit Nebensächlichkeiten verzetteln (Unwichtiges zuerst tun)

Ver|zicht der; **ver|zich|ten**

ver|zie|hen (→ ziehen): der Rahmen hat sich verzogen (die Form verloren), er war in eine andere Stadt verzogen (umgezogen); **Ver|zug** der: ohne Verzug (sofort) kommen; **Ver|zugs|zin|sen** die

ver|zie|ren; Ver|zie|rung die

ver|zin|ken mit einer Zinkschicht überziehen

ver|zin|sen das Geld ist gut verzinst; **Ver|zin|sung** die

ver|zö|gern er verzögerte absichtlich

ver|zwei|feln; Ver|zweif|lung die

ver|zwickt ein verzwickter (komplizierter) Fall

Ves|per [fesper] die: 1. *(kath.)* Gebetsstunde am frühen Abend 2. *(südd.)* nachmittägliche kleine Zwischenmahlzeit; **Ves|per|läu|ten** das; **ves|pern** zur Vesperzeit etwas essen, ich vespere

Ve|te|ran der *lat.*, die Veteranen: altgedienter Soldat

Ve|te|ri|när der *franz.*, die Veterinäre: Tierarzt; **Ve|te|ri|nä|rin** die

Ve|to das *lat.*: verhindernder, verzögernder Einspruch; sein Veto einlegen

Vet|ter der, die Vettern: Cousin

vgl. *Abk. für* **v**er**gl**eiche

v.g.u. *Abk. für* **v**orgelesen, **g**enehmigt, **u**nterschrieben

VHS die: *Abk. für* **V**olks**h**och**s**chule

Vi|a|dukt das/der *lat.*, des Viadukt(e)s, die Viadukte: Talbrücke meist mit Bogen, Überführung

vib|rie|ren *oder* vi|brie|ren: die Geigensaite vibrierte (zitterte)

Vi|deo das *lat.*, des/die Videos: allgemein für den Empfang oder die Übertragung elektronischer Bilder; **Vi|deo|kas|set|te** die; **Vi|deo|re|kor|der / Vi|deo|re|cor|der** der *engl.*: Gerät zum Aufzeichnen von Fernsehsendungen

Vieh das; **vie|hisch** brutal, roh

viel mehr, am meisten: vielen Dank!, du isst zu viel, das kostet viel Zeit, sie hat in vielem / Vielem Recht; **vie|le** einer unter vielen / Vielen sein, er hat viele Feinde; **Viel|eck** das; **vie|ler|lei; viel|fach; Viel|fa|che** das; **viel|fäl|tig** ein vielfältiges Programm; **viel|leicht; viel|mals; viel|mehr** ich glaube vielmehr (im Gegenteil), dass...; **viel|sei|tig; viel ver|spre|chend / viel|ver|spre|chend**

> **viel:** Adjektive und Partizipien werden nach *viel* großgeschrieben, weil sie als Substantive gebraucht werden. *viel Überraschendes, viel Neues, viel Leckeres.* Gleiches gilt für Verbindungen mit *alles, etwas, nichts, wenig, allerlei, genug.*
> *Viel* kann auch als Substantiv gebraucht und großgeschrieben werden: *Das Lob der vielen / Vielen (der Allgemeinheit) freute sie.* Das gilt auch für die Steigerungsform von *viel*: *Die meisten / Meisten fanden sie einfach toll.*

vier (→ acht); **Vier|takt|mo|tor** der: Motor mit vier Arbeitsgängen; **vier|tel; Vier|tel** das: wir treffen uns um Viertel nach fünf; **Vier|tel|jahr** das; **vier|tel|jähr|lich; Vier|tel|stun|de / vier|tel Stun|de** die

Vi|et|cong der; **Vi|et|nam; Vi|et|na|me|se** der; **Vi|et|na|me|sin** die, die Vietnamesinnen; **vi|et|na|me|sisch**

Vig|net|te *oder* Vi|gnet|te [winjette] die *franz.*, die Vignetten: 1. Schmuckbildchen am Beginn oder Schluss eines Kapitels oder einer Buchseite 2. Wertmarke für die Benutzung der Autobahn in der Schweiz und in Österreich

Vi|kar der *lat.*, des Vikars, die Vikare: geistlicher Vertreter, Theologe, Pfarrer; **Vi|ka|rin** die

Vik|tu|a|li|en die *lat.*: veraltet für Lebensmittel; **Vik|tu|a|li|en|markt** der

Vil|la die *lat.*, die Villen

Vi|o|la die *ital.*, die Violen: 1. Veilchen 2. Streichinstrument (Bratsche); **Vi|o|li|ne** die: Geige

vi|o|lett *franz.*: rotblau

Vi|per die *lat.*: Giftschlange

Kreuzotter

VIP / V.I.P. [wip] *engl.*: *Abk. für* Very Important Person(s) = sehr wichtige Persönlichkeit(en); **VIP-Lounge** [wiplaundsch] die *engl.*, die VIP-Lounges: Warteraum meist auf Flughäfen für hochgestellte Persönlichkeiten

Vir|tu|a|li|tät die *franz.*: die innere Kraft eines Menschen; **vir|tu|ell** gedacht, scheinbar, der Möglichkeit nach vorhanden; ein virtuelles (scheinbares) Bild; **vir|tu|el|le Re|a|li|tät** die: Nachahmung der Wirklichkeit am Computer

vir|tu|os *ital.*: sie ist eine virtuose (meisterhafte, technisch perfekte) Geigerin; **Vir|tu|o|se** der; **Vir|tu|o|sin** die; **Vir|tu|o|si|tät** die

vi|ru|lent *lat.*: ein virulenter (ansteckender, krankheitserregender) Bazillus; **Vi|ru|lenz** die

Vi|rus der/das *lat.*, die Viren: Krankheitserreger/-keim

Vi|sa|ge [wisasche] die *franz.*: Gesicht *(meist abwertend)*; ich kann seine Visage nicht mehr sehen

vis-a-vis / vis-à-vis [wisawi] *franz.*: vis-a-vis sitzen (gegenüber)

Vi|sier das *franz.*: 1. beweglicher Teil eines Helms mit Sehschlitz 2. Zielvorrichtung; jemanden ins Visier nehmen (ins Auge fassen, anpeilen); **vi|sie|ren** sie visierte ihn (blickte ihn starr an), ein Ziel (an)visieren

Vi|si|on die *lat.*: 1. übernatürliche Erscheinung 2. Vorstellung, Traum von der Zukunft: die Vision einer Welt ohne Hunger und Krieg; **vi|si|o|när** 1. seherisch, sie ist visionär veranlagt 2. vorausschauend

Vi|si|te die *franz.*: regelmäßiger Krankenbesuch des Chefarztes im Krankenhaus; der Arzt macht gerade Visite; **Vi|si|ten|kar|te** die: die kleine Karte mit aufgedrucktem Namen und Adresse

vi|su|ell *lat.*: über das Sehen, das Auge betreffend; ein visueller Eindruck

Vi|sum das *lat.*, die Visa/Visen: Einreise- und Aufenthaltserlaubnis für ein fremdes Land; ein Visum beantragen; **Vi|sum|zwang** der

Vi|ta|min *oder* Vit|amin das *lat.*, die Vitamine: lebenswichtiger Wirkstoff; **vi|ta|min|arm** *oder* vit|amin|arm

Vit|ri|ne *oder* Vi|tri|ne die *franz.*: Glasschaukasten

Vi|ze der *lat.*: Stellvertreter; **Vi|ze|kanz|ler** der; **Vi|ze|meis|ter|schaft** die; **Vi|ze|prä|si|dent** der; **Vi|ze|prä|si|den|tin** die

Vlies das *niederl.*, des Vlieses, die Vliese: 1. die geschorene Schafwolle in einem Stück 2. dünne Faserschicht als Unterfütterung von Kleiderstoffen

Vo|gel der, die Vögel; **Vo|gel|scheu|che** die

Vo|kal der *lat.*, die Vokale: Selbstlaut;
▶ Rechtschreiblehre S. 474

Vo|ka|bel die *lat.*: einzelnes fremdsprachiges Wort; Vokabeln lernen; **Vo|ka|bu|lar** das: Wortschatz, Wörterverzeichnis

Vo|lant [wolã] der *franz.*, des/die Volants: angekräuselter Stoffbesatz

Volk das, des Volk(e)s, die Völker; **Volks|ab|stim|mung** die; **Volks|ein|kom|men** das: Summe aller Einkommen in einer Volkswirtschaft; **Volks|kunst** die: überlieferte Kunst; **Volks|stück** das: meist lustiges und im Dialekt aufgeführtes Theaterstück; **volks|tüm|lich** ein volkstümlicher Sänger; **Volks|wirt|schaft** die: alle wirtschaftlichen Prozesse in einem Land; **Volks|wirt|schafts|leh|re** die; *Abk.* VWL; **volks|wirt|schaft|lich**

Volks|lied das: Dass uns so viele Volkslieder erhalten sind, die uns unser ganzes Leben begleiten, verdanken wir vor allem zwei Dichtern, den „Liederbrüdern" Achim von Arnim und Clemens Brentano (→ Romantik). Es ist fast 200 Jahre her, dass sie den Rhein entlangzogen und unter die Leute gingen, um → Märchen, Sagen und Lieder anzuhören und aufzuschreiben. Ihre Volksliedersammlung „Des Knaben Wunderhorn" erregte großes Aufsehen. Hochnäsige Kritik störte die beiden nicht, denn Goethe, dem sie ihre Arbeit gewidmet hatten, machte Werbung dafür: Dies Buch solle in jedem Haus unterm Spiegel liegen! „Volksdichtung" – lange Zeit unbeachtet – war wieder modern. Vater dieser Bewegung war Johann Gottfried Herder, der 1778 eine Sammlung europäischer Volkslieder herausgegeben hatte, die weit über Deutschlands Grenzen hinaus Beachtung fand.

Wie Märchen und Sagen sprechen auch die Volkslieder Menschen aus allen Schichten an; sie sind schlicht und verständlich, aber nicht simpel, sondern voller Bildkraft. Sie drücken Gefühle aus, die wir alle empfinden. Sie begrüßen Morgen und Abend, Frühjahr und Sommer, singen von Liebe und Leid, machen Feste erst richtig festlich. Und beim Wandern verhelfen sie zum richtigen Schritt. Text und Melodie gehören immer untrennbar zusammen.

Volkslieder sind nicht „im Volk" entstanden; wie andere Dichtungen haben auch sie einen Verfasser. Im Laufe der Zeit vergaß man dessen Namen und die Lieder wurden immer mehr „zersungen", d.h., etwas wurde hinzugefügt, etwas weggelassen, etwas verändert. So hat eben „das Volk" auch Anteil an der heutigen Gestalt der Lieder.

Die Grundform der Volkslieder wird bis heute gern nachgeahmt. Sie ist einfach und doch bewegt und sie verführt geradezu zum Singen. Diese Grundform besteht aus der Volksliedzeile, in der drei bis vier Hebungen und Senkungen (→ Vers) abwechseln, und der vierzeiligen Volksliedstrophe, oft mit Kehrreim. Viele Texte großer Dichter wurden „neue Volkslieder": „Sah ein Knab' ein Röslein stehn" (→ Goethe), „Wem Gott will rechte Gunst erweisen" (→ Eichendorff), „Ich weiß nicht, was soll es bedeuten" (→ Heine), „Der Mond ist aufgegangen" (→ Claudius).

voll sie war voll des Lobes, mit seinem vollen Namen unterschreiben, aus dem Vollen (aus reichlich Vorhandenem) schöpfen; **voll|auf** völlig; **voll fül|len / voll|fül|len** denk daran, die Flasche voll zu füllen / vollzufüllen; **voll lau|fen / voll|lau|fen** (→ laufen): die Wanne ist voll gelaufen / vollgelaufen; **voll|bringen** (→ bringen): es ist vollbracht (endlich gelungen); **Voll|dampf** der: er fuhr mit Volldampf (hohem Tempo); **vollen|den** du stellst mich vor vollendete Tatsachen; **voll|lends** oder voll|ends ganz; **völ|lig; voll|jäh|rig; voll|kom|men** am vollkommensten; **Voll|korn|brot** das; **Voll|macht** die; **Voll|milch** die; **Voll|mond** der; **voll|stän|dig; voll|stre|cken** das Urteil wird morgen vollstreckt; **Voll|stre|ckung** die; **Voll|tref|fer** der; **voll|wer|tig; voll|zäh|lig; voll|zie|hen** (→ ziehen); **Voll|zug** der

Vol|ley|ball [wo̩li-] der engl.: Flugballspiel

Vo|lon|tär der lat., des Volontärs, die Volontäre; **Vo|lon|ta|ri|at** das: gering bezahltes Betriebspraktikum, meist in einem Verlag oder bei einer Zeitung; **Vo|lon|tä|rin** die; **vo|lon|tie|ren**

Volt das: Maßeinheit für elektrische Spannung; Zeichen V

Vo|lu|men das lat., die Volumen/Volumina: 1. Rauminhalt 2. Umfang, Gesamtmenge; **vo|lu|mi|nös** beträchtlich, umfangreich

vom (von dem)

von der Kuchen ist von gestern, er erzählte von seiner Reise, von Haus zu Haus; **von|ei|nan|der** oder von|ein|an|der; **von|stat|ten|ge|hen** wo soll das vonstattengehen (stattfinden)?

vor sie hatte den Text vor sich liegen, sie schimpfte vor sich hin, starr vor Angst, vor Weihnachten; **vo|ran** *oder* vor|an; **vo|ran|ei|len** *oder* vor|an|ei|len; **vo|ran|ge|hen** *oder* vor|an|ge|hen (→ gehen)

Vor|ar|bei|ter der: Leiter einer Gruppe von Arbeitern; **Vor|ar|bei|te|rin** die

vo|raus *oder* vor|aus; volle Kraft voraus!, im Voraus besten Dank!; **vo|raus|ge|hen** *oder* vor|aus|ge|hen (→ gehen); **Vo|raus|sa|ge** *oder* Vor|aus|sa|ge die; **vo|raus|sa|gen** *oder* vor|aus|sa|gen; **vo|raus|se|hen** *oder* vor|aus|se|hen (→ sehen); **vo|raus|set|zen** *oder* vor|aus|set|zen; **Vo|raus|sicht** *oder* Vor|aus|sicht die; **vo|raus|sicht|lich** *oder* vor|aus|sicht|lich

Vor|bau der: angebauter Gebäudeteil, Balkon; **vor|bau|en** vorsorgen

vor|be|dacht vorbedacht handeln; **Vor|be|dacht** der: sie reagierte mit Vorbedacht (Überlegung)

Vor|be|halt der; **vor|be|hal|ten** sich (→ halten): er behielt sich die Änderung des Textes vor (hielt sich die Möglichkeit offen, den Text zu ändern); **vor|be|halt|lich**; **vor|be|halt|los**

vor|bei; **vor|bei|ei|len**; **vor|bei|ge|hen** (→ gehen)

Vor|be|mer|kung die

vor|be|rei|ten ein Fest vorbereiten; **Vor|be|rei|tung** die

vor|be|straft er ist vorbestraft

vor|beu|gen vorbeugende Maßnahmen, den Körper vorbeugen

Vor|bild das; **vor|bild|lich**

vor|brin|gen (→ bringen): eine Frage vorbringen (vortragen)

vor|da|tie|ren; **Vor|da|tie|rung** die

vor|de|re der vordere Eingang, an vorderster Stelle; *aber:* die Vorderen sollen aufrücken; **Vor|der|grund** der: sich in den Vordergrund drängen; **vor|der|grün|dig** oberflächlich, durchschaubar; **vor|der|hand** wir lassen das vorderhand (einstweilen) ruhen; **Vor|der|mann** der, die Vordermänner / Vorderleute; **Vor|der|sei|te** die; **Vor|ders|te** der/die

vor|drin|gen (→ dringen); **vor|dring|lich**

Vor|druck der, die Vordrucke: sie bekam einen Vordruck (ein amtliches Formular) für ihre Autoabmeldung zugeschickt

vor|ei|lig du hast voreilig gehandelt

vor|ei|nan|der *oder* vor|ein|an|der: sich voreinander schämen

vor|ein|ge|nom|men sein: ein Vorurteil haben und deshalb nicht objektiv sein; **Vor|ein|ge|nom|men|heit** die

vor|ent|hal|ten (→ halten): sie enthielt ihm die Briefe vor (gab sie ihm nicht)

vor|erst du kannst vorerst (vorläufig) bei mir wohnen

Vor|fahr(e) der, die Vorfahren: Ahne; *Ggs.* Nachfahre

vor|fah|ren (→ fahren); **Vor|fahrt** die

Vor|fall der, die Vorfälle; **vor|fal|len** (→ fallen): was ist vorgefallen (passiert)?

vor|füh|ren das neue Kleid vorführen; **Vor|füh|rung** die

Vor|ga|be die: Richtlinie, Maßstab

Vor|gang der; **Vor|gän|ger** der; **Vor|gän|ge|rin** die; **vor|ge|hen** (→ gehen); **Vor|ge|hen** das

Vor|gangs|be|schrei|bung die
▶ Aufsatzlehre S. 511

vor|gau|keln er hatte sich selbst etwas vorgegaukelt (vorgemacht)

Vor|ge|fasst sie regte sich über seine vorgefassten (auf Vorurteilen beruhenden) Ansichten auf

Vor|ge|schmack der: das ist nur ein kleiner Vorgeschmack (Eindruck)

Vor|ge|setz|te der/die

vor|ges|tern (→ gestern)

vor|grei|fen (→ greifen): einer Sache vorgreifen (etwas vorwegnehmen); **Vor|griff** der

vor|ha|ben (→ haben); **Vor|ha|ben** das

vor|hal|ten (→ halten); **Vor|hal|tun|gen** die: jemandem Vorhaltungen (Vorwürfe) machen

vor|han|den er war für sie nicht vorhanden (sie beachtete ihn nicht)

Vor|hang der

vor|her ich melde mich vorher; **vor|her|ge|hend**; **vor|he|rig** nur nach vorheriger Vereinbarung; **Vor|her|sa|ge** die; **vor|her|se|hen** (→ sehen): er hat das Unglück vorhergesehen (im Voraus erkannt); *aber:* er hat die Unglückliche vorher (früher) gesehen

vor|hin gerade vorhin (eben) war er noch da

Vor|hut die: vorausgeschickter Truppenteil

vo|rig im vorigen Jahrhundert; *aber:* die Vorigen sollen nochmals kommen

Vor|jahr das
Vor|keh|rung die: sie traf einige Vorkehrungen (Schutzmaßnahmen)
Vor|kennt|nis die, die Vorkenntnisse
vor|knöp|fen ich werde mir den Burschen nochmals vorknöpfen (*ugs.* ihn zurechtweisen)
vor|kom|men (→ kommen); **Vor|kom|men** das: umfangreiche Kohlevorkommen; **Vor|komm|nis** das: keine besonderen Vorkommnisse
vor|la|den weitere Zeugen wurden vorgeladen; **Vor|la|dung** die: in der Post war eine gerichtliche Vorladung
Vor|lauf der: er musste bereits im Vorlauf aufgeben (im Sport); **Vor|läu|fer** der; **vor|läu|fig**
vor|laut sei nicht so vorlaut!
vor|le|gen; **Vor|le|ger** der: Matte oder kleiner Teppich
vor|le|sen (→ lesen)
Vor|lie|be die; **vor|lieb|neh|men** (→ nehmen): er hat damit vorliebgenommen (sich damit begnügt)
vor|ma|chen du kannst mir nichts vormachen (mich nicht täuschen)
Vor|macht die: Vorherrschaft
vor|mals einst, früher
Vor|märz der: geschichtlicher Abschnitt in Deutschland von 1815 bis 1848 (Märzrevolution)

Vor|mit|tag der ▶ Abend / abends

Vor|mund der: rechtlicher Vertreter eines/einer Minderjährigen oder Entmündigten; **Vor|mund|schaft** die
vorn nach vorn schauen, gleich da vorn, sie lässt sich von vorn bis hinten (ganz und gar) bedienen; **vorn|über**; **vorn|über|kip|pen** ich bin mitsamt dem Stuhl vornübergekippt (→ darauf)
Vor|na|me der
vor|nehm eine vornehme Dame, das ist ein vornehmer Laden; **Vor|nehm|heit** die
vor|neh|men (→ nehmen): er hat sich allerhand vorgenommen (vieles geplant); **vor|nehm|lich** vor allem, insbesondere
Vor|ort der, die Vororte: sie zog in einen Vorort von Berlin
Vor|rang der; **vor|ran|gig** am vorrangigsten
Vor|rat der, die Vorräte; **vor|rä|tig**

Vorstellung

Vor|rich|tung die: eine Sperrvorrichtung
vor|rü|cken um zwei Plätze vorrücken, in vorgerücktem Alter, zu vorgerückter (später) Stunde
Vor|run|de die: *(Sport)* die Mannschaft überstand nicht einmal die Vorrunde
vor|sa|gen es war verboten, den anderen vorzusagen (den anderen die Antworten zuzuflüstern)
Vor|satz der; **vor|sätz|lich** etwas vorsätzlich (ganz bewusst, gewollt) tun
Vor|schau die: Ankündigung von Veranstaltungen, z. B. des Fernsehprogramms
Vor|schein der: unter dem Putz kamen wunderschöne Malereien zum Vorschein
vor|schie|ben (→ schieben); **Vor|schub** der: einem Verbrechen Vorschub leisten (seine Ausführung begünstigen)
Vor|schlag der; **vor|schla|gen** (→ schlagen)
vor|schnell sie hatte vorschnell zugesagt
vor|schrei|ben (→ schreiben); **Vor|schrift** die; **vor|schrifts|mä|ßig**
Vor|schuss der, des Vorschusses, die Vorschüsse: Vorabzahlung eines Teilbetrages; **Vor|schuss|lor|bee|ren** die: Belobigung im Voraus
vor|se|hen (→ sehen): sieh dich vor (pass auf)!, es ist keine Feier vorgesehen (geplant); **Vor|se|hung** die: die göttliche Vorsehung (Bestimmung, Macht)
Vor|sicht die; **vor|sich|tig**; **vor|sichts|hal|ber**
Vor|sitz der: sie führt den Vorsitz (hat die Leitung); **Vor|sit|zen|de** der/die
Vor|sor|ge die; **vor|sor|gen**; **Vor|sor|ge|un|ter|su|chung** die; **vor|sorg|lich**
Vor|spann der, die Vorspanne / Vorspänne: im Vorspann des Films war sein Name als Drehbuchautor genannt
vor|spie|geln ich spieg(e)le vor; **Vor|spie|ge|lung** die
vor|spre|chen sie wollten beim Bürgermeister vorsprechen (ihm ein Anliegen vorbringen), im Theater vorsprechen (seine schauspielerischen Fähigkeiten prüfen lassen)
Vor|sprung der
Vor|stand der, die Vorstände; **vor|ste|hen** (→ stehen): einer Abteilung vorstehen
vor|stel|len wie stellst du dir das vor?; **Vor|stel|lung** die: in eine Kinovorstel-

Vorstellungskraft

lung gehen, er hat verrückte Vorstellungen (Gedanken, Einstellungen); **Vor|stel|lungs|kraft** die
Vor|stoß der; **vor|sto|ßen** (→ stoßen)
Vor|stra|fe die, **Vor|stra|fen|re|gis|ter** das
vor|stre|cken die Beine vorstrecken, der Vater wollte seinem Sohn das Taschengeld nicht vorstrecken (vorab geben), kannst du mir das Geld für die Zugfahrt vorstrecken? (es auslegen, leihen)
Vor|stu|fe die Vorstufe einer Entwicklung
vor|täu|schen Zuneigung vortäuschen; **Vor|täu|schung** die
Vor|teil der; **vor|teil|haft** am vorteilhaftesten: sie ist sehr vorteilhaft (günstig) gekleidet
Vor|trag der, die Vorträge; **vor|tra|gen** (→ tragen)
vor|treff|lich sie ist eine vortreffliche (ausgezeichnete) Köchin
vor|tur|nen; Vor|tur|ner der; **Vor|tur|ne|rin** die, die Vorturnerinnen
vo|rü|ber oder vor|über; es ist vorüber (vorbei); **vo|rü|ber|ge|hen** oder vor|über|ge|hen (→ gehen); **vo|rü|ber|ge|hend** oder vor|über|ge|hend
Vor|un|ter|su|chung die
Vor|ur|teil das; **vor|ur|teils|los**
Vor|vä|ter die: männliche Vorfahren; zu Lebzeiten unserer Vorväter
Vor|ver|kauf der
vor|vor|ges|tern vor drei Tagen; **vor|vo|rig; vor|vor|letzt** vorvorletzten Monat
vor|wäh|len; Vor|wahl die: die Berliner Vorwahl ist 030
Vor|wand der, die Vorwände: etwas als Vorwand benutzen
vor|wärts; Vor|wärts|be|we|gung die; **vor|wärts|ge|hen** (→ gehen): es soll endlich vorwärtsgehen (besser werden), auf der Rolltreppe nur vorwärtsgehen!; **vor|wärts|kom|men** (→ kommen): er will vorwärtskommen (vorankommen, Erfolg haben)
Vor|wä|sche die; **vor|wa|schen; Vor|wasch|gang** der
vor|weg die Suppe vorweg essen; **Vor|weg|nah|me** die; **vor|weg|neh|men** (→ nehmen): der Ansager hat das Spielergebnis vorweggenommen (bereits vorher bekannt gegeben)
vor|wer|fen (→ werfen): sie hat sich nichts vorzuwerfen (hat richtig gehandelt); **Vor|wurf** der; **vor|wurfs|voll** sie sah mich vorwurfsvoll an
vor|wie|gend vorwiegend heiter und Sonnenschein
vor|wit|zig vorlaut, naseweis
Vor|wort das, des Vorwort(e)s, die Vorworte: er hat das Vorwort zu diesem Buch geschrieben
Vor|zei|chen das: ein untrügliches Vorzeichen für Sturm
vor|zeig|bar; vor|zei|gen; Vor|zei|ge|sport|ler der
Vor|zeit die: in grauer Vorzeit, **vor|zei|ten** einstmals; **vor|zei|tig** er wurde vorzeitig pensioniert
vor|zie|hen (→ ziehen): ich ziehe ein gutes Essen vor (mag es lieber), die Wahlen wurden vorgezogen (vorverlegt); **Vor|zug** der; **Vor|zugs|ak|tie** die: Aktien mit Sonderrechten (Vorzügen); **Vor|zugs|be|hand|lung** die; **vor|züg|lich** mit vorzüglicher Hochachtung; **vor|zugs|wei|se** hauptsächlich, in erster Linie
Vor|zim|mer das; **Vor|zim|mer|da|me** die
vo|tie|ren lat.: für jemanden stimmen, abstimmen, etwas entscheiden; die Schüler votierten (entschieden sich) für eine Klassenreise nach Wien, **Vo|tum** das, des Votums, die Voten / Vota: ein Votum (eine Stimme) für einen Kandidaten abgeben, ihr Votum (Urteil) war nicht maßgebend
Vo|tiv|bild das, die Votivbilder: (kath.) Bild, das einem Heiligen oder einer Heiligen zum Dank für die Erhörung eines Gebets und Hilfe in Not oder Krankheit gestiftet wird; **Vo|tiv|ta|fel** die
v. R. w. Abk. für von Rechts wegen
v. u. Abk. für von unten
vul|gär lat.: sie hatte ein vulgäres (derbes, ordinäres) Lachen, vulgär (gewöhnlich) gekleidet sein; **Vul|ga|ri|tät** die
Vul|kan der lat.: Feuer speiender Berg; ein Tanz auf dem Vulkan (Ausgelassenheit in gefahrvollen Zeiten); **Vul|kan|aus|bruch** der; **vul|ka|nisch** vulkanisches Gestein; **vul|ka|ni|sie|ren** 1. Rohkautschuk zu Gummi verarbeiten 2. Gummigegenstände bearbeiten, reparieren
v. u. Z. Abk. für vor unserer Zeit
VW ® Abk. für Volkswagen

W

Waa|ge die; **waa|ge|recht / waag|recht** Ggs. senkrecht; **Waa|ge|rech|te / Waagrech|te** die

Wa|be die: sechseckige Wachszelle in einem Bienenstock zur Aufzucht und Honigspeicherung

wach er lag die halbe Nacht lang wach, sie hat einen wachen (aufgeweckten, regen) Verstand; **Wa|che** die: auf Wache stehen, er musste auf die Wache (Polizeiwache); **wa|chen; wach|sam; Wäch|ter** der; **Wäch|te|rin** die; **Wach(t)|pos|ten** der

Wa|chol|der der: immergrüner Strauch, aus dessen Beeren hergestellter Branntwein, Gewürz

Wachs das: er war Wachs in ihren Händen (tat alles, was sie sagte); **wach|sen** die Treppe wird gewachst und gebohnert; **wäch|sern** aus Wachs

wach|sen du wächst, sie wuchs, gewachsen, er wüchse: er lässt sich einen Bart wachsen, jemandem nicht gewachsen sein (schwächer sein); **Wachs|tum** das; **Wuchs** der: von hohem Wuchs (groß)

Wächte frühere Schreibung für → Wechte

Wach|tel die, die Wachteln: Hühnervogel

wa|cke|lig / wack|lig am wack(e)ligsten; **Wa|ckel|kon|takt** der: schadhafter elektrischer Kontakt; **wa|ckeln**

wa|cker sie verteidigten sich wacker (tapfer, mutig)

Wa|de die: hinterer Unterschenkel

Waf|fe die: sie schlug ihn mit seinen eigenen Waffen (widerlegte ihn mit seinen eigenen Aussagen); **waf|fen|los**

Waf|fel die: Zuckerwaffel

wag|hal|sig am wag(e)halsigsten: kühn, unerschrocken; **wa|ge|mu|tig; wa|gen** keiner wagte (traute sich) zu widersprechen; **Wag|nis** das, des Wagnisses, die Wagnisse

Wa|gen der, die Wagen: der Große/Kleine Wagen (Sternbilder)

wä|gen du wägst, sie wog / wägte, gewogen / gewägt, er wägte (selten er wöge): erst wägen, dann wagen, seine Worte (ab)wägen (bedenken, abschätzen)

Wag|gon / Wa|gon der engl., des/die Waggons / Wagons: Eisenbahnwagen

Wahl die: wer die Wahl hat, hat die Qual, der Ausgang der Wahl (das Abstimmungsergebnis) wird mit Spannung erwartet; **wähl|bar; wahl|be|rech|tigt; wäh|len; Wäh|ler** der; **Wäh|le|rin** die; **wäh|le|risch** anspruchsvoll; **Wahl|fach** das; **wahl|los**

Wahn der, des Wahn(e)s: Einbildung, falsche Annahme, Vorstellung; **wäh|nen** ich wähnte dich (glaubte, du seist) in Amerika; **Wahn|sinn** der: 1. Geistesgestörtheit als Krankheit; er verfiel dem Wahnsinn 2. größte Unvernunft; das wäre Wahnsinn; **wahn|sin|nig; Wahnwitz** der; **wahn|wit|zig**

wahr ist das wahr?, so wahr ich lebe!, was ist der wahre Grund?, sie hat ihre Drohung wahr gemacht / wahrgemacht; **wahr|ha|ben** etwas nicht wahrhaben wollen; **wahr|haft; wahr|haf|tig; Wahrheit** die; **wahr|heits|ge|mäß; wahrheits|wid|rig; wahr|nehm|bar; wahrneh|men** (→ nehmen); **Wahr|neh|mung** die; **wahr|sa|gen** sich wahrsagen lassen; **Wahr|sa|ge|rin** die; **wahr|scheinlich; Wahr|schein|lich|keit** die; **Wahrzei|chen** das: Erkennungs- oder Kennzeichen; das Wahrzeichen von Paris ist der Eiffelturm

wah|ren Stillschweigen wahren (nicht über etwas sprechen), den Abstand wahren (nicht verändern), seine Rechte wahren (verteidigen)

wäh|ren was lange währt, wird endlich gut, es währte (dauerte) nur ein Jahr; **wäh|rend** während des Krieges, ich warte, während du einkaufst; **wäh|renddes|sen** inzwischen, unterdessen

Wäh|rung die: gesetzliches Zahlungsmittel eines Landes; **Wäh|rungs|pa|ri|tät** die: von der Notenbank eines Landes festgelegtes Tauschverhältnis zwischen zwei Währungen; **Wäh|rungs|re|form** die; **Wäh|rungs|re|ser|ven** die: von der Zentralbank gehaltene Bestände an Gold und Devisen

Waid|mann → **Weid|mann** der

Waise

Wai|se die: Kind, das beide Eltern verloren hat, Peter war eine Waise/ein Waisenkind; **Wai|sen|kna|be** der: er war gegen ihn ein Waisenknabe (im Vergleich mit ihm gar nichts)

Wal der, des Wal(e)s, die Wale: größtes Meeressäugetier; **Wall|ross** das, die Walrosse: große Robbenart

Wald der, des Wald(e)s, die Wälder; **wal|dig**; **wald|reich**

Walk|man® [wokmän] der *engl.*, die Walkmans / Walkmen: kleiner tragbarer Kassettenrekorder mit Kopfhörern

Wall der, des Wall(e)s, die Wälle: Erd- oder Steinaufschüttung, Mauer

Wal|lach der, des Wallach(e)s, die Wallache: männliches Pferd, das kastriert (nicht mehr fortpflanzungsfähig) ist

wal|len sie trug ein wallendes (faltenreiches) Gewand, Nebelschwaden wallten über die Felder, die Suppe kurz wallen (kochen) lassen; **Wal|lung** die: sein Blut geriet in Wallung (er wurde zornig, erregt)

Wall|fahrt die: religiöse Pilgerfahrt oder Fußwanderung zu einer heiligen Stätte; **wall|fah|ren / wall|fahr|ten** er ist nach Lourdes gewallfahrtet

Wall|street / Wall Street [wolstrit] die *engl.*: Name der Straße, die das Finanzviertel in New York durchquert, Standort der Börse der USA

Walm|dach das

Wal|nuss die: Frucht des Walnussbaums

wal|ten sie waltet (herrscht) als guter Geist im Haus, Gnade walten (wirken) lassen

Walther von der Vogelweide ▶ S. 447

Wal|ze die; **wal|zen** einen Sportplatz walzen; **wäl|zen** er wälzte sich am Boden; **Wäl|zer** der: schweres, großes Buch; **Wal|zer** der: Tanz/Musik im ¾-Takt

Wand die, die Wände: gegen eine Wand reden (vergebens jemanden zu überzeugen suchen); **Wand|ma|le|rei** die

Wan|da|le / Van|da|le der, die Wandalen: 1. Angehöriger eines ostgermanischen Volksstammes 2. zerstörungswütiger Mensch; wie die Wandalen hausen

Wan|del der; **wan|del|bar**; **wan|deln** er will sein Leben wandeln (verändern); **Wand|lung** die

Wan|de|rer der; **Wan|de|rin** die; **wan|dern**; **Wan|der|schaft** die; **Wan|de|rung** die

Wan|ge die: sich auf die Wangen küssen

wan|kel|mü|tig unbeständig, schwankend im Denken und Handeln; **wan|ken** er wankte aus der Tür, ihr Mut geriet ins Wanken (ließ nach)

wann seit wann (welcher Zeit) weißt du es?, wann (unter welchen Bedingungen) sind die Voraussetzungen zur Prüfung erfüllt?

Wan|ne die

Wan|ze die: Insektenart

Wap|pen das: symbolisches Zeichen, z. B. Stadtwappen

wapp|nen gegen alle Gefahren gewappnet (darauf vorbereitet) sein, sich mit Geduld wappnen (Geduld aufbringen)

Wa|re die; **Wa|ren|bör|se** die: Börse, an der z. B. Getreide, Kaffee oder Schweinehälften gehandelt werden; **Wa|ren|haus** das

warm wärmer, am wärmsten: mir wurde ganz warm ums Herz, etwas wärmstens empfehlen, miteinander warm werden / warmwerden (sich näher kennen lernen); *aber:* sich etwas Warmes anziehen, im Warmen sitzen; **Wär|me** die; **Wär|me|ener|gie** die Bewegungsenergie der Atome und Moleküle, die als Wärme empfunden wird; **Wär|me|lei|ter** der: Stoff, der Wärme leitet; **wär|men** die Milch wärmen, sich am Feuer wärmen; **warm|hal|ten** (→ halten): sich jemanden warmhalten (nützliche Kontakte pflegen); *aber nur getrennt:* das Ei warm halten; **warm|her|zig** voll Herzenswärme; **warm ma|chen / warm|ma|chen**

Walther von der Vogelweide

Walther von der Vogelweide

geb. um 1170
 in Niederösterreich (?)
gest. um 1230 bei Würzburg (?)

Kreuzlieder
Minnelieder
Politische Spruchdichtung

Dass es in Deutschland schon im frühen Mittelalter und vor allem um 1200 Dichtungen von hohem Rang gab, ist weithin in Vergessenheit geraten. Dies mag daran liegen, dass sich das Alt- und Mittelhochdeutsche von unserer heutigen Sprache so sehr unterscheiden.

Zu den bedeutendsten Autoren des Hochmittelalters gehört Walther von der Vogelweide. Über seine Herkunft und sein Leben wissen wir wenig. Nach eigener Aussage lernte er am Babenbergerhof in Wien höfisches Singen und Dichten. Als etwa 25-Jähriger begann er das mühselige, gefahrvolle und oft auch demütigende Leben eines fahrenden Sängers. Er zog von Hof zu Hof, um die Gunst der Herren zu erwerben, und war angewiesen auf Laune und Mildtätigkeit seiner Gönner. Das einzig urkundliche Zeugnis über sein Leben berichtet davon, dass ihm der Bischof von Passau am 12. 11. 1203 fünf Solidi zum Erwerb eines Pelzmantels geschenkt hat.

Walther schrieb großartige Minnelieder (Liebesgedichte) von überzeugender Innigkeit und mitreißendem Gefühlsreichtum. Ebenso bedeutend sind seine religiösen Gedichte und vor allem die politischen Spruchgedichte – wir würden sie heute „Kommentare" nennen. Durch sie suchte er das Tagesgeschehen und die öffentliche Meinung zu beeinflussen, in erster Linie den seit 1197 währenden Thronstreit zwischen Staufern und Welfen und die Auseinandersetzungen zwischen Reich und Kirche. Walther beherrschte alle Formen des sprachlichen Ausdrucks wie Satire, Parodie, Anklage, Mahnung; sein ätzender und verletzender Spott war gefürchtet. Natürlich hoffte er auf entsprechenden Lohn für seine Tätigkeit. Als ihm Kaiser Friedrich II. um 1220 ein Lehen in oder bei Würzburg schenkte, jubelte er in einem Gedicht: „Ich hân min lêhen, al die werlt, ich hân min lêhen / nu entfürhte ich niht den hornunc an die zêhen." Die Gedichte der letzten Jahre äußern Sorge um den Bestand von Kirche und Reich und wenden sich kritisch an die künftige Generation.

war|nen ich warne dich!; **Warn|streik** der: kurzzeitiger Streik als Warnung oder Protest

War|te die: Beobachtungsplatz, Beobachtungsturm; von meiner Warte (von meinem Standpunkt) aus; **war|ten** eine Überraschung wartet auf dich, der Motor muss gewartet (überholt, überprüft) werden; **Wär|ter** der: Aufseher; **Wär|te|rin** die; **War|te|zim|mer** das; **War|tung** die: Überholung, Reparatur, pflegerische Betreuung

wa|rum *oder* war|um

War|ze die: kleine, runde Hautwucherung; **War|zen|schwein** das: afrikanisches Schwein

was was ist das?, was für ein Pech!, er glaubt an das, was sie sagt

Wasch|be|cken das; **Wä|sche** die; **waschecht** er ist ein waschechter (geborener) Berliner; **wa|schen** du wäschst, sie wusch, gewaschen, er wüsche; **Wä|scherei** die; **Wasch|schüs|sel** die

Was|ser das: sie sind wie Feuer und Wasser (sehr gegensätzlich); **was|ser|dicht** eine wasserdichte Uhr; **wäs|se|rig**; **wassern** das Flugzeug musste wassern (auf dem Wasser niedergehen); **wäs|sern** die Blumen wässern; **wäss|rig** ein wässriges (blasses) Blau; **Was|ser|stoff** der: farb- und geruchloses Gas, chemischer Grundstoff; *Zeichen* H

wa|ten durch die Pfützen waten

wat|scheln die Ente hat einen watschelnden Gang

Watt das, des/die Watt (nach dem engl. Ingenieur James Watt): alte Maßeinheit für elektrische Leistung; *Zeichen* W

Watt das, des Watt(e)s, die Watten: bei Ebbe freiliegender, schlammiger Küstenstreifen; **Wat|ten|meer** das; **Watt|wan|de|rung** die

Wat|te die *niederl.*; **Wat|te|bausch** der; **wat|tie|ren** ein wattierter (mit Watte gefütterter) Rock

WC das: *Abk. für* water closet *engl.*: Wasserklosett

we|ben du webst, sie wob / webte, gewoben / gewebt, er wöbe / webte; **We|ber** der; **We|be|rin** die; **We|be|rei** die; **Webstuhl** der

Wech|sel der: 1. Veränderung; der Wechsel der Jahreszeiten 2. das Wechseln, Austausch 3. schuldrechtliches Wertpapier; **wech|sel|haft**; **Wech|sel|kurs** der; Preis einer ausländischen Währung; **wech|seln**; **Wech|sel|rah|men** der; **wech|sel|sei|tig** gegenseitig; **Wech|sel|strom** der: in Stärke oder Richtung periodisch wechselnder elektrischer Strom; *Ggs.* Gleichstrom; **Wech|sel|wir|kung** die: gegenseitige Wirkung, Beeinflussung zweier Dinge

Wech|te die *schweiz.*, die Wechten: überhängende Schneemasse, Schneewehe

We|cken der *südd.*: längliches Brot oder Brötchen

we|cken; **We|cker** der

we|deln der Hund wedelte heftig mit dem Schwanz, sie wedelte auf den Skiern den Hang hinab

we|der er hat weder Zeit noch Geld, weder er noch sie

Week|end [wikend] das *engl.*, die Weekends: Wochenende

weg das Gewitter ist noch weit weg (entfernt), der Schlüssel ist weg (verschwunden); **weg|bli|cken**; **weg|drän|gen**; **weg|fah|ren** (→ fahren); **Weg|fahr|sper|re** die: Sicherheitsvorrichtung für das Auto; **Weg|gang** der: Fortgang; **weg|ge|hen** (→ gehen); **weg|lau|fen** lauf weg (davon)! (→ laufen); **weg|neh|men** (→ nehmen)

Weg der, des Weg(e)s: er geht seiner Wege (geht weiter, geht fort), er geht seine eigenen Wege (handelt nach seiner Überzeugung), er wird das in die Wege leiten (veranlassen, vorbereiten); **Weg|ga|be|lung** die

we|gen er tut es des Geldes wegen, wegen (infolge) Umbau geschlossen

We|ge|rich der: Wiesenpflanze

weh ein weher Zahn; **Weh** das: ihn erfüllte tiefes Weh (Leid); **we|he!** wehe (dir), wenn du das tust!; **We|he** die: Schmerz beim Gebären durch das Zusammenziehen der Gebärmutter; **weh|lei|dig**; **Weh|mut** die: stille Trauer; **weh|mü|tig**; **weh tun / weh|tun** mir tut der Bauch weh, pass auf, dass du dir nicht weh tust / wehtust

We|he die: Sand- oder Schneeverwehung

we|hen der Wind wehte von Süden

Wehr das, des Wehr(e)s, die Wehre: Wasserstauanlage; **Wehr** die, die Wehren: 1. Verteidigung, Schutzwall; sich zur Wehr setzen, gegen die Wehr anstürmen 2. *Kurzwort für* Feuerwehr; **Wehrdienst** der; **weh|ren** sich; **wehr|los**

Weib das, des Weib(e)s, die Weiber; **Weib|chen** das: weibliches Tier

weib|lich ▶ Genus

weich ein weicher Pulli, du bist viel zu weich (zu gutmütig), die Lampe gibt weiches (warmes) Licht, Gemüse weich kochen / weichkochen, Fleisch weich klopfen / weichklopfen, *übertragen:* sie haben ihn weichgeklopft (dazu gebracht, dass er nachgibt); **Weich|kä|se** der; **weich|lich** verzärtelt, nachgiebig; **Weich|ling** der: Schwächling; **weich ma|chen**; **Weich|tei|le** die: knochenlose Körperteile, z. B. Eingeweide, Muskeln

Wei|che die: Gleiswechsel für Schienenfahrzeuge; die Weichen stellen

wei|chen du weichst, sie wich, gewichen, er wiche: die Bäume mussten einer neuen Straße weichen, sie wich keinen Schritt zurück, ich weiche der Gewalt (räume das Feld, gebe nach)

Wei|de die: Baum oder Strauch; **Wei|den|kätz|chen** das: Blüte der Weide

Wei|de die: Grasfläche; die Schafe zogen auf die Weide; **wei|den** 1. das Vieh weiden lassen 2. er weidete sich an ihrer Verlegenheit (sah schadenfroh zu); **Weid|mann / Waid|mann** der, die Weidmänner: Jäger; **weid|män|nisch / waid|män|nisch** nach Weidmannsart; **„Weid|manns|dank!" / „Waid|manns|dank"** Antwort auf den Jägergruß „Weidmannsheil!" / „Waidmannsheil!"

weid|lich 1. weidgerecht 2. in großem Maß, tüchtig: sie strapazierten die Geduld der Mutter weidlich

wei|gern er weigerte sich standhaft

Wei|he die: 1. Segen, Heiligung, Würde; die Weihe zum Bischof erhalten 2. Greifvogel; **wei|hen** geweihtes Wasser; **Weih|nacht** die; **weih|nach|ten** es weihnachtet schon; **Weih|nach|ten** das; **weih|nacht|lich**; **Weih|nachts|abend** der; **Weih|rauch** der

Wei|her der *lat.*: Teich

weil *Konj.*: ich muss ständig niesen, weil ich Heuschnupfen habe

Weil|chen das: es dauert nur ein Weilchen; **Wei|le** die: sie ist vor einer Weile gegangen; **wei|len** er weilte an ihrem Krankenbett

Wei|ler der *lat.*: kleine, ländliche Ansiedlung

Wein der *lat.*: im Wein liegt Wahrheit; **Wein|le|se** die: Traubenernte

wei|nen das Kind weinte bitterlich; **wei|ner|lich** er war ein weinerlicher Typ

wei|se am weisesten: ein weises (kluges) Urteil; **Wei|se** der / die: kluger Mensch; **Weis|heit** die: sie ist mit ihrer Weisheit am Ende; **weis|ma|chen** jemandem etwas weismachen (einreden, vorschwindeln) wollen; **weis|sa|gen** vorhersagen; **Weis|sa|ge|rin** die, die Weissagerinnen

Wei|se die: er macht es auf seine Weise (Art), man spielte eine lustige Weise (Melodie)

wei|sen du weist, sie wies, gewiesen, sie wiese: sie wies (zeigte) nach oben, er weist dieses Ansinnen weit von sich (lehnt es ab), sie wurde von der Schule gewiesen (durfte sie nicht mehr besuchen), ich wies ihm die Tür (warf ihn hinaus); **Wei|sung** die: Anordnung, Befehl

weiß er wurde weiß (bleich) vor Schreck, weiße Blutkörperchen, *aber:* der Weiße Sonntag (Sonntag nach Ostern, Erstkommunion); **Weiß** das: in Weiß heiraten; **Weiß|brot** das; **wei|ßen** das Zimmer neu weißen (tünchen); **weiß|haa|rig**; **weiß|lich**

Weiß|rus|se der, die Weißrussen; **Weißrus|sin** die, die Weißrussinnen; **weißrus|sisch**; **Weiß|russ|land**

weit am weitesten: weit und breit war niemand zu sehen, von weit her kommen, der Mantel ist zu weit (zu groß); **weit|aus** das weitaus (mit großem Abstand) Schönste; **Wei|te** die: die endlos scheinende Weite der Wüste; **weitge|hend / weit ge|hend**; **weit|läu|fig**;

weit|sich|tig; Weit|sich|tig|keit die; **Weit|sprin|ger** der; **Weit|sprin|ge|rin** die; **weit ver|brei|tet / weit|ver|brei|tet** eine weit verbreitete / weitverbreitete Anschauung

> **weit:** Das Adjektiv wird kleingeschrieben: *ein weites Land, weite Sicht, weit und breit.* Wenn *weit* in Verbindung mit einer Präposition dekliniert wird, kann es groß- oder kleingeschrieben werden: *bei Weitem / weitem, ohne Weiteres / weiteres.*
> Die substantivierte Form wird großgeschrieben: *alles Weitere, im Weiteren, das Weite suchen.*

wei|ter und so weiter (*Abk.* usw.), das ist nicht weiter schlimm; *aber:* alles Weitere mündlich, im Weiteren, des Weiteren; **wei|ter|bil|den** er sollte sich weiterbilden; **wei|ter|ge|hen** (→ gehen); **wei|ter|hin** ich wünsche dir weiterhin (künftig) viel Glück; **wei|ter|ma|chen** er will trotzdem weitermachen, mach nur so weiter!; *aber:* der Rock muss weiter gemacht werden (er ist zu eng)
Wei|zen der; **Wei|zen|keim** der; **Wei|zen|kleie** die
welch; wel|che; wel|cher; wel|ches welch (was für) ein Glück!, haben sich schon welche gemeldet?, welcher Hut gehört dir?, welches ist dein Kind?; **wel|cher|lei**
welk der Salat ist schon welk; **wel|ken**
Well|blech das; **Wel|le** die; **wel|len** der Teppich wellt sich; **Wel|len|kamm** der; **wel|lig**
Wel|pe der, die Welpen: Junges bei Hunden, Füchsen oder Wölfen
Wels der: ein Speisefisch
Welt die, die Welten: er ist ja nicht aus der Welt (wohnt nicht so weit weg), alle Welt (jedermann) spricht davon; **Weltall** das; **Welt|bank** die: *Bez.* für die „Internationale Bank für Wiederaufbau und Entwicklung" in Washington; **weltbe|kannt; welt|fremd** lebensfremd; **Welt|han|dels|or|ga|ni|sa|ti|on** die: *Abk.* WTO = World Trade Organization; **welt|lich; Welt|stadt** die; **welt|weit**
Wel|ter|ge|wicht das: Gewichtsklasse beim Boxen oder Ringen
wem wem gehört die Uhr hier?

Wem|er|gän|zung die ▶ Objekt

Wem|fall der ▶ Kasus

wen wen hast du eingeladen?
Wen|de die: eine Wende zum Schlechten trat ein; **Wen|del|trep|pe** die: Treppe, bei der die Stufen spiralig um eine Achse laufen; **wen|den** du wendest, sie wandte / wendete, gewandt / gewendet (*selten* er wendete): er wandte keinen Blick von ihr, sie trat sehr gewandt (geschickt) auf, er wendete / wandte sich mit einer Frage an mich, sie wendete das Auto in einer Einfahrt und fuhr zurück; **Wen|de|punkt** der; **wen|dig**

Wen|er|gän|zung die ▶ Objekt

Wen|fall der ▶ Kasus

we|nig etwas weniger, er fror nicht wenig (fror sehr), ich schlafe ein wenig, es kamen zu wenige, das ist das wenigste / Wenigste, woran man denken muss, das wenige / Wenige, was ich habe; **We|nig|keit** die: das ist meine Wenigkeit (das bin ich) auf diesem Foto; **we|nigs|tens** sie ist wenigstens (zumindest) freundlich, ich habe wenigstens (mindestens) dreimal angerufen

> **wenig:** Adjektive und Partizipien werden in Verbindung mit *wenig* großgeschrieben, weil sie als Substantive gebraucht werden: *wenig Erfreuliches, wenig Altes.* Gleiches gilt für Verbindungen mit *alles, etwas, nichts, viel, genug, allerlei.*
> Genauso wie die Zahladjektive *andere, eine, viele, meiste* kann auch *wenige* substantiviert werden. Dann ist sowohl Klein- als auch Großschreibung möglich: *die wenigen / Wenigen, die gekommen sind; es bleibt nur noch weniges / Weniges zu tun.*

wenn wenn sie anruft, wenn ich doch dabei sein könnte!; *aber:* komm jetzt nicht mit tausend Wenn und Aber!; **wenn|gleich; wenn|schon** und wennschon (das ist trotzdem kein Grund)!, wennschon, dennschon

wenn: Nebensätze, die mit der Konjunktion *wenn* eingeleitet werden, werden vom Hauptsatz durch Komma abgetrennt: *Wenn du fertig bist, sag Bescheid.*

wer ist da wer?, wer war das?, in ihrer Stadt ist sie wer (jemand Besonderes, sehr geachtet)

wer|ben du wirbst, sie warb, geworben (*selten* er würbe), wirb!: neue Mitglieder werben, er warb um ihre Liebe; **Wer|be|spot** der: Werbekurzfilm; **Wer|be|trom|mel** die: für etwas die Werbetrommel rühren (kräftig Reklame machen), **Wer|bung** die

---

Wer|be|text der: Wer eine Ware verkaufen will, muss sie anpreisen und die Leute zum Kauf anregen. Das gelingt kaum durch komplizierte Sätze oder umständliche Informationen. Knappe, einprägsame Sprüche sind wirkungsvoller. Wir kennen das von Werbesendungen in Rundfunk und Fernsehen und Anzeigen in Zeitungen und Zeitschriften.
Werbetexter – die Leute, die Werbetexte verfassen – müssen sich einiges einfallen lassen, um Aufmerksamkeit zu erregen. Eine große Rolle spielt z. B. der → Reim oder ein eindringlicher → Rhythmus: „... schmeckt toll und macht nicht so voll." Oft hören wir Aufforderungen, die wie Befehle klingen: „Gönnen Sie sich ...!" – „Genießen Sie ...!" Wichtig sind auch bestimmte Wörter, mit denen der Käufer begehrenswerte Eigenschaften verbindet: jung, schön, sympathisch, dynamisch und gesund. Und wer möchte das nicht sein?

Wer|de|gang der: sein beruflicher Werdegang; **wer|den** du wirst, sie wurde, geworden, er würde

Wer|fall der ▶ Kasus

wer|fen du wirfst, sie warf, geworfen, er würfe, wirf!: sich auf eine Aufgabe werfen (sich eifrig damit beschäftigen), der Baum wirft einen langen Schatten, die Hündin hat geworfen (Junge geboren); **Wurf** der, des Wurf(e)s, die Würfe: ein Wurf Katzen, ein gelungener Wurf

Werft die: Bau- und Reparaturanlage für Schiffe und Flugzeuge

Werg das, des Werg(e)s: Hanffaserreste zur Abdichtung von Wasserrohren

Werk das, des Werk(e)s, die Werke: zu Werke gehen (vorgehen), er arbeitet an einem neuen Werk (Buch oder Kunstwerk), das Werk (die Fabrik) wurde stillgelegt; **wer|ken** basteln und werken; **Wer|ken** das; **Werk|un|ter|richt**; **Werk|statt** die, die Werkstätten; **Werk|stoff** der; **Werk|tag** der; **werk|tags**; **werk|tä|tig** arbeitend; **Werk|zeug** das

Wer|mut der: Pflanze mit ölhaltigen Blättern, Wein mit dem bitteren Geschmacksstoff des Wermutkrauts; **Wer|muts|trop|fen** der: ihre Absage war der einzige Wermutstropfen (das einzig Bittere, das Einzige, was betrübte) bei diesem schönen Fest

wert deine Meinung ist mir sehr viel wert, Berlin ist eine Reise wert, wie war Ihr werter Name?, das ist die Sache nicht wert (die Mühe lohnt sich nicht); **Wert** der: etwas weit unter Wert verkaufen; **wert|be|stän|dig**; **wer|ten** etwas als Misserfolg werten, das wird nicht gewertet (nicht mitgezählt); **Wer|tig|keit** die; **wert|los**; **Wert|pa|pier** das: z. B. Aktie oder Anleihe; **wert|voll**

We|sen das: sein wahres Wesen wurde sichtbar, das kleine Wesen (Kind) weinte bitterlich, viel Wesens (Aufhebens) um etwas machen, das Gesundheitswesen; **we|sens|fremd**; **we|sent|lich** ein wesentlicher Vorteil; *aber:* um ein Wesentliches; das Wesentliche vom Unwesentlichen trennen

Wes|er|gän|zung die ▶ Objekt

Wes|fall der ▶ Kasus

wes|halb; **wes|we|gen**

Wespe

Wes|pe die: bienenähnliches Insekt; **Wes|pen|nest** das

Wespe *Hornisse*

wes|sen wessen Tasche ist das (wem gehört sie)?, wessen erinnerte er sich?

Wes|te die *franz.*; **Wes|ten|ta|sche** die: etwas wie seine Westentasche (sehr gut) kennen

west|deutsch; Wes|ten der: das Fenster geht nach Westen, der Wilde Westen (der Westen Nordamerikas im 19. Jh.); **west|lich; west|öst|lich**

Wes|tern der *amerik.*: Wildwestfilm

wett quitt; **Wett|be|werb** der; **wett|be|werbs|fä|hig; Wet|te** die: um die Wette laufen; **wett|ei|fern** sie wetteiferten um den besten Platz; **wet|ten** um viel Geld wetten; **wett|ma|chen** das Versäumte schnell wettmachen (nachholen, ausgleichen)

Wet|ter das; **wet|ter|füh|lig; wet|ter|ge|gerbt; Wet|ter|leuch|ten** das: Blitze, die in weiter Entfernung aufleuchten; **wet|tern** gegen die Jugend wettern (heftig auf sie schimpfen); **Wet|ter|vo|raus|sa|ge** die; **wet|ter|wen|disch** unbeständig

wet|zen eine Sense wetzen (schärfen); **Wetz|stein** der

Whirl|pool® [wörlpul] der *engl.*, des/die Whirlpools: Sprudelbad durch Luftdüsen

Whis|ky der *engl.* (*auch:* Whiskey), die Whiskys: Branntwein aus Gerste oder Mais

Wich|se die: Putzmittel, z. B. für Schuhe; **wich|sen** putzen, *derb für* onanieren

Wicht der, des Wicht(e)s: Kobold; **Wich|tel|männ|chen** das

wich|tig ein wichtiger Termin; *aber:* ich habe Wichtigeres zu tun; **Wich|tig|keit** die; **wich|tig|ma|chen** sich; **Wich|tig|tu|er** der; **wich|tig|tu|e|risch**

Wi|ckel der: jemanden am Wickel haben (zur Rechenschaft ziehen); **Wi|ckel|kind** das; **wi|ckeln**

Wid|der der: Schafbock, Tierkreiszeichen; er ist im Zeichen Widder geboren

wi|der sie kam wider (entgegen) Erwarten, wider (gegen) das Gesetz handeln; *aber:* es gibt ein Für und Wider (Dafür und Dagegen)

wi|der|bors|tig widerborstiges (nicht leicht zu frisierendes) Haar

wi|der|fah|ren (→ fahren): ihr widerfuhr (sie erlebte) manche Enttäuschung

Wi|der|ha|ken der

Wi|der|hall der: sein Buch fand großen Widerhall (großes Interesse)

wi|der|le|gen eine Behauptung widerlegen (nachweisen, dass sie falsch ist)

wi|der|lich ein widerlicher (abstoßender) Anblick, die Bonbons sind widerlich (überaus) süß

wi|der|na|tür|lich unnatürlich, dem natürlichen Empfinden zuwider

wi|der|recht|lich

Wi|der|re|de die: keine Widerrede!

Wi|der|ruf der: die Benutzung ist bis auf Widerruf erlaubt; **wi|der|ru|fen** (→ rufen): er widerrief das Geständnis

Wi|der|sa|cher der: persönlicher Gegner; **Wi|der|sa|che|rin** die

wi|der|set|zen sich: er widersetzte sich seiner Verhaftung

wi|der|sin|nig das ist widersinnig (ergibt keinen Sinn, ist unlogisch)

wi|der|spens|tig ein widerspenstiges (sich sträubendes) Kind; **Wi|der|spens|tig|keit** die

wi|der|spie|geln die Wolken spiegeln sich im Wasser wider

wi|der|spre|chen (→ sprechen); **Wi|der|spruch** der; **wi|der|sprüch|lich; wi|der|spruchs|frei; wi|der|spruchs|voll**

Wi|der|stand der; **wi|der|stands|fä|hig; wi|der|ste|hen** (→ stehen): er widerstand der Versuchung

wi|der|wär|tig ein widerwärtiger (unangenehmer, ekelhafter) Geruch

Wi|der|wil|le der; **wi|der|wil|lig**

Wi|der|wort das: keine Widerworte!

wid|men jemandem viel Zeit widmen; **Wid|mung** die: eine Widmung in ein Buch schreiben

wid|rig er lebte in widrigen (äußerst ungünstigen) Verhältnissen; **Wid|rig|keit** die: er kämpfte mit vielen Widrigkeiten (Schwierigkeiten, Hindernissen)

wie Männer wie Frauen, schlau wie ein Fuchs, wie spät ist es?

wie|der wegen nichts und wieder nichts (ohne den geringsten Anlass) streiten

> **wieder / wider:** Obwohl beide Wörter gleich klingen, müssen sie unterschieden werden: Sie werden verschieden geschrieben und haben unterschiedliche Bedeutungen.
> *Wieder* ist ein Adverb und bedeutet „nochmals, erneut": *du bist wieder zu spät, Wiederholung, Wiedergabe.*
> *Wider* ist eine Präposition und bedeutet „entgegen": *widerErwarten, Widerwille, Widerspruch.*

Wie|der|an|pfiff der: Anpfiff zur Fortsetzung des Spiels
Wie|der|be|geg|nung die
wie|der|brin|gen (→ bringen)

> **wieder** – zusammen oder getrennt? Ob *wieder* mit dem folgenden Verb zusammengeschrieben wird oder getrennt, kann man mit einer einfachen Probe feststellen:
> Getrennt, wenn *wieder* „noch einmal" oder „erneut" bedeutet: *jetzt ist es mir wieder eingefallen, ich habe diesen merkwürdigen grünen Vogel heute schon wieder gesehen.*
> Zusammen, wenn *wieder* „zurück" bedeutet: *kannst du mir das Buch morgen wiederbringen?*
> Manchmal geht beides, dann hilft die Betonung weiter: *Ich werde das Buch bestimmt wieder finden* (2 Betonungen, getrennt), *ich habe es wiedergefunden* (1 Betonung, zusammen).

Wie|der|ein|füh|rung die
wie|der er|ken|nen / wie|der|er|ken|nen (→ kennen)
wie|der fin|den / wie|der|fin|den (→ finden)
Wie|der|ga|be die: eine originalgetreue Wiedergabe (einer Schilderung eines Kunstwerks, eines Musikstücks); wie|der|ge|ben (→ geben)
Wie|der|her|stel|lung die
wie|der|ho|len kannst du den Satz wiederholen (noch einmal sagen)?; Wie|der|ho|lung die
wie|der|käu|en eine Kuh käut das Gras wieder; Wie|der|käu|er der

Wie|der|kehr die; wie|der|keh|ren
wie|der se|hen / wie|der|se|hen (→ sehen); Wie|der|se|hen das: ein trauriges Wiedersehen, auf Wiedersehen!
wie|de|rum *oder* wie|der|um wir trafen uns wiederum (erneut, wieder) im Park, ich erfuhr das wiederum (meinerseits) von deiner Schwester
Wie|ge die; wie|gen 1. Gewicht haben / feststellen, du wiegst, sie wog, gewogen, erwöge: sie wiegt viel zu wenig, der Brief wog 20 Gramm 2. schaukeln, sich wähnen, du wiegst, sie wiegte, gewiegt: er wiegte das Kind im Arm, sie hatten sich in Sicherheit gewiegt (geglaubt)
wie|hern er lachte wiehernd
Wie|se die
Wie|sel das: Raubmarderart; wie|sel|flink; wie|seln sie wieselte (eilte) durch die Reihen

wie|so wieso meldest du dich nicht?
wie viel wie viel kostet das?, wie viel älter ist er?, wie viel Uhr ist es?; wie|viel|mal wievielmal (wie oft) war sie schon dort?; wie|weit ich wüsste gerne, wieweit (in welchem Maß) ich mich auf sie verlassen kann, *aber:* wie weit willst du noch fahren?; wie|wohl obwohl, obgleich
Wig|wam der *indian./engl.*, des/die Wigwams: Kuppelzelt der nordamerikanischen Indianer
Wi|kin|ger der, des Wikingers, die Wikinger: Normanne; Wi|kin|ger|schiff das
wild am wildesten: die Äpfel wachsen hier wild, wie ein wildes Tier, eine wilde Bande, alles lag wild durcheinander, er war wild (ganz versessen) auf Süßigkeiten; Wild das; Wild|bret das: Wildbraten; wil|dern in fremden Revieren wildern; wild|fremd; Wild|nis die, die Wildnisse; Wild|west|film der
Wil|le(n) der, des Willens, die Willen: seinen Willen durchsetzen, sein letzter / Letzter Wille (Testament), etwas aus freiem Willen tun, jemandem zu Willen sein (sich unterwerfen); wil|len um der Ruhe willen (zuliebe); wil|len|los; wil|lens ich bin nicht willens, das hin-

Willenskraft

zunehmen; **Wil|lens|kraft** die; **wil|lensschwach**; **wil|lent|lich**; **wil|lig**
will|kom|men eine willkommene (sehr passende) Gelegenheit, seid herzlich willkommen!; **Will|kom|men** das/der; **Will|kom|mens|gruß** der
Will|kür die: selbstherrliches, rücksichtsloses Handeln oder Verhalten; von der Willkür anderer abhängig sein; **willkür|lich** eine willkürliche (zufällige) Zusammenstellung von Farben, er machte eine willkürliche (bewusste, vom Willen gelenkte) Bewegung
wim|meln es wimmelte von Ameisen
wim|mern ein wimmerndes Baby
Wim|pel der: kleine, dreieckige Fahne
Wim|per die: sie zuckte nicht einmal mit der Wimper (ließ sich nichts anmerken); **Wim|pern|tu|sche** die
Wind der, des Wind(e)s, die Winde: in alle Winde zerstreut (überallhin), von etwas Wind bekommen (etwas Geheimes erfahren), wer Wind sät, wird Sturm ernten (wer etwas Böses tut, löst größeres Übel aus); **Wind|bö(e)** die; **Windes|ei|le** die; **Wind|hund** der; **win|dig**; **Wind|müh|le** die; **wind|schief**; **wind|still**
Win|de die: 1. Hebe- oder Senkvorrichtung 2. Kletterpflanze; **win|den** du windest, sie wand, gewunden, er wände: einen Kranz winden, sich vor Lachen winden, sehr gewunden (umständlich, gekünstelt) reden; **Win|dung** die
Wink der: einen Wink mit dem Zaunpfahl (einen überdeutlichen Hinweis) geben; **win|ken** er hat zum Abschied gewinkt
Win|kel der: ein rechter Winkel (in der Geometrie), das Fahrzeug war im toten Winkel (war im Rückspiegel nicht zu sehen), sie kamen aus allen Winkeln (Gegenden) der Erde; **win|ke|lig / wink|lig**
win|seln ein winselnder Hund, er winselte um Gnade
Win|ter der; **Win|ter|abend** der; **Win|tergar|ten** der: Glasanbau am Haus; **win|terlich**; **Win|ter|man|tel** der; **win|ters** sommers wie winters fährt sie mit dem Rad
Win|zer der: Weinbauer; **Win|ze|rin** die
win|zig eine winzige Menge
Wip|fel der: der Tannenwipfel
Wip|pe die; **wip|pen** mit dem Fuß wippen
wir wir sollten uns beeilen, wir beide

Wir|bel der: 1. ein Luftwirbel 2. er machte einen ziemlichen Wirbel (großes Aufsehen) darum 3. sich einen Wirbel (Knochen der Wirbelsäule) brechen; **wir|belig / wirb|lig** ein wirb(e)liger (lebhafter, hektischer) Mensch; **wir|bel|los**; **wir|beln** Blätter wirbeln durch die Luft; **Wir|belsäu|le** die; **Wir|bel|wind** der
wir|ken die Medizin wirkt schon; **wirksam** am wirksamsten; **Wir|kung** die; **Wir|kungs|grad** der; **wir|kungs|los** am wirkungslosesten
wirk|lich was denkst du wirklich (ehrlich)?, da bin ich aber wirklich (sehr) neugierig, ich weiß es wirklich (bestimmt) nicht, ihr fehlt ein wirklicher (echter) Freund; **Wirk|lich|keit** die; **wirklich|keits|ge|treu**; **wirk|lich|keits|fremd**

Wirk|lich|keits|form die ▶ Modus

wirr am wirrsten: er redete wirr (unverständlich) daher, wirre Haare haben; **Wirr|kopf** der; **Wirr|nis** die, die Wirrnisse; **Wirr|warr** der: Durcheinander
wirsch er antwortete wirsch (ugs. ärgerlich)
Wir|sing der: Kohlart
Wirt der, des Wirt(e)s, die Wirte; **Wirtschaft** die: 1. Produktion und Verbrauch von Wirtschaftsgütern; die Wirtschaft muss angekurbelt werden 2. Kurzwort für Gastwirtschaft; **wirt|schaf|ten** sie kann gut wirtschaften (Haus halten / haushalten); **Wirt|schaf|te|rin** die; **wirtschaft|lich** eine wirtschaftliche (sparsame) Planung, sie ist in wirtschaftlichen (finanziellen) Schwierigkeiten; **Wirtschaft|lich|keit** die; **Wirt|schafts|la|ge** die; **Wirt|schafts|ord|nung** die; **Wirtschafts|po|li|tik** die; **Wirt|schafts|prü|fer** der; **Wirt|schafts|wachs|tum** das
wi|schen; **Wi|scher** der: Kurzwort für Scheibenwischer; **wisch|fest**
Wi|sent der, des Wisents, die Wisente: bisonähnliches europäisches Wildrind
Wis|mut das (fachspr. Bismut): Schwermetall, chemischer Grundstoff; Zeichen Bi
wis|pern flüstern
Wiss|be|gier(|de) die: Neugierde; **wissbe|gie|rig**; **wis|sen** du weißt, sie wusste, gewusst, er wüsste, wisse!; **Wis|sen** das; **Wis|sen|schaft** die; **Wis|sen|schaft|ler**

der; **Wis|sen|schaft|le|rin** die; **wis|sen|schaft|lich; Wis|sens|durst** der; **wis|sens|durs|tig; Wis|sens|lü|cke** die; **wis|sens|wert; wis|sent|lich** er begab sich wissentlich in Gefahr

wit|tern die Reporterin witterte eine Sensation; **Wit|te|rung** die: 1. Geruchssinn von Tieren, spezieller Geruch 2. Wetter; eine nasskalte Witterung

Wit|we die, die Witwen; **Wit|wer** der, die Witwer

Witz der: Wenn jemand einen Witz erzählt, dann wird es plötzlich still. Alle lauschen gespannt; und der Witzeerzähler nützt dies aus, indem er den Witz vielleicht noch etwas ausbaut und es auskostet, dass alle an seinen Lippen hängen. Er weiß: Die Wirkung eines Witzes beruht auf der Spannung, die sich am Schluss in einem befreienden Lachen löst, wenn die → Pointe fällt. Je weniger der Hörer oder Leser eines Witzes diese Schlusspointe erwartet, desto besser ist der Witz. Dabei kommt es auch auf das treffsichere Wort an; das ist ein weiteres Kennzeichen des Witzes.

Man muss also einiges beachten, wenn man einen Witz gut, d. h. wirkungsvoll erzählen will. Geistvoll sind meist die sog. Wortwitze, deren Pointe ein Wortspiel ist; z. B.: Hans fragt seinen Freund: „Stimmt es, dass du schon so viel verdienst wie dein Vater?" Antwortet der: „Ja, verdienen schon, nur bekomme ich's nicht!"

Hier wird mit den zwei Bedeutungen des Wortes „verdienen" gespielt und das ist witzig. Vielleicht hast du aber bei diesem Witz nur etwas gequält gelächelt, weil du ihn schon kanntest. Denn auch das gehört zum Wesen des Witzes: Er nutzt sich schnell ab und bekommt rasch einen „Bart".

Witz|bold der; **wit|zeln; Witz|fi|gur** die; **wit|zig; witz|los**

WLAN [wa|erles lan] das *engl., Abk. aus* **w**ireless **l**ocal **a**rea **n**etwork: kleineres Computernetzwerk, bei dem die Daten kabellos (per Funk) übertragen werden

WM die: *Abk. für* **W**elt**m**eisterschaft

wo wo wohnst du?; **wo|an|ders** er wird es woanders (andersWo) noch einmal versuchen; *aber:* wo anders (wo sonst) als bei dir; **wo|an|ders|hin** vorher fährt sie noch woandershin; **wo|bei** wobei ist das passiert?; **wo|durch; wo|für** wofür ist das?; **wo|ge|gen; wo|her; wo|he|rum; wo|hin; wo|hin|durch; wo|hin|ter; wo|hi|nun|ter** *oder* wo|hin|un|ter; **wo|mit; wo|mög|lich** er weiß das womöglich (vielleicht) noch nicht; **wo|nach; wo|ran** *oder* wor|an: woran erkennst du das?; **wo|rauf** *oder* wor|auf; **wo|raus** *oder* wor|aus; **wo|rin** *oder* wor|in; **wo|rüber** *oder* wor|über; **wo|rum** *oder* wor|um worum streitet ihr?; **wo|run|ter** *oder* wor|un|ter; **wo|von** wovon lebt er?; **wo|vor** wovor hast du Angst?; **wo|zu**

Wo|che die; **Wo|chen|en|de** das; **wo|chen|lang; Wo|chen|tag** der; **wo|chen|tags; wö|chent|lich, wo|chen|wei|se; Wo|chen|zei|tung** die: wöchentlich erscheinende Zeitung

Wod|ka der *russ.:* Kartoffelschnaps

Wo|ge die: Welle, Wogen der Begeisterung; **wo|gen** das wogende Meer

wohl ist dir nun wohler?, wohl bekomm's!, es ist wohl so, leb wohl!; **Wohl** das, des Wohl(e)s: auf dein Wohl!, er sorgt für das leibliche Wohl seiner Gäste, das Wohl und Wehe (Geschick) der Menschen; **wohl|an** nun denn; **wohl|auf** alle sind wohlauf; **wohl be|dacht / wohl|be|dacht** ein wohl bedachter / wohlbedachter (sehr genau überlegter) Schritt, er hat es wohl (gut) bedacht; **wohl|be|hal|ten** sie war wieder wohlbehalten zurück; **wohl be|kannt / wohl|be|kannt** eine wohl bekannte / wohlbekannte Stimme; **Wohl|fahrt** die: öffentliche Fürsorge; **wohl füh|len / wohl|füh|len** sich; **wohl|ge|merkt** das sei betont; **wohl|ha|bend; Wohl|stand** der; **Wohl|tat** die; **wohl|tä|tig** ein wohltätiger Mensch; **wohl|tu|end** wohltuende (angenehme) Ruhe; **wohl|tun** (→ tun): das hat wohlgetan!; **wohl über|legt / wohl|über|legt; Wohl|wol|len** das

woh|nen; wohn|lich; Woh|nung die; **Woh|nungs|su|chen|de** der/die

wöl|ben sich nach innen wölben; **Wölb|spie|gel** der; **Wöl|bung** die

Wolf

Wolf der, des Wolf(e)s, die Wölfe; **Wöl|fin** die

Wolf|ram das: Schwermetall, chemischer Grundstoff; *Zeichen* W

Wolfs|milch die: Pflanze, die bei Verletzung milchigen Saft absondert

Wol|ke die: er schwebt über den Wolken (ist ein Träumer); **wol|ken|arm** kaum bewölkt; **Wol|ken|ku|ckucks|heim** das: sie lebt im Wolkenkuckucksheim (in einer Fantasiewelt); **wol|ken|los; wol|kig**

Wol|le die; **wol|len** ein wollenes Tuch; **wol|lig** wolliges Haar; **Woll|knäu|el** das

wol|len du willst, sie wollte, gewollt, er wollte

Wol|lust die, die Wollüste: sinnliche Begierde; sie aß mit wahrer Wollust ein Stück Sahnetorte; **wol|lüs|tig**

Won|ne die; **won|nig** ein wonniges Gefühl

World|cup [wörldkap] der *engl.*, des/die Worldcups: Weltmeisterschaft in einer Sportart, z. B. im Tennis

Wort das, des Wort(e)s, die Worte / Wörter: unterstreiche im Text alle kleingeschriebenen Wörter, sie sprach ernste Worte über heitere Sprichwörter, sie verlor kein Wort (sprach nicht) darüber, er bat ums Wort (bat darum, zum Thema sprechen zu dürfen), geflügelte Worte (bekannte, oft zitierte Aussprüche); **wort|brü|chig; Wort|füh|rer** der: Sprecher einer Gruppe; **Wort|füh|re|rin** die; **wort|ge|treu; wort|ge|wal|tig; wort|ge|wandt; wort|karg; wört|lich; wort|los; Wort|wech|sel** der; **wort|wört|lich**

Wrack das, des Wrack(e)s, die Wracks / Wracke: ein Flugzeugwrack, er ist nur noch ein menschliches Wrack (völlig am Ende, verbraucht)

wrin|gen du wringst, sie wrang, gewrungen (*selten* er wränge): Wäsche wringen, *auch* auswringen

Wu|cher der: Wucher treiben; **Wu|che|rer** der; **Wu|che|rin** die; **wu|chern** wucherndes Grün; **Wu|che|rung** die: Auswuchs, Geschwulst

Wucht die; **wuch|tig** ein wuchtiger (schwerer, großer) Tisch

wüh|len; Wühl|maus die

Wulst der/die, des/der Wulst(es), die Wülste: die Narbe hinterließ eine(n) Wulst; **wuls|tig** wulstige Lippen

wund vom Unkrautjäten sind meine Finger wund, wunde Stellen; **Wun|de** die; **wund lie|gen / wund|lie|gen** sich: er hat sich wund gelegen / wundgelegen; **Wund|mal** das; **Wund|starr|krampf** der: Tetanus

Wun|der das: sein blaues Wunder (eine böse Überraschung) erleben, das Mittel wirkt Wunder; **wun|der|bar; wun|der|lich** im Alter wurde er wunderlich (sonderbar); **wun|dern** mich wundert (erstaunt) nichts mehr; **wun|der|schön; wun|der|voll**

Wunsch der, die Wünsche: einen geheimen Wunsch hegen; **wün|schen** das lässt zu wünschen übrig (genügt nicht, ist nicht gut); **wün|schens|wert; wunsch|ge|mäß; wunsch|los**

Wür|de die: das war unter seiner Würde; **wür|de|los; Wür|den|trä|ger** der; **wür|dig; Wür|di|gung** die

Wurf der, des Wurf(e)s, die Würfe

Wür|fel der: die Würfel sind gefallen (die Sache ist entschieden); **wür|feln** eine Drei würfeln; **Wür|fel|zu|cker** der

wür|gen

Wurm der, des Wurm(e)s, die Würmer: da ist der Wurm drin (da stimmt etwas nicht); **wur|mig** die Birne ist wurmig; **wurm|sti|chig** ein wurmstichiger Apfel

Wurst die, die Würste; **Würst|chen** das: Wiener oder Frankfurter Würstchen; **Würst|chen|bu|de** die; **wurs|teln** planlos vor sich hin arbeiten; **Wurst|haut** die; **Wurst|zip|fel** der

Wür|ze die: die Würze des Lebens; **wür|zen** das Essen ist sehr scharf gewürzt; **wür|zig; Würz|mi|schung** die

Wur|zel die: an einem Ort Wurzeln schlagen (sich eingewöhnen, niederlassen); **wur|zel|los; wur|zeln** der Hass wurzelt tief in ihr

Wust der: Durcheinander, in einem Wust von Papieren suchen; **wüst** wüster Lärm, man beschimpfte ihn wüst

Wüs|te die; **Wüs|ten|schiff** das: *scherzh. für* Kamel

Wut die; **Wut|aus|bruch** der; **wü|ten** das Feuer hatte schrecklich gewütet; **wü|tend** am wütendsten: er schrie mich wütend an; **wut|ent|brannt; Wü|te|rich** der; **wut|schnau|bend; wut|ver|zerrt**

X

x math. Zeichen für malnehmen
X das, die X: jemandem ein X für ein U vormachen (jemanden täuschen)
x-Ach|se die: *(math.)* Abszissenachse
Xan|thip|pe die, die Xanthippen (nach der streitsüchtigen Ehefrau des Sokrates): *ugs. für* eine zänkische, böse, unleidliche Frau
X-Bei|ne die: nach außen gestellte Unterschenkel; **x-bei|nig / X-bei|nig**
x-be|lie|big ein x-beliebiges Beispiel
X-Chro|mo|som das, des/die X-Chromosomen: *(biol.)* eines der zwei geschlechtsbestimmenden Chromosomen in Form eines X
Xe|non das *lat.*, die Xenons: farb- und geruchloses Edelgas, mit dem z. B. Glühlampen gefüllt werden; *Zeichen* Xe
Xe|ro|gra|fie / Xe|ro|gra|phie die *griech.*, der/die Xerografien / Xerographien: Trockenkopierverfahren und Beschichtungsverfahren für Offsetdruckplatten
x-fach er verschickte das Schreiben x-fach (in mehreren Kopien); **x-Fa|che** das, des x-Fachen
x-för|mig / X-för|mig
x-mal ich habe dich x-mal (unzählige Male) angerufen
X-Strah|len die: Röntgenstrahlen
x-te ich sage das nun schon zum x-ten Mal
Xy|lem das *griech.*, des Xylems, die Xyleme: Leitbündel in Pflanzenstängeln und Baumstämmen, in denen Wasser und Nährstoffe von den Wurzeln nach oben fließen
Xy|lo|fon / Xy|lo|phon das *griech.*, die Xylofone: Musikinstrument mit hölzernen Stäben, die angeschlagen werden (nach den griech. Wörtern „xylon" für Holz und „phone" für Stimme)

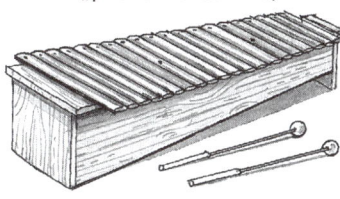

Y

y-Ach|se die: *(math.)* Ordinatenachse
Yacht / Jacht die
Yak / Jak der, die Yaks / Jaks: langhaariges, kurzbeiniges Rind im asiatischen Hochland (Grunzochse)

Yams|wur|zel / Jams|wur|zel die *engl.*: tropische Rankpflanze mit essbarer Wurzelknolle
Yan|kee [jɛnki] der *amerik.*, des/die Yankees: *ugs.* Bewohner der USA, besonders der nördl. Bundesstaaten
Yard [jard] das *engl.*, des/die Yards: Längenmaß in Großbritannien und in den USA (1 Yard = 91,44 cm); *Abk.* yd oder yds
Y-Chro|mo|som das, des/die Y-Chomosomen: eines der zwei geschlechtsbestimmenden Chromosomen in Form eines Y
Yen der *jap.*, die Yens: Währungseinheit in Japan
Ye|ti [jeti] der *nepal.*, des / die Yetis: legendärer Schneemensch im Himalaja
Yo|ga / Jo|ga das/der
Yo|gi / Jo|gi / Yo|gin / Jo|gin der *ind.*, die Yogi / Yogins: Lehrer des Yoga; er besuchte die Schule eines Yogi(ns)
Youngs|ter [jangster] der *engl.*, des/die Youngsters: junger Sportler
Yo-Yo / Jo-Jo das *amerik.*: Geschicklichkeitsspiel mit auf und ab schnellender Doppelscheibe
Yp|si|lon das *griech.*, des Ypsilon(s), die Ypsilons
Ytong® der, des/die Ytongs: Leichtbaustoff, Gasbeton
Yuc|ca die, der Yucca, die Yuccas: Palmlilie
Yup|pie [jupi / japi] der *amerik.*, des/die Yuppies; *Kurzwort aus* **y**oung **u**rban **p**rofessional **p**eople: junger, gut verdienender Karrieremensch, Aufsteiger

Z

Za|cke die / **Za|cken** der, die Zacken; **Za|cken|barsch** der: Meeresfisch; **za|ckig** mit zackigem (schneidigem) Gruß
za|gen zage nicht (sei nicht ängstlich)!; *aber:* mit Zittern und Zagen; **zag|haft** am zaghaftesten: sie klopfte zaghaft; **Zag|heit** die
zäh am zäh(e)sten: das Fleisch war zäh, er war zäh (ausdauernd); **Zäh|heit** die; **zäh|flüs|sig; Zä|hig|keit; zäh|le|big** sehr widerstandsfähig, kaum ausrottbar
Zahl die: in den roten Zahlen sein (Verluste gemacht haben); **zahl|bar; zah|len** in bar zahlen; **zäh|len** seine Tage in der Firma sind gezählt (er ist nur noch kurze Zeit hier), ich muss auf dich zählen (mich auf dich verlassen) können, sein Geld zählen; **Zäh|ler** der: 1. z. B. Strom- oder Gaszähler 2. (*math.*) Zahl oder Ausdruck über dem Bruchstrich 3. (*Sport*) Treffer, Punkt; **zahl|los; zahl|reich; Zah|lung** die; **Zah|lungs|be|din|gun|gen** die: Vereinbarungen zur Zahlung einer Schuld; **Zah|lungs|bi|lanz** die: Bilanz, in der alle finanziellen Transaktionen zwischen dem Inland und dem Ausland innerhalb eines Jahres aufgeführt werden; **Zah|lungs|mit|tel** das: Bargeld, Scheck oder Kreditkarte; **zah|lungs|un|wil|lig; Zah|lungs|ver|kehr** der: Austausch von Zahlungsmitteln

Zahl|wort das ▶ Numerale

zahm am zahmsten: ein zahmes Reh; **zäh|men** er konnte seine Neugier nicht (be)zähmen; **Zahm|heit** die
Zahn der, des Zahn(e)s, die Zähne: sie biss die Zähne zusammen (beherrschte sich sehr), jemandem die Zähne (Entschlossenheit, Stärke) zeigen; **Zahn|arzt** der; **Zahn|ärz|tin** die; **zäh|ne|flet|schend; zäh|ne|knir|schend** sehr widerwillig; **zah|nen** die ersten Zähne bekommen; **zahn|los; Zahn|rad** das; **Zahn|sto|cher** der; **Zahn|weh** das
Zäh|re die, die Zähren: *veraltet für* Träne
Zan|der der: Speisefisch
Zan|ge die: sie nahmen ihn in die Zange (bedrängten ihn von zwei Seiten)
Zank der, des Zank(e)s; **Zank|ap|fel** der: Streitgegenstand; **zan|ken** sich: die Geschwister zankten (stritten) sich ständig; **Zän|ke|rei** die; **zän|kisch** eine zänkische Frau; **zank|süch|tig**
Zäpf|chen das: 1. Medikament in Form eines kleinen Zapfens 2. Gaumenzäpfchen; **zap|fen** Benzin zapfen; **Zap|fen** der
zap|pe|lig / zapp|lig, am zapp(e)ligsten: sei nicht so zapp(e)lig (aufgeregt, unruhig); **zap|peln**
Zar der, *lat.*, des/die Zaren: früherer Herrschertitel in Russland; **Za|rin** die
Zar|ge, die, die Zargen: Tür- oder Fenstereinfassung, senkrechte Wand eines Behältnisses oder Gehäuses
zart; Zart|heit die; **zärt|lich** sie lächelte ihn zärtlich an; **Zärt|lich|keit** die
Zä|si|um (*fachspr.* Cäsium) das *lat.*, des Zäsiums: chemisches Element, wachsweiches, gelbliches Metall; *Zeichen* Cs
Zas|ter der *sanskr./zigeun.*, des Zasters: *ugs.* Geld; viel Zaster haben
Zä|sur die *lat.*, die Zäsuren: deutliche Pause in einem Vers oder Musikstück, Einschnitt in einer Entwicklung
Zau|ber der; **Zau|be|rei** die: das grenzt an Zauberei; **Zau|be|rer** der; **zau|ber|haft** ein zauberhaftes Wesen; **Zau|be|rin** die; **zau|bern**
zau|dern er zauderte (zögerte) zu lange
Zaum der, des Zaum(e)s, die Zäume: sich im Zaum(e) halten (sich beherrschen, zügeln); **zäu|men** dem Pferd das Zaumzeug anlegen
Zaun der, des Zaun(e)s, die Zäune: einen Streit vom Zaun brechen (plötzlich zu streiten anfangen); **Zaun|kö|nig** der: kleiner Singvogel

zau|sen er zauste dem Hund das Fell
Za|zi|ki / Tsa|tsi|ki das/der *griech.*: Jogurt mit Knoblauch und Gurke
z. B. *Abk. für* zum Beispiel
z. B. V. *Abk. für* zur besonderen Verwendung

z. d. A. *Abk. für* **z**u **d**en **A**kten
ZDF das: *Abk. für* **Z**weites **D**eutsches **F**ernsehen
Zeb|ra *oder* **Ze|bra** das *afrik.*, des/die Zebras; **Zeb|ra|strei|fen** *oder* Ze|bra|strei|fen der: Fußgängerüberweg
Ze|che die: 1. Grube, Bergwerk; die Zeche wurde stillgelegt 2. Rechnung für Verzehr in einem Restaurant; die Zeche prellen (die Rechnung nicht bezahlen); **ze|chen** sie zechten (aßen und tranken) die halbe Nacht; **Zech|prel|ler** der
Zeck der / **Ze|cke** die, die Zecken: große Milbenart (z. B. der Holzbock), die sich bei Menschen und Tieren auf der Haut festsetzt und deren Blut saugt. Durch einen Zeckenbiss können gefährliche Erreger (Hirnhautentzündung, Borreliose) übertragen werden

vollgesaugte Zecke

Ze|der die *griech.*, die Zedern: immergrüner Nadelbaum, der vor allem im Mittelmeerraum vorkommt; **Ze|dern|holz** das
Zeh der / **Ze|he** die, die Zehen; **Ze|henspit|ze** die: auf Zehenspitzen (ganz leise) gehen
zehn (→ acht); **Zeh|ner** der: z. B. Zehneuroschein; **Zehn|fin|ger|sys|tem** das: Maschinenschreibsystem; **Zehn|kampf** der: Leichtathletikkampf mit zehn verschiedenen Disziplinen; **Zehn|cent|stück** das
zeh|ren Fieber zehrt (schwächt), der Kummer hat an ihr gezehrt (hat ihr zugesetzt)
Zei|chen das: ein Zeichen (ein Signal) setzen, die Zeichen der Zeit erkennen; **Zei|chen|leh|re** die; **Zei|chen|set|zung** die; **Zei|chen|tech|nik** die; **zeich|nen**; **Zeich|ner** der; **Zeich|ne|rin** die; **zeich|ne|risch**; **Zeich|nung** die; **zeich|nungs|be|rech|tigt** berechtigt, etwas zu unterschreiben
Zei|ge|fin|ger der; **zei|gen** sie zeigte sich (war, schien) besorgt; **Zei|ger** der
Zei|le die: zwischen den Zeilen lesen (etwas in einem Text nicht ausdrücklich Gesagtes erkennen und verstehen); **zei|len|wei|se**

Zeltplatz

Zei|sig der *tschech.*, des Zeisigs, die Zeisige: kleiner, grüngelber Singvogel
zeit das lerne ich zeit meines Lebens (mein Leben lang) nicht; **Zeit** die: es ist allerhöchste Zeit (dringend, eilig), zu nachtschlafender Zeit (nachts), zur Zeit der Dinosaurier (in der Zeit, in der sie lebten), *aber* → zurzeit (im Moment, jetzt); **Zeit|form** die; **zeit|ge|mäß**; **zei|tig** er stand zeitig auf; **zeit|le|bens**; **zeit|los** ein zeitloses Kleid; **Zeit|span|ne** die; **Zeit|ver|treib** der; **zeit|wei|lig**; **zeit|wei|se**

> **Zeit:** Das Substantiv wird großgeschrieben: *zu meiner Zeit, auf Zeit*. Die Präposition *zeit* wird kleingeschrieben: *zeit unseres Lebens*.
> Sind die einzelnen Bestandteile des Adverbs nicht mehr zu erkennen, wird zusammen- und kleingeschrieben: *jederzeit, seinerzeit, beizeiten, zurzeit*.

Zeit grammatische ▶ Tempus

Zeit|schrift die; **Zei|tung** die; **Zei|tungs|ver|lag** der

Zeit|wort das ▶ Verb

ze|le|brie|ren *oder* ze|leb|rie|ren: eine katholische Messe zelebrieren (feiern)
Zel|le die *lat.*: 1. kleiner, schlichter Raum, z. B. eine Klosterzelle, Gefängniszelle 2. kleinste lebende Einheit eines Lebewesens; **Zell|kern** der: *(biol.)* kugeliges Gebilde mit den Chromosomen; **Zel|lu|li|tis** die: Bindegewebsveränderung der Haut, *ugs.* Orangenhaut; **Zel|lu|lo|se** *(fachspr.* Cellulose) die: Hauptbestandteil pflanzlicher Zellwände

Pflanzenzelle

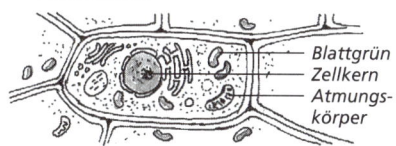

— Blattgrün
— Zellkern
— Atmungskörper

Zel|lo|phan [zälofan] *(fachspr.* Cellophan) das *lat./griech.*: glasklare Kunststofffolie, Zellglas
Zelt das, des Zelt(e)s; **zel|ten**; **Zelt|he|ring** der; **Zelt|platz** der

Zement

Ze|ment der *lat.*, des Zement(e)s: Baustoff; **ze|men|tie|ren** einen Sockel zementieren

Ze|nit der *arab.*: höchster Scheitelpunkt des Himmelsgewölbes; die Sonne steht im Zenit

zen|sie|ren *lat.*; **Zen|sur** die: 1. Note, Bewertung, er bekam eine gute Zensur 2. Kontrolle und Verbot von Filmen, Sendungen, Schriftstücken oder Teilen daraus, z. B. weil sie gegen Gesetze verstoßen

Zen|ti|me|ter der/das *lat.*: Längenmaß, *Abk.* cm

Zent|ner der: Maßeinheit, *Abk.* Ztr. (1 Ztr. = 50 kg); **zent|ner|schwer**

zent|ral *oder* zen|tral *griech.*: im Zentrum, in der Mitte; er wohnt sehr zentral; **Zent|ra|le** *oder* Zen|tral|e die: zentrale Stelle, z. B. die Taxizentrale; **Zent|ral|hei|zung** *oder* Zen|tral|hei|zung die; **Zent|ral|ner|ven|sys|tem** *oder* Zen|tral ... das: alle Nervenzellen des Gehirns und Rückenmarks; **Zent|rum** *oder* Zen|trum das, die Zentren: Mittelpunkt

Zep|pe|lin der: lenkbares Luftschiff, so genannt nach seinem Erbauer Graf Zeppelin

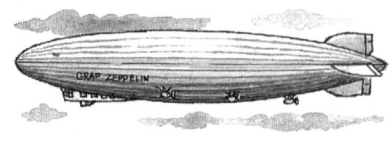

Zep|ter das *griech.*: Stab als Herrschaftssymbol; das Zepter schwingen (die Leitung haben)

zer|bre|chen (→ brechen); **zer|brech|lich**

zer|dep|pern der Hagel zerdepperte (*ugs.* zerschlug) Unmengen von Fenster- und Autoscheiben

ze|re|bral *oder* ze|reb|ral *lat.*: (*med.*) das Gehirn oder das Großhirn betreffend; zerebrale Ausfälle

Ze|re|mo|nie die *lat.*, die Zeremonien: feierliche Handlung; **ze|re|mo|ni|ell** förmlich, feierlich ablaufend; **Ze|re|mo|ni|ell** das: Regeln und Formen bestimmter feierlicher Handlungen

zer|fah|ren sie wirkt zerfahren (unkonzentriert)

Zer|fall der; **zer|fal|len** (→ fallen); **Zer|falls|rei|he** die: (*Atomphys.*) durch Kernzerfall entstehende Folge von radioaktiven Stoffen

zer|fled|dern ich zerfleddere: er trug zerfledderte (*ugs.* abgenutzte, kaputte) Schuhe, ein zerfleddertes (aus dem Leim gegangenes) Buch

zer|fur|chen ein zerfurchter (von Fahrzeugreifen zerstörter) Waldweg, sein Gesicht war von tiefen Falten zerfurcht

zer|klei|nern zerkleinertes Gemüse

zer|klüf|tet die Felsküste ist zerklüftet

zer|knirscht sie machte ein zerknirschtes (schuldbewusstes) Gesicht

zer|knit|tern ein zerknitterter Mantel, er kam ganz zerknittert (*ugs.* niedergeschlagen) aus dem Direktoratszimmer

zer|knül|len

zer|las|sen Fett in der Pfanne zerlassen (schmelzen)

zer|leg|bar; Zer|leg|bar|keit die; **zer|le|gen; Zer|le|gung** die

zer|lö|chern zerlöcherte Socken

zer|lumpt ein zerlumpter Bettler (*ugs.* ein Bettler in zerrissener Kleidung)

zer|mal|men völlig zerdrücken

zer|mür|ben die Warterei zermürbte ihn (zerrte an seinen Nerven)

zer|pflü|cken er zerpflückte ihre Argumente (untersuchte diese Punkt für Punkt und lehnte sie schließlich ab)

zer|quet|schen die Trauben wurden in der Kelter zerquetscht, *aber:* der Stuhl hat mich hundert Euro und ein paar Zerquetschte gekostet (*ugs.* etwas über 100 Euro)

Zerr|bild das; **zer|ren** sie zerrten ihn ins Auto, sich einen Muskel zerren (zu stark dehnen); **Zer|rung** die

zer|rei|ßen (→ reißen)

zer|rin|nen zerronnene (aufgelöste) Butter, Stunden zerrinnen (gehen vorbei)

zer|rüt|ten ihre Nerven sind zerrüttet (sie ist völlig erschöpft)

zer|schel|len das Glas zerschellt am Boden

zer|schla|gen (→ schlagen)

zer|schmet|tern

zer|schnei|den

zer|set|zen tote Körper zersetzen sich (verfaulen), zersetzende (die Moral untergrabende) Äußerungen

zer|split|tern eine zersplitterte Lampe

Zer|stäu|ber der: z. B. Parfümzerstäuber
zer|stö|ren; Zer|stö|rung die
zer|streu|en die Menge zerstreute sich (lief auseinander), er nickte zerstreut (wie abwesend); Zer|streu|ung die: sich eine Zerstreuung (einen Zeitvertreib) suchen
Zer|ti|fi|kat das *lat.*, des Zertifikat(e)s, die Zertifikate: amtliche Bescheinigung, Diplom, Zeugnis
zer|trüm|mern
Zer|ve|lat|wurst / Ser|ve|lat|wurst die *ital.*: Dauerwurst
Zer|würf|nis das, des Zerwürfnisses, die Zerwürfnisse: Entzweiung, Bruch
zer|zau|sen durcheinanderbringen
ze|tern schimpfen, jammern
Zet|tel der *lat.*; Zet|tel|wirt|schaft die: viele ungeordnete Notizen
Zeug das, des Zeug(e)s: sie hat das Zeug (Talent) zur Fotografin, sich tüchtig ins Zeug legen (sich sehr bemühen)
Zeu|ge der, des/die Zeugen: er wird als Zeuge aussagen; zeu|gen ein Kind zeugen, das zeugt für (zeigt) seinen guten Willen; Zeu|gin die; Zeug|nis das, des Zeugnisses, die Zeugnisse; Zeu|gung die
z. H. / z. Hdn. *Abk. für* zu Händen
Zick|zack der: im Zickzack fahren; zick|zack|för|mig
Zie|ge die; Zie|gen|bock der; Zie|gen|pe|ter der: Mumps (Kinderkrankheit)
Zie|gel der; Zie|ge|lei die; zie|gel|rot
zie|hen du ziehst, sie zog, gezogen, er zöge: er wurde an den Ohren gezogen, an der Zigarette ziehen, es zieht (der Wind bläst) durch die Ritzen; Zieh|har|mo|ni|ka die; Zie|hung die: die Ziehung der Lottozahlen
Ziel das, des Ziel(e)s: über das Ziel hinausschießen (die Grenze des Erlaubten oder Vernünftigen weit überschreiten); ziel|be|wusst am zielbewusstesten; zie|len; ziel|los; ziel|si|cher; ziel|stre|big
zie|men sich: es ziemt sich nicht (gehört sich nicht), zu lauschen
ziem|lich es ist ziemlich kalt
Zier die; Zier|de; zie|ren zier dich doch nicht so (lass dich nicht so lange bitten); zier|lich klein und fein; Zier|rat der: Verzierung, Schmuck; Zier|schrift die; Zier|strauch der

Zif|fer die *arab.*; Zif|fer|blatt das
Zi|ga|ret|te die *franz.*; Zi|ga|ret|ten|stum|mel der; Zi|ga|ril|lo der/das *span.*: kurze dünne Zigarre; Zi|gar|re die
Zi|geu|ner der; Zi|geu|ne|rin die: *oft abwertend für* Angehörige der Roma, Sinti und anderer Volksgruppen
Zi|ka|de die *lat.*, die Zikaden: grillenähnliches kleines Insekt
Zim|mer das; Zim|me|rei die; Zim|me|rer der; Zim|mer|mann der, die Zimmerleute; zim|mern
zim|per|lich sei nicht so zimperlich (empfindlich)
Zimt der, des Zimt(e)s: Gewürz aus der Zimtbaumrinde

Zink das, des Zink(e)s: Metall, chemischer Grundstoff; *Zeichen* Zn
Zin|ke die: Zacke
Zinn das: chemischer Grundstoff, Schwermetall; *Zeichen* Sn
Zin|no|ber der *pers.*: meist hellrotes Mineral, hellrote Farbe; zin|no|ber|rot
Zins der *lat.*, die Zinsen: Betrag, den man für eine Spareinlage erhält oder für einen Kredit zahlen muss; etwas mit Zins und Zinseszins zurückzahlen (sich gehörig rächen für etwas); Zin|ses|zins der: Zinsen auf Zinsen; Zins|for|mel die: Berechnungsart für Tageszinsen; zins|los; Zins|satz der: Prozentsatz für geliehenes oder verliehenes Geld
Zi|o|nis|mus der *hebr.*: 1. historische jüdische Bewegung für die Schaffung eines nationalen jüdischen Staates in Palästina 2. politische Richtung im modernen Israel; Zi|o|nist der, die Zionisten; Zi|o|nis|tin die
Zip|fel der; zip|fe|lig / zipf|lig
Zip|per|lein das: *ugs.* die Gicht
Zir|bel|drü|se die: Zwischenhirndrüse
zir|ka / circa: etwa, ungefähr, *Abk.* ca.
Zir|kel der *griech.*: 1. Zeichen- oder Messgerät 2. Kreis, Ring; einen Zirkel bilden 3. Personengruppe mit gleichen Interessen; ein künstlerischer Zirkel

Zir|kus / Cir|cus der *lat.*, des Zirkus, die Zirkusse: der Zirkus ist in der Stadt, *ugs.* mach keinen solchen Zirkus (Wirbel)!; **Zir|kus|ma|ne|ge** die; **Zir|kus|num|mer** die; **Zir|kus|vor|stel|lung** die
zir|pen die Grillen zirpen
zi|schen das Wasser zischt auf der heißen Platte, die Schlange zischte warnend
zi|se|lie|ren *franz.*: Ornamente kunstvoll in Metall einritzen; ein ziselierter Goldrahmen
Zi|ta|del|le die *franz.*, die Zitadellen: innerstädtische Wehranlage
Zis|ter|ne die *griech.*: unterirdischer Regenwasserspeicher
Zi|tat das *lat.*, die Zitate: geflügeltes Wort, bekannter Ausspruch, wörtlich wiederholte Textstelle; **zi|tie|ren** aus der Bibel zitieren, er wurde zum Chef zitiert (befohlen)
Zi|ther die *lat.*, die Zithern: flaches Zupfinstrument; **Zi|ther|spiel** das
Zit|ro|ne *oder* Zi|tro|ne die *ital.*; **zit|ro|nen|gelb** *oder* zi|tro|nen|gelb; **Zit|rus|frucht** *oder* Zi|trus|frucht die: Frucht einer Zitruspflanze, z. B. eine Orange
zit|te|rig / zitt|rig am zitt(e)rigsten; **zit|tern** sie zitterte vor Kälte
Zit|ze die: Saugwarze bei weiblichen Säugetieren
zi|vil *lat.*: bürgerlich, nicht militärisch; die zivile Bevölkerung; **Zi|vil|cou|ra|ge** [-kura*sche*] die: der Mut, seine eigene Meinung öffentlich zu bekunden und zu vertreten; **Zi|vil|dienst** der; *Ggs.* Militärdienst; **Zi|vi|li|sa|ti|on** die; **Zi|vi|li|sa|ti|ons|krank|heit|en** die: Krankheiten, die durch unsere fortschrittliche Lebensweise, z. B. durch zu einseitige Ernährung oder ständigen Stress, entstehen; **zi|vi|li|sie|ren; zi|vi|li|siert; Zi|vi|list** der: jemand, der nicht zu den Streitkräften gehört, Bürger; *Ggs.* Soldat; **Zi|vi|lis|tin** die; **Zi|vil|pro|zess** der; **Zi|vil|trau|ung** die: die standesamtliche Trauung
Zo|bel der *slaw.*: sibirische Marderart

zo|cken *jidd.*: Glücksspiele machen; **Zocker** der: Glücksspieler
Zo|fe die: Dienerin einer adligen Dame
zö|gern sie zögerte mit der Antwort; **Zögern** das: nach einigem Zögern
Zög|ling der: Internats- oder Heimschüler
Zö|li|bat der/das *lat.*: vorgeschriebene Ehelosigkeit für katholische Geistliche
Zoll der *griech.*, des Zoll(e)s, die Zölle: 1. Abgabe für Warenein- oder -ausfuhr über die Grenze 2. Zollbehörde; **Zoll|ab|kom|men** das: Abkommen zwischen verschiedenen Staaten bezüglich der Zölle; **zol|len** jemandem Respekt zollen (erweisen, entgegenbringen); **Zoll|la|ger** das: Lager für unverzollte Waren; **Zöll|ner** der; **zoll|pflich|tig** zollpflichtige (abgabepflichtige) Waren; **Zoll|uni|on** die: Zusammenschluss von Staaten zwecks zollfreiem Handel untereinander, z. B. die Mitgliedsstaaten der → EU
Zoll der, des Zoll(e)s: alte, unterschiedliche Längeneinheit (2,3 bis 3,0 cm); er weicht keinen Zoll von der Stelle; **Zollstock** der
Zom|bie der *afrik.*, des/die Zombies: 1. durch Zauberei wiederbelebter Toter 2. *ugs. frech für* alter Mensch
Zo|ne die *griech.*: Gebiet, Bezirk, Gegend, Landstreifen; die tropische Zone
Zoo der, des/die Zoos: *Kurzwort für* zoologischer Garten; **Zoo|lo|ge** der *griech.*: Tierwissenschaftler; **Zoo|lo|gie** die: Lehre und Wissenschaft von den Tieren; **Zoo|lo|gin** die; **zoo|lo|gisch**
Zoom|ob|jek|tiv [s*u*m-] das *engl.*, die Zoomobjektive: Objektiv mit verstellbarer Brennweite. Damit kann der Fotograf einen entfernten Gegenstand „heranzoomen"; *Kurzwort* Zoom
Zopf der, des Zopf(e)s, die Zöpfe: ein alter Zopf (eine rückständige Ansicht)
Zorn der, des Zorn(e)s: sie kochte vor Zorn; **zorn|ent|brannt; zor|nig**
Zo|te die: unanständige Bemerkung, ordinärer Witz; **zo|tig**
Zot|tel|bär der; **zot|te|lig / zott|lig** eine zott(e)lige (unordentliche) Frisur; **zot|teln** ich zott(e)le (gehe langsam, schlendere) zum Ausgang; **Zot|teln** die: lange Haarsträhnen; **zot|tig**

z. T. *Abk. für* **zum** Teil
zu ab und zu (manchmal), nur zu!
zu|al|ler|erst; zu|al|ler|letzt
zu|äu|ßerst
Zu|be|hör das
Zu|ber der: Bade- oder Waschzuber

zu|be|rei|ten eine Medizin zubereiten
zu|bil|li|gen ihm wurden mildernde Umstände zugebilligt
Zu|brin|ger der: 1. direkte Straße zur Autobahn oder einem besonderen Ziel 2. Verkehrsmittel, z. B. Zubringerbus
Zucht die: 1. das Züchten von Tieren oder Pflanzen, z. B. Pferde- oder Orchideenzucht 2. Erziehung, Gehorsam; Zucht und Ordnung; **züch|ten; züch|tig** anständig, sittsam; **züch|ti|gen** hart bestrafen; **Züch|ti|gung** die; **zucht|los** am zuchtlosesten; **Züch|tung** die
zu|ckeln *ugs.* langsam trotten
zu|cken seine Mundwinkel zuckten
zü|cken er zückte Bleistift und Papier
Zu|cker der *sanskr.*; **zu|cke|rig / zuck|rig; zu|cker|krank; Zu|cker|krank|heit** die: Stoffwechselstörung; **zu|ckern**

Zuckmayer Carl ▶ S. 464

zu|de|cken
zu|dem sie hat zudem (überdies) auch kein Geld dabei
zu|dre|hen den Geldhahn zudrehen (*ugs.* kein Geld mehr leihen oder geben)
zu|dring|lich seine zudringliche (belästigende) Art störte
zu|ei|nan|der *oder* zu|ein|an|der: ich finde, dass die beiden gut zueinander passen / zueinanderpassen
zu|erst
Zu|fahrt die
Zu|fall der: „Der Zufall ist ein Rätsel, welches das Schicksal dem Menschen aufgibt" *(Friedrich Hebbel)*; **zu|fäl|lig**
Zu|flucht die, die Zuflüchte: sie nahm bei einer Lüge Zuflucht; **Zu|fluchts|ort** der
Zu|fluss der

zugunsten

zu|fol|ge dem Gesetz zufolge (nach dem Gesetz / auf Grund des Gesetzes) muss er bestraft werden
zu|frie|den am zufriedensten; **zu|frie|den|ge|ben** sich (→ geben); **Zu|frie|den|heit** die
zu|fü|gen
Zu|fuhr die: die Zufuhr von Frischluft
Zug der, des Zug(e)s, die Züge: im Zug nach Berlin sitzen, matt in drei Zügen (beim Schach), etwas in vollen Zügen genießen, etwas in groben Zügen (Umrissen) schildern; **zu|gig** ein zugiger Bahnsteig; **zü|gig** sie kam zügig (schnell) voran; **Zug|kraft** die; **zug|kräf|tig** ein zugkräftiger Buchtitel; **Zug|vo|gel** der
Zu|ga|be die: die Zuschauer verlangten eine Zugabe (eine zusätzliche Darbietung); **zu|ge|ben** (→ geben)
Zu|gang der: er brauchte Zugang zu einigen Unterlagen; **zu|gäng|lich** ein zugänglicher (betretbarer) Park, ein zugänglicher (aufgeschlossener, kontaktfreudiger) Mensch; **zu|ge|hen** (→ gehen): er ging auf ihn zu
zu|ge|gen eine Menge Leute war zugegen (anwesend)
zu|ge|hö|rig die zugehörigen Teile
zu|ge|knöpft sich zugeknöpft geben (*ugs.* schweigsam, wortkarg sein)
Zü|gel der; **zü|gel|los** am zügellosesten: wild, hemmungslos; **zü|geln** seine Neugier zügeln (beherrschen)
Zu|ge|ständ|nis das, des Zugeständnisses, die Zugeständnisse: Entgegenkommen; **zu|ge|ste|hen** (→ stehen): sie hat ihm noch eine Stunde zugestanden (zugebilligt, eingeräumt)
zu|ge|tan einer Sache zugetan sein (etwas gernhaben, Zuneigung empfinden)
Zu|ge|winn|ge|mein|schaft die: gesetzlich festgelegte Form des Güterstandes in einer Ehe
zu|gleich gleichzeitig, auch, ebenso
zu|grei|fen (→ greifen): bei dieser Chance muss man zugreifen; **Zu|griff** der
zu|grun|de / zu Grun|de das Tier ging elend zugrunde / zu Grunde
zu|guns|ten / zu Guns|ten eine Spende zugunsten / zu Gunsten der Hungernden, das Testament war zu ihren Gunsten abgefasst

Carl Zuckmayer

Carl Zuckmayer

geb. am 27. 12. 1896 in Nackenheim
gest. am 18. 1. 1977 in Visp/Schweiz

Der fröhliche Weinberg
  (Komödie, 1925)
Schinderhannes (Drama, 1927)
Katharina Knie (Drama, 1929)
Der Hauptmann von Köpenick
  (Drama, 1930)
Des Teufels General (Drama, 1946)
Der Gesang im Feuerofen
  (Drama, 1950)
Die Fastnachtsbeichte (Novelle, 1959)

Sein Geburtsort Nackenheim liegt am Rhein, nicht weit von Mainz, in einer Landschaft, in der der Dichter Carl Zuckmayer ein Leben lang tief verwurzelt war und die auch zum Schauplatz mancher seiner Werke wurde. Der Fabrikantensohn begann nach dem Ersten Weltkrieg, den er als Freiwilliger mitgemacht hatte, mit dem Studium der Naturwissenschaften in Heidelberg. Er brach es jedoch bald ab, um sich ganz seiner Leidenschaft fürs Theater zu widmen. Schließlich wurde er Regieassistent am Deutschen Theater in Berlin. Zu dieser Zeit war er bereits als Dichter hervorgetreten.

Der große Erfolg stellte sich mit dem Lustspiel *Der fröhliche Weinberg* ein. Schauplatz ist ein Weingut in Rheinhessen. Den Inhalt des Volksstückes umreißt ein Kritiker mit einem Satz: „Es passiert nichts anderes, als dass ein rüstiger Vater noch einmal ein Mädchen fürs Herz findet und dass seine Tochter einen Laffen im Stehkragen stehen lässt, um einem Rheinschiffer an den kragenlosen Hals zu fallen." Publikum und Kritik waren begeistert.

Nach diesem Erfolg lebte Zuckmayer zeitweise bei Salzburg, blieb aber weiterhin dem Theaterleben in Berlin verbunden. Hier erlebten auch seine folgenden Stücke ihre Uraufführung: *Schinderhannes*, die Geschichte eines Räuberhauptmanns im Hunsrück, *Katharina Knie*, das die Schicksale eines Wanderzirkus zum Inhalt hat, und sein vielleicht berühmtestes, *Der Hauptmann von Köpenick*, eine Satire auf die Obrigkeitsgläubigkeit der Deutschen.

Nach Hitlers Machtübernahme floh Zuckmayer in die Schweiz und gelangte schließlich in die USA, wo er als Bauer auf einer Farm lebte. Gleich nach Ende des Zweiten Weltkriegs kehrte er nach Deutschland zurück. Er schrieb nun weiterhin erfolgreiche Theaterstücke, aber auch Erzählungen und Romane. Ein Bühnenstück war noch in den USA entstanden, das wie kaum ein anderes nach dem Krieg Aufsehen erregte: *Des Teufels General*. 1958 ließ sich Zuckmayer in der Schweiz nieder, wo er mit 81 Jahren starb.

zu|gu|te|hal|ten (→ halten): ich halte ihm zugute (rechne es ihm an), dass er sich entschuldigt hat; **zu|gu|te|kom|men** (→ kommen)

zu|hauf die Fans kamen zuhauf (in großer Zahl) zum Konzert

zu Hau|se / zu|hau|se wann bist du zu Hause / zuhause?, **Zuhau|se** das: sie hat ein gemütliches Zuhause

zu|hö|ren er hat nur mit halbem Ohr zugehört; **Zu|hö|rer** der; **Zu|hö|re|rin** die; **Zu|hö|rer|schaft** die

zu|in|nerst sie war zuinnerst (im tiefsten Innern) von seiner Liebe überzeugt

zu|kom|men (→ kommen): ich lasse das auf mich zukommen (warte es ab), ein Urteil darüber kommt ihm nicht zu (er hat kein Recht, darüber zu urteilen)

Zu|kunft die: in Zukunft (von jetzt an), ein Beruf ohne Zukunft; **zu|künf|tig**

Zu|kunft die ▶ Tempus

Zu|la|ge die: etwas zusätzlich Gezahltes, Gegebenes

zu|läng|lich er hat keine zulänglichen (genügenden) Mittel

zu|las|sen (→ lassen): sie ist als Anwältin zugelassen (hat die amtliche Erlaubnis, als Anwältin zu arbeiten), das lässt keine Zweifel zu (ist eindeutig), sie will das nicht zulassen (nicht erlauben); **zu|läs|sig**; **Zu|las|sung** die

zu|las|ten / zu Las|ten die Kosten gehen zulasten / zu Lasten des Klägers

Zu|lauf der: dieser Arzt hat großen Zulauf (viele Patienten); **zu|lau|fen** (→ laufen): er lief auf mich zu, ihr ist ein Hund zugelaufen

zu|le|gen sie hat sich einen neuen Wagen zugelegt (gekauft), einen Zahn zulegen (*ugs.* etwas schneller machen, z. B. fahren oder gehen)

zu|leid / zu|lei|de / zu Lei|de tun was tat er dir zuleide / zu Leide?

zu|letzt nicht zuletzt (ganz besonders auch)

zu|lie|be ich komme nur dir zuliebe (deinetwegen)

zum (zu dem): etwas zum Essen holen, zum Schluss, zum Beispiel (*Abk.* z.B.), das ist zum Lachen, das Fenster zum Hof

zu|ma|chen mach bitte die Tür zu!

zu|mal zumal (vor allem, besonders) die Kinder, ich werde kommen, zumal (weil, da) ich gerade Zeit habe

zu|meist meist, meistens

zu|min|dest du hättest zumindest (wenigstens) vorher anrufen können

zu|mut|bar; **zu|mu|te / zu Mu|te** ihm war nicht nach Lachen zumute / zu Mute (er war traurig gestimmt); **zu|mu|ten** das kannst du ihr nicht zumuten (nicht von ihr verlangen); **Zu|mu|tung** die: dieser Lärm ist eine Zumutung (Unverschämtheit, Rücksichtslosigkeit)

zu|nächst es fiel zunächst (anfangs) nicht auf, dass er fehlte

Zu|nah|me die: das Zunehmen, Wachsen; **zu|neh|men** (→ nehmen): er hat zugenommen (ist dicker geworden); **zu|neh|mend** sie spielt zunehmend besser (immer besser) Klavier

Zu|na|me der: Nachname, Familienname

zün|den die Rakete wurde gezündet; **Zun|der** der: das brennt wie Zunder (brennt sehr leicht), er bekam Zunder (Prügel); **Zün|der** der; **Zünd|ker|ze** die; **Zünd|schnur** die; **Zün|dung** die

Zu|nei|gung die

Zunft die, die Zünfte: Vereinigung von Personen, die dasselbe Gewerbe betreiben, z. B. die Zunft der Bäcker

Zun|ge die: hüte deine Zunge (sei vorsichtig in deinen Äußerungen)!, das Wort liegt mir auf der Zunge (fällt mir im Moment nicht ein); **zün|geln** die Schlange züngelte

zu|nich|te|ma|chen seine Hoffnungen waren zunichtegemacht (dahin)

zu|nut|ze / zu Nut|ze sich etwas zunutze / zu Nutze machen (benützen)

zu|oberst das Unterste zuoberst kehren (etwas durchwühlen)

zu|pass|kom|men (→ kommen): du und dein Auto kommen mir sehr zupass (gerade recht)

zup|fen; **Zupf|in|stru|ment** *oder* Zupf|instru|ment / …instru|ment das: Saiteninstrument, z. B. Harfe, Gitarre

zur (zu der): zur Kirche gehen, im Gasthof zur Post, sie kam endlich zur Ruhe

zu|ran|de / zu Ran|de sie kommt mit dem Computerprogramm gut zurande / zu Rande (hat keine Probleme damit)

zu|ra|te / zu Ra|te ein Lexikon zurate / zu Rate ziehen (dort nachschlagen)

zu|rech|nungs|fä|hig bei klarem Verstand

zu|recht|kom|men (→ kommen): ich komme damit nicht zurecht (werde damit nicht fertig); **zu|recht|wei|sen** (→ weisen): sie wies ihn zurecht (tadelte ihn); **Zu|recht|wei|sung** die

zu|re|den ich werde ihr gut zureden

zu|rich|ten er wurde bei einer Schlägerei schrecklich zugerichtet (verletzt)

zür|nen böse, ärgerlich sein

zu|rück zwei Meter zurück, mit Dank zurück, eine Stunde hin und zurück; **Zu|rück** das: es gibt kein Zurück mehr; **zu|rück|ge|ben** (→ geben); **zu|rück|le|gen** ich lasse mir das Kleid zurücklegen (reservieren); **zu|rück|neh|men** (→ nehmen): nimm das zurück (entschuldige dich)!; **zu|rück|tre|ten** (→ treten)

Zu|ruf der; **zu|ru|fen** (→ rufen)

zur|zeit jetzt, momentan: er fehlt zurzeit, zurzeit geschlossen, *Abk.* zz. / zzt.; *aber:* sie lebten zur → Zeit der Römer

Zu|sa|ge die; **zu|sa|gen** die Wohnung sagt mir zu (gefällt mir), ich habe ihm Hilfe zugesagt (versprochen)

zu|sam|men Guten Tag zusammen!, wir gehen zusammen essen, das kostet zusammen etwa 100 Euro

> **zusammen:** Wenn es *gemeinsam / gleichzeitig* bedeutet, wird *zusammen* vom folgenden Verb getrennt geschrieben: *Lass uns die schweren Möbel zusammen tragen! Sollen wir den Aufsatz zusammen schreiben?*
> Zusammengeschrieben wird, wenn *zusammen* ausdrückt, dass etwas *vereinigt* wird: *Das Wort wird zusammengeschrieben. Wir können die Ergebnisse zusammentragen.*

Zu|sam|men|ar|beit die

Zu|sam|men|bruch der

zu|sam|men|fah|ren (→ fahren): das Auto ist mit dem Traktor zusammengefahren (es hat einen Zusammenstoß gegeben), sie fuhr bei jedem Geräusch zusammen (erschrak); *aber:* sollen wir zusammen (gemeinsam) fahren?

Zu|sam|men|halt der; **zu|sam|men|hal|ten** (→ halten)

Zu|sam|men|hang der; **zu|sam|men|hän|gen** (→ hängen); **zu|sam|men|hang|los**; **Zu|sam|men|hang|lo|sig|keit** die

Zu|sam|men|kunft die, die Zusammenkünfte

zu|sam|men|le|ben; **Zu|sam|men|le|ben** das

Zu|sam|men|prall der; **zu|sam|men|pral|len**

zu|sam|men|schrei|ben "gar nicht" wird gar nicht zusammengeschrieben; *aber:* sollen wir den Brief zusammen (gemeinsam) schreiben?

zu|sam|men|schrump|fen

zu|sam|men|set|zen; **Zu|sam|men|set|zung** die

zu|sam|men|stel|len

Zu|sam|men|stoß der; **zu|sam|men|sto|ßen** (→ stoßen)

zu|sam|men|tref|fen (→ treffen); **Zu|sam|men|tref|fen** das

zu|sam|men|zäh|len

Zu|satz der; **Zu|satz|kos|ten** die; **zu|sätz|lich**

zu|schan|den / zu Schan|den sie ritt das Pferd zuschanden / zu Schanden

zu|schau|en; **Zu|schau|er** der; **Zu|schau|e|rin** die, die Zuschauerinnen

zu|schie|ßen auf die Tür zuschießen (zur Tür rennen), die Eltern wollen zum Mopedkauf etwas zuschießen (*ugs.* Geld dazugeben, beisteuern); **Zu|schuss** der: er erhielt einen staatlichen Zuschuss (finanzielle Hilfe, Unterstützung)

Zu|schlag der: für einen Intercityzug muss man einen Zuschlag lösen (eine zusätzliche Fahrkarte kaufen), sie erteilte ihm den Zuschlag (entschied sich für sein Angebot)

zu|schlie|ßen (→ schließen)

zu|schnei|den (→ schneiden): der Stoff ist bereits zugeschnitten; **Zu|schnitt** der

Zu|schrift die: es kamen viele Zuschriften

zu|schul|den / zu Schul|den sich nichts zuschulden / zu Schulden kommen lassen (nichts Unrechtes tun)

zu|se|hen (→ sehen); **zu|se|hends** sie magerte zusehends ab

zu|si|chern; **Zu|si|che|rung** die

zu|spit|zen der Streit hat sich zugespitzt

zu|spre|chen (→ sprechen): sie hat ihm Mut zugesprochen; **Zu|spruch** der: Trost

Zu|stand der, die Zustände; **zu|stan|de / zu Stan|de** der Vertrag kam doch noch zustande / zu Stande, wie willst du das zustande / zu Stande bringen?; **zu|stän|dig** er ist für die Vorbereitungen zuständig

zu|stat|ten|kom|men (→ kommen): seine Ausbildung kommt ihm sehr zustatten (ist ihm nützlich, von Vorteil)

zu|stei|gen (→ steigen)

zu|stel|len eine Lieferung zustellen; **Zu|stel|lung** die

zu|stim|men ich habe allem zugestimmt

zu|sto|ßen (→ stoßen): hoffentlich ist ihm nichts zugestoßen (geschehen)

Zu|strom der, die Zuströme: der Zustrom an Menschen war gewaltig; **zu|strö|men**

zu|ta|ge / zu Ta|ge das Verbrechen kam bald zutage / zu Tage (wurde bald entdeckt)

Zu|tat die: z. B. Backzutaten

zu|teil|wer|den (→ werden): ihr wurde große Ehre zuteil; **zu|tei|len** er wurde ihrer Gruppe zugeteilt

zu|tiefst er war zutiefst verletzt

zu|tra|gen (→ tragen): ihr wurde ein Gerücht zugetragen (erzählt), wie hat sich der Unfall zugetragen (ereignet)?; **zu|träg|lich** fettes Essen ist ihr nicht zuträglich (bekommt ihr nicht)

zu|trau|en ich habe ihr das nicht zugetraut; **Zu|trau|en** das; **zu|trau|lich** ein zutraulicher Hund

zu|tref|fen (→ treffen); **zu|tref|fend** eine zutreffende Beschreibung der Lage; *aber:* Zutreffendes bitte ankreuzen

Zu|tritt der: Zutritt verboten!

Zu|tun das: er schaffte es auch ohne mein Zutun (ohne meine Hilfe)

zu|un|guns|ten / zu Un|guns|ten eine Maßnahme zuungunsten / zu Ungunsten der Arbeiter, zu deren Ungunsten

zu|un|terst zuunterst liegen (ganz unten)

zu|ver|läs|sig; Zu|ver|läs|sig|keit die

Zu|ver|sicht die; **zu|ver|sicht|lich**

zu viel sie hat zu viel Arbeit, es gab zu viel(e) Sorten

zu|vor besser als je zuvor, ich habe so etwas nie zuvor gesehen; **zu|vor|kom|men** (→ kommen); **zu|vor|kom|mend** höflich; **Zu|vor|kom|men|heit** die

Zu|wachs der: sie haben Zuwachs (Nachwuchs, ein Kind) bekommen, ein Zuwachs (eine Zunahme) an Vermögen; **Zu|wachs|ra|te** die

Zu|wan|de|rer / Zu|wand|rer der; **Zu|wan|de|rin / Zu|wand|re|rin** die; **zu|wan|dern; Zu|wan|de|rung** die

zu|we|ge / zu We|ge niemand hat das zuwege / zu Wege gebracht (geschafft)

zu|wei|len ich lese zuweilen (manchmal)

zu|wen|den (→ wenden); **Zu|wen|dung** die: mit seiner Zuwendung knausern (*ugs.* kühl, abweisend sein)

zu we|nig ich habe zu wenig Geld

zu|wi|der seine Art ist mir zuwider (stößt mich ab); **zu|wi|der|han|deln** sie handelte allen Regeln zuwider (entgegen)

zu|zei|ten er kommt zuzeiten (zu gewissen Zeiten) zu Besuch; *aber:* zu Zeiten meiner Großmutter

zu|zie|hen (→ ziehen): sie zog die Vorhänge zu, er hat sich eine Erkältung zugezogen (hat sich erkältet), sie ist im August zugezogen (in diese Stadt umgezogen); **Zu|zug** der; **zu|züg|lich** zuzüglich der Mehrwertsteuer

zwa|cken *ugs.* zwicken, kneifen; die neuen Schuhe zwacken

Zwang der, des Zwang(e)s, die Zwänge; **zwän|gen** sich: er zwängte sich durch die Hecke; **zwang|los** am zwanglosesten; **zwangs|läu|fig; Zwangs|maß|nah|me** die; **Zwangs|ver|stei|ge|rung** die; **zwangs|wei|se**

zwan|zig (→ achtzig); **Zwan|zig|eu|ro|schein** der

zwar ich habe zwar Zeit, aber keine Lust

Zweck der, des Zweck(e)s; **zweck|dien|lich** sie konnte zweckdienliche Angaben machen; **zweck|ent|spre|chend; zweck|los** jeder Widerstand ist zwecklos; **zweck|mä|ßig** eine zweckmäßige Einrichtung; **zwecks** ich rufe Sie zwecks Terminabsprache an (um einen Termin abzusprechen)

Zwe|cke die: kurzer Nagel mit breitem Kopf, z. B. Reißzwecke (Reißnagel)

zwei (→ acht); wir sind nur zu zweien / zu zweit; **zwei|ar|mig** ein zweiarmiger Leuchter; **zwei|deu|tig** er machte eine zweideutige (mehrdeutige, doppelsinnige) Bemerkung; **zwei|ei|ig** zweieiige Zwillinge; **zwei|er|lei** mit zweierlei Maß messen; **zwei|glei|sig; Zwei|kampf** der; **Zwei|eu|ro|stück** das; **Zwei|rad** das; **zwei|rei|hig; zwei|schnei|dig** das ist ein

zweiseitig

zweischneidiges Schwert (etwas hat eine positive und eine negative Seite); **zwei|sei|tig**; **zwei|spu|rig** eine zweispurige Straße; **zwei|stim|mig**; **zwei|tei|lig**; **zwei|tens** an zweiter Stelle; **zweit|klassig**; **zweit|letzt** er kam als Zweitletzter (Vorletzter) ins Ziel; **Zwei|zei|ler** der: Gedicht aus zwei Zeilen; **zwei|zy|lind|rig**

Zwei|fel der: ich habe große Zweifel; **zwei|fel|haft** am zweifelhaftesten: von zweifelhaftem Ruf; **zwei|fel|los**; **zweifeln** er zweifelte an ihrem Verstand; **zwei|fels|oh|ne**

Zweig der, des Zweig(e)s, die Zweige: verschneite Zweige, Zoologie ist ein Zweig (Nebengebiet) der Biologie; **Zweig|stelle** die: die Zweigstelle (Nebenstelle, Filiale) einer Bank

Zwerch|fell das: Scheidewand zwischen Brust- und Bauchhöhle; **Zwerch|fell|atmung** die

Zwerg der, des Zwerg(e)s; **zwer|gen|haft**; **Zwer|gin** die; **Zwerg|pu|del** der; **zwergwüch|sig**

Zwet|sche / Zwetsch|ge / Zwetsch|ke die: Steinfrucht

Zwi|ckel der keilförmiger Einsatz, meist an Kleidungsstücken; **zwi|cken** kneifen; **Zwick|müh|le** die: in der Zwickmühle (in einer verzwickten Lage) sein

Zwie|back der, die Zwiebacke/Zwiebäcke: Gebäckschnitte, die nach dem Backen nochmals geröstet wird

Zwie|bel die; **zwie|beln** er wurde von seinem Chef gezwiebelt (ugs. gepeinigt)

zwie|fach zweifach; **Zwie|ge|spräch** das: sie führten ein Zwiegespräch (vertrauliches Gespräch zu zweit); **Zwie|licht** das: er ist ins Zwielicht geraten (in eine fragwürdige Lage); **Zwie|spalt** der: Unentschlossenheit; **zwie|späl|tig** widersprüchlich; **Zwie|spra|che** die; **Zwietracht** die

Zwil|ling der, des Zwillings, die Zwillinge; **Zwil|lings|bru|der** der; **Zwil|lings|geburt** die; **Zwil|lings|schwes|ter** die

Zwin|ge die: Werkzeug, z. B. Schraubzwinge; **zwin|gen** du zwingst, sie zwang, gezwungen, er zwänge: sie lachte gezwungen; **Zwin|ger** der: Käfig für Raubtiere, Hunde

zwin|kern blinzeln

zwir|beln ein gezwirbelter Faden, er zwirbelte seinen Schnurrbart

Zwirn der, des Zwirn(e)s: reißfestes Garn; **zwir|nen** aus Zwirn oder daraus drehen

zwi|schen sie stand zwischen lauter fremden Leuten; **zwi|schen|drin**; **zwi|schen|durch**; **Zwi|schen|fall** der: es war ein peinlicher Zwischenfall; **zwi|schen|mensch|lich** die zwischenmenschlichen Beziehungen; **Zwi|schen|wand** die; **zwi|schen|zeit|lich**

Zwist der, des Zwist(e)s: Streit; **Zwistig|keit** die

zwit|schern

Zwit|ter der, des Zwitters, die Zwitter: zweigeschlechtiges Wesen, z. B. Regenwurm; **zwit|te|rig / zwitt|rig** zweigeschlechtlich; **zwit|ter|haft**

zwölf (→ acht); **Zwölf|fin|ger|darm** der: vorderer Abschnitt des Dünndarms; **Zwölf|fin|ger|darm|ge|schwür** das

Zy|an|ka|li das griech.: hochgiftige Blausäure

Zy|klon oder Zyk|lon der griech., des Zyklons, die Zyklone: tropischer Wirbelsturm

Zyk|lus oder Zy|klus der griech., die Zyklen: 1. zusammengehörige Vorgänge und Dinge, die regelmäßig wieder auftreten, ein Kreislauf von Ereignissen; der Zyklus der Jahreszeiten, ein Liederzyklus, sie stellte ihren Bilderzyklus vor 2. periodische Monatsblutung der Frau

Zy|lin|der der griech.: 1. geometrischer Körper 2. walzenförmiger Hohlkörper 3. hoher, steifer Herrenhut; **zy|lind|risch** oder zy|lin|drisch

zy|nisch griech.: mit verachtendem, verletzendem Spott; **Zy|nis|mus** der

Zy|pern; **Zyp|ri|er** oder Zy|pri|er der, die Zyprier; **Zyp|ri|ot** oder Zy|pri|ot der, die Zyprioten; **Zyp|ri|o|tin** oder Zy|pri|o|tin die, die Zypriotinnen; **zyp|ri|o|tisch** oder zy|pri|o|tisch

Zyp|res|se oder Zy|pres|se die griech., die Zypressen: in Mittelmeerländern beheimateter schlanker Nadelbaum

Zys|te die griech., die Zysten: oft krankhafte Geschwulst in menschlichem und tierischem Gewebe, die sich mit Flüssigkeit gefüllt hat

zz. / zzt. Abk. für zurzeit

Anhang

Rechtschreibung
 und Zeichensetzung .... S. 470

Grammatik .... S. 496

Aufsatzlehre .... S. 508

Abkürzungsverzeichnis .... S. 527

Rechtschreibung und Zeichensetzung

Wer viel schreibt, macht auch ab und zu Fehler. Das ist nicht weiter schlimm; man muss nur wissen, wie man Fehler vermeiden kann. Dieser Abschnitt des Buches soll dir dabei helfen.

Es ist vor allem wichtig, die Laute deutlich auszusprechen. Man will ja schließlich nicht falsch verstanden werden. Zu Missverständnissen kann es führen, wenn jemand sagt: „Ich möchte gern spielen", und die Mutter versteht „spülen". Noch wichtiger ist es, richtig zu schreiben, denn die Leserin oder der Leser kann die Schreiber meist nicht fragen, was sie gemeint haben. Deshalb gibt es Bücher für die Rechtschreibung, zum Beispiel dieses:

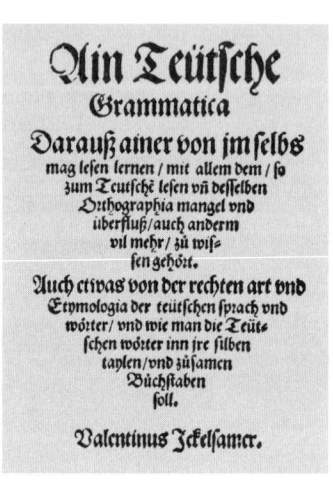

> **Ain Teütsche**
> **Grammatica**
>
> **Darauß ainer von jm selbs**
> mag lesen lernen / mit allem dem / so
> zum Teutschē lesen vñ desselben
> Orthographia mangel vnd
> überfluß/ auch anderm
> vil mehr/ zü wis-
> sen gehört.
>
> **Auch etwas von der rechten art vnd**
> Etymologia der teütschen sprach vnd
> wörter/ vnd wie man die Teüt-
> schen wörter inn jre silben
> taylen/vnd zůsamen
> Büchstaben
> soll.
>
> **Valentinus Jckelsamer.**

Ein Blick auf den Titel verrät dir: Es ist ein sehr altes Buch, denn vieles ist ganz anders geschrieben, als wir heute schreiben. Die Rechtschreibung entstand nicht von einem Tag auf den anderen. Sie wurde auch nicht von einem einzelnen Menschen erfunden, sondern hat sich im Laufe der Jahrhunderte entwickelt. Viele haben daran mitgewirkt. Sie ändert sich auch heute ständig und entwickelt sich weiter.

Schwierig wurde die Rechtschreibung vor allem dadurch, dass man sich lange nicht auf die vernünftigsten Regelungen einigen konnte, denn es gibt verschiedene Möglichkeiten, deutsch zu schreiben. Damit das Lesen leichter wird und um Verständigungsschwierigkeiten zu vermeiden, hat man einheitliche Festlegungen über die richtige Schreibung getroffen. Nur so ist es möglich, etwa ein Wort in einem Wörterbuch zu finden oder in einem Lexikon nachzuschlagen.

Rechtschreibung

Richtig schreiben heißt so zu schreiben, dass die Leserin oder der Leser den Text unmissverständlich aufnehmen kann. Dazu gehört auch die äußere Form.
Die Form spielt neben der Vermeidung von Rechtschreibfehlern besonders bei einem Bewerbungsschreiben eine große Rolle. Wer in seinem Bewerbungsschreiben keine Fehler macht, hat bessere Chancen bei der Stellenvergabe.

Die deutsche Rechtschreibung ist nicht einfach. Doch es gibt Grundregeln, die man sich leicht merken kann. Wenn man diese Regeln versteht und richtig anwendet, lassen sich viele Fehler vermeiden.
- Feste Wortbilder prägen wir uns ein und erkennen sie dadurch leichter beim Lesen.
- Satzzeichen helfen, den Text beim Lesen und Vorlesen sinnvoll zu gliedern.

Die beiden folgenden goldenen Regeln solltest du immer befolgen:

1. Wenn du nicht weißt, wie ein Wort geschrieben wird, schaue im Wörterbuch nach.

2. Wenn du nicht weißt, wie ein Wort geschrieben wird, dann suche nach einem anderen Wort, das die gleiche Bedeutung hat.

Auch die Zeichensetzung hat manchmal ihre Tücken. Oft hilft es dir schon, wenn du beim Schreiben auf die Sprechpausen und die grammatische Gliederung des Satzes achtest. Dazu solltest du dir den Satz laut vorsagen.

Die Rechtschreibung beruht eigentlich auf **zwei** vernünftigen **Prinzipien:** dem **Lautprinzip** und dem **Stammprinzip.**

Das **Lautprinzip** besagt, dass man für die meisten Laute immer wieder die gleichen Buchstaben oder Buchstabengruppen schreibt. Man muss also genau hören, was man schreibt, sich manchmal auch die Wörter langsam vorsprechen und sich selbst zuhören.

Das **Stammprinzip** besagt, dass man gleiche Wortstämme auch gleich schreiben muss, selbst wenn sie anders ausgesprochen werden. So kommt es, dass man *Hand* schreibt, obwohl man *hant* hört.
Der Stamm *hand* soll immer im gleichen Schriftbild erscheinen: *Hand*tuch, *Hand*werker, be*händ*e, be*hand*eln. Das erleichtert das Lesen und Verstehen.

Es gibt aber auch Fälle, bei denen von diesen Prinzipien abgewichen wird. Diese bereiten uns naturgemäß besondere Schwierigkeiten. Solche Abweichungen sollte man sich einprägen.

Ein einziger Laut kann zum Beispiel durch verschiedene Buchstaben bezeichnet werden. Ein einziger Buchstabe kann aber auch für mehrere Laute stehen, weil Vokale lang oder kurz gesprochen und auch Konsonanten unterschiedlich ausgesprochen werden.

Rechtschreibung

Auf diese Schwierigkeiten in der Tabelle solltest du besonders achten:

Ein Laut – mehrere Buchstaben			Ein Buchstabe – mehrere Laute		
Laut	Buchstabe / Buchstabenverbindung		Buchstabe / Buchstabenverbindung	Laut	
f	v f	viel, Verse fiel, Ferse	s	sch-Laut stimmhaftes s stimmloses s	Stück, Speise rasen, Weise Bus, Meister
i̱	i ih ie ieh	dir, Biber ihr, ihnen hier, befiel Vieh, befiehl!	i	langes i̱ kurzes i̯	Mandarine, Maschine Bild, wild
e̯	e ä	Rest, begrenzen Hände, Kämme	ch	ich-Laut ach-Laut k-Laut sch-Laut	nicht, Sicht Nacht, sacht Chor, Chaos Chef, Chance
e̱	e eh ee	lesen, Hefe fehle, lehren leeren, Seele			
ä̱	ä äh	Säle, sägen Pfähle, lähmen			

Zu diesen Schwierigkeiten kommt noch, dass man viele Wörter einfach weiterhin so schreibt, wie sie seit eh und je geschrieben wurden, auch wenn sich inzwischen die Aussprache verändert hat.

Du kennst jetzt die Probleme, die in der Rechtschreibung auftreten können. Aber keine Angst, es gibt genügend Festlegungen, die man verstehen kann und die dir in Zweifelsfällen weiterhelfen. Und ein Rechtschreibfehler ist schließlich kein Verbrechen. Wie bei vielen Arbeiten gilt aber auch hier: Übung macht den Meister. Dazu ein paar Tipps.

Tipp: Genau hinhören.
Oft kann man schon hören, welcher Laut zu schreiben ist. Darum hilft es auch manchmal, wenn du dir das Wort leise vorsprichst.

Tipp: Genau hinsehen.
Viele Wörter hast du schon gelesen. Versuche dich zu erinnern, wie das Schriftbild der Wörter aussieht, bevor du sie aufschreibst. Lies deshalb immer sehr genau.

Tipp: Wortbild einprägen.
Ausnahmefälle sollte man sich merken. Sieh dir die Schriftbilder solcher Wörter genau an und präge sie dir ein.

Rechtschreibung

Schau dir den Kasten eine Minute lang ganz genau an. Schließe dann die Augen und wiederhole, was im Kasten steht. Schreibe aus dem Gedächtnis auf, was du dir gemerkt hast.

	locker	
fasst		**hie**
	aa	
		fahr vorsichtig
Semmel		**ee** **befiehl**
	rahmten	

Na, wie viele Treffer hast du?
Wie wäre es, wenn du daraus Spiele für deine Familie oder deinen Freundeskreis gestaltest?

Tipp: Verlängern!
Wenn du nicht genau weißt, welchen Buchstaben du für den Auslaut schreiben musst, dann verlängere das Wort. Es gilt das Stammprinzip.

grob?	verlängern:	*grobe*	**also:**	*grob*
fad?	verlängern:	*fade*	**also:**	*fad*
flog?	verlängern:	*flogen*	**also:**	*flog*

Tipp: Verwandte suchen!
Da nach dem Stammprinzip gleiche Stämme auch gleich geschrieben werden, hilft es dir, wenn du stammverwandte Wörter suchst. Das ist besonders nützlich, wenn du nicht weißt, ob du ein Wort mit e oder mit ä schreiben musst.

Wälder?	e oder ä?	Wald = Verwandter mit a	**also:**	*Wälder*
Räuber?	eu oder äu?	Raub = Verwandter mit au	**also:**	*Räuber*
Felder?	e oder ä?	kein Verwandter mit a	**also:**	*Felder*
tobt?	b oder p?	Infinitiv = toben	**also:**	*tobt*
legt?	g oder k?	Infinitiv = legen	**also:**	*legt*

Tipp: Ausnahmen einprägen und merken!
Wende immer die Rechtschreibregeln an. Merke dir aber die Ausnahmen einzeln, z. B. *der Saal,* aber *die Säle; die Axt,* aber *die Achse, die Achsel; füllen,* aber *voll.*

Tipp: Auf Wortpaare achten!
Manchmal klingen Wörter gleich. Sie werden aber unterschiedlich geschrieben, weil sie sich in der Bedeutung unterscheiden.

fetter	**aber:**	*Vetter*	*Leib*	**aber:**	*Laib*
fiel	**aber:**	*viel*	*Mohr*	**aber:**	*Moor*
wieder	**aber:**	*wider*	*Seite*	**aber:**	*Saite*

Tipp: An häufige Fehler denken!
Achte auf Fehler, die du häufig machst. Merke dir die richtige Schreibung.

Rechtschreibung

Tipp: Sorgfältig kontrollieren!
Lies noch einmal ganz aufmerksam durch, was du geschrieben hast. Wenn dir Zweifel kommen, weißt du ja, was du tun musst: **Die Tipps beachten!**

1. Beziehungen zwischen Lauten und Buchstaben

1.1 Was wir über Vokale und Vokalbuchstaben wissen sollten

In der deutschen Schrift gibt es acht verschiedene Vokalbuchstaben: **a, e, i, o, u, ä, ö** und **ü**. Diese Buchstaben bezeichnen entweder lange oder kurze Vokale. Wir haben in unserer Sprache daher mehr Vokale als Vokalbuchstaben. Nach einem kurzen Vokal im Wortstamm folgen oft zwei Konsonanten, die in der Schrift dann auch durch zwei Konsonantenbuchstaben bezeichnet werden. Sprechen wir aber nach einem kurzen Vokal nur einen Konsonanten, so wird der Buchstabe dafür verdoppelt. Also:
helfen: zwei Konsonanten nach kurzem Vokal
hell: ein Konsonant nach kurzem Vokal, der Buchstabe dafür wird verdoppelt

Neben den acht Buchstaben für die Vokale haben wir noch fünf Buchstabenverbindungen für die Schreibung der Doppellaute oder Diphthonge: **ei/ai, au** und **eu/äu**. Diphthonge werden immer lang gesprochen.

Wir unterscheiden also
- **kurze Vokale**   z. B. in den Wörtern *hast, retten, lästig, Würste, Rock, Ente, Kelle, Roggen*
- **lange Vokale**   z. B. in den Wörtern *Rabe, legen, Räder, üben, Rose, Hut, Igel, Öfen*
- **Diphthonge**   z. B. in den Wörtern *Reise, Mais, Haut, Häute, heute*

Merke:
Wenn einem betonten Vokal innerhalb eines Wortstammes **zwei verschiedene Konsonanten** folgen, so ist der Vokal in der Regel kurz.

Wenn dem Vokal **kein Konsonant folgt,** so ist der Vokal in der Regel lang.

Wenn dem Vokal nur **ein Konsonant folgt,** so ist der Vokal kurz oder lang.

Deshalb werden in der Schrift kurze Vokale auch nur besonders gekennzeichnet, wenn ihnen nur ein Konsonant folgt.
Du kannst also durch genaue Unterscheidung von langen und kurzen Vokalen schon viele Fehler vermeiden. Merke dir deshalb den unterschiedlichen Klang von langen und kurzen Vokalen anhand der Beispiele. Achte auch auf die Betonung.

1.2 Wie schreiben wir nach kurzem Stammvokal?

Hinweis 1: Doppelte Konsonantenbuchstaben
Wenn im Wortstamm auf einen betonten kurzen Vokal nur ein einzelner Konsonant folgt, so wird der Konsonantenbuchstabe verdoppelt.
*He**rr**, fü**ll**en, Kontro**ll**e, schli**mm**, i**mm**er, de**nn**, wa**nn**, da**ss** (Konjunktion), Nu**ss**, gö**nn**en, bi**ssch**en, we**ss**en*

Ausnahmen:
In Fremdwörtern schreiben wir oft nur einen Konsonantenbuchstaben:
Ananas, Rum, Paket, Dolmetscher, spazieren, Kapitel, Mini, City, Kamera

Statt **kk** schreiben wir **ck**:
*A**ck**er, lo**ck**er, Re**ck**, He**ck**e, Na**ck**en, pa**ck**en, du**ck**en*
Ausnahmen:
Fremdwörter wie *Mo**kk**a, Sa**kk**o, A**kk**usativ, A**kk**ord, A**kk**umulator*

Statt **zz** schreiben wir **tz**:
*Ka**tz**e, Matra**tz**e, si**tz**en, tro**tz**, Mü**tz**e, Schu**tz***
Ausnahmen:
Fremdwörter wie *Pi**zz**a, Ski**zz**e*

Hinweis 2: Stammprinzip
Nach dem Stammprinzip werden auch weiterhin doppelte Konsonantenbuchstaben geschrieben, wenn in Wortformen, Ableitungen oder Zusammensetzungen ein weiterer Konsonant folgt.

*ke**nn**en – du ke**nn**st – die Ke**nn**tnis*   *sto**pp**en – er sto**pp**t – Sto**pp**licht*
*he**mm**en – du he**mm**st – das He**mm**nis*   *pa**ck**en – wir pa**ck**ten – Pä**ck**chen*

Hinweis 3: Stammprinzip auch bei einsilbigen Wörtern
Viele einsilbige Wörter mit kurzem Vokal werden nur mit einem Konsonantenbuchstaben geschrieben. Du solltest dir das Schriftbild genau einprägen.
ab, weg, es, mit, am, bis, das (Artikel), in (aber innen), man, um, was, wes (aber wessen)
Bus, fit, Jet, Pop, Klub, top, Job (einsilbige Wörter aus dem Englischen)

Merke auch:
Brom[beere], Him[beere], Im[ker], Sper[ling], Wal[nuss]

Hinweis 4: Nach unbetontem kurzem Vokal
In einigen Gruppen von Wörtern verdoppelt man den Buchstaben für einen einzelnen Konsonanten, obwohl der vorangehende kurze Vokal unbetont ist.
Das betrifft

- eine Reihe von Fremdwörtern:
*Fa**ss**ade, Ka**ss**ette, pa**ss**ieren, A**ll**ee, Batterie, Gra**mm**atik, Konku**rr**enz, Lo**tt**erie, Sta**nn**iol, a**dd**ieren, su**gg**erieren, Sy**mm**etrie*

- Ableitungen mit den Suffixen (Nachsilben) **-in, -nis, -as, -is, -os, -us**, wenn dem Konsonanten in verlängerten Formen ein Vokal folgt:

  Ärztin – Ärztinnen   *Kenntnis – Kenntnisse*
  Ananas – Ananasse   *Iltis – Iltisse*
  Albatros – Albatrosse   *Globus – Globusse*

Hinweis 5: Drei gleiche Konsonantenbuchstaben
Wenn in Zusammensetzungen drei gleiche Konsonantenbuchstaben aufeinandertreffen, so werden auch alle drei geschrieben. Zur besseren Lesbarkeit ist auch die Schreibung mit Bindestrich erlaubt.

Betttuch	oder:	*Bett-Tuch*
Balletttheater	oder:	*Ballett-Theater*
Schrotttransport	oder:	*Schrott-Transport*
Auspuffflamme	oder:	*Auspuff-Flamme*
Schifffahrt	oder:	*Schiff-Fahrt*
Brennnessel	oder:	*Brenn-Nessel*

Hinweis 6: ck und tz
Die Konsonantenbuchstaben **k** und **z** werden nur in seltenen Fällen verdoppelt. Anstelle von **kk** und **zz** schreiben wir meist **ck** und **tz**.

hocken – recken – blicken – bezwecken – Zweck – zwecks – Hecke – Nacken – Zucker – entzückt

sitzen – schwitzen – trotz – Klotz – klotzen – setzen – gesetzt – Satz – Mütze – Pfütze – Grütze

> **Merke:**
> Nach **l, m, n** und **r** steht nie **tz** und nie **ck**.

1.3 Wie schreiben wir nach langem Stammvokal?

Auch lange Vokale können im Schriftlichen gekennzeichnet sein: Manchmal werden sie verdoppelt *(Moos)*, manchmal folgt ihnen ein **h** *(fehlen, Kuh, Kühe)*, das entweder stumm ist oder in einigen Wörtern auch gesprochen wird. Nach dem Vokal **i** sieht wieder alles ganz anders aus. Wir wollen versuchen ein bisschen Ordnung in das Ganze hineinzubringen.

Wichtig ist aber, dass du lange und kurze Vokale beim Hören genau voneinander unterscheiden kannst. Höre also immer genau hin.

Hinweis 1: Langer Vokal ohne Kennzeichnung
In vielen Wortstämmen wird die Länge des Vokals überhaupt nicht gekennzeichnet, dem Buchstaben für den langen Vokal folgt dann der Buchstabe für den Konsonanten, den wir hören:

schon – Rose – nun – Hut – wir – klar – Los – Wagen – wagt – denen – selig – gegen – Mal

Rechtschreibung

Hinweis 2: h zwischen Vokalen und vor l, m, n und r
In manchen Wörtern steht nach betontem langem Stammvokal ein **h**. Das betrifft

- Wörter, in denen einem betonten langen Vokal ein unbetonter kurzer Vokal folgt oder in der Verlängerung des Wortes folgen kann:
  nahen, bejahen, drehen, drohen, Floh – Flöhe, Kuh – Kühe, Ruhe, Schuhe, fähig, Krähe, zäh, Höhe, früher
  Ausnahmen: *säen, Bö, Böe, Böen*

- einige Wörter mit Diphthong (Doppellaut):
  gedeihen, Geweih, leihen, Reihe, Reiher, seihen, verzeihen, Weiher, weihen

- einige Wörter, in denen auf **l, m, n, r** kein weiterer Konsonant folgt:
  Dahlie, lahm, ahnen, befehlen, benehmen, ablehnen, begehren, hohl, Sohn, Ohr, Ruhm, Huhn, Uhr, ähneln, Ähre, Höhle, stöhnen, Möhre, fühlen, Bühne, führen

- die folgenden Einzelfälle: *ahnden, fahnden*

> **Merke:**
> Nach dem Stammprinzip bleibt das **h** auch erhalten, wenn der Wortstamm verändert wird.

Beispiele:
  befehlen – befiehl – befahl – befohlen
  drehen – gedreht – Draht
  mähen – die Mahd

Hinweis 3: Doppelte Vokalbuchstaben
In einer kleinen Gruppe von Wörtern kennzeichnet man die Länge des Vokals durch Verdopplung der Vokalbuchstaben. Das betrifft

- Wörter wie:
  Aal, Aas, Haar, paar, Paar, Saal, Saat, Staat, Waage
  Beere, Beet, Fee, Klee, scheel, Schnee, See, Speer, Tee, Teer
  Boot, Moor, Moos, Zoo

- einige Fremdwörter mit **ee** am Wortausgang:
  Armee, Idee, Kaffee, Klischee, Tournee, Varietee

> **Merke:**
> Die Umlaute **ä** und **ö** werden niemals verdoppelt.

Wir schreiben also: *Saal – Säle; Paar – Pärchen; Haar – Härchen; Boot – Bötchen*

Hinweis 4: Langes i
Wörter mit langem **i** werden meist mit **ie** geschrieben:
  vier, viel, (er) fiel, Tier, hier, Gier, gierig, Ziel, ziemlich, Biene, Schiene

Das gilt auch für Fremdwörter mit den Endungen **-ie, -ier, -ieren**:
  Batterie, Lotterie, Manier, Scharnier, marschieren, probieren

Rechtschreibung

Ausnahmen:
dir, mir, wir, gib, du gibst, er gibt (aber: *ergiebig*), *Bibel, Biber, Brise, Fibel, Igel, Liter, Nische, Primel, Tiger, Wisent*
- sowie: *Geysir, Saphir, Souvenir, Vampir, Wesir*
- Fremdwörter wie: *Benzin, Kino, Maschine, Apfelsine, Mine, Stil, Fiber(glas)*

Hinweis 5: Noch einmal langes i
Es gibt wenige Wörter, in denen langes **i** zusätzlich durch den Buchstaben **h** gekennzeichnet und **ih** oder **ieh** geschrieben wird:
ihm, ihn, ihnen, ihr
fliehen, Vieh, wiehern, ziehen

Beachte die Flexionsformen:
befiehl, du siehst, er lieh, gediehen, verziehen, er empfiehlt

Hinweis 6: Gleich oder ähnlich klingende Wörter
Zur Unterscheidung der Bedeutung werden gleich oder ähnlich lautende Wörter unterschiedlich geschrieben. Informiere dich am besten vor dem Schreiben im Wörterverzeichnis. Achte auf die Bedeutung.
Mal ≠ Mahl; malen ≠ mahlen; Sole ≠ Sohle; denen ≠ dehnen; Bar ≠ Bahre;
war ≠ wahr; Wal ≠ Wahl
leeren ≠ lehren; Meer ≠ mehr; Moor ≠ Mohr; sie wären ≠ währen;
Lid ≠ Lied; Mine ≠ Miene; Stil ≠ Stiel; Fiber ≠ Fieber, wider ≠ wieder;
Ähre ≠ Ehre; Bären ≠ Beeren;
leihen ≠ Laien; Laib ≠ Leib; Seite ≠ Saite

1.4 Was tun, wenn für einen Konsonanten mehrere Schreibungen möglich sind?

Die Konsonanten **b, d** und **g** werden am Wortende und vor Konsonanten anders gesprochen als im Wortinnern und am Wortanfang: Am Wortanfang und im Wortinnern sprechen wir sie **stimmhaft** (weich), am Wortende und vor Konsonanten **stimmlos** (hart).

Vergleiche den Klang der Konsonanten **b, d** oder **g** in den folgenden Wörtern:
die Habe – haben – gehabt; binden – band; die Hand – die Hände;
das Rad – die Räder; der Tag – die Tage

Deshalb kann man b, d, g manchmal leicht mit den Konsonanten **p, t** oder **k** verwechseln, die aber immer **stimmlos** (hart) gesprochen werden.

Happen – Häppchen	hoppeln – hopsen	hupen – hupt
hart – harte	Spurt – spurten	Wort – Wörter
Fabrik – Fabriken	Klinik – Kliniken	Schrank – Schränke

Hinweis 1: b oder p, d oder t, g oder k?
Du kennst schon das Stammprinzip und weißt, dass man richtig schreiben kann, wenn man das Wort verlängert.

halb – halbieren	gab – geben	Rat – raten	Rad – Räder
Tag – Tage	Teig – Teige	hold – holde	Sold – Soldat
Spuk – spuken	Skalp – skalpieren		

Rechtschreibung

Präge dir die Schreibung folgender Wörter ein:
Herbst, lädst (von *laden*), *lagst* (von *liegen*), *legst* (von *legen*)

tot (Adjektiv): *Totschlag, scheintot*	*Tod* (Substantiv): *todkrank* („auf den Tod krank")
seit (Präposition): *seit gestern*	*seid* (finite Form von „sein"): *ihr seid, seid klug!*
statt (Präposition): *statt Geld*	*Stadt* (Substantiv): *Großstadt*

Hinweis 2: ent- oder end?

Auch Wörter, die mit **end** (von Ende) zusammengesetzt sind, werden in der Schreibung häufig mit Ableitungen verwechselt, die mit dem Präfix (der Vorsilbe) **ent-** gebildet worden sind.

Prüfe, ob das Wort, das du schreiben willst, mit **„Ende"** zusammenhängt oder ob es mit dem Präfix (der Vorsilbe) **„ent-"** gebildet worden ist:
*En**d**spiel – En**d**ung – en**d**los – en**d**lich*
*en**t**halten – en**tt**äuscht – en**t**laden – en**t**kommen – En**t**schuldigung*

Präge dir die Schreibung ein: *entgelten – Entgelt*

Hinweis 3: -ig oder -lich oder -isch?

Auch die Suffixe (Nachsilben) **-ig** und **-lich** sowie **-isch** kann man beim Schreiben leicht verwechseln. Es kann dir helfen, wenn du diesen Suffixen eine Endung anfügst und genau auf den Klang achtest:
*herr**lich** – herr**liche**; fröh**lich** – fröh**liche**; heim**lich** – heim**liche***
*pein**lich** – pein**liche**; kind**lich** – kind**liche**; herr**lich** – herr**liche***
*brenz**lig** – brenz**lige**; neb**lig** – neb**lige**; einma**lig** – einma**lige***
*kind**isch** – kind**ische**; herr**isch** – herr**ische**; parte**iisch** – parte**iische***
*musika**lisch** – musika**lische**; mora**lisch** – mora**lische**; neid**isch** – neid**ische***

Präge dir die Schreibung ein:

*täg**lich** – täg**liche***	*vierzehntäg**ig** – vierzehntäg**ige***
*jähr**lich** – jähr**liche***	*ganzjähr**ig** – ganzjähr**ige***

Hinweis 4: k, ck, c, ch oder qu?

Verwechslungen können bei der Schreibung des **k**-Lautes auftreten, weil man statt **k** mitunter auch **ck, c, ch** oder **qu** schreibt.

Für den Konsonanten **k** schreibt man meistens **k**, nach kurzem betontem Vokal **ck** (s. Abschnitt 1.2, Hinweis 6):
Haken – quieken – Schrank – Fabrik – Klinik
hacken – Hacker – Hacken – Rücken – gerückt – Stock

In einigen Wörtern schreibt man für den Konsonanten **k** den Konsonantenbuchstaben **c** oder die Buchstabenverbindungen **ch** bzw. **qu**.
Das betrifft einige Fremdwörter wie:
***c**lever – **C**lown – **C**ontainer – **C**owboy – **C**reme – **C**omic*
***Ch**aos – **Ch**arakter – **Ch**lor – **Ch**or – Or**ch**ester – **ch**ristlich*
*Manne**qu**in – **Qu**arantäne*

Rechtschreibung

Hinweis 5: x, chs, cks, ks oder gs?

Für den **x**-Laut gibt es in der Schreibung auch mehrere Konsonantenbuchstaben bzw. Verbindungen von Konsonantenbuchstaben, nämlich **x, chs, cks, ks, gs**. Auch diese Wörter solltest du dir gut merken.

*He**x**e – A**x**t – Lu**x**us – e**x**tra – E**x**plosion – E**x**port – **x**-mal – **x**-beliebig*
*A**chs**e – A**chs**el – Bü**chs**e – Fu**chs** – La**chs** – O**chs**e – se**chs** – Wa**chs** – we**chs**eln*
*Kle**cks** – augenbli**cks** – schnurstra**cks** – Kni**cks** – Tri**cks***
*Ke**ks** – schla**ks**ig – Ko**ks** – lin**ks** – Strei**ks***
*flu**gs** – (du) he**gs**t – (du) pfle**gs**t*

Bei vielen Wörtern hilft es dir auch hier, wenn du Verwandte suchst:
*flie**g**en – Flu**g** – flu**gs**; kni**ck**en – Kni**cks**; (die) Lin**k**e – lin**ks**; strei**k**en – Strei**ks***

Hinweis 6: f, v oder ph?

Für den Konsonanten **f** schreiben wir meistens den Konsonantenbuchstaben **f**.
für – füllen – fein – Gefühl – fallen – (er) fiel – fett – fetter – Ferse – Sofa

In einigen Wörtern schreibt man an Stelle von **f** den Konsonantenbuchstaben **v**. Das betrifft
- alle Wörter mit dem Präfix (der Vorsilbe) **ver-**:
  ***ver**gessen – **ver**bieten – **ver**lieren*
- Wörter wie:
  ***V**ater – **V**eilchen – **V**etter (für Cousin) – **V**ieh – **v**iel – **v**ielleicht – **V**ogel – **v**on – **v**or – **v**orn – **v**ordere – **V**ers – **V**esper*
  *Fre**v**el – Ner**v** – Ner**v**en*

In Fremdwörtern schreiben wir manchmal **ph**.
*Atmos**ph**äre – Meta**ph**er – **Ph**iloso**ph**ie – **Ph**ysik – **Ph**ase*

Bei manchen Wörtern sind zwei Schreibweisen erlaubt.
*Fotografie / **Ph**otogra**ph**ie; Grafik / Gra**ph**ik; Orthografie / Orthogra**ph**ie; Mikrofon / Mikro**ph**on; fantastisch / **ph**antastisch*

Hinweis 7: w oder v?

Für den Konsonanten **w** schreibt man in deutschen Wörtern regelmäßig **w**.
wachsen – wechseln – wegen – wieder – wider – Wetter – Wal – Wall

In Fremdwörtern und in wenigen Lehnwörtern schreibt man statt **w** den Konsonantenbuchstaben **v**.
*pri**v**at – Re**v**olution – Uni**v**ersität – **V**irus – **V**ase – Akti**v**ität – Detekti**v**e – Perspekti**v**e*

Präge dir auch ein:
*Pul**v**er – bra**v** – e**v**angelisch – No**v**ember – Initiati**v**e – Lar**v**e*

Hinweis 8: t oder th?

Nur in wenigen Fremdwörtern schreiben wir **th**.
*Apo**th**eke – Disko**th**ek – Leich**th**atletik – **Th**eater – **Th**ermometer – Ma**th**ematik – **Th**ema – ka**th**olisch*

Zwei Schreibweisen sind erlaubt bei: *Pan**th**er / Panter; **Th**unfisch / Tunfisch*

Rechtschreibung

Hinweis 9: s, ss oder ß?
Die richtige Schreibung für den s-Laut kann uns schon ins Grübeln bringen, auch deshalb, weil wir manchmal den stimmlosen **s**-Laut beim Hören kaum vom stimmhaften **s**-Laut unterscheiden können. Unterscheide:
stimmhaft in: *Sage – summen – sausen – lose – Rose*
stimmlos in: *Masse – Rast – beißen – hasten – Rost*

Vergleiche noch einmal: *Rose – Rosse; rasen – rasten; Gase – Gas*
Das stimmlose **s** wird schärfer gesprochen als das stimmhafte.

Für den stimmhaften **s**-Laut schreiben wir immer **s**. Prüfe bei s am Wortstammende oder am Wortende durch Verlängerung des Wortes, ob du s schreiben musst.
sagen – Seife – lesen – Leser – Laser;
Haus – Häuser; Maus – Mäuse;
Gras – Gräser – grasen; Los – losen, Preis – Preise

Für das stimmlose **s** schreiben wir **ß** nach langem Vokal oder Diphthong (Doppellaut), wenn im Wortstamm kein Konsonant mehr folgt.
Maß – Straße – Grieß – Spieß – groß – grüßen – außer – draußen – Fleiß – heißen

Präge dir die Schreibung ein: *aus – Ausnahme*

Wenn in Wortstämmen Länge und Kürze des Vokals vor s wechseln, ändert sich auch die Schreibung, denn nach kurzem betontem Stammvokal schreiben wir zwei Konsonantenbuchstaben, wenn im Stamm kein weiterer Konsonant folgt.
fließen – er floss – der Fluss – das Floß; gießen – es goss – der Guss
genießen – er genoss – der Genuss; wissen – er weiß – er wusste – gewusst
beißen – er beißt – der Biss – ein bisschen; reißen – der Ausreißer – der Riss – gerissen

Präge dir folgende Wortformen ein:

du reist	*du hasst*	*sie küsste*	*du misst*
(zu reisen)	*(zu hassen)*	*(zu küssen)*	*(zu messen)*
du reißt	*du hast*	*die Küste*	*der Mist*
(zu reißen)	*(zu haben)*		

Hinweis 10: das oder dass?
Das und **dass** sind verschiedene Wortarten. **Dass** ist immer eine Konjunktion, die einen Nebensatz einleitet. **Das** kann entweder Artikel oder Pronomen sein. Dieses **das** ist ersetzbar durch **dieses, jenes** oder **welches**.
***Das** Haus, **das** dort steht, brennt. – **Jenes (dieses)** Haus, **welches** dort steht, brennt.*
*Ich sehe, **dass** jenes Haus brennt.* (Nicht ersetzbar!)

Hinweis 11: s oder z?
Nach den Konsonanten **n** oder **l** schreibt man manchmal **s** oder **z**. Verlängere die Wörter und du weißt Bescheid.

Gans – Gänse	*Pils – Pilsen*	*Fels – Felsen*	*Hans – Hänsel*
ganz – in Gänze	*Pilz – Pilze*	*Holz – Hölzer*	*Kranz – Kränze*
Tanz – tanzen			

2. Groß- und Kleinschreibung

Gegenüber anderen Sprachen gibt es im Deutschen eine Besonderheit, nämlich die Großschreibung. Sie hat sich in der Geschichte unserer Sprache entwickelt und wurde bis heute beibehalten. Welche Aufgabe hat die Großschreibung? Sie dient zum Beispiel dazu, Eigennamen, Substantive und Substantivierungen zu kennzeichnen. Gleichzeitig dient sie – wie in anderen Sprachen auch – dazu, die Satzanfänge und die Anfänge von Überschriften hervorzuheben. Hier kann dir also Grammatik helfen, wenn du nicht genau weißt, ob ein Wort groß- oder kleinzuschreiben ist. Entscheidend ist,
- dass du Substantive an ihren Merkmalen erkennen kannst,
- dass du genau auf Satzanfänge achtest,
- dass du den Beginn einer wörtlichen Rede feststellen kannst,
- dass du überlegst, ob ein Wort vielleicht ein Eigenname oder Teil eines Eigennamens ist.

Mit Substantiven werden **Gegenstände, Lebewesen** und **abstrakte Begriffe** bezeichnet. Sie besitzen ein festes **Genus** (grammatisches Geschlecht) und sind entweder Maskulina (männliche Substantive), Feminina (weibliche Substantive) oder Neutra (sächliche Substantive). Sie können also einen bestimmten oder unbestimmten **Artikel** bei sich haben, sie sind artikelfähig.
Substantive haben immer einen bestimmten **Numerus**, stehen also im Singular oder Plural. Weiterhin stehen Substantive immer in einem bestimmten **Kasus** (Fall), nämlich im Nominativ, Genitiv, Dativ oder Akkusativ.

Sieh dir den folgenden Satz an:
*Bei der **Rechtschreibung** können dir grammatische **Kenntnisse** helfen.*
In diesem Beispiel kommen zwei Substantive vor:
- Rechtschreibung: bezeichnet einen abstrakten Begriff
  ist ein Femininum (die Rechtschreibung) und hat einen Artikel bei sich
  steht im Singular
  steht im Dativ (3. Fall)
- Kenntnisse: bezeichnet einen abstrakten Begriff
  ist ein Femininum und kann einen Artikel bei sich haben (die Kenntnis)
  steht im Plural
  steht im Nominativ (1. Fall)

Hinweis 1: Wörter am Satzanfang
Das erste Wort eines Satzes wird **großgeschrieben**.
  __W__ir wollen einen Kuchen backen. __D__as geht so: __D__azu nehmen wir …

Auch den Beginn einer wörtlichen Rede schreiben wir groß.
  __S__ie sagte: „__I__ch komme gleich wieder." – „__B__eeilst du dich?", fragte er vorsichtshalber.

Rechtschreibung

Hinweis 2: Substantive und Eigennamen
Alle Substantive und Eigennamen werden **großgeschrieben**.

Substantive zur Bezeichnung von Gegenständen:
*Tisch, **M**ilch, **W**asser, **M**ond, **S**tuhl*

Substantive zur Bezeichnung von Lebewesen:
***M**ensch, **T**ier, **K**ind, **R**eh, **T**eam*

Substantive zur Bezeichnung von abstrakten Begriffen:
***L**andung, **V**erständnis, **V**erantwortung, **A**ktion*

Hinweis 3: Substantivierungen
Alle Wörter, die anderen Wortarten angehören, können als Substantiv gebraucht werden. Man nennt das Substantivierung. Sie nehmen dann die Eigenschaften von Substantiven an. Man erkennt sie im Text an einem der folgenden Merkmale.
- an einem vorausgehenden Artikel, Pronomen oder unbestimmten Numerale (Zahlwort):
  neu   *das **N**eue, etwas **N**eues, viel **N**eues*
- an einem vorangestellten adjektivischen Attribut oder einem nachgestellten Attribut, das sich auf das substantivierte Wort bezieht:
  auftreten   *dein sicheres **A**uftreten*
  zweifach   *das **Z**weifache des früheren Preises*
- an ihrer Funktion als kasusbestimmtes Satzglied oder kasusbestimmtes Attribut:
  lesen, schreiben   ***L**esen und **S**chreiben sind Kulturtechniken* (Subjekt, Nominativ).
  gebraten   *eine Platte mit **G**ebratenem* (Attribut, Dativ)

Es gibt **Merkhilfen** bei der Entscheidung, ob ein Wort substantiviert ist:

> **Merkhilfe 1:**
> Verben nach Präpositionen, die mit einem Artikel verschmolzen sind, werden substantiviert:
>
> ***am Ü**berlegen, **beim N**achdenken, **zum N**aschen, **ins G**rübeln kommen*

> **Merkhilfe 2:**
> In Verbindung mit **alles, etwas, nichts, viel, wenig, allerlei, genug** gelten **Adjektive** und adjektivisch gebrauchte **Partizipien** als Substantivierungen:
>
> *Der Autor hat **nichts** / **wenig** / **etwas** / **allerlei** / **viel B**edeutendes geschrieben.*
> *Wir haben **alles N**eue erfahren.*

Hinweis 4: Zusammensetzungen mit Bindestrich
Nicht substantivierte Wörter am Anfang von Zusammensetzungen mit Bindestrich, die als Ganzes die Eigenschaften eines Substantivs haben, schreiben wir groß.
*das **I**n-den-Tag-Hineinleben; der **T**rimm-dich-Pfad; die **S**-Kurve; die **X**-Beine; zum **A**us-der-Haut-Fahren; die **D**e-facto-Anerkennung*

Rechtschreibung

Klein schreibt man den Anfangsbuchstaben solcher Zusammensetzungen wie:
*die **x**-Achse; die **km**-Zahl; die **pH**-Wert-Bestimmung; der **i**-Punkt*

Beachte auch die Schreibung folgender Verbindungen mit Substantiven:
S-Kurven-reich; pH-Wert-neutral; das Know-how; das Make-up

Hinweis 5: Substantive als Bestandteile fester Fügungen
Die Großschreibung gilt auch für Substantive, die Bestandteile fester Gefüge sind und nicht mit anderen Bestandteilen des Gefüges zusammengeschrieben werden:

auf Abruf	*in Bezug auf*	*Rad fahren*
Auto fahren	*in Hinsicht auf*	*Wert legen auf*
des Nachts	*letzten Endes*	*zu Händen von*
eines Abends	*Maschine schreiben*	*zu Hilfe kommen*
in Betracht kommen	*mit Bezug auf*	*zum ersten Mal*

Beachte aber die Schreibung solcher Gefüge und Wörter wie:

pleite sein	*recht sein*	*unrecht sein*	*etwas ernst nehmen*
angst (und bange) sein	*schuld sein*	*wert sein*	*andernorts*
abends	*nachts*	*keinesfalls*	*teilnehmen*
irreführen	*preisgeben*	*stattfinden*	*leidtun*
abhandenkommen	*zuhanden*	*anhand*	*kopfstehen*
einmal	*diesmal*	*zurzeit*	*eislaufen*

Zwei Schreibungen sind möglich bei:
auf Grund – aufgrund; zu Grunde gehen – zugrunde gehen
auf Seiten – aufseiten; von Seiten – vonseiten
Recht geben / haben / bekommen – recht geben / haben / bekommen
Acht geben – achtgeben; Halt machen – haltmachen; Maß halten – maßhalten

Hinweis 6: Zahlsubstantive
Zahlsubstantive werden großgeschrieben.
ein Dutzend; das Paar (aber *ein paar* = einige); *das Hundert*
das Tausend; eine Million

Hinweis 7: Ausdrücke als Bezeichnung von Tageszeiten
Ausdrücke, die als Bezeichnung von Tageszeiten nach den Adverbien **vorgestern, gestern, heute, morgen, übermorgen** auftreten, werden großgeschrieben.
*Wir treffen uns heute **M**ittag. Er rief gestern **A**bend an.*

Hinweis 8: Desubstantivierungen
Desubstantivierungen sind Wörter, die ihre substantivischen Merkmale verloren und die Funktion anderer Wortarten angenommen haben. Solche Wörter schreibt man infolgedessen klein. Das betrifft

- Wörter, die in Verbindung mit den Verben **sein, bleiben, werden** als Adjektive gebraucht werden:
angst, bange, gram, leid, pleite, schuld (Uns braucht nicht angst und bange zu sein.)

Rechtschreibung

- den ersten Bestandteil von unfest zusammengesetzten Verben:
  teilnehmen (Ich nehme daran teil.)
  stattfinden (Das Konzert findet heute statt.)
  preisgeben (Wir geben unser Ziel nicht preis.)

- Adverbien, Präpositionen und Konjunktionen auf **-s**:
  abends, mittags, donnerstags, morgens, falls, teils … teils, rechtens, angesichts, mangels, zwecks

- folgende Präpositionen:
  dank, kraft, laut, statt, trotz, um … willen, zeit

- unbestimmte Zahlwörter:
  ein bisschen (= ein wenig), *ein paar* (= einige)

Hinweis 9: Großschreibung von Adjektiven

Adjektive können Bestandteil bestimmter Wortgruppen sein, z. B. bei Titeln, Ehrenbezeichnungen, Amtsbezeichnungen, Tier- oder Pflanzenbezeichnungen, Kalendertagen oder historischen Ereignissen.

In solchen Fügungen schreiben wir Adjektive groß.
der Heilige Vater, der Regierende Bürgermeister, der Technische Direktor
die Schwarze Witwe, die Gemeine Stubenfliege, das Fleißige Lieschen
der Heilige Abend, der Erste Mai, der Weiße Sonntag
der Westfälische Frieden, die Jüngere Steinzeit, der Deutsch-Französische Krieg 1870/71, der Zweite Weltkrieg

Hinweis 10: Großschreibung von Eigennamen
Peter, Wien, Berlin, Bahnhofstraße, Südamerika, Deutschland, Europa

In mehrteiligen Namen schreibt man das erste und alle weiteren Wörter groß, außer Artikel, Präpositionen und Konjunktionen.
Kap der Guten Hoffnung, Vereinigte Staaten von Amerika
Johann Wolfgang von Goethe, Ludwig van Beethoven,
Walther von der Vogelweide
Freie und Hansestadt Hamburg (als Bundesland), *Neu Lübbenau, Groß Flotow*
Unter den Linden, Am Tiefen Graben, An den Drei Pfählen
Hohe Tatra, Schwäbische Alb, Holsteinische Schweiz, Thüringer Wald
Stiller Ozean, Kleiner Bär (Sternbild)
das Alte Rathaus (in Leipzig), *der Fliegende Hamburger* (Eisenbahnzug),
Museum für Deutsche Geschichte, Grünes Gewölbe (Dresden),
Zweites Deutsches Fernsehen, Klinik für Innere Medizin der Universität Rostock

Hinweis 11: Anredepronomen

Das Anredepronomen **Sie** und das entsprechende Possessivpronomen **Ihr** schreibt man in allen Formen groß.
Würden Sie mir bitte helfen? – Wie geht es Ihnen? – Das ist Ihr Mantel.

Rechtschreibung

Auch ältere Formen der höflichen Anrede werden großgeschrieben.
Ich überbringe Euch eine Nachricht, Hoheit.
Gebe Er mir das Schreiben, Johann.
Seine Majestät, Eure Exzellenz, Eure Magnifizenz

Alle anderen Anredepronomen werden kleingeschrieben. In Briefen kann die vertrauliche Anrede *du, dir, dich, dein* und *ihr, euch* etc. klein- oder großgeschrieben werden.
Ich danke dir / Dir für deinen / Deinen Brief. Geht es euch / Euch gut? Habt ihr / Ihr Lust, uns in den Ferien zu besuchen? Bis bald, deine / Deine Wilma

Hinweis 12: Adjektive beim Substantiv
Adjektive, die einen Artikel bei sich haben, der sich aber auf ein Substantiv bezieht, schreiben wir klein, auch wenn das Substantiv weggelassen ist.
Mir schmecken die roten Äpfel besser, dir die grünen (Äpfel).
Welches Geschirr soll ich nehmen? – Das gute (Geschirr).

Hinweis 13: Adjektive im Superlativ
Adjektive im Superlativ schreiben wir klein.
am besten, am schnellsten, am kleinsten, am meisten

Hinweis 14: Ableitungen von Ortsnamen
Adjektive, die von geografischen Namen mit dem Suffix (der Nachsilbe) „-er" abgeleitet wurden, schreibt man groß.
die Thüringer Bevölkerung, der Schweizer Käse, die New(-)Yorker Kunstszene

Hinweis 15: Ableitungen von Eigennamen
Adjektive, die von Eigennamen mit dem Suffix „-(i)sch" abgeleitet wurden, schreibt man klein.
die goetheschen Dramen, die darwinsche Evolutionstheorie,
das kopernikanische Weltsystem
der italienische Salat, die thüringischen Städte, bay(e)risches Bier

Aber: Wird die Grundform eines Personennamens durch Apostroph verdeutlicht, schreibt man diese groß.
die Darwin'sche Evolutionstheorie, die Goethe'schen Dramen,
die Lessing'schen Fabeln

Hinweis 16: Feste Verbindungen aus Adjektiv und Substantiv
In festen Verbindungen, die aber keine Eigennamen sind, schreibt man Adjektive klein.
der italienische Salat, der rote Faden, die wörtliche Rede, das neue Jahr, das schwarze Schaf

Beachte: In Fachsprachen oder bei einer neuen, übertragenen Bedeutung kann das Adjektiv manchmal auch großgeschrieben werden.
die erste / Erste Hilfe, die gelbe / Gelbe Karte, das schwarze / Schwarze Brett, die große / Große Koalition

3. Getrennt- und Zusammenschreibung

Dieses Gebiet der Orthografie betrifft die Schreibung von Wörtern, die in einem Text unmittelbar benachbart und aufeinander bezogen sind. Bestandteile von Wortgruppen werden voneinander getrennt geschrieben; Bestandteile von Zusammensetzungen schreibt man zusammen. Grundsätzlich gilt:
Die getrennte Schreibung ist der Normalfall.

Wenn ein Bestandteil nicht als selbstständiges Wort vorkommt, schreibt man stets zusammen.
*wiss**begierig**, zu**innerst**, **fehl**schlagen, **kund**tun, **weis**machen*
abhandenkommen, beiseitelegen, überhandnehmen, zugutehalten

Wenn ein Bestandteil erweitert ist, schreibt man stets getrennt.
viele Kilometer weit (aber: *kilometerweit*); *irgend so ein* (aber: *irgendein*)
in die Ferne sehen (aber: *fernsehen*)

Hinweis 1: Adjektive, Substantive, Partikeln mit Verben
Untrennbare Zusammensetzungen schreibt man zusammen. Man erkennt sie daran, dass die Reihenfolge in allen Formen unverändert bleibt.
maßregeln: Man maßregelte ihn. Man hat ihn gemaßregelt.
brandmarken, handhaben, lobpreisen, wetteifern, schlafwandeln, wehklagen, frohlocken, langweilen, vollbringen, vollenden, hintergehen, widersprechen, wiederholen

Man schreibt zusammen, wenn durch die Verbindung von Adjektiv und Verb eine neue, übertragene Bedeutung entsteht.
schiefgehen (misslingen), *fernsehen, sich fernhalten, tiefkühlen, hochrechnen, richtigstellen* (klarstellen, korrigieren), *jemanden fertigmachen,*
(Geld) *gutschreiben, sich näherkommen* (besser kennen lernen)

Wenn das Adjektiv das Ergebnis eines Vorgangs bezeichnet, kann man getrennt oder zusammenschreiben.
die Zwiebeln klein schneiden / kleinschneiden, den Teller leer essen / leeressen, das T-Shirt blau färben / blaufärben

Ansonsten schreibt man Verbindungen aus Adjektiv und Verb getrennt. Das gilt auch, wenn das Adjektiv gesteigert, erweitert oder mehrteilig ist.
langsam gehen, weit sehen, noch kleiner schneiden, ganz leer essen, dunkelblau färben

Beachte: Verbindungen mit dem Verb *sein* werden immer getrennt geschrieben.
außerstande / außer Stande sein, beisammen sein, zufrieden sein, zurück sein, zusammen sein

Präge dir folgende Schreibweisen ein:
- *Angst haben, Auto fahren, Rad fahren, Ball spielen, Pleite machen, Ski laufen*
- *eislaufen, pleitegehen, leidtun, nottun, kopfstehen*

Rechtschreibung

Hinweis 2: Adjektiv und Partizip
Substantive, Adjektive, Verbstämme, Adverbien und Pronomen können mit Adjektiven oder Partizipien Zusammensetzungen bilden.
angsterfüllt, bahnbrechend, jahrelang, meterhoch, freudestrahlend
altersschwach, anlehnungsbedürftig, lebensfremd, werbewirksam
einfach, zweifach, letztmalig, großspurig, vieldeutig, schwerstbehindert
blaugrau, feuchtwarm, nasskalt, taubstumm
bitterböse, brandneu, extrastark, todkrank, lauwarm

Hinweis 3: Zahlwörter (Kardinal- und Ordinalzahlen)
Mehrteilige Kardinalzahlen unter einer Million und alle mehrteiligen Ordinalzahlen werden zusammengeschrieben.
neunzehnhundertsechsundneunzig, siebenhundert, der zweimillionste Besucher

Aber: *zwei Dutzend Hühner, zwei Millionen fünfhunderttausend Menschen*

Hinweis 4: Substantive
Substantive können mit anderen Wörtern Zusammensetzungen bilden:
Lebenswerk, Kohlenwasserstoff, Dienstagabend, Zweierbob, Fünfkampf, Leerlauf, Ichsucht, Achtzigerjahre, Vierachteltakt, drei Achtelliter

Hinweis 5: Straßennamen
Straßennamen, die aus einem deklinierten oder gesteigerten Adjektiv und einem Substantiv bestehen, schreiben wir getrennt.
Lange Straße, Hoher Weg, Neue Reihe, Hamburger Straße, Münchner Platz, Bayrischer Platz

Straßennamen können auch zusammengesetzt sein.
Hohlweg, Weberstraße, Beethovenstraße, Musikwinkel

Weitere Hinweise zur Schreibung von Straßennamen findest du im Abschnitt 5 (Bindestrich).

Hinweis 6: Zusammensetzungen mit Partizipien
Substantive, Adjektive, Verben, Adverbien oder Partikeln kann man mit dem folgenden Partizip zusammenschreiben, wenn man die beiden Wörter als Adjektiv verwendet und sie als Einheit auffasst:
ein Feuer speiender / feuerspeiender Drache, ein dicht besiedeltes / dichtbesiedeltes Gebiet

Aber: Die zugrunde liegenden Verben werden immer getrennt geschrieben:
Feuer speien, ein Drache, der Feuer speit
dicht besiedeln, das Gebiet ist dicht besiedelt worden

Beachte: Du musst das Adjektivattribut zusammenschreiben, wenn das zugrunde liegende Verb zusammengeschrieben wird.
eine naheliegende Frage (naheliegen), ein rückwärtsfahrendes Auto (rückwärtsfahren), aneinandergereihte Perlen (aneinanderreihen)

4. Worttrennung am Zeilenende

Manchmal reicht die Zeile nicht mehr aus, um ein Wort vollständig aufzuschreiben. Dann müssen wir es trennen. Grundsätzlich lassen sich Wörter mit mehr als einer Silbe am Zeilenende trennen. Dazu zerlegen wir sie in Sprechsilben.
Bau-er, steu-ern, Mu-se-um, eu-ro-pä-i-sche, Haus-tür, Fa-mi-li-en, ehr-lich

Steht zwischen zwei Vokalbuchstaben ein einzelner Konsonantenbuchstabe, dann kommt dieser beim Trennen auf die neue Zeile.
*ha-**b**en, Rei-**h**e, Wei-**m**ar, Bre-**m**en, trau-**r**ig, nei-**d**isch, bei-**ß**en*

Buchstabenverbindungen wie **ch**, **sch**, **ph**, **rh**, **sh**, **th**, **ck**, die für **einen** Konsonanten stehen, werden nicht getrennt.
*la-**ch**en, wa-**sch**en, Deut-**sch**e, Sa-**ph**ir, Myr-**rh**e, Ca-**sh**ewnuss, Goe-**th**e, bli-**ck**en, Zu-**ck**er, zuck-te*

Stehen mehrere Konsonantenbuchstaben zwischen zwei Vokalbuchstaben, so kommt nur der letzte auf die neue Zeile.
El-tern, Hop-fen, ros-ten, Pap-pe, müs-sen, Ach-tel, sechs-te, knusp-rig, dunk-le

Zusammensetzungen und Wörter mit Präfix (Vorsilbe) trennt man zwischen den einzelnen Bestandteilen.
Papp-plakat, Schul-hof, Ent-wurf, Er-trag, Pro-gramm, kom-plett, emp-fangen

Bei einigen Wörtern sind verschiedene Trennungen möglich.
*hi-nauf / hin-auf, he-ran / her-an, da-rum / dar-um, wa-rum / war-um,
ei-nander / ein-ander, Hek-tar / Hekt-ar, Pä-da-go-gik / Päd-a-go-gik,
In-stru-ment / Ins-tru-ment / Inst-ru-ment*

Beachte: Einzelvokale werden am Wortanfang und -ende nicht abgetrennt.
Ofen, Abend, Haie; Koh-le-ofen, Fei-er-abend (keine anderen Trennungen möglich)

5. Der Bindestrich

Mit Bindestrich können wir bei Zusammensetzungen und Ableitungen an Stelle der sonst üblichen Zusammenschreibung die Wortbestandteile kennzeichnen.

Hinweis 1: Schreibung mit Bindestrich
Zusammensetzungen mit Einzelbuchstaben, Abkürzungen oder Ziffern schreibt man mit Bindestrich.
*A-Dur-Tonleiter, b-Moll-Tonleiter, T-Shirt, x-beliebig, Dativ-e, Fugen-s
dpa-Meldung, Kfz-Schlosser, Fußball-WM, Tel.-Nummer
Abt.-Ltr.* (Abteilungsleiter), *Dipl.-Ing.* (Diplomingenieur)
*3-Tonner, 5-mal, 100-prozentig, 17-jährig, der 17-Jährige
8:6-Niederlage, 2:1-Sieg
⅔-Mehrheit, ¾-Takt, 2^n-Eck, 800-Jahr-Feier
25-fach, das 25-Fache* (auch: *25fach, das 25fache*)

Beachte aber die Schreibung von Ableitungen wie *68er, 32stel.*

Hinweis 2: Straßennamen

Straßennamen, die mehrgliedrige Namen als Bestandteile haben, schreiben wir mit Bindestrich.
Carl-Maria-von-Weber-Straße, Wolfgang-Amadeus-Mozart-Straße
Aber: *Bad Reichenhaller Straße*

Hinweis 3: Vermeidung von Missverständnissen

Zur Vermeidung von Missverständnissen setzt man besser einen Bindestrich.
Drucker-Zeugnis / Druck-Erzeugnis; Musiker-Leben / Musik-Erleben

Hinweis 4: Drei gleiche Buchstaben

Treffen in Zusammensetzungen drei gleiche Buchstaben zusammen, kann man einen Bindestrich setzen.
*Kaff**e**e-Ersatz, S**ee**-Elefant, Z**oo**-Orchester, Be**tt**-Tuch, Schi**ff**-Fahrt, Hawai**i**-Inseln, Schro**tt**-Transport*

6. Der Ergänzungsstrich

Mit dem Ergänzungsstrich zeigt man an, dass in Aufzählungen, Zusammensetzungen oder Ableitungen ein gleich lautender Bestandteil ausgelassen wurde. Dieser ist beim Lesen zu ergänzen.

Der Ergänzungsstrich kann für den letzten oder den ersten Wortbestandteil stehen, auch für den ersten und den letzten.

Haupt- und Nebeneingang   *Eisenbahn-, Straßen- und Schiffsverkehr*
Natur- und synthetische Fasern *zurück-, voraus- oder abwärtsfahren*
Schulbücher und -hefte   *heranführen oder -schleppen*
Textilgroß- und -einzelhandel

7. Der Gedankenstrich

Mit dem Gedankenstrich wird angekündigt, dass das Weiterführende als etwas Unerwartetes zu verstehen ist.
Ich kam ins Zimmer und sah – alles war überschwemmt.
Plötzlich – die Tür ging auf!

Mit dem Gedankenstrich können auch Nachträge oder Einschübe abgegrenzt werden.
Eines Tages – oder war es schon Abend? – kam Besuch.
Meine Mutter – sie ist sehr naturverbunden – liebt Blumen über alles.

Der Gedankenstrich kann auch Pausen, Sprecherwechsel oder Themenwechsel anzeigen.
Das Gewitter schien vorüber – da zuckte plötzlich ein Blitz.
„Wer traut sich nach draußen?" – „Ich werde nachschauen."
„Wir vergleichen jetzt die Lösungen." – „Wer hat übrigens sein Heft vergessen?"

8. Der Apostroph (Auslassungszeichen)

Mit dem Apostroph zeigt man an, dass man in einem Wort einen oder mehrere Buchstaben ausgelassen hat. Es gibt nur drei Erscheinungen in unserer Sprache, bei denen man einen Apostroph setzen muss (siehe auch Hinweis 15 zur Groß- und Kleinschreibung, S. 486).

Hinweis 1: Apostroph bei Eigennamen und Auslassungen
Eigennamen, die auf einen **s**-Laut enden, bekommen im Genitiv einen Apostroph, wenn sie ohne Artikel oder dergleichen stehen.

Aristoteles' Schriften	**aber:**	*Schriften des Aristoteles*
Ines' Ideen	**aber:**	*Ideen von Ines*
Felix' Vorschlag	**aber:**	*der Vorschlag unseres Felix*

Wörter mit Auslassungen, die ohne Kennzeichnung schwer zu verstehen sind, bekommen einen Apostroph.

... 's ist schade. – Es rauscht' (statt: rauschte) *ein Wasserfall.*
In wen'gen Augenblicken ...

Ein Apostroph steht auch, wenn im Wortinnern mehrere Buchstaben ausgelassen wurden.

W'münde (für Warnemünde)   *M'gladbach* (für Mönchengladbach)
Ku'damm (für Kurfürstendamm)

Hinweis 2: Kein Apostroph
Kein Apostroph steht
- wenn die Grundform eines Namens vom Genitiv eindeutig unterschieden werden kann: *Meyers Shop, Friedrichs Imbiss, Amerikas Touristen*
- wenn Artikel und Präposition verschmolzen sind: *ans, aufs, beim, zum, im, ins*
- wenn beim Imperativ das „e" ausgelassen wird: *schreib!*, statt *schreibe!*

9. Abkürzungen

Hinweis 1: Abkürzungen mit Punkt
Bestimmte abgekürzte Wörter schreibt man mit Punkt.

Bd. (Band), *Bde.* (Bände); *f.* (folgende Seite), *ff.* (folgende Seiten);
Jh. (Jahrhundert), *Jh.s* (des Jahrhunderts); *Tel.* (Telefon);
usw. (und so weiter); *v.* (von); *z. B.* (zum Beispiel)

Hinweis 2: Abkürzungen ohne Punkt
National und international festgelegte Abkürzungen schreibt man üblicherweise ohne Punkt.

m (Meter); *g* (Gramm); *km/h* (Kilometer pro Stunde)
NO (Nordost); *SSW* (Südsüdwest); *DB* (Deutsche Bahn)

Wörter, die aus den Anfangsbuchstaben von Zusammensetzungen gebildet wurden (Initialwörter), werden ohne Punkt geschrieben.

BGB (Bürgerliches Gesetzbuch); *TÜV* (Technischer Überwachungs-Verein)
Na (Natrium); *PKW(s); EKG(s); Kfz-Papiere; U-Bahn; S-Bahn*

10. Zeichensetzung im Satz

Satzzeichen dienen der Gliederung eines Satzes. Sie helfen einen Satz übersichtlich zu gestalten und leichter zu lesen. Mit Hilfe der Satzzeichen kann ein Schreiber aber auch bestimmte Aussageabsichten ausdrücken.

Missverständnisse können so vermieden werden.
Der Lehrer sagt, Fritzchen sei dumm.
Der Lehrer, sagt Fritzchen, sei dumm.

Wir unterscheiden Satzzeichen
- zur Kennzeichnung des Schlusses von Sätzen: Punkt, Ausrufezeichen, Fragezeichen
- zur Gliederung innerhalb von Sätzen: Komma, Semikolon, Doppelpunkt, Gedankenstrich, Klammern
- zur Anführung von Äußerungen oder Textstellen bzw. zur Hervorhebung von Wörtern oder Teilen des Textes: Anführungszeichen

10.1 Punkt, Ausrufezeichen, Fragezeichen

Punkt, Ausrufezeichen oder Fragezeichen stehen am Schluss eines Satzes.
Niemand kannte ihn. – Vorsicht bei Abfahrt des Zuges! – Ob er morgen kommt?

Nach Abkürzungen oder Ordinalzahlen setzen wir am Satzende nur **einen** Punkt, Fragezeichen oder Ausrufezeichen werden hingegen auch nach Abkürzungen mit Punkt gesetzt.

Sein Vater ist Prof.   *Ist sein Vater Prof.?*
König von Preußen war Friedrich II.   *Wann regierte Friedrich II.?*

10.2 Zeichen zur Gliederung innerhalb von Sätzen

Hinweis 1: **Komma bei Aufzählungen**
Aufzählungen von Wortgruppen oder Wörtern werden durch Komma voneinander abgegrenzt, vor **und** steht dann kein Komma.
Frühling, Sommer, Herbst und Winter sind die vier Jahreszeiten.
Einige spannende Romane, viele Gedichte und auch eine Reihe von Zeitungsartikeln hat er verfasst.

Hinweis 2: **Komma zwischen gleichrangigen Teilsätzen**
Gleichrangige Teilsätze werden durch Komma voneinander abgegrenzt, vor **und** steht dann kein Komma. Wenn die Gliederung des Satzes deutlich gemacht werden soll, kann auch vor **und / oder** ein Komma stehen.
Musik ertönt, der Vorhang geht auf(,) und das Spiel beginnt.
Wenn du ihm geholfen hast, wenn du alles richtig gemacht hast(,) und wenn du nichts vergessen hast, brauchst du dir keine Vorwürfe zu machen.

Zeichensetzung

Hinweis 3: Kein Komma
Kein Komma steht, wenn gleichrangige Teilsätze, Wortgruppen oder Wörter verbunden sind durch
> *bzw., sowie (und), entweder ... oder, nicht ... noch, sowohl ... als auch, weder ... noch*

Hinweis 4: Komma vor entgegenstellenden Konjunktionen
Vor den entgegenstellenden Konjunktionen **aber**, **doch**, **jedoch**, **sondern** steht zwischen gleichrangigen Wörtern ein Komma.
> *Nicht nur bei gutem, sondern auch bei schlechtem Wetter wanderten sie.*
> *Das Getränk war nicht süß, jedoch erfrischend.*

Hinweis 5: Komma zwischen Haupt- und Nebensätzen
Haupt und Nebensätze werden durch Komma voneinander abgegrenzt. Ist der Nebensatz eingeschoben, wird er mit paarigem Komma eingeschlossen.
> *Als wir nach Hause kamen, war es schon sehr spät.*
> *Es war schon sehr spät, als wir nach Hause kamen.*
> *Es war, als wir nach Hause kamen, schon sehr spät.*

Auch eingeschobene Hauptsätze werden in Kommas eingeschlossen.
> *Am Dienstagabend, es war schon sehr spät, kamen wir von der Reise zurück.*

Bei formelhaften Nebensätzen kann man das Komma weglassen.
> *Wie bereits gesagt(,) war ich gestern pünktlich.*
> *Ich komme(,) wenn möglich(,) heute noch vorbei.*

Vor „dass", „weil" und vielen anderen Konjunktionen steht ein Komma.

Hinweis 6: Komma bei Infinitiv- oder Partizipialgruppen
Ein Komma muss gesetzt werden,
- wenn die Infinitivgruppe mit **um**, **ohne**, **statt**, **anstatt**, **außer**, **als** eingeleitet wird:
  > *Außer lange auszuschlafen, habe ich am Wochenende noch nichts vor.*
  > *Kommst du am Samstag vorbei, um dir die Fotos anzusehen?*
- wenn die Infinitivgruppe von einem Substantiv abhängt:
  > *Hast du **Lust**, am Sonntag mit uns Fußball zu spielen?*
  > *Der **Versuch**, noch Konzertkarten zu bekommen, ist leider fehlgeschlagen.*
- wenn die Infinitiv- oder Partizipialgruppe durch ein hinweisendes Wort angekündigt wird oder nachträglich auf sie Bezug genommen wird:
  > *Auf einem Kaugummi kauend, **so** stand sie vor der Klasse.*
  > *Sie dachte gar nicht **daran**, es herauszunehmen.*

Ansonsten ist das Komma freigestellt.
> *Anne hat angefangen(,) Gitarre zu spielen.*
> *Jeden Tag übend(,) kommt sie schnell weiter.*

Das Komma sollte aber gesetzt werden, um Missverständnisse zu vermeiden.
> *Tom verspricht, seinem Vater beim Spülen zu helfen.*
> *Tom verspricht seinem Vater, beim Spülen zu helfen.*

Hinweis 7: **Komma bei Zusätzen und Nachträgen**
Nachträge und Zusätze können sein: Appositionen, Titel und Berufsbezeichnungen in Verbindung mit Namen, mehrteilige Orts-, Wohnungs- und Zeitangaben sowie nachgestellte Erläuterungen.
Nach der Grundregel werden solche Zusätze und Nachträge durch Komma vom übrigen Satz abgegrenzt.

Mein Bruder, ein großer Tierfreund, wendet viel Zeit für die Pflege seines Hundes auf. (Apposition)
Johann Sebastian Bach, der große Komponist, wurde in Eisenach in Thüringen geboren. (Apposition)
Der Forscher, Prof. Meier, hält einen wichtigen Vortrag. (Titel in Verbindung mit einem Namen)
Klaus isst gern Obst, besonders Äpfel und Birnen. (Nachgestellte Erläuterung)
Wir erwarten dich morgen, und zwar um 15.00 Uhr. (Nachgestellte Erläuterung)
Wir erwarten dich um 15.00 Uhr, d. h. vielleicht auch etwas später, zu einem Gespräch. (Nachgestellte Erläuterung)

Das Komma muss nicht gesetzt werden,

- wenn Eigennamen einer Berufsbezeichnung folgen:
  Der große Komponist(,) Johann Sebastian Bach(,) wurde in Eisenach geboren.

- am Schluss von mehrteiligen Orts- und Wohnungsangaben:
  Hans Holzmann, Waldhausen, Forststr. 1, 1. Stock(,) hat...

- bei Zusätzen zu Namen:
  Frau Meier(,) geb. Schulze(,) hat das geschrieben.

- am Ende von Datumsangaben:
  Der Wettkampf findet Mittwoch, den 3. März(,) statt.
  Der Wettkampf findet am Mittwoch, dem 3. März(,) statt.
  Der Wettkampf findet am Mittwoch, dem 3. März, (um) 9.00 Uhr(,) statt.

Hinweis 8: **Anreden und Ausrufe, Ausdrücke einer Stellungnahme**
Besonders hervorgehobene Anreden, Ausrufe und Ausdrücke einer Stellungnahme werden durch Kommas abgegrenzt.

Hört mir bitte einmal zu, Freunde.   *He, was soll das?*
Das, ach ja, wünsche ich mir.   *Das hat er mir mitgeteilt, leider.*
So ist es, tatsächlich.   *Bitte(,) komm pünktlich.*

Hinweis 9: **Semikolon**
Das Semikolon drückt einen geringeren Grad der Abgrenzung aus als ein Punkt, aber einen höheren als das Komma.
Das Semikolon kann zwischen gleichrangigen Sätzen stehen.

Draußen war es schon dunkel; ich tastete mich vorsichtig voran.
Sie hatte die letzte Straßenbahn verpasst; deshalb kam sie mit dem Taxi.

Mit dem Semikolon können in Aufzählungen zusammengehörende Einheiten von anderen abgegrenzt werden.
Unser Gepäck bestand aus Schuhen, Strümpfen und Wäsche; Büchern, Schreibzeug und Zeichengeräten; Tonbandkassetten, Mikrofonen und Rekordern.

Hinweis 10: Doppelpunkt
Der Doppelpunkt kündigt etwas Weiterführendes an.

- Die wörtliche Rede:
  Sie fragte: „Fühlst du dich auch gesund?"

- Aufzählungen, spezielle Angaben, Erklärungen:
  Wir haben schon viele Städte besucht: Berlin, Hamburg, Köln, Frankfurt.
  Wir stellen ein: Schlosser, Buchhalter, Sekretärinnen.
  Beachten Sie folgenden Hinweis. Infolge starker Niederschläge besteht Hochwassergefahr.

- Zusammenfassungen von vorher Gesagtem oder Schlussfolgerungen:
  Felder, Wiesen, Gärten, Straßen: alles ist überflutet.
  Wer nicht ständig trainiert, wer sich nicht an den Übungen beteiligt, wer meint, alles schon zu können: der muss sich nicht wundern, wenn andere besser sind.

Hinweis 11: Anführungszeichen
Mit Anführungszeichen schließt man etwas wörtlich Wiedergegebenes ein (wörtliche Rede, Zitate, Buchtitel, Überschriften, sprachliche Ausdrücke), manchmal kennzeichnet man damit auch eine ironische Redeweise.

Satzzeichen, die zum wörtlich Wiedergegebenen gehören, setzt man vor das abschließende Anführungszeichen.

Satzzeichen, die zum Begleitsatz gehören, setzt man nach dem abschließenden Anführungszeichen.
Harald sagte: „So war das also." – „Wo wollen Sie hin?", fragte der Pförtner. – „Ich möchte zum Chefarzt", antwortete ich. – „Dann", so riet er mir, „benutzen Sie am besten den Lift."
Schiller schrieb die Ballade „Die Bürgschaft". – Zurzeit liest sie Heinrich Bölls Roman „Wo warst du, Adam?".
Das Sprichwort „Aller Anfang ist schwer" hört man oft, aber es ist nicht hilfreicher als „Es ist noch kein Meister vom Himmel gefallen".
Sie sprachen von einer (so genannten) „Freistellung". (Ironisch gemeint; „Freistellung" ist die beschönigende Bezeichnung für Kündigung oder Entlassung.)

Grammatik

Wenn dir die lateinischen Grammatikbegriffe in den folgenden Regeln und Tipps unbekannt sind, dann schlage im Wörterverzeichnis nach. Dort findest du unter dem lateinischen Stichwort jeweils auch die deutsche Bezeichnung. (Beispiel: Auf S. 428 stehen beim Stichwort „Verb" die deutschen Begriffe Zeitwort, Tätigkeitswort.)

1. Satzarten

Die wichtigste Einheit der Sprache ist der Satz. Denn wir verständigen uns mit Hilfe von Sätzen. Darum behandelt die Grammatik die Sätze und ihren Aufbau.

1.1 Hauptsatz und Nebensatz

Es gibt Hauptsätze und Nebensätze.

Hauptsätze sind selbstständig und vollständig.
Wir bleiben lange auf See.
Drei mal drei ist neun.

Nebensätze sind unvollständig; sie sind Teil von Hauptsätzen. Im Nebensatz steht das finite Verb am Ende (= End-Verb-Satz).
*Vermutlich weiß jeder, dass drei mal drei neun **ist**.*
*Keiner wusste, wo wir **blieben**.*

1.2 Hauptsatzarten

Es gibt drei Arten von Hauptsätzen: den Fragesatz, den Aussagesatz und den Befehlssatz.

Fragesatz
Mit einem Fragesatz kann man Fragen stellen.
  Den Fragesatz kannst du nicht missen, willst du was fragen oder wissen.
Der Fragesatz ist gekennzeichnet durch ein Fragewort oder durch die Erststellung des Verbs (= Erst-Verb-Satz).
***Wer** bleibt lange auf See?*
***Bleiben** wir lange auf See?*
Am Schluss des Fragesatzes steht ein Fragezeichen.

Aussagesatz
Mit einem Aussagesatz macht man Aussagen und stellt Behauptungen auf.
  Die Antwort im Aussagesatz erweitert deinen Wissensschatz. Mit ihm kann man
  Geschichten erzählen und berichten.
Im Aussagesatz steht das Verb an zweiter Stelle (= Zweit-Verb-Satz).
*Wir **bleiben** lange auf See.*
Am Schluss des Aussagesatzes steht ein Punkt.

Befehlssatz
Mit einem Befehlssatz gibt man Befehle oder man bittet oder verbietet.
  Willst du bitten und befehlen, musst du den Befehlssatz wählen!
Im Befehlssatz steht das Verb an erster Stelle (= Erst-Verb-Satz).
  Bleibt lange auf See!
Am Schluss des Befehlssatzes steht ein Ausrufezeichen.

2. Satzglieder

Jeder Satz besteht aus Teilen. Diese Teile bestehen meistens wieder aus Teilen.

Satz	*Die bessere Mannschaft gewinnt dieses Jahr den Titel.*
Satzglieder	*Die bessere Mannschaft*	*gewinnt*	*dieses Jahr*	*den Titel.*
Wörter	*Die*	*bessere*	*Mannschaft*	*gewinnt*	*dieses*	*Jahr*	*den*	*Titel.*
Bausteine	*Die*	*besser*|*e*	*Mannschaft*	*gewinn*|*t*	*dies*|*es*	*Jahr*	*de*|*n*	*Titel.*

Die Satzglieder bestehen meistens aus mehreren Wörtern. Man erkennt ein Satzglied daran, dass man die Wortkette nur zusammen verschieben kann.

  Die bessere Mannschaft** gewinnt **den Titel.

  Den Titel** gewinnt **die bessere Mannschaft.

Satzglieder können aber auch durch einzelne Wörter dargestellt sein.

{ *Die bessere Mannschaft* }	*gewinnt*	{ *den Titel.* }
{ *Sie* }	*gewinnt*	{ *ihn.* }

Es gibt vier Arten von Satzgliedern:

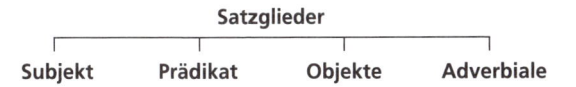

Satzglieder

Subjekt   **Prädikat**   **Objekte**   **Adverbiale**

2.1 Das Prädikat

Das Prädikat eines Satzes besteht aus mindestens einem Verb.
  *Sie **gewinnt** den Titel.*
Es kann auch aus mehreren Verben bestehen.
  *Sie **wird** den Titel **gewinnen**.*
Oder es besteht aus einem Hilfsverb mit Adjektiv.
  *Das Spiel **ist schön**.*

Grammatik

Das Prädikat bestimmt, wie viele Objekte im Satz vorkommen können:
    kein Objekt   *Fritzchen lacht.*
    ein Objekt   *Sascha sucht **Dirk**.*
    zwei Objekte   *Sascha gibt **Dirk ein Auto**.*

Das Prädikat gibt die Zeit an, in der etwas geschieht:
    Gegenwart   *Dirk spiel**t**.*
    Vergangenheit   *Wir spiel**ten** Halma.*

Das Prädikat stimmt in Numerus und Person überein mit dem Subjekt.
(Man spricht von Subjekt-Prädikat-Kongruenz.)
    *Ich spiel**e**.*
    *Dirk und Sascha spiel**en**.*

2.2 Das Subjekt und die Objekte

Das **Subjekt** ist das wichtigste nominale Satzglied.

Das Subjekt gibt an, worüber im Satz etwas ausgesagt wird. Deshalb heißt es auch öfter Satzgegenstand.
    ***Der Löwe** war wild.*
    ***Die Leute** badeten.*

Das Subjekt antwortet auf die Frage „wer?"
    *Wer redet? – **Klaus** redet.*
oder auf die Frage „was?".
    *Was ist geschehen? – **Ein Unfall** ist geschehen.*
Das Subjekt steht im Nominativ.

Die **Objekte** unterscheiden sich durch ihren Kasus. Es gibt vier Objekt-Arten:

Objekte			
Akkusativobjekt	**Dativobjekt**	**Genitivobjekt**	**Präpositionalobjekt**

Grammatik

Die Objekte werden wie das Subjekt durch eigene Fragewörter erfragt.
Hier ist eine Übersicht:

Satzglied	Beispiel	Frage	Bemerkungen und Tipps
Subjekt	*Die Katze hat Hunger.*	wer oder was?	Das Subjekt steht fast in jedem Satz. In Befehlssätzen wird es jedoch weggelassen.
Akkusativobjekt	*Keiner sieht **diese Tiere**.* *Die Katze hat **Hunger**.*	wen oder was?	Dieses ist das häufigste Objekt. Es kommt bei sehr vielen Verben vor.
Dativobjekt	*Ich gebe **der Katze** Hackfleisch.*	wem?	Das Dativobjekt benennt meistens eine Person, die den Vorteil oder den Nachteil der Handlung hat.
Genitivobjekt	*Man erinnert sich **der Toten**.*	wessen?	Genitivobjekte sind heute selten. Sie werden meistens durch Präpositionalobjekte ersetzt.
Präpositionalobjekt	*Man denkt **an die Toten**.*	an wen? über wen? usw.	Präpositionalobjekte werden mit unterschiedlichen Präpositionen angeschlossen. Sie sind nicht durch ihren Kasus bestimmt. Aber die Präposition verlangt natürlich einen Kasus.

Oft können Satzglieder auch durch Nebensätze gefüllt sein, die deshalb auch Gliedsätze heißen.

***Dass du kommst**, gefällt mir.*   Subjekt
*Ich weiß, **dass du kommst**.*   Objekt

2.3 Adverbiale

Adverbiale werden nicht direkt durch das Prädikat gefordert. Sie geben die näheren Umstände, zum Beispiel Zeit und Ort, an. (Darum heißen sie auch manchmal Angaben oder Umstandsbestimmungen.) Sie werden häufig durch Präpositionen eingeleitet und unterscheiden sich in ihrer Bedeutung. Es gibt fünf Arten:

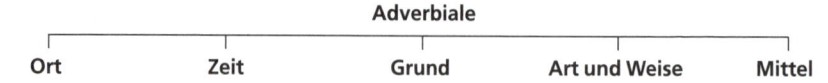

Adverbiale

| Ort | Zeit | Grund | Art und Weise | Mittel |

Für jedes Adverbial gibt es ein eigenes Fragewort. Dem jeweiligen Fragewort entsprechen die einleitenden Präpositionen und die Subjunktionen (unterordnenden Konjunktionen) von Adverbialsätzen. Hier ist eine Übersicht:

Satzglied mit Beispielen	Frage	Präposition	Subjunktion
Adverbial des Ortes (lokal) *in der freien Reichsstadt Augsburg*	wo? woher? wohin?	auf, über, unter, bei, in, hinter …	–
Adverbial der Zeit (temporal) *in der Zeit des Dreißigjährigen Krieges*	wann? seit wann?	seit, bis, während, auf, in …	als, da nachdem, während
Adverbial des Grundes (kausal) *Wir lieben Italien **wegen seiner leckeren Pasta**.*	warum? weshalb? wieso? wozu?	wegen, aus	weil, da
Adverbial der Art und Weise (modal) *Wir fahren **mit großen Hoffnungen** nach Italien.*	wie?	mit, ohne	indem, ohne dass
Adverbial des Mittels (instrumental) *Wir fahren nach Italien **mit dem Auto**.*	womit? wodurch?	mit, durch	–

3. Teile von Satzgliedern: die Attribute

Attribute sind keine eigenen Satzglieder, sie sind nur Satzgliedteile. Es gibt fünf Arten von Attributen:

Attribute

Adjektivattribut Genitivattribut Präpositionalattribut Apposition Relativsatz

Hier ist eine Übersicht:

Attribut	Beispiel	Bemerkung
Adjektivattribut	in der **freien** Reichsstadt	Mit Adjektiven beschreibt man genauer und macht Unterschiede deutlich.
Genitivattribut	zur Zeit **dieses Krieges**	Fast alle Genitive, die du gebrauchst, sind Genitivattribute.
Präpositionalattribut	eine Gerberei **mit einer Lederhandlung**	Präpositionalattribute verdeutlichen durch die Präposition das Bedeutungsverhältnis der beiden Substantive: *das Haus vor / hinter / in der Stadt.*
Apposition	Ich komme am Freitag, **dem 13. Mai.**	Wichtig: Die Apposition steht im gleichen Fall wie das Bezugswort.
Relativsatz	Der Hut, **den du hier siehst,** ...	Relativsätze charakterisieren den Gegenstand genauer.

Bemerkung: Es gibt Ausnahmen beim Kasus der Apposition und das macht die Sache schwierig.

Richtig:
Das Wirken Albert Schweitzers als Tropenarzt ...
Der Tod Albert Schweitzers, Tropenarzt in Lambarene, ...
Die Wirkung des Mondes als Auslöser für Ebbe und Flut ...

Falsch:
Ich möchte ein Glas guter Wein.
Am Montag, den 12. Dezember ...
Ihm als Angeklagter erging es schlecht.

4. Wortarten

Es gibt zehn Wortarten. Zu jeder Wortart findest du im Wörterverzeichnis Informationen unter dem entsprechenden Stichwort.

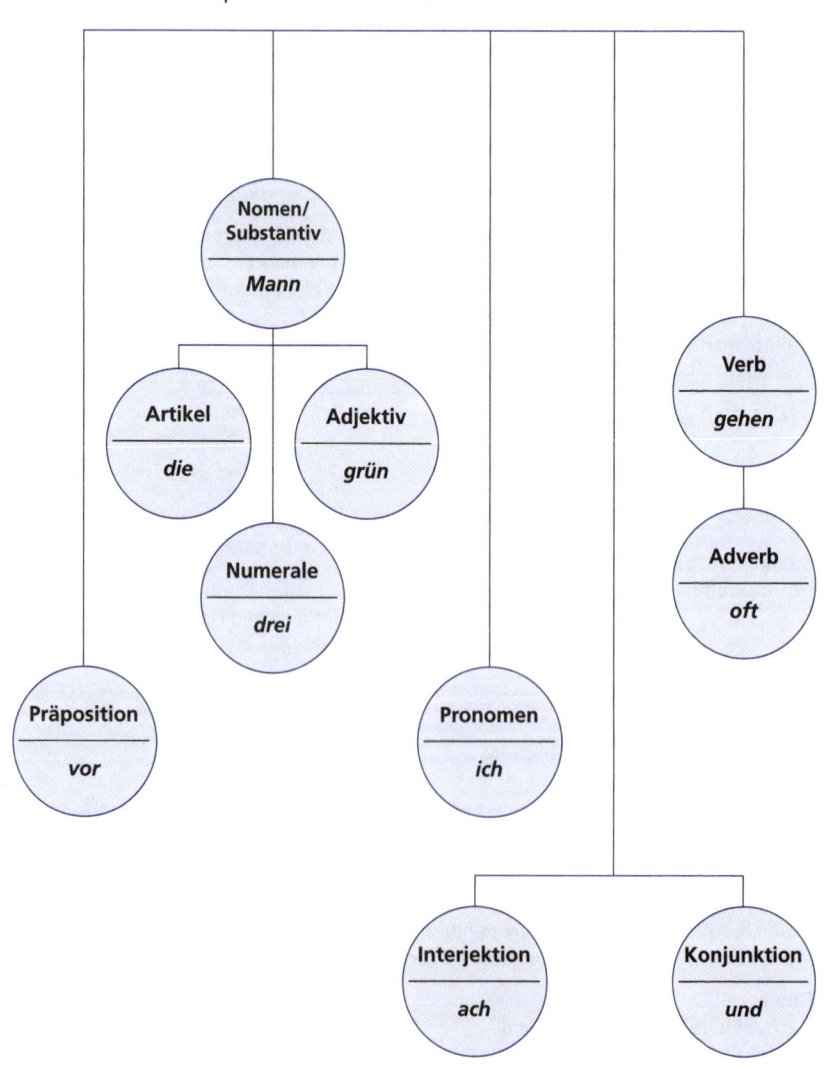

- **Nomen/Substantiv**: *Mann*
- **Artikel**: *die*
- **Adjektiv**: *grün*
- **Numerale**: *drei*
- **Verb**: *gehen*
- **Adverb**: *oft*
- **Präposition**: *vor*
- **Pronomen**: *ich*
- **Interjektion**: *ach*
- **Konjunktion**: *und*

Grammatik

Tipps zu den Wortarten

Ein Tipp zum **Artikel:**
In der Standardsprache steht bei Eigennamen kein Artikel.
Anton Meier
Fatima Gök
Fritz Bolle
Nur in der Umgangssprache setzen wir manchmal den Artikel.
Den Fritz habe ich nicht gesehen.

Ein Tipp zur **Präposition:**
Jede Präposition verlangt einen bestimmten Kasus des nachfolgenden Substantivs. Aber bei manchen setzen wir gern den Dativ, obwohl in der Standardsprache ein Genitiv verlangt ist.

Standardsprache	**Umgangssprache**
wegen des Wetters	*wegen dem Wetter*
trotz des Regens	*trotz dem Regen*
während des Spiels	*während dem Spiel*

Ein Tipp zum **Adverb:**
In der Standardsprache soll man Adverbien nicht als Adjektive verwenden wie manchmal in der Umgangssprache.
falsch:
ein abbes Bein
eine zue / zune Tür
ein aufes Fenster

4.1 Das Verb (Zeitwort) und seine Formen

Verben bezeichnen:
- Handlungen *wir reiten, du schreibst*
- Vorgänge *es regnet, sie wachsen*
- Zustände *sie steht, einer schläft*

Verben haben viele Formen:
Die Personalform ist konjugierbar. Die Endung richtet sich nach dem Subjekt.

Singular	**Plural**
1. *ich gebe*	*wir geben*
2. *du gibst*	*ihr gebt*
3. *er, sie, es gibt*	*sie geben*

Grammatik

Der **Infinitiv** und die **Partizipien** sind nicht konjugierbar.

- Infinitiv   *geben, sprechen, sagen*
- Partizip Präsens (Partizip I)   *gebend, sprechend, sagend*
- Partizip Perfekt (Partizip II)   *gegeben, gesprochen, gesagt*

Verben haben einen **Modus:**

- Indikativ (Wirklichkeitsform)   *er bleibt, ich komme*
- Konjunktiv I (Möglichkeitsform)   *er bleibe, ich komme*
- Konjunktiv II (Möglichkeitsform)   *er bliebe, ich käme*
- Imperativ (Befehlsform)   *bleib! komm!*

Verben haben ein **Tempus:**

Präsens
ich fessele
du fesselst
er, sie, es fesselt
wir fesseln
ihr fesselt
sie fesseln

Präteritum
ich fesselte
du fesseltest
er, sie, es fesselte
wir fesselten
ihr fesseltet
sie fesselten

Zusammengesetzte Zeiten:

Perfekt
ich habe gefesselt
du hast gefesselt
er, sie, es hat gefesselt
wir haben gefesselt
ihr habt gefesselt
sie haben gefesselt

Plusquamperfekt
ich hatte gefesselt
du hattest gefesselt
er, sie, es hatte gefesselt
wir hatten gefesselt
ihr hattet gefesselt
sie hatten gefesselt

Futur I
ich werde fesseln
du wirst fesseln
er, sie, es wird fesseln
wir werden fesseln
ihr werdet fesseln
sie werden fesseln

Futur II
ich werde gefesselt haben
du wirst gefesselt haben
er, sie, es wird gefesselt haben
wir werden gefesselt haben
ihr werdet gefesselt haben
sie werden gefesselt haben

Viele Verben bilden diese Tempora unregelmäßig (Ablaut). Du findest die Stammformen im Wörterbuch. Ebenso die schwierigen Fälle wie *kniff, erschrak, klomm, sandte*.

Grammatik

Kniffelfälle bei der grammatischen Übereinstimmung von Subjekt und Prädikat (Kongruenz)

Eine Menge Leute kam oder kamen?
Viele Grüße sendet oder senden Hans mit Familie?
Hier werden oder wird mehr als Verse hergestellt?
Die USA haben oder hat beschlossen?
Zehn Euro ist oder sind doch recht viel?
Du wie ich könnten oder könnte aufgeben?
Die UNO hat oder haben getagt?

4.2 Das Substantiv (Nomen, Namenwort) und seine Formen

Substantive bezeichnen alle möglichen **Gegenstände:**
- konkrete Dinge und Lebewesen (Konkreta)
  Haus, Baum, Frau, Wurm
- Gedachtes und Vorgestelltes (Abstrakta)
  Faulheit, Traum, Verhältnis
- Eigennamen sind auch Substantive.
  Rosi, Herr Müller, Frau Schmidt, Amerika

Substantive haben **Deklinationsformen**.
Damit bezeichnen sie:
- Numerus
  Singular (Einzahl):   *die Mütze*
  Plural (Mehrzahl):   *die Mützen*
- Kasus
  Nominativ: *das Beil*
  Genitiv: *des Beils*
  Dativ: *dem Beil*
  Akkusativ: *das Beil*

Substantive haben ein **Genus** (grammatisches Geschlecht).
  Femininum (weiblich):   *die Mütze*
  Maskulinum (männlich):   *der Rasen*
  Neutrum (sächlich):   *das Auto*

Grammatik

Tipps zum Substantiv

Was ist ein Substantiv? Wer richtig schreiben will, muss diese Frage entscheiden können. Substantive werden bekanntlich großgeschrieben. Hier ein paar Tipps:

Es gibt **„geborene" Substantive,** aber es gibt auch **Substantivierungen** aus anderen Wortarten.
der Mann, die Maus, der Kaffee, das Essen, die Bosheit, der Beamte

Substantive können einen **Artikel** oder einen anderen **Begleiter** bei sich haben.
das Singen, ein Rot,
mein Singen, dieses Gejohle

Von Substantiven kann man oft die **Verkleinerungsform** mit *-chen* oder *-lein* bilden.
das Rädchen, das Käppchen,
das Mägdelein

Substantive haben in der Regel einen **Singular** und einen **Plural**.
die Reise, die Reisen
aber: *das All, die Leute*

Schwierigkeiten bei Substantiven
- schwierige Plurale:
  Atlanten/Atlasse, Kakteen, Zirkusse, Kommas (Kommata), Alben, Konten, Lexika (Lexiken), Themen, Schecks, Klosetts, Kasus, Muskeln, Museen, Viren, Kumpel, Motoren, Zoos, Pizzas / Pizzen, Praktika, Globen/Globusse
- schwankendes Genus:
  das/der Jogurt, der/das Meter, das/der Bonbon, der/das Gummi, der/das Dotter, der/das Keks, das/der Lasso
- mehrfaches Genus bei mehrfacher Bedeutung:
  der Tau – das Tau; der Laster – das Laster; das Steuer – die Steuer; der Hut – die Hut; das Band – der Band; der Kunde – die Kunde; der Leiter – die Leiter

5. Satzverbindungen (Text)

Texte entstehen, wenn man Sätze miteinander verbindet. Die richtige Verbindung ist schon die halbe Kunst des Aufsatzschreibens. Es gibt drei Arten der Verbindung: Satzgefüge, Satzreihe, Satzkette.

Satzgefüge
Ein Hauptsatz wird mit einem Nebensatz verbunden, sodass der Nebensatz Teil des Hauptsatzes ist.
Die Art, wie einer geht, ist wichtig.

Der Nebensatz kann ein Subjekt oder ein Objekt vertreten.
Dass ich komme, ist klar.
Keiner weiß, ob er kommt.

Der Nebensatz kann ein Adverbial vertreten.
Die Wörter, die den Nebensatz einleiten, heißen Subjunktionen (unterordnende Konjunktionen). Sie bezeichnen das logische Verhältnis der beiden Sätze.

temporal:	*als, da, nachdem, während, bevor*
kausal:	*weil, da*
konditional:	*wenn, falls, sofern*
konzessiv:	*obwohl, obgleich*
konsekutiv:	*sodass / so dass, dass*
final:	*damit, dass*
modal:	*indem, ohne dass, statt dass*

Satzreihe
Zwei oder mehr Hauptsätze werden miteinander verbunden. Sie sind alle grammatisch gleichberechtigt.
Der eine kommt, der andre geht.
Der eine kommt und der andre geht.
Lachst du oder weinst du oder tust du keines von beiden?

Die Wörter, die die Hauptsätze verbinden, heißen Konjunktionen (auch gleichordnende Konjunktionen). Sie bezeichnen das logische Verhältnis der Sätze.

anreihend:	*und*
disjunktiv:	*oder, sonst*
adversativ:	*aber, doch*
kausal:	*denn*

Satzkette
Hauptsätze können in einem Text auch unverbunden nebeneinanderstehen. Ihr logisches Verhältnis wird dann oft durch Adverbien verdeutlicht.
Er hatte Durst, deshalb wollte er Limo.
Weitere Adverbien:
deswegen, darum, nämlich, trotzdem, vielmehr, also, folglich

1. Arbeitsschritte beim Aufsatzschreiben

Warum Arbeitsschritte?

Aufsatzschreiben will geplant sein. Viele schreiben am liebsten gleich drauflos. In den meisten Fällen führt das nicht zum gewünschten Erfolg, denn man verfehlt damit leicht sein Ziel.

Arbeitsschritte dagegen haben einen Vorteil: **Man muss nicht alle Schwierigkeiten, die das Schreiben bietet, auf einmal lösen, sondern kann sie nacheinander abarbeiten.** Nur so ist bei schwierigen schriftlichen Arbeiten ein Erfolg möglich.

1.1 Das Thema genau lesen

Lies die Aufgabenstellung mehrmals aufmerksam durch, denn sie enthält Antworten auf zwei wichtige Fragen:
Worüber soll ich schreiben? (Über ein Erlebnis, über einen Vorgang, einen Gegenstand, über ein Ereignis, ein umstrittenes Problem, …?)
Welche Textform brauche ich? (Erzählung, Nacherzählung, Bericht, Erörterung, …?)

1.2 Ideen sammeln

Notiere auf einem Konzeptblatt alles, was dir zum Thema einfällt: Erlebnisse, Gedanken, Gefühle, was jemand zu dem Thema gesagt hat, deine Meinung dazu usw. Eine Ideensammlung muss nicht aus vollständigen Sätzen bestehen, es genügen Stichworte. Zum Ideensammeln eignet sich besonders ein Cluster: Du schreibst in die Mitte des Blattes den wichtigsten Begriff. Um diesen zentralen Begriff ordnest du alles an, was dir zum Thema einfällt, z. B. zum Thema „Winter":

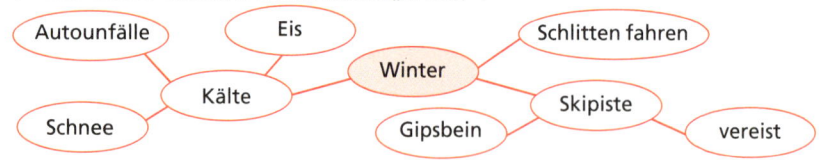

- Autounfälle
- Eis
- Schlitten fahren
- Kälte
- Winter
- Skipiste
- Schnee
- Gipsbein
- vereist

1.3 Einen Schreibplan entwerfen

Der Hauptteil

Um die Übersicht nicht zu verlieren, ist es sinnvoll, die Notizen nach einiger Zeit zu ordnen: Welche Ideen gehören zusammen? Womit will ich den Hauptteil beginnen? In welcher Reihenfolge will ich weiterschreiben?
Für fast alle Aufsatzarten gilt: Das Wichtigste, der Höhepunkt, steht am Schluss des Hauptteils.

Einleitung und Schluss

Die meisten Aufsatzformen haben eine Einleitung, einen Hauptteil und einen Schluss. Die **Einleitung** weckt das Interesse des Lesers, teilt mit, was bisher geschehen ist, oder führt zum Thema hin.
Der **Schluss** lässt ein Ereignis ausklingen, zeigt die Folgen eines Ereignisses, enthält eine persönliche Stellungnahme, macht Lösungsvorschläge oder enthält Anregungen zum Weiterdenken.

Aufsatzlehre

1.4 Einen Entwurf schreiben und überarbeiten

Einen Entwurf schreiben, das ist die eigentliche Aufsatzarbeit. Hier werden aus Stichworten Sätze und aus einzelnen Sätzen ein zusammenhängender Text.

Tipps
Gleiche Satzanfänge vermeiden

Wenn die Sätze zu häufig mit den gleichen Wörtern beginnen – zum Beispiel mit „Ich", „Er", „Da", „Dann" –, wirkt das eintönig. Gleiche Satzanfänge lassen sich mit einfachen Tricks vermeiden.
Setze einen anderen Teil an den Satzanfang:

„Ich trainiere im Schwimmbad jeden Tag für den Wettkampf."
„Jeden Tag trainiere ich im Schwimmbad für den Wettkampf."
„Er beobachtete den Mechaniker bei der Arbeit."
„Interessiert beobachtete er den Mechaniker bei seiner Arbeit."

Wortwiederholungen vermeiden

Wortwiederholungen wirken langweilig. Suche nach passenden Ersatzwörtern.
„Sagen", „machen" und „gehen" werden besonders oft verwendet. Für diese Verben steht eine große Anzahl sinnverwandter Wörter zur Auswahl.
„Da" und „dann" kannst du durch folgende Wörter ersetzen: *danach, hinterher, nachher, sodann, anschließend, auf einmal, weiterhin, darauf, schließlich, endlich, zum Schluss, abschließend, zuerst, als Erstes, zunächst, plötzlich …*

Den Satzbau wechseln

Immer der gleiche Satzbau wirkt ermüdend:
Die beiden liefen die Straße entlang. Keiner sagte etwas. Sie blieben manchmal stehen. Sie mussten Atem holen.
In diesem Beispiel lassen sich je zwei Sätze zu einem Satz zusammenfassen:
Ohne miteinander zu reden, liefen die beiden die Straße entlang. Manchmal blieben sie atemlos stehen.

1.5 Die Reinschrift anfertigen

Absätze machen

Die Reinschrift erfolgt erst, wenn das Konzept gründlich überarbeitet ist. Achte vor allem darauf, dass Einleitung, Hauptteil und Schluss immer durch Absätze sichtbar voneinander getrennt sind. Das gilt auch für die einzelnen Sinnabschnitte im Hauptteil. Du beginnst entweder eine neue Zeile oder lässt eine Zeile frei.

Das Blatt aufteilen

Nicht nur bei einem Brief, bei einem Bewerbungsschreiben oder einem Lebenslauf ist auf eine saubere und übersichtliche Blattaufteilung zu achten:
- Zwischen Überschrift und Text bleibt mindestens eine Zeile frei.
- Das Blatt soll rechts und links einen unbeschriebenen, ca. 3 cm breiten Rand haben.
- Wenn sich herausstellt, dass ein oder mehrere Wörter in der Reinschrift vergessen wurden, dann wird an die Stelle, an der die Wörter fehlen, ein Zeichen gemacht (z. B. x[1]). Am Ende der Seite oder am Ende des Aufsatzes wird das gleiche Zeichen wiederholt und dahinter werden die fehlenden Wörter geschrieben.

Aufsatzlehre

Auf die richtige Schreibung achten
Ist der Entwurf fertig, wird er noch einmal durchgelesen, um zu prüfen:
- Sind alle Wörter richtig geschrieben? (Verwende dafür ein Rechtschreibwörterbuch!)
- Sind alle Satzzeichen (Punkte, Frage- und Ausrufezeichen, Kommas, Zeichen bei wörtlicher Rede) richtig gesetzt?

2. Erzählen

Wer erzählt, will andere unterhalten. Bei der **Erlebniserzählung** geht es um ein Ereignis, das man selbst erlebt hat. In der **Fantasieerzählung** ist das, was erzählt wird, frei erfunden. Es kann sich um Tier-, Ding-, Gespenster-, Lügen-, Detektiv-, Roboter-, Weltraum-, Schauergeschichten usw. handeln.

Geschichten lassen sich auch **zu Bildern erzählen**. Es können Erlebnis- oder Fantasieerzählungen werden. Die **Nacherzählung** gibt einen Erzähltext mit eigenen Worten wieder. Wer nacherzählt, muss sich an den Ausgangstext halten: Er darf nichts dazuerfinden und nichts Wichtiges weglassen.

Beispiel
Eine Überraschung
Es war an einem wunderschönen Nachmittag im Herbst. Meine Mutter sagte zu mir: „Hol deine Jacke, wir müssen noch schnell weg!" Ich fragte sie: „Wohin denn?", aber ich bekam keine Antwort. Meine Mutter lief auch schon zum Auto. Ich folgte ihr. Kurz darauf fuhren wir los.

Mutter fuhr zum Nachbarort. Nach einiger Zeit bogen wir von der Hauptstraße rechts ab und fuhren gleich darauf nach links auf ein großes Grundstück. Hier war ich noch nie. Meine Mutter hielt an und wir stiegen aus. „Was wollen wir denn hier?", fragte ich. „Das wirst du gleich sehen", bekam ich zur Antwort. Wir gingen zum Haus und meine Mutter klingelte. Eine gut gekleidete Frau mit dunklem Haar öffnete und sagte freundlich: „Hallo, ich habe Sie schon erwartet." Sie bat uns einzutreten und wir stiegen mit ihr die Stufen hinauf. Oben angekommen öffnete die Frau eine Tür, die in ihr Wohnzimmer führte. Plötzlich kamen fünf kleine Hunde angewedelt, ihre Felle glänzten golden. Einer der Welpen sprang an meinen Füßen hoch. Ich fand alle süß und sagte das der fremden Frau. „Einer gehört jetzt dir", antwortete sie. Ich konnte es erst gar nicht glauben. Schon immer wollte ich einen Hund und jetzt sollte

Tipps
Spannend erzählen
Langweilige Erzählungen mag niemand. Die folgenden Tipps helfen, eine Geschichte so zu erzählen, dass andere sie gerne lesen oder hören:
- Erzähle, wann und wo die Handlung spielt.
- Welche Personen kommen vor? Was sehen, hören, denken, fühlen und sagen sie?
- Erzähle, warum etwas passiert ist, wie es passiert ist und welche Folgen es hatte.
- Wähle **ein** Ereignis aus und erzähle von nichts anderem.
- Spannende Erzählungen haben ihren Höhepunkt fast am Schluss.
- Eine gute Überschrift ist kurz und macht den Leser neugierig.
- Verwende als Erzählzeit die Vergangenheitsform (Präteritum).

Anschaulich erzählen
Du kannst dir den Ort der Handlung und das Aussehen der Personen genau vorstellen, deine Zuhörer und Leser/-innen können das aber nur,
- wenn du den Ort der Handlung beschreibst,

mein Wunsch Wirklichkeit werden? Ganz aufgeregt fragte ich: „Krieg ich den, der an meinen Füßen hochsprang? Er soll Robby heißen und …" Meine Mutter und die Frau lachten. Ich musste einfach mitlachen.

Ich nahm den kleinen Hund in die Arme und drückte ihn an mich. Sein Fell war weich und seine Schnauze nasskalt. Ich gab ihn nicht mehr aus den Armen, auch nicht, als wir nach Hause fuhren.

Heute ist Robby fast ein Jahr alt. Wir sind die besten Freunde geworden. Wenn es warm ist, tollen wir im Garten herum. Ich glaube, es macht ihm genauso Spaß wie mir.

- wenn du sagst, wie die Personen ausgesehen haben,
- wenn du aussageschwache Verben wie *„machen"*, *„tun"* oder *„sein"* durch andere ersetzt, die eine Handlung anschaulicher machen.

3. Informieren

Bei vielen Aufsatzarten geht es darum, andere zu informieren. Notwendig ist dafür eine sachliche Sprache. Persönliche Meinungen und Empfindungen gehören nicht dazu.

Tipps
- Besorge dir alle wichtigen Informationen (Texte, Fotos, Zeichnungen usw.) und mache dir Notizen (Stichworte).
- Ordne die Informationen entweder nach einer zeitlichen Reihenfolge *(zuerst …, dann …, danach …)*, nach der Wichtigkeit *(wichtig ist …, viel wichtiger …, am wichtigsten …)* oder nach anderen Gliederungsmöglichkeiten. Entscheidend ist, dass das einmal gewählte Gliederungsprinzip bis zum Ende des Textes durchgehalten wird.
- Verwende beim Informieren Fachausdrücke.

3.1 Vorgänge beschreiben

Bedienungsanleitungen für Küchengeräte, Anleitungen für Bastelarbeiten, Gebrauchsanweisungen für technische Geräte, Koch- und Backrezepte oder Regeln für ein Spiel sind Vorgangsbeschreibungen, die alle das gleiche Ziel haben: Sie wollen sagen, wie etwas gemacht wird.

Beispiel
Personenmühle

Benötigt werden neun Stühle, die in drei Reihen hintereinander aufgestellt werden. Es können zwei Mannschaften mit je drei Personen mitspielen.

Jeder Mitspieler der beiden Gruppen bekommt eine Nummer von eins bis drei. Hat sich der Spieler mit der Nummer 1

Tipps
- Gib zuerst an, welche Gegenstände notwendig sind.
- Gliedere deinen Text nach dem zeitlichen Ablauf.
- Achte darauf, Abwechslung in den Satzbau zu bringen.

Aufsatzlehre

auf einen Stuhl gesetzt, sucht sich der Erste der gegnerischen Mannschaft einen Platz. Das Gleiche gilt für die Mitspieler mit den Nummern 2 und 3. In den nächsten Runden können sich wieder die Spieler mit der gleichen Nummer auf einen der noch freien Stühle setzen.

Das Spiel ist zu Ende, wenn es einer Mannschaft gelingt, eine Mühle zu bilden. Deshalb muss jeder Mitspieler darauf achten, dass seine Mannschaft eine Mühle bildet, und verhindern, dass das der anderen Gruppe zuerst gelingt. Eine solche Mühle kann senkrecht, waagrecht oder diagonal entstehen:

○ ○ ○   ● ○ ○   ● ○ ○
● ● ●   ○ ● ○   ● ○ ○
○ ○ ○   ○ ○ ●   ● ○ ○

- Verwende möglichst wenig aussageschwache Verben wie *„tut"*, *„macht"*, *„ist"*, *„hat"*.
- Zeitform für Vorgangsbeschreibungen ist das Präsens (Gegenwart).

3.2 Gegenstände beschreiben

Ein Gegenstand muss stets so beschrieben werden, dass man ihn von ähnlichen unterscheiden kann. Wichtig sind Gegenstandsbeschreibungen, wenn man etwas verloren hat oder wenn man sich ein neues Gerät kaufen und wissen will, worin sich es sich von anderen unterscheidet.

Beispiel
Mein Handy
Das Handy mit der Typenbezeichnung X8850 ist sehr leicht und extrem flach. Es ist etwa so breit wie eine Streichholzschachtel und ungefähr doppelt so lang. Außerdem hat das Handy keine sichtbare, sondern eine eingebaute Antenne. Der obere Teil des Gehäuses ist anthrazitfarben, der untere Teil dunkelgrün. Über dem Display steht der Name der Herstellerfirma. Das recht große Display ist weiß beleuchtet. Darunter befinden sich verchromte, ovale Funktionstasten in drei Reihen. Die Abdeckung auf der Rückseite für den Akku wackelt etwas und zwischen dieser Abdeckung und der unten am Gerät angebrachten Buchse für den Stecker des Ladegeräts ist ein zwei Millimeter breiter Spalt.

Tipps
- Besorge dir zuerst die notwendigen Informationen (Sachbücher, Bilder, …) und mache dir Notizen.
- Lege fest, worin sich dieser Gegenstand von anderen unterscheidet (Größe, Aussehen, Funktion, …), und gliedere danach deinen Text.
- Eine Gegenstandsbeschreibung wird verständlicher, wenn das Gesagte mit Zeichnungen und Fotos veranschaulicht wird.
- Verwende als Zeitform das Präsens (Gegenwart).

Aufsatzlehre

3.3 Personen beschreiben

Die Personenbeschreibung geht auf die äußeren Merkmale einer Person ein (im Unterschied zur Charakteristik, die vor allem die Eigenschaften eines Menschen beschreibt). Der Erfolg von Fahndungen oder Vermisstenanzeigen hängt oft von der Genauigkeit einer Personenbeschreibung ab. Personenbeschreibungen findet man auch häufig in Erzählungen und Romanen.

Beispiel
Die alte Frau im Park

Jeden Nachmittag kommt eine alte Frau in den Park. Ihre Beine sind krumm; sie sehen aus, als würden sie sich unter dem Gewicht des Körpers biegen. Sie geht langsam, stützt sich beim Gehen auf einen Stock und muss immer wieder stehen bleiben. Nachdem sie sich auf eine Bank gesetzt hat, kramt sie mit ihren zittrigen, runzligen Händen in den Taschen ihres schwarzen Mantels. Sie hat einen altmodischen Mantel an, der aus schwarzem, schwerem Stoff ist und einen kleinen Pelzkragen hat. Dadurch fallen die dünnen, schneeweißen Haare der etwa 70-jährigen Frau noch mehr auf. Ihr Gesicht ist klein, die Wangen sind eingefallen, aber wenn sie jemanden anschaut, lächelt sie freundlich und ihre Augen leuchten.

Tipps
- Beobachte die Person genau und stelle fest, was sie äußerlich von anderen unterscheidet:
  - Größe, Alter, Geschlecht
  - Auffälligkeiten bei der Kleidung
  - Besonderheiten beim Gehen, Reden
  - besondere körperliche Merkmale
  - …
- Finde ein sinnvolles Gliederungsprinzip für deine Beschreibung (vom Allgemeinen zum Besonderen, von der Gesamterscheinung zu Einzelheiten, …).
- Verwende als Zeitform das Präsens (Gegenwart).

3.4 Berichten

Jeder kann in die Lage kommen, einen Bericht abgeben zu müssen: Der Beobachter eines Unfalls; die Zeugin vor Gericht; der Schüler, der über eine Betriebsbesichtigung berichtet; der Versicherte, der einen Schadensfall meldet. Aufgabe eines Berichts ist es, ein Ereignis genau wiederzugeben.

Beispiel (Zeitungsbericht)
Haus aus Versehen abgerissen

Mehr als 30 Jahre lebte die Familie Saddom in Tel Aviv in ihrem Haus. Als der Familienvater letzte Woche nach der Arbeit nach Hause kam, fand er nur noch einen Platz voller Bauschutt vor. Die Familie war durch den Irrtum eines Baggerfahrers obdachlos geworden. Er hatte sich in der Hausnummer geirrt und das falsche Haus abgerissen. Der Fachmann in Sachen Abbruch blieb gelassen. Ohne zu zögern, machte er sich nun an das Nachbarhaus – dieses Mal das richtige.

Tipps
Berichte beantworten folgende Fragen:
- *Wann* geschah etwas?
- *Wo* trug es sich zu?
- *Wer* war daran beteiligt?
- *Wie* hat es sich ereignet?
- *Warum* ist etwas geschehen?
- Schreibe knapp und sachlich. Gefühle oder Vermutungen gehören nicht in den Bericht.
- Verzichte auf Ausschmückungen.
- Halte dich an den zeitlichen Ablauf des Geschehens.
- Verwende das Präteritum.

3.5 Referieren

Referate in Unterrichtsfächern wie Deutsch, Biologie, Geschichte oder Musik zeigen, was das Besondere einer literarischen Epoche, eines Lebewesen, einer geschichtlichen Persönlichkeit oder eines Musikinstruments ist.

Beispiel
Wale

Wale leben in allen Weltmeeren, sie sind aber keine Fische, sondern Säugetiere, die zum Atmen an die Wasseroberfläche müssen. Deshalb sitzt die Nasenöffnung ganz oben im Kopf. Die Tiere sind dadurch in der Lage, unmittelbar nach Erreichen der Wasseroberfläche zu atmen. Wenn einmal Wasser in die Nasenöffnung fließt, sammelt es sich in einer darunterliegenden Kammer und wird beim Ausatmen wieder hinausgeblasen.

Wale haben einen stromlinienförmigen Körper. Sie bewegen sich durch kräftige Schläge mit der waagrecht stehenden Schwanzflosse fort.

Wale besitzen ein ungewöhnlich gutes Hörvermögen. Sie senden unterschiedliche Laute aus und deuten das von Gegenständen zurückgeworfene Echo. So können sie, auch ohne etwas zu sehen, Hindernissen ausweichen.

Es gibt Zahnwale und Bartenwale. Der Unterschied zwischen den beiden Walarten hat etwas mit ihren Nahrungsgewohnheiten zu tun. Zahnwale besitzen Kegelzähne und ernähren sich von Fischen. Die Bartenwale haben lange verhornte Gaumenfalten. Damit nehmen sie kleine Lebewesen, die man Krill nennt, auf. Da ihre Nahrung in ungeheuren Mengen im Meer vorkommt, schwimmen sie langsam. Außerdem sind sie riesig groß und müssen schon deshalb nicht vor irgendwelchen Feinden fliehen. Die Zahnwale schwimmen schneller, weil sie ihre Beute jagen müssen.

Tipps
Vorbereiten eines Referats
- Sammle Material zum Thema (Bücher, Zeitschriftenartikel, Bilder, im Internet suchen, …).
- Überlege, was die Zuhörer über das Thema bereits wissen, was sie besonders interessieren könnte, und wähle dein Material entsprechend aus.
- Ordne das Material mit Hilfe von Oberbegriffen.
- Suche Anschauungsmaterial (Bilder, Schemazeichnungen, …), das während des Referierens eingesetzt werden kann (Overheadfolien, Präsentationen mit dem Computer, Referat mit Bildern als Wandzeitung gestalten, …).

Das Referat vortragen
- Langsam und deutlich sprechen.
- Wer sein Referat nicht ausformuliert und vorliest, sondern frei vorträgt, notiert sich auf einem Zettel Stichworte als Gedächtnisstützen.
- Haben die Zuhörer etwas nicht verstanden, musst du ihnen in aller Ruhe das nicht Verstandene mit anderen Worten noch einmal erklären.

3.6 Protokollieren

Mit dem Protokoll werden Verlauf und Inhalt von Versammlungen, Verhandlungen, Besprechungen, Gesprächen, Diskussionen, Vorträgen und Experimenten festgehalten. Man benutzt es als Information für Abwesende oder als Gedächtnisstütze für Teilnehmer. Je nach Situation und Verwendungszweck bevorzugt man das **Verlaufsprotokoll** oder das **Ergebnisprotokoll**.

Aufsatzlehre

Das **Verlaufsprotokoll** ist die fortlaufende Niederschrift einer Veranstaltung / eines Vorgangs. Alle wesentlichen Einzelergebnisse und Diskussionsbeiträge (auch mit Namensnennung) werden in zeitlich geordneter Reihenfolge aufgeschrieben. So protokolliert z. B. ein Schüler eine Unterrichtsstunde.

Das **Ergebnisprotokoll** hält nur die Beschlüsse und Ergebnisse einer Diskussion / einer Veranstaltung fest. Wegen seiner Kürze und Übersichtlichkeit wird diese Form besonders für Sitzungs- und Konferenzprotokolle verwendet.

Beispiel

Protokoll über die Deutschstunde am 9. März 2006 (Verlaufsprotokoll)
Thema: Besprechung des Klassenaufsatzes: „Werbung – zum Nutzen oder Schaden des Verbrauchers?"
Ort: Friedrich-Ebert-Schule in Eppelheim, Klasse 9a
Anwesende: Klassenlehrer Luther und 22 Schüler und Schülerinnen der Klasse 9a
Geplanter Unterrichtsverlauf:
- Hinweise zur Beurteilung des Aufsatzes
- Verbesserungsvorschläge

Dauer der Unterrichtsstunde:
7.55 Uhr – 8.40 Uhr
Verlauf der Unterrichtsstunde:
1. Als Erstes lobte uns Herr Luther wegen des gut ausgefallenen Aufsatzes. Das Thema sei von den meisten Schülern einfallsreich und ausführlich behandelt worden. Zwei Aufsätze wurden vorgelesen.
2. Anschließend sprachen wir darüber, in welchem der beiden Schüleraufsätze die Argumente am überzeugendsten entwickelt wurden.
3. …

Eppelheim, den 10. März 2006

Unterschrift des Protokollführers …
Unterschrift des Lehrers …

Tipps

- Schreibe während einer Diskussion usw. möglichst viel mit, damit du genügend Material hast.
- Formuliere so, dass auch ein Unbeteiligter den Zusammenhang verstehen kann.
- Mehrfach vorgebrachte gleichartige Äußerungen werden zusammengefasst.
- Das Protokoll muss in allen Punkten sachlich richtig sein.
- Verwende sachliche Formulierungen. Weder persönliche Wertungen und eigene Zusätze noch Auslassungen sind erlaubt.
- Das Protokollblatt muss deutlich gegliedert sein. Hierfür eignen sich Nummerierungen.
- Das Protokollblatt muss folgende Angaben enthalten:
  - Anlass
  - Datum, Ort
  - Beginn und Ende der Veranstaltung
  - Thema (Tagesordnung)
  - Anwesende
  - Verlauf der Veranstaltung (Äußerungen, Ergebnisse, Beschlüsse)
  - Unterschrift des Protokollführers und des Vorsitzenden

3.7 Die Inhaltsangabe

Die Inhaltsangabe gibt Gesehenes, Gehörtes, Gelesenes in knapper Form wieder. Dabei kommt es darauf an, der Leserin / dem Leser die wesentlichen Informationen so mitzuteilen, dass sie / er auch ohne Kenntnis des Originals über den Inhalt Bescheid weiß.

Der zugrunde liegende Text:
In einer Stadt ging ein Bürger schnell und ernsthaft die Straße hinab. Man sah ihm an, dass er etwas Wichtiges an einem Ort zu tun habe. Da ging der vornehme Stadtrichter an ihm vorbei, der ein neugieriger und dabei ein gewalttätiger Mann muss gewesen sein, und der Gerichtsdiener kam hinter ihm drein. „Wo geht Ihr hin so eilig?", sprach er zu dem Bürger. Dieser erwiderte ganz gelassen: „Gestrenger Herr, das weiß ich selber nicht." – „Aber Ihr seht nicht aus, als ob Ihr nur für Langeweile herumgehen wolltet. Ihr müsst etwas Wichtiges an einem Orte vorhaben." – „Das mag sein", fuhr der Bürger fort, „aber wo ich hingehe, weiß ich wahrhaftig nicht." Das verdross den Stadtrichter sehr. Vielleicht kam er auch auf den Verdacht, dass der Mann an einem Ort etwas Böses ausüben wollte, das er nicht sagen dürfe. Kurz, er verlangte jetzt ernsthaft von ihm zu hören, wo er hingehe, mit der Bedrohung, ihn sogleich von der Straße weg in das Gefängnis führen zu lassen. Das half alles nichts und der Stadtrichter gab dem Gerichtsdiener zuletzt wirklich den Befehl, diesen widerspenstigen Menschen wegzuführen. Jetzt aber sprach der verständige Mann: „Da sehen Sie nun, hochgebietender Herr, dass ich die lautere Wahrheit gesagt habe. Wie konnte ich vor einer Minute noch wissen, dass ich in den Turm gehen werde – und weiß ich denn jetzt gewiss, ob ich drein gehe?" – „Nein", sprach der Richter, „das sollt Ihr nicht." Die witzige Rede des Bürgers brachte ihn zur Besinnung. Er machte sich stille Vorwürfe über seine Empfindlichkeit und ließ den Mann ruhig seinen Weg gehen.
(Aus: Johann Peter Hebel, Schatzkästlein des Rheinischen Hausfreundes)

Beispiel für eine Inhaltsangabe
In einer Kalendergeschichte erzählt Johann Peter Hebel von einem Vorfall, bei dem sich zeigt, dass ein strenger Mensch häufig sich selbst im Wege steht.
Ein Richter vermutet hinter dem eiligen Gang eines Mannes ein schlechtes Gewissen. Daher fragt er den Mann, wohin er gehe. Der behauptet, es selbst nicht zu wissen. Darauf wird der Richter ärgerlich und will den Mann durch einen Gerichtsdiener abführen lassen. Doch der Mann weiß sich zu wehren. Er meint, dass er vor einer Minute wirklich noch nicht habe wissen können, dass er jetzt ins Gefängnis müsse. Der Richter erkennt, dass ihn der Mann hat ärgern wollen, und lässt ihn gehen.

Tipps
- Der erste Satz enthält den Namen des Autors, den Titel und das Thema des Textes / des Films.
- Beschränke dich auf die Wiedergabe des Hauptgeschehens, lasse Nebensächliches weg.
- Schreibe sachlich, die eigene Meinung gehört nicht hierher.
- Formuliere in eigenen Worten.
- Verwende nie die Ich-Form.
- Vermeide wörtliche Rede, verwende – falls notwendig – die indirekte Rede im Konjunktiv.
- Die Inhaltsangabe wird im Präsens (Gegenwart) geschrieben.

Zwei weitere Formen der Textwiedergabe sind:
Das **Exzerpt** (Zusammenfassung); es ist die möglichst wörtliche Wiedergabe der wichtigsten Sätze eines Textes. Man unterstreicht sie und bildet daraus einen zusammenhängenden Text.
Das **Resümee**; es ist eine Kurzfassung der Inhaltsangabe. Der Textinhalt wird der Leserin/dem Leser in sehr konzentrierter Form angeboten (z. B. der Inhalt eines Romans auf dem Buchumschlag).

4. Sich bewerben

Bewerbungsschreiben
Wer sich um einen Ausbildungs- oder Arbeitsplatz bemüht, muss sich meist schriftlich bewerben. Ziel der Bewerbung ist es, die Chance einer persönlichen Vorstellung zu erhalten. Der Eindruck, den das Bewerbungsschreiben macht, kann dabei entscheidend sein. Es ist die Visitenkarte des Bewerbers oder der Bewerberin.

Tipps für ein Bewerbungsschreiben
- Verwende ein unliniertes DIN-A4-Blatt und lasse einen 3 cm breiten Rand auf beiden Seiten.
- Der Blattrand oben und unten sollte nicht kleiner als 2 cm sein.
- Nach jedem Informationsabschnitt kommt ein neuer Absatz.
- Reicht ein Blatt nicht aus, verwende ein zweites Blatt; schreibe nicht auf die Blattrückseite.
- Vorsicht bei Vorlagen von Computer-Schreibprogrammen: Sie sind für Erwachsene gedacht und enthalten meist mehr Abschnitte, als man für die erste Bewerbung nach Beendigung der Schule braucht. Diese Abschnitte müssen gelöscht und die Blatteinteilung muss geändert werden.
- Das Bewerbungsschreiben soll keine Schreibfehler oder Verbesserungen enthalten.
- Versuche den Arbeitgeber von deiner besonderen Eignung für diese Stelle zu überzeugen.
- Zu den vollständigen Bewerbungsunterlagen gehören:
  - das Bewerbungsschreiben
  - der Lebenslauf
  - eine (beglaubigte) Kopie des letzten Schulzeugnisses
  - ein aktuelles Lichtbild

Sandra Uibel   Heidelberg, den 10.11.2005
Steingasse 12
69117 Heidelberg

Josef Müller GmbH
Hauptstraße 6
69117 Heidelberg

Bewerbung um eine Ausbildungsstelle als Industriekauffrau

Sehr geehrte Damen und Herren,

vom Berufsberater der Arbeitsagentur erfuhr ich, dass Sie auch im kommenden Jahr eine Industriekauffrau ausbilden. Ich bewerbe mich um diesen Ausbildungsplatz.

Zurzeit besuche ich die 10. Klasse der Kepler-Realschule in Heidelberg, die ich im Juli 2006 mit dem Abschlusszeugnis der Realschule verlassen werde.

Durch Gespräche mit Industriekaufleuten und dem Berater der Arbeitsagentur informierte ich mich über das Berufsbild einer Industriekauffrau. In einem Betriebspraktikum stellte ich fest, dass mich kaufmännische Tätigkeiten sehr interessieren. Deshalb möchte ich diesen Beruf gerne erlernen. Da ich in der Schule gute Kenntnisse der englischen und französischen Sprache erworben habe und in meiner Freizeit zusätzlich einen Spanisch-Kurs besuche, glaube ich gute Voraussetzungen mitzubringen.

Meinen Lebenslauf mit Foto und eine Kopie des letzten Zeugnisses füge ich bei. Über eine Einladung zu einem persönlichen Gespräch freue ich mich sehr.

Mit freundlichen Grüßen

Sandra Uibel

Anlagen:
Lebenslauf
Fotokopie meines letzten Zeugnisses und ein Lichtbild

Aufsatzlehre

Der Lebenslauf

Der Lebenslauf enthält die wichtigsten persönlichen Daten, Lebens- und Ausbildungsabschnitte. Die meisten Betriebe und Schulen verlangen heute den tabellarischen Lebenslauf. Üblich ist der handgeschriebene Lebenslauf, manche Firmen begnügen sich inzwischen aber auch mit einem maschinegeschriebenen oder durch Computer erstellten Lebenslauf.

```
Name:                   Sandra Uibel
Wohnort:                69117 Heidelberg, Steingasse 12
Geburtsdatum:           15. April 1990
Geburtsort:             Heidelberg
Eltern:                 Thomas Uibel, Bankkaufmann
                        Monika Uibel, geb. Wagner,
                        Hausfrau
Geschwister:            ein älterer Bruder
Staatsangehörigkeit:    deutsch
Schulausbildung:        September 1996 bis Juli 2000
                        Werner-Grundschule, Heidelberg
                        September 2000 bis Juli 2006
                        Kepler-Realschule in Heidelberg
Schulabschluss:         Realschulabschluss
Sprachkenntnisse:       Englisch, Französisch, Spanisch
Besondere Fähigkeiten:  Maschinenschreiben,
                        Textverarbeitung (PC)
Hobbys:                 Lesen, Schwimmen


Heidelberg, 10. November 2005
```

Tipps für das Abfassen des Lebenslaufes
- Verwende ein unliniertes DIN-A4-Blatt. (Bei handschriftlichem Lebenslauf Linienblatt unterlegen!)
- Lasse auf beiden Seiten einen Rand von 3 cm frei.
- Der Blattrand unten und oben sollte etwa gleich groß sein.
- Lasse rechts oben genügend Platz für ein Lichtbild.
- Auf dem Blatt sollen keine Verbesserungen zu sehen sein; nimm ein neues Blatt, wenn du Fehler gemacht hast, und schreibe den Text noch einmal.

5. Erörtern

Ziel beim Erörtern ist es, sich mit einem umstrittenen Problem sachlich auseinanderzusetzen und den eigenen Standpunkt durch die Reihenfolge der Argumente und durch die Stellungnahme am Schluss darzustellen.

Bei der **textgebundenen Erörterung** ist ein kurzer Text vorgegeben, der sich mit einem umstrittenen Sachverhalt beschäftigt. Dieser Sachverhalt soll erörtert werden, wobei du die im Text enthaltenen Argumente für deine eigene Arbeit verwenden kannst. Allerdings werden diese Argumente nicht ausreichen. Du musst also die Textargumente durch eigene erweitern.

Aufsatzlehre

Die **themengebundene Erörterung** – hier ist das Thema meist als Frage formuliert – gibt es in zwei Formen: Die **lineare Erörterung**, bei der nach Gründen, Ursachen oder Folgen eines umstrittenen Sachverhalts gefragt wird, und die **kontroverse Erörterung**, bei der es sowohl um Pro- als auch um Kontra-Argumente geht.

Beispiel für ein lineares Erörterungsthema:
Warum ist der Schnellimbiss vor allem bei Jugendlichen beliebt?

Beispiel für ein kontroverses Erörterungsthema:
Der Schnellimbiss ist beliebt.
Was ist von dieser Form des Essens zu halten?

Bei der linearen Erörterung musst du nur die Gründe, Ursachen, Folgen erörtern, die für die Beliebtheit des Schnellimbisses sprechen.
Bei kontroversen Themen kannst du die im Thema enthaltene Frage mit Ja oder mit Nein beantworten, musst also Argumente, die für die Beliebtheit sprechen, solchen gegenüberstellen, die dagegen sprechen (Pro-und-Kontra-Erörterung).
Ein Argument besteht aus drei Elementen: einer Behauptung, mehreren Begründungen sowie den jeweils dazugehörenden Beispielen, die die jeweiligen Begründungen veranschaulichen.

Beispiel für eine themengebundene Erörterung
Der Schnellimbiss ist beliebt. – Was ist von dieser Form des Essens zu halten?

„Zum Würstchen braucht man hier kein Messer! Es schmeckt doch aus der Hand viel besser." Mit diesem Slogan warb ein Frankfurter Kioskbesitzer um Kunden und erklärte ohne viele Worte, um was es geht: Angeboten wird ein schneller Imbiss, bei dem Tischsitten nicht erwartet werden. Trotz starker Kritik an dieser Esskultur stehen „Würstchenbuden" vor jedem Einkaufszentrum, sind Fast-Food-Restaurants gut besucht, und regionale Küchen, die Kebab, Gyros, Tortillas usw. anbieten, findet man nicht nur in Großstädten. Was macht diese Form des Essens so beliebt, was meinen die Kritiker dazu?

Die Fast-Food-Bewegung ist gar nicht neu. Schon im 19. Jahrhundert mussten Arbeiter sich daran gewöhnen, dass Wohn- und Arbeitsplatz weit voneinander entfernt waren. Zum Mittagessen konnten sie nicht nach Hause, sie waren auf eine schnelle Art der Nahrungsaufnahme angewiesen. Mit ihrem Angebot an schnell zubereiteten, preiswerten und sättigenden Gerichten entsprach die Imbissbude genau diesem Bedürfnis. Auch heute sind Schnelligkeit und niedrige Preise Gründe für die Beliebtheit des Schnellimbisses. Nicht nur Arbeiter, sondern auch Schüler und Angestellte schätzen die Möglichkeit, ohne große Wartezeiten wie etwa in einem Restaurant etwas essen zu können. Die große Zahl von Single-Haushalten, aber auch die zunehmende Berufstätigkeit der Frauen hat mit zum wachsenden Erfolg von Fast Food beigetragen. Bevor zeitaufwändig eingekauft wird und kostbare Zeit in der Küche verloren geht, wird eben „schnell" außer Haus gegessen.
Ernährungswissenschaftler klagen über diese Entwicklung, denn Fast Food ist ihrer Meinung nach ungesund und stellt eine einseitige Ernährung dar. Fetttriefende Würstchen, mit Ketschup getränkte Pommes, überhaupt Gebratenes, Paniertes oder Frittiertes bringen einiges an

Aufsatzlehre

Fett und Kalorien zusammen. Nur selten werden bei der Zubereitung qualitativ hochwertige Nahrungsmittel verwendet. Und weil Schnellimbiss-Gerichte meist zusätzlich zu einer Mahlzeit und nicht als Ersatz gegessen werden, gibt es ziemlich leicht Gewichtsprobleme.

Wer aber einmal genau hinschaut, wird feststellen, dass das Angebot im Fast-Food-Bereich keineswegs einseitig, sondern sehr vielfältig geworden ist: Es reicht vom Fischbrötchen über Sushi-Röllchen, Nudel-, Reis- und Pilzgerichte, Salate und Häppchen bis hin zum Edelsnack mit Lachs und Kaviar im Feinkostladen. Wer gesundheitsbewusst leben will, hat die Möglichkeit dazu auch im Fast-Food-Bereich.

Während jeder Einzelne selbst entscheiden muss, ob er die gesundheitlichen Risiken verantworten kann, sehen viele ältere Menschen im Schnellimbiss das Ende der bisherigen Esskultur. Junge Menschen würden mehr mit den Händen als mit Messer und Gabel essen und dabei nie etwas über Tischsitten erfahren. Außerdem würde die Bedeutung des gemeinsamen Essens als Zeichen der Gemeinschaft verloren gehen. Tatsächlich ist beim Schnellimbiss vieles erlaubt, was zu Hause oder in einem bürgerlichen Restaurant nicht immer geduldet wird. Niemand sagt etwas, wenn mit den Händen gegessen, die Finger abgeleckt oder in Nachbars Teller gegriffen wird. Psychologen erklären das damit, dass sich junge Menschen gerne über ein anerzogenes Essverhalten hinwegsetzen. Aber auch junge Paare lieben das gemeinsame Essen von einem Teller. Besonders schnell haben sich Kinder und Jugendliche mit dem Fast-Food-Konzept angefreundet. Ohne Eltern würden junge Leute kaum eine andere Art von Restaurant besuchen.

Die Kritiker übersehen aber, dass es bei der Fast-Food-Kultur, die neben einer traditionellen Esskultur entstanden ist, nicht nur um ein schnelles Sattwerden geht. Viele junge Menschen treffen sich zum Beispiel vor oder nach einem Kinobesuch, manchmal aber auch nach der Schule in Hamburger-Restaurants. Oft sieht man in einem solchen Restaurant Eltern mit ihren Kindern, die dort ein Essen als Abschluss eines Einkaufstages oder eines Ausflugs genießen. Selbst Kindergeburtstage werden hier gefeiert. Gut finden alle die zwanglose Atmosphäre. Man sieht jemanden, der einem gefällt, stellt oder setzt sich ihm gegenüber und schon ist man im Gespräch.

Für mich sind die Gründe gegen den Schnellimbiss schon wichtig, denn ich achte auf abwechslungsreiche und gesunde Ernährung. Aber alle Einwände werden an der Beliebtheit dieser Esskultur nichts ändern. Im Gegenteil: Teile dieser Kultur findet man bereits in guten Restaurants und Feinkostgeschäften. Der neueste Trend heißt Finger-Food, kleine Häppchen, die aus der Hand direkt in den Mund wandern. Ich glaube, man kann heute nicht mehr grundsätzlich gegen Schnellimbiss sein, sondern nur gegen bestimmte Formen des Fast Food, die wirklich ungesund und unhygienisch sind. Der Schnellimbiss ist nicht nur eine besonders schnelle Art des Essens, sondern ist schon längst zu einem Teil unseres Alltags – vor allem des Alltags von jungen Menschen – geworden.

Tipps
- Lies das Thema genau und kläre die zentralen Begriffe, damit du weißt, worüber du schreiben sollst.
- Sammle mit Hilfe eines Clusters (siehe S. 508) genügend Ideen.
- Formuliere deine Ideen zu Argumenten aus.

Aufsatzlehre

- Die Einleitung weckt Interesse und führt zum Thema hin. Argumente aus dem Hauptteil darf man nicht vorwegnehmen.
- Bei der textgebundenen Erörterung kann eine kurze Wiedergabe des Textinhalts die Einleitung sein.
- Am Ende der Einleitung steht eine Überleitung zum Hauptteil, meist in Form einer direkten oder indirekten Frage.
- Ordne für den Hauptteil deine Argumente der Wichtigkeit nach: Je wichtiger ein Argument für dich ist, desto später erscheint es im Hauptteil.
- Im Schlussteil nimmst du persönlich Stellung. Das heißt, du stellst deinen eigenen Standpunkt zu dem umstrittenen Sachverhalt dar und begründest ihn.

Überarbeite den Entwurf:
- Setze die einzelnen Aussagen zueinander in Beziehung (wichtig …, wichtiger …, vor allem …).
- Überprüfe, ob alle Argumente vollständig sind: Behauptung – Begründung(en) – Beispiel(e).

6. Texte beschreiben

Texte beschreiben heißt: feststellen, welche Aussage ein Text macht, mit welchen Mitteln ein Autor/eine Autorin gearbeitet hat und welche Wirkung diese Mittel auf die Leser haben. Dabei wird jede Textbeschreibung zu einem anderen Ergebnis kommen, denn in die Auseinandersetzung mit dem Text fließen auch eigene Gedanken und Erfahrungen mit ein.

Beispiel
Christian

Leben
mit dir
war.

Leben
war
mit dir.

Mit dir
war
Leben.

Aus: Resi Chromik, Gedichte, Kiel 1984

Tipps
- Lies den Text mehrfach aufmerksam durch.
- Notiere am Rand,
  was dir zu einzelnen Textaussagen einfällt (Fragen, Gedanken, …),
  was dir an der Sprache des Textes auffällt (Stilmittel, Ausdrucksweise, Satzbau, …).
- Unterstreiche die entsprechenden Textstellen.
- Fasse den Inhalt der einzelnen Abschnitte / Strophen in wenigen Sätzen zusammen.
- Stelle die Beziehung zwischen dem Inhalt des Textes und seiner Form dar und sage, welche Wirkung das auf dich als Leserin/Leser hat.

6.1 Textbeschreibung

Resi Chromik zeigt in ihrem Gedicht „Christian" das, worauf es im Leben ankommt. Die Überschrift ist ein männlicher Vorname (Christian), offenbar die Person, die im lyrischen Text mit Du („Leben war mit *dir*") angeredet wird.
Die erste Strophe sagt, dass das Leben mit dieser Person Vergangenheit ist. Das

Aufsatzlehre

Prädikat „war" steht erst in der letzten Zeile und erhält damit besonderes Gewicht. Die zweite Strophe legt den Schwerpunkt auf die Worte „mit dir": Das Leben war offenbar eine Gemeinschaft. Die dritte Strophe endet mit dem Wort „Leben". Der Leser ahnt, was gemeint ist, ein glückliches, erfülltes Leben.

Das sind die kurzen Aussagen der einzelnen Strophen. Das Besondere aber ist der Textaufbau und der Klang, den dadurch die einzelnen Aussagen haben. Dieses Gedicht hat nur vier Worte, die sich in jeder Strophe wiederholen. Jede der drei Strophen ist also sehr kurz und besteht nur aus jeweils drei Zeilen. Außerdem bildet jede Strophe einen Satz, wobei jedes Satzglied einmal am Schluss der Strophe steht. Durch diese Umstellungen erhalten die einzelnen Worte oder Wendungen jeweils einen anderen Klang und damit eine andere Bedeutung.

Das Gedicht beginnt und endet mit dem Wort „Leben", doch zu Beginn klingt es anders als am Ende. Hört man die Satzmelodie der ersten Strophe, vor allem die kurze Pause nach der zweiten Zeile und das dadurch betonte „war", so kann man den Schmerz des lyrischen Ichs ahnen. Ein Leben ist zu Ende gegangen, von dem die zweite Strophe sagt, es war eine Harmonie, eine Gemeinschaft mit einem Menschen, der nun nicht mehr da ist. Die Betonung in der zweiten Strophe liegt auf den Worten „mit dir". Anders ist es in der dritten Strophe. Hier kann man durch das Wort „Leben" in der letzten Zeile sagen, dass die Beziehung glücklich gewesen sein muss. Das lyrische Ich ist offenbar nicht traurig, dass es etwas Schönes verloren hat, sondern glücklich darüber, erfahren zu haben, wie Leben sein kann.

Für mich spricht dieses Gedicht drei Dinge an, auf die es im Leben ankommt. Zum einen macht jeder Mensch die Erfahrung, dass auch die schönsten Zeiten einmal zu Ende gehen. Zum anderen ist ein Leben dann glücklich, wenn im Mittelpunkt das steht, was die zweite Strophe betont, die Gemeinschaft mit einem Menschen, den man lieb hat. Diese Beziehung kann zu Ende gehen, ohne dass man dabei gleich an den Tod denken müsste. Aber dann muss nicht der Schmerz das letzte Wort sein, man kann sich auch freuen, eine glückliche Zeit erlebt zu haben.

Es gibt viele Gedichte, die mir gefallen – ich mag vor allem lyrische Texte der Romantik. Aber ich kenne kein Gedicht, das mit so wenigen Worten das sagt, was im Leben wichtig ist.

Tipps

- Der erste Satz nennt Autor / Autorin, Titel des Textes und Textaussage.
- Gehe auf die Überschrift und ihre Bedeutung ein.
- Gib kurz den Inhalt des Textes wieder.
- Vergiss nicht, deine Meinung mit Textstellen zu belegen: Zitate werden in Anführungszeichen gesetzt.
- Beschreibe, was dir an der Form und Sprache des Textes aufgefallen ist und welche Wirkung diese Textelemente auf dich haben.
- Bei der Beschreibung des Textinhalts sagst du, wie du die einzelnen Textstellen verstanden hast.
- Im letzten Abschnitt deiner Textbeschreibung setzt du dich mit dem Inhalt des Textes kritisch auseinander: Stimmst du dem Autor / der Autorin ganz oder teilweise zu oder lehnst du seine / ihre Auffassung ab?
- Sage mit wenigen Sätzen, wie dir der Text im Vergleich zu ähnlichen Texten gefallen hat.

7. Produktive Textaufgabe

Es gibt viele Möglichkeiten, sich mit Texten produktiv auseinanderzusetzen. Man kann
- eine Fortsetzung des Textes schreiben,
- die Handlung aus der Sicht einer anderen Person erzählen,
- einen Brief, einen Tagebucheintrag zu dem erzählten Ereignis anfertigen,
- ein Gespräch zwischen den beteiligten Personen entwerfen,
- eine Rede für eine der beteiligten Personen schreiben,
- einen Zeitungskommentar schreiben,
- …

Ausgangstext
Neben dem blauen Seepferdchen
(gekürzt) nach Josef Reding

Sie saß im Hallenbad neben den Keramikfliesen mit dem blauen Seepferdchen. Es war kein lautes Lachen, was da aus dem schmalen Mund kam. Ich schwamm zum Beckenrand in die Nähe des blauen Seepferdchens, um noch mehr von dem Lachen zu haben. Aber es hatte schon aufgehört. Die Freundin war vom Dreimeterbrett ins Wasser gehechtet. Das Mädchen saß jetzt allein da. Es griff in die Badetasche und holte Stricknadeln und Wollknäuel heraus. Die Stricknadeln begannen leicht zu klicken. Prima und flink machte die Kleine das. Sie war so sicher in ihren raschen Fingerbewegungen, dass sie gar nicht auf ihr Strickzeug schauen musste. Sie hatte Zeit, mit ihrer Sonnenbrille auf das Schwimmbecken zu blicken. Und jetzt auf mich. Ich rief: „Hi!" Und dann rief ich noch mal „Hi!" und schickte einen Wasserspritzer zu der Kleinen hinüber. Sie verrieb mit einer Hand das plötzliche Wasser im honiggelben Frottee ihres Bademantels. Dann sagte sie zögernd zu mir herüber: „Hi!" Ich freute mich, dass sie wegen der Hand voll Wasser nicht geschimpft hatte. Und ich freute mich über die gelassene, gleichmäßige Handbewegung, mit der sie den kleinen Guss Wasser verrieb. Und natürlich freute ich mich über ihren Gegengruß. Ich überlegte mir einen Gesprächsanfang.

Ich drehe mich rasch und kraule unentschlossen und richtungslos. Eigentlich möchte ich der Kleinen Eindruck machen. Springen? Beim Springen wirke ich wie ein Mehlsack. Aber ich bin ein ausdauernder Taucher. Wenn ich jetzt tauche, muss mich das Mädchen neben dem Seepferd sehen. Ich rufe: „Hi!", aber das Gesicht des Mädchens ist zum Sprungturm gerichtet. Noch einmal rufe ich: „Hi!" Die muss dich ja für blöd halten, denke ich. Immer nur: „Hi!" Ich rufe: „Auf Tauchstation!", winke und bringe mich mit ein paar Armstößen bis knapp über den Grund. Einmal quer durch das Becken war bisher mein Rekord. Diesmal gelange ich bis zur Mitte des Beckens. Eineinhalbmal quer! Hat das Mädchen mein Rekordtauchen gesehen? Sicher. Es schaut mit ihrer Sonnenbrille auf mich. Ich winke dem Mädchen zu. Es reagiert nicht. Na ja, beim Stricken kann man schlecht winken. „Wie war ich?", frage ich, als ich mich neben es setze, ein wenig bibbernd. Das Mädchen unterbricht das Stricken für einen Augenblick. „Wenn du schon danach fragst, wirst du gut gewesen sein!" „Ich möcht's von dir wissen", sage ich. „Kann ich nicht beurteilen", sagt das Mädchen. „Na, anderthalbmal, das ist doch schon was!", sage ich. „Soll ich noch mal?" „Warum nicht, wenn's dir Spaß macht", sagt das Mädchen.

Aufsatzlehre

Mit etwas Unmut tauche ich wieder die Strecke, hab's zweimal geschafft. Als ich über Wasser die Augen öffne, ist das Mädchen nicht mehr neben dem Seepferdchen, sondern planscht mit der Freundin im Nichtschwimmerbecken. Mindestens in der 10. Klasse und noch im Nichtschwimmerbecken. Und dann lässt sie das Händchen ihrer Freundin nicht los. So ein Getue! Aber schön ist die Wasserscheue! Selbst jetzt, wo sie das Gesicht unter den Spritzern verkneift, sieht sie schön aus. Was heißt das eigentlich, schon? Sie ist angenehm anzusehen. Man möchte sie bei sich haben. Als Kumpel. Aber wie bringe ich das fertig, sie zu meinem Kumpel zu machen? Mein Tauchen sollte ein Anfang sein. Aber die Wasserscheue hat meinen Rekord überhaupt nicht wahrgenommen. Und ich kann sie schließlich nicht dazu zwingen, hinzuschauen, wenn ich auf Tauchstation gehe. Ich mache eine Rolle über das Seil, mit dem das Nichtschwimmerbecken abgetrennt ist, und bewege mich auf die Wasserscheue und ihre Freundin zu. Ungern latsche ich durch das flache Wasser. Zwischen den kleinen Krabblern kommt man sich vor wie ein Opa im Kindergarten. Gerade will ich die Freundin der Wasserscheuen ansprechen, da dreht sie sich herum und zieht die Wasserscheue mit. Die beiden Mädchen gehen wieder zu ihrem Platz neben dem blauen Seepferdchen. Wollen beide nichts von mir wissen? Ich nehme wieder die Richtung blaues Seepferd, setze mich vor die beiden Mädchen auf die Fliesen und sage zu der Molligen: „Hallihallo!" Die hält beim Abtrocknen nur kurz inne, schaut über die Schulter zurück, ob ich wohl jemand anders gemeint haben könnte, und rubbelt mit ihrem Handtuch weiter. „Hallihallo!", sage ich noch einmal. Da sagt die Schöne: „Ich mag deinen wunderbaren Reichtum an Begrüßungsworten!" „Ja?", frage ich verwirrt und erfreut. „Ja", sagt die Schöne. „Erst dieses umwerfende Hi und jetzt das berauschende Hallihallo." „Du sprichst so druckreif", sage ich. „Bist du ein Einzelkind?" Ich frage das mit dem Einzelkind, weil ich mal gelesen habe, dass die Eltern sich mit Einzelkindern mehr befassen und mit ihnen sprechen. „Wir sind zu zweit", sagt die Schöne. „Das ist meine Schwester." Und sie zeigt auf die Mollige. „Wäre ich nicht drauf gekommen", sage ich. „Ich meine, ihr beide seht anders aus." Mensch, was rede ich dusslig daher. Ich stehe da wie ein begossener Pudel. Nur um etwas zu sagen frage ich: „Ich geh zum Kiosk. Soll ich euch was mitbringen?" – „Im Moment nicht", sagt die Schöne. Ich bin froh, dass sie nicht nur „Nein!" gesagt hat. „Im Moment nicht!" Das gibt Hoffnung. Ich kaufe am Kiosk eine Zeitung. Erst hatte ich Zitronenbonbons kaufen wollen. Aber Zitronenbonbons vor den beiden Mädchen? Das Suchen nach der richtigen Zeitung hat ein paar Minuten gekostet. Als ich in die Schwimmhalle zurückkomme, ist die Stelle neben dem blauen Seepferdchen leer. Die beiden Mädchen sind auch nicht im Becken. Ich möchte wissen, wohin die Schöne geht. In der Umkleidekabine mache ich schnell, trockne mich kaum ab, ziehe die Sachen über die feuchte Haut. Am Ausgang warte ich. So schnell können die Mädchen nicht gewesen sein. Oder doch? Sind sie schon weg? Da kommen sie. Die Schöne hält wieder das Händchen der Molligen. In der anderen Hand hat die Schöne einen weißen Stock. Die Schöne stößt mich beinahe an, als sie an mir vorbeigeht. Ich stehe neben der Kasse am Ausgang. „Wollen Sie nun rein oder raus?", fragt die Kassiererin. Ich sage nichts. Ich stehe einfach da und sage nichts.

Aufsatzlehre

Beispiel
(Aufgabe: Aus einer anderen Perspektive erzählen)

Hi!

Normalerweise lache ich nicht laut, aber der Witz, den meine Schwester erzählte, bevor sie zum Sprungturm ging, war wirklich äußerst komisch. Ich griff in die Badetasche und holte Stricknadeln und Wollknäuel heraus. Die Stricknadeln begannen leise zu klicken. Plötzlich hörte ich ein lautes „Hi!", doch die Stimme war nicht die meiner Schwester. Zunächst glaubte ich, dass dieses „Hi!" gar nicht an mich gerichtet war. Als kurz darauf noch einmal ein „Hi!" zu hören war und ich nass gespritzt wurde, antwortete ich ebenfalls mit einem zögernden „Hi!". Und dann rief es: „Auf Tauchstation!" Es war die Stimme eines Jungen, sie klang sympathisch. Nach einiger Zeit setzte sich jemand neben mich und fragte: „Wie war ich?" Es war die gleiche Stimme. „Wenn du schon danach fragst, wirst du gut gewesen sein", antwortete ich. Er wollte es genau wissen. „Kann ich nicht beurteilen", gab ich zurück. „Na, anderthalb Mal, das ist doch schon was! Soll ich noch einmal?", fragte er aufgeregt. „Wenn es dir Spaß macht", gab ich ihm zu verstehen. Dann verschwand er. Ich hörte, wie er ins Wasser sprang.

Als meine Schwester vom Sprungturm zurückkam, nahm sie meine Hand und führte mich ins Kinderplanschbecken. Es tat mir gut, mich im Wasser zu bewegen. Kaum waren wir an unseren Platz zurückgekehrt, hörte ich wieder die Jungenstimme, dieses Mal mit einem „Hallihallo!". „Ich mag deinen Reichtum an Begrüßungsworten", sagte ich. „Ja?", fragte er etwas unsicher. „Erst dieses umwerfende Hi und dann das berauschende Hallihallo." Er sollte merken, dass mein Interesse für ihn nicht besonders groß war. „Du sprichst so druckreif", hörte ich plötzlich. „Bist du ein Einzelkind?" Was redet der Junge so dusselig daher! „Wir sind zu zweit", sagte ich. „Das ist meine Schwester." „Wäre ich nicht drauf gekommen", meinte der Junge. „Ich meine, ihr beide seht anders aus." Für einen Augenblick war Stille. Ob er uns etwas vom Kiosk mitbringen solle, fragte er unvermittelt. Ich fand es nun wieder rührend, wie er sich um mich kümmern wollte, trotzdem sagte ich: „Nein, im Moment nicht." Ich hörte, wie er weglief.

Für mich und meine Schwester war es Zeit zu gehen. Wir zogen uns an und verließen das Schwimmbad. „Rate mal, wer eben neben der Kasse stand und auf uns wartete", fragte mich meine Schwester an der Straßenbahnhaltestelle. Ich konnte es mir denken. Dass meine Schwester erst so spät darüber sprach, machte mich ein wenig stolz. Ich denke, sie war etwas eifersüchtig.

Tipps
Wichtig ist bei allen produktiven Textaufgaben,
- den Ausgangstext gut zu kennen,
- sich in die Situation der handelnden Personen versetzen zu können,
- die Sprache des Textes oder die der handelnden Personen zu kennen und sie für die eigene Schreibaufgabe zu nutzen,
- neben der äußeren Handlung auch das mitzuteilen, was die betreffende Person denkt, fühlt, plant, beabsichtigt usw.

Abkürzungsverzeichnis

a	Ar
A. D.	Anno Domini
a. D.	außer Dienst
Abf.	Abfahrt
Abk.	Abkürzung
ABM	Arbeitsbeschaffungsmaßnahme
ABS	Antiblockiersystem
abw.	abwertend
ADAC	Allgemeiner Deutscher Automobil-Club
AFG	Arbeitsförderungsgesetz
afrik.	afrikanisch
AG	Aktiengesellschaft / Arbeitsgemeinschaft
ägypt.	ägyptisch
ai	Amnesty International
AKW	Atomkraftwerk
amerik.	amerikanisch
AOK	Allgemeine Ortskrankenkasse
arab.	arabisch
aram.	aramäisch
ARD	Arbeitsgemeinschaft der öffentlich-rechtlichen Rundfunkanstalten der Bundesrepublik Deutschland
ASU / AU	Abgassonderuntersuchung
AT	Altes Testament
austral.	australisch
aztek.	aztekisch
Azubi	Auszubildender
BAföG / Bafög	Bundesausbildungsförderungsgesetz
bayr.	bayrisch
Bd./Bde.	Band/Bände
BDI	Bundesverband der Deutschen Industrie
betr.	betreffend, betreffs
bez.	bezahlt, bezüglich
Bez.	Bezeichnung, Bezirk
BFH	Bundesfinanzhof
BGB	Bürgerliches Gesetzbuch
B(h)f.	Bahnhof
BLZ	Bankleitzahl
BörsG	Börsengesetz
BRD	Bundesrepublik Deutschland
BUND	Bund für Umwelt und Naturschutz Deutschland
bzw.	beziehungsweise
©	Copyright
°C	Grad Celsius
c/o	care of: zu Händen von
ca.	circa/zirka
CAD	computer-aided design
CAM	computer-aided manufacturing
CB	Citizen Band
CD	Compact Disc
CD-ROM	Compact Disc Read Only Memory
chem.	chemisch
chin.	chinesisch
CT	Computertomografie
CVJM	Christlicher Verein junger Menschen
d. h.	das heißt
DB	Deutsche Bahn AG
DDR	(ehem.) Deutsche Demokratische Republik
ders.	derselbe
DFB	Deutscher Fußballbund
DGB	Deutscher Gewerkschaftsbund
dgl.	dergleichen
DIHT	Deutscher Industrie- und Handelstag
DIN	Deutsche Industrie-Norm
DJH	Deutsches Jugendherbergswerk
DLRG	Deutsche Lebensrettungsgesellschaft
DM	Deutsche Mark
dm	Dezimeter
dpa	Deutsche Presse-Agentur
Dr.	Doktor
DRK	Deutsches Rotes Kreuz
dt.	deutsch
dto.	dito: ebenso, desgleichen, ebenfalls
Dtzd.	Dutzend
dz	Doppelzentner
€	Euro
e. V. / E. V.	eingetragener Verein
ebd.	ebenda
EC	Eurocityzug
ECU	European Currency Unit: Europäische Währungseinheit
EDV	elektronische Datenverarbeitung
EG	Europäische Gemeinschaft
ehem.	ehemalige, ehemals
EKG	Elektrokardiogramm
engl.	englisch
eskim.	eskimoisch
etc.	et cetera lat.: und so weiter
etc. pp.	et cetera perge, perge lat.: fahre fort, und so weiter
EU	Europäische Union
ev./ evang.	evangelisch
evtl.	eventuell
EWS	Europäisches Währungssystem
Expl.	Exemplar
f./ff.	folgende (Seite)/ folgende (Seiten)
Fa.	Firma
fachspr.	fachsprachlich
FCKW	Fluorchlorkohlenwasserstoff
ff	fortissimo
finn.	finnisch
franz.	französisch
g	Gramm
GB	Gigabyte
geb.	geboren
gen.	genannt (nennen)
gest.	gestorben
gez.	gezeichnet (unterschrieben)
GG	Grundgesetz
Ggs.	Gegensatz
ggT / g. g. T.	größter gemeinsamer Teiler
GmbH	Gesellschaft mit beschränkter Haftung
griech.	griechisch
ha	Hektar
hebr.	hebräisch
HGB	Handelsgesetzbuch
HIV	human immunodeficiency virus (Aidserreger)
hl.	heilig
hl	Hektoliter
hottentott.	hottentottisch
hrsg./hg.	herausgegeben
Hrsg./Hg.	Herausgeber/Herausgeberin
i. A.	im Auftrag, in Abwesenheit
i. d.	in der
IHK	Industrie- und Handelskammer
i. J.	im Jahr(e)
ind.	indisch
indian.	indianisch
inkl.	inklusive
IOK	Internationales Olympisches Komitee
i. R.	im Ruhestand
IRK	Internationales Rotes Kreuz
ital.	italienisch
i. V.	in Vertretung
J	Joule
jap.	japanisch
Jg.	Jahrgang
Jh./Jh.s	Jahrhundert/ des Jahrhunderts
jidd.	jiddisch
jun./jr.	Junior/junior
k. o.	knock-out/knockout
karib.	karibisch
kath.	katholisch
kcal	Kilokalorie
kg	Kilogramm
KG	Kommanditgesellschaft

Abkürzungsverzeichnis

kHz	Kilohertz
kJ	Kilojoule
KKW	Kernkraftwerk
km	Kilometer
kn	Knoten
Kto.-Nr.	Kontonummer
kW/ kWh	Kilowatt/ Kilowattstunde
l	Liter
lat.	lateinisch
lfd.	laufend
Lkw/ LKW	Lastkraftwagen
log	Logarithmus
LP	Langspielplatte
Lz.	Lizenz
LZB	Landeszentralbank
m. a. W.	mit anderen Worten
m. E.	meines Erachtens
m. W.	meines Wissens
m^2	Quadratmeter
m^3	Kubikmeter
M. A.	Magister Artium
malai.	malaiisch
math.	mathematisch
MB	Megabyte
Md./Mia./ Mrd.	Milliarde
MdB	Mitglied des Bundestages
MdL	Mitglied des Landtages
med.	medizinisch
mexik.	mexikanisch
MEZ	mitteleuropäische Zeit
Mill./ Mio.	Million
mm	Millimeter
MW	Megawatt
MwSt./ Mw.-St.	Mehrwertsteuer
n. Chr.	nach Christi Geburt
N. T.	Neues Testament
NATO/ Nato	North Atlantic Treaty Organization/ Nordatlantikpakt
niederl.	niederländisch
norddt.	norddeutsch
norweg.	norwegisch
Nr.	Nummer
o. Ä.	oder Ähnliche(s)
o. B.	ohne Befund
o. k.	okay
OB	Oberbürgermeister(in)
OHG	Offene Handelsgesellschaft
OP	Operationssaal
österr.	österreichisch
p. a.	per annum (jährlich)
pa	pro anno: jährlich
pers.	persisch
peruan.	peruanisch
Pfd.	Pfund
philo-soph.	philosophisch
phys.	physikalisch
Pkw/ PKW	Personenkraftwagen
Pl.	Plural
PLZ	Postleitzahl
p. m.	pro mille: pro tausend
pol.	politisch
polynes.	polynesisch
portug.	portugiesisch
pp	perge, perge: fahre fort, und so weiter
pp	pianissimo: sehr leise
PR	Public Relations
PS	Pferdestärken
P.S./PS	Postskript/Postskriptum: Nachsatz
psychol.	psychologisch
p.T.	vom/von/per Tausend
PVC	Polyvinylchlorid
®	eingetragenes Warenzeichen
RT	Registertonne
russ.	russisch
S.	Seite
S	Süden
sanskr.	sanskritisch
schwed.	schwedisch
schweiz.	schweizerisch
sen.	senior/Senior
serb.	serbisch
Sing.	Singular
skand.	skandinavisch
slaw.	slawisch
s. o.	siehe oben
sog.	so genannt/sogenannt
SOS	Save our souls!: Rettet unsere Seelen!; Save our ship!: Rettet unser Schiff!
span.	spanisch
St.	Sankt (vor Heiligennamen)
StGB	Strafgesetzbuch
Stud.	Student/Studentin
s. u.	siehe unten
südd.	süddeutsch
t	Tonne
tahit.	tahitisch
tamil.	tamilisch
Tb/Tbc/ Tbk	Tuberkulose
THW	Technisches Hilfswerk
tschech.	tschechisch
TU	Technische Universität
türk.	türkisch
TÜV	Technischer Überwachungsverein
TV	Television; Turnverein
u. a.	unter anderem/anderen, und anderes
u. Ä.	und Ähnliche(s)
u. a. m.	und anderes mehr
u. desgl.	und desgleichen
u. dgl.	und dergleichen
u. d. M.	unter dem Meeresspiegel
ü. d. M.	über dem Meeresspiegel
u. E.	unseres Erachtens
UFO	unbekanntes Flugobjekt
ugs.	umgangssprachlich
ult.	ultimo: am Letzten des Monats
UN	United Nations: Vereinte Nationen
ungar.	ungarisch
UNICEF	United Nations International Children's Emergency Fund: Weltkinderhilfswerk der UNO
UNO	United Nations Organization: Vereinte Nationen
USA	United States of America: Vereinigte Staaten von Amerika
usf.	und so fort
Ust.	Umsatzsteuer
usw.	und so weiter
u. U.	unter Umständen
UV	ultraviolett
u. v. a.	und viele(s) andere
u. W.	unseres Wissens
v. a.	vor allem
v. Chr.	vor Christi Geburt
verw.	verwitwet
vgl.	vergleiche
v., g., u.	vorgelesen, genehmigt, unterschrieben
v. H.	von(m) Hundert, Hundertstel
VHS	Volkshochschule
VIP/ V. I. P.	Very Important Person(s): sehr wichtige Persönlichkeit(en)
v. R. w.	von Rechts wegen
v. u.	von unten
v. u. Z.	vor unserer Zeit
WC	water closet: Wasserklosett
WM	Weltmeisterschaft
WTO	World Trade Organization: Welthandelsorganisation
y	Yard
z. B.	zum Beispiel
z. B.V.	zur besonderen Verwendung
z. d. A.	zu den Akten
ZDF	Zweites Deutsches Fernsehen
zigeun.	Zigeunersprache
z. Hd./ z. Hdn. v.	zu Händen von
z.T.	zum Teil
Ztr.	Zentner (50 kg)
zz./zzt.	zurzeit
z. Z./ z. Zt.	zur Zeit